Dictionnaire DES MÉNAGES,

RÉPERTOIRE DE TOUTES LES CONNAISSANCES USUELLES,

MANUEL DES MANUELS

ENCYCLOPÉDIE DES VILLES ET DES CAMPAGNES,

RÉSUMANT POUR LES GENS DU MONDE :

1° Le Dictionnaire de Médecine et de Chirurgie domestiques ;
2° Le Dictionnaire de Législation usuelle ;
3° Le Dictionnaire de Physique et de Chimie ;
4° Le Dictionnaire de Cuisine ;
5° Le Dictionnaire des Jardiniers et la Maison rustique ;
6° Le Dictionnaire des Sciences naturelles ;
7° Le Dictionnaire des Jeux de calcul et de hasard, ou Nouvelle Académie des Jeux, etc.

Par ANTONY DUBOURG,
MEMBRE DE DIVERSES SOCIÉTÉS SAVANTES, INDUSTRIELLES ET AGRICOLES.

TOME DEUXIÈME.

PARIS,
AU BUREAU CENTRAL DES DICTIONNAIRES, RUE DES FILLES-St-THOMAS, 5 ;
Chez tous les correspondants de la Société des Dictionnaires, et chez tous les libraires de la France et de l'Étranger.
1837.

DICTIONNAIRE

DES MÉNAGES,

RÉPERTOIRE

DE TOUTES LES CONNAISSANCES USUELLES,

ENCYCLOPÉDIE DES VILLES ET DES CAMPAGNES.

IMPRIMERIE D'ADOLPHE EVERAT ET Cie.
Rue du Cadran, 16.

DICTIONNAIRE

DES MÉNAGES,

Répertoire

DE TOUTES LES CONNAISSANCES USUELLES,

ENCYCLOPÉDIE DES VILLES ET DES CAMPAGNES;

PAR

ANTONY DUBOURG,

Membre de plusieurs Sociétés savantes, industrielles et agricoles.

AU BUREAU CENTRAL DES DICTIONNAIRES,

RUE DES FILLES-SAINT-THOMAS, 5.

—

1836.

DICTIONNAIRE

DES MÉNAGES.

L.

LABDANUM. (*Conn. us.*) Le labdanum ou ladanum est un suc résineux noir, sec et friable, d'une odeur forte; le véritable a un parfum exquis, mais il est extrêmement rare : celui que nous recevons est altéré par un sable ferrugineux très-fin qu'on y ajoute pour en augmenter le poids.

LABORATOIRE. (*Chim. dom.*) Il est utile d'avoir dans les habitations assez grandes un laboratoire vaste, construit de bonnes murailles, voûté ou plafonné avec soin. Il doit être, autant que possible, isolé de tout autre édifice, en cas d'accident, et voisin d'un puits ou d'une fontaine. On dispose le jour de manière à le recevoir en face d'une cheminée qu'on y fait construire : elle aura un tuyau large et bien percé, et on donne au manteau de cette cheminée la forme d'une hotte renversée et très-évasée. On place au-dessous de ce manteau des fourneaux qui sont ou portatifs ou à demeure. Les premiers se trouvent chez le potier fournaliste, et doivent être cerclés avec une bande de tôle, au lieu de fil d'archal qui s'y trouve ordinairement, et que le plus petit accident brise ou détruit. Lorsqu'on fait usage de fourneaux portatifs d'un très-petit volume, on les pose sur une table, et on y dresse l'appareil.

Le fourneau fixe ou à demeure se construit de cette manière : sur le sol et sous la cheminée, on établit un massif en briques posées sur champ, d'un demi-pied à peu près de hauteur, qu'on fait dépasser d'un pied en avant de la cheminée. Ce massif se nomme *la paillasse*. On élève dessus un fourneau en briques, auquel on donne ordinairement une forme carrée à l'extérieur, et circulaire en dedans. Sa hauteur et sa largeur sont de trois pieds, et on ménage à la partie circulaire intérieure un diamètre proportionné à celui de la cucurbite qui doit y poser. Le fourneau se divise en trois parties: celle inférieure, qui se nomme *cendrier*, aura dix pouces de hauteur, et on laisse un espace vide de quatre pouces de large sur cinq de haut; ce carré est rempli par un cadre ou châssis de fer garni de sa porte en tôle. Ce châssis est scellé dans la bâtisse par quatre ou six pattes de fer à la hauteur de six pouces. L'étage du milieu se nomme *foyer*, et doit porter neuf à dix pouces de hauteur; on le sépare du cendrier en plaçant transversalement des barres de fer d'un demi-pouce d'équarrissage, et qu'on tient à la distance de sept à huit lignes, en les plaçant sur leurs angles, et non sur leurs faces. Le foyer aura, ainsi que le cendrier, une petite porte de fer disposée de même, et qui sert à introduire le bois ou le charbon destinés à alimenter le feu. Enfin, la partie supérieure du fourneau s'appelle le *laboratoire* : il est sans ouverture sur le devant; et, vers la moitié de sa hauteur, qui doit être de dix pouces, on scelle deux fortes barres de fer qui partagent le diamètre intérieur en trois parties à peu près égales. C'est sur ces barres que doit poser la base de l'alambic; d'autres constructeurs, au lieu de barres, ménagent un rebord d'un pouce saillant en briques pour recevoir l'alambic qui y pose dans toute sa circonférence; ils prétendent que l'alambic en est moins fatigué. Il en est qui ne placent ni barres de fer, ni rebord en briques; dans cette dernière construction le collet de la cucurbite pose uniquement sur un cercle de fer qui termine le diamètre intérieur. On revêt l'extérieur du fourneau avec du plâtre fin, et le dessus avec des carreaux à carreler. On peut, pour donner plus de solidité aux fourneaux, y placer, de distance en distance, de bas en haut, des bandes de fer d'un pouce de large et de deux lignes d'épaisseur, qui dessinent le fourneau, et se scellent horizontalement dans le mur. On ménage obliquement sur le derrière du fourneau un soupirail qui vient s'ouvrir dessus pour former un tuyau de cheminée, dont le diamètre doit être proportionné à celui de la porte du cendrier.

LABOURAGE. (*Agr.*) L'opération du labourage est la plus importante en agriculture; elle a pour objet de retourner la terre, de la diviser et ameublir, de l'exposer aux influences atmosphériques, de la préparer à recevoir la semence, de détruire les mauvaises herbes.

On ne doit pas labourer lorsque la terre est trop mouillée, parce que, dans ce cas, le labour est inutile, sans bénéfice pour le champ.

La profondeur des labours dépend en général de la nature du sol. Pour la plus grande partie des terres on peut aller jusqu'au fond du sol fertile. On ne touche au sous-sol que pour amender.

Les sols graveleux et sablonneux profitent surtout du

labourage dans les temps humides. Les argiles se labourent en automne parce qu'ils sont améliorés par l'influence des gelées. Les sols légers demandent moins de travail que les autres ; en les labourant fréquemment on entraverait leur fermentation intérieure. Les fonds gras ou forts sont dans un cas tout contraire.

Il est bon de labourer après les récoltes enlevées, pour briser les chaumes, faire germer les semences répandues, et celles des mauvaises herbes qu'on sarclera plus tard.

Un labour en mars, à sillons étroits, à quatre pouces de profondeur, suivi d'un hersage, et répété quelques semaines après, détruit entièrement les chardons et les mauvaises herbes; c'est une méthode utile pour les terres en friches: on y pourra semer des blés la même année.

On doit répéter les labours quand il s'est formé à la superficie du sol une croûte compacte, gercée, couverte de fentes et de mauvaises herbes dont les fleurs sont prêtes à nouer. Mais si cette croûte provenait de la dessiccation du sol mouillé par une ondée, un labour serait inutile, et ramènerait à la surface du guérêt une terre enfouie depuis peu. Dans ce cas, on se contente de briser les mottes avec la herse à pointes de fer.

Le labour est essentiel à toutes les plantes, excepté aux grands arbres qui se nourrissent moins par leurs racines que par leurs branches et leurs feuilles. Le labour sans engrais est beaucoup moins utile que le labour avec addition de fumier.

Des animaux propres au labourage. On emploie les bœufs et les chevaux pour tirer la charrue. On donne la préférence à ces derniers, mais le raisonnement et la pratique sont en faveur des bœufs.

En effet, leur entretien est moins dispendieux; ils ne consomment jamais de grains ou de farines.

Lorsqu'un cheval est hors de travail, il est de peu de valeur; le bœuf, au contraire, peut être engraissé et livré à la boucherie à un prix très-élevé.

Il est moins sujet aux maladies que le cheval.

Un emploi général du bœuf nous fournirait de la viande en abondance à un prix modéré, ce qui est d'un grand intérêt pour le pays.

On allègue, en faveur du cheval, qu'il fait la besogne plus habilement que le bœuf, et que par conséquent il paie la dépense plus grande qu'il demande.

Le cheval convenable pour le labourage est celui qui a une carcasse épaisse, le dos court et droit, les jambes courtes et nettes; il doit avoir de la vivacité dans ses mouvemens et endurer la fatigue.

Les qualités requises pour un bœuf de labour sont: la tête petite, le cou mince, les épaules bien disposées pour recevoir le collier, la carcasse large, la poitrine épaisse, le coffre large, les côtes arrondies, le dos droit et plein, les quartiers longs, les cuisses petites, les jambes droites et nettes.

Pour les terrains légers, sablonneux, bien épierrés, le cheval est préférable. Dans les défrichemens, et pour les terrains argileux ou remplis de pierres, le bœuf convient mieux, surtout si on l'attelle au collier.

Labourage dans les jardins. Quand on laboure à la bêche, il faut labourer une fois ou trois. Le premier labour ramène la terre de dessous en dessus; le second remet en dessous la terre ramenée sur la surface, et rend un troisième labour nécessaire. (Voy. JARDIN.)

LABYRINTHE. (*Jard.*) Les allées des labyrinthes doivent être formées par des charmilles, des ifs, des arbres toujours verts; les haies doivent avoir environ sept pieds de haut. On place au centre du labyrinthe un arbre dont les branches s'étendent, ou un belvédère. Le long des allées auxquelles on donne quatre pieds de large environ, on plante une rangée d'arbustes. On peut entourer d'une ligne de peupliers la circonférence.

Les labyrinthes ne conviennent que dans les terrains montueux. Avant de les former, on en trace le plan sur le papier. On trace dix circonférences successives; au centre de la plus petite on réserve un espace vide. On coupe le labyrinthe en quatre parties égales par quatre lignes qui vont du nord au sud, et de l'est à l'ouest.

Tout le labyrinthe est fermé de haies, excepté du côté du midi, où l'on pratique l'entrée; la haie de gauche va sans s'ouvrir joindre celle du cercle central. La haie de droite forme une partie du second cercle, suit parallèlement l'allée de l'est jusqu'à la moitié, et décrit un arc en se retournant. Du milieu de l'allée de l'est, part une autre haie, qui, arrivée près de l'allée du midi, tourne à angle droit, et va se perdre en formant un arc placé entre les deux arcs que décrit la haie de gauche de la première allée. Tout le labyrinthe est ainsi composé d'arcs parallèles réunis à leur base par une ligne droite, et qui s'emboîtent les uns dans les autres. Ainsi, le long de l'allée qui commence au milieu de celle de l'est, une autre, attenante à l'allée du sud, en suit le contour, prend un moment la direction d'ouest-est, et revient ensuite former une portion de la huitième circonférence. Une autre haie commence entre la sixième et la huitième circonférence, va du nord au sud, remonte jusqu'à la ligne de l'est en suivant la circonférence extérieure, et tombe perpendiculairement sur le cercle central, de l'est à l'ouest; de là elle décrit une portion de la seconde circonférence, et va se perdre, après avoir suivi la ligne du nord, entre la troisième et la quatrième, formées par une haie qui part du milieu de cette ligne. Chaque haie prend donc naissance sur une des lignes droites qui divisent la surface comprise dans la circonférence, et décrit deux arcs dont le second plus petit que le premier, brusquement interrompu, couperait, s'il était prolongé, une des lignes droites qui joignent ensemble deux autres arcs parallèles.

Ces détails offrent quelque difficulté, et il est presque impossible de les bien comprendre, si on ne prend la plume pour essayer de dessiner un plan de labyrinthe conformément à nos indications. Le moins habile en dessin et en géométrie peut faire ce plan aisément, et se rendre compte de la manière dont un labyrinthe doit être exécuté sur le sol.

LAC. (Voy. GÉOGRAPHIE.)

LAC-DYE. (Voy. LAQUE.)

LACET. (*Ind. dom.*) Les lacets sont en gance plate ou soie, en filoselle ou en fil. Pour les ferrer, on place le bout de la gance en long sur un fer, petite lame de cuivre longue d'un pouce, et large de quatre à cinq lignes, de telle sorte que celle-ci dépasse un peu; on replie successivement à gauche et à droite la lame sur la gance dans sa longueur, au moyen d'un marteau dont on frappe légèrement. Si quelques fils s'échappent du fer, on les coupe avec des ciseaux. Le fer doit être pointu par le bout, et plus large à sa base; à sa pointe, les deux parties sont roulées l'une sur l'autre.

Moyen de replacer le fer d'un lacet qui se déferre. Écarter légèrement la partie la plus large avec une petite pince. Entrer le bout du lacet roulé aussi avant qu'on le peut, sans dérouler la pointe. Replier le fer sur la ganse avec un marteau.

LADRERIE. (Voy. COCHON.)

LAIE. Femelle du sanglier. On donne improprement ce nom à la truie. (Voy. SANGLIER.)

LAINE. (*Conn. us.—Ind. dom.*) La laine est composée de petits tubes remplis d'huile ou de matière moëlleuse. Elle donne par combustion beaucoup d'huile empyreumatique et de carbonate d'ammoniaque; les lessives alcalines caustiques les dissolvent entièrement.

On distingue trois sortes de laines : la mère-laine, la laine du cou, du dos jusqu'à la croupe, du haut des épaules, des côtes, du corps et des cuisses; la laine de la croupe, du haut des cuisses, du bas des côtés, du corps et du ventre; la laine du bas des épaules et des cuisses, des fesses et de la queue.

Les Espagnols séparent ces laines dans la tonte, et comme leurs moutons, bien soignés, n'ont pas couché sur des fumiers pourris, ils obtiennent la laine du ventre aussi fine que celle du dos.

Les laines se divisent en laines grasses et laines lavées.

Souvent, pour falsifier la laine, le cultivateur entretient les moutons à plaisir dans la malpropreté des bergeries; il les promène à dessein dans la poussière épaisse des routes; moyens qui, s'ils donnent momentanément un peu plus de poids à la laine, en altèrent la qualité en la rendant plus sèche, et nuisent à la santé des animaux, dont ils interceptent la transpiration.

Les Allemands et les Anglais entendent tout autrement leurs intérêts: ils vendent plus cher, mais leurs laines sont plus pures; bénéfice égal pour l'acheteur.

La finesse de la laine varie suivant la nourriture des moutons. Dans deux fermes voisines, en Angleterre, où les moutons vivent toujours à l'air, des gazons clairs et bien frais, le trèfle et le thym sauvage, un sol crayeux, ont donné de plus belles toisons que les plantes d'un sol argileux et tenace. Les toisons étaient plus grossières et plus pesantes d'un tiers l'année de l'engraissement.

Lavage des laines à la manière espagnole. Faire trois parts de la tonte, l'exposer au soleil un jour ou deux, enlever la poussière avec des baguettes, laver la laine avec de l'eau un peu plus que tiède, la laisser sécher au soleil, la laver ainsi trois fois, puis trois ou quatre fois dans l'eau bien claire et courante s'il est possible. La faire sécher sur des herbages éloignés des grandes routes pour éviter la poussière. Rebattre de nouveau la laine, quand elle est sèche, et la placer dans un lieu bien aéré, en suspendant au plancher des herbes aromatiques propres à éloigner les vers.

Manière de débarrasser la laine du suint, ou huile animale qu'elle contient. La faire baigner trente-six ou quarante-huit heures dans l'essence de térébenthine; la retirer et la porter à la presse pour en extraire l'essence. On la lave ensuite dans une eau de soude tiède et légère. Quand l'essence est saturée du suint, on la distille pour l'employer de nouveau. Le résidu qui se trouve dans l'alambic sert, avec de la soude caustique, à faire du savon.

Le blanchiment de la laine filée a pour but de la débarrasser de la graisse ou de l'huile dont on l'imprègne pour la peigner et la filer dans les manufactures. On opère ce blanchiment en plongeant pendant vingt minutes la laine d'Espagne dans un bain chaud à 50°, de cinq mesures d'eau et d'une de vieille urine. On retire la laine, on la laisse sécher, et on la lave à l'eau courante. On répète cette opération deux ou trois fois.

On donne à la laine le dernier degré de blancheur au moyen du soufrage. On la suspend sur des perches dans une chambre bien close, et on allume du soufre dans des réchauds plats et peu profonds. L'acide sulfureux pénètre les laines et les décolore. On les enlève au bout de vingt-quatre heures, et on les lave à l'eau de savon. Il est encore préférable d'employer l'acide sulfureux liquide. L'acide sulfureux se dégage, par l'action d'un feu doux, de l'acide sulfurique versé sur de la paille hachée ou de la sciure de bois, et on le recueille très-aisément dans un vase plein d'eau. On passe la laine dans ce bain, on la fait sécher sur un banc couvert d'étoffe pour empêcher la décomposition du bois par l'acide; on lave ensuite la laine dans l'eau de rivière. On peut ajouter dans l'eau huit livres de blanc de rivière, par cuve, et, si l'on veut obtenir une couleur bleue, une dissolution d'un peu de bleu de Prusse. L'opération se termine par un lavage au savon.

Autre manière de blanchir la laine. On prend, pour une livre de laine filée, deux livres de craie blanche pulvérisée et mêlée avec de l'eau de rivière, en consistance de bouillie; on y pétrit la laine pour l'en bien imprégner, et on la laisse sécher pendant vingt-quatre heures. Ensuite, on la frotte bien, et on la lave avec de l'eau pour en faire sortir toute la craie. La laine paraîtra très-blanche et nette si on l'a lavée à l'eau froide, car l'eau chaude lui est contraire, et ne blanchit pas si bien.

Manière d'obtenir la laine des moutons plus fine et plus douce qu'elle n'est habituellement. Le procédé consiste à habiller les moutons pour préserver leur toison des injures du temps. Ce moyen ne peut s'employer que pour les mérinos; si on l'employait pour ceux dont la laine est grosse et de mauvaise qualité, on ne serait pas suffisamment récompensé de sa peine.

Conservation de la laine. Pour garantir la laine et les fourrures de la teigne, on étend une couche légère d'esprit de térébenthine sur des feuilles de papier, et l'on pose ces feuilles à rebours sur les effets attaqués par les teignes. On peut aussi arroser les fourrures ou les étoffes de laine, ainsi que les tiroirs ou les coffres qui les renferment, avec de l'esprit de térébenthine. L'exposition des étoffes à l'air suffit pour faire évaporer l'odeur désagréable de cette matière. On peut employer aussi le camphre qu'on met dans les tiroirs en morceaux de la grosseur d'une noix muscade.

Moyen de nettoyer la laine quand elle est rongée par les insectes. Mettre dans trois pintes d'eau bouillante une livre et demie d'alun et autant de crême de tartre qu'on délaie dans vingt-trois pintes d'eau froide; on fait tremper la laine durant quelques jours dans cette liqueur, on la lave ensuite et on la fait sécher. (Voy. TEIGNE.)

Procédé applicable au tissage des laines. Pour empêcher les chaînes à tisser de se casser, dans la conversion de la laine en drap, on colle la pièce avec une colle de fleur de seigle ou mieux de racines de fougère. Pour une chaîne du poids de cinq livres, on prend quatre livres de racine de fougère bien lavées, et on les fait bouillir deux heures avec de l'eau en ajoutant l'eau à mesure qu'elle manque; on retire les racines et on étend ou l'on concentre le liquide de manière à en avoir cinq litres.

LAIT. (*Conn. us.—Hyg.—Ind. dom.—Cuis.*) Le meilleur lait n'est ni trop clair, ni trop épais, et doit être d'un blanc mat, d'une saveur douce et agréable; mais il n'a réellement toute sa perfection que quand la femelle a atteint l'âge convenable. Trop jeune, elle fournit un lait séreux; trop vieille, il est sec. Celui qui provient d'une femelle en chaleur, ou qui approche de l'époque du vêlage, ou qui a mis bas depuis peu de temps, est inférieur en qualité. On a remarqué encore qu'il fallait que la femelle ait eu trois portées, pour que les mamelles soient en état de préparer e meilleur lait, et continuer de le fournir en bonne qualité, jusqu'au moment où, la femelle passant à la graisse, la lactation diminue, ou cesse entièrement. Cependant, ces règles ne sont pas tellement générales, qu'elles ne soient soumises à quelques exceptions. On sait, par exemple, qu'il y a des vaches et des chèvres dont le lait est excellent pendant toute l'année, hormis les quatre ou cinq jours qui précèdent et qui suivent le part; tandis que d'autres, dans les mêmes circonstances, exigent l'intervalle de quatre ou cinq semaines avant que leur lait réunisse les qualités qu'il doit avoir, par rapport à l'emploi qu'on veut en faire; mais c'est ordinairement trois mois après le vêlage que le lait est le plus riche en crême.

La qualité des fourrages influe beaucoup sur celle du lait.

Une personne était tombée dans un état de consomption rénale à la suite d'une hématurie ou pissement de sang. On avait employé en vain différens remèdes, et même diverses espèces de lait. A cette époque un médecin conseilla de s'en tenir au lait d'une vache nourrie presque exclusivement d'orties fraîches (*urtica recens minor*). La maladie céda en peu de temps; on prétend que le lait d'une vache nourrie de pissenlits, de cochléarias, de bourraches, de sapin et autres végétaux anti-scorbutiques, suffirait pour guérir le scorbut.

La verveine, l'anet, le fenouil, le sureau, le polygala, le trèfle, la luzerne, le sainfoin, les feuilles d'acacia, augmentent le lait des vaches. La bourrache, le persil, la ciguë le diminuent. Le thaspie, l'ache, l'euphorbe, les tithymales, le laiteron et la plupart des ombellifères altèrent le goût du lait.

Le lait est surtout bon au printemps. L'herbe sèche est la principale nourriture des animaux durant l'hiver, et le lait qui en résulte est quelquefois si consistant, qu'il produit des tranchées violentes et quelquefois mortelles pour les petits que les femelles allaitent. Au printemps, au contraire, et durant les autres saisons, les pâturages fournissent une herbe tendre et pleine de mucilage et de sucs aqueux, ce qui produit un lait dont les principes sont mieux combinés et plus propres à donner une nourriture saine.

La diète lactée est un moyen puissant de prévenir ou de guérir certaines maladies chroniques. Elle consiste ordinairement à prendre une livre de lait le matin, et une demi-livre le soir; le dîner est composé de quelques mets légers où entre la même substance. Si le lait de vache produit la constipation, on y fait dissoudre une once de sucre par livre. On peut aussi, pour d'autres vues, couper le lait avec des eaux minérales, avec la décoction d'orge, etc. On se plaint souvent que l'usage du lait donne lieu à de mauvaises digestions, et qu'il produit la soif et la sécheresse du gosier; mais on doit faire remarquer, quel que soit le préjugé contraire, qui si on use, après l'avoir pris, d'un peu de limonade ou d'autres fruits acides quelconques, suivant la saison, on évite ces inconvéniens, et que c'est le plus souvent un moyen de retirer de cette nourriture primitive de l'homme tous les avantages qu'on peut en attendre. Nous pouvons citer, en faveur de cette pratique, notre expérience réitérée et celle de plusieurs autres personnes. Les exceptions sont peut-être très-rares, et elles ne peuvent regarder que des estomacs faibles et sujets aux acidités; encore même peut-on en faire l'essai sans rien craindre. Les liqueurs fermentées, telles que le vin, la bière et d'autres spiritueux, doivent être soigneusement évitées pendant la digestion du lait, et c'est encore une vérité d'expérience. Aussi cet aliment ne convient-il nullement aux grands buveurs.

Chacun des principes du lait peut séparément servir d'aliment ou de boisson. On peut aussi faire subir au lait entier différentes préparations, ou le prendre sous diverses formes. Je ne sais quel préjugé porte à lui faire subir l'ébullition avant de s'en nourrir. Il suffirait tout au plus de le soumettre à une chaleur légère, et de le remuer pour bien combiner ses parties constitutives, quand le repos et une longue exposition à l'air ont pu les séparer; mais il vaut bien mieux encore prévenir cette désunion, et le prendre récent et au moment où il conserve sa chaleur primitive. L'enfant qu'on allaite ne le reçoit-il pas dans cet état, et ce don précieux que nous fait la nature ne l'emporte-t-il pas sur tous les apprêts de l'art et d'un luxe recherché? Le caillé est encore un bon aliment, et les Italiens en font usage au printemps.

Il est certain que les Tartares font du lait une boisson spiritueuse, une espèce de vin. M. d'Arcet avait chargé une personne qui voyageait en Russie de prendre des éclaircissemens sur cet objet. Il apprit que le moyen employé par les Tartares consistait à enfermer le lait dans de grandes outres, et à l'agiter fortement, et qu'en y ajoutant un ferment, le lait entre dans une véritable fermentation vineuse. Si on procède ensuite à la distillation, on retire un esprit-de-vin qui peut être rectifié, et devenir de la meilleure qualité. Un pharmacien de Paris vient encore de faire la même expérience. Il a mis cinquante livres de lait dans un petit tonneau, il l'a agité et traité à la manière des Tartares: ce qu'il avait présumé a eu lieu. La liqueur a fermenté dans quinze jours, et au bout du mois il est résulté un véritable vin.

Il faut observer que le lait n'est susceptible de la fermentation vineuse que par sa partie mucoso-sucrée, autrement appelée sucre du lait. Or, cette matière se trouve dans une très-petite proportion dans le lait, puisque huit livres de cette liqueur n'en contiennent guère qu'une once: au lieu que deux livres de moût ou de suc de raisin contiennent six ou sept onces d'une matière extractive et sucrée, seul principe de toute fermentation vineuse. Il faut donc avoir une quantité considérable de lait pour en retirer du vin.

Séparation de la crême d'avec le lait. (Voy. CRÊME.)

Trois conditions sont nécessaires pour une parfaite séparation de la crême d'avec le lait, entre les molécules duquel elle est seulement interposée :

La première, c'est que le lait présente une grande surface ;

La seconde, qu'il soit dans un repos parfait ;

La troisième, enfin, que le vase qui contient ce fluide soit exposé à une température plus froide que chaude.

Cette température doit être constamment de dix à douze degrés : plus élevée, il se développerait dans le lait un commencement de fermentation qui le coagulerait dans les terrines ; plus bas, au contraire, la crême resterait confondue dans ce fluide, d'où résultent deux inconvéniens : le premier est que le beurre qui provient de la coagulation du lait sous la crême est infiniment moins délicat que celui d'une crême extraite de dessus un lait qui n'a pas encore passé l'aigre ; le second inconvénient ne nous paraît pas aussi démontré : on prétend que le lait, ainsi coagulé, ne fournit plus une nourriture aussi bonne pour engraisser les veaux.

Aussitôt qu'on a écrémé toutes les terrines propres à l'être, la crême doit être mise dans des vases cylindriques, à l'orifice étroit ; mais il arrive souvent qu'elle entre en fermentation pendant les vives chaleurs, bouillonne, et s'échapperait du vase qui la contient si on ne prenait très-promptement la précaution de la survider dans d'autres vases, et de plonger ceux-ci dans l'eau nouvellement tirée du puits ; ou bien, ce qui est encore mieux, on suspend ces vases dans le puits jusqu'au moment de battre le beurre. Par ce moyen, on évite la coagulation du lait, et le beurre conserve de la solidité et de la finesse.

Quantité de beurre contenue dans le lait. On doit s'arranger de manière à ce que la plupart des vaches mettent bas au commencement du printemps, parce qu'alors elles fournissent beaucoup plus de lait, et que ce lait a le temps de se perfectionner insensiblement jusqu'en automne, saison que l'on préfère ordinairement, et avec raison, pour faire le beurre de provision.

Il résulte, des expériences qui ont été faites, que le lait d'une bonne vache ne contient, le plus ordinairement, dans les premiers mois du vêlage, qu'une trente-deuxième partie de beurre, et que la quantité de ce produit augmente successivement à mesure qu'on s'éloigne de cette époque ; de manière qu'au bout de quatre mois, il s'y trouve dans la proportion d'un vingt-quatrième ; ainsi, une pinte de lait donne ordinairement une once deux gros de beurre.

Ce n'est absolument que dans la crême que réside le beurre, et, jusqu'à présent, on n'a pu l'obtenir à part, qu'en imprimant au fluide un mouvement plus ou moins continué, suivant la saison et la nature du lait ; mais on peut établir que, quelles que soient la forme et la capacité du vaisseau employé dans cette opération, il est nécessaire que ce vaisseau ne soit rempli qu'à moitié ; que la crême enlevée par lames puisse retomber vivement, successivement et sans interruption, jusqu'à ce que la *butirisation* soit terminée Les manipulations nécessaires pour la compléter se réduisent : 1° à écrémer le lait avant que celui-ci ne soit coagulé ; 2° à tenir la même crême rassemblée des différentes traites dans un vase à l'orifice étroit, pour lui conserver sa douceur jusqu'au moment de la battre ; 3° à délaiter le beurre aussi parfaitement qu'il est possible. (Voy. BEURRE.)

En Hollande, on ne sépare pas la crême du lait.

Lorsqu'on a trait les vaches, on met le lait dans des baquets, où on le laisse refroidir ; ensuite on le remue deux ou trois fois par jour avec une spatule de bois pour empêcher la crême de se séparer du lait ; on tâche de le remuer ainsi jusqu'à ce qu'il soit assez pris pour que la spatule ne s'enfonce plus. On met alors le tout dans la baratte, et on le bat pendant une heure. Lorsque le beurre commence à se former, on y verse une pinte d'eau froide, ou davantage, selon la quantité de lait, ce qui aide la séparation du beurre d'avec le lait. Lorsque le beurre est sorti de la baratte, on le lave en le pétrissant pendant long-temps, jusqu'à ce que la dernière eau en sorte *parfaitement claire*. Par cette méthode, on obtient plus de beurre de la même quantité de lait ; le beurre est plus ferme, plus doux, et il se conserve plus long-temps que lorsqu'on sépare la crême du lait.

M. Joseph Banks, président de la Société royale de Londres, a trouvé un instrument très-simple, le *lactomètre*, que tout cultivateur intelligent ne manquera pas d'employer, et au moyen duquel il pourra connaître avec précision la quantité de crême que donnera le lait de différentes vaches, ou que donnera le lait de la même vache, mais nourrie d'alimens différens.

Le *lactomètre* est un tube de verre de dix pouces de hauteur et d'un pouce et demi de diamètre intérieur, ouvert par le haut, et dans le bas fermé par un pied ou support de deux pouces et demi de diamètre. Pour faire l'échelle, on a divisé la *contenance* de ce tube en *cent* parties égales ou degrés, et ce, au moyen du jaugeage ; cela a été plus facile, et surtout moins coûteux que d'avoir calibré l'intérieur du tube, et divisé la *hauteur* en *cent* parties égales, ce qui fût revenu au même. Avec la pointe du diamant, on a gravé sur le verre trente de ces degrés, à partir du cercle supérieur, qui est marqué 0 (zéro). Chaque tube contient trois demi-décilitres et un tiers jusqu'au zéro, et chaque demi-décilitre est marqué par un cercle tracé au diamant, ce qui rendra ces tubes utiles, quand, pour divers usages, on voudra avoir un demi-décilitre ou un décilitre bien exact.

On a autant de ces tubes que l'on veut ; on le maintient verticalement dans une espèce de châssis ou porte-huilier en fer-blanc ou même en bois.

Si, dans le même moment, on remplit plusieurs de ces tubes avec différens laits fraîchement tirés et qu'on expose les tubes à la même température, la crême se formera au-dessus du lait, et l'épaisseur de la crême sera vue au travers du verre, et indiquée par les degrés numérotés. Chaque degré de crême sera *un centième* du lait mis dans le tube. Ainsi on verra aisément l'influence qu'auront sur la quantité de la crême les divers pâturages et les divers alimens dont on nourrira les vaches.

Moyen d'avoir du lait en abondance pendant l'hiver. Pour cela, on doit faire couvrir les vaches à une époque calculée pour qu'elles mettent bas en automne : c'est ce qu'on pratique à Isigny dont le beurre a tant de supériorité. En outre, les vaches de ce canton ne sont jamais *étables*, quelle que soit la température; et les laiteries, lavées chaque jour, sont échauffées en hiver par un feu de charbon qui y entretient constamment une chaleur de neuf à dix degrés.

Falsifications du lait. On falsifie le lait en y mêlant de l'eau. Ce mélange se reconnaît au goût. Quelquefois les laitiers y ajoutent un peu de cassonnade qui forme au fond des vases un dépôt mielleux. L'addition de farine délayée, d'émulsion d'amandes douces ou de chenevis, de fécules, sont des fraudes assez fréquentes.

La farine délayée dans le lait y laisse un dépôt. Si elle a été bouillie avant le mélange, le seul moyen de reconnaître la fraude est d'y verser quelques gouttes de teinture d'iode ; le lait falsifié prend une couleur vineuse.

Le lait altéré par des émulsions présente, quand il est chauffé, des gouttelettes huileuses d'un goût un peu rance.

En chauffant le lait avec un peu de vinaigre ou d'acide sulfurique, on obtient d'une part un caillot, et de l'autre du petit-lait. Le caillot du lait falsifié est moins considérable que celui du lait pur. Égoutté, il graisse le papier, s'il contient du chenevis ou des amandes. Le petit-lait falsifié, filtré et traité par l'iode, selon le procédé indiqué ci-dessus, prend une belle couleur bleue.

Moyen d'empêcher le lait de s'aigrir en été. Ce procédé conserve le lait pendant au moins vingt-quatre heures dans les plus grandes chaleurs. On y jette du natron cristallisé (carbonate de soude, soude du commerce), à raison de douze grains pour trois livres de lait. Le mélange se fait après que le lait vient d'être tiré. On délaie d'abord le natron dans un peu de lait chaud.

Autre moyen d'empêcher le lait de s'aigrir. Mettre dans une terrine de lait un raifort sauvage. Le lait se conservera pendant plusieurs jours.

Procédé de M. Dirchoff, chimiste russe, pour conserver le lait pendant plusieurs mois. Le faire évaporer sur un feu très-doux, jusqu'à ce qu'il se réduise en poudre sèche. Mettre en bouteilles, et fermer hermétiquement. Lorsqu'on veut avoir du lait, on fait dissoudre une petite quantité de cette poudre dans un peu d'eau. Elle a le goût et les qualités du meilleur lait.

Procédé d'Appert. Mettre le lait dans une bouteille bien bouchée, qu'on plonge, pendant un quart-d'heure, dans l'eau bouillante ; enlever le feu, et laisser refroidir lentement. Ce procédé est généralement suivi en Angleterre. Si l'on a plusieurs bouteilles, on les met dans la même chaudière avec de la paille entre elles. Si on veut les transporter, on les emballe avec de la paille ou de la sciure de bois.

Conservation du lait. Procédé de M. Braconnot. Prendre cinq litres de lait, les exposer à une chaleur d'environ 45 degrés; y ajouter quantité suffisante d'acide hydrochlorique pour le coaguler; séparer le caillé, y mêler dix grammes de carbonate de soude cristallisé. L'acide et la soude forment de l'hydrochlorate de soude (sel marin), et l'on obtient avec addition d'eau et de sucre, une excellente frangipane.

Il faut se servir d'acide hydrochlorique purifié. L'acide hydrochlorique du commerce contient du gaz sulfureux qui a un goût détestable.

Sirop de lait. Faire bouillir à feu doux le lait avec son poids environ de sucre. Quand le lait est en sirop, le mettre en bouteilles. Étendu d'eau, ce sirop donne un lait délicieux.

Soupe au lait. Quand le lait a bouilli, assaisonner de sucre ou de sel, et, au moment de servir, verser le lait sur le pain.

Soupe au lait lié. Procéder comme pour la précédente, en ajoutant une liaison de quatre œufs pour une pinte de lait; remuer, et quand le lait s'épaissit et va bouillir, le retirer, et le verser sur des croûtes de pain bien émincées.

Soupe au lait à la Monaco. Couper des mies de pain en carrés, les poudrer de sucre fin; les faire griller sur un feu doux; verser le lait lié dessus.

Soupe au lait à la Détiller. Passer dans du beurre des mies de pain coupées comme ci-dessus, et verser le lait.

Riz au lait. (Voy. RIZ.)

Piquette de lait caillé. Prendre du caillé qui ne contient plus de petit lait. Passer à travers une mousseline claire mouillée; ajouter du lait fraîchement tiré. Quand le caillé est en bouillie, y mêler cinq cuillerées de crême fraîche, avec du sucre en poudre.

Gros lait. Faire chauffer du lait nouvellement tiré; le retirer quand il est prêt à bouillir; ajouter un aromate quelconque; délayer dedans gros comme un pois de présure; laisser reposer jusqu'au lendemain; verser dessus de la crême fraîche.

Le lait caillé aigre conserve les viandes, les attendrit, et les rend plus délicates. Il suffit de les laisser tremper dedans. Ce procédé est suivi généralement dans le Haut et Bas-Rhin.

PETIT-LAIT. (*Hyg.—Ind. dom.*) Le petit-lait est une boisson agréable qui convient à presque tous les tempéramens et dans une infinité de maladies. A haute dose, à celle d'une pinte, il est laxatif dans quelques circonstances au point de purger presque comme une médecine ordinaire, et par conséquent d'en tenir lieu quelquefois, lorsqu'on a à redouter un trop grand degré de sensibilité dans les entrailles. D'ailleurs, cette boisson est adoucissante, humectante, et rafraîchissante; et il y en a très-peu qu'on puisse lui comparer, eu égard à son effet laxatif, adoucissant et tempérant.

Il faut se garder de clarifier le lait avec de l'alun, qui le rend diaphane, mais lui donne des qualités astringentes.

Mêlé aux végétaux cuits et aux racines, le petit-lait convient aux cochons et à la volaille qu'il engraisse.

Moyen de se procurer du petit-lait. Prenez un litre de lait de vache; ajoutez une cuillerée de présure ou de vinaigre; faites bouillir et coaguler; séparez le fromage du *serum* ou liquide aqueux au moyen d'un tamis ; battez ensuite un blanc d'œuf avec une partie du petit-lait, et ajoutez le tout en continuant de bien mêler. Faites bouillir de nouveau, et au moment de l'ébullition, jetez un peu d'eau froide; ramenez le liquide au bouillon; retirez du feu et faites passer à travers une étoffe de laine, ou mieux un entonnoir, dans lequel vous mettrez une feuille de papier sans colle, dit *joseph*, pliée en cône.

Dans les campagnes on se servira de lait de beurre, ou du petit-lait qui reste après la séparation du fromage à la pie; on le clarifiera comme ci-dessus, avec le blanc d'œuf et quelques grains d'acide tartrique, ou un peu de vinaigre.

Autre moyen. Employer des fleurs d'artichaut; en faire infuser deux pincées pendant un quart-d'heure dans un demi-verre d'eau bouillante; exprimer le suc des fleurs, et mêler cette infusion avec le lait.

Sucre de petit-lait. On l'obtient par l'évaporation. Il n'est que peu soluble dans l'eau froide; brûlé, il dégage une odeur de corne brûlée. Il est peu utile. On s'en sert quelquefois pour falsifier les cassonades, fraude facile à reconnaître à l'odeur en brûlant le résidu d'une solution de la cassonade qui reste sur un filtre, après avoir été passée.

Quand le lait n'a pas été écrémé, le petit-lait contient une certaine quantité de beurre. Pour l'extraire, exposer le petit-lait dans un vase convenable, à une température de 12 à 15 degrés, et enlever tous les matins l'espèce de crême qui nage à la surface. On traite cette crême comme le beurre.

Vinaigre de petit-lait. Passer du petit-lait obtenu en faisant des fromages maigres; disposer dans une chambre, au midi, des tonneaux ayant la partie supérieure défoncée, qu'on remplit à moitié de petit-lait. Délayer dans une petite quantité de petit-lait une demi-livre de miel, ou de sucre brut; ajouter, pour deux kilogrammes de sucre, une demi-livre de levure de bière; sur vingt-cinq litres de cette liqueur, ajouter trois litres et demi d'eau-de-vie commune; ce mélange suffit à vingt-cinq litres de petit-lait. Opérer la réunion des deux liquides en brassant: couvrir les vases, et laisser reposer. Entretenir dans la chambre 20 à 25 degrés Réaumur, par un feu de mottes, de tourbes ou de poussière de charbon. Les trois premiers jours, agiter le mélange avec un balai de bouleau. La fermentation est bientôt accompagnée d'une odeur alcoolique. Quand cette odeur cesse d'acquérir du montant, mettre le vinaigre en pièce à la cave; au bout d'un mois ou deux, soutirer et clarifier, ou passer à la chausse.

Ce vinaigre ne perd qu'à la longue le goût de petit-lait; pour masquer cette odeur, et lui donner la couleur du vinaigre rouge, on y mélange, avant la fermentation, des baies d'hièble, ou de sureau, ou de la fleur sèche de sureau, de l'estragon, de la pimprenelle, quelques ognons piqués de clous de girofle, quelques gousses d'ail qu'on y fait infuser; la distillation, lorsqu'on peut l'opérer, est encore préférable à tous ces moyens, et ajoute à la qualité du vinaigre en le concentrant. (Voy. LAITERIE.)

LAIT BLEU. (*Conn. us.*) C'est une altération accidentelle qui survient au fromage. Elle s'observe d'abord à la surface, forme de petites taches qui s'étendent, se réunissent, et rendent bleue toute la masse. En calcinant le caséum du lait ainsi altéré, on trouve que les cendres deviennent bleues et que cette propriété est due au phosphate de fer qu'on y rencontre.

LAIT (ARBRE A). (*Jard.*) *Galactodendron utile.* Famille des urticées. En espagnol, *palo de vaca*, arbre à vache. Cet arbre est originaire de l'Amérique du sud, et croît dans les terrains pierreux. Une entaille faite dans son écorce produit un lait visqueux d'une saveur très-agréable. Ce lait contient beaucoup d'eau, un peu de sucre, un sel de magnésie et un principe colorant. Chauffé et refroidi, il produit une masse semblable à la cire et propre aux mêmes usages. Cet arbre, cultivé en Hollande, y a très-bien réussi, et nul doute qu'on pourrait l'acclimater dans nos départemens méridionaux.

Un autre *arbre à lait* (*Tabernœmontana utilis.* Famille des apocynées) croît également dans l'Amérique du sud. Mélangé avec du café, le suc qui se trouve entre l'écorce et le bois de cet arbre a absolument le goût du lait de vache.

LAIT DE POULE. (*Méd. dom.*) Mettre dans un bol deux jaunes d'œufs très-frais, avec une cuillerée de sucre en poudre et une d'eau de fleur d'orange. Délayer le tout et ajouter, en tournant toujours, un verre d'eau bouillante. Cette préparation, prise le soir, est éminemment pectorale.

LAIT VIRGINAL. (*Hyg.*) *Recette française.* Mêler deux gros d'esprit de rose à une once de teinture de benjoin et de storax, verser ce mélange goutte à goutte dans huit onces d'eau double de rose.

Recette anglaise. Faire dissoudre dans trois onces d'eau de rose six grains de carbonate de soude; mêler avec une once d'huile d'amandes douces; ajouter en remuant toujours deux gros d'essence de bergamote, et autant d'eau de fleur d'orange. Ce lait virginal donne à l'eau de toilette un agréable parfum; mais son emploi trop fréquent irrite la peau.

LAITE. (*Conn. us.*) La laite des poissons et celle de la carpe particulièrement ont cela de particulier qu'elles contiennent du phosphore, outre les principes ordinaires des matières animales. C'est ce qui leur donne des qualités stimulantes.

LAITERIE. (*Ind. dom.*) La position la plus favorable à une laiterie est le nord-ouest. Les bâtimens d'habitation doivent la protéger contre les vents du sud-est. Elle doit être élevée et spacieuse, percée de deux rangs de fenêtres, basses dans la partie inférieure, et hautes dans la partie supérieure; ces fenêtres doivent être grillées et fermées par des volets, afin qu'on puisse modérer la température.

On pratique à chacune des portes de la laiterie des ouvertures qui puissent se fermer au moyen d'un petit volet; on y adapte de la gaze, et un grillage de fil de fer très-léger, à mailles serrées, pour en interdire l'accès aux chats, aux rats, aux souris, et même aux mouches. Enfin, ces ouvertures doivent être disposées de manière à ne pouvoir établir, lorsque le vent souffle impétueusement, un courant d'air dans toute la laiterie, pour y conserver, autant qu'il est possible, une température uniforme dans toutes les saisons.

Le sol doit être garni de dalles, parce qu'un pavé de cette sorte est plus frais et plus facile à nettoyer. Il doit être lavé chaque fois que l'on a écrémé des jattes de lait, et les eaux de lavage doivent s'écouler par une rigole pratiquée au milieu de la laiterie. Chaque fois qu'on écrème le lait, l'on doit s'empresser d'essuyer avec un torchon mouillé les gouttes qui tombent sur le sol, afin qu'elles ne s'y aigrissent pas, et ne saturent pas l'atmosphère de la laiterie d'émanations acides, capables d'influer sur la qualité du lait. On ne doit rien y laisser de ce qui est capable de vicier l'air.

L'habitude de répandre du sable sur le pavé est mauvaise : ce sable empêche les eaux de lavage de s'écouler, et retient les gouttes de lait qui s'aigrissent.

Des lavages trop fréquens entretiendraient aussi l'humidité.

La température de la laiterie doit être de 8° à 11° pour que la crême puisse se faire en hiver, et ne s'aigrisse pas en été. On peut, dans les laiteries, adapter au mur du nord une roue à vent, de quatre ou cinq pieds de bras, dont l'air pénètre dans l'intérieur, et dont les volans, mis en agitation par le moindre souffle, établissent un courant d'air très-vif.

Les fromages doivent être déposés dans une pièce éloignée de la laiterie; c'est un moyen d'éviter que l'odeur forte qu'ils répandent communique un goût désagréable au beurre et au lait. Si les barattes sont en bois, il faut les laver et les gratter chaque fois qu'on vient de s'en servir, et avoir soin que ces vaisseaux n'aient pas la plus légère odeur d'aigre; sans quoi la qualité du lait en serait altérée. On ne doit pas employer les vases en bois couverts d'une couche de peinture; celle-ci communique au lait un goût désagréable; elle finit par s'écailler, et ses débris se mêlent au lait. Pour s'épargner ce nettoyage, on peut se servir de jattes en terre vernissée.

Avant de traire, on relève la litière; on transvase immédiatement le lait dans des vases propres.

Quand on écrême, on a soin de ne pas mettre la crême du lait qui a commencé à aigrir ou qui a contracté quelque mauvais goût. En été le lait s'aigrit plus promptement, et il faut beaucoup de soin pour saisir l'instant propre à l'écrêmage. Dans les temps orageux, il est très-difficile d'empêcher le lait de tourner à l'aigre. C'est au fermier à faire attention à son lait, lorsque le temps se couvre et menace d'orage. La crême séparée du lait est mise dans un vase à part, où elle reste jusqu'à ce qu'elle commence à s'épaissir et à prendre un goût aigrelet agréable.

Les pièces accessoires à la laiterie servent, les unes à recevoir une chaudière assez grande, destinée à laver les vaisseaux et les ustensiles employés; les autres, à tenir en magasin le beurre et les autres produits du lait, et à serrer les outils inutiles pour le moment. L'intérieur des murs de ces pièces doit être enduit de chaux, ainsi que le plafond, quand elles ne sont pas voûtées.

On peut employer des vases de métal pour recevoir le lait à la vacherie et le transporter à la laiterie; mais on ne doit jamais y laisser séjourner le lait, surtout quand ils sont de cuivre ou de plomb, parce que le fluide les attaque facilement, en sa qualité de corps gras et fermentescible, et qu'il produit ensuite avec eux des combinaisons salines, lesquelles agissent à la manière des poisons.

On peut diviser en cinq classes les ustensiles nécessaires à une laiterie, savoir, ceux servant : 1° à traire les vaches; 2° à couler, à contenir et transporter le lait; 3° à battre la crême, et à délaiter le beurre; 4° à saler et à fondre le beurre; 5° à cailler le lait à chauffer et à cuire les fromages.

Une description de tous ces instrumens serait assez inutile, parce qu'ils varient à raison des habitudes et des ressources locales.

Disons seulement un mot des principaux. Les vases les plus avantageux pour faire cailler le lait sont ceux qui sont étroits dans leur fond et très-larges à la partie supérieure. Il faut qu'ils aient environ quinze pouces par le haut, six pouces par le bas, et autant de profondeur. Moyennant cette forme et ces proportions, peu importe qu'ils soient de faïence, de porcelaine, de bois ou de fer-blanc, vernissés ou non; le lait s'y refroidit promptement; la crême s'y rassemble en totalité à la surface, et acquiert la consistance nécessaire à sa séparation.

Mais ceux des vases contenant sept à huit litres sont le plus généralement adoptés, parce que, plus petits, ils retarderaient le service de la laiterie; et, d'une capacité plus grande, ils seraient trop lourds à porter. Nous ne saurions trop recommander la préférence que méritent les terrines non vernissées lorsqu'il s'agit de poteries communes.

Ces terrines, dont le nombre est toujours proportionné aux besoins du service journalier de la laiterie, doivent être en ordre, sur des banquettes de pierre, et non de bois, dans la crainte que, recevant quelques gouttes de lait, celles-ci ne pourrissent à la longue, et ne deviennent le foyer d'une odeur désagréable qu'il est nécessaire d'éviter. Après les terrines, les ustensiles qui méritent quelque observation sont ceux qu'on emploie à battre le beurre; ils doivent être en bois, de capacité et de formes différentes; les plus usités sont : 1° la *baratte*, vaisseau large par le bas, étroit par le haut, ayant la figure d'un cône tronqué; 2° la *seremne*, ou moulin à beurre, employée particulièrement dans les grandes fabriques. Elle ressemble à une futaille.

Au milieu de la laiterie doit être placée une table de pierre, s'il est possible, avec quelques rigoles qui permettent l'écoulement de l'eau employée à laver et à rafraîchir le local.

Nous ne saurions trop insister sur la nécessité d'entretenir une grande propreté dans une laiterie.

Quand la laiterie est placée dans un souterrain, et qu'on craint que la chaleur n'y pénètre, on ferme les soupiraux avec des bouchons de paille pendant la chaleur du jour. En hiver, on empêche par le même moyen le froid d'y avoir accès.

Tous les ustensiles de la laiterie doivent être passés à l'eau bouillante de lessive, ensuite à l'eau fraîche, et frottés avec une brosse ou d'autres instrumens, de plus, séchés au feu ou au soleil, chaque fois qu'on s'en est servi, parce que la moindre partie du lait ancien qui y adhérerait deviendrait, en se décomposant, un principe de fermentation, un véritable levain qui pourrait influer désavantageusement sur la qualité du beurre et du fromage.

Comme tout l'appareil d'une laiterie consiste principalement à empêcher que le lait ne se caille et ne s'aigrisse, en été avant qu'on en ait enlevé la crême, et en hiver, avant que le froid ne soit assez considérable pour que la préparation du beurre ne devienne très-difficile, il faut faire en sorte d'y maintenir toujours une température à peu près égale. On l'obtient en fermant ou ouvrant toutes les issues, selon la saison; en éparpillant sur le carreau de l'eau fraiche à diverses reprises, ou l'échauffant par un poêle.

On dit communément que les temps orageux diminuent la quantité de crême, et que les éclairs suffisent pour opérer sa coagulation; mais cette assertion n'est pas fondée; une chaleur vive change bien, en un instant, la consistance et la manière d'être du lait; alors la crême qui s'y trouve disséminée n'ayant pu se rassembler à sa surface, une partie reste confondue dans le caillé auquel elle est adhérente; mais la même quantité s'y trouve toujours; elle n'est perdue que pour la ménagère qui, ne connaissant pas de moyens pour la faire séparer complétement doit, dans ce cas, obtenir moins de beurre. Tous les efforts doivent donc être employés pour éviter cette perte.

LAITERON. (*Agr.*) *Sonchus.* Famille des chicoracées. Cette plante croît partout; ses feuilles sont lisses et remplies d'un suc laiteux; ses fleurs qui paraissent aux mois de mai et de juin, en bouquets jaunes ressemblent à celles du pissenlit. Avant que le laiteron ait poussé sa tige, on peut le manger en salade. Ses racines, fraiches, s'apprêtent comme les salsifis; la décoction de ses feuilles augmente, dit-on, le lait des nourrices. Les vaches, les lapins, les lièvres, se nourrissent avec plaisir des feuilles et de la tige de cette plante.

Le *laiteron épineux* (*sonchus asper*) a des feuilles garnies d'épines longues et dures. Le *petit laiteron* (*terra crepola*) fleurit tout l'été, et croît sur les collines pierreuses et dans les décombres.

LAITON. (*Conn. us.*) Le laiton est un fil composé de zinc et de cuivre. Le fil de laiton est très-solide, et employé dans un très-grand nombre d'industries. Le laiton fut inventé au seizième siècle par Ebner, fondateur de l'université d'Helmstadt. On le tire en fils plus ou moins déliés, pour faire des cordes d'instrumens de musique.

LAITUE. (*Jard.*) *Lactuca capitata.* Famille des chicoracées. Plante annuelle. La culture en a formé plusieurs variétés qui ont toutes les qualités du type de l'espèce, *Lactuca sativa.*

Laitue crêpe blonde. Elle est petite, mais pomme très-bien. En la semant au pied d'un mur, vers le milieu d'octobre, on la repique le 20 ou le 25 février. Elle est très-pommée à la mi-octobre.

On peut aussi en semer à la mi-août; elle sera bonne à la mi-octobre.

Laitue turque. C'est la plus grosse de toutes, mais elle monte trop vite. On la sème en plein air depuis le 15 février, et tous les dix jours depuis le 1er août.

Laitue blonde paresseuse. Elle se cultive comme la précédente, mais elle est loin d'être active à monter. C'est la meilleure à cultiver pendant l'été.

Laitue de la passion. Elle est tendre et excellente, quoiqu'elle ne pomme pas très-bien. On la sème à la mi-octobre au pied d'un mur et en place; elle est bonne au 15 mars.

Laitue romaine maraichère. On la cultive comme la laitue paresseuse. Quand elle a acquis toute sa grosseur, et qu'elle paraît pleine à la pression de la main, on place au bout des tiges un lien de paille, et un autre lien un peu au-dessus du milieu. On n'en lie qu'une douzaine à la fois, et avec des intervalles de deux jours. Cette espèce met neuf jours à blanchir. Les laitues romaines qui montent et ne sont pas destinées à grainer, se donnent aux vaches, aux cochons, ou se jettent sur les composts.

Manière de faire les semis de laitues. Depuis la mi-février jusqu'au 1er août, chaque fois qu'on en sème une planche, on en repique une seconde avec les laitues de la première, après qu'on a éclairci. Cette opération, qui retarde de sept à huit jours, équivaut à un deuxième semis.

Au moment de semer, il faut bêcher, tracer dans chaque planche quatre rayons espacés d'un pied, et d'un pouce de profondeur; semer clair et le plus également possible, et recouvrir très-légèrement la graine au râteau; arroser souvent depuis le premier jour du semis; sarcler et râtisser les sentiers, quand le plant a quatre feuilles.

Soins à donner aux portes-graines. Les graines doivent provenir de plantes qui ont passé l'hiver, ou des premiers semis pour les espèces d'été; car toutes les laitues semées dans cette saison donnent des graines qui montent promptement. Pour éviter le mélange des espèces, il faut les éloigner les unes des autres, et placer à l'écart quelques beaux pieds.

Récoltes des graines de laitues. Quand les graines du milieu des tiges sont mûres et prêtes à tomber, on les coupe, on les étend, et, quand elles sont sèches, on les froisse avec la paume de la main; on les vanne pour en ôter le duvet; on enlève avec soin les vers.

Les graines de laitues se conservent quatre ou cinq ans; la meilleure graine est celle de trois ans.

Moyen de faire pousser les laitues en quarante-huit heures. Tremper la graine dans de l'eau-de-vie; mêler au terreau un peu de colombine (voy. ce mot), et de poudre de chaux bien éteinte; semer en serre chaude. Les laitues ainsi traitées ne durent que huit jours sur couches.

Moyen de hâter la végétation des laitues. Au mois de février, faire tremper la graine pendant vingt-quatre heures; laisser sécher dans un lieu chaud; semer, et couvrir de cloches. On peut manger ces laitues en salade au bout de dix à douze jours.

La laitue sauvage (*lactuca virosa*), croît le long des haies, ainsi que la laitue scariole (*lactuca scarriola*), qu'on trouve aussi dans les prés, où elle vient sans culture.

LAITUE. (*Cuis.*) *Laitues en garbure.* Faire blanchir huit laitues pendant un quart d'heure; les faire mijoter une heure et demie, avec des tranches de veau et des bardes de lard, les recouvrir de lard; ajouter deux carottes, un ognon, un clou de girofle, et mouiller avec du bouillon. Les égoutter; les couper en tranches; les mettre par lits avec du pain émincé et du poivre; passer dessus le bouillon des laitues; faire réduire un peu, et servir.

Laitues hachées. Laver les laitues avec soin; les faire blanchir dans une eau salée; les passer à l'eau fraîche; exprimer l'eau; les hacher; les mettre dans une casserole avec beurre, sel et poivre; quand elles sont un peu frites dans le beurre, y mettre une ou deux cuillerées de farine et du bouillon. Laisser bouillir pendant un quart d'heure. Servir avec des croûtons.

Laitues à l'espagnole. Oter les feuilles dures; faire blanchir; rafraîchir à l'eau froide; mettre dans le cœur des laitues un peu de sel et de gros poivre; les ficeler; les faire cuire entre deux bardes de lard, avec racines et aromates; mouiller de bouillon; faire mijoter une heure; égoutter les laitues sur un linge blanc; les parer; les glacer; servir avec des croûtons et une sauce espagnole. (Voy. ESPAGNOLE.)

Laitues farcies. (Voy. CHOUX-FARCIS.)

On peut manger la laitue romaine au jus, à la sauce blanche, au sucre, ou même au macaroni. Quand elle est montée, on en enlève les feuilles qu'on donne aux bestiaux, et on épluche avec soin les cœurs, qu'on fait cuire dans l'eau avec du sel.

LAITUE. (*Hyg.—Méd. dom.*) *Lactuca sativa.* La laitue, avec l'assaisonnement naturel qu'on lui ajoute, a l'avantage de rafraîchir l'estomac. Ceux qui se plaignent habituellement d'avoir le matin la langue sèche et pâteuse doivent user de cette plante potagère, et en composer le repas du soir. Elle a des propriétés réfrigérantes que tempère son mélange avec la roquette.

Le suc laiteux de la laitue *virosa* et *scarriola* a des qualités malfaisantes. Les autres laitues sont légèrement narcotiques.

Extrait de laitue. Cet extrait émollient calme les nerfs, diminue d'une manière sensible la chaleur animale, et a les avantages de l'opium, sans irriter comme lui l'estomac. Pour le préparer, aux approches de la floraison, dépouiller la tige de ses feuilles, et y faire des incisions, à midi, au soleil; on recueille avec une lame d'argent le suc concret et brun qui en découle. En pilant la tige coupée par tronçons dans un mortier de marbre, et faisant évaporer à une chaleur de 40° jusqu'à consistance d'extrait gommeux, on obtient encore plus de suc.

Eau de laitue. On l'emploie comme calmante. On l'obtient en mettant au fond d'un alambic vingt-quatre litres d'eau, y ajoutant quinze à vingt livres de laitue, et distillant. Elle a une odeur forte et vireuse. Elle est propre à faire cesser l'insomnie dont les femmes enceintes sont souvent tourmentées.

LAMPE. (*Conn. us.*) Nous donnerons ci-dessous les noms des principales lampes, en indiquant ce qui les distingue.

Lampe aérienne, inventée en 1825 par M. Bristiel. Un mécanisme fait monter l'huile au niveau de la mèche, sans réservoir extérieur.

Lampe aglophe. Dans cette lampe, due à M. Gagneau, l'huile est maintenue au niveau de la mèche.

Lampe d'Argant. (Voy. QUINQUET.)

Lampe économique. Cette lampe fut inventée en 1800 par Paul-Nicolas de Genève; on y brûle, sans fumée, toute espèce d'huile et de graisse.

Lampe hydrostatique. Cette lampe a le même principe que la fontaine de Héron, dans laquelle on fait jaillir l'eau au-dessus de son niveau au moyen de l'air comprimé par l'eau elle-même. On la doit aux frères Girard de Marseille (1804).

Lampe ignifère. Cette lampe, qui s'allume d'elle-même, fut inventée en 1818, par M. Loque, de Paris.

Lampe à niveau constant. Le procédé qui tient l'huile toujours au même niveau dans les lampes, au moyen d'une pompe, est dû à MM. Carcel et Carreau (1800). Cette lampe a été récemment perfectionnée par ce dernier.

Lampe pneumatique. Cette lampe, mise dans le commerce en 1815 par M. Andrew-Spooner, permet à la lumière de se répandre également de tous côtés.

On distingue encore la lampe à triple courant d'air et à pompe foulante de M. Brahant (1804); la lampe à niveau alternatif de M. Hadrot; la lampe à niveau intermittent de M. Gotten (1812); la lampe à gaz, de M. Gay-Lussac (1814); la lampe docimastique et autres dont on fait peu d'usage, et qui ne sont guère connues que des savans.

Lampe Locatelli. Cette lampe, du mécanisme le plus simple et qui produit une belle lumière, dure quinze heures allumée, use peu d'huile, et ses mèches ont l'inappréciable avantage de ne répandre aucune fumée. Son prix, proportionné à sa dimension et au nombre de becs qu'elle présente, est modique. Nous recommandons ce nouveau mode d'éclairage qui a mérité un brevet d'invention. En faisant l'acquisition de cette lampe, qui offre différens modèles, on reçoit une instruction sur la manière de s'en servir. Dans ces lampes, le réservoir à l'huile est au-dessus du bec, qui est très-petit. La mèche, parallélipipède plein de deux lignes de diamètre, allumée à l'air libre, brûle sans charbonner, en donnant une clarté égale à celle d'une bougie, et dépense pour chaque bec moins de cinq grammes d'huile par heure, c'est moins de cinq centimes d'huile par huit heures. Une livre d'huile peut servir à cinq becs pendant vingt heures. Une chandelle qui dure de six à sept heures coûte de dix à treize centimes.

A l'aide d'un réflecteur qui concentre sur une surface donnée les rayons lumineux, on triple l'intensité de la lumière.

Les décorations de l'Opéra sont éclairées par des lampes Locatelli.

Dans les *lampes hydrostatiques* le réservoir d'huile est au-dessous du bec, ce qui dispense de placer un anneau opaque autour du point lumineux, comme dans les lampes dites australes et sinombres. Les lampes hydrostatiques, des frères Girard, ont été depuis perfectionnées par M. Thilorier, et MM. Morel et Garnier.

Lampe pyro-pneumatique. Cette lampe-briquet sert à se procurer instantanément du feu. Elle est due à M. d'Obereiner de Berlin, et a été importée en France en 1824, par MM. Haring et Vincent-Chevalier.

M. d'Obereiner avait observé qu'un morceau spongieux de platine obtenu de la réduction de l'hydrochlorate ammoniacal de platine peut déterminer la combinaison de l'hydrogène avec l'oxigène de l'air atmosphérique, à la température ordinaire. La cause de ce phénomène n'est pas encore connue. Voici comment se fait l'expérience : on dirige, à travers l'air, un courant de gaz hydrogène sur un morceau de platine en éponge; à l'instant l'endroit du métal frappé par le courant s'échauffe jusqu'à la température de l'ignition, et le gaz prend feu. On a appliqué cette singulière propriété à des lampes-briquets qui donnent du feu spontanément, et que l'on trouve chez plusieurs opticiens et fabricans d'instrumens de physique : elles se composent d'un ballon en verre dans lequel la réaction de l'acide sulfurique étendu sur du zinc produit du gaz hydrogène : celui-ci est comprimé par le liquide d'un réservoir supérieur, et sort avec rapidité lorsque l'on ouvre un robinet; une éponge de platine est placée devant ce robinet, et elle enflamme le courant gazeux qui la frappe. On a observé que l'éponge de platine ne conservait pas long-temps sa propriété dans un courant d'air humide, et on l'a garantie de cette cause de déperdition : au reste il est facile de lui rendre son action première en la faisant rougir au feu, en la plongeant dans l'acide nitrique, etc.

Plusieurs autres métaux jouissent de cette propriété, surtout le palladium, le rhodium et l'irridium.

Moyen d'empêcher la fumée des lampes de nuit de répandre une mauvaise odeur. Imprégner d'eau une éponge de trois pouces de diamètre, et la suspendre à quelques pouces au-dessus de la flamme de la lampe. Pour qu'elle serve une seconde fois, il faut la laver avec de l'eau chaude.

Lampe de Davy, ou de sûreté. Cette lampe due au chimiste anglais de ce nom, a pour but de prévenir, dans les mines l'explosion du feu grisou, gaz hydrogène carboné, qui s'écoule par des fissures entre les lits de charbon.

M. Davy avait observé que la combustion du gaz inflammable ne pouvait se propager au travers de petits tubes, en sorte que si un jet d'un mélange gazeux passe par un tube étroit, l'extrémité s'allume sans que la flamme se communique à l'intérieur.

La cause de ce phénomène est attribuée au refroidissement que la flamme éprouve en touchant les parois métalliques du tube : en effet, nous avons vu que la flamme ne peut résister qu'à une certaine température; et si cette température ne peut avoir lieu près d'un corps bon conducteur, il est évident que la flamme elle-même ne peut subsister. Maintenant rien n'est plus facile que d'appliquer ces principes à la combustion de la lampe de sûreté : supposons une lampe enveloppée dans un étui en verre ou en corne, et ne pouvant admettre, à la partie inférieure, l'air nécessaire à la combustion, ni laisser dégager les produits gazeux, à sa partie supérieure, que par de petits tubes métalliques : il est clair que, s'il s'y introduit des gaz inflammables, ceux-ci pourront faire explosion en s'allumant dans l'intérieur de la *lanterne*, et le dégagement, offert par les petits tubes, empêchera qu'elle soit crevée; mais la flamme ne pourra se communiquer au gaz extérieur, puisqu'elle s'éteindra à l'entrée de chaque tube.

La lampe conçue d'après ces données, perfectionnée et éprouvée par un long usage, est entourée d'une enveloppe cylindrique de toile métallique d'une texture fine et serrée. Cette toile remplace à la fois et les petits tubes, et le verre ou la corne; car chaque petite ouverture, comprise entre les fils de cette sorte de canevas, laisse passer la lumière en quantité suffisante, et remplit les fonctions d'un petit tube pour refroidir la flamme qui vient à toucher ses parois.

On avait craint que l'explosion du gaz, dans cette lampe, pût porter au rouge la température des fils métalliques; c'est, en effet, ce qui a lieu pour la partie supérieure de la toile : mais cette température inférieure à celle de la flamme, ne peut allumer le gaz extérieur, et n'augmente pas, le calorique étant dispersé rapidement sur la toile de métal qui est éminemment conductrice de la chaleur.

LAMPION. (*Ind. dom.*) *Manière de les faire.* Prendre plusieurs vases de terre cuite, en forme de plats creux. Faire bouillir toutes sortes de mauvaises graises et de suif; quand ces matières sont liquéfiées au feu, les distribuer dans les plats creux, et au moment où elles sont prêtes à se figer on place au milieu de chacun une petite mèche de filasse.

LAMPROIE. (*Pêch.*) La *lamproie marbrée* se trouve dans toutes les mers. Elle atteint jusqu'à trois pieds de long sur quatre à cinq pouces de diamètre. On la pêche dans les rivières où elle entre au printemps pour y déposer ses petits. On en peut prendre beaucoup, aux flambeaux, en les harponnant la nuit sur le sable.

La *lamproie de rivière*, plus petite que la précédente, se trouve dans la Seine, la Loire et autres fleuves. Elle n'a que quatre à cinq pouces de long, sur trois à cinq lignes de diamètre. Son dos est d'un noir brun, et son ventre d'un noir argenté.

La chair de la lamproie est molle, gluante et nourrit beaucoup. On l'échaude pour la limoner, on la mange comme l'anguille.

Matelote de lamproie. Prendre deux lamproies, les limoner dans de l'eau presque bouillante, les vider, les couper en tronçons, garder le sang, couper les têtes et le bout des queues, passer les lamproies au roux, les mouiller de vin rouge, ajouter de petits ognons passés au beurre, des champignons, un bouquet assaisonné, un peu de sel et de poivre; faire cuire et dégraisser; lier la matelotte avec le sang des lamproies; servir avec des croûtons et des écrevisses.

LAMPSANE. (*Méd. dom.*) *Lampsana.* Famille des chicoracées. Cette plante annuelle ressemble un peu au laiteron, et croît dans les champs et dans les jardins. Elle a quelques vertus émollientes. Son suc s'emploie contre la gale et les écorchures des mamelles.

LANDES. (*Agr.*) Un septième au moins de la surface du sol français est en friche, en landes, ou en marais incultes. Un grand nombre de landes peuvent être aisément défrichées. Celles qui sont sablonneuses et caillouteuses sont les plus difficiles à fertiliser. Pour défricher les autres, on met le feu par un temps calme, vers la fin de l'été, aux plantes qu'elles produisent, après avoir toutefois récolté celles qui peuvent être de quelque usage. Quand ces plantes sont brûlées, on arrache à la pioche les racines des arbustes; et après les pluies d'automne, on laboure à grands sillons; on donne un second labour au printemps; on peut alors semer de l'avoine. La seconde année, on donne trois bons labours si on veut semer du blé. La troisième, la lande produit une bonne récolte. (Voyez DÉFRICHEMENT, BRUYÈRE.)

LANGE. (Voy. ACCOUCHEMENT, ENFANT, LAYETTE.)

LANGOUSTE. (*Cuis.*) Ce crustacé s'apprête comme le homard dont il ne diffère que par les pattes qui sont beaucoup plus petites. Tout son corcelet est rude et hérissé d'aspérités. La langouste est assez commune dans la Méditerranée. (Voy. HOMARD.)

LANGUE. (*Cuis.*) Les langues se préparent comme le jambon. (Voy. ce mot.) On les fume avec du bois de chêne, de la sciure de ce bois et des feuilles de genièvre, le tout arrosé avec de l'eau.

Langue fourrée. Pour fourrer une langue, il faut commencer par la refaire, c'est-à-dire, par en affermir la chair, en la faisant bouillir dans de l'eau pendant un quart d'heure; après quoi, vous lui enlèverez, avec un couteau, la première peau.

Lorsqu'elle est pelée, vous la lavez dans l'eau fraîche; vous la laissez bien égoutter, et la mettez ensuite dans un pot de grès, après l'avoir saupoudrée de sel. Ce premier sel fondu, vous en remettez de nouveau. La langue étant suffisamment salée, vous y mettez des fines herbes, et vous la renfermez dans un boyau de bœuf proportionné à sa grosseur; après quoi, vous la pendez dans la cheminée, où vous la laissez plus ou moins de temps, selon qu'on y allume du feu plus ou moins fréquemment. La fumée sert à donner à la langue fourrée une saveur particulière, et elle la rend de garde. Enfin, on la fait cuire, quand on le veut, dans de l'eau salée, ou dans le bouillon ordinaire.

Voy. BŒUF, JAMBON, MOUTON.)

LANGUES. (*Conn. us.*) Si l'étude des langues est hérissée de difficultés, si, après avoir vainement consacré de longues années à bégayer le latin et le grec, les jeunes gens parviennent à peine, au sortir des bancs, à ajouter à ces notions incomplètes la connaissance de l'italien ou de l'anglais, c'est moins à cause d'obstacles réels que par suite de l'imperfection des enseignemens.

Abréger les études en réunissant la théorie et la pratique, tel est l'avantage de la méthode que nous allons exposer.

On met entre les mains des élèves les livres élémentaires, comme il s'en trouve dans toutes les langues de l'Europe, écrits en style simple, et offrant des difficultés toujours croissantes. Il est bon que le sujet de ces livres prête à des développemens moraux. Faire marcher de front l'éducation et l'instruction, enseigner à l'enfant ses devoirs en cultivant son esprit, lui donner de justes idées du bien et du mal en augmentant le cercle de ses connaissances; tel est le but noble et utile que tout professeur doit se proposer.

On fait lire chaque jour lentement à l'élève un paragraphe du livre qu'on a choisi, en lui faisant faire le mot à mot, puis le bon français. Le lendemain, ou après quelques jours d'exercice on exige de lui qu'il lise sans le secours du maître et qu'il écrive de mémoire après la leçon, la signification des mots. Il se familiarise ainsi avec la prononciation, les mots, la syntaxe de la langue qu'il apprend, et les différences qui existent entre les constructions de cette langue et celles du français.

A cette pratique, on joint, au bout d'une semaine, des détails grammaticaux. On fait lire aux élèves une grammaire abrégée en la leur commentant. Il est inutile qu'ils apprennent par cœur; il suffit qu'ils lisent avec quelque attention; toutefois, comme peu d'enfans apprécient la valeur de la science et du travail, on est malheureusement obligé d'avoir recours à l'usage des leçons.

A mesure que les élèves avancent, on leur donne à expliquer les auteurs plus difficiles. On parle avec eux la langue enseignée. On leur demande le sens de telle ou telle phrase qu'on prononce. On leur fait composer sur différens sujets. Ils peuvent se perfectionner eux-mêmes en lisant à l'aide d'un dictionnaire.

Pour les langues les plus généralement répandues, on peut suivre cette méthode avec les livres suivans :

Grec. Histoires d'Ælien, Fables d'Ésope, Traité de latinité, par Vannière, ancien et excellent ouvrage.

Latin. De Viris et Grammaire de Lhomond.

Anglais. Beauties of the history, Grammaire de Sirey. Chesterfield's, selected letters, litsle jack.

Italien. Racconti historici da Vergani. Grammaire abrégée de Biagoli.

Allemand. Fables de Lessing, Grammaire de J. T Hermann (1832).

Nous terminerons cet article par quelques citations qui montreront la manière dont l'élève devra écrire les phrases qu'il aura lues avec le maître.

Grec. Το la, τέλος fin, τῆς de la, Γραμματιχῆς grammaire, χαί et, πρὸς pour, τὸν le, βιον vie, χρήσιμον utile, χαι et, πρὸς pour, ἄλλας autres, ἐπιστήμας sciences, συνεργόν avantageux.

«Le but de la grammaire est d'être utile à la conduite de la vie et de faciliter les autres sciences.»

Latin. Urbem la ville, *Romam* Rome, *à* du, *principio* commencement, *reges* les rois, *habuére* eurent.

«Rome fut d'abord gouvernée par des rois.»

Anglais. The le, *shortest* plus court, *and* et, *best* meilleur, *way* chemin, *of* de, *learning*, apprenant, *a* une, *language* langue, *is* est, *te* de, *know* connaître, *the* les, *roots* racines, *of* de, *it* lui.

« Le plus court et le meilleur moyen d'apprendre une langue est d'en connaître les racines.»

Italien. Non ne pas, *si* se, *lascia* laisse, *il* le, *savio* sage, *abbagliare* étourdir, *da* de, *le* les, *ricchezze* richesses.

« Le sage ne se laisse pas éblouir par les richesses. »

Allemand. Mússiggang l'oisiveté, *ist* est, *aller* de tout, *laster* vice, *unfang* commencement.

« L'oisiveté est la mère de tous les vices. »

Espagnol. Pobre pauvre, *me* moi, *compadezco* compatis, *mucho* beaucoup, *de* de, *lo* le, *que* que, *sufris* tu souffres.

«Pauvre homme! je compatis beaucoup à tes douleurs.»

Quand on apprend successivement plusieurs langues, il est utile d'aller du simple au composé, en débutant par la plus facile, en finissant par celle qui s'éloigne le plus du français.

Voici dans ce cas la marche à suivre:

Langues vivantes. Italien, espagnol, portugais, polonais, anglais, allemand, grec moderne, suédois, russe, arabe et langues orientales.

Les principales difficultés de ces dernières consistent dans leur système graphique. Celui des Chinois surtout est tellement compliqué qu'il est devenu la base de la division hiérarchique des castes, et que la nation est divisée en classe de lettrés qui savent parler et lire; et peuple qui ne sait que parler. Quant aux langues mortes, on n'apprend généralement que le latin et le grec, bonnes à connaître en ce qu'on en retrouve un grand nombre de mots dans toutes les langues de l'Europe. On laisse aux savans le celte, le basque, l'hébreu et le sanscrit.

LANIER. (*Chass.*) *Lanius falco.* Espèce de faucon qui a le bec et les pieds bleuâtres, et les ongles noirs, employé autrefois par les fauconniers. Il est devenu assez rare en France (Voy. FAUCON.)

LANSQUENET. (*Réc. dom.*) Ce jeu, très compliqué et très dangereux par les facilités qu'il offre aux escrocs, a été défendu et ne se joue presque plus. Nous n'en parlons que parce qu'il fut autrefois en vogue, et qu'il est mentionné dans une foule d'auteurs classiques, on le joue avec un jeu entier. Ceux qui tiennent la main se nomment *coupeurs*, les autres *pontes* et *carabins*.

Quand les cartes sont mêlées, et que le coupeur qui tient la main a fait couper, il donne une carte à chacun des autres coupeurs.

Les cartes distribuées sont appelées *cartes droites*, pour les distinguer de celles qui doivent être tirées ensuite; chaque coupeur met sur sa carte droite une somme convenue.

D'autre part, tous les joueurs peuvent avant que la carte du donneur soit tirée, mettre ce qui lui convient à une chance qu'on nomme *la joie* ou *la réjouissance*.

Le jeu étant fait, le donneur se donne une carte qu'il découvre; puis il tire celle qui doit décider du sort de la réjouissance.

Il tire ensuite d'autres cartes, et c'est de l'arrivée d'une carte semblable à celle qu'il s'est donnée, que dépendent la perte ou le gain de to.s les joueurs.

Quand le donneur donne une carte droite double à l'un des joueurs, c'est-à-dire, une carte de même espèce que celle déjà donnée à un autre coupeur, il gagne la somme convenue que celui-ci a dû mettre sur sa carte : mais il est contraint de tenir deux fois cette somme sur la carte double.

Par la même raison, lorsqu'il arrive que le donneur donne une carte triple à l'un des coupeurs, il gagne ce qu'on a dû jouer sur la carte double, mais il est tenu de mettre quatre fois la somme convenue sur la carte triple.

S'il advient que le donneur donne une carte quadruple à l'un des coupeurs, il reprend ce qu'il a mis sur ses cartes droites simples ou doubles, s'il s'en trouve au jeu, mais il perd ce qui est sur la carte triple, et quitte aussitôt la main sans donner aucune autre carte.

Enfin, si la carte quadruple que tire le donneur est pour lui, il gagne tout ce qu'il y a sur les cartes des autres coupeurs; et, sans donner d'autres cartes, il recommence la main.

S'il arrive que la carte de la réjouissance soit quadruple, cette chance ne va pas, et chacun retire l'argent qu'il y a mis.

Lorsque la carte d'un coupeur vient à être prise, il doit payer le fonds du jeu à chacun des autres coupeurs qui ont une carte devant eux; c'est ce que l'on nomme *arroser*; mais dans ce cas, le perdant ne paie pas plus aux cartes doubles ou triples qu'aux cartes simples.

Toutes les fois que le donneur amène une carte semblable à quelqu'une de celles qu'il a tirées précédemment, il gagne ce qu'on a joué sur la carte tirée la première; mais si, avant d'amener des cartes semblables à celles qu'il a déjà tirées, il amène la sienne, il perd tout ce que les pontes ou carabins ont mis sur les différentes cartes qu'on a pu tirer jusqu'alors.

La partie ne finit que quand le donneur a retourné une carte pareille à la sienne. Par conséquent, s'il arrivait que dans le cours de la partie il en retournât douze autres semblables à celles-là, il ferait ce qu'on appelle *pleine-main*, ou *opéra*, car il gagnerait tout ce que les carabins auraient joué dans cette partie; mais si, après avoir retourné les douze cartes qui diffèrent de la sienne, il en retournait une semblable à cette dernière, il serait tenu de doubler, au profit des carabins, tout ce qu'ils auraient joué sur ces douze cartes, et il éprouverait ce qu'on appelle un *coupe-gorge*.

Il y a encore au lansquenet les *partis* : ces partis consistent à mettre trois contre deux, quand on joue avec carte double contre carte simple; ou deux contre un, si l'on joue avec carte triple contre carte double; ou enfin trois contre un, quand on joue avec carte triple contre carte simple.

Comme il y a de l'avantage à tenir la main, le coupeur qui donne ou qui *taille* a le droit de la conserver chaque fois qu'il lui arrive de gagner les cartes droites de différens coupeurs, quand même il n'en gagnerait aucune autre.

LANTERNE. (*Ind. dom.*) Meuble essentiel, surtout à la campagne, et sans lequel on ne doit jamais aller la nuit dans les écuries, granges, ou autre lieu contenant des matières combustibles.

Les lanternes en corne sont préférables à celles en verre, parce qu'elles peuvent mieux résister aux chocs extérieurs. Il vaut mieux toutefois se servir de lanternes fermées en verre, qu'on n'est pas obligé d'ouvrir pour voir clair. (Voy. INCENDIE.)

Lanternes de M. Roche. Elles sont en fils de laiton croisés; on les plonge dans une décoction de colle de poisson, qui remplit toutes les mailles, puis on vernit pour préserver de l'humidité. Ces lanternes sont aussi transparentes que les lanternes de corne.

Lanternes en gaz métallique. On a appliqué les expériences de Humphray Davy (voyez LAMPE) à la construction des lanternes. On les enferme dans une double enveloppe métallique en gaze de cuivre très-fine, qui prévient tout accident. Cette enveloppe contient 750 à 800 ouvertures par pouce carré.

Lanternes en cuir. Ces lanternes servent à éclairer sous l'eau; elles ont deux tuyaux, un inférieur et l'autre supérieur, et diverses ouvertures garnies de verres.

LANTERNE MAGIQUE. (*Conn. us.—Récr. dom.*) Cette machine, si connue maintenant, fut inventée par le père Kircker. Elle se compose d'une caisse de fer-blanc. Sur un des fonds de cette caisse est adapté un miroir concave d'environ cinq ou six pouces de foyer. On place derrière une lampe dont le miroir réfléchit les rayons lumineux sur une lentille de six pouces de foyer; vis-à-vis de laquelle est un second verre lenticulaire. Les rayons lumineux vont traverser un troisième verre d'environ un pied de foyer, qui réfléchit sur la muraille l'image placée dans la lanterne.

Il y a des lanternes magiques dont les figures peintes le sont en partie sur un verre fixe, et en partie sur des verres mobiles, de manière à pouvoir au moyen de petites ficelles animer les personnages.

Lorsqu'on veut s'amuser avec la lanterne magique, on attache un drap blanc à la muraille, pour y représenter les sujets qui sont peints sur les lames de verre, et l'on éteint toutes les lumières de l'appartement. On place les spectateurs derrière la lanterne magique, et l'on fait passer successivement les divers sujets devant la première lentille. Pour rendre cette récréation plus divertissante, on tend la toile au milieu de la chambre comme une cloison, et l'on met la lanterne d'un côté et les curieux de l'autre.

Manière de peindre les verres des lanternes magiques. Les verres des lanternes magiques se peignent avec des couleurs transparentes délayées dans du vernis. Quand on veut peindre le matin des verres pour le soir, on se sert du vernis à l'esprit-de-vin, qui sèche très-promptement; mais comme ce vernis s'écaille, il vaut mieux se servir du vernis huileux au copal.

Manière d'esquisser. Le sujet que l'on veut peindre est dessiné sur du papier; on calque ensuite le trait sur le verre. Le verre qu'on emploie est le verre à vitre commun, qui s'altère moins à l'air que certains verres très-blancs qui contiennent un excès d'alcali. On calque, et l'on esquisse sur le verre, au pinceau, ou avec une plume chargée de noir délayé dans le vernis; on laisse sécher ce trait avant d'appliquer les couleurs. Si l'on emploie le vernis huileux, on peut hâter la dessiccation en mettant les verres dans une étuve ou en les exposant au soleil.

Couleurs à employer. Les couleurs transparentes dont on peut se servir sont: pour le bleu, le bleu de Prusse et l'outremer foncé; pour le rouge, les laques de garance et de cochenille; pour le jaune, les laques jaunes et la gomme gutte. La gomme gutte est soluble dans l'esprit de vin. Ces trois couleurs peuvent suffire à la rigueur. Combinées deux à deux, elles donnent naissance à trois couleurs brillantes: l'orangé, le violet et le vert; réunies toutes les trois, elles se détruisent mutuellement, et au lieu de couleurs brillantes, ne produisent que des noirs ou des bruns. On emploie en outre pour le noir, les noirs de fumée ou de charbon calciné; pour le brun, le bitume et le stil de grain brun; pour le vert, le vert de gris cristallisé et le vert de Schéele (arsénite de cuivre). Ces deux couleurs sont plus brillantes que le vert provenant du mélange du bleu de Prusse et de la gomme gutte.

On broie ces couleurs en poudre impalpable et on les délaie à mesure dans le vernis. Si on emploie le vernis huileux, on peut broyer à l'huile.

Pour rendre plus brillans les objets représentés, on peut peindre tout le fond en noir.

Pour juger de l'effet des couleurs, on place le verre sur un pupitre qui a au centre une ouverture au travers de laquelle on aperçoit la lumière du ciel réfléchie dans un miroir.

On transporte des estampes sur le verre, comme on en transporte sur du bois. Il n'y a plus alors qu'à enluminer la gravure; mais il est à craindre que les tailles de la gravure, grossies par la lentille, ne produisent un effet désagréable.

On a conseillé d'appliquer la lanterne magique à l'éducati n, en y peignant des sujets dont l'explication peut intéresser les enfans, et leur donner des idées morales. C'est une pensée ingénieuse, dont quelques-uns de nos lecteurs peuvent être tentés de tirer parti.

Fantasmagorie. Ceux qui ne connaissent pas la théorie de cet amusement, dit M. Julia Fontenelle, sont convaincus que des spectres se précipitent sur eux ou voltigent à leur gré autour de la salle; la plupart des spectateurs ne peuvent se défendre d'une certaine crainte lorsqu'ils les voient en apparence accourir vers eux. La fantasmagorie (ce mot signifie en grec *Assemblée de fantômes*) n'est cependant qu'une simple modification de la lanterne magique; l'instrument au moyen duquel on opère des effets si surprenans consiste en une toile gommée que l'on tend en face des spectateurs. Elle ne reçoit d'autre lumière que celle d'un appareil placé derrière cette toile, qui est invisible pour le public. On représente, sur cette toile gommée, des spectres, des bêtes féroces, des monstres, etc.; ces objets effrayans paraissent d'abord comme un point, mais ils prennent graduellement et rapidement un grand accroissement; c'est cet effet qui les fait paraître se précipiter vers les spectateurs. L'appareil fantasmagorique est placé sur des roulettes garnies d'une étoffe de laine afin d'éviter le bruit. Il renferme deux lentilles qui se meuvent par le moyen d'une crémaillère. Pour rendre petit l'objet représenté, on n'a qu'à rapprocher l'appareil de la toile; mais il en résultera que l'image en sera confuse, parce que les foyers de ses divers points n'existeront plus sur cette toile. On parviendra à la rendre nette en écartant la première lentille de la seconde par le secours de la crémaillère. Lorsqu'au contraire on se propose de faire paraître les objets plus ou moins grands on éloigne plus ou moins l'appareil de la toile, en approchant en même temps l'une de l'autre les deux lentilles. Voilà toute la théorie des amusemens fantasmagoriques. Quoique cet instrument soit en apparence très-simple, il n'en exige pas moins beaucoup d'habileté de la part de celui qui le fait mouvoir, s'il veut opérer des effets propres à étonner les spectateurs; sous ce point de vue, M. Comte laisse peu à désirer.

Il y a des tableaux où la même figure est peinte par-devant et par-derrière; on fait d'abord paraître très-petite celle qui vient en avant, et on la fait grandir, puis on la pousse vivement; elle paraît s'être retournée, et on la fait s'éloigner en la diminuant. Il y en a d'autres qui sont peints pour monter ou descendre. Pour ceux-ci, on tourne d'un quart de tour la cage où les tableaux se placent, et on fait passer les tableaux de bas en haut, ou de haut en bas, à volonté, selon que l'on veut faire monter ou descendre la figure.

Si l'on veut faire quelque scène d'apparition double, il faut alors un second appareil ou une bonne lanterne magique, dans laquelle on place un tableau représentant l'endroit où l'on veut produire l'apparition. Cette lanterne se place sur un support quelconque, à une hauteur analogue à la toile, et un peu éloignée d'elle; dans l'appareil à engrenage, on met la figure que l'on veut faire apparaître; on la montre d'abord très-petite, la dirigeant sur le fond du tableau; et, à mesure qu'on l'agrandit, elle semble s'avancer sur le devant de l'édifice, dont la grandeur ne varie pas. Pour cette expérience, les deux instrumens doivent être placés un peu obliquement à la toile, et faire avec elle un angle un peu ouvert, afin que les rayons ne se nuisent pas mutuellement. Il faut avoir soin que le mouvement de la crémaillère suive convenablement celui du chariot, afin que l'objet ne perde pas sa netteté; mais, avec un peu d'exercice, on s'habitue à bien juger et à bien rendre les effets.

L'éclairage de la fantasmagorie vient d'être perfectionné

par MM. Vincent Chevalier et fils, au moyen d'une nouvelle cheminée parabolique, d'un foyer très-court s'adaptant à la lampe, ce qui concentre davantage la lumière sur l'objet.

LAPEREAU, LAPIN. (*An. dom.—Ind. dom.—Cuis.*) ***Cuniculus.*** Le lapin est originaire des pays chauds. Il est du genre des rongeurs. Moins sauvage que le lièvre il a été facile de le réduire à l'état de domesticité. Peut-être parviendrait-on avec des soins à modifier le caractère revêche et indépendant de ce dernier, et à l'élever dans nos habitations ainsi que le premier; ce serait une conquête sur la nature; on se procurerait une chair plus délicate et plus savoureuse que celle du lapin.

Le lapin ressemble au lièvre par la conformation extérieure, mais il en diffère par ses mœurs et par ses habitudes; ces deux animaux ne peuvent pas vivre ensemble et ils se battent entre eux, même jusqu'à la mort si on les enferme dans le même lieu.

Un grand naturaliste romain, Pline, a judicieusement observé que les petits animaux les plus inoffensifs et qui rendent les plus grands services à l'homme sous le rapport alimentaire, sont les plus productifs. Cette observation s'applique principalement au lapin, qui peut avoir annuellement sept portées de petits, et qui chaque fois en met bas sept à huit. En supposant donc que ce produit eût lieu sans interruption pendant quatre années, un mâle et une seule femelle avec leurs petits produiraient dans cet espace de temps un million deux cent soixante-quatorze mille huit cent quarante lapins. C'est cette prodigieuse fécondité qui a suggéré aux Espagnols d'aller chercher en Afrique le furet pour détruire les lapins qui s'étaient multipliés d'une manière prodigieuse en Espagne, dont le climat, le sol, et les plantes leur conviennent parfaitement. Ces animaux envahiraient bientôt un pays s'ils n'étaient entourés d'ennemis qui leur font sans cesse la guerre, tels que les oiseaux de proie, les loups, les renards, les fouines, etc., et surtout l'homme qui a tant de moyens de les détruire. Ils n'ont d'autre refuge que des terriers qu'ils forment en grattant la terre avec les pattes de devant. Ils y pratiquent deux ouvertures afin de pouvoir fuir si quelque ennemi vient à pénétrer dans l'intérieur. C'est dans cette retraite que les lapins passent le jour, n'allant paître dans la campagne que le soir, après le coucher du soleil, ou le matin, avant qu'il ne se lève. Il est des terrains tellement remplis de pierres et de cailloux que le lapin, ne pouvant les creuser, se loge dans un gîte comme le lièvre. Il aime les sols secs, sablonneux et garnis de broussailles.

Il peut produire à l'âge de 6 ou 8 mois; la femelle reste pleine pendant un mois, et les petits tètent pendant 22 jours. On élève les lapins domestiques de deux manières: on les tient dans des garennes qui sont fermées par des espaces de terrains plus ou moins étendus, qu'on entoure de murailles, afin de les empêcher de s'échapper dans la campagne; car lorsque ces animaux sont trop multipliés, ils occasionnent de grands dégâts, dévorent les récoltes, et jusqu'à l'écorce des arbres, s'ils manquent d'autre nourriture pendant l'hiver. On pratique quelquefois avec des pierres des galeries qu'on recouvre de terre en forme de monticules, afin de faciliter aux lapins le moyen de se loger plus promptement. On sème dans ce local quelques herbes et on y fait croître quelques arbustes ou broussailles. Il faut avoir soin lorsqu'ils manquent de nourriture, surtout en hiver, de leur donner sous un abri du foin ou d'autre fourrage, des branches d'arbre avec leurs feuilles, des pommes de terre ou d'autres racines.

Mais l'éducation la plus généralement suivie pour les lapins, consiste à les loger dans un endroit abrité et bien aéré. On met ordinairement les femelles avec leurs petits dans des cases en bois. On sépare celles-ci des mâles; on leur distribue en petite quantité à la fois des feuilles de choux, de chicorée et autres débris de jardin, et des racines de toute espèce, et surtout des pommes de terre coupées en rouelle.

Il faut leur donner de la litière et les tenir proprement afin qu'ils ne contractent pas de maladies. L'éducation d'un certain nombre de lapins peut être très profitable dans les petits ménages de la campagne lorsqu'elle est conduite avec intelligence.

Râtelier des lapins. Le fourrage doit être suspendu dans un râtelier, c'est une économie, car le lapin ne touche guères à sa nourriture après avoir piétiné dessus. On joint aux choux, qui seuls donnent un mauvais goût, quelques herbes aromatiques. L'avoine, de temps à autre, fait beaucoup de bien au lapin.

On fait les portes des cabanes en barreaux. On donne au sol, qu'on dalle avec soin, une pente marquée, et du côté le plus bas, une rigole couverte d'un grillage sert à l'écoulement des urines.

La fougère, la mousse, le foin avarié conviennent aux lapins pour litière; il faut la renouveler souvent. Pour aliment, ils aiment le fenouil, le cerfeuil, le persil, la marjolaine, le laiteron, le serpolet, le thym, la traînasse, les betteraves, les carottes, le sainfoin et la luzerne.

Produit d'un lapin. Un lapin de quatre mois ne coûte que deux mois et demi de nourriture, puisqu'il est allaité pendant cinq à six semaines; et cette nourriture peut être évaluée, hors des grandes villes, où les denrées sont les plus chères, à un denier par jour. A trois ou quatre mois, on peut le vendre ou le manger. On retire en argent ou en aliment, l'intérêt de ce qu'il a coûté. Plus un lapin avance en âge, plus il augmente en chair, en embonpoint, en peau et en poil. Delà l'expression vulgaire par laquelle on désigne un homme de talent ou de vertu en disant: *c'est un vieux lapin.*

Soin à donner aux mères qui ont mis bas. Lorsque des lapines auront mis bas, prenez bien garde qu'elles ne mangent des herbes mouillées. Pendant la huitaine, prodiguez-leur le son, en le mêlant avec un peu de sel. Vous ne les remettrez pas au mâle avant six semaines au moins; elles nourriront, pendant ce temps, leurs petits. Parmi ceux-ci, ayez soin de séparer, après ces six semaines, les mâles des femelles: ces dernières avorteraient en s'accouplant beaucoup trop tôt.

La femelle du lapin produit pendant cinq à six ans. Un mâle suffit à deux femelles. Quelquefois la durée de la gestation n'est que de 20 jours, mais le plus ordinairement de 28 et rarement de 30. Le lapereau a atteint tout son développement au bout de dix mois; il vit dix à douze ans.

Maladies du lapin. Le lapin est sujet aux *indigestions*

qu'on prévient aisément en diminuant la quantité de ses alimens. Une nourriture trop humide leur cause souvent une *diarrhée* mortelle; on y remédie en les nourrissant d'alimens secs et de pain grillé. Ce même régime convient encore quand ils sont atteints de cette sorte d'hydropisie appelée *gros ventre*. La malpropreté cause aussi aux lapins une espèce de marasme contagieux qu'on prévient et qu'on guérit quelquefois en leur administrant de l'orge grillée et des plantes aromatiques. L'ophtalmie chez les femelles, maladie la plupart du temps mortelle, est la suite de la malpropreté; une loge aérée, saine et une litière fraîche peuvent la prévenir, et parfois la guérir.

La pourriture envahit aussi les lapins; on la traite comme celle des bêtes à laine. (Voy. au mot BÉTAIL, *cachexie aqueuse*.)

Lois relatives aux lapins. Le lapin cause beaucoup de dommages dans les lieux où on le laisse multiplier. Il mange les récoltes de toute espèce, et fait autant de mal par ses allées et venues qu'avec sa dent.

Les lapins de garenne sont des immeubles, ainsi que les pigeons de colombier, les ruches à miel et les poissons des étangs, quand ils ont été placés par le propriétaire pour le service et l'exploitation du fonds. (Art. 524 du Code civil.)

Les propriétaires des garennes, ou des forêts où il existe beaucoup de lapins, sont responsables des dommages causés par les lapins sur le fonds voisin, s'ils ne justifient pas qu'ils ont cherché à détruire ces animaux ou permis aux propriétaires voisins de les détruire eux-mêmes. (Merlin, *Repertoire de jurisprudence*, au mot *Gibier*, art. VIII.)

Quant aux lapins qui ne sont point de garenne, qui sont, en termes de chasse, buissonniers, c'est-à-dire, qui ne se trouvent sur le terrain que par l'effet de l'instinct qui les y rassemble, sans que le propriétaire ait rien fait pour les y attirer; étant réputés animaux sauvages et n'appartenant pas par conséquent aux propriétaires du terrain, ils ne rendent ce propriétaire responsable des ravages qu'ils exercent dans les terres voisines qu'autant que, par sa négligence à les détruire ou son refus de les laisser détruire, ils se sont multipliés au point de devenir nuisibles. (Code civil, art. 524, 564, 1385, 1685.)

Manière d'écarter les lapins des vergers et des vignes. Sur le bord de la pièce qu'on veut préserver, planter tous les quatre à cinq jours, à six pieds l'un de l'autre, des petits bâtons souffrés, auxquels on met le feu. (Voy. JARDIN.)

Poils et peau du lapin. Les poils de lapin trouvent une grande consommation dans la fabrication du chapeau; la peau garnie de ses poils donne une fourrure très-chaude. Sa chair, quoique moins estimée que celle du lièvre, est cependant assez délicate. On fabrique avec le poil de lapin d'Angora des gants, des châles et autres tissus. Ce poil est plus long, plus souple et plus soyeux que celui du lapin ordinaire. Le lapin angora est une variété qui ne diffère de ce dernier que par la nature de son poil.

La peau du lapin vaut l'hiver de 60 à 80 c. Elle est sans valeur l'été parce que le poil ne tient pas dans cette saison.

Fumier du lapin. Le fumier du lapin, chaud et abondant, convient aux terres froides et blanches. Les jardiniers l'achètent fort cher et le considèrent comme égal à la colombine en force et en durée. (Voy. CLAPIER.)

Manière de tuer les lapins et les lièvres. On est dans l'usage de tuer les lapins clapiers, en les frappant, avec force, de la main ou d'un bâton, sur la nuque, ou derrière les oreilles. Les chasseurs emploient la même méthode à l'égard des lièvres que leur fusil n'a fait que blesser. Mais la quantité de sang qui s'amasse par cette forte contusion, autour du cou, en rend la chair rouge ou noire, et désagréable à la vue lorsqu'elle est cuite. Afin de prévenir ce petit inconvénient, les Anglais font des incisions aux joues du lapin assommé, ce qui facilite l'écoulement du sang. Une autre pratique en usage chez les Anglais, est de tuer les lapins comme ils tuent les dindons, c'est-à-dire, en incisant le palais avec un canif; et ce procédé est le meilleur : la chair du cou se trouve blanche après la cuisson. En France, on fait encore mourir les lapins en les tirant de la tête aux pieds, pour leur casser l'épine du dos.

Apprêt pour donner un fumet agréable aux lapins clapiers. De quelque manière qu'on ait tué un lapin domestique, on lui met dans le ventre, aussitôt qu'il est vidé, un petit paquet de thym ou de serpolet, de mélilot, d'estragon, ou d'autres plantes aromatiques, avec un peu de lard ou de beurre, au moment de le mettre à la broche.

Autre procédé. On prend une pincée de mélilot jaune et blanc, des feuilles de bois de Sainte-Lucie, du serpolet, fleuri, autant que cela est possible. On fait sécher séparément ces plantes, d'abord à l'ombre, ensuite au soleil, entre deux feuilles de papier. On les réduit en poudre, que l'on passe dans un tamis de soie. Le lapin étant dépouillé et vidé, on le fait revenir sur le feu. On prend un morceau de lard bien frais, dont on mêle avec une partie de la graisse de la poudre indiquée. Cette espèce de pommade sert à frotter le dedans du lapin avant de le piquer et de le mettre à la broche; on recoud ensuite la peau du ventre.

On peut, dès que le lapin est tué, le remplir d'épices et de tout ce qui entre dans un bouquet garni, que l'on retirera au moment de cuire.

Lapereau rôti. Le dépouiller, le vider, lui casser les os des cuisses, le faire revenir sur la braise, le piquer ou le larder, et le placer à la broche comme le lièvre.

Lapereau au blanc. Couper le lapereau par morceaux, ôter le foie, essuyer pour qu'il n'y ait pas de sang. Faire chauffer les morceaux dans le beurre, à un feu ardent. Ajouter deux cuillerées de farine, et quatre cuillerées à pot de bouillon; quand le ragoût bout, y mettre des champignons sautés dans de l'eau et du citron, un peu de thym, une feuille de laurier, un bouquet de persil et de ciboule, un peu de gros poivre, une demi-livre de lard coupée en morceaux et blanchie; faire cuire à grand feu, ajouter, pendant la cuisson, de petits ognons épluchés. Dégraisser et lier avec des jaunes d'œufs. Saler et servir.

Lapereau au vin de Champagne. Faire cuire comme le lapereau à la minute; ajouter un verre de vin de Champagne.

Cuisses de lapin à la purée de lentilles. Les désosser jusqu'à l'avant-cuisse, les piquer avec des lardons, assaisonner, les faire cuire avec lard, veau, poivre, sel, aromates; mouiller de bouillon; au bout de deux heures servir avec une purée de lentilles. On les prépare de même à la chicorée, à la sauce tomate, aux champignons, aux cardes, aux concombres, aux truffes.

Cuisses de lapereau en chipolata. Faire cuire les cuisses comme pour le lapereau au blanc; ajouter des ognons, des marrons et des saucisses blanchies.

Cuisses de lapereau au soleil. Faire cuire comme ci-dessus; battre des œufs; rouler les cuisses de lapereau dedans; les parer et les faire frire. Servir avec du persil frit.

Lapereaux en papillote. Les faire mariner coupés par membres, dans de l'huile assaisonnée d'épices, champignons, ail, ciboules, persil haché menu; placer chaque morceau entouré de cet assaisonnement dans une feuille de papier bien enduite de beurre; faire griller à petit feu; servir avec le papier.

Lapin en galantine. Désosser le lapin, le piquer, hacher une partie des chairs avec lard, sel, poivre, truffes et aromates; étendre le lapin dans une braisière, l'entourer d'un lit de farce, d'un lit de lardons, d'un lit de truffes, et ainsi de suite. Faire cuire avec carottes, ognons, veau, laurier, thym, bouquet garni, vin blanc, et laisser bouillir pendant deux heures.

Lapereau à la poulette. Le couper par morceaux que vous passerez sur le feu avec beurre, champignons, ciboules et persil; ajouter une pincée de farine, mouiller de bouillon et de vin blanc; épicer; faire réduire et former une liaison de jaunes d'œuf.

Lapereau à la minute. Le couper par morceaux, le faire cuire dans un quarteron de beurre avec muscade, sel, poivre et aromates. Faire cuire un quart d'heure.

Hachis de lapereau. Hacher menu; mêler au hachis deux ou trois cuillerées de sauce béchamelle chaude. Tenir chaud au bain-marie. A défaut de béchamelle, on se sert de consommé avec une liaison de trois jaunes d'œufs.

Lapereau sauté. Le couper par morceaux; sauter dans le beurre; ajouter épices, persil, ciboules, échalottes hachées, et pincée de farine; mouiller de vin de Madère avec un peu de glace; faire cuire vivement. On peut le servir avec un croûton, des truffes et un fumé de gibier.

Lapereau en gibelotte. Mettre les morceaux de lapereau dans une casserole avec un quarteron de petit lard coupé en six morceaux, et un demi-quarteron de beurre. Les retirer dès qu'ils ont pris couleur; mettre dans le beurre une cuillerée de farine; mouiller avec un verre de bouillon chaud et deux verres de vin blanc. Ajouter poivre, bouquet garni, une gousse d'ail, six champignons, coupés chacun en quatre; remettre le lapereau et le lard; faire bouillir une heure et demie.

Lapereau à la tartare. Désosser; faire mariner par morceaux, mais sans champignons; paner et faire griller en arrosant avec la marinade; servir avec sauce à la tartare.

Lapereau en civet. (Voy. CIVET DE LIÈVRE.)

Farce de lapereaux pour garnir des petits pâtés, tourtes, etc. Pour douze onces de chair de lapereau coupée en petits dés, ajouter huit onces de lard gras, trois cuillerées de fines herbes, deux onces de beurre, une feuille de laurier, deux petits ognons et une petite carotte coupée en lames. Faire mijoter pendant une demi-heure. Laisser refroidir, piler le tout avec trois jaunes d'œuf.

Pâté froid de lapereau aux truffes. (Voy. LIÈVRE.)

Quenelles de lapin. Lever les filets de lapin, les piler; mettre de la mie de pain tendre dans du lait, du bouillon ou de l'eau chaude. Passer cette mie de pain au tamis; la mêler à la viande avec égale partie de beurre, sel, poivre, muscade râpée, aromates pilés, cinq jaunes d'œufs et des blancs d'œufs battus; faire des boulettes; les passer à l'œuf et les faire frire.

Quenelles en terrine. Les faire cuire avec des rognons, des ris d'agneau, des truffes, du velouté, une demi-bouteille de Madère, des champignons; une liaison de jaunes d'œufs.

Croquettes de lapereau. Faire cuire des filets de lapereau avec du velouté, du beurre, sel, poivre, muscade, paner à l'œuf et faire frire. On peut les faire mariner simplement avant de les mettre dans la poêle.

Kari de lapereaux. (Voy. KARI.)

Le lapin peut aussi se préparer comme le lièvre. (Voy. ce mot.)

LAPIN DU BRÉSIL. *Cavia cobaya.* Des considérations scientifiques d'une incontestable vérité nous ont déterminé à désigner sous ce nom l'animal appelé vulgairement cochon d'Inde. En effet, il ne ressemble nullement aux cochons que l'on classe parmi les pachydermes. Il est, comme les lapins, de l'ordre des rongeurs; il ressemble au lapin par sa tête, par son museau; sa nourriture est la même; il ne nous est point venu de l'Inde, mais du Brésil, dans l'Amérique méridionale.

Le lapin du Brésil a le corps court et rond, le cou très-gros, les oreilles aussi larges que hautes, les yeux gros et éminens; ses dents ressemblent à celles du rat; il est muni de quatre doigts aux pieds antérieurs et de trois aux pieds de derrière; sa queue est très-courte; son poil, assez rude quoique lisse, est quelquefois entièrement blanc, et pour l'ordinaire parsemé de larges taches noires ou d'un jaune fauve.

Cet animal aime le chaud et craint les lieux humides; il se propage cependant dans toute l'Europe lorsqu'il n'éprouve pas un froid trop rigoureux. On l'élève plutôt par fantaisie que pour les usages de la table; sa chair, qui peut se manger, est fade et insipide; elle est chargée d'une grande quantité de graisse. Il est trop petit pour que sa fourrure et sa peau puissent trouver des applications utiles.

Le lapin du Brésil multiplie considérablement, étant en état de reproduire son espèce cinq ou six semaines après sa naissance, ne portant que trois semaines, n'allaitant ses petits que pendant douze ou quinze jours, et mettant bas de cinq à dix petits. Il a un sommeil court et fréquent qu'il n'interrompt que pour manger, ce qu'il réitère souvent.

Le lapin du Brésil ne sert à rien, n'est pas bon à manger et offre peu d'agrémens. Il est vrai qu'il coûte peu à nourrir et qu'il n'est pas difficile pour sa nourriture; il mange toutes sortes d'herbes et de fruits, des grains, du son, du pain, des feuilles d'arbre, etc. Il est à remarquer qu'il ne boit jamais et que cependant il urine beaucoup. Toute espèce de logement lui convient, pourvu qu'il soit dans un lieu sec. Il a un son de voix ou un grognement qui ressemble un peu à celui du cochon de lait, et qu'il émet lorsqu'il est content. Il pousse un petit cri aigu lorsqu'il souffre ou qu'il est inquiet.

LAPIS LAZULI. (*Conn. us.*) Pierre précieuse, bleue, d'Asie. On en trouve aussi en Suède, en Prusse, en Bobème et en Espagne. On en extrait la partie colorante qui prend le nom d'outremer.

LAQUE. (*Comm. us.—Ind. dom.*) On donne le nom de laque à diverses préparations colorantes.

La laque proprement dite est un suc résineux produit par des insectes sur les branches de certains arbres, et en particulier sur celles de l'*Erythrina monosperma de l'Inde*. C'est une sorte de cellule dans laquelle ces insectes déposent leurs œufs. Elle sert à faire des vernis, des couleurs.

On emploie la résine laque, dans le Levant, pour teindre les toiles et les peaux; elle fait la base de la cire à cacheter; on en fait une teinture avec l'esprit de cochléaria: elle entre dans les poudres et opiats dentifrices, dans les pastilles odorantes, les vernis d'ébénisterie, les apprêts des chapeaux imperméables.

On distingue dans le commerce la laque en bâton, la laque en grains et la laque en feuilles ou plate. Beaucoup d'autres substances colorantes, et en particulier les fécules rouges animales et végétales, préparées d'une manière particulière, portent, en teinture, le nom de laque.

Le *coccus lacca*, insecte du genre des cochenilles, transforme en laque les sucs du figuier des pagodes, du figuier d'Inde, du pommier d'Inde, du croton lacciferum, etc.

La laque produite sur les figuiers est plus estimée que les autres. Les insectes produisent la laque en se fixant aux extrémités des jeunes branches, et en s'environnant d'un liquide épais qu'ils tirent de l'arbre même.

Laque en bâtons. La laque en bâtons (en anglais *stick-lac*) est adhérente aux branches sur lesquelles elle a été déposée.

Laque en grains. La laque en grains (*seed-lac*), qui est inférieure à la précédente, a été détachée par petits fragmens.

Laque en feuilles. La laque en feuilles (*shell-lac*) est la laque fondue, purifiée, plus dure et plus friable que les autres laques, et privée de tout principe colorant. Pour la préparer, on sépare les cellules des branches, on les concasse, on les laisse un jour dans une eau alcaline, on les fait sécher, on les met dans un sac de toile qu'on expose au-dessus d'un feu de charbon. A mesure que la laque se liquéfie, on tord le sac pour l'exprimer, et on l'étend en lames minces, unies, transparentes qui varient de couleur depuis le blond clair jusqu'au rouge cerise, et même au rouge brun. Les nuances les plus claires, les plus orangées sont les plus chères.

La bonne laque se dissout en grande partie dans l'alcool, brûle avec flamme et odeur, et s'étend au feu en fil très-allongé. Le mélange de trois parties de borax et de cinq parties de laque devient entièrement soluble dans l'eau.

Analyse chimique des laques.

SUBSTANCES CONTENUES.	EN BATONS.	EN GRAINS.	EN FEUILLES.
Résine.	68	88,5	90,9
Matière colorante.	10	2,5	0,5
Cire.	6	4,5	4
Gluten.	5,5	2	2,8
Corps étrangers.	6,5	0	0
Perte.	4	2,5	1,8

Décoloration de la laque. Prendre trois parties de carbonate alcalin, autant de chaux pulvérisée; vingt-quatre parties d'eau; mettre le tout dans une bouteille bien bouchée, au bout de vingt-quatre heures, décanter; faire bouillir le liquide, et dissoudre dedans quatre parties de laque. On filtre la masse rouge; on ajoute du chlorure de chaux dans une quantité d'eau égale à quatre fois cette masse: quand le liquide est décoloré, on y verse de l'acide muriatique étendu d'eau, qui neutralise l'alcali et précipite la laque qui peut être dissoute ensuite dans l'alcool pour servir de vernis.

Apprêt des chapeaux au moyen de la laque. On rend les chapeaux imperméables en les plongeant dans une solution de neuf livres de laque en feuilles, et trente-sept décagrammes de sous-carbonate de potasse dans vingt-deux litres d'eau. On les retire ensuite; on les frotte avec une brosse rude, et on les plonge dans une eau acidulée avec une partie d'acide sulfurique sur vingt.

Lac-dye. Le lac-dye est la partie colorante de la laque; il est en morceaux irréguliers couverts d'une croûte rougeâtre ou d'un gris noir, et en tablettes de deux pouces carrés, et de six à neuf lignes d'épaisseur. Sa cassure offre un intérieur d'un beau noir. Il arrive en Europe dans des caisses pesant 90 à 150 kilogrammes, et sert à la teinture: quand le lac-dye est en pains, il prend le nom de lac-lake; mais sous cette forme, il contient beaucoup plus de résine.

Extraction de la matière colorante de lac-dye. Le lac-dye, mis en poudre, se dissout dans l'acide sulfurique. Il faut trois livres d'acide sulfurique pour quatre livres de poudre de lac-dye sèche, humecté avec deux fois son poids d'eau. On met l'acide avec le lac-dye, on le laisse reposer 24 heures en été, 48 heures en hiver. On ajoute quatre livres d'eau bouillante pour chaque livre de lac-dye pesé sec. On soutire, et l'on verse la même quantité d'eau sur le résidu. On continue ainsi, jusqu'à ce qu'on n'obtienne plus de matière colorante. On mêle toutes les liqueurs obtenues, et l'on neutralise l'acide au moyen de la chaux bien brûlée et pulvérisée très-fin. Il en faut deux livres pour cinq livres d'acide sulfurique.

Autre préparation du lac-dye pour l'employer dans la teinture. On prend deux cent cinquante grammes de lac-dye en poudre; on en fait une pâte avec de l'eau bien pure, on y ajoute peu à peu 78 grammes d'acide sulfurique, en remuant toujours. On laisse agir l'acide pendant deux heures; on y ajoute 62 grammes 1/2 de carbonate de potasse. Au bout de deux jours, la masse est desséchée; on la conserve dans des bocaux. On peut pratiquer cette opération sans neutraliser, et avec 2/5 de livre d'acide pour 2 livres de lac-dye. On remue à différentes reprises, et on laisse reposer au moins vingt-quatre heures en été, et soixante-douze en hiver.

Deux à trois livres de lac-dye valent une livre de cochenille; la couleur obtenue revient moins cher et résiste mieux que l'autre à l'action des acides.

Teinture de la laine par le lac-dye. Le lac-dye peut servir à teindre la laine en rouge. Pour une livre, on fait bouillir de l'eau dans une chaudière; on y ajoute deux onces de crême de tartre et une once de fustet hâché, puis deux onces un quart de laque et trois onces de nitro-muriate d'étain, dit : composition d'écarlate. On fait bouillir la laine dans ce mélange.

Moyen de tirer une laque jaune du narcisse des prés. Faire bouillir ces fleurs dans l'eau avec deux gros d'alun par pinte ; les passer, ajouter par pinte deux onces de potasse délayée dans l'eau filtrée. Quand il ne se forme plus de poudre jaune dans la liqueur, laisser déposer, décanter, laver le dépôt, faire sécher à l'air ou à l'étuve, sur un papier gris. Cette couleur est analogue à celle du citron.

Autre procédé. Substituer à la potasse une solution de trois onces de sucre de plomb par pinte. Le dépôt est d'un beau jaune orangé, et s'accroît par la dissolution d'une certaine quantité de potasse dans la décoction.

On mêle ces laques à volonté aux huiles ou aux graisses.

Belle laque jaune. Prenez deux onces de la meilleure gaude, et deux onces d'alun de Rome le plus pur. Dissolvez l'alun dans l'eau distillée, en la faisant bouillir dans un pot de terre vernissé. Jetez dans cette dissolution, aussi chaude qu'elle le puisse être, la quantité ci-dessus énoncée de gaude, et faites encore bouillir un moment ce mélange. Filtrez ensuite par un papier blanc, laissez reposer la dissolution pendant une nuit, et décantez-la dans un autre pot de terre vernissé. La liqueur sera parfaitement transparente et fluide. Faites-la chauffer et versez-y successivement une dissolution d'alcali végétal, bien limpide et bien pure, jusqu'à précipitation complète.

Après que toute la précipitation sera faite, il faut avoir soin d'édulcorer le précipité et de le faire sécher dans une étuve ou dans un four médiocrement chaud.

Ce précipité sera du plus beau jaune foncé, et aura l'avantage d'être une couleur très-solide. Broyée à l'huile de pavots, et étendue sur une vitre exposée à l'air et aux rayons du soleil, elle n'a pas souffert la plus légère altération dans l'espace de seize années. Peu de couleurs, à l'exception de celles qu'on nomme terres, seraient capables de soutenir une comparaison avec celle-ci.

Laque rouge. Faire bouillir cent grammes de garance en poudre dans trois litres d'eau, avec cinquante grammes de sous-carbonate de soude, tempérer avec de l'eau froide l'effervescence de l'ébullition. Au bout de deux heures, passer la décoction en l'exprimant; verser sur la garance une nouvelle quantité d'eau bouillante, et exprimer ; filtrer, délayer la garance dans un ou deux litres d'eau froide acidulée avec l'acide hydrochlorique filtré à la chaux ; répéter les lavages jusqu'à ce que l'eau reste incolore ; verser peu à peu sur la garance une dissolution de 100 grammes d'alun dans trois litres d'eau ; laisser déposer, décanter, l'eau et bien laver le dépôt. (Voy. GARANCE.)

Les premiers lavages ont pour but de séparer de la garance les matières colorantes brunes et fauves qu'elle contient.

Laque de Venise. La laque de Venise est une pâte qu'on prépare avec de la poudre d'os de sèche, colorée avec la cochenille et du bois de Fanambouc.

Laque de Chine. Tous les meubles, tables, vases, ou boîtes, enduits d'un vernis de la Chine, prennent le nom de laque. Ce vernis découle d'un arbre qui croît en Chine, et qu'on appelle : arbre au vernis.

Moyen de rétablir les laques qui jaunissent. Quand les ouvrages de laque jaunissent, on leur rend une belle couleur noire en les exposant pendant la nuit à la gelée blanche, ou en les mettant sur la neige.

Le vinaigre et les liqueurs acides rougissent l'or des laques. On doit donc prendre des précautions pour ne pas en laisser tomber dessus.

Procédé pour imiter la laque de Chine. On prend une tablette de bois de Spa (marronnier d'Inde choisi) ; on découpe des dessins dans des morceaux d'indienne fine ; on les colle sur le bois avec de l'eau de gomme arabique, et l'on passe par-dessus l'encollage que nous allons indiquer :

Faire dissoudre dans un peu d'eau deux gros d'amidon de riz cuit, deux gros de colle de Flandre, un gros de savon blanc, un gros d'alun en poudre, étendre le tout dans un litre d'eau.

On donne deux couches de cet encollage sur le bois avec un pinceau de blaireau. Quand il est sec, on donne une couche de vernis à l'esprit-de-vin. On répète cette opération en ne faisant succéder une couche à une autre que lorsque la dernière posée est sèche. Au bout de douze à quatorze couches, dont les deux dernières se font avec du vernis blanc de copal, on obtient un glacis uniforme, qui réunit l'éclat à la solidité.

Imitation de laques chinoises de couleur. Toute espèce de bois est propre à recevoir cette préparation. On donne d'abord une ou deux couches de couleur noire ou rouge, pour faire le fond. On choisit un dessin qu'on colle sur un papier Joseph ; pour éviter le reflet de la couleur du fond à travers le papier, on le découpe et on le colle sur le bois ; on place ensuite par couche un vernis gras de copal, bleu, rouge ou noir ; la dernière couche seule doit être blanche. On polit avec un chiffon trempé dans de la pierre ponce impalpable ; on lustre le vernis au moyen de rouge anglais et d'une peau de daim.

Moyen de relever le fond par une teinte de bois. Procédé de M. Chenavard. Broyer, à l'aide d'une molette, sur une glace dépolie, du blanc de plomb avec de l'essence de térébenthine ; tracer, au moyen d'un crayon, les parties qu'on veut laisser blanches ; les couvrir du blanc de plomb délayé à l'essence ; passer sur la surface du meuble la couche du fond, et, à l'aide d'une brosse, enlever le blanc de plomb qui tombe en poudre, et laisser une place vide qu'on garnit de dessins à volonté.

Moyen de placer l'or. Avant de donner les deux dernières couches, appliquer sur les parties saillantes des dessins, de faux or broyé avec un peu de miel, puis délayé dans un peu d'eau qu'on décante pour ne conserver que la poudre d'or, et délayé enfin avec un peu de gomme arabique.

Autre procédé. Faire les traits avec un pinceau enduit d'eau gommée, ou de blanc d'œuf délayé dans de l'eau, et couvrir ces traits de faux or en poudre.

LARD. *(Cuis.) Manière de faire le lard.* Vous prenez le lard de dessus le porc, en ne laissant de chair que le moins que vous pouvez ; vous l'arrangez sur des planches dans la cave, et mettez une livre de sel pilé sur dix livres de lard ; quand vous l'aurez également frotté partout, vous mettrez les morceaux les uns sur les autres, chair contre chair. Vous poserez ensuite des planches sur le lard, et des pierres sur les planches pour le charger, afin qu'il en devienne plus ferme. Après quinze jours ainsi passés dans le sel, vous le suspendrez dans un endroit sec pour le faire sécher.

Conservation du lard. Quand il a été dix-sept jours dans le sel, on prend une caisse qui en puisse contenir trois ou quatre pièces, puis on met du foin au fond, et on entoure chaque pièce avec un lit de foin; on ferme la boite, lorsqu'elle est bien remplie et foulée avec du foin dans toutes les parties, on la dépose dans un lieu sec, en évitant de l'exposer aux attaques des animaux nuisibles. Le lard que l'on conserve de cette manière ne rancit jamais et conserve un excellent goût. (Voy. JAMBON.)

Issues au petit lard. Prendre le foie, le cœur, le mou, les pieds et la tête d'un porc. C'est ce qu'on nomme les issues. Faire tremper une demi-heure dans l'eau tiède, et blanchir à l'eau bouillante. Faire cuire dans du bouillon avec petit lard en tranches, bouquet garni, champignons, oignons et racines; arranger autour de la tête les autres issues en découvrant la cervelle. Couvrir ces morceaux avec du lard. Pour sauce, faire infuser à chaud, sans bouillir, ciboules, un peu d'a l, une feuille de laurier, des échalottes, avec sel et poivre, dans un ou deux verres de bouillon mêlé de deux cuillerées de vinaigre et d'un peu d'huile.

Soupe au lard. Mettre une demi-livre de lard dans une casserole, couvrir d'eau; faire cuire deux heures et demie à petit feu; ajouter des choux, avec poivre et un clou de girofle. Quand les choux sont cuits, retirer le lard et tremper la soupe. On fait de même la soupe au jambon.

Quand on se sert du lard, on ôte la couenne et le dessus de la chair, qui servent encore à assaisonner les ragoûts.

LARMES. (*Con. us.—mor. dom.—hyg.*) Les larmes sont composées d'eau, contenant plusieurs sels et un mucilage gélatineux. Leur quantité dépend du gonflement des glandes lacrymales et de la faiblesse des vaisseaux capillaires qui y aboutissent.

Les enfans, les femmes et les vieillards pleurent aisément, parce que les enfans ont les vaisseaux et les nerfs très faibles, que les femmes sont ordinairement d'un tempérament humide, et que les vieillards ont les vaisseaux obstrués et usés.

La grande joie, l'excessive tristesse et toutes les grandes passions, n'ont d'autre langage que les soupirs et les larmes. Les assistans ne doivent pas chercher à retenir les pleurs de la personne affectée; elle-même ne doit pas faire d'effort pour contrarier la nature et mettre de la grandeur d'âme à se montrer insensible. Les larmes sont un signe de douleur particulier à l'homme. Aucune manifestation de sentiment n'est plus puissante pour éveiller notre sympathie, et ce n'est pas sans raison qu'il est dit: heureux ceux qui pleurent, car ils seront consolés!

Tout événement subit, qui surprend et qui étourdit l'âme et les sens au point d'ôter la ressource des larmes, entraîne ordinairement après lui de funestes effets pour la santé, souvent même pour la vie.

LATITUDE. (*Con. us.*) La latitude est la plus courte distance d'un lieu à l'équateur. Elle est septentrionale ou australe, dès que le lieu appartient à l'un ou à l'autre hémisphère. La latitude est indiquée par la hauteur du pôle au-dessus de l'horizon, hauteur qui lui est toujours égale. Donc, à Paris la latitude est de 48° 50' 14". C'est-à-dire que l'axe du monde et l'horizon y font cet angle. La latitude est nulle sous l'équateur, et sous les pôles elle est égale à 90°. Les *tropiques* comprennent un espace qui s'étend à 23° 7' 1/2 de chaque côté de l'*équateur*, et constituent la *zone torride*. Les *cercles polaires* comprennent un espace qui s'étend à 23° 27' des *pôles boréal* et *austral*, et constituent la *zone glaciale*. L'espace entre les tropiques et les cercles polaires forme la *zone tempérée* où nous nous trouvons. (Voy. LONGITUDE.)

LAUDANUM. (*Méd. dom.*) On donne ce nom aux préparations d'opium liquides ou solides. C'est une corruption du latin *laudatum*, *loué*, pour indiquer que ces médicamens sont dignes d'éloges.

Le laudanum liquide de Sydenham s'obtient en faisant macérer, pendant douze ou quinze jours, au soleil, dans une livre de vin d'Espagne ou de Malaga, deux gros d'opium choisi, un gros de safran de Gatinais, un gros de cannelle et autant de girofle. On passe et on filtre. Vingt gouttes de ce liquide contiennent un grain d'opium en dissolution. Il est tonique et calmant: on l'administre à la dose de quelques gouttes. Pris à forte dose il occasionnerait l'empoisonnement. C'est pourquoi on ne le délivre pas chez les apothicaires sans ordonnance de médecin.

LAURÉOLE COMMUNE. (*Jard.*) *Daphne laureola.* Famille des thymélées. Arbuste indigène toujours vert, à feuillage luisant. Il fleurit en avril. On le sème aussitôt maturité, en bruyère fraîche et ombragée. C'est sur cette espèce qu'on greffe toutes les variétés dont on ne peut obtenir de graines.

Lauréole bois gentil. (Voy. DAPHNÉ.)

Laureole cneorum. (ID.)

Laureole des Alpes. (ID.)

Lauréole de Gnide. Lauréola gnidium. Arbuste indigène toujours vert; il fleurit en juin. Ses fleurs sont rosées et d'une odeur agréable. On le multiplie de semence. Les trois premiers hivers, on garnit de feuilles le jeune plant.

Lauréole du Levant. Daphne pontica. Arbuste toujours vert et très-rustique. Ses fleurs, vertes et très-odorantes, viennent en avril et en septembre. Il se reproduit de semis, greffes et marcottes.

Lauréole de Tartarie. Daphne attuca. Fleurs en mai, jolies et blanches. Même culture.

LAURIER FRANC. (*Jard.—off.—méd. dom.*) *Laurus nobilis.* Famille des lauriers. Arbrisseau du Levant. Semis en pots, enterrés en bruyère ou en terre légère et amendée, au mois de mars, dans l'angle d'un mur, au midi. On couvre le pied de litière en hiver, et on rentre le plant jusqu'à ce qu'il ait acquis trois pieds de haut. Alors, on le plante en motte, au mois de mai. C'est avec ce laurier qu'on couronnait les vainqueurs dans l'ancienne Rome, et ce sont ses feuilles que l'on emploie aujourd'hui dans la cuisine.

Crême de laurier franc. Prendre: Eau-de-vie, huit pintes. Feuilles de fleurs de myrte, douze onces. Feuilles de laurier, douze onces. Une muscade concassée. Girofle, un gros. Eau de rivière, quatre pintes. Sucre concassé, six livres huit onces.

Vous distillez les cinq premières substances au bain-marie de l'alambic pour retirer quatre pintes de liqueur. Vous faites fondre au feu le sucre dans l'eau de rivière, le laissez refroidir, puis vous formez le mélange que vous filtrez.

Huile de laurier. L'huile de laurier est résolutive. Pour l'extraire, piler des baies de laurier, les faire bouillir avec de l'eau, et les exprimer à travers un linge. Il surnage une huile verdâtre, odorante, qui a la consistance du beurre.

LAURIER FAUX-BENJOIN. (*Jard.*) *Laurus benzoin*. Arbuste de bruyère. Semis en mars, en bruyère humide et en pots, enterrés à demi-ombre, couverts de feuilles pendant les deux premiers hivers. Fleurs en mars. Fruit d'un beau rouge. On le multiplie aussi de marcottes qui s'enracinent au bout de deux ans, dans un sol humide, presque marécageux, léger, sableux et profond.

Quoique l'on prétende que le laurier-benjoin ne fructifie que lorsqu'on place un individu mâle à côté d'un sujet femelle, cet arbre est monoïque.

LAURIER SASSAFRAS. (*Jard.*) *Laurus sassafras*. Arbrisseau de la Caroline. Ses feuilles, petites et lisses, ont la forme de celle du figuier; ses fleurs viennent en mai. On le multiplie de graines venues de la Caroline, de rejets qui sont rares, ou de marcottes incisées comme celles des œillets (V. ŒILLET). On l'expose au sud-ouest, abrité par des arbres de trois côtés, dans une terre franche, fraîche, en ajoutant de la terre de bruyère au pied. Il dépérit quelquefois, quand il est parvenu à l'âge de dix ou douze ans. On peut le greffer sur le laurier-cerise.

LAURIER-CERISE DU LEVANT. (*Jard. — Cuis.*) *Cerasus lauro-cerasus*. Famille des rosacées. Fleurs en mai. Feuillage toujours vert. Multiplication de marcottes en mars, qui, enracinées la même année se repiquent au printemps suivant; terre légère et sablonneuse, ou même bruyère.

Les feuilles et les fleurs du laurier-cerise s'emploient dans la cuisine pour donner le goût d'amande aux crêmes.

L'huile du laurier-cerise est un poison violent. Cependant, on compose avec les baies de laurier-cerise et l'alcool un ratafiat qui est d'un goût agréable et ne paraît pas malfaisant.

LAURIER-ROSE. (*Jard.*) *Nerium oleander*. Famille des apocynées. Cet arbrisseau réussit rarement en pleine terre dans les départements du nord. Les variétés à fleurs doubles ne peuvent se passer de la serre chaude. Il faut au laurier-rose beaucoup d'eau et de soleil. Marcottes et graines.

LAURIER-THYM. (*Jard.*) *Viburnum thymus*. Famille des chèvre-feuilles. Arbrisseau de Provence toujours vert. Multiplication de rejetons et de marcottes, en terre de bruyère, à l'abri, au nord; à l'ombre au midi. Toutefois, s'il est trop ombragé, il ne fleurit pas. Boutons roses que suivent, en avril, les fleurs en corymbes et blanches.

LAVANDE. (*Jard.—Hyg.—Ind. dom.*) *Lavandula spira*. Vivace, indigène, toujours verte. Semis en avril, en terreau sec et léger, au midi en partie. On repique la deuxième année. Marcottes et séparation de pieds; fleurs en août. On tond la plante après la floraison.

Il y en a une variété à fleurs plus larges et plus odorantes.

Eau de lavande. Mettre des fleurs de lavande sur la grille de la cucurbite d'un alambic; après avoir ôté les queues, avec plus ou moins d'eau suivant qu'on veut obtenir un esprit plus ou moins fort. Luter l'appareil et distiller.

Autre sans distillation. Faire macérer un mois deux onces de fleurs fraîches de lavande dans un litre d'alcool à 32°; au bout du mois filtrer. Les fleurs sèches donnent un moins bon produit.

L'eau de lavande s'emploie dans la toilette. Présentée sous le nez dans les syncopes, elle contribue à ranimer.

Vinaigre de lavande pour la toilette. Mettre trois livres de fleurs de lavande dans la cornue de verre d'un alambic, quatre gros d'esprit de lavande, huit pintes de vinaigre distillé, puis distiller. On prépare de même les vinaigres de romarin, de sauge, de serpolet, de thym.

On retire de l'espèce de lavande qu'on nomme *aspic*, une huile essentielle, fort inflammable, et d'une odeur pénétrante, qu'on nomme huile d'aspic: on la recommande comme vermifuge; les peintres en émail en font usage. Les mites, les poux et d'autres insectes ont en aversion l'odeur de cette huile: c'est pourquoi elle est très-bonne pour les chasser et les faire mourir. On nous apporte de la Provence et du Languedoc l'huile distillée d'aspic et de lavande; mais elle est souvent falsifiée et mêlée avec de l'esprit de vin ou de l'huile de térébenthine ou de behen. On découvre aisément ces falsifications, car si on jette dans de l'eau commune l'huile qui est mêlée avec de l'esprit de vin, ce dernier se mêle, se combine parfaitement avec l'eau, et l'huile surnage. On peut aussi éprouver l'huile d'aspic par le feu. On la brûle dans une cuillère. Si elle pure, elle donne une flamme subtile, de la fumée en petite quantité, et sans mauvaise odeur. Si elle est altérée, c'est tout le contraire.

La lavande, cueillie en pleine floraison et mise en paquets, répand dans les armoires une odeur agréable et saine. On peut y mêler les feuilles de diverses plantes aromatiques, la citronelle, la menthe, le basilic, le romarin, après les avoir fait sécher sur des papiers.

LAVANDIÈRE. (*Chas.*) *Motacilla alba*. Petit oiseau du genre hoche-queue. Il vient dans nos climats au printemps et en part à l'automne. Il ressemble beaucoup à la bergeronnette. Il hante le cours des eaux, les champs qu'on laboure, les prairies où il y des troupeaux. Il fait son nid à terre, au bord de l'eau, à l'abri de quelque éminence, avec de la mousse, des herbes sèches et de petites racines, et le garnit de plumes et de crin. On le prend au filet et on l'apprête comme la mauviette.

LAVES. (*Agr.*) Matières vomies par les volcans. (Voy. VOLCANS.) Elles composent d'excellens terrains. Quand elles sont lithoïdes, c'est-à-dire analogues aux pierres, on en fait des pavés et des bâtimens. Les laves spongieuses peuvent être taillées en forme de briques, et elles deviennent très-solides quand elles ont été cuites jusqu'à la vitrification.

LAVEMENS. (*Méd. dom.—Hyg.*) Les lavemens sont émolliens et adoucissans. Ils conviennent avant les accouchemens pour débarrasser les intestins. La cigogne en a, dit-on, donné la première idée par les injections qu'elle se fait au moyen de son long bec.

Le moyen de s'assurer si le lavement n'est pas trop chaud, est d'appliquer le corps de la seringue sur le dos de la main ou sur le milieu de la joue. Les seringues à injection sont plus petites que celles à lavement. Leur extrémité est terminée en olive, et percée de petits trous comme un arrosoir. Elles sont particulièrement à l'usage des femmes. Le clysoir est un nouveau mode de seringue dont les avantages ne sont pas douteux.

Le clyso-pompe est encore préférable. Dans cet instrument, l'eau à employer est placée dans un réservoir ovale en fer-blanc, sur la paroi duquel sont indiquées par différentes lignes la mesure du lavement complet et les fractions. Au milieu est une petite pompe qui sert à faire passer l'eau dans un conduit en étoffe imperméable.

Il est des gens qui prennent des lavemens pour avoir le teint frais; c'est une des principales attentions des petits-maîtres et des femmes à prétentions.

D'autres y ont recours quand ils s'imaginent être échauffés et constipés; mais, en supposant leur crainte réelle, ne vaudrait-il pas mieux rétablir naturellement les évacuations par un régime doux, humectant et rafraîchissant, que de s'accoutumer ainsi à l'usage d'un remède qui soulage pour le moment sans attaquer la source du mal?

En général, il y a toujours de l'imprudence, et quelquefois du danger, à faire une habitude journalière des lavemens. Combien n'y a-t-il pas de gens qui, par cet usage trop fréquemment répété, en sont venus au point de ne plus pouvoir s'en passer. Les lavemens étaient à la mode sous Louis XV. « Il n'y a point, dit un auteur du temps, de pays où l'on prenne plus de lavemens en santé qu'en France, surtout dans la capitale, chez les gens du bon ton. » On en prenait quelquefois par gourmandise, pour débarrasser les intestins et manger davantage.

M. de La Condamine raconte que chez les Omaguas, peuple du pays des Amazones, il est d'usage de présenter avant le repas une seringue à chaque convive.

LAVOIR. (*Ind. dom.*) On doit placer le lavoir à l'endroit où le courant est le plus rapide; on met au fond de l'eau un lit de gravier. Le lavoir doit être planchéié et élevé à un pouce au-dessus de la surface de l'eau. On y fixe des tablettes solides, unies et inclinées, au milieu desquelles on place une table basse, longue et étroite, qui sert à poser le linge lavé. L'appentis en bois qui couvre le lavoir est soutenu par six ou huit poteaux.

Lavoirs ambulans et portatifs. Ces lavoirs, qui présentent plusieurs avantages, peuvent servir également à laver les laines, les foins vasés aussi bien que le linge.

Un lavoir portatif est composé de deux roues de charrette, d'un châssis et d'un timon pour y atteler des bœufs ou des chevaux; les deux roues sont retenues au châssis par deux chevilles en fer qui servent d'essieu, c'est ce qui forme le corps de la charrette. On fixe, sur chaque côté du châssis, deux supports qui servent à porter une cage triangulaire, composée de deux plateaux qui auront, sur chaque face de côté, trois mètres de long. Ces deux plateaux seront réunis par des barreaux en bois rond, de 2m 50 de long, sur 0,70 de diamètre, espacés de 0,05.

Cette cage sera posée sur deux supports moyennant un essieu fortement attaché au centre des plateaux triangulaires; lesdits essieux porteront extérieurement une manivelle *coudée* de 0,45 de *coude*, où seront fixées deux crosses de la longueur de 4 mètres, pour faire tourner la cage sur ces essieux, moyennant la force de deux hommes qu'on place à chaque extrémité des crosses.

Un des côtés de la cage s'ouvre à charnière, pour qu'on puisse la remplir à moitié, soit de foin, soit de laine, soit de linge. On place dans la cage une douzaine de cailloux, pesant chacun un ou deux kilos, et qui ont roulé dans les torrens; il faut qu'ils soient bien polis par le roulement, après quoi on ferme la cage, on y attelle des bœufs, on mène le tout à une rivière ou ruisseau, et on noie la charrette à reculons jusqu'au-dessus du diamètre des roues. On dételle les bœufs et on attache le timon à un piquet. On ôte ensuite les deux chevilles qui fixent la cage au châssis pour qu'elle ne tourne que quand on le juge à propos, le tout exécuté, comme il est dit précédemment, un homme sera placé à chaque crosse; par le mouvement du va-et-vient, la cage tournera sur les essieux, et les foins ou laines qui sont dans la cage rouleront avec les cailloux.

Par ce moyen, l'eau entraînera toute la crasse qui pourra y être attachée, et le courant emportera toutes ces parties crasseuses au fur et à mesure qu'elles se détacheront.

Après un espace de temps, on attellera les bœufs à la charrette, qu'on ramènera sur le terrain sec pour vider la cage, en la laissant tourner et ouvrant le côté qui fera face à terre, pour en décharger ce qui aura été lavé. A l'égard du linge des hospices, les barreaux de la cage devront être entourés d'un filet de corde pour que les petits linges ne soient pas entraînés au courant de l'eau.

LAYETTE. (*Hyg. — Con. us.*) Trousseau de l'enfant nouveau-né. Il se compose ordinairement des objets suivans:

Six brassières;
Six chemises à brassières en toile;
Six béguins;
Six bonnets de couleur ou blancs;
Une douzaine et demie de couches de toile
Deux langes de laine;
Deux langes de coton;
Deux langes piqués en coton.

L'habillement des enfans contribue beaucoup à leur bonne ou mauvaise santé. Tout ce qui comprime le corps gêne la circulation, et cette gêne devient un principe de maladie ou de difformité, par les engorgemens qu'elle occasionne, en faisant refluer dans l'intérieur les sucs nutritifs qui doivent se porter aux extrémités, et en s'opposant aux sécrétions de ces parties; mais certainement les compressions sur la poitrine sont les plus dangereuses de toutes, parce qu'elles empêchent le développement de cet organe si nécessaire à la bonne santé et à la longévité. Le poumon, resserré dans la capacité de cette cage osseuse, ne peut s'étendre que vers la partie inférieure qui repousse le diaphragme dans l'*abdomen*; ce prolongement du poumon empêche l'air d'y circuler librement.

Les brassières sont des espèces de gilets ou camisoles non froncés, qui doivent être justes au corps sans gêner. Les chemises à brassières se font en toiles très fines. Il y a de l'économie à faire ces deux pièces du vêtement assez longues pour pouvoir servir jusqu'à ce que l'enfant soit mis en robe. En hiver on joint aux brassières un petit fichu de cou.

Lorsque l'enfant naît, on place sur le cordon ombilical un bandage de deux ou trois pouces carrés, échancré au milieu et fendu à l'un de ses bords. On renverse le cordon à gauche, sur le bord opposé, pour ne pas comprimer le foie qui est à droite. Un nœud long semblable s'applique par dessus. Un troisième assez long pour faire le tour du corps assujettit les deux autres, et s'attache au moyen de deux petits rubans. On entoure le reste du corps, depuis les aisselles jusqu'aux pieds, d'une couche de toile et d'une pièce de futaine ou de laine, dont on relève l'excédant au devant des jambes. Cet appareil ne doit pas empêcher les mouvemens.

Les béguins sont de petits serre-tête, auxquels on peut mettre des garnitures. Dans la saison froide, on place entre le béguin et le bonnet, une petite calotte ronde en flanelle ou en laine de Ségovie. On arrange l'une dans l'autre les trois pièces de cette coiffure, pour les entrer toutes à la fois. Les brides, qui peuvent écorcher le menton et comprimer les glandes salivaires, sont remplacées avec avantage par un petit mouchoir plié en triangle et médiocrement serré.

Le béguin doit être entretenu très-propre, et ne pas gêner la tête. La compression rapproche et comprime les os du crâne, influe même sur les dispositions intellectuelles et gêne la solidification de la fontanelle, ouverture couverte d'une peau molle, que les enfans nouveaux-nés ont au sommet de la tête. Il se forme sur cette ouverture une espèce de gale; il faut la brosser pour la faire tomber, à mesure qu'elle se sèche, mais non quand elle tient encore, ce qui pourrait détruire la racine des cheveux. On aura soin alors de changer souvent le linge de tête.

Les langes, dont on enveloppe l'enfant, en plaçant sur la couche le lange de coton le lange piqué sur l'enfant, et entre les deux le lange de laine, sont ce qui compose le maillot.

Tous les auteurs sont d'accord sur les inconvéniens du maillot. Toutefois la température de nos climats semble en rendre l'usage indispensable.

Les habitans des pays chauds mettent leurs enfans nus sur des lits de coton suspendus, auxquels on pratique un trou pour l'écoulement des déjections, ou sur une couche de sciure de bois, avec une couverture de peau. Ces enfans deviennent si forts, que, sans le secours de leur mère, ils peuvent se tenir accrochés à la mamelle, à l'aide de leurs mains et de leurs genoux.

Bannissez les épingles de la toilette de l'enfant; elles peuvent, en piquant la peau, occasionner de graves accidens, et surtout à la tête, et surtout à la fontanelle.

Il est bon de continuer aux enfans l'usage de la bande légèrement compressive qu'on leur place ordinairement sur le nombril, même plusieurs mois après la chute du cordon ombilical. En retenant le ventre dans son état naturel et en l'empêchant de se porter trop en avant, non-seulement on conserve la bonne conformation corporelle, mais on contient les intestins et les autres viscères dans leurs places naturelles, qui à leur tour soutiennent la voûte du diaphragme, et qui conséquemment donne plus d'espace en largeur à la poitrine et la fait bomber.

Pour employer pendant longtemps ce moyen salutaire, qui doit aider au développement de la poitrine de vos enfans, il faut une bande différemment façonnée de celle dont on fait usage dans les premiers jours de la vie; il faut qu'elle soit une espèce de ceinture coupée suivant la forme du bas-ventre, et qui ne porte pas sur les fausses côtes, ce qui gêne le foie : on emploie pour cela du piqué de coton, ou toute autre matière qui puisse aller à la lessive; il est nécessaire que cette bande croise sur le dos, et qu'on puisse la serrer avec des cordons; elle doit être serrée tantôt plus et tantôt moins, suivant l'état du ventre, et servir en même temps à retenir les reins.

Les couches doivent être choisies en toile, le coton étant échauffant. Il est inutile de recommander de les renouveler dès qu'elles sont mouillées.

LÈDE *à larges feuilles.* (Jard.) *Ledum latifolium.* Famille des rosages. Arbuste toujours vert du Labrador. Feuillage odorant; corymbes de fleurs blanches, en mai. Multiplication de rejetons et de marcottes, au mois de mars, en bruyère humide, à l'ombre.

Lède angustifolium, variété du précédent.

Lède à feuilles de thym. Ledum thymifolium. Arbuste toujours vert de Caroline. Fleurs en mai, blanches. Même culture.

Lède des marais. Ledum palustre. Arbuste toujours vert des Alpes. Fleurs en avril, blanches. Même culture. Beaucoup d'humidité.

LÉGISLATION. (Voy. CODE.)

LÉGUME. (*Jard.—Cuis.—ind. dom.*) Tous les légumes demandent une terre profonde, qui conserve sa fraîcheur en été, et ne soit pas humide à la surface en hiver. Un terrain léger et sablonneux, mêlé de sable fin, pur et fumé, donne d'excellens produits. (Voy. JARDIN.)

Les légumes sont une nourriture saine, et, malgré une opinion vulgaire, beaucoup plus économique que le pain mangé seul.

Cuisson des légumes farineux. Deux causes contribuent à rendre coriaces ou difficiles à cuire les légumes farineux. La première dépend des trop fortes chaleurs de l'été pendant leur végétation, qui les rendent cornés. La deuxième dépend de l'eau dans laquelle on les fait cuire. On sait que l'eau de puits, par exemple, est impropre à cet usage, par la quantité de chaux qu'elle contient en dissolution.

On remédie à cet inconvénient en mettant de la cendre de bois, gros comme un œuf, dans un linge serré qu'on jette dans la marmite, et qu'on retire après la cuisson. Ce moyen, outre l'avantage de cuire promptement les légumes, a celui de contribuer à en améliorer le goût. Il économise en même temps le sel dont il convient de diminuer la quantité.

Autre moyen. Par l'addition de quarante-huit grains de sous-carbonate de potasse, ou de carbonate de soude, par seau d'eau, on décompose ces sels, les légumes cuisent très-bien, et l'eau ne contracte aucune propriété malfaisante. Il existe encore un autre moyen que l'on doit à M. Braconnot, habile chimiste de Nancy : il consiste à ajouter un peu de vinaigre, ou de l'oseille dans un nouet, à l'eau dans laquelle on fait cuire les légumes.

Manière de faire cuire les légumes sans eau, pour qu'ils puissent conserver leur goût et être mangés dans toute leur beauté. Comme il est constant que les légumes que l'on fait cuire dans l'eau perdent leur goût à proportion du temps qu'ils cuisent, puisque ceux qui ont trop bouilli n'ont plus aucune saveur, il y a un moyen de les faire cuire sans les laisser tremper dans l'eau. Pour cela, on prend une marmite ou un pot de terre vernissée d'une grande profondeur. On met dans le fond une quantité d'eau suffisante pour qu'elle ne tarisse pas pendant tout le temps qu'il sera nécessaire de la faire bouillir. Il faut suspendre en l'air, dans le vase, les légumes, en sorte qu'ils ne touchent point à l'eau, pas même quand elle bout. Un crochet ou un anneau attaché au milieu du couvercle de la marmite, suffira pour cet effet. On y attachera le fil ou la ficelle qui contiendra les asperges en bottes. Le pot de terre est sujet à plus de difficulté; mais on peut trouer le couvercle auprès de sa pomme ou de son bouton, et passer le fil par cette ouverture, que l'on aura soin de boucher exactement avec de la pâte ou de la terre grasse; ou, si l'on ne veut pas trouer le couvercle, on disposera en travers dans le vaisseau un bâton ou une branche de fer soutenue par deux montans, qui, pour plus grande sûreté, répondront à un pied, et auront, par ce moyen, toute la solidité nécessaire. On peut aussi disposer une plaque de fer-blanc percée d'un grand nombre de trous au milieu du vase qui contient l'eau, de manière qu'elle soit soutenue par trois pieds placés à égale distance, et appuyés au fond du vase. Dans ce cas, on met les légumes sur la plaque de fer-blanc. Si ce moyen paraissait trop embarrassant, on placerait simplement une corbeille d'osier contenant les légumes sur un trépied en bois ou en fer. Par ces derniers moyens, on a l'avantage de pouvoir faire cuire des graines extrêmement petites, comme des pois, des lentilles, etc. Toutes choses étant ainsi disposées, on couvre la marmite ou le pot. On place ensuite le vase sur le feu, et on fait bouillir l'eau autant de temps qu'on juge nécessaire. Une heure suffit pour les asperges, qui sont d'un goût supérieur à celles cuites par le procédé ordinaire. Les autres légumes ne demandent pas, en général, plus de temps que quand ils trempent dans l'eau, pourvu qu'on entretienne l'eau toujours bouillante.

Pour faciliter l'opération et maintenir la chaleur dans le vase, on peut mettre par-dessus le couvercle un linge mouillé, qu'on dispose de manière à empêcher la vapeur de s'échapper promptement; mais il faut bien se garder de fixer le couvercle d'une manière solide, soit avec un lut, soit avec des ficelles, parce qu'on pourrait occasionner par là la rupture du vaisseau, de laquelle il résulterait des accidens très-graves.

Autre procédé. On fait cuire les légumes dans une tourtière, comme on a coutume de faire cuire la pâtisserie, en mettant du feu dessus et dessous. Cependant, la forme de la tourtière n'étant pas commode pour les asperges et les autres légumes, on peut faire faire des vases de cuivre étamé, ou mieux de fer battu, qui n'a pas le danger du vert-de-gris, et d'une forme ovale un peu aplatie. Les deux parties du vaisseau doivent se joindre aussi parfaitement que la tourtière avec son couvercle. On n'y met pas d'eau, et on a soin de ne point donner d'abord un feu trop vif. Les légumes cuiront ainsi doucement dans leur jus, et conserveront tout leur goût. Par cette méthode, on peut faire cuire toutes sortes de légumes et de fruits, comme poires, etc.

Moyen d'enlever le mauvais goût aux légumes. On prend soixante-neuf parties d'eau et une partie de chlorure de chaux, ou bien un litre d'eau et deux gros de chlorure; on délaie le chlorure dans l'eau en laissant déposer, on sépare l'eau et on lave dedans les légumes qu'on peut laisser deux heures en contact avec l'eau chlorurée. On termine par un lavage ordinaire.

Conservation des légumes. Tous les légumes, provenant de racines, peuvent se conserver par le moyen suivant: Ratissez-les, coupez-les en tranches, faites les saisir de deux ou trois bouillons, retirez du feu, étendez-les sur le linge pour pomper la première humidité; achevez ensuite la dessiccation par l'air, par l'étuve, ou le four; les légumes ainsi desséchés, conservez-les en lieu sec, et lorsque vous voudrez les consommer, ils auront toujours la saveur et la fraîcheur de légumes nouveaux. Quand on veut s'en servir on les fait revenir quelques minutes dans l'eau froide, portée graduellement à l'eau bouillante. Après quelques bouillons, on jette cette première eau pour recommencer de la même manière leur cuisson complète.

En général, les légumes, pour être conservés, doivent être séparés de ceux qui ne sont pas de même espèce parce qu'ils se communiquent réciproquement leur saveur particulière. Ces végétaux ne doivent pas non plus être placés dans l'eau ni même rafraîchis par des aspersions d'eau, jusqu'au moment où ils doivent être consommés, parce que leur saveur en serait altérée. Avant de les cuire, s'ils sont devenus flasques et coriaces, on leur rend leur délicatesse en coupant le bout inférieur de la tige et en exposant à fleur-d'eau la section fraîchement coupée, ou en plongeant la plante entière dans l'eau si l'amputation n'est pas possible. Les racines charnues et juteuses doivent être gardées dans un lieu frais, obscur et humide. On les met en tas peu volumineux pour empêcher d'un côté qu'elles ne se rident, et de l'autre qu'elles ne s'échauffent. Dans bien des cas, la principale affaire est de prévenir l'évaporation. Les pommes de terre, les navets, les carottes et autres racines ne doivent pas être nettoyés de la terre qui y adhère, parce qu'on blesserait les petits fibres qui la retiennent et qu'on hâterait l'évaporation. Par la même raison l'herbe doit être coupée très-près de la racine; mais il faut prendre garde d'atteindre celle-ci. Il faut prendre toutes les précautions pour empêcher la gelée qui détruit la vie des végétaux, ou ralentit leur complète maturation.

Les racines qui ne craignent pas les gelées ordinaires, telles que les navets, les rutabagas, peuvent demeurer dans le champ; mais il convient, pour les préserver des grands froids et de l'humidité, d'en arracher un rayon sur deux, et de faire passer dans cet intervalle la charrue à double oreille, laquelle rechargera de terre les lignes que l'on laisse dans le sol. Quant aux racines arrachées, on les conservera facilement jusqu'au printemps, en les plaçant dans des serres à légumes ou celliers, ou bien dans des trous pratiqués en terre dans un lieu sec à l'abri du froid, et les disposant par couches alternatives, avec du sable légèrement frais. Les fruits peuvent se conserver de la même manière.

Dessiccation des légumes à l'étuve. On doit placer les légumes sur des canevas ; on a soin de renouveler l'air dans l'étuve, l'évaporation ne pouvant avoir lieu qu'en raison du volume d'air. Pour empêcher les légumes d'être altérés par la chaleur, on commence la dessiccation à une température douce, qui s'élève à mesure qu'ils deviennent moins aqueux; on peut aussi les rouler dans du sucre en poudre au moment de les dessécher.

On aide la dessiccation des pois et haricots en les plongeant pendant quelques minutes dans l'eau bouillante, qui en dilate l'écorce. On aide également la dessiccation, en mettant entre les lits de légumes certaines substances qui absorbent l'humidité pour la transmettre à l'air, telles que feutres, écorces d'arbres effilées, charbon en poudre grossière étendue sur du papier non collé.

Destruction des insectes enfermés dans les légumes secs. Lavez vos graines dans de l'eau froide aussitôt après la récolte, et faites-les sécher parfaitement au soleil. Tous les insectes qui s'y sont formés sortent et s'envolent, et ceux qui ne le sont pas ne se développent point par la suite.

Procédé pour empêcher les légumes de se geler. Lorsque les serres, dans lesquelles on remet les légumes pour passer l'hiver, ne sont pas bien abritées, on a recours, en Angleterre, au procédé suivant : on place près des tas de légumes un tonneau plein d'eau ; dès qu'elle est gelée, on le remplace par un autre d'eau non gelée, et l'on continue ainsi. L'expérience a démontré que tant que le tonneau contient de l'eau non gelée, les fruits ne gèlent pas. On ignore la cause de ce phénomène.

LENTILLE. (*Jard.*) *Ervum lens.* Famille des légumineuses. Cette plante annuelle demande une terre sèche et sablonneuse. Dans un terre riche et fumée, elle ne donne que très-peu de graine. On la sème en mars, claire et en rayons espacés de neuf pouces. Il n'y a qu'à sarcler et serfouir pour qu'elle réussisse.

Graine de lentilles. La graine de lentilles se conserve bonne pendant deux ou trois ans. La meilleure est celle de la dernière récolte.

Conservation des lentilles. (Voy. LÉGUMES.) On préserve les lentilles que l'on veut conserver des insectes et surtout des charançons qui souvent en détruisent le tiers ou le quart, en les tenant dans des tonneaux, ou dans des sacs avec de la cendre ou de la chaux, qu'il est facile d'enlever quand on veut faire usage des légumes.

LENTILLES (*Cuis.*) *Purée de lentilles.* Faire cuire à petit feu un demi-litre de lentilles avec un bouquet garni, poivre, sel, et un peu de lard. Passer les lentilles; remettre la purée sur le feu, et ajouter un demi-quarteron de beurre.

Lentilles fricassées. Faire un roux léger ; y mettre des fines herbes ou de l'ognon coupé en petits dés, passer au roux ; mouiller d'un peu d'eau ou de bouillon; ajouter les lentilles avec sel et poivre.

Lentilles au beurre. Laver un demi-litre de lentilles; les faire cuire comme les haricots secs. Les accommoder avec un quarteron de beurre, du poivre, une pincée de ciboule hachée ; ne pas faire bouillir.

Lentilles au lard. En mettre un demi-litre dans une casserole avec une demi-livre de lard, coupée en six morceaux; un bouquet garni, un peu de beurre, et du poivre; emplir d'eau froide. Faire cuire deux heures et demie à petit feu; servir le lard au milieu.

LENTILLE D'EAU. (*Jard.*) *Lenticula palustris.* Famille des naïades. On trouve cette plante dans toutes les eaux dormantes. Elle doit son nom à sa forme; ses feuilles sont unies entre elles par des filamens blancs très-menus. Elle est utile en absorbant les gaz délétères de l'eau croupie. On peut la donner aux canards qui en sont avides.

LENTISQUE. (Voy. MASTIC.)

LENTURLU (JEU DU). (*Récr. dom.*) C'est le même jeu que la mouche, seulement la vole s'appelle le lenturlu, et dans les coups de mouche, on dit faire *lenturlu*. (Voy. MOUCHE.)

LEPTES. Ces insectes, analogues aux tiques, sont d'une couleur rouge qui leur a fait donner communément le nom de rougets, bêtes rouges. Très-communs en automne, ils se tiennent sur les graminées, les haricots, etc. Ils grimpent sur les passans, s'insinuent dans la peau à la racine des poils, et causent des démangeaisons très-vives. On peut s'en débarasser en frottant les parties attaquées d'une petite quantité de pommade hydrargirique, ou simplement avec de l'eau et du vinaigre.

LÉROT. (*Chass.*) *Myoxus mitella.* Genre loir. Le lérot ou *rat-voiseux* dévaste les champs, les jardins et les vergers. Il niche dans les trous de murailles, et entame les noix, les noisettes, les amandes, les abricots, les pêches, et beaucoup d'autres fruits. On le reconnaît à ses quatre pattes blanches et à la bande noire qui lui traverse la tête au-dessus des yeux.

Manière de le détruire. La meilleure est de le tuer à l'affût, le soir ; on le prend aussi au traquenard. (Voy. ce mot.) On met pour appât un raisin ou une pêche, s'il n'y a pas de vignes ni de pêchers dans le jardin.

LESSIVE. (*Conn. us.—Ind. dom.—Hyg.*) Les opérations de la lessive ordinaire consistent à assortir le linge, le mettre dans un cuvier, le couvrir de cendre, et verser dessus de l'eau chaude.

Le triage du linge a pour but de le séparer en linge fin, linge de couleur, linge grossier. Le linge fin, avant d'être lessivé, est placé dans une légère eau de savon, d'où, après y avoir macéré, il est transporté dans le cuvier. Quelquefois on lave tout le linge à l'eau avant de le soumettre à la lessive ; mais si, dans ce cas, on n'a soin de laisser sécher, le linge imbibé d'eau ne peut plus être pénétré par la lessive.

Le cuvier où l'on fait la lessive est exhaussé sur une espèce de trépied de bois, et percé à sa partie inférieure d'un trou qu'on bouche avec un tampon de paille. On dispose le linge pièce à pièce dans le cuvier, et on recouvre le tout d'une toile qui déborde. On met sur cette toile une quantité de cendres proportionnée à la masse de linge ; on rabat les bords de la toile, de manière à en former une espèce de bourrelet autour de la cendre. On verse de temps à autre une certaine quantité d'eau chaude. Les sels contenus dans les cendres, et surtout le sous-carbonate de potasse, sont entraînés par l'eau, et pénètrent dans les couches de linge. Arrivé à la partie inférieure, le liquide s'écoule par le trou du cuvier, et tombe dans un baquet destiné à le recevoir. On le reprend, et on le reverse sur les cendres, jusqu'à ce qu'on juge que le linge est suffisamment décrassé. C'est ce qu'on appelle couler la lessive.

L'eau de lessive doit couvrir le linge pendant le coulage d'une couche de sept centimètres. Son degré alcalin ne doit jamais dépasser 5° 1/4. Au-delà de cette limite, le linge se détériore. Au-dessous, cette eau n'aurait point assez de force pour dissoudre la crasse du linge. L'eau ne doit pas être trop chaude. Une forte chaleur concentre dans le tissu des étoffes les impuretés qui les salissent, et leur communique une teinte jaunâtre.

Les cendres de lessive doivent être purgées de braises, et bien propres, pour ne pas tâcher le linge. (Voy. CENDRES.)

Liqueur savonneuse. On peut préparer une liqueur savonneuse excellente avec des cendres de bois non flotté: on en fait bouillir dans de l'eau à raison d'un litre pour six de liquide, avec deux onces de chaux vive bien pilée, ou récemment délayée dans l'eau. On laisse reposer, l'on décante et l'on conserve dans un vase bien couvert; sans cela la lessive perd de sa force.

Lorsqu'on veut employer cette lessive, on en prend une quantité quelconque qu'on verse dans un baquet avec une cuillerée d'huile pour deux pintes de liquide. Il en résulte dans le moment une liqueur blanche comme du lait, laquelle, agitée et fortement remuée, mousse et écume comme la meilleure eau de savon. On ajoute autant d'eau chaude que l'on veut, pour rendre la lessive moins forte; on y trempe les linges qu'on veut blanchir, en les y frottant, tordant et remaniant selon l'usage.

Il importe de ne préparer la lessive qu'au moment même où l'on veut l'employer. Son séjour dans des vases découverts en affaiblit la vertu.

Il faut préférer les cendres neuves de nos foyers; celles qui sont vieilles n'ont plus autant de propriétés. Il faut, pour tirer le même parti de ces dernières, mêler avec elles deux fois autant de chaux vive, c'est-à-dire, trois à quatre onces par litre de cendres.

Les cendres qui proviennent de bois durs sont meilleures que celles de bois flottés. Ces dernières ne peuvent pas être employées avec le même succès.

Lorsque l'huile est puante, elle communique une odeur au linge; mais on peut l'en débarrasser en le repassant dans une lessive à laquelle on n'a pas mêlé d'huile, et en l'y laissant séjourner quelque temps. Le dessèchement au grand air suffit ordinairement pour ôter cette odeur.

Pour que la chaux ne perde pas ses propriétés, et qu'on puisse en avoir à sa disposition dans le besoin, on peut la casser par morceaux, et la conserver dans des bouteilles bien sèches et bouchées.

Lorsque le mélange de la lessive et de l'huile est jaunâtre, il faut ajouter de l'eau.

Lorsque l'huile s'élève dans la lessive, et surnage la liqueur en formant des gouttelettes à sa surface, l'huile n'est pas propre à ces opérations, ou la lessive est trop faible.

Autre procédé. Les bois flottés, dont on fait usage dans quelques départemens, produisent des cendres qui sont peu propres à former des lessives: alors on peut y suppléer par les soudes ou potasses.

On prend une livre de soude que l'on casse par petits morceaux de la grosseur d'une noix; on les met dans un vase avec deux onces de chaux vive délayée dans un peu d'eau; et on verse dessus douze pintes d'eau, qu'on y laisse séjourner dix ou douze heures, en la remuant de temps en temps.

On met six à huit onces d'huile dans une terrine, et on verse par-dessus la lessive de soude que l'on a obtenue. La liqueur devient blanche; on agite bien le mélange, et on s'en sert comme des eaux savonneuses, qu'on étend dans une quantité d'eau pure plus ou moins considérable, suivant la force qu'on désire qu'elle ait, et l'usage auquel on la destine. On peut remplacer la soude par la potasse: Alors, au lieu de deux onces de chaux par livre, on en ajoute trois ou quatre.

Les soudes d'Alicante et de Carthagène peuvent être employées sans mélange de chaux.

Lorsque la soude est effleurée ou fusée, c'est-à-dire couverte de poudre blanche et farineuse, elle ne doit jamais être employée qu'avec le secours de la chaux.

Lorsque la liqueur savonneuse est huileuse, et que les linges contractent cette qualité, on les passe dans l'eau de soude pure pour les dégraisser, et on a soin de les échauffer légèrement pour augmenter son effet.

Lorsque l'eau de soude est toute employée, on peut verser de nouvelle eau sur le résidu de soude, auquel on ajoute un peu de chaux, et elle se charge de nouveaux principes salins; par ce moyen, la même soude peut servir à plusieurs opérations successives.

Autre lessive avec la soude. Cette lessive est plus économique que celle qu'on prépare avec la potasse. Il faut en employer une quantité double.

Prendre vingt-cinq livres de soude concassée, verser dessus de l'eau froide, et couvrir la soude de quatre à cinq pouces d'eau. Agiter et tirer au clair, au moyen d'une cannelle adaptée au baquet, et placée au-dessus du dépôt. Quand, en répétant cette opération, on a épuisé tout le sel de la soude, on fait chauffer à cent degrés centigrades et on emploie la liqueur pour lessiver.

Selon M. Cadet de Vaux, la crasse du linge se compose, sur cent parties, de cinquante-sept de matières solubles dans l'eau et enlevées par l'essangeage, et de quarante-deux de matières insolubles qui sont saponifiables par la liqueur lixivielle.

Le tableau suivant indique quelle quantité il faut de diverses substances alcalines à l'état caustique, c'est-à-dire privées d'acide carbonique par la chaux, pour saponifier les matières grasses et huileuses de cent kilogrammes de linge sale.

Alcalis	*Titres alcalimétriques.*	*Poids en kilog.*
Sel de soude	75°	1. 35
Potasse, première classe..	60°	1. 67
Potasse plus faible.......	55	1. 84
Potasse de Dantzick......	45°	2. 35
Sel de soude..........	32°	3. 16
Soude d'Alicante........	25°	4. 04
Cassoude ou cassotte	20°	5. 05
Cendres de bois neuf	8°	12. 35
Cendres de bois flotté....	4°	25. 26

Les praticiens peuvent aisément reconnaître le poids du

linge sans peser. Au reste, on obtient approximativement le poids du linge en kilogrammes, en divisant par trois le nombre des pièces. Pour une lessive composée de torchons il faudrait diviser par 4 1/2.

Quand le linge est lessivé, on enlève le drap avec les cendres; on retire le linge du cuvier et on le savonne à l'eau claire. On le rince dans une nouvelle eau, jusqu'à ce qu'elle sorte parfaitement limpide. On passe au bleu en trempant dans de l'eau colorée avec un petit morceau d'indigo enveloppé dans un linge, ou avec une légère dissolution d'indigo dans de l'acide sulfurique. Ce dernier mélange doit être fait avant de mettre le linge dans l'eau bleue, si on ne veut s'exposer à en brûler une partie. On égoutte le linge, on le tord, on l'étend sur des cordes pour le faire sécher. On le repasse quand il est presque sec. Pour unir davantage le linge fin, il faut le repasser sous une plaque de fer chaud. (Voy. REPASSAGE. FER.)

Procédé de Mad. Adanson pour faire la lessive. Prendre un cuvier assez grand pour que le linge bien tassé vienne à trois pouces du bord. Mettre au fond trois ou quatre torchons dont on fait sortir les coins par le goulot, et pour faciliter le passage de l'eau, placer sur l'ouverture l'os de la mâchoire inférieure d'un porc. Entourer le cuvier d'une toile; placer au fond les draps pliés, puis les nappes, les fichus, bonnets, camisoles, robes, linge de coton et de batiste, les chemises en tournant vers le centre du cuvier les cols des chemises d'hommes, ensuite les serviettes de table, les mouchoirs, les bas blancs qu'on retourne à l'endroit, et dont on allonge les pieds vers le centre; enfin, les serviettes, les tabliers, en commençant par les plus fins, les torchons et les chiffons. Mettre une demi-livre de savon de Marseille pour un cuvier rond de trois pieds de diamètre sur deux et demi de profondeur; le répandre également sur toute la surface du linge, et verser dessus, par petites portions, environ deux seaux d'eau; fouler avec la main. Recouvrir le tout d'une grosse toile qui retombe d'un pied tout autour du cuvier. Mettre sur cette toile trois ou quatre décalitres, qu'il ne faut pas confondre avec des doubles décalitres, de cendres de chêne, dans lesquelles on écrase des coquilles d'œufs. Verser de l'eau petit à petit, jusqu'à ce qu'en sortant par le goulot, elle remplisse un baquet. Boucher le goulot; le laisser ainsi jusqu'au lendemain six heures. Remplir avec l'eau du baquet une grande chaudière dans laquelle on jette deux livres de cendres. Verser un pot de cette eau sur les cendres, quand elle est près de bouillir, et en même temps, verser un pot de l'eau froide du baquet. Quand l'eau surnage d'un ou deux pouces sur les cendres qui ne doivent jamais rester à sec, on remet dans la chaudière autant de pots de la lessive froide qui coule du baquet qu'on en ôte de chaude. La chaleur doit aller progressivement, et ce n'est que le soir que l'eau doit être presque bouillante. A huit heures du soir, on bouche le goulot; on recouvre le cuvier d'une couverture; on débouche le lendemain. On enlève les cendres qu'on met dans les composts. On fait tremper dans le baquet les bas et chaussettes de couleur; On y lave la batterie de cuisine, et on jette ensuite l'eau sur le fumier. On lave en eau courante, en ne mettant de savon qu'aux endroits où des tâches paraissent.

Le linge de couleur et les étoffes de laine se savonnent à mesure qu'on les salit. On les fait sécher à l'ombre, pour éviter l'action du soleil sur les matières colorantes.

Observations spéciales. Une petite lessive est meilleure qu'une lessive considérable, dans laquelle l'eau versée bouillante brûle le dessus, et arrive toute froide au fond.

Le linge doit être foulé avec la main, de manière à ce que chaque couche soit parfaitement égale.

C'est une mauvaise pratique de ne faire la lessive que tous les six mois ou tous les ans. Le linge, gardé trop longtemps sale, se gâte et devient difficile à nettoyer. Il est préférable de faire la lessive tous les mois.

Lessive à la vapeur. Les appareils nécessaires de cette lessive sont : un grand fourneau avec une grille dans laquelle on brûle de la houille, une chaudière en cuivre enclavée dans le fourneau et percée dans sa partie moyenne d'un trou auquel on adapte un robinet, un cuvier solidement cerclé en fer et enclavé dans le fourneau dont le fond est percé de petits trous pour laisser passer la vapeur.

A la chaudière, on adapte un tube de cuivre qui sert à y verser de l'eau à mesure qu'elle se vide

Pour cent livres de linge, il faut dissoudre, dans deux cents litres d'eau, trois à quatre livres de potasse, selon que le linge est plus ou moins sale. On fait tremper pendant six heures dans un baquet, avec une partie de l'eau de potasse, les torchons, les bas et les mouchoirs d'un côté; de l'autre, les draps, les chemises, les serviettes et les nappes; on garnit le cuvier de gros draps, et les trous du fond, de bâtons qu'on place verticalement. On place le linge, sans le fouler, dans l'ordre suivant : les torchons, serviettes, nappes, mouchoirs, bas, chemises, linge fin et draps. On ôte les morceaux de bois, ce qui pratique dans la masse du linge des passages par lesquels la vapeur pénètre. On rabat sur le linge les draps du pourtour du cuvier, on ferme le cuvier en laissant un intervalle entre le linge et le couvercle. On fait chauffer à feu égal pendant deux heures. Quand les cercles du cuvier sont assez chauds pour qu'on n'y puisse tenir la main, on retire le linge, et on le lave.

Cette opération est depuis longtemps pratiquée avec succès par M. Morin, instituteur à Fontenay-aux-Roses, près Paris.

Hygiène des personnes qui font la lessive. Si l'on fait souvent la lessive, cette occupation peut avoir une dangereuse influence sur la santé. L'humidité donne des fièvres intermittentes, et engendre l'hydropisie, les rhumatismes, les coliques, les refroidissemens.

La lessive, qui est une solution alcaline, attaque la peau des mains des blanchisseuses, y cause des gerçures, des crevasses, des écorchures et autres excoriations très-douloureuses, et souvent accompagnées d'inflammation et de fièvre.

Ces femmes vivent dans la vapeur alcaline de la lessive lorsqu'elles la font couler, ce qui produit de l'irritation sur les voies aériennes; souvent la fumée produit le même effet; elles doivent, dit Ramazzini, détourner leur visage de la fumée de la lessive chaude.

La vapeur tient le corps dans une espèce de moiteur qui peut avoir des suites fâcheuses, si on s'expose au froid trop vite. On y obvie en allant à l'air avec précaution, et en attendant que la moiteur soit dissipée.

Il faut recommander aux laveuses de s'abstenir de laver dans leurs moments critiques, et lorsqu'elles éprouvent quelques indispositions. Elles devraient aussi éviter de se mouiller les pieds, les genoux et autres parties du corps qu'elles ne sont pas forcées de mettre à l'eau. De cette manière, elles éviteront une grande partie des maux qui les atteignent; enfin elles devraient éviter de rester, et surtout de coucher dans des chambres où leur linge sèche.

Si l'on a du linge qui a servi à un malade, il ne faut pas le mêler avec celui des personnes en santé. Il peut faire *tourner* la lessive, par l'action des humeurs dont il est imprégné, et causer des maladies analogues à celles des individus qui se sont servis de ce linge. Il y a plusieurs exemples de ce résultat.

Le métier des blanchisseuses, considéré sous cet aspect, dit le savant Fourcroy, est sans contredit un des plus dangereux. Elles peuvent en effet gagner toutes les maladies contagieuses par le linge qu'elles manient, et qui contient une grande partie des molécules exhalées des corps des malades; car il n'est pas démontré que tous les virus contagieux soient dissolubles dans l'eau de lessive. Qui sait si les miasmes varioliques, pestilentiels, etc., ne conservent pas leur nature dans le linge, quoique blanchi? Lorsqu'il y a quelques épingles laissées imprudemment dans le linge, les blanchisseuses se piquent fortement en le maniant, et ces piqûres leur occasionnent des *panaris* violents, quelquefois malins, et toujours longs à guérir.

Il faut tremper le linge des malades dans l'eau de javelle (voy. ce mot) et l'exposer à l'air, jusqu'à ce qu'on le lessive, au lieu de l'enfermer dans des armoires.

Les lessives trop fortes usent le linge et produisent des excoriations dangereuses sur la peau des travailleurs : dans ce cas, le traitement est la cessation momentanée du travail, les émollients, les lotions et compresses d'orge mondé, d'eau d'orge, de lait chaud.

Procédé économique pour lessiver le linge. Assortir le linge, le faire tremper quarante-huit heures dans de l'eau de savon chaude, avec un peu de potasse. Rincer et tordre légèrement. Remettre baigner le linge dans une eau de savon, en plaçant les pièces les plus fines par-dessus. Faire bouillir pendant une demi-heure. Retirer d'abord le linge fin, et le mettre dans de l'eau chaude. S'il reste quelques taches sur le linge, on les fait disparaître en frottant avec la main. Ce procédé est indiqué par un fabricant et blanchisseur de toiles qui l'emploie avec succès depuis plusieurs années.

Moyen de laver le linge dans l'eau de mer. Faire une pâte d'un poids égal d'argile à porcelaine et de dissolution de potasse ou de soude: prendre dix parties de cette pâte pour seize parties d'eau de mer. Les muriates de chaux et de magnésie que contient cette eau, et qui font cailloter le savon et rendent le linge humide, sont remplacés par le muriate de soude et par le margarate de chaux. L'argile sert à dégraisser.

Emploi de l'eau de lessive et des cendres dans l'agriculture. L'eau de lessive peut servir d'engrais. Les cendres de lessive sont utiles dans les composts et pour diviser les les terrains argileux. L'eau de lessive appliquée sur les troncs des arbres leur donne de la vigueur et en détruit la vermine. Elle débarrasse les figuiers du pou qui les ronge et les couvre d'une espèce de gale.

Les cendres du feu arrosées d'eau de lessive augmentent de force en raison du liquide ajouté.

LÉTHARGIE. (*Méd. dom.*) Sommeil profond et continuel dont il est difficile de tirer les malades. Après un réveil imparfait, ils balbutient et ne tardent pas à retomber dans leur assoupissement. Cette affection ne constitue pas une maladie particulière, mais elle vient à la suite de plusieurs maladies. (Voy. MORT.)

LETTRE. (*Ind. dom.*) *Manière d'obtenir à la fois plusieurs copies de lettre.* On met sur un papier fin, des deux côtés, un mélange de trois décagrammes de gomme arabique dissoute dans un peu d'eau, deux décalitres d'essence de térébenthine, un gramme de noir de fumée. Quand on veut écrire, on met sur un marbre, ou autre corps dur, une feuille de papier à lettre, sur laquelle on pose la feuille préparée en noir, et une feuille de papier mince et transparent. On écrit sur ce papier avec un stylet d'ivoire, de métal, de plomb, de zinc, de bismuth, ou bien avec une grosse aiguille à tricoter; la couleur noire se transporte sur les deux papiers blancs, à l'endroit sur le papier inférieur, à l'envers sur le papier transparent. On ne peut lire sur ce dernier qu'en l'exposant à la lumière ou dans un miroir. En appuyant sur le papier un peu plus fort, et en mettant trois feuilles de papier transparent, entre lesquelles on interpose des feuilles noires, on obtient jusqu'à trois et quatre copies.

Le noir peut simplement se préparer avec du noir de fumée, et du beurre ou du saindoux. Le mélange ne doit pas être trop gras et ne doit pas salir le papier à lettre sur lequel on le pose. Il est de bonne qualité, si le doigt, appliqué dessus, ne prend le noir qu'imperceptiblement. La feuille noircie peut servir deux fois. Il faut passer dessus une seconde couche de noir et de saindoux.

Autre méthode. Elle consiste dans l'emploi d'une petite presse; dite presse anglaise, composée de deux cylindres, que l'on fait tourner au moyen d'une manivelle. Malheureusement cette presse coûte 2 ou 500 fr., et ne peut être d'un usage général. On s'en sert pour transporter sur un papier transparent, un peu humide, les caractères d'une lettre écrite avec de l'encre dans laquelle on a mis un peu de sucre. On comprime les papiers entre deux cartons, au moyen de la presse.

LETTRES (poste aux). (*Conn. us.*) *Des adresses de lettres.* Rien ne mérite plus d'attention que l'adresse ou suscription des lettres, et rien n'est plus généralement négligé. Combien de lettres importantes ne parviennent pas au destinataire parce que l'adresse est omise, fausse ou incomplète! La longueur des adresses ne supplée pas à leur exactitude. L'important est qu'elles ne laissent point d'équivoque sur la personne à qui la lettre est adressée, ou sur le bureau où elle doit s'arrêter. S'il existe deux personnes du même nom, on ajoutera le prénom ou la profession de celle à qui l'on écrit; s'il y a deux bureaux de poste du même nom, on énoncera le nom du département. Lorsque la lettre est adressée dans une commune rurale, il faut toujours mettre à la fin, et en évidence, le nom du bureau où elle doit s'arrêter.

Lettres mises à la poste. Lorsqu'une lettre a été jetée

dans la boîte, elle ne peut plus être rendue qu'avec les précautions propres à garantir de toute surprise. Si, par exemple, il s'agit d'une simple rectification d'adresse, la lettre ne peut être communiquée que sur la présentation du cachet et de l'écriture de la suscription, et sur une réquisition écrite par l'auteur, quand la réclamation n'est pas faite par lui-même; la rectification doit être faite sur-le-champ et sans déplacement. Si l'auteur veut retirer la lettre, il devra en faire la demande en personne, accompagné de deux témoins s'il n'est pas suffisamment connu du directeur.

Lettres chargées. Les lettres ou paquets à charger doivent être présentés sous enveloppe, et fermés au moins de deux cachets en cire avec empreinte. Le port des lettres présentées au chargement par les particuliers doit être perçu à l'avance. Il est double de celui des lettres ordinaires. En cas de perte d'une lettre chargée, il est accordé une indemnité de 50 fr.; les chargements sont inadmissibles pour les pays d'outre-mer. Celui qui reçoit une lettre chargée doit en donner décharge sur les registres du directeur.

Lettres recommandées. La recommandation n'a lieu qu'en faveur des lettres à la destination de Paris. Elles sont présentées sous la même forme que les lettres à charger, ne peuvent être affranchies et ne paient que le port simple; en cas de perte aucune indemnité. Elles sont remises à domicile sur récépissé.

Service des lettres. Les lettres sont timbrées à l'instant qu'elles sortent de la boîte. Leur taxe est basée sur le système décimal; il suffit d'ajouter un zéro aux chiffres qui se trouvent sur la suscription, ou au dos lorsqu'elles sont affranchies, pour les réduire en centimes et en francs. Quand il y a deux chiffres, on place en outre une virgule entre le premier et le second. Ainsi, 8 décimes forment 80 centimes; 12 décimes, 1 franc 20 centimes. Ces chiffres diffèrent peu des chiffres ordinaires, si l'on en excepte le 4, qu'on a trouvé plus commode et plus prompt de faire ainsi qu'on le voit sur les lettres.

On appelle lettre simple celle qui pèse moins de sept grammes et demi, c'est-à-dire qui ne dépasse pas le poids d'une feuille de papier à lettre ordinaire. Une telle lettre ne doit que le port simple. A 7 grammes et demi jusqu'à 10 inclusivement, elle doit le demi-port en sus; à 10 grammes deux fois le port; et ensuite de 5 grammes en 5 grammes, un demi-port en sus. Lorsqu'il y a une fraction de décime, comme dans l'exemple suivant, on compte le décime entier. Ainsi d'après le tarif ci-dessus, une lettre simple à la destination de Paris paie 50 cent. à 7 grammes et demi, 80 cent.; à 10 grammes, 1 fr; à 15 grammes, 1 fr. 50 cent., etc.

Les lettres mises dans une commune rurale ou à la destination d'une commune rurale, autre que celles composant l'arrondissement rural du bureau, sont soumises à une taxe supplémentaire fixe de 1 décime (2 sous) représentée par un D placé sur la suscription.

Taxe des lettres en raison de la distance. La taxe des lettres est établie en raison de la distance en ligne directe ou à vol d'oiseau, du lieu d'origine de ces lettres au lieu de destination; elle est calculée dans les proportions suivantes : jusqu'à 40 kilomètres inclusivement, 2 décimes. Au-dessus de 40 kil. jusqu'à 80, 3 déc.; de 80 à 150, 4 déc.; de 150 à 220, 5 déc.; de 220 à 300, 6 déc.; de 300 à 400, 7 déc.; de 400 à 500, 8 déc.; de 500 à 600, 9 déc.; de 600 à 750, 10 déc.; de 750 à 900, 11 déc.; de 900, 12.

Diminution de taxe accordée à certains individus.

Militaires. Sont taxées à 25 centimes pour tout droit fixe, lorsqu'elles auront été affranchies, et qu'elles n'atteindront pas le poids de sept grammes et demi, les lettres adressées aux soldats et marins, jusqu'au rang des sous-officiers, présents sous les drapeaux ou pavillons, et aux élèves de l'école de Saumur.

Cette faveur leur est enlevée lorsqu'elles contiennent d'autres lettres, ou qu'elles sont placées sous enveloppe, lors même qu'elles n'atteindraient pas le poids de sept grammes et demi.

Journaux. Les journaux et imprimés affranchis, et ne contenant ni chiffres ni aucune espèce d'écriture à la main, obtiennent une modération de taxe pourvu qu'ils soient placés sous bandes qui n'excèdent par le tiers de leur surface, et qu'ils aient été soumis au timbre, quand d'ailleurs ils n'en sont pas exempts par la loi.

Imprimés. La taxe des imprimés est de trois espèces : La taxe des journaux est de 2 centimes par journal circulant dans l'intérieur du département où il est publié, et de 4 centimes quand ils sont transportés hors de ce département.

Ouvrages périodiques. La taxe des ouvrages périodiques relatifs aux sciences, aux arts et à l'industrie, est de 4 centimes par feuille d'impression de la dimension de 25 décimètres, pour tout le royaume. Cette taxe est susceptible de fractions.

La taxe de tous les autres imprimés est fixée à 5 centimes par feuille, et est aussi susceptible de fractions pour moitié ou quart de feuille.

Lettres de faire part. Les lettres imprimées, quand elles sont placées sous bandes, sont affranchies à raison de 5 centimes pour avis de mariage, et de 2 centimes et demi pour avis de décès ou de naissance.

Lorsqu'elles sont ployées en forme de lettres et cachetées, elles sont affranchies à raison de 10 centimes pour avis de décès, et de 20 centimes pour avis de mariage. Dans le même cas, elles ne jouissent d'aucune faveur lorsqu'elles sont adressées à l'étranger.

Les imprimés transportés à l'étranger ou venant de l'étranger, dans le cas même où ils ne pourraient être affranchis jusqu'à destination, mais lorsqu'ils ont été affranchis jusqu'au point où ils peuvent l'être, ne sont taxés que comme imprimés, pour le parcours qu'ils ont à faire à partir de ce point jusqu'au lieu de destination.

Imprimés exempts de timbre. Ce sont les pétitions adressées aux chambres, les livres brochés, les ouvrages périodiques, relatifs aux sciences, aux arts et à l'industrie, les suppléments de journaux, les adresses ou annonces de changements de domicile, les avis et prospectus relatifs à la librairie, aux sciences, aux arts, à l'agriculture; les prospectus de journaux (non politiques), les lettres de part, les exemplaires de plaidoyer, toute œuvre non périodique de musique, au-dessus de deux feuilles d'impression.

Affranchissement des lettres. Cet affranchissement est

libre ou forcé; il est forcé pour les pays suivants : l'Angleterre, les îles de l'Archipel, l'Autriche, les colonies et tous les pays d'outre-mer, l'Espagne, les États barbaresques, Gibraltar, la Grèce, les îles Ioniennes, les Échelles du Levant, la principauté de Lichtenstein, les îles Maiorque et Minorque, Malte, le Mexique, Modène, Reggio et Massa Carara, la Moldavie, Parme, Plaisance et Guastalla, le Portugal, la Suède et la Norwége, la Turquie.

Toute lettre pour ces destinations, qui n'est pas affranchie, est mise au rebut.

L'affranchissement est facultatif pour tous les autres pays, et doit être, à très-peu d'exceptions près, perçu jusqu'à destination, au lieu que lorsqu'il est forcé, il ne peut être perçu que jusqu'aux frontières.

Franchises ou dispenses de taxes. Les personnes ci-après dénommées sont les seules qui reçoivent leurs lettres en franchise, et sans qu'elles aient besoin d'être affranchies, savoir :

Les membres de la famille royale, l'intendant général de la liste civile, l'administrateur du domaine privé, les aides-de-camp du roi de service, les secrétaires du cabinet du roi, les secrétaires des commandements des ducs d'Orléans et de Nemours, les présidents de la chambre des pairs et des députés, le grand référendaire de la chambre des pairs; les ministres ayant portefeuille, le grand chancelier de la Légion-d'Honneur, les directeurs généraux de l'enregistrement et des domaines, des ponts et chaussées et des mines, des forêts, des douanes, des contributions indirectes, des tabacs, des postes, des caisses d'amortissement et des dépôts et consignations, le secrétaire général du Conseil d'état, le préfet de police, le commandant de la première division militaire, le commandant de Paris et du département de la Seine, le commandant supérieur des gardes nationales de Paris et du département de la Seine, le premier président et le procureur-général de la cour de cassation, le premier président et le procureur-général de la cour des comptes, le commissaire du roi et le secrétaire général près la commission d'indemnité des colons de Saint-Domingue, le procureur-général dans le ressort de chaque cour royale, le procureur du roi près la cour d'assises dans le ressort de la cour, et le procureur du roi près le tribunal de première instance dans le ressort de ce tribunal.

Le motif de ces franchises est facile à concevoir; si on n'en eût point accordé, il aurait fallu donner à ces personnes des indemnités à raison de leur nombreuse correspondance avec le public; ainsi c'eût été mettre d'une main dans le trésor ce qu'on eût tiré de l'autre.

La franchise est encore accordée aux fonctionnaires dans l'ordre administratif, mais seulement pour ce qui concerne leur correspondance de service.

Distribution des lettres au guichet du bureau de poste. Cette distribution pour les particuliers ne doit commencer qu'au moment où les facteurs sortent pour opérer la distribution à domicile.

Les lettres adressées dans les communes desservies par le bureau, et qui y séjournent jusqu'au moment où elles sont portées dans ces communes par des facteurs ruraux, peuvent être retirées par le destinataire; mais dans ce cas même, le décime rural supplémentaire doit être acquitté.

Toute lettre taxée, distribuée au guichet, ne peut être reprise que dans le cas où il serait reconnu que cette lettre n'est pas pour la personne à qui elle a été remise.

Les lettres adressées poste-restante ne peuvent être remises qu'au destinataire lui-même, et sur l'exhibition de son passe-port, lorsqu'il n'est pas connu. Elles peuvent être remises à la personne munie d'une simple autorisation signée du destinataire. Il est permis de se faire adresser des lettres poste-restante sous des initiales seulement.

Distribution à domicile par les facteurs. — Leurs devoirs à cet égard. Tout objet confié à la poste ne doit être remis qu'au domicile indiqué sur l'adresse, et à la personne qui déclare en être le destinataire. Le devoir du facteur ne s'étend pas plus loin. (Art. 495 et 496.)

Il est défendu aux facteurs, sous des peines sévères, de distribuer des lettres dans la rue ou hors du domicile du destinataire, de faire crédit, de recevoir un supplément de port pour les lettres qu'ils distribuent, de monter dans les maisons, de donner connaissance à qui que ce soit de la suscription des lettres.

Dès qu'une lettre est sortie des mains du facteur, elle ne peut plus être reprise. Lorsque par erreur ou par similitude de nom une lettre a été ouverte par une personne à qui elle n'était pas destinée, cette circonstance doit être mentionnée au dos de la lettre par la personne qui a commis l'erreur, et le port lui est remboursé.

A leur arrivée, le directeur fait frapper les lettres d'un timbre portant la date du jour, et qui est placé au dos de la lettre. Comme elle doit toujours être remise par le facteur le jour de son arrivée au bureau, il est facile par l'examen du timbre de s'assurer s'il y a eu de sa part retard dans la remise de cette lettre.

De même, en rapprochant la date du timbre d'arrivée de la date du timbre de départ, on peut juger du temps que la lettre a mis à faire le trajet, et si l'auteur de la lettre ne l'a pas antidatée.

Les réclamations relatives au service des postes aux lettres s'adressent aux directeurs, et celles qui porteraient contre les directeurs eux-mêmes au directeur général.

Il suffit de tirer deux traits de plume d'un angle à l'autre et sur la suscription d'une lettre adressée à un directeur pour qu'il la reçoive franche.

Les directeurs sont autorisés à opérer la détaxe des lettres adressées à des particuliers, lorsque ces lettres ont été taxées après avoir été affranchies, ou lorsqu'elles ont été trop taxées. Dans ce cas, elles doivent être représentées par le destinataire lui-même au guichet du bureau, dans le mois de leur date, avant ou après avoir été lues.

Des rebuts. Personne ne peut être forcé à prendre la lettre qu'il a une fois refusée. Les lettres refusées séjournent pendant trois mois au bureau. On est toujours admis à les réclamer pendant tout ce temps, après lequel elles sont envoyées à l'administration centrale de Paris, où elles sont déposées pendant un an. Après ce délai, elles sont ouvertes : les plus importantes sont renvoyées à leurs auteurs, et les autres sont brûlées. Les lettres refusées portant la griffe (instrument avec lequel on met l'empreinte d'un nom au lieu de la signature même) d'une maison de commerce, sont envoyées jour par jour à Paris, et retournées à ces maisons. Les lettres qui, sans avoir été affranchies, ont été adressées à des fonctionnaires qui n'ont point le droit de recevoir leur correspondance en franchise et qui les ont refusées, sont envoyées jour par jour à Paris, et retournées à leurs auteurs.

Lettres d'attrape. Les lettres d'attrape peuvent être remboursées à la personne qui les présente. Il est expressément défendu au directeur de se prêter à ce qu'une personne se fasse adresser des lettres sous un nom supposé.

Lorsqu'une personne est en voyage, les lettres qui lui sont adressées au domicile qu'elle a quitté peuvent lui être réexpédiées sur l'avis écrit de cette personne, ou sur la demande qui en est faite à son ancien domicile. Dans ce cas, elles ne doivent point sortir des mains du facteur, et le port est acquitté par le destinataire, à son nouveau domicile. Si les lettres, après que le port en est acquitté, étaient jetées dans la boîte, elles seraient taxées de nouveau.

Les lettres dont le destinataire n'a pu être découvert sont envoyées de dix jours en dix jours à Paris, où elles sont ouvertes et renvoyées à leurs auteurs; ce qui fait sentir l'importance de signer ses lettres d'une manière distincte et lisible.

De la transmission de l'argent et autres valeurs par la voie de la poste. Échantillons de marchandises. Ces échantillons ne sont taxés qu'au tiers de leur poids. Pour jouir de cette faveur, ils doivent être attachés de manière à être vérifiés et pesés séparément, dans le cas où ils seraient joints à des lettres.

Valeurs cotées déterminées. On peut faire charger dans les bureaux de poste des objets précieux de petite dimension. Il est perçu sur ces envois un droit de cinq pour cent calculé en raison de l'estimation, qui doit être faite par l'envoyeur, et de plus un droit fixe de 55 cent. pour timbre : l'estimation ne peut être moindre de 50 fr. En cas de perte, l'administration rembourse le prix de l'estimation. Ces objets doivent être renfermés, en présence du directeur des postes, dans une boîte ou étui et scellés de deux cachets. La boîte ou étui ne doit pas avoir plus de quatre pouces de long sur trois de large, ni peser plus de trois cents grammes.

Service des articles d'argent. L'administration des postes peut être chargée d'envois d'articles d'argent pour tous les bureaux du royaume et aux armées, moyennant cinq pour cent de la somme versée, et ne peut refuser de les recevoir; en échange de cette somme, il est délivré à l'envoyeur un mandat payable à vue dans tous les bureaux indistinctement.

Il ne peut être reçu d'articles d'argent au-dessous d'une somme de 50 centimes. Ceux de 200 francs et au-dessous sont payables à vue dans tous les bureaux de postes du royaume.

Lorsqu'il s'agit de sommes qui excèdent 200 francs, les mandats des postes cessent d'être payables à vue : le paiement n'en peut être opéré que sur autorisation préalable de l'administration.

Les sommes qui excèdent 10 francs nécessitent l'emploi d'un mandat timbré. Le droit de timbre, qui est en ce cas de 35 centimes, doit être acquitté par l'envoyeur.

Il ne peut être reçu d'articles d'argent destinés pour des particuliers qui habitent les pays étrangers. Les militaires et marins employés dans les colonies sont les seuls en faveur desquels il soit fait exception à cette prohibition.

Tout mandat d'articles d'argent dont on demande le paiement doit être présenté par le destinataire lui-même ou son fondé de pouvoirs, à l'effet d'acquitter la reconnaissance et de signer la remise en marge du registre des paiements. A Paris, les porteurs de mandats des directeurs des postes qui ne savent pas signer devront produire une attestation du commissaire de leur arrondissement.

Les pouvoirs sous seing privé, à l'effet de toucher des mandats sur la poste, doivent être sur papier timbré et de plus légalisés par le maire. Ils sont spéciaux et ne peuvent servir qu'une fois.

Toute personne non domiciliée dans la commune où est établi le bureau ne peut recevoir le paiement d'un mandat d'article d'argent que sur l'exhibition d'un passe-port en bonne forme et la production de la lettre d'envoi du mandat, qui peut toujours être exigée par les directeurs.

Cependant le destinataire pourra être dispensé de produire ces pièces, s'il se fait accompagner d'une personne ayant son domicile dans la commune, et qui déclare bien connaître le porteur du mandat. Si le destinataire ne sait pas, ou ne peut pas signer, le paiement ne pourra être fait qu'en présence de deux personnes domiciliées et sachant écrire.

Lorsqu'un mandat d'article d'argent sera, par une cause quelconque, rentré dans les mains de l'envoyeur, celui-ci pourra sur-le-champ et sans aucun délai, en reproduisant le mandat, en exiger le remboursement. En cas de perte ou de destruction du mandat, l'envoyeur, ou tout autre ayant-droit, pourront encore, en produisant la déclaration de versement, en réclamer le paiement; mais il ne pourra être opéré que sur une autorisation préalable de l'administration, et après les délais voulus.

Excepté les officiers supérieurs, toute personne appartenant à un corps, à un bâtiment de la marine royale, ou à un hôpital ou une prison militaire, ne peut recevoir les articles d'argent qui lui sont adressés que par l'intermédiaire du vaguemestre ou du facteur commissionné à cet effet.

Seront définitivement acquises à l'état les sommes versées aux caisses des agents des postes pour être remises à destination, et dont le remboursement n'aura pas été réclamé par les ayant-droit dans un délai de huit années, à partir du jour du versement des fonds. (Art. 1er de la loi de février 1835.)

Les délais pour les versements faits antérieurement à la promulgation de cette loi courront à partir de cette promulgation.

En quelle monnaie la taxe des lettres doit être acquittée. Les facteurs, étant obligés de payer le montant de la taxe des lettres en monnaie d'argent, au moins pour les deux tiers, ont droit d'exiger du public le même mode de paiement et de n'admettre la monnaie de billon que comme appoint; autrement leur marche pourrait être ralentie et leur service retardé par la masse de sous et de gros sous qu'ils recevraient, et le temps qu'il faudrait mettre à les compter.

Les notions ci-dessus sont extraites en partie de l'arrêté du ministre des finances du 30 mars 1832, et de l'instruction adressée par ce ministre à tous les directeurs des postes.

LETTRE DE CHANGE. (*Cod. dom.*) La lettre de change est une traite tirée par un négociant sur un correspondant, à son ordre ou au profit d'un tiers qui en a fourni la valeur. C'est une obligation de payer au porteur une certaine somme dans un autre temps ou lieu. Le cours du change est le prix que l'on consent à donner pour acquérir le droit de toucher dans une autre ville une somme quelconque.

Lettre de change.

Paris, le... Bon pour...

Au... 1836, il vous plaira payer, par cette lettre de change, à M***, ou ordre, la somme de..., valeur reçue comptant, que vous passerez en compte suivant l'avis de...

Votre serviteur,

(*Signature.*)

Autre.

Paris, le... Bon pour...

A vue—ou à cinq jours de vue—ou à un mois—ou à une usance—il vous plaira payer par cette première—ou bien par cette seconde de change, la première étant égarée, la somme de..., valeur reçue en marchandises, que vous passerez suivant l'avis de...

Votre serviteur,

(*Signature.*)

L'acceptation a lieu en ces termes : Accepté pour la somme de...

Endossement. Payez à l'ordre de M***, valeur reçue comptant—en marchandises—ou en compte.

A..., le...

(*Signature.*)

Les formes d'une lettre de change doivent être réglées par les lois du pays où elle a été tirée. Ainsi, une lettre de change tirée de Londres, et endossée sans énonciation de valeur au profit d'un négociant demeurant à Paris, forme un titre dont le porteur est régulièrement saisi aux termes des lois anglaises, et dont la connaissance appartient au tribunal de commerce de Paris. (C. R. Paris, 25 août 1832.)

Lettre de change égarée ou perdue. Le tireur peut, soit que le traité ait ou non donné son acceptation, être contraint de remettre une seconde lettre de change au porteur après l'échéance, et alors même qu'il n'existe pas de protêt faute de paiement. (Trib. de Comm. Paris, 5 décembre 1832.)

Lettre de change sur l'étranger. L'usage de la place de Paris, d'après lequel celui qui prend à la négociation une lettre de change sur l'étranger ne doit en payer le montant que contre la remise du bordereau vulgairement appelé aval, n'est point obligatoire pour les banquiers et négociants de cette place. (Trib. de Comm. Paris, 23 avril 1833.)

Lettre de change souscrite par une femme. La femme non marchande publique, qui a accepté une lettre de change conjointement avec son mari, est obligée envers le porteur, quoiqu'elle n'ait pas écrit le Bon ou Approuvé exigé par l'art. 1326 du Code civil, lorsqu'il est suffisamment établi pour le tribunal que la femme a connu, lors de la signature, l'étendue de l'engagement qu'elle contractait. (Trib. de Comm. de Paris, 23 juillet 1833.)

LEUCORRHÉE. (*Méd. dom.*) Cette maladie, qu'on désigne aussi sous le nom de *flueurs blanches*, est trop commune pour que nous la passions sous silence. Elle attaque ordinairement les femmes des grandes villes, celles qui sont sédentaires, celles d'un tempérament lymphatique et d'une constitution molle. Elle se développe sous l'influence du froid humide, des bains tièdes fréquents, de l'usage des siéges et des lits trop mous, des vêtements trop étroits, des aliments fades, mucilagineux, des boissons aqueuses, des affections morales tristes, des écarts de régime.

Dans cette maladie désagréable, mais peu dangereuse, la langueur, la fatigue, la pâleur, la dépravation de l'appétit, la difficulté des digestions, la faiblesse du pouls, la constipation ou le dévoiement accompagnent le principal symptôme, le flux d'une mucosité blanche et jaunâtre, épaisse et d'une odeur fade.

Traitement. Habitation d'un lieu sec et chaud; application de vêtements de laine sur la peau, exercice modéré, usage de lits fermes, de frictions sèches, d'aliments toniques, tels que consommés, rôtis, vins généreux, eaux de seltz, eaux ferrugineuses et sulfureuses en boissons et en bains.

LEVAIN. (Voy. LEVURE.)

LÉVANTINE. (*Conn. us.*) La lévantine n'est bonne qu'en doublure. Sa largeur est de quatre huitièmes. Celle des anciennes lévantines était de cinq huitièmes, et leur qualité était de beaucoup supérieure, mais chaque fabricant cherche à s'attirer des acheteurs, moins par la bonté des produits que par la modicité du prix, et c'est à cette suite fâcheuse de la concurrence que la lévantine a dû d'être abandonnée.

LEVIER. (*Conn. us.*) Le levier se définit, en mécanique, un corps solide ayant un axe fixe sur lequel il peut tourner.

On en distingue de plusieurs sortes.

1° Le levier qui agit dans la *balance romaine*, avec un bras plus long que l'autre. Il sert à élever des fardeaux.

2° Le levier dans lequel la résistance, ou le poids à soulever, est placé entre le point d'appui et la puissance, ou force qui soulève. C'est ce genre de levier qui reçoit son application dans la construction des brouettes.

3° Le levier dans lequel la puissance est placée entre le point d'appui et la résistance. Les roues à dents et hérissées sont des leviers de ce genre.

LÈVRES. *Pommade pour les lèvres.* Mêler deux onces et demie de cire vierge et quatre onces d'huile d'amandes douces, les faire fondre au bain-marie, y faire infuser, pour colorer en rose, un petit morceau de racine d'orcanette. (Voy. BOUCHE, DENTS.)

LÉVRIER. (Voy. CHIEN.)

LEVURE ou LEVAIN. (*Conn. us. — Ind. dom.*) Le levain est une substance végéto-animale ou azotée, dont la nature n'est pas exactement connue; il existe dans le raisin et un grand nombre de fruits. Ses éléments se rencontrent dans les graines céréales, le froment, l'orge, le seigle; le levain naturel des fruits est coagulable: il se sépare de leur suc en partie par la chaleur, mais il n'est pas pour cela rendu inerte.

Le levain pour le pain est employé, à Paris, six heures après sa confection, quand il commence à fermenter. On n'attend pas que la fermentation aigre soit commencée. Il faut une quantité décuple de levain à fermentation vineuse, mais il lève la pâte en deux heures, et lui donne plus de saveur.

La levure qu'on emploie pour la bière, et d'où dépend la bonne qualité du liquide, doit être fraiche, provenant du brassin précédent, ou conservée avec soin dans un lieu frais et avec un peu d'alcool. Elle doit avoir une odeur vineuse, ne pas être trop écumeuse, avoir une saveur plus sucrée qu'acide. Tous les brasseurs s'accordent à dire que la fermentation ne peut réussir complétement qu'avec une levure formée par la bière. Lorsque la marche de la fermentation a été régulière et complète, que le mucoso sucré du moût a été converti en alcool ou esprit de vin, le ferment se sépare en deux portions bien distinctes, l'une vient nager à la surface en forme d'écume, c'est la levure; l'autre se dépose au fond du vase et constitue la lie : ce sont deux levains artificiels auxquels nous conserverons le nom de levures, pour les distinguer du ferment naturel, dont ils diffèrent en ce qu'ils sont solubles dans l'eau chaude et insolubles dans l'eau froide. La présence de la levure est indispensable pour la vinification, et quand elle agit, il y a formation d'ammoniaque et d'acide hydrocianique qui proviennent indubitablement du ferment. La levure contient une petite quantité d'amidon et d'hordéine; du reste elle est toujours formée d'oxygène, d'hydrogène et d'azote. D'après les expériences de M. Thénard, elle agit en enlevant une petite quantité d'oxygène à chaque molécule de la matière sucrée, par son carbone et son hydrogène; une fois l'équilibre rompu entre les proportions de cette substance, ses principes réagissent l'un sur l'autre, le mouvement continue, et il se développe successivement de l'alcool et du gaz acide carbonique, dont le dégagement plus ou moins rapide rend la fermentation plus ou moins tumultueuse. Il résulte des expériences de M. Gay-Lussac que, sans une petite quantité d'oxygène libre, la fermentation alcoolique ne saurait commencer dans le jus du raisin, parce que la matière de laquelle le ferment doit résulter ne peut former celui-ci qu'en se combinant avec l'oxygène. Cette observation a permis d'expliquer ce qui se passe dans la conservation de plusieurs substances par le procédé d'Appert, dont nous avons souvent parlé dans le cours du Dictionnaire.

Moyen d'obtenir de la levure. On fait bouillir une livre de houblon dans deux litres d'eau, que l'on fait réduire à un litre et demi. On passe le tout à travers un linge; quand la décoction claire ainsi obtenue est refroidie de 16 degrés, on y délaie une livre et demie de levain de boulanger, frais, non acide, auquel on joint une livre de farine de malt très-fine et une livre de bon miel ou mélasse de bon goût, le tout bien mêlé et exposé à une température de 25 à 30 degrés. Ce mélange doit être achevé lorsque le moût est en ébullition; après deux heures d'ébullition, on retire 4 litres de moût qu'on refroidit à 16 degrés, et que l'on mêle dans le vase ou baquet, qui doit être assez grand pour que la levure, qui se gonfle beaucoup, ne se répande pas en dehors.

On conserve cette levure jusqu'au lendemain pour mettre en fermentation, ayant soin de la surveiller, afin qu'il ne passe point à l'acide; on le délaie avec un demi-litre d'eau-de-vie à 18 degrés, et on opère son mélange avec le moût à fermenter; si ce levain n'a pas toutes les qualités requises pour donner au travail les propriétés désirées, il fournit un excellent ferment pour les brassins suivants. La dose indiquée suffit pour mettre 25 hectolitres de moût en fermentation et donner une bière passable. On ne doit avoir recours à ce moyen qu'en cas de nécessité et à défaut de levure des brasseries.

On conserve la levure de la manière suivante. On la met dans une espèce de chausse pour faire écouler le liquide. Lorsqu'elle est en pâte ferme, on la met dans un vase en terre bien cuite ou en faïence; on y ajoute un peu d'eau-de-vie ou d'alcool; on bouche hermétiquement, c'est-à-dire de manière à ce que l'air ne puisse s'introduire; on enterre le vase dans du sable au lieu le plus frais de la cave, et on l'arrose de temps à autre. De cette manière, la levure se conserve quinze ou vingt jours pendant les plus fortes chaleurs de l'été, et beaucoup plus longtemps pendant les autres saisons.

Autre procédé. Battre la levure avec des baguettes, la réduire en mousse légère, la mettre en petits tas sur des assiettes. Quand elle est sèche, ajouter une nouvelle couche, et continuer ainsi jusqu'à un demi-pouce d'épaisseur. Retirer ce levain sec de dessus les assiettes et le casser en petits morceaux que l'on conserve dans des bouteilles bien bouchées, ou dans des sacs tenus à l'abri de l'air et de l'humidité.

Levure de M. Westrumb. Brasser 21 livres 1/4 de drêche avec trois quarterons de houblon. Séparer le marc et le houblon, et faire évaporer la liqueur qui reste jusqu'à 22 livres 1/4. Faire refroidir; ajouter 4 livres de levure de bière. Lorsque l'écume s'élève par la fermentation, ajouter 6 livres de drêche ou de la farine d'orge, de seigle, ou de froment; laisser refroidir dans un endroit frais. Cette levure se conserve en été pendant dix à quinze jours, et dans l'hiver pendant quatre à six semaines. On peut l'employer à la fermentation de l'eau-de-vie, du moût de bière, du vinaigre, des boissons, du pain, de la pâtisserie. Pour la conserver, on peut la faire sécher, la mettre en poudre, qu'on a soin de remuer de temps en temps, et quand on veut s'en servir, on délaie cette poudre dans de l'eau tiède à 17 ou 19 degrés.

Levain de pommes de terre. Faire bouillir des pommes de terre, les peler, les écraser, les réduire en bouillie en y versant de l'eau chaude. Ajouter par livre de pommes de terre deux onces de cassonade ou de mélasse, et, quand le mélange est presque refroidi, deux cuillerées de levure de de bière. Tenir ce mélange chaudement jusqu'à ce qu'il ait bien fermenté.

Cette levure peut s'employer au bout de vingt-quatre heures, et se garder trois mois. Une livre de pommes de terre donne environ deux livres ou une pinte de levure.

Levain artificiel. Faire bouillir, jusqu'à consistance de bouillie épaisse, de la farine et de l'eau. Saturer d'acide carbonique cette bouillie, et l'exposer à la chaleur. Au bout de deux jours, la fermentation a donné à ce mélange les qualités du levain.

Une pinte de cette substance délayée dans une quantité suffisante d'eau, peut servir à réduire en pâte six livres de farine. On laisse revenir cette pâte pendant douze heures, et l'on en forme des pains.

Emploi de la levure comme engrais. La levure de bière, répandue dans les prairies, rend l'herbe plus forte et plus verte. On attribue cet effet au gluten et à l'amidon qu'elle contient.

Substances qui remplacent le levain. Le carbonate de magnésie et le sous-carbonate d'ammoniaque ont la propriété de soulever la pâte à la cuisson, sans levain. Il en faut deux ou trois grammes pour deux livres de farine; on le mêle à la farine avant de pétrir.

LÉZARD. (*Conn. us.*) Animal ovipare du genre des sauriens. Il y a plusieurs espèces de lézards indigènes.

Le grand lézard vert. Il est bas sur ses jambes, et a jusqu'à un pied de long.

Le lézard vert hante les haies et les buissons, et grimpe sur les arbres; il avale des grenouilles, des souris, des vers, et même des oiseaux. Quand on le rencontre dans la campagne, il s'arrête et regarde l'homme fixement. Il saute assez haut pour se dérober aux coups qu'on veut lui donner.

Lézard gris des murailles. On peut le prendre impunément avec la main. Il attaque les fruits, mais il se nourrit d'insectes. Il détruit aussi les moucherons et les fourmis.

Lézard des souches. Variété du précédent.

Lézard anézicole. Idem.

Les lézards mordent avec violence quand on les attaque, mais ils ne sont nullement vénéneux. L'hiver, ils restent engourdis dans des trous. On peut les conserver cinq ou six mois sans manger.

La queue des lézards repousse quand elle a été coupée.

LIAISONS. (*Cuis.*) Elles se font d'une manière uniforme avec plus ou moins de jaunes d'œufs, ou avec de la crème double, que l'on verse dans les sauces avec précaution, hors du feu et en tournant toujours; on les remet ensuite au feu pour épaissir, mais sans les faire bouillir.

Elles se mettent au moment de servir; il faut les faire onctueuses sans leur donner de l'épaisseur.

On sépare avec soin les blancs d'avec les jaunes, en transvasant ceux-ci d'une coquille à l'autre, et en jetant tous les germes qui sont restés. On les broie bien et on les délaie avec une cuillerée d'eau ou de sauce quelconque.

Les blancs des œufs qui ont servi aux liaisons peuvent se garder deux jours en été, et quatre en hiver. Avec un ou deux œufs entiers et une poignée d'oseille hachée, on en fait une omelette. Avec deux cuillerées de farine et du lait, on peut en faire des crêpes.

LICHEN. (*Méd. dom.—Ind. dom.*) Famille des algues. Ces plantes rampent sur les pierres et les vieux arbres. On s'en sert dans la teinture, mais surtout dans la médecine où la pâte de lichen est efficace contre les rhumes et les affections catarrhales.

Extraction de la gélatine du lichen. Prendre deux livres de lichen d'Islande choisi, le faire bouillir cinq minutes, le laver à l'eau froide. Le faire bouillir ensuite une heure dans seize litres d'eau, le soumettre à la presse dans un seau percé de trous, et garni d'un tissu de crin, en entourant de couches de paille les couches de lichen. Faire bouillir de nouveau dans huit litres d'eau pendant une demi-heure, et exprimer. Mêler les deux décoctions. Faire chauffer, y ajouter quatre livres de sucre, passer, et laisser reposer dans un endroit frais pendant deux ou trois heures; quand elles sont prises en gelée, les couper par tranches, et au bout de quatre heures, les soumettre à la presse dans des sacs de coutil pendant quatre à cinq heures.

L'addition de quatre grains de colle de poisson par once de sucre rend la gelée plus transparente.

Ce procédé peut s'appliquer à l'extraction de toutes les gelées de fruits, et à la fabrication des sirops.

LIE DE VIN. (*Ind. dom.*) La lie de vin distillée donne de bonne eau-de-vie; soumise à la presse, elle donne du vinaigre. Desséchée au four ou dans une chaudière et réduite en cendres, elle fournit une potasse excellente. On mêle le résidu avec du menu bois, on le brûle dans une cheminée qui doit avoir un bon tirage, ou dans un fourneau.

La lie de vin carbonisée donne une couleur noire qu'on peut employer pour la fabrication de l'encre d'imprimerie. (Voy. ce mot.)

LIÉGE. (*Jard.—Ind. dom.—Conn. us.*) Le *quercus suber* est toujours vert. Il a beaucoup d'analogie avec le chêne ordinaire. Il produit des fruits beaucoup moins âpres que ceux des autres chênes. Les glands de l'espèce dite *ballote* se mangent crus, et sont analogues aux châtaignes par leur saveur. (Voy. CHÊNE.)

Le liége croît en France, dans beaucoup de départements du midi: Bouches-du-Rhône, Landes, Lot et-Garonne, Basses-Pyrénées, Pyrénées-Orientales, Var. Il aime les terrains sablonneux et arides. Il y atteint vingt-cinq à quarante-cinq pieds de haut, et un à trois pieds de diamètre.

On enlève l'écorce du liége quand l'arbre a quinze ou vingt ans et est parvenu à un diamètre de sept à huit pouces. Cette opération s'exécute dans la saison où la sève est en mouvement, depuis le mois de juin jusqu'à celui d'août. On coupe circulairement l'écorce du tronc et des grandes branches; on pratique une incision longitudinale, et en faisant passer un instrument en forme de coin entre le tronc et l'écorce, on dépouille l'arbre aisément.

On renouvelle l'enlèvement de l'écorce lorsqu'elle est épaisse de dix, douze ou quinze lignes, ce qui a lieu tous les huit à neuf ans pour le tronc, et tous les dix à douze ans pour les grosses branches.

La première écorce, rugueuse et fendillée, ne s'emploie que pour les filets des pêcheurs. La seconde est de moins bonne qualité que les suivantes, dont la bonté s'accroît à mesure que l'arbre vieillit.

Pour aplatir l'écorce de liége, on l'expose au feu et on lui donne une forme plate en l'étendant et la chargeant d'un poids, quand elle est chaude. On la laisse refroidir dans cet état. Le second procédé consiste à faire bouillir l'écorce dans de l'eau.

Usages du liége. Le liége, malgré sa porosité apparente, est un des bois les moins perméables. Pour en boucher hermétiquement tous les interstices, on le laisse quelques minutes dans un mélange bien chaud de deux parties de cire et d'une de suif. Étant mauvais conducteur de la chaleur, il convient pour fermer des vases qui contiennent de la glace.

On fait avec le liége, en Espagne, des tables, des siéges, des voitures, des boiseries pour préserver les appartements de l'humidité. Près de Cintra, en Portugal, on voit un couvent de capucins creusé dans le roc, entièrement revêtu à l'intérieur, de plaques de liége.

Le *noir d'Espagne* se fabrique en réduisant le liége en charbon dans des vases clos.

L'usage du liége pour soutenir les filets et faire des *bouées* pour indiquer la place des ancres dans la mer, était connu des Romains. La cherté du liége lui a fait substituer, pour cet usage, des planchettes de tilleul, de tremble, de sapin, de peuplier. Les Romains employaient également le liége en semelles pour rendre les souliers imperméables, en corselets pour faciliter la natation, en bouchons pour toutes sortes de vases; mais la fragilité des amphores des anciens, et le diamètre de leur ouverture rendaient cette dernière pratique peu commune.

L'emploi du liége pour bouchons ne fut répandu qu'au dix-septième siècle. Auparavant on bouchait les vases et les bouteilles avec une couche d'huile, ou bien avec de la poix, du mastic, du plâtre, de l'argile.

Emploi du liége pour guérir les crampes. Il suffit d'appliquer, sur la partie affectée, une plaque de liége de la grandeur de la main, et la crampe cesse instantanément.

Emploi du liége dans la dentition. On a observé que les enfants, à l'âge de la dentition, paraissaient éprouver une satisfaction réelle, lorsqu'à leur hochet d'ivoire ou de verre on substituait un simple bouchon de liége. Les enfants n'ont pas que des gencives à exercer, ils souffrent encore longtemps après que les premières dents sont percées, et dès lors doivent commencer pour eux, sur les dents à jour, les impressions aigres et agaçantes que fait éprouver à tout âge un objet métallique ou vitreux en contact avec les dents.

LIENTERIE. (*Méd. dom.*) La lienterie est une affection dont le symptôme principal consiste dans des évacuations fréquentes et liquides d'aliments à demi-digérés. Les enfans surtout en sont attaqués.

La lienterie est accompagnée d'accablements, de faiblesse, de dégoût ou d'un appétit immodéré.

Traitement. On nettoie les premières voies par un peu de sirop d'ipécacuanha, puis on purge avec deux onces de sirop composé de rhubarbe, dans trois cuillerées d'eau. On fait boire, pendant plusieurs jours de suite, une eau de rhubarbe composée comme suit :

Fleurs de camomille romaine,	douze.
Véronique mâle,	demi-poignée.
Rhubarbe concassée,	demi-gros.

Faites infuser dans une chopine d'eau, dont vous donnerez un huitième chaque jour à jeun, en y ajoutant une cuillerée de sirop antiscorbutique.

Régime. Dans ce cas, le régime est aussi nécessaire que le remède; en conséquence on donnera peu de nourriture chaque fois, mais de quatre en quatre heures; elle sera légère, bien choisie et de facile digestion; on évitera la pâtisserie; on donnera fréquemment des potages, des laits de poule aromatisés avec de l'eau de fleur d'oranger, et même celle de cannelle orgée. Ces laits de poule doivent être divisés par moitié, que l'on donnera matin et soir; avec la portion du matin on pourra donner quelques mouillettes de pain, mais on donnera celle du soir seule, au moment où on couchera l'enfant, ou un gros de salep, avec trois ou quatre grains de safran, fait au bouillon de mouton, dans lequel on mettra pour tout légume de la carotte, du poireau, avec un ou deux clous de girofle.

On peut donner, à jeun, trois fois par jour, la poudre de racine de colombo qui provient du *cocculus indicus*, à la dose d'un grain, dans une cuillerée de sirop d'écorces d'oranges. On fait boire, par-dessus, deux ou trois cuillerées d'eau avec une cuillerée de sirop de coing. On commence par une seule dose quotidienne. On peut remplacer cette racine par vingt-quatre grains de diascordium (voy. ce mot), ou par la composition suivante :

Prenez :	Racines de fenouil,	un gros.
	Racines d'iris de Florence,	Idem.
	Cannelle,	demi-gros.
	Sucre candi,	une once.

Mêlez le tout réduit en poudre, pour en faire des paquets de douze grains chaque, dont on peut donner trois fois le jour, dans une cuillerée de sirop de coing, selon l'âge et le tempérament du malade.

LIERRE. (*Jard. — Conn. us.*) Il y en a deux espèces. Le lierre terrestre (*hedera glecoma*), famille des labiées, et le lierre-arbre (*hedera helix*), famille des chèvrefeuilles.

Le lierre-arbre soutient les murs en pierres sèches, et il n'est point constaté qu'il nuise aux murs en maçonnerie. Il semble au contraire contribuer à la fois à leur embellissement et à leur solidité. Il croît sur les pierres, sans s'avancer dans les terres environnantes.

Le lierre se multiplie de boutures plantées en hiver. Il faut avoir soin de chausser et fouler la bouture. Il vient aussi de traces enracinées.

Le lierre sert, dans les jardins paysagers, à couvrir les vieux troncs. On peut en faire grimper plusieurs pieds le long d'une rangée de peupliers, et en former des guirlandes d'un arbre à l'autre. Il réussit au nord, à l'ombre, en terreau végétal. Il y en a une variété à feuilles panachées.

Le lierre de Bacchus (*hedera dionysios*) à fruits dorés. dont se couronnaient les bacchantes, est une variété particulière à la Grèce.

Usage du lierre. Le mouton aime le jeune lierre. On a remarqué que cette nourriture augmentait le lait des brebis. Les chèvres le broutent avec plaisir.

Les feuilles de lierre s'emploient pour entretenir les exutoires et les cautères. Les baies de lierre sont purgatives.

Le lierre terrestre croît dans les haies et dans les lieux humides et ombragés. Ses feuilles sont arrondies et réniformes. On peut les employer en guise de thé. Elles sont toniques et expectorantes. Leur usage convient dans la leucorrhée et dans les catarrhes chroniques. (Voy. CATARRHE. LEUCORRHÉE.)

LIEU D'AISANCES. (Voy. AISANCES. FOSSES D'AISANCES.)

LIEUE. (*Conn. us.*) La lieue de poste est de 2,000 toises. Elle vaut 5 kilomètres 9 hectomètres. Le kilomètre fait un quart de lieue. Le myriamètre vaut 2 lieues un quart et répond à 5,130 toises 94 centièmes; 4 myriamètres font exactement 9 lieues de 25 au dégré.

Une lieue de 25 au degré vaut 4 kilomètres, 4 hectomètres ou 2,280 toises 55 centièmes.

Une lieue marine de 20 au degré vaut 2,850 toises 41 centièmes, ou 5 kilomètres 25 hectomètres. Neuf de ces lieues font 5 myriamètres. (Voy. MESURE.)

Une lieue carrée contient 1.979 hectares, 87 ares. Pour convertir un certain nombre d'hectares en lieues carrées, il faut le diviser par 2,000.

Le plus grand département de France, la Gironde, ayant 1,082,552 hectares de superficie, contient 54,674 lieues carrées.

Le myriamètre carré vaut 50,505 lieues carrées.

LIÈVRE. (*Chass.*) Ordre des rongeurs. Le lièvre ne creuse point de terrier. Il se cache entre les sillons, dans les buissons, ou dans quelque endroit creux. Il court très-vite, et mieux en montant qu'en descendant, à cause du peu de longueur de ses pattes de devant. Il dort les yeux ouverts, il ne crie que lorsqu'il est blessé.

Le lièvre se nourrit d'herbes, de racines, de feuilles, de fruits, de graines, de plantes à sève laiteuse, d'écorce de de tous les arbres excepté l'aune et le tilleul. Il cause de grands dégâts dans les jardins. (Voy. JARDIN.)

Le meilleur temps pour la chasse du lièvre à l'affût est le matin et le soir; le jour, quand il fait très-chaud, il se laisse approcher de très-près. On le chasse au chien courant, par un temps doux, sans soleil ni poussière. On connaît qu'il commence à se rendre, quand ses *allures* sont *courtes et déréglées*. Il est *aux abois* quand il paraît étourdi et ne peut plus sauter.

Les chasseurs doivent ne point vouloir tirer une hase (lièvre femelle), pour ne pas dépeupler le canton. Le mâle se distingue par un derrière blanchâtre; des poils longs aux épaules; la tête plus courte et plus ronde, les oreilles courtes, le poil des barbes long, les jambes plus grosses. La trace de ses pieds indique des ongles gros et courts; il appuie plus de la pince que du talon. Ses excréments sont plus petits, plus pointus et plus secs que ceux de la femelle. La femelle, quand elle est poursuivie, ne s'éloigne pas autant, et tourne plus que le mâle.

Pris jeune, le lièvre s'apprivoise, mais il est difficile de le garder.

Les fourrures de peau de lièvre garnie de son poil sont très-chaudes. On les applique avec avantage sur les rhumatismes.

LIÈVRE. (*Cuis.*) Le lièvre des montagnes vaut mieux que celui des plaines. Il est meilleur l'hiver que l'été.

Le levraut se distingue du lièvre par un petit os saillant que l'on sent à la première jointure de la patte de devant.

Lièvre à la Saint-Denis. Dépouiller et vider le lièvre; lui couper la tête, le mettre mariner deux jours avec les lardons qui doivent servir à le piquer, et avec sel, poivre, persil, thym, laurier, ciboules, ognons; le remplir de farce à quenelles, mêlée à une farce composée du foie haché, de lard, de poivre, d'aromates pilés, de sel et de trois jaunes d'œufs. Le faire mijoter deux heures entre deux bardes de lard, avec quelques tranches de veau, carottes, ognons, persil, thym, laurier, girofle, sel, une bouteille de vin blanc. Faire réduire le mouillement du lièvre, y ajouter un roux léger.

On peut envelopper de bardes de lard et de papier beurré le lièvre farci, et le mettre à la broche.

Lièvre à l'anglaise. Dépouiller un lièvre sans lui couper les pattes; lui laisser les ongles; lui échauder les oreilles. Le vider, retirer le sang, les poumons, et le foie. Hacher le foie très-menu avec une panade à la crême, du beurre, quatre jaunes d'œufs crus, sel, poivre, épices, ognon passé au beurre, une pincée de sauge en poudre. Remplir de cette farce le corps du lièvre, le coudre; lui casser les os des cuisses; le replacer comme s'il était au gîte, les pattes de derrière sous le ventre; le barder, l'envelopper de papier beurré; le faire cuire cinq quarts d'heure et le servir avec une saucière remplie de gelée de groseilles.

Lièvre en chaudron. Mettre le lièvre en morceaux dans un chaudron avec son sang, bouquet, ognon, peu de sel, beaucoup de poivre, une bouteille et demie de vin rouge, faire cuire à feu clair qui entoure le chaudron, afin que le vin s'enflamme au premier bouillon. Ajouter un quart de beurre manié avec de la farine, et le jeter dans la sauce. Au bout d'une demi-heure de cuisson, servir.

Lièvre rôti. On le met tout entier à la broche, après l'avoir piqué ou bardé de lard; alors on peut se servir du sang, du foie et du mou qu'on délaie en les écrasant dans une quantité suffisante de vinaigre bien salé et bien poivré, et où l'on hache bien fin quelques échalottes. Cette sauce se cuit au moyen de charbons ardents mis sous la lèchefrite. On arrose le rôt de cette sauce, et pour terminer la cuisson on fait rougir les pincettes entre lesquelles on presse un morceau de lard qu'on fait dégoutter sur les chairs. Le lièvre ne doit pas être trop cuit. Si on ne met à la broche que le train de derrière, on garde le foie et le mou pour les mettre dans le civet que l'on fait avec le train de devant.

Il faut cinq quarts d'heure pour cuire un lièvre, et trois pour un levraut.

La marinade pour les lièvres se fait avec sel, poivre, ognons, persil, thym, laurier, un morceau de beurre manié avec de la farine, vinaigre et un peu d'eau. Pour que le lièvre marine promptement, on enlève les pellicules des cuisses. On joint la marinade à la sauce dans la lèchefrite. On sert ce mélange à part.

Boudin de lièvre. (Voy. BOUDIN.)

Lièvre en daube. Piquer le lièvre de lardons, assaisonner, faire cuire avec des bardes de lard, un bouquet de persil, de ciboule et de thym, girofle, trois carottes, quatre ognons. Mouiller de bouillon ou d'eau salée et poivrée. Faire mijoter deux heures et faire réduire le mouillement aux trois quarts.

Lièvre en terrine. Désosser le lièvre, ajouter une livre de lard coupé en bardes minces. Couper les chairs du lièvre en tranches; ajouter une livre de rouelle de veau, un peu de graisse de bœuf, une demi-livre de porc frais, le tout haché, avec une demi-poignée de ciboules, autant de persil, deux feuilles de laurier, une branche de thym, une de basilic, une gousse d'ail, deux clous de girofle, du poivre et point de sel. Garnir le fonds d'une terrine de terre brune en dehors et blanche en dedans, avec des bardes de lard; mettre par couches le lièvre, le lard, les herbes, etc., en finissant par le lard. Verser sur le tout un verre d'eau de sel. Faire cuire à feu doux dessus et dessous pendant quatre heures.

Civet de lièvre. On rôtit ordinairement le derrière du lièvre; les parties antérieures se mettent en civet. Écorcher le lièvre, séparer les deux parties, fendre la tête en deux en recueillant le sang; couper le corps en quatre, conserver le foie. Couper en huit morceaux un quarteron de petit lard, le mettre dans la casserole avec un quarteron de beurre et tous les morceaux du lièvre, excepté le foie. Quand ils sont un peu roussis, on ajoute une cuillerée de farine, un verre de bouillon, une chopine de vin rouge, deux cuillerées de vinaigre, sel, poivre, bouquet garni, une branche de basilic, une gousse d'ail, deux échalottes hachées. On fait bouillir à petit feu, deux heures pour un vieux lièvre, une heure et demie pour un jeune. Dix minutes avant de servir, ajouter le sang et le foie qu'on a mis à part. Après une demi-heure de cuisson, ôter le bouquet et servir.

Salmis de filets de lièvre. Couper en filets les restes d'un lièvre rôti; donner quelques coups de couperet sur les os, faire cuire avec un peu de beurre, trois échalottes hachées, une gousse d'ail, une demi-cuillerée de farine, poivre, sel. Faire revenir, mouiller avec deux verres de vin rouge, un filet de vinaigre. Faire bouillir une demi-heure; passer la sauce au tamis; laisser bouillir encore un quart d'heure et servir.

Filets de lièvre piqués. Piquer les filets de lard fin, les faire cuire avec des bardes de lard et des aromates, pendant trois quarts d'heure. Les mouiller d'une cuillerée de bouillon; les entourer de papier beurré, et les faire glacer avec feu dessus et dessous.

Filets sautés. Les faire mariner, les sauter dans du beurre tiède, servir avec une poivrade.

Pain de lièvre. Faire une farce comme pour le boudin, la mettre en pain, et la faire cuire avec des bardes de lard dessus, au bain-marie.

Filets de lièvre bigarrés. Ciseler les filets de lièvre au milieu, et y mettre un demi-cercle de blanc de volaille. Les faire sauter dans le beurre et les servir avec une purée de champignons.

Filets de lièvre à la provençale. Paner les filets, les piquer de lard et d'anchois dessalés. Les faire cuire avec huile, échalotte hachée, demi-gousse d'ail, sel et poivre. Servir avec une sauce de deux cuillerées de consommé, autant d'espagnole et une cuillerée de vinaigre.

Côtelettes de lièvre. Couper les filets de lièvre en forme de côtelettes; ôter les peaux et les nerfs, paner, ajouter sel et gros poivre et faire griller un quart d'heure. Servir avec une sauce tomate.

Filets frits. Étendre sur chaque filet de la farce à boudin de lièvre, en faisant au milieu une incision. Paner, et faire frire. Saucer d'un aspic clair. (Voy. ce mot.)

Levraut à la minute. Dépouiller un jeune levraut, le couper en morceaux; les mettre sur un grand feu, avec du sel, du poivre et un quarteron de beurre. Quand les morceaux sont fermes, y ajouter des fines herbes, deux cuillerées à bouche de farine, un verre de vin blanc, un peu d'eau ou de bouillon.

Levraut en caisse. Le faire cuire avec un quarteron de beurre, deux onces de lard râpé, douze échalottes hachées, autant de champignons, persil haché, ail, feuille de laurier, une demi-bouteille de vin blanc. Couvrir le levraut, quand il sera froid, de bardes de lard et de six feuilles de papier huilé. Mettre sur le gril à feu doux, en ayant soin que le papier ne brûle pas. Dresser la caisse sur un plat, y faire un trou et saucer le levraut d'une espagnole réduite.

Pâté froid de levraut aux truffes. Désosser un levraut, le piquer; hacher une demi-livre de chair des épaules et du foie, avec du lard gras et quatre onces de jambon, une cuillerée de fines herbes, une demie d'espagnole, un jaune d'œuf et une livre de truffes. Entourer le levraut de cette farce, dresser le pâté, le faire cuire quatre heures au four; y verser en le retirant un bon consommé fait de bouillon d'os de levraut et de parures de veau.

Le lièvre peut s'accommoder comme le lapin. (Voy. ce mot.)

LIÈVRE (BEC DE). (*Méd. dom.*) Le bec de lièvre est une solution naturelle de continuité à la lèvre supérieure, qui, par ce moyen, forme deux portions, l'une à droite et l'autre à gauche de la commissure des narines, et laisse apercevoir le milieu de l'os maxillaire supérieur.

Cette difformité est ordinairement accompagnée d'une ouverture longitudinale à la voûte du palais, qui est entr'ouverte de toute sa longueur par l'absence d'une portion du voile du palais et de la substance osseuse des os palatins qui sont aussi séparés, et qui laissent communiquer avec la bouche l'air qui entre par le nez; cette division correspond tellement à la suture de la voûte du palais, que souvent la luette est aussi partagée en deux portions.

Les enfans qui naissent avec ce défaut de conformation ne peuvent téter; il en résulte que l'on est forcé d'user avec eux de l'allaitement artificiel jusqu'à ce qu'ils soient assez forts pour supporter l'opération nécessaire à la réunion des parties divisées; mais en attendant le moment favorable, il faut faciliter la réunion des os de la voûte du palais, qui est la chose la plus urgente et d'absolue nécessité pour que l'enfant puisse parler un jour distinctement; on y parvient par un bandage approprié à la partie de la mâchoire supérieure, et qui laissera la facilité d'allaiter l'enfant au gobelet.

Nous ne parlons point de la manière d'opérer la guérison de cette difformité, car aucun parent, s'il n'est chirurgien, ne peut s'en charger; conséquemment on s'adressera au meilleur praticien qu'on pourra rencontrer.

LIGNE. (*Pêch.*) Les lignes anglaises sont meilleures, surtout quand elles sont en crin, terminées par un fil de soie qui va du liége jusqu'à l'hameçon.

On amorce les lignes principalement avec des vers de terre. (Voy. LOMBRICS.) Les personnes qui pêchent fréquemment se servent d'appâts factices qu'on peut se procurer chez tous les marchands d'instruments de pêche, et dont voici les principaux :

Le matin. Chenille verte, chenille jaune, papillon des genêts, sauterelle.

Tout le jour. Petit paon, papillon.

Le soir. Mouche factice.

Au soleil. Papillon jaspé, araignée rouge.

Temps couvert. Charançon.

Temps orageux. Bibet.

La facilité qu'ont toutes les personnes qui achètent des lignes d'obtenir des renseignements des marchands, nous dispense d'entrer dans de plus longs détails.

LIGNEUX. (*Conn. us.*) On appelle ligneuse la partie fibreuse solide des bois et de toutes les plantes; on la rencontre dans toutes les parties des végétaux, les racines, les tiges, les feuilles, les fleurs, les fruits, les semences; extrait en filaments du chanvre et du lin, il forme des fils; les toiles et le papier que l'on fait avec celles-ci; dans un état physique différent, il constitue le coton, etc.

A l'état de pureté, le ligneux est solide, insipide, inodore, d'un blanc sale; la réaction de l'acide sulfurique étendu à chaud produit, avec cette substance, une matière sucrée semblable à celle du sucre de raisin.

LIGNITES. (*Conn. us.—Agr.*) Les lignites et les chistes sont des débris de végétaux qu'on trouve dans les terrains secondaires et de transition (Voy. GÉOLOGIE). Ils sont plus ou moins combustibles, pulvérulens, feuilletés comme l'ardoise, bruns, gris ou noirs.

On rencontre les lignites en abondance à Cologne, à Kierdof, à Brugen, à Liblar, à Balkausen et à Beaurain en Picardie.

Les cendres de lignites brûlés sont connues dans quelques départemens où ils abondent, sous le nom de cendres végétatives. Ces cendres et les lignites pulvérisés servent à l'amendement des terres à blé et des prairies, à raison de six tonneaux par arpent, répandus sur la surface du sol. Ils agissent en dissolvant l'*humus* ou terre végétale qui, se mêlant avec l'eau, contribue plus vite à la nutrition des plantes; ils sont un poison pour le ver du hanneton.

LILAS COMMUN. (*Jard.*) *Syringa vulgaris.* Famille des jasminées. Arbrisseau indigène. Fleurs pourpres ou blanches, au mois d'avril, en belles grappes odorantes.

Multiplication de drageons, en terre franche, meuble et fraîche, au soleil. Sans ces précautions, ils végètent beaucoup avant de fleurir. Il faut terreauter les pieds de temps à autre et tondre les branches défleuries.

Lilas de Marly. (*Syringa media*). Variété du précédent. Fleurs plus grandes et plus foncées.

Lilas à fleurs prolifères et blanches. Variété peu connue. Même culture. Marcottes et greffes en fente sur le commun.

Lilas de Perse. (*Syringa Persica*). Fleurs pâles. Exposition au midi. Culture du lilas commun. Marcottes. Il y en a une variété à feuilles laciniées, plus délicates, et une autre à fleurs blanches.

Lilas varin. (*Syringa Rothomagensis*). Fleurs pourpre-clair en grappes nombreuses. Marcottes qui sont deux ans à s'enraciner. Culture du lilas commun.

LIMACES. (*Jard.—An. nuis.*) *Limax.* Genre de vers mollusques. On distingue la limace rouge des jardins, la limace noire, la limace cendrée, qui se tiennent sous les arbres pourris, et la limace blanche agreste, la plus vorace de toutes.

Ces insectes habitent les lieux humides; les rayons du soleil les font périr.

Ils se nourrissent de fruits, de champignons, de feuilles et de jeunes pousses de plantes.

On peut placer de distance en distance, dans les planches, des tuiles creuses ou des écorces d'arbres arrondies, des morceaux de bois pourri, sous lesquels les limaces se réfugient, et où on les saisit facilement. Les feuilles larges de potiron et de palma-christi, qu'affectionnent les limaces, peuvent servir au même usage. On les donne aux volailles qui en sont très-friandes.

Le sel marin (hydrochlorate de soude) est un poison pour les limaces qui, lorsqu'elles le touchent, périssent en rejetant une écume verdâtre. Une bordure de ce sel au tour d'un végétal le garantit des limaces et limaçons.

Composition pour détruire les limaces. Faire chauffer une livre de chaux vive et une livre de soufre, y ajouter peu à peu quatre à six livres d'eau, laisser bouillir. Arroser avec cette solution. En l'étendant davantage, elle peut servir à détruire les chenilles sur les arbres.

L'urine et la bouse de vache délayées dans un tiers d'eau, l'eau de fumier, l'acide sulfurique étendu de quarante parties d'eau, les cendres, éloignent et tuent les limaces. Une corde de crin de cheval nouée autour des arbres en plein vent, ou élevée à un demi-pied de terre sur le mur des espaliers, empêche les limaces d'y monter. Un cordon de crin frisé placé comme un mur avec des piquets autour des semis, une ligne d'ajoncs (Voy. ce mot.) mis la pointe en bas au pied des arbres, sont aussi pour les limaces et tous les insectes à peau molle une barrière insurmontable.

Préparation d'un lait de chaux pour les limaces et autres insectes. Prendre 104 kilogrammes et demi d'eau, y jeter une pierre de chaux vive d'environ huit pouces cubes; quand elle est fondue, remuer avec un bâton, et arroser.

Appât pour les limaces. Chauffer des feuilles de choux, jusqu'à ce qu'elles soient molles, frotter ses mains de graisse fraîche, presser légèrement les feuilles. On étend ces feuilles dans le jardin; au bout de quelques jours, elles sont couvertes de limaçons. Les mêmes feuilles ne peuvent pas servir deux fois.

Tous les procédés ci-dessus indiqués peuvent s'appliquer aux limaçons. (Voy. ESCARGOTS.)

LIMAÇONS. (*Con. us.—Méd. dom.—Hyg.*) Nom qu'on donne à plusieurs espèces de coquilles et de mollusques gastéropodes testacées, auxquelles appartient l'escargot des vignes. (Voy. ESCARGOT.)

La colle que contient la vésicule qui est à l'extrémité du corps du limaçon est tellement tenace que deux morceaux de caillou liés ensemble avec ce ciment se brisent dans d'autres parties que celles qu'il unit.

Le bouillon de limaçons ôte la toux qui provient d'une humeur âcre; il emporte les fluxions. Il est aussi considéré comme un excellent spécifique pour le soulagement des maux intestinaux.

Willis, dans son traité des *Médicamens*, recommande vivement l'eau gluante des limaçons; et il dit que l'on s'en sert avec succès dans les excroissances du foie. Longtemps avant lui, les anciens avaient attribué à cette eau la vertu de guérir la phthisie. Voici ce qu'en dit Acutus, dans le deuxième livre de sa *Pratique* : « Je me suis souvent servi de la liqueur qui dégoutte des limaçons ; entre autres fois utilement pour deux personnes étiques, de qui l'extrême maigreur faisait craquer les os, tous les autres remèdes n'ayant apporté aucun soulagement à ces deux malades. Je fis prendre à chacun d'eux, à jeun, trois onces de cette eau de limaçon, pendant quarante jours, et ce remède les rétablit. »

Zuveller dit que les limaçons sont d'une digestion dure, de quelque manière qu'ils soient cuits, et qu'ils déposent dans l'eau, où on les fait bouillir, l'humeur gluante dans laquelle réside la vertu de cet insecte.

Gessner recommande le bouillon de limaçons broyés comme un remède contre l'épizootie des bestiaux.

Les Romains connaissaient l'emploi des limaçons comme aliment. Voici comment s'apprêtent les *limaçons à la romaine*. On les fait bouillir dans de l'eau ; on les rôtit ensuite sur la braise, et on les sert avec du vin et de la saumure.

Cette recette est extraite de Pline l'ancien, qui recommande les limaçons frits pour fortifier l'estomac, les limaçons broyés pour appliquer en cataplasme sur les écrouelles, les limaçons concassés, bouillis dans du vin, avec du poivre, pour soulager les douleurs des reins.

Pour rafraîchir et entretenir le beau teint des dames, on fait une pommade excellente avec la partie grasse du limaçon. On prend cette graisse que l'on broie avec l'huile d'amandes douces. On y joint du blanc de baleine, que l'on fait fondre auparavant sur le feu, dans un plat de terre neuf. Le tout bien incorporé et broyé, forme une pommade très-précieuse pour l'usage dont nous parlons. Mais il est essentiel de tenir cette pommade dans un endroit sec et froid, et de n'en faire sa provision que pour une quinzaine de jours. On sait que les pommades qui se gardent plus longtemps sont ordinairement pernicieuses, à cause du sublimé que les marchands y mêlent pour les conserver.

LIMANDE. (*Pêch. — Cuis.*) Poisson du genre pleuronecte. Il a un pied de long au plus. Il se pêche en abondance sur les côtes d'Europe.

Limandes frites ou gratinées. Vider les limandes, ôter les ouïes, rogner avec des ciseaux la queue et les nageoires ; laver à plusieurs eaux ; les faire frire ou les mettre au gratin entre deux plats.

Limandes sur le plat. Faire fondre sur le plat un morceau de beurre, avec un peu de muscade râpée. Arranger les limandes sur le plat. Arroser d'un verre de vin blanc ou d'eau ; couvrir de chapelure ; faire cuire sur un fourneau, sous le four de campagne.

LIMES. (*Ind. dom.*) *Procédé pour durcir et redresser les limes.* On les plonge dans la lie de bière, on les couvre de sel gris, et on les expose à un feu de forge, lorsqu'elles sont sèches. Quand le sel fond, on met les limes dans l'eau froide, on enlève avec une brosse la couche noire de charbon et de sel, et pour les préserver de la rouille, on les enduit d'un mélange d'huile d'olive et d'essence de térébenthine.

Pour redresser des limes courbées, on les place, après l'opération suivante, sur un morceau de fer arrondi, chauffé au rouge, et assujetti dans un étau, et, quand elles sont échauffées par le contact, et que le mélange huileux commence à fumer, on les redresse avec un outil de fer emmanché dans un morceau de bois.

Moyen d'aviver les vieilles limes. Les nettoyer à l'aide d'une brosse rude avec un peu d'eau chaude et de potasse ; les plonger dans l'eau-forte ; essuyer de suite avec un linge bien tendu. L'acide qui reste dans les raies creuse l'acier ; au bout de deux heures, si les dents sont assez profondes, laver la lime à l'eau avec une brosse.

Limes en terre cuite pour polir. Faire des limes avec de la terre de poterie en grès bien homogène ; pour leur donner des dents de différente grosseur, les comprimer dans des linges de différentes forces, depuis la toile à torchons, jusqu'à la batiste. Les faire cuire comme les briques. (Voy. ce mot.)

LIMODORE BARBUE. (*Jard.*) *Limodorum barbatum.* Famille des orchidées. Plante vivace et bulbeuse de l'Amérique du Nord. Fleurs en épis, violettes et barbues ; séparation des pieds en septembre. Bruyère humide, demi-ombre ; on couvre de mousse l'hiver.

LIMON. (*Off.*) Les fruits du limon (famille des orangers) sont moins longs et plus petits que les citrons ; leur substance est également vésiculeuse ou divisée en cellules, mais ils sont d'une couleur et d'une odeur moins fortes ; ils viennent plusieurs ensemble ; leur écorce est aussi plus mince que celle des citrons ; mais ils sont trop remplis de pulpe et d'un suc trop acide pour être bons à manger.

On fait usage des limons comme des citrons : on les appelle même à Paris *citrons*. Mais ce nom ne leur convient pas, quoique autorisé par un long usage. Les limons sont plus rafraîchissans, plus efficaces pour tempérer l'ardeur de la fièvre dans les maladies aiguës : on fait un sirop très-agréable avec leur suc.

Sirop de limon ou de citron. Suc de limon, 2 livres 8 onces. Sucre, 4 livres.

Vous faites choix de beaux limons ou de citrons, vous les coupez par moitié et en faites sortir tout le jus au moyen d'une cuiller de bois que vous tournez contre les parois intérieures de l'écorce ; vous passez ensuite ce jus à travers un linge propre, et soumettez le marc à la presse pour exprimer ce qui pourrait y être contenu ; vous mettez ce suc de limon dans un endroit frais, et, lorsque vous voyez qu'il se forme dessus une pellicule, vous le décantez par inclination, puis le filtrez au travers d'un papier gris. Lorsque vous en faites provision pour le conserver, vous le mettez en bouteilles et versez par-dessus un peu d'huile d'olive.

Lorsque vous avez pesé la quantité ci-dessus de suc de limon, vous clarifiez le sucre et le faites cuire au petit cassé ; alors, retirant la bassine du feu, vous y versez le suc de limon, et, remettant le mélange sur le feu, vous lui donnez seulement un bouillon et le retirez aussitôt ; après l'avoir laissé reposer un instant, vous enlevez, avec une écumoire l'écume blanche qui se forme dessus, et, lorsqu'il n'est plus que tiède, vous le mettez en bouteilles.

Autre manière. Vous mesurez le suc de citron ; et, sur trois bassins, vous mettez double quantité de sucre clarifié et cuit à la grande nappe; vous le faites cuire à part au petit cassé, et alors, retirant la bassine, vous y versez le suc de limon ou de citron : vous remettrez le mélange sur le feu, et, remuant avec l'écumoire, vous retirez la bassine aux premiers bouillons; votre sucre se trouve justement à la nappe, ce qui est le degré nécessaire pour la cuisson de ce sirop.

Le sirop de limon est rafraîchissant et anti-pudride; il adoucit les humeurs âcres et bilieuses. On en met une cuillerée à bouche pour un verre d'eau.

La falsification n'a pas épargné ce sirop. Beaucoup de fabricants, au lieu de suc de limon, emploient celui de verjus; ils font infuser quelques zestes de citrons dans de l'eau, dont ils se servent pour clarifier le sucre, afin de donner au sirop un léger goût de limon. D'autres, au lieu de cette infusion, font dissoudre dans de l'esprit-de-vin quelques gouttes d'essence de limette, qu'ils ajoutent lorsque le sirop est cuit.

Le sirop de coings se fait de la même manière.

Sirop de limon, procédé de madame Adanson. Prendre douze limons frais, ôter le zeste; les fendre en deux, en exprimer le jus. Le passer, le peser. Prendre le double de son poids de sucre; le faire cuire au petit cassé avec un demi-verre d'eau. Écumer avec soin. Verser dedans le jus de citron; donner un bouillon; laisser refroidir. Mettre en bouteilles; tenir en lieu frais.

Sirop de limon à froid. Exprimer le jus de six limons; ajouter autant de beau sucre que le jus de citron en pourra dissoudre : au bout de douze heures, mettre en bouteilles.

Sirop d'écorce de limons. Verser sur les zestes de quatre limons un demi-seau d'eau bouillante. Après deux heures d'infusion, mêler avec du sucre cuit au petit cassé.

Huile essentielle de limons. Choisissez de beaux limons bien frais, dont vous enlevez jusqu'à la plus petite tache qui pourrait s'y trouver. Vous prenez une machine dont on fait usage pour cela en Provence; elle est remplie de clous, et à peu près semblable à celles qui servent à carder la laine; à défaut, vous vous servez d'une bonne râpe à sucre, vous râpez l'écorce jaune des limons, jusqu'à ce qu'elle soit usée entièrement et que vous découvriez la partie blanche, dont vous vous gardez de mettre aucune parcelle, non-seulement comme inutile, mais encore parce qu'elle s'imprégnerait d'huile essentielle. Une partie de celle-ci coule naturellement et se rassemble dans une rigole pratiquée à cet effet, et on la reçoit dans une bouteille. A mesure qu'on a râpé de l'écorce environ ce qu'il en tiendrait dans une cuiller à bouche, on met les râpures dans une bouteille qu'on bouche bien, parce que, laissées à l'air, une partie de l'arôme se dissipe toujours. Lorsque la quantité que vous destinez à cette opération est râpée, vous exprimez cette espèce de pulpe entre deux glaces, ou dans une étamine très-fine faite en forme de sac, et que vous mettez à la presse en serrant progressivement; vous recevez l'huile essentielle dans un vase que vous bouchez bien; lorsque tout est pressé, vous la laissez éclaircir, puis la décantez par inclination et la conservez dans des flacons bien bouchés.

Cette huile essentielle fait de délicieuses limonades, quand on y ajoute assez de sucre pour tempérer l'âcreté du suc des limons.

Eau distillée de limons. Vous prenez vingt-cinq limons et cinq pintes d'eau. Vous râpez l'écorce; vous mettez la pulpe et la râpure sur la grille de la cucurbite; vous lavez, dans l'eau que vous destinez à être versée sur les limons, la râpe qui a enlevé une portion du principe odorant; vous ajoutez cette même eau dans la cucurbite, et, après avoir dressé votre appareil et luté les jointures de tous les vaisseaux, vous procédez à la distillation au petit filet, pour retirer huit pintes d'eau de limons.

LIMONADE. (*Off. — Conn. us.*) Les limonades rafraîchissent beaucoup, et par là troublent la digestion commencée, détruisent l'estomac, et occasionnent des sueurs désagréables et souvent dangereuses; c'est donc une mauvaise coutume d'en boire entre les repas, sans un besoin urgent.

Elles sont pernicieuses aux estomacs lents et froids, aux phlegmatiques et aux mélancoliques.

Les limonades furent inventées vers 1630 par des Italiens établis liquoristes à Paris (Voy. LIQUEURS). Elles furent recommandées par les médecins contre les maladies putrides; en 1676, les maîtres limonadiers de Paris étaient au nombre de deux cent cinquante.

Manière de faire la limonade commune. Prendre deux citrons, en couper les zestes, en ôter la peau blanche, en exprimer le jus dans une pinte d'eau, ajouter une demi-livre de sucre, laisser infuser le tout pendant deux ou trois heures, passer la liqueur à la chausse et la conserver.

Autre procédé. Frotter le sucre sur l'écorce pour en extraire l'huile essentielle aromatique; on jette ensuite ce sucre dans la quantité d'eau nécessaire. On exprime le suc du fruit. Pour une pinte d'eau, employer un, deux et même trois citrons, y ajouter le suc exprimé d'une ou deux oranges bien mûres et douces.

Limonade économique. Faites dissoudre une demi-livre de sucre dans une pinte d'eau, râpez dedans de l'écorce de citron et mettez-y quelques tranches de cette écorce et quelques gouttes d'huile de soufre.

Manière de faire la limonade cuite. Prenez un citron; enlevez la peau et coupez la chair en tranches minces; mettez dans une théière avec le tiers ou le quart de la peau du citron; versez par-dessus une pinte d'eau bouillante; laissez infuser une demi-heure et sucrez à volonté. On peut faire cette limonade plus ou moins forte, suivant le goût de la personne qui doit en faire usage.

Limonade au vin. Verser une chopine d'eau bouillante sur le jus et les zestes de deux citrons; ajouter une livre de sucre et deux pintes de bon vin. Laisser infuser une demi-heure, et servir. On peut, si l'on veut, passer à la chausse; mais il vaut mieux que les citrons restent dans le vin, c'est un régal de plus.

Limonade factice. Mêler deux onces de miel, de sirop, ou de sucre, avec trente-six à cinquante grains d'acide tartrique; verser dessus un litre d'eau tiède; en ajoutant une cuillerée de vinaigre et se servant de miel, on obtient ce qu'on appelle l'oximel.

Limonade gazeuse. Sucrer légèrement un litre d'eau; ajouter une cuillerée d'eau-de-vie ou de kirschen-washer, mêler un gros d'acide tartrique ou citrique avec un gros et demi de bicarbonate de soude. Introduire ce mélange dans la bouteille, boucher promptement, ficeler et laisser reposer.

On aromatise en frottant sur le sucre l'écorce de citron, ou en versant dessus quelques gouttes d'essence de citron.

Moyen de faire de la limonade gazeuse sans déperdition d'acide carbonique. On fait cuire du sucre au perlé ou à la plume; on le coule et on l'étend sur un marbre légèrement huilé, on coupe la feuille en morceaux, et dans chacun des morceaux, on enveloppe les substances dosées et mélangées à l'avance. L'enveloppe sucrée, ne se fondant pas de suite, donne le temps de boucher la bouteille.

Pour couper les morceaux de sucre au poids indiqué, on en pèse un, et l'on coupe dessus un patron de papier qui sert à indiquer la grandeur des autres.

Limonade sèche. Mettre dans un flacon un mélange de sucre et de deux gros d'acide citrique pulvérisés, autant de bicarbonate de soude. Pour s'en servir, on fait dissoudre une cuillerée dans un verre d'eau; on peut ajouter à l'eau un peu d'eau-de-vie.

Autre. Prendre quatre gros de sel d'oseille ou d'acide tartarique, une livre de sucre blanc : on réduit en poudre le sucre et le sel d'oseille séparément, et ensuite on les mêle ensemble. On ajoute à ce mélange huit gouttes d'essence de citron; on agite de nouveau la poudre, de manière que le mélange se fasse exactement : on conserve cette poudre, à laquelle on a donné le nom de *limonade sèche*, dans une bouteille, que l'on bouche avec un bouchon de liége.

On délaie une once de cette poudre dans une chopine d'eau. Cela forme une limonade qui a le goût et l'odeur de la limonade faite avec les citrons, et qui jouit des mêmes propriétés.

Tablettes de limonade portatives. Faites choix de beaux citrons bien sains, dont vous exprimez le jus après les avoir coupés par moitié, et passez ce jus à travers un linge propre; vous avez de beau sucre en poudre, que vous délayez avec le suc de citron, jusqu'à consistance de pâte très-épaisse; vous la mettez dans un poêlon d'office à bec, sur un feu doux, et la faites chauffer jusqu'à ce qu'elle soit assez liquide, mais sans la faire bouillir, et vous la coulez dans des moules.

Elle a, comme l'autre, l'avantage de procurer en voyage une limonade agréable, étant délayée dans un verre d'eau.

Falsification de la limonade de commerce. La limonade du commerce est quelquefois falsifiée avec l'acide sulfurique qui en augmente l'acidité, mais peut la rendre nuisible. On reconnaît cette fraude au moyen du muriate de baryte (dissolution de baryte, ou terre pesante, dans l'acide hydrochlorique, ou muriatique). La limonade où l'acide sulfurique remplace l'acide citrique donne un précipité blanc et lourd, si on y verse quelques gouttes de cette substance.

LIN. (*Agr.—Conn. us.—Ind. dom.*) *Linum.* Famille des caryophyllées. Le lin paraît originaire du Thibet. Il croît partout, et rapporte aussi bien dans le nord que dans le midi.

Le lin veut une terre substantielle, profonde, fraîche, et un fumier parfaitement consommé.

Le choix de la semence est une des conditions essentielles à la réussite de cette récolte.

On a observé en général que la graine indigène était altérée au bout de deux ou trois rotations.

Cet effet provient sans doute de ce que, lorsqu'on cultive la plante trop serrée pour obtenir une filasse fine et longue, les plantes s'étalent et produisent une graine abâtardie.

La culture du lin demande humidité du sol pour la levée de la plante, et pour son premier développement.

Cette condition de succès, que l'on ne rencontre pas toujours dans les départements méridionaux, devrait faire semer le lin en automne; mais il faut que le sol ne présente pas l'inconvénient d'être sujet aux fortes gelées d'hiver, et aux gelées et dégels du printemps, qui dessoudent les racines et arrachent les jeunes plantes.

La culture du lin doit donc prospérer sur les bords de la mer, à l'abri des vents glacés de terre, dans les départements assez méridionaux pour ne pas éprouver plus de 3 à 4 degrés d'intensité de froid, et peu de gelées de printemps. Dans ces condititions, la culture du lin d'automne doit donner de beaux résultats.

Dans tous les climats sujets à des pluies chaudes et fertilisantes, en avril et mai, on peut se livrer sans crainte à cette culture; elle réussira également sur toute prairie, naturelle, arrosable, défoncée, et souvent également sur un défoncement de prairie artificielle.

Toute vallée fraîche, dans les provinces méridionales, arrosée par une rivière, peut supporter la culture du lin d'été, lorsque des abris mettront cette culture à couvert d'un soleil ou de vents trop desséchants.

Le lin peut être cultivé sur tous les lieux susceptibles d'arrosements, dans tous les climats où l'hiver n'est pas trop rigoureux, même avec des printemps et des étés secs et chauds. Dans ce cas il sera semé en culture d'automne. Il se plaira encore dans les vallées basses des départements les plus méridionaux, s'il rencontre des abris, assez d'ombrage; et alors il peut se cultiver en culture de printemps. Il réussira toujours sur une prairie naturelle défoncée, dans les vallées des montagnes les plus élevées, et au milieu des brouillards humides qui couvrent les sommités des grandes chaînes de montagnes.

Les belles cultures de lin que l'on voit dans la vallée de Chamouny, au pied du Montanvert; celles que l'on rencontre dans le Freguet, département du Finistère, prouvent que le lin se plaît aussi bien dans les climats les plus tempérés, que dans les climats les plus rudes. L'état habituel de l'atmosphère, dans ces deux localités, est la vraie cause des produits étonnants qu'on y rencontre.

De la culture du lin. Le lin renferme un grand nombre de variétés. Nous ne nous occuperons que de celles qui sont utiles dans les arts.

On ne cultive le lin que pour la filasse que fournit ses tiges, et pour la graine dont on fait de l'huile.

Le lin cultivé pour filasse demande des tiges hautes, si on tient à la quantité; des tiges longues et grêles, si l'on s'attache à la finesse.

Le lin cultivé comme graine demande à être espacé pour

obtenir un plus grand nombre de capsules, et surtout la maturité. La seule graine produite par ce mode ne dégénérera pas, et évitera au propriétaire de se procurer aussi souvent de la semence exotique, connue sous le nom de graine de Riga.

On distingue plusieurs sortes de lin; le lin froid, destiné à donner la plus longue filasse, et qui serait encore mieux nommé lin d'hiver; le lin chaud ou têtard, dont les tiges peu élevées, rameuses, garnies de capsules, végètent d'abord rapidement; il mûrit de bonne heure; sa filasse, courte, est peu estimée. C'est le seul qu'on devrait cultiver lorsqu'on s'occupe de la plante comme oléagineuse.

Le lin moyen paraît être le type de l'espèce. La graine la plus estimée de cette variété nous vient de la Hollande, sous le nom de pâle et de blanc. Viennent ensuite la graine de Pétersbourg à douze têtes, le Nerva, le Riga et le Marienbourg.

Dans l'ancien département du Mont-Tonnerre, on cultive deux variétés de lin, sous les noms de précoce et tardif; la première se sème en mars, donne une filasse très-fine; la seconde se sème en mai, s'élève beaucoup et donne une filasse abondante.

Le grand lin demande une terre légère, fraîche, très-fertile. Ces conditions donnent finesse et grandeur.

Le lin têtard, le lin moyen, demandent toujours la terre la plus substantielle.

Le grand lin, le lin moyen, et le lin têtard, semés épais, procurent une filasse fine, plus cassante, et peu de graines.

Le lin demande autant de fraîcheur qu'il redoute l'excès d'humidité; lorsqu'on craint ce dernier cas, il ne peut réussir qu'en planches étroites, avec de bons fossés d'écoulement de chaque côté, et les planches disposées en ados.

L'eau, retenue dans les fossés d'écoulement, par des vannes, à une hauteur convenable, assure la réussite de la récolte; mais ce mode n'est pas toujours praticable.

Le lin demande une fumure surabondante, un fumier parfaitement consommé. Il réussit bien après une ou deux récoltes sarclées, qui ont combiné le fumier avec le sol, qu'elles ont aussi délivré des plantes parasites.

Nous ne pouvons trop recommander, pour la culture du lin, l'excellent mode d'une seule fumure, de 160 mètres de fumier à l'hectare, donnée pour sept ou neuf ans; le lin viendrait alors en seconde récolte, après une riche culture de pommes de terre.

Le goëmon rouge, coupé le plus menu possible, au hache-paille, ainsi que le sel marin, favorise la levée et la végétation du lin, comme celle de toutes les autres plantes oléagineuses.

La culture du lin demande des labours multipliés et croisés, des hersages énergiques : il s'agit en un mot de parfaitement ameublir la terre, et de la combiner de la manière la plus intime avec le fumier qui s'y trouve.

Deux labours et autant d'hersages sont nécessaires dans les terres les plus légères, les terres fortes en demandent autant qu'il convient à l'ameublissement parfait du sol.

Il est beaucoup de localités où l'on fume la terre destinée à récolter le lin : ce mode est bien inférieur à la culture de cette plante faite sur une forte fumure, et après une culture sarclée.

On redoute l'emploi du fumier de cheval et des débris d'animaux comme engrais; dans le premier cas, c'est que le crottin de cheval empoisonne la terre de plantes parasites provenant des semences non digérées dans l'estomac de l'animal; et, dans le second, l'excès de sève, que donnent sur certains points des débris d'animaux qui ne peuvent se diviser parfaitement dans le sol, fait nuancer la levée de la plante, et occasionne d'énormes différences dans la longueur des tiges.

L'époque de la semence du lin doit varier suivant le climat; nous avons dit que, partout où l'on peut redouter les sécheresses du printemps, le lin doit se semer en hiver, par un jour frais, sur une terre de même pas trop humide; il faut que la terre soit susceptible d'être divisée par la herse, pas trop comprimée par le rouleau, enfin qu'elle se serre sous les pieds des chevaux, sans faire boue.

De ces principes on conçoit que la culture du printemps convient aux départements du nord et de l'ouest, où la fréquence des pluies, des brouillards habituels, et le voisinage de la mer, laissent au sol toujours une certaine humidité : dans le midi au contraire, ou dans les terres très-légères, il doit être avantageux de semer avant l'hiver, afin que la plante profite des pluies de cette saison, et qu'elle ait acquis assez de force à l'époque de la sécheresse pour aller chercher, par ses racines profondes, l'humidité qui lui est nécessaire.

L'expérience prouve que, plus le lin reste en terre, plus la filasse est abondante et nerveuse, plus la graine est lourde, mûre, et supérieure à l'autre en qualité et en quantité.

Les semis de lin avant l'hiver peuvent être détruits dans la mauvaise saison par les neiges trop prolongées, des gelées trop fortes, des pluies continuelles, et les gels et dégels du printemps. On ne doit donc semer de lin l'hiver que sur les sols où l'on n'a pas à redouter ces inconvénients.

Le choix de la graine est de la dernière importance; avant toute chose ne réunissez jamais de graines d'espèces différentes : leur levée, maturité et grandeur n'étant pas égales, il en résulte les plus graves inconvénients. La graine destinée à la semence doit être semée claire, pour que l'air puisse circuler entre les capsules, et que le soleil la mûrisse convenablement; ces précautions doivent, suivant nous, éviter pour le midi, que l'on ait besoin de s'approvisionner de graines du nord.

On a remarqué que la dégénération de la graine a lieu dès la seconde année; ce qui tient sans doute au mode de culture serrée qui étiole les semences.

De ce qui précède on peut conclure que, pour les trois variétés de lin, il faut choisir la plus belle semence, la plus lourde, point trop vieille, ayant été tenue dans un lieu sec et aéré, faute de quoi elle se rancit ou moisit; la graine de trois ans doit toujours être rejetée.

Deux cent cinquante livres de graines suffisent par hectare; mais, si l'on voulait du lin très-fin dans un terre très-riche, dit lin fin de Flandre, on pourrait mettre 450 livres de graines à l'hectare.

La graine de lin se sème, comme celle du blé, à la volée, sur des planches plus ou moins larges, toujours un peu bombées, après ces hersages multipliés. La graine est enterrée à la herse, roulée ensuite. Un bon mode d'opérer, lorsqu'on craint le hâle du soleil, est de recouvrir la terre après la semence, de paille hachée menue au hache-paille, ou de balle de grain.

La semence doit être peu enterrée; elle peut germer à demi-pouce de profondeur.

Semez avant la pluie sur une terre fraîche, par une température un peu chaude, le lin lève promptement. Il doit être sarclé une ou deux fois avant qu'il ait atteint six pouces de hauteur. C'est avant cette époque aussi, si l'on cultive le grand lin long, qu'il faut lui donner des appuis, soit au moyen de perches légères tenues par des piquets et attachées avec des osiers, soit encore mieux avec des ficelles goudronnées, tendues dans la longueur des planches, soit enfin par des fils de fer tendus comme les ficelle ci-dessus, sur des piquets qu'ils traversent suivant la méthode que nous avons décrite.

La plante appelée *cuscute* exerce de grands ravages dans le lin; le seul mode de s'en débarrasser est d'enlever les places infectées et de brûler avant que la cuscute soit en graine.

Les insectes exercent aussi de nombreux ravages sur la racine et les tiges de cette plante, mais ces inconvénients ne sont pas à comparer à ceux de la sécheresse prolongée. Des récoltes sont détruites par ce fléau, connu sous le nom de flambé, qui ne laisse absolument rien dans certaines places des champs plus perméables à la chaleur.

Lorsqu'on cultive le lin têtard dans une terre douce et fraîche, qu'il a été semé clair, et qu'il a bien levé, il n'y a rien à faire jusqu'à la récolte. Mais, quant au lin froid qui se sème épais, il faut, comme nous l'avons dit, soutenir les tiges à 18 pouces de terre par les appuis indiqués.

L'arrosage du lin, lorsque la chose est possible, est une excellente méthode, qui doit être profitable à cette plante surtout par submersion des racines en faisant arriver l'eau par les raies d'écoulement : mais cet arrosage ne doit pas se prolonger lors de la floraison, de crainte de faire avorter les étamines. Dans tous les cas, une levée drue tiendra le sol frais, si, à cette époque, il s'est trouvé dans cette condition.

L'époque de la maturité du lin dépend du climat et est annoncée par le changement de couleur de la tige.

Le lin n'est pas mûr tant que la graine se trouve attachée à son placenta dans la capsule.

On ne doit cueillir le lin que lorsque la moitié des apsules environ est ouverte, qu'une partie des feuilles est tombée, et que la graine a acquis toute la grosseur et la pesanteur possibles.

Ces signes de maturité sont les mêmes pour le lin cultivé pour graines et pour le lin destiné à la filasse; le défaut de maturité rend la fibre cassante, la finesse dépend entièrement de la hauteur et de la ténuité des tiges.

Plus les tiges sont serrées et minces, plus la filasse est fine, et *vice versa*.

Plus le lin est égal de hauteur, plus il profite et donne de produit en évitant les déchets.

En cas d'inégalité dans la longueur des brins, un cultivateur soigneux les fera arracher séparément, pour en faire des poignées séparées.

La récolte du lin se fait en général trop tôt, et avant sa maturité; c'est un grave abus, contre lequel nous ne pouvons trop nous élever.

Le lin, arraché par bottes, est dressé sur le sol, les brins sont espacés pour achever sa maturité et pour faire sécher ses tiges.

Dans d'autres climats on fait subir cette opération au lin loin du champ où il a été cultivé, en le transportant dans les cours et jardins des fermes. Dans l'un et l'autre cas, en complétant la maturité, ce dessèchement a pour but de faire tomber les feuilles et mûrir la graine.

La plante desséchée, on bat la graine, ce qui se fait de trois manières : dans le champ même, en frappant la botte, que l'on tient par les racines, sur un billot qui se trouve sur un drap destiné à recevoir les capsules; cette opération, pour laquelle le plus souvent on emploie une batte à linge avec laquelle on frappe sur le billot, peut se faire également dans la grange avec des instruments aussi simples; mais la méthode la plus ordinaire est d'engager la poignée, en la tenant fortement du côté des racines, dans un peigne à dents de fer, long de deux à trois pouces; en retirant la poignée, on détache les capsules de l'extrémité des tiges.

Il est essentiel de ne pas déranger le parallélisme des poignées; le cas arrivant, il est convenable qu'une femme fasse sauter entre ses doigts, sur un plan parallèle, la poignée pour faire appuyer chaque racine sur ce plan.

L'opération de l'égrenage finie, on vanne la graine, pour la séparer des capsules; il faut alors la porter dans un grenier, à l'abri des rats, l'étendre claire, la remuer souvent pour éviter qu'elle moisisse, et, lorsqu'elle est sèche, la mettre en tonneaux pour empêcher qu'elle rancisse. L'hectare de lin pour graine donne de 15 à 15 hectolitres, chaque hectolitre rend de 15 à 16 litres d'huile.

On tire peu de parti, dans le département du Finistère, de la graine de lin; l'établissement de bons moulins à huile, dans ce département, serait sans doute une excellente opération.

Le mode de conserver le lin en greniers avec sa capsule favorise la maturité de la graine, mais il est désastreux pour le cultivateur par le déchet qu'occasionnent les rats et surtout par l'embrouillement des poignées qui cause plus tard une perte énorme.

La graine de lin, parfaitement séchée, donne plus d'huile que la fraîche; la graine rance en donne moins et de plus mauvaise qualité.

L'extraction de l'huile de lin demandant des presses robustes et un mode parfait d'écrasage, un bon moulin à huile est encore à trouver; toutefois, les Hollandais ont longtemps extrait un tiers d'huile de plus que nous de la même quantité de graines, et cela par la perfection de leurs moulins.

Tout le monde connaît l'emploi de la graine de lin comme émollient en médecine, soit employé à l'intérieur, soit à l'extérieur.

Du rouissage. Aussitôt que la graine est séparée de la

tige, le lin doit être porté au routoir. L'opération du rouissage a pour but de séparer le gluten de la partie ligneuse de la filasse, et de décomposer une sorte de vernis extérieur, vernis composé de plusieurs couches dont la plus extérieure est colorée, et est aussi la plus facile à entrer en fermentation.

L'eau, après les alkalis, est la substance la plus propre à dissoudre le gluten et la résine attachée à la filasse.

On emploie la rosée pour cette opération à défaut d'eau courante.

Lorsque l'on met le lin au routoir dans de l'eau peu courante, on étend parallèlement les bottes, sur un fond bien uni et point vaseux; on les charge de planches, sur lesquelles on place de grosses pierres; si le temps est chaud, la fermentation s'établit promptement; il se dégage d'abord, dès le second jour, des bulles d'air qui ne sont que de l'air commun; au troisième, apparaît le gaz acide carbonique; au cinquième, paraît le gaz hydrogène carboné; alors l'eau se trouble, exhale une odeur fétide qui empêche que les hommes et les animaux puissent s'en abreuver. Il ne paraît pas au surplus que ses effets soient autres que narcotiques et purgatifs à haute dose.

La fermentation est plus prompte et plus complète dans les eaux stagnantes que dans les eaux très-courantes. Dans celles-ci, les masses doivent être plus épaisses et plus serrées, plus chargées, et aussi d'une plus grande étendue.

Le rouissage est moins complet à l'extrémité des tiges que dans le corps de la tige. Les Hollandais mettent de la fougère entre les rangs de poignées, pour faciliter la fermentation égale entre les bottes : cette pratique prouve qu'il est convenable de ne pas couper l'extrémité des bottes, et de leur laisser le plus de feuilles possible.

La durée du rouissage pour le lin dépend de plusieurs circonstances; le long rouit plus vite que le court, le vert plus vite que le mûr, le voisinage des racines plutôt que la filasse de la tête, celui nouvellement arraché plus vite que le sec, celui qui a crû serré et étiolé plus vite que celui qui a été cultivé écarté, à l'air et au soleil. Ces diverses espèces doivent être tenues séparées, si l'on veut avoir un rouissage égal.

La durée du rouissage varie selon son étendue et la chaleur de la saison.

Dans un routoir isolé et de moyenne grandeur, alimenté par des eaux de rivière, sous le climat de Paris, ce temps sera de cinq jours en juillet, de cinq à huit en septembre, de huit à quinze en octobre. Cette durée sera augmentée si les eaux sont séléniteuses, ou provenant de fontaines. Les eaux salées rouissent mal.

En général, dans tous les pays où l'on cultive le lin, la durée du rouissage de cette plante est de moitié moindre que celle du chanvre.

On reconnaît qne le rouissage est complet lorsque la fibre quitte le bois dans toute sa longueur, et lorsque la moelle a disparu.

Si le rouissage n'est pas complet, on peut y remédier en remettant les bottes à l'eau; mais, lorsqu'il y a excès, il n'y a plus de remède, et la filasse se trouve alors profondément altérée dans sa force.

C'est le matin que l'on doit procéder à retirer les bottes du routoir; les bottes doivent être lavées avec soin à l'eau claire; on prendra soin de les sortir dans le même ordre où elles ont été placées dans le tas, pour ne pas déranger les brins.

On mettra sécher sur la terre le lin qu'on aura sorti de l'eau après l'avoir lavé; il sera placé en bottes droites, écartées par le pied, en forme de parapluies. L'eau de rouissage, répandue de suite, peut servir d'engrais.

M. Guyon a proposé de rouir le lin dans de l'eau de fumier, c'est un essai à tenter; le rouissage à une eau de chaux, élevée à une haute température, est également une expérience à faire.

Le rouissage à l'air est pratiqué, en Flandre et en Hollande, sur le lin destiné à donner le fil pour batiste. Ce rouissage doit avoir lieu dans le temps des fortes rosées, et dans un clos bas qui ne soit exposé que peu d'heures à l'action du soleil.

Le rouissage fait dans la terre, dans laquelle on creuse des fosses que l'on recouvre de deux ou trois pieds de terre, après y avoir déposé le lin, s'exécute dans les pays très-secs; mais il demande toujours un fort arrosement du lin en masse et de la terre supérieure, pour que la fermentation puisse s'établir. (Voy. CHANVRE.)

Le rouissage du lin paraît avoir été remplacé en Angleterre au moyen d'une machine inventée par MM. Hill et Bundy et pour laquelle ils ont pris un brevet. Le pied d'un homme la fait mouvoir, et l'effet s'opère au moyen de trois cylindres coniques qui, en roulant et frappant l'un contre l'autre, détachent la chenevotte et la résine attachée à la fibre du lin.

Si cette machine est telle qu'on la dépeint, il y a lieu de s'étonner qu'elle ne devienne pas d'un usage général en France : nous prédisons un beau succès au premier qui l'introduira. En effet, le lin obtenu par elle conserve toute sa longueur, acquiert une souplesse et une finesse étonnantes, et ne retient aucune molécule de parties ligneuses; il est tel enfin que le lin qu'elle fournit peut se comparer à ceux préparés pour la fabrication des dentelles et batistes, et la machine a l'avantage de pouvoir être conduite par un enfant ou par une personne infirme.

Cette machine, assure-t-on, évite les deux tiers au moins du déchet que donne la broie ordinaire, ou sérançoir. Son produit en fibres, ou rittes première qualité, est de 25 pour 100, sur le poids de la poignée qui lui est confiée. On ajoute que la filasse préparée par cette méthode a la propriété de pouvoir se blanchir à une simple savonnade d'eau de savon, et d'être amenée pendant six jours, par ce moyen, à la blancheur du coton lui-même.

En résumé, le lin demande un terre ou d'alluvion, ou de loamons riches, pas trop argileuse, pas trop sablonneuse, se divisant bien, ne retenant pas trop l'humidité, profonde, et pouvant rappeler, par la capillarité de ses pores, l'humidité inférieure. La belle réussite du lin, dans certaines provinces de la Hollande, paraît tenir à ce que le sol est toujours imprégné d'eau à moins d'un pied de profondeur de la surface.

L'Irlande cultive des lins fins et très élevés, dans des

terres fortes, riches, mais toujours humides à la partie intérieure.

Le sol est plus épuisé par la récolte de la graine que par celle de la plante employée en vert pour en tirer la filasse; mais, comme nous l'avons dit, cette filasse est moins forte quand la plante n'a pas acquis toute sa maturité.

Le précepte anglais est que le lin doit se semer sur prairies défoncées et après une récolte de blé, lorsque la terre a été chaulée ou marnée par avance, en petites cultures, après une récolte de pommes de terre, mais jamais après haricots ou pois; qu'il ne doit reparaître sur la même terre que tous les quatre ans au plus.

Les prairies défoncées, destinées à recevoir le lin, le seront bien avant l'hiver, pour donner le temps au gazon de se consommer par la fermentatien, et à la terre de se diviser par les influences de l'air et de la gelée.

De la mi-mars au 15 avril est l'époque la plus convenable pour la semence de la graine.

La graine brune, huileuse à la main et la plus pesante, comme nous l'avons dit, est la plus propre à la semence.

Les Anglais sont dans l'usage de changer fréquemment leur graine, en la faisant venir soit de Hollande, soit de Riga; mais ils admettent en principe que toute graine semée, clair et qui a mûri, n'est pas susceptible de dégénérer.

Les Écossais font quelquefois sarcler leur lin par un troupeau de moutons, qui, en passant sur le champ, broutent tous les plants étrangers; le lin n'est jamais touché par eux.

Le mode d'attacher les poignées de lin par le haut et d'écarter ensuite les racines pour faire sécher la poignée et mûrir la graine dans la capsule est improuvé par les Anglais, qui assurent qu'il convient mieux d'arracher le lin, d'en séparer les capsules immédiatement à l'égrugeoir, et de le porter encore frais au routoir, afin que l'opération du rouissage soit plus égale, avantage qu'ils considèrent bien au-dessus de celui de la maturité de la graine.

On assure qu'en Flandre un bon mode de rouissage est de saisir les têtes des bottes entre deux perches; on fait rouir alors la botte perpendiculairement, au lieu de la placer dans le routoir horizontalement. On est averti que l'opération est complète, quand la botte, dont le pied est à six pouces du fond de l'eau, s'enfonce dans toute sa hauteur.

Les annales de l'Académie de Stockholm de 1747 parlent d'un mode de préparation du lin, pour l'amener de suite à la douceur et à la blancheur du coton. On place les écheveaux ou quenouilles dans une chaudière de fer, ou de cuivre non étamée. On arrose avec de l'eau de mer; on met au-dessus de la chaudière un mélange de portions égales de cendres de bouleau et de chaux vive. On porte la chaudière à une légère ébullition que l'on continue pendant dix heures consécutives. On ajoute de l'eau de mer chaque fois que l'évaporation en a enlevé à la chaudière. On lave ensuite les poignées très-chaudes et encore bouillantes à l'eau de mer, on les plonge ensuite dans une savonnade; on les bat légèrement, et on les rince à l'eau douce. Ce mode, assure-t-on, ne fait rien perdre à la force de la fibre du lin; toutefois, comme il est indiqué depuis près d'un siècle, il est à présumer qu'il ne réunit pas assez d'avantages pour qu'il puisse être introduit en France.

De la préparation des fibres ou du sérançoir. Le lin sortant du routoir se met sécher, soit à l'air, soit par la chaleur du feu, quelquefois même dans l'étuve.

Il s'agit ensuite de séparer la filasse de la chenevotte. L'instrument pouvant servir à cette opération est simplement un banc sur lequel on bat la poignée au moyen d'une batte à lessive. Un ouvrier prend la poignée de lin roui et séché, la pose sur le banc, la frappe avec son battoir sur la moitie supérieure : la retourne pour la frapper également sur sa moitié inférieure; ensuite, lorsque la chenevotte est convenablement brisée, il prend sa poignée des deux mains, et la passe et repasse avec force sur l'angle du banc, pour faire tomber les fragments de chenevotte qui adhèrent à la filasse; et enfin la secoue, en ne la tenant que d'une main.

L'autre instrument est la broie ou sérançoir. L'ouvrier tient le manche de l'instrument de la main droite, tandis qu'avec la gauche, il présente la poignée, dont la chenevotte est brisée par les mâchoires de l'instrument, qui entre dans deux coulisses de la partie inférieure. La mâchoire supérieure est retenue dans l'inférieure à une de ses extrémités, par une cheville qui traverse tous les tranchants. Ce dernier instrument nous a paru jusqu'à ce jour le plus simple et le plus expéditif.

Toutefois la machine de M. Gersener de Propiac paraît devoir obtenir la préférence. Elle se compose d'un cadre de bois sur lequel on a disposé des barreaux de fer, et qui sert à étendre le lin. Ce cadre a 6 ou 8 pieds de long sur 2 1/2 de large. Deux cylindres cannelés en bois de hêtre ou d'érable, ou en fer, sont fixés par des tenons à une caisse placée au-dessus.

Pour broyer, on pose le lin parallèlement sur la largeur du cadre, on place des poids dans la caisse pour produire une pression, et au moyen d'un manche adapté à la caisse, on promène les cylindres sur le lin. Quand il est broyé, on le bat, et on le nettoie avec une brosse cylindrique qu'on fait mouvoir par une manivelle.

Moyen de rendre le lin aussi beau que le coton. On le lessive à l'eau de mer, avec parties égales de cendres et de chaux tamisée. On le met dans une chaudière par couches, sur chacune desquelles on répand assez de cendre et de chaux pour qu'il en soit entièrement couvert. Quand ce mélange a bouilli pendant dix heures, on retire le lin; on le porte à la mer, et on le lave dans un panier, ou on le remue avec un bâton bien uni. Dès qu'il est refroidi, au point de pouvoir être touché avec la main, on le savonne doucement, et on l'expose à l'air pour qu'il sèche, en observant de le mouiller et de le retourner souvent, surtout par un temps sec. Ensuite battu, lavé de nouveau, et séché une seconde fois, on le carde avec soin, on le met en presse, et au bout de vingt-quatre heures, il est propre à être employé comme du coton.

Nouveau moyen de blanchir le fil de lin, par M. Juch. M. Juch fit bouillir quelques écheveaux de fil de lin à la manière accoutumée, avec des cendres tamisées pour en séparer la substance extractive. Après avoir séché le fil, on fit bouillir un des écheveaux (ou 1400 aunes de fil) avec trois onces de poudre de charbon, pendant une heure, dans une quantité suffisante d'eau; après avoir été lavé et séché, ce fil avait acquis une blancheur de beaucoup supérieure à celle qu'on peut lui donner en le traitant avec la cendre.

Moyen de reconnaître la bonne graine de lin. La nouvelle graine de lin a une couleur fauve et luisante, l'amande écrasée présente un mucilage doux; la vieille graine est sèche, jaunâtre et d'un goût rance, lorsqu'on la mâche.

On conserve la graine de lin dans des sacs ou en tas, après l'avoir bien desséchée à l'air sec.

Lin vermifuge. L'espèce de lin dite le *lin cathartique*, est un bon vermifuge. On emploie la poudre de cette plante à raison d'un gros dans un verre d'eau, où l'on fait infuser deux gros de cette plante desséchée, dans environ quatre onces d'eau bouillante.

LIN VIVACE. (*Jard.*) *Linum perenne.* Plante de Silésie. Les fleurs bleues dont sa tige grêle se garnit de mai en novembre, la font placer dans les jardins. Séparation de pieds, ou semis, au mois de mars, en terre substantielle, à exposition sèche et méridionale. Arrosements pendant la floraison. On change de terre le lin vivace, chaque année, après la chute des fleurs.

LINGE. (*Conn. us.—Ind. dom.*) Pour la toilette, il faut préférer le linge uni; pour le linge de corps, la toile; pour le linge de table, le gros linge ouvré à damier. On doit raccommoder le moins possible; quand les draps s'usent, il suffit de les changer de lés, pour qu'ils soient encore d'usage.

Dans les armoires, on range les draps par piles. On entame chaque pile à mesure, et on remet dans les places vides celles qui reviennent du blanchissage.

Sachets pour parfumer le linge fin. Mettre dans des sachets de taffetas une once de racine d'iris, deux onces de storax, six onces de fleurs d'oranger sèches, autant d'écorces de bergamottes sèches; le tout bien pilé et passé au tamis.

Autre procédé. Prenez des morceaux de racine d'iris de Florence sèche, tels qu'on les vend chez les pharmaciens, renfermez-les dans vos armoires et commodes; ils donneront généralement une légère odeur de violette à tous vos effets. Si vous voulez que le parfum en soit plus fort et plus agréable, vous insérerez un morceau de racine entre chaque pli de vos chemises, camisoles, jupes, etc.: on en glisse aussi dans les tuyaux des garnitures de fichus. Rien n'est si doucement suave et si hygiénique en même temps.

Vous pouvez ramasser les pétales d'œillets; les morceaux de réséda dont vous vous servirez l'été, et les mettre dans vos tiroirs: ils y répandront en séchant une odeur douce et balsamique; mais l'emploi des racines d'iris me semble beaucoup préférable.

Autre. Mettre en sachets des feuilles de thym, de lavande, d'hysope, de verveine odorante, de petite sauge, de romarin, de basilic, de baume, de marrube blanc; des pétales d'œillet, de rose, d'hyacinthe, le tout saupoudré de girofle et de muscade.

Moyen de parfumer le linge. (Voy. AMBRETTE, ÉTOFFES, FOURRURES, LAVANDE.)

On peut placer dans les armoires des sachets composés d'aromates concassés, tels que clous de girofle, muscade, bois odorants, et de feuilles et de fleurs de roses séchées, de jasmin, d'œillet, de tubéreuse, etc.

Blanchissage du linge. (Voy. BLANCHISSAGE, LESSIVE.)

Manière de marquer le linge. (Voy. ENCRE.)

Procédé nouveau. Chauffer au rouge une partie de protoxide de manganèse et deux parties de potasse. Le résidu vert qu'on obtient se décompose à l'air et à la poussière, mais il se garde très-bien dans un flacon sec. Pour s'en servir, le mêler avec un égal volume de terre de pipe, le délayer dans de l'eau, et écrire avec ou imprimer sur le linge. En lavant légèrement au bout d'un quart d'heure, la couleur de la marque devient brune.

LINGERIE. (*Écon. dom.*) La lingerie est une chambre garnie d'armoires, dans laquelle le linge est classé. Le fond, le dessus, le dessous de ces armoires doit être en bois de chêne bien joint pour éviter les rats. Les battants et les tablettes peuvent être en peuplier ou en sapin. Les battants sont maintenus en dehors et en dedans par des tourniquets.

Au milieu de la pièce, on met la table à repasser. (Voy. REPASSAGE.) Deux autres tables servent à poser les fers chauds, et à déposer et plier le linge sec. Deux cordes de crin bien tendues qui traversent la chambre, et sont solidement fixées à des crampons, servent à étendre le linge mouillé.

La lingerie doit être échauffée par une cheminée, et non par un poêle dont la fumée pénétrerait dans les armoires.

Si les armoires sont hautes, un marche-pied est, dans la lingerie, un meuble nécessaire.

LINNÉE BORÉALE. (*Jard.*) *Linnea borealis.* Famille des chèvre-feuilles. Plante basse et rampante. On la multiplie de marcottes qui s'enracinent la même année. Fleurs en mai, odorantes. Il faut soutenir le bout de quelques tiges avec des baguettes, et les planter sur le penchant d'un fossé humide, en bruyère, au midi, mais à l'ombre des grands arbres.

LINOTTE. (*Chass.— An. dom.*) *Fringilla.* Passereau du genre pinson, ainsi nommé parce qu'il préfère à toute autre la graine de lin. La linotte commune grise, grosse comme un chardonneret, a les plumes de la tête mélangées de gris brun et de roux, les plumes de la queue et de dessus le corps mêlées de noir, de roux et de gris; la poitrine blanche, les pieds noirs.

La linotte rouge, des vignes, est un peu moins grosse que la précédente dont elle diffère peu.

Ces petits oiseaux ne vivent que de menus grains; ils ne quittent jamais le canton où ils sont nés. La linotte se nourrit de millet, de graine de lin, de navette. On peut, pour varier sa nourriture, lui donner, de temps en temps, du panis, de la semence de melon mondée et pilée conjointement avec le panis, ou avec un peu de pâte de massepain. Elle chante très-bien, et apprend facilement des airs de serinette. Il n'y a que les mâles qui puissent siffler; on les distingue des femelles par trois ou quatre plumes à leurs ailes, qui se trouvent blanches. La linotte a besoin d'être tenue dans un endroit chaud, et de recevoir toujours de bons aliments. Elle niche et s'accouple en cage avec le serin, et produit de jolis métis.

Il est à remarquer, à propos de la linotte, que tous les oiseaux qui mangent du millet, de la navette, du chenevis, se purgent avec de la graine mondée, et toutes sortes d'herbes rafraîchissantes, comme feuilles de laitue, raves, mouron, seneçon, poirée; on leur donne aussi du sucre.

Maladies de la linotte. (Voy. OISEAUX.)

LIQUEURS. (*Conn. us. — Off. — Hyg.*) On appelle ainsi les préparations d'alcool, eau, sucre, et suc de certaines substances. On les obtient ordinairement par distillation. Les liqueurs par infusion s'appellent plus particulièrement ratafias. La distillation la meilleure est celle qu'on nomme au bain-marie.

Les liqueurs doivent se composer d'ingrédients bien choisis. L'usage de les aromatiser avec des huiles essentielles n'est bon qu'autant qu'elles ont été mêlées et distillées avec de l'esprit de vin, qui, étant plus léger, n'élève avec lui que la partie la plus odorante de l'essence, dont le surplus reste au fond du bain-marie. L'essence ainsi dissoute donne alors à la liqueur un goût suave; tandis que l'huile essentielle, lorsqu'elle n'a pas subi cette préparation, lui communique une âcreté insupportable, et laisse un sentiment durable et importun de chaleur et de corrosion dans l'estomac, le gosier, la bouche, quelquefois même jusque sur la peau et dans les voies urinaires de ceux qui ont bu de semblables liqueurs.

Les Italiens furent les premiers qui, en 1552, à l'époque du mariage du duc d'Orléans, depuis Henri II, avec Catherine de Médicis, vendirent à Paris des liqueurs fines.

Les liqueurs stimulent l'estomac, mais l'irritent et l'échauffent. Elles sont préjudiciables à la santé des gens de lettres, des hommes de cabinet, des personnes dont le genre nerveux est sensible et facilement irritable : et si la santé des ouvriers ne paraît pas toujours souffrir de l'usage des spiritueux, c'est que leur corps s'y est accoutumé à la longue, qu'ils sont très-robustes, et qu'ils ont besoin de roboratifs chauds pour réparer les pertes de forces qu'ils font continuellement.

En général, les liqueurs sont autant de poisons lents, qui minent la santé : elles portent dans nos viscères et dans nos vaisseaux un feu qui dessèche les organes de la vie, et qui détruit les ressorts qui font jouer l'économie animale. Les moins pernicieuses sont les ratafias, (Voy. ce mot.) parce qu'elles sont les moins fortes. Les jeunes gens, les tempéraments sanguins, bilieux et mélancoliques ne doivent point en faire usage.

Les liqueurs prises le matin à jeun sont plus pernicieuses qu'après le repas, parce qu'elles agissent plus fortement sur un estomac vide, que sur celui qui est chargé d'aliments.

Filtration des liqueurs. Les liqueurs se filtrent au sable ou au papier gris, on les passe à la chausse au moyen du drap ou de la futaine.

Pour filtrer les liqueurs par le sable, avoir une fontaine sablée à cet usage, dont le sable soit extrêmement fin. Les liqueurs, par ce moyen s'obtiennent très-claires. Cette méthode ne peut guère servir que dans le cas où l'on aurait une grande quantité de la même liqueur à clarifier; et, lorsqu'on serait obligé de filtrer une autre partie de liqueur d'une espèce différente, il faut laver le sable avec tout le soin possible, de peur de gâter la seconde liqueur. L'embarras de laver le sable chaque fois qu'on change de liqueur, est une des raisons qui empêchent d'employer cette méthode, quoique bonne d'ailleurs.

La filtration par le papier gris est d'un usage plus commode, on se sert, pour cet effet, d'un entonnoir qu'on couvre d'un canevas ou d'une gaze, sur lesquels on met une feuille de papier à filtrer qui n'est pas collé. Quelquefois même on ne met pas de gaze; mais, par-là, on s'expose à recommencer plusieurs fois l'opération, vu que le papier, n'étant pas collé et ayant peu de consistance, peut se crever aisément. L'embarras de la première méthode et la longueur de celle-ci ont fait souvent donner la préférence à celle de la chausse, qui a l'avantage de remédier à ces deux inconvénients, mais qui est loin d'être assez bonne pour obtenir une parfaite clarification; car il est rare que les liqueurs soient entièrement claires, quand elles n'ont passé qu'à la chausse.

Cependant l'usage de la chausse est si commode qu'elle est employée pour clarifier toutes les liqueurs; mais il arrive ordinairement que les liqueurs qui ne sont clarifiées que de cette façon déposent toujours. Aussi doit-on recourir à la filtration par le papier, quand on traite des liqueurs très-fines, et qu'on veut les avoir parfaitement claires, et n'employer la chausse que pour les ratafias et les liqueurs communes.

Pour faire les chausses, on prend du drap de Lodève qu'on taille en forme d'entonnoir ou de capuchon. Il faut que ce drap soit cousu exactement à l'ouverture. En haut, on attache plusieurs cordons pour le suspendre, et on y verse la liqueur que l'on veut clarifier. Comme elle n'est jamais assez nette après la première filtration, on la repasse jusqu'à ce qu'on soit sûr de la parfaite netteté de la liqueur; ce qui n'a jamais lieu qu'après qu'elle a passé deux ou trois fois au moins dans la chausse. (Voy. CHAUSSE, ÉTAMINE, FILTRE.)

Quelquefois, au lieu de drap de Lodève, on se sert de futaine, ou d'autres étoffes qui ne sont pas plus serrées; mais la liqueur ne peut jamais être bien clarifiée par ce moyen.

Quelques personnes emploient une chausse faite de basin, à poil croisé; on la fixe dans un entonnoir, à l'aide d'anneaux et d'agrafes, de sorte qu'il y ait, en tout sens, un pouce d'intervalle entre les parois intérieures de l'entonnoir et la chausse. Par ce moyen, la liqueur la plus épaisse passe très-vite, et on est dispensé du soin de veiller à la filtration jusqu'à ce qu'elle soit vide.

Pour faire les meilleures chausses, on prend du drap serré et fin; on fait une chausse dont l'ouverture ait un pied de circonférence environ : on fend le drap en deux parties, que l'on coud séparément, de sorte qu'il ait la forme d'une calotte. On prend ensuite une bouteille ordinaire, dont le fond soit percé; et l'on attache la chausse au col de la bouteille, en la liant fortement : la bouteille étant renversée, tient lieu d'entonnoir à la chausse; on place ensuite la bouteille avec sa chausse dans l'ouverture d'une cruche de grès, et on verse la liqueur dans la bouteille qui tient lieu d'entonnoir. Cet usage est d'autant meilleur qu'on obvie à l'évaporation avec d'autant plus de facilité et qu'on peut boucher exactement le fond de la bouteille.

Quand on veut clarifier les liqueurs blanches, soit fines, soit communes, on choisit le drap le plus fin qu'il soit possible et le plus serré; sans cela, les liqueurs ne seraient jamais nettes. Si ce sont des liqueurs colorées, telles que l'eau d'or, le parfait amour, le scubac, l'huile de Vénus l'eau de Jupiter, etc., dont les teintures épaississent, considérablement les liqueurs, à cause des différentes matières qui y entrent, on peut employer, pour faire les chausses, du drap plus commun et moins frappé, afin qu'elles laissent passer plus facilement la liqueur, et qu'on ne soit pas obligé de les nettoyer souvent dans la même opération; ce qui ne peut arriver sans perdre de temps, ou sans diminution de la liqueur, soit en quantité, soit en qualité.

Il y a un moyen d'abréger l'opération, et qui clarifie les liqueurs, sans avoir besoin de les faire passer plusieurs fois; c'est de coller les chausses : voici la manière de le faire.

On prend de la colle de poisson, qu'on coupe en petits morceaux; on la fait fondre ensuite dans de l'eau un peu chaude; on a soin de la remuer jusqu'à ce qu'elle soit bien fondue; on la laisse dans cet état environ vingt-quatre heures.

Pour coller la chausse, on met la colle fondue dans toute la quantité de liqueur: après l'avoir bien mêlée avec la liqueur on jette promptement ce mélange dans la chausse; et la colle, s'attachant également à toutes les parties de la chausse, empêchera la liqueur de passer si promptement, et la rendra aussi nette qu'elle pourrait être après plusieurs filtrations ordinaires.

Si on emploie la colle de poisson, on en met une demi-once, fondue et préparée comme nous l'avons dit, pour une grande chausse, et, pour les petites, environ deux gros. On aura soin de diminuer, sur l'eau qu'on fait entrer dans la liqueur, la quantité qu'on aura employée pour faire fondre la colle.

Dès que les chausses ne servent plus, elles doivent être soigneusement lavées à plusieurs eaux, sans employer ni savon, ni lessive; car il en résulterait un mauvais goût qui se communiquerait aux liqueurs, et que rien ne pourrait leur enlever. Après que les chausses sont bien lavées et séchées, on les serre, et on les enveloppe dans du papier pour les garantir de la poussière.

Manière de clarifier les liqueurs spiritueuses, comme le genièvre, le cassis, l'anisette, etc. Quand ces liqueurs deviennent troubles, soit parce qu'on a y ajouté de l'eau, soit parce qu'elles ont été mal faites, il faut y mettre, par pinte, une once de lait ou un quart de colle de poisson, que l'on fait fondre dans une petite quantite d'eau chaude. On agite fortement la liqueur, et on la laisse reposer pendant deux ou trois jours, jusqu'à ce qu'elle soit éclaircie. Quand le dépôt est bien fait, on la verse doucement dans un autre vase, ou, mieux encore, on la fait passer à travers une chausse de laine, ou un morceau de papier.

Procédé pour colorer les liqueurs. Pour colorer six pintes de liqueur en rouge cramoisi, on prend trois gros de cochenille, un demi-gros d'alun de glace, que l'on pile ensemble et qu'on réduit en poudre très-fine. Cela fait, on prend environ un verre d'eau bouillante, dont on verse peu à peu la moitié dans le mortier; on remue bien les drogues avec le pilon le plus promptement qu'il est possible, et, aussitôt, on jette ce mélange coloré dans la liqueur, qui doit être achevée totalement auparavant. Ensuite on lave le mortier avec le reste de l'eau bouillante, et on jette encore cette eau dans la liqueur. On a une couleur cramoisie, foncée et veloutée. Cette couleur est, sans contredit, la plus nette de toutes, et la moins sujette à s'altérer et à passer. Si l'on veut avoir un rouge vif et moins foncé, on n'emploie que deux gros de cochenille, et on prépare la couleur de la même manière que la précédente.

Si l'on ne veut qu'un rouge rose, mais cependant vif, on n'emploie qu'un gros de cochenille et la moitié moins d'alun, et on prépare la couleur aussi de la même manière.

Pour avoir une belle couleur écarlate, on prend deux gros de kermès, un demi-gros d'alun, et autant de crème de tartre. On pile ces drogues dans un mortier, et on les délaie avec de l'eau bouillante, que l'on unit à la liqueur, comme nous l'avons déjà dit.

Si la couleur écarlate paraît trop foncée, on y ajoutera un peu de crême de tartre pour l'adoucir.

Couleur jaune. La couleur jaune sert pour l'eau d'or, pour l'eau d'abricot et plusieurs autres liqueurs, qui, quoique essentiellement les mêmes, changent d'espèce et de nom, en prenant une couleur différente.

Quelquefois on tire cette couleur de la giroflée jaune, par infusion, soit à l'eau simple, soit à l'eau-de-vie. On choisit les fleurs le plus épanouies, parce qu'elles sont plus riches en couleurs On arrache les feuilles de la fleur, et on ne prend que celles qui sont bien jaunes.

Si on tire la couleur de cette fleur par infusion de l'eau, on met les feuilles dans un pot, et on le remplit d'eau. On met ensuite ce pot sur la cendre rouge, ou sur un feu modéré de charbon, couvert de cendres. On se sert de cette teinture pour ajouter au sirop que l'on fait pour l'eau d'or. Si, au contraire, on tire la couleur de ces fleurs par l'infusion de l'esprit de vin, on en remplit une bouteille de verre sans les presser; on verse dessus de l'esprit de vin, qui en tire toute la couleur. Mais, comme on ne trouve pas toujours des fleurs propres à faire cette couleur, et que les liqueurs jaunes sont communes, sans recourir à d'autres expédients, dont le détail serait infini, le plus court et le plus sûr moyen, et qui n'occasionne pas de grands frais, est de se servir du caramel.

Pour bien faire le caramel, on prend du sucre que l'on met dans une cuillère à caramel. Cette cuillère est de cuivre ou de fer, et de la grandeur d'une cuillère à pot. On y fait fondre le sucre sur un feu clair, et, quand il commence à fondre, on le remue toujours, de peur qu'une partie ne se brûle, tandis que l'autre ne serait pas fondue. On continue de remuer, même lorsque tout le sucre est fondu, jusqu'à ce que le caramel ait pris couleur; car, le point essentiel est de lui donner le juste degré. Si le caramel n'était pas assez brûlé, on serait obligé d'en mettre beaucoup plus, et la couleur n'aurait jamais le juste degré que l'on voudrait lui donner, et, s'il était trop brûlé, il ne serait propre à rien. Voilà pourquoi il faut absolument attraper son véritable point. Quand le sucre commence à fondre, il est fort blanc; et, dans peu de temps, il jaunit, et, de nuance en nuance, on voit naître tous les degrés de couleur. Dès qu'on s'aperçoit qu'il est sur le point de noircir, on y met assez d'eau pour faire fondre le caramel. Quand il est fondu, on le passe dans un linge blanc, et on le conserve dans une bouteille. On verse peu à peu de ce caramel dans la liqueur que l'on veut colorer, jusqu'à ce qu'elle le soit suffisamment. On est sûr, par ce moyen, de lui donner le degré de couleur que l'on veut.

Le caramel s'emploie aussi pour colorer les eaux-de-vie, les cidres, les bouillons, les gelées de viandes, et une infinité de liqueurs.

Couleur violette et violet pourpre. On prend des pains de tournesol, que l'on pile et que l'on réduit en poudre fine dans un mortier. On verse sur cette poudre de l'eau bouillante; on remue le mélange, et on le verse doucement dans la liqueur. Pour ne pas forcer la couleur, il faut mêler cette teinture à la liqueur avant de la passer dans la chausse.

Si la liqueur avait été clarifiée avant d'être colorée, on serait obligé de la filtrer : ou bien, pour éviter de la filtrer, on laisse les pains de tournesol en entier; on les met dans un pot ou dans une cafetière avec de l'eau que l'on fait bouillir environ une demi-heure. Les pains resteront en leur entier; cependant ils céderont leur couleur à l'eau. Cette teinture se filtre aisément, et peut se mettre ensuite dans des liqueurs même clarifiées.

Il faut bien observer de ne mettre dans les liqueurs aucun acide, parce qu'il ferait changer la couleur sans remède.

Si l'on veut faire de la liqueur d'un violet pourpre, on met un peu de cochenille avec les pains de tournesol.

Couleur bleue. On peut se servir, pour donner la couleur bleue, des fleurs de la jacinthe ou hyacinthe, et des bluets des champs, et, en général, de toutes les fleurs bleues.

Pour extraire les couleurs des fleurs, il faut détacher les feuilles colorées, et les jeter dans un vase, dans lequel on verse de l'eau, et que l'on met sur la cendre rouge, ou sur un feu modéré. Cette infusion extrait promptement la couleur, et ne laisse aux fleurs, quelles qu'elles soient, qu'une certaine blancheur terne. On peut faire encore cette infusion à l'esprit de vin; mais l'opération est beaucoup plus longue. Pour colorer les liqueurs, on y ajoute de la teinture obtenue par l'infusion de ces fleurs.

Liqueur de table dite singulière. Cette liqueur est regardée comme délicieuse; elle demande des soins et de la dépense.

Prendre les zestes d'un gros cédrat ou de deux beaux citrons, l'écorce fraîche de deux oranges, une once de cannelle, deux gros de macis, six clous de girofle, un demi-gros d'anis vert, un gros de coriandre, demi-gros de racine d'angélique, demi-gros de safran, deux gros de genièvre; ayant pilé, concassé et écrasé toutes ces substances, les mettre infuser dans cinq pintes d'esprit de vin le mieux rectifié, que vous tempérerez par quatre pintes d'eau commune. Faire durer l'infusion pendant un mois dans un endroit chaud; remuer de temps en temps votre cruche. Puis, verser dans la cucurbite, adapter le chapiteau, luter les jointures avec de la colle de farine, placer l'alambic au bain-marie : distiller d'abord au fort filet. Ayant retiré cinq à six pintes, les reverser dans la cucurbite; continuer à distiller à feu très-doux, de manière que la liqueur ne sorte que goutte à goutte, sans faire le filet. Ayant retiré environ cinq pintes d'esprit bien aromatique, vous vous disposerez à la composition avec toute l'attention possible. D'abord vous commencerez par le sirop, que vous préparerez avec cinq à six livres de sucre, trois pintes d'eau commune, et deux pintes d'eau de fleur d'oranger double. Le sirop étant préparé, vous y mêlerez votre esprit aromatique; vous remuerez bien le tout, et vous goûterez si rien ne domine, à l'exception de la fleur d'oranger, qui doit s'annoncer un peu plus que le reste, pas trop cependant. Si vous vous apercevez que quelque parfum domine plus que les autres, vous tiendrez prêtes les huiles essentielles de cédrat, de citron, de girofle, de cannelle, ou simplement des esprits imprégnés de tous ces aromates; vous en verserez dans votre composition autant qu'il sera nécessaire pour rétablir l'équilibre entre vos aromates. Quand vous aurez monté votre liqueur au ton convenable, vous la colorerez en rouge cramoisi avec la cochenille, que l'on met immédiatement dans la liqueur avant de filtrer, et à laquelle on mêle un peu d'alun, qui fixe et développe la nuance. Finir par la filtration.

Liqueur de chalef. Récolter au mois de mai des fleurs de chalef angustifolius (Voy. CHALEF); les jeter dans l'eau-de-vie, à raison d'une poignée par litre; laisser macérer quatre à six semaines; passer au tamis, et ajouter par litre un quarteron de sucre; conserver dans des bouteilles bien bouchées. Cette liqueur, d'une couleur rosâtre, acquiert des qualités en vieillissant.

Liqueur anglaise dite impériale pop. Mettre dans un vase de terre deux livres de sucre, deux citrons coupés par tranches, deux onces de crême de tartre en poudre; verser dessus huit litres d'eau bouillante, mêler, couvrir d'une toile forte et épaisse, et laisser refroidir. Quand le mélange est presque froid, y jeter une tranche mince de pain sur laquelle on étend deux cuillerées de levure de bière; recouvrir le liquide jusqu'au lendemain avec de la toile, mettre dans des cruchons très-forts, où la fermentation s'achève. Au bout de quatre à cinq jours, la liqueur est bonne à boire.

Liqueur désaltérante. Faire infuser à froid pendant quinze jours, dans douze onces d'eau de-vie, une once de sommités sèches de menthe poivrée; passer avec expression; filtrer; ajouter, pour chaque once, une bouteille d'alcool à 33 degrés, un demi-quarteron de sucre, et deux gros et demi d'essence de menthe. En en mettant une cuillérée à café dans un verre, et versant de l'eau dessus, on se procure une boisson excellente.

Liqueur dite de macaroni. Pilez, dans un mortier de marbre, une livre d'amandes amères; mettez-les en infusion dans neuf pintes d'eau-de-vie ou d'esprit de vin tempéré d'eau; remuez la cruche fréquemment. Le terme de l'infusion passé, c'est-à-dire au bout de quinze jours, versez le tout dans la cucurbite; adaptez le chapiteau; placez l'alambic au bain-marie, et distillez au petit filet; entretenez votre feu le plus également qu'il vous sera possible. Ayant retiré cinq pintes d'esprit, vous ferez votre sirop avec cinq livres de sucre, trois bouteilles d'eau commune et deux pintes d'eau de fleur d'oranger double. Si vous trouvez la liqueur trop forte d'esprit, augmentez la proportion d'eau et de sucre. Le sirop fait, et le mélange achevé, vous filtrerez par le papier gris.

On peut y ajouter deux gros de cannelle, un gros et demi de girofle, un gros de macis, quatre citrons coupés par morceaux, une livre de feuilles de pêcher, et quatre onces de feuilles de laurier-amandier, le tout, coupé très-mince. Les noyaux d'abricots remplacent très-bien les amandes amères.

Liqueur des chasseurs, à la menthe. Prendre quatre litres d'eau de menthe poivrée, y faire fondre quatre livres de sucre, mêler avec dix litres d'eau-de-vie; filtrer.

Liqueur de Mexico. Faire macérer huit jours dans sept pintes d'eau-de-vie une demi-once de vanille, les zestes de huit citrons et de deux cédrats, y exprimer les sucs des fruits, ajouter une livre de sucre; filtrer.

Liqueur imitant le vin de Madère. Prendre du cidre nouveau au sortir de la presse, ajouter une suffisante quantité de miel pour qu'un œuf surnage, faire bouillir un quart d'heure, écumer, laisser fermenter, et mettre en tonneau. On ne bouche que lorsqu'il ne jette plus d'écume, après avoir rempli le tonneau de liqueur mise en réserve. Au mois de mars suivant, on met en bouteille; si la température de la cave est égale, la liqueur devient excellente, et acquiert en vieillissant le goût du vin de Madère.

Liqueur de Madagascar. Prendre des noix de Madagascar (Voy. RAVENSERA AROMATIQUE.), les faire macérer pendant vingt et un jours dans deux litres d'eau douce, en agitant la bouteille tous les jours; filtrer, et ajouter le jus d'un citron avec une livre et demie de sucre; quand il est entièrement dissous, filtrer de nouveau; et mettre en bouteilles.

Liqueur de pétales de roses. (Voy. ROSE).

Liqueur russe. (Voy. QUASQUISLITCHY.)

Liqueur de scubac de Lorraine. Pulvériser une once de zestes d'orange, autant de zestes de citron, autant de safran, un gros et demi de girofle, autant de macis, deux gros de cannelle fine. Jeter le tout dans deux litres et demi d'eau bouillante; laisser infuser quelques minutes; retirer du feu; passer l'infusion quand elle est froide; ajouter cinq litres et demi d'eau de-vie et cinq livres de sucre cuit au perlé. Passer à la chausse et mettre en bouteilles.

Autre recette. Prendre quatre pintes d'eau-de-vie; y faire infuser deux onces de cannelle, autant de safran, les zestes de huit oranges et de quatre citrons. Passer au bout d'un mois.

Liqueur cordiale analogue. Prendre quatre gros de macis, deux clous de girofle, quatre gros de cannelle, et procéder comme ci-dessus, en y joignant la même quantité de zestes.

Liqueur de fleur d'oranger. (Voy. ORANGER).

Liqueur des vierges. Prenez un demi-gros de racine d'angélique, autant de semence d'angélique et de carvi, concassés; douze grains de safran oriental, où l'on pratique des incisions; faire macérer le tout pendant quinze à vingt jours, dans une chopine d'alcool à 50 degrés; filtrer dans un entonnoir fermé, et ajouter une livre et demie de sirop de capillaire. Mêler exactement.

Conserves aux liqueurs. Elles se font toutes par les mêmes procédés que la conserve au marasquin. (Voy. CONSERVE AU MARASQUIN.) On a soin seulement de ne pas faire bouillir la pâte, parce que la partie spiritueuse s'évaporerait.

LIQUEUR VÉGÉTATIVE. (*Jard.*) *Pour hâter la floraison des oignons de fleurs, en hiver, dans les appartemens.* Il faut prendre trois onces de sel de nitre, une once de nitre cubique, une demi-once de potasse, une demi-once de sucre et une livre d'eau de pluie.

On fera fondre les sels à une chaleur douce, dans un pot de terre vernissé; la solution achevée, on y ajoutera le sucre, et on filtrera.

Cette liqueur se met à la quantité de huit à dix gouttes dans une carafe à fleurs, pleine d'eau de puits ou de rivière. On a soin de tenir ces carafes toujours pleines, et d'en renouveler l'eau tous les dix à douze jours, en y mêlant, chaque fois, une dose pareille de la liqueur. Il faut placer les oignons sur la corniche d'une cheminée où l'on fait régulièrement du feu.

On peut se servir du même moyen pour l'arrosement des fleurs dans les pots, ou pour remplir les assiettes sur lesquelles on les pose, afin d'entretenir humides la terre et les oignons qu'ils contiennent.

LIQUEUR MINÉRALE ANODINE D'HOFFMANN. (*Méd. dom.*) Ce médicament, composé de quatre onces d'éther sulfurique, autant d'alcool, et vingt-quatre grains d'huile douce de vin, a les propriétés de l'éther; mais à un degré plus faible. (Voy. ÉTHER.)

LIQUIDAMBAR COPAL. (*Jard.*) *Liquidambar styraciflora.* Famille des amentacées. Arbre de l'Amérique du nord à feuillage palmé odorant.

Il y a deux variétés : l'une a l'écorce fougueuse; l'autre a l'écorce lisse, excepté au bas du tronc, avec des feuilles plus larges, d'un vert plus clair, et moins palmées.

Semis en mars, ou marcottes incisées en septembre. Demi-ombre, bruyère, ou terre franche, très-meuble et peu humide.

Liquidambar du Levant. (*Liquidambar orientalis.*) Arbrisseau à feuilles plus petites, à branches touffues. Même culture, mais exposition plus abritée du froid.

LIS BLANC. (*Jard. — Méd. dom. — Hyg.*) *Lilium candidum.* Famille des liliacées. Gros oignon d'orient. Fleurs en juillet. Il y en a des variétés à fleurs doubles qui avortent, et à fleurs panachées. On retire les oignons tous les quatre ans, et on replante de suite les cayeux, après les avoir séparés. Au soleil; dans tout terrain.

Lis d'Italie, bulbifère. (*Lilium bulbiferum*). Fleurs par paires d'un rouge orangé, en mai. Multiplication des bulbes qui naissent au point d'insertion des feuilles, et qu'on plante à mesure qu'elles tombent.

Moyen d'obtenir des graines du lis blanc et surtout des variétés. Couper les tiges en fleurs et les suspendre au plancher d'une chambre, ou dans une cave : elles donnent des graines en se desséchant.

Lis orangé d'Italie. (*Lilium crioceum.*) Moins beau que le précédent. Fleurs en juin, grandes, d'un jaune orangé, en grappes droites. Même culture que le lis blanc.

Lis tigré de la Chine. (*Lilium tigridum* ou *sinense*). Girandoles de belles fleurs rouge-orangé parsemé de points bruns au mois de juillet. Variété à fleurs d'un rose pâle.

Lis de Philadelphie. (*Lilium Philadelphinum.*) Ognon écailleux de l'Amérique du nord. Fleurs en juin, grandes, d'un rouge orangé, à onglets bruns bordés de vert. Semence en pots, enterrée à deux pieds, pour ne pas perdre les cayeux qui tracent et sont très-petits. Terre de bruyère.

Lis superbe. (*Lilium superbum*). Oignon de l'Amérique du nord. Même culture. Fleurs en avril, moyennes, penchées, d'un jaune rouge et tachetées de brun, en girandoles.

Lis du Japon. (*Lilium Japonicum.*) Fleurs en juin, grandes, blanches, penchées, et en campanules. Terre de bruyère.

Lis martogon. (*Lilium martagum.*) Grand nombre de variétés à fleurs penchées, souvent doubles, dont les pétales sont mêlées extérieurement. Terre légère, ou bruyère; soleil.

Les meilleures de ces variétés sont le rouge ponceau, le violet terne, le jaune orangé, le blanc sale.

Emploi médical des lis. Les oignons de lis sont suppuratifs. L'huile de lis a la même vertu.

Huile de lis. Faire infuser des fleurs de lis dans de l'huile d'olive pendant deux jours; elles se pourriraient si on les laissaient plus de trois jours. Continuer ainsi jusqu'à ce que l'huile ait contracté l'odeur de la plante. On mêle cette huile aux cataplasmes émolliens et maturatifs.

Eau de lis pour le teint. On dit que l'eau odorante que l'on retire des fleurs du lis, à la chaleur du bain-marie, et mêlée avec un peu de sel de tartre, est excellente pour enlever les taches du visage, et relever l'éclat du teint.

Lis Saint-Jacques. (V. AMARYLLIS A FLEURS EN CROIX.)

Lis Saint-Bruno. (Voy. PHALANGÈRE.)

LISERON. (*Jard.*) *Convolvulus.* Famille des liserons. Ce genre comprend un grand nombre d'herbes des champs, la plupart inutiles. On cultive dans les jardins le liseron tricolore, ou belle-de-jour. (Voy. ce mot.)

LISIÈRE. (*Ind. dom.*) La lisière des draps peut servir à faire des bretelles et des attaches pour palisser.

LIT. (*Écon. dom.*) *Garniture d'un lit.* Un sommier de crin, deux matelas, un lit de plume, un traversin, un oreiller, une couverture de laine et une de coton. (Voy. MATELAS.)

LIT DE PLUMES. Pour un lit de plumes de quatre pieds, il faut vingt et une livre de plumes, ou seize livres de duvet, et trois aunes et demie de coutil de cinq quarts de large, que l'on cire exactement, surtout l'envers, avec de la cire jaune ou blanche, en la présentant de temps en temps au feu pour l'amollir.

Si le lit n'a que trois pieds et demi, on n'emploiera qu'un coutil de quatre quarts de large et dix-huit livres de plumes.

Moyen de dégraisser les plumes avant de les employer à faire des lits. (Voy. OREILLER.)

Moyen de fermer les mailles des tissus de toile destinée à former les lits de plumes. (Voy. le même mot.)

Lit économique de Rumfort. Ce lit, qui coûte à Paris 16 fr. 25 centimes, se compose d'un châssis de bois de chêne ou de hêtre de cinq pieds de long sur trois de large, dont les bords inférieurs reposent sur le plancher. Les bords supérieurs sont inclinés de manière que leur surface verticale a dix-huit pouces à la tête et seulement six pouces aux pieds. Sur ce châssis on tend fortement au moyen d'une corde une toile de coutil. Cette espèce de hamac dispense de paillasse et de matelas. L'air renfermé entre le châssis et la toile est promptement échauffé par la chaleur du corps; on peut cependant y adapter un léger matelas. Le jour, on pose ce lit sur le dossier, et une traverse mobile y fait un siége solide. Sous cette traverse, on place dans une boîte le linge de la nuit.

Dans les chaleurs de l'été on donne de l'air au-dessous du châssis au moyen d'une trappe pratiquée dans le dossier.

Lit de la femme en couche. Ce lit préparé, que l'on appelle en France petit lit, lit de misère, lit de travail, de secours, de douleur, sur lequel la femme accouche, doit être disposé de manière que l'on puisse circuler autour; il doit être un peu élevé et peu large. Le lit de sangle, sur lequel on étend deux matelas, dont un est plié en double, est convenable; mais on préfère généralement le lit ordinaire garni d'un matelas un peu dur, sur lequel on place un coussin un peu résistant.

La situation de la femme sur ce lit doit être horizontale jusqu'à la fin de l'accouchement, surtout lorsqu'il y a disposition à l'hémorrhagie ou perte de sang, et dans quelques autres cas indiqués par l'art. (Voy. ACCOUCHEMENT.)

Lit pour les fractures. (Voy. FRACTURE.)

M. Desouche a inventé, en 1805, un lit pliant et portatif qui peut se mettre dans un porte-manteau. La fabrication de tissus en caoutchouc a permis de fabriquer des sommiers, matelas et oreillers que l'on peut gonfler à volonté.

LITIÈRE. (Voy. PAILLE.)

LITHOGRAPHIE. (*Conn. Us.*) La lithographie est un art qui ne peut manquer de devenir de plus en plus populaire. Les matériaux nécessaires à sa pratique deviennent chaque jour moins coûteux; les appareils qui servent à imprimer tendent à se simplifier. Si nous en parlons, c'est dans l'espoir que quelques-uns de nos lecteurs se plairont à consacrer leurs loisirs à une occupation facile qui multipliera leurs essais. Elle permet aussi de reproduire de nombreux exemplaires d'une écriture quelconque. Cette partie de la lithographie se nomme plus spécialement autographie.

Nous espérons en traitant cette matière fournir d'utiles renseignements aux personnes qui seraient tentées de transporter dans les départements une industrie utile dont le plus grand nombre sont malheureusement privés.

Ce serait un véritable service à rendre aux jeunes gens, et nous nous étonnons que personne n'ait songé à mettre dans le commerce de petites lithographies portatives, sur lesquelles ils exerceraient leurs dispositions naissantes au dessin. Une seule table, garnie d'un ou deux tiroirs et transformable à volonté en presse du genre de celle que nous indiquerons dans le courant de cet article, pourrait contenir tout ce qui est nécessaire à la lithographie.

Pierres lithographiques. Les pierres lithographiques sont composées de calcaire, d'argile et d'un peu de silice. Elles se tirent d'Allemagne; on en trouve des carrières abondantes le long du Danube. Celles que l'on rencontre en

France sont plus dures et excellentes pour les écritures, les dessins à l'encre, et la gravure en creux ; les pierres d'Allemagne sont préférées pour le dessin au crayon.

Les pierres blanches, ordinairement peu solides, sont inférieures aux pierres d'un teint grisâtre, ou jaunâtre qui ont le grain plus égal. Celles qui ont des parois blanchâtres, des fissures et des raies qui les rendent friables et prennent plus facilement le noir des nuances qui trompent l'œil du dessinateur, celles qui sont tendres, qui s'empâtent et conservent difficilement les traces du dessin, doivent être également rejetées ou réservées pour les travaux à l'encre.

Les bonnes pierres sont dures et d'une pâte homogène. Si on les grave avec la pointe d'un couteau, elles sont rayées sans être entamées. Quand on les rompt avec un marteau, leur cassure présente la forme d'une coquille.

L'épaisseur des pierres doit être en raison de leur dimension. Les plus épaisses ont cinq à six centimètres. Les moindres ne doivent pas être au-dessous de deux ou trois centimètres; plus minces, elles seraient peut-être brisées par la pression.

Il arrive quelquefois qu'une pierre dont la surface présente les qualités requises, se trouve mauvaise dans des tirages postérieurs ; cela provient de la différence des couches dont la pierre est composée.

Polissage des pierres. On polit les pierres lithographiques avec un sable quartzeux à grains fins et ronds, ou avec du grès de fontainebleau pilé, tamisé, et bien pur de tout gravier. On place deux pierres l'une sur l'autre ; on met entre elles du sable légèrement mouillé, et l'on remue lentement la pierre supérieure en la faisant tourner sur celle qui est dessous. On change la position respective des pierres, pour opérer une friction égale. Les surfaces de toutes les pierres doivent être très-égales. Toutefois un travail où il entre du crayon ne peut être exécuté que sur une pierre grainée.

On pratique le polissage même sur des pierres qui ont déjà servi, en ayant soin de renouveler le sable à mesure qu'il se réduit en pâte. Pour produire le grain sur une pierre destinée à des dessins au crayon, on la saupoudre avec un sable fin, et on la frictionne quelque temps; on juge de l'état du grain en mettant un peu d'eau sur la surface de la pierre, en soufflant fortement dessus, et en examinant l'effet de la pierre, l'œil placé obliquement à la surface.

Quand les pierres sont polies, on les lave bien. Le polissage le plus fin s'obtient avec un peu d'eau et de la pierre ponce. Les pierres trop polies donnent aux épreuves une apparence moelleuse ; mais elles s'empâtent aisément. On couvre les pierres polies d'un papier blanc, et on les conserve à l'abri de la poussière.

Crayons et encres lithographiques. Les crayons lithographiques ordinaires se composent de 12 grammes de noir de fumée, de 50 grammes de savon sec fabriqué avec le suif, de 30 grammes de soude blanche, de 50 grammes de mastic en larmes ou de cire bien pure, et de 180 grammes de gomme laque, le tout fondu ensemble. Ces matériaux entrent également dans la composition de l'encre lithographique, que l'on peut préparer comme l'encre d'imprimerie, en rendant le vernis plus épais et moins coulant. (Voy. ENCRE.)

L'encre autographique doit être plus grasse et plus molle que l'encre lithographique. Pour la composer, prendre 100 grammes de savon sec, autant de cire blanche, 50 grammes de suif de mouton, autant de noir de fumée, 50 grammes de gomme laque, autant de mastic; faire fondre d'abord le savon, séché préalablement au soleil ; y jeter la laque, puis le mastic et le suif, et enfin le noir de fumée. On verse le mélange sur une plaque frottée d'huile, pour que l'encre puisse se détacher aisément.

Encre lithographique. Faire fondre ensemble 8 grammes de cire-vierge et 2 grammes de savon blanc; ajouter 5 cuillerées à bouche de noir de fumée; mettre le feu au mélange. Après avoir laissé brûler une demi-minute, éteindre le feu; ajouter, en remuant toujours, 2 grammes de schelle-laque; remettre le vase sur le feu jusqu'à ce qu'il s'enflamme; éteindre de suite et laisser refroidir.

L'encre lithographique s'altère aisément à l'air. Elle est moins susceptible de se coaguler, si on n'y met qu'un gramme de savon; mais elle est alors un peu trop sèche.

Recette de crayons de M. Lemercier. Faire fondre 4 onces de cire jaune, 4 de suif épuré; ajouter peu à peu 24 onces de savon blanc de Marseille, puis 1 de sel de nitre fondu dans 7 onces d'eau. Quand la matière s'enflamme, laisser brûler deux minutes et ajouter 7 onces de noir; faire cuire vingt minutes et couler les crayons. Les premiers coulés sont les plus tendres.

Recette de M. Tudot. Prendre 50 onces de cire jaune, 8 de savon de cire à la soude, 17 de savon de suif à la soude, 1 de sel de nitre dissoute dans 7 onces d'eau, 7 de noir de fumée calciné; procéder comme ci-dessus.

M. Tudot a observé que la cire empêchait le savon d'être dissous par l'eau et conservait le dessin ; que l'excès de cire nuisait à l'adhérence de l'encre ; que l'excès de savon faisait trop pénétrer le crayon dans la pierre; que l'élévation de température donnait lieu à l'extension des traits; que les crayons trop gras laissaient des saletés sur la pierre.

Préparation d'un papier lithographique. Étendre sur le papier une légère couche de gélatine de pieds de mouton chaude; donner une autre couche quand la première est sèche; après une troisième couche, étendre de l'empois avec une éponge sur le papier, puis une couche de gomme-gutte, pilée récemment pour qu'elle ne soit pas huileuse, et dissoute dans l'eau; quand le papier est sec, le livrer à la presse.

On doit rejeter tout papier contenant des plis, et des grains, qui raient les dessins, les épreuves surtout, d'autant mieux que le papier est plus épais, plus élastique, plus susceptible de se gonfler ; le papier non collé est meilleur que celui qui a reçu un encollage. Le papier collé donne moins de tirage, et doit être mouillé fortement. Pour mouiller le papier, on le trempe dans l'eau, on pose cinq ou six feuilles les unes sur les autres : on sépare les lits de feuilles mouillées par du papier sec. On met en presse pendant dix à douze heures. Si on le conservait plus longtemps comprimé, il pourrait se moisir. On le fait sécher à l'air, et on le mouille légèrement avec une éponge avant de s'en servir. Les dessins à l'encre peuvent être tirés sur du papier sec non collé.

Papier autographique. Le papier autographique se prépare en enduisant du papier ordinaire avec de l'empois coloré dar un gros de gomme-gutte, et en saupoudrant cet enduit sec avec de la sandaraque pulvérisée.

L'acide que contient la pâte du papier rend souvent la pierre grasse après plusieurs tirages; on y remédie en trempant le papier dans un lait de chaux, et en le laissant sécher pendant une nuit avant de s'en servir.

On met toujours sur la feuille qui doit recevoir l'empreinte une ou deux feuilles de maculature.

La difficulté de l'autographie est d'écrire à rebours pour avoir des épreuves dans le sens ordinaire. Mais avec le papier autographique et transparent, on obtient des épreuves dans le même sens que celui de l'écriture.

Encollage pour le papier autographique non collé. Faire épaissir au feu 120 grammes d'amidon; y jeter 40 grammes de gomme arabique fondue, et 10 grammes d'alun; appliquer à chaud avec un pinceau sur le papier; faire sécher et lisser en mettant en presse.

Autre pour le papier non collé. Faire dissoudre dans beaucoup d'eau 4 grammes de gomme adragant, mélanger à chaud égale quantité de colle de Flandre et d'amidon, et 8 grammes de blanc d'Espagne.

Moyen de décalquer sur pierre un dessin et une écriture dont les épreuves doivent se trouver dans le sens de l'original. Prendre du papier transparent, appliquer ce papier sur le modèle, dessiner avec de la mine de plomb, ou avec de la sanguine. Frotter la pierre lithographique d'un peu d'essence de térébenthine et l'humecter d'un peu d'eau. Poser le calque dessus, et donner quelques coups de presse. Les traits qui restent sur la pierre servent de guide au dessinateur.

Quand il est indifférent d'obtenir des épreuves dans un sens opposé à celui des dessins, pour reproduire le calque sur la pierre, on en frotte le revers avec de la mine de plomb pilée; on le fixe sur la pierre avec des pains à cacheter, et on repasse les traits avec une pointe émoussée. Si l'on ne veut pas colorer le revers du calque, on se sert d'une feuille de papier Joseph, et on applique la mine de plomb sur la surface de cette feuille qui porte sur la pierre.

Indication pour fabriquer à peu de frais une presse lithographique à lèvier. On prend une table quelconque, faite de planches assez fortes pour ne pas ployer sous la pression. On pratique aux deux extrémités deux trous; dans l'un on fixe une pièce de fer, et dans l'autre une crémaillère de 20 à 22 centimètres de long, dont les dents, distantes les unes des autres de 5 millimètres, sont taillées en biseau. Le levier, formé de bois sec et solide, doit avoir un équarrissage de 4 centimètres sur chacune de ses faces. On fait entrer une de ses extrémités dans la partie supérieure de la crémaillère; une languette de fer mobile sert à arrêter le degré de pression, en retenant le levier aux dents de la crémaillère. Au milieu du levier se place le rateau destiné à comprimer le dessin. Il doit être de bois élastique et à grain uni, tel que le hêtre, le poirier, le pommier.

Quand on veut tirer des épreuves d'un dessin, on étend l'encre d'impression sur la pierre. On pose dessus le papier, puis un cuir; on place le râteau dessus, et l'on presse au moyen d'une pétale attachée au levier.

Rouleaux. Les rouleaux servent à étendre le noir sur les pierres. Ces rouleaux doivent être spongieux. Ordinairement ils se composent d'une peau bourrée ou garnie de flanelle appliquée sur un cylindre de bois. Les rouleaux fabriqués avec une bande de cuir roulée sur un mandrin se perfectionnent par l'usage, et sont susceptibles de plus de durée que les autres.

Les rouleaux les plus commodes sont ceux auxquels est adaptée une monture en fer, avec un manche, et qu'on fait aller sur la pierre par un mouvement de va et vient.

Le corps des rouleaux est ordinairement en bois de hêtre, et se façonne au tour.

Avant de tirer les épreuves, on humecte la pierre pour empêcher l'encre d'adhérer aux parties non dessinées.

L'encrage se fait au moyen d'une pierre sur laquelle on a mis une légère couche d'encre d'impression qu'on étend et qu'on divise chaque fois avec le rouleau. Cinq ou six tours de rouleau suffisent pour les dessins moyens.

Quand quelques parties de dessin ont disparu dans le tirage, on enlève avec de l'eau l'encre délayée dont la pierre est couverte, et lorsque la pierre n'a plus que l'humidité nécessaire, on passe le rouleau.

Il ne faut point faire parcourir la pierre au rouleau avec trop de rapidité, à moins que le dessin ne soit trop chargé d'encre. On appuie plus ou moins le rouleau sur les différentes parties du dessin; et on le passe plus ou moins souvent, selon que les parties demandent à être plus ou moins vigoureuses, ou selon que l'encre d'impression est plus ou moins épaisse.

Si, dans le cours d'un tirage, le dessin s'empâte, on le rétablit jusqu'à un certain point, en l'enlevant avec de l'essence de térébenthine; mais ce moyen détériore promptement le travail. Après avoir ainsi enlevé le dessin, il faut l'encrer et le gommer, pour empêcher l'encre de durcir, et le laisser reposer pendant vingt-quatre heures.

On ne se sert pas d'encres de couleur en lithographie. Il y aurait cependant des essais curieux à faire, et une source d'effets nouveaux dans l'emploi de différentes substances colorantes.

Instruments du dessin lithographique. Une seule table peut réunir toutes les matières nécessaires à la lithographie. Le noir, le pot à gomme, une pierre ponce, du vernis, un racloir, des plumes d'acier pour dessiner et pour écrire. (Voy. PLUMES.) Des pinceaux de martre très-fins, des pinceaux de blaireau pour enlever légèrement de la pierre les fragments des crayons et de la poussière.

Le dessin au crayon doit être exécuté hardiment, et sans repasser sur la première touche. On a soin de tailler une certaine quantité de crayons à l'avance, pour ne pas s'interrompre. On efface avec la pointe ou le grattoir, sans trop entamer la pierre; on se sert de ces deux instruments pour dégrader les teintes trop chargées.

Avant de dessiner, on polit et on lave les pierres.

Pour dessiner sur pierre avec commodité, on a une table dont les deux extrémités sont garnies d'une planche mobile qui s'élève ou s'abaisse à volonté, et qui soutient une espèce de règle mince sur laquelle la main du dessinateur s'appuie sans toucher la pierre.

L'encre prend mieux et s'étend moins, lorsque la pierre

a été humectée d'essence de térébenthine, ou d'une légère eau de savon.

Quand une pierre est grainée, il faut, après avoir effacé les parties incorrectes du dessin, pointiller la pierre avec un instrument pointu. On peut nettoyer la poussière en brossant la pierre, ou en la lavant avec de l'essence de térébenthine. Cette essence peut aussi servir à faire disparaître les parties défectueuses d'un dessin qui n'a pas été tiré.

Quand on veut faire tirer plusieurs épreuves d'un autographe quelconque écrit sur pierre, on a le choix entre deux modes de tirage.

Ancienne méthode de procéder. Pour préparer une pierre à recevoir l'écriture ou le dessin à la plume, on la polissait exactement, puis on la frottait légèrement d'eau de savon, d'essence de térébenthine, des deux successivement quelquefois. Cette préparation avait pour but :

1° De combler l'intervalle des grains de la pierre laissés ouverts par la ponce;

2° D'empêcher l'encre de s'étendre, les traits de s'épater.

Ce moyen atteignait le but; mais il en résultait un grave inconvénient : c'est que l'acidulation qui devait suivre devait être passablement forte pour être bonne; car, *faible*, la pierre se salissait dans le tirage, l'écriture se maculait; *forte*, la solidité de l'écriture en était attaquée; au bout de 3 ou 4,000 épreuves, les liaisons disparaissaient ou manquaient par intervalle.

Ballottés entre ces deux obstacles, quelques écrivains essayèrent d'écrire sur la pierre nue, c'est-à-dire, telle qu'elle sort du polissage. Pour cela, ils tinrent leur encre fort épaisse et réussirent; mais un autre obstacle se présenta : l'encre coulait péniblement, les plumes s'engorgeaient, et le travail, s'il était meilleur, coûtait le double de temps.

Méthode nouvelle. 1° Quand la pierre est parfaitement polie, lavez-la avec de l'eau parfaitement pure, et laissez-la sécher à l'air libre. Étendez ensuite, *à sec*, au fond d'une tasse, de l'encre lithographique jusqu'à ce qu'elle forme une couche noire et mince. Prenez de l'eau de savon composée d'une partie de savon de suif et vingt parties d'eau. Cette proportion est rigoureuse. C'est avec cette eau, ajoutée goutte à goutte, que l'encre doit être délayée jusqu'à ce qu'elle ait acquis le degré de fluidité convenable. Bien préparée, et passablement claire, cette encre ne s'épate jamais; elle forme des traits minces et déliés à volonté. De plus, ils sont parfaitement solides. La supériorité de cette méthode se conçoit aisément. En délayant l'encre avec de l'eau, chaque goutte de liquide diminue d'autant le principe graisseux de l'encre. Avec l'eau de savon, au contraire, l'encre ne perd rien; c'est un corps gras ajouté à un corps gras. Vienne maintenant la préparation. Un seul but sera d'enlever l'alcali de l'encre pour la rendre indissoluble à l'eau; et pour cette opération, il n'est pas nécessaire qu'elle soit forte. La pierre est parfaitement nette, l'acide n'a pas à la nettoyer.

L'écrivain lithographique qui adoptera cette nouvelle préparation de l'encre chimique devra se prémunir contre une illusion, c'est que le trait de plume paraît plus mince qu'il ne l'est effectivement. Des traits que l'on a cru fins deviennent forts à l'impression. Il faut donc alléger la main, et les liaisons des lettres, fussent-elles fines comme des fils d'araignée, réussissent toujours parfaitement;

2° Malgré la facilité que l'eau donne de rendre l'encre claire et solide ensemble, l'écrivain ne doit pas s'en prévaloir pour tomber dans l'excès. Le trait de plume, même le plus fin, doit toujours paraître noir sur la pierre;

3° Quand l'encre est desséchée dans la tasse, il faut en refaire de nouvelle, car l'eau de savon ajoutée à une encre déjà épaisse ne l'améliorerait plus;

4° Le degré de force de l'acidulation se reconnaît par les petites bulles que l'acide dégage de la pierre. L'acide ne doit pas bouillonner. Les bulles doivent se former lentement. Il est bon même de mêler l'acide, amené à ce point, avec de l'eau gommée. On prépare alors l'écriture avec un pinceau très-flexible. Une mèche de cheveux fixée au bout d'un manche est le meilleur pinceau pour cet usage;

5° Il faut éviter avec le plus grand soin que la main touche la pierre. Il est bon aussi de se couvrir la tête pour empêcher que les cheveux ou autres corps gras ne tombent et ne tachent;

6° Les pierres ne doivent jamais être tiédies pour écrire. Il faut les prendre telles que la température du local où l'on travaille les fait. L'eau de savon au contraire doit, autant que possible, être employée tiède. Il sera donc bon de tenir le flacon qui la renferme exposé au soleil en été et près du tuyau d'un poêle en hiver.

Moyen de transporter sur pierre une feuille récemment imprimée. On pose sur la pierre la feuille humide, et l'on imprime d'un seul coup de presse; on donne aux caractères un léger relief au moyen de l'acide nitrique. On gomme, on laisse reposer une heure; on nettoie sur la pierre, et on opère le tirage. Pour un vieux livre, on abandonne trois jours les feuilles dans une solution de soude caustique; on laisse sécher; on humecte le papier; on met en presse; on acidule très-faiblement, et l'on obtient des épreuves.

Pour retoucher sur une pierre lithographique les parties que l'encre ordinaire n'a pas pénétrées, on se sert d'une encre composée de parties égales de suif, de savon, d'huile de lin, de cire, d'un peu de noir de fumée et d'essence de térébenthine. On couvre la pierre d'eau gommée pour empêcher cette encre d'adhérer aux parties qui doivent rester blanches; on prend un peu de cette encre au moyen d'un linge propre, et l'on frotte légèrement. Si, malgré l'eau gommée, on faisait quelques touches, on les enlèverait avec le bout du doigt trempé dans de l'eau fortement gommée; on essuie légèrement la pierre avec une éponge, et on fait le tirage.

Lavis sur pierre. On dessine au lavis sur pierre; mais on ne peut tirer que peu d'épreuves d'un dessin exécuté ainsi. Quelques artistes imprègnent la pierre d'une couche de crayon, et produisent des effets en enlevant le crayon avec un grattoir ou en frottant avec un morceau d'étoffe.

Pour dessiner au lavis, il faut avoir des crayons graisseux et des crayons savonneux. Les seconds imitent mieux la manière noire, et donnent plus d'éclat au dessin. Les crayons graisseux adhèrent à la pierre, et rendent les retouches plus difficiles.

Pour produire des teintes, on peut se servir d'ébauchoirs en corne, et de fils d'acier plus ou moins trempés, qui enlèvent aisément le crayon, de plumes du même métal et de pointes d'ivoire.

On obtient quelquefois de beaux effets en chauffant la pierre; mais il est difficile de diriger à volonté cette opération.

Conservation des dessins sur pierre. La gomme qu'on emploie n'est pas suffisante et s'altère bientôt. Faire fondre ensemble et étaler sur la pierre avec un rouleau une once de cire blanche, autant de térébenthine, trois onces d'huile d'olive, quatre onces six gros de poix de Bourgogne, cinq onces de blanc de baleine. Ce procédé appartient à M. Lemercier, qui en a fait souvent l'expérience avec succès.

Gravure en creux sur pierre lithographique. Choisir une pierre très-polie et d'une pâte homogène, prendre de l'acide nitrique; l'affaiblir d'eau, jusqu'à ce qu'en le mettant sur le bout de la langue, on n'éprouve pas une sensation trop piquante. En faire passer plusieurs flaques sur la pierre. La laver ensuite avec une éponge, faire passer dessus une couche d'eau gommée dans laquelle on a mis un quart de sucre candi ou de miel. Quand cette couche commence à se dessécher, la frotter légèrement avec un pinceau souple, large de trois doigts, garni de noir de fumée. La gomme s'imprègne de noir, et forme une couche d'égale épaisseur, sur laquelle on grave. On peut produire une couche rouge, en délayant de la sanguine pulvérisée dans l'eau gommée, en y ajoutant du sucre candi; on peut aussi mélanger le noir avec la gomme. Quand l'enduit est sec, on décalque son dessin sur la pierre, et l'on grave en effleurant légèrement la pierre avec la pointe, parce que si les tailles étaient aussi profondes que celles faites dans le cuivre, l'encre d'impression pénétrerait difficilement, et ne serait pas enlevée par le papier sous la presse. Les pointes doivent être taillées à plat et à angles droits. Lorsqu'on entaille la pierre, il se forme une poussière blanche qu'on enlève avec un pinceau doux et flexible, ou avec une queue d'écureuil. Les traits paraissent toujours sur la pierre plus larges qu'ils ne le sont réellement.

On a soin, quand on grave, de préserver la pierre de l'humidité de l'haleine et des mains, en tenant à la bouche une petite rondelle de carton garnie au centre d'une petite tige de bois, et s'appuyant les mains sur une peau ou un papier.

Pour encrer les tailles, on passe dessus, avec un pinceau, de l'huile de lin; puis on enlève cette huile au moyen d'un papier brouillard qu'on passe avec la main. On remplit les tailles avec du noir d'impression mélangé d'un peu de suif. On enlève la gomme en mouillant la pierre, et en frottant légèrement avec une éponge. Quand la pierre est bien nettoyée, on encre de suite avec un rouleau chargé d'une plus grande quantité d'encre, et d'une encre encore plus liquide qu'à l'ordinaire.

Cette manière de graver est plus expéditive que la gravure sur cuivre, et donne des ouvrages plus agréables à l'œil.

On peut imiter sur la pierre lithographique les gravures en bois. On encre la pierre d'une couche d'encre peu épaisse; on esquisse son dessin au crayon rouge sur cette couche, et l'on enlève avec des pointes, des burins et des grattoirs, toutes les parties qui doivent rester blanches. Quand le dessin a beaucoup de parties blanches, on le trace sur la pierre à nu; on détermine à l'encre les contours; on couvre d'encre toutes les parties noires, en laissant à découvert celles qui doivent rester blanches; on prépare ensuite le dessin avec une eau légèrement acidulée.

On emploie une autre méthode pour dessiner en blanc sur un fond noir. On esquisse à l'encre de Chine. Quand le dessin est sec, on imbibe les parties qui doivent former le fond d'huile de lin, qu'on essuie au bout de dix minutes; on enlève les traits du dessin avec de l'eau. On acidule légèrement, et on fait le tirage. Le fond seul prend l'encre, et les traits du dessin restent blancs.

M. Girardet est l'auteur d'un procédé pour lithographier les cartes géographiques. Il dessine sur la pierre, et y applique avec un rouleau le vernis suivant :

Mêler au feu deux onces de cire vierge, une demi-once de poix noire, autant de poix de Bourgogne, ajouter peu à peu deux onces de poix grecque ou spalt réduit en poudre fine.

Ce vernis, quand il est un peu refroidi, se verse dans l'eau tiède. On en fait de petites boules qu'on dissout dans l'essence de lavande. On l'applique avec un rouleau, on met des rebords à la pierre; on verse dessus de l'eau, puis de l'acide nitrique, jusqu'à ce que le mélange agisse, et creuse la pierre. On réitère plusieurs fois l'opération, jusqu'à ce qu'on ait obtenu un creux suffisant. On peut alors clicher le dessin, le mouler et en tirer des épreuves, en s'en servant comme d'une planche d'imprimerie.

LITORNE. (*Chass.*) Passereau du genre grive, qui paraît en France pendant les froids. Il est gros comme un merle, a la tête et une partie du dos cuivrées; des taches noirâtres à certains endroits, les ailes brunes en dessus et cendrées en dessous.

LITRE. (*Conn. us.*) Mesure de capacité et de volume. Le litre d'eau pèse un kilogramme. Le litron contient un peu moins.

Le litre équivaut à une pinte 1/15, mesure de Paris, et à un litron 1/4, même mesure.

Le cube qui a pour côté la dixième partie du mètre, est le litre.

Cent litres font un hectolitre.

L'hectolitre se divise en huit parties ou boisseaux; deux hectolitres font une somme. Le boisseau de Paris vaut 13 litres.

La pinte vaut 93 centilitres; elle égale 4,695 pouces cubes. Deux pintes valent 1 litre 86 centilitres. (Voy. MESURE.)

LIVRE. (*Conn. us.*) L'ancienne livre vaut 480 grammes, 5 décagrammes; la livre nouvelle vaut 500 grammes; la demi-livre 250 grammes, l'once 31 grammes 3/10; le gros 3 grammes 9/10. Deux livres 5 gros 54 grains 18/100 équivalent à un kilogramme. Une livre 2 gros 53 grains 1/2 valent un demi-kilogramme.

LIVRES (TENUE DES). (*Conn. us.*)

La tenue des livres offre quelques difficultés; mais c'est une connaissance utile à toutes les choses, utile tous les jours, que nous n'avons pas dû omettre.

Il y a deux manières de tenir les livres de commerce, l'une à parties simples et l'autre à parties doubles.

La première n'est autre chose que l'inscription journalière de tout ce que le négociant achète et vend, soit au comptant, soit à terme. Il n'obtient d'autre résultat, par cette méthode, que la connaissance de ce qu'il possède et de ce qu'il doit; il sait par elle, après son inventaire, qu'il a acheté dans l'année pour une certaine somme de marchandises qu'il a payées en partie, et dont il est débiteur pour le reste.

La tenue des livres à parties doubles offre beaucoup plus de détails dans son exécution, et donne au négociant qui la met en usage des notions plus exactes sur sa position commerciale.

Toute écriture y figure doublement, au crédit d'un compte et au débit d'un autre. On a disposé toutes les opérations, de façon que chacune a son débit et son crédit.

Le titre de chaque compte représente les personnes même que la nature de leurs affaires place dans la catégorie de ce compte. Ainsi, il y a des comptes intitulés : *Marchandises générales*, *traites et remises*, *profits et pertes*, *caisse*, etc. Rien n'empêcherait qu'au lieu de *caisse*, par exemple, on ne mit en tête du compte, *caissier*, et qu'on n'indiquât la personne au lieu de la chose.

Chaque opération commerciale peut se considérer comme simultanément relative à un débiteur et à un créancier.

En appliquant la tenue des livres à parties doubles, supposons que B achète de C une balle de coton valant 3,000 fr., qu'il ne paie pas immédiatement. C inscrit cette opération comme il suit : *B doit, à marchandises générales et pour ma vente de ce jour*, fr. 3,000 ; et au crédit du compte de marchandises générales, il écrit : *Par B, pour ma vente de ce jour*, fr. 3,000. Et au débit de B, *à marchandises générales pour ma vente de ce jour*, fr. 3,000.

Voilà sur quoi repose toute la comptabilité à parties doubles, dont nous voulons seulement donner une idée, dans l'impossibilité où nous met le défaut d'espace d'exposer dans son ensemble une science abstraite et assez compliquée, pour embarrasser parfois le teneur de livres encore peu exercé.

Supposons que le marché ci-dessus ait été fait aux conditions de payer par B deux tiers de suite, par un billet de 2,000 fr. à trois mois, valeur du jour de son achat; et l'autre tiers dans un mois sous escompte de 1|2 p. 100. C inscrira sur ses livres :

Caisse. *Pour 1|3 comptant que m'a payé B, sur la vente de coton que je lui ai faite ce jour*, *fr.* 995.

Pertes et profits. *Pour autant que je lui ai escompté sur ce 1|3 payé comptant*, *fr.* 5.

Traites et remises, *pour le billet à trois mois que j'ai reçu de B pour solde de ma vente de coton à lui faite ce jour*, fr. 2,000.

Les écritures, quand elles sont faites avec soin, représentent à l'inventaire la situation réelle du négociant; son compte des pertes et profits lui fera connaître ce qu'il a perdu ou gagné. En prenant à un inventaire, d'un côté, le solde de tous les comptes qui forment son passif, et, d'un autre côté, celui des comptes qui forment son actif, chacun de ces deux soldes doit nécessairement avoir un total identique : c'est ce qu'on appelle *balance d'inventaire*. En voici un aperçu :

COLONNE DES DÉBITEURS.

B doit	fr. 2,000
C id.	3,000
G id.	400
Caisse, id. espèces.	1,000
Marchandises en magasin, id.	6,000
Total des débiteurs.	12,400

COLONNE DES CRÉANCIERS.

Il est dû à O	fr. 1,500
id. P	700
id. M	3,000
id. R	4,000
id. H	2,000
A profits et pertes pour bénéfices.	1,200
Total des créanciers.	12,400

Les négocians qui ont beaucoup d'ordre tiennent leurs registres à la fois en parties doubles et en parties simples, et ont un grand livre et un livre ordinaire.

La tenue des livres est une science qui exige, pour être comprise et bien pratiquée, une étude soutenue, et la connaissance préliminaire des mathématiques. Il nous était impossible de faire autre chose que d'en indiquer les bases générales.

LOBELIA CARDINALE. (*Jard.*) (*Lobelia cardinalis.*) Famille des campanulacées. Plante vivace de Virginie, séparation du pied en septembre, bruyère ombragée, couverture de mousse l'hiver, arrosemens pendant la fleuraison, fleurs en juin, grandes, écarlates, et en grappes droites.

Lobelia fulgens et splendens, du Pérou. Fleurs d'un rouge plus éclatant; même culture.

Lobelia siphylitique. (*Lobilia siphilitica.*)

Plante vivace de Virginie. Fleurs bleues en septembre, mûrit en mars, en terre très-meuble, et humide, sans recouvrir la graine. Elle se ressème d'elle-même au midi, sur le bord des eaux; séparation du pied après la fleuraison.

LOCHIES. (Voyez VIDANGES.)

LOCUTIONS VICIEUSES. (*Conn. us.*)

Ce que l'on dit.	*Ce que l'on devrait dire.*
Fièvre célébrale.	Fièvre cérébrale.
Il ne décesse de parler.	Il ne cesse de parler.
Le combien du mois sommes-nous?	Quel est le quantième du mois?
Un colidor.	Un corridor.
Écorces de pois.	Cosses de pois.
Coûte qui coûte,	Coûte que coûte.
Cresson à la noix.	Cresson alénois.
Désagrafer.	Dégrafer.
Déhonté.	Ehonté.
Cette étoffe déteint.	Cette étoffe se déteint.
Un dinde.	Une dinde.
Sa vie durante.	Sa vie durant.
Se mettre une écharpe dans le doigt.	Se mettre une écharde dans le doigt.
Un écritoire.	Une écritoire.
Je me suis en allé.	Je m'en suis allé.
Allumez la lumière. — du feu.	Allumez la chandelle. Faites du feu.

De la bonne amadou.	De bon amadou.
Août. — A-ou.	*Prononcez* ou.
Ormoire.	Armoire.
En érière.	En arrière.
Je m'asseois.	Je m'assieds.
Ayant — A-ian.	*Prononcez* é-ian.
Le vin est fait pour boire.	Le vin est fait pour être bu.
Prendre à brasse-corps.	Prendre à bras le corps.
Embrouillamini.	Brouillamini.
Il brouillasse.	Il bruine.
Pomme de Calvi.	Pomme Calville.
Faire son embarras.	Faire l'important.
Je m'en rappelle.	Je me le rappelle.
Flanquer un soufflet.	Flaquer un soufflet.
Pied fourchu.	Pied fourché.
Franchipale.	Frangipane.
Ferluquet.	Fréluquet.
Fringalle.	Faimvalle.
Gigier.	Gésier.
Il se lève trop à bonne heure.	Il se lève de trop bonne heure.
Hypoconde.	Hypocondre.
Ces livres ici.	Ces livres-ci.
L'idée lui a pris.	L'idée lui est venue.
Une incendie.	Un incendie.
Serviettes à linteaux.	Serviettes à liteaux.
Malgré que.	Quoique.
Mars en carême.	Marée en carême.
Marronner (murmurer).	Marmonner.
Mitouche.	Nitouche.
Une mulâtresse.	Une mulâtre.
Du nacre.	De la nacre.
Les yeux du fromage,	Les œils du fromage.
Pantomine.	Pantomime.
Rue passagère.	Rue passante.
Un patère.	Une patère.
Cette feme est perclue.	Cette femme est percluse.
Un petit peu.	Un peu.
Tant pire.	Tant pis.
Poire de Cressane.	Poire de Crassane.
Près l'église.	Près de l'église.
Il va promener.	Il va se promener.
Récureur, récureuse.	Écureur, écureuse.
Le canard sent le sauvage.	Le canard sent le sauvagin.
La semaine qui vient.	La semaine prochaine.
Semouille.	Semoule.
Supérieurement meublé.	Superbement meublé.
Tendon de veau.	Tendrons de veau.
Tête d'oreiller.	Taie d'oreiller.
Cette terre me rapporte assez pour vivre.	Assez pour me faire vivre.
Je vous demande excuse.	Je vous fais mes excuses.
Eviter des chagrins à son ami.	Epargner des chagrins à son ami.
Vers les midi.	Vers midi.
Rancuneur.	Rancunier.
Une poire confie.	Une poire confite.
C'est à vous à qui je veux parler.	C'est à vous que je veux parler.
C'est de vous dont on se servira.	C'est de vous qu'on se servira.
Le cheval à monsieur.	Le cheval de monsieur.
Venez à bonne heure.	Venez de bonne heure.
Je vous fais l'abandon de cette somme.	L'abandonnement de cette somme.
D'une bonne acabit.	D'un bon acabit.
Il en a mal agi envers moi.	Il a mal agi envers moi.
Agonir de sottises.	Accabler de sottises.
Je connais les aides de cette maison.	Je connais les êtres de cette maison.
Aigledon.	Edredon.
Cette pomme à l'air bonne.	Cette pomme paraît bonne.

Fleur d'orange.	Fleur d'oranger.
Ajamber un ruisseau.	Enjamber un ruisseau.
J'ai plusieurs endroits à aller.	Je dois aller dans plusieurs endroits.
J'y vas.	J'y vais.
On demande après vous.	On vous demande.
Arboriste.	Herboriste.
Fil d'aréchal.	Fil d'archal.
Les argots d'un coq.	Les ergots d'un coq.
Au jour d'aujourd'hui.	Aujourd'hui.
Auprès de (en comparaison de.)	Au prix de.
Autant comme moi.	autant que moi.
A travers du corps.	A travers le corps.
Au travers le visage.	Au travers du visage.
Avant que de partir.	Avant de partir.
Avanz-hier.	Avant-hier (faire sentir le t.)
Bagnaudeur.	Baguenaudier.
Bâiller aux corneilles.	Bayer aux corneilles.
Les berloques d'une montre.	Les breloques.
Bosseler un gobelet.	Bossuer.
Ecole bissonnière.	Buissonnière.
Balai de bouilleau.	De bouleau.
L'eau a bouli.	L'eau a bouilli.
Il a rempli son but.	Il a atteint son but.
Caneçon.	Caleçon.
Castonade.	Cassonade.
Cataplame.	Cataplasme.
C'est eux.	Ce sont eux.
Un chacun.	Chacun.
Allez vous changer.	Allez changer d'habits.
Un chiffon de pain.	Un guignon de pain.
Chipoteur,	Chipotier.
Cieux de lits.	Ciels de lits.
Coane de lard.	Couenne de lard.
Colaphane.	Colophane.
Colorer un dessin.	Colorier. — Colorer un mensonge.
Voici comme se passa l'affaire.	Voici comment l'affaire se passa.
Comme de juste.	Comme de raison.
Feu conséquent.	Feu considérable.
Contrevention.	Contravention.
Corporance.	Corpulence.
Je couserai.	Je coudrai.
Je cousus.	Je cousis.

LOIR (*Chass.*) *myoxus glis*. Genre rongeur. Cette espèce de rat habite les bois ; il se nourrit de faînes, de noisettes, de glands, de fruits, de châtaignes et quelquefois de petits oiseaux ; il passe l'hiver engourdi et sans nourriture ; en Italie, on le chasse en automne, et on le mange en l'apprêtant comme le lapin. Le loir a la taille de l'écureuil, les oreilles longues et sans poil, les moustaches longues, les joues et le ventre blancs, le dessus du corps cendré-brun, la queue garnie de poils assez longs. Les Romains avaient fait du loir un animal domestique, et l'engraissaient pour le servir sur les tables. On le prend avec un trébuchet consistant en une cage de gros fils de fer, longue de dix pouces, large de sept, et haute de quatre ; le dessus est une espèce de couvercle qui s'ouvre au moyen de charnières en fil de fer. Au milieu de la cage est une espèce de juchoir, fait d'une petite baguette arrondie. On prend la moitié d'une noix avec sa coquille, et l'on enfonce dans l'amande un petit bâtonnet long de deux pouces ; on soulève le couvercle, on pose la coquille de noix sur une traverse, et l'on appuie le couvercle, c'est-à-dire une de ses traverses, sur le bâtonnet ;

on place le trébuchet sur l'enfourchure de quelques rameaux d'une branche.

Le loir, en se promenant dans le feuillage, aperçoit l'amorce, entre dans la cage et attaque l'amande; il fait tomber la noix qui entraîne le bâtonnet, et le couvercle n'ayant plus de support, tombe et le renferme. Il ne peut couper les barreaux de fil de fer, et il est forcé de rester prisonnier.

Le couvercle doit être assez pesant pour qu'il ne puisse pas le lever avec sa tête; il est bon de le charger avec quelques morceaux de plomb laminé que l'on entortillle autour de la traverse.

LOMBRIC, ou VER DE TERRE. (*Jard. — Pêche.*) *Lombricus terrestris.* Le lombric varié de brun et le lombric roussâtre se trouvent souvent dans les marais et dans les rivières. Le lombric blanc se cache sous les vieux arbres des bois.

Les lombrics n'attaquent pas les plantes, mais leur nuisent dans les fouilles nombreuses qu'ils pratiquent, en brisant leurs radicules et détournant les arrosements.

Comme ils sortent de terre le soir, quelques personnes les chassent à la lumière. D'autres plantent en terre, à 15 ou 18 pouces de profondeur, un pieu dont on fait mouvoir la partie supérieure de manière à décrire un cercle; on ébranle ainsi le terrain environnant, et les vers effrayés viennent à la surface.

Pour les faire sortir d'un pot de fleurs, il suffit de le frapper avec une pierre pendant 8 ou 10 minutes.

On les éloignera des semis par les arrosements avec la décoction de brou de noix, avec une eau où l'on aura délayé des cendres et de la chaux.

Une dissolution de six gros de vif-argent dans trois onces d'eau-forte mêlée à vingt litres d'eau, et répandue avec un balai de bois dans les lieux où les lombrics sont abondants, les fait sortir tous et les détruit.

Quelques agronomes prétendent que les lombrics font du bien à la terre en la divisant, en recouvrant au printemps les graines restées à la surface de la terre, en contribuant à former de l'humus, en servant de nourriture aux poules et aux poissons.

Emploi du lombric pour la pêche. On choisit les plus gros pour les lignes dormantes. On doit les attacher aux hameçons de manière à ce qu'il remuent. Le poisson mordra plus aisément, si l'on a laissé quelques jours d'avance le lombric dans de la terre mêlée de tourteau d'huile de chenevis.

Moyen de se procurer des lombrics pour la pêche. Frotter contre l'intérieur d'un seau le brou de plusieurs noix ou des feuilles de noyer ou du chanvre; le remplir d'eau, et verser cette eau dans les endroits humides, sous les pierres ou le long des murailles. Les lombrics sortent aussitôt avec précipitation. Toute espèce de liqueur acide produit le même effet.

LONGÉVITÉ. (*Hyg. — Conn. us.*) La longévité dépend du tempérament, du climat et du régime. La sobriété, la régularité dans la conduite, la sagesse dans les goûts, la tranquillité d'âme contribuent beaucoup à prolonger l'existence.

Les exemples de longévité sont plus communs dans le nord que dans le midi. Les annales de la Russie citent un très-grand nombre de vieillards plus que centenaires.

Un boucher d'Irlande, nommé Law, eut, au mois d'avril 1816, à l'âge de 98 ans, une fille. Son fils aîné avait alors 80 ans. Sa fille se trouvait, en naissant, tante, grand'-tante, arrière grand'tante de plus de cent personnes.

Il mourut à la Jamaïque, dans le mois de septembre 1815, une négresse, nommée Sara Anderson, âgée d'environ 140 ans. Elle conserva la faculté de voir et d'entendre jusqu'au dernier moment de sa vie. Elle laissa cinquante-cinq enfants ou petits-enfants, et vingt-cinq arrière-petits-fils, tous vivants.

Il mourut le 15 novembre 1815, dans le Canada, un vieillard de 143 ans, appelé Salomon Niblet. Quelques jours avant sa mort, il se rendit à une partie de chasse, où il tua un cerf.

LONGITUDE. (*Conn. us.*) Tous les astres nous semblent faire leur révolution autour de nous en 24 heures, c'est-à-dire qu'on a partagé en 24 parties appelées *heures* le temps de leur retour périodique au méridien. Ils paraissent donc parcourir dans cet espace de temps les 360 *degrés* qui servent à diviser tous les cercles de la sphère. Ces heures, aussi bien que ces degrés, sont eux-mêmes divisés en 60 parties appelées *minutes*, et ces minutes en 60 *secondes*.

Sachant d'avance à quelle heure tel phénomène céleste apparaît dans un lieu de la terre, on peut connaître la place qu'on occupe, par la comparaison de l'heure à laquelle le même phénomène s'y manifeste. En effet, puique les astres parcourent uniformément les 360 degrés de la sphère, si le phénomène observé arrive, par exemple, une heure plus tôt ou plus tard dans le second lieu que dans le premier, on en conclura qu'on est distant de ce lieu, à l'est ou à l'ouest, de 15° ou de la 24 partie de 360. C'est ce qu'on appelle la *longitude* d'un lieu, l'un des deux éléments nécessaires pour connaître sa position exacte. On prenait autrefois pour point de départ le méridien de l'Île de Fer, la plus occidentale des Canaries; mais maintenant, en France, on compte les longitudes à partir du méridien de l'Observatoire de Paris, et, en Angleterre, à partir de celui de Greenwich, près Londres: ils diffèrent entre eux de 2°20' 24". La longitude est *orientale* ou *occidentale* jusqu'à 180° du point de départ.

LORRIOT. (*Chass.*) *Oriolus.* Oiseau du genre des pies. Le loriot a le corps jaune et les ailes noires. Il vient dans nos contrées au printemps et les quitte en automne pour l'Afrique. Il se nourrit de fruits sauvages, de merises et de mûres.

LOTERIE. (*Récr. dom.*) Le nombre des joueurs n'est point borné à ce jeu: on le joue à douze et même davantage; on emploie pour ce jeu deux jeux de cartes entiers: l'un sert pour faire les *lots* de la loterie, et l'autre les billets. Chaque joueur prend un certain nombre de jetons et les fait valoir ce qu'il veut; ensuite il donne les jetons qu'il a pour sa mise, et le tout, mis ensemble dans une boîte ou bourse au milieu de la table, compose le fonds de la loterie. Après avoir bien battu les cartes, un des joueurs fait tirer trois cartes qu'on place non retournées au milieu de la table, et on distribue sur ces cartes les jetons de la bourse, de manière qu'ils forment trois lots d'inégale grosseur : il y a le *gros*, le *moyen*, le *petit lot*. Cela achevé, le joueur voisin de droite de celui qui a placé les lots prend le jeu des billets et donne trois cartes à chaque joueur, qui les étale à mesure sur la table, sans les retourner : ces cartes sont les *billets*. Quand chacun est servi, on retourne les cartes des lots, et ceux qui se trouvent avoir des cartes pareilles aux cartes des lots, emportent les jetons placés dessus. Selon que l'on veut faire durer le jeu, on donne une, deux ou trois cartes.

La loterie du commerce est analogue : seulement chacun est libre de trafiquer d'une de ses cartes ou d'en acheter une d'un voisin, moyennant tant de jetons, avant de les retourner. Le commerce achevé, on retourne lots et billets; si les cartes des lots, par exemple, sont une dame de trèfle, un roi de cœur, un as de carreau, les porteurs de ces cartes tirent les lots, et bien souvent le possesseur de l'une de ces cartes l'a vendue ou en a acheté une mauvaise à la place, comme aussi quelquefois on a acheté pour un jeton la carte qui vaut le gros lot.

LOTHIER. (*Jard.*) *Lotus*. Famille des légumineuses. Il y a un grand nombre de lothiers, tous très-nutritifs pour les bestiaux et qui croissent spontanément dans les champs.

On appelle aussi lothier le faux baume du Pérou, parce que l'huile d'olive dans laquelle on a fait infuser les feuilles de cette plante devient très-bonne pour les plaies.

LOTO (*Jeu de*).(*Récr. dom.*) On joue à ce jeu avec une boîte de carton qui contient vingt-quatre tableaux, dont trois sont bleus, trois rouges, trois jaunes et trois verts : ces tableaux sont partagés transversalement, et de manière à ce que la ligne de partage se rapproche plus du haut que du bas : ils portent sur des cases des numéros, tantôt doublés, tantôt à la suite, tantôt séparés par des cases de la couleur du fond,

Dans un autre compartiment de la boîte sont renfermés :

1° Deux sacs, l'un contenant deux cents jetons rouges, l'autre les 90 numéros de la défunte loterie. Ces numéros sont marqués sur autant d'une sorte de dés, ayant la figure du calice persistant du gland, si on l'avait poli : sur la face plane est le numéro, et pour ne point confondre 69 avec 96, 19 avec 61, etc., ce qui arriverait fréquemment lorsqu'on tire les numéros au hasard, une petite ligne est tracée pour l'indication du numéro; ainsi on a 69, 96;

2° Un corbillon;

3° Une tablette présentant de petits enfoncemens hémisphériques pour placer les numéros tirés.

Loto simple à tableau couvert. On prend chacun trois tableaux qu'on place devant soi, l'un au-dessus de l'autre, sur une table. On convient du prix de la partie; l'un des joueurs mêle les numéros en recevant le sac, puis y plongeant la main droite, en sort un, qu'il nomme à haute voix, et le place sur la tablette que l'on a mise auprès de lui. Alors chaque joueur, prenant dans la main quelques jetons rouges qui remplissent le corbillon placé au milieu de la table, place un de ces jetons sur le numéro correspondant sur leurs tableaux au numéro sorti. Comme les numéros sont souvent doubles, ceux qui ont ce numéro répété plusieurs fois le marquent. On continue ainsi jusqu'à ce que l'un des joueurs ait couvert le premier un tableau.

Loto au premier quine. Le système du jeu de loto est celui de la loterie : un numéro sorti seul sur un tableau est un *extrait*; deux numéros à la suite l'un de l'autre forment un *ambe*; trois, un *terne*; quatre, un *quaterne*; cinq, un *quine*, ce qui couvre toute la ligne transversale du tableau; car, de quelque manière que soient disposés les numéros, ils ne dépassent jamais sur la ligne le nombre de cinq.

On tire les numéros comme précédemment, et celui qui fait le premier quine gagne la partie.

Troisième manière de jouer le loto. Voici le jeu véritable. On y peut jouer depuis deux jusqu'à douze; chacun prend deux tableaux : on tire seulement quinze numéros, et chacun marque; ensuite, selon qu'on a *ambe*, *terne*, *quaterne*, ou *quine*, on prend deux, trois, quatre ou cinq jetons de ceux que chacun a mis à la poule en commençant, d'après la convention que l'on en a dû faire. Comme il est très-rare de faire *quine*, et que c'est le coup principal, on convient souvent que ce coup annule les autres et enlève la poule tout entière.

Autre manière. On joue encore au loto d'une autre manière : celui qui tire les numéros est le banquier, et les autres joueurs reçoivent de lui le prix des ambes, ternes, etc. à moins qu'il n'amène un coup plus considérable. Ainsi, si parmi les autres joueurs il se trouve un quaterne, et qu'il n'ait qu'un terne, il paie au possesseur de ce coup; mais ceux des joueurs qui n'ont que des ambes paient à leur tour au banquier.

Depuis quelque temps on a de nouveaux tableaux de loto : au lieu de présenter une surface de tableau, ils se plient longitudinalement par la moitié, comme un livre. Ils n'offrent point non plus d'intervalle entre les numéros, qui se suivent sans interruption, et dans l'ordre ordinaire des chiffres. Cette innovation n'est pas heureuse et n'a eu aucun succès.

LOTTE. (*Pêch. — Cuis.*) La lotte est un poisson du genre murène. Il a le corps très-allongé; les écailles peu visibles; il est jaune en dessus et blanc sous le ventre, marbré de brun. On le trouve dans la vase des eaux tranquilles et sous les pierres. Sa longueur est rarement de plus d'un pied.

Il faut à la lotte peu de cuisson, car elle se fond.

On la mange frite, en étuvée, à la poulette ou en matelotte. Elle se limone comme la tanche.

Le foie de la lotte, qui est très-volumineux, en est le morceau le plus délicat. Les œufs de la lotte sont purgatifs.

LOUAGE. (*Cod. dom.*) Le contrat de *louage* est de deux sortes, celui des choses et celui des ouvrages. Le louage des choses est un contrat par lequel une des parties s'oblige à faire jouir l'autre d'une chose pendant un certain temps et moyennant un certain prix que celle-ci s'oblige à lui payer. Le *louage des choses* se subdivise en *bail à loyer*, ou louage des maisons et celui des meubles; *bail à ferme* ou des héritages ruraux; *bail à cheptel* ou celui des animaux dont le profit se partage entre le propriétaire et celui à qui il les confie. On peut louer toutes sortes de biens, meubles et immeubles. On peut louer par écrit ou verbalement, et le bail peut-être fait devant notaire ou par un acte sousseing-privé.—Le *louage des ouvrages et de l'industrie* est un contrat par lequel l'une des parties s'engage à faire quelque chose pour l'autre moyennant un prix convenu entre elles. Il y a trois espèces principales de louage d'industrie : 1° le *louage des gens de travail* qui s'engagent au service de quelqu'un, tels que les domestiques et ouvriers; 2° celui des *voituriers* par terre et par eau qui se chargent du transport des personnes et des marchandises; 3° celui des *entrepreneurs d'ouvrages* par suite de devis et marchés. (Voy. Bail.)

Le preneur a toujours le droit de sous-louer dans le louage des biens meubles et immeubles, s'il ne lui est interdit par le contrat.

La durée du bail varie suivant qu'il est verbal ou écrit. Le bail verbal d'un appartement meublé est censé fait à l'année quant il a été fait à tant par an. — Au mois quand il a été fait à tant par mois. — Au jour s'il est fait à tant par jour. Si rien ne constate que le bail soit fait à tant par an, par mois ou par jour, ou si l'appartement n'est pas meublé, la location est censée faite suivant l'usage des lieux.

Si la durée du bail a été fixée, alors il expire à l'époque déterminée, sans avoir besoin de donner congé. S'il n'y a pas eu de temps fixé, le bail dure jusqu'à ce que l'une des parties donne congé à l'autre.

Du bail écrit. La durée du bail écrit est ordinairement fixée par l'acte même; cette durée est certaine ou incertaine.

Elle est certaine, lorsque le bail est fait pour un nombre fixe d'années, 3, 6, 9 années, 20 ans, 30 ans, etc.; car on peut louer pour le temps que l'on veut, pourvu que l'on ne soit pas dans un des cas d'incapacité où la loi limite la durée des baux qu'elle permet à certaines personnes de consentir, par exemple aux mineurs émancipés ou aux femmes mariées.

La durée du bail est incertaine, lorsqu'elle dépend d'un événement futur qui doit arriver, mais dont l'époque est incertaine.

Si le locataire d'une maison ou d'un appartement continuait sa jouissance après l'expiration du bail écrit, sans opposition de la part du bailleur, il y aurait ce qu'on appelle une tacite réconduction, et il serait sensé occuper les lieux aux mêmes conditions; pour le terme fixé par l'usage des lieux, et ne pourrait plus sortir, ni être expulsé qu'après avoir donné ou reçu congé, suivant le délai fixé par l'usage des lieux.

Des obligations du bailleur. Le bailleur est obligé par la nature du contrat et sans qu'il soit besoin d'aucune stipulation particulière :

1° De délivrer au preneur la chose louée;

2° D'entretenir cette chose en état de servir à l'usage pour lequel elle a été louée;

3° D'en faire jouir paisiblement le preneur pendant la durée du bail.

Le bailleur est tenu de délivrer la chose en bon état de réparations de toute espèce. S'il s'est mis par son fait personnel dans l'impossibilité de faire cette délivrance, ou même s'il était seulement constitué en retard de faire la délivrance, le premier aurait droit à des dommages-intérêts.

Entretien de la chose louée. Le bailleur doit aussi entretenir la chose louée en bon état de réparations locatives qui sont de droit commun à la charge du preneur. Pour connaître quelles sont les réparations que la loi considère comme locatives, voyez l'art. 1754 du Code civil.

Obligation de faire jouir. Le bailleur doit veiller à ce que le preneur reste pendant la durée du bail en jouissance paisible; garantir tous les défauts cachés qui en empêcheraient l'usage, lors même qu'il ne les aurait pas connus lors du bail; et s'il résultait quelque perte pour le preneur de ces vices ou défauts cachés, il doit l'indemniser.

Si, pendant la durée du bail, la chose louée est détruite en totalité par cas fortuit, le bail est résilié de plein droit; si elle n'est détruite qu'en partie, le preneur peut, suivant les circonstances, demander une diminution de prix, ou la résiliation même du bail. Dans l'un et l'autre cas, il n'y a lieu à aucun dédommagement.

Le bailleur ne peut, pendant la durée du bail, changer la forme de la chose louée, ni y faire, sans le consentement du preneur, aucuns travaux qui puissent gêner sa jouissance, à moins que ce ne soient des travaux urgents qui ne pourraient être différés. Si ces travaux duraient moins de quarante jours, le preneur n'aurait droit à aucune indemnité; mais s'ils duraient plus de quarante jours le preneur devrait être indemnisé.

Au surplus, si les réparations sont de telle nature qu'elles rendent inhabitable ce qui est nécessaire au logement du preneur et de sa famille, il pourra demander la résiliation.

Le bailleur n'est pas tenu de garantir le preneur des troubles que des tiers apporteraient à sa jouissance, sans prétendre d'ailleurs aucun droit sur la chose louée, sauf au preneur à les poursuivre en son nom personnel.

Mais si les voies de fait résultent d'un droit prétendu sur la chose louée, le preneur peut exiger une diminution du prix du bail, pourvu toutefois qu'il ait dénoncé le trouble au propriétaire en temps opportun.

Obligations du preneur. Le preneur est tenu de deux obligations principales :

1° D'user de la chose louée en bon père de famille;

2° De payer le prix convenu par le bail.

Obligation d'user en bon père de famille. 1° Employer la chose aux usages auxquels elle est destinée;

2° Apporter à la conservation de la chose les soins d'un bon père;

3° Réparer les dégradations ou pertes qui arrivent pendant sa jouissance, à moins qu'il ne prouve qu'elles ont eu lieu sans sa faute. S'il a été fait un état de lieux, il doit rendre les lieux comme il les a reçus, excepté ce qui a été détruit par vétusté ou par force majeure. S'il n'y a pas eu d'état de lieux, il est censé les avoir reçus en bon état, sauf la preuve contraire.

Le preneur répond encore de l'incendie, à moins qu'il ne prouve que l'incendie est arrivé par cas fortuit ou force majeure, ou par vice de construction, ou que le feu a été communiqué par une maison voisine. S'il y a plusieurs locataires, ils sont tous solidairement responsables de l'incendie, à moins qu'ils ne prouvent qu'il a commencé dans l'habitation de l'un d'eux, auquel cas celui-là seul est tenu; ou que quelques-uns ne prouvent que l'incendie n'a pas pu commencer chez eux, auquel cas ceux-là n'en sont pas tenus

Cette responsabilité solidaire, prononcée par la loi, est rigoureuse sans doute; mais elle était nécessaire pour forcer les locataires à une surveillance réciproque. Il est utile aussi de remarquer que l'assurance contre l'incendie faite par le propriétaire, ne décharge pas les locataires de la responsabilité ci-dessus; car les compagnies d'assurance conservent leur recours contre eux. Il y a quelques compagnies, qui, comme la compagnie des assurances mutuelles de Paris, permettent aux locataires de faire assurer leurs risques, en participant avec le propriétaire à la rétribution annuelle. On ne saurait trop recommander aux locataires de profiter de ces avantages.

Obligation de payer le prix. Le preneur doit payer le prix aux termes convenus, et, à défaut de convention, aux termes d'usage.

Le bailleur a pour garantie de ses loyers tous les objets mobiliers qui garnissent la maison ou l'appartement loué. La loi lui accorde même un privilége, savoir: s'il y a un bail écrit, mais sans date certaine, pour une année, à partir de l'expiration de celle courante; si ce bail a une date certaine pour tout le temps qui en reste à courir. Le même privilége a lieu pour les réparations locatives. Il s'exerce sur ces meubles, lors même qu'ils n'appartiendraient pas au locataire, à moins que celui auquel ils appartiennent n'en ait donné connaissance au propriétaire par une notification régulière.

Manières dont finit le bail. Il finit par la perte de la chose, par l'inexécution des engagements de la part du preneur ou du bailleur, par l'expiration du temps convenu; de plus, si le bail est verbal, il finit par le congé que le preneur ou le bailleur se donnent respectivement, en se conformant à l'usage des lieux.

L'usage à Paris, constaté par la jurisprudence, fixe ces délais de la manière suivante:

Six mois pour les maisons entières, corps de logis entiers ou boutiques;

Trois mois pour les logements au-dessus de 400 francs, sans limitation; six semaines pour les logements de 400 f. et au-dessous.

L'usage fixe aussi les quatre termes de l'année au 1er janvier, avril, juillet et octobre. L'intervalle qui doit être observé entre le congé et la sortie ne commence à courir que de ces diverses époques, lors même que le congé aurait été signifié auparavant.

Ainsi, un congé à trois mois qui aurait été donné la veille du 1er janvier serait valable pour le 1er avril suivant; mais s'il n'était donné que le 1er ou le 2 janvier, l'intervalle de rigueur ne commencerait à courir que du 1er avril, et le congé ne serait valable que pour le 1er juillet suivant.

Lorsque le bailleur et le preneur ne sont pas d'accord, le congé doit être signifié par huissier; s'ils sont d'accord, il peut être donné et reçu amiablement par écrit.

Formule de congé amiable.

« Les soussignés,

» M. A. (*nom, prénoms, profession et demeure*), d'une » part; et M. B. (*idem*), d'autre part,

» Sont convenus de ce qui suit:

» M. A., propriétaire d'une maison sise à » actuellement habitée par M. B., locataire par bail verbal, donne par ces présentes, à M. B. congé pour le » prochain.

» M. B. accepte le congé pour ledit jour, et promet de » remettre les clefs, au plus tard, la veille du jour fixé » pour sa sortie, et de rendre les lieux en bon état de réparations locatives.

» Fait double à le

» Approuvé, etc. »

Nous donnerons ici le modèle de quelques actes de location mobilière, qui ordinairement sont assez faciles et assez simples pour qu'on puisse les exécuter soi-même sans erreur. Quant aux baux à ferme, nous rappellerons ce que nous avons déjà dit. (Voy. BAIL, FERMAGE.)

Bail à ferme.

Les soussignés,

M. A... (*nom, prénoms, profession, demeure*), propriétaire d'une maison, sise à rue n° d'une part;

Et M. B. (*idem*), d'autre part;

Ont fait les conventions suivantes:

M. A. fait bail et donne à loyer pour 3, 6 ou 9 années consécutives, aux choix des parties, et en s'avertissant réciproquement et par écrit six mois (*plus ou moins*) d'avance avant l'expiration des 3 ou 6 premières années qui commenceront à courir le

A M. B., qui accepte,

Une maison, sise à consistant...

Ainsi qu'elle se compose, avec toutes ses dépendances, sans en rien excepter ni réserver.

Pour en jouir, par M. B., audit titre de bail pendant ledit temps.

Ce bail est fait aux conditions suivantes, que M. B., preneur, s'oblige d'exécuter et accomplir, savoir:

1° De garnir et tenir ladite maison garnie de meubles meublants, marchandises ou autres effets en quantité et qualité suffisantes pour répondre en tout temps desdits loyers;

2° De l'entretenir et de la rendre à la fin du bail en bon état de réparations locatives.

3° De payer l'impôt des portes et fenêtres et de satisfaire à toutes les charges de ville et de police dont les locataires sont ordinairement tenus;

4° De ne pouvoir céder son droit au présent bail en tout ou en partie, ni même sous-louer sans le consentement exprès, et par écrit, du bailleur;

5° En outre, ce bail se fait moyennant le prix et somme de que M. B. promet et s'oblige de payer, par chaque année, à M. A., en sa demeure ci-devant indiquée, ou, pour lui, au porteur de ses pouvoirs, en quatre termes et paiemens égaux aux quatre termes ordinaires de l'année, le premier desquels, de la somme de aura lieu et sera fait le ; le deuxième, de semblable somme, le , pour ainsi continuer à être fait de trois mois en trois mois jusqu'à l'expiration du présent bail.

Ces paiemens devront être faits en espèces métalliques

pareilles à celles ayant actuellement cours de monnaie et non autrement.

M. B. a présentement payé à M. A., qui le reconnait, la somme de pour six mois d'avance desdits loyers, imputables sur les six derniers mois de jouissance du présent bail pour ne pas intervertir l'ordre des paiemens établis.

De son côté, M. A. s'oblige de tenir M. B. clos et couvert suivont l'usage.

Fait le double à (*Signatures.*)

Approuvé l'écriture ci-dessus, de la main des parties.

Du sous-locataire. Le preneur peut sous-louer, si cette faculté ne lui a pas été interdite; elle peut l'être pour tout ou partie.

Le sous-locataire est tenu des mêmes obligations que le locataire; cependant il n'est tenu envers le propriétaire que jusqu'à concurrence de la sous-location dont il peut être débiteur au moment de la saisie, sans qu'il puisse opposer les paiemens faits par anticipation. Mais les paiemens faits par lui, soit en vertu d'une stipulation portée en son bail, soit en conséquence de l'usage des lieux, ne sont pas réputés faits par anticipation.

Formule de sous-bail.

« Les soussignés,

» M. A (*nom, prénoms, profession et demeure*), locataire à titre de bail pour neuf années consécutives, » qui ont commencé à courir du , suivant bail » sous signatures privées, en date du , fait entre » lui et M. , propriétaire de la maison ci-après » désignée , d'une part;

» Et M. B. (*id.*), d'autre part;

» Ont dit et arrêté ce qui suit :

» M. A. , en sadite qualité, sous-loue à M. B., » qui l'accepte, pour 5 ou 6 années consécutives, au choix » respectif des parties, en s'avertissant réciproquement » 6 mois avant l'expiration des trois premières années, le » tout à partir du , un appartement au pre- » étage, composé de , et dépendant d'une mai- » son sise à , tel que ledit appartement se com- » pose et dans l'état où il se trouve actuellement, M. B. » déclarant le connaître.

» Ce sous-bail est fait aux conditions suivantes :

» 1° De garnir les lieux de meubles (comme dans la for- » mule précédente);

» 2° D'entretenir les lieux en bon état de réparations » locatives;

» 3° De souffrir les grosses réparations qui deviendraient » nécessaires pendant le cours dudit sous-bail, pourvu » qu'elles ne durent pas plus de mois;

» 4° De payer l'impôt des portes et fenêtres (comme dans » la formule qui précède);

» 5° De ne pouvoir faire aucun percement, change- » ment et distribution nouvelle, sans le consentement de » M. X., propriétaire;

6° De ne pouvoir céder son droit au présent sous-bail sans » le consentement exprès et par écrit de M. A., locataire » principal;

» En outre, ce sous-bail est fait moyennant la somme de » .(*le reste comme dans la formule précédente.*) »

Formule de continuation de bail.

« Les soussignés,

» M. A. (*nom, prénoms, profession et demeure*), d'une » part, et M. B. (*id.*), d'autre part,

» Sont convenus de ce qui suit :

» Le bail fait par M. A. à M. B., suivant acte sous seing- » privé, en date du pour années consécu- » tives, qui ont commencé le pour finir le » à raison de fr. pour chacune desdites années;

» D'une maison sise à sera continué pour » années qui commenceront le et finiront à » pareil jour de l'année....

» Cette continuation de bail est consentie moyennant » pareille somme de , que M. B. s'oblige de » payer à M. A. par chacune desdites années, de la ma- » nière, aux époques et aux lieux fixés au bail susdaté, » et aux conditions qui y sont relatées, auxquelles il n'est » aucunement dérogé. (*Le reste comme dans le bail.*) »

Formule de désistement amiable.

« Lesquels se sont, par ces présentes, volontairement » désistés du bail à loyer fait par M. A. à M. B., pour » années consécutives, qui ont commencé à courir » le , à raison de par chaque année, » d'une maison sise à , suivant acte sous seing » privé, fait double entre les parties, le » enregistré

» Consentant que ledit bail soit et demeure définitive- » ment annulé, et résolu entre eux, sans aucune indem- » nité de part ni d'autre, pour tout le temps qui en reste » à courir, à partir du prochain, auquel jour ledit » sieur B., preneur, promet et s'oblige de rendre lesdits » lieux, et de payer les loyers qui seront alors dus, et » sous la réserve de tous les droits du propriétaire pour » raison des réparations locatives à la charge du preneur » qui pourraient exister.

» Fait double, etc. »

LOUBINE. (*Cuis.*) La loubine ressemble assez à la truite, mais elle a les écailles plus larges, la chair plus blanche. On la cuit à l'eau de sel.

LOUP. (*Chien-*) *Canis lupus.* Ordre des carnassiers, genre des chiens. Le loup dévaste la nuit les bergeries. Quand il est attaqué de la rage, il est à craindre, même pour les hommes.

Il ressemble au chien, dont il se distingue par sa queue et ses oreilles pointues. Il est peureux. Quand il n'a pas faim, il passe le jour à dormir.

S'il est dérangé de son gîte, ou si le jour le surprend avant qu'il y soit rendu, sa marche devient plus insidieuse : il se coule derrière les haies, dans les fossés, et grâce à l'excellence de sa vue, de son ouïe et de son odorat, il parvient souvent à gagner un buisson solitaire sans être aperçu. Si les bergers le découvrent et lui coupent la retraite, il cherche à fuir à toutes jambes; mais s'il est cerné et atteint, il se laisse dévorer par les chiens ou assommer sous le bâton, sans pousser un cri et sans essayer de se défendre, ne fût-ce que contre des enfants de sept à huit ans.

Mais s'il est poussé par la faim, il se jette en plein jour sur les troupeaux, il entre dans les bergeries. Les chiens éventent de loin le loup, et avertissent de son approche par leurs hurlements. Les chiens doivent être dressés jeunes à la chasse au loup.

Traces du loup sur la terre ou la neige. Elles indiquent un pied très-serré, et non ouvert comme celui du chien; un talon large. Trois petites fossettes sont au-devant du talon. Les ongles sont gros et arrondis.

Dans les traces des jeunes louveteaux, le pied est moins lié; les ongles plus petits et plus pointus, les pas moins grands. Les traces de la louve sont ordinairement au milieu du chemin.

Les anciens réglements de police relatifs à la chasse au loup sont encore obligatoires pour les tribunaux. (M. Merlin, Rép. de jurisp., au mot *chasse*, § x, art. 11.)

C'est aux préfets que l'exécution de ces réglements est confiée. Ce sont eux qui ordonnancent les récompenses pécuniaires accordées par les lois des 11 ventôse an III et 10 messidor an V, à ceux qui ont tué des loups.

Quand un préfet ordonne une chasse aux loups, les tribunaux ne peuvent, sans excès de pouvoir, se dispenser d'appliquer à ceux qui se refusent à ce service d'intérêt général les dispositions de l'article 6 de l'arrêt du conseil du 25 janvier 1697. (Sirey, vol. X, première partie, page 297.)

L'hiver est le meilleur temps pour la chasse au loup. La femelle est alors suivie de beaucoup de mâles qui se la disputent.

On peut, pour tuer le loup à l'affût, placer dans le bois une carcasse, et on attend l'animal dans les environs. Le loup ne vient quelquefois que la troisième nuit.

Presque tous les habitants de la campagne croient qu'un loup ne peut pas se tourner en repliant son corps lorsqu'on le tient par la queue, parce que, disent-ils, ces animaux *ont les côtes en long*; c'est une erreur.

Tout individu assez téméraire pour saisir par la queue un loup blessé, en sera puni par une cruelle morsure.

Les animaux le plus sujets à être les victimes des loups, sont les chiens de chasse et de garde, les moutons, les chèvres, les bêtes à cornes, les ânes, les chevaux. Ils se jettent aussi quelquefois sur la volaille, et de préférence sur les oies.

La prudence veut qu'un chasseur ne laisse jamais entrer ses chiens seuls dans un bois fourré de quelque étendue. Il devra toujours les faire suivre par un piqueur qui les appuiera de la voix ou du corps de chasse; et si l'on soupçonne que la forêt renferme des loups, on en préservera sûrement les chiens en tirant quelques coups de fusil avant de les y faire entrer. Ceux qui n'ont pas un grand train de chasse, et qui ne conduisent habituellement qu'un couple ou deux de courants qu'ils appuient eux-mêmes, sont obligés souvent de les abandonner, soit qu'il faille se placer en silence pour attendre le gibier au passage, soit que les chiens aient tiré de long. Dans ce cas-là, il faut se résoudre à courir la chance de la perte d'un chien; mais on peut détourner le sort fatal de dessus le meilleur, pour le faire tomber sur la tête d'une victime que l'on désigne. Il ne s'agit, pour cela, que de mettre un collier à grelot à tous les bons chiens, et de n'en pas mettre à celui auquel on tiendra le moins. On peut avoir la certitude que le loup s'attachera à surprendre ce dernier et n'inquiétera pas les autres. Si tous avaient des grelots, il les suivrait quelques instants, se familiariserait à ce bruit étranger, et saisirait le plus lent de la meute. Toutes les drogues indiquées par les vieux auteurs, comme devant préserver du loup les chiens qui en ont été frottés, sont aujourd'hui reconnues inutiles. Quant aux chiens de garde, on les préserve en leur armant le cou d'un bon collier à clous aigus; en fermant les cours dès qu'il fait nuit, surtout en hiver lorsqu'il fait du brouillard; en leur laissant une retraite ouverte dans une loge où le loup n'ose pas pénétrer, et en en ayant deux capables de se porter mutuellement secours.

Les moutons et les chèvres n'ont rien à redouter des loups, même en plein champ pendant la nuit, si le berger qui les garde a deux bons chiens et un fusil.

Dans quelques provinces, on laisse jour et nuit le gros bétail et les chevaux dans des prés clos par de simples haies, et jamais on n'a à se plaindre des loups quand le bétail est en nombre. Rien n'est curieux comme l'ordre de bataille adopté par les bêtes à cornes lorsqu'elles ont à redouter l'approche de ces ennemis. Le bœuf le plus ancien de la troupe, qui est ordinairement le plus vigilant, dès qu'il s'aperçoit de la présence du loup dans les environs, fait entendre le mugissement d'alarme. Les veaux, les vaches, les jeunes bœufs et les taureaux répondent aussitôt à cet appel en accourant auprès du surveillant : là on forme un cercle au milieu duquel se placent les génisses et les jeunes animaux incapables de combattre. Toutes les croupes se touchent, et le front circulaire de cette ligne de bataille ne présente de toutes parts à l'ennemi que des cornes menaçantes. En vain le loup tourne et retourne autour de cette petite armée, chacun la tête baissée, et les cornes en avant, conserve son attitude et son rang. Si l'ennemi découragé se retire, on s'accroupit pour prendre du repos et ruminer à son aise; mais chacun garde son poste jusqu'à ce que le jour naissant ait fait disparaître jusqu'à l'apparence du danger.

Les chevaux ont une tactique contraire. Ils se réunissent en cercle, et, au lieu de présenter le front à l'ennemi, ils lui présentent la croupe et leurs redoutables pieds de derrière.

L'âne, aussi courageux que le bœuf et le cheval, a plus de moyens de défense; aussi, quand un loup entre dans un pré où il y en a un ou deux, il est sûr d'être attaqué avant de penser lui-même à l'attaque. L'âne se précipite sur lui, le saisit avec ses mâchoires qui deviennent alors une arme terrible, le frappe des pieds de devant comme de ceux de derrière, le renverse, le foule aux pieds et le poursuit dans sa fuite jusque sur les limites de son enclos.

Moyen infaillible d'empoisonner les loups. C'est ordinairement dans l'hiver que les loups font le plus de ravages dans les campagnes, et l'on sait que malheureusement, malgré la prime accordée pour leur destruction, le nombre de ces animaux nuisibles, au lieu de diminuer, augmente chaque année au détriment de nos cultivateurs, auxquels ils causent des pertes énormes. Nous croyons donc rendre un service au pays en indiquant un moyen sûr de les détruire, une recette éprouvée pour les empoisonner. La voici :

Il faut se pourvoir d'un chien de moyenne taille, que vous choisirez parmi ceux qui n'ont aucune qualité et coûtent plus à nourrir qu'ils ne servent; vous ferez périr ce chien en l'empoisonnant avec treize décagrammes (une once) de noix vomique mêlée avec du crin haché, que vous envelopperez de graisse ou de beurre, ou que vous mettrez dans une omelette. On fait préalablement jeûner ce chien pour qu'il dévore sans répugnance ce mets empoisonné. Vous prendrez ensuite quatre hectogrammes (trois quarterons) de noix vomique, que vous aurez soin de faire râper sous vos yeux; car il faut se méfier de celle que l'on vend en poudre et qui est ordinairement séchée au four et pilée. ce qui lui ôte toute sa vertu. Vous ramasserez six ou huit oignons de colchique, vulgairement appelés *vieillotte*, *vache*, *vieille rote* ou *tulipe sauvage*, plante qui se trouve facilement dans les prés froids et humides; vous y ajouterez une poignée de crin haché de la longueur de deux millimètres (une ligne); on pile les oignons de colchique qui se réduisent promptement en lait; vous y introduisez la noix vomique et le crin. Faites de profondes incisions au chien dans les parties les plus charnues, introduisez-y le mélange, surtout dans les entrailles. Faites coudre les plaies pour les refermer, déposez le chien dans un fumier chaud, jusqu'à ce qu'il commence à avoir de l'odeur et que son poil se détache facilement. Retirez le chien, et après l'avoir traîné dans des endroits fréquentés par les loups, placez-le à la distance d'environ un quart de lieue du bois, et près de quelques fontaines ou ruisseaux où ces animaux viennent chercher de l'eau pendant les fortes gelés et les neiges. Le loup qui sentira l'odeur de ce chien pourri en suivra la trace, et dès qu'il l'aura découvert, en mangera avidement, puis bientôt ira boire; mais aussitôt qu'il aura bu, on est sûr qu'il tombera mort à peu de distance.

Il faut jeter sur le cadavre une assez grande quantité d'eau pour enlever toutes les émanations étrangères; alors on quitte ses souliers, on met une paire de sabots neufs, que l'on a achetés à cet effet, on les frotte en dessous et sur les côtés avec un morceau de camphre, et l'on va se promener dans les lieux où l'on soupçonne que les loups peuvent passer. On a la précaution de frotter de nouveau ses sabots avec le camphre de distance en distance. Si l'on ne pouvait s'habituer à marcher avec des sabots, on envelopperait sa chaussure avec une peau, nouvellement écorchée, de fouine, de chat, de lièvre, ou même de lapin. L'essentiel est d'empêcher au loup de reconnaître les émanations d'un homme.

Dans un canton où il y a des chiens de chasse, il est essentiel d'avertir les chasseurs du jour et du lieu où l'on a déposé le poison, afin que leurs chiens n'en soient pas victimes.

Piéges à loups.

Trappe. On choisit un vieux sentier dans une forêt, conduisant d'un fourré à un autre. On y creuse une fosse de dix pieds de profondeur sur six de largeur dans le haut, et huit dans le bas; c'est-à-dire que le trou doit avoir la forme d'un cône, et que l'ouverture doit être plus étroite que le fond. Cette précaution est indispensable, car sans cela un loup a une telle agilité et une si grande force musculaire que d'un bond il pourrait en sortir si les parois étaient perpendiculaires. Il faut donc qu'elles soient inclinées en dedans autant que la solidité du terrain le permettra.

A mesure que l'on retire la terre du trou, on la charge dans un tombereau ou sur des brouettes, et on la transporte loin de là, afin de ne laisser aucune trace de travail. La fosse préparée, on place sur l'ouverture de légères baguettes de roseaux, de saule ou de noisetier, et on les recouvre de mousse et de feuilles sèches, afin d'en masquer parfaitement l'ouverture. Il faut qu'un animal de la grosseur d'un chien ne puisse passer dessus sans enfoncer ce frêle plancher et tomber dans la fosse.

Four-à-loup. On prend les loups dans des fosses de neuf à dix pieds carrés, plus larges par le fond, qu'on couvre de deux lattes très-minces et de feuilles, d'herbes, de genêts et de bruyères; on entoure cette espace de pieux et on y met un mouton attaché. Le loup tourne d'abord autour de la galerie pour poursuivre le mouton, puis il saute par dessus les pieux et tombe dans la fosse.

On prend aussi les loups avec le traquenard. (V. ce mot.) On évente avec de la fiente de mouton délayée dans de l'eau.

Emploi des aiguilles pour tuer les loups. On attache en croix, avec un crin de cheval, deux aiguilles pointues par les deux bouts, et on les enfonce dans un morceau de viande. Le loup *qui mange gloutonnement*, les avale et ne tarde pas à périr.

Les peaux de loups servent à faire des manchons et des fourrures de manteaux.

LOUP-GAROU. (Voy. LYCANTHROPIE.)

LOUPES. (*Méd. dom.*) Ce sont de petites tumeurs qui se manifestent sous la peau, dans les cellules du *tissu adipeux*; elles paraissent dans toutes sortes d'endroits, mais particulièrement à la tête et vers le col.

Nous recommandons aux personnes qui verraient ou sentiraient naître de petites loupes, de consulter sur-le-champ. On a vu de ces petites loupes parvenir jusqu'à un pied de diamètre; en général, on devra extirper les jeunes, et ne pas tourmenter les vieilles.

On peut, dans l'origine, en faire la ligature, et elles se coupent facilement. Si les loupes ne sont pas dangereuses, elles sont au moins très-gênantes.

LOUTRE. (*Pêche.*) *Lutra.* Quadrupède amphibie. Carnassier.

La loutre habite le long des rivières; elle demeure assez long-temps sous l'eau; elle se tient dans les trous de rochers et sous le tronc des arbres; elle ne vit que de poissons et dévaste les rivières et les étangs. A défaut de poissons, elle se nourrit de grenouilles, de rats, d'insectes et même de plantes.

La chair des jeunes loutres a la saveur de celle du cochon de lait; celles des vieilles est coriace et sent la vase. Les moines faisaient grand cas de la chair de loutre et s'en régalaient les jours maigres. On en fait, en Toscane, des saucissons. Elle demande à être fortement assaisonnée.

La loutre est devenue assez rare; nous en avons vu prendre une dans la Loire, entre Nevers et la Charité (Nièvre). On l'attacha avec une chaîne de fer dans la boutique d'un boulanger, où toute la ville vint la voir; elle se démenait avec fureur et montrait de grosses dents, très-aiguës; on la tua et on en fit un excellent civet; sa peau qui était brune et très-douce, fut vendue douze francs.

La fourrure de la loutre sert à faire des chapeaux, des casquettes et des vêtements d'hiver.

Un seul de ces animaux peut détruire de cent à cent cinquante carpes dans le cours d'une année. Si une loutre s'est établie sur le bord d'une grande rivière, ce qui arrive assez souvent, elle devient redoutable pour les pêcheurs, non seulement parce qu'elle ruine leur pêche en détruisant le poisson, mais encore parce qu'elle manque rarement de couper leurs lignes et de trouer leurs nasses et leurs filets quand ils sont obligés de les laisser tendus pendant la nuit.

Il est plusieurs moyens de détruire les loutres; la chasse est un des meilleurs, quand il y en a beaucoup. Lorsque le foin est assez haut dans les prés qui joignent les rivières pour cacher et couvrir ces animaux, ils aiment s'y promener le matin pour poursuivre les grenouilles, les rats, et même pour dévorer les petits oiseaux qu'il peuvent saisir sur leurs nids. Si le ciel est serein et que les rayons du soleil soient chauds, ils s'y couchent volontiers et s'y endorment pendant quelques heures de la matinée. La connaissance que l'on a de ces habitudes rend leur chasse aisée. On arrive dans le pré où on les soupçonne, à six heures du matin, avec un chien d'arrêt, bien dressé, et surtout assez docile pour obéir au signe sans qu'il y ait besoin d'élever la voix. Le chasseur marche en silence le long du bord de l'eau, et fait battre son chien à trente pas sur le côté, mais en observant de ne jamais le laisser en avant, et de le tenir plutôt un peu derrière. La loutre part aussitôt qu'elle l'entend approcher et vient droit à la rivière pour se plonger dans l'eau; nécessairement elle passe à portée du chasseur qui la tue d'un coup de fusil.

La chasse au terrier est assez ordinairement la suite de la précédente; cependant quelquefois on n'y porte pas de fusil. On a un chien qui va bien à l'eau, on le fait quêter dans les roseaux, les buissons et tous les fourrés qui se trouvent sur le bord des eaux. Aussitôt qu'une loutre est lancée, elle gagne son terrier, mais elle ne peut échapper à la vue des chasseurs et à celle du chien. Celui-ci la suit à la nage et finit toujours par découvrir l'issue supérieure de sa retraite. On la démasque, et l'on sonde avec un bâton afin d'en connaître la direction. Le trou d'une loutre a ordinairement de dix à quinze pieds de profondeur, et sa direction est presque toujours en ligne à peu près droite. Il s'élève près de la surface de la terre à mesure qu'il s'éloigne du bord de la rivière, et cela pour que le fond où l'animal fait ses petits, soit toujours au-dessus de la surface des eaux lorsqu'elles sont le plus élevées. L'issue inférieure s'embranche avec la partie supérieure en descendant obliquement, ce qui donne au terrier entier à peu près la forme d'un y (>-) dans la position couchée où on le voit ici.

Dès que l'on a suffisamment sondé le terrier pour être sûr qu'il n'y a pas d'autres issues, ce qui est le plus ordinaire, on ouvre une tranchée à quatre ou cinq pieds de l'ouverture supérieure, et l'on arrive de suite au-dessus de l'embranchement, ce qui ne laisse plus de passage libre par où l'animal pourrait s'échapper pendant la fouille. On sonde de nouveau, et l'on ouvre une seconde tranchée le plus loin possible pour éviter des travaux inutiles. Il est entendu que l'on a bouché exactement le trou pour éviter toute surprise. Ordinairement la troisième tranchée conduit sur l'animal, si l'on a bien pris ses dimensions; quelquefois même on y arrive à la seconde, mais d'autres fois aussi il faut en ouvrir davantage.

Quand la loutre est à découvert, il faut l'assommer de suite, ou la saisir avec des pinces de fer, car elle se défend avec courage, et sa morsure est cruelle. Il faut surtout en écarter le chien jusqu'à ce qu'elle soit morte, car, si elle le mordait, il pourrait se dégoûter de ce genre de chasse et tromper le chasseur sur les terriers. Il glisserait légèrement sur ceux qui seraient habités, et appuierait sur les autres, ce qui occasionnerait des travaux inutiles.

L'affût est encore une excellente méthode de détruire la loutre. On suit le bord de la rivière en regardant sur le sable pour reconnaître ses traces qui ressemblent beaucoup à celles d'un chat; on reconnaît ainsi les lieux qu'elle a coutume de parcourir. Une habitude singulière qu'a cet animal, c'est de faire toujours ses ordures dans le même endroit, et ordinairement auprès d'une pierre blanche que le hasard a placée sur le sable. On reconnaît ses fumées aux débris d'arêtes de poissons et de coquilles d'écrevisses qu'elles contiennent.

Si l'on est assez heureux pour trouver cette place ayant des excréments frais, on peut être assuré de tirer la loutre le même soir. Dans le cas contraire, on y pourvoit en déposant sur le rivage, dans l'endroit où l'on a reconnu son passage habituel, une pierre blanche ou un plâtras de démolition. Lorsque la nuit est venue, on se rend sans bruit sur le bord de l'eau et l'on se poste à quinze ou vingt pas de la pierre, avec la précaution de se masquer derrière un arbre ou un petit buisson. On choisit une nuit où il y ait de la lune, car la loutre sort très-tard de son terrier. Le chasseur aux aguets est plutôt averti de la présence de l'animal par l'oreille que par les yeux : il l'entend d'assez loin agiter l'eau en plongeant pour pêcher, ou en jouant à sa surface; c'est alors que ses yeux ne doivent pas quitter la pierre qu'il a placée sur le sable, car il est certain que la curiosité y amènera la loutre pour la flairer et peut-être pour y déposer ses ordures.

Si l'animal, blessé seulement par le coup de fusil, a encore assez de force pour se jeter dans l'eau, il est à peu près inutile de s'amuser à le chercher le lendemain matin : il est à peu près certain qu'on ne le trouvera pas. Quand elle se sent blessée à mort, elle s'enfonce dans des racines ou sous des pierres au fond de l'eau, s'y noie et y reste accrochée. Le seul moyen de la trouver serait donc de vider le bassin de la rivière ou de l'étang pour la chercher, et certes, sa prise n'indemniserait ni des frais, ni de la peine, à supposer que cette opération fût possible.

La loutre, quoique fort rusée, se prend cependant au piége; mais pour parvenir à l'y faire donner, il faut beaucoup de patience. On commence par reconnaître les lieux qu'elle fréquente, comme nous l'avons dit plus haut. Si elle habite les bords d'un étang ou d'une rivière où il y ait du poisson et pas d'écrevisses, on amorce avec une écrevisse que l'on s'est procurée d'ailleurs; si, au contraire, elle habite les bords d'une petite rivière où il y ait beaucoup d'écrevisses et peu ou point de poisson, on amorce avec un goujon ou un autre poisson de la grosseur du pouce.

On place une pierre blanche sur le sable, comme nous l'avons dit précédemment; à deux ou trois pieds de cette pierre on élève une petite butte de sable d'un pied de diamètre sur un pouce de haut, et l'on dépose l'amorce dessus; il faut que le poisson soit très-frais ainsi que l'écrevisse, car, pour peu qu'ils fussent morts seulement depuis quelques heures, la loutre n'y toucherait pas. Le lendemain matin on va voir si la loutre a touché aux amorces. On reconnaît aux traces qu'elle laisse sur le sable si elle s'en est approchée, et dans le cas où les amorces n'y seraient plus, si c'est elle qui s'en est emparé : dans ce dernier cas, on peut tendre le piége; dans le cas où elle s'en serait approchée sans y toucher, on replacerait tous les soirs de nouvelles amorces et on attendrait qu'elle les ait prises une fois avant de tendre le piége, comme nous allons le dire.

Le piége que l'on emploie pour prendre la loutre est le traquenard. (Voyez ce mot.) On l'amorce, en attachant sur la planchette du piége l'écrevisse ou le poisson, et on l'y fixe avec un petit lien d'osier. L'écrevisse peut se mettre vivante, avec la précaution néanmoins de lui écraser un peu la queue près du corps, afin qu'elle ne puisse détendre le piége en s'agitant trop fort; on a aussi le soin, pour la même raison, de la placer sur le dos.

On recouvre entièrement le piége de sable fin et sec, et on laisse un trou sous la planchette, afin de ne pas gêner son jeu; on ne laisse paraître au dehors que l'appât. On conçoit qu'il ne faut que suffisamment de sable pour masquer le piège sans nuire à la vivacité de sa détente. Comme la loutre est un animal très-fort relativement à sa petite taille, et qu'elle pourrait entraîner le piége dans l'eau, on l'attache à un piquet enfoncé en terre, au moyen d'une petite chaîne, et l'on recouvre le tout de sable.

Manière de dresser une loutre à la pêche. La prendre vivante, l'attacher avec soin; la nourrir d'abord de poisson et d'eau, puis de lait, de soupe, de choux et d'herbes. La déshabituer du poisson, et la contraindre par la famine à venir manger dans la main. Pour l'accoutumer à la pêche, on la conduit au bord d'une rivière, on y jette des petits poissons morts; on lâche l'animal, et on le force à rapporter ceux qu'il a pris. On jette dans l'eau ensuite des poissons vivants, qu'on lui fait rapporter également, à chaque fois : on l'encourage à ce manége en lui donnant la tête du poisson qu'elle rapporte.

LOUVE. (*Pêch.*) La louve est une espèce de coffre rond garni de quatre cerceaux, un à chaque bout et les deux autres dans le milieu, couvert d'un tissu de mailles. On attache aux cerceaux quatre perches de la longueur du filet qui doit aller en diminuant comme une poche. On tend ce filet dans un fonds rempli d'herbes dont on fauche une partie. On met à ce filet une corde assez longue pour le tirer, et on le fixe dans l'eau avec des pierres. On le place le soir, et on le visite le lendemain.

LUCANE. (*Jard.*) *Lucanus.* Genre d'insectes coléoptères. L'espèce la plus connue est le *lucanus cervus*, cerf-volant. Il vit peu de temps dans l'état d'insecte. Il dépose ses œufs principalement sur le chêne et dans le bois à demi-pourri.

Les lucanes paraissent ne se nourrir que de la liqueur mielleuse des feuilles de chêne; mais les larves des lucanes percent et rongent les racines des plantes.

On les détruit comme les vers des hannetons. (Voy HANNETONS.)

LUMIÈRE. (*Conn. us.*) Nous ne pouvons que former des conjectures sur la nature de la lumière; Newton l'a considérée comme une substance matérielle émanée du soleil et de tous les corps lumineux d'où elle est lancée en lignes droites avec une vitesse prodigieuse.

La lumière est impondérable, et n'a pu être examinée en elle-même; ce n'est que par ses effets sur d'autres corps que nous pouvons l'étudier.

Les rapports qui existent entre la lumière et la chaleur sont très-remarquables; ils sont tels qu'il est extrêmement difficile d'examiner l'un indépendamment de l'autre.

On peut cependant séparer la chaleur de la lumière. La première découverte en fut faite par Herschell qui observa, dans les rayons du soleil réfractés par un prisme, les rayons différemment colorés et inégalement chauds, et même au delà des faisceaux lumineux, des rayons de calorique ne contenant pas de lumière d'une manière bien sensible

Les opinions des savants physiciens étant encore partagées sur la question de savoir si la lumière et la chaleur ne sont pas des modifications d'un même fluide ou de fluides différents, nous n'entrerons pas dans cette discussion; nous dirons seulement qu'ils ont la plus grande analogie.

La lumière est essentielle à la vie des animaux et des végétaux et à la coloration de ceux-ci; les uns et les autres, lorsqu'ils en sont privés, deviennent faibles et languissants. On voit les plantes renfermées dans un endroit obscur, où la lumière ne peut avoir accès que d'un seul côté, se diriger en s'allongeant vers l'ouverture qui leur permet d'atteindre quelques rayons. La lumière peut produire un grand nombre de phénomènes chimiques; son action sur les corps colorés est très-énergique, et bien qu'elle favorise la coloration des plantes vivantes, elle contribue puissamment à la destruction de toutes les couleurs extraites des végétaux, des matières animales et de la plupart des couleurs minérales. Il s'opère en général pendant ces effets une décomposition semblable à celle que produirait la chaleur rouge. Ces phénomènes, le rayonnement semblable de la lumière et du calorique, et la température élevée que l'on obtient en rassemblant les rayons lumineux, ont surtout contribué à faire regarder ces deux agents comme des modifications d'un même fluide.

Beaucoup de corps jouissent de la singulière propriété de devenir lumineux dans l'obscurité, sans qu'il y ait de combustion, soit spontanément, soit lorsqu'on les frotte, qu'on les comprime, ou après qu'on les a chauffés, électrisés ou exposés aux rayons solaires : ils conservent cette propriété pendant un laps de temps plus ou moins long

Beaucoup de corps, comme le diamant, deviennent phosphorescens quand on les expose à la lumière. On en avait conclu qu'elle se combinait avec eux, et s'en dégageait lentement. Cette explication spécieuse a été démontrée inexacte par M. Dessaignes : il a observé que les corps phosphorescens, soumis aux rayons différemment colorés du prisme, ont toujours donné la même lumière et que les fréquentes insolations de ces corps n'augmentaient pas leur phosphorescence.

Suivant M. Dessaignes, le fluide électrique joue un grand rôle dans la lueur de certains corps nommés phosphores. La phosphorescence spontanée des matières animales et végétales pourries, des bois, des poissons, etc., est accompagnée d'une combustion lente, dans laquelle il a reconnu la production de l'eau et de l'acide carbonique. C'est à des myriades de petits animaux (mollusques) que l'on attribue la phosphorescence qui, la nuit, fait paraître la mer tout en feu. Peut-être la belle lueur bleue des vers luisants est-elle due à de continuelles émanations animales.

La chaux en absorbant un peu d'eau, et les os calcinés, deviennent phosphorescents; enfin tous les corps gazeux, liquides et solides, dégagent de la lumière par compression, mais moins abondamment lorsqu'ils ont été rendus phosphorescents par la chaleur.

Procédé pratique pour mesurer l'intensité de la lumière. Quelle que soit la substance employée, la condition spéciale et indispensable à la véritable économie est la combustion entière; cette combustion n'a lieu qu'autant que la flamme est parfaitement blanche et ne laisse échapper aucune fumée. Ainsi, tout appareil, quelque prôné qu'il soit, qui ne remplit pas cette condition, n'est réellement pas économique, puisque tout le combustible employé n'est pas converti en flamme, et qu'une partie échappe à la combustion sous forme de fumée plus ou moins épaisse, qui se répand dans l'appartement et pénètre dans les organes de la respiration.

L'intensité de la lumière, produite par la combustion d'une certaine quantité d'huile, de suif, de cire, etc., pendant un temps donné, est donc la véritable mesure de l'économie que peut donner un mode d'éclairage quel qu'il soit; car, nous le répétons, tout ce qui échappe à la combustion est une perte réelle, la lumière obtenue se trouvant diminuée d'autant.

Voici le procédé au moyen duquel on peut comparer rigoureusement l'éclat de deux lumières et apprécier par conséquent l'économie qui peut résulter de l'emploi de l'une des deux, lorsqu'on connaît la quantité de combustible employée pour chacune pendant le même temps.

Placez sur la muraille, à une hauteur convenable, une feuille de papier blanc. Disposez devant cette feuille, à un pied de distance, une règle verticale, soutenue par un support quelconque, ou suspendue par un fil au plafond. Placez l'une des deux lumières à une certaine distance de la règle, de manière à faire tomber l'ombre de celle-ci sur le papier. Placez la seconde lumière auprès de la première, et examinez attentivement les deux ombres de la règle sur le papier. Si les deux ombres vous paraissent parfaitement égales, c'est que les deux lumières ont la même intensité, et par conséquent le choix à faire entre les deux modes d'éclairage ne dépend plus que de la quantité de combustible brûlée dans le même temps et de la différence de prix d'achat, soit de l'appareil, soit du combustible lui-même, soit enfin des dispositions plus ou moins commodes de l'appareil.

Mais, si les ombres produites par les deux lumières ne sont pas égales, on procédera ainsi : on reculera la lumière qui donne l'ombre la plus forte, jusqu'à ce que son ombre soit exactement la même que celle de la seconde lumière. Mesurez la distance entre le papier et les deux lumières, et faites la proportion suivante :

Le *carré* (produit du nombre multiplié par lui-même).

Le carré de la distance du papier à la première lumière est à l'unité comme le carré de la distance du même papier à la seconde, est au rapport entre l'intensité des deux lumières.

Éclaircissons ceci par un exemple :

Supposons que la première lumière soit une chandelle ordinaire et qu'elle soit placée à six pieds du papier;

Que la seconde soit un quinquet qu'il ait fallu placer à douze pieds du papier pour que l'ombre projetée par lui fût égale à l'ombre projetée par la chandelle. Le problème à résoudre est maintenant de savoir combien il faudrait de chandelles semblables, placées à douze pieds de distance du papier pour produire le même effet que le quinquet. On procédera ainsi :

Le carré de 6 est 36.
Le carré de 12 est 144.

Par conséquent la proportion générale énoncée ci-dessus devient, pour le cas particulier qui nous occupe, 36 est à 1 comme 144 est à 4.

Le dernier terme 4 de cette proportion indique la différence d'intensité entre les deux lumières, c'est-à-dire qu'il faudrait quatre chandelles réunies en une seule, pour produire autant de lumière que le quinquet.

Rumford a fait des expériences pour déterminer les quantités des combustibles suivants qui, pendant le même temps, donnent la même quantité de lumière. La cire a été son point de départ.

Cire.	100 liv.
Suif.	101
Huile brûlée dans un quinquet ordinaire.	129
Chandelles mal mouchées.	229

Des expériences postérieures ont démontré que pour obtenir des gaz de charbon de terre et d'huile une quantité de lumière égale à celle que fournit la combustion de 100 livres de cire, il faut :

Gaz de charbon de terre.	5,450 p. cub. anglais.
Gaz d'huile, environ.	2,000

Le prix des divers combustibles ci-dessus, variant à chaque instant, il n'est guère possible de préciser d'une manière approximative l'économie qui peut résulter de l'emploi de l'un d'eux. Toutefois nous allons donner ici, comme terme de comparaison, leur prix à Londres au moment où les dernières expériences y ont été faites.

100 livres de bougie.	335 f.	75 c.
101 livres de chandelles moulées.	85	45
129 livres d'huile (spermaceti).	65	85
229 livres de chandelles à la baguette (mal mouchées).	165	65
5,450 pieds cubes de gaz de houille.	59	75
2,090 pieds cubes de gaz d'huile.	68	40

LUMIÈRES. (*Mor. Dom.*) On a répété, depuis plusieurs siècles, et dans des milliers de volumes, que la propagation des lumières améliorait le sort de l'homme, et l'on a invité tous les esprits généreux à répandre ces lumières. Malheureusement, à en juger par l'état moral et physique de la masse, peu de personnes ont songé à l'éclairer, ou il faut croire que leurs efforts n'ont pas obtenu tout le succès qu'ils méritaient.

Répandre les lumières, c'est donner à chacun une bonne éducation et une instruction solide; c'est lui apprendre à la fois quels sont les devoirs que la société lui impose et les ressources que les travaux des générations ont mises entre ses mains pour approprier à son usage la matière extérieure.

De l'absence de lumières en morale naissent l'ivrognerie, la débauche, l'improbité, la grossièreté, le défaut de bienveillance et tant d'autres vices qui partout sont en raison directe de la mauvaise éducation.

De l'absence de lumières en sciences, en chimie, en agriculture, en physique, en horticulture, en économie, en botanique, en médecine domestique, etc., résultent une foule de préjugés qui entravent les progrès. C'est faute de lumières qu'on ne sait pas tirer parti des bienfaits de la nature, qu'on néglige beaucoup de produits qui pourraient être utiles, qu'on suit en aveugle l'ornière de la routine, et qu'on préfère vivre mal en les imitant plutôt que d'essayer à bien vivre en s'éloignant d'eux. C'est par ignorance qu'il y a encore des jachères et des landes; c'est par ignorance qu'on est resté trois siècles avant de découvrir que la pomme de terre était une excellente nourriture; c'est par ignorance qu'on a encore dans une grande partie de la France de mauvais instruments et de mauvais produits; c'est par ignorance qu'on laisse subsister un grand nombre de causes de destruction, et que l'homme reste sans force contre les maladies fébriles, scorbutiques et scrofuleuses, les épidémies, les hydropisies, qui l'assiégent dans ses habitations malsaines.

Propager les lumières, c'est plutôt l'œuvre de l'administration que celle des particuliers. Ceux-ci doivent toutefois y concourir autant que possible; il serait à désirer que les hommes éclairés de chaque commune s'entendissent pour consacrer à des essais une partie de leurs capitaux et de eurs terrains; que, dans les moindres hameaux, toutes les découvertes vraiment utiles fussent, pour ainsi dire, mises immédiatement à l'ordre du jour, et que l'éducation et l'instruction, non seulement données à l'enfance, mais continuées pendant toute la vie pour la partie technique, détruisissent peu à peu les erreurs.

Dans la publication de ce Dictionnaire, l'idée de propager les lumières est celle qui nous a guidés; nous avons voulu instruire les lecteurs des détails scientifiques qui importent le plus à leur bien-être; nous avons mis de côté toute prétention de style pour ne songer qu'à être utiles; en traitant la spécialité de l'économie domestique, nous avons cru répondre à un besoin senti par tous les ménages, et aucun livre, nous l'espérons, ne contiendra un aussi grand nombre de connaissances concentrées en un aussi petit espace.

LUNE. (*Conn. us.*) La lune est la planète secondaire ou satellite qui tourne autour de la terre; son diamètre est de 782 lieues, le quart de celui de la terre. Son volume, 49 fois moindre que celui de notre globe, est 69 millions de fois moindre que celui du soleil: éclairée par le soleil, elle nous réfléchit la lumière de cet astre. Sa moyenne distance de la terre est de 86,551 lieues, ce qui fait environ le quart du diamètre du soleil. Elle parcourt son ellipse autour de nous en vingt-sept jours, sept heures, quarante-trois minutes, onze secondes, 5 dixièmes de seconde. C'est ce qui constitue un mois lunaire. Son mouvement de rotation sur elle-même se fait dans le même temps.

La lune nous présente toujours le même côté; pendant quinze jours environ, un de ses hémisphères est dans une ombre glaciale, et l'autre exposé à la lumière et à la chaleur.

L'orbite lunaire est un ovale dont la terre occupe un des foyers. Le point le plus éloigné de la terre est l'apogée; le plus proche, le périgée.

Selon Buffon, la lune n'a pas d'atmosphère. Toutefois, dans les éclipses totales de soleil, on voit la lune environnée d'un anneau lumineux parallèle à sa circonférence.

Pour calculer quelle force de rapprochement serait nécessaire à un télescope pour permettre d'apercevoir dans la lune un objet d'une hauteur quelconque, il faut établir une proportion entre la diminution que fait subir à un objet quelconque son éloignement de tant de pieds à l'œil de l'observateur et celle qui résulte d'une distance de 86,551 lieues.

Si une lunaison se présente au 1er janvier d'une année, elle ne se représente pas à la même époque l'année suivante.

Il faut dix-neuf ans pour que les lunaisons reparaissent aux mêmes époques. C'est ce qu'on appelle un *cycle lunaire*, qu'autrefois on appelait *nombre d'or*.

Les différentes formes de la durée de la lunaison sont les *phases*.

Il y a *nouvelle lune* ou néoménie, quand, entre la terre et le soleil, elle montre la face non éclairée par ce dernier; les trois centres étant sur la même ligne, elle est alors invisible ou n'a qu'une lumière pâle dite cendrée.

Dans le premier quartier, elle est en croissant.

Quand les trois centres sont sur la même ligne, la terre est entre la lune et le soleil, et celle-ci nous montre sa face éclairée: c'est la pleine lune.

Elle diminue et arrive à la forme d'un croissant, dans son troisième quartier, jusqu'à ce qu'elle disparaisse.

La lune nouvelle est éclairée par la lumière que la terre réfléchit sur elle. Dans la pleine lune, elle nous envoie la lumière qu'elle réfléchit.

Pour la lune, il y a pleine terre quand nous avons nouvelle lune, et réciproquement. Quand la lune est dans son troisième quartier, la terre est pour la lune dans son premier.

On nomme *syzygies* les points de l'orbite de la lune, dans lesquels ce satellite est en conjonction ou en opposition avec le soleil. Dans le premier point, la lune est nouvelle; dans le second, elle est pleine.

Les *quadratures* sont les points de son orbite où elle à 90 degrés de distance du soleil.

On exprime ainsi, dans les calendriers, les phases de la lune:

N. L. Nouvelle lune.	P. L. Pleine lune.
P. Q. Premier quartier.	D. Q. Dernier quartier.

On n'aperçoit dans la lune ni nuages, ni traces de végétations, ni variations opérées par les saisons.

On a attribué récemment à M. Herschell fils d'importantes découvertes dans la lune, au moyen d'un télescope gigantesque; il aurait, dit-on, aperçu des êtres analogues aux hommes, ayant des ailes de chauve-souris, etc.; tout cela paraît fort apocryphe. En effet, l'organisation d'un cheiroptère suppose des muscles, des attaches, un système sanguin, qui ne s'accordent nullement avec la conformation humaine. Ces prétendues découvertes sont de ces mystifications dont nous gratifient parfois les journaux anglais et américains.

« J'aime mieux Bergerac, et sa burlesque audace. »

En 1610, Galilée découvrit les montagnes et les vallées de la lune. Les ombres que le soleil leur fait produire servent à les mesurer approximativement : la plus haute a 2,800 mètres perpendiculairement.

Herschell père découvrit dans la lune trois volcans. Voici ses propres observations, traduites de l'anglais.

19 avril 1787, 10 h. 56 m. Temps astronomique.

« J'ai observé trois volcans, dont deux étaient presque éteints ou prêts à faire une éruption, qui peut-être devait être déterminée dans le renouvellement suivant de la lune. Le troisième volcan jetait une flamme ou matière lumineuse; je mesurai la distance de ce cratère au limbe septentrional de la lune, et je la trouvai de 3 minutes 57 secondes; sa lumière était plus brillante que celle du centre de la comète découverte le 10 de ce mois.

20 avril 1787, 10 h. 2 m. Temps astronomique.

» Le volcan brûlait avec plus de violence que la nuit précédente. Comme Jupiter se trouvait tout près, je dirigeai le télescope sur son troisième satellite, et j'estimai que le diamètre de la partie enflammée du volcan était au moins deux fois aussi grand que le diamètre apparent du satellite : il faut conclure de là que la masse brûlante ou lumineuse avait environ 5 milles de diamètre; elle était d'une forme irrégulièrement ronde, et se terminait en pointes aiguës. Les deux autres volcans étaient beaucoup plus rapprochés du centre de la lune, et ressemblaient à de petits nuages pâles, dont la lumière devenait graduellement beaucoup plus brillante en approchant du centre, mais on ne pouvait y distinguer aucun foyer particulier de lumière; il était aisé de distinguer ces trois taches de toutes les autres, car la terre, dans la situation où elle se trouvait alors, les éclairait assez par la réflexion des rayons du soleil, pour qu'on pût distinguer les plus obscures *des taches de la lune*; je n'avais pas aperçu le même phénomène dans la lunaison précédente, quoique j'eusse observé les mêmes places avec le même instrument.

» Ce que j'appelle le feu ou l'éruption que j'ai remarqué dans l'un des volcans, était exactement semblable à un petit morceau de charbon de terre enflammée, lorsqu'il est couvert d'une cendre fine et blanchâtre, et sa lumière paraissait aussi vive que celle que répandrait le même charbon dans un lieu faiblement éclairé.

» Toutes les parties voisines de la montagne volcanique paraissaient un peu éclairées par l'éruption, et devenaient plus obscures à mesure qu'elles s'éloignaient du cratère. »

LUNE ROUSSE. (*Agr.*) La lune qu'on appelle *rousse*, commence en avril et devient pleine à la fin du mois ou au commencement de mai. Les phénomènes de congélation des feuilles et des bourgeons qu'on attribue à son influence ont lieu effectivement. Les végétaux peuvent, pendant les nuits claires, à cette époque, acquérir une température différente de celle de l'atmosphère, et la différence peut s'élever à sept ou huit degrés. Si le ciel est couvert, cette différence devient insensible, et les plantes ne sont pas exposées à la gelée. (Voy. ROSÉE.)

Une simple natte très-mince suffit pour garantir de cette gelée les végétaux les plus délicats. On a observé qu'un mouchoir tendu horizontalement à un pouce au-dessu d'un pré, élevait de cinq ou six degrés la température du gazon qu'il couvrait. Mais si l'abri était mi en contact avec le gazon, cet effet cessait. Dans un champ gazonné, l'herbe sur laquelle reposait une pièce de toil était de 5 degrés centigrades plus froide que l'herbe recouverte seulement à la distance de quelques pouces par une toile pareille.

LUNETTE. (*Conn. us.*) Les lunettes furent inventées par Salvino, noble florentin, dont l'épitaphe se trouve dans l'église de Sainte-Marie-Majeure de Florence. On y lit en italien, cette inscription : « *Ci gît Salvino d'Ormato des Armati de Florence, inventeur des lunettes; Dieu lui pardonne ses péchés. Année du Seigneur 1317.*

Sandro di Pipporro, l'auteur toscan du *Traité de famille*, parlait en 1299 des lunettes comme d'une invention récente. Dans un sermon prêché en 1304, sur la place de Florence, par le moine Giordano de Rivalto, il est question des lunettes comme d'une découverte qui date d'environ 20 ans, Bernardus Gordinus, professeur de médecine à Montpellier, en parle dans un livre de la même année, intitulé : *Lilium medicinæ*.

Dans les premiers temps de cette découverte, on attachait les lunettes aux bonnets ou berrets.

Dans l'église de Saint-François de Prato, Louis Cigoli, en peignant la circoncision de J.-C., a représenté Siméo les lunettes sur le nez.

Introduction des verres dans leurs orbites. Quand on veut faire entrer des verres dans les orbites des lunettes d'écaille ou de corne et les y fixer solidement, on met les lunettes dans l'eau chaude; elles se dilatent, et en se rétrécissant par le refroidissement, elles serrent fortement les verres qu'on y a introduits.

Moyen de raccommoder les lunettes d'écaille et de corne en les soudant. (Voy. CORNE.)

Les lunettes les plus convenables pour les individus qui ont les yeux faibles, sont celles de l'ingénieur Chevalier (1807). Elles sont en verre colorié de bleu indigo.

Lunettes de spectacle. Les meilleures lunettes de spectacle sont les *lunettes anglaises achromatiques*, dont le verre inférieur est formé par la réunion de deux verres en contact sur tous les points.

LUPIN. (*Agr.— Ind. dom.*) Le lupin blanc ou pois-loup (*lupinus albus*), famille des légumineuses, est originaire du Levant. Il croît dans les terrains caillouteux, maigres et sablonneux; les pois qu'il porte ont une saveur amère qu'ils perdent dans l'eau bouillante un peu salée. On les mangeait autrefois en salade, après les avoir fait macérer dans l'eau.

Ils sont aussi propres que les jeunes tiges de cette plante à la nourriture des bestiaux.

Les Romains, qui connaissaient la méthode des enfouissemens en vert, semaient le lupin en septembre pour l'enterrer en mai. Dans plusieurs départemens on le sème en juillet pour l'enfouir en octobre. Mais la pratique ancienne est meilleure. En juillet la terre est trop sèche; la plante vient mal, ayant trop de soleil et pas assez d'eau; elle fleurit quand elle a à peine quatre pouces de haut. Pour l'enfouir, on la fauche et l'on passe la charrue dessus.

Le lupin, quand il a porté son fruit, peut donner une assez bonne filasse, en le faisant rouir, comme le chanvre, quand le grain en a été séparé.

Lupin vivace (*Lupinus perennis*). Cette plante de Virginie, dans les jardins d'agrément, forme de belles touffes qui, au mois de mai, se couvrent de longs épis de fleurs bleues. On la sème en pots, aussitôt maturité; on repique en place, la deuxième année, en ayant soin de ne pas blesser la racine pivotante qui est très-longue, dans un terrain léger et profond, au nord.

Lupin annuel. Les lupins à fleurs bleues, blanches, roses; jaunes, odorantes, viennent au mois de mars, au soleil, en tout terrain.

Lupin bleu (*Lupinus varius*). Cette plante annuelle se cultive comme le haricot sans rames. Il faut le semer au commencement de mai; sans cela sa graine ne mûrit pas. Les gelées printanières lui sont nuisibles.

« La graine de lupin bleu, » dit madame Adanson, « est grise et de la grosseur d'un grain de café; on la torréfie à petit feu, jusqu'à ce qu'elle ait acquis une belle couleur marron, et qu'elle se casse sous la dent avec facilité; alors on la moud et l'on s'en sert absolument comme du café; à l'eau, cette liqueur est d'une amertume extrême; mais avec de la crême et du sucre le goût en est assez agréable et se rapproche de celui du café; en ajoutant par chaque tasse cinq à six grains de ce dernier, cela fait absolument illusion.

» Le petit lupin bleu, s'il était plus répandu, serait précieux pour les personnes qui ont contracté l'habitude du café et dont l'estomac délabré ou irrité ne peut plus le supporter.

» Son usage est tout-à-fait innocent et n'échauffe pas comme celui de la chicorée. »

LUPULINE (*Agr.*) *Lupulina*. Famille des légumineuses, plante bisannuelle. La graine de cette plante basse se trouve dans la poussière des greniers à foin. Elle parfume les foins. On la cultive comme la luzerne. (Voy. ce mot.) On la sème, au mois de mai, dans un sol calcaire ou mêlé d'argile et de marne. Elle produit moins que la luzerne l'enflure chez les bestiaux. (Voy. BÉTAIL.)

LUPULINE (*Conn. us.*) La lupuline est aussi une sorte de poussière que renferme le fruit du houblon.

La lupuline est en petits grains brillants qui contiennent une matière pulvérulente d'un jaune doré, d'une odeur aromatique et d'une amertume très-forte; on l'obtient facilement en froissant les cônes de houblon sur un tamis. La lupuline passe à travers les trous et on la reçoit sur du papier. On la purifie en la délayant dans l'eau froide. Elle donne à l'analyse : résine 10, matière sucrée 26, huile volatile 41; plus gomme, acétate d'ammoniaque, silice, soufre, oxide de fer, sels à base de chaux et de potasse. Elle est soluble dans l'eau, l'alcool et l'éther. La lupuline est le principe balsamique amer et actif du houblon; on ne saurait donc trop prendre de soin dans la dessiccation de ce fruit pour qu'elle n'éprouve aucune altération par l'application de la chaleur. La dessiccation à l'air sur le p'ancher est préférable si la saison est favorable. Dans le cas contraire, on emploiera un étuve chauffée à la vapeur, spacieuse, pour étendre le houblon en couches minces sur des toiles, en évitant autant que possible de froisser les cônes. (Voy. BIÈRE, HOUBLON.)

LUSTRE (*Ind. dom.*)

Moyen de rendre le lustre enlevé aux étoffes par le lavage. On passe, dans le sens des poils, sur l'endroit endommagé de l'étoffe, une brosse humectée d'eau dans laquelle on fait fondre un peu de gomme arabique. On applique ensuite un morceau de papier et par-dessus un morceau de drap et une planche; on charge d'un poids, et on laisse sécher l'étoffe sous cette presse.

LUT (*Ind. dom.*) (Voy. COLLE; MASTIC.)

Lut des Lapons. Quand les Lapons veulent coller les deux morceaux de bois de bouleau et de sapin dont ils composent leurs arcs, ils prennent des peaux d'anguilles ou de perches, ils les humectent à l'eau froide, enlèvent les écailles et mettent quatre ou cinq de ces peaux dans une vessie; ils les font bouillir ainsi dans une chaudière, pendant une heure. Ces peaux, devenues visqueuses et molles, appliquées entre les morceaux de bois, qu'on a soin de serrer jusqu'à ce que la colle soit sèche, les réunissent d'une manière indissoluble.

Lut de M. James Deville, de Philadelphie. Prendre parties égales en poids, de blanc de plomb broyé à l'huile de lin, et de bon plâtre; pétrir et délayer avec suffisante quantité d'eau, employer de suite. Ce ciment peut servir à coller toute espèce d'objets.

Lut de Linneus. Cette préparation, froide ou chaude, sert à coller le bois, le marbre, les vases de terre et de porcelaine. Après trois jours de dessication, elle est solide et insoluble dans l'eau.

Prendre du fromage de lait doux, ôter la croûte, le couper par tranches, le cuire dans l'eau; quand il est réduit en colle forte qui ne se mêle pas avec l'eau, enlever la première eau, en mettre de nouvelle, faire chauffer en remuant, et pétrir la pâte obtenue avec de la chaux vive, au moyen d'une pierre à broyer.

Lut pour bouteilles. Une partie de résine, un quart de cire jaune, ou de térébenthine de Bordeaux; qu'on laisse un peu cuire, un seizième de suif, une demi-partie d'ocre jaune, rouge, ou noir, ou de charbon.

Quand la bouteille est bouchée, on trempe le goulot dans ce mélange, tenu en fusion sur un réchaud. Il faut que le goulot soit bien sec. (Voy. BOUTEILLE.)

LUXATION. (*Méd. dom.*) La luxation est le déplacement des articulations (jointures) par suite de la déchirure des ligamens qui maintiennent en rapport les extrémités osseuses. C'est ce qu'on appelle avoir un membre démis. Elle diffère de la fracture qui consiste dans le broiement de plusieurs os.

Il est facile de comprendre qu'il faut une connaissance approfondie de la forme et des rapports des parties pour pouvoir apporter des secours efficaces; une personne qui ne possède pas cette connaissance ne peut que faire un grand mal et empêcher peut-être que le chirurgien ne réussisse sur les parties enflammées et douloureuses. Dans les luxations, on s'abstiendra donc de tout tiraillement exercé sur la partie malade, de toute secousse imprimée dans l'espoir de la remettre à sa place. On se gardera surtout des renoueurs et des rebouteurs, dont toute la science consiste à tirer fortement, et en tout sens, un membre, que par hasard une fois ils remettent en place, pour cent fois qu'ils produisent de graves désordres.

En attendant le chirurgien, il faut se conduire comme dans le cas de fracture. (Voy. ce mot.)

Le premier procédé pour faire reprendre aux ligamens et aux capsules de l'articulation leur force et leur ressort, est de plonger la partie malade dans de l'eau très-fraîche, lorsque cela est possible; mais il ne faut l'y laisser que quelques minutes seulement, pour empêcher l'épanchement de la synovie, et même l'inflammation : si les os ne sont pas restés déplacés, on appliquera dessus cette articulation des compresses imbibées d'eau végéto-minérale de *Goulard*, qui se compose d'extrait de saturne étendu d'eau, et on soutiendra la partie avec un bandage approprié et un peu ferme; on ne laissera pas mouvoir cette partie, et on l'étuvera à travers l'appareil avec cette même eau végéto-minérale, pendant les vingt-quatre premières heures, de manière qu'elle soit toujours mouillée.

Si on ne pouvait se procurer l'eau végéto-minérale ci-dessus indiquée, on se servirait dans cette circonstance d'eau dans laquelle on aurait fondu autant de sel qu'elle peut en dissoudre, et on l'animerait de vinaigre. S'il y a plaie, l'eau saturnée ne convient plus; on couvrira la partie lésée d'un cataplasme fait avec la mie de pain et de l'infusion de *fleurs de sureau*.

LUXE. (*Mor. dom.*) Pour se faire du luxe et de ses effets une idée exacte, il faut l'examiner scienfiquement d'après les lois strictes et mathématiques de l'économie politiques.

Le luxe est l'emploi du superflu. Quand l'individu possesseur d'une grande fortune, a pourvu à ses besoins, il est forcé, pour dépenser son revenu, de se créer des besoins factices, et les richesses qu'il eut tenues oisives dans ses mains, répandues dans les masses, y portent le bien-être et l'aisance.

Le luxe est donc toujours en raison directe de l'inégalité des conditions. Il est plus grand en Angleterre qu'en France. Il était plus grand en France avant la révolution que maintenant.

Le luxe est une suite nécessaire de la concentration des capitaux. Quand cette concentration diminue, le luxe disparaît. Il y a alors peu de production d'objets de luxe; mais la production et la consommation des objets de première nécessité augmentent parce qu'un plus grand nombre se trouvent dans la possibilité de bien vivre.

En favorisant le luxe, en produisant une aune de soie avec les *services productifs* qui pourraient produire quatre aunes de taffetas, il n'y a pas production d'une valeur plus considérable; seulement la société est moins bien pourvue.

Quand on a des capitaux à faire valoir, il vaut mieux les consacrer à fabriquer des objets utiles, que des objets de luxe. Ces derniers sont les moins demandés, les moins débités, les moins profitables. Les ouvriers en objets de luxe sont les plus misérables de tous; au contraire, une denrée nécessaire, à bon marché, se débite toujours à coup sûr. Il est évident qu'il se consomme pour une bien plus grande valeur de laitues que d'ananas, et de cotonnades que de cachemires. Si quelquefois la production de choses usuelles se trouve surabondante, ce n'est pas parce que les besoins de tous sont satisfaits, mais parce tous n'ont pas le moyen de satisfaire les leurs. Pour qu'il y ait des gens qui consomment beaucoup, il est nécessaire que d'autres consomment fort peu.

LUZERNE. (*Agr.*) *Médicago*. Famille des légumineuses. C'est un excellent fourrage. On le sème en toute saison, dans une terre bien préparée, riche, meuble et profonde.

Culture de la luzerne avec le chanvre. Pour un arpent, on sème six livres de chacun, au commencement de juin. On pratique de petites allées transversales du nord au midi, pour établir des courans d'air. Le chanvre atteint de trois à cinq pieds, et produit environ quatre cents livres de chanvre tout treillé, et quatre-vingts livres d'huile. A la récolte du chanvre mâle, le remuement de la terre équivaut à un hersage; la seconde récolte équivaut à une façon. On fait promener la faux sur la luzerne, cran bas, le jour même de la récolte. La luzerne est bonne à couper le mois d'avril suivant.

Manière de faucher la luzerne avec succès. Après avoir fané la luzerne, on forme une couche de fagots de bois, sur laquelle on place une couche de paille fraîche de froment, une de luzerne et une de paille d'avoine. Quand la meule est sur le point d'être terminée, on diminue la largeur des couches pour obtenir une sorte de toit, que, avant l'hiver, on fait recouvrir de paille longue.

La meule ne tarde pas à fermenter, et la luzerne communique une partie de ses qualités à la paille d'avoine, d'orge ou de froment avec laquelle elle est en contact. Quand on enlève du fourrage de la meule, il faut la couper verticalement, pour ne pas exposer ce qui resterait à la pluie ou à la neige.

Quand la luzerne est semée avec une plante céréale, celle-ci étouffe le jeune plan de luzerne. Pour enlever les herbes qui nuisent à la luzerne et dégarnir les plants trop serrés, on se sert d'un instrument composé d'une douille de deux cents millimètres, et d'une lame d'un tiers de mètre, en forme de fer de lance; au-dessus de cette lame, est un petit rebord pour appuyer le pied. On repique les plants de luzerne dans les places vides ou dans celles qu'on vient de nettoyer.

LYCANTHROPIE. (*Méd. dom.*) On donne ce nom à une espèce de délire extrêmement rare, qui porte les malades à s'échapper la nuit et à courir les champs comme les loups. On les appelle pour cela loups-garoux. Leur maladie constitue une espèce particulière de monomanie. (Voy. ce mot.)

La plupart des gens qui dans les villages se disent loups-garoux et vont, bizarrement affublés, épouvanter de leurs hurlemens les campagnes, sont des imbécilles auxquels leur réputation de lycanthropes, acquise par ces courses nocturnes, a persuadés qu'ils l'étaient réellement, ou de mauvais plaisans qui s'amusent aux dépens de l'ignorance et de la crédulité. Les loups-garoux pullulent dans le Berry, la Nièvre, la Sologne. Il serait difficile d'en trouver dans des départemens plus éclairés.

LYCIET. (Voy. JASMINOÏDE.)

LYCHNIDE DE CHALCEDOINE OU CROIX DE JÉRUSALEM. (*Jard.*) *Lychnis chalcedonica.* Famille des cariophyllées. Plante vivace de Russie. La variété à fleurs doubles écarlates fleurit en juin. Multiplication d'éclat des pieds, en avril. On coupe les tiges après la floraison, et on change de place tous les trois ans. Bien soignée, elle propage beaucoup, en position sèche et méridionale, en terre fraîche et légère.

La variété blanche simple se cultive de même.

Lychnide à grandes fleurs. (*Lychnis grandiflora.*) Plante vivace du Japon. Fleurs d'un rouge minium, simples et grandes, en juin. En position abritée en hiver, à demi-ombre en été. Terre de bruyère. Multiplication facile de boutures qu'on fait avec des tiges à fleurs, dont on enlève l'extrémité, et qu'on place à l'ombre pendant quinze jours.

Lychnis fulgens. Vivace. Culture en pot enterré. Terreau léger; en position abritée du froid et de l'humidité, l'hiver. Multiplication du précédent.

Lychnide visqueuse. Lichnis viscosa. Plante indigène vivace et très-rustique. Elle croît partout. Séparation de pieds à la défloraison; panicules de fleurs doubles et rouges, en mai.

Lychnide laciniée. (*Lychnis floscucula.*) Plante vivace indigène. La variété double, à fleurs rouges en juin, est délicate. On la retire tous les ans après la floraison, pour séparer les pieds; autrement ils pourissent. Terre fraîche et légère; à demi-ombre. Multiplication de boutures faites en juin, avec les tiges qui ont fleuri, ou d'œilletons produits des pieds dont on a ôté les fleurs.

Lychnide dioique. (*Lychnis dioica.*) Vivace, indigène. Fleurs en mars, doubles, dispersées par paires, rouges, et quelquefois blanches et couleur de chair. Terreau sec et léger; demi-ombre. Arrosement en été. Multiplication d'œilletons avec un filet de racine, plantés en pots et mis à l'ombre jusqu'à parfaite reprise. La plante périt, si l'on ne coupe pas les tiges avant qu'elles soient entièrement défleuries.

LYCOPODE. (*Conn. us.*) Le lycopode est une plante de la famille des mousses, dont les fruits mûrs répandent une grande quantité de poussière jaunâtre. On se sert de cette poudre dans les spectacles pour produire les éclairs, que sa combustion imite parfaitement lorsqu'on la projette sur la flamme. Les torches que secouent les démons dans un grand nombre de pièces de théâtre, doivent leur éclat au lycopode dont on les a garnies.

La poudre de lycopode est employée en médecine pour empêcher les enfans trop gras de se couper. Il suffit d'en frotter les parties pour lesquelles on craint cet accident.

Moyen de prendre une pièce d'argent dans un vase rempli d'eau sans se mouiller. Saupoudrez de lycopode la surface de l'eau, et, lorsque vous y plongerez la main pour aller prendre la pièce d'argent, la poudre de lycopode s'appliquant sur la peau, la défendra du contact de ce liquide. Il suffira ensuite de secouer la main pour la débarrasser de cette poudre.

LYMPHE. (*Conn. us.*) La lymphe est une humeur transparente, aqueuse, albumineuse et gélatineuse, qui circule dans un ordre particulier de canaux, nommés vaisseaux lymphatiques : la lymphe est principalement formée par l'exhalation des membranes séreuses qui tapissent les parois des cavités splanchniques et la surface des viscères qui y sont renfermés.

Les personnes chez lesquelles la lymphe abonde ont le tempérament lymphatique.

Les lymphatiques ne doivent pas se nourrir de végétaux : les plantes réputées anti-scorbutiques, diurétiques, leur conviennent; pour eux, point d'alimens gras, visqueux ou provenant de jeunes animaux; pas de poisson, de farineux, de légumes féculens; qu'ils mangent des viandes riches en fibrine, du bœuf, du mouton, du gibier, etc.; qu'ils usent, mais sans excès, de vins généreux, de liqueurs spiritueuses, d'assaisonnemens; l'exercice, surtout par une atmosphère sèche et chaude, est indispensable; l'oisiveté suffit pour aggraver leur état; il leur faut un régime tonique, un sommeil léger, l'air des montagnes.

M.

MACARON. (*Off.*) Les macarons sont des pâtes composées de sucre et d'amandes, qui ne diffèrent du massepain que par la forme qu'on leur donne.

Macarons ordinaires. Vous prenez : Amandes, 1 livre. Râpure d'un citron. Sucre en poudre, 1 livre 8 onces.

Vous pelez les amandes et les faites sécher à l'étuve : le lendemain, vous les pilez dans un mortier de marbre, en y ajoutant, par intervalles, du blanc d'œuf. Quand elles sont en pâte bien friable, vous y mettez le sucre en poudre, la râpure du citron et quelques blancs d'œufs : vous battez et incorporez bien le tout ensemble; vous étendez de votre pâte sur une spatule longue et plate et en formez des macarons de la grosseur d'une petite noix; vous les faites cuire au four chauffé au même degré que pour les biscuits, et les glacez de même. (Voy. BISCUIT.)

Pour les macarons d'amandes amères, on emploie les mêmes procédés que ci-dessus, seulement on met plus de sucre.

Macarons à la portugaise. Prendre douze blancs d'œufs, amandes douces, 1 livre; farine de pommes de terre, 5 onces; sucre 1 livre 4 onces.

Après avoir pelé les amandes et les avoir pilées au mortier de marbre, vous battez les blancs d'œufs jusqu'à ce qu'ils soient en neige; vous les ajoutez à la pâte, ainsi que le sucre et la farine de pommes de terre; vous en faites un mélange bien exact, et vous faites cuire comme les biscuits de sucre.

Macarons en pâte croquante. Piler en pâte les amandes pelées et desséchées, en y ajoutant un peu de blanc d'œuf et d'eau de fleur d'oranger. Mettre la pâte dans une bassine, y ajouter le sucre par parties, remuer souvent. Quand le tout est bien mêlé, vous formez un pain de votre pâte, que vous posez sur une table : lorsqu'elle est refroidie, vous la façonnez en gâteaux ou autrement en la découpant avec des emporte-pièces : ensuite vous mettez ces macarons cuire au four.

Macarons en pâte croquante à l'italienne. Amandes, 1 livre; zeste d'un citron; fleur d'oranger, 2 onces; sucre en poudre, 1 livre 8 onces.

Les amandes pelées, vous pilez avec la fleur d'oranger et le zeste du citron, en les arrosant, par intervalles, de blancs d'œufs; vous clarifiez le sucre et le faites cuire au petit boulé; vous retirez la bassine de dessus le feu et y mêlez bien la pâte; vous remettez la bassine sur un feu très-doux et remuez la pâte jusqu'à ce qu'elle se détache de la bassine; vous la mettez ensuite dans un plat saupoudré de sucre; et, lorsqu'elle est refroidie, vous en formez des abaisses dont vous faites une tourte ou un gâteau de la figure que vous jugez convenable, et que vous mettez cuire au four.

Macarons pralinés. Vous pilez des amandes, les coupez en long par filets minces; vous les faites praliner et en formez des rondelles après en avoir fait une pâte avec du sucre et des blancs d'œufs.

MACARONI. (*Cuiss.*) La pâte de macaroni est la même que celle du vermicelle. Seulement elle est moins ferme et on y emploie un peu plus d'eau. Les *lazagnes* sont une espèce de macaroni en forme de grands lacets plats échancrés sur leurs bords.

Macaroni à la napolitaine. Mettre un quarteron de macaroni dans une chopine de lait bouillant; au bout d'une demi-heure de cuisson, décanter le lait, faire égoutter doucement le macaroni, beurrer le fond d'un plat qui aille au feu; le poudrer de panure mêlée de fromage de Gruyère ou de parmesan râpé; prendre une demi-livre de fromage, le râper et l'alterner par lits avec le macaroni, en ajoutant à chaque lit un peu de poivre; et, si l'on veut, un peu de muscade râpée. On finit par le fromage. Recouvrir de panure; faire cuire un quart d'heure sur la braise mêlée de cendres, dans le four de campagne chaud. Servir brûlant. On peut, si l'on n'a pas de four, mettre sur la surface du macaroni quelques gouttes de beurre et faire prendre couleur à la pelle rouge.

Pour le macaroni au gratin, on pose, avant de le verser dedans, autour du plat, des croûtons.

Quelques cuisiniers font cuire le macaroni dans l'eau bouillante, pendant trois quarts d'heure, avec beurre, un oignon piqué de deux clous de girofle, un peu de sel. Ils le mettent ensuite dans une casserole avec (pour une livre) quatre onces de beurre, huit onces de Gruyère, six onces de parmesan, poivre et muscade; ils font sauter le tout enble et ajoutent un peu de crème.

Macaroni en vol-au-vent. Couper en gros filets les blancs de deux volailles rôties, avec des champignons, des truffes, des ris de veau, manier avec un quarteron de beurre, et verser sur du macaroni à la napolitaine, mis dans une croûte de vol-au-vent.

Macaroni en timbale. Prendre de la pâte brisée, faire une abaisse un peu mince, la couper par petites bandes, les rouler pour en faire des petites cordes, les beurrer et les arranger l'une sur l'autre dans un moule en colimaçon; remplir de macaroni; mettre par-dessus panure et fromage râpé, faire cuire trois quarts d'heure au four.

Macaroni en potage. Concasser le macaroni, le faire blanchir et égoutter, et le faire cuire dans du consommé.

Potage aux lazagnes. Quand le bouillon est brûlant, y verser des lazagnes, faire bouillir trois quarts d'heure, ajouter un peu de gros poivre. On peut aussi faire blanchir les lazagnes avec un peu de sel et les mettre dans du bouillon.

MACÉRATION. (*Conn. us.*) La macération diffère de l'infusion, en ce qu'elle s'opère constamment à froid. Elle n'a lieu que lorsque les substances dont on veut relâcher le tissu, pour pouvoir plus facilement en extraire la partie nécessaire, contiennent des principes volatils qui se dissiperaient pendant la décoction ou pendant l'infusion. Elle a également lieu lorsqu'on emploie pour l'extraction une liqueur vineuse, alcoolique, ou celles qui contiennent elles-mêmes des principes volatils.

MACHE. (*Jard.*) *Valeriana locusta.* Famille des valérianes. Plante annuelle. Elle croît naturellement dans nos jardins et nos champs, dans une saison où elle ne peut nuire. Mais si l'on veut en semer, ce doit être au 1er et au 15 août; très clair, à la volée, sur une terre nouvellement bêchée : on ratèle ensuite. On éclaircit le plant dans les endroits où il est trop épais; dans ce cas, on doit préférer la *mâche ronde* dont la feuille est grasse, large et beaucoup plus tendre que la commune. La graine se répand avant d'être mûre; il faut, dès qu'on s'en aperçoit, arracher les pieds le matin à la rosée, les étendre dans un grenier, sur un grand linge et ramasser la graine quand elle est sèche. Elle se conserve six ans; celle de l'année réussit mal.

MACHINE. (*Conn. us.*) Une machine est une combinaison de forces mécaniques dans le but d'obtenir, d'un moteur unique, qui sera ou le vent, ou l'eau, ou la vapeur, ou la force des hommes, ou enfin celle des animaux, une multitude de mouvements variés, soit dans leur vitesse, soit dans leur direction, et concourant néanmoins tous au même but, la transformation des formes d'une matière quelconque.

Une machine, quelque compliquée qu'elle soit, ne produit pas le mouvement, elle modifie celui qu'on lui imprime, pour le rendre propre à produire le résultat qu'on a en vue; elle transmet le mouvement modifié en un point pour la désignation duquel la langue française manque d'une expression convenable, et que les Anglais appellent le *point travaillant* (working point); car c'est en effet en ce point que le mouvement transmis de machine simple, en machine simple et convenablement modifié pendant son trajet, agit directement sur la matière et lui fait prendre les formes qu'on veut lui donner. Une même machine peut avoir un grand nombre de ces points travaillants où les formes de la matière subissent différentes modifications qui doivent concourir à un même résultat, c'est-à-dire à la confection d'un objet manufacturé quelconque.

Mais la transmission d'une force quelconque au point travaillant n'est pas l'unique but qu'il faut atteindre dans l'exécution d'une machine. Il est presque toujours nécessaire que l'action du mécanisme en ce point soit constante et uniforme; enfin qu'elle n'éprouve aucun changement irrégulier qui produirait des secousses dans le mécanisme et de subites inégalités dans le travail.

Le défaut d'uniformité dans l'action d'une machine peut venir de trois causes :

1° Du manque d'uniformité dans l'action de la puissance ou du premier moteur qui met la machine en mouvement;

2° Du manque d'uniformité dans la résistance des matières à prendre la forme qu'on veut leur donner;

3° Enfin de ce que la machine, dans les différentes positions que peuvent prendre ses diverses parties pendant le mouvement, transmet la puissance motrice au point travaillant avec une vitessse ou une énergie qui n'est pas constamment la même.

Du volant. Le moyen le plus simple et le plus efficace pour détruire ces irrégularités consiste dans l'emploi du *volant.*

Le *volant* est un *disque* pesant ou une roue très-lourde, en équilibre sur son axe, adapté à la machine de manière à recevoir du moteur ou de la puissance un mouvement rapide de rotation. Il sert aussi à accumuler la force de la machine sur un seul point.

On emploie aussi un appareil appelé *gouverneur*, qui a le même but; un autre *volant* qui a la forme d'un tournebroche, etc.

Matières à employer pour diminuer le frottement dans les machines. Les plus avantageuses sont la graisse de porc (vieux oing) et le suif pour les pièces de bois frottantes, et l'huile pour les métaux. L'huile de pied de bœuf est préférable pour les grandes machines. Pour les petites, comme les montres et les horloges de salon, on emploie une huile d'olive dépurée, qui ne gèle qu'à une très-basse température.

Lorsque la pression des surfaces est considérable, le suif diminue plus le frottement que le vieux oing. Lorsque les surfaces sont très-petites, la graisse ne diminue que très-peu le frottement; mais celui-ci sera considérablement diminué si le bois frotte contre du métal graissé avec du suif. Toutefois, si la vitesse du mouvement était grande, ou si la graisse n'était pas assez fréquemment renouvelée, surtout dans ce dernier cas, elle serait plus dangereuse qu'utile; le meilleur moyen de l'appliquer est de couvrir les surfaces frottantes d'une couche aussi mince que possible; alors le frottement sera constant et ne pourra augmenter avec la vitesse.

Dans les petites mécaniques en bois, l'interposition de carbure de fer (mine de plomb) entre les parties frottantes est très-avantageuse. Les cordes des poulies doivent être graissées avec du suif; et pour les vis en bois il faut préférer le filet carré au filet aigu.

On a imaginé divers moyens pour que certaines parties frottantes des machines reçussent constamment l'huile nécessaire. Par exemple, les axes des roues sont quelquefois creux et remplis d'huile qui s'échappe par un très-petit trou toutes les fois que ce trou se trouve dans la partie la plus basse de l'axe.

L'importance et l'immense utilité des machines sont trop généralement senties pour que nous ayons besoin de nous appesantir sur ce sujet. On peut juger par les résultats suivants des avantages qu'elles nous procurent.

1° On a extrait d'une carrière un bloc de pierre dont le poids s'élevait à 1,080 kil.

2° Pour faire mouvoir ce bloc, en le traînant sur le sol de la carrière, il fallait une force de 758 kil.

3° Quand on a fait glisser la pierre sur des planches unies posées sur le sol, il ne fallait plus que 652 kil.

4° La même pierre posée sur une plate-forme en bois, traînée sur le plancher ci-dessus, n'exigeait qu'une force de 606 kil.

5° Après avoir savonné les deux surfaces précédentes qui glissaient l'une sur l'autre, on n'avait plus besoin pour mouvoir la pierre que d'une force de 182 kil.

6° La même pierre placée sur des rouleaux de trois pouces de diamètre, et mue sur le sol de la carrière, exigeait encore 34 kil.

7° Traînée sur ses rouleaux et sur le plancher de sapin, il ne fallait que 28 kil.

8° Enfin, ladite pierre posée sur une plate-forme, et mue sur des rouleaux placés entre cette plate-forme et les planches de sapin, était mise en mouvement avec une force de 22 kil.

MACHINE A VAPEUR L'eau réduite en vapeur augmente de volume environ 1,728 fois. Cette augmentation produit une pression énergique sur les parois du vase qui renferme la vapeur. Il doit donc en résulter que, si la quantité de vapeur augmente, ou si l'on augmente la tension de celle qui existe en augmentant sa température, le vase, quelle que soit la force de ses parois, ne pourra résister à la pression intérieure exercée sur lui, et qu'il éclatera en morceaux, si la vapeur ne trouve pas d'issue pour sortir. Mais si le vase est construit de manière à pouvoir augmenter de capacité à mesure que la vapeur se forme ou acquiert une tension plus grande, sa rupture n'aura pas lieu. Maintenant supposons que ce vase soit un corps de pompe dans lequel se meut un piston qui s'y adapte assez exactement pour ne pas laisser échapper la vapeur. Il est clair qu'à mesure que la vapeur s'y formera, ou y sera introduite d'un vase voisin hermétiquement fermé, le piston sera soulevé par elle et qu'il y aura mouvement produit. Ce mouvement, ainsi qu'on le verra plus loin, pourra se communiquer à toute espèce de machine et la faire fonctionner. Maintenant, supposons que le piston soit arrivé au haut du corps de pompe et ne puisse plus monter, la vapeur placée au-dessous s'oppose à sa descente, et la machine s'arrêterait si on ne trouvait le moyen de supprimer cette vapeur. On y parvient de deux manières : en la laissant s'échapper au-dehors du cylindre, au moyen d'un robinet qui s'ouvre au moment précis où cela est nécessaire, ou en la faisant passer dans un autre vase entouré d'eau froide, où elle se condense et reprend la forme liquide. Il se forme donc un vide au-dessous du piston; ainsi, si, au moment où ce vide se forme, on fait arriver de nouvelle vapeur au-dessus du piston, celui-ci sera obligé de descendre. En laissant échapper cette nouvelle vapeur, ou en la condensant, le piston pourra remonter, si l'on introduit de nouveau la vapeur au-dessous de lui; et son mouvement alternatif pourra se continuer ainsi tant qu'on lui fournira de la vapeur.

Tel est le principe général sur lequel est fondé la *machine à vapeur*, dont les effets, déjà si puissants aujourd'hui, paraissent devoir reculer d'une manière presque indéfinie les bornes de la puissance humaine.

Pour empêcher les machines à vapeur de faire explosion, on se sert de rondelles de métal susceptibles d'entrer en fusion à un degré de chaleur bien inférieur à celui qui est nécessaire pour causer explosion. Les surveillants, avertis par les changements que subissent ces rondelles, peuvent prévenir tout accident. (Voy. VAPEUR.)

MACHINE ÉLECTRIQUE. (*Phys. Dom.*) La machine électrique se compose d'un plateau de verre placé entre quatre coussins, et qu'on fait tourner au moyen d'une manivelle. L'électricité que la rotation dégage se rend dans un conducteur en cuivre, d'où on la tire pour faire différentes expériences.

La bouteille de Leyde est le principal accessoire de la machine électrique.

Elle consiste en un flacon garni d'étain, à l'extérieur et à l'intérieur, rempli de feuilles d'étain très-minces. Au goulot de ce flacon est adaptée une tige métallique, terminée par une boule communiquant avec l'intérieur de la bouteille.

On charge de fluide électrique ces appareils en tournant la roue de la machine, et mettant en contact, au moyen du conducteur, une des garnitures, pendant que l'autre communique avec le réservoir commun par une chaîne, ou bien en touchant seulement cette partie avec la main. Si on la tient par le milieu et qu'on la charge par le bouton qui est à l'extrémité de la tige métallique dont elle est munie, l'intérieur du flacon est électrisé positivement et l'extérieur négativement; si on la prend au contraire par le bouton, qu'on mette la garniture extérieure en contact avec le conducteur, l'électricité intérieure est négative et celle de la surface extérieure positive. (Voy. ÉLECTRICITÉ.)

Batterie électrique. C'est le nom qu'on donne à une quantité quelconque de bouteilles de Leyde, placées dans une caisse ayant le fond revêtu d'une feuille d'étain, dont on fait communiquer entre elles, d'un côté, toutes les garnitures intérieures, et de l'autre toutes les garnitures extérieures. On charge cette batterie en mettant en contact avec le conducteur de la machine électrique une des garnitures, et l'autre avec le réservoir commun. L'effet d'une batterie électrique est d'autant plus fort, qu'il y a un plus grand nombre de bouteilles de Leyde et qu'elles sont plus grandes. Quand on veut les décharger, on prend un excitateur, dont on pose une des boules sur la garniture intérieure, tandis qu'on approche l'autre de l'extérieure.

Danse électrique. (Voy. GRÊLE.)

Éclair électrique. Prenez deux demi-feuilles de papier à lettre, collez-les ensemble après avoir placé au milieu une feuille d'or de deux pouces et demi carrés; lorsqu'elles seront sèches, si l'on électrise cette feuille et que l'on dessine avec un crayon une tige en zigzag, à partir de l'extrémité de la feuille d'or jusqu'au bord du papier que l'on tient avec les doigts, cette ligne paraît tout éclairée à l'instar des sillons de l'éclair.

Électricité développée avec du papier. Chauffer fortement du papier, le poser à plat sur une table ou sur un plateau de bois, et frotter avec de la gomme élastique, en le tenant par un bout; aussitôt il adhérera au bois comme s'il était humide; dans cet état, si on le prend par les deux extrémités et qu'on le soulève, on entend un certain craquement entre le papier et le bois; enfin, lorsqu'il en est totalement séparé, si l'on en approche les articulations des doigts, on en tire des étincelles visibles dans l'obscurité.

En plaçant sur un tabouret soutenu par quatre pieds de verre, une personne à laquelle on donne un bout de la chaîne qui communique avec le conducteur, l'électricité qui se développe, par le mouvement de la roue, s'amasse en elle, et l'on peut en tirer des étincelles. Les cheveux de la personne électrisée se dresseront et deviendront lumineux.

Moyen de faire éprouver une commotion à une personne qui veut ouvrir une porte. Établir une communication entre le plancher d'une chambre et celui du dehors, en en mouillant une certaine étendue; prendre une bouteille de Leyde chargée, et, lorsque la personne voudra tourner la clef pour ouvrir, approcher de la serrure le bouton de la bouteille; vous éprouverez tous les deux en même temps une commotion.

Le fluide électrique traverse la serrure, et les deux personnes ainsi que l'eau du plancher en deviennent conducteurs.

Moyen de donner une commotion à une personne voulant tirer un cordon de sonnette. Mouiller le plancher et attacher à l'extrémité du cordon de soie de la sonnette un fil de fer muni d'un petit poids métallique, disposé de telle façon que celui qui tire ce cordon lui fasse toucher le bouton ou le crochet d'une bouteille de Leyde. D'après cette disposition, la personne qui tirera le cordon de cette sonnette éprouvera une commotion aussitôt que le petit poids métallique, qui est adapté au fil de fer, touchera le bouton ou le crochet de la bouteille. L'individu placé dans l'autre chambre n'éprouve aucune commotion.

On se sert encore de la machine électrique pour faire tirer un fusil à un petit chasseur; pour incendier une petite maison en fer-blanc garnie de résine et d'étoupe; pour allumer une chandelle avec une étincelle électrique, etc. On l'emploie également à faire de l'eau. Pour cela, on réunit dans un flacon une partie d'oxigène et deux d'hydrogène; on enflamme avec une étincelle : il y a production d'eau avec détonation. Il faut envelopper le flacon de linge pour l'empêcher d'être brisé.

MACHINE PNEUMATIQUE. (*Phys. dom.*) Tous les corps vivants ou inanimés qui se trouvent à la surface de la terre sont environnés et souvent même pénétrés d'air. Les physiciens ont depuis longtemps trouvé le moyen de les soustraire à son influence en les plaçant dans un vase appelé *récipient*, dont ils enlèvent ensuite l'air qu'il peut contenir. La machine à faire le vide s'appelle pneumatique. Elle est composée d'une cloche de verre dont les bords posent sur un plateau; au-dessus du plateau, est un corps de pompe dans lequel monte et descend un piston qu'on fait mouvoir au moyen d'une tige; l'intérieur de la cloche communique avec le corps de pompe par une ouverture pratiquée au milieu du plateau et fermée par une soupape. En faisant jouer le piston, l'air passe du dessous de la cloche dans le corps de pompe et s'échappe par une ouverture pratiquée sur le côté et munie d'une autre soupape qui se ferme quand le piston descend.

Les machines pneumatiques sont toujours chères, mais on peut en confectionner une soi-même à très-bon marché.

Prendre un tube de verre d'une longueur de huit à dix pouces, bien cylindrique pour corps de pompe. Un grand verre à boire, dont vous rectifierez les bords, tiendra lieu du récipient. Le plateau sera en bois recouvert d'un cuir humecté, ou, si vous aimez mieux, vous appliquerez un enduit de terre glaise, de cire, de suif, autour du verre renversé sur le plateau.

Avec la machine pneumatique on fait plusieurs expériences curieuses. Presque tous les animaux placés dessous meurent, si on ne se hâte de leur rendre l'air qu'on leur a ôté.

Dans le vide, tous les corps, les plumes, le plomb, etc., tombent avec la même rapidité.

Les corps sonores ne résonnent point dans le vide. Les liquides y entrent en ébullition même sans y être chauffés. La poudre à canon y brûle sans faire explosion.

MACLURA. AURANTIACA. (*Jard.*) Famille encore incertaine.

Cet arbrisseau, de l'Aémrique septentrionale, est très-épineux, beau, vert et de forme irrégulière; il se multiplie de marcottes, qu'on sépare au bout de deux ans, dans une terre franche, un peu humide, à une exposition à demi-ombragée, au midi.

Cet arbre croît dans les terres les plus stériles; il atteint vingt-cinq à trente pieds; il peut venir par semences, dans un endroit un peu abrité; on peut en faire des haies.

Les Natchez emploient le bois de maclura à faire des arcs. Après dix ans d'existence environ, il fleurit et donne des fruits semblables à des oranges et d'un assez bon goût. Ses racines fournissent une teinture rouge.

MA COMMÈRE ACOMMODEZ-MOI. (*Récr. dom.*)

Ce jeu se joue à sept ou huit. On emploie un jeu entier.

Le donneur, tiré au sort, donne à chaque joueur trois cartes par deux et une, ou trois à la fois; puis il met le talon sur la table sans retourner, parce qu'il n'y a point de triomphe. Les cartes distribuées, on tire au *point*, à la *séquence* et au *tricon* : ces coups s'emportent l'un l'autre en remontant : le plus fort enlève le plus faible, et en cas d'égalité, les premiers à jouer ont la préférence.

Les cartes ont la valeur ordinaire; cependant l'as est au-dessus du roi, et vaut onze points. Le *point* en ce jeu consiste à avoir en main trois cartes de couleur semblable, et fait tirer la poule à son porteur; il se nomme aussi *flux*.

La *séquence* consiste en trois cartes de couleur semblables, et dans leur ordre naturel, comme as, roi et dame; cinq, six et sept, n'importe de quelle couleur; elle fait gagner la poule et un jeton de chaque joueur. Le tricon est la réunion de trois dix, trois valets, etc.; il fait gagner, avec la poule, deux jetons chacun.

Pour s'*accommoder* et tâcher d'avoir les avantages qui lui manquent, chaque joueur arrange ses cartes, et voulant se défaire de celle qui lui nuit, ou lui est inutile, la prend, et la donnant à son voisin de droite, lui dit : *Ma commère, accommodez-moi*. Le voisin lui rend à la place la carte de son jeu qui lui est aussi la plus inutile; si le premier n'en est pas satisfait, n'importe. C'est maintenant au tour du voisin à s'accommoder, et ainsi de suite pour tous les joueurs, jusqu'à ce que l'un d'eux ait rencontré de quoi faire point, séquence ou tricon; il va sans dire que ces coups d'emblée qui lui donnent leur produit habituel, lui font ainsi gagner la partie. Lorsqu'on les a, on étale son jeu sur la table.

Souvent, après avoir bien promené leurs cartes, les joueurs ne trouvant point à s'accommoder dès la première donne, conviennent que chacun écartera une carte, la donnera au donneur, qui la placera sous le talon; et la remplacera par une carte prise dessus le talon. Cela ne se peut que d'un commun accord. Quand on a pris chacun une nouvelle carte, on commence à jouer comme auparavant, en s'accommodant l'un l'autre, et l'on pourrait même recommencer à prendre des cartes au talon si les joueurs ne s'accommodaient pas; mais cela arrive rarement, et l'on ne fait guère que deux donnes à ce jeu.

MAÇONNERIE. (*Conn. us.*) On en distingue cinq espèces principales; nous allons les ranger par ordre de qualité :

La *maçonnerie en liaison* qui est la meilleure de toutes.

La *maçonnerie en brique*, gâchée avec du plâtre et de la chaux.

La *maçonnerie de moellons*.

La *maçonnerie de limosinage*.

La *maçonnerie de blocage*. Elle se compose de pierrailles et de mortier. C'est la moins solide. (*Voy.* MORTIER.)

MADRAS. (*Conn. us.*) Sorte de mouchoirs tissus de soie et de coton, qui se fabriquent dans l'Inde, et dont les couleurs sont vives et de bon teint. On en fait des imitations en France, mais ils déteignent et n'ont aucune des qualités de ceux de l'Inde. Les vrais madras sont rares et chers; ils ont trois quarts pleins.

MAGNÉSIE. (*Conn. us. Méd. dom.*)

La magnésie est une terre dont on ne connaît pas bien les principes constituants. On ne la trouve jamais pure; elle paraît formée d'oxigène et de magnésium.

Pour avoir la magnésie dans son état de pureté, on emploie ordinairement la sulfate de magnésie (sel d'Epsom ou sel de Sedlitz.) On le dissout dans une suffisante quantité d'eau distillée. Lorsque la dissolution est complète, on décompose le sulfate de magnésie par le sulfate de potasse ou par celui de soude. L'acide sulfurique ayant beaucoup plus d'affinité avec les alkalis qu'il n'en a avec la magnésie, abandonne cette dernière, qui se précipite et forme du sulfate de potasse ou du sulfate de soude, selon celui des carbonates que l'on a employé : d'une autre part, l'acide carbonique qui était uni chimiquement avec la potasse ou avec la soude, s'unit à la magnésie, et forme du carbonate de magnésie, ou magnésie carbonatée : l'on décante alors le sulfate qui surnage, et que l'on fait évaporer pour obtenir la cristallisation. On dispose le carbonate de magnésie dans un creuset placé entre des charbons ardens et on l'y laisse jusqu'à ce que l'acide carbonique soit entièrement dégagé. On retire alors le creuset de dessus le feu; on laisse refroidir la matière et on l'enferme promptement dans un flacon que l'on bouche hermétiquement, parce qu'elle attire insensiblement l'acide carbonique de l'air. La magnésie pure est très-blanche, très-légère, presque pas du tout soluble dans l'eau; elle n'a aucune saveur sensible : elle verdit légèrement les couleurs bleues des végétaux.

On emploie la magnésie en médecine, à raison d'un gramme jusqu'à quatre, comme purgatif, comme contre-poison des acides et pour neutraliser les acides qui se développent dans l'estomac. On la dit souveraine pour guérir la goutte, et pour cet objet on la prend à jeun avec du jus de citron.

MAGNÉTISME. (*Conn. us. — Récr. dom.*)

On appelle *magnétisme* la propriété de l'aimant. On donne encore le nom de *magnétisme* à un ensemble d'expériences tendant à établir qu'il y a dans l'homme un fluide d'une espèce particulière, analogue au fluide électrique, et susceptible de se transvaser, pour ainsi dire, par le contact d'un individu dans un autre. *Magnétiser* une personne, c'est la mettre dans un état de somnambulisme factice, dans lequel elle marche, parle et agit; sous la direction du magnétiseur. Ces effets sont constatés depuis long temps; nous en avons vu nous-mêmes des exemples aussi certains qu'inexplicables; mais jamais les somnambules ne nous ont paru, comme le prétendent les partisans de Mesmer, doués d'une science supérieure, capables de seconde vue et transformés par le sommeil en médecins et en savants.

Le fluide magnétique semble offrir des analogies avec les fluides électrique et galvanique. Il joue un grand rôle dans les phénomènes nerveux. Les personnes les plus susceptibles d'être magnétisées sont celles chez qui l'état hygrométrique ou électrique de l'air agit considérablement, qui demeurent tristes à chaque changement de temps, éprouvent des crampes, de la lassitude, des spasmes, etc.

En 1830, on trouva dans la rue, à Nuremberg, un jeune homme de 25 ans, qu'on nomma Gaspard Hauser. On lui apprit à parler. Il raconta qu'il avait été renfermé jusqu'à cet âge dans un cachot. Il fut assassiné le 17 décembre 1833, à Anspach, où le président du tribunal d'appel, après l'avoir instruit, lui avait donné une place au greffe. La multiplicité d'impressions qu'avait tout à coup éprouvées ce jeune homme avait excité au plus haut point son système nerveux. Il éprouvait des sensations désagréables en touchant un aimant; quand le professeur de physique, Daumez, dirigeait de son côté une aiguille aimantée, il se plaignait d'une forte douleur d'estomac. Tous les métaux agissaient sur lui par le contact. S'il prenait un chat par la queue, il sentait comme un coup sur la main. Presque toutes odeurs lui étaient désagréables; il les distinguait à une grande distance; quand il passait près d'un cimetière, l'odeur qui s'en exhalait et n'était nuisible que pour lui seul, lui donnait un accès de fièvre; le parfum d'une rose le faisait évanouir.

Quelques magnétiseurs ont prôné les vertus de la *baguette divinatoire*. C'est une branche de coudrier à laquelle on attribue la faculté de découvrir des sources, des trésors, etc.; elle tourne dans les mains de celui qui la tient lorsqu'il approche du but de ses recherches. Avec son secours, un paysan nommé Jacques Aymar, en 1692, découvrit des assassins en les poursuivant depuis Lyon jusqu'à Beaucaire et de là sur mer. La plupart des miracles qu'on attribue à cette baguette sont mensongers; les autres peuvent être expliqués par la sensibité magnétique du porteur de la branche de coudrier.

Récréations magnétiques au moyen de l'aimant. Les aimans artificiels sont les meilleurs. Le fer s'aimante naturellement s'il est placé de manière à faire une inclinaison de 72 degrés à l'horizon, et un angle d'environ 22 degrés avec le méridien du lieu, et si on lui donne, de temps en temps, de petites secousses. On augmente la puissance magnétique des aimans artificiels en leur ajoutant des lames de fer qu'on appelle armures. Nous allons reproduire diverses expériences indiquées par M. Julia-Fontenelle, dans son excellent manuel de physique amusante.

Pour aimanter l'acier ou augmenter sa force magnétique, prendre un barreau d'acier qu'on pose horizontalement et l'on place à la partie supérieure et à l'inférieure du centre une des extrémités de deux aimans, de façon que les pôles différents soient vis-à-vis l'un de l'autre. On les fait ensuite glisser jusqu'au bout du barreau en appuyant contre, afin de produire un frottement; on les replace au centre, sans toucher le barreau au retour, et l'on continue plusieurs fois de suite cette opération. Cela fait, on pose horizontalement, et bout à bout, les deux aimans sur le barreau, en les arrangeant de telle façon que les pôles identiques soient opposés et qu'il y ait entre eux un intervalle d'environ une demi-ligne; on les fait glisser doucement tous les deux en même temps jusqu'à l'autre bout et l'on opère sur l'autre surface. La force de cet aimant artificiel sera d'autant plus grande qu'on aura multiplié davantage cette opération.

Pour aimanter fortement un barreau sans aimant. Attachez, avec un cordon de soie, une lame d'acier sur la queue d'une pelle que vous placerez perpendiculairement, et frottez-la du haut en bas avec la partie inférieure des pincettes, que vous tiendrez par le milieu, et dans une position presque perpendiculaire. Quand vous aurez répété cette opération une douzaine de fois, la force magnétique de cette lame sera telle qu'elle pourra enlever une petite clé. On peut, en aimantant de cette manière plusieurs lames et les réunissant de manière à faire correspondre les pôles semblables, produire des aimans très-forts. Tel était le procédé usité pour aimanter les aiguilles des boussoles.

On peut aimanter des lames d'acier en les frappant avec un marteau sur la terre.

En plongeant pendant deux ou trois jours un barreau aimanté dans la teinture de chou rouge ou de tournesol, on le décolore complétement.

Pour aimanter un barreau qui ait des deux côtés le même pôle. L'expérience a démontré que la grosseur du barreau qu'on se propose d'aimanter doit être relative à sa longueur. Cela est si vrai qu'on n'aimante que difficilement un barreau d'acier d'un pied de longueur sur trois lignes de largeur et une d'épaisseur, tandis que ce même barreau, réduit à quatre pouces de longueur, s'aimante très-bien.

Lorsqu'on veut donc aimanter un barreau ou une lame et lui donner des deux côtés le même pôle, on le choisit d'une longueur deux fois plus grande que celle qu'il devrait avoir relativement à sa grosseur pour être bien aimanté. On l'aimante avec deux barreaux, comme dans l'expérience précédente, mais avec cette différence qu'on ne doit les faire passer que sur la moitié du barreau ou lame à aimanter; l'on répète cette même opération sur l'autre moitié. En suivant une pareille marche, il acquiert, par ses deux bouts, le même pôle qui sera le sud, si le nord de l'un de ces barreaux a passé sur les deux extrémités de cette lame.

Pour aimanter une pincette en la frappant sur le plancher. Faites surnager une aiguille aimantée sur un verre rempli d'eau, et prenez ensuite une pincette ou une petite barre de fer que vous laisserez tomber perpendiculairement sur l'un de ses bouts; cela fait, approchez ce bout des bords du verre, il attirera le sud de l'aiguille, et l'autre côté attirera le nord. Laissez tomber cette pincette ou barre sur l'autre extrémité, il en résultera que le côté qui avait été frappé en premier lieu et qui attirait le sud, attire maintenant le nord *et vice versâ.* Enfin, si l'on fait tomber à plat, cette pincette ou cette barre elle perd sa vertu.

Pour séparer un peu de limaille de fer de limaille de cuivre, d'or et d'argent. Promener un aimant sur le mélange et enlever les particules de fer, nickel et cobalt, en laissant toutes les autres.

Pour faire promener une aiguille en divers sens sur le papier, sur une assiette ou sur un plateau de verre. Placez une aiguille sur une feuille de papier, sur une assiette ou sur un plateau de verre, et présentez-lui un barreau aimanté disposé en fer à cheval; elle s'y portera avec force; ne présentez qu'un des bouts à l'une des extrémités de l'aiguille, il la repoussera tandis qu'il attirera l'autre. En tirant enfin l'aimant devers vous, à une certaine hauteur, ou le reculant, vous parvenez à faire marcher ainsi l'aiguille en avant ou en arrière. On produit également ces mêmes effets en plaçant l'aimant sous le papier, sous l'assiette ou sous le verre, ce qui rend cette expérience bien plus curieuse.

Pour enlever une aiguille sans la toucher. Mettez une aiguille sur du papier et posez par-dessus, à quelques lignes de hauteur, un aimant : l'aiguille s'y élèvera aussitôt. Détachez-les et élevez l'aimant un peu plus haut : elle s'y élèvera encore. En multipliant ces essais, on parvient à n'approcher l'aimant de l'aiguille qu'à une hauteur de huit à dix lignes, et cependant elle s'y précipite avec une rapidité étonnante.

Pour laisser tomber une aiguille sur une surface polie verticale sans qu'elle tombe à terre. Laissez tomber une aiguille sur un barreau aimanté, placé verticalement, elle y adhérera aussitôt et y restera fixée avec force.

Pour faire prendre à de la limaille de fer sans la toucher, un ordre symétrique. Répandez de la limaille de fer sur un papier ou sur un plateau de verre; en promenant un aimant au-dessus et au-dessous, on voit la limaille se réunir en divers sens, prendre un ordre symétrique et former des courbes qui se croisent vers les extrémités de l'aimant.

Pour faire avancer ou reculer sur l'eau un canard automate en lui présentant du pain ou un bâton. On arrange un canard en carton, revêtu d'un taffetas gommé et de plumes, et l'on place dans le bec une lame d'acier aimanté; on pose le canard dans un petit bassin rempli d'eau. D'un autre côté, on met dans un morceau de pain un barreau aimanté; on en introduit un autre à l'extrémité d'un bâton, en observant que celui du pain doit avoir à l'extrémité qu'on offre au bec du canard un pôle d'une nature différente afin qu'il puisse l'attirer; tandis que celui du bâton doit être d'une même nature afin de le repousser. En présentant le pain à ce canard, il doit en approcher jusqu'à ce qu'il le touche, et en lui montrant le bout du bâton il doit reculer. J.-J. Rousseau parle de cette expérience dans l'*Émile.*

Pour faire marcher une substance sur l'eau sans la toucher. Remplissez un vase d'eau et placez à sa surface une petite plaque de liége sur laquelle vous aurez mis une pierre d'aimant. Si vous présentez ensuite le pôle austral d'une autre pierre au pôle boréal de celle-ci, vous la ferez avancer vers vous; si vous en approchez, au contraire, un pôle semblable au sien, elle marchera en sens contraire.

Pour faire une baguette magnétique. Mettre dans une petite baguette de bois creusée un barreau d'acier fortement aimanté. On ferme cette baguette à chacune de ses extrémités par deux boutons d'ivoire, chacun d'une forme différente, pour reconnaître les deux pôles de cet acier. On se sert de la baguette pour exécuter différents tours.

Pour faire reconnaître si un minérai contient du fer, du cobalt ou du nickel. Il suffit pour cela, s'il est en masse et qu'il ne soit pas oxidé, de le présenter à l'une des extrémités du barreau aimanté suspendu; s'il oscille et se dirige vers le minérai, il contient du fer, du cobalt ou du nickel; s'il reste stationnaire, il ne contient aucun de ces trois métaux.

MAGNOLIER A GRANDES FLEURS. (*Jard.*) (*Magnolia grandiflora.*) Famille des magnoliers. Arbre de Caroline, toujours vert; feuilles grandes, luisantes, ferrugineuses en dessous; fleurs en juillet de huit pouces de diamètre, blanches et odorantes. Ce bel arbre est de pleine terre à la troisième année, en le plantant en avril en motte, en terre de bruyère, fraîche, ombragée et abritée du nord par des arbres. On couvre le pied de litière pendant l'hiver. Multiplication de marcottes par incision.

Magnolier maillardière. Plus beau que le précédent; il fleurit plus jeune, il est plus rustique.

Magnolier rotundifolia, également rustique et superbe. Même culture.

Magnolier glauque. (*Magnolia glauca.*) Arbuste de l'Amérique septentrionale. Fleurs en juillet, blanches à odeur de vanille et de trois pouces de diamètre; bruyère humide et ombragée, multiplication de graine qui mûrit. Cette graine se sème en pots pleins de bruyère; aussitôt maturité, on les rentre l'hiver dans l'orangerie; et en février on les plonge dans la couche sourde. On met le plant en pleine terre à la deuxième année, en le couvrant seulement des quelques feuilles en hiver.

Magnolier parasol. (*magnolier tripetala.*) Arbuste de Caroline. Feuilles de douze pouces de long; fleurs en mai, blanches, de sept pouces de diamètre, mais d'une odeur désagréable. Même culture que le précédent, mais il donne des rejets enracinés.

Magnolier à grandes feuilles. (*magnolia macrophylla.*) De Caroline. Feuilles de deux pieds de long; fleurs de sept pouces. Même culture.

Magnolier discolor. (*magnolia discolor.*) Arbrisseau du Japon. Fleurs en avril, grandes, de la forme d'une tulipe; blanches en dedans, violettes en dehors. C'est un arbuste charmant; même culture. Il donne des rejets et prend de marcottes.

Magnolier auriculé. (*magnolia auriculata.*) Arbuste de Caroline; fleurs en juin, grandes comme celles du *tripetala.* Même culture.

Magnolier rustique. (*magnolia rustica.*) Arbuste de Caroline. Feuilles longues de trois pouces, fleurs en juin, blanches, même culture.

Magnolier rotondifolia maxima. Superbe espèce, même culture. On en trouve encore beaucoup d'autres variétés dans le commerce.

Lorsqu'on s'adonne à la culture des magnoliers, qu'on veut en avoir de beaux, qui croissent avec rapidité, il faut leur destiner un carré particulier, qu'on plante en dehors, sur ses quatre côtés, de plusieurs rangs de peupliers et sur le devant desquels on met des arbrisseaux entremêlés d'arbres verts; on laisse au couchant une ouverture de douze pieds environ; on sépare cette palissade du carré intérieur par un fossé de trois pieds de large sur trois de profondeur, pour empêcher les racines de franchir cette limite. Ce carré intérieur doit être en terre franche et meuble, bien défoncée, amendée de gazons pourris et dressée de façon à conserver toujours l'humidité du sol. On peut planter, à l'entour, deux rangs de magnoliers, qu'on espace entre eux de neuf pieds. On met, à chaque pied, en le plantant, deux brouettées de bonne terre de bruyère.

MAGUEY. (*Agr.—Conn. us.*) Arbre, famille des ananas. Cette plante du Mexique, qu'on appelle aussi agave, est devenue spontanée dans nos provinces du midi où ses épines forment des haies redoutables. Rouies, ses tiges donnent une bonne filasse. On a trouvé en 1812 le moyen d'en faire du papier, et déjà de nombreuses manufactures se sont élevées au Mexique. Il y aurait à naturaliser en France cette industrie nouvelle.

MAI. (*Agr.—Jard.—Ind. dom.*) *Travaux d'agriculture.* Lorsque les blés sont grands et en tuyaux, c'est le temps de détruire les chardons, qui ne repousseront plus si vous les coupez entre deux terres. Cette opération, qu'on ne doit jamais négliger se fait assez promptement au moyen d'un instrument composé d'une lame plate, étroite et tranchante par son extrémité; l'autre forme une douille qui s'emmanche au bout d'un bâton. L'ouvrier travaille en poussant l'instrument contre la racine du chardon. Hersez fortement en ce mois les pommes de terre pour détruire les mauvaises herbes. Cette opération équivaudra à un premier binage. L'extirpateur est en ce cas d'une plus grande utilité que la herse; on le passe sur la surface du champ, à un pouce et demi ou deux pouces de profondeur, lorsque les premières pommes de terre commencent à sortir de terre; il faut préférer en ce cas, à l'extirpateur dont les pieds sont tranchants, celui de M. Fellembert, dont les pieds en bois sont revêtus d'une feuille de fer; ils sont obtus et déplacent la tige de la pomme de terre quand ils la rencontrent, plutôt que de la couper; plus il est usé plus il est propre à cette opération.

Mettez votre bétail à la nourriture verte : le seigle, l'escourgeon ou orge d'automne, la luzerne, les vesces d'hiver, le trèfle, le sainfoin, les vesces de printemps, etc., vous en offriront successivement les moyens.

Si vous nourrissez vos bestiaux au vert à l'étable, pendant l'été, il y aura pour vous économie de fourrages, vos bêtes seront en meilleur état, et vous aurez plus de fumier. Aussi cet usage est suivi partout où l'agriculture a fait le plus de progrès; M. Mathieu de Dombasle l'a depuis longtemps adopté.

Quand le fourage vert est encore tendre et mouillé, ne le donnez qu'en petite quantité à la fois à vos bestiaux, afin de les *préserver de l'enflure*, et de la météorisation qu'ils pourraient éprouver si la quantité était trop considérable; faites-leur manger en même temps un peu de paille séparément s'ils ont bon appétit, et dans le cas contraire, en la coupant et la mêlant au fourrage mouillé. Il est à propos que le fourrage vert en arrivant des champs soit déposé et étendu de manière à empêcher qu'il ne s'échauffe, ce qui arrive promptement quand il est trop entassé.

Dans le courant du mois, les pâturages sont ordinairement assez abondants pour qu'on puisse cesser de distribuer la nourriture d'hiver aux moutons; les dangers de l'enflure sont les mêmes que pour le bétail à cornes, lorsqu'on leur fait manger sans précaution de la luzerne, du trèfle, etc., soit qu'on les leur fasse pâturer, soit qu'on les leur donne au râtelier; en ce dernier cas on ne doit leur distribuer le fourrage vert qu'en petite quantité. Si on les fait pâturer, on les laissera peu de temps aux champs, sauf à les y ramener plusieurs fois dans le jour et selon le besoin. (Voy. BÊTES A CORNES, MOUTONS.)

Semez à demeure en ce mois le rutabaga vert ou navet de Suède et le *choux-navet*, qui en diffère en ce que sa racine est blanche et allongée, tandis que dans le rutabaga elle est arrondie et jaune, ou de couleur de beurre tant à l'intérieur qu'à l'extérieur.

Les rutabagas et choux-navets s'accommodent mieux que les navets d'un sol pesant et argileux; il ne leur faut pas un terrain aussi fertile. Ces plantes, semées en mai, peuvent se consommer en octobre ou novembre : si on veut les consommer plus tard, c'est-à-dire à la fin de l'hiver ou en mars, il est préférable de ne les semer qu'en juin et même en juillet. Les plantes qui n'ont pas pris tout leur accroissement résistent mieux aux gelées et continuent de croître, excepté pendant les fortes gelées.

On sème soit à la volée, à raison de 4 à 5 livres de graines par hectare, soit en ligne, au semoir, en espaçant les lignes de 18 pouces, méthode qui est préférable, parce qu'elle permet l'emploi de la houe à cheval entre les lignes.

Le plant des pépinières de rutabagas et choux-navets pourra être bon à repiquer à la fin de mai ou avant le 15 juin. Il est important de choisir pour ces plantations un temps de pluie ou au moins un moment où la terre est encore fraîche.

Le blé de printemps, l'orge et l'avoine qui ont été semés en ligne au semoir, doivent recevoir en ce mois un binage à la houe à cheval; arrachez à la main les mauvaises herbes qu'elle aura épargnées.

C'est ordinairement dans le courant du mois que l'on commence à faire parquer les moutons. C'est une pratique très-utile dans les sols légers. Là, outre l'engrais que laisse le parc, le sol profite encore du piétinement des animaux, qui le tasse et le consolide; il ne convient pas dans les sols argileux et humides. Le parc doit être plutôt petit que grand, si l'on veut que l'engrais soit répandu également; cet engrais disparaissant promptement à la pluie, on doit labourer et ensemencer les premières les terres où le parc a eu lieu.

On nourrit en ce mois les cochons avec le trèfle et la luzerne qui leur conviennent beaucoup; en hiver on peut les nourrir avec les criblures et les *otons*, ou déchets de la grange.

Semez les vesces de printemps une ou deux fois dans le courant de mai, lorsque la nourriture des bestiaux à l'étable est fondée en tout ou en partie sur cette récolte. Fauchez à la fin de mai ou au commencement de juin les vesces d'hiver, pour les donner aux vaches; il faut les couper à moitié en fleur; mais lorsqu'on les destine aux chevaux, il faut attendre que les siliques soient en partie formées.

Ce mois est l'époque de la plantation des haricots; le sol qui leur convient le mieux est une terre meuble, fraîche et fertile. La meilleure manière de les planter est en rayons espacés de 18 pouces, faits avec le rayonneur et le semoir; on met 5 à 6 grains par pied de longueur dans le rayon. Le haricot est sujet à pourrir si le rayon, lorsque la saison est humide, est profond; si la saison est sèche et le sol léger, un ou deux pouces de profondeur conviennent.

La dernière quinzaine de mai est l'époque la plus favorable pour semer la navette de printemps. Les terres légères, sablonneuses et surtout calcaires, sont celles qui lui conviennent le mieux; elle se sème à la volée sur deux ou trois labours, en mettant 10 à 12 livres de graine par hectare. Le colza de printemps, semé dans des sols argileux et frais, produit plus que la navette; cependant c'est une recette très-casuelle. Le sol des étangs et marais desséchés lui convient; on le sème à la volée à raison de 10 ou 12 livres de graine par hectare; plâtrez les vesces au moment où elles commencent à couvrir la terre.

Semez à la fin de mai le chanvre en terre riche et bien amendée et préparée par plusieurs labours. Le sol des marais égouttés convient à cette plante : on sème environ 5 hectolitres par hectare et on enterre très-peu la semence.

Au moment où le chanvre lève, faites-le garder de l'invasion des moineaux qui en sont très-friands et qui le tirent de terre brin à brin, même après qu'il est levé.

Le millet se sème aussi en ce mois, dans un sol chaud meuble et riche, et lorsqu'il n'y a plus de gelée à craindre, mais pas avant le 15 avril; on cultive le millet comme fourrage, à Genève; on le mêle avec le trèfle incarnat.

Travaux d'horticulture. — Pleine terre. Les travaux de ce mois sont si multipliés qu'il serait trop long de les rappeler tous. Nous dirons seulement qu'il ne doit pas y avoir un seul coin de terre vide; qu'il faut, dans la première quinzaine du mois, faire la grande plantation des haricots pour manger en sec, ce qui n'empêche par d'en semer tous les quinze ou vingt jours, pour manger en vert, ainsi que des pois et des fèves; et comme les laitues, les romaines, les épinards, le cerfeuil, etc., montent vite en graine, il faut en semer souvent et peu à la fois. On continue le semis de carottes, betteraves, chicorée d'été, céleri; ceux de cardons, de tétragone. On sème choux de Milan à grosses côtes, brocolis, choux de Bruxelles, choux, navets et navets de Suède, un peu de navets hâtifs; on met en place du céleri et des cardons élevés sur couches; ainsi que des aubergines, tomates, concombres, cornichons, choux-fleurs; enfin on sème ou on plante de tous les légumes usités dans le pays qu'on habite.

On fait des couches tièdes et sourdes pour les melons de la dernière saison, pour des patates, si on ne plante pas ces dernières sur des buttes. On fait aussi des meules à champignons en plein air; on replante du céleri, des choux-fleurs sur de vieilles couches, pour les faire avancer plus vite qu'en pleine terre, et on les tient à l'eau pour augmenter leur végétation.

Outre les soins généraux de conservation qu'exigent les espaliers, on doit les visiter souvent pour suivre les progrès que fait le développement des fruits, et aviser aux moyens de le favoriser : il faut aussi que le jardinier porte son attention sur son accroissement de diverses sortes de branches, afin que chacune d'elles atteigne le plus possible le but de sa destination; quand, par malheur, une branche à fruit d'un pêcher n'a conservé aucune pêche, il convient de la rabattre de suite sur la branche de remplacement, afin que celle-ci prenne plus de force. C'est aussi le moment de supprimer les pousses nuisibles ou mal placées qui auraient pu échapper à l'ébourgeonnement *à œil poussant*, exécuté le mois précédent.

Les soins à donner aux pépinières consistent à surveiller les greffes en fentes, à détruire les limaçons qui pourraient monter les manger, à faire la chasse aux lisettes et coupe-bourgeons, à rattacher les arbres qui se seraient détachés, et enfin à donner le premier binage. On commence à greffer en flûte et en écusson.

Jardin d'agrément. Le ratissage des allées, le binage des plates-bandes et massifs, l'extraction des mauvaises herbes, dans les gazons, et la fauchaison de ceux-ci, sont les principaux travaux de ce mois et du suivant; nonobstant les arrosements, on met les dahlias en place, du 1

au 15 du mois ; c'est-à-dire quand on n'a absolument plus de grêles ni de gelées à craindre.

Couches. Ordinairement on n'en a plus besoin pour élever des fleurs; mais en tout temps elles sont utiles pour recevoir des plantes malades, soit en pot, soit plantées à nu. Il n'y a guère de plantes qui ne soient infiniment mieux sur couches que partout ailleurs.

Orangerie. Du 10 au 15, on met les orangers dehors, ainsi que toutes les plantes d'orangeries, et du 15 au 30, on sort de la serre chaude toutes les plantes qui peuvent passer quatre mois dehors, et on en profite pour mettre plus au large celles qui ne sortent jamais; on continue de faire des boutures sous cloche et des greffes en approche.

Serres bâches. On lève les châssis de serres tempérées, et on les met à l'abri sous un hangar. On porte dehors les plantes en pots et en caisses, ou on les laisse en place si elles sont en terre pleine, car elles ne craignent pas la chaleur de notre été; seulement il ne faut pas les exposer aux rayons directs du soleil. La tradition, l'expérience et la connaissance que l'on a du parallèle et de la hauteur du lieu où croît naturellement chaque plante, apprennent cette distinction. Ainsi on placera les bruyères et une partie des plantes de la Nouvelle-Hollande au levant, ou dans un endroit où les rayons du soleil seront brisés par quelques grands arbres. Si les plantes grasses n'exigent pas précisément le midi, du moins elles ne le craignent pas. Mais toutes les plantes délicates, comme les protées, bruinées, diosena, demandent une lumière diffuse.

Travaux de ménage en mai. Les plantes et les fleurs qui croissent avec vigueur et se succèdent avec rapidité, avertissent la ménagère qu'elle doit s'apprêter pour les mois suivants qui lui fourniront de nombreux travaux. On peut faire au mois de mai l'esprit de cochléaria et l'eau de roses. (Voy. ces mots.)

Ce mois offre les productions ci-dessous, qui entrent dans plusieurs compositions d'office :

Abricots verts. Chatons de noyer. Fleurs de muguet, d'ortie blanche, de renoncules, de soucis des prés, de jonquilles simples et doubles, de jacinthes, de lilas, de narcisses. Groseilles vertes.

Sur la fin de ce mois on a la groseille verte, dont on fait des compotes; on en confit au liquide en façon de verjus.

Les abricots verts viennent environ dans le même temps; il s'en fait aussi des compotes, des pâtes et de la marmelade; on en confit pour tirer au sec et pour garder. (Voy. ABRICOTS, ÉLIXIR DE MUGUET, ETC.)

MAIGES. (*Conn. us.*) On appelle ainsi dans les campagnes ceux qui guérissent par secret. La plupart sont des charlatans; quelques-uns ont acquis dans la pratique une véritable habileté qui n'a aucun rapport avec leur prétendue science.

En général, avoir confiance aux guérisseurs par secret, *maiges ou sorciers*, c'est choquer le sens commun; car des signes ou des paroles insignifiantes, qui souvent composent tout le secret, n'ont aucune vertu.

Toutes les maladies ne sont pas mortelles ni graves, beaucoup disparaissent naturellement. Après l'application du secret à un malade, s'il recouvre la santé à quelque temps de là, on attribue cette cure au secret qui n'est rien, car s'il avait quelque vertu il guérirait toujours, et les cultivateurs savent qu'il ne guérit pas toujours. L'animal guérit parce que la maladie, étant légère devait cesser naturellement.

Une maladie est un dérangement dans le corps : remplacer ce dérangement par la santé au moyen de paroles ou de signes ce serait un miracle.

Pour être sûr que ce fut un miracle, il faudrait qu'aucune maladie ne se guérit naturellement; car, comme on en voit beaucoup qui guérissent sans soins ni remèdes, on ne peut savoir si c'est le secret qui a opéré la guérison. S'il avait cette vertu miraculeuse, il faudrait qu'il pût guérir une jambe cassée; c'est un dérangement aussi facile à guérir que tout autre, si le secret a de la puissance, et au moins on verrait le miracle; mais le secret ne guérit ni les jambes cassées, ni les maladies violentes. Il ne guérit que les maladies légères qui guérissent naturellement.

MAIGREUR. (*Hyg.*) La maigreur est incurable, ainsi que l'embonpoint, quand elle tient à la constitution.

Quand elle provient de maladie, elle cède facilement à un bon régime, dont la tranquillité d'âme et du corps est la principale base.

Si une personne maigre veut recouvrer un peu d'embonpoint, elle doit manger des volailles blanches, de l'agneau, du veau bien gras, du bœuf bien succulent : ces viandes doivent être rôties ou grillées, afin que leurs principes nutritifs ne soient pas évaporés. Si elle mange quelques ragoûts, il faut qu'ils soient peu épicés, et nourris de coulis et de jus de viande.

Le riz, la fécule de pomme de terre, cuits dans de forts consommés, de l'eau de gruau mêlée de crême, du lait d'amandes peu sucré, mais relevé par quelques gouttes de fleur d'oranger, sont les choses qu'il est bon de prendre entre les repas, qui doivent être légers, mais fréquents.

Il est essentiel de boire de l'eau pure ou à peine rougie; de s'abstenir de fruits acides, de liqueurs, de thé, de café. Le chocolat, des œufs au lait, à la coque, les crêmes au chocolat, le fromage à la crême varieront seulement les mets.

Les bains tièdes avant le repas, le sommeil, contribuent également à faire disparaître la maigreur.

MAIL (JEU DU). (*Récr. dom.*) Ce jeu a donné son nom à un très-grand nombre de promenades publiques, parce qu'il a été l'origine de leur établissement; il faut, en effet, pour le jouer, un longue et large avenue en plein air, des boules et un mail ou maillet, bâton court pour les faire rouler.

On joue à deux ou à plusieurs.

On joue au mail de diverses manières. Jouer *au rouet*, c'est jouer pour soi et par tête : un seul joueur, en ce cas, passant au pair, ou au plus quand il se trouve en ordre, gagne le prix dont on était convenu pour la passe.

On joue en *partie* quand plusieurs joueurs sont opposés les uns aux autres en pareil nombre : si le nombre est inégal, on peut faire jouer deux boules à un seul joueur du côté faible jusqu'à ce qu'il survienne un nouveau joueur.

Jouer *aux grands coups* signifie que deux joueurs se disputent à qui poussera la boule plus loin : quand l'un est plus fort que l'autre, il accorde avantage à son partner, soit par distance d'arbres, soit par distance de pas.

Reste la *chicane* : on y joue en pleine campagne, et partout où on se trouve ; on débute ordinairement par une volée, et l'on finit la partie en touchant un arbre ou une pierre marquée qui sert de but, ou bien en passant par certains détours dont on est convenu à l'avance. Le joueur dont la boule franchira le but, ou sera le plus loin (supposez que les joueurs soient du pair au plus), aura gagné : lorsqu'on manque tout à fait sa boule, ce qui s'appelle *faire une pirouette*, on perd un coup : *mettre sa boule en beau*, c'est la disposer à rouler.

De la passe. La passe est l'action de faire rouler la boule jusqu'au point donné.

Du début. C'est le premier coup que chacun joue à toutes les passes que l'on fait.

Du tournant. Quand un joueur a sa boule dans le tournant du jeu, il ne lui est pas libre de s'élargir : il doit jouer du lieu où se trouve sa boule sur la ligne droite. On dit *être tourné*, quand on a passé cette ligne ; et être en vue, quand de l'endroit où est sa boule on voit l'*archet de la passe*, ou le but donné.

On peut jouer en trois ou quatre coups de mail, suivant les conventions préliminaires, et cela s'appelle *ajuster*.

Ceux qui arrivent les premiers à la *passe* achèvent leur coup, sans que les autres joueurs puissent les interrompre.

Faire sauve. C'est préserver la boule d'un joueur, et contribuer à la conduire vers la passe.

La passe a plusieurs degrés. Qui passe au pair, *gagne* ; qui passe à deux de plus, oblige, c'est-à-dire qu'il gagne, si celui qui joue en même temps, reste à un point de plus après lui, et manque de passer. Si ce dernier passe, il gagne tout.

Qui, tirant au pair, ou au plus à la passe, rencontre une boule et la met derrière lui, la force à y rester.

Les autres règles du jeu du mail sont relatives aux amendes à payer en cas de boules sorties, arrêtées, perdues, frustrées, échangées ou cassées.

MAILLECHIOR. (*Conn. us.*) On appelle ainsi un métal imitant et remplaçant l'argent. Il se compose de vingt-deux onces de nickel, dix-huit onces de cuivre, cinq onces de zinc, deux onces de sel de tartre, et trois onces de verre blanc. On fait fondre le tout dans un creuset de la capacité d'un litre, en chauffant modérément. Quand le creuset est rouge, on retire du feu, on y projette quatre onces de grenaille de zinc très-pure; on agite pour mêler, on remet au feu un moment, et on mêle sur un plat de terre cuite après avoir enlevé les scories vitreuses.

MAILLOT. (*Hyg.*) A peine, dit Buffon, l'enfant est-il sorti du sein de sa mère, à peine jouit-il de la liberté de mouvoir et d'étendre ses membres, qu'on lui donne de nouveaux liens : on l'emmaillotte, on le couche la tête fixe et les jambes allongées, les bras pendant à côté du corps ; il est entouré de langes et de bandages de toute espèce qui ne lui permettent pas de changer de situation, heureux, si on ne l'a pas serré au point de l'empêcher de respirer. On ne peut pas éviter, en emmaillottant les enfants, de les gêner au point de leur faire ressentir de la douleur.

Si le mouvement que les enfans veulent se donner dans le maillot peut leur être funeste, l'inaction dans laquelle cet état les retient peut aussi leur être nuisible. Le défaut d'exercice est capable de retarder l'accroissement des membres et de diminuer les forces du corps. (Voy. ENFANT, LAYETTE.)

MAINS. (*Hyg.*) Il est bon de s'habituer à ne se les laver qu'à l'eau froide, en ajoutant, quand les mains sont grasses, du savon, dont toutefois l'emploi fréquent durcit la peau. La mie de pain rassis, le son, la pâte d'amande, le sel d'oseille et le jus de citron pour les taches d'encre, sont les meilleurs ingrédiens pour se laver les mains. On emploie ces ingrédiens avec l'eau de puits ou de rivière.

La pâte de pommes de terre cuites, pelées et délayées dans du lait, peut remplacer la pâte d'amandes. (Voy. MARRONS D'INDE.)

Pâte pour les mains. Faire blanchir, laver à l'eau froide, monder et piler avec un peu d'eau dans un mortier douze onces d'amandes amères, ajouter sept onces de farine de riz, trois onces de farine de fèves, une once de poudre fine d'iris, quatre gros de carbonate de potasse dissous dans un peu d'essence, trois onces d'essence de jasmin, avec laquelle on a mis deux gouttes d'huile essentielle de Rhodes, et une goutte de néroli. Faire une pâte du tout, et conserver dans un pot de faïence couvert de parchemin.

Moyen d'empêcher que la sueur des mains ne tache le linge ou autres objets. Frottez-vous les mains avec un peu de poudre de lycopode, ou pied-de-loup (espèce de mousse), et vous empêcherez les effets de cette incommodité.

Gants pour prévenir les ulcérations, gerçures, crevasses et autres accidens causés par l'hiver. Prendre quatre gros de cire vierge, autant de savon blanc, autant de blanc de baleine, sept gros de graisse de mouton, un gros de saindoux ; faire fondre au bain-marie ; ajouter une once et demie d'huile d'olive, une demi-once de pommade rosat, un gros de benjoin, un gros de baume du Pérou une demi-once d'une eau aromatique quelconque, ou quelques gouttes d'essence ; plonger dans la masse chaude les gants retournés à l'envers ; les retirer, les retourner, les souffler pour les tenir bien écartés; les faire sécher dans un lieu chaud.

Chaque paire de gants peut servir 15 jours ; la pommade peut s'employer en frictions ; elle prévient les engelures, les empêche de crever, et conserve les mains dans un état parfait de blancheur et de souplesse.

MAIRE. (*Cod. dom.*) *Les devoirs du citoyen comme maire ou adjoint* sont de veiller à l'exécution des lois dans la commune, de rédiger avec soin tous les actes de l'état civil, c'est-à-dire les actes de naissance, de mariage et de décès des habitans; de maintenir le bon ordre et la tranquillité, ainsi que la liberté des cultes et la liberté individuelle ; de réprimer tout délit ; de prescrire toutes les mesures propres à assurer la paix, la sécurité, la santé et le bien-être des habitans. C'est lui qui est chargé, conjointement avec le juge de paix, de la police judiciaire ; il entre dans les devoirs de ses fonctions de présider le conseil municipal, et de surveiller avec intégrité l'emploi des deniers communaux. Il doit encore dresser avec exactitude les listes des électeurs politiques et des jurés, et établir celle des électeurs municipaux ; constater et faire poursuivre les infractions à l'ordre public, les délits et les crimes; régler ce qui concerne les convois militaires, ou logemens de troupes, la répartition et le recouvrement des contributions; exercer un active surveillance sur l'instruction primaire; remplir toutes les attributions qui ont été confiées aux maires par la loi sur la garde nationale; enfin, comme administrateur en chef de la commune, et comme officier de police judiciaire, le maire doit exercer des attributions conciliatrices, de bienveillance et de confiance envers tous ses administrés.

MAIS. (*Agr.—Cuis.*) *Zea.* Famille des graminées. C'est de toutes les graminées celle qui fournit le plus de farine; il y en a des variétés jaunes, rouges, bleues, violettes, blanches, marbrées.

On cultive le maïs ou blé de Turquie en raies. Il demande un sol chaud, léger, bien meuble. On le plante sur la fin d'avril ou au commencement de mai; on le sème quelquefois à la volée, ce qui a lieu rarement, à moins qu'on ne le destine pour fourrage, dont le bétail est très-friand; le mieux est de le planter en lignes, tracées à trois pieds de distance et peu approfondies. La plantation s'exécute au plantoir. On met deux grains dans chaque trou à la distance qu'on veut conserver entre les plantes (deux ou trois pieds), on recouvre avec la herse renversée. Le grain, pourrissant facilement, ne demande pas à être enfoncé. Deux pouces de terre suffisent pour que la volaille ne le mange pas. Ceci s'applique au grand maïs jaune; mais on en cultive deux autres variétés qu'on sème plus rapprochées; le maïs quarantain et le maïs à poulet; elles sont plus hâtives, mais moins productives.

On donne au maïs trois labours ou façons, pour ameublir la terre et la débarrasser des mauvaises herbes. Le premier a lieu quand les plantes ont trois pouces de hauteur; on butte lorsqu'elles ont un pied. Le dernier travail et le plus nécessaire s'exécute lorsque le grain commence à se former dans l'épi; on nettoie alors et on butte soigneusement. On peut employer dans ce cas la charrue à deux versoirs; on arrache, pour favoriser la croissance du maïs, les tiges latérales les plus basses; on ne laisse que deux ou trois épis, selon la force de la plante; lorsque le grain commence à mûrir, on étète, c'est-à-dire on coupe la sommité au-dessus de l'épi supérieur.

On récolte le maïs en septembre ou octobre, lorsque les feuilles ou enveloppes commencent à jaunir, que le grain est dur et luisant. On replie les feuilles en arrière; on lie ensemble plusieurs épis en paquets, qu'on suspend sur des perches dans un endroit sec et aéré. Le plus ordinairement, on fait sécher au four les épis effeuillés, lorsqu'on veut avoir le grain promptement pour la consommation. Le produit du maïs dans les climats et les terres qui lui conviennent est considérable, il donne jusqu'à mille pour un; il rend au moins 12 hectolitres et peut aller au double. La feuille du maïs vert ou sec est un fourrage excellent.

Pour détacher du *rachis* ou *de l'épi* les grains du maïs, on les fait dessécher au soleil, on les enferme dans des sacs et on les bat avec un fléau. On a inventé, en 1833, une machine à égrener le maïs, qui est en usage dans le Lot, Tarn-et-Garonne et départemens voisins. Au moyen de cet appareil, trois hommes peuvent égrener en un jour quarante à cinquante hectolitres de maïs.

Les épis de maïs grillés et écrasés avec de l'eau forment une bouillie agréable. La farine fine de maïs est douce, légère et préférable aux autres céréales dont elle a tous les avantages sans en avoir les défauts: elle convient aux personnes faibles et aux estomacs fatigués; on la fait cuire deux heures dans du lait; on coule la bouillie dans un plat graissé de beurre frais, on la saupoudre de sucre en poudre et on colore avec le four de campagne.

Dans quelques parties du Roussillon, on moud grossièrement le maïs, et, sans avoir passé à la bluterie, il fournit de très-bon potage, délayé dans les véhicules nutritifs, tels que le bouillon, le lait, etc.

On en retire aussi des semoules, lorsque les meules l'ayant moulu, on le tamise pour en extraire la poudre la plus fine. Cette semoule est douce, légère, n'a ni l'âcreté de l'orge, ni l'amertume de l'avoine, ni la glutinosité du froment, et mérite la préférence sous ce point de vue

Les épis de maïs dépouillés de leurs feuilles et de leurs bourses, fendus et frits dans la pâte, sont un mets excellent; moulus grossièrement et délayés dans du lait, ils donnent un bon potage. Les grains, frais cueillis ou ramollis dans l'eau, dépouillés de leur peau à l'aide d'un pilon dans un mortier de bois, et séchés, se préparent comme des petits pois en se mettant dans le pot au feu.

Maïs en guise de petits pois. La variété de maïs nommée *blé doux*, qu'on cultive avec soin dans la Pensylvanie, est apprêtée de diverses manières aux États-Unis. Lorsque, par la pression de l'ongle du pouce sur les grains, on en fait jaillir du lait, c'est le moment où ils sont le plus propres à servir de petits pois. On fait cuire les épis à la vapeur, avec leur enveloppe, et, on les assaisonne de beurre frais avec un peu de sel. Quelques gourmets font écosser les grains; mais le mets y perd beaucoup de sa saveur. On sait aussi que l'on confit dans le vinaigre les jeunes épis qui n'ont encore que la grosseur du doigt; préparés de cette manière, ils servent de hors-d'œuvres délicats et d'assaisonnement agréable.

Moyen d'empêcher la farine de maïs de s'échauffer. Le professeur Grégori prétend qu'il suffit d'un clou de fer dans un sac de cette farine pour l'empêcher de s'échauffer.

MAISON DE CAMPAGNE. (*Conn. us.*) Il est difficile, en donnant des conseils sur la situation et la distribution d'une maison de campagne, de s'accommoder à tous les goûts et de satisfaire tous les penchans. Nous allons toutefois exposer nos idées sur ce sujet, persuadés qu'elles pourront être utiles et s'accorder avec les vues de la majorité de nos lecteurs.

La maison de campagne doit être à peu de distance de la ville. « Si vous voulez jouir véritablement des plaisirs de la vie champêtre, dit madame Adanson, qui réunit à cet égard la théorie à la pratique, établissez-vous à une distance de la ville telle que vous soyez hors de la portée des importuns, et que vous puissiez cependant vous procurer les approvisionnemens que vous ne sauriez trouver chez vous, et que vous serez obligé d'envoyer chercher une ou deux fois la semaine, selon la saison; d'ailleurs, on peut être malade, un accident peut nécessiter un prompt secours de la ville; la prudence veut donc que vous n'en soyez pas très éloignée. Trois lieues de beau chemin me paraissent une distance qui réunit ces conditions; elle permet de se rendre facilement à une invitation, mais elle est assez considérable pour faire hésiter à se mettre en route si l'on court le risque de ne trouver personne; au contraire n'étant qu'à demi-lieue, tous les promeneurs oisifs, vous assaillent à chaque heure du jour, en sorte qu'au lieu de vivre à la campagne, on se trouve en province, ce qui est bien différent!... Autant l'un est agréable, autant l'autre est insupportable.

» Si vous pouvez aussi vous placer à un quart de lieue d'un village fourni d'un boucher et d'un boulanger, vous voilà parfaitement situé. »

La maison de compagne doit être de préférence sur un coteau, tant à cause de la vue que de la salubrité des lieux élevés. On dispose les chambres de manière à ce que de tous les côtés on y puisse jouir des sites environnans.

La cour antérieure est fermée par une grille posée sur un petit mur d'appui. Si elle donnait sur un lieu fréquenté, un mur serait préférable à la grille, qui ne défend pas des regards indiscrets des passans.

On peut faire encore au milieu de la cour un gazon en demi-cercle autour duquel circule une route sablée qu'on nettoie avec soin toutes les semaines. Cette route doit être assez large pour le passage d'une voiture.

Des volets sont indispensables pour préserver les vitres et les châssis, et assurer la sécurité des habitans.

Les volets gris sont beaucoup moins gais que les volets verts. Madame Adanson prétend que ces derniers sentent la guinguette. Jean-Jacques Rousseau est d'un avis contraire. « Sur le penchant de quelque agréable colline bien ombragée, dit-il dans l'*Émile*, j'aurais une petite maison rustique, une maison blanche avec des contrevens verts, et quoique une couverture de chaume soit en toute saison la meilleure, je préférerais magnifiquement, non la triste ardoise, mais la tuile. »

Malgré les charmes que Jean-Jacques trouve à la tuile, nous pensons que la triste ardoise est préférable. Elle exige moins de charpente, est moins lourde, et aussi solide. Elle forme une toiture plus serrée, qui présente moins de retraite aux animaux nuisibles. Il est vrai, qu'en cas d'incendie, la tuile présente beaucoup plus de résistance.

Les toits à l'italienne, en terrasse et doublés de zinc, ont des avantages incontestables, surtout si l'on habite une contrée pittoresque. On les garnit de caisses, d'arbustes et de plantes volubiles, qui les transforment en un jardin suspendu où l'on va l'été jouir de la fraîcheur des soirées.

Un rez-de-chaussée, un étage et des mansardes suffisent à une famille. Au premier un vestibule, une salle à manger donnant sur le jardin, un salon de réception, les cuisines, l'office, le charbonnier et le garde-manger; les chambres à coucher occupent l'étage supérieur qui sera divisé en deux parties par un corridor longitudinal. On peut y mettre aussi la lingerie, le cabinet de travail avec la bibliothèque et une salle de billard.

Le fruitier peut se placer dans un petit bâtiment attenant à la cour, ainsi que la pharmacie domestique.

Les mansardes se composent des chambres de domestiques et des greniers où l'on place des cordes de crin pour étendre le linge dans les saisons pluvieuses.

Le jardin d'agrément se trouve immédiatement derrière la maison; c'est sur les parties latérales qu'on dispose la basse-cour, le pigeonnier, le poulailler, le toit-à-porcs, le clapier, l'étable, la laiterie, le hangar, la menuiserie, etc.

Le verger et le potager peuvent occuper les deux côtés du jardin d'agrément, ou être situés au bout. On doit préférer la disposition qui, les rapprochant de la maison, en rendra l'exploitation et la surveillance plus faciles.

Au reste, l'arrangement de la maison de campagne dépend tellement de la fortune, du nombre et du régime de vie des individus qui l'habitent, du terrain sur lequel elle est bâtie et des circonstances locales, telles que le voisinage d'une rivière, d'une vallée, d'un côteau, etc., qu'il serait inutile de nous étendre davantage sur une matière où il y a si peu de règles fixes et invariables. (Voy. HABITATION, JARDIN.)

MAISON. (*Hyg.—Méd. dom.—Ind. dom.*) *Maison neuve.* Nous ajouterons quelques conseils à ce que nous avons dit plus haut (v. HABITATION); après avoir indiqué les moyens de prévenir les accidens, nous indiquerons ceux d'y remédier.

Les accidens les plus graves qui suivent l'habitation d'une maison nouvellement construite sont la bouffissure, la suffocation, des coliques dangereuses, des crampes, des dévoiemens, etc. La diète, le changement d'air, les tisanes de graine de lin, de réglisse, de chiendent, suffisent si l'indisposition est légère. S'il y a des symptômes de la colique dite *colique des peintres*, donner au début deux grains d'émétique, administrer le lendemain des lavemens purgatifs, avec une once de catholicon double, dans une forte décoction de sommités de camomille. Purger ensuite avec une once et demie de manne dans un verre d'infusion de feuilles de séné. On fait vomir, quelques jours après, le malade avec huit grains d'ipécacuanha. On entretient la liberté du ventre, chaque soir, par un bol de douze grains d'ipécacuanha et quinze gouttes anodines. On donne ensuite l'ipécacuanha à la dose d'un grain, de quatre heures en quatre heures jusqu'à guérison. Ce traitement compte de nombreux succès. (Voy. HYDROFUGE.)

Ébranlement des maisons par les voitures. Cet ébranlement nuit à la solidité des édifices, fatigue les habitants, fait tourner le vin, et surtout le vin de Bourgogne. Là où le pavé est parfaitement joint à la muraille, il est plus violent, parce que le son se transmet plus aisément. Il suffit donc d'enlever une ligne de pavés de chaque côté de la rue; on la remplace par du sable ou de la glaise sablée, et on recouvre de dalles d'un pouce d'épaisseur, larges d'un pied, qu'on cramponne dans le mur, et qui appuient sur le pavé sans butée.

Les trottoirs ne remédient pas à l'inconvénient, parce qu'il n'y a pas solution de continuité: la bordure étant adhérente au pavé, la continuité cesserait si les trottoirs étaient en dalles plus épaisses et placées en exhaussement sur le pavé.

MAITRE-D'HOTEL. (SAUCE) (*Cuis.*) Pour faire cette sauce froide, mettre dans une casserole et pétrir avec une cuillère de bois un quarteron de beurre, persil ou ravigote, ciboule et échalotte hachées, sel, poivre, jus de citron. On sert avec les poissons ou les viandes.

Sauce, maître-d'hôtel, liée. A la sauce précédente, ajouter une cuillerée à café de farine et un verre d'eau; au moment de servir, mettre la sauce sur le feu, la tourner. Cette sauce doit être épaisse.

MALADE. (*Conn. us.—Hyg. — Méd. dom.*) Dès qu'on se sent malade, il faut se mettre à la diète; si l'on a la fièvre, ne pas même prendre de bouillon. Boire une tisane rafraîchissante, comme de l'eau d'orge miellée, ou de la limonade.

Le régime ne peut jamais être contraire et prévient souvent des accidens graves.

Malade imaginaire. On voit bien des personnes vaporeuses ou hypocondriaques mener la vie la plus misérable, et la terminer avant l'âge pour n'avoir pas su fortifier et leurs corps et leurs esprits contre des attaques qui n'auraient eu aucune suite s'ils eussent su les apprécier et se conduire en conséquence.

La classe laborieuse du peuple, qui n'a ni le temps, ni l'esprit assez ingénieux pour se tourmenter, fait justement, sans s'en douter, tout ce qu'il faut pour s'en garantir; c'est-à-dire qu'*elle ne s'écoute pas.*

Un malade imaginaire se sent-il sans appétit, a-t-il quelque embarras dans la gorge, tousse-t-il, il croit son estomac délabré, sa poitrine attaquée, et la mort à sa porte; elle s'approche en effet, s'il n'appelle pas à son aide la philosophie et la raison.

ART DE SOIGNER LES MALADES. Que de malades périssent chaque année, surtout dans les campagnes, par le défaut de soins et l'impéritie des personnes appelées à les gouverner!

Cette affligeante vérité a fait penser à un grand nombre de personnes qu'il serait extrêmement utile qu'il y eût dans chaque commune une ou deux garde-malades admises à ces fonctions, après qu'on se serait assuré qu'elles seraient en état de les remplir convenablement, comme cela se pratique pour les femmes qui exercent l'art des accouchemens. Après un court apprentissage que dirigerait un des plus habiles médecins de chaque arrondissement, nommé à cet effet, ces garde-malades seraient bientôt appelées auprès de toutes les personnes souffrantes; elles y trouveraient des avantages suffisants pour payer leurs fatigues, et remplaceraient avantageusement ces commères aussi ignorantes que présomptueuses, auxquelles on n'a que trop souvent recours en pareil cas. En attendant cette heureuse innovation, nous avons cru utile de rassembler les règles les plus propres à guider dans l'art de soigner les malades les personnes qui se disposent à l'exercer, et celles qui, par leur position, se trouvent souvent dans la nécessité de le pratiquer ou de diriger les personnes qui s'en occupent, telles que les mères de famille, les religieuses, et toutes les autres personnes ayant l'heureuse habitude de la bienfaisance.

Des qualités que doit avoir une garde-malade. La garde-malade est une espèce de ministre du médecin.

Une garde-malade doit être robuste, agile, sobre, sage, propre, fidèle, gaie, douce et patiente. Il faut qu'elle soit attentive, prévenante, active et intelligente.

Les femmes ont en général, pour cette occupation, plus d'aptitude que les hommes, et doivent être préférées; leurs attentions délicates, leur dextérité, leurs soins affectueux, leurs douces consolations plaisent beaucoup aux malades.

Il est bon que la garde-malade soit, autant que possible, en rapport par son âge avec la personne qu'elle est appelée à soigner; qu'elle n'ait ni moins de 20 ans ni plus de 55.

Néanmoins il y aurait inconvenance et imprudence à ce qu'on donnât une jeune femme pour garde-malade à un homme qui serait dans la force de l'âge.

La garde-malade doit, dans certains cas, pouvoir remplacer le chirurgien, savoir faire un pansement, appliquer un vésicatoire, des sangsues, ventouses, topiques, etc.

Il faut qu'elle sache préparer les tisanes, émulsions, cataplasmes, potions purgatives, et une foule d'autres médicamens.

C'est à elle que doit être confiée la préparation des alimens des malades, qui est essentiellement différente de celle qui constitue la cuisine ordinaire.

Soins des garde-malades durant le cours de la maladie. La garde malade restera avec le plus d'assiduité possible près de son malade; elle veillera à ce que les prescriptions du malade soient exactement suivies, elle rendra compte à ce dernier des changemens en bien ou en mal qu'elle aura remarqués dans l'état du premier, et qu'elle notera avec soin sur un petit journal tenu par elle à cet effet.

Elle choisira pour son malade la pièce la plus salubre et la plus commode de l'habitation, et aura soin de placer le lit de ce dernier hors les courans d'air. Nous traiterons plus loin du lit spécialement.

Si vous prévoyez que la maladie doive être longue, placez sous les reins du malade, entre le premier drap et le matelas, une peau de mouton, la laine dessous. Une forte sangle de coutil d'environ 15 pouces de large vous donnera la facilité de le remuer sans beaucoup de secousses, s'il est trop faible pour se mouvoir lui-même.

Après le blanchissage, le linge conserve toujours un peu d'humidité qu'il faut faire disparaître en l'exposant au soleil ou au feu avant de le donner aux malades.

La garde-malade doit se munir de tous les meubles, ustensiles et linges dont elle prévoit avoir besoin durant l. cours de la maladie.

On couchera le malade dans la position qui lui convient le mieux.

Veillant sans cesse au chevet du lit du malade, la personne chargée de le garder, étudiera ses habitudes, ses goûts, préviendra ses désirs et supportera en silence ses caprices, ses humeurs, ses reproches, et les autres tracasseries auxquelles son état l'expose.

« En général, vous dit le célèbre docteur Fodéré, amusez les enfans, causez avec les femmes, parlez peu aux » hommes, flattez les riches, consolez les pauvres. »

Satisfaites les fantaisies de votre malade, pourvu qu'elles n'aient rien de dangereux pour lui. Ayez soin de le distraire lorsque vous le voyez enclin à des pensées tristes et rêveuses.

Du pouls. Une garde-malade doit savoir tâter le pouls

du malade et reconnaître ses principaux indices. Le pouls est le battement qui se fait sentir au doigt, lorsqu'on l'applique en travers sur une artère. On touche ordinairement celui qui longe la face interne de l'avant-bras.

Faites fléchir un peu le poignet de la personne dont vous voulez interroger le pouls, afin de diminuer la tention des muscles de cette partie, puis observez attentivement les pulsations qui sont régulières ou irrégulières, fortes ou faibles, dures ou molles, lentes ou précipitées.

Le pouls est régulier, lorsque les pulsations se font à des intervalles égaux et avec la même force.

Il est intermittent ou irrégulier, lorsqu'il s'arrête de temps à autre.

La pulsation forte se distingue facilement au doigt. Quand le pouls est petit, la pulsation est presque insensible.

Le pouls est dur si, en touchant l'artère, l'index et le milieu de la main droite éprouvent un coup sec.

Le pouls des enfants est naturellement vite et mou. Celui d'un homme en santé bat environ un coup par seconde ou soixante fois par minute. Il se ralentit beaucoup et devient petit et dur chez les vieillards.

Chambre du malade. Tenez la chambre du malade dans une grande propreté; prévenez sa corruption en répandant sur le sol de l'eau mêlée de très-peu de vinaigre, et plaçant dans la pièce quelques branches d'arbre fraîchement coupées.

Éloignez de la chambre toute odeur forte, les fleurs, les parfums, etc. De légères fumigations de chlore ne sont pas inutiles.

Entretenez du feu dans la chambre du malade, même en été. C'est un bon moyen de désinfecter l'air, non que le feu détruise le germe de l'infection, mais parce que la chaleur détermine dans la cheminée un courant d'air plus rapide qui entraîne celui de la chambre et le renouvelle par celui du dehors qu'il attire par la même cause.

Les fumigations de vinaigre sont désinfectantes; celles faites avec le sucre et les parfums ne font que masquer les mauvaises odeurs sans les détruire.

Garantissez votre malade de trop de chaleur; qu'il soit couvert légèrement; l'air plutôt frais que chaud lui convient. En général, le thermomètre de la chambre d'un malade ne doit jamais marquer plus de 12 à 14 degrés Réaumur. Il y a des exceptions que le médecin seul doit indiquer.

Qu'une lumière pure, douce et légère pénètre dans la pièce où est le malade; l'obscurité le disposerait à la tristesse; que la lumière ne lui donne pas directement dans les yeux; tâchez que sa vue ne porte point sur des murs recrépis, sur des lieux désagréables, tels que cimetières, marais, cloaques, etc., mais sur la verdure de la campagne ou sur d'autres objets riants et agréables.

N'entretenez dans l'appartement que la quantité de lumière nécessaire.

Ce qui serait nuisible à un sujet bien portant ne saurait être salutaire à un malade. Ainsi, l'air épais, chaud et chargé de vapeurs de toute espèce dans lequel on a coutume de le tenir, lui est tout-à-fait désavantageux. Il faut donc que l'air de sa chambre soit pure, frais et fréquemment renouvelé, en ayant soin toutefois d'écarter les courans d'air froid appelés vents coulis. Plusieurs fois da le jour, on ouvrira la porte et les croisées après avoir ferm les rideaux du lit.

Propreté. Les soins de la propreté la plus recherch sont nécessaires aux malades : cependant ils sont génér ment négligés; et si l'on excepte les personnes auxquell les bains sont prescrits comme faisant partie du traitemen il n'est pas rare d'en voir être malades pendant trente c quarante jours sans s'être lavé ni la figure, ni la bouche ni les dents; sans s'être peigné; en un mot, dans l'état c malpropreté le plus révoltants. C'est pis encore dans les m ladies éruptives, comme la petite vérole, et dans les co ches, où l'on ne peut changer de linge qu'au bout d'u temps déterminé. Si l'on voulait suivre les conseils de l raison, il faudrait qu'un malade fût baigné de temps e temps, que tous les jours on lui lavât les mains et la f gure, qu'il se lavât plusieurs fois dans la journée la bo che avec l'eau tiède et qu'il brossât les dents. Par ce moye il serait débarrassé de ce limon pâteux qui entoure le dents, et auquel est dû le mauvais goût dont il se plair presque toujours. Les parties qui sont soumises à une pre sion continue, comme la pression des reins, des har ches, etc., seraient lavées avec de l'eau fraîche un peu v naigrée ou aiguisée avec de l'eau de Cologne.

Lits des malades. Ces lits ne doivent pas être tro mous; les lits de plume en doivent être ôtés ou du moin placés sous tous les matelas, immédiatement après le fon sanglé. Enfin pour les malades qui ne peuvent pas se re muer eux-mêmes, le meilleur lit est un lit de sangles, o un fond sanglé avec deux matelas, placé sur quatre chai ses. De cette manière on peut tourner autour et faire tou ce qu'exige le service, tandis que les bois de lit ordinaires à cause de leurs larges dossiers et de leurs bords élevés sont très-incommodes toutes les fois qu'il s'agit de soule ver un malade incapable de s'aider. Le lit sera garni d linges de toile usée, de paillassons de balle d'avoine pou ceux qui laissent s'échapper leurs déjections. Un ou deu bons sommiers de crin pour matelas, une couverture de coton en été, de laine en hiver, un traversin et un oreiller, font un excellent coucher. Le lit de plume est échauffant.

Pour les malades atteints de fractures ou qui ont subi de grandes opérations, on emploiera avec avantage les lits mécaniques de Danjon, avec lesquels on peut soulever le malade sans qu'il éprouve aucune secousse. Un cadre mobile traversé par sept ou huit bandes de sangle, quatre poulies fixées au plafond et quatre cordes suffisent pour établir un appareil semblable. Les couvertures seront chaudes et légères; si le malade a froid aux pieds, on y placera une boule d'étain ou une bouteille de grès remplie d'eau bouillante. Il ne faut bassiner le lit que quand on y met des draps blancs; la vapeur de la braise peut avoir de mauvais effets. Un moyen de soulager et de rafraîchir beaucoup les malades, c'est de les changer de lit de temps en temps. (Voy. FRACTURES, LITS.)

Vêtements du malade. Ils doivent être légers et chauds, larges et sans ligatures. Les femmes malades ne doivent porter ni buscs, ni corsets, ni lacets; les hommes, ni cordons ni cravate.

Les vêtements de coton, et ceux de soie ouatés, sont préférables à ceux de laine. Les vêtements de lin et de toile, ceux d'un tissu lisse et serré conviennent aussi beaucoup.

Pour le linge de lit, on doit préférer celui de chanvre ou de lin à celui de coton qui s'imprègne de la transpiration. On change souvent la chemise et les draps du malade. On expose au grand air et au soleil les couvertures, rideaux et matelas.

Administration des médicaments. Que la garde-malade ait bien soin de ne pas confondre les ordonnances ou les étiquettes des médicamens à appliquer au malade, et la manière de les administrer; qu'elle suive exactement les instructions qui lui sont données par le médecin, et place en ordre, hors de la vue du malade, les médicamens qui sont apportés de chez le pharmacien.

Des tisanes. Les tisanes forment la boisson ordinaire du malade et se préparent ordinairement par infusion ou décoction, quelquefois aussi elles sont à froid. Elles doivent être renouvelées au moins toutes les vingt-quatre heures en été, et ne jamais reposer sur leur marc.

On doit les conserver dans des vases de faïence, de porcelaine ou de verre, couverts et très-propres.

Si le malade doit boire chaud, vous tiendrez constamment une petite portion de la tisane auprès du feu; mais seulement la quantité nécessaire pour être toujours en mesure de lui en donner quand il en aura besoin, afin qu'elle ne se gâte pas.

Si la boisson contient des principes aromatiques ou volatils, qu'une chaleur trop prolongée ferait évaporer, ou qu'elle soit sujette à tourner, comme les émulsives, les mucilagineuses, les résineuses, etc., ayez constamment sur un réchaud à l'esprit de vin une petite casserole pleine d'eau bouillante, et quand vous voudrez faire chauffer la tisane, vous la verserez dans une fiole à médecine que vous plongerez un instant dans l'eau de la casserole et vous la transvaserez ensuite dans une tasse.

S'il vous est prescrit d'ajouter quelque chose dans la tisane, soit pour l'édulcorer (adoucir), soit pour en augmenter ler vertus, vous ne ferez le mélange qu'au moment de faire boire le malade.

Si c'est de l'éther ou de l'alcali volatil que l'on doit y ajouter, il faut que le breuvage soit à peine tiède, afin de conserver la vertu de ces substances que la moindre chaleur fait évaporer.

Lorsque, dans une maladie grave, plusieurs espèces de tisanes sont prescrites, il faut donner tantôt de l'une tantôt de l'autre, afin de ne pas dégoûter le malade et faire boire moins souvent de celle qui répugne le plus.

Ne donnez jamais une boisson acide immédiatement après une boisson laiteuse ou émulsive, de crainte que celle-ci ne tourne et ne pèse sur l'estomac.

Faites boire souvent, mais sans forcer et peu à la fois. Quatre onces, ou la valeur d'une tasse à café, sont une dose suffisante.

Ne reversez jamais dans le vase qui contient la tisane celle que le malade n'a pu boire.

Ne lui donnez jamais à boire sans rincer ensuite les vases et cuillères dont vous vous serez servis; vous éviterez par-là qu'ils ne contractent un mauvais goût qu'ils communiqueraient infailliblement aux boissons. Vous vous garantirez d'ailleurs par-là de l'incommodité des mouches.

Si le malade a des convulsions, ou est privé de la raison, gardez-vous de le faire boire avec un verre qu'il pourrait briser entre ses dents; servez-vous de préférence d'une tasse d'argent ou d'un biberon à bec.

Les bouillons, tels que ceux de veau, de poulet, de tortue, etc., et les apozèmes ou tisanes plus fortes que celles que l'on donne ordinairement aux malades, se donnent en quatre doses de trois heures en trois heures.

Les sucs d'herbes s'administrent en une seule dose, le matin à jeun. Si on en donne le soir, il faut bien s'assurer que la digestion est achevée. Lorsqu'ils sont préparés de la veille, il faut les tenir au frais pendant la nuit, de crainte qu'ils ne se gâtent. On en suspendra l'usage s'il survient quelque évacuation extraordinaire.

Le petit lait se prend comme la tisane ou bien à dose réglée comme les bouillons. C'est le plus souvent deux ou trois verres le matin à jeun, à demi-heure d'intervalle l'un de l'autre. Il est bon de faire, après avoir bu, un peu d'exercice pour en favoriser l'effet. Il se corrompt très promptement et veut être tenu au frais. On ne peut le conserver plus de vingt-quatre heures.

Si le lait d'ânesse, de chèvre ou de vache est prescrit au malade, il en prendra un grand verre le matin, une heure au moins avant le premier repas. On en donne quelquefois un second verre au moment du coucher. On doit le prendre au sortir de la mamelle. Le lait marchand peut tout au plus être employé comme aliment.

Évitez de donner le lait au malade s'il a de la fièvre, s'il a la bouche mauvaise et le ventre tendu, ce qui annonce une digestion incomplète.

On appelle *potion* un mélange d'eaux distillées et de sirops; leur dose ordinaire est de quatre onces divisées par cuillerées, à prendre d'heure en heure, ou de deux en deux heures. Elles prennent le nom de loochs lorsqu'il entre des huiles dans leur composition.

Remuez le vase qui contient la potion ou le looch avant de le verser. Ayez soin de les tenir au frais, à l'abri des mouches et de la poussière. Le looch doit être renouvelé tous les jours.

Le julep est une espèce de potion plus simple que les autres, qui se prend ordinairement le soir en une ou deux fois, et plus rarement par fractions, dans le courant de la journée; à cela près, il exige les mêmes soins.

Les sirops et vins médicamenteux s'administrent à peu près comme les potions, c'est-à-dire par cuillerées, une ou plusieurs fois par jour, purs ou étendus dans de l'eau ou de la tisane.

Les médicamens qui s'administrent par gouttes dans la tisane, de l'eau ou du vin, étant ordinairement volatils, doivent être tenus bien bouchés. On les empêche de s'évaporer en posant le doit ou le bouchon sur l'orifice du flacon qui les contient.

Les opiats, électuaires, et bols se prennent par petites doses à heures fixes. Pour en faire disparaître l'odeur, on les enveloppe ordinairement dans le pain à chanter humecté, puis on les fait avaler successivement, en portant la cuillère dans l'arrière-bouche.

En général, faites prendre au malade quelque médicament d'heure en heure, et même de demi-heure en demi-heure, si la maladie est grave.

A moins d'ordre contraire, respectez son sommeil. Laissez un intervalle raisonnable entre tout remède et un aliment quelconque.

Rendez les médicamens le moins désagréables possible au malade, soit en leur donnant le goût, l'odeur, ou même le nom de choses qu'il aime; soit en lui conseillant de rincer sa bouche avec un peu de vinaigre ou d'eau-de-vie, en lui donnant un peu de confiture après un amer, en lui faisant sucer une tranche d'orange ou de citron après une chose fade ou nauséabonde.

Ne le prévenez pas du moment où il doit prendre le médicament. Ne lui en parlez pas, ne le lui montrez pas, présentez-le lui au moment où il s'y attend le moins, et tâchez d'obtenir qu'il l'avale de suite et avant de réfléchir.

S'il s'y refuse, vous le forcerez d'ouvrir la bouche, en lui glissant avec précaution le manche d'une cuillère entre les mâchoires, et, tandis qu'une personne lui tiendra la tête en repos, vous lui ferez avaler le médicament; mais souvent il vaut mieux attendre en pareil cas, et s'en référer à la prudence du médecin

Les médicamens les plus simples sont les plus efficaces. Une substance seule agit avec plus d'activité que lorsqu'elle est réunie à d'autres. On ne doit se médicamenter soi-même qu'avec beaucoup de ménagemens, et seulement dans les maladies peu graves et au début.

Comment l'amour de sa propre vie ne fait-elle pas trembler le plus insouciant d'oser courir la chance dangereuse de se traiter soi-même, ou de consulter des charlatans et des commères? Comment la conscience ne sèche-t-elle pas la langue au palais de ceux qui, près d'un malheureux que la maladie étend sur le lit de douleur, lui conseillent de suivre un traitement qui a réussi à d'autres, et cela sans égard au caractère, à la nature de la maladie, au tempérament de l'individu? On dirait que la vie est une bagatelle et que la mort n'est pas sans appel.

Un spéculateur prôna la graine de moutarde blanche; une personne en fit usage et s'en trouva bien; elle en parla à son portier qui était souffrant; il en prit aussi, mais vingt-quatre heures après il *était mort*.

Combien ne voit-on pas de personnes qui, pour dissiper une légère indisposition, se font saigner ou se purgent au hasard? Celles qui prennent ce dernier parti semblent ignorer qu'il y a un choix à faire parmi les médicamens; elles n'ont pas étudié la matière médicale, peu importe; sans connaître les propriétés propres des substances, elles prennent les premières drogues venues. On dirait que le résultat les inquiète peu: et que de fois pourtant il est funeste! C'est ainsi que nous avons souvent vu employer la scammonée, le jalap, la coloquinte, la gomme-gutte et cinquante autres drogues d'un emploi aussi délicat et si fréquemment pernicieux.

Quand on aura la volonté de se purger, au moins faudra-t-il le faire avec des substances peu dangereuses! Et bien, avec deux onces de sulfate de soude ou de sulfate de magnésie, on obtient une purgation, et, si tout purgatif n'est pas contraire, on n'a pas à redouter d'accidens; ce n'est pas à dire qu'il n'en puisse résulter si les personnes se trouvent dans une disposition qui rende la purgation nuisible; mais qui en jugera si ce n'est ceux qui ont fait des études et subi des examens avant d'être préposés à la santé publique? (Voy. MÉDICAMENS.)

Bains. La personne qui soigne un malade doit savoir que les bains froids, peu prolongés, resserrent et fortifient; que les bains tièdes relâchent, affaiblissent un peu, et délassent parfaitement à la suite d'une grande fatigue du corps ou de l'esprit; que les bains très-chauds produisent une infinité de maux; et doivent être très-rarement recommandés.

Il est certaines circonstances qui doivent faire différer un bain ordonné même par le médecin; par exemple, au moment de le prendre, une digestion incomplète, une transpiration abondante, l'apparition d'une éruption imprévue, d'une évacuation naturelle ou accidentelle, ou tout autre cas semblable. Si le malade se met au bain, tenez-vous près de lui, tâchez, en conversant ou lui faisant quelque lecture, de prévenir le sommeil que le bain provoque et qui lui serait contraire.

Si, malgré vos soins, le malade éprouve une faiblesse, retirez-le, et après l'avoir bien essuyé, replacez-le dans son lit, après l'avoir enveloppé de linges chauds.

La durée ordinaire des bains de siége ou demi-bains, c'est-à-dire qui ne s'appliquent qu'à une partie du corps, est d'une demi-heure; leur température doit être modérée.

Les bains de pied ayant pour but d'attirer la circulation du sang vers les extrémités inférieures, doivent être très-chauds et de courte durée, huit à dix minutes, sans quoi leur effet serait totalement manqué.

Pour rendre les pédiluves ou bains des jambes plus efficaces, on y ajoute ordinairement quatre onces de moutarde en poudre, une forte poignée de sel gris et une chopine de vinaigre. Ces ingrédiens et l'eau qui les contient peuvent au besoin servir deux ou trois fois, si les bains doivent être souvent répétés.

Les bains de vapeurs humides, à la différence des bains de vapeurs sèches ou fumigations dont nous avons parlé, consistent à envelopper le malade de vapeurs fournies par un liquide placé dans une étuve ou une pièce voisine, d'où cette vapeur est amenée par des tuyaux. L'eau pure compose ces bains: on les nomme bains simples; si l'eau est mêlée à quelque substance étrangère, on les nomme bains médicamenteux. Ils ne doivent être donnés que sur ordonnance du médecin. (Voy. BAIN.)

Des douches. (Voy. ce mot.) Il en est de même des douches ou percussions sur une partie du corps par une colonne de liquide tombant de plus ou moins de hauteur. La durée ordinaire des douches est de dix, vingt ou trente minutes. La température des douches chaudes est de 30 à 40 degrés Réaumur.

Si l'on est éloigné d'établissements publics, la garde-malade peut établir des douches en plaçant dans la pièce qui est au-dessus de celle qui doit servir de salle de bain, une barrique défoncée par son extrémité supérieure, qui fera l'office d'un réservoir. Le fond de la barrique et le plancher seront percés d'une ouverture correspondant, dans laquelle passera un corps de robinet armé d'un tuyau que l'on dirigera sur la tête du malade placé dans un bain tiède.

Si la douche doit être chaude, on fera chauffer l'eau de la barrique à l'aide d'un cylindre, ou de tout autre moyen, et après avoir placé le malade dans une baignoire vide, vous dirigerez le robinet sur la partie de son corps qui doit recevoir cette douche. Si la percussion est trop douloureuse, vous l'amortirez en plaçant une flanelle ou un morceau de linge sur cette partie.

La douche donnée, vous achèverez d'emplir la baignoire d'eau chaude et y laisserez le malade pendant trois quarts d'heure ou une heure, à moins d'ordonnance contraire.

S'il s'agit enfin de doucher une plaie, et que tout autre moyen vous manque, vous pourrez vous servir d'un grand entonnoir suspendu au plafond, ou d'une seringue à lavement dont vous pousserez le piston le plus vivement possible.

Médicaments extérieurs. Souvent la garde-malade est appelée à appliquer un *topique*; on appelle ainsi tout médicament employé à l'extérieur sous quelque forme que ce soit, et plus particulièrement les onctions, les fomentations, les cataplasmes, les sachets et emplâtres.

La consistance des topiques varie depuis l'état liquide jusqu'à celui de siccité des poudres.

Fomentations. Les fomentations sont liquides et s'appliquent au moyen de compresses imbibées: elles prennent le nom d'embrocations lorsqu'elles se font à froid.

Après avoir fait chauffer le médicament prescrit en *fomentations*, trempez-y une compresse de flanelle ployée en quatre, exprimez-la légèrement et l'étendez sur la partie malade, de manière à ce qu'elle ne fasse pas de plis. Par-dessus celle-ci, vous pourrez en appliquer une seconde également imbibée; et afin d'y conserver plus longtemps la chaleur, vous envelopperez le tout d'une serviette chaude et l'assujettirez par un bandage peu serré. Vous renouvellerez cette application à mesure que les compresses se sécheront ou perdront leur chaleur, évitant avec soin de brûler le malade et de laisser refroidir sur son corps ces compresses humides, ce qui lui ferait beaucoup de mal.

Les *embrocations* ou *fomentations à l'eau froide* demandent à être changées très-souvent. Elles n'admettent rien de chaud.

Collyres. Les collyres sont des fomentations qui s'appliquent à chaud ou à froid sur les yeux. A cet effet, la garde-malade trempe dans la liqueur indiquée par le médecin une petite compresse de linge bien fin et l'applique sur les paupières fermées du malade. Elle recouvre celle-ci d'une seconde beaucoup plus large, également imbibée, et assujettit le tout sans comprimer le globe de l'œil. Quelquefois on humecte un peu l'œil avec quelques gouttes du collyre avant l'opération.

Quant aux collyres secs ou en poudre, coupez par ses deux extrémités un tuyau de plume à écrire, introduisez-y la dose de poudre ou collyre prescrite, en bouchant un des bouts avec le doigt; portez le tuyau à la hauteur de l'œil du malade, ouvrez d'une main les paupières et injectez-y en une seule fois toute la poudre en soufflant dans le tube. Laissez de suite refermer les paupières et appliquez une compresse sèche ou imbibée d'un collyre approprié à la circonstance.

Cataplasmes. (Voy. ce mot.) La garde-malade chargée d'appliquer un cataplasme ne doit employer que celui qui a une consistance convenable.

Elle doit avant de l'appliquer raser la partie souffrante, s'il y a lieu.

Elle le changera toutes les six heures ou même plus souvent si le médecin l'ordonne.

Pour qu'un cataplasme soit d'une chaleur convenable, il faut qu'elle puisse le supporter sur le dos de la main, sans qu'il la brûle.

Si le cataplasme se compose de substances sujettes à s'aigrir, on les renouvellera toutes les vingt-quatre heures. Le même ne peut servir deux fois.

Sachet. Le sachet qui se compose de son, de graines grillées, de cendres chaudes, de sable fin, etc., se prépare en faisant chauffer dans une poche celle des substances qui est prescrite et la remuant souvent: on la met ensuite dans un petit sac de toile que l'on applique sur la partie malade.

Cette espèce de sachet, perdant facilement sa chaleur, doit être souvent renouvelé. On peut le remplacer par des serviettes ou des flanelles chaudes.

Emplâtre. (Voy. ce mot.) La garde-malade qui doit appliquer un emplâtre ou espèce d'onguent ayant la consistance de la cire molle, prendra un morceau de peau blanche un peu plus grand que la partie qu'il doit couvrir, posera dans le milieu un morceau d'onguent, l'aplatira et l'étendra avec le pouce, jusqu'à ce que le morceau en soit couvert de l'épaisseur d'une ligne environ, les bords exceptés. On mouillera fréquemment son doigt en étendant l'onguent, afin qu'il ne s'y attache pas. L'emplâtre peut être laissé plusieurs jours sur la partie malade sans être renouvelé.

Lorsque l'emplâtre est appliquée sur une tumeur que l'on veut dissoudre, on peut le recouvrir d'un cataplasme, en ayant soin de le changer chaque jour.

Gargarisme. (Voy. ce mot.) Les gargarismes sont des médicaments liquides, froids ou chauds, destinés à baigner les parois de la gorge ou de la bouche.

La garde-malade en fera prendre au malade une gorgée qu'il gardera dans sa bouche; il renversera sa tête en arrière, en ayant soin de retenir la respiration, de pousser constamment au dehors l'air contenu dans les poumons, afin d'éviter d'avaler le liquide.

Si l'inflammation de la gorge, la grande faiblesse du malade ou toute autre cause s'oppose à ce qu'il puisse user du gargarisme, la personne chargée de le soigner augmentera un peu sa consistance, en y ajoutant soit du miel, soit du mucilage de guimauve ou de graine de lin; puis elle trempera dans le mélange un pinceau long et mou, garni de longs brins de charpie attachés au bout d'un petit bâton, et promènera légèrement ce pinceau sur les parties malades.

S'il y a des ulcères que l'on veuille humecter sans toucher aux endroits sains, on se servira d'un pinceau plus petit, afin qu'il ne s'imbibe que de la quantité de liquide nécessaire pour en déposer une ou plusieurs gouttes sur la partie touchée.

S'il entre quelque substance vénéneuse dans le gargarisme, on aura soin de faire cracher chaque fois le malade et d'empêcher qu'il ne s'en introduise dans la gorge.

Injections. On nomme injection une petite opération au moyen de laquelle on introduit un médicament liquide dans l'intérieur d'une des cavités naturelles, ou dans le fond d'une plaie ; on se sert pour cela de petites seringues de diverses grandeurs.

La seringue destinée à contenir le liquide à injecter doit être très-propre, et ce liquide ni trop chaud ni trop froid. Vous garnirez d'un linge en plusieurs doubles la partie du lit où pose l'endroit du corps que vous devez injecter, et oindrez légèrement de cérat le bout de la canule. Ne vous servez jamais de la même pour deux individus sans l'avoir bien nettoyée ; l'omission de cette précaution vous exposerait à communiquer à l'un le mal de l'autre.

Des poudres. Les poudres d'une saveur désagréable peuvent être converties en opiat, au moyen d'un peu de sirop, ou délayées dans un peu de tisane, d'eau, ou de vin, suivant l'indication.

Régime alimentaire des malades. Le régime alimentaire varie suivant les maladies. La diète, dans la plupart et surtout dans les affections aiguës, est entièrement prescrite. La nourriture en cas de fièvre l'augmente, et diminue les forces du malade, loin de les réparer. Il faut suivre là-dessus l'ordonnance du médecin. Les choses les plus substantielles ne sont pas celles qui conviennent le mieux. Lorsque les premières doses d'aliment ont passé, on les augmente par degrés, en ayant soin de s'arrêter, et même de revenir à la diète, s'il survient quelque désordre dans la santé.

Il est très-dangereux de commencer un nouveau repas avant que le premier soit complétement digéré ; ou bien encore de faire manger le malade à une époque trop avancée de la journée ; car vers le soir, même dans la convalescence, il survient encore un petit mouvement fébrile qui serait inévitablement augmenté par le travail de la digestion. On s'abstiendra soigneusement, à moins d'une prescription du médecin, de donner aux malades du vin, comme on a coutume de le faire, en choisissant même le vin le plus généreux qu'on peut se procurer dans l'intention de restaurer l'individu. La boisson la plus convenable pour les malades et les convalescents est l'eau pure ou faiblement sucrée, ou bien encore rougie par un très-petite quantité de bon vin vieux.

Les malades et les convalescents doivent user d'une nourriture légère et rafraîchissante ; elle doit leur être administrée en petite quantité à la fois, et à distances telles qu'au moment où l'on en prend de nouvelle l'estomac soit parfaitement vide. C'est une mauvaise habitude de donner à manger trop souvent ; il en résulte toujours des digestions imparfaites et laborieuses. Une précaution également importante à observer, c'est que les aliments et les médicaments ne se rencontrent pas dans l'estomac, car l'effet des premiers est annulé par les seconds. Aussi ne faut-il jamais prendre des médicaments si ce n'est une heure avant et trois heures après le repas.

Il faut entretenir la transpiration sans l'arrêter, et tenir le ventre libre, sans trop provoquer les évacuations.

Chez des personnes, l'évacuation qui leur est particulière, survenant dans le cours des maladies ou dans la convalescence, exige plus de soins et de précautions que dans aucune autre circonstance. On devra également avoir égard aux évacuations artificielles, telles que les cautères, les vésicatoires, surtout lorsqu'ils seront anciennement établis ; il faudra les entretenir et ne les supprimer qu'avec l'avis du médecin qui indiquera la manière de se conduire en pareil cas.

Aussitôt que la fièvre a paru, il faut retrancher toute nourriture solide, et ne prendre, les trois premiers jours, que du bouillon coupé avec les tisanes ordinaires ; la boisson qui convient le mieux en ce cas, est une décoction légère d'orge mondé, qui sert au malade de nourriture et de boisson.

A mesure que les symptômes de la maladie deviennent moins violents, on peut augmenter la nourriture liquide, et donner un peu plus de bouillon.

Quand les symptômes augmentent, que les forces sont occupées à combattre la fièvre, il faut diminuer de beaucoup la nourriture ; car c'est le temps où elle est peut-être le plus nuisible ; bientôt après les symptômes de la maladie déclinant, il faut alors augmenter la nourriture jusqu'à la parfaite convalescence.

En général, on doit soustraire la nourriture dans toutes les maladies aiguës au commencement des accès, surtout quand ils sont longs.

Pour faire la tisane, les anciens prenaient de l'orge qu'ils dépouillaient de son écorce, et ensuite ils le faisaient cuire dans l'eau, à un feu très-lent, jusqu'à ce qu'il fût réduit en bouillie. Cette tisane est légère, agréable, humectante ; elle lave et relâche les fibres, et elle ne produit aucun gonflement dans le ventre ; elle convient surtout dans les premiers moments de la fièvre, pour être substituée au bouillon ; mais quand les symptômes augmentent, alors la tisane de chiendent et de réglisse doit être plus abondante, et on ne doit faire que très-peu d'usage de l'eau d'orge. Quand la fièvre commence à décroître, on doit donner plus abondamment l'eau d'orge et le bouillon à la viande.

Dans les fluxions de poitrine et les pleurésies, la diète doit être extrêmement sévère.

Les inflammations du bas-ventre, les plaies faites à l'estomac, au foie, aux intestins ou autres parties nécessaires à la digestion, rendent l'alimentation difficile ; aussi ne faut-il, dans les premiers jours de ces maladies, nourrir qu'avec les eaux de poulet ou de veau, et ne leur permettre que des boissons aqueuses : ce précepte est de la dernière importance ; car sans cela, on ne peut espérer aucune sorte de guérison.

Les enfants et les vieillards sont moins sujets à la diète pendant les maladies aiguës, que les adultes : il en est de même des personnes délicates et valétudinaires. Mais en général, dans quelque cas que l'on se trouve, on doit toujours nourrir médiocrement dans les commencements des maladies aiguës, moins dans la force, l'augmentation et les redoublements, et finir la maladie en augmentant petit à petit la nourriture, et en la joignant à des stomachiques propres à fortifier les fibres. On doit faire une attention particulière à ces préceptes ; car, en les négligeant, on devient la cause de la mort du malade.

Dans les maladies chroniques, l'exercice est salutaire; dans les maladies aiguës, repos absolu. En tout cas, le repos de l'âme est indispensable. Les malades sont à moitié guéris, quand on les entretient d'espérances de guérison.

Il est fatigant pour le malade de s'entendre demander à chaque instant comment il se trouve; s'il ne souffre pas beaucoup, et autres questions qui sont propres à lui rappeler sans cesse sa position pénible. A plus forte raison, faut-il s'abstenir de laisser apercevoir les inquiétudes qu'on éprouve, et plus encore de l'ennuyer des accidents fâcheux arrivés à des personnes qui sont dans un état analogue au sien.

MALADIE DES CHIENS. (*An. dom.*) *Remède.* Un amateur anglais a communiqué le remède suivant dont il a reconnu les effets infaillibles.

Prenez dix grains d'opium brut, douze grains de calomel et douze grains d'antimoine tartarisé; mélangez le tout avec du miel, faites-en six pilules ; vous en ferez prendre deux chaque matin au chien malade. Il faut le tenir à une diète sévère, et dans un endroit chaud; si la guérison tarde, il faut recommencer. On peut lui donner une soupe claire au gruau vers le milieu du jour. (Voy. CHIEN.)

MALTE (EAU DE). (*Off.*) Prendre : eau-de-vie, 6 pintes. Zestes de 12 oranges de Malte. Eau de fleur d'orange, 1 pinte. Eau de fontaine ou de rivière, 2 pintes. Sucre concassé, 4 livres.

Faire infuser les zestes d'orange dans l'eau-de-vie, pendant deux jours, puis les soumettre l'un et l'autre à la distillation.

Faire fondre le sucre dans l'eau de rivière, y ajouter l'eau de fleur d'oranger quand il est entièrement fondu ; le mêler et le filtrer.

MANDRAGORE. (*Conn. us.*) *Atropa mandragosa.* Famille des belladones. Plante sans tige, qui croît dans les lieux humides; elle est très-purgative. Elle est maintenant inusitée.

MANÉGE. (*Conn. us.*) Un cheval attaché à un manége peut travailler quatre à cinq heures par jour. Les barres auxquelles les chevaux sont attelés ont ordinairement de cinq à sept mètres de long, et ils marchent avec une vitesse de huit décimètres par seconde. M. Gueniveau évalue l'action journalière d'un cheval attelé à un manége à environ quinze cents kilogrammes.

MANILLE (JEU DE LA). (*Récr. dom.*) Ce jeu, très-divertissant, se joue à deux, mais plutôt à trois et à cinq. L'enjeu de chaque joueur est de neuf fiches, valant chacune dix jetons : ce qui donne quatre-vingt-dix jetons. En adoptant les gros paiements, l'on peut perdre à ce jeu deux ou trois mille jetons.

Le jeu de cartes doit être entier, et toutes les cartes doivent être distribuées aux joueurs, quel que soit leur nombre : ainsi le donneur en donnera vingt-six, si l'on joue à deux personnes, dix-sept, si l'on est trois; treize si l'on est quatre, et dix, si l'on est cinq : en ce dernier cas, il en reste deux qui forment un talon que l'on ne doit ni toucher ni voir. Les cartes se distribuent toujours trois à trois, ou quatre à quatre. La donne est tirée au sort avant de commencer le jeu; en même temps il est bon de convenir de la valeur du jeu ; si l'on veut jouer gros jeu, on convient de donner autant de jetons qu'il se trouvera de points dans les cartes restantes aux joueurs à la fin du coup; si, au contraire, on désire jouer un petit jeu, on convient de ne donner de jetons qu'autant qu'il reste de cartes. On convient encore si l'on paiera neuf jetons, ou un seul pour la manille non placée; si, placée, elle vaudra un certain nombre de jetons ou une fiche de chaque joueur ; si enfin la mise au corbillon au commencement du jeu est d'une ou de deux fiches.

Les cartes ont leur valeur ordinaire : l'as compte pour un point, chaque figure pour dix, et les autres cartes valent les points qu'elles représentent; il y en a cependant une particulière, le neuf de carreau, que l'on nomme par excellence la *manille* : on le fait valoir ce que l'on veut, et on peut le rendre roi, dame ou valet, et autres cartes inférieures, comme il convient au joueur qui l'a en main.

A mesure que les cartes se distribuent, chacun les range dans l'ordre ordinaire ; ainsi l'on place l'as, puis le deux, le trois, etc., jusqu'au roi, toujours de la même couleur. Chacun ayant arrangé son jeu, le premier en cartes jette celle qui lui convient, ou plutôt il commence par la plus forte de celles qui sont les plus nombreuses : supposons qu'il ait une suite de piques depuis le sept jusqu'au roi, il les jette l'un après l'autre, en disant : roi, dame, valet, dix, neuf, huit, sept; s'il lui en manquait quelques-unes, comme le valet et le huit, il dirait en jouant : roi, dame sans valet, dix, *neuf sans huit*, et ainsi de suite pour les cartes manquantes. Le joueur suivant, qui se trouverait avoir la carte manquante à son voisin, continuerait en la jetant, et dirait, ainsi que celui-ci, jusqu'à ce qu'il fût arrêté par une carte manquante, ou qu'il fût arrivé à l'as, car alors il recommencerait par une autre série de cartes.

Il est bon de jouer à la suite les cartes de même couleur; mais cela n'est point indispensable, pourvu qu'elles se suivent sans interruption : quand le joueur, qui vient après celui qui a dit *neuf sans huit* (ou toute autre carte), n'aurait pas le huit manquant, ce serait au troisième joueur à le dire; si celui-ci ne l'avait pas non plus, cela viendrait ensuite au quatrième. S'il arrivait qu'aucun des joueurs ne l'eût, le joueur qui le premier a dit *neuf sans huit*, reçoit un jeton de chacun, et recommence à jouer la carte qui lui convient.

On conseille ordinairement de commencer à jouer par la moindre carte de la suite, comme par exemple, de dire: sept, huit, *neuf sans dix*, et de pousser toujours en montant jusqu'au roi ; mais, comme il est important de se défaire, autant qu'on le peut, de ses plus fortes cartes, parce qu'on doit donner à celui qui gagne autant de jetons que les cartes qui restent en main à la fin du coup portent de points, il vaut mieux commencer par jeter les figures qui valent dix.

Il faut se défaire promptement des as, si l'on attend trop, il est difficile de rentrer.

Le neuf de carreau, ou la manille, étant la carte essentielle, celui qui la porte doit la jouer avant qu'un des joueurs se soit défait de toutes ses cartes ; car, s'il ne peut la jouer avant, il donnera une fiche à chaque joueur, et paiera, en outre, au gagnant, neuf jetons pour le nombre de points que contient la manille. Quand le porteur de la manille la place convenablement, il reçoit une fiche de chacun : il doit la faire payer dès qu'elle est sur le tapis; car la levée faite, il n'est plus reçu à demander ce qu'on lui doit.

Pour faire valoir la manille, on peut, lorsque dans une suite de cartes, il en manque une, qui, jetée par le joueur suivant, le rendrait maître du jeu, transformer la manille en cette carte manquante.

A mesure que l'on jette un roi sur la table en jouant son jeu, on gagne un jeton de chaque joueur. Si les rois restent, on paie également pour chacun un jeton à chaque joueur, si l'on paie par carte; et dix jetons, si l'on paie la valeur des points.

Le joueur qui a le premier jeté toutes ses cartes, gagne la partie, qui se compose de la mise de chacun, et des points des cartes restantes entre les mains des joueurs.

MANNE. (*Méd. dom.*) Suc concret du frêne à manne. (Voy. FRÊNE.) Cette substance d'une saveur moelleuse, fade et très-soluble dans l'eau, est légèrement purgative et expectorante. La dose est de quatre décagrammes jusqu'à un hectogramme en dissolution. La manne *en sorte* et la manne grasse ne sont guères employées qu'en lavements.

Moyen de purifier la manne commune. La faire fondre dans huit onces d'eau par livre, clarifier avec le blanc d'œuf et trois onces de noir d'ivoire; remuer et jeter sur une chausse; faire évaporer rapidement dans une bassine, verser le liquide deux fois sur de petits bâtons espacés, porter à l'étuve, faire sécher et détacher des bâtons.

MAQUEREAU. (*Pêch.— Cuis.*) *Scomber.* On pêche le maquereau sur toutes les côtes de France. On le sale pour l'envoyer au loin. C'est une source de commerce et de richesses pour quelques ports de l'Europe.

Maquereau à la maître-d'hôtel. Choisir un maquereau frais et laité. Le vider, ôter les ouïes, rogner le bout de la queue et de la tête, lui fendre le dos en entier, mais sans le séparer; le faire mariner une heure avec sel, poivre, huile et jus d'un citron, le mettre une demi-heure sur le gril, en ne le retournant qu'une fois. Mettre dans la fente du dos du maquereau un quarteron de beurre frais manié avec persil, ciboule, un peu d'ail hachés, poivre et sel; servir sur un plat très-chaud.

Trois maquereaux suffisent pour faire une entrée. Les laitances de maquereaux s'apprêtent comme celles de carpes.

Maquereaux au beurre noir. Faire cuire comme ci-dessus. Servir avec du persil frit et beurre noir.

Maquereaux à l'eau de sel. Vider les maquereaux par la tête, les essuyer, les jeter dans de l'eau salée, les retirer de l'eau, les égoutter, les mettre sur le plat, les masquer d'une maître-d'hôtel liée (Voy. ce mot), ou de beurre noir.

Filets de maquereaux. Lever les filets, les placer dans une casserole avec sel, poivre, persil et ciboule hachés, verser dessus un morceau de beurre tiède; mettre sur le feu; remuer pour empêcher les filets de s'attacher; quand ils sont chauffés d'un côté, les retourner; verser dessus une sauce chaude faite avec un morceau de beurre, une cuillerée de velouté, trois jaunes d'œufs, jus de citron, sel, poivre, ravigotte hachée; qu'on ne laisse pas bouillir. On peut servir avec une italienne ou une sauce tomate.

Maquereaux en papillote. Vider les maquereaux par les ouïes, en faire cuire les laitances avec beurre, sel, poivre et jus de citron; les laisser refroidir; mettre une maître-d'hôtel froide dans le ventre des maquereaux; entourer chaque maquereau d'une feuille de papier huilé, ficeler la tête et la queue, faire cuire sur le gril.

Maquereaux à l'italienne. Leur couper la tête et la queue, les faire cuire avec un verre de vin blanc pour chacun, quelques tranches d'oignons, carottes hachées, persil, laurier, sel. Les égoutter et servir avec une sauce italienne.

Maquereaux à l'anglaise. Les vider, ficeler la tête; les faire cuire avec une poignée de fenouil vert et eau de sel; les égoutter, les saucer d'une sauce au fenouil.

Maquereaux à la flamande. Remplir le ventre des maquereaux d'un morceau de beurre manié avec échalottes, persil et ciboule hachés, sel, poivre et jus de citron; les envelopper de papier beurré; frotter le papier d'huile; faire griller pendant trois quarts d'heure à feu doux et égal; servir avec jus de citron.

MARABOUTS. (*Ind. dom.*) Plumes d'un oiseau de l'Inde nommé arzala; elles servent à orner les chapeaux de femmes.

Moyen de les blanchir. Préparer une eau de savon légère, la faire chauffer fortement, plonger les plumes dans cette solution; les frotter légèrement de savon, après quelques heures de bain, et les rincer à l'eau claire. Exprimer l'eau qu'elles retiennent en les pressant entre deux linges, les faire sécher en les agitant à l'air. Si elles étaient grises, avant de les faire sécher, les étendre sur un linge et les saupoudrer légèrement de chlorure de chaux en poudre fine. Les savonner au bout d'un quart d'heure.

Pour les conserver et les envoyer au loin, les imprégner d'une solution de chaux liquide, étendue de cinq parties d'eau pure; les faire sécher à l'air ou dans une étuve, les déposer dans un lieu sec. Quand on veut s'en servir, les battre légèrement, et agiter à l'air.

MARAIS. (*Cod. dom.—Agr.—Ind. dom.*) Des documens authentiques, recueillis par ordre du gouvernement prouvent qu'il y a encore en France 400 lieues carrées de marais (600,000,000 hectares); et comme la surface du pays est de 54,000 lieues carrées, il s'ensuit que la quatre-vingt-septième partie de la France se trouve couverte par des eaux fétides et stagnantes. Ces 400 lieues font 1,777,000 arpents, qui, calculés à raison de 25 fr. par an, présenterait un revenu de 44,000,000 fr. par an. Si vous calculez ce revenu à 5 p. 0/0, taux ordinaire des fermes, vous arriverez à 1 milliard et demi.

C'est ce que disait M. Lafitte en appuyant à la chambre la proposition pour le dessèchement des marais. Il est donc dans l'intérêt de la nation entière de provoquer des travaux de dessèchement et de remplacer par des prairies fertiles ou des champs de céréales les marécages dont l'existence est aussi nuisible à la prospérité du pays qu'à la santé des habitants.

Lois sur le désséchement des marais. La propriété des marais est soumise à des règles particulières, et il appartient au gouvernement d'ordonner les désséchements qu'il juge utiles ou nécessaires. (Lois des 16-26 septembre 1807.)

Les désséchements sont exécutés par l'état ou par des concessionnaires. (*Idem*, art. 2.)

Lorsqu'un marais appartient à un seul propriétaire ou que tous les propriétaires se réunissent, la concession du desséchement leur est toujours accordée, s'ils se soumettent à l'exécuter dans les délais fixés, et conformément aux plans adoptés par le gouvernement. (*Idem*, art. 5.)

Lorsqu'un marais appartient à un propriétaire ou à une réunion de propriétaires qui ne veulent pas se soumettre à dessécher dans les délais et selon les plans adoptés, ou, s'il y a parmi les propriétaires une ou plusieurs communes, la concession aura lieu en faveur des concessionnaires, dont la soumission sera jugée la plus avantageuse par le gouvernement. Celles qui seront faites par des propriétaires réunis, ou par des communes propriétaitaires, seront préférées à des conditions égales. (*Idem*, art. 4.)

Les concessions sont faites par ordonnances rendues en conseil d'état, sur des plans levés ou vérifiés, et approuvés par les ingénieurs des ponts et chaussées. (*Idem*, art. 5.)

Fixation de l'étendue, de l'espèce et de la valeur estimative des marais avant le desséchement. Lorsque le gouvernement fait un desséchement, ou lorsque la concession a été accordée, il est formé entre les propriétaires un syndicat, à l'effet de nommer les experts qui doivent procéder aux estimations statuées par la loi.

Les syndics sont nommés par le préfet parmi les propriétaires les plus imposés, à raison des marais à dessécher. Les syndics sont au moins au nombre de trois, et au plus au nombre de neuf, ce qui est déterminé dans l'acte de concession. (*Idem*, art. 7.)

Les syndics réunis nomment et présentent un expert au préfet du département; les concessionnaires en nomment un autre, et le préfet un tiers-expert.

Si le desséchement est fait par le gouvernement, le préfet nomme le second expert et le tiers-expert est nommé par le ministre de l'intérieur. (*Idem*, art. 8.)

Les terrains des marais doivent être divisés en plusieurs classes, conformément à l'art. 9 de la loi du 16 septembre 1807, et le périmètre des diverses classes est tracé sur le plan cadastral qui a servi de base à l'entreprise. Ce tracé est fait par les ingénieurs et les experts réunis. (*Idem*, art. 9 et 10.)

Le plan ainsi préparé est soumis à l'approbation du préfet; il reste déposé au secrétariat de la préfecture pendant un mois; les parties intéressées sont invitées par affiches à fournir leurs observations. (*Idem*, art. 11.)

Le préfet fait vérifier, s'il le juge convenable, ces observations, et si les parties intéressées persistent dans leurs plaintes, les questions sont portées devant la commission constituée de la manière indiquée à la sect. v. (*Idem*, art. 12.)

Lorsque les plans ont été définitivement arrêtés, les deux experts nommés par les propriétaires et les entrepreneurs de desséchement se rendent sur les lieux, et après avoir recueilli tous les renseignements nécessaires, ils procèdent à l'appréciation de chacune des classes composant les marais, eu égard à sa valeur réelle au moment de l'estimation considérée dans son état de marais, et sans pouvoir s'occuper d'une estimation détaillée par propriété.

Les experts procèdent en présence du tiers-expert, qui les départagera, s'ils ne peuvent s'accorder. (*Idem*, art. 13.)

Le procès-verbal d'estimation par classe est déposé pendant un mois à la préfecture; les intéressés sont prévenus par affiches, et s'il survient des réclamations, elles sont jugées par la commission qui, en définitive, juge toutes les estimations; elle peut même décider outre et contre l'avis des experts. (*Idem*, art. 14.)

Dès que l'estimation est terminée, les travaux commencent; ils doivent être terminés dans le délai fixé par l'acte de concession. (*Idem*, art. 15.)

Des marais après le desséchement, et de l'estimation de leur valeur. Lorsque les travaux sont terminés, il est procédé à leur vérification et réception. En cas de réclamation, elles sont portées devant la commission qui les juge. (*Idem*, art. 17.)

Dès que la reconnaissance des travaux a été approuvée, les experts respectivement nommés par les propriétaires et par les entrepreneurs de desséchement et accompagnés du tiers-expert, de concert avec les ingénieurs, procèdent à une classification des fonds desséchés, suivant leur valeur nouvelle, et l'espèce de culture dont ils sont devenus susceptibles.

Cette classification est vérifiée, arrêtée, suivie d'une estimation, le tout dans les formes ci-dessus prescrites pour la classification et l'estimation des marais avant le desséchement. (*Idem*, art. 18.)

Règles pour le paiement des indemnités dues par les propriétaires. Dès que l'estimation des fonds désséchés est arrêtée, les entrepreneurs du désséchement présentent à la commission un rôle contenant les énonciations déterminées en l'art. 19 de la loi du 16 novembre 1807.

Le montant de la plus-value obtenue par le désséchement est divisé entre le propriétaire et le concessionnaire, dans les proportions fixées par l'acte de concession. Le rôle des indemnités sur la plus-value, est arrêté par la commission, et rendu exécutoire par le sous-préfet. (*Idem*, art. 20.)

Les propriétaires ont la faculté de se libérer de l'indemnité par eux due en délaissant une portion relative de fonds calculée sur le pied de la dernière estimation. (*Idem*. art. 21.)

Si les propriétaires ne veulent pas délaisser des fonds en nature, ils ont la faculté de constituer une rente sur le pied de 4 pour cent, sans retenue; le capital de cette rente est toujours rachetable, même par portions, qui, cependant, ne pourront être moindres d'un dixième, et moyennant vingt-cinq capitaux. (*Idem*, art. 22.)

Les indemnités dues aux concessionnaires, à raison de la plus-value, sont privilégiées sur la plus-value; l'hypothèque de tout individu inscrit avant le desséchement est restreinte sur une portion de propriété égale en valeur à la première valeur estimative des terrains. (*Idem*, art. 23.)

On pourrait appliquer aux marais la disposition de la loi de 1792, qui dit que lorsque les marais, d'après les avis et procès-verbaux des gens de l'art, peuvent occasionner, par la stagnation de leurs eaux, des maladies épidémiques, les préfets sont autorisés à en ordonner la destruction.

Si l'on ne peut opérer le desséchement par les moyens énoncés plus haut, le propriétaire peut être contraint à délaisser sa propriété.

La conservation des travaux de desséchement est aux frais des entrepreneurs, et après la réception de ces travaux, aux frais des propriétaires. Le préfet peut adjoindre aux syndics déjà nommés, deux syndics pris parmi les nouveaux propriétaires : ces deux syndics fixent le genre et l'étendue des contributions nécessaires pour subvenir aux dépenses.

La commission donne son avis sur ces projets de réglement, et en les adressant au ministre, propose aussi la création d'une administration composée de propriétaires, qui devra faire exécuter les travaux. Il est statué sur le tout en conseil d'état. (*Idem*, art. 26.)

La conservation des travaux de desséchement est soumise à l'administration publique ; les délits sont poursuivis par les voies ordinaires. (*Idem*, art. 27.)

Les commissions spéciales sont composées de sept commissaires nommés par le roi, parmi les personnes présumées les plus compétentes : un réglement détermine les formes et époques de leurs réunions. Elles connaissent de tout ce qui est relatif au classement de diverses propriétés, avant ou après le desséchement des marais, à leur estimation, à la vérification de l'exactitude des plans cadastraux, à l'exécution des clauses de l'acte de concession relatif à la jouissance par les concessionnaires d'une portion des produits, à la vérification et à la réception des travaux de desséchement, à la formation et à la vérification des rôles de plus-value des terres après le desséchement; elles donnent leur avis sur l'organisation du mode d'entretien des travaux de desséchement; elles arrêtent les estimations dans le cas prévu par l'art. 101, où le gouvernement aurait à déposséder tous les propriétaires d'un marais. (*Idem*, art. 46.)

Moyen facile de dessécher les marais. En général, dans les terres marécageuses, la couche de terre argileuse qui retient l'eau est appuyée sur un lit de sable, en sorte que si l'on perce l'argile, l'eau descend dans le sable et s'écoule.

Partant de cette idée, un propriétaire perça, de place en place, avec une tarière de trois pouces et demi de diamètre, au moment où les eaux étaient au plus bas, la couche argileuse d'environ cinq pieds d'épaisseur d'un marais considérable : l'eau filtra peu à peu et le marais fut desséché, au grand étonnement des paysans.

Pour empêcher les trous de se combler, ce propriétaire y glissa des tuyaux de bois. A vingt pouces de profondeur il creusa des tranchées d'un pied de large, dont il garnit le fond avec des pierres plates, placées debout, s'appuyant les unes contre les autres, en toitage de maison. Il fit ainsi de petits canaux pour conduire l'eau dans les tuyaux, et le marais fut complétement desséché.

Dans un vaste marais, il faudrait creuser des puits, les couvrir d'un grillage, et faire de larges tranchées pour former des canaux.

Par dessus les trous couverts de pierre, on peut cultiver le sol sans inconvénient.

Si l'on a une forte source dans le voisinage d'un marais, on peut y adapter un tuyau en pente, assez large pour que l'eau n'en remplisse que les deux tiers. On embranche sur ce tuyau un petit tuyau qui plonge dans le marais, de sorte que, l'air contenu dans le petit tuyau étant aspiré par la rapidité du mouvement, l'eau du marais y monte, et il est facile de la conduire dans un ruisseau voisin.

MARASQUIN. (*Off.*) *Liqueur de marasquin.* Vous prendrez seize livres de belles cerises aigres ; vous en ôterez les queues et noyaux ; vous les mettrez infuser, pendant trois jours, dans cinq pintes d'eau-de-vie, et vous boucherez bien le vase. Ensuite vous ferez distiller l'infusion au bain-marie de l'alambic ; vous distillerez aussi une livre de feuilles de cerises dans six pintes d'eau de rivière clarifiée, ce qui vous produira environ quatre pintes de liquide; vous y ferez fondre quatre livres et demie de sucre fin cassé par morceaux ; vous y ajouterez la distillation de vos cerises, plus cinq demi-setiers de kirsch-wasser, une once quatre gros d'esprit de rose, une once quatre gros d'esprit de fleur d'orange, et trois gros d'esprit de jasmin. Vous ferez le mélange, vous filtrerez à la chausse, et votre marasquin étant fait, vous le mettrez en bouteilles et vous boucherez bien.

Esprit de marasquin rectifié. Vous prendrez cerises, vingt-quatre liv. Kirsch-wasser, deux pintes. Esprit de vin, trois pintes. Esprit double de rose, six onces. Esprit de jasmin, quatre onces.

Vous faites choix de belles cerises bien mûres, vous en ôtez les queues et les noyaux, et mettez la pulpe macérer pendant deux jours dans le kirsch-wasser et l'esprit de vin ; vous mettez le mélange dans le bain-marie et procédez à la distillation, pour retirer environ cinq pintes de liqueur spiritueuse, que vous rectifiez en la distillant une seconde fois.

Alors vous ajoutez l'esprit de rose et de jasmin, et vous avez un esprit de marasquin rectifié des plus exquis, et qui sert à parfumer les pastilles à froid et autres compositions.

Conserve au marasquin. Vous prendrez du sucre fin, que vous pilerez et que vous passerez à un tamis très-fin ; vous le mêlerez dans un vase avec de l'esprit de marasquin, jusqu'à ce qu'il ait acquis la consistance d'une pâte à pastilles ; vous en mettrez dans un poêlon et la ferez chauffer doucement, sans cesser de la remuer. Il ne faut pas qu'elle bouille. Quand elle sera bien liquide, vous la verserez dans des moules de fer-blanc faits en forme d'entonnoir; vous la mettrez ensuite sécher à l'étuve sur des plaques de fer.

Mousse au marasquin. (Voy. MOUSSE.)

Marasquin rose de madame Adanson. Prenez un litre d'esprit de vin, faites infuser dedans, pendant un mois, trente noyaux de *griottes noires*, dont on aura ôté la pulpe sans les laver. Filtrez cette liqueur au papier gris, faites clarifier deux livres et demie de beau sucre, versez-le sur la liqueur, ajoutez-y un litre d'eau et un demi-litre de rhum de la Jamaïque; agitez bien le mélange, et quand il sera parfait, mettez-le dans des fioles de verre blanc. Cette liqueur est des plus agréables.

MARBRE. (*Ind. dom.*) *Procédé à mettre en pratique pour nettoyer les marbres, bustes, statues, etc.* Les marbres, bustes, statues, étant souvent salis par des matières grasses, nous allons indiquer un moyen qui nous a réussi pour nettoyer ces objets sans les endommager.

On fait un tampon de charpie; on le trempe dans de la soude caustique liquide, *la lessive dite des savonniers*; on mouille toutes les parties du buste ou de la statue avec cette solution alcaline, puis on laisse réagir pendant deux heures, en ayant soin de mouiller de nouveau les parties qui n'auraient point absorbé de liquide. Au bout de cet espace de temps on lave la statue avec de l'eau bien propre, en se servant d'une éponge neuve, et on laisse sécher; il faut avoir soin d'employer une éponge fine et qui ne contienne pas de coquillages; ceux-ci raieraient le marbre. Si un seul lavage à l'alcali ne suffisait pas, il faudrait en faire un second de la même manière; et si la couche de matière grasse ne se laissait pas pénétrer par le liquide alcalin, on se servirait alors d'une brosse; on la tremperait dans la solution, et on la passerait sur les parties qui refuseraient de prendre le liquide; on laisserait réagir et on laverait comme nous l'avons dit. La brosse qu'on emploie est ordinairement attaquée par l'alcali; il faut la mettre en contact avec de l'eau lorsqu'on s'en est servi.

On peut donner une plus grande blancheur au moyen de l'eau chlorurée, préparée avec une livre d'eau et une once de chlorure. On laisse en contact pendant une heure: puis on termine par un lavage à l'eau fraîche.

Procédé des marbriers pour laver le marbre blanc. Savonner la pièce de marbre après l'avoir placée un peu en pente sur deux rouleaux de bois blancs; la couvrir d'un linge usé, et l'arroser six à huit fois par jour avec de l'eau, dans laquelle on peut mettre une once de sel de tartre par seau. Si le soleil est ardent, le marbre blanchit en six semaines.

Moyen de reboucher les fentes des marbres. Mêler de l'eau de colle avec de l'albâtre en poudre, pour le marbre blanc; de l'ocre rouge, pour le marbre rouge; de l'ardoise, pour le gris. On polit ensuite avec de la pierre ponce très-fine, du tripoli et du blanc d'Espagne.

Le vernis des marbriers se compose d'un peu de cire blanche fondue à froid dans de l'essence de térébenthine.

Pour représenter des figures en bas-relief sur le marbre, on les dessine, et on les recouvre d'une couche de vernis de laque dissoute dans l'esprit de vin. On verse ensuite sur le marbre de l'acide muriatique étendu d'eau, qui ronge tout ce qui n'est pas garanti par le vernis.

On peut peindre des figures sur le marbre avec les couleurs suivantes:

Rouge: nitrate d'argent. *Vert*: dissolution de cuivre dans l'essence de vitriol ou vitriol dissous dans l'eau. *Violet*: dissolution d'or dans l'eau régale. *Jaune*: gomme gutte.

Il faut pour ces peintures que le marbre ne soit pas trop poli.

Marbre factice. Placer de la craie dans un vase en fonte ou en cuivre, le boucher hermétiquement et le mettre au feu; cette craie entre en fusion, et en refroidissant, s'étant combinée avec le gaz acide carbonique, elle se trouve transformée en marbre. Il faut avoir soin d'arranger l'appareil de façon que de la craie nouvelle pénètre dans le vase pour garnir le vide produit par la diminution de volume.

Ciment pour le marbre et l'albâtre. Mêler et faire fondre deux onces de cire et une de résine, ajouter une once et demie de poudre de la pierre qu'on veut luter. Mêler le tout dans l'eau tiède pour bien incorporer. Pour en faire un corps, on fait bien sécher les corps à unir, et on approche le ciment du feu: il colle parfaitement et est très-solide. On peut, pour qu'il ait mieux la couleur du marbre et de l'albâtre, accroître la dose de la poudre. (Voy. CIMENT.)

MARC. (*Agr.*) Le marc des étangs, exposé un an à l'air remplace le fumier avec avantage pour les prés et les jardins. Il convient aux oignons, aux asperges, aux pommiers, au chanvre, aux boutures, aux arbres malades.

Marc du raisin, du cidre (Voy. CIDRE, RAISIN.)

MARCHANDISE. (*Conn. us.*) N'achetez pas à vos amis, n'allez jamais en voiture chez un marchand.

Fuyez en général tous les bons marchés; les bougies à 2 fr. sont du suif, le drap à 12 fr. est reteint, piqué et percé de vers; le mouchoir de toile à 50 c. n'est que du coton de mauvaise qualité.

Examinez avec attention les livres à *très-bon marché* qu'on vous offre. Voyez si toutes les pages du livre y sont.

Quand vous voulez acheter une chose dont vous ne pouvez au juste apprécier la valeur, consultez auparavant une personne qui s'y connaisse.

En achetant à l'enchère, soyez toujours maître de vous; évitez de vous laisser entraîner au désir de l'emporter sur vos concurrens.

Défiez-vous des marchands ambulans qui vendent des cannes en ébène, des chaînes garanties et des bijoux contrôlés par la Monnaie, à 59 sous.

Ne dédaignez pas les vieilles choses, les vieux meubles souvent beaucoup plus solides que les modernes; mais ne les achetez pas exclusivement.

Ne perdez pas de temps à marchander. Quand le marchand vous a dit un prix, dites le vôtre sans hésiter, et, s'il ne convient pas, allez-vous-en.

Quand un marchand vous fait une chose beaucoup trop cher, n'en donnez aucun prix et allez chez un autre.

Préférez aux boutiques luxueuses celles où règne une propreté modeste. Ce sont les consommateurs qui paient le luxe des marchands. Une des meilleures maisons de commerce de Paris n'a que des magasins sans apparence dans la petite rue des Oiseaux.

Voyez d'ailleurs l'article ACHAT.

Il y a beaucoup de marchandises dont on peut diminuer les frais de transport par la dessiccation. Ainsi, différens sels, et notamment le sous-carbonate de soude, le sulfate de magnésie, le sulfate de soude, etc.

Nous allons donner ici quelques exemples des avantages qu'on peut tirer de l'expédition de sels secs, au lieu et place de sels retenant de l'eau.

Supposons qu'un manufacturier de Paris ait besoin de 50,000 kilogrammes de sous-carbonate de soude cristallisé pour opérer des saturations, fabriques de potasses factices, etc., etc.; s'il tire ces 50,000 kilogrammes de sel de Marseille, il paiera pour le transport 4,500 francs; tandis que s'il fait venir ce sel à l'état sec, il n'aura que 1,500 francs de transport à payer, puisque le sous-carbonate de soude cristallisé perd, par la dessiccation, l'eau qui forme les deux tiers de son poids.

Les 10,000 kilogrammes de sel équivaudront en tout aux 30,000 kilogrammes de *sel cristallisé* formé de 10,000 kilogrammes de sel sec et de 20,000 kilogrammes d'eau.

Si le sel est tiré de Rouen, le transport du sel cristallisé coûtera 1,200 francs; tandis que celui du sel sec, représentant la totalité du sel cristallisé, ne coûtera que 400 francs.

Un autre exemple peut être pris dans le fait suivant : Supposons qu'un fabricant de Paris veuille décomposer le sulfate de magnésie pour obtenir le carbonate; qu'il fasse venir le sulfate de magnésie des environs de Toulouse, il paiera pour le transport de 10,000 kilogrammes de ce sel 1,600 francs. Ce prix de transport pourrait, au contraire, être réduit à 800 francs si le fabricant faisait venir le sel desséché; en effet, 100 kilogrammes de sulfate de magnésie, soumis à la dessiccation, perdent la moitié de leur poids par suite de la volatilisation de l'eau contenue dans ce sel, eau qui, dans le cas que nous citons, ne servirait à rien au fabricant, si ce n'est à lui faire payer 8 francs son transport à Paris.

La dessiccation pourrait sans doute être appliquée à d'autres produits et dans diverses circonstances; mais elle ne peut être mise en usage que pour les substances qui ne sont pas susceptibles de se décomposer par la chaleur employée pour opérer la dessication.

MARCHE. (*Hyg.*) La marche modérée est salutaire; la marche forcée produit des ampoules aux pieds, la bouffissure générale, la fièvre, la prostration de forces. On emploie dans ce cas les lavemens émolliens, la tisane de chiendent, le bouillon de veau; quelquefois la saignée et une purgation légère avec de la manne; mais le repos et le sommeil sont les plus efficaces des remèdes. (Voyez EXERCICE GYMNASTIQUE.)

MARCHÉS (FOIRES ET) (*Conn. us.*) L'indication de toutes les foires et marchés de la France occuperait trop de place. Il est facile d'ailleurs à chacun de s'instruire des époques auxquelles se tiennent les marchés des lieux circonvoisins. Nous nous contenterons donc de mentionner les principales foires de France. Elles durent chacune huit à quinze jours.

Janvier. 1 La Rochelle, 7 Langres, 14 Angoulême, 17 Arles, 22 Montagnac, 31 Cette.

Février. 5 Vendôme, 5 Besançon, Beziers, 6 Niort, 9 Aix, 14 Arles.

Mars. 1 Bordeaux, Autun, 2 Pontivy, 8 Dinan, 12 Troyes, 15 Carhaix, 22 Poitiers.

Avril. 1 Limoges, Bergerac, 2 Montagnac, 8 Lorient, 17 Vesoul, 25 Besançon, Toulouse, 29 Vannes.

Mai. 1 Metz, 7 Niort, 9 Clermont-Ferrand, 10 Tours, 15 Toulon, 20 Montauban, Nancy, 24 Angoulême, 25 Aurillac, Nantes, 28 Besançon, 31 Bar-le-Duc.

Juin. 3 Lyon, 4 Agen, Pézenas, 10 Dijon, 14 Aix, 15 Tréguier, 24 Dijon, 25 Toulouse, Strasbourg, Châlons-sur-Saône, 24 et 29 Lyon, 30 Carhaix.

Juillet. 1 La Rochelle, 8 Landernau, 9 Besançon, 14 Lyon, 22 Beaucaire, 26 Montauban.

Août. 10 Tours, 11 Cette, 16 Saint-Jean-de-Losne, Clermont-Ferrand, 18 Langres, 19 Beziers, 24 Alais, Angoulême, 25 Blois, Toulouse, 27 Besançon, 31 Marseille.

Septembre. 1 Troyes, Autun, Limoges, Pont-St-Esprit, 14 Thionville, Châteaubriant, 15 Aubenas, 17 Pézenas.

Octobre. 15 Nevers, 15 Morlaix, Bordeaux, 18 Poitiers, 22 St-Amand (Cher), 25 Auxonne.

Novembre. 2 Carhaix, 10 Dijon, 11 Gap, Bergerac, Clermond-Ferrand, 12 Beaune, Besançon, Pézenas, 15 Toulon, 19 St-Béat, 20 Montauban, 24 Landernau, 30 Niort.

Décembre. 1 Toulouse, 4 Aix, 18 Strasbourg, 24 Bourges.

MARCOTTES (*Jard.*) Nous ne ferons mention que du marcottage propre aux arbres de pleine terre. Les procédés plus compliqués qu'on met en usage dans les serres souvent ne réussissent pas, parce qu'il y a des plantes absolument rebelles à ce genre de reproduction.

Les bois qui se prêtent le plus au marcottage et aux boutures sont les bois souples et pleins, et surtout ceux dont les boutons *sont opposés*. Les marcottes s'enracinent mieux à l'endroit de l'insertion des *deux dernières pousses*. Il faut toujours tâcher de les plier sur ce point.

Il y a certaines espèces qui s'enracinent si facilement, qu'il suffit de jeter un peu de terre meuble sur les branches d'en bas; les autres ont besoin d'être courbées et maintenues avec des crochets dans des pots fendus jusqu'au tiers. Cette méthode est la plus sûre; elle fournit à la branche une terre neuve qu'aucune plante parasite n'épuise. D'ailleurs les arrosemens sont plus fructueux en pots que sur une terre bombée. Lorsque la branche qu'on veut marcotter est d'un seul jet sans sous-branches latérales, on perce, d'un trou rond, un pot au milieu de sa hauteur; on y fait passer la branche sans l'écorcher, on l'enveloppe de mousse à l'endroit qui touche les bords du trou, on la maintient couchée sur la moitié de la largeur du pot en foulant la terre, puis on redresse le bout verticalement, on l'assujettit à un tuteur, on remplit le pot jusqu'à un pouce du bord avec la terre propre au sujet; on recouvre avec de la mousse, on entoure le pot avec de la litière humide, enfin on arrose tous les jours : il est rare que ces soins ne soient pas suivis de succès.

C'est au premier printemps ou en automne qu'on doit faire les marcottes; quelques-unes s'enracinent la première année, d'autres la deuxième, la troisième, même la quatrième.

Si la branche qu'on veut marcotter est élevée, il faut placer un pot sur un échafaud *solide*, et de manière que cela ne tiraille pas le sujet.

Les incisions et ligatures qu'on fait aux branches avant l'opération ne sont pas utiles, quoiqu'on obtienne beaucoup de *francs* par la voie du marcottage. (Voy. ŒILLETS.)

Pour tous les arbrisseaux dont les feuilles sont larges, il faut conserver intacte l'extrémité du rameau sur lequel on opère, au lieu de ne lui conserver que quelques yeux.

La Bibliothèque salutaire (1788), indique une bonne

méthode de marcottage qui a été donnée comme nouvelle de nos jours. Il s'agit de choisir une branche bien nourrie dans l'année, gourmande ou autre ; il faut, à un pouce ou un pouce et demi au-dessus de la dernière taille, cerner l'écorce en deux différens endroits, d'environ quatre à cinq lignes de largeur, dont on enlèvera l'écorce, laissant un intervalle d'un bon pouce entre ces deux incisions : on couvrira ensuite les deux plaies avec du chanvre, à l'épaisseur de quatre à cinq lignes, pour empêcher que la sève ne s'extravase au printemps suivant. Cette branche ainsi opérée demeurera à l'arbre pendant toute une année, durant laquelle elle formera un arbrisseau marquant fruit, et qui en produira effectivement dès la seconde année, si l'opération a été bien faite. Le temps pour la faire est le mois d'octobre, lorsque la sève est sur son déclin. L'on ne détachera cette branche, devenue arbrisseau, qu'au mois d'octobre de l'année suivante, observant de la couper deux ou trois pouces plus bas que l'endroit incisé. On l'enterrera en prenant soin de couvrir en entier le bourrelet supérieur. Les petites branches qui auront poussé au-dessus et au-dessous, et sur toute la hauteur qui entrera en terre, ne seront point coupées, mais seulement raccourcies ou rafraîchies : elles sont destinées à former des racines, de même que les nœuds qui s'élèveront autour des deux bourrelets. Si le terrain dans lequel l'on plantera cet arbrisseau est sec, il faut l'arroser de temps à autre jusqu'à ce que les racines aient pris de la consistance.

MARÉES. (*Conn. us.*) Les marées sont produites par l'attraction de la lune et du soleil : quand ces deux astres agissent en même temps la marée est à son maximum; quand le soleil et la lune sont en dehors de notre hémisphère la marée cesse. La différence dans la hauteur de la marée vient de ce que l'action des deux astres peut être concordante ou contraire.

MARGAU. (*Agr.*) C'est le nom qu'on donne dans le midi au *lolium perenne.* Il croît en automne dans toutes les terres cultivées et arrosées pendant l'été, telles que celles où l'on fait une récolte de légumineuses, après la moisson des blés. C'est un excellent fourrage pour les brebis pleines et les moutons qu'on engraisse. Dans le canton d'Arles, le margau croît sous les pierres, dans les lieux stériles, et nourrit presque seul les moutons durant tout l'hiver. Il est si substantiel qu'on dit de cette plante : *Boucado vau ventrado;* littéralement : *Une bouchée en vaut une ventrée.*

Le margau en vieillissant ou en desséchant durcit et perd ses qualités.

MARIAGE. (*Cod. dom.*) La loi permet à l'homme âgé de dix-huit ans accomplis, à la femme âgée de quinze ans révolus, de contracter mariage; mais elle a voulu que le fils mineur de vingt-cinq ans, et la fille qui n'a pas atteint l'âge de vingt et un ans, ne pussent se marier qu'avec le consentement de leur père et mère, et, à défaut de ceux-ci, de leurs aïeuls et aïeules; que, lorsqu'ils auront atteint cet âge, ils fussent obligés, à défaut de leur consentement, de leur notifier des sommations respectueuses; mais qu'après avoir rempli ces dernières formalités ils pussent passer outre à la célébration du mariage. Si l'enfant légitime n'a pas d'ascendans, il ne peut se marier avant vingt et un ans sans en avoir obtenu l'autorisation du conseil de famille. L'enfant naturel, mineur de vingt et un ans, doit aussi obtenir le consentement d'un tuteur AD HOC.

Le mariage est célébré PUBLIQUEMENT devant le maire du domicile de l'un des époux; il doit être précédé de publications, le tout à peine de nullité. Le maire dresse l'acte de célébration, qui seul peut prouver la réalité du mariage entre les époux.

Lorsque le mariage est contracté pour réparer un premier égarement, et que les époux veulent, comme c'est un devoir rigoureux, légitimer leur enfant naturel né avant le mariage, ils faut qu'ils le reconnaissent, par acte devant notaire, AVANT leur mariage, ou au moins dans l'acte même de célébration.

La prudence exige que les époux règlent, avant la célébration, les conditions civiles de leur mariage; c'est le moyen de constater régulièrement leurs apports respectifs, les dons qu'ils veulent se faire réciproquement ou qui leur seront faits, soit par leurs parens, soit par des étrangers.

Quoique le mineur, même émancipé, ne jouisse pas de la capacité complète de contracter, cependant la faveur due au mariage a fait admettre qu'il est habile à consentir toutes les conventions dont ce contrat est susceptible, comme s'il était majeur, pourvu qu'il soit assisté de ceux dont le consentement est nécessaire pour autoriser son mariage. Les conventions matrimoniales doivent être rédigées par acte devant notaire, à peine de nullité. Ces conventions ne peuvent recevoir aucune modification après la célébration du mariage.

Le premier devoir du citoyen qui désire contracter mariage est de se présenter devant l'officier de l'état-civil de sa commune, qui doit faire les publications exigées par la loi, puis de faire procéder par-devant cet officier à la célébration publique du mariage suivant toutes les formes légales. Le mari doit fidélité, secours, assistance et protection à sa femme; il est obligé de la recevoir chez lui et de lui fournir tout ce qui est nécessaire pour les besoins de la vie, selon ses facultés et son état. Il doit dans tous les cas se conduire honorablement à son égard, et ne pas abuser de l'autorité que la loi lui accorde sur sa compagne. Administrateur des biens de la communauté, le mari doit les gérer avec probité et honneur, tant dans son intérêt personnel et celui de sa femme, que dans celui de leurs enfans communs. Il en est de même, s'il a l'administration des biens personnels de sa femme.

La *femme* doit également fidélité, secours et assistance à son mari, et l'article 215 du Code civil lui prescrit de plus l'obéissance envers lui. Elle est obligée d'habiter avec son mari et de le suivre partout où il juge à propos de résider, et contracte aussi bien que lui, par l'effet du mariage, l'obligation de nourrir, entretenir et élever ses enfans. Elle doit contribuer, autant qu'il est en son pouvoir, à leur donner une éducation et un établissement qui puisse les mettre au-dessus du besoin et leur assurer une existence honorable. En cas de veuvage elle se rappellera que la loi lui défère la tutelle de ses enfans mineurs, qu'elle a la jouissance de leurs biens jusqu'à ce qu'ils atteignent l'âge de dix-huit ans accomplis, et qu'elle doit veiller avec le plus grand soin à la conservation de leur héritage.

Des divers régimes qui régissent l'association conjugale.

Le Code civil distingue quatre régimes principaux que les époux peuvent adopter lors de la rédaction de leurs conventions matrimoniales :

1° Le régime de la communauté ;

2° Celui de la non-communauté ;

3° Le régime dotal ;

4° Enfin, celui de la séparation de biens.

Régime de la communauté entre époux. La communauté de biens est le régime légal ; elle existe de plein droit entre les époux qui n'ont pas fait de contrat de mariage, car si l'acte de célébration est indispensable, il n'en est pas de même du contrat.

La communauté conjugale peut être définie une société de biens entre époux, dont le mari a l'administration.

L'effet de cette société est de rendre commun aux époux tout ce qu'ils possèdent au moment de la célébration du mariage, à l'exception des immeubles qui leur appartiennent exclusivement et dont toutefois le revenu entre dans la communauté.

Les dettes passives des deux époux deviennent à charge de la communauté.

Tous les acquêts et legs mobiliers entrent dans la communauté. Les legs immobiliers n'en font pas partie.

La femme ou ses héritiers ne partagent avec le mari que lorsqu'ils acceptent la communauté avec les charges dont elle peut être grevée. S'ils y renoncent, ce qui leur est permis, ils sont réputés n'y avoir jamais eu aucun droit. L'acceptation peut avoir lieu tacitement, lorsque la femme ou ses héritiers font un acte qui suppose nécessairement leur intention d'accepter, et qu'ils n'auraient droit de faire qu'en qualité d'héritiers. La renonciation se fait au greffe du tribunal de première instance du lieu de l'ouverture de la succession.

Ce régime est susceptible d'une foule de modifications. A Paris, les contrats de mariage contiennent ordinairement les modifications suivantes :

1° Exclusion des dettes respectives des époux, antérieures à la célébration du mariage, et quelle que soit leur rigine ;

2° Réserve à titre de propre de tous les biens meubles et immeubles qui pourraient échoir à chacun des époux, par succession, donation ou legs;

3° Réserve en faveur de la femme renonçante de reprendre ses apports francs et quittes.

Sous ce régime, le mari administre aussi les biens personnels de sa femme, qui ne peut faire aucun acte, même de simple administration, sans le concours de son mari, dans l'acte, ou sans son consentemement par écrit. A la dissolution de la communauté, chacun des époux reprend ses biens propres ; eux ou leurs représentants partagent l'actif par la moitié, ou dans les proportions réglées par le contrat de mariage.

Du régime exclusif de communauté. Ce régime occupe le milieu entre le régime de la communauté et celui de la séparation de biens. Il a tous les inconvénients du premier sans avoir les avantages du second.

Sous ce régime, comme en communauté, le mari a seul l'administration des biens de la femme et la jouissance de tous les revenus pour soutenir les charges du mariage. Il s'empare de tous les objets mobiliers de sa femme, perçoit ses capitaux, à charge de rendre le tout lors de la dissolution du mariage.

Ce régime est rarement adopté dans les contrats ; il est trop en opposition avec les intérêts de la femme, qui n'a aucun droit aux produits de la collaboration commune.

Du régime dotal. (Cod. civ., art. 1540 et suiv.) Ce régime est ainsi nommé, parce que la dot, lorsqu'il y en a une, est considérée sous un rapport particulier.

Lorsqu'ils veulent adopter ce régime, les époux doivent le déclarer formellement. L'effet de cette déclaration est de rendre *inaliénables* tous les biens immeubles compris dans la constitution de dot. Ils ne peuvent être vendus, échangés ni hypothéqués durant le mariage ni par les époux conjointement, sauf les exceptions déterminées par la loi, et qui sont fondées sur les plus hauts intérêts de famille, tels que l'établissement des enfants communs, ou la nécessité de tirer le mari ou la femme de prison, ou de fournir des aliments à la famille. Le tiers qui acquerrait ces immeubles, hors les cas où la loi permet l'aliénation, s'exposerait à une demande en restitution, soit de la part de la femme ou de ses héritiers, après la dissolution du mariage, sans qu'on puisse leur opposer aucune prescription durant son existence, soit même de la part du mari, qui pourrait faire révoquer l'aliénation, sauf les dommages-intérêts de l'acheteur contre lui, s'il n'avait pas déclaré dans le contrat que le bien vendu était dotal.

On voit par là combien il est nécessaire, lorsqu'on achète un immeuble, d'exiger la représentation du contrat de mariage des vendeurs.

Tous les autres biens de la femme qui n'ont pas été constitués en dot sont paraphernaux ou extra-dotaux. La femme a la jouissance de ses biens paraphernaux, mais elle ne peut aliéner ses immeubles, même paraphernaux, sans le consentement du mari ou la permission du juge, qui ne l'accorde que lorsqu'il y a nécessité évidente.

Si tous les biens de la femme étaient paraphernaux, et qu'on n'eût rien stipulé relativement à la part qu'elle supporterait dans les charges du mariage, elle y contribuerait jusqu'à concurrence du tiers de ses revenus.

Le régime dotal gouverne encore presque toute l'ancienne Normandie ; il est d'usage de stipuler qu'il y aura entre les époux une société d'acquêts, qui forme alors une espèce de communauté. On a laissé subsister ce régime par égard pour cette partie importante de la France ; il a l'inconvénient d'enchaîner trop les volontés des époux et d'entraver le développement de l'industrie.

De la séparation de biens. La séparation de biens qui résulte du contrat de mariage des époux se nomme contractuelle, pour la distinguer de la séparation qui peut être prononcée pendant la durée de la communauté, pour les causes spécifiées par la loi, et qu'on appelle séparation judiciaire, parce qu'elle est prononcée par justice.

La femme contractuellement séparée conserve l'entière administration de ses biens et la jouissance libre de ses revenus. Elle contribue aux charges du mariage dans les proportions déterminées par le contrat, et à défaut de conventions à cet égard, jusqu'à concurrence du tiers de ses revenus.

Sous ce régime, comme sous les précédents, et quelles que soient d'ailleurs les conventions des époux, constatées par leur contrat de mariage, la femme ne peut jamais aliéner ses immeubles sans autorisation spéciale, et non générale, de son époux, et à son refus, sans être autorisée par justice.

Époux commerçants séparés de biens ou soumis au régime dotal. En embrassant la profession de commerçants, postérieurement à leur mariage, ils doivent faire exposer l'extrait de leur acte de mariage, à partir du jour où ils entreprennent le commerce, aux greffes des tribunaux de première instance et de commerce du domicile du mari: et, s'il n'y a pas de tribunal de commerce, dans la principale mairie du domicile du mari. Pareils extraits doivent être insérés aux tableaux exposés dans les salles de notaires et des avoués s'il y en a.

Ces extraits doivent énoncer les noms, prénoms, profession et domicile des époux, s'ils sont séparés de biens, ou mariés sous le régime dotal; le tout à peine, en cas de faillite, d'être poursuivis comme banqueroutiers frauduleux.

Si les époux étaient commerçants au moment de la passation du contrat de mariage, le notaire remplit lui-même ces formalités.

MARIAGE ou BRISQUE (JEU DU). (*Récr. dom.*) Il y a deux joueurs, ayant chacun cinq cartes prises dans un jeu de piquet : la onzième sert d'atout, et le donneur qui la retourne peut, quelle qu'elle soit, la changer avec le sept d'atout s'il l'a en main.

A mesure que l'on fait une levée, on prend une carte au talon, et l'on a le droit de rejouer. Là, se borne la *brisque* des enfans.

Dans la grande *brisque*, avant de commencer la partie, on convient du nombre de points que l'on veut faire : ce nombre est ordinairement de six cents, et nous allons donner la manière de le compter. Il y a dans ce jeu à peu près les mêmes séquences qu'au piquet. Quand on a une fois compté une tierce, une quatrième ou une quinte dans une couleur, les cartes qui ont servi à former l'une des trois, ne peuvent plus valoir, si ce n'est dans le cas de quatre as, ou quatre rois, ou quatre dames, ou quatre valets ou quatre dix. Ainsi, comptez-vous une tierce à la dame, et, après vous être défait du dix, arrivez-vous à tirer le roi, bien que ce roi avec la dame et le valet que vous avez en main forment une nouvelle tierce, elle ne peut valoir; mais si, après cela, vous venez à avoir quatre dames ou quatre valets, vous pourrez en compter la valeur. Il en sera de même pour les autres tierces, quatrièmes ou quintes.

Quand, après avoir compté une tierce, une quatrième ou une quinte à la dame, on vient à lever le roi, et que la dame est encore dans le jeu, le *mariage* ou la *brisque* a lieu, et vont comme ci-après. On donne aussi le nom de *brisque* aux diverses séquences.

A ce jeu, les quintes en atout valent : la majeure, 600; celle au roi, 500; celle à la dame, 200; celle au valet, 100. Les quatrièmes en atout valent 200, 160; majeure, 120, 80; et la majeure au dix, 60. Les tierces en atout valent 120, 100, 80, 60, 40; et la majeure au neuf, 20.

Ces séquences, dans les autres couleurs, valent la moitié de celles en atout.

Les quatre as valent 150; les quatre dix, 100; les quatre rois, 80; les quatre dames, 60; les quatre valets, 40; le mariage en atout, 40.

Les mariages dans les autres couleurs valent 20, et les mariages de rencontre ont la même valeur que ceux que l'on peut faire dans son jeu.

Lorsque le donneur retourne une figure, un as ou un dix, il peut compter dix points. Quand les cinq premières cartes de son jeu sont toutes des figures, on compte la moitié moins pour les cinq premières cartes blanches, et tant qu'elles continuent d'être blanches.

L'as d'atout, excepté le cas où il aurait déjà été compté, vaut 50; le joueur qui lève la dernière carte du talon compte 10. Si lorsque toutes les cartes du talon sont levées, les cinq cartes qui restent dans la main sont d'atout, on compte 50 encore. Celui qui fait les cinq dernières levées compte 20. Quand toutes les cartes sont jouées, celui qui a le plus de levées compte 10.

Indépendamment de tous ces points à compter, chaque carte vaut séparément à son possesseur : l'as, 11 points, le dix, 10; le roi, 4; la dame, 3; le valet, 2; le total des cartes que l'on peut compter monte à 120, car il n'y a que les trois dernières petites qui ne comptent point.

On a la liberté de renoncer tant qu'il y a des cartes au talon; mais quand il n'en reste plus, il faut forcer ou couper la carte de celui qui joue; si par hasard il arrive que l'un des joueurs fasse toutes les levées, cette vole lui vaut le gain de la partie.

MARIÉE (JEU DE LA). (*Réc. dom.*) Ce jeu s'appelle aussi *la guimbarde*.

On y joue huit à neuf. On peut jouer aussi cinq à six avec un jeu de piquet.

On a cinq boîtes carrées pour les coups suivants : *le point*, *le roi*, *le mariage*, *la guimbarde*, *le fou*. Chaque joueur y met un jeton. Le donneur distribue les cartes comme à l'écarté.

Le point. Il faut, pour le point, quatre ou cinq cartes de même couleur : le plus haut emporte le plus bas.

En cas d'égalité, le joueur qui a la main, ou à son défaut le premier en cartes, gagne.

Le mariage. Le roi et la dame de cœur en main.

Le fou. C'est le valet de carreau, qui est la troisième triomphe du jeu; et qui ne perd jamais ce privilége, quelle que soit d'ailleurs la couleur de l'atout.

Le roi. Le roi de cœur; il est la seconde et constante triomphe du jeu, parce qu'il est l'époux de la guimbarde.

La guimbarde. La dame de cœur, le principal atout, quelle que puisse être la retourne.

Les joueurs ayant chacun deux cartes, examinent bien s'ils n'ont pas quelques-uns des jeux que nous venons d'expliquer; ils peuvent quelquefois arriver tous cinq en un seul coup à un joueur, ainsi s'il avait le roi et la dame de cœur, il aurait en même temps, le *roi*, la *guimbarde* et le *mariage:* le *valet* de carreau lui donnerait le *fou*, et si ce valet était accompagné de deux autres cœurs un peu forts, ce joueur favorisé tirerait toutes les boîtes : on sent que ce jeu-là n'arrive pas communément. Quand on a quelqu'un de ces avantages isolé, on tire la boîte qui y répond; il faut annoncer cet avantage et l'étaler sur la table, avant de prendre la boîte.

Le point levé, on met au fonds chacun un jeton dans la boîte du point, et c'est cette mise que gagne le joueur qui lève plus de mains que les autres; il faut au moins qu'il y en ait deux, car s'il n'en a qu'une de plus, le fonds reste dans la boîte pour le coup suivant. Lorsque deux joueurs ont ensemble deux levées plus que les autres, celui qui les a faites le premier gagne.

Le grand mariage en main, c'est-à-dire le roi et la dame de cœur, tire les trois boîtes du mariage, de la guimbarde, et du roi, plus deux jetons de chaque joueur : *quand il se fait sur table*, c'est-à-dire lorsque le *roi* est levé par la guimbarde, qui a ce privilége unique, il ne lève alors qu'un jeton de chacun.

Outre le *grand mariage*, ou le *mariage* proprement dit, il s'en fait encore d'autres, comme, par exemple, lorsqu'on joue un roi de carreau, de trèfle ou de pique, et que la dame de l'une ou de l'autre a le dessus immédiatement. Lorsqu'un roi et la dame de couleur semblable se trouvent en main, le mariage vaut encore mieux. Dans le premier cas, le possesseur du roi marié tire un jeton de chaque joueur, à l'exception de celui qui lui a jeté la dame; dans le second, tout le monde doit payer.

On ne peut jamais refuser de jouer une dame quelconque sur son roi, lorsqu'on l'a et que l'on doit jouer, car alors on *romprait le mariage* et l'on paierait un jeton à chaque joueur.

Il est également défendu de couper un mariage avec le *roi*, la *guimbarde* ou le *fou*. Le joueur qui gagne un mariage par atout, c'est-à-dire qui l'emporte dans la levée, ne gagne qu'un jeton des deux joueurs qui l'ont fait.

On paie un jeton à chacun quand on renonce, ou que pouvant forcer ou couper sur une carte jouée, on l'omet.

Ordinairement le fou joué vaut un jeton de chacun à celui qui l'a jeté : mais si indirectement ce personnage va s'embarquer dans le jeu, et qu'il soit pris par le *roi* ou la *guimbarde*, au lieu de faire payer il donne un jeton à celui qui l'emporte.

Les cartes se jouent, au surplus, comme à la triomphe, en tâchant autant que possible de faire deux mains au moins, afin d'emporter le fonds.

MARINADE CUITE. (*Cuis.*) Couper en tranches un ognon, une feuille de laurier, deux carottes, un peu de thym et de girofle; mettre dans une casserole avec un peu de beurre; ajouter ensuite du persil en branches et de la ciboule; passer le tout au beurre. Mêler avec le beurre une cuillerée à café de farine, un verre de bouillon, un demi-verre de vinaigre, sel et poivre. Au bout de trois quarts d'heure, retirer, passer, et laisser refroidir, pour l'employer au besoin.

On fait mariner, suivant les mets, dans l'huile ou dans le vinaigre.

Il faut faire mariner la viande dans de la faïence ou du grès, jamais dans la terre vernissée.

Marinade pour le lièvre. (Voy. LIÈVRE.)

MARINE. (*Com. us.*) L'importance du service de la marine a fait établir en sa faveur la loi du 21 mars 1827, qui lui accorde, pendant dix ans, le droit de choisir dans les bois des arbres en essence de chêne, et dont la circonférence, mesurée à un mètre du sol, sera de quinze décimètres au moins.

Les arbres qui existeraient dans les lieux clos attenants aux hameaux, et qui ne sont pas aménagés en coupes réglées, ne sont pas assujettis au martelage. (*Idem*, art. 124.)

Tous les propriétaires sont tenus, sauf l'exception énoncée en l'article précédent, et hors le cas de besoins personnels pour réparations et constructions, de faire six mois d'avance à la sous-préfecture la déclaration des arbres qu'ils ont l'intention d'abattre, et les lieux où ils sont situés.

Le défaut de déclaration est puni d'une amende de 18 fr. par mètre de terre, pour chaque arbre susceptible d'être déclaré. (*Idem*, art. 125.)

Sont exemptés de la déclaration, par ordonnance du roi du 26 février 1835, 47 départements, dont 36 en totalité. Il est inutile d'en donner la liste; il est facile aux particuliers de savoir si le lieu qu'ils habitent est soumis à la déclaration.

Les particuliers peuvent librement disposer des arbres déclarés, si la marine ne les a pas fait marquer pour son service dans les six mois, à compter du jour de l'engistrement de la déclaration à la sous-préfecture.

Les agents de la marine sont tenus, à peine de nullité de leur opération, de dresser des procès-verbaux de martelage des arbres, dans les bois des particuliers et des communes, de faire viser ces procès-verbaux dans la huitaine, et d'en déposer immédiatement une expédition à la mairie de la commune où le martelage aura eu lieu.

Aussitôt après ce dépôt, les particuliers peuvent disposer des bois qui n'ont pas été marqués. (*Idem*, art. 126.)

Les particuliers et les maires des communes traitent de gré à gré du prix de leurs bois avec la marine.

En cas de contestation, le prix est réglé par des experts nommés contradictoirement, et s'il y a partage entre les experts, il en est nommé un d'office par le président du tribunal de première instance, à la requête de la partie la plus diligente. Les frais de l'expertise sont supportés en commun. (*Idem*, art. 127.)

Les particuliers et les maîtres des communes peuvent disposer librement des arbres marqués pour la marine, si dans les trois mois après qu'ils en ont fait notifier à la sous-préfecture l'abattage, la marine n'a pas pris livraison de la totalité des arbres marqués appartenant au même propriétaire, et n'en a pas acquitté le prix. (*Idem*, art. 128.)

La marine aura, jusqu'à l'abattage, la faculté d'annuler les martelages opérés pour son service; mais elle devra prendre ou abandonner en totalité les arbres marqués et abattus.

Lorsque les propriétaires de bois n'auront pas fait abattre les arbres déclarés dans le délai d'un an, à dater du jour de la déclaration, elle sera considérée comme non-avenue, et ils seront tenus d'en faire une nouvelle.

MARJOLAINE ORIGAN. (*Jard.*) *Origanum majorana.* Famille des labiées. Plante vivace d'Orient. On la multiplie de séparations de pieds en septembre, au midi, dans un terrain léger. On la tond après la floraison.

La marjolaine a une odeur aromatique, elle est apéritive et stimulante.

On fait usage de ses sommités fleuries : on en mêle dans les alimens, et pour les rendre plus agréables, et pour corriger ce qu'ils ont de flatueux et en faciliter la digestion. Cette sorte de plante est excellente pour les maladies des nerfs : on en fait usage en infusion théiforme.

MARMELADE. (*Off.-Med. dom.*) Voy. les noms des différens fruits susceptibles d'être préparés en marmelade.

Marmelade de Tronchin ou *de Fernel.* (*Méd. dom.*) Cette préparation est adoucissante, pectorale, légèrement laxative; la dose est de deux ou trois décagrammes, tous les matins.

Prendre :

Gomme adragant, 1 gramme; eau de fleurs d'oranger, 1 décagramme; manne en larmes, bien choisie ; huile d'amandes douces; pulpe de casse; sirop de capillaire; de chaque, 6 décagrammes 1/2. Faites le mucilage de gomme adragant, à l'aide de l'eau de fleurs d'oranger, dans un mortier de marbre; ajoutez la manne en larmes; écrasez-la, et triturez jusqu'à ce qu'il n'y ait plus absolument aucuns grumeaux; ajoutez peu à peu le sirop de capillaire, après quoi vous y ajouterez l'huile d'amandes douces et la pulpe de casse; agitez, sans discontinuer, jusqu'à ce que la matière soit bien liée, bien unie, et de la consistance du miel.

MARMITE. (*Conn. us.— Cuis.*) Les marmites de fonte valent mieux que celles de fer, qui ont une mauvaise odeur. Elles sont égales ou préférables à celles de terre qui sont casuelles, se fêlent aisément, et dont les fentes retiennent toujours des débris de viande et du bouillon coagulé.

La première fois qu'on se sert d'une marmite, on doit y faire cuire des pommes de terre, ensuite un jambon. Le pot au feu pourrait dans une marmite neuve contracter quelque goût étranger. Il faut, avant de s'en servir, la récurer avec du grès, la laver, et faire bouillir, une demi-heure, dedans de l'eau et de la cendre, puis des lentilles ou des fèves.

Madame Adanson affirme que le bouillon est plus limpide dans les marmites de *terre de Champagne* que dans celles de fonte. Nous ne connaissons aucun fait qui puisse justifier cette assertion.

Pour entretenir propre une marmite de fonte, il suffit de la bien laver avec de l'eau bouillante, à laquelle on ajoute de temps en temps quelques poignées de cendres; l'extérieur peut être récuré avec du grès et des feuilles d'oseille. Il est essentiel de bien faire sécher la marmite, avant de la mettre en place, afin qu'elle ne se rouille pas. On doit éviter d'y préparer les mets dans lesquels il entre du vinaigre, parce qu'ils pourraient acquérir un goût de fer.

On peut préparer dans les marmites de fonte le bouillon, le roti, les ragoûts, les daubes et toutes sortes de légumes, mais quelques-uns noircissent quand on les y laisse trop longtemps.

Marmite de terre. Pour que des marmites de terre soient bonnes, il est essentiel qu'elles aient été parfaitement cuites, et que le vernis qui les recouvre soit bien composé et dur. Comme c'est à ce dernier qu'on doit attribuer les accidens qui ont suivi quelquefois l'emploi des marmites de terre neuve, on doit s'assurer de sa bonté de la manière suivante : on met dans la marmite quelques poignées de cendres de bois ou de charbon ; on verse de l'eau par-dessus et on fait bouillir pendant une heure ou deux : si le vernis n'est point altéré dans cette expérience, on peut employer la marmite avec sécurité. En général, on doit faire subir cette épreuve à tous les vases de terre vernissée dont on fait usage; pour cela, on les fait bouillir dans un chaudron avec de la cendre ; ils acquièrent par là une solidité particulière qui les empêche de casser ou de se fendiller lorsqu'on vient à les remplir subitement d'eau bouillante.

Les *marmites de cuivre étamé* sont légères, mais elles exigent des soins et peuvent avoir quelque danger. (Voy. ÉTAIN.)

Derrière de marmite. Si on suppose une marmite au feu séparée en deux par un plan vertical, la partie exposée au feu est le devant de la marmite; celle qui est tournée du côté de la chambre, est le derrière. Quand les cuisiniers recommandent de prendre du *derrière de la marmite* pour accommoder un ragoût, ils désignent ainsi la graisse que l'ébullition rejette dans la partie la plus froide du pot au feu.

MARMOTTE. (*Con. us.*) *Arctomys marmota.* La marmotte n'habite que les montagnes les plus hautes et les plus inaccessibles. Elle choisit préférablement les petites vallées étroites que laissent entre elles des montagnes escarpées et des pointes de rochers taillés à pic. Elle préfère toujours la partie occidentale et méridionale de la montagne, comme la plus exposée au soleil, et évite soigneusement, pour former son habitation, tous les endroits humides. Au retour du printemps, quand elle sort de sa retraite, où elle était engourdie pendant l'hiver, elle descend dans la région moyenne pour y chercher sa nourriture; mais pendant l'été elle remonte, pour trouver la solitude et le voisinage des amas de pierres, ou des cavernes, qui puissent lui servir de retraites contre tous les dangers imprévus.

Elle se nourrit d'herbes et de racines. Apprivoisée, elle mange presque tout ce qu'on lui offre; elle est friande surtout de beurre et de lait; mais elle refuse constamment la viande. En buvant elle lève la tête, comme la poule; elle boit rarement. Elle aime la chaleur.

Les marmottes vivent en troupes dans les montagnes, et se creusent des terriers qu'elles garnissent de foin.

L'hiver, elles ne mangent pas; elles dorment pendant six mois entiers, depuis octobre, jusqu'à la fin de mars.

On mange la chair de la marmotte, et plusieurs personnes la trouvent fort délicate. La peau sert de fourrure, et les habitans des montagnes emploient sa graisse fondue comme un remède contre plusieurs maladies.

MARNE. (*Conn. us.-Agr.*) La marne est une substance terreuse, dont la base est le carbonate de chaux, et qui sert à amender le sol. Il y a des marnes coquillières, des marnes calcaires, des marnes argileuses, des marnes sableuses, des marnes magnésiennes. Ces dernières sont impropres à l'amendement.

La marne est composée de pierres broyées par les eaux. On la trouve en bancs, au-dessous de la terre végétale, et quelquefois à de grandes profondeurs.

Marne coquillière. Composée de coquilles d'eau douce brisées; on la répand sur les semis de blés, par poignées. Elle est très-active, et doit être employée avec ménagement: s'il pleut après l'opération, il n'y a aucun inconvénient à recommencer quelques jours après.

Marne calcaire. Elle est blanche, jaunâtre, rougeâtre ou noire. Elle se fendille à l'air, et peut fournir de la chaux. Avant de l'employer, il faut la laisser s'émietter en tas sur le sol pendant un an ou dix-huit mois. Elle convient aux terres tourbeuses.

Marne sableuse. Elle est très-friable. On l'emploie dans les terrains tenaces.

Marne argileuse. Elle est grise, ou verdâtre. On l'agite dans les terres sableuses, légères, noirâtres, pulvérulentes. Il faut choisir celle qui se délaie promptement entre les doigts et absorbe l'humidité.

Il est inutile de faire observer que la marne sableuse ne réussirait pas dans un terrain sableux, la marne argileuse dans un terrain argileux, etc. La marne paraît agir en absorbant l'oxygène et le carbone de l'air, qu'elle fournit aux végétaux.

Le marnage se fait en hiver, ou en automne. On transporte la marne, ou l'espace en petits tas, et on la répand ensuite. On saupoudre les prairies en automne et au printemps avec de la marne calcaire, ou sableuse. La marne calcinée est plus active que la marne crue.

Signes qui indiquent la présence de la marne dans un sol. Les terres dans lesquelles croissent spontanément le *chardon roland*, la *petite oseille (rumex acetosella)*, la *persicaire à grande feuille (polygonum pensilvaticum)* et la *marguerite d'or (chrysanthemum segetum)* sont toujours des terres marneuses.

Procédé facile pour faire de la marne artificielle propre à amender les terres. Disposer alternativement un lit de terre glaise et un lit de chaux, jusqu'à ce que le tas soit assez gros pour ce qu'on en veut faire, et laisser le tout à l'action de l'hiver. Au printemps, les deux matières seront suffisamment unies et propres à être répandues sur le sol. Si la terre qu'on veut amender était un peu forte, on mêlerait du sable à la terre glaise.

MAROQUIN. (*Con. us. — Ind. dom.*) Les maroquins sont des peaux de boucs ou de chèvres, passées au sumac ou à la noix de galle, et teintes en rouge, en noir, en bleu, en jaune, etc. Les meilleurs sont ceux d'Espagne, dont la matière première est fournie par la Barbarie et le Nord. On en fait aussi à Paris, à Lyon, à Limoges, à Rouen, à Avignon et à Lille.

Manière de préparer le maroquin. Prendre une peau de bouc, la faire macérer trois jours dans l'eau; quand elle est sèche, enlever les poils et la plonger dans la chaux éteinte; la saupoudrer de chaux vive et en détacher les plus petits poils, puis la laver à l'eau courante; l'exposer une nuit dans l'eau et la faire égoutter à l'air. La laisser dans l'eau de son, jusqu'à ce qu'elle soit souple. La fouler dans l'eau courante, la laisser ensuite cinq ou six jours dans de l'eau rendue savonneuse au moyen de figues blanches, en la saupoudrant pendant trois jours de sel gemme fin. Exprimer l'eau. Colorer avec de la cochenille et tanner. (Voy. TAN.)

MARRONNIER. (*Jard.-Méd. dom.*) Espèce de châtaignier cultivé avec succès dans la Touraine, dans le Limousin, dans le Vivarais, dans le Dauphiné, où il produit de très-beaux marrons que l'on porte à Lyon; ce qui les fait nommer *marrons de Lyon*. Le châtaignier sauvage ne diffère du marronnier qu'en ce que son fruit et toutes ses parties sont plus petites.

MARRONNIER D'INDE. (*Œsculus hyppocastanum.*) Famille des érables. Ce bel arbre d'Asie fait très-bien, surtout isolé. On le sème aussitôt maturité, au midi, et en plein air. Les fleurs, qui paraissent au mois d'avril, sont blanches, piquetées de rouge, en grappes longues et droites. Il y en a une variété à fleurs entièrement rouges qu'on peut greffer en fente sur le premier.

On peut parvenir, en sacrifiant les fruits, à doubler les fleurs du marronnier. Il suffit pour cela de fumer beaucoup le sol et de le rendre très-gras.

Emploi médical de l'écorce du marronnier d'Inde contre la fièvre. (Voy. FIÈVRE.) Il faut enlever cette écorce au mois de septembre, d'un arbre ancien. On la réduit en petits morceaux pour la faire sécher au four, deux heures après en avoir ôté le pain. On l'y laisse douze heures.

On administre cette écorce comme le quinquina. Dans le cas de chaleur, pesanteur d'estomac, douleurs d'entrailles, sécheresse de poitrine, elle serait nuisible si on ne faisait précéder les délayans, les adoucissans, et si on ne donnait de petites doses de la décoction légère. En général elle réussit mieux dans les tempéramens flegmatiques que dans les sanguins et les mélancoliques; elle paraît surtout funeste à ces derniers. Il faut le donner avec circonspection et par gradation aux personnes douées d'une constitution irritable; et alors si on la donne, soit en opiat, soit en décoction, il faut la combiner selon le cas avec des plantes relatives aux accidens.

Opiat fébrifuge d'écorce de marronnier. Écorce de marronnier d'Inde pulvérisée, trois onces;

Crême de tartre, une once;

Miel, autant qu'il en faut pour donner un peu de consistance à l'opiat.

MARRONS. (*Off.—Cuis.*) On sert les marrons sur les meilleures tables, rôtis, à la poêle et dans le sucre, on en fait aussi usage en cuisine, glacés au dessert.

Manière de conserver les marrons. Vous fendrez un peu les marrons à la tête avec la pointe d'un couteau, comme si vouliez les faire rôtir; vous les mettrez en bouteilles; puis vous leur donnerez un bouillon au bain marie.

Tarte de marrons. Dans quelques départemens de la France on prépare des tartes de marrons qui méritent d'être connues par leur bon goût. Elles se font avec des marrons ou des châtaignes cuits à l'eau, ou à la vapeur, bien pelés et séparés des moindres portions de tégumens, pilés ensuite dans un mortier avec du sucre et un peu d'eau de fleurs d'oranger, citron; cette pâte, servie sur une assiette, doit être saupoudrée de sucre caramélé; mise dans un gâteau de pâtisserie, genre de garniture peu connu, elle est d'un goût exquis.

Compote de marrons. Enlever l'écorce des marrons; les faire griller au four; les mettre dans une serviette pour les achever de cuire; leur ôter la seconde peau; les mettre dans une assiette d'argent avec un peu de sucre clarifié; les faire mitonner; y ajouter les zestes et le jus d'une bigarade; les saupoudrer de sucre; les glacer avec une pelle rouge, et les servir chaudement.

Biscuit de marrons. Piler trois onces de marrons; battre la pâte avec les blancs de cinq œufs; ajouter deux onces de sucre en poudre; un peu de râpure de citron; dresser dans des caisses et faire cuire. Glacer avec du sucre en poudre battu dans un blanc d'œuf.

Marrons en chemises. Les faire cuire; enlever les peaux; les plonger dans des blancs d'œufs fouettés en neige: les mêler dans du sucre en poudre, et les faire sécher à l'étuve.

Marrons glacés. Vous écrasez des marrons; vous placez deux bassines sur le feu; quand l'eau de la première bout, vous y jetez les marrons et les transvasez dans la seconde après quelques bouillons; quand la tête d'une épingle passe aisément au travers, vous les retirez, les rejetant à mesure dans une bassine où il y a de l'eau tiède, où vous avez exprimé le jus d'un citron; vous les égouttez et y passez de l'eau fraîche.

Vous leur donnez quelques bouillons dans du sucre clarifié et cuit au lissé; le lendemain vous les mettez à l'étuve, où vous les égouttez; vous remettez le sucre sur le feu et le faites cuire à la nappe; vous donnez un bouillon aux marrons et écumez; le troisième jour, vous les égouttez, et faites cuire le sucre au petit perlé; les marrons y reçoivent encore un bouillon; quand ils sont refroidis dans le sucre, et égouttés, vous les glacez de la manière suivante:

Vous les jetez dans du sucre clarifié et cuit au soufflé; vous blanchissez le sucre en frottant les parois intérieures de la bassine avec une fourchette; lorsque vous le voyez blanchir vous retirez les marrons le plus promptement possible, avec une écumoire que vous glissez adroitement dessous pour ne pas les écraser; vous les posez sur des clayons; ils y sèchent rapidement et forment une belle glace.

Le sucre cuit qui vous reste s'emploie pour confire d'autres fruits, ou pour en mettre en compotes.

Pains de marrons. Faire griller cinquante marrons; les éplucher; les piler avec deux onces de beurre et de la crême double; les passer au tamis de crin; ajouter un œuf entier, une demi-livre de sucre en poudre pour une livre de pâte, un peu de vanille et une once de farine. Diviser la pâte en morceaux de la forme des marrons, les beurrer, les dorer; faire cuire à four chaud.

Pâte de marrons. Prendre des marrons dont vous enlevez la première écorce qui est ligneuse; les mettre ensuite dans de l'eau pour les faire blanchir; les dépouiller de leur pellicule; les piler dans un mortier de marbre et les peser. D'un autre côté, clarifier même quantité de sucre, et le faire cuire au boulé; le retirer de dessus le feu pour y mettre votre pâte de marrons avec moitié de marmelade d'abricots ou de gelée de pommes; délayer et incorporer le tout ensemble, et l'étendre sur des ardoises de l'épaisseur de deux ou trois lignes. Mettre la pâte à l'étuve; le lendemain la couper en carrés; la poser sur des tamis en la retournant, et, lorsqu'elle est parfaitement sèche, la serrer dans des boîtes.

Soufflé de marrons. Enlever l'écorce noire des marrons; les monder de leur seconde peau; les faire cuire à l'eau avec un peu de sel; les égoutter; les piler avec de la fleur d'orange ou autre aromate; les passer; les remettre dans le mortier avec moitié de beurre, sucre en poudre et jaunes d'œufs pour lier la pâte. Une demi heure avant de servir, battre des blancs d'œufs en neige et mêler doucement la pâte avec cette neige; faire cuire sur des cendres rouges, en couvrant du four de campagne,

On farcit les dindes et surtout les oies avec des marrons au lieu de truffes, en les hachant avec de chair à saucisse.

Marrons à l'espagnole. Émonder à l'eau chaude et peler des marrons; les faire cuire avec beurre, quelques cuillerées d'espagnole, un verre de consommé, muscade râpée, feuille de laurier. Faire bouillir les marrons une demi-heure; les retirer de leur sauce; laisser réduire cette sauce et la passer à l'étamine sur les marrons.

MARRONS D'INDE. (*Conn. us.-Méd. dom.*) Le marron d'Inde, mûr et râpé, donne une fécule très-blanche, sucrée et très-saine, égale au sixième du poids de ce fruit dépouillé de son écorce. (Voy. FÉCULE.)

Manière de faire du pain avec des marrons d'Inde. Après avoir dépouillé les marrons d'Inde récens de leur écorce et de leur membranes intérieures, on les divise au moyen d'une râpe de fer-blanc et l'on en forme une pâte d'une consistance molle, que l'on enferme dans un sac de toile pour la soumettre à la presse. Il en sort un suc visqueux, épais, d'un blanc jaunâtre et d'une amertume insupportable. Le marc restant est blanc et très-sec. On le délaye dans une certaine quantité d'eau, en le frottant entre les mains. La liqueur laiteuse, passée à travers un tamis de crin très-resserré, est reçue dans un vase où il y a de l'eau. On obtient enfin, par le repos, par des lotions, et par la décantation, une fécule douce au toucher, et qui, desséchée à une chaleur modérée, est blanche, sans odeur, sans saveur, et a tous les caractères d'un véritable amidon, tandis que la partie fibreuse, restée sur le tamis, conserve opiniâtrément de l'amertume. Cette amertume est tellement intense dans le fruit dont il s'agit que douze à quinze grains de sa poudre suffisent pour la communiquer à une livre de farine de froment.

Pour panifier cet amidon, on prend quantité égale de pommes de terres cuites et réduites par un rouleau à l'état de pulpe. On en forme une pâte avec suffisante quantité d'eau chaude, dans laquelle se trouve délayée la dose ordinaire de levain de froment.

La pâte, exposée à un lieu tempéré, mise ensuite pendant une heure au four, donne un pain blanc, bien levé et de bonne odeur. Il est un peu fade, mais quelques grains de sel suffisent pour faire disparaître ce défaut.

La quantité de fécule contenue dans le marron d'Inde a été déterminée par Baumé; il a reconnu que cent livres de marrons d'Inde contenaient seize livres treize onces de fécule; les expériences de Baumé, répétées à deux reprises et dans deux années différentes, ont donné pour cent livres de marrons, seize livres de fécule une première fois, et quinze la seconde.

La fécule obtenue du marron d'Inde écorcé et séché, la poudre de ce fruit, peuvent être employées à faire une colle pour les tabletiers et les relieurs, utile dans une foule d'arts.

Préparation des marrons d'Inde pour les bestiaux et les cochons. Les concasser; les mettre dans un baquet rempli d'eau; remuer de temps en temps; renouveler l'eau cinq à six fois, de dix heures en dix heures. Quand elle n'a plus d'amertume, couvrir les marrons d'eau bouillante; les donner après aux bestiaux. On peut en outre les faire cuire à l'eau et les mêler avec du son ou des pommes de terre. Les bestiaux, les vaches, les moutons qui font usage de cette nourriture tonique engraissent en très-peu de temps et sont moins exposés à l'épizootie. Cuits et broyés, les marrons d'Inde peuvent être donnés aux volailles. On enlève l'écorce avant de le faire tremper, on le rend par là meilleur et susceptible de servir d'aliment à l'homme.

Le fruit entier, coupé, peut être mêlé au fourrage, à raison de cinq quarts de livre pour un mouton, et une livre pour un agneau; on y joint un peu de sel. On le donne en automne, à l'époque où cesse la nourriture en vert. Les moutons, ainsi que les vaches, refusent d'abord de manger ce fruit, mais bientôt ils le recherchent avec empressement. Il est dangereux de donner les marrons sans les couper, car ils peuvent s'arrêter dans le gosier et causer la mort de l'animal.

Emploi des marrons d'Inde pour faire de la potasse. Cent livres de marrons frais, incinérés, ont fourni vingt et une onces soixante-quatre grains de cendres, qui contenaient onze onces, sept gros, trente grains de potasse. Trente livres de l'enveloppe épineuse des marrons, aussi incinérées, ont donné quatre onces, un gros, trente-six grains de cendres qui contenaient une once, six gros, trente-six grains de potasse.

Emploi des marrons d'Inde contre les engelures. Faire bouillir jusqu'à réduction des deux tiers, dans une pinte et demie d'eau, cinq marrons d'Inde et une forte poignée de cendre de bois; laver de ce mélange, excessivement chaud, les parties malades le soir et le matin.

Pâte de marrons pour les mains. La pâte de marrons écorcés, desséchés au feu et au soleil, et réduits en poudre fine par la trituration, remplace la pâte d'amandes. Il est facile de l'aromatiser.

Moyen pour faire servir les marrons d'Inde en guise de lampes de nuit. Pelez les marrons; faites-les sécher; puis percez-les de part en part avec une très-petite vrille. Lorsque vous voudrez vous en servir, vous les ferez tremper pendant vingt-quatre heures dans quelque huile que ce soit; ensuite vous en prendrez un, vous passerez à travers le petit trou, que vous y aurez fait, une mèche longue comme le petit doigt, et vous le mettrez dans un vase de terre où il y aura de l'eau; puis vous allumerez la mèche qui brûlera jusqu'au jour.

Emploi des marrons d'Inde pour faire la lessive. Pour obtenir une eau propre au lessivage, on pèle les marrons; on les râpe; on met le produit obtenu à l'aide de la râpe dans de l'eau à 60°; on agite, puis on décante; l'eau qui est ainsi obtenue est douce au toucher, on peut s'en servir pour savonner des étoffes de fil et de laine. M. Marcandier a fait dégraisser et fouler avec l'eau obtenue des marrons d'Inde seulement, des bas drapés.

Le résidu, duquel on a séparé l'eau, peut être traité par l'acide sulfurique étendu d'eau à l'aide de la chaleur, et converti en sirop de fécule qui désacidifié et soumis à la fermentation, fournirait de l'alcool; alcool qui pourrait être employé dans les arts et particulièrement à la fabrication des vernis. Ce résidu pourrai encore être cuit et donné aux animaux avec du son.

Carton de marrons d'Inde. En 1794, le Lycée des arts annonça à la convention nationale qu'on pouvait faire du carton avec le marron d'Inde: des échantillons de ce carton avaient été adressés à la convention, cette annonce n'eut pas de suite. Ce procédé mériterait d'être cherché de nouveau.

MARRON. (Voy. COULEUR.)

MARRUBE BLANC. (*Méd. dom.*) *Marrubium vulgare.* Famille des labiées. Plante qui croît dans les lieux incultes, d'une odeur forte et d'une saveur amère. Elle est tonique et stimulante. On peut la donner en infusion dans la leucorrhée, la chlorose, la dyspepsie.

Le marrube noir a des tiges hautes d'un pied et demi; ses feuilles velues sont semblables à celles de l'ortie rouge, de couleur verte brûnâtre; ses fleurs sont de couleur rouge, il leur succède des semences noirâtres, et toute la plante a l'odeur de l'ortie puant : elle naît sur les décombres et le long des haies. On ne s'en sert qu'extérieurement, à cause de son odeur fétide et désagréable : elle est bonne à guérir les gales, les dartr.: et les boutons.

Le marrube aquatique est estimé propre à arrêter les dyssenteries. Cette plante croît dans les lieux marécageux. Employée avec de la couperose, elle donne, dit-on, une aussi belle teinture que la noix de galle.

MARS. (*Agr.-Jard.-Ind. dom.*) *Travaux d'agriculture.* C'est plus ordinairement dans ce mois que l'on sème l'avoine. C'est presque toujours après une récolte sarclée ou sur défrichement d'une prairie naturelle ou artificielle qu'il faut la semer; elle réussit très-bien sur un défrichement de trèfle, et sur un seul labour; mais que l'on se garde bien de la semer après une récolte de grain ordinaire, et surtout de blé, car elle épuise le sol et tend à l'empoisonner d'herbes nuisibles. Bien cultivée, l'avoine peut donner autant de produit que l'orge; la quantité de semence à livrer à la terre varie beaucoup : en France, la quantité la plus ordinaire est de deux à trois hectolitres par hectare. Ses variétés les plus en usage sont l'avoine noire et l'avoine blanche de Hongrie, l'avoine patate d'Angleterre et l'avoine de Géorgie nouvellement introduite en France, et qui paraît d'excellente qualité, très-hâtive et très-productive.

On sème en mars, 1° le trèfle rouge ou commun, à la quantité de 30 livres par hectare; 2° le trèfle blanc, que l'on mêle comme le précédent à une récolte de grain; 3° la luzerne, que l'on connaît aussi sous le nom de minette dorée ou trèfle jaune, et qui se sème comme ceux que l'on vient d'indiquer, mais à raison de 30 à 35 livres par hectare ; les sols calcaires conviennent à ce dernier; 4° la luzerne qui, très-productive, exige un sol riche, meuble, profond et non sujet à l'humidité. Elle se sème aussi dans une récolte en grain et dans un sol bien nettoyé de mauvaises herbes; il faut en semer de 40 à 50 livres par hectare, ne pas oublier ensuite le hersage du terrain ensemencé; 5° le sainfoin, qui réussit surtout dans les sols dont les couches inférieures sont calcaires, marneuses, craieuses ou graveleuses; ce fourrage très-substantiel demande à être enterré plus que le trèfle et la luzerne; il faut passer plusieurs fois la herse dessus, ou biner très-profondément; la graine de la dernière récolte est la meilleure pour la semence.

C'est encore en mars que l'on plâtre les trèfles, sainfoins et luzernes; le moment le plus favorable est celui où la plante commence à couvrir la terre. On emploie ordinairement deux hectolitres par hectare. On emploie indifféremment le plâtre cru ou calciné, ou les plâtras, pourvu qu'ils soient réduits en poudre également fine. On ne doit pas répandre le plâtre par un temps sec, mais choisir un temps couvert; le mieux est de le répandre le soir ou de très-grand matin, ou après une nuit, lorsque les feuilles des plantes sont humides.

Semez les pois dans un sol meuble, léger ou de consistance moyenne, plutôt que dans des terres argileuses et tenaces; c'est une récolte qui épuise peu. Néanmoins ils ne doivent pas revenir sur le même sol avant cinq à six ans; enterrez-les un peu fortement. On les sème ordinairement sous raie, par un labour de trois à quatre pouces; l'extirpateur convient beaucoup pour enterrer cette semence quand la terre est meuble; la quantité de semence varie de 150 à 200 litres par hectare, à cause du plus ou moins de grosseur des graines.

Semez les vesces pour la nourriture de vos bestiaux à l'étable. Des terres fraîches un peu argileuses sont celles qui conviennent le plus à cette plante; elle peut remplacer la jachère, comme préparation pour le blé; alors on doit la semer en mars sur un labour, et lui appliquer l'engrais qu'on destinait à la jachère. Immédiatement après l'avoir coupée, on donnera un second labour, et un troisième avant la semaille du blé. La vesce, fauchée à l'époque de la floraison, ou peu de temps après, n'est nullement épuisante; la quantité de semence est d'environ 175 à 200 litres par hectare.

Mars est la saison la plus commune pour semer les carottes, qui ne se plantent pas seulement dans les sols légers et sablonneux, mais encore dans les terres de consistance moyenne, même un peu argileuses, pourvu qu'on puisse les amollir et qu'elles aient du fond; que le sol soit bien nettoyé des mauvaises herbes, afin d'éviter le coût du sarclage. Il y a peu de plantes plus excellentes pour la nourriture des bestiaux et plus productives; sa récolte sur un terrain donné est de moitié plus considérable en poids que celle de la pomme de terre, et double en volume. Un labour profond de huit à dix pouces est nécessaire pour l'accroissement de cette plante; on ne fume pas ordinairement pour cette récolte toujours abondante; mais si on le faisait, on l'augmenterait encore. Il faut que le fumier qu'on y emploiera soit bien consommé : autrement il produirait une grande quantité d'herbes nuisibles; la surface du sol doit être parfaitement meuble au moment de la semaille; si on la sème à la volée, on mettra huit à dix livres de graine par hectare, et on l'enterrera très-peu; la culture en lignes à dix-huit pouces de distance convient parfaitement à cette plante, parce qu'elle diminue le travail et les frais du sarclage, pour lequel on peut toujours employer la grosse houe à main. Les carottes se sèment souvent aussi en mars, sur le seigle, le colza d'hiver, ou même sur le blé, ainsi que dans le lin, et forment une seconde récolte très-précieuse. De quelque manière qu'on sème, on doit froisser avec soin la graine entre les mains, afin de la débarrasser de toutes ses barbes; elle se répand ainsi bien plus également.

Le panais se sème en même temps que la carotte, et à peu près de la même manière; cette plante, excellente pour l'engrais des bêtes à cornes et des cochons, aime les terrains gras et profonds.

Il faut semer en mars les choux et les rutabagas en pépinière. Le repiquage leur est très-favorable et doit être préféré au semis en place; les moutons et les bêtes à cornes trouvent dans ces plantes, pendant tout l'hiver et jusqu'en avril, un excellent aliment.

On sème dans la dernière quinzaine de mars et au commencement d'avril les betteraves; mais quand on n'a point à craindre la gelée, il vaut mieux, pour les semer en place, attendre la première quinzaine d'avril; le repiquage leur convient comme aux choux et aux rutabagas. La betterave est excellente pour la nourriture des moutons, l'engraissement des bestiaux à cornes, les bœufs et chevaux de travail. Dans les vaches laitières, elle augmente plutôt le volume de la graisse que celui du lait. La meilleure espèce de betterave pour les bestiaux est la betterave de Silésie, qui est blanche intérieurement et extérieurement; la rose, connue sous le nom de racine de disette, est aussi très-bonne et moins difficile à arracher.

Semez à la fin de ce mois et au commencement d'avril les lentilles dans la terre riche, meuble et légère; sa paille vaut le foin pour les bestiaux, auxquels on doit la distribuer sobrement; tout le monde sait que sa graine est un bon aliment. On met ordinairement 150 litres de graine par hectare : si c'est la petite variété, on peut diminuer la quantité; sa culture en lignes, à dix-huit pouces de distance, réussit très-bien.

Semez encore en mars, dans un terrain meuble et bien engraissé, des laitues pour les cochons. Ce semis se fait soit à la volée, à raison d'une livre et demie de graine pour dix ares, soit en lignes, à 12 ou 15 pouces de distance, à raison d'une livre de graine par dix ares; dans tous les cas enterrez très-peu la semence.

C'est en mars que se sème aussi la chicorée, soit dans une récolte d'orge ou d'avoine, quand on la destine aux bestiaux, soit seule, pour l'usage des fabriques de café-chicorée. Les terres argileuses, grasses et de consistance moyenne, sont préférables pour cette plante; un labour est nécessaire; on sème en lignes à 18 pouces de distance; un sarclage exact est indispensable; on peut semer à la volée et en toute terre la chicorée destinée aux bestiaux.

Fauchée en vert, elle forme une bonne nourriture pour les vaches à lait, et surtout pour les cochons et les moutons; celle qu'on donne aux vaches doit être mélangée d'autre fourrage. Dans le semis à la volée, on met 24 livres de graine par hectare; on doit l'enterrer profondément. La variété que l'on cultive pour la fabrication du café a la racine plus grosse et plus charnue, à peu près comme celle de la carotte blanche. M. Mathieu de Dombasle s'est assuré qu'elle fournit un fourrage aussi abondant et d'aussi bonne qualité que la chicorée ordinaire; on peut faucher les feuilles sans nuire aux racines, dans es premiers jours d'octobre, lorsque la végétation est arrêtée.

Dans ce mois, un hersage avec une herse pesante à dents de fer est très-convenable au blé, dont il facilite la croissance.

Les racines ou pâturages, composés de quelques plantes qui résistent à l'hiver, comme la pimprenelle et le pastel, sont dans ce mois d'un grand secours pour empêcher le dépérissement des moutons et surtout des agneaux.

En mars, aussitôt qu'un champ est labouré et semé, on doit y pratiquer des sillons d'écoulement, surtout dans les terres humides; dès que ce mois est commencé, on peut aussi fumer les blés en dessus quand ils en ont besoin, avec de riches composts, tels que tourteaux d'huile en poudre, touraillons, poudrette, suie, fiente de pigeon en poudre, etc. C'est après les grandes pluies et lorsque la récolte commence à végéter, qu'il faut faire cette opération; un peu de pluie après lui est de même profitable. On applique cet engrais en petite quantité: c'est un puissant moyen de rétablir une récolte qui a souffert de l'hiver, ou qui n'a pas reçu, lors de la semaille, un assez riche engrais. La fin de mars est le temps d'étendre les taupinières, opération qui n'est difficile que lorsqu'on a longtemps négligé ce soin; négligence qui nuit à la récolte et au fauchage.

Si vous avez formé une prairie nouvelle avec des graminées, faites-la pâturer en ce mois par des moutons et non par des bestiaux, qui avec leurs pieds la dégraderaient, tandis que la dent du mouton en fait épaissir l'herbe. Semez la spergule, qui mûrit vers la fin de juin; un sol sablonneux et frais lui convient: elle l'épuise peu. On la fait pâturer plutôt que faucher; les vaches à lait qui s'en nourrissent donnent d'excellent beurre. On sème 24 livres de graine par hectare. Binez les colzas une ou deux fois; vingt femmes, qui entendent bien cette opération, doivent biner exactement un hectare dans leur journée, à moins que le sol ne soit très-sale et très-résistant. Lorsque le colza a été semé en lignes à 18 pouces, la herse à cheval est employée avec avantage pour le binage. Sarclez la gaude d'hiver aussitôt que les tiges commencent à monter, en employant la houe à long manche; binez les cardères plantées en septembre si elles ont été plantées en lignes; servez-vous pour cette opération, qui sera répétée au besoin, de la houe à cheval. Ne mettez pas vos vaches à la pâture avant que l'herbe n'ait pris un peu de consistance et puisse les bien nourrir; autrement le pâturage en souffrirait et le bétail aussi, parce que la petite quantité d'herbe trop fraîche le dégoûte du fourrage sec. Activez vos attelages dans le labour; les carottes et panais leur conviennent dans ces travaux. Semez la gaude pour être récoltée en juin ou juillet suivant; la quantité doit être de 15 livres par hectare; on l'enterre peu. Semez aussi le blé de printemps plus abondamment que le blé d'automne; on ne doit jamais, suivant M. de Dombasle, employer moins de 250 litres par hectare. Le lin, qu'on doit semer en ce mois demande un terrain riche et très-meuble; un engrais en poudre, répandu très-également, est le seul favorable à cette récolte, qui exige deux ou trois cultures à l'extirpateur: hersez plusieurs fois, semez, puis enterrez à la herse. Le lin réussit très-bien sur un pré ou un trèfle rompu et sur un seul labour. Quand le sol n'est ni trop aride ni trop humide, la graine de lin de Riga, semée en un sol abondant, est la meilleure; elle ne doit pas être semée très-dru, et on doit la laisser complétement mûrir si on veut qu'elle ne dégénère pas. Elle se sème aussi en avril; on doit mettre ordinairement de 200 à 250 litres de graine par hectare, et seulement 100 litres quand on veut obtenir d'excellente graine. Le trèfle et la carotte prospèrent dans le lin: pour avoir de beau lin, il ne faut ensemencer une seconde fois que six ans au moins après la première; huit à dix ans valent mieux encore: plantez les topinambours en plein champ pour la nourriture des bestiaux; cette plantation se fait comme celle de la pomme de terre. Semez la moutarde noire dans un terrain abondant, très-meuble et bien préparé, en rayons de quinze à dix-huit pouces de distance, que vous binerez soigneusement pendant la croissance de cette plante; les feuilles se cueillent deux fois, quelquefois trois pendant l'été. C'est une culture dispendieuse, et qui, sous ce rapport, convient à peu de cultivateurs. Semez le pastel dans des terrains secs et à la volée; mettez 40 livres de graine par hectare.

Observations générales. Au printemps comme en été ne touchez jamais à la terre qu'elle ne soit bien ressuyée. Pour les terres argileuses, profitez des gelées du printemps afin de les cultiver; choisissez un bon semeur: jamais vous ne le paierez trop cher. Si vous semez des graines dans un pré, ne les mêlez pas, mais semez-les l'une après l'autre; cette semaille sera plus égale. Ne semez par le vent que les semences très-pesantes, comme pois, fèves, etc., et même le blé et l'orge; plantez la garance en terrain sablonneux et léger, profond, riche et bien engraissé: elle se multiplie par graines et par rejetons. Le terrain doit être préparé par un profond défoncement à bras, ou avec une charrue; on divise ce terrain lorsqu'il a été approfondi avec une bêche en planches alternativement larges et étroites ordinairement de six et de quatre pieds. Pendant la saison, on sarcle exactement et l'on donne de fréquents binages; lorsque la garance a grandi, on la chausse en élevant le sol des planches où elle est plantée; l'année suivante on continue le rehaussement avec la terre des environs ou du fumier, en sorte que les planches soient bombées, et qu'il se forme à côté des petits fossés profonds.

Travaux d'horticulture. Dans ce mois la terre ouvrant son sein réclame toute l'activité des jardiniers; on ne peut plus retarder les labours; il faut enterrer les fumiers et engrais, replanter les bordures de fraisiers, d'oseille, d'estragon, etc.; on commence à semer abondamment diverses sortes de pois, de fèves de marais, de la romaine, plusieurs espèces de laitue, chicorée sauvage en bordures ou en planche, du cerfeuil, persil, bonne-dame, oignons, poireaux, de la ciboule, des carottes, épinards, raves, radis et tous les légumes de pleine terre, excepté les haricots, parce qu'ils ne peuvent supporter la moindre gelée. On plante les premières pommes de terre hâtives; on découvre, on débutte et on laboure les artichauts; après le 15 du mois, on laboure et on fume les asperges; on met en terre les bulbes et racines de l'année dernière destinées à porter graines, telles que céleri, oignons, carottes, navets, betteraves, etc.; et pour éviter les mauvais effets du hâle et des petites gelées qui règnent ordinairement dans cette saison, on recouvre les semis et plantations d'une mince couche de terreau ou d'un léger paillis; on plante les asperges, mais en terre forte et froide; il vaut mieux attendre jusqu'aux premiers jours d'avril; s'il reste encore des salsifis, on les arrache et on les porte dans la serre, afin d'en retarder la pousse. On continue dans ce mois d'entretenir la chaleur des couches sur lesquelles sont plantés à demeure les melons et concombres de première saison et les choux-fleurs; on replante sur de nouvelles couches pour la seconde saison des melons et concombres, des choux-fleurs et des laitues déjà élevés, des aubergines, et on sème de menues graines pour la troisième saison; on sème en outre des raves, des salades et fournitures pour attendre les produits de la pleine terre, des haricots, les uns pour donner en place, les autres pour être replantés ou sur couche ou sur bonne côtière avec les soins convenables; il faut encore planter des pieds d'asperges, sur couche, et en former quelques planches en pleine terre, pour attendre la saison où ce précieux végétal donne naturellement.

On doit achever en mars la taille de tous les arbres fruitiers en espalier, excepté ceux qui sont d'une trop grande vigueur, afin de leur laisser porter un peu de séve dans les bourgeons à supprimer, ainsi que les pêchers, pour ne pas hâter la floraison, qui pourrait être endommagée par les gelées tardives; quant aux contre-espaliers et aux quenouilles, on pourra les tailler aussi; mais pour l'espalier, tous les rameaux qui doivent être attachés le seront immédiatement après la taille avant que leurs yeux se soient allongés, afin que ceux-ci ne puissent être cassés ou abattus dans l'opération de l'attache; après avoir enlevé tout le bois supprimé, on labourera le pied des arbres, et l'on y répandra un bon paillis; on doit aussi se hâter d'achever les plantations en pépinière, de tailler les quenouilles et les arbres à haute tige, de leur donner des tuteurs et de labourer le tout; on marcotte ou l'on butte les mères de coignassier, de paradis, et de tous les arbrisseaux qu'on multiplie de cette manière: on peut encore semer des pepins de pommier, de poirier, beaucoup de graines d'arbre, d'arbrisseaux en pleine terre et en terreau; à la fin du mois on pourra commencer à replanter les boutures préparées comme nous l'avons dit en février, et les pailler de suite convenablement.

Quant aux travaux de pleine terre, il est temps d'achever les labours, toutes les plantations d'arbres, d'arbrisseaux et de plantes vivaces, excepté les arbres verts et résineux, que l'on plante avec plus de succès; enfin il faut donner au jardin toute la propreté qu'il exige, en ratissant et sablant les allées si elles en ont besoin; et nettoyant les gazons de tout ce qui peut nuire à leur beauté; on peut encore semer en bordure, en touffes ou en masse plusieurs fleurs annuelles, comme giroflées de Mahon, pieds d'alouette, réséda, pavot et coquelicot, pour succéder aux semis d'automne, ou pour les remplacer s'ils ont mal réussi. On sème sur couche des balsamines, des quarantaines, des seneçons des Indes, belles de nuit, capucines, zinnie élégante, cosmos pinnatifide, ainsi que plusieurs autres plantes, pour en hâter la floraison, ce qui n'empêche pas d'en semer aussi à bonne exposition en terre légère jusqu'au 15 avril : on dépose à nu sur une couche les tubercules de dahlia; on les recouvre de châssis pour que la chaleur les mette en végétation et détermine la sortie des bourgeons à leur collet; alors on divise les touffes, en ayant soin que chaque tuberbule emporte au moins un bourgeon, et on les plante dans des pots tenus sur couche ou du moins en châssis, jusqu'au moment de les planter en place; on met une couche tiède de petits orangers malades, ainsi que plusieurs autres plantes de serre qui sont dans le même cas; après on visite leurs racines et rafraîchit les tiges s'il y a lieu: dans ce cas, il est ordinairement très-avantageux de dépoter les plantes et de mettre leurs racines à nu dans la terre de la couche; à l'automne elles sont refaites, et on les rempote pour entrer en serre.

Serres, bâches, orangeries. Le soleil prenant de la force, on a moins besoin de faire souvent de feu; il est même quelquefois nécessaire de couvrir les serres d'une toile légère pour préserver les plantes, dont les pousses sont tendres, de ses rayons brûlants; on arrose plus amplement, ou seringue les feuilles, on répand de l'eau dans les sentiers des serres pour produire une vapeur salutaire, quand on ne peut donner d'air aux plantes. La propreté est toujours de rigueur. On peut commencer à faire des boutures sous cloches et des marcottes selon les différents procédés. Si l'on n'a pas porté les tubercules de dahlia sur une couche pour exciter leur végétation, on pourra les jeter dans un coin de la serre chaude, où ceux qui seront semés développeront promptement des bourgeons.

Travaux de ménage en mars. Faire couver les poules afin d'avoir des poulets de bonne heure.

Quand l'hiver a été doux, on se procure à la fin du mois de mars des violettes avec lesquelles on fait de la marmelade et des conserves. On récolte aussi de la valériane et des racines de fraisier, de guimauve, de persil, de pivoine pour la pharmacie domestique.

MARTE. (*Chass.*) *Mustela martes.* La marte est plus petite que la fouine brune, et elle en diffère principalement par une tache jaune qu'elle a sous la gorge. Sa fourrure est très-estimée quand elle a son poil d'hiver.

Cet animal a la même cruauté que la fouine; mais cependant il est moins redouté parce qu'il n'habite que les bois. La marte fait beaucoup de dégâts dans les parcs, où sans cesse elle guette les levrauts et les perdrix. Elle dévore les jeunes oiseaux dans leur nid, et souvent, pendant la nuit, surprend les mères couveuses. Si elle tombe sur une compagnie de perdreaux ou de jeunes faisans, il est rare qu'il en échappe un seul, car elle tue tout ce qu'elle ne peut dévorer.

Elle se plaît particulièrement dans les halliers fourrés

dans les bois entremêlés de hautes futaies et de taillis. Quelquefois elle s'établit dans un terrier qu'elle se creuse en terrain sec, sur une pente rapide, ou dans l'ados de terre amassé sur le bord d'un fossé sec et profond. Dans tous les cas, l'entrée de son terrier est toujours marquée par des ronces et d'épais buissons. Quelquefois aussi elle se loge dans un trou d'arbre, et elle s'empare du nid d'un pic-vert ou d'un écureuil.

Ce sont principalement les gardes-chasse qui doivent s'occuper de la destruction de cet animal funeste à toutes les espèces de petit gibier. Si l'on a découvert sa demeure, on s'assure que l'animal y est, au moyen d'un chien; on en bouche parfaitement toutes les issues, on creuse et on le saisit. Si l'on reconnaît, à la fiente, qu'un endroit est fréquenté par des martes, on y tend des piéges appâtés comme pour les fouines; mais elles ne donnent guère que dans le traquenard à ressort. Le meilleur est de se placer à l'affût pendant le crépuscule du soir et du matin, ou plus sûrement encore pendant la nuit, si le clair de lune est assez beau pour qu'on puisse les apercevoir.

Rarement ces animaux s'approchent des habitations; cependant, en hiver, lorsqu'ils sont poussés par la faim, ils pénètrent quelquefois dans les basses-cours des fermes isolées, et y font les mêmes dégâts que les fouines. Ils sont surtout dangereux pour la volaille, que la proximité d'un bois engage à aller s'y promener.

Il arrive assez souvent que, rencontrée par des chiens de chasse, elle se fait battre dans le plus fourré des taillis pendant dix minutes ou un quart d'heure, puis elle monte sur un arbre pour se dérober à la poursuite de ses ennemis. C'est une occasion que l'on ne doit jamais perdre. Les chiens ayant fait reconnaître sur quel arbre elle a choisi son asile, on se rend de suite au pied, et l'on tâche de la découvrir. Si l'on est seul, la chose n'est pas toujours facile, parce qu'elle se cache dans l'enfourchure d'une grosse branche, et ne montre jamais qu'une petite partie de la tête, pour découvrir le chasseur. Si l'on tourne de l'autre côté de l'arbre pour l'avoir plus à découvert, elle suit le mouvement, tourne aussi autour du tronc ou de la branche, et se trouve toujours dans la même attitude vis-à-vis le tireur. Il faut donc beaucoup de patience pour attendre que le hasard vous la présente en plein corps, et alors il faut lestement en profiter et lâcher un coup de fusil. Si sa position sur l'arbre est telle qu'elle ne puisse être aperçue ni d'un côté ni de l'autre; soyez sûr qu'elle ne bougera pas tant que vous serez là. Il faut tâcher de l'en débusquer en lui jetant des pierres, mais ne pas lâcher son arme pour être toujours prêt à tirer au premier mouvement. Quand on est deux, l'un se place à côté de l'arbre, l'autre de l'autre, et rien n'est aussi facile que de la découvrir en plein.

MARYLAND (JEU DU). (*Réc. dom.*) C'est le jeu de boston, à quelques légères différences près; par exemple, on nomme *favorite* la couleur *en belle* ou *petite*, avec laquelle on joue le boston; le sort la désigne ordinairement. La *surfavorite* est une couleur que le sort a désignée en commençant la partie, pour, en cas de concurrence réciproque, être préférée à la favorite. (Voy. BOSTON.)

MASSEPAINS. (*Off.*) Les massepains sont des pâtes composées d'amandes et de sucre : pour les massepains ordinaires, vous prenez trois livres d'amandes douces, autant de sucre, une livre d'amandes amères.

Vous pelez les amandes et les faites sécher à l'étuve, et les pilez dans un mortier de marbre en une pâte très-fine, les arrosant de temps en temps d'un peu de blanc d'œuf; cela fait, vous clarifiez le sucre et le faites cuire au petit boulé; vous retirez votre bassine de dessus le feu, et y versez la pâte d'amande; vous remettez la bassine sur les cendres chaudes et remuez sans discontinuer le mélange, afin que la pâte ne brûle pas au fond de la bassine. Vous connaîtrez que la pâte sera bien faite, lorsqu'une petite portion, mise sur le dos de la main, ne s'y attachera pas en l'enlevant; vous la mettez alors sur une table saupoudrée de sucre; vous l'y laissez refroidir, et l'étendez en abaisses de l'épaisseur d'un petit écu; ensuite vous la découpez avec des emporte-pièces de fer-blanc de différentes formes et dessins; vous mettez vos massepains à mesure sur des feuilles de papier pour les faire cuire au four à une douce chaleur; après quoi vous les glacez comme les biscuits.

Massepains légers. Prendre : amandes douces, deux livres; râpure d'un citron; cannelle fine, quatre grains; sucre, deux livres.

Pelez les amandes, jetez-les à mesure dans de l'eau fraîche, faites-les égoutter et ressuyer dans une serviette; vous en formez une pâte très-déliée en les pilant dans un mortier et y ajoutant d'intervalle en intervalle un peu de blanc d'œuf. D'un autre côté, faites cuire le sucre à la plume; la bassine hors du feu, vous y mettez la pâte d'amande, et délayez le tout avec la spatule; vous remettez la bassine sur les cendres chaudes, et remuez toujours le mélange jusqu'à ce que la pâte ait acquis la consistance nécessaire; alors vous la laissez refroidir sur une table saupoudrée de sucre; vous la remettez de nouveau dans un mortier avec trois blancs d'œuf et une poignée de sucre en poudre; vous battez bien le tout pendant une demi-heure, et y ajoutez vers la fin le citron et la cannelle. Vous faites ensuite usage de la seringue pour passer votre pâte, (voy. OFFICE) avec laquelle vous formez les dessins que vous jugez à propos, au moyen d'emporte-pièces, et vous faites cuire les massepains comme il a été dit.

Massepains de pistaches. Prendre : pistaches, une livre huit onces; sucre fin en poudre, une livre huit onces.

Vous pilez les pistaches dans un mortier de marbre, y ajoutant par intervalles du blanc d'œuf, et les réduisez en pâte très-fine; vous clarifiez le sucre, et les faites cuire au petit-boulé; vous retirez la bassine du feu pour y mettre la pâte de pistache, et remuez le mélange. Vous remettez la bassine sur les cendres chaudes, et agitez toujours avec la spatule, jusqu'à ce que la pâte ait assez de consistance; vous la posez sur une table saupoudrée de sucre, et, lorsqu'elle est refroidie, vous en faites des abaisses avec un rouleau; vous la découpez de différentes figures avec des emporte-pièces; vous la faites cuire et la glacez ensuite : vous pouvez aussi rouler la pâte en petits bâtons, et en former des anneaux.

Pour faire des massepains aux fraises, aux cerises, à l'épine-vinette, à la groseille, à la framboise, vous ajoutez une livre de suc de fruits dans le sucre cuit au petit-boulé. Pour les massepains à la fleur d'orange, vous employez six onces de fleur d'oranger pralinée, que vous pilez dans un mortier de marbre avec les amandes.

Les massepains au chocolat se font, en ajoutant au sucre cuit au petit-boulé, quatre onces de chocolat en poudre et un ou deux blancs d'œufs et en pétrissant le tout.

Massepains fourrés. Vous formez des abaisses avec une pâte de massepain ordinaire, étendue le plus mince possible sur une table saupoudrée de sucre.

Vos abaisses faites, vous garnissez la moitié de chacune d'elles avec de la marmelade ou de la gelée de l'épaisseur d'un petit écu; vous les recouvrez de l'autre moitié; vous découpez cette pâte en carrés longs et minces; et posant les morceaux à mesure sur des feuilles de papier, vous les mettez cuire au four à une chaleur douce; vous les retirez, les glacez et les mettez sécher à l'étuve.

En général vous glacez les massepains avec du blanc d'œuf battu, soit avec du sucre, soit avec des marmelades.

MASSETTE D'EAU. (*Conn. us.*) *Tiphex latifolia.* Les racines de cette plante donnent de l'amidon. Par la fermentation on peut en obtenir de l'eau-de-vie, d'un goût agréable. On peut aussi les préparer à la sauce blanche. Les épis de la massette fournissent un pollen ou poudre analogue au lycopode.

MASTIC. (*Conn. us.—Ind. dom.*) Le mastic, proprement dit est, un suc résineux qui découle naturellement et par incision du *pistacia lentiscus* de Linnée; il a une saveur légèrement aromatique et astringente, une odeur agréable; il se ramollit comme la cire; il est sec, cassant, d'un jaune pâle, dissoluble dans l'alkool, point absolument dans l'eau, très-inflammable; nous trouvons dans le commerce le mastic en larmes et le mastic en sorte; le mastic en larmes est celui dont les larmes découlent et se dessèchent sur les branches; celui en sorte découle au pied de l'arbre; et malgré que l'on ait eu soin de nettoyer d'herbes, de feuilles et autres matières le bas de ces arbres, il est toujours mêlé de substances étrangères qui lui donnent une couleur plus ou moins foncée.

Le mastic est employé comme expectorant, dans les toux catarrhales; il est diurétique, légèrement astringent; on le recommande dans la leucorrhée.

Il est surtout employé dans la peinture; par sa dissolution dans l'alkool il donne un vernis fort beau et très-estimé.

On appelle *mastics* un grand nombre de certaines agglutinations. (Voy. LUT; CIMENT; MARBRE.)

Mastic universel. Pour obtenir ce ciment, ajoutez à une partie du mastic de l'esprit-de-vin très-rectifié, en quantité suffisante pour le dissoudre; trempez une once de colle de poisson dans l'eau jusqu'à ce qu'elle soit tout-à-fait amollie : dissolvez-la dans du rhum pur ou dans de l'eau-de-vie pure, jusqu'à ce qu'elle forme une forte gelée. Ajoutez alors un quart d'once de gomme ammoniaque bien pulvérisée. Exposez les deux mélanges ensemble, dans un vase de terre, à une douce chaleur; lorsque les substances seront bien mélangées, versez dans une fiole qui doit rester bien bouchée. Pour faire usage du ciment, on met la fiole dans l'eau chaude et l'on fait chauffer les objets en porcelaine et en verre que l'on veut réunir avec le ciment. Il sera convenable que les surfaces cassées, après avoir été collées avec soin, restent en contact très-serrées pendant douze heures au moins, jusqu'à ce que le ciment soit très-assis. Après cela la place cassee sera aussi solide que le reste du vase et à peine perceptible.

Mastic qui résiste à l'action du feu et de l'eau. Prenez une demi-pinte de lait que vous mêlerez avec une pareille quantité de vinaigre, de manière à faire coaguler le lait : séparez ensuite le lait caillé d'avec le petit-lait et ajoutez à ce dernier les blancs de quatre ou cinq œufs, après les avoir bien battus. Ces deux substances étant parfaitement mêlées, ajoutez-y de la chaux vive passée au tamis, et formez du tout une composition qui acquiert la consistance de la pâte.

Ce mastic, employé avec succès pour réunir des corps brisés ou remplis de fentes ou de gerçures, de quelque espèce qu'elles soient, résiste au feu et à l'eau, si on a eu soin de le laisser parfaitement sécher après l'avoir employé.

Mastic des vitriers. Blanc d'Espagne, demi-livre;

Céruse en poudre fine et passée au tamis de soie, un quarteron.

Piler dans un mortier et verser dessus, peu à peu, de l'huile préparée comme pour la peinture; broyer bien pour former une pâte molle. Vous pouvez conserver ce mastic dans l'eau. Avant de s'en servir, on le ramollit dans les mains; ce qu'on doit faire aussi de temps à autre, si on le garde trop longtemps. On conserve ce mastic dans une vessie mouillée.

Autre recette. Mêler à chaud parties égales de vernis d'imprimeur, de blanc d'Espagne pilé fin, ou de litharge. On frotte de ce mastic les bords du verre et ceux du cadre. Il est sec en six heures, et est excessivement tenace. On s'en sert même pour raccommoder les vitres cassées.

Mastic chaud de Cadet de Gassicourt. Prendre charbon de pierre en poudre, une livre et demie;

Goudron, un quarteron;

Résine, un quarteron;

Cire jaune, un quarteron;

Suif de chandelle, trois quarterons;

Faites fondre le goudron, la résine, la cire et le suif, sur un feu doux; ajoutez peu à peu la poudre de charbon. Appliquez à chaud sur des objets bien secs. On peut s'en servir pour peindre tous les objets en bois exposés à l'air, portes, palissades, barrières, etc.

Mastic pour porcelaine. Mêler partie égale de blanc d'œuf et de chaux, employer de suite. En y ajoutant du fromage mou, on en fait un mastic pour vitres.

Mastic imperméable à l'eau, propre à souder et raccommoder les vases et ustensiles de poterie. Le mastic que nous présentons ici n'a aucun des inconvéniens des autres, qui s'oxident, s'effleurissent, sont extrêmement secs et très-cassans. Prenez quelques livres de colle-forte, la noire est la meilleure, et faites-la tremper pendant une nuit dans une quantité d'eau suffisante, et opérant de la même manière qu'on le fait pour la colle-forte ordinaire. On fera cuire dans un pot de fer, et mieux au bain-marie; dès qu'elle prendra une bonne consistance, s'étant précautionné d'un mélange de parties égales de chaux éteinte et de craie ou plâtre mis en poudre, on projettera peu à peu cette poudre dans la colle, en remuant avec une spatule ou verge de fer.

Ce mastic s'emploie à chaud; et dès qu'il est refroidi, il devient absolument imperméable à l'eau et bouche hermétiquement les fentes et les cassures. Il peut même être appliqué en grand pour les bassins et les pièces d'eau considérables. Il pourrait aussi être employé avec avantage dans la marine.

Mastic pour raccommoder la pierre, l'ardoise, le marbre, etc. Mêler et faire chauffer jusqu'à évaporation d'humidité trente parties de bitume, vingt de colophane, dix de cire, quarante de ciment ou poudre de marbre. Couler en tablettes : on étend ce mastic à l'aide d'un fer chaud.

Mastic pour empêcher les tuyaux de fer ou de plomb de laisser échapper l'eau. Mêler du suif et de la chaux vive en poudre à la consistance de pâte épaisse; y tremper des étoupes et les appliquer, en les arrêtant par une ligature, sur le tuyau de métal qui suinte.

Mastic pour luter les appareils. Faire avec de l'eau une pâte composée de deux parties de craie, une de farine et un quart de sel. On n'emploie le sel qu'afin de détacher plus aisément l'appareil en arrosant avec de l'eau. On met deux couches de mastic autour du verre, et entre elles quelques bandes de papier.

Mastic turc hydrofuge qui se durcit en séchant. Prendre de la cire jaune, de la poix-résine; les faire fondre dans un vase de terre, y ajouter égal poids de faïence pulvérisée, et, après avoir fait ce mélange, égal poids de soufre.

Mastic hydrofuge. (Voy. CAOUTCHOUC; HYDROFUGE.)

MATELAS. (*Conn. us.—Ind. dom.—Hyg.*) Pour l'enveloppe d'un matelas de quatre pieds, on met deux lés et demi de toile en quatre quarts, on leur donne une aune et demie et demi-quart de long. En futaine de trois quarts, il faut quatre aunes et trois quarts. Si la laine est bonne et élastique, vingt-cinq livres suffisent, autrement il en faut trente. On fait très-bien de mettre dans le milieu de chaque matelas et entre deux laines, une livre de bon crin, cela les empêche de s'affaisser.

Dans un matelas de trois pieds et demi, il n'entre que vingt livres de laine, indépendamment de la livre de crin, et trois aunes et un quart de toile en quatre quarts.

Les matelas, dont on ne se sert pas habituellement doivent être retournés et secoués une fois par mois.

Pour la conservation de la laine, il est nécessaire de faire battre les matelas au moins tous les quatre ans.

Lorsqu'on fait un lit, il faut en retourner les matelas de la *tête aux pieds* et non par côté, comme cela se pratique ordinairement; cela fait qu'ils s'usent plus également, parce que le côté de la tête est celui qui fatigue le plus.

Un matelas de quatre pieds ne doit être piqué que de *onze points*; s'il en a davantage, il est dur; il faut que le milieu soit toujours un peu plus rempli que les bords.

Moyen de blanchir la laine à matelas. On lui donne d'abord un premier lavage au battoir et à la grande eau d'un canal, pour la débarrasser des corps étrangers qui y sont attachés. Ensuite on la met dans des enveloppes lâches, qu'on maintient à quelques pouces en dessous de la surface de l'eau en attachant des pierres aux enveloppes pour les assujettir; si l'eau est courante, la laine en sera plus propre. Au bout de huit jours, on lave de nouveau au battoir en l'éparpillant, puis on la fait sécher au soleil. La laine lavée ainsi n'a point d'odeur et conserve une élasticité, dont les autres sont privées.

Les meilleures laines de France sont celles du Berri et du Languedoc.

Matelas de mousse. (Voy. MOUSSE.)

Il faut brûler ou désinfecter avec du chlore les matelas qui ont servi à des malades atteints de maladies contagieuses; il faut ensuite laver la laine, la faire sécher avant de la carder, et bien lessiver la toile.

Quand on fait carder un matelas, il faut placer le cardeur dans un lieu très-aéré et le dos au vent. Ainsi les émanations malsaines dont le matelas s'imprègne, la poussière des appartemens qui le pénètre, les exhalaisons des urines et de la sueur qui s'infiltrent dans la laine, seront emportées par le grand air, sans que la santé de l'ouvrier puisse en souffrir.

Les matelassiers emploient, depuis quelque temps, une carde mécanique, nommée *tarare*, qui offre des avantages de temps et d'exécution.

MATELOTE. (*Cuis.*) Prendre une carpe moyenne, une petite anguille, une belle tanche; les nettoyer, comme il est d'usage de le faire, les couper par tronçons. Laisser la laitance de carpe, mais point les œufs. Prendre douze petits ognons, n'en ôter que la première peau pour qu'ils ne s'écrasent pas. Leur faire prendre une belle couleur blonde dans un quarteron de beurre, les retirer; mettre dans le beurre un demi-quarteron de petit lard en morceaux, les faire roussir un peu; les ôter; mettre votre poisson en place et le faire revenir aussi en le sautant; le retirer. Mettre dans le beurre deux cuillerées de farine, tourner et mouiller avec deux verres de bouillon chaud; remettre le lard et le poisson avec assez de poivre, un bouquet garni, deux gousses d'ail, un clou de girofle, un verre de bon vin rouge. Quand la matelotte commence à bouillir, ajouter les petits oignons et huit champignons coupés en quatre. Faire cuire une demi-heure à grand feu, tâcher que le beurre ne surnage pas, ce qu'on évite en remuant de temps en temps, et que la sauce ne soit pas trop longue. Oter le bouquet, dresser le poisson en pyramide, arranger les oignons et les champignons autour, verser la sauce dessus.

Matelote de lamproie. (Voy. LAMPROIE.)

Matelote de perches. (Voy. PERCHES.)

Matelote de tanches. (Voy. TANCHE.)

Matelote à la marinière, recette communiquée par M. Bastien, marin de la Haute-Loire. Prendre du brochet, du barbillon, de la carpe et de l'anguille; les couper par morceaux, après les avoir nettoyés; les mettre dans un chaudron, avec ognons, lauriers, ail, persil, ciboule, sel, poivre; arroser le poisson de vin rouge, faire réduire d'un quart; si le feu prend au vin, ne pas l'éteindre. Manier un gros morceau de beurre, avec une pincée de farine, mettre par petites boules dans la matelote, remuer bien, et servir.

Matelote vierge. Faire cuire le poisson au vin blanc; ajouter des petits oignons passés dans le beurre, deux cuillerées de farine, des champignons, du sel, du poivre, du persil, deux clous de girofle. Si la sauce est trop longue, faire réduire. Ajouter une liaison de cinq jaunes d'œufs. Ne pas faire bouillir. Servir avec du croûton, et garnir d'écrevisses.

MATIÈRE. (*Conn. us.*) On appelle matière tout ce qui tombe sous nos sens et qui possède, réunies ou séparées, les propriétés suivantes : étendue, figure ou forme, solidité, mobilité ou faculté d'être transporté, divisibilité, gravité ou pesanteur, inertie, densité, porosité et impénétrabilité.

L'*étendue* se considère sous trois points de vue :

1° Comme désignant simplement une partie de l'espace compris entre deux points : dans ce cas on l'appelle *distance*;

2° Comme ayant en même temps *longueur* et *largeur* : alors elle prend le nom de *surface*, de *superficie* ou d'*aire*;

3° Comme comprenant les trois dimensions : *longueur*, *largeur* et *épaisseur* : alors on la désigne sous le nom de *volume* ou de *solidité*. Lorsqu'on la considère comme propriété de la matière, c'est toujours dans ce dernier sens qu'on l'emploie.

Le mot *figure* ou *forme* désigne les bornes de l'étendue; car tous les corps sont renfermés dans une ou plusieurs limites, et par conséquent possèdent une figure. Ils possèdent aussi la faculté de prendre ou de recevoir une variété infinie de formes. Quelques-uns ne reçoivent une nouvelle forme qu'avec une difficulté plus ou moins grande, mais aussi ils la conservent plus facilement : ce sont les corps auxquels on donne ordinairement le nom de *solides*. D'autres prennent avec facilité une nouvelle figure, mais ne peuvent la conserver sans le secours d'autres corps. Les corps *fluides* sont de cette espèce.

La *mobilité*, ou la faculté d'être transporté d'une place à une autre, appartient à tous les corps sur lesquels nous pouvons faire des expériences convenables; d'où nous pouvons conclure que tous les corps possèdent cette propriété.

La *divisibilité* est la faculté d'être séparé, partagé en plusieurs parties.

Une expérience de tous les jours atteste que la matière est divisible; mais il n'est pas aussi facile de déterminer jusqu'à quel point cette division peut être poussée par des moyens mécaniques; car la chimie permet une division de la matière telle qu'on peut la supposer arrivée à ses dernières limites. Alors, dans cette division extrême, il ne reste plus que des *atomes* ou de petits corpuscules qu'on considère comme parfaitement durs, sans pores et absolument indivisibles. La théorie les représente même quelquefois comme identiques dans tous les corps, c'est-à-dire comme étant les mêmes partout; le mode de leur arrangement sous formes de *molécules* ou de petites masses résultant de la réunion d'un certain nombre d'atomes, détermine seul les formes et les propriétés si diverses qu'affecte la matière.

La *gravité* est la tendance qu'ont tous les corps à se rapprocher du centre de la terre. Le poids d'un corps est cette tendance comparée avec la même tendance d'un autre corps considéré comme étalon.

L'*inertie* est l'impossibilité de se mouvoir spontanément. On appelle aussi inertie la qualité en vertu de laquelle la matière résiste à une force qui lui est appliquée.

La *porosité* est la propriété en vertu de laquelle il existe, entre les particules d'un corps, des intervalles vides; le nombre de ces intervalles détermine la masse, la densité et le poids spécifique des corps. (Voy. POIDS.)

Tous les corps sont poreux. L'or, le plus dur des métaux, après le platine, peut facilement être traversé par le mercure, et par l'eau soumise à une forte pression.

L'*impénétrabilité* est la propriété qu'ont les corps de ne laisser prendre la place qu'ils occupent par d'autres corps, qu'autant qu'ils en ont été chassés. En effet, tout corps occupe une place quelconque, et l'occupe exclusivement. Il faut l'en ôter pour qu'un autre corps occupe la même place. Il est vrai qu'il y a des corps qui paraissent se laisser pénétrer par d'autres, tels que les éponges, la craie, le bois, etc., etc., que l'eau imbibe facilement; mais cette eau ne va occuper que les pores de ces substances, et nullement la place que leurs molécules occupaient auparavant. Ainsi l'on voit qu'en physique il ne faut pas donner au mot *impénétrabilité* le sens qu'on lui attribue ordinairement, et qui n'appartient réellement qu'au mot *imperméabilité* qui désigne la propriété qu'ont certains corps de ne pas se laisser traverser par d'autres; mais cette propriété n'est en général que relative. Ainsi, une vessie est *imperméable* à l'air et ne l'est pas à l'eau; le marbre est imperméable à l'eau et ne l'est pas à l'esprit-de-vin, à l'essence de térébenthine, etc., etc.

MATRICAIRE. (*Jard.*) *Matricaria parthenium*. Famille des corymbifères, vivace, indigène. La variété à fleurs doubles est seule propre à l'ornement des jardins. Elle donne de la graine et se ressème d'elle-même; elle se multiplie aussi de boutures et de séparations de pieds. On doit couper les tiges défleuries et renouveler les pieds qui ont plus de deux ans. Exposition chaude; terrain léger; fleurs en juin.

Matricaria mandiana. Fleurs doubles un peu plus grandes que la précédente. Même culture.

Matricaria camomilla. Plante des campagnes. On emploie ces plantes comme toniques et stimulantes, à peu près dans les mêmes cas que la camomille romaine. (Voy. ce mot.)

MAUVE, (*Méd. dom.*) famille des malvacées, est une plante très-commune qui croît dans les lieux incultes, sur le bord des haies et des chemins; sa racine est simple, blanche, peu fibreuse, pivotante, d'une saveur légèrement douce, inodore.

Les fleurs et les feuilles de mauves sont employées comme émollientes, adoucissantes; elles sont très-mucilagineuses; on les emploie dans les gros rhumes, dans les fièvres avec chaleur d'entrailles et dans les rhumatismes pulmonaires.

Certaines plantes analogues aux mauves, l'*agave americana*, le *spica tenacissima*, le *chamerops humilis*, traitées comme le chanvre, donnent une filasse dont on fabrique de bonnes ficelles.

MAUVIETTE. (*Chass.—Cuis.*) *Turdus iliacus*. Genre

de la grive. Cet oiseau voyageur passe l'été dans nos climats. Il se nourrit comme la grive et mange une grande quantité de raisin. On le confond généralement avec l'alouette et tous les petits oiseaux. On le mange ordinairement rôti; il est plus délicat et plus gras à la fin de l'automne qu'au printemps.

On peut préparer les mauviettes comme les cailles et les grives. (Voy. ces mots.)

Mauviettes aux fines herbes. Plumer, trousser et flamber. Faire sauter dans le beurre pendant sept ou huit minutes avec sel, poivre et aromates; ajouter des fines herbes, sauter de nouveau; ajouter un demi-verre de vin blanc, une cuillerée de bouillon, un peu de farine; re muer la sauce et retirer au premier bouillon; servir.

Mauviettes à la minute. Faire cuire avec du beurre, des tranches de lard, saucisses, marrons grillés; poser les mauviettes dessus; quand elles sont fermes, retirer la moitié du beurre, le lard, les saucisses et les mauviettes, mettre à leur place des champignons, une cuillerée de farine, un verre de vin blanc, un demi-verre d'eau, un peu de sel et de poivre; remettre les mauviettes, les saucisses et le lard; au premier bouillon, retirer du feu et servir.

Mauviettes en croustades. Désosser les mauviettes, en hacher la chair de l'intérieur, mêler ce hachis avec farce cuite, sel, gros poivre, fines herbes, bardes de lard, bouillon; garnir les mauviettes avec ce mélange, les coudre, les faire cuire avec aromates, beurre, sel et poivre; passer au beurre des morceaux de mie de pain épais d'un pouce et demi; faire à chacun d'eux une incision où l'on met de la farce et une mauviette; couvrir du four de campagne qui ne soit pas trop chaud, jusqu'à parfaite cuisson.

Pâté de mauviettes. Plumer douze mauviettes, leur couper les pattes et la tête, les remplir de farce, mettre dans le fond de la croûte du pâté un lit de farce, y ranger les mauviettes, garnir de farce le tour du pâté, couvrir de bardes de lard et faire cuire au four.

Pour faire la croûte du pâté, on emploie deux livres de pâte. On fait cuire une heure; au moment de servir, on sauce d'une espagnole réduite.

Pâté de mauviettes de Pithiviers. Flamber les mauviettes, leur fendre le dos, hacher les intestins et y mêler de la panure et une livre de farce (Voy. PATÉ DE VEAU.) par quatre douzaines d'oiseaux; farcir et entourer les mauviettes de ce mélange; couvrir chaque mauviette d'une barde de lard mince et un morceau de beurre manié; couvrir le tout de bardes et d'une feuille de laurier. Faire cuire deux heures et demie environ. Servir froid.

MAYONNAISE. (*Cuis.*) *Mayonnaise blanche*. Mêler deux jaunes d'œufs frais, une cuillerée à café de sel fin, une pincée de poivre, des herbes fines hachées et blanchies, un peu d'huile, un peu de moutarde, une cuillerée à café de vinaigre; puis ajouter une demi-cuillerée d'huile; continuer de battre pendant un quart d'heure en ajoutant toujours du vinaigre et de l'huile.

Cette sauce se sert froide avec le poisson, avec les restes de volaille et de veau. Elle fait la base des salades de volaille.

Mayonnaise verte. Prendre un jaune d'œuf cru, un peu de gelée ou de glace de veau, sel et jus de citron; ajouter une cuillerée à café d'huile qu'on laisse tomber en filet, remuer; quand la sauce s'épaissit, y mettre un peu de vinaigre et augmenter la quantité d'huile; colorer avec du vert d'épinards.

Cette sauce se sert avec les salades de légumes cuits à l'eau de sel.

MÉCANIQUE. (*Conn. us.*) La *Mécanique* est une science qui traite de la nature, de la production et des modifications du mouvement. Nous en indiquerons quelques généralités.

Lorsque les corps peuvent obéir à l'impulsion qui leur est communiquée, la partie de la Mécanique qui traite de leurs mouvemens s'appelle *Dynamique*.

La mécanique étudie le mouvement, dont on distingue deux espèces : l'*absolu* et le *relatif*. On dit qu'un corps a un mouvement absolu, lorsqu'il est transporté d'un lieu à un autre, et qu'il a un mouvement relatif, lorsque sa situation change par rapport aux objets qui l'environnent.

Ces deux espèces de mouvement peuvent exister simultanément. Ainsi, par exemple, lorsqu'une personne marche d'un lieu vers un autre, son mouvement est à la fois absolu et relatif par rapport à la place qu'elle quitte; mais si une autre personne marche à côté d'elle en même temps, ces deux personnes n'ont qu'un mouvement relatif l'une à l'égard de l'autre.

Lorsqu'un corps parcourt des parties égales de l'espace, dans des intervalles de temps égaux, on dit que son mouvement est *uniforme*. Lorsque la vitesse de son mouvement augmente continuellement, son mouvement est *accéléré* : si elle diminue continuellement, son mouvement est alors *retardé*; si l'augmentation ou la diminution de la vitesse est uniforme, on dit que son mouvement est *uniformément accéléré* ou *uniformément retardé*. Lorsqu'un corps tombe d'une certaine hauteur, son mouvement est uniformément accéléré, c'est-à-dire que sa vitesse augmente également à chaque instant de sa chute, et est par conséquent proportionnelle aux temps qui se sont écoulés depuis que le corps a commencé à se mouvoir. Mais si un corps est projeté de bas en haut, dans une direction verticale, son mouvement est uniformément retardé, c'est-à-dire que sa vitesse décroît proportionnellement.

La *seconde* est l'unité qui sert à mesurer la vitesse des corps. On connaît l'espace parcouru par un corps en un temps donné, en multipliant l'espace parcouru en une seconde par le nombre des secondes pendant lesquelles le corps a été en mouvement.

On appelle *mouvement* d'un corps, sa masse multipliée par sa vitesse.

Toute la théorie du mouvement repose sur les deux lois suivantes :

PREMIÈRE LOI. Si un corps est en repos, il restera en repos; et s'il est mouvement, il continuera à se mouvoir uniformément et en ligne droite, s'il n'est pas dérangé par l'action de quelque cause extérieure.

2e LOI. Le changement de mouvement est toujours proportionnel à la force qui détermine ce changement, et a lieu dans la direction suivant laquelle cette force agit.

La mécanique examine ensuite les règles de la chute des corps, et, admettant pour base de ses calculs que, sous la latitude de Paris, un corps tombant dans le vide parcourt, pendant la première seconde, 4 mètres 9,044 millimètres, elle pose les propositions suivantes :

PREMIÈRE LOI. Tous les espaces parcourus successivement dans chaque seconde par le corps tombant, suivent entre eux la progression arithmétique des nombres impairs 1, 3, 5, 7, 9, 11, etc., de manière qu'à la fin de chaque temps (ou de chaque seconde, puisque nous avons pris la seconde pour unité de temps), la somme des espaces parcourus par le corps est comme le carré des temps. En effet, il résulte des expériences de Galilée qu'un corps parcourt, dans le second temps de sa chute, un espace triple de celui qu'il a parcouru dans le premier temps; qu'il parcourt, dans le troisième, un espace cinq fois aussi grand ; dans le quatrième, un espace sept fois aussi grand, et ainsi de suite en suivant toujours la progression arithmétique 1, 3, 5, 7, 9, etc. Il est évident, en outre, qu'à la fin de chaque temps, l'espace parcouru est comme le carré des temps écoulés depuis le commencement de la chute; car, à la fin du second temps, il y a quatre espaces parcourus (un espace pour le premier temps et trois espaces pour le second); or, 4 est le carré de 2. A la fin du troisième temps, il y a 9 espaces parcourus (1 pour le premier temps, 3 pour le second, et 5 pour le troisième), et 9 est le carré de 3 ; à la fin du quatrième, 16 espaces, et 16 est le carré de 4; à la fin du cinquième, 25 espaces, car 25 est le carré de 5, et ainsi de suite.

2° LOI. La *vitesse acquise* par un corps en tombant pendant un nombre quelconque de secondes, est égale à deux fois l'espace parcouru pendant la première seconde, multiplié par le nombre de secondes écoulées depuis le commencement de la chute.

3° LOI. Un corps lancé verticalement de bas en haut, se meut avec une vitesse uniformément retardée, jusqu'à ce que cette vitesse se trouve entièrement détruite. Les espaces qu'il parcourt dans des temps égaux et successifs suivent également la progression arithmétique 1, 3, 5, 7, 9, etc., mais dans un ordre inverse. Ainsi, si le corps est lancé avec une force telle que sa vitesse soit entièrement détruite à la fin de la 4ᵉ seconde, l'espace qu'il parcourra en montant pendant la première seconde sera identiquement le même que l'espace qu'il aurait parcouru en descendant pendant la 4ᵉ seconde, et ainsi de suite.

La mécanique s'occupe également de l'équilibre des corps, du centre de gravité, des moteurs (voy. ce mot), des puissances mécaniques, qui sont le levier, le treuil ou roue de carrière, le plan incliné, la poulie, le coin, et la vis. Elle applique encore la géométrie et la physique à la construction des machines. Cette science doit être étudiée avec soin par tous les fabricans dont l'industrie nécessite l'emploi de machines quelconques.

MÉCHOACAN. (*Méd. dom.*) Racine du *convolvulus mechoacan* d'Amérique. Elle a les propriétés du jalap. (Voyez ce mot.)

MÉDAILLES. (*Conn. us.—Ind. dom.*) Pour nettoyer les médailles on emploie une brosse qu'on trempe dans un mélange d'eau et de terre, ou de crayon rouge broyé, ou de craie, ou bien dans de l'eau légèrement chlorurée, et l'on frotte fortement. On a soin ensuite de bien essuyer.

Moyen d'enlever la rouille des médailles. Les plonger dans un bain d'eau chlorurée, puis dans une solution de sel ammoniac, et les frotter avec un morceau d'étoffe jusqu'à ce que l'acide ait disparu.

Moyen de bronzer une médaille d'étain. La nettoyer ; passer légèrement sur les deux faces une dissolution d'une partie de fer, une de sulfate de cuivre, vingt parties en poids d'eau distillée : les médailles prennent une teinte noirâtre. On les frotte alors avec un pinceau trempé dans une dissolution d'une partie de vert-de-gris et de quatre parties en poids de vinaigre blanc : elles deviennent couleur de cuivre rouge. On les laisse sécher pendant une heure ; on les polit ensuite avec une brosse très-douce et de la sanguine en poudre, puis avec la brosse seule. Pour empêcher ce bronze d'être attaqué par l'humidité, on peut le couvrir d'une couche mince de vernis à l'or.

Moyen de conserver l'éclat des médailles d'or et d'argent. Les nettoyer, à l'aide d'une brosse douce, avec du blanc d'Espagne délayé dans de l'eau douce; les laver et les essuyer avec soin ; les couvrir ensuite d'une couche de solution de gomme arabique très-pure.

Moyen de couler des médailles en plomb ou en étain. Prendre du schiste noir très-tendre, dont les charpentiers se servent pour tracer sur le bois ; le mettre en poudre impalpable et le passer au tamis de soie. Faire dissoudre de la gomme adragant dans de l'eau (voy. MUCILAGE) ; former une pâte épaisse ; huiler légèrement les médailles et les essuyer ensuite ; assujettir la pâte sur les médailles, en plaçant dessus un poids qui la comprime. Au bout de quelques jours l'enlever ; faire sécher ces moules à l'air et à l'abri de la poussière. Pour s'en servir, huiler les moules, les essuyer bien et couler le plomb dedans.

Quand ces moules ont servi plusieurs fois, on voit la pâte se gercer, sans cependant que les gerçures nuisent aux fontes qu'on veut encore opérer.

Moyen d'obtenir l'empreinte d'une médaille. Prendre de la cire à cacheter; faire une empreinte exacte de la médaille; avec un pinceau délié étendre de l'encre d'imprimerie dans les creux de cette empreinte, et essuyer avec un petit linge pour qu'il ne reste pas de noir sur les parties élevées. Tremper dans l'eau un morceau de papier ; poser derrière quelques doubles de flanelle de la même grandeur, mettre le papier, appliqué sur l'empreinte, entre deux petites plaques de fer; placer dans une presse à main ou dans un étau, et presser.

Au lieu de prendre l'empreinte sur la cire, on peut se la procurer au moyen de la colle de poisson : En piler une once dans un mortier; la couper par petits morceaux, mettre dans une fiole d'une demi-pinte d'eau-de-vie, boucher avec un bouchon de liége entaillé d'un côté pour laisser un passage à l'air ; et faire bouillir pendant trois ou quatre heures au bain-marie ; la colle de poisson étant bien fondue, filtrer, et conserver dans une fiole bien bouchée. Quand on veut obtenir une empreinte, on nettoie la médaille ; on la couvre de colle ; on laisse sécher deux ou trois jours, et en détachant cette colle, on a une médaille en creux claire et transparente, reproduisant parfaitement les détails de la médaille en relief. (Voyez ENCRE D'IMPRIMERIE.)

Moyen de frapper des médailles et des monnaies au moyen de la dilatation. Ce procédé consiste à placer une barre de fer, par ses extrémités, entre deux murs résistans, et la médaille ou pièce à graver au milieu des poinçons qu'on doit mettre entre le mur et l'une des extrémités de la barre; en chauffant alors cette barre et la portant à la chaleur rouge, elle se dilate au point de faire pénétrer les poinçons fortement sur le disque du métal.

Autre moyen de prendre des empreintes de médailles. Ordinairement, on coule dessus du soufre; mais quand il est trop chaud, il altère le métal. Il faut donc employer le plâtre, ou mieux encore le procédé suivant : Prendre deux plaques de corne; tracer des raies parallèles que l'on croise par d'autres raies à angles droits, sur les deux surfaces qui doivent recevoir l'empreinte de la médaille, de manière que l'air puisse se dégager entre elles et la partie huilée. On dispose la médaille entre les plaques de corne, et l'on soumet le tout à l'action de l'étau ou de la presse, entre des plaques de fer chaud. Pour obtenir des épreuves, on enduit le moule d'un mélange de lard et d'huile, et on coule comme à l'ordinaire. (Voy. MOULAGE.)

Frappe des médailles. L'arrêté du 5 germinal an XII, qui interdit la frappe des médailles ailleurs qu'à l'atelier du Louvre, n'ayant pas été abrogé par la Charte, comme contraire tout à la fois à la liberté du travail et à la libre publication de la pensée, l'individu qui frappe des médailles sans autorisation, est passible des peines prononcées par les lois du 17 mai 1819 et 25 mars 1822. *C. Cass.*, 15 *déc.* 1832.

MÉDECIN. (*Conn. us.*) Il ne faut pas moins apporter d'attention au choix d'un médecin qu'à celui d'un avocat. Il est certain que chacun doit souhaiter d'être à même de se passer de l'un et de l'autre; mais enfin, lorsqu'on est forcé d'y avoir recours, on doit tâcher de le faire de manière à ne compromettre ni ses intérêts, ni sa santé.

Nos médecins sont loin de mériter les sarcasmes que Molière adressait à M. Purgon. La plupart ont de véritables connaissances, et l'art médical fait chaque jour de nouveaux progrès, grâce aux efforts de ceux qui l'exercent.

Dans certaines familles, le médecin doit jouer le rôle que jouait autrefois le confesseur. Il est l'ami de la maison, le conseiller dans les circonstances difficiles, le protecteur des enfants. On lui confie tous les secrets, toutes les affaires, tous les embarras, et nous en connaissons qui sont dignes de cette honorable confiance.

Il est un défaut commun à un assez grand nombre de médecins. Jetés dans la carrière qu'ils parcourent, plutôt par la volonté de leurs parens que par une vocation véritable, ils se dépêchent de passer leur examen à Paris ou à Montpellier; les voilà reçus docteurs. Désormais ils rompent avec la Faculté. Ils s'en vont dans une petite ville éloignée du centre, soignent tant bien que mal les malades de l'arrondissement et négligent de se tenir au courant de la science. Au bout de vingt ans, ils sont ce qu'ils étaient au moment de leur réception : ils conservent l'ancienne routine. On avance, on découvre de nouveaux remèdes, on adopte de nouvelles classifications, on réorganise la médecine et les sciences qui en dépendent; mais ces médecins restent stationnaires sans profiter des progrès de l'art; ils négligent même de s'instruire par la pratique et l'expérience.

Il n'est pas d'état plus exploité par le public que celui du médecin. On les appelle en hâte, on les fait lever au milieu de la nuit; ils fatiguent et usent leur vie pour conserver celle des autres; et, quand le malade est hors de danger, il oublie son sauveur, et ne songe nullement à solder des mémoires. Quelquefois on paie le médecin en dîners, en prévenances, en cadeaux; c'est un mode de paiement qui peut avoir un avantage pour les malades, mais auquel certainement les médecins préféreraient de l'argent comptant.

La nécessité des soins médicaux pour la société tout entière a fait concevoir à plusieurs économistes l'idée d'une institution gratuite de médecine, rétribuée par le gouvernement et organisée en administration publique. Un certain nombre de médecins serait assigné à chaque canton, à chaque commune, à chaque arrondissement des grandes villes. Ainsi, la concurrence entre cette foule de jeunes gens qui se précipitent dans la carrière médicale serait réglée d'après la connaissance du nombre de médecins nécessaires à toute la France; ainsi la partie indigente de la population ne se trouverait pas dépourvue de secours; ainsi, tous les médecins trouveraient une subsistance assurée, sans être obligés de faire trafic de leur art. L'examen des avantages et des inconvénients d'une pareille mesure est d'un ordre trop élevé pour que nous ayons à nous en occuper.

Mais une MESURE réclamée vivement, c'est la disparition de la distinction qui existe entre le titre de médecin et le grade d'officier de santé. Il est évident qu'il faut exiger de tous ceux qui pratiquent la médecine une égale somme de connaissances. On ne saurait abandonner la santé des habitans de certaines circonscriptions territoriales à des personnes dont l'instruction est incomplète, et qui sont jugés incapables d'exercer généralement et dans tous les départemens. La conservation de l'existence des citoyens de la moindre commune n'est pas moins précieuse que celle des habitans de la capitale. On n'est pas médecin à demi; l'identité des maladies exige que tous ceux qui se chargent de les guérir aient des connaissances identiques. Il est certainement des officiers de santé qui sont dignes d'être médecins et qui joignent à de longues études une expérience consommée. Mais ces exceptions n'ôtent rien à la vérité du principe que nous venons d'établir.

MÉDIATEUR (JEU DU). (*Récr. dom.*) Ce jeu a remplacé le whist. Il se joue entre quatre personnes avec un jeu entier, moins les dix, les neuf et les huit. L'enjeu se nomme prise. On tire les places comme à la bouillotte. Il y a, comme au maryland, *une favorite*, et comme à l'hombre, au quintille et au pique-médrille (voy. ces mots), les *poulans*, les *matadors supérieurs*, *surnuméraires* et *inférieurs*, les *faux matadors*, la *parole*, le *sans-prendre*, les *renvis successifs*, les *bêtes*, l'action de *codiller*, d'*être en cheville*, l'*hombre*, l'association, le risque et les gains de l'*hombre*, etc.

Mais ce qu'il y a de particulier au *médiateur*, c'est l'obligation que contracte l'*hombre*, de faire six levées seul, mais avec le secours du roi qu'on lui donne en échange d'une autre carte et d'une fiche. On dit *demander en médiateur;* il y a aussi la *demande simple* ou la *demande de permission*, par laquelle l'hombre annonce qu'il n'a pas un jeu suffisant pour faire seul les six levées de rigueur, et réclame le secours d'un partner. Le *médiateur* se paie quatorze jetons par chaque joueur, et le double en couleur favorite. S'il est manqué, il perd autant que ce qu'il aurait gagné s'il eût réussi. Toutes les bêtes appartiennent aussi au médiateur gagnant. Les dix levés composent la vole.

MÉDIATEUR SOLITAIRE. (Voy. TRITRILLE.)

MÉDICAMENS. (*Méd. dom.*)

Liste des principaux médicamens qu'il est utile d'avoir dans un grand ménage.

DÉNOMINATION.	QUANTITÉ.		PRIX.	
	onc.	gram.	fr.	c.
Acide acétique ou vinaigre radical.	$\frac{1}{4}$	8	»	60
Acide hydrochlorique ou muriatique.	8	250	»	30
Acide nitrique, eau forte.	2	64	»	20
Acide sulfurique ou huile de vitriol.	4	128	»	25
Acide tartrique.	1	32	»	50
Agaric de chêne, amadou.	2	64	»	40
Alcali volatil ou ammoniaque fluor	4	128	»	75
Alun ou sulfate de potasse et d'alumine.	4	128	»	25
Le même calciné	$\frac{1}{4}$	8	»	20
Amidon.	8	250	»	25
Baume du Commandeur	2	64	»	50
Baume Opodeldoch	4	128	1	50
Bicarbonate de soude ou celui de potasse.	1	32	»	60
Boule d'acier de Nancy.	1	64	»	50
Camphre.	1	32	»	60
Charbon ou noir d'os, noir animal en poudre.	16	50	»	30
Chaux vive, concassée.	8	250	»	20
Chlorure de chaux, sec.	8	250	»	50
Cantharides en poudre.	2 gr.	8	»	50
Cérat jaune sans eau.	4	128	»	50
Dento-chlorure ou beurre d'antimoine.	2 gr.	8	»	50
Diachylum gommé sur toile.	2	64	»	50
Eau-de-vie camphrée.	4	128	»	60
Eau vulnéraire ou bien eau de Cologne.	4	128	1	»
Eau de fleurs d'oranger.	4	128	»	60
Emétique, tartrate de potasse antimonié.	1 dose	1 gr.	»	25
Emplâtre vésicatoire.	2	64	»	75
Extrait de saturne ou sous-acétate de plomb.	2	64	»	30
Ether sulfurique.	1	32	»	60
Essence de térébenthine.	4	128	»	25
Elixir aloétique ou de longue vie.	8	250	1	50
Farine de lin.	16	500	»	40
Farine de moutarde.	16	500	1	20
Fleurs de soufre ou soufre sublimé	8	250	»	40
Gomme arabique en petits morceaux.	8	250	1	20
Graine de lin.	16	500	»	30
Jalap en poudre.	$\frac{1}{2}$	16	»	50
Ipécacuanha en poudre.	4 doses	18 gr.	»	75
Huile de ricin.	4	128	1	50
Laudanum liquide ou vin d'opium	2	64	1	20
Magnésie ordinaire.	1	16	»	50
Manganèse en poudre.	4	128	»	25
Mercure doux ou protochlorure de mercure en poudre fine.	$\frac{1}{2}$	16	»	75
Onguent de la mère.	1	32	»	15
Onguent basilicum.	1	32	»	15
Poix de Bourgogne.	8	250	»	15
Pommade de Garou.	1	32	»	50
Pommade ammoniacale.	2	64	»	60
Pierre infernale, nitrate d'argent.	$\frac{1}{8}$	4	1	»
Précipité rouge ou deutoxide de mercure.	$\frac{1}{4}$	8	»	30
Quinquina jaune, écorce.	2	64	»	10
Quinquina en poudre.	1	32	»	75
Rhubarbe en poudre.	$\frac{1}{2}$	16	»	»
Riz ou orge mondé	16	500	»	40
25 Sangsues.	»	»	1	»
Sel de Glauber, sulfate de soude.	4	128	»	20
Sel de nitre, nitrate de potasse.	$\frac{1}{4}$	8	»	10
Sirop simple ou sucre.	16	»	1	»
Sulfate de quinine en paquets de deux grains.	1 gr.	4	1	50
Taffetas d'Angleterre, pièce.	»	»	»	40
Thé vert.	1	32	»	50
Thé ou vulnéraire de Suisse.	4	128	»	30
TOTAL.			54	30

Qualités des médicamens ci-dessus indiqués.

Acide acétique. On fait respirer sa vapeur en cas de syncope, faiblesse, défaillance. Il agit sur la peau, comme rubéfiant, irritant.

Acide muriatique. Pour la production du chlore—pour aciduler les gargarismes.

Acide nitrique. Caustique pour brûler les verrues.

Acide sulfurique. Caustique—poison—quelques gouttes

dans l'eau sucrée donnent une limonade minérale qui est rafraîchissante—anti-putride.

Acide tartrique. Rafraîchissant, remplace les citrons pour limonade. (Voy. LIMONADE.)

Amadou. Pour arrêter les hémorrhagies légères.

Alcali volatil. Caustique vésicant contre la morsure de la vipère; quelques gouttes dans l'eau en cas d'ivresse, —donner à respirer en cas d'asphyxie, etc.

Alun. Astringent, appliqué en dissolution contre les pertes ou hémorrhagies utérines; employé contre les engelures non ulcérées ou entamées.

Alun calciné. Pour brûler les excroissances charnues.

Amidon. Pour lavemens dans la dyssenterie, le choléra, avec ou sans addition de laudanum.

Baume du commandeur. Pour les coupures, écorchures légères; vulnéraire.

Baume Opodeldoch. En friction contre les foulures, les entorses et les rhumatismes.

Bicarbonate de soude. Diurétique contre la gravelle, avec l'acide tartrique.—Donne la limonade gazeuse—la potion anti-vomitive de Rivière.

Boule d'acier. Vulnéraire, eau de boules, en cas de chutes et contusions; dans les pâles couleurs, etc.

Camphre. Anti-putride; sédatif du système nerveux.

Charbon d'os. Anti-putride; pour la désinfection des eaux ou liquides putrescents, corrompus.

Chaux vive. Pour l'eau de chaux—pour l'appareil calorifique de M. Claudot Dumont.

Chlorure de chaux. Désinfectant anti-contagieux.

Cantharides. Pour vésicatoires.

Cérat jaune. Adoucissant pour panser les brûlures ulcérées.

Beurre d'antimoine. Caustique contre la morsure des chiens ou animaux enragés.

Diachylum. Agglutinatif pour réunir les chairs en cas de coupures ou blessures.

Eau-de-vie camphrée. Résolutive pour frictions contre les douleurs.

Eau vulnéraire. Vulnéraire résolutif contre les ecchymoses ou sang extravasé, par suite de coups et contusions.

Eau de fleurs d'oranger. Anti-spasmodique — calmante des nerfs.

Émétique. Vomitif, à 2 et 5 grains.— Laxatif, 1 grain dans une bouteille d'infusion de chicorée.

Emplâtre vésicatoire. Pour vésicatoire.

Extrait de saturne. Résolutif mélangé avec le cérat, ou versé dans l'eau pour obtenir l'eau blanche.

Éther. Anti-spasmodique dans les convulsions, etc.

Térébenthine. Excitant des nerfs, de la moelle épinière —contre les vers. En friction ou à l'intérieur par gouttes.

Élixir de longue vie. Tonique, laxatif; dans les digestions pénibles ou les pâles couleurs, par cuillerées, le matin.

Farine de lin. Pour cataplasmes émolliens.

Farine de moutarde. Pour sinapismes—cataplasmes rubéfians.

Fleurs de soufre. Pour la gale, les dartres—on mêle avec du beurre, de la graisse, du cérat.

Gomme arabique. Adoucissante pour rhume—dissoute dans l'eau avec addition de sucre ou de miel.

Graine de lin. Pour tisane diurétique, calmante en lavements.

Jalap en poudre. Comme purgatif, à la dose de 36, 48, 60 grains.

Ipécacuanha. Vomitif dans la dyssenterie.

Huile de ricin. Purgatif à la dose d'une once.

Laudanum. Anodin — calmant — somnifère, 8 ou 10 gouttes dans une infusion sucrée de tilleul ou violettes.

Magnésie. Absorbante—contre les aigreurs de l'estomac.

Monganèse. Pour la production du chlore, avec l'acide hydrochlorique.

Mercure doux. Purgatif — contre les vers; se donne à la dose de 1, 2, 4 grains, selon l'effet désiré.

Onguent de la mère. Maturatif pour amener les abcès à suppuration.

Onguent basilicum. Suppuratif plus actif.

Poix de Bourgogne. Rubéfiante—s'applique sur la peau.

Pommade du Pérou. Pour panser les vésicatoires, les cautères.

Pommade ammoniacale. Vésicant—rubéfiant—prompt, instantané.

Pierre infernale. Caustique pour brûler les chairs.

Précipité rouge. Contre la vermine—en pommade, pour brûler les petits ulcères chancreux.

Quinquina. Tonique, fébrifuge; en décoction dans l'eau ou en infusion dans le vin, un gros en poudre, toutes les heures ou les deux heures, entre les accès de fièvres tierces ou quartes.

Sulfate de quinine en paquets de deux grains. Un paquet, comme le quina, dans les fièvres malignes—pernicieuses—typhoïdes.

Rhubarbe en poudre. Tonique, laxatif, une pincée dans une cuillerée de soupe.

Sel de Glauber. Purgatif, à l'once—laxatif à un gros.

Sel de nitre. *Nitrate de potasse*. Diurétique, tempérant; 10 grains dans un litre de tisane.

Riz ou orge mondée. Pour tisane rafraîchissante.

25 *sangsues*. Pour saignées locales, dans les inflammations.

Sucre ou sirop simple. Pour édulcorer; suppléé par le miel.

Taffetas d'Angleterre. Agglutinatif—pour coupures légères. (Voy. SPARADRAP.)

Thé vert. Tonique—contre les indigestions.

Vulnéraire suisse. Tonique, pour faciliter la digestion —en infusion dans l'eau, en cas de chute, contusion, etc.

Ces indications ne peuvent servir qu'à une grande maison. Les médicamens suivans suffisent pour un petit ménage.

Émétique par paquets d'un grain chacun.	Eau-de-vie.
	Vinaigre.
Gros sel.	Huile d'olive.

Sel de tartre.	Miel.
Muriate d'antimoine liquide.	Farine de graine de lin.
Alun.	Fleurs de tilleul.
Pierre infernale.	Thé.
Laudanum liquide	Feuilles d'oranger.
Vinémétique.	Anis.
Alcali volatil.	Orge mondé.
Éther sulfurique.	Gomme arabique.
Extrait de Saturne.	Farine de moutarde.
Eau-de-vie camphrée.	Petite centaurée.
Huile essentielle de menthe.	Amadou.
	Fleurs de soufre.
Eau de fleurs d'oranger.	Emplâtre-vésicatoire.

On peut récolter dans son jardin : Racines de réglisse, de mauve, de guimauve, de bardane, de chiendent, de patience, de saponaire, d'asperge, de gentiane ;

Feuilles de mauve, de guimauve, de bouillon-blanc, de bourrache, de pariétaire, de menthe poivrée, de menthe ou baume de mélisse, d'hysope, de lierre terrestre, d'absinthe grande et petite, de tanaisie, de capillaire;

Feuilles et fleurs de germandrée ou petit chêne, de petite centaurée, millepertuis;

Fleurs de mauve, de guimauve, de bouillon-blanc, de tussilage ou pas-d'âne, de pavot rouge ou coquelicot, de violette, de tilleul, de sureau, de camomille romaine, d'arnica;

Capsules ou têtes de pavots;

Semences d'anis, de fenouil, carvi, angélique, amandes douces et amères, chenevis;

Quant aux instrumens que demande la médecine domestique, ceux du ménage peuvent suffire. On se munira en outre d'un mortier de marbre avec un pilon de bois, d'un autre petit mortier de porcelaine avec son pilon, d'une petite balance ou trébuchet ordinaire. On aura toujours préparés d'avance de la charpie, des bandes et des compresses, quelques morceaux de flanelle ou molleton pour friction ou pour appliquer en cas de douleurs rhumatismales ou musculaires.

Médicamens usuels pour les bestiaux.

Éther sulfurique.	Essence de térébenthine.
Alcali volatil.	Onguent vésicatoire.
Laudanum liquide.	Égyptiac.
Kermès minéral.	Basilicum.
Crocus.	Populéum.
Sel nitrique.	Encens.
Gentiane en poudre.	Teinture d'aloès.
Réglisse en poudre.	Cascarille en poudre.
Eau-de-vie camphrée.	

Instrumens.

Une flamme à trois branches.

Une aiguille à séton pour les chevaux et les vaches, et une pour les moutons et les chiens.

Deux bistouris, l'un droit et l'autre à ventre.

Une aiguille à inoculer.

Une seringue.

MELANCOLIE. (*Méd. dom.*) La mélancolie est une affection plutôt morale que physique, caractérisée par une passion triste, et qui peut dégénérer en folie.

Les mélancoliques sont, en général, maigres et grêles; ils ont le teint pâle, jaunâtre, et quelquefois noirâtre; souvent le nez d'un rouge foncé. Leur physionomie est immobile, mais les muscles de la face, par un état de tension convulsif, expriment l'effroi et la crainte. Leurs yeux sont fixes, baissés vers la terre, ou tendus au loin; leur regard est inquiet, soupçonneux. Ils ont souvent le pouls lent, faible, concentré, quelquefois très-dur. Leur peau est d'une chaleur sèche et quelquefois brûlante; leur transpiration est interrompue, mais les extrémités des membres sont froides et quelquefois baignées de sueur. Ils dorment peu, ou leur sommeil est très-léger, encore est-il souvent interrompu, agité par des rêves plus ou moins sinistres, qui les réveillent en sursaut et leur offrent les objets par lesquels leur délire est produit ou entretenu. Leurs sécrétions présentent aussi des désordres remarquables; leur urine est abondante, claire, aqueuse, quelquefois rare, épaisse et bourbeuse.

Deux degrés bien distincts se font remarquer dans la mélancolie. Dans le premier, les malades conservent encore leur raison; mais tout fait sur eux une impression très-vive, tout est exagéré dans leurs sentimens, leurs pensées et leurs actions. Dans le second état, la sensibilité, concentrée sur un seul objet, semble avoir abandonné tous les organes. Il n'y a pas seulement exagération, mais le mélancolique est, de plus, hors des limites de la raison; il se crée mille chimères plus ou moins ridicules, il associe les idées et les choses les plus disparates.

L'imagination peut, en effet, chez plusieurs individus, exagérer les affections morbifiques; mais, presque toujours, une disposition organique n'est que trop souvent une cause occasionnelle de toutes ces plaintes.

Toutes les causes débilitantes, les excès, le tempérament nerveux et bilieux prédisposent à la mélancolie.

Les saisons et les climats ont une influence particulière sur la production de la mélancolie. L'automne est la saison où cette maladie paraît le plus souvent, surtout après un été chaud et sec. Le voisinage des marais, l'air brumeux et humide, en relâchant les solides, y prédisposent; il en est de même des pays chauds et où il pleut rarement, lorsque certains vents soufflent. On connaît les effets mélancoliques du *sirocco* sur les Italiens.

La mélancolie éclate principalement dans la jeunesse et à l'âge viril. De nombreuses observations prouvent qu'elle est fréquente de vingt-cinq à trente-cinq ans, et que, passé cet âge, elle va souvent en décroissant jusqu'à celui de cinquante-cinq ans.

Le traitement de la mélancolie ne doit point être borné à quelques médicamens. Avant d'en faire l'application, il faut s'être bien informé des causes éloignées et prochaines de la maladie, à cause de la multitude des formes sous lesquelles elle se présente.

Le mélancolique, dominé par ses habitudes, éloignant tout ce qui peut contrarier ses inclinations, arrangeant au gré de ses visions tous les objets qui l'entourent, ne peut ramener le calme dans son esprit qu'en s'éloignant du séjour habituel, en voyageant dans des contrées qui jouissent d'une température douce, ou dont les sites présentent à son imagination de rians tableaux ou des scènes majestueuses. Il faut qu'il se familiarise peu à peu avec un monde nouveau, où la douceur, les attentions, les égards, les témoignages continuels de bienveillance réveillent des sentimens qui semblaient lui être devenus étrangers.

Les moyens de traitement peuvent se ramener à trois chefs principaux : hygiénique, moral, pharmaceutique.

Un climat sec et tempéré, un beau ciel, un site agréable et varié, conviennent parfaitement aux mélancoliques; leurs vêtemens doivent être souvent renouvelés, particulièrement les chaussures, car ils sont surtout exposés au froid des pieds. Les bains tièdes leur sont d'une grande utilité pour le rétablissement de la transpiration. Il faut leur interdire les alimens salés, épicés et de difficile digestion, et leur prescrire des viandes rôties, une diète végétale, qui consiste non en végétaux farineux, mais en herbes potagères et en fruits, surtout les fruits bien mûrs, les oranges, la limonade légère, etc. L'exercice, de quelque manière qu'il soit pris, est, sans contredit, une des grandes ressources pour la guérison de la mélancolie. Le professeur Pinel conseille d'avoir recours aux légers laxatifs, aux purgatifs doux. Les évacuans conviennent principalement dans la mélancolie caractérisée par la nonchalance, l'aversion pour le mouvement.

MÉLASSE. (*Off.—Méd.—Ind. dom.*) On appelle mélasse le sirop qui découle des moules dans lesquels on a disposé le sucre qu'on vient de purifier : ce sirop est mêlé d'une si grande partie de mucilage, que malgré qu'on répétât sur lui le même travail par lequel on a amené le suc exprimé de la canne, ou le vésou, à l'état de sucre cristallisé, l'on ne pourrait parvenir à l'amener au même état. Ce mucilage, quoique partie constituante du sucre, nuit autant à la cristallisation lorsqu'il est abondant, qu'il la favorise lorsqu'il se trouve dans une juste proportion.

Emploi médical de la mélasse. La mélasse est quelquefois employée en lavemens avec de l'eau, dans les dyssenteries; en l'étendant d'une certaine quantité d'eau et en la soumettant à la fermentation dans une température élevée de douze ou quinze degrés au-dessus de la glace; on obtient une liqueur vineuse qui donne beaucoup d'alcool à la distillation.

Moyen d'enlever à la mélasse sa couleur et sa saveur désagréables. Étendre la mélasse d'une quantité d'eau égale au tiers ou à la moitié de son poids ; ajouter un cinquième de chlorure de chaux liquide; puis y verser peu à peu et à de longs intervalles, de l'eau acidulée très-légèrement avec de l'acide sulfurique. Clarifier ensuite avec des blancs d'œufs et un peu de craie, passer à la chausse, mettre sur le feu et faire évaporer jusqu'à consistance de sirop. Ce sirop peut servir dans une foule de préparations.

Mélasse de betteraves. Cette mélasse mêlée avec de la paille hachée, étendue avec de l'eau, ainsi que les eaux grasses de fabrication, peuvent être données, vingt-quatre heures après le mélange fait, aux bêtes à cornes et à laine, et même aux chevaux, qui finissent par s'y habituer.

Les mélasses de betterave se vendent 8 francs le cent, et le vendeur fournit les barriques et le transport. On peut en tirer de l'eau-de-vie.

Moyen d'obtenir de l'eau-de-vie de mélasse. Prendre quinze livres de mélasse; étendre d'eau une demi-livre d'acide sulfurique et l'ajouter peu à peu à la mélasse; presser fortement, faire bouillir environ vingt minutes, ajouter quatre-vingt-dix livres d'eau et levûre; la fermentation s'établit bientôt sans être interrompue par la formation du gaz nitreux qui se dépose. Elle donne une bonne eau-de-vie.

MÉLÈZE D'EUROPE. (*Jard.*) *Larix europæa.* Famille des conifères. Cet arbre, le plus beau de tous les arbres, isolé ou en groupe, produit un effet magnifique. On le sème au mois de mars, en bruyère, à l'ombre, dans un terrain élevé, plutôt sec qu'humide. Il vient dans les sols les plus médiocres et les plus arides. Il résiste aux hivers les plus rigoureux. C'est en Russie qu'il atteint sa plus grande hauteur. Il se multiplie de marcottes qui sont longues à s'enraciner. Il pousse très-vite ; ses fleurs d'avril et mai sont rougeâtres et d'un joli effet. Son bois dur et incorruptible est employé dans la marine, la charpente, la menuiserie des châssis et croisées.

Mélèze d'Amérique. (*Americana larix.*) L'écorce de cet arbre est rougeâtre et ses feuilles glauques. Il est aussi beau et aussi rustique que le précédent ; son bois est pesant et résineux. Terrain humide ; graines.

Mélèze toujours vert. C'est le cèdre du Liban. (Voy. CÈDRE.) Il réussit très-bien, semé au mois de mars, en pot enterré, qu'on change chaque printemps jusqu'à ce que les pieds aient dix-huit pouces ; on le met alors en place au mois de mai, dans une terre franche et légère, à l'ombre ; on garnit le tour des racines avec de la terre de bruyère ; on couvre le pied de litière pendant deux ans.

Mélèze de Sibérie. (*Larix siberia.*) Arbre tortueux. Culture du mélèze d'Europe.

MÉLILOT. (*Méd. dom.*) *Trifolium melilotus officinalis.* Famille des légumineuses. Le mélilot de Linné est une plante herbacée qui croît à la hauteur de sept ou huit décimètres ; sa racine est blanchâtre, garnie de quelques petites fibres capillaires ; ses tiges sont droites, herbacées.

Les fleurs du mélilot s'emploient comme émollientes, résolutives, calmantes en cataplasmes, en fomentations, en lavemens. Leur eau distillée sert à bassiner les yeux, dans les cas d'opthalmie.

MÉLILOT BLANC. (*Agr.*) Le mélilot blanc, originaire de Russie, est cultivé en France depuis quelques années.

Cette plante bisannuelle donne, au printemps, un fourrage très-odorant, qui est avidement dévoré par les bêtes à cornes, et lorsque l'année abondante amène la dépréciation des fourrages, le mélilot blanc, qu'on laisse monter à maturité, fournit, outre une graine abondante, un chanvre dont le produit égale celui des fourrages du prix le plus élevé. Ce chanvre se distingue par la force du fil et par la suavité de son odeur.

Il faut vingt-cinq kilogrammes de cette semence pour un hectare.

MÉLISSE OFFICINALE. (*Jard.—Méd. dom.*) *Melissa officinalis.* Famille des labiées. Plante vivace. On la multiplie par la séparation des pieds, au mois de septembre. On peut en faire un bout de bordure dans le potager, à une exposition méridienne, dans une terre meuble, chaude et bien amendée. On la tond au mois de mai, pour faire sécher les feuilles, seule partie de la plante qu'on emploie. On la retond encore en automne, pour la débarrasser de ses vieilles tiges à fleurs. Comme elle s'étend beaucoup, il faut la redresser chaque printemps en la rognant au cordeau.

On fera bien de la changer de place tous les trois ou quatre ans. Elle fleurit tout l'été.

La mélisse donne, en juin, des fleurs à odeur de citron et blanchâtres. Elle réussit au midi, dans une terre légère. Semée en mars.

Les feuilles de mélisse sont toniques et anti-spasmodiques. On en emploie aussi les épis fleuris.

La mélisse est aussi considérée comme stomachique, cordiale, céphalique, emménagogue. (Voyez EAU DE MÉLISSE DES CARMES.)

L'*esprit de mélisse* s'obtient en faisant macérer, dans de l'eau et de l'alcool à trente-trois degrés, des sommités de fleurs de mélisse récoltées par un temps chaud et sec, et en les distillant au bain-marie.

MELON. (*Jar.—Conn. us.*) (*Cucumis melo.*) Famille des cucurbitacées. Plante annuelle. Le gros cantaloup galeux, le gros et le petit prescott (ces deux derniers très-hâtifs), sont les meilleures espèces à cultiver. Jamais un cantaloup n'est mauvais lorsqu'il est à son point de maturité; tandis que dans les autres espèces on compte à peine un melon mangeable sur dix.

Procédé de madame Adanson pour la culture du melon. Ce procédé n'exige de frais qu'un dessus de châssis vitré et une vingtaine de cloches; mais cette dépense une fois faite, il y en a pour un temps infini.

On fait faire au 15 février, par un beau temps sec, une couche sourde comme ci-après :

On trace dans une direction de l'est à l'ouest, et dans l'endroit le mieux exposé et le plus sec du jardin, une fosse de quatre pieds de large seulement, parce qu'il faut pouvoir soigner les pots sans marcher dans la couche; la longueur est à volonté.

On creuse le terrain à vingt-quatre pouces de profondeur, sans laisser aucun talus sur les bords, c'est-à-dire que le fond est aussi large que le dessus. On rejette les terres en ados du côté du nord; c'est un surcroît d'abri. La fosse étant bien dressée et plane, on met au fond un lit de gros fumier de cheval, bien mouillé d'urine, avec un peu de crottin, de six pouces d'épaisseur (étant foulé). Ce fumier se place avec la fourche de fer, en le secouant bien, pour qu'il n'y ait point de paquets; on le foule à plusieurs reprises, et l'on tâche qu'il soit bien égal. Pour s'assurer des hauteurs, on assujettit des deux côtés de la fosse un bâton entaillé de six pouces, à partir du fond, puis à dix-huit, et enfin à vingt-quatre, ce qui sert de guide pour l'épaisseur des couches.

Nota. On a soin, un mois ou quinze jours avant de faire cette couche, de mettre à part le fumier nécessaire; à cet effet, tous les deux ou trois jours on lève le fumier le long des chevaux, et on l'accumule dans l'un des coins de l'écurie, lit par lit. Ce fumier produit beaucoup plus de chaleur que celui qui a demeuré à l'air ou sous les animaux.

Après ce premier lit fait dans le fond de la fosse, on en fait un second avec des feuilles d'arbres de l'automne, non pourries, qu'on a amassées pour cet objet près du carré. Ce second lit doit avoir un pied d'épaisseur (après avoir été foulé). S'il n'a pas plu, et que les feuilles soient trop sèches, on les arrose également et modérément. On foule et on piétine jusqu'à ce qu'elles soient bien tassées; on en herse la surface avec la fourche pour les faire lier avec le troisième lit qu'on va mettre, et qui doit être du même fumier, de la même épaisseur, et arrangé de même que le premier. Le tout étant bien dressé, et aucun brin de paille ne débordant, ce qui facilite l'échappement de la chaleur, on recouvre de six pouces de terreau passé au crible de fer; on le foule; on le ratelle.

Ces six pouces étant hors de la fosse qui n'a que deux pieds de profondeur, on place autour, pour les maintenir, un cadre de bois qu'on fabrique chez soi, et qui doit avoir du côté du nord dix-huit pouces de haut, et neuf du côté du midi; les deux planches de côté sont taillées sur cette inclinaison : on fixe les quatre angles avec de gros clous ou à queue d'aronde; il sert plusieurs années.

On prend autant de petits pots de six pouces de haut, qu'on est dans l'intention d'avoir de pieds de melons; on place un tuileau au fond; on les emplit de terreau criblé qu'on foule avec le dos de la main. On creuse dans le terreau de la couche et vers le centre, avec la houlette, pour y arranger les pots un à un. On foule pour les bien garnir autour; on dresse encore toute la surface; si on les plaçait avant de mettre le lit de terreau, il se ferait toujours des tassemens inégaux.

On garnit le tour extérieur du cadre, sur toute sa hauteur, avec du fumier pareil à celui qui a déjà servi : tout cela doit s'exécuter de suite dans la même journée. On enfonce dans le centre de la couche un thermomètre destiné à cet usage; on couvre avec le châssis vitré, qui doit être divisé en deux parties, et soutenu au milieu par une traverse qui maintient aussi le cadre et en empêche l'écartement; ces châssis se soulèvent à volonté par le moyen de piquets à crans qu'on place sur le devant. Lors des grands froids ou des grandes pluies, on recouvre les châssis d'une toile imperméable.

Si cette couche est bien faite, elle monte à trente degrés en treize ou quinze jours, et en conserve douze ou quinze jusqu'au 15 mai, époque à laquelle on met les melons en pleine terre. Lorsqu'elle est redescendue à vingt, on sème dans chaque pot trois ou quatre grains de melon de l'année. Plus la graine est nouvelle, plus elle lève promptement, et plus la plante est hâtive dans toutes les périodes de sa végétation; cependant elle conserve ses facultés germinatives dix-huit et vingt ans.

Au bout de huit jours de semis, les cotylédons paraissent. Lorsqu'ils sont accompagnés de deux feuilles, on ne laisse qu'un pied dans chaque pot; on ôte toutes les mauvaises herbes à mesure qu'il en paraît; on arrose légèrement et peu à la fois, quand on s'aperçoit qu'il en est besoin. On donne de l'air tous les jours par le soulèvement des châssis, et en proportion du temps qu'il fait; on les ôte tout-à-fait dans les beaux jours et on les replace chaque soir. Pour faciliter ce dérangement, on plante près de la couche de forts piquets, sur lesquels on appuie les châssis en les assurant contre le vent.

Au 1er mai on prépare, au pied d'un mur, ou dans un carré en pente au midi, dans un terrain bien fumé, bêché et recouvert partout de trois pouces de sable fin et sec, des trous d'un pied en tout sens qu'on emplit de bon terreau; le sable reflète la chaleur des rayons du soleil et hâte infiniment la végétation des melons.

On dépote les melons avec précaution, ou, ce qui vaut mieux encore, on fêle les pots à deux ou trois endroits, et on en place un dans chaque trou. On foule avec la main; on arrose modérément; on place une cloche, ou, faute d'en avoir, un grand pot à fleurs à côté de chaque pied; et tous les soirs on s'en sert pour le recouvrir; de même que lorsqu'il pleut pendant plusieurs jours consécutifs.

La seule taille nécessaire à des melons traités ainsi, ne demande pas beaucoup de science: il suffit, quand les bras ont trois ou quatre pouces de long, d'en rogner le bout avec des ciseaux pour ne pas occasionner de déchirement, ce qui est très-nuisible, et de supprimer, par le même moyen, la tige montante; ensuite on empêche les bras de s'entrecroiser; on retranche ceux qui sont surabondans; on raccourcit les autres lorsqu'ils s'allongent trop sur les voisins. Les fruits étant gros comme des noix, on n'en laisse que six au plus sur chaque pied, et l'on garde de préférence les plus allongés. On sarcle régulièrement, on visite les plantes tous les trois ou quatre jours; on n'arrose que dans les plus grandes sécheresses, le soir, avec le goulot de l'arrosoir, *et sur le pied seulement*, sans répandre d'eau sur les feuilles ni les fruits.

La couche ci-dessus décrite peut servir pour toutes les plantes délicates.

Manière de cultiver les melons à Honfleur. On a, dans cette localité, une espèce excellente, qui souvent donne des melons de vingt à trente livres. Elle n'a que l'inconvénient d'être un peu tardive.

On choisit un emplacement au midi, à l'abri des vents. Après les fortes gelées on creuse des fosses de deux pieds environs de profondeur, longueur et largeur, et espacées entre elles de six pieds; on les remplit successivement, jusqu'au milieu d'avril, de fumier, de litière, qu'on piétine fortement et qu'on foule jusqu'à ce qu'ils remplissent la fosse au niveau du sol: on met par-dessus un pied environ de bonne terre, mêlée avec du terreau, et le tout est recouvert avec des cloches qui ont presque le même diamètre que la fosse. Cinq à six jours après, lorsque la chaleur s'est établie dans le centre et s'est communiquée à la couche supérieure de terre, au point de ne pouvoir y tenir qu'à peine le doigt en l'y enfonçant, on sème la graine à dix-huit lignes de profondeur, et dans six trous différens, distans l'un de l'autre de quatre pouces, en observant de mettre deux graines dans chaque trou. La graine lève ordinairement depuis huit jusqu'à quinze jours.

Lorsque les melons ont cinq feuilles, les deux feuilles séminales comprises, on choisit, pour chaque fosse, les deux pieds les plus vigoureux, et on coupe tous les autres entre deux terres, sans les arracher. On retranche en même temps la partie supérieure de la tige avec la feuille qui l'accompagne, pour qu'il ne reste que deux feuilles à chaque pied. Quand les pousses des plantes ont plus d'un demi-pied de long, on les pince pour faire venir d'autres pousses latérales, qu'on pince aussi. On couvre les cloches de paillassons jusqu'aux chaleurs, pendant la nuit. On profite du premier beau temps pour donner de l'air aux plantes. Quand les pousses sont trop hautes pour les cloches, on élève un peu celles-ci, et en remuant la terre, on la met presque au niveau de la couche des melons. Aussitôt que les plantes commencent à donner fruit, on en coupe une partie pour assurer l'autre, et on ne laisse que trois ou quatre fruits à chaque pied. Dès qu'ils ont atteint la grosseur d'un petit œuf de poule, on arrête les branches d'où ils partent, et on ne manque pas de couper, de temps en temps, les petites branches faibles qui diminuent la force de la plante. On met une tuile sous chaque fruit qui a à peu près vingt jours, et on a soin de le retourner doucement tous les quatre jours.

Méthode des horticulteurs de Paris. Le melon aime la chaleur, la sécheresse, veut une terre substantielle, amendée, ameublie. Dans les pays chauds, il est exquis et vient sans beaucoup de soins; mais, dans les climats tempérés et froids, on est obligé de le cultiver sur couches et sous cloches ou châssis.

On sème les melons à Paris depuis le milieu de l'hiver jusqu'à la fin du printemps. Les melons cantaloups et les melons de la petite espèce, qui sont hâtifs, viennent les premiers et les derniers.

On emploie généralement dans les couches les feuilles tombées. En novembre et en décembre, on les ramasse dans les bois, en rejetant celles de lierre; on les met en tas à dos d'âne, pour empêcher les pluies de pénétrer trop dans l'intérieur. En avril, on coupe, dans un terrain sec, une tranchée de trois pieds et demi de large sur une longueur à volonté. On la creuse de huit pouces, et on rejette la terre sur les côtés, en foulant. Par ce moyen, on obtient une profondeur de seize pouces qu'on remplit avec des feuilles.

Cette couche ainsi disposée, on la couvre de terreau. On y plante les melons dans un sillon de trois pouces de profondeur et autant de largeur. On taille les melons au bout d'une quinzaine, et huit jours après on couvre la couche jusqu'au pied des melons avec des tuiles, appuyées les unes contre les autres. Il n'y a plus dès lors de soins à prendre que pour pincer les rameaux et ôter ceux qui sont superflus. L'humidité de la surface interne des tuiles rend les arrosemens inutiles.

Si le terrain est humide, on établit la couche sur la surface du sol, en lui donnant seize pouces de haut, et on forme sur les deux côtés de la couche une bordure de fumier d'un pied de large pour empêcher l'air de pénétrer dans l'intérieur.

Emploi de la fougère pour les couches de melons. Quand la terre végétale repose sur l'argile, l'humidité s'y concentre et nuit au développement des melons. Il est donc bon de placer sous les couches un pied de branches de fougère, de bourrées ou de mousse.

Méthode de M. Reynolds, cultivateur anglais, pour avoir des melons, sans terre, eau, ni fumier. Au mois de mars, préparer une couche de tannin, y faire un certain nombre de trous de cinq pouces de profondeur sur sept de diamètre. Faire infuser pendant trente-six heures de la graine de melon dans du lait chaud, la presser légèrement entre les doigts, la placer dans le trou et la recouvrir de deux pouces de poudre de tannin bien fine. Après avoir garni de trois doigts de la même poudre le fond du trou, couvrir avec les cloches, ne point arroser, et empêcher la pluie de pénétrer dans le trou.

Culture à la vapeur du colonel Patterson. Dans sa serre chaude, cet horticulteur a obtenu des primeurs au moyen de la vapeur. On concentre la vapeur dans un récipient où elle est conduite par un tuyau de fonte, percé de trous de distance en distance; on la répand à volonté parmi les plantes au moyen de tuyaux mobiles dont les extrémités communiquent au réservoir. On garnit le récipient de petites pierres rondes qui absorbent le calorique à mesure qu'il se développe, et le concentrent longtemps.

Moyen de hâter la maturité des melons. Les placer sur une planchette de bois noir, ou bien répandre sur le melon et à l'entour une couche d'un à deux pouces de charbon de bois pilé. Quand le thermomètre est au soleil à 25 degrés, la surface de la terre, ainsi recouverte de charbon, prend une température de 57 degrés au moins. On pourrait remplacer les planchettes par des ardoises.

Moyen d'empêcher les melons de couler. Appliquer sur les tiges principales du melon une ligature formée de plusieurs doubles de gros fil ciré réunis en forme de ruban, et produisant sur la tige une légère dépression. Les branches ligaturées se couvrent bientôt de fruits.

Du moment où l'on doit cueillir un melon. Un melon est bon à cueillir quand la queue semble vouloir s'en détacher, qu'il jaunit en dessus, que le petit jet qui est au nœud se détache, qu'on lui trouve de l'odeur en le flairant; c'est ordinairement le point de maturité de ceux qu'on veut manger promptement. On le cueille, on le met ensuite dans un seau d'eau de puits, ou avec de la glace, pour le faire rafraîchir. Ceux que l'on ne veut manger que dans quelques jours, ou transporter au loin, doivent être cueillis aussitôt qu'ils commencent à se tourner; ils achèvent après de se mûrir; ils ont même un goût plus agréable, parce que, s'étant reposés plusieurs jours hors du soleil, le frais qu'ils ont pris, en se mûrissant plus doucement, rend leur chair d'un meilleur goût.

On peut garder un melon trois ou quatre jours avant de le manger. Il faut au moins deux mois à un très-beau melon de quinze à vingt livres, du jour qu'il est assuré, pour qu'il parvienne à une parfaite maturité.

Moyen de conserver les melons de manière à en avoir jusqu'au mois de décembre et de janvier. Prenez des melons tardifs qui ne soient pas encore arrivés à leur parfaite maturité, essuyez-les légèrement avec un linge et mettez-les dans un endroit sec pendant un jour ou deux. Passez ensuite de la cendre, pour la dégager de tous les petits charbons; mettez-la dans un tonneau bien sec et enterrez vos melons dans cette cendre, ayant soin de les envelopper entièrement. Quand vous en aurez besoin, vous les trouverez parfaitement conservés.

Moyen de reconnaître les bons melons. Il faut qu'ils aient un goût vineux et sucré. On peut juger de leur bonté quand ils sont d'une écorce bien brodée et de couleur ni trop jaune, ni trop verte, la queue courte et grosse, plutôt large que ronde, et plus grosse dans le milieu qu'aux deux extrémités, et d'une odeur de poix ou de goudron. Il faut préférer ceux qui sont les plus lourds, et qui ne rendent pas un son creux. Quand ils n'ont pas ces qualités, c'est une preuve qu'ils ne sont pas pas mûrs ou qu'ils n'ont pas d'eau.

Qualité des melons. La chair du melon est une agrégation de petites vessies pleines d'une sérosité sucrée et aromatique. C'est un des fruits les plus délicieux de l'été : il est humectant et facile à digérer quand on en mange modérément : l'excès en est dangereux; il produit des vents et des coliques, suivis quelquefois de dyssenteries difficiles à guérir. Mangé avec un peu de sel ou de sucre, il est plus sain, surtout pour les estomacs délicats. Dans les pays très-chauds, les melons incommodent rarement; leur qualité y est supérieure, et leur pulpe contient beaucoup plus de parties sucrées. On peut confire au vinaigre les très-jeunes melons, à la manière des cornichons; ils sont excellens. On confit aussi au vinaigre et au sucre la chair de ce fruit dépouillé de son écorce; on la pique de cannelle et de clous de girofle, et on en fait une compote très-estimée et fort saine, qu'on mange avec le bouilli. Elle peut se conserver plusieurs années. La côte de melon confite au sucre est pareillement très-bonne : crue, elle peut être donnée aux chevaux, qui en sont très-friands.

Les melons joignent à leur saveur et à leur parfum agréables une propriété rafraîchissante, tempérante; les semences des melons sont employées à faire des émulsions rafraîchissantes, tempérantes; elles sont indiquées dans les maladies inflammatoires.

Les espèces de melons que l'on mange le plus ordinairement sont le petit cantaloup-prescott, le petit sucrin, le petit cantaloup de Malte, le gros sucrin et le melon des Carmes, le maraîcher, espèces hâtives; le melon de Fleurci, le cantaloup vert, le cantaloup ananas, le cantaloup de Gènes, le melon de Honfleur, la pastèque ou melon d'eau, espèces tardives.

Moyen de reconnaître la bonté des melons en les achetant. Si le melon est léger, il est creux. Si le melon ne résonne pas sous les doigts, c'est signe qu'il est plein.

Si le melon est trop jaune ou trop vert, il est peu savoureux.

Si le melon n'a pas d'odeur, il doit être rejeté. Pour le flairer, il faut s'éloigner de l'étalage du marchand, afin de n'être pas trompé par l'odeur des autres melons sur celle du melon qu'on veut choisir.

Le melon doit être ovale, à côtes bien saillantes et bien fendues, point trop aplati. La queue ne doit pas être trop longue.

Quand on a acheté un melon, le faire rafraîchir pendant une heure dans l'eau de puits ou de rivière.

Emploi des melons qui ne mûrissent pas. Les faire entrer dans la composition des raisinés; on les fait cuire comme les concombres.

MENDICITÉ. (*Mor. dom.*) Il y a en France environ un indigent sur 16 habitans; en ne comptant que ceux qui reçoivent des secours des bureaux de charité. Un relevé fait en 1829, porte le nombre des mendiants à 75,120.

L'extinction de la mendicité, la distribution des secours, la création de maisons de refuge, d'ateliers et d'écoles, sont du ressort des administrations. Mais rechercher avec soin la cause de la misère, la soulager autant que possible, contribuer à rendre ses souffrances plus rares, c'est le devoir de tous, et nous aimons à croire que, parmi nos lecteurs, il en est plus d'un qui le remplit avec zèle. (Voy. AUMONE.)

MENSTRUATION. (*Hyg. — Méd. dom.*) La menstruation des femmes commence dans nos climats à l'âge de douze à quatorze ans, et finit à celui de quarante-cinq ou cinquante.

L'évacuation périodique revient ordinairement tous les mois, à quelques jours près. Chez quelques femmes, elle a lieu tous les quinze jours, et chez d'autres seulement toutes les cinq à six semaines.

Symptômes précurseurs. Ces symptômes ont lieu surtout quand la menstruation s'établit. Chaleur, tension, gonflement, pesanteur de tête, teinte bleuâtre au dessous des yeux, bâillements, chaleur à l'épigastre, agitation générale, douleurs vagues, pesanteurs dans les lombes et les cuisses, engourdissements dans les membres, endurcissement du sein, etc.

L'écoulement périodique est moins abondant dans les pays chauds que dans les pays froids. Sa quantité, qui varie d'une ou deux onces de sang jusqu'à une livre et plus, dépend de la saison, de la quantité des aliments et de celle de la transpiration insensible. Les femmes bilieuses, sanguines, celles qui mangent beaucoup et font peu d'exercice sont sujettes à une menstruation abondante. Elle revient à des intervalles plus éloignés chez les femmes qui mangent peu et travaillent beaucoup.

La grossesse et l'allaitement sont des causes de suppression, sans danger et sans que la femme en souffre aucunement. L'écoulement paraît cependant quelquefois jusqu'au troisième mois de la grossesse.

Des femmes épuisées de sang, soit par des saignées, soit par des maladies précédentes, ne laissent pas d'être réglées. Les convalescentes le sont souvent avant d'être rétablies. Des saignées, même assez copieuses, empêchent quelquefois, mais ne suppléent nullement au flux menstruel; elles ne garantissent pas des maladies que la suppression de ce flux occasionne. D'autres évacuations, comme celles qui proviennent des hémorrhoïdes, ne le remplacent pas toujours.

Dès que la menstruation aura pris le cours que lui indique la nature, il faudra veiller avec soin à ce que rien ne gêne ou empêche son retour périodique. Son apparition doit être surtout l'objet d'une attention particulière. Dans les climats froids, dans les saisons rigoureuses, les jeunes filles dans cet état doivent éviter les intempéries de l'air, l'usage de l'eau froide, les impressions trop vives, de quelque nature qu'elles soient, et surtout la contrariété; l'extrême susceptibilité qui les affecte alors, fait à ceux qui les approchent un devoir de ne point irriter chez elles le système nerveux. L'époque où la menstruation disparaît ne demande pas moins de précautions. Les femmes soigneuses de leur santé, celles même chez qui la menstruation se succède le plus régulièrement, devraient s'astreindre toute leur vie à un régime hygiénique. C'est le moyen infaillible d'éviter une suppression, source intarissable de maladies.

L'évacuation périodique cesse ordinairement vers cinquante ans. La plupart du temps, les écoulemens qui ont lieu après cet âge sont de vraies maladies.

Un des premiers événemens qui surviennent lorsque les règles sont sur le point de disparaître, c'est une irrégularité dans leur apparition, soit pour le temps, soit pour la durée, soit pour la quantité surtout, sans que la femme en soit sensiblement incommodée. Quelquefois elle reviennent tous les quinze jours; d'autres fois elles sont plusieurs mois sans paraître; souvent, après une ou deux menstruations peu abondantes, il survient un flux immodéré, qui est assez fréquemment suivi d'un écoulement blanc, qui, même dans quelques cas, remplace le sang menstruel, et qu'il ne faut pas contrarier. Ces changemens ne peuvent arriver sans que la femme n'en éprouve quelques inquiétudes, certaine qu'elle est alors d'arriver à une époque fatale; il faut la rassurer et l'instruire d'avance des événemens qui se succéderont, de peur qu'elle n'en soit effrayée. Les femmes doivent être d'autant plus attentives à observer les règles de conduite qu'il faut leur tracer à cette époque, que le bonheur du reste de leur vie dépend souvent du soin qu'elles prennent alors de leur santé. Si la cessation a lieu sans trouble, les femmes semblent renaître, et poussent leur carrière au-delà de celle de la plupart des hommes.

Lorsqu'elle se fait d'une manière régulière, la femme n'est exposée à aucun danger; mais, pour profiter de cet avantage, il faut qu'elle ait constamment joui d'une bonne santé, que ses règles aient toujours marché d'une manière conforme au vœu de la nature, qu'elle n'ait point mené une vie intempérante; celles au contraire chez lesquelles les règles ont éprouvé toutes sortes de dérangemens, doivent s'attendre à être les victimes des maux les plus cruels au moment de l'âge du retour.

Les suppressions sont très-dangereuses : elles amènent après elles des maux de tête, des douleurs dans les jambes, la vicissitude du chaud au froid, et du froid au chaud, les varices des veines, les tumeurs des jambes, des pieds et des hypocondres, la pesanteur et la faiblesse de tout le corps, les tranchées et le gonflement du ventre, semblable aux coliques, les vents et les bruits des intestins, les vomissemens, les anxiétés précordiales, la toux, la difficulté de respirer, l'asthme, l'exténuation, la palpitation du cœur, et la syncope; une douleur très-vive, tant au devant qu'au derrière de la tête, les yeux chargés, les vertiges et quelquefois l'apoplexie et la folie, la pâleur du visage, les fleurs blanches, la passion hystérique, une boule qui semble s'élever du bas-ventre jusqu'au gosier, l'urine quelquefois brillante, quelquefois supprimée, un ventre dur et des hémorrhagies en différens endroits : tels sont les accidens qui suivent la suppression des menstrues.

Pour rappeler l'évacuation, on se sert avec succès des topiques un peu chauds, comme sont les parfums, les bains, les fomentations d'herbes émollientes et des boissons emménagogues.

Dans la suppression qui succède à une maladie chronique ou à un long épuisement, il ne faut donner aucun remède pour procurer le retour des mois, jusqu'à ce que la malade soit entièrement rétablie; parce que cette suppression est très-peu nuisible à ces personnes, et que d'ailleurs, si on voulait témérairement l'exciter, on se mettrait en danger de les faire périr.

MENTHE. (*Jard.—Méd. dom.—Off.*) Fam. des labiées.

Menthe poivrée. (*Mentha piperitis.*) Tiges de 15 à 20 pouces, feuilles ovales lancéolées, dentées; en août et septembre, fleurs d'un rouge violâtre, en épis courts; terre franche, légère, fraîche; multiplication de drageons d'une reprise très-facile au printemps et en automne; toute la plante est antispasmodique et excitante.

Menthe des jardins. (*Mentha gentilis.*) Même culture. On l'emploie quelquefois comme assaisonnement.

Menthe cultivée. (*Mentha sativa.*) C'est de toutes les menthes celle qui contient le plus d'huile aromatique.

Menthe frisée. (*Mentha crispa.*) Plante de Sibérie. Feuilles crépues. Fleurs en longs épis. Même culture.

On trouve encore dans nos champs : le *pouliot* (*mentha pulegium*) sur le bord des ruisseaux, la *menthe sauvage* (*mentha sylvestris*) sur le bord des routes, la *menthe romaine* (*mentha viridis*), la *menthe de cimetière* (*mentha rotundifolia*), la *menthe rouge* (*menta aquatica*), la *menthe cervine* (*mentha cervina*) dans le midi de la France.

La menthe poivrée, en infusion théiforme, en pastilles, en essence, est employée contre la dyspepsie, les pâles couleurs, les retards dans la menstruation; la menthe frisée est plus tonique. Toutes les menthes jouissent des mêmes vertus.

Eau distillée de menthe. Prendre cinq livres de sommités fleuries de menthe poivrée, distiller avec vingt livres d'eau. On prépare de même l'eau distillée d'absinthe, d'hysope, de thym et de tanaisie.

Crême de menthe. Mettre dans le bain-marie de l'alambic deux pintes d'eau-de-vie, douze onces de menthe frisée fraîche et les zestes de trois beaux citrons, distiller. Dans la pinte de liqueur qu'on obtient, ajouter un demi-gros d'essence de menthe poivrée; faire fondre sur le feu trois quarterons de sucre dans deux pintes d'eau, mêler à la liqueur et filtrer.

Il est essentiel de n'employer que de bonne essence de menthe; ce dont on peut s'assurer; si, un instant après en avoir mis sur la langue, vous ne sentez pas une grande fraîcheur, c'est que l'essence a été falsifiée.

Sirop de menthe crépue. Prendre un kilogramme de sommités fleuries de menthe crépue, quinze kilogrammes d'eau distillée de menthe, faire infuser ensemble dans un vase, mettre ce vase dans une bassine à moitié pleine d'eau bouillante que vous retirerez à l'instant de dessus le feu; laisser ainsi pendant douze heures; couler alors avec expression; peser la liqueur avec exactitude; y ajouter deux blancs d'œufs fouettés et le double de son poids de sucre blanc concassé; disposer le tout dans un matras que vous boucherez avec du parchemin mouillé et réduire en sirop.

Ce sirop est employé comme tonique, emménagogue, anti-émétique, carminatif; il fortifie l'estomac et il excite l'appétit.

On peut préparer de la même manière les sirops d'hysope, de mélisse, de myrte, de marrube blanc, d'ache, de tilleul.

Sirop de menthe composé. Prendre : Feuilles de menthe frisée séchées, 8 décagrammes. Roses rouges, 2 décagrammes. Cannelle, 1 décagramme. Suc dépuré de coings, 9 hectogrammes. Vin de Bourgogne vieux, 2 kilogrammes. Sucre concassé, 5 kilogrammes.

Inciser les feuilles de menthe ainsi que les roses; concasser la cannelle; mettre ces trois substances dans un matras; verser par-dessus le suc de coings et le vin de Bourgogne; boucher le matras avec un parchemin percé de deux ou trois petits trous; faire infuser pendant douze heures à un bain d'eau chauffée jusqu'à la température de 45 à 50 degrés; laisser ensuite refroidir; filtrer la liqueur à travers un papier gris; nettoyer le matras; y remettre la liqueur filtrée; ajouter le sucre et faire un sirop que vous disposerez, pour l'usage, dans des bouteilles très-propres.

Ce sirop est cordial, stomachique et emménagogue.

Pastilles de menthe. Mêler deux gros de bonne essence de menthe poivrée d'Angleterre dans trois livres de sucre superfin, en faire une pâte en ajoutant de l'eau simple, puis couler les pastilles.

Ces pastilles sont vermifuges; elles excitent l'appétit et facilitent la digestion.

Tablettes fondantes à la menthe. Prendre les mêmes quantités, faire cuire le sucre au petit boulé, le retirer du feu; au bout de deux minutes, y jeter l'essence et former des tablettes.

MENU. (*Cuis.*) Cet article est le fruit de nos recherches et de notre propre expérience. Les menus que nous indiquons sont, ou tirés des meilleurs auteurs gastronomiques, ou fournis par des maîtres d'hôtels célèbres dans leur art. Toutefois nous avons évité de mentionner dans nos nomenclatures, des plats si recherchés et d'un si haut prix qu'ils sont hors de la portée de la majorité des lecteurs. Nous avons voulu, comme dit l'auteur du *Cordon Bleu*, auquel nous devons des menus dressés avec un goût exquis, « associer autant qu'il est possible la bonne chère à l'économie », en ne présentant que des menus faciles à appliquer et composés de mets dont cet ouvrage, essentiellement pratique, offre la recette.

Les menus varient suivant la saison et le nombre des convives. Pour six personnes, on donne un potage, un relevé, deux entrées, un rôti, deux entremets, six assiettes de dessert. Pour douze, un potage, des hors-d'œuvre, deux relevés, quatre entrées, deux rôts, une salade, quatre entremets. On peut, en se réglant sur les menus que nous donnons, les diversifier à l'infini par le changement de quelques plats selon la saison.

L'été apporte des changemens dans la composition des menus. On diminue généralement le nombre des plats solides, pour augmenter celui des crêmes, des alimens légers et rafraîchissans. Les desserts d'été s'enrichissent de fruits qui ne peuvent paraître l'hiver qu'en confitures.

Le temps de l'année compris entre les mois de septembre et de mars est le plus avantageux pour la table.

Au printemps, on donne pour relevés l'alose à l'oseille, l'agneau, le brochet; pour entrées, les poulets nouveaux, les pigeons, le maquereau, les ragoûts aux pointes d'asperges, aux pois; pour rôtis, les pigeons, la dinde, les cailles; pour entremets, les pois, les artichauts, etc.

Menu de déjeuner pour six personnes. Douze petits pâtés, six côtelettes de mouton, sauté de poulets au vin de madère, trois biftecks aux pommes de terre.

Hors-d'œuvre. Artichauts à la poivrade, anchois ou homard, olives, beurre en coquilles et radis.

Dessert. Cinq plats, suivant la saison.

Autre. Huîtres, filets de chevreuil dans leur jus, côtelettes de veau en papillottes, une truite froide à l'huile, un morceau de saumon.

Autre. Sauté de perdreaux, un buisson d'écrevisses, filets de lapins, un brochet.

Autre. Une mayonnaise, une galantine de volaille, foie de veau sauté, rognons sautés au vin de Champagne.

Menu d'un diner de six couverts.—*Premier service.* Un potage, bœuf garni de sauce.

Deux entrées. Anguille à la tartare, canard aux navets.

Second service. Rôti. Une poularde.

Entremets. Choux-fleurs, crême au chocolat, gâteau de riz, pommes de terre à la maître-d'hôtel.

Six assiettes de dessert.

Menu de douze couverts. — *Premier service. — Un potage.* Potage au vermicelle.

Quatre hors-d'œuvre froids. Beurre en coquilles, olives, cornichons et petits fruits marinés, canapé d'anchois.

Deux relevés. Une pièce de bœuf avec sauce, turbot à la hollandaise.

Quatre entrées. Sauté de bécasses aux truffes, vol-au-vent de morue, poularde, sauce aux truffes, ris de veau en caisse.

Second service.—Deux rôts. Un faisan, une terrine de Nérac.

Une salade suivant la saison.

Quatre entremets. Cardons au jus, choux-fleurs au fromage, charlotte russe, macaroni.

Troisième service.—Dix-sept assiettes de dessert. Quatre assiettes de fruits suivant la saison, fromage de Roquefort, mendians, quatre assiettes de compotes, biscuits à la vanille, massepains, deux assiettes de pâtisseries, confiture de Bar, gelée de pommes, bonbons choisis.

Menu pour vingt-quatre couverts. — *Premier service.—Deux potages.* Potage aux croûtons, vermicelle au gras avec une purée aux tomates.

Six hors-d'œuvre froids. Cornichons, fruits marinés mêlés, canapé d'anchois, beurre en coquilles, radis, olives.

Quatre hors d'œuvre chauds. Petits pâtés au naturel, saucisses fumées de Hambourg, buisson de côtelettes, pieds de cochon farcis aux truffes.

Trois relevés. Un turbot à la sauce blanche, un cuissot de chevreuil piqué, un chapon au riz.

Six entrées. Filets de bœuf sautés aux truffes, un vol-au-vent de gibier, filets de sole au gratin, deux poulets à la tartare, salmis de bécasse aux truffes, ris de veau piqués en fricandeau.

Second service.—Trois rôts. Une dinde aux truffes, un faisan entouré de bécasses et mauviettes, un pâté de foie gras de Strasbourg.

Salade suivant la saison.

Huit entremets. Cardons à la moelle, choux de Bruxelles, artichauts à la barigoule, épinards au sucre, crême à la Chantilly, gelée au rhum, macaroni en timbale, plombière aux fruits mêlés.

Troisième service. — Vingt-neuf assiettes de dessert. Quatre assiettes de fruits suivant la saison, quatre de compotes, deux de fromages, deux de fruits à l'eau-de-vie dans des compotiers de cristal, deux pièces montées, biscuits à la vanille, massepains, quatre assiettes de petit four, marrons, mendians, confitures de Bar, gelée de pommes, conserve d'abricots, deux assiettes de bonbons, deux de fruits confits.

Menu pour trente-six couverts.—*Premier service. — Trois potages.* Potage à la tortue, potage aux laitues; vermicelle au gras avec fromage de parmesan.

Douze hors-d'œuvre froids. Artichauts à la poivrade, beurre, radis, olives, anchois, thon mariné, saucissons de Lyon, cornichons, bœuf fumé de Hambourg, fruits marinés mêlés, huîtres marinées, algues marines marinées.

Six hors-d'œuvre chauds. Petits pâtés, pieds de cochon truffés, caisse de foie gras, côtelettes de mouton panées, saucisses de Hambourg, rognons à la brochette.

Cinq gros relevés. Un turbot à la hollandaise, une tête de veau en tortue, un cuissot de chevreuil, dinde truffée, saumon au bleu.

Huit entrées. Salmis de bécasse aux truffes, poularde avec une sauce financière aux truffes, anguille à la tartare, perdrix aux choux en chartreuse, fricandeau aux épinards, vol-au-vent de poisson, filets de sole au gratin, côtelettes de mouton sautées au vin de Madère.

Second service.—Cinq plats de rôts. Un faisan, trois perdreaux et quatre bécasses, deux homards, un pâté de foie gras de Strasbourg, une friture d'éperlan.

Douze entremets. Artichauts à la barigoule, choux-fleurs au fromage, cardons à la moelle, épinards au sucre, œufs pochés au jus entourés de laitues braisées, truffes à la serviette, pyramide de méringues, omelette soufflée, charlotte de pommes, gelée d'oranges, pets-de-nonne, nougat.

Troisième service. — Trente-trois assiettes de dessert. Au dessert du menu précédent, vous ajouterez deux assiettes de pâtisseries mêlées et deux de fruits glacés au sucre.

Menu de soixante couverts. — *Premier service. — Huit potages.* Aux lazagnes, aux laitues, à la julienne, au riz, à la purée de navets, bisques, croûtes au pot, nouilles.

Huit relevés. Oie aux racines, langue de veau, carpe à la Chambord, brochet à l'indienne, morceau d'aloyau, quartier de porc frais au four, turbot à la sauce portugaise, truite à la génoise.

Dix-huit entrées. Poularde à la Saint-Garat, pâté chaud, petits pâtés de volaille, noix de veau glacée, esturgeon au vin de Madère, mauviettes, sautés de poulets, vol-au-vent garni, fricassée de poulets, noix de veau aux concombres, sauté de filets de carpes, blanquette aux truffes, gibelotte, filets de sole à la mayonnaise, perdreaux à la périgueux, ailerons de dindons, ris de veau piqués, pigeons à la sauce hollandaise.

Second service.—Dix plats de rôts. Dinde aux truffes, galantine, ortolans, canards, soles, jambon, roastbeef, grives, faisans piqués, merlans.

Vingt entremets. Épinards, petit pâtés, petits pois, gelée de marasquin, asperges, concombres à la reine, pets-de-nonne, nougat, truffes au vin de Champagne, pommes au riz décorées, choux-fleurs, crême à la vanille, croûte aux champignons, gelée de citron, haricots verts, œufs pochés aux truffes, génoise, charlotte, céleri à l'espagnole, crême aux pistaches renversée.

Vins. — Au premier service. Vin d'ordinaire. Un verre de Madère après le potage. Quelques verres de tisane de vin de Champagne, ou même du vin d'Aï ou de Sillery, frappés de glace pendant le cours du dîner.

Entre le premier et le second service, un verre de rhum, ou mieux du punch glacé à la romaine.

Au second service. Vins dits d'entremets, tels que Beaune, Pomard, Volney, Chambertin, Romanée-Conti, Clos-Vougeot, pour les vins de Bourgogne; Côte-Rôtie, Hermitage ou Saint-Peray, pour les vins de la côte du Rhône; Médoc, Saint-Émilion, Château-Margaux, Lafitte, Sauterne, etc., pour les vins de Bordeaux.

Au troisième service. Champagne mousseux, Lunel, Malaga; vins d'Espagne, de Chypre, de Constance, etc.

MENUISERIE. (*Ind. dom.*) Il n'est pas sans utilité d'avoir à la campagne, et même à la ville, un petit atelier de menuiserie, où l'on puisse faire tous les ouvrages faciles, dont on aura besoin. On n'y mettra point de cheminée. La porte sera de plain-pied avec la cour, et à deux battans pour faciliter l'entrée des pièces de bois à manœuvrer. Le premier meuble à y placer est un établi bien conditionné, avec valets, pattes, râtelier, maillet, etc.

Les murs seront garnis de planches et de tringles à crochets pour poser et accrocher les outils. Ces objets seront rangés par ordre suivant l'usage auquel ils sont propres, et devront toujours être remis à la même place toutes les fois qu'on s'en sera servi.

Aussitôt qu'un outil est brisé ou usé, il doit être remplacé.

Il est utile aussi d'avoir quelques outils de serrurier, qu'on range séparément des autres : un étau, une petite enclume, même quelques serrures, crochets et pitons, etc.; une boîte à clous, divisée en autant de compartimens qu'il y a de grosseurs.

Manière de peindre la menuiserie. (Voy. COULEURS.)

Bois employés dans la menuiserie. Le chêne, le châtaignier, le tilleul, le sapin, l'orme et le noyer.

Instrumens de menuiserie. La scie, les varlets ou valets, les maillets, le sergent ou crochet, les étreignoirs, les presses, les rabots, les ciseaux, les gouges, le fermoir, le bec-d'âne, le niveau, le tourne-à-gauche, les limes, les râpes, le marteau, les tenailles, le vilebrequin, le calibre, les réglets, les trusquins, les triangles, les équerres, le compas.

MENYANTHE A TROIS FEUILLES. (*Jard.*) *Menyanthes trifoliata.* Famille des lysimachies. Vivace, aquatique, indigène. Fleurs au mois d'avril; en épis droits, blanches dessus, rosées dessous : les pétales sont ciliés et comme couverts de plumes. Cette charmante plante doit être placée sur le bord des eaux des jardins paysagers, en bon marc et au soleil.

Menyanthe flottant. (*Menyanthes nymphoides.*) Vivace, aquatique, indigène. Fleurs au mois de juin, jaunes, en ombelles d'un joli effet. Se plante au fond des eaux.

MENZIEZIA A FEUILLES DE POLIUM. (*Jard.*) *Menziezia polyfolia.* Famille des rosages. Cet arbrisseau indigène est toujours vert. Il se multiplie de rejetons et de marcottes, en terre de bruyère humide et ombragée. Ses fleurs, d'un beau pourpre, viennent en juin.

Menziezia globulum. (*Menziezia globularis.*) Arbrisseau de l'Amérique du Nord. Il fleurit en juillet. Même culture.

Menziezia pamisa. Variété très-petite. Même culture.

MEPHITISME. (*Hyg.*) *Instruction aux habitans des campagnes contre le danger du méphitisme des marnières, des fosses, mines, puits, celliers, etc., publiée par le conseil général d'agriculture, arts et commerce, conformément aux ordres du ministre de l'intérieur, et rédigée par M. Scipion Perrier.* C'est à l'acide carbonique (air fixe) qu'il faut attribuer principalement le méphitisme des puits et des cavités profondes : ce gaz, comme on sait, est impropre à la combustion et à la respiration. Il existe tout formé dans la nature; il s'y développe sans cesse par la décomposition des matières végétales et animales, et probablement aussi par l'effet de beaucoup d'autres causes qui nous sont encore inconnues.

Ce gaz, ayant une pesanteur spécifique qui est de près du double de celle de l'air atmosphérique, doit nécessairement se rassembler dans les lieux bas, et y séjourner toutes les fois qu'une cause extraordinaire n'est pas venue l'en expulser. Aussi le trouve-t-on dans presque toutes les mines, dans beaucoup de cavités souterraines et dans la plupart des excavations que l'on ouvre à une certaine profondeur.

Quelquefois le gaz, qui ne s'était pas d'abord rencontré dans un puits nouvellement creusé, s'y manifeste subitement. Plus souvent encore, quand ces puits ont été abandonnés pendant quelque temps, et qu'on y a laissé des substances susceptibles de putréfaction, on les trouve remplis de ce gaz méphitique lorsqu'on veut y entrer.

Enfin, le séjour des hommes qui travaillent dans ces puits, les lumières qu'ils sont obligés d'y entretenir, contribuent encore à vicier l'air qui ne peut se renouveler naturellement. On sent donc combien il est imprudent de creuser ces puits, d'y descendre et d'y séjourner sans précaution. Il est facile de reconnaître la présence de l'acide carbonique dans les puits. La grande pesanteur spécifique de ce gaz permet de l'y puiser à la manière de l'eau, avec un seau vide que l'on remonte au bout de quelques instans, en l'agitant le moins possible. On y verse de l'eau qui a séjourné sur de la chaux vive, et qui a repris sa première limpidité, ou l'on y plonge une lumière; si la première se trouble, si la seconde s'éteint, c'est une preuve que l'on a rapporté de l'acide carbonique au lieu d'air pur.

On peut aussi descendre au fond de ces puits un animal vivant, tel qu'un chien ou un chat, et des corps combustibles allumés. Si les uns ne sont pas asphyxiés, si les autres continuent à brûler, on peut alors entrer dans les puits sans danger; dans le cas contraire, on s'expose à une mort certaine.

Si, malgré les précautions dont nous venons de parler, la respiration se trouve encore fatiguée, et si, pendant les excavations, on observe qu'elle devienne difficile, il faut à l'instant remonter au jour et ne plus redescendre dans les puits sans en avoir renouvelé l'air, comme s'il était complétement vicié.

Il faut bien se garder, lorsqu'on veut purifier l'air d'un puits, de suivre la pratique vulgaire, d'y jeter des matières combustibles enflammées, parce que la combustion, au lieu de le purifier, achève de le détériorer.

Si la combustion a de bons résultats dans quelques circonstances, c'est en établissant des courans qui, déplaçant l'air vicié, lui substituent de l'air sain. Le feu ou la flamme agissent donc, dans ce cas, comme des moyens mécaniques, mais non comme absorbans ou neutralisans.

Deux moyens se présentent pour arriver efficacement au but qu'on se propose : le premier consiste à jeter dans le puits de la chaux vive, délayée dans une grande quantité d'eau, pour absorber l'acide carbonique qui se combine avec la chaux dans une proportion presque égale au poids.

On peut substituer à la chaux vive, avec beaucoup d'avantage, les alcalis caustiques, tels que l'ammoniaque (alcali volatil fluor), la dissolution de potasse ou de soude caustique (lessive des savonniers). On asperge avec ces liqueurs le lieu méphitisé; et, lorsque les lumières cessent de s'y éteindre, on peut y descendre sans crainte de danger.

Le second moyen a pour objet d'établir, dans l'intérieur des puits, des courans d'air, à l'aide du feu ou d'un ventilateur. A cet effet, on descend dans le puits un tuyau de bois, de cuir ou de métal, et même de simple toile mouillée, que l'on fait aboutir en dehors au cendrier du fourneau, ou à la caisse du ventilateur.

Le vide formé dans le tuyau, par le feu ou le ventilateur, détermine l'ascension des substances gazeuses dont le puits était rempli, et l'acide carbonique ne tarde pas à en être entièrement expulsé. On continue le feu, ou l'action du ventilateur, aussi longtemps qu'on le juge nécessaire. Il ne faudrait même jamais l'interrompre, s'il se formait une nouvelle quantité d'acide carbonique à mesure qu'on l'attirerait au dehors. On peut aussi, lorsque les circonstances l'exigent, faire usage des mêmes moyens pendant toute la durée des excavations, en prolongeant successivement le tuyau d'*airage* de manière à faire constamment descendre sur les travailleurs une colonne d'air pur,

Lorsque ces précautions ont été négligées, et que quelqu'un a été atteint d'asphyxie dans l'intérieur d'un puits, on peut lui fournir rapidement l'air pur qui lui manque, à l'aide d'un fort soufflet de forge que l'on adapte au premier tuyau qui se trouve sous la main. Par là, on préviendra également l'asphyxie de ceux qui descendraient dans le puits pour l'en retirer et le rapporter au jour.

Quant aux moyens curatifs à employer pour remédier à l'asphyxie, quoiqu'ils soient aujourd'hui très-connus, il ne sera pas inutile de les publier de nouveau dans cette instruction.

Il faut d'abord transporter l'individu que l'on veut rappeler à la vie dans un lieu où il puisse respirer un air parfaitement pur; ensuite on le dépouille de ses vêtemens, on l'étend sur des corps chauds; on lui frotte rudement les parties les plus sensibles, telles que la plante des pieds, l'intérieur de la main, le creux de l'estomac, etc. On lui fait respirer des gaz irritans, tels que le gaz ammoniac (alcali volatil), le gaz sulfureux (acide vitriolique), le gaz acide muriatique (esprit de sel), et surtout le gaz acide muriatique oxigéné. (Voy. ASPHYXIE.)

MER (MAL DE). (*Méd dom.*) Pour éviter le mal de mer, on se tient autant que possible sur le pont. On porte une ceinture un peu serrée. Quand on sent les symptômes précurseurs, des frissons, un anéantissement général, une légèreté de tête extraordinaire, on se couche horizontalement à un air vif, on mange en se forçant, et l'on boit en assez grande quantité de l'eau froide aiguisée d'eau-de-vie, et, si les vomissemens surviennent, de l'eau-de-vie pure à petite dose, chaque fois qu'on sent une nausée.

MER. *Lais et relais de la mer.* (*Cod. dom.*) Dans l'ancienne législation les lais et relais de la mer étaient considérés comme faisant partie des petits domaines de l'état, et dès lors aliénables; mais, depuis la promulgation du Code civil, la prescription de dix ans est applicable à ces sortes de biens. (C. de Cass., 18 mai 1830.)

Quand les terrains abandonnés par les eaux sont devenus productifs, ils sont imposés relativement à leur produit. (Voy. MARÉE.)

MERCURE. (*Conn. us.—Méd. dom.*) Le mercure est une substance métallique qui diffère des autres métaux par sa fluidité, qui n'est due qu'à la quantité de calorique qui lui est unie, et qu'il perd par son exposition à la température de trente-deux degrés au-dessous de zéro.

Le mercure est opaque, inodore, insipide, brillant, de couleur argentine, il est la plus pesante des substances métalliques après le platine et l'or. Exposé sur le feu, il entre en ébullition et se volatilise à une chaleur un peu supérieure à celle de l'eau bouillante; si, lorsqu'il est en expansion, il n'avait pas la liberté de s'échapper et qu'il ne trouvât pas de corps froids qui facilitassent sa condensation, il produirait les explosions les plus violentes; il s'amalgame facilement avec l'or, l'argent, le cuivre, le plomb, l'étain, le bismuth; il s'unit facilement avec l'oxigène, et forme avec lui des oxides dont les propriétés et les dénominations sont en raison de la quantité d'oxigène qui lui est unie et des substances qui le lui ont cédé; il est soluble dans tous les acides, et forme avec eux des sels neutres métalliques; il prend la forme convexe dès qu'il est divisé et qu'il touche des corps solides ou fluides, avec lesquels il ne contracte point d'union.

Le mercure est rarement à l'état natif et parfaitement pur dans l'intérieur des mines; il y est ordinairement, ou minéralisé par le soufre, ou uni chimiquement à l'oxigène, et sous la forme d'oxide, ou amalgamé avec d'autres substances métalliques, ou bien encore dans l'état de combinaison avec quelque acide, et formant un sel neutre; dans le premier cas, le mercure porte le nom de cinabre, ou celui de sulfate de mercure rouge; dans le second cas, il porte le nom d'oxide de mercure; dans le troisième cas, il porte le nom d'amalgame; et dans le quatrième, sa dénomination est en raison de l'acide avec lequel il a formé union.

Le mercure que nous trouvons dans le commerce est rarement exempt du mélange avec d'autres substances métalliques, soit qu'on l'ait retiré des mines dans cet état, soit que ce soit l'effet de la frauduleuse cupidité des marchands; on est donc obligé, pour l'avoir dans l'état de pureté, de le débarrasser des matières étrangères qui peuvent lui être mêlées; pour y parvenir, on l'introduit dans une cornue de verre lutée à son extérieur avec un lut fait de terre-grasse et de fiente fraîche de cheval, que l'on place dans un fourneau à réverbère; on adapte un récipient en fer, rempli d'eau, à l'orifice duquel on a disposé un nouet de linge qui plonge dans cette eau; alors on procède à la distillation par un degré de chaleur un peu supérieur à celui qui est nécessaire pour distiller un véhicule aqueux; de cette manière on a pour résultat le mercure purifié; et les substances qui lui étaient unies, n'ayant pas comme lui la propriété de se volatiliser, restent au fond de la cornue.

Le muriate sur-oxigéné de mercure est désigné sous le nom de *sublimé corrosif*.

Emploi du mercure. Il forme des amalgames avec beaucoup de métaux. On en prépare des onguens, des sels, des solutions. (Voy. ANIMAUX NUISIBLES.) Il est éminemment antisyphilitique. L'onguent mercuriel détruit efficacement les punaises. Il est composé de mercure pilé avec de la graisse de porc. En physique, le mercure entre dans la composition des baromètres et des thermomètres.

L'eau qu'on fait bouillir avec du mercure devient vermifuge.

Expériences singulières. Du mercure placé dans un pot où l'on fait cuire des pois, les fait sauter hors du vase aussitôt que l'eau entre en ébullition. Il en est de même des pommes que l'on fait sauter sur une table en les faisant cuire, après avoir introduit du mercure au centre. Au moment d'enfourner le pain, si l'on place dans la pâte une coquille de noix remplie d'un mélange de mercure, de soufre et de salpêtre, dès que le pain commence à cuire, on le voit sauter dans le four. Ce phénomène est dû à ce que le mercure se dilate et passe à l'état gazeux.

Les émanations du mercure sont extrêmement nuisibles. Elles causent une espèce de tremblement particulier, dont on voit des ouvriers doreurs être atteints pendant des mois entiers : malgré la précaution qu'ils ont de détourner le visage, ils avalent une partie des vapeurs pernicieuses du mercure, qui les rendent même en très-peu de temps sujets aux vertiges, à l'asthme, à la paralysie, et leur donnent un aspect morne et cette pâleur de la mort que le docteur Sauvage a appelée *chlorosis rachialgica*. Elle rend le visage jaune et couleur d'olive; elle est aussi familière aux mineurs.

Rien n'est meilleur dans ce cas, dit le savant Fourcroy, que la décoction de racines de squine et de bardane et l'usage des sudorifiques.

On guérit encore le tremblement mercuriel par la cessation momentanée de tout travail, par le séjour dans un air pur, par l'usage des bains; mais il est sujet à des retours fâcheux, en ce que les attaques deviennent de plus en plus longues et difficiles à guérir.

Dans les ateliers, on les prévient par l'usage du *fourneau Darcet*, dit *fourneau d'appel*, dont le fort tirage entraîne au dehors toutes les substances méphitiques.

MERCURIALE. (*Jard. — Méd. dom.*) *Mercurialis annua*. Famille des euphorbiacées. Cette plante indigène se trouve dans les lieux humides et ombragés. On l'emploie pour rendre les lavemens laxatifs : avec une livre de miel blanc et une livre de suc des feuilles et de la tige de la mercuriale qu'on fait bouillir ensemble, on prépare une liqueur purgative, qu'on administre dans les lavemens, à la dose de 4 à 12 décagrammes.

Sirop purgatif de mercuriale. Prendre une livre de suc dépuré de mercuriale, 12 décagrammes et demi de suc de bourrache, autant de suc de buglosse, 16 grammes de racine de gentiane, 52 grammes de racines de glaïeul. Couper les racines par tranches; les mettre macérer vingt-quatre heures dans 2 kilogrammes de miel blanc, faire bouillir en écumant avec soin.

MÈRE. (*Mor. dom.*) « Si le sentiment le plus vrai, le plus vif, le plus dévoué de tous, était aussi le mieux éclairé, nous n'aurions point, dit madame S. Gay, de conseils à adresser aux jeunes femmes dont la tendresse maternelle est presque toujours en France la passion dominante. Mais cette passion, aussi aveugle que les autres, n'a pas moins besoin d'être dirigée; car elle agit sur des êtres faibles, et réagit sur de plus faibles encore. »

Les mères sont d'autant plus inexpérimentées, qu'elles passent souvent de leur pension dans un ménage.

« Que peut-on attendre, dit encore le même auteur, d'une jeune personne élevée par principes dans la plus complète ignorance des premiers devoirs maternels qu'elle est appelée à remplir un an après son mariage? N'en voit-on pas tous les jours qui, joignant plusieurs talens agréables à des qualités essentielles, traduisent, chantent, peignent, dansent à merveille, et qui ne savent pas comment faire pour apaiser les cris de leur premier-né? A moins d'être l'aînée d'une nombreuse famille, et d'avoir souvent déjoué la surveillance des nourrices et des gouvernantes de ses frères et sœurs, en observant d'un œil curieux les soins qu'on leur donnait, la nouvelle mère ignore d'ordinaire comment il faut tenir ou poser un enfant pour l'empêcher d'être suffoqué; elle ne sait pas distinguer le cri de la faim de celui de la douleur. »

Les mères qui voudraient nourrir elles-mêmes, doivent s'y vouer complétement, se consacrer exclusivement à leur nourrisson. Les amusemens et les spectacles ne sauraient s'allier avec les soins maternels, et il faut mieux confier ces soins à des mercenaires que d'exposer la vie de l'enfant, lorsqu'on n'a pas la force de renoncer à de vains plaisirs.

Nous ne faisons qu'effleurer ici l'important sujet des devoirs d'une mère, dont nous avons déjà parlé. (Voy. ENFANT.) Nous y reviendrons à l'article NOURRICE et traiterons particulièrement cette question du point de vue hygiénique.

Les soins d'une mère ne se bornent pas à élever l'enfant, à le préserver, dans les premières années, des causes de destruction qui l'environnent. La véritable relation de la mère avec l'enfant ne s'établit même qu'après cette époque. Il y a peu de différence du nouveau-né avec un animal, auquel il ressemble par ses besoins, par l'imperfection de ses organes, par l'absence complète du libre arbitre, par ses cris inarticulés. Le premier lien qui unit l'enfant à sa mère est donc nécessairement un lien purement physique, non point de la part de la mère qui voit déjà un homme dans cet être faible, mais de la part de l'enfant qui n'a pour guide que son instinct.

Lorsque l'enfant commence à penser, lorsqu'il comprend, lorsqu'il choisit, c'est alors qu'il est uni à sa mère par des nœuds qu'il n'a été donné qu'à l'homme de former.

Alors de ce que la mère dira ou fera devant l'enfant, de la direction qu'elle donnera à ses idées, de la manière de voir qu'elle lui transmettra, dépend tout l'avenir, toute la carrière de l'homme. Le moindre mot, la moindre action, ont une valeur éducatrice. La mère a l'esprit à former, après avoir formé le corps. Le mari, qui généralement s'occupe d'affaires extérieures, ne saurait donner beaucoup de temps à l'éducation de son fils ou de sa fille. La mère reste chargée presque seule de cette éducation. Ses enfans peuvent aussi recevoir de ses mains les premiers élémens de l'instruction, si elle a eu le bonheur d'apprendre autre chose que les frivolités qu'on enseigne ordinairement aux femmes.

Cette double tâche est grave et sérieuse. Celle de la mère pendant la jeunesse de son fils ne l'est pas moins. C'est à elle de guider l'inexpérience de l'adolescent, de le maintenir dans l'observation de ses devoirs, de lui prodiguer des conseils en toute circonstance, de le soutenir dans le découragement, de proportionner sa sollicitude aux malheurs qu'il peut éprouver, sa vigilance aux écarts dont il peut se rendre coupable, d'éloigner de lui l'oisiveté et les passions funestes, enfin, de le mettre à même de remplir dans la société le rôle d'un honnête homme et d'un bon citoyen.

MÉRINGUE. (*Off.*) *Méringues farcies.* Prendre : six blancs d'œufs; râpure d'un citron; sucre en poudre, trois onces.

Vous fouettez les blancs d'œufs jusqu'à ce qu'ils soient en neige; vous y ajoutez le sucre et la râpure de citron, et remuez le mélange jusqu'à ce qu'il soit entièrement liquide : vous posez des feuilles de papier sur des plaques de fer-blanc ; vous y mettez une cuillerée de la pâte, et en formez une méringue ronde ou ovale, de la grosseur d'une noix, dans le milieu de laquelle vous laissez un vide; vous continuez ainsi pour les autres, les tenant à la distance d'un demi-pouce ; vous les saupoudrez de sucre fin mis dans une poudrette et les mettez au four à une chaleur très-douce. Lorsqu'elles sont bien levées, et ont pris couleur, vous les en retirez pour mettre dans le milieu un fruit confit, tel que cerise, framboise, verjus, etc., et vous recouvrez la méringue avec une autre pour en fermer l'ouverture.

Méringue à la pistache. Vous prenez : pistaches, 4 onces; six blancs d'œufs; sucre en poudre, 5 onces.

Vous pelez les pistaches et les mettez sécher à l'étuve; quelques heures après vous les pilez au mortier de marbre, y ajoutant un peu de blanc d'œuf, jusqu'à ce qu'elles forment une pâte très-déliée. Vous battez les blancs d'œufs en neige, vous y ajoutez le sucre, et faites évaporer un peu le mélange sur les cendres chaudes, en les retirant de temps en temps, et remuant toujours; vous y mettez ensuite les pistaches ; et, lorsque le tout est bien incorporé, vous en formez des méringues, comme il vient d'être dit. Quand elles sont cuites, vous les levez avec un couteau de dessus le papier, et les mettez sur des tamis à l'étuve, pour les entretenir sèches.

MÉRINOS. (*Conn. us.*) C'est une étoffe de laine évidée tissue comme les cachemires. En première qualité elle est moelleuse et chaude. On fait beaucoup de mérinos à Paris et à Reims. Ceux de première qualité ont cinq quarts de large ; ceux de qualité inférieure n'ont que deux tiers ou trois quarts de largeur.

Il faut deux aunes de mérinos en cinq quarts pour une robe, et deux aunes et demie pour une douillette.

MERISIER A GRAPPES. (*Jard. — Off.*) *Cerasus padus.* Cet arbuste indigène se multiplie de rejets ou de semis. Ses fleurs, en jolies grappes, viennent au mois d'avril.

Merisier à grappes de Virginie. (*Gerasus Virginia.*) Fleurs en grappes. Joli fruit rouge. Semis. C'est un très-bel arbre.

Merisier à fleurs doubles. Arbre à fleurs hâtives, en bouquets, très-doubles, du plus bel effet. Greffe en fente sur merisier.

Le feuillage du merisier est nuisible aux chevaux.

Le merisier fournit un bon bois de charpente. Il vaut le châtaignier pour les combles. En le travaillant au tour, on en fait des tables, des chaises, des nécessaires, des commodes, etc. Comme bois de chauffage, il vaut le hêtre. Il a l'inconvénient de ne pas résister à l'humidité, ce qui l'empêche de servir au charronnage et aux charpentes extérieures.

Sirop de merises. Il faut deux livres de suc de merises bien mûres et quatre livres de sucre. Vous écrasez les merises sur une petite claie d'osier assez serrée pour qu'il ne passe à travers que la pulpe des fruits, les noyaux et les pellicules devant rester dessus. Vous exprimez le jus de merises à la presse ; vous le pesez et mettez le double de sucre clarifié que vous faites cuire au petit cassé ; vous y versez le suc de merises et remuez bien le mélange avec l'écumoire, jusqu'à ce qu'il ait reçu un bouillon; puis vous retirez le sirop et attendez qu'il soit refroidi pour le mettre en bouteille.

On sait que c'est du fruit du merisier que l'on tire le kirschwaser. On en fait aussi des compotes, et lorsqu'il est sec, des tisanes et même des soupes en la faisant cuire avec du pain.

MERLAN. (*Cuis.*) *Gadus merlangus.* Genre gade. Ce poisson se pêche dans la Manche et dans la Baltique. Il vient sur nos côtes, poursuivi par les morues qui cherchent à le dévorer; nos pêcheurs prennent à la fois des quantités considérables de merlans.

La chair de ce poisson est meilleure rôtie que bouillie, elle est saine, très-facile à digérer, et convient à tous les âges, ainsi qu'à tous les tempéramens.

Le merlan se mange ordinairement frit. Dans quelques contrées, on le vide, on le fait sécher et on le sale pour le conserver. Les Flamands l'assaisonnent avec la racine de curcuma, ce qui lui donne une saveur particulière et une couleur jaune.

Merlans à la hollandaise. C'est la manière la plus simple de les apprêter. Les écailler, couper le bout de la queue et les nageoires, les vider, les laver, ficeler les têtes, faire cuire dans une eau de sel.

Merlans aux fines herbes. Les préparer comme ci-dessus; étendre sur un plat du beurre avec persil, ciboule, sel, muscade, gros poivre ; placer les merlans dessus, les arroser de beurre fondu; les mouiller de vin blanc; les retourner à moitié cuisson; la cuisson faite, retirer la sauce; y ajouter un peu de beurre manié avec de la farine, une liaison et un jus de citron. Saucer les merlans et servir.

Merlans frits. Les rouler dans la farine; emplir une poêle de bonne friture de beurre ou d'huile d'olive, plutôt que de saindoux. Prendre le poisson par la queue et le faire glisser dans la friture très-chaude ; le retourner au bout d'un quart d'heure, et quand il est jaune et ferme, le retirer ; le poser d'abord sur un plat pour qu'il s'égoutte, puis le mettre dans un autre qui doit être chaud; saupoudrer de sel fin, servir brûlant avec un citron dans une assiette. Il faut demi-heure de cuisson.

Une friture bien faite, de quelque genre qu'elle soit, doit toujours être croquante et sèche en dessus.

On doit avoir deux pots de friture, l'une pour le poisson, parce qu'elle en contracte le goût; l'autre, pour les viandes, légumes, etc. Toutes les fois qu'on se sert d'une friture, il faut la rafraîchir avec un morceau de beurre fondu, et avoir soin, quand on la remet dans le pot, de jeter le fond de la poêle.

Merlan sur le gril. Ficeler les côtés des merlans; les rouler dans la farine; les poivrer et les saler. Quand ils sont grillés, les servir avec une sauce aux câpres.

Merlan au gratin ou entre deux plats. Votre poisson étant bien propre, étendre une couche très-mince de beurre frais dans le fond d'un plat qui aille au feu, poudrer ce beurre avec de la chapelure, poivre et sel; poser le poisson dessus; l'arroser de la moitié d'un jus de citron; le couvrir de chapelure, poivre, sel et muscade, quelques morceaux de beurre aplatis avec les doigts, en tout un demi-quarteron; verser dessus demi-verre de bouillon; poser le plat sur un feu très-doux, couvrir et mettre de la cendre rouge sur le couvercle; faire mijoter une demi-heure, avec feu égal. Servir dans le même plat.

Merlans grillés. Inciser; faire mariner avec huile, fines herbes et épices; vous les ferez griller en les arrosant de leur marinade, et vous les servirez sur une sauce blanche aux câpres.

Merlans à la bonne eau. Leur couper la tête et la queue; les mettre dans une casserole avec persil, ciboules, laurier, eau et sel; faire mijoter un quart-d'heure.

Filets de merlans. Lever les filets; les faire cuire avec sel, poivre, persil et ciboule, hachés; verser dessus du beurre tiède; faire bouillir légèrement; retourner les filets avec soin ; servir avec une sauce italienne.

Filets de merlans à la Thorly. Les faire macérer avec sel, gros poivre, persil en branches, rouelles d'ognons; les égoutter; pour les fariner, les passer dans un linge avec une poignée de farine; faire frire ; servir avec une sauce tomate.

Papillotes de filets de merlans. Les rouler sur une farce à poisson ; couvrir de bardes de lard ou d'un double papier beurré ; les mettre sur un fourneau avec un four de campagne par-dessus ; faire cuire une demi-heure ; servir avec une sauce italienne.

Quenelles de filets de merlans. (Voy. QUENELLE DE VOLAILLE.)

Atelets de filets de merlans. Tremper les filets dans un mélange de beurre fondu, jaunes d'œufs, sel et poivre ; les retirer ; les rouler ; les embrocher ; les rouler légèrement dans de la mie de pain bien fine ; mettre sur le gril trois quarts d'heure avant de servir : il ne faut que de la cendre rouge. Servir avec une aspic claire.

Filets de merlans aux truffes. Lever les filets de six merlans ; couper chacun d'eux en quatre ; les faire cuire, poudrés de sel et de poivre, versant dessus du beurre fondu et le jus de deux citrons ; retourner à moitié cuits. Retirer les filets quand ils sont cuits ; ajouter des truffes coupées en lames et trois cuillerées de sauce allemande ; faire réduire la sauce ; la lier avec un morceau de beurre frit. Saucer, servir avec des croûtons.

Filets de merlans à la Conti. Faire cuire avec beurre et vin blanc, après avoir fait, à chaque filet, des entailles où l'on place des demi-cercles de truffes et de cornichons.

MERLE. (*Chasse.*) *Turdus merula.* Le merle est le type d'une nombreuse famille d'oiseaux.

Manière d'élever les merles. On prend les merles dans leurs nids, pour les élever, quand ils ont leurs plumes. On ne les doit pas tenir avec d'autres oiseaux, car ils tourmenteraient ceux-ci continuellement. On les retient dans une grande volière, en les nourrissant bien, et ne les inquiétant jamais ; on peut se procurer le plaisir de leur voir faire leur nid. Ils aiment beaucoup à se baigner : il faut donc leur donner de l'eau en abondance.

Nourriture des merles. Dans les premiers temps, on leur donne une pâte liquide, composée de pain trempé, de jaunes d'œufs et de chenevis écrasé. Ensuite ils mangent du cœur de mouton, de la viande hâchée, de la mie de pain et divers fruits.

Chasse aux merles. Quoique ces oiseaux soient défians et rusés, ils donnent facilement dans les piéges qu'on leur tend, pourvu que le chasseur soit pour eux invisible. On les prend de différentes manières : aux gluaux, à l'araigne, aux collets, à tous les divers piéges dont on se sert pour les grives; au rejet portatif, à la *fossette* et à la *repenelle.*

La *fossette.* Ce piége, connu des bergers et des habitans de la campagne, consiste dans une petite fosse large de cinq pouces, sur huit de longueur, et environ neuf de profondeur : on garnit le fond de divers fruits, ou de vers de terre attachés à une petite baguette avec un fil, ou piqués à travers le corps avec de longues épines. Si l'on veut prendre d'autres oiseaux, car ce piége peut être tendu à presque tous, on jette au fond du trou des graines et autres alimens dont ils se nourrissent, surtout de ceux qu'ils mangent de préférence. On prend ensuite une pièce de gazon, une tuile ou un pavé de la grandeur du trou, et on les place sur un quatre de chiffre arrangé sur la fossette, de manière que l'oiseau ne puisse parvenir à l'appât sans toucher le bâton qui fait mouvoir le ressort, et faire tomber le couvercle qui doit le renfermer dans la fossette. Pour attirer plus sûrement les merles, on attache un de ces oiseaux à côté du piége, soit à un bâton fiché en terre, soit autrement. Cette chasse est fort en usage dans l'hiver, où, pressés par la faim, ils volent inconsidérément partout où ils trouvent de quoi se nourrir.

La chasse à la *repenelle* se fait à la fin des vendanges. On choisit, dans les taillis peu éloignés des vignes, un arbrisseau droit et élevé, qu'on prive de ses branches jusqu'à cinq pieds de hauteur; on perce un trou à environ quatre pieds et demi. Cette opération faite, on prend un autre arbuste, éloigné du premier d'environ quatre pieds; on ôte toutes les branches et tous les rameaux, et on attache au haut une petite ficelle longue d'un demi-pied; on y noue un collet de crin fait en nœud; on prend pour lors l'extrémité supérieure de ce dernier arbuste; on le courbe de façon qu'il s'avance presque jusqu'à l'autre, et l'on passe le collet dans l'ouverture qu'on a faite dans le premier arbuste, en tirant jusqu'au nœud de la ficelle qui vient au niveau du trou. Outre cela, on a un petit bâton long de quatre doigts, façonné, d'un côté, en petit crochet, et arrondi par l'autre, qui se termine en pointe; on l'insère un peu dans le petit espace qui doit rester depuis le nœud jusqu'au bord de l'ouverture de l'arbuste, et que l'on ouvre en rond, et qu'on pose à plat sur la manchette du petit bâton; alors le piége est tendu; on met en dessus, pour appât, une grappe de raisin, ou des fruits dont les merles sont les plus friands; aussitôt qu'ils les aperçoivent, ils viennent les becqueter en se plaçant sur la manchette du bâton; celui-ci tombe, et donne à l'arbuste plié la faculté de reprendre sa première direction, et l'oiseau se trouve saisi par le lacet.

MERRAIN. (*Conn. us.*) Petites planches de chêne plus longues que larges. On distingue le merrain propre à la menuiserie, et le merrain à futaille.

MERLUCHE. (*Cuis.*) On appelle merluche la morue sèche. La plus blanche est la meilleure. On la fait dessaler avant de s'en servir, et on l'apprête comme la morue. (V. ce mot.)

MERLUCHE. (*Pêche.*) *Gadus pollachius.* C'est un poisson du genre gade, analogue à la morue, qu'on pêche en été sur les côtes d'Angleterre et de France, et qu'on mange frais ou salé.

MÉSANGE. (*Chass.*) *Parus alpinus.* Il y a plus de vingt espèces de mésanges. La plus commune a le corps noir-luisant, les tempes blanches au-dessous des yeux, le menton noir, et cette noirceur se joint sous les tempes à la tache de la tête, tandis que la tache de la gorge trace une ligne droite, noire, vers la poitrine et le ventre; la nuque du cou est jaune, les épaules sont d'un vert-jaune, la poitrine et le ventre sont jaunes; les ailes et la queue sont blanchâtres.

On prend plaisir à apprivoiser et à nourrir la mésange en cage, à cause de la douceur de son chant qu'elle fait entendre toute l'année. On la nourrit de fromage, de fruits, d'œufs de fourmis, de limaçons, et de toutes sortes de fruits. Elle n'avale sa nourriture qu'après l'avoir goûtée avec la langue.

La mésange mange les abeilles. Elle se pose sur les appuis, près l'entrée des ruches, et BUFFON dit qu'avec ses pattes et son bec elle gratte et provoque les abeilles à sortir, les saisit et les emporte pour les dévorer. On voit quelquefois au-dessous des arbres sur lesquels se posent des mésanges, une grande quantité de parties écailleuses des abeilles que ces oiseaux laissent tomber en les dévorant.

MESURE. (*Conn. us.*) Rien n'était plus choquant que la diversité qui régnait dans les anciennes mesures. Elle révoltait les hommes instruits, embarrassait les calculs, et par conséquent les affaires, rendait plus difficiles les travaux administratifs et commerciaux. Ces mesures n'offraient aucun système, puisque leurs bases et leurs lois de division étaient différentes. On n'y remarquait aucune méthode.

On sait que la terre a la forme d'un sphéroïde, c'est-à-dire à peu près celle d'un orange. Chargée par la loi du 22 août 1790 de déterminer l'unité des poids et mesures, l'académie des sciences fit exactement mesurer l'arc de la terre qui s'étend du pôle boréal ou nord à l'équateur, ou le quart du méridien, c'est à peu près la dix millionième partie de cet arc qui, *sous le nom de mètre*, a été adoptée pour unité de mesure linéaire.

Ainsi l'on peut mesurer la circonférence de la terre en appliquant du nord au sud le mètre *quarante millions de fois*, et ses multiples et sous-multiples à proportion.

Ainsi l'unité du mètre est invariable comme la figure du globe terrestre, ce qui fait croire qu'il deviendra commun à tous les peuples.

Les mesures de *superficie* et de *solidité* se forment en prenant le carré ou le cube du mètre, ou ses multiples et sous-multiples.

C'est aussi de cette base que l'on a déduit les mesures de capacité, les poids et les monnaies.

Un cube est représenté exactement par un dé à jouer.

Un vase de forme cubique, ayant pour côté la dixième partie du mètre (ou un vase cylindrique ou rond égal en contenance), a paru d'une capacité convenable pour servir de mesure usuelle à la vente des grains et boissons en détail On lui a donné le nom de litre. La contenance de mille litres égale un mètre cube.

Toutes les autres mesures de capacité correspondent aux multiples et sous-multiples décimaux du mètre.

Le gramme égale le poids d'un cube d'eau pure qui a pour côté la centième partie du mètre.

L'unique étalon des poids n'est plus le gramme, mais le kilogramme dont le poids égale celui de la quantité d'eau contenue dans un *litre*. (Loi du 19 frimaire an VIII, page 7.)

L'étalon est une règle de platine sur laquelle est tracé le mètre, et qui est déposée aux archives.

Les pièces de monnaies sont aussi basées sur les nouveaux poids. Le franc pèse en argent cinq grammes et en pièces de cuivre deux cents grammes.

Ainsi tout le système des mesures repose sur les deux bases suivantes :

1° L'unité fondamentale est la distance du pôle à l'équateur; 2° le nombre dix est le diviseur unique.

Pour les usages variés qu'on en devait faire, ces unités

de mesures étaient trop grandes ou trop petites. Par exemple, la distance d'une ville à l'autre ne pouvait être exprimée en mètres que pour de grands nombres, l'épaisseur d'une planche ne l'eût été que par une fraction gênante. Il fallait donc créer de nouvelles unités pour servir commodément à tous les besoins, et on a adopté le système décimal, c'est-à dire que chaque unité en a fait naître d'autres de dix en dix fois plus grandes et plus petites. Les nom de ces nouvelles unités se forment des mots grecs *deca*, *hecto*, *kilo*, *myria*, qui signifient dix, cent, mille et dix mille, et des mots latins *deci*, *centi*, *milli*, indiquant dix, cent et mille. Ces termes sont des ajoutés qu'on place devant le nom des unités principales (mètre, are, litre, gramme et stère) pour former des unités, les unes plus grandes, les autres plus petites qu'elles. Ainsi le décalitre vaut dix litres, et le décilitre la dixième partie du litre; le décamètre dix mètres, le kilogramme (ou 2 livres anciennes) mille grammes, le décimètre la dixième partie du mètre, le centimètre la centième partie. Ainsi le mot numérique *myria*, qui signifie dix mille, donne naissance au mot composé *myriamètre*, qui exprime une distance ou mesure itinéraire de dix mille mètres.

Le nom numérique *kilo*, placé avant le mot gramme, exprime un poids de mille grammes.

Ainsi la terminaison du mot indique toujours la classe de mesure à laquelle il appartient et le commencement le rang qu'elle occupe dans l'échelle décimale. Par conséquent, avec cinq mots primitifs et sept annexés, on désigne toutes les espèces de mesures.

On doit écrire le nom de chaque mesure après les unités et avant les fractions; ainsi, 5 mètres 45 centimètres, s'écrivent 5m 45c.

NOMS ET VALEURS DES MESURES NOUVELLES.

Mesures itinéraires.

Myriamètre,	10,000 mètres.
Kilomètre,	1,000 mètres.
Décamètre,	10 mètres.
Mètre,	Unité fondamentale des poids et mesures et dix millionième partie du quart du méridien terrestre.

Mesures de longueur.

Décimètre,	10e de mètre.
Centimètre,	100e de mètre.
Millimètre,	1,000e de mètre.

Mesures agraires.

Hectare,	10,000 mètres carrés.
Are,	100 mètres carrés.
Centiare,	1 mètre carré.

Mesures de capacité:

Pour les liquides.

Décalitre,	10 décimètres cubes.
Litre,	Décimètre cube.
Décilitre,	10e de décimètre cube.

Pour les matières sèches.

Kilolitre,	1 mètre cube, ou 1,000 décimètres cubes.
Hectolitre,	100 décimètres cubes.
Décalitre,	10 décimètres cubes.
Litre,	Décimètre cube.

Mesures de solidité

Stère,	Mètre cube.
Décistère,	10e de mètre cube.

Poids.

Millier,	1,000 kilog. (poids du tonneau de mer).
Quintal,	100 kilogrammes;
Kilogramme,	Poids d'un décimètre cube d'eau à la température de 4° au-dessus de la glace fondante.
Hectogramme,	10e du kilogramme.
Décagramme,	100e du kilogramme.
Gramme,	1,000e du kilogramme.
Décigramme,	10,000e du kilogramme.

Réduction des toises, pieds, pouces, en mètres et décimales du mètre.

Tois.	Mètres.	Pieds	Mètres.	Pouc	Mètres.
1	1 94,904	1	0 32,484	1	0 02,707
2	3 89,807	2	0 64,968	2	0 05,414
3	5 84,711	3	0 97,452	3	0 08,121
4	7 79,615	4	1 29,936	4	0 10,828
5	9 74,518	5	1 62,420	5	0 13,535
6	11 69,422	6	1 94,904	6	0 16,242
7	13 64,326	7	2 27,388	7	0 18,949
8	15 59 229	8	2 59,872	8	0 21,656
9	17 54,135	9	2 92,355	9	0 24,363
10	19 49,057	10	3 24,839	10	0 27,070
20	38 98,073	20	6 49,679	11	0 29,777
30	58 47,110	30	9 74,518	12	0 32,484
40	77 96,146	40	12 99,358	13	0 35,191
50	97 55,183	50	16 24,197	14	0 37,898
60	116 94,220	60	19 49,037	15	0 40,605
70	136 43,256	70	22 73,876	16	0 43,312
80	155 92,293	80	25 98,715	17	0 46,019
90	175 41,329	90	29 23,555	18	0 48,726
100	194 90,366	100	32 48,390	19	0 51,433

Réduction des mètres en toises, pieds, pouces et lignes.

Mèt.	Tois.	Pi.	Pou.	Lignes.	Mèt.	Tois.	Pi.	Pou.	Lignes.
1	0	3	0	11,296	20	10	1	6	9,920
2	1	0	1	10,592	30	15	2	4	2,88
3	1	3	2	9,888	40	20	3	1	9,84
4	2	0	3	9,184	50	25	3	11	0,80
5	2	3	4	8,480	60	30	4	8	3,76
6	3	0	5	7.776	70	35	5	5	10,72
7	3	3	6	7,072	80	41	0	3	5,68
8	4	0	7	6,368	90	46	1	0	7,64
9	4	3	8	5,664	100	51	1	10	1,60
10	5	0	9	4,960					

Réduction des mètres et décimètres en pieds, pouces et lignes.

Mètres	Pieds	Po.	Lignes.	Déc.	Pi.	Po.	Lignes.
1	3	0	11 296	1	0	3	8 3,296
2	6	1	10 592	2	0	7	4 6,592
3	9	2	9 888	3	0	11	0 9,888
4	12	3	9 184	4	1	2	9 3,184
5	15	4	8 480	5	1	6	5 6,489
6	18	5	7 776	6	1	10	1 9,776
7	21	6	7 072	7	2	1	10 3,072
8	24	7	6 368	8	2	5	6 6,368
9	27	8	5 664	9	2	9	2 9,664
10	30	9	4 960	10	3	0	11 2,960

Réduction des centimètres et millimètres, en pouces, lignes et décimales de la ligne.

Centim.	Pouces.	Lignes.	Millimèt.	Lignes.
1	0	4 4,330	1	0 4,433
2	0	8 8,659	2	0 8,866
3	1	1 2,989	3	1 3,299
4	1	5 7,318	4	1 7,732
5	1	10 1,648	5	2 2,165
6	2	2 5,978	6	2 6,598
7	2	7 0,307	7	3 1,031
8	2	11 4,637	8	3 5,464
9		3 8,966	9	3 9,897
10		8 3,296	10	4 4,330

Réduction des toises carrées et cubes en mètres carrés et cubes.

Toises carrées.	Mètres carrés.	Toises cubes.	Mètres cubes.
1	3 7987	1	7 4039
2	7 5975	2	14 8078
3	11 3962	3	22 2117
4	15 1950	4	29 6156
5	18 9937	5	37 0195
6	22 7925	6	44 4235
7	26 3912	7	51 8272
8	30 3899	8	59 2311
9	34 1387	9	66 6330
10	37 9874	10	74 0389

Réduction des mètres carrés et cubes en toises carrées et cubes.

Mètres carrés.	Toises carrées.	Mètres cubes.	Toises cubes.
1	0 2632	1	0 1351
2	0 5265	2	0 2701
3	0 7897	3	0 4052
4	1 0530	4	0 5403
5	1 3162	5	0 6753
6	1 5795	6	0 8104
7	1 8427	7	0 9454
8	2 1060	8	1 0805
9	2 3692	9	1 2156
10	2 6324	10	1 3506

Réduction des pieds carrés et cubes en pieds carrés et cubes.

Pieds carrés.	Mètres carrés.	Pieds cubes.	Mètres cubes.
1	0 1055	1	0 03428
2	0 2110	2	0 06855
3	0 3166	3	0 10283
4	0 4221	4	0 13711
5	0 5276	5	0 17139
6	0 6331	6	0 20566
7	0 7386	7	0 23994
8	0 8442	8	0 27422
9	0 9497	9	0 30850
10	1 0552	10	0 34277

Réduction des mètres carrés et cubes en pieds carrés et cubes.

Mètres carrés.	Pieds carrés.	Mètres cubes.	Pieds cubes.
1	9 48	1	29 17
2	18 95	2	58 35
3	28 43	3	87 52
4	37 91	4	116 70
5	47 38	5	145 87
6	56 86	6	175 04
7	66 34	7	204 22
8	75 81	8	233 39
9	85 29	9	262 56
10	94 77	10	291 74

MESURES AGRAIRES.

La perche des eaux et forêts avait 22 pieds de côté. L'arpent des eaux et forêts était composé de 100 perches de 22 pieds. — La perche de Paris avait 18 pieds de côté. L'arpent de Paris était composé de 100 perches de 18 pieds. — L'*are*, ou perche métrique, est un carré de 10 mètres de côté, qui comprend 100 mètres carrés. L'*hectare*, ou l'arpent métrique, se compose de 100 ares, ou de 10,000 mètres carrés.

	pieds carrés.	Toises carrées	Mètres carrés.
Perche des eaux et forêts.	484	13 44	31 07
Arpent des eaux et forêts	48400	1344 44	5107 20
Perche de Paris.	324	9	34 19
Arpent de Paris.	32400	900	3418 87
Are.	947 2	26 32	100
Hectare.	94768 7	2632 45	1000

Réduction des arpens en hectares.

Arpens de 100 perches carrées, la perche de 18 p. linéaires. Arpens.	Hectares.	*Arpens de 100 perches carrées, la perche de 22 p. linéaires.* Arpens.	Hectares.
1.......	0 3419	1.......	0 5107
2.......	0 6838	2.......	1 0214
3.......	1 0257	3.......	1 5322
4.......	1 3675	4.......	2 0429
5.......	1 7094	5.......	2 5536
6.......	2 0513	6.......	3 0643
7.......	2 3932	7.......	3 5750
8.......	2 7351	8.......	4 0858
9.......	3 0770	9.......	4 5965
10.......	3 4189	10.......	5 1072
100.......	34 1887	100.......	51 0720
000.......	341 8869	1000.......	510 7199

Réduction des hectares en arpens.

Réduction des hectares en arpens de 18 pieds la perche. Hectares.	Arpens.	*Réduction des hectares en arpens de 22 pieds la perche.* Hectares.	Arpens.
1.......	2 9249	1.......	1 9580
2.......	5 8499	2.......	3 9160
3.......	8 7748	3.......	5 8741
4.......	11 6998	4.......	7 8321
5.......	14 6247	5.......	9 7901
6.......	17 5497	6.......	11 7481
7.......	20 4746	7.......	13 7061
8.......	23 3995	8.......	15 6642
9.......	26 3245	9.......	17 6222
10.......	29 2494	10.......	19 5802
100.......	292 4944	100.......	195 8020
1000.......	2924 9487	1000.......	1958 0201

POIDS ET MESURES DE CAPACITÉ.

Réduction des kilogrammes en livres et décim. de livre. Kilogr.	Livres.	*Réduction des grammes en grains et décim. du grain.* Grammes.	Grains.	*Réduction des décigramm. en grains et décim. du gr.* Décigram.	Grammes.
1	2 0429	1	18 8	1	1 9
2	4 0858	2	37 6	2	3 8
3	5 1286	3	56 5	3	5 6
4	8 1715	4	75 3	4	7 5
5	10 2144	5	94 1	5	9 4
6	12 2573	6	113 0	6	11 3
7	14 3001	7	131 8	7	13 2
8	16 3480	8	150 6	8	15 1
9	18 3859	9	169 4	9	16 9
10	20 4288	10	188 3	10	18 8

Réduction des hectolitres en setiers, et des setiers en hectolitres, le setier étant de 12 boisseaux anciens, et le boisseau de 13 litres.

Hectolitres.	Setiers.	Setiers.	Hectolitres
1	0 641	1	1 560
2	1 282	2	3 12
3	1 923	3	4 68
4	2 564	4	6 24
5	3 205	5	7 80
6	3 846	6	9 36
7	4 487	7	10 92
8	5 128	8	12 48
9	5 769	9	14 04
10	6 419	10	15 60

Le poids moyen de l'hectolitre de froment est de 75 kilogrammes.

Conversion des anciens poids en nouveaux.

Grains.	Grammes.	Gros.	Grammes.
10	0 53	4	15 30
20	1 06	5	19 12
30	1 59	6	22 94
40	2 12	7	26 77
50	2 66	8	30 59
60	3 19	Onces.	
70	3 72	1	30 59
Gros.		2	61 19
1	3 82	3	91 78
2	7 65	4	122 38
3	11 47	5	152 97

Onces.	Grammes.	Livres.	Kilogrammes.
6	183 56	1	0 4895
7	214 16	2	0 9790
8	244 75	3	1 4685
9	275 35	4	1 9580
10	305 94	5	2 4475
11	336 53	6	2 9370
12	367 14	7	3 4265
13	397 73	8	3 9160
14	428 33	9	4 4056
15	458 91	10	4 8951
16	489 51	100	48 9506

Conversion des nouveaux poids en anciens.

Grammes.	Livres.	Onces.	Gros.	Grains.
1	0	0	0	19
2	0	0	0	38
3	0	0	0	56
4	0	0	1	3
5	0	0	1	22
6	0	0	1	41
7	0	0	1	60
8	0	0	2	7
9	0	0	2	25
10	0	0	2	44
20	0	0	5	17
30	0	0	7	61
40	0	1	2	33
50	0	1	5	5
60	0	1	7	50
70	0	2	2	22
80	0	2	4	66
90	0	2	7	38
100	0	3	2	11
200	0	6	4	21
300	0	9	6	32
400	0	13	0	45
500	1	0	2	55
600	1	3	4	64
700	1	6	7	5
800	1	10	1	13
900	1	13	3	24
1000	2	0	5	35

Kilogram.	Livres.	Onces.	Gros.	Grains.
1	2	0	5	35 15
2	4	1	2	70
3	6	2	0	33
4	8	2	5	69
5	10	3	3	52
6	12	4	0	67
7	14	4	6	30
8	16	5	3	65
9	18	6	1	28
10	20	6	6	64
20	40	13	5	55
30	61	4	4	47
40	81	11	3	38
50	102	2	2	50
60	122	9	1	21
70	143	0	0	13
80	163	6	7	4
90	183	13	5	68
100	204	4	4	59

Multipliez le poids du kilogramme par 0,4895, vous aurez celui de la livre.

Multipliez le poids de la livre par 2,0429, vous aurez celui du kilogramme.

Mesures des bois. Les bois de charpente reçoivent différentes dénominations selon leur forme et dimension. Voici les principales :

1o *Bois en grume*, c'est l'arbre abattu et ébranché, mais non équarri.

2° La *poutre* de bois d'*échantillon*, c'est l'arbre équarri de première grosseur, et propre à faire de belles pièces pour la marine ou la charpente.

3° Le *bois bâtard* ou *solive*, pièce de bois carrée ou de grosseur moyenne

4° Le *bois mi-plat*, moins épais que large, bois de sciage ou planche.

Les mesures adoptées pour le cubage des bois sont, pour le gouvernement, le stère, mais les particuliers ont conservé quelques mesures anciennes dont les plus usitées sont :

La *pièce* ou *solive* qui vaut 3 pieds cubes, et représente un morceau de bois d'un pied cube d'équarrissage sur 3 pieds de long, ou mieux une pièce de bois de 6 pieds de longueur sur 72 pouces de tour. La pièce équivaut à 5,184 pouces cubes ; 1 pouce réduit, c'est 72 pouces cubes de bois; 1 ligne réduite, 72 lignes cubes.

La *cheville* vaut 12 pouces cubes, et est contenue 432 fois dans la pièce

La *somme* vaut 8 pièces ou 24 pieds cubes, 3,456 chevilles et 41,472 pouces cubes.

La *pièce* vaut exactement 0,1028 stère, c'est-à-dire 1 décistère et 28 millièmes de décistère, ou à fort peu près 1 décistère.

Le *stère* équivaut à 9 pièces 2/3.

Pour cuber le bois en grume, on cherche d'abord la circonférence moyenne en mesurant avec un cordeau le tour de l'arbre, un peu au-dessus des racines et au-dessous des branches, additionnant les deux quantités trouvées; la moitié du produit est la circonférence moyenne. Dans l'usage, on mesure la longueur du morceau, et on prend d'un seul coup la circonférence en passant la ficelle au milieu.

L'usage a conservé trois manières principales de déterminer le cube ou équarrissage des bois en grume, soit au quart de la circonférence, soit au sixième ou au cinquième déduit.

La vérification annuelle des instrumens de pesage et mesurage, commencée le 15 juin, doit être terminée le 30 septembre.

MESURES ANGLAISES.

Mesures de capacité.	*Litres français.*	
Pinte de gallon.	0	56,932
Quart de gallon	1	135,864
Gallon impérial	4	54,548,694
Peck (demi-gallon).	9	0,869,159
Bushel (8 gallons)	36	347,664
Sack (3 bushels).	1	09,043 hect.
Quarter (8 bushels). . . .	2	907,813 hect.
Chaldron (12 sacks) . . .	13	08,516 hect.

Conversion des mesures françaises en anglaises.

Litre	1	760,775 pint.
Décalitre	0	2,200,667 gallons.
Hectolitre	2	2,009,667 gallons.

Poids anglais, dit poids de Troie.		*Français.*
Grain (24e partie de penny weight)	0	06,477 gram.
Penny weight (20e d'once)	1	554,569 gram.
Once (12e de livre troy)	31	0,915 gram.
Livre troy impériale	0	3,730,956 kilogr.

Livre anglaise dite avoir-du-poids.		*Poids français.*
(Les anglais écrivent *avoirdupois.*)		
Drame (16e d'once)	1	7,712 gram.
Once (16e de livre)	38	3,584 gram.
Avoir-du-poids impérial	0	4,534,148 kilog.
Quintal (12 livres)	50	98,246 kilog.
Ton (20 quintaux)	1	015,649 kilog.

La mesure appelée weight contient 256 livres de 16 onces.

Conversion des poids français en poids anglais.

Grammes	15	438 grains troy.
	0	645 penny weight.
	0	03,216 onces troy.
Kilogrammes	2	68,027 livres troy.
	2	20,548 livres avoir-du-poids.

MESURES DE LONGUEUR.

Anglaises.		*Françaises.*
Pouce (2/36 du yard)	2	539,984 centimèt.
Pied (1/3 du yard)	3	0,479,449 décimèt.
Yard impérial	0	91,438,548 mètres.
Fathom (2 yards)	1	82,876,696 mètres.
Pole ou perche (5 1/2 yards)	5	02,911 mètres.
Furlong (220 yards)	221	16,457 mètres.
Mile (1760 yards)	1609	3,149 mètres.

Conversion des mesures françaises de longueur.

Françaises.		*Anglaises.*
Millimètres	0	03,937 pouces.
Centimètre	0	393,708 pouces.
Décimètre	3	937,079 pouces.
Mètre	3	2,808,992 pieds.
	1	093,633 yards.
Myriamètre	6	2,138 milles.

Mesures de superficie.

Anglaises.		*Françaises.*
Yard carré	0	836,097 mètres carrés.
Rood (perche carrée)	25	291,939 mètres.
Rood (1210 yards carrés)	10	116,777.
Acre (4,840 yards car.)	0	404,671 hectares.

Conversion des mesures françaises.

Françaises.		*Anglaises*
Mètre carré	1	196,033 yards carrés.
Are	0	098,845 rood.
Hectare	2	,473,614 acres.

Les Anglais ont encore différentes mesures moins usitées pour le vin, l'ale et la bière; l'aunage, etc.

Mesure d'une surface quelconque. Pour mesurer la surface de champs tracés sur un cadastre de département, ou même la surface d'une mer, on en calque le dessin sur une carte à jouer; on découpe ces calques avec des ciseaux, et on les pèse avec une balance à peser l'or; on aura ainsi un poids dont le rapport sera analogue à celui de la grandeur des surfaces. Si l'on voulait par exemple vérifier la contenance d'une ou plusieurs pièces marquées sur un cadastre dans l'échelle duquel un millimètre représenterait une toise 5/4, on coupera un carré de 40 millimètres de côté qui représenterait un hectare. On en fera un autre pareil, qu'on divisera en dix carrés longs, ayant chacun 20 millimètres dans un sens, et 8 dans l'autre; ces carrés seront des décares. En divisant les décares en dix parties, on aura des ares. On place dans le plateau de la balance la pièce dont on veut vérifier la contenance, et les autres servent à peser.

MÉTAUX. (*Chim. dom.—Conn. us.—Récr. dom.*) Les métaux sont des corps simples. (Voy. CHIMIE.)

On connaît aujourd'hui quarante métaux au lieu de sept seulement qu'on possédait au XVe siècle. Nous allons indiquer les noms, suivant la méthode donnée par M. Thénard, et en mentionnant la date de leurs découvertes et les noms des chimistes qui les ont trouvés.

1re CLASSE.

Métaux susceptibles de se combiner avec l'oxigène, rangés suivant l'ordre de leur plus grande affinité pour cet agent.

1° Corps métalliques qui ont présenté le plus de difficultés pour être réduits, ou qui ne le sont pas encore.

Magnésium,	uni à l'oxigène,	forme	la magnésie.
Glucinium,	—	—	la glucine.
Yttrium,	—	—	l'yttria.
Aluminium,	—	—	l'alumine.
Thorinium,	—	—	la thorine.
Silicium,	—	—	la silice.

Ce dernier a été découvert, en 1824, par Berzélius.

2e CLASSE.

Métaux qui ont la propriété d'absorber l'oxigène à une température très-élevée et de décomposer l'eau instantanément à la température ordinaire, en s'emparant de son oxigène et dégageant l'hydrogène avec effervescence.

Calcium,	avec l'oxigène,	forme	la chaux.
Strontium,	—	—	srontiane.
Baryum,	—	—	baryte.
Lithium,	—	—	lithine.
Sodium,	—	—	la soude.
Potassium,	—	—	potasse.

Le lithium a été découvert, en 1818, par Arfwredson; les quatre premiers par Davy.

3e CLASSE.

Les métaux de cette classe ont, comme les précédens, la propriété d'absorber l'oxigène à la température la plus élevée, mais ils ne décomposent l'eau qu'à l'aide de la température rouge.

Manganèse.	(1774. Galin et Scheele.)
Zinc.	(1541. Paracelse.)
Fer. Étain.	(Connus de toute antiquité.)
Cadmium.	(1818. Hermann, Stromeyer.)

4e CLASSE.

Métaux qui absorbent l'oxigène à une haute température, mais qui ne décomposent point l'eau.

Arsenic.	(1775. Brandes.)
Molybdène.	(1782. Hielm.)
Chrôme.	(1797. Vauquelin.)
Tungstène.	(1781. Delhuyart.)
Colombium.	(1802. Hachett.)
Antimoine.	(Au 15e siècle. Bazile Valentin.)
Urane.	(1789. Klaproth.)
Cerium.	(1804. Hinsinger et Berzélius.)
Cobalt.	(1755. Brandt.)
Titane.	(1781. Grégor.)
Bismuth.	(1520. Agricola.)
Cuivre.	(De toute antiquité.)
Tellure.	(1782. Muller.)
Nikel.	(1751. Cronstedt.)
Plomb.	(Connu de toute antiquité.)
Sélénium.	(1822. Berzélius.)

Les cinq premiers métaux de cette classe forment des acides; les dix autres ne sont qu'oxidables.

5e CLASSE.

Elle comprendra les métaux réductibles à une température élevée, qui ne s'unissent à l'oxigène qu'à une certaine température, et ne décomposent pas l'eau.

Mercure.	(Connu de toute antiquité.)
Osmium.	(1813. Tennant.

6e CLASSE.

Métaux qui ne peuvent absorber l'oxigène, ni décomposer l'eau à aucune température, et dont les oxides sont réduits à une température moins élevée que le rouge cerise.

Argent.	(Connu très-anciennement.)
Palladium. Rodium. }	(1805. Wollaston.)
Platine.	(1741. Wood, essayeur à la Jamaïque.)
Or.	(Connu très-anciennement.)
Irridium.	(1805. Descotils.)

On rencontre rarement les métaux à l'état de pureté dans la nature, ils sont généralement oxidés ou combinés avec diverses substances, le soufre, l'arsenic, etc., et enveloppés dans différentes gangues terreuses. Les métaux ont été observés en filons, en couches, en amas, dans les terrains primitifs intermédiaires et secondaires; quelques-uns, comme le fer à l'état de deutoxide ou de peroxide, forment des masses considérables et même des montagnes entières.

A l'état de filon, on observe que les métaux sont toujours accompagnés de diverses substances cristallisées : de quartz, de sulfate, de baryte, de carbonate et de fluate de chaux. La plus abondante de ces substances prend le nom de *gangue*, la combinaison des métaux avec des oxides ou des acides se nomme *minerai*.

Tous les métaux font partie des terrains primitifs et intermédiaires : le mercure est très-rare dans ces terrains : il se rencontre généralement à la partie inférieure des terrains secondaires où se trouvent aussi des sulfures de cuivre et de plomb, des carbonates et silicates de zinc. Dans la partie supérieure de ces terrains on n'a observé que des minerais de fer oxidé, hydraté, sous forme de petits *globules testacés*. Enfin, dans les terrains tertiaires, on ne trouve plus que des traces d'oxide de fer hydraté, qui colore différentes substances terreuses. (Voy. GÉOLOGIE.)

C'est par les affleuremens des différentes mines, en quelques parties de la surface de la terre, et des sondages, que l'on parvient à découvrir la présence des substances métalliques susceptibles d'être explorées utilement. (Voy. MINE.)

L'extraction des métaux se fait à l'aide de grillages (opérations qui consistent à chasser, par la chaleur, les substances volatiles ou très-oxidables), et les fusions dans lesquelles on sépare, à une température élevée, les oxides terreux, qui se liquéfient et viennent surnager le bain métallique. Ces opérations doivent être répétées plusieurs fois pour obtenir les métaux entièrement privés des subtances qui altèrent leur pureté.

Tous les chimistes se sont occupés de l'étude des métaux; mais ceux qui l'ont fait avec le plus de persévérance sont les alchimistes; ils pensaient que les métaux précieux, très-difficilement oxidables, tels que l'or et l'argent, étaient seuls à l'état de pureté absolue; ils les nommaient *métaux parfaits*; et par opposition, ils appelaient *métaux imparfaits* tous les autres alors connus, qui étaient facilement altérables, et qu'ils supposaient pouvoir être convertis en *métaux parfaits*, à l'aide d'un agent inconnu qu'ils nommèrent la pierre philosophale. De grandes fortunes furent absorbées par ces recherches qui avaient un but chimérique. Quelques fripons, mettant à profit la crédulité des chimistes qui opéraient de bonne foi, s'enrichirent à leurs dépens; on inventa des fourneaux dans lesquels les métaux étaient entretenus à une température élevée pendant des années entières. De ces nombreux concours de travaux pénibles on obtint des résultats utiles; plusieurs découvertes importantes sont en effet dues aux alchimistes.

Tous les métaux, excepté le mercure, sont solides à la température ordinaire; leur couleur varie dans quelques-uns surtout : l'or est jaune, le cuivre et le titane sont rouges; la plupart des autres sont blancs ou gris; l'*éclat métallique*, particulier aux métaux, se remarque même dans leur poussière : les plus brillans sont l'or, l'argent, le fer (à l'état d'acier), le platine, le cuivre; les métaux sont très-opaques; cependant il est certain qu'aucun d'eux n'est doué d'une opacité absolue; car l'or même, presque aussi dense que le platine, réduit en feuille mince, laisse passer quelques rayons lumineux, quand on le place vers l'œil et la lumière d'une bougie ou celle du soleil. On croyait naguère que les métaux étaient plus denses que tous les autres corps; mais depuis la découverte du potassium et du sodium, on a reconnu que leur densité pouvait être inférieure à celle de beaucoup d'autres substances. A volume égal, le sodium et le potassium n'atteignent pas la vingtième partie du poids du platine. En rangeant les métaux suivant l'ordre de leur plus grand poids spécifique, ils présentent la série suivante :

1. Platine. 2. Or. 3. Tungstène. 4. Mercure. 5. Palladium. 6. Plomb. 7. Argent. 8. Bismuth. 9. Cobalt. 10. Urane. 11. Cuivre. 12. Cadmium. 13. Arsenic. 14. Nikel. 15. Fer. 16. Molybdène. 17. Étain. 18. Zinc. 19, Manganèse. 20. Antimoine. 21. Tellure. 22. Sodium. 23. Potassium.

Une partie des métaux sont ductiles et malléables, c'est-à-dire qu'ils peuvent être étirés en fils minces et réduits en feuilles sous le marteau. Les métaux ductiles sont : 1. l'or, 2. l'argent, 3. le platine, 4. le fer, 5. le cuivre, 6. le zinc, 7. l'étain, 8. le plomb, 9. le nikel, 10. le palladium et le cadmium. On range aussi le potassium et le sodium parmi les métaux ductiles.

Les métaux cassans sont l'antimoine, l'arsenic, le bismuth, le cerium, le chrôme, le cobalt, le colombium, le manganèze, le molybdène, le sodium, le tellure, le titane, le tungstène et l'urane.

Le fer est de tous les métaux celui qui a le plus de ténacité; un fil de fer de 2 millimètres de diamètre supporte 249 kilog. 659; viennent ensuite le cuivre, le platine, l'argent et l'or.

La dureté des métaux varie beaucoup : les uns peuvent entamer tous les corps; d'autres sont si tendres que la plupart des corps les entament. On peut citer, comme les deux extrêmes, le tungstène et le plomb; le sodium et le potassium sont cependant encore plus mous; ils ont la consistance de la cire; le mercure est sans consistance à la température ordinaire.

Enfin, pour terminer les propriétés physiques des métaux, nous rappellerons qu'ils sont d'autant plus sonores qu'ils sont plus durs; qu'ils sont en général plus dilatables que les autres solides par la chaleur; que plusieurs d'entr'eux développent, par le frottement, une odeur et une saveur désagréables, tels que le fer, le plomb, le cuivre et l'étain; enfin qu'ils affectent, lorsqu'on les laisse refroidir très-lentement après les avoir fait fondre, une forme cristalline qui dérive de l'octaèdre et du cube.

Les métaux sont fusibles à des degrés de température différens : les uns peuvent être fondus dans une petite cloche remplie d'huile (le potassium, le sodium). Le mercure est même liquide à plusieurs degrés au-dessous de zéro; d'autres se fondent avant la chaleur rouge, quelques-uns se liquéfient un peu au-dessus de ce degré, d'autres n'entrent en fusion qu'à une température bien plus élevée. Un petit nombre d'entr'eux enfin sont presque infusibles à nos moyens, et résistent à toute température inférieure à celle que l'on peut obtenir d'un jet d'oxigène sur un charbon; ou par la combustion vive de l'hydrogène avec l'oxigène.

Les métaux sont en général susceptibles de cristalliser si l'on peut les laisser refroidir lentement, et séparer le métal fluide en lui ouvrant une issue au travers des cristaux déjà formés. Les cristaux que l'on obtient de cette manière, sont ordinairement disposés en pyramides creuses quadrangulaires.

Exposés à une température beaucoup plus élevée que leur degré de fusion, plusieurs métaux se volatilisent, et peut-être tous sont-ils susceptibles de se réduire en vapeur à une température suffisamment élevée et dans un espace assez grand. On peut distiller le zinc dans une cornue de grès; le mercure, le cadmium et le tellure dans une cornue de verre; le potassium et le sodium doivent être volatilisés dans une cloche remplie de gaz azote et de mercure.

Les métaux sont généralement très-bons conducteurs du fluide électrique, et paraissent n'éprouver aucune altération tant que leur surface suffit à l'écoulement de ce fluide; mais dès que celui-ci, arrivant en trop grande abondance pour s'écouler ainsi, pénètre dans l'intérieur, il agit sur les métaux d'une manière très-marquée, il les échauffe au point de les faire rougir, de les fondre et de les faire volatiliser ou brûler dans l'air atmosphérique. On observe ces phénomènes curieux en faisant passer la décharge de plusieurs bouteilles de Leyde ou celle d'une forte batterie à larges plaques, au travers de fils fins ou de bandes minces de divers métaux.

Dans ces circonstances, les métaux brûlent avec le contact de l'air et produisent des flammes diversement colorées et très-vives, si l'expérience a lieu dans l'obscurité. Le fer brûle avec une lumière blanche très-vive, et tombe en globules; le zinc produit une flamme blanche mêlée de bleu et de rouge, et répand dans l'air un oxide gazeux d'un beau blanc opaque; l'étain développe une lumière d'un blanc bleuâtre, de même que l'or et le cuivre; ces derniers donnent naissance à des oxides bruns. La flamme de l'argent est verte.

L'oxigène présente, dans son contact avec les métaux, des phénomènes très-intéressans. Ce gaz joue un grand rôle dans le traitement des minerais : c'est un des agens les plus puissans dont il faut tantôt se servir pour séparer les métaux les plus oxidables de ceux qui le sont le moins, tantôt se défendre avec soin à l'aide de *scories* ou matières vitrifiées à la surface du bain métallique. Quelquefois il est nécessaire d'enlever aux métaux l'oxigène, avec lequel ils sont combinés, pour leur rendre leurs propriétés métalliques qu'ils avaient totalement perdues dans cette combinaison. On sait que l'oxigène, dont on se sert dans le traitement des minerais, est fourni par l'air atmosphérique que l'on insuffle, avec plus ou moins de force, sur la surface des métaux fondus, à l'aide d'un tirage déterminé ou de soufflets plus ou moins puissans.

Les métaux sont susceptibles de se combiner avec l'oxigène et avec les acides; ils peuvent encore tous se combiner, soit entre eux, pour former des alliages, soit avec quelques combustibles simples non métalliques : c'est ainsi que le fer, le cuivre, s'unissent au charbon; que le potassium se combine à l'azote et à l'hydrogène; enfin que tous les métaux peuvent s'unir au phosphore, au soufre, au sélénium, au chlore et à l'iode; ces combinaisons, comme nous le verrons par la suite, ont dû être appelées, d'après la nouvelle nomenclature, des carbures, phosphures, sulfures, chlorures, etc.

Les sulfures, très-abondans parmi les minerais, se nomment aussi pyrites dans leur état natif : ce sont des sulfures de fer qui occasionnent, par leur combinaison vive avec l'oxigène, le dégagement de chaleur et du gaz fétide (hydrogène sulfuré), dont nous avons déjà parlé, et qui imprègne plusieurs eaux minérales, celles d'*Harrowgate* entre autres.

Les carbures de fer, en proportions relatives, différentes des deux élémens, forment, comme nous l'avons dit plus haut, la plombagine et l'acier : ce sont les seuls carbures qui présentent une grande importance.

Parmi les alliages utiles aux arts, on peut citer le bronze qui est formé de cuivre et d'étain; le laiton qui se compose de cuivre et de zinc; enfin l'on sait que les monnaies sont des alliages de cuivre et d'or, d'argent et de cuivre, dont les proportions sont déterminées par la loi; les réglemens des pays fixent aussi la composition des matières d'or et d'argent employées dans l'orfèvrerie et la bijouterie. Lorsque la chimie a fait connaître que tous les objets d'or ou d'argent ne contiennent pas des proportions sensiblement différentes de celles indiquées, le contrôle du gouvernement garantit aux acheteurs le titre des objets qu'ils trouvent dans la boutique.

Outre les alliages au moyen desquels on modifie les propriétés des métaux, on emploie d'autres procédés pour obtenir, de la réunion de deux métaux, des services différens de ceux qu'ils rendent lorsque chacun d'eux est isolé. Dans l'étamage du fer, par exemple, c'est en recouvrant par une juxta-position intime toute la surface du fer que l'on prépare le fer-blanc : cette réunion offre les avantages d'une solidité suffisante sous une très-faible épaisseur, solidité qui est due au fer, et d'une altérabilité beaucoup moindre, puisque de toutes parts l'étain garantit le fer de l'action immédiate de l'air humide. C'est en recouvrant toute la surface du cuivre avec des feuilles minces d'argent, que l'on obtient à bon marché un grand nombre d'objets de luxe qui imitent parfaitement les objets en argent. On est parvenu à préparer de cette manière des vases en or et en platine. Lorsque la couche du métal le plus cher est appliquée extrêmement mince, on dit que les objets sont dorés, argentés ou platinés; et lorsqu'elle est d'une épaisseur plus forte, épaisseur qui est indiquée par le contrôle, on dit que le cuivre est plaqué en platine, en or, ou en argent; plus simplement on se sert du mot plaqué pour désigner la réunion du cuivre à un autre métal, et l'on dit, du plaqué d'or, d'argent ou de platine.

On emploie fréquemment, dans les arts et métiers, un métal, ou un alliage métallique pour réunir les parties séparées d'un métal moins fusible, ou de deux métaux; c'est ainsi que l'on attache ensemble plusieurs lames de plomb à l'aide de l'étain plus fusible que lui, ou d'un mélange d'étain et de plomb; on réunit plusieurs pièces de fer à l'aide du cuivre dont on favorise encore la fusion au moyen du borax; cette opération se nomme *brasure;* celle qui précède est appelée *soudure*. On soude le cuivre au plomb au moyen de l'étain, plus fusible que chacun d'eux; on réunit les pièces en cuivre, soit avec de l'étain, soit au moyen d'un alliage de cuivre fusible; le platine est soudé au moyen de l'or, etc.

Le mercure, ce métal liquide à la température de nos climats, et que l'on ne peut connaître à l'état solide qu'en abaissant sa température à 40° au-dessous de celle de la congélation de l'eau; le mercure est susceptible de former avec l'or et l'argent une sorte de combinaison lâche que l'on a nommée amalgame; cette combinaison est d'une consistance plus ou moins faible, suivant que la proportion de mercure est plus ou moins grande; elle s'opère à froid.

Proportions de quelques alliages données par M. Julia-Fontenelle.

Pour faire le Pinchbeck. Faites fondre dans un creuset cinq parties de cuivre, et lorsque cette fusion sera complète, ajoutez-y une partie de zinc. Cet alliage qui imite beaucoup l'or, est employé pour la fausse bijouterie.

Métal du prince Robert. Si vous changez les proportions de ces métaux, de manière à n'employer que deux parties de cuivre sur une de zinc, vous aurez encore un bel alliage.

Bronze. On ajoute à la fonte de sept parties de cuivre trois de zinc et deux d'étain.

Pour les miroirs de télescope. Employez les proportions de cuivre et de zinc ci-dessus énoncées et quatre d'étain au lieu de deux.

Pour les cuivres. En France on emploie cent parties de cuivre et onze d'étain; en Angleterre neuf du premier sur une du second. On ne doit pas faire entrer le plomb dans cet alliage, surtout en trop grande quantité.

Manière de faire le moiré métallique. On prend de l'esprit de sel fumant que l'on étend de moitié son poids d'eau. On fait chauffer une plaque de fer-blanc laminé sur des charbons ardens, et en même temps on y répand la liqueur préparée dont nous venons de parler, et on l'étend fortement en frottant sa surface avec un tampon de linge. On est étonné de voir aussitôt la surface du fer-blanc changer, se charger de reflets argentés. On plonge la plaque dans l'eau, on la lave bien et on applique une ou deux couches de vernis à la laque et à l'esprit-de-vin, blanc ou coloré.

On varie les nuances en mélangeant à l'esprit de sel fumant partie égale d'huile de vitriol, ou d'acide de sel nitrique, ou en variant les proportions de ce mélange; en exposant à une chaleur douce une liqueur dont la préparation consiste en de l'huile de vitriol et un peu d'eau sur du gros sel; en se servant d'acide nitrique seul, ou d'acide et d'huile de vitriol. (Voy. CUIVRE.)

Végétations métalliques pour garnir les cheminées. Faire évaporer une dissolution de mercure, jusqu'à ce que la plus grande partie de ce métal se soit précipitée en poudre blanche; enlever le vase du feu, et, après y avoir ajouté du mercure, agiter bien la fiole en l'inclinant de tous côtés, afin que cette poudre blanche ne reste point tout au fond. Cela fait, boucher la fiole avec du papier, la laisser dans un lieu froid pendant environ deux mois; au bout de ce temps, on trouve une fort jolie végétation d'arbrisseaux blancs et verts.

Autre. Mettre sur une plaque de verre plusieurs petits tas de limailles de fer et de cuivre, verser sur chacun quelques gouttes de nitrate d'argent; réunir les tas, exposer le dessous du verre au feu d'une bougie. Il reste un joli tableau argenté se détachant sur un fond noir.

Autre, dite arbre de mars. Verser dans un creuset une dissolution de nitrate de fer et ajouter, peu à peu, égales parties de dissolution de potasse. Il se forme aussitôt de nombreuses branches.

Autre, dite arbre de Jupiter. Faire dissoudre une partie

de limaille d'étain dans dix d'acide hydro-chlorique ; lorsque le liquide sera réduit au quart, si le métal n'est pas dissous, décanter et ajouter sur le résidu de l'acide hidrochlorique, que vous ferez évaporer au même point que le précédent. Verser ensuite, dans cette dissolution, environ quatre fois son poids d'eau, et filtrer. En n'employant que trop peu d'eau, l'on n'obtiendrait qu'une substance pulvérulente. On doit mettre cette dissolution dans une conserve en verre blanc, longue et étroite, et suspendre au bouchon une tige de zinc bien unie et de la grosseur d'un tuyau de plume, en ayant soin que l'extrémité inférieure touche au fond du vase. Ces dispositions prises, on voit l'acide hydro-chlorique se porter aussitôt sur le zinc, et l'étain se précipiter tout au long de cette tige, en donnant lieu à des folioles blanches qui acquièrent bientôt l'éclat métallique.

Cette cristallisation s'opère vite, mais au bout d'un quart d'heure, la liqueur devient trouble et l'arbre disparaît. Lorsqu'on veut le conserver, l'enlever de suite et le tenir dans un vase d'eau pure.

Poudre métallique. Cette poudre est destinée à argenter. On la prépare en faisant fondre de l'étain sur le feu, y ajoutant égale partie de bismuth, et quand la composition est refroidie, y versant du mercure. Ce mélange se broie aisément à froid, se délaie avec de l'eau gommée et s'applique très-bien sur un fond enduit d'un mélange de colle et de blanc de céruse.

Tissus métalliques. Les tissus en gaze métallique, dont nous avons parlé à l'article LANTERNE, servent aussi à faire des couvre-plats, des garde-mangers, des masques pour déguisemens et pour les ouvriers exposés à une poussière subtile.

Colle pour coller des pierres fines ou du verre sur métaux. Faire dissoudre dans de l'esprit-de-vin deux petits morceaux de gomme ammoniaque, deux onces de colle de poisson et cinq à six morceaux de colle-forte de la grosseur d'un pois. Quand on veut employer ce mélange, mettre dans l'eau chaude le flacon qui le contient. Les joailliers de Turquie l'emploient pour orner les boîtes de montres avec des diamans, après avoir fait chauffer doucement la boîte.

MÉTEIL. (*Agr.*) On appelle *méteil* un semis de seigle et de froment mélangé. Ce mélange des cultures offre de biens grands avantages, et l'on a constamment observé que l'on obtient ainsi de chacune d'elles un produit proportionnellement plus grand que si elles avaient été semées séparément, et qu'en même temps les effets sur le sol sont avantageux. (Voy. FROMENT; SEIGLE.)

MÉTÉORES. (*Conn. us.*) On nomme ainsi les divers phénomènes qui se passent dans l'atmosphère. On distingue :

1° Les météores aériens, déterminés par le défaut d'équilibre entre les colonnes d'air qui composent l'atmosphère;

2° Les météores aqueux, la pluie, etc.;

3° Les météores lumineux qui tiennent à la réflexion de la lumière dans les molécules aqueuses, l'arc-en-ciel, etc.;

4° Les météores ignés, comme les feux follets; les étoiles qui filent, les aurores boréales, la foudre, les éclairs.

MÈTRE. (*Conn. us.*) Le mot *mètre* signifie mesure. Le mètre est égal à 3 pieds, 11 lignes, 296 millièmes, mesure de Paris, ou 443 lignes 296 de la toise en fer, conservée pour étalon, et nommée *toise du Pérou*, parce qu'elle a servi aux académiciens en 1740 pour mesurer dans cette contrée un arc du méridien. Deux mètres valent 1 toise, 1 pouce, 10 lignes, 15 douzièmes de l'ancienne mesure.

Le mètre est encore fixé à 13 degrés du thermomètre de Réaumur, ou 16 centigrades.

Le mètre cube, appliqué à la mesure du bois de chauffage et de charpente, prend le nom de *stère*, qui signifie *solide*, et remplace les noms de voies, cordes, anneaux et autres. La voie de bois de Paris vaut 1 stère 92 centistères; deux voies, ou une corde, valent 3 stères 84 centistères.

Le mètre se compose de 3 nouveaux pieds de 12 pouces, le pouce étant de 12 lignes. Un pied contient 333 millimètres un tiers. Deux mètres font une nouvelle toise.

Une *toise* ancienne ne valait que 1 mètre 949 millimètres; un *pied* ancien, 325 millimètres, et un demi-pied, 162 millimètres.

Le quart du méridien terrestre d'après le calcul de Delambre, est de 5,130,140 toises, ou 10,000,000 de mètres, ce qui donne le rapport exact de la toise et du mètre, et donne pour la grandeur de celui-ci 3 pieds, 11 lignes, 295, 936 ou 443 lignes, 295, 936. Toutefois, pour l'usage civil, on a fait le mètre de 443 lignes, 296. Ce qui porte le million de mètres à 513,074 toises, 07,407,482, et ne fait pas trois-quarts de toise d'augmentation sur la grandeur du quart du méridien.

Composition du mètre :

	1 pièce de 5 f. a 38 millimètres.	
	1 pièce de 2 f. a 28 millimètres.	
Ainsi	16 fois 38 millimètres,	608.
	14 fois 28 millimètres,	392.
donnent un mètre ou		1,000.

Enfin, dans l'économie usuelle, le besoin fréquent de se procurer un pied de roi, nous engage à ajouter qu'on produit cette mesure par l'addition répétée huit fois d'une pièce de 5 francs, et une fois la pièce de 2 francs.

1,000,000 de mètres, ce qui est le 10e du méridien, font exactement :

513,074 toises.
3,078,444 pieds.
36,941,328 pouces.
443,295,936 lignes.

MEUBLES. (*Ind. dom.*) Le mélange de bourre et de laine ou crin, qui sert à garnir les meubles, leur ôte beaucoup de valeur; d'ailleurs, un fauteuil qui contient de la bourre, est privé d'élasticité et s'affaise d'une manière désagréable. Quand on achète un meuble, on doit s'assurer de la bonté du crin, en en tirant un peu à travers de la sangle de dessous, ou en le perçant avec une très-longue aiguille de matelassier : la bourre fait résistance.

Moyen de donner du brillant aux meubles et aux marbres. Prendre une once d'orcanette en poudre et quatre onces de cire jaune; faire fondre sur un feu doux, en remuant toujours; passer ensuite à travers une grosse toile claire et ajouter quatre onces de térébenthine; tourner jusqu'à ce que le mélange soit froid.

Pour s'en servir, en mettre très-peu sur un morceau de laine, étendre également sur le bois ou le marbre; prendre un autre morceau de laine et frotter avec force jusqu'à ce que le poli soit parfait et que la cire ne s'attache plus aux doigts.

Cette préparation est la plus nouvelle dont on se serve pour entretenir le brillant des meubles et des marbres. Pour les meubles de couleur d'acajou, on fait infuser, avant d'opérer le mélange, une pincée d'orcanette dans six onces de térébenthine, pendant 48 heures. Pour les meubles de couleur jaune, on remplace l'orcanette par du bois jaune. Pour les marbres, on emploie de la cire blanche au lieu de la cire jaune. Cet encaustique s'applique avec un linge de laine. On le conserve dans des vases bien bouchés, pour empêcher la térébenthine de s'évaporer.

Autre, pour les meubles seulement. Quand ils sont nettoyés, appliquer dessus du *lait de cire.* Pour le faire, prendre une demi-livre de cire blanche, douze onces de potasse fondues dans deux pintes d'eau; couper la cire en morceaux; la faire bouillir une demi-heure dans la potasse. La cire se fige à la surface du liquide; on la ramasse, et on la broie avec de l'eau pour s'en servir.

Vernis pour frotter les meubles. Mêler à feu doux deux gros de sel de tartre, ou dix onces de potasse dissoute dans de l'eau; cinq gros de cire sèche en petits morceaux, et dix onces d'eau de rivière. Ce mélange, étendu d'eau, s'applique au pinceau sur les meubles, les moulures, les parquets. On frotte un peu avec le pinceau; on laisse sécher; on passe ensuite une brosse douce et on polit avec du drap.

Mastic pour raccommoder les meubles. Prendre pour l'acajou neuf de la sanguine en poudre; pour le vieil acajou, de la sanguine et du bleu avec du noir; pour tout autre bois, la couleur qui lui est propre. (Voy. COULEUR.) En faire une pâte avec de la colle de Flandre fondue. Ce mastic est très-dur; on le met dans les trous et fissures. On dégrossit à la lime, quand il est sec, car il briserait les outils.

MEULES. (*Agr.*) L'usage de mettre les récoltes en *meules* est bien préférable à celui de les rentrer dans des *granges*. Une meule bien faite met le grain à l'abri des souris, le conserve bien sain et lui fait courir moins de risques de s'altérer lorsque la récolte a été rentrée sans être parfaitement sèche

Le peu de soin et de vigilance des cultivateurs est la principale cause des pertes et des avaries que le mauvais temps leur occasionne trop souvent à l'époque des moissons. Ainsi, rarement on met à profit tous les instans que le temps accorde pour la rentrée des récoltes; le mode si avantageux des petites *meules provisoires*, ou *meulons*, *moyettes*, est à peine pratiqué; il consiste à placer, sur un endroit sec et élevé des champs, une javelle qu'on replie sur elle-même, en laissant les épis en dessus; on accumule ensuite circulairement sur cette javelle d'autres javelles, en ayant soin de mettre les épis au centre; l'on en forme un cône auquel on donne environ cinq pieds, et qui va toujours en pointe parce qu'on croise davantage les javelles à mesure que le meulon monte; enfin, on couvre d'une gerbe liée près de son extrémité inférieure, qu'on renverse sur le sommet du cône, en arrangeant les épis tout autour avec soin. Cette méthode permet d'attendre sans crainte le retour des beaux jours pour achever la dessiccation complète des grains, et les rentrer en grange, ou les mettre en grandes meules.

C'est surtout pour l'orge et l'avoine que les meules sont meilleures que les granges : ces céréales s'y conservent plus longtemps. Pour les céréales, on fait les gerbes rondes, ce qui facilite l'enlèvement des grains; mais pour le foin, on construit les meules plus longues que rondes, ce qui permet d'en ôter tous les jours sans qu'elles soient abattues par les vents.

En Angleterre, pour mettre le grain à l'abri des rats, des mulots et fourmis, on élève la meule sur une plate-forme en bois, soutenue par six piliers de fonte. Cette plate-forme doit avoir un chapiteau qui déborde de huit à dix pouces.

Dans quelques contrées, on prend une toile de trente ou quarante pieds de long, sur vingt ou trente pieds de large, qu'on suspend à une perche horizontale supportée par deux autres verticales, auxquelles elle est fixée par des bouts de cordes. On tient les deux perches fixes au moyen de roues de charrettes; on attache la toile à des cordelets. C'est sous cette tente qu'on place la meule.

On peut substituer à la tente la grange belge, c'est-à-dire un toit léger en chaume qu'on hisse par des coins le long de quatre poteaux, à mesure que la meule se construit.

Quelques fermiers élèvent les meules sur un massif en maçonnerie de trois pieds de haut, avec un rebord en pierre ou fer-blanc, ou bien encore sur un aire de tuiles carrées, marne et gravier. Pour cette dernière espèce de meule, on pose les gerbes l'épi en dedans, jusqu'à la hauteur de trois pieds, de six pouces plus en dehors que la circonférence du bas de la meule : lorsqu'elle est finie, on taille les queues de gerbes tout à l'entour, et on les enduit de plâtre, ce qui empêche les souris d'y gravir.

Pour garantir le foin de l'humidité, si on ne le place pas sur un lit de fagots, on rend le terrain sec en creusant un fossé à un demi-pied en dehors du bord de la base de la meule.

Quand on bâtit une meule de foin, on pose les brins par lit à plat. On a soin que les lits soient partout d'égale épaisseur. Quand un bout de la meule est bâti, on marche dessus. Le centre de chaque lit doit toujours être d'un pied plus haut que les bords, et les côtés de la meule doivent aller en s'élargissant, de manière à surplomber d'un pied pour six de hauteur, ce qui empêche la pluie de pénétrer par les côtés. Le toit doit être en dôme et couvert de chaume, lié par des baguettes ou des cordes de paille, attachées avec des branches fourchues, fichées dans le foin.

Les dimensions ordinaires d'une meule de foin sont de dix à quatorze pieds de haut, sur quinze à vingt de large à la base, et quinze pieds au plus pour du regain. Les meules de foin doivent avoir en hauteur un tiers de plus que le regain, lorsqu'on les construit, parce qu'elles s'affaissent.

Le meilleur placement d'une meule en longueur, est dans la direction des vents qui soufflent le plus communément. On coupe la meule en travers de ce côté.

Quelquefois dans les meules de blé, on fait au milieu une cheminée conique, et l'on met quelques rangées de gerbes en long. On couvre ces meules de chaume, en plaçant au centre un balai de paille renversé.

MEULES DE MOULIN. (*Conn. us.—Ind. dom.*) Les meules de moulin se font avec la *pierre meulière*, qui est composée de gros grains d'un quartz très-impur et hérissées d'aspérité; toutes les pierres dures peuvent servir à la confection des meules; le granit, le grès à gros grains en font d'excellentes.

Une pièce de fonte appelée anille sert dans les moulins à farine pour porter la meule supérieure. Cette anille reçoit, en France, la forme d'un X. Le plan inférieur de la meule doit être horizontal.

La difficulté de maintenir l'équilibre dans ces sortes d'anilles, qui sont fixées sur la surface inférieure de la meule, fait préférer les anilles anglaises en fonte, dont le point de suspension est placé au-dessus du centre de gravité de la meule. Les anilles du mécanicien Mandslay sont en forme de cône tronqué, soutenues par trois branches. Un trou percé dans le milieu du cône reçoit le bout supérieur de l'axe du moulin. Un fort lardon en acier placé au fond du trou sert de point d'appui à l'axe, qui entraîne la meule dans un mouvement de rotation, au moyen de trois clés enfoncées dans des entailles correspondantes.

Les anilles d'Atkins consistent dans une pièce de fer forgé, courbée en arc de cercle sur son milieu dans le sens vertical; les pattes qui soutiennent la meule sont horizontales. Un trou rond percé dans le milieu de l'arc concave de cette pièce reçoit l'axe du moulin qui passe à travers une pièce de fer. Cette pièce de fer embrasse à droite et à gauche l'axe concave de l'anille.

Les cannelures formées, tant à la meule supérieure qu'à la meule inférieure, doivent être placées obliquement dans des directions opposées les unes aux autres. Quand elles s'effacent, il faut les refaire au ciseau.

Chaque fois qu'on retire la meule, on doit rouler un peu de suif autour du pivot, pour l'empêcher de s'échauffer de manière à mettre le feu à l'arbre.

La fusée de la meule doit être tenue bien exactement dans sa crapaudine pour éviter le ballottement.

La pierre de dessus doit avoir une légère concavité du centre à la circonférence, ce qui facilite la mouture.

MÉUM ATHAMANTE. (*Jard.*) *Athamanta meum.* Famille des ombellifères. Plante fort aromatique, ou espèce de fenouil qui vient de lui-même, et en abondance, en Italie, en Espagne, en France, en Allemagne et en Angleterre. Ses racines sont longues de neuf pouces, branchues, plongées dans la terre obliquement et profondément; elles subsistent pendant l'hiver. On les trouve sèches chez les droguistes. Elles sont de la grosseur du petit doigt, grisâtres en dehors, pâles en dedans, contenant une moelle blanchâtre, mucilagineuse, d'une odeur de panais, mais plus aromatique, d'un goût un peu désagréable.

Les bestiaux broutent avidement le méum, et cette nourriture leur donne des égagropiles qui en conservent l'odeur (Voy. ÉGAGROPILES.)

MEUNIER OU CHEVANE. (*Pêch.*) Poisson du genre cyprin. On l'appelle *meunier* parce qu'on le trouve souvent aux environs des moulins, *têtard* parce qu'il a la tête grosse, *vilain* parce qu'il se nourrit de bourbe, et *barbo-teau* par la même raison; les naturalistes l'appellent *chevane*. Il a le museau arrondi, des dents aiguës, le corps gros, le dos blanc, les côtés marqués de points jaunes, le ventre argenté. Il multiplie beaucoup et acquiert quelquefois le poids de dix livres. Sa chair est excellente, mais trop garnie d'arêtes.

La pêche du meunier est fructueuse surtout vers le mois de mai. Il va par compagnies et on en prend beaucoup à la fois, au filet ou à la ligne. On amorce avec des grillons des champs, des grains de raisin, ou une espèce de mouche qu'on trouve l'hiver le long des rivières.

Le meunier se mange sur le gril, ou comme la carpe, à l'étuvée.

MICA. (*Conn. us.*) Substance minérale pierreuse, en lames minces et transparentes. On en peut faire des vitres et des lanternes. En paillettes, sous le nom de *poudre d'or*, elle sert à sécher l'encre sur le papier.

MICOCOULIER DE PROVENCE. (*Jard.*) *Celtis australis*. Famille des amentacées. C'est un arbre rameux et très-irrégulier. Le bois est un des plus durs qui existent. Terre légère et profonde. Exposition méridionale. Semis en mars. On laisse le plant en pépinière jusqu'à ce qu'il ait six pieds de haut.

Micocoulier de Virginie. (*Celtis occidentalis.*) Arbre à fruits gros et rouges comme des cerises; mangeables. Même culture. Peut se greffer en fente, rez-terre, sur le précédent.

Micocoulier à feuilles en cœur. (*Celtis cordata.*) Arbre superbe. Même culture, et greffes sur le premier.

Micocoulier à feuilles rudes. (*Celtis aspera.*) Jolie espèce. Même culture.

Tous les micocouliers sont très-longs à croître.

MICROSCOPE. (*Conn. us.—Récr. dom.*) A l'aide de cet instrument, dont on attribue l'invention à Drebbel, en 1621, nous surprenons les secrets de la nature dans les infinimens petits.

Les microscopes sont simples ou composés : les simples ne sont que des verres convexes ou des espèces de loupes; les autres sont des assemblages de plusieurs verres, par la combinaison et l'arrangement desquels les images des objets sont amplifiées et présentées d'une manière commode à l'œil de l'observateur. Le microscope simple est une lentille transparente convexe; plus elle possède ces qualités, plus elle est propre à faire voir l'objet net et amplifié : c'est pourquoi un globule de verre fondu, ou une goutte d'eau enchâssée dans un trou rond que l'on fait dans une petite lame de plomb, est un assez bon microscope. Les plus grands avantages qu'on puisse procurer à cet instrument, sont d'être applicable à toute sorte de corps, d'être bien éclairé, et de pouvoir être manié commodément. Les meilleurs microscopes sont composés de deux oculaires et d'une lentille objective dont le foyer est d'autant plus court qu'elle grossit davantage. L'image de l'objet grossi par cette lentille, l'est encore davantage en passant par l'oculaire. Cet objet se voit d'autant mieux qu'il est éclairé par le miroir de réflexion placé au bas du microscope. On varie les lentilles comme on le désire; quand les objets sont petits, on emploie les lentilles dont le foyer est le plus court.

On distingue différentes sortes de microscopes. Les plus estimés sont ceux qui sont fabriqués d'après le plan de M. Raspail, et les microscopes achromatiques proposés, en 1779, par Euler, et exécutés en 1826, en même temps, par M. Chevalier et M. Selligue.

Précautions à prendre pour faire les observations au microscope. M. Julia-Fontenelle donne à ce sujet d'intéressans conseils : « On se sert des lentilles les plus fortes pour observer les détails d'un corps, et de lentilles plus faibles pour examiner l'objet entier. Si c'est un animal qu'on observe, il faut prendre garde de l'endommager en le plaçant.

» On doit tourner les objets de tous côtés, les faire passer par tous les degrés de lumière, jusqu'à ce qu'on soit assuré de leur vraie figure.

» Il y a des objets qui demandent beaucoup de précautions pour être examinés; d'autres n'exigent pas d'aussi grandes attentions. Quand les objets sont plats et transparens, en sorte qu'en les pressant on ne puisse pas les endommager, on peut les renfermer entre deux pièces de verre : telles sont les ailes des papillons, les écailles des poissons, la poussière des étamines des fleurs, etc., les différentes parties et même les corps entiers des petits insectes, et une infinité d'autres choses semblables.

» Si on veut examiner des animaux qui nagent dans des fluides, on prend avec un petit tube, une petite goutte du fluide à sa surface; on la pose sur un verre plan, s'il y a très peu de liqueur et qu'on veuille voir l'objet avec une lentille d'un court foyer, et on ajuste la lentille à son point. Lorsque ces petits animaux sont en si grand nombre dans la liqueur, comme il arrive souvent, que, roulant continuellement les uns sur les autres, on ne peut pas bien connaître la figure de leur espèce, il faut enlever du verre une partie de la goutte, et y substituer un peu d'eau claire, dans laquelle ils nageront plus à leur aise, et on les verra plus distinctement. Lorsqu'on veut examiner un fluide pour y découvrir les sels qu'il contient, il faut le faire évaporer, afin que ces sels puissent être observés avec plus de facilité.

» Avec beaucoup de patience et de dextérité, on parvient à disséquer les petits insectes, comme les puces, poux, cousins, mites, par le moyen d'une fine lancette et d'une aiguille, surtout si on les met dans une goutte d'eau; car alors on pourra aisément séparer leurs parties, et les placer de manière à pouvoir les examiner.

» L'eau dans laquelle on fait infuser des grains de poivre pendant quelques jours, présente à l'observateur des animaux qui ont une infinité de pieds avec de longues soies en forme de queue; d'autres ont une queue droite ou courbée en zigzag; quelques-uns ont une figure ovale, d'autres en forme de carrelet; on en voit qui nagent en avant et en arrière et se balancent en marchant.

» Dans les eaux où on a mis du foin, de l'avoine, de la paille, du froment, on voit des animaux, les uns ovales, comme des œufs de fourmi, les autres ayant la forme d'une bouteille, sans pieds ni nageoires. On en voit qui ressemblent à une vessie pleine d'eau, qui tournent sur eux-mêmes cent fois dans une minute, ou prennent un mouvement progressif.

» Dans la farine aigrie, dans du vinaigre affaibli, ce sont des espèces d'anguilles de différentes grosseurs, dans un mouvement continuel. Dans les infusions d'anémone, de roses, de jasmin, de basilic, de thé, on voit des animaux aussi variés que les différentes espèces de végétaux et fleurs auxquelles ils appartiennent.

» Leuwenhoek a découvert dans la matière gluante qui est sous les gouttières, des animaux à deux et à quatre roues, armés de dents qui sortent de leur tête et tournent circulairement comme sur un essieu; lorsqu'on les touche ou que l'eau s'évapore, ils se contractent. On les conserve, dit-on, plusieurs années dans ce limon desséché; et, lorsqu'on délaie le limon dans l'eau, on les voit se ranimer, s'allonger et nager; c'est l'animalcule qu'on nomme *rotifère*.

» La poussière qu'on voit sur le fromage et les fruits secs, examinée au microscope, offre des animaux voraces, qui se mangent les uns les autres lorsque la nourriture leur manque.

» Les eaux des étangs sont remplies de mille animaux divers. Sous la lentille d'eau, on découvre le polype; cet insecte singulier qui se multiplie en autant d'individus également organisés qu'on en fait de portions en le coupant; qui avale son semblable, et même ses bras, qu'il regorge sans altération.

» Dans le pou, on voit les ramifications de ses veines, le battement régulier des artères, le mouvement péristaltique de ses intestins, et le passage rapide du sang dont il se nourrit. Son suçoir est sept cents fois plus délié qu'un cheveu, et ce suçoir est renfermé dans un fourreau pour s'en servir au besoin. L'ovaire de la femelle contient toujours cinq ou six œufs prêts à sortir, et environ soixante-dix autres plus petits dispersés comme dans l'ovaire d'une poule.

» La tête de la mouche, au microscope est ornée de diamans; son corps est tout couvert de lames brillantes : elle a de longues soies et un plumage éclatant; un cercle argenté environne ses yeux; sa trompe est construite de manière qu'elle a la double propriété de trancher les fruits et d'en pomper les sucs. Les yeux ressemblent à un miroir à facettes, dont chacune est un œil composé de toutes ses parties; leur nombre effraie l'imagination, mais probablement se réunit à l'unité pour l'animal. Leuwenhoek en a compté sur un ver à soie jusqu'à 6,236; Hooke, sur un bourdon, 14,000; et, à la mouche-dragon, 25,088; au milieu de chaque lentille est une tache sept fois plus petite et environnée de trois cercles.

» En examinant les couches successives de l'écaille du poisson, on reconnaît son âge par l'accroissement des lames qui a lieu chaque année. On dit que la peau humaine paraît composée d'écailles qui anticipent les unes sur les autres. Les poils des animaux s'y reconnaissent pour être des tubes extrêmement petits. Malpighi a vu des valvules et des cellules médullaires de la structure la plus élégante et la plus délicate. Le sang, la salive, l'urine, le chyle, le fiel, les humeurs ne contiennent point d'animaux.

» Pour observer le sang, on le délaie dans un peu d'eau tiède, ou on le recueille tout chaud sur une lame de verre. On peut en voir la circulation dans la patte d'une petite grenouille. Il est divisé en globules.

» Leuwenhoek et Jurine ont calculé que 160 de ces globules, placés les uns à côté des autres, égalent à peine la longueur d'une ligne; ils les ont trouvés mous et flexibles dans un état de santé; mais durs et raides dans la maladie. Lorsqu'on observe le sang dans les animaux vivans, on voit sa circulation, les altérations qu'éprouvent ces globules en passant d'un grand vaisseau dans un plus petit, et jusqu'à la forme ovale qu'ils sont obligés de prendre pour y entrer. Si l'animal expire dans le cours de l'observation, on est témoin de tous les changemens qu'il subit, et des causes qui les opèrent.

» Si l'on veut observer la structure intérieure des plantes qui sont composées de trachées pour la circulation de l'air, de vaisseaux lymphatiques et de vaisseaux propres, il faut, pour les trachées, couper l'écorce dans les branches herbacées, sans entamer le bois, rompre ensuite le ligneux et tirer les parties rompues; on aperçoit alors, entre les parties que l'on sépare des filamens très-fins qui échappent à la vue, mais qu'au microscope on reconnaît pour être formés de petites bandes brillantes roulées en spirale, et qui sont fort analogues à celle des insectes, d'où l'on peut leur attribuer le même usage, qui est d'introduire l'air dans l'intérieur des plantes, et de concourir par-là à la circulation des liqueurs. Les vaisseaux lympathiques sont aisés à reconnaître. Quant aux vaisseaux propres, on les remarque à un suc laiteux qui s'en échappe lorsqu'on coupe transversalement une plante; ils sont très-sensibles dans certaines plantes, telles que l'*angelica silvestris*, et la bardane, si on les coupe dans le mois de juin.

» Si l'on examine les feuilles des plantes, on en voit qui étalent aux yeux un tissu d'un travail inimitable; telles sont celles de sauge, de mercuriale et d'églantier. Ce sont des grains de cristal, des lames d'argent, des grappes et des nœuds.»

Indispensable à ceux qui s'occupent des sciences naturelles, le microscope est pour tous une source d'instruction et de plaisirs.

L'instrument qui grossit le plus est le *microscope solaire*: c'est une espèce de lanterne-magique, à l'ouverture de laquelle est placée une loupe très-forte; on place au devant de cette loupe de petits objets éclairés le mieux possible.

MIEL. (*Ind. dom.—Off.*) Le miel est une matière sucrée que les abeilles ont ramassée avec leur trompe dans les nectaires des fleurs, qui a éprouvé dans le corps de ces insectes une élaboration convenable, et qui a été déposée dans les rayons de cire qu'elles ont construit à cet effet dans leurs ruches; il a une couleur blanche ou jaunâtre, une odeur aromatique provenant de celle des fleurs sur lesquelles les abeilles l'ont extrait; sa saveur est très-douce, et sa consistance demi-solide et quelquefois sirupeuse; il est très-dissoluble dans l'eau, fort peu dans l'alcool rectifié; il se mêle aux huiles, aux baumes naturels, aux jaunes d'œufs, mais sans contracter d'union intime avec ces substances; étendu dans une suffisante quantité d'eau, et exposé dans une température élevée de dix ou douze degrés au-dessus de zéro, il passe à la fermentation vineuse, et forme une liqueur de laquelle on peut retirer beaucoup d'alcool par la distillation.

Le miel est un aliment agréable, un médicament pectoral, adoucissant, béchique, légèrement laxatif: il est d'un grand usage dans l'office et en médecine; on doit le choisir aussi blanc que possible.

Les miels les plus estimés dans le commerce sont celui de Narbonne, et le miel du Gatinais qui est blanc, ferme grenu et aromatisé légèrement.

Manière de couler le miel. Procédé de madame Adanson. Lorsque vous avez tiré les gâteaux de la ruche, placez ceux que vous voulez conserver entiers sur le côté et non à plat, afin que le miel reste dans les alvéoles.

Pour celui que vous destinez à mettre en pots, ayez de larges tamis; posez-les sur des terrines de dimension proportionnée; coupez les gâteaux en travers, en partageant les alvéoles par le milieu; placez-les à plat sur les tamis, n'en mettez que deux rangs au plus et croisez-les pour laisser au miel la facilité de couleur; laissez-les ainsi deux jours dans un lieu chaud, retournez-les alors et laissez-les deux autres jours, puis recoupez vos gâteaux dans tous les sens, placez les tamis sur de nouvelles terrines. Mettez le premier miel sorti dans des pots à part; c'est le plus pur et le meilleur. Au bout de quelques jours, vous empoterez le second.

Diverses couleurs du miel. Le blanc est le meilleur. Ensuite le jaune; le noir est le plus mauvais. On en trouve qui offrent toutes les nuances intermédiaires.

Procédé de M. Havet pour recueillir le miel. Si l'on recueille annuellement une certaine quantité de miel, il faut, pour le manipuler, y destiner un laboratoire ayant son jour au midi. Lorsqu'on y déposera la dépouille faite sur les abeilles, on tiendra portes et fenêtres fermées. On fera même boucher la cheminée si le tuyau n'en est pas élevé, afin d'interdire tout accès aux abeilles. Si cependant il s'y en introduisait, il ne faut pas les craindre, parce que, lorsqu'elles se voient enfermées, elles cherchent à sortir en se débattant contre les carreaux de vitres: on ouvre un peu la fenêtre, et elles sont bientôt dehors.

Lorsqu'on ne recueille qu'une petite quantité de miel, il suffit d'avoir quelques terrines avec deux ou trois tamis d'une toile de crin clair, et des pots de terre, dont on notera le poids par-dessous. Si on en recueille une certaine quantité, il faut avoir des paniers, cages, mannes ou corbeilles d'osier à claires-voies, pour mettre égoutter les rayons de miel sur des terrines. On aura des barils neufs, propres, bien reliés et sans odeur, devant contenir cinquante à cent livres de miel. Un baril qui contiendrait vingt pintes de liquide contiendra cinquante livres de miel. On aura une presse et de fortes toiles claires pour contenir les matières qu'on devra presser, et enfin plusieurs grands seaux à deux anses de terre vernissée, ayant un trou sur l'un des côtés, à un demi-pouce du fond, pour y verser le miel à mesure qu'il coulera; trou qu'on tiendra habituellement fermé avec un bouchon.

Le miel doit être extrait des rayons de cire le plus tôt possible, après la dépouille faite sur les abeilles; il en coulera mieux. On choisira un beau jour; on s'établira près des croisées, de manière, qu'au travers des carreaux, le soleil puisse donner sur les rayons dont on voudra faire couler le miel; on aura soin d'écarter les abeilles mortes, le couvain et le pollen qui nuiraient à la qualité du miel. Si la saison est avancée, il faut tenir un poêle allumé dans le laboratoire.

Pour la manipulation, on pose ses tamis, cages, mannes ou corbeilles, sur des terrines : on fait un miel de choix, en brisant et mettant sur les tamis ou cages, les plus beaux rayons, et successivement par ordre de pureté des rayons, en se servant, s'il est nécessaire, des instrumens dont on fait usage pour déplacer les ruches.

Le lendemain on pourra faire couler le miel par le trou des seaux dans les vases destinés à le conserver ou à le faire passer dans le commerce. Si c'est dans des barils, on laissera un vide d'un travers de doigt; on couvrira les vases, et on abandonnera aussitôt les barils qu'on mettra sur un de leurs fonds; on marquera ce premier miel par M. V. (miel vierge). On notera le poids sur chaque vase.

Pour la manipulation du second miel, c'est-à-dire, pour exprimer le second miel, si les rayons du premier sont mollets et le temps chaud, il suffit de les pétrir un peu, et si on en a une petite quantité, de les tordre dans un linge clair. Si on a un certain nombre de rayons, il faut les presser. Pour cela, on prend un morceau de toile claire, ou de canevas très-fort, de quinze à seize pouces en carré; on passe une forte ficelle en demi-cercle sur les bords d'un côté de la toile, et une autre ficelle encore sur les bords opposés : on fait un nœud aux extrémités des ficelles; on pose la toile sur un grand plat de terre vernissé; on met les rayons au milieu de la toile; on les presse de la main; on tire de chaque côté les bouts des ficelles, ce qui forme une espèce de bourse que l'on ferme en nouant les ficelles; on met cette bourse sous la presse et on en exprime le miel : on met une autre bourse sur la première, et on presse; une troisième, une quatrième, etc. On laisse bien égoutter; on desserre, on ouvre les toiles, qui donnent la pâte de la cire en galette, que l'on met à part pour la fonte.

Si le temps est froid, on attend un jour de soleil; on met les rayons près d'une croisée, afin que la chaleur les amollisse, ou on les met dans un four tiède ou au soleil, dans des terrines couvertes d'une cloche de verre; et, lorsque les rayons sont tièdes ou mollets, on les presse comme nous venons de le dire.

On met ce second miel, qui jette beaucoup d'écume, dans les seaux; on le fait couler, comme nous l'avons dit pour le miel vierge; on note les vaisseaux de ces deux lettres M. E. (miel exprimé), ainsi que leur poids.

Autre manière de recueillir le miel. On fait la récolte après l'essaimage, en juillet et en août, plutôt qu'en octobre. On laisse ainsi deux mois aux abeilles pour réparer une partie de leurs pertes : et, si ces deux mois sont favorables, il n'est plus à craindre de les voir mourir de faim pendant l'hiver.

Longtemps on s'est servi de moyens destructeurs pour la récolte du miel : en voici un très-avantageux :

Les ruches étant composées de deux pièces, on sépare avec le fil de laiton la pièce supérieure du corps de la ruche : on est certain qu'elle ne renferme que le miel pur. On met aussitôt en place un chapiteau vide proportionné au nombre des abeilles et au rapport que peut faire espérer la saison.

A quelque époque de l'année que l'on fasse la récolte du miel, on sépare, avec un couteau, la partie des gâteaux qui en est garnie de celle qui ne l'est pas; et ensuite la première en deux lots, dont l'un renferme la partie des gâteaux, dont les alvéoles sont recouvertes; et l'autre, celle dont les alvéoles ne sont pas entièrement remplies de miel. Cette dernière est, sans préparation, étendue sur des tamis, ou sur de petites claies, au-dessus de vases de terre ou de bois destinés à recevoir le miel. Quand celui d'une des faces des gâteaux est écoulé, on les retourne; les gâteaux, dont les alvéoles sont fermées, sont placés de même après que le couvercle de ces alvéoles a été enlevé par le moyen d'un couteau à lame mince.

Cette opération est d'autant plus tôt terminée, qu'il fait plus chaud. Dans les temps froids, on la favorise à l'aide d'une étuve. Le miel qui en résulte, s'appelle *miel vierge*; c'est le meilleur.

Après que les gâteaux ont fourni tout ce qu'ils pouvaient donner naturellement et sans compression, on les met entre deux planches percées de trous, sous une presse qu'on serre le plus fortement possible. Le miel qui s'écoule alors est mélangé de rouget, de parcelles de cire, des restes de larves des abeilles mortes, etc. Il est coloré, d'une saveur âcre et d'une odeur peu agréable.

Quelle que forte que soit la pression, et quelque souvent qu'on la renouvelle, il reste toujours du miel dans la cire; alors on l'émiette dans l'eau, et on la lave; on lave également tous les ustensiles employés : l'eau ainsi chargée peut servir à préparer l'hydromel. Le miel vierge lui-même contient des particules de cire plus légères que lui, et quelquefois des parties terreuses plus pesantes; c'est pourquoi on le met, et encore plus nécessairement celui provenant de la pression, dans des vases de terre ou de bois, à ouverture et à fond plus étroits, où la séparation se fait; on enlève l'écume avec une cuillère, et on transvase toute la partie pure dans d'autres vases qu'on met à la cave.

Altération du miel dans la ruche. Elle est due soit à la chaleur, soit aux évacuations des abeilles et de leurs larves, soit aux débris des enveloppes des nymphes qui y restent. Il faut donc la prévenir par la propreté et une grande surveillance.

Miel dépuré. Prenez une quantité, à volonté, de miel de Narbonne, ou de tout autre pays; mettez-le dans une bassine très-propre; ajoutez-y le quart de son poids d'eau commune; placez la bassine sur un feu clair, et portez le mélange à l'ébullition, que vous entretiendrez pendant quelques minutes pour faciliter la séparation de l'écume et des impuretés qui pourraient lui être mêlées; retirez alors la bassine de dessus le feu; enlevez l'écume avec une écumoire; et coulez le miel, tandis qu'il est chaud, à travers un blanchet; laissez refroidir, et disposez, pour l'usage, dans des bouteilles que vous boucherez soigneusement, et que vous conserverez dans un lieu frais.

Le miel dépuré a un peu moins de consistance qu'il en avait avant sa dépuration; il ressemble à un sirop très-cuit, et il est également beaucoup moins blanc : on l'emploie aux mêmes usages.

Autre procédé. Mêler une livre de miel, une chopine d'eau, un quart de litre de charbon de pin, assez humecté d'eau pour ne point donner de poussière. Laisser bouillir doucement; passer à la chausse; clarifier au moyen d'un blanc d'œuf battu avec de l'eau. Faire évaporer jusqu'à consistance convenable. Si le sirop conserve de l'odeur, le faire chauffer au bain-marie, en le remuant. Le miel ainsi préparé perd une once et demie par litre.

Quand on se sert d'une chausse neuve, il faut la laver à plusieurs reprises à l'eau chaude avant l'opération.

Conservation du miel. Le miel s'aigrit à l'humidité. Il faut le mettre dans des vaisseaux de faïence ou de bois, bien bouchés, le placer dans un lieu sec et frais, et ne jamais mêler du miel liquide avec un autre qui a pris de la consistance.

Si on veut conserver le miel en état de fluidité, d'une année à l'autre, il faut laisser les rayons dans les couvercles, et n'en prendre qu'au besoin, soit pour les abeilles, soit pour sa consommation.

Emploi des eaux dans lesquelles on a manipulé le miel, fait fondre la cire, et où l'on a désenglué les mains et les outils. On en peut tirer de l'eau-de-vie. On verse ces eaux dans un tonneau défoncé d'un côté, qu'on couvre d'une toile. Quand la fermentation a donné une odeur vineuse, on distille.

Les toiles et ustensiles qui ont servi à la préparation du miel se portent le matin près de la ruche; on les retire à deux ou trois heures pour que les abeilles n'y restent pas la nuit. Il faut éviter de leur donner du miel grainé et trop consistant, où elles s'englueraient les pattes.

Falsification du miel. En délayant le miel avec de l'eau froide, on peut reconnaître si on y a mélangé de la farine, fraude très-commune qui en augmente le poids. S'il y a de la farine, elle rend l'eau blanche, se précipite bientôt au fond du vase, et, bouillie, elle forme une colle. Ce procédé sépare également du miel le sable, les os en poudre, le blanc d'Espagne, la fécule, qui sont insolubles dans l'eau et tombent également au fond du vase.

En agitant le miel, on le blanchit, mais on le rend susceptible de se dissoudre plus promptement et de s'aigrir plus aisément à l'humidité.

Le miel, exposé tour à tour à l'humidité et à la chaleur, fermente et se liquéfie. Les marchands y mêlent de l'amidon, des pommes de terre, de la fécule, des châtaignes. Un miel ainsi altéré devient consistant quand on le chauffe, et ne passe pas au blanchet. (Voy. FALSIFICATION.)

Moyen de chasser les abeilles des chambres où l'on tire le miel. Si on laisse ouverte la chambre où l'on conserve le miel, les abeilles, attirées par l'odeur, s'y introduisent en foule. Dans ce cas, il faut, dès qu'on s'en aperçoit, entrer dans la pièce sans crainte, car elles ne chercheront point à piquer, et fermer l'ouverture : les abeilles, se trouvant enfermées, se jettent contre les vitres. On ouvre la fenêtre, une partie des abeilles s'en vont; on réitère ce manége; on tire avec une écumoire celles qui sont engluées; on les laisse sécher sur un tamis et on les place près de la ruche où elles ne tardent pas à rentrer avec l'aide de leurs compagnes.

Sirop de miel. Prendre six livres de miel, une livre et demie d'eau, quatre onces et demie de craie réduite en poudre, cinq onces de charbon pulvérisé et lavé, et trois blancs d'œufs fouettés dans six onces d'eau. On met le miel, l'eau et la craie dans une bassine de cuivre, dont la capacité doit être d'un tiers plus grande que le volume du mélange, et on fait bouillir ce mélange pendant deux minutes. Ensuite on jette le charbon dans la liqueur; on le mêle intimement avec une cuillère, et on continue l'ébullition pendant quelques minutes; après quoi, on ajoute le blanc d'œuf; on le mêle avec le même soin que le charbon, et l'on continue de faire encore bouillir pendant trois à quatre minutes. Alors on retire la bassine de dessus le feu : on laisse refroidir la liqueur pendant un quart d'heure, et on la passe à travers une étamine ou chausse de flanelle ou de drap, en ayant soin de remettre sur l'étamine, ou dans la chausse, les premières portions qui filtrent, par la raison qu'elles entraînent toujours avec elles un peu de charbon. Cette liqueur ainsi filtrée est le sirop convenablement cuit pour remplacer le sirop de sucre dans la préparation des confitures, des fruits à l'eau-de-vie, etc., et dans tous les cas où l'on emploie le sirop de sucre.

Une portion du sirop reste sur l'étamine, ou dans la chausse, adhérente au charbon, à la craie et au blanc d'œuf : on l'en sépare par le procédé suivant :

On verse en deux fois sur les matières précédentes autant d'eau bouillante qu'on en emploie pour purifier la quantité du miel sur lequel on a opéré; on laisse filtrer et égoutter. On soumet le résidu à la presse, on réunit ces eaux, et on s'en sert pour une autre purification.

Le sirop, fait par le procédé que nous venons de donner, est d'autant meilleur, que le miel dont on se sert a une qualité supérieure. Avant de se servir de l'étamine ou de la flanelle, lorsqu'elle est neuve, il est nécessaire de la laver, à plusieurs reprises, avec de l'eau chaude; autrement, elle communiquerait un goût désagréable au sirop; parce que, dans cet état, ces lainages contiennent toujours un peu de savon. Il faut que le charbon qu'on emploie soit bien pilé, lavé et desséché; sans cela, l'opération ne réussirait qu'en partie.

Comme il y a des miels qui conservent leur goût particulier plus que d'autres, le sirop étant fait comme on vient de le dire, s'il a encore un goût de miel, on le fait bouillir une seconde fois avec du charbon pilé.

Si on veut faire des confitures, quand on a séparé le charbon de son sirop, qu'on l'a remis sur le feu et écumé, on y met son fruit, comme cerises, abricots, coings, etc. Le miel est peu convenable aux confitures en gelée; la grande ébullition que l'on serait obligé de donner pour arriver à la consistance de la gelée ferait perdre le goût du fruit, surtout cette acidité agréable que donne la groseille. Les personnes qui aiment les confitures bien sucrées doivent mettre livre de miel par livre de fruit; d'autres préféreront trois quarterons de miel par livre de fruit.

Pour les ratafias, quand l'infusion des matières qui en sont la base, comme noyaux, fleurs d'oranger, etc., aura eu lieu suffisamment, on fera le sirop, comme on vient de le dire, dans la proportion d'une livre ou de trois quarterons de miel par pinte ou bouteille d'eau-de-vie. Ces liqueurs, passées au papier, seront aussi limpides et aussi bonnes que si elles avaient été faites au sucre.

Le miel qu'on retire des rayons, et qu'on met dans un chaudron pour le faire chauffer et le passer, le miel des des forêts, que les abeilles font avec des fleurs de bruyère, le miel qui a vieilli dans les ruches, doivent être rejetés pour confitures. Il faut, pour cet objet, rechercher surtout le miel vierge, blanc et limpide, qui forme de longs filamens lorsqu'on le passe, celui des jeunes abeilles et des rayons inférieurs. Pour l'extraire, on coupe les rayons; on les met dans un pot de grès qui, à sa partie inférieure, a un trou bouché avec une cheville. On place le pot dans un four, et quand le miel est liquéfié, on le laisse écouler sur un tamis de crin. Après quelques jours de repos, on enlève les ordures qui surnagent. On peut aussi purifier le miel destiné à confire, en le faisant chauffer sur un feu doux de charbon, le remuant sans cesse, le retirant du feu et couvrant d'une serviette mouillée, qui en attire l'humidité.

Bon vinaigre de miel. Délayer une livre de miel avec huit ou dix litres d'eau, et exposer ce mélange à un air chaud pendant quelques semaines.

Les juifs de la Moldavie et de l'Ukraine emploient depuis longtemps, à Dantzick, un sucre solide et blanc, qu'ils obtiennent en exposant du miel à la gelée dans un vase de fer-blanc, à l'abri du soleil et de la neige.

Le miel a la propriété de conserver. Les Badas, habitans de Ceylan, gardent la viande crue couverte de miel dans des trous d'arbres, à une brasse au-dessus du sol.

Miel rosat. Prendre : Roses rouges onglées et séchées, 3 hectogrammes. Calices roses récentes, 2 hectogrammes et demi. Eau bouillante, 2 kilogrammes. Miel blanc, 5 kilogrammes.

Contusez légèrement les calices de roses; disposez-les alors avec les roses rouges séchées dans un vaisseau d'infusion; versez par-dessus l'eau bouillante; couvrez le vaisseau et laissez infuser pendant douze heures; passez avec légère expression; laissez reposer la liqueur; tirez-là par inclination dans une bassine; ajoutez le miel; portez le mélange à l'ébullition; clarifiez alors avec trois ou quatre blancs d'œufs fouettés, dans deux hectogrammes d'eau : lorsque la liqueur entrera en ébullition, ajoutez-y deux hectogrammes d'eau froide, afin de donner plus de temps à la fécule de se séparer. Lorsque le sirop sera parfaitement clair, passez-le tout bouillant à travers un blanchet; nettoyez la bassine; remettez-y le sirop, et achevez de le faire cuire en consistance convenable; coulez alors à travers une étamine et conservez pour l'usage.

Nous recommandons de clarifier le miel rosat, parce que les roses, par leur infusion, ont fourni un principe mucilagineux qu'il n'est pas possible de séparer ou de rendre soluble dans l'eau, sinon à l'aide de l'albumine des œufs.

Le miel rosat est détersif, légèrement astringent : on l'emploie dans les gargarismes, dans les injections et dans les lavemens, lorsqu'il est besoin de resserrer un peu le ventre.

Miel violat. Prendre : Fleurs de violettes récentes avec leurs calices, 1 kilogramme. Miel blanc, 5 kilogrammes. Eau bouillante, 2 kilogrammes.

Il n'est pas possible de conserver au miel violat la belle couleur des violettes, malgré toutes les précautions qu'on puisse y appporter, à moins de monder les fleurs de violettes de leur calice, et de procéder, pour sa préparation ainsi que nous le dirons à l'article SIROP VIOLAT. (Voy. ce mot.)

Le miel violat n'est employé que dans les lavemens, comme tempérant, adoucissant, légèrement laxatif. La dose est la même que celle du miel mercurial.

MIGRAINE. (*Méd. dom.*) La migraine, ou céphalalgie, est trop connue pour que nous ayons besoin d'en décrire les symptômes. Nous allons indiquer les remèdes les plus efficaces.

Remède contre la migraine. Prendre un bain de pieds très-chaud avec deux poignées de sel gris et un verre de vinaigre.

Autre. Faites dissoudre dans de l'eau trois ou quatre morceaux d'acide citrique, chacun de la grosseur d'un pois, et buvez la solution. Ce breuvage agréable a le goût d'une limonade.

En moins d'une demi-heure, quelle que soit l'intensité de la migraine, elle cédera à ce puissant remède. Le malade pourra reprendre le cours de ses affaires, et une autre demi-heure après, il se trouvera parfaitement bien et exempt du mal de tête.

Autre. Mêler un peu d'assa fœtida à du tabac en poudre et le respirer.

Autre du naturaliste Linnée. Boire tous les matins à jeun environ un litre d'eau fraîche et faire de l'exercice avant dîner. Linnée dut ce remède à un maréchal ferrant; il le fit et guérit.

Autre. L'impératrice Joséphine, incommodée de violentes migraines, parvint à s'en guérir en faisant usage des graines de santé du docteur Franck.

Autre. Faire diète, respirer avec force quelques odeurs spiritueuses, telles que l'eau de Cologne, le vinaigre, l'essence vulnéraire.

Eau contre la migraine. Faire dissoudre deux onces de camphre et une demi-once d'huile d'anis dans une livre d'alcool. Ajouter quatre onces d'ammoniaque. Respirer cette eau et en appliquer des compressses sur le front.

MILAN. (*Chass.*) Nous en avons deux espèces, dont une seule, le milan commun (*falco milvus*), peut être regardée comme nuisible. Cette oiseau est fauve avec les pennes des ailes noires, la queue rousse et fourchue; sa grosseur surpasse celle d'une poule; ses ailes longues sont très-vigoureuses, et c'est de tous nos oiseaux de proie celui qui se soutient le plus longtemps et le plus aisément dans les airs. Il habite les pays montagneux et principalement ceux couverts de forêts de sapins. Il se nourrit principalement de reptiles, mais cependant il manque rarement de se jeter sur les poules et autres volailles qui s'écartent des fermes solitaires.

Le meilleur moyen de le détruire est de faire une recherche exacte de son nid, toujours placé sur un des arbres les plus hauts de la forêt qu'il habite. Une fois qu'on l'a découvert, on saisit le moment où la femelle couve, on la tue d'un coup de fusil et on brise ses œufs. Il donne assez facilement dans les gluaux.

MILLEPERTUIS PYRAMIDAL. (*Jard.*) *Hypericum pyramidatum*. Famille des millepertuis. Plante vivace, de Canada. Fleurs en juillet, grandes, d'un jaune pâle. Terre noire, légère, humide et ombragée. Semis en mars, peu couvrir la graine. Elle se ressème d'elle-même.

Millepertuis androsème. (*Hypericum androsæmifolium.*) Arbrisseau indigène. Toujours vert. Fleurs en juin, d'un beau jaune. Bruyère ombragée. Multiplication de graines qui se ressèment d'elles-mêmes.

Millepertuis à feuilles de kalma. (*Hypericum Kalmianum.*) Arbrisseau de Virginie. Formant un charmant buisson couvert en juillet de jolies fleurs jaunes, nombreuses. Bruyère humide, ombragée, semis en mars.

Millepertuis en doloire. (*Hypericum dolabriforme.*) Arbrisseau de l'Amérique septentrionale. Fleurs en juin, d'un beau jaune et rayées en doloire. Même culture.

Millepertuis prolifère. (*Hypericum prolificum.*) De l'Amérique septentrionale.

Millepertuis élevé. (*Hypericum elatum.*) Même lieu. Culture des autres.

Toutes les plantes de la famille des mille-feuilles ou des millepertuis, broyées dans l'eau-de-vie, ont des qualités vulnéraires.

MILLET. (*Jard.—Cuis.*) *Milium*. Famille des graminées. Il paraît que le millet fut transporté des Canaries en Espagne pour servir de nourriture aux serins qu'on y avait exportés. On cultive ce grain, surtout en Sicile, où il est appelé *scagliubla*, dans l'île de Thanet en Angleterre, et à Halle en Allemagne, où, devenu indigène, il se reproduit de lui-même dans les champs.

On connaît deux espèces de millet, celui des oiseaux, celui d'Allemagne et de Pologne. Il rend 12 hectolitres et quelquefois beaucoup plus. On range le sarrasin parmi ces grains, quoiqu'appartenant à un autre ordre de plantes. On le cultive dans le nord et surtout en Bretagne; sa végétation est prompte; il rend 19 à 20 hectolitres.

Il se sème au mois de mai, dans un sol chaud, meuble et riche. Comme fourrage vert, il est excellent. On le cultive rarement pour sa graine.

On l'enfouit en vert pour engrais.

Millée. Laver le millet dans deux ou trois eaux, l'égoutter, le mettre dans une casserole avec du lait froid, le laisser bouillir sans le couvrir. Pendant la cuisson, verser un quarteron de sucre en poudre par litre de lait, et une cuillerée de fleur d'oranger. Au moment de servir, ajouter une liaison de jaunes d'œufs.

On peut glacer au four de campagne. Ce plat se mange froid. En ne laissant pas réduire la millée, on en fait un potage.

MIMULE DE VIRGINIE. (*Jard.*) *Mimulus resigens.* Famille des scrofulaires. Plante vivace. Elle se multiplie de semis en mars, qu'on arrose sans les recouvrir, ou de séparation de pieds après la floraison, dans une terre légère ou en bruyère tenue humide, à l'ombre. Elle se ressème d'elle-même. Ses fleurs, en juillet, sont d'un bleu rougeâtre.

Mimule ponctué. (*Mimulus punctatus.*) Plante vivace du Pérou. Même culture. Ses fleurs, en juin, sont très-grandes, d'un beau jaune.

MINES. (*Conn. us.*) Mesure qui contient six boisseaux de vingt livres. Le minot est la moitié de la mine.

MINE. (*Conn. us. — Cod. dom. — Ind. dom.*) La plupart des minéraux, le bitume, le soufre, le sel, l'or et les autres métaux sont d'une immense utilité pour l'homme. Ils forment dans la terre des mines dont l'exploitation donne des produits considérables.

Les mines de charbon d'Angleterre produisent 15 millions de tonneaux du poids de 2,000 livres, destinés au service de l'intérieur, et 5 millions de tonneaux que l'on exporte pour l'étranger; on en a évalué la valeur à 90,000,000 de piastres fortes, en la comparant à celles des mines d'or et d'argent d'Amérique, qui ne produisent que pour 44,500,000 piastres fortes. (100,000 piastres valent environ 500,000 francs.)

TABLE ALPHABÉTIQUE

Des départemens de France où l'on trouve des mines.

Fer. Ain, Aude, Aveyron, Hautes-Alpes, Calvados, Cantal, Corrèze, Eure-et-Loire, Gard, Hérault, Haute-Loire, Haute-Marne, Meurthe, Nièvre, Puy-de-Dôme, Pyrénées-Orientales, Bas-Rhin, Bouches-du-Rhône, Saône-et-Loire, Tarn, Var, Vaucluse, Vosges.

Or. Arriége, Gard, Isère, Bas-Rhin.

Argent. Bas-Rhin, Isère.

Plomb et plomb et argent. Allier, Alpes, Basses-Alpes, Hautes-Alpes, Arriége, Aude, Aveyron, Charente, Corrèze, Côtes-du-Nord, Côte-d'Or, Dordogne, Gard, Haute-Garonne, Hérault, Ille-et-Vilaine, Isère, Lot, Lozère, Moselle, Nièvre, Pyrénées-Orientales, Puy-de-Dôme, Bas-Rhin, Rhône, Saône-et-Loire, Haute-Saône, Tarn, Var, Vienne, Haute-Vienne.

Cuivre. Hautes-Alpes, Aude, Corrèze, Hérault, Moselle, Bas-Rhin, Haut-Rhin, Rhône, Haute-Saône, Tarn, Var, Vosges.

Cuivre et argent. Bas-Rhin, Haut-Rhin, Vosges.

Cuivre et plomb; cuivre, plomb et argent. Nièvre, Bas-Rhin, Haut-Rhin, Saône, Vosges.

Cuivre, antimoine et argent. Aude.

Antimoine. Allier, Aude, Creuse, Dordogne, Gard, Lozère, Bas-Rhin, Vendée, Haute-Vienne.

Étain. Corrèze, Loire-Inférieure, Haute-Vienne.

Mercure. Manche. On en a trouvé à Montpellier.

Vitriol. Bas-Rhin.

Chrôme. Saône-et-Loire.

Plomb sulfuré argentifère, *zinc sulfuré et calaminé*, *plomb*, *cuivre et argent*. Manche, Vosges.

Manganèse. Aube, Dordogne, Bas-Rhin, Haute-Saône, Vosges.

Lois sur les mines. Tout ce qui est relatif aux mines, minières, tourbières et carrières, est régi par les lois des 12 juillet 1791 et 21 avril 1810, et par les décrets des 6 mai 1811 et 5 janvier 1815. Elles ne peuvent être exploitées qu'en vertu d'un acte de concession délivré en conseil d'état. (Loi du 21 avril 1810, art. 5.)

La demande est faite par voie de simple pétition adressée au préfet. (*Ibid.*, art. 22.)

Les publications sont faites par affiches dans toutes les communes dans le territoire desquelles la concession peut s'étendre; elles sont insérées dans les journaux des départemens. Elles ont lieu en outre dans les communes, devant la porte de la maison commune et des églises paroissiales et consistoriales, à la diligence des maires qui doivent certifier ces publications. (*Ibid.*, art. 23 et 24.)

L'exploitation des minières ne peut avoir lieu sans la permission du préfet, qui prend l'avis de l'ingénieur des mines. (*Ibid.*, art. 57 et 64.)

La permission détermine les limites de l'exploitation et les règles sous les rapports de santé et salubrité publiques. (*Ibid.*, art. 58.)

L'exploitation des terres alumineuses et pyriteuses est assujettie aux mêmes formalités. (*Ibid.*, art. 71.)

L'exploitation des tourbières ne peut avoir lieu sans l'autorisation du préfet, et conformément au réglement d'administration publique qui détermine la nature et la direction de travaux. (*Ibid.* art. 84 et 85.)

L'exploitation des carrières à ciel ouvert a lieu sans permission, sous la simple surveillance de la police. (*Ibid.* art. 81.) Quant à l'exploitation par galeries souterraines, elle est soumise à la surveillance des ingénieurs des mines. (*Ibid.*, art. 82 et 47.)

Des droits des propriétaires des terres. Nul ne peut faire de recherches pour découvrir des mines, enfoncer des sondes ou tarrières sur un terrain qui ne lui appartient pas, que du consentement du propriétaire de la surface, ou avec l'autorisation du gouvernement, donnée après avoir consulté l'administration des mines, à la charge d'une indemnité préalable envers le propriétaire après qu'il aurait été entendu.

L'autorité ne peut accorder aucune autorisation pour pratiquer des recherches ou établir des machines ou magasins dans les enclos murés, cours et jardins, ni dans les terrains attenant aux habitations ou clôtures murées, dans la distance de 100 mètres desdites clôtures ou habitations. (*Ibid.*, art. 11.)

Le propriétaire peut faire les recherches qu'il juge convenables dans toutes les parties de ses propriétés closes ou non closes; mais il est obligé d'obtenir une concession avant d'y établir une exploitation. (*Ibid.*, art. 12.)

Les propriétaires des mines sont tenus de payer des indemnités aux propriétaires de la surface sur le terrain desquels ils établissent leurs travaux. (*Ibid.*, art. 45.)

Si les travaux entrepris par les explorateurs ou par les propriétaires de mines ne sont que passagers, et si le sol où ils ont été faits peut être mis en culture au bout d'un an, comme il l'était auparavant, l'indemnité est réglée au double de ce qu'aurait produit le terrain endommagé. (*Ibid.*)

Lorsque l'occupation des terrains pour la recherche ou les travaux des mines prive les propriétaires du sol de la jouissance du revenu au-delà d'une année, ou lorsque, après les travaux, les terrains ne sont plus propres à la culture, on peut exiger des propriétaires des mines l'acquisition des terrains à l'usage de l'exploitation. Si le propriétaire de la surface le requiert, les pièces de terre trop endommagées, ou dégradées sur une trop grande partie, doivent être achetées en totalité par le propriétaire de la mine. (*Ibid.*, art. 44.)

L'évaluation du prix est faite, quand au mode, suivant les règles établies par la loi du 16 septembre 1807, sur les desséchemens des marais (voyez ci-dessus, art. 81) ; mais le terrain à acquérir doit toujours être estimé double de la valeur qu'il avait avant l'exploitation de la mine. (*Ibid.*, art. 44.)

L'exploitation des minières, terres pyriteuses et alumineuses, peut être concédée par le gouvernement à d'autres qu'aux propriétaires; dans ce cas ils sont assujettis à une indemnité réglée de gré à gré ou par experts. (*Ibid.*, art. 72.)

Le concessionnaire qui a obtenu du propriétaire d'un terrain le consentement d'ouvrir un puits, pour la recherche d'une mine, est obligé, lorsque l'ouverture est pratiquée à moins de cent mètres de distance d'un terrain clos, ou attenant aux habitations, de se munir en outre du consentement des propriétaires de ces terrains. (C. de Cass., 25 janvier 1827.)

Les tribunaux sont incompétens pour examiner si l'ordonnance de concession d'une mine a été ou non précédée des formalités préalables prescrites par la loi du 21 avril 1810 : c'est là une question purement administrative, sur laquelle il n'appartient qu'à l'administration de prononcer. Les tribunaux ne peuvent donc, sous prétexte que les formalités voulues n'ont pas été observées, décider que la concession est sans effet à l'égard de quelques-uns des propriétaires de la surface des terrains dans lesquels sont renfermées les mines concédées. (C. de Cass., 28 janvier 1833.)

L'*École des mines* est à Paris, rue d'Enfer, n° 34.

Indépendamment des élèves ingénieurs, il y a des élèves externes qui y reçoivent une instruction gratuite

Ces derniers ne peuvent faire partie du corps des mines; mais les connaissances qui leur sont données les mettent à portée de remplir des places de directeurs d'exploitations ou de grands établissemens de mines.

Il y a encore l'*École des mineurs* à St-Étienne.

L'admission y est gratuite.

Redevances sur les mines. Les redevances sur les mines se divisent en *redevances fixes* et en *redevances proportionnelles*.

La *redevance fixe* est réglée d'après l'étendue de l'extraction; elle est fixée à 10 fr. par kilomètre carré. (Loi du 21 avril 1810.)

La *redevance proportionnelle* est déterminée par les produits de l'extraction ; elle ne peut jamais s'élever au-dessus de 5 pour cent du produit net. (*Ibid.*)

Il est imposé en sus 10 centimes par franc, destinés à former un fond de non valeur. (*Ibid.*)

La redevance proportionnelle est imposée et perçue comme la contribution foncière.

Abonnemens. Les propriétaires de mines peuvent s'abonner pour la redevance proportionnelle. Ceux des exploitans qui veulent jouir de cette faveur sont tenus de déposer, avant le 15 avril de chaque année, au secrétariat de la préfecture, leur soumission appuyée de motifs détaillés. Les soumissions peuvent être acceptées, sur l'avis du préfet, par le directeur général des mines, d'après une estimation du produit des mines pour lesquelles l'abonnement est proposé, estimation faite en présence des concessionnaires ou de leurs agens, par les ingénieurs des mines, les maires ou adjoints de la commune ou des communes sur lesquelles s'étendent les concessions, et les deux répartiteurs communaux qui sont plus fort imposés.

Signes de la présence d'une mine. Différens indices sont l'annonce de la présence d'une mine : des paillettes minérales dans les sables des rivières voisines ; un terrain montueux et aride; peu de coquilles marines, presque jamais de craie ; des montagnes dont le sommet s'étend assez horizontalement vers le sud-est, et s'abaisse ensuite par degrés vers le nord-ouest ; des couches de roches obliquement posées. Plusieurs de ces indices réunis forment une grande probabilité.

Fonçage d'un puits de mine. Pour pénétrer dans l'intérieur de la terre, et pour en arracher les substances qui font l'objet de ses travaux, le mineur emploie trois moyens principaux : *les outils*, *la poudre*, *le feu*; pour foncer un puits c'est principalement de la poudre dont il se sert.

Quand on veut faire sauter un rocher, on perce un trou à l'aide d'une *frappe* avec un maillet. On enlève la poussière avec une espèce de cuillère. Quand le trou a deux ou trois pieds de long, sur un pouce à un pouce et un quart de diamètre, si le trou est un peu humide, on y fait entrer, avec une barre de fer, de l'argile sèche et en poudre. On y introduit une cartouche de poudre sèche, au milieu d'un peu de chaux vive. Lorsqu'on ne peut empêcher l'humidité, on recouvre la cartouche d'une lame d'étain. On pousse le bout de la cartouche jusqu'au fond du trou au moyen d'une aiguille de cuivre. On remplit avec de l'étoupe l'espace vide entre la cartouche et les parois du trou, qu'on comprime au moyen d'une verge de fer creusée longitudinalement du côté où elle doit être en contact avec l'aiguille. On retire l'aiguille, et on met à la place une traînée de poudre, au bout de laquelle est une mèche d'amadou assez longue pour donner à celui qui y met le feu le temps de s'éloigner. Avant de faire sauter la mine, on avertit, par un signal quelconque, les personnes qui pourraient se trouver aux alentours.

On se sert assez ordinairement d'une machine à vapeur pour *l'épuisement des eaux*.

Il est telle mine qui serait complètement noyée si les pompes s'arrêtaient pendant vingt-quatre heures ; mais, sans prendre un cas si grave, on conçoit que les filtrations continuelles provenant des cours d'eau voisins, des eaux pluviales, etc., mettent le mineur dans la nécessité de se débarrasser sans interruption des eaux qui menacent toujours d'envahir ses travaux. C'est à celui qui dirige les travaux à savoir réunir toutes ces eaux en un ou plusieurs points auxquels il applique une série de jeux de pompes, de manière à ce qu'elles soient élevées jusqu'au jour. Ordinairement, à un énorme balancier, est attachée une tige qui porte le nom de *maîtresse tige*, et qui est formée d'une suite de longues pièces de bois assemblées avec soin ; à l'autre extrémité du balancier se trouve fixée la tige du cylindre à vapeur, de telle sorte que le mouvement du piston imprime un semblable mouvement à la maîtresse tige : c'est celle-ci qui porte dans toute sa longueur les tiges en fer qui se meuvent dans les corps de pompe et qui, d'étage en étage, mènent ainsi les eaux jusqu'à la surface, où on leur a ménagé un écoulement.

Dans la plupart des mines, des pompes sont en mouvement jour et nuit ; aussi lorsque des réparations indispensables en suspendent le jeu, lorsque quelque accident vient à arrêter l'épuisement, il faut voir avec quelle ardeur les ouvriers se mettent à l'œuvre. Un sentiment religieux vient se présenter aux mineurs au moment où ils vont s'ensevelir pour huit heures, durée ordinaire de leurs travaux. En France et en Allemagne, ce sont des cantiques que les mineurs entonnent en chœur, et dont les sons s'affaiblissent graduellement à mesure que les voix s'enfoncent davantage ; là, un simple signe de croix est fait par chaque homme, au moment où il saisit le premier *beaugeon* de l'échelle. Dans d'autres cas, le *poste* entier se rassemble dans le magasin à poudre, creusé dans le rocher ; tous s'agenouillent en silence, et le maître mineur récite d'un ton simple une courte prière ; aussitôt qu'elle est achevée, il procède à la distribution des cartouches, et alors tous se dispersent dans les différentes galeries à l'extrémité desquelles chacun va, pour quelques sous, disputer à la terre les métaux précieux qu'elle cache dans son sein.

Des enfans et de jeunes garçons recueillent le minerai abattu, et le transportent dans des brouettes ou de petits chariots, nommés *chiens*, jusqu'au *rond*, c'est-à-dire jusqu'au bas du puits; là, deux *chargeurs* emplissent *la benne* et donnent, par un cri particulier, le signal nécessaire pour l'élever ; aussitôt la machine se met en mouvement et enlève jusqu'au jour la matière extraite. Cette machine est très-simple ; on l'appelle *machine à molettes*, et ressemble, aux dimensions près, à ces petits manéges disposés pour élever l'eau dans les jardins où il se fait une grande culture. C'est un tambour mis en mouvement par des chevaux ; sur le tambour s'enroule le câble, qui va passer sur les poulies appelées *molettes*, de telle sorte qu'une benne monte en même temps que l'autre descend, et ainsi de suite.

Quelle que soit la profondeur à laquelle s'enfonce une masse de matière exploitable, il est de bonne règle de l'attaquer par le point le plus bas, et de l'élever successivement vers la surface, en l'appuyant sur ses remblais, que l'on tire, *même au jour*, si cela est nécessaire.

La règle que nous donnons ici est celle que commande *l'intérêt social*. Vainement au mot *d'intérêt privé* a-t-on ajouté celui de *bien entendu* ; l'expérience a montré que, dans presque tous les cas, les particuliers livrés à eux-mêmes ont *gaspillé*, *grappillé* les mines, en arrachant les parties qui étaient les plus voisines de la surface, et qu'on pouvait amener au jour avec le moins de frais; ils n'ont songé qu'à faire une fortune rapide, sans s'inquiéter des suites. Or, ces suites sont très-graves ; car il devient difficile, dangereux, quelquefois impossible, de traverser les excavations ainsi formées, pour arriver ensuite aux richesses que l'on a laissées au-dessous. Telle est une des nombreuses raisons qui ont placé la *propriété des mines*, dans une position tout exceptionnelle, et qui en fait une *propriété sociale* au plus haut degré.

Lorsque, par les moyens que nous avons décrits, le puits ou fonçage est arrivé à la profondeur voulue, il ne s'agit plus que d'*entrer en galerie*, et de se diriger souterrainement dans les divers sens où l'on est conduit par la forme du filon ou de la masse quelconque qu'il s'agit d'exploiter; c'est au moyen de la boussole que l'on reconnaît dans quelle direction on marche : à mesure que le mineur s'avance dans sa galerie, il a soin de soutenir la masse par un *boisage*, qui se compose de deux *montans* et d'un *chapeau*.

La ventilation est nécessaire dans les mines pour prévenir l'accumulation du gaz. On l'obtient en allumant à l'ouverture d'un des puits un grand feu qui s'alimente de l'air de la mine. Le ventilateur, appelé tarare, convient pour entretenir dans les mines un courant d'air. (Voyez TARARE.)

MINÉRALOGIE. C'est l'étude des corps privés de vie, qui s'accroissent par *juxta*-position. Ces corps appartiennent au règne minéral. (Voyez MINES.)

La classification minéralogique de Haüy est la plus claire et la plus complète de toutes. Elle divise par classes, ordres, genres et espèces, les terres, pierres, sels, fossiles, bitumes, métaux, substances volcaniques, qui font l'objet de l'étude de la minéralogie.

Nous donnons ici la méthode de Haüy; elle sera utile et agréable à ceux qui sont à portée de faire des collections, et à ceux qui, rencontrant à chaque pas une substance métallique quelconque, une pierre ou un sel, désirent en connaître la nature et l'espèce. La plupart des termes minéralogiques ne peuvent être compris qu'à l'aide de la chimie. (Voy. ce mot.)

1re CLASSE. — *Substances acidifères.*

1er ORDRE. — *Substances acidifères terreuses.*

1er GENRE. — CHAUX.

Espèces. Chaux carbonatée, *id.* phosphatée, *id.* fluatée, *id.* sulfatée, *id.* nitratée, arséniatée.

2e — Baryte.

Espèces. Baryte sulfatée, *id.* carbonatée.

3e — Strontiane.

Espèces. Strontiane sulfatée, *id.* carbonatée.

4e — Magnésie.

Espèces. Magnésie sulfatée, *id.* boratée.

2e ORDRE. — *Substances acidifères alkalines.*

1er GENRE. — Potasse.

Espèce. Potasse nitratée.

2e — Soude.

Espèces. Soude muriatée, *id.* boratée, *id.* carbonatée.

3e — Ammoniaque.

Espèce. Ammoniaque muriatée.

3e ORDRE. — *Substances acidifères alkalines-terreuses.*

GENRE UNIQUE. — Alumine.

Espèces. Alumine sulfatée, alkaline, *id.* fluatée, alkaline.

2e CLASSE. — *Substances terreuses.*

Espèces. Quartz, zircon, télésie, cymophane, spinelle, topaze, émeraude, euclase, grenat, amphigène, idocrase, méionite, feld-spath, corindon, pléonaste, axinite, tourmaline, amphibole, actinote, pyroxène, staurotide, épidote, sphène, wernerite, diallage, anaptase, dioptase, gadolinite, lazulite, mésotype, stilbite, préhnite, chabasie, amalcime, néphéline, harmotome, péridot, mica, distène, grammatite, pycnite, dipyre, asbeste, talc, macle.

3e CLASSE. — *Substances combustibles.*

1er ORDRE — *Substances combustibles simples.*

Espèces. Soufre, diamant, anthracite.

2e — *Substances combustibles composées.*

Espèces. Bitume, houille, jais ou jayet, succin, melite.

4e CLASSE. — *Subtances métalliques.*

1er ORDRE. — *Non oxydables immédiatement, si ce n'est à un feu très-violent, et réductibles immédiatement.*

1er GENRE. — Platine.

Epèce. Platine natif ferrifère.

2e — Or.

Espèce. Or natif.

3e — Argent.

Espèces. Argent natif, *id.* antimonial, *id.* sulfuré, *id.* antimonié sulfuré, *id.* muriaté.

2e ORDRE. *Oxydables et réductibles immédiatement.*

GENRE UNIQUE. — Mercure.

Espèces. Mercure natif, *id.* argental, *id.* sulfuré, *id.* muriaté.

3e ORDRE. — *Oxydables, mais non réductibles immédiatement; sensiblement ductiles.*

1er GENRE. — Plomb.

Espèces. Plomb natif volcanique, *id.* sulfuré, *id.* arsénié, *id.* chromaté, *id.* carbonaté, *id.* phosphaté, *id.* molybdaté, *id.* sulfaté.

2e — Nickel.

Espèces. Nickel arsénical, *id.* oxydé.

3e — Cuivre.

Espèces. Cuivre natif, *id.* pyriteux, *id.* gris, *id.* sulfuré, *id.* oxydé rouge, *id.* muriaté, *id.* carbonaté bleu, *id.* carbonaté vert, *id.* arséniaté, *id.* sulfaté.

4e Fer.

Espèces. Fer oxydulé, *id.* oligiste, *id.* arsénical, *id.* sulfuré, *id.* carboné, *id.* oxydé, *id.* azuré, *id.* sulfaté, *id.* chromaté, *id.* arséniaté.

5e — Étain.

Espèces. Étain varié, *id.* sulfuré.

6e — Zinc.

Espèces. Zinc oxydé, *id.* sulfuré, *id.* sulfaté.

7e. *Non ductiles.* Bismuth.

Espèces. Bismuth natif, *id.* sulfuré, *id.* oxydé.

8e — Cobalt.

Espèces. Cobalt arsénical, *id.* gris, *id.* oxydé noir, *id.* arséniaté.

9e — Arsenic.

Espèces. Arsenic natif, *id.* oxydé, *id.* sulfuré, rouge, jaune.

10e — Manganèse.

Espèces. Manganèse oxydé, *id.* phosphaté.

11e — Antimoine.

Espèces. Antimoine natif, *id.* sulfuré, *id.* oxydé, *id.* hydro-sulfuré.

12e — Urane.

Espèces. Urane oxydulé, *id.* oxydé,

13e — Molybdène.

Espèce. Molybdène sulfuré.

14e Titane.

Espèces. Titane oxydé, *id.* titane silicéo-calcaire.

15e.—Schéelin.

Espèces. Schéelin ferrugine, *id.* calcaire.

16e—Tellure.

17e—Chrôme.

APPENDICE.

Substances dont la nature n'est pas encore assez connue pour permettre de leur assigner des places dans la méthode. Amianthoïde, aplome, aragonite, chaux sulfatée anhydre, chaux sulfatée quartzifère, coccolithe, diaspore, écume de mer, émeraude de France, feld-spath apyre, jade, koupholithe, lépidolithe, madréporite, malacolithe, micarelle, pétro-silex, scapolithe paranthine, spath chatoyant, spath schisteux, spinthère, tourmaline apyre, triphane, zéolithe efflorescente, zéolithe jaunâtre, zéolithe rouge d'Ædelfors.

2e APPENDICE.

Agrégats de différentes substances minérales.

1er Ordre. *Agrégats de première formation ou roches.* Roche feld-spathique, quartzeuse, amphibolique, micacée, talqueuse, calcaire, jadiène, pétro-siliceuse, cornéenne, serpentineuse, argileuse.

2e—*Agrégats de seconde ou de troisième formation.* Argile, argile calcarifère, calcaire polissable argilo-ferrifère, chaux sulfatée calcarifère.

3e—*Agrégats composés de fragmens ou débris agglutinés postérieurement à la formation des substances auxquelles ils ont appartenu.* Quartz-agathe brèche, calcaire-brèche, quartz arénacé agglutiné, quartz aluminifère tripoléen, granit recomposé.

3e APPENDICE.

Substances volcaniques.

1re CLASSE. *Matières qui ont éprouvé la fluidité ignée.*

1er ORDRE. 1er *Genre.* Laves lithoïdes, basaltiques, compactes, poreuses, prismatiques, uniformes ou mélangées, noires, brunes, grises, bleuâtres, renfermant des cristaux de feld-spath, de pyroxène, d'amphibole, de grenat, d'amphigène, de péridot, de mines de fer oligiste, etc.

2e *Genre.* Laves lithoïdes pétrosiliceuses, uniformes ou mélangées.

3e *Genre.* Laves lithoïdes feld-spathiques, uniformes ou mélangées.

4e *Genre.* Laves lithoïdes amphigéniques, uniformes ou mélangées.

2e ORDRE. *Laves vitreuses ayant plus ou moins l'apparence d'une matière vitrifiée.*

1er *Genre.* Lave vitreuse obsidienne, massive ou granuliforme.

2e *Genre.* Lave vitreuse émaillée, verre ou laitier des volcans.

3e *Genre.* Lave vitreuse perlée, perlstein des Allemands.

4e *Genre.* Lave vitreuse pumicée, pierre ponce.

5e *Genre.* Lave vitreuse capillaire, verre des volcans en filets capillaires.

3e ORDRE. *Laves scorifiées, ayant plus ou moins de rapport, par leur aspect, avec les scories des forges.*

Uniformes ou mélangées.

2e CLASSE. *Matières qui n'offrent que des indices de cuisson.*

1er *Genre.* Thermantide cémentaire, lapillo.

2e *Genre.* Thermantide tripoléenne offrant les caractères du tripoli.

3e *Genre.* Thermantides pulvérulentes, pouzzolanes, cendres de volcans.

3e CLASSE. *Produits de la sulfuration.*

Soufre ammoniaque muriaté, arsénic sulfuré, fer olégiste.

4e CLASSE. *Laves altérées, c'est-à-dire, qui ont subi une décomposition plus ou moins avancée par l'effet des vapeurs acido-sulfureuses, ou des vicissitudes de l'atmosphère.*

5e CLASSE. *Tufs volcaniques, produits des éruptions boueuses, empâtemens et agglutinations par la voie humide, uniformes ou mélangés.*

6e CLASSE. *Substances qui ont été formées dans l'intérieur des laves, postérieurement à l'époque où celles-ci ont coulé.*

Mésotype, analcime, stilbite, chabasie, chaux carbonatée, fer sulfuré.

Werner et Daubenton ont également donné des classifications. On a proposé à celle d'Haüy quelques modifications. Il serait à souhaiter que, pour cette science comme pour toutes les autres, les savans compétens examinassent les diverses méthodes proposées, et adoptassent exclusivement pour l'enseignement général, celle qui présenterait les plus grands avantages.

MINEUR. (*Cod. dom.*) Toute personne n'ayant pas atteint 21 ans est mineure.

Du mineur non émancipé. Le mineur non émancipé est sous l'autorité exclusive de son tuteur qui agit pour lui. Toutefois, s'il a seize ans, la loi lui permet de tester pour la moitié seulement des biens dont il aurait pu disposer étant majeur.

En cas de doute, celui qui contracte avec un tiers doit exiger son acte de naissance.

Du mineur émancipé. Le mineur émancipé sort de tutelle, il est pourvu d'un curateur par le conseil de famille.

Le mineur émancipé fait tous les actes de pure administration; ainsi il passe les baux dont la durée n'excède pas neuf années; il perçoit ses revenus; mais il ne peut recevoir de capital mobilier, ni en donner décharge sans l'assistance de son curateur, qui doit surveiller l'emploi du capital reçu. Pareille assistance lui est nécessaire pour intenter une action immobilière. Il ne peut même faire d'emprunt qu'après avoir obtenu l'autorisation du conseil de famille, homologué par un jugement.

Enfin, il ne peut vendre, aliéner, hypothéquer ses immeubles, donner main-levée ou restreindre une inscription hypothécaire, procéder à un partage ou transiger, si ce n'est en remplissant les formalités prescrites par la loi aux mineurs non émancipés.

Du mineur commerçant. Le mineur qui fait un commerce est réputé majeur, pour tous les faits relatifs à ce commerce, aux conditions suivantes :

1° Avoir dix-huit ans accomplis ;

2° Avoir obtenu préalablement le consentement de son père, ou de sa mère ; en cas de décès, interdiction ou absence du père, ou à défaut des père et mère, l'autorisation du conseil de famille constaté par une délibération homologuée par justice;

3° Avoir fait enregistrer et afficher au tribunal de commerce du domicile du mineur l'autorisation ainsi obtenue.

Le mineur marchand et ainsi autorisé, est réputé majeur, mais seulement pour les faits relatifs à son commerce.

L'action en rescision des actes qui préjudicient au mineur dure dix ans, à partir du jour de sa majorité.

MIRAGE. (*Conn. us.*) Le mirage est un phénomène singulier qui fait voir, dans une campagne ou dans la mer, des objets qui n'existent qu'à quelques lieues plus loin.

Le mirage est maritime ou terrestre.

Dans le mirage maritime, les objets lointains ont deux images, l'une réelle, l'autre renversée.

Sur terre, on voit à une lieue de distance, les arbres et les maisons renversés, au milieu d'une inondation apparente.

Monge qui observa le mirage en Égypte l'explique ainsi : A midi, la couche d'air la plus proche du sol se trouve augmentée de volume et moins compacte. Les rayons de lumière en y entrant, se réfléchissent, comme passant d'un milieu plus dense dans un milieu moins dense. Le rayon réfléchi se relève et va frapper l'œil du spectateur qui se trouve dans une couche d'air moins chaud, et lui fait voir l'objet au-dessous de sa place réelle à l'horizon.

MIROTON. (*Cuis.*) Espèce de ragoût. Faire cuire à moitié des tranches d'ognon dans du beurre ; ajouter de la farine et laisser le tout se colorer ; mouiller de bouillon et vin blanc, avec épices ; faire réduire jusqu'à ce que l'ognon soit cuit, et mettre dessus du bouilli coupé par tranches : dix minutes suffiront pour qu'il prenne le goût de l'ognon; servir alors avec verjus, moutarde, ou filet de vinaigre.

MITCHELLA RAMPANT. (*Jard.*) *Mitchella repens.* Famille des rubiacées. Culture de Virginie. Fleurs en juillet, blanches et odorantes ; fruits d'un beau rouge. Bruyère humide, ombre. Multiplication de traces enracinées et de graines qui mûrissent. C'est une jolie plante.

MITES. (*Animaux nuisibles.*) Les mites sont des insectes très-petits. Ils se multiplient beaucoup et attaquent les arbres, les animaux et les provisions.

On trouve des mites partout, sous les pierres, sur les végétaux, dans la terre et dans les eaux. Ils abondent sur les provisions de bouche, sur la viande desséchée, le vieux fromage sec, etc. Ceux dont nous nous occuperons ici vivent en parasites dans la chair de divers animaux, et les affaiblissent beaucoup par leur excessive multiplication.

On attribue à quelques espèces, dit M. Latreille, l'origine de certaines maladies et particulièrement de la gale. Il paraît résulter des expériences du docteur Gallay, que les mites de la gale humaine, mises sur le corps d'une personne saine, lui inoculent le virus de cette maladie. Les mites pullulent prodigieusement, et sont très-difficiles à détruire. Elles s'attachent aux volailles, principalement aux pigeons, leur font beaucoup de mal : aussi doit-on porter ses soins à les éviter. Il ne s'agit pour cela que de nettoyer très-souvent le logement de ces animaux, d'en retirer la fiente journellement, et de leur donner très-souvent de la paille fraîche pour faire leurs nids, avec la précaution de retirer celle dont ils se sont déjà servis. Les nids eux-mêmes méritent l'attention de l'économiste ; ils ne doivent point être en osier ni en planches, comme on a trop souvent la malheureuse habitude de les construire, mais en terre cuite ou en plâtre. Lorsque des oiseaux de basse-cour sont tourmentés par les mites, il faut encore tenir constamment à leur portée de l'eau fraîche dans laquelle ils puissent se baigner, et du sable sec et fin sur lequel ils aiment à se rouler.

On peut détruire les mites sur les arbustes avec la solution mercurielle. (Voy. ANIMAUX NUISIBLES.)

Moyen d'éloigner des étoffes les mites, teignes et escarbots. Placez dans vos armoires, parmi vos étoffes et vêtemens, un petit sac de toile renfermant un morceau de camphre. Son odeur fera infailliblement fuir les mites, les teignes et les vers. Le sureau leur est également funeste.

Des branches d'érable sans feuilles éloignent les mites de la farine.

Moyen de détruire les mites qui s'insinuent dans la peau. Il suffit de se laver avec de l'eau et du vinaigre.

MIXTURES. (*Méd. dom.*) On donne le nom de mixtures aux médicamens liquides composés d'alcools ou de teintures spiritueuses, d'huiles volatiles et autres produits à peu près de même nature. Ces espèces de potions sont ordinairemenr destinées à être prises à de très-petites doses, qui sont, pour la plupart du temps, étendues dans une tasse d'infusion appropriée.

Mixture béchique. Voici la manière de composer cette mixture, donnée par M. le docteur Denis de Montfort. Faites infuser dans de l'huile d'olive, et en quantité suffisante, des fleurs de violettes, de sureau, de roses, de camomille, de mauve, de bouillon blanc et de lis; mettez digérer au soleil, pour en exprimer le marc, après une convenable macération. L'expression donnera l'huile que l'on désire; et si on la voulait plus carminative encore, on pourrait y joindre quelques pincées de safran.

Indépendamment des différentes maladies auxquelles on peut l'employer, il est encore reconnu que cette huile est souverainement anodine, qu'elle calme la céphalalgie et les maux de tête, apaisant la frénésie, appelant le sommeil lorsqu'on s'en frotte les tempes, s'opposant aux propensions hypocondriaques, calmant les douleurs d'estomac, du ventricule, des intestins et de l'utérus; *maturant* et *résolvant* les tumeurs et les abcès, *sédant* les affections rhumatismales et nerveuses, soulageant la lassitude, et guérissant les brûlures, mêlée avec du blanc d'œuf, et l'appliquant en liniment. Employée en lavement, cette eau chasse les douleurs iliaques, et procure une heureuse sécrétion; elle est, en dernière analyse, un baume souverain, dont aucun ménage ne devrait être dépourvu.

MODE. (*Var.*) La mode ressemble à ces grands fleuves dont on voit le cours sans en connaître la source. On s'inquiète peu d'où elle vient : on l'adopte aveuglément; qu'elle doive sa naissance au caprice d'une femme riche, à la bizarrerie d'un fashionable, à l'esprit spéculateur d'un tailleur et d'une couturière, elle trouve toujours des gens qui la prônent et l'imitent.

Les philosophes austères qui déclament contre la mode doivent l'accepter comme un fait qu'ils ne peuvent détruire. Ils ne sauraient empêcher la fantaisie d'un individu de créer un ajustement nouveau, et son exemple d'être suivi par des gens blasés et avides de changement. Mais ils blâment avec raison les gens peu aisés qui, par le désir de se mettre à la mode, sont poussés à des dépenses superflues.

Madame Élisabeth Celnart donne aux dames des conseils qui peuvent être d'une grande utilité pour les personnes économes. Elle leur indique comment on doit s'y prendre pour mettre à la mode les objets qui n'y sont plus. Nous reproduisons ici son travail qui, bien qu'il ait un peu vieilli par suite des variations de la mode, n'en est pas moins intéressant.

« Sous peine d'être ridicule, ou de dépenser en façon l'argent qui servirait à avoir de nouveaux vêtemens, une femme doit savoir changer la forme de ses robes, leur remettre de nouvelles manches, de nouveaux corsages; y tailler d'autres pièces d'habillement, quand tout autre changement, ou toute autre réparation est impossible. Pour parler avec plus de clarté et obtenir plus de confiance, je crois qu'il vaut mieux raconter que conseiller; aussi vais-je tout simplement dire à mes lectrices ce que je fais.

» Distinguons d'abord les étoffes et les diverses parties des vêtemens. Une robe de percale à refaire ne m'embarrasse nullement : si le corsage est complétement passé de mode, je le découds, et je tâche de couper un bonnet dans ses différens morceaux. Il y aurait bien du malheur, si en mélangeant ces morceaux de percale avec de la mousseline, comme on a coutume de faire pour les bonnets de nuit ou du matin, je ne parvenais pas à faire servir mon corsage. Comme j'assortis la percale à volonté, je fais un nouveau corsage à la mode, et ma robe paraît toute neuve.

» Les robes d'indienne, guingam, mousseline peinte, causent plus d'ennui à cause de la difficulté de les assortir : je ne le tente même pas, car ce serait vraisemblablement du temps perdu; je fais alors le corsage le plus simple possible, parce que tout ornement passé de mode n'est plus supportable; et sur ma robe dont le corsage ressemble à une chemisette, je porte un canezou-pélerine, ou fichu-canezou qui le cache complétement; si l'étoffe de la robe est parée (comme une mousseline peinte), je remplace les manches par de nouvelles manches en gaze ou en linon.

» Si la robe est d'indienne ordinaire, je ne puis user du remède précédent; ce fichu-canezou, ces manches claires, trop élégantes pour l'étoffe, auraient trop l'air d'un raccommodage, et d'un raccommodage de mauvais goût. Mais, si la mode le permet, cette robe peut se porter avec un spencer, ou enfin, au pis-aller, faire une doublure; car une femme mise avec soin ne saurait en faire un jupon.

» Autant il est difficile de tirer parti des robes d'indienne, autant on a de facilité relativement aux robes de mousseline. Outre qu'elles s'assortissent aisément, on peut en employer jusqu'au dernier morceau. J'ai eu plusieurs robes de cette espèce, qui ont usé jusqu'à quatre corsages différens. Quand définitivement la jupe a été usée dans le devant, j'ai coupé les coutures des lés, car il était inutile de perdre le temps à découdre, et j'ai placé sur ces lés le patron d'un canezou : non-seulement les parties usées se sont trouvées surabondantes, mais encore j'ai obtenu différens morceaux très-bons qui ont fait des cols rabattans et des garnitures de bonnets de nuit : on peut donc de ces robes faire toutes sortes de fichus et de garnitures pour camisoles, chemises de nuit, toiles d'oreiller, etc.

» Les garnitures offrent plusieurs moyens de se renouveler. J'avais une robe garnie de larges bouillons tenus des deux bords par une ganse à passe-poil. La mode des grands volans est venue : j'ai décousu les bouillons par le bas, je les ai ourlés, et ils sont devenus des volans tout-à-fait dans le genre. J'avais également une robe garnie de cinq petits volans posés de cette façon : trois l'un sur l'autre, en bas sur l'ourlet, et après un intervalle de deux pouces et demi, deux autres près à près; j'ai décousu d'abord les deux qui étaient le plus près de l'ourlet, j'en ai mis un à part, j'ai bien déroulé le froncé de l'autre, puis j'ai coupé l'ourlet du troisième, demeurant après la robe; ensuite, assortissant bien les carreaux (la robe était de guingam), j'ai réuni ces deux volans par un surjet bien près, que j'ai repassé ensuite; j'ai décousu après cela le quatrième volant, et l'ai joint de la même manière au cinquième, ce qui m'a donné deux larges volans à la mode. Je dois ajouter que ces coutures au milieu du volant conviennent seulement aux robes de couleur, et de couleur un peu foncée; elles seraient insupportables sur le blanc.

» Quand les volans sont grands, et qu'on vient à les porter petits, je les partage et les place comme le veut le nouveau genre.

» Une de mes robes de percale avait une broderie à grandes dents, qui, au bout de quelques années (la mode des broderies dure plus longtemps que d'autres), parut extrêmement antique; je la coupai et en garnis des toiles d'oreiller en l'adaptant autour de la toile par un cordon au plumetis. Ma robe était fort courte alors, mais cela m'embarrassait peu; je l'allongeai en la garnissant avec des entre-deux de tulle et des bandes de percale. J'aurais pu également mettre tout simplement une allonge en percale, que j'eusse cachée ensuite par toute espèce de garniture, plis, rouleaux, volans, etc.

» Quand les grands plis dont on garnit maintenant les robes ne seront plus en usage, on les défera aisément, mais alors, après avoir coupé la partie surabondante qu'ils donneront, il faudra cacher celle où ils auront été décousus, parce que la marque de ces plis ne s'efface jamais, et que cela paraîtrait misérable : ce sera la chose du monde la plus facile que de poser dessus une nouvelle garniture; cette opération a déja eu lieu il y a environ quinze ans.

» La garniture en *coquilles*, en *agrafes*, c'est-à-dire en bandes arrêtées transversalement de place en place sur la robe, très-près pour les unes et plus loin pour les autres, fait très-bien des volans, des ruches, des plis même. Je n'ai eu pour cela, après avoir décousu la bande, qu'à la repasser, la plier longitudinalement en deux, et réunir ses deux bords par une ganse plate de couleur, qui m'a servi à cacher la couture que j'ai faite pour placer ce pli à plat sur la robe. Cela avait exactement l'apparence d'un pli fait à la robe, sur lequel on met une ganse pour l'enjoliver. Quoique les bandes d'agrafes, de coquilles, se prêtent à ce changement, il vaut mieux prendre des bandes de rouleaux, ou de volans, parce que les points, qui dans les premiers se trouvent au milieu de la bande et les plis que ces points formaient, laissent, malgré le repassage, une empreinte désagréable, surtout si l'étoffe ne se blanchit pas. Au reste, avant de les employer, on verra, après les avoir fait repasser ou laver, si l'empreinte demeure et si elle paraît à l'endroit du pli.

» On peut très-bien faire des rouleaux à bouillons ou froncés avec des ruches; il ne s'agit que de découdre celles-ci, les repasser, en couper ou découdre les bords; pour les garnitures à très-petits plis, à ganse placée dans la robe, ce serait un très-long et très-inutile travail que de les découdre, puisque l'empreinte de ces petits objets demeurant invariablement, on serait forcé de couper l'étoffe; il vaut mieux placer une nouvelle garniture dessus, ou mieux encore, s'ils mettent de la raideur à la robe, la couper, et placer une allonge que la garniture cachera.

» Selon la forme du corsage, les bandes de garnitures, qui ne s'usent jamais, peuvent servir à le remplacer; par exemple, un corsage traversé en long, en large, ou en biais, par des ganses ou des entre-deux de mousseline, comme on les portait il y a quatre ans. De cette manière, on peut renouveler, sans inconvénient, le corsage d'une robe d'indienne ou toile peinte, parce que les volans, ayant pâli comme le reste de la robe, ne produisent pas la désagréable différence qu'a toujours un corsage neuf.

» Afin de pouvoir remettre un corsage et des manches, beaucoup de personnes achètent toujours une aune ou une aune et demie d'étoffe en sus de l'aunage de la robe. Cette pratique est excellente pour les indiennes ou mousselines peintes bon teint; mais, quelle que soit la solidité des couleurs, il n'en sera pas moins nécessaire de faire débouillir plusieurs fois l'étoffe neuve, afin d'en affaiblir les couleurs, qui, sans cela, trancheraient toujours un peu avec le reste de la robe.

» Les robes de taffetas ont rarement besoin de ces réparations; parce que, lorsqu'elles sont salies, on en fait des doublures. Quand le corsage et les manches d'une robe de cette étoffe sont usés, on peut la mettre en jupe de dessous ou en tablier, pourvu toutefois que le taffetas soit d'une couleur foncée.

» Les robes de bourre de soie, ainsi que celles de mérinos, peuvent se refaire entièrement. Pour cela, il suffit d'acheter l'étoffe nécessaire au renouvellement du corsage, des manches, des garnitures, s'il y a lieu, et de faire teindre à la fois la robe et cette étoffe. Quand on peut trouver à assortir, on se dispense de la teinture; mais cet assortiment est la pierre philosophale. On prend autant que possible une nuance semblable à celle de la robe, afin de n'avoir pas un changement dans la teinte. On taille et coud ensuite la robe, qui paraît complétement neuve. Ce remède peut se renouveler plusieurs fois sur le même vêtement. La bourre et la lévantine sont les seules étoffes de soie pour lesquelles je conseille de l'employer, parce qu'elles seules ont assez de souplesse dans le tissu pour supporter la teinture; encore la seconde ne s'y prête-t-elle qu'imparfaitement.

» Quand une mode est par trop bizarre, ridicule ou désavantageuse, vous attendrez, comme nous l'avons vu, qu'elle soit devenue générale pour l'adopter; mais, en attendant, si vous avez occasion de faire une robe, il faut, autant que possible, vous ménager les moyens de mettre cette robe à la mode nouvelle, si vous étiez forcée de la suivre. Ainsi, par exemple, quand l'usage des plis ou *fronces* au lé du devant des robes est venu, je répugnai à m'y soumettre, et me promis de ne le faire que lorsqu'il ne serait plus possible d'agir autrement. Cependant j'eus à m'acheter une robe de taffetas, et prévoyant le cas où peut-être il faudrait y mettre les désagréables plis, je ne taillai pas le lé du devant en pointe par le haut. Je me contentai de coudre sur la ligne de biais, en laissant audessus de la couture de chaque côté du lé la partie surabondante que j'appliquai sur le haut des pointes en montant la robe. La mode des plis désignés n'étant pas devenue générale, je n'ai pas eu besoin de recourir aux morceaux que j'avais ainsi mis en réserve. Mais l'on sent que, dans le cas prévu, il m'aurait été bien facile de coudre le haut de mes coutures, de remplacer la ligne de biais par le droit-fil réservé, et de froncer au milieu du lé l'ampleur que m'aurait procurée ce droit-fil. Il va sans dire que cette précaution ne peut avoir lieu sur une robe d'étoffe transparente.

» Certaines modes présentent parfois des moyens de propreté et d'économie qu'il faut saisir. Par exemple, quand les manches étaient (ce qu'elles ont été si longtemps!) composées de longues manches collantes et de mancherons, il était très-bon d'avoir deux paires de manches pour chaque robe, surtout pour celle dont l'étoffe se blanchit. Comme les manches se salissent deux fois au moins plus vite que la robe, et qu'elles vous forcent souvent de donner celle-ci à laver lorsque vous pourriez la porter encore, on remplaçait les manches salies par les manches propres. A cet effet, les manches, ourlées par le haut, étaient montées seulement par un bâtis en manière de surjet; bâtis que cachait parfaitement le mancheron. On défaisait et refaisait ce bâtis en quelques minutes, et l'on avait non-seulement l'agrément d'avoir toujours des manches propres; mais encore d'éviter (pour indiennes, mousselines peintes, etc.) l'affaiblissement des couleurs qui est ordinaire dans cette partie. »

MODELAGE. (*Conn. us.*) On appelle ainsi l'opération par laquelle les sculpteurs façonnent principalement les figures qu'ils ont intention de mouler.

La sculpture est un art dont les détails sont peu connus; beaucoup de personnes ignorent que les statues qui garnissent nos musées et nos jardins publics ont eu l'argile pour matière première et ont été moulées en plâtre avant d'avoir été coulées en bronze ou taillées en marbre.

Les sculpteurs se servent, pour modeler leurs figures, d'une terre molle, très-bien pétrie et purifiée de tous les corps durs qui pourraient s'y rencontrer. Les seuls instruments dont ils fassent usage, sont des sortes de spatules en buis, en fer ou en ivoire, auxquelles on donne le nom d'ébauchoirs.

Pour commencer une statue, on s'occupe d'abord de l'armature : l'armature est, si l'on peut s'exprimer ainsi, le squelette de la statue. C'est un système de branches de fer plus ou moins fortes, destinées à faciliter le travail de l'artiste, en soutenant la terre et l'empêchant de s'affaisser.

Une forte barre de fer sert en quelque sorte d'axe à la figure qu'elle parcourt depuis la tête jusqu'aux pieds. Elle est fixée solidement au support de la statue, par une base dont les trois pattes sont assujetties par de forts clous. Une petite branche de fer, attachée à la partie supérieure, occupe l'intérieur de la tête. Du niveau des épaules partent deux barres plus faibles, recourbées dans le sens de la flexion des bras, et fixées l'une au dessous de l'autre; à l'extrémité de chacune d'elles se trouvent encore deux petites branches surnuméraires qui doivent supporter les mains; celle qui termine le bras est plus longue, parce qu'elle doit servir de point d'appui au livre qu'il tient; enfin, plus bas, sont des barres qui répondent aux jambes. L'extrémité inférieure de ces dernières n'est point fixée au support; elle est seulement appuyée sur des calles en forme de coins, afin que l'artiste puisse à son gré changer la posture des jambes.

Lorsque l'armature est construite intérieurement, le sculpteur l'entoure de terre. Il masse ensuite grossièrement, à l'aide de grands ébauchoirs, et surtout de ses mains, et ne s'occupe des détails que lorsque la figure est bien posée dans ses plans, et que l'ensemble est satisfaisant.

L'exécution d'un médaillon, ou portrait en relief, demande moins d'apprêts; on fait poser le modèle de profil, car les médaillons de face offrent plus de difficultés et sont rarement gracieux, à moins d'une grande perfection. On a eu soin préalablement de préparer la terre sur une planche à laquelle on l'a fixée assez solidement, pour qu'elle ne puisse courir aucun danger de se détacher. On esquisse légèrement le profil avec la pointe d'un ébauchoir, et l'on doit tâcher de se rapprocher le plus possible de la ressemblance. On prend ensuite de petites boulettes de terre que l'on place le long des lignes tracées par l'ébauchoir, et on les fixe à la terre qui forme le fond avec cet instrument; puis on remplit tout le reste de terre, en ayant soin d'observer le mieux possible les saillies et les dépressions du visage, afin de n'être pas exposé à la nécessité d'en ôter ou d'en ajouter beaucoup. On cherche à reproduire fidèlement tous les traits et les airs particuliers de la physionomie, et l'on polit la terre à mesure avec l'extrémité du doigt, humectée d'un peu d'eau ou de salive. Ce travail semble offrir quelques difficultés lorsqu'on l'essaie pour la première fois, mais l'habitude de manier la terre et de la modeler se contracte aisément, et l'on peut, après quelques essais, parvenir à un heureux résultat.

En maniant la terre, il importe d'en bien lier ensemble toutes les parties, afin qu'il ne se trouve pas entre elles d'air interposé, qui les exposerait à se fendre à la chaleur. On doit avoir soin aussi que la terre soit bien pure, et qu'il ne s'y rencontre aucun corps étranger. Lorsque la petite figure qu'on a exécutée est terminée, on la laisse sécher doucement à l'air, dans un endroit sec, puis on la donne à cuire à un potier, qui connaît par expérience le degré de la chaleur auquel il doit l'exposer. Lorsque la terre est cuite, elle prend une teinte rougeâtre, presque toujours d'un très-bel effet. On peut donner cette couleur au plâtre en le peignant avec du blanc de plomb ou de céruse, du jaune et du vermillon en quantités égales, broyés ensemble dans l'eau. (Voy. MOULAGE.)

MOHA DE HONGRIE. (*Agr.*) *Panicum germanicum.* Cette plante donne un bon fourrage. On la sème en avril et en mai, dans une terre calcaire ou dans un sol fort, argileux, noir et frais. Dans une terre substantielle et froide, il lui faut du fumier.

Le moha produit beaucoup de tiges au même collet. On le fauche en juin, quand il commence à montrer son épi. On le donne vert aux chevaux, aux bœufs, aux moutons. On le fait aussi sécher pour l'hiver.

On sème encore le moha avec les pois et la spergule. On fauche quand la prairie commence à fleurir.

MOINEAU. (*Chass.*) *Passer.* Cet oiseau fait de grands ravages dans les récoltes : les granges, les greniers, les basses-cours, les colombiers, sont exposés à ses dévastations. On le proscrit dans différentes contrées; et dans quelques provinces d'Allemagne, les paysans sont tenus d'apporter tous les ans un certain nombre de têtes de moineaux. Chaque moineau consomme environ vingt livres de blé par an. Il suit les semeurs, les moissonneurs, les batteurs, les fermières quand elles jettent le grain aux volailles. Il perce avec son bec le jabot des jeunes pigeons pour en tirer le grain. Il laisse vivre les insectes nuisibles et détruit les abeilles, les seuls qui soient utiles.

Moyen d'éloigner des récoltes les moineaux. (Voy. ÉPOUVANTAIL.) Pour les arbres exposés au vent, se servir d'un petit moulin. Le bruit continuel qu'il fait chasse non-seulement les moineaux, mais encore tous les autres oiseaux. On l'emploie particulièrement sur les cerisiers; pour les vignes, on couvre le raisin d'un filet ou de sacs de toile ou ou de crin.

On prend le moineau au piége, en se servant des jeunes pour attirer les autres. On place encore, contre les murailles des maisons qu'ils fréquentent, des pots à fleurs dont on a élargi le trou du fond, afin qu'ils puissent y entrer. Ils viennent y nicher, et lorsque leurs petits sont éclos on les prend aisément. Une feuille de clinquant au bout d'un bâton, un mannequin représentant un homme, en paille et couvert de vieilles loques, avec quelques plumes blanches au bout de chaque bras, suffisent pour effrayer les moineaux.

Autre moyen. Placer à deux pieds au-dessus des graines une ficelle soutenue par des bâtons tout le long du champ qu'on veut préserver placés de distance en distance. Le long de cette ficelle on attache, de deux pieds en deux pieds, des plumes longues et légères, que le vent tient dans un mouvement perpétuel.

« On fait encore, M. dit Vérardi, une espèce de moulin que l'on place dans les pépinières auprès des jeunes greffes que les oiseaux pourraient décoller en venant se poser dessus. On prend un bouchon de liége et quatre plumes blanches de poule ou de pigeon, dont les barbes sont un peu fermes et pas trop longues; on les implante en croix sur le bouchon, de manière à imiter les ailes d'un moulin à vent. Dans le milieu du bouchon on enfonce un tuyau de plume d'un volume suffisant pour laisser jouer une grosse épingle ou un fil de fer, qui sert d'axe au moulin.

Cette épingle, passée par le tuyau, s'enfonce dans un autre morceau de liége que l'on a fixé sur un bâton pointu assez long, attaché verticalement à l'arbre greffé. Afin d'éviter le frottement des deux morceaux de liége l'un contre l'autre, le tuyau de plume que traverse l'axe de la roue doit être d'une ligne ou deux plus long que le bouchon, et doit s'appuyer sur un autre morceau de tuyau de plume étalé et fixé par l'épingle. On conçoit que les ailes de ce moulin se trouvent tourner dans une position horizontale. »

L'hiver on prend les moineaux aux gluaux. On passe un morceau de mie de pain dans une paille engluée, et l'on dépose les gluaux dans un endroit habituel où l'on donne à manger à la volaille que l'on tient renfermée dans cet instant. La femme de basse-cour s'avance avec son grain, appelle ses oiseaux, et jette un peu de sable au lieu de graines; les moineaux arrivent en foule, saisissent les morceaux de pain, s'engluent les ailes et ne peuvent plus s'échapper. Lorsque la terre est couverte de neige, on fait des traînées avec de la graine de foin ou du marc de raisins, et l'on y sème quelques mauvais grains; lorsque les moineaux y viennent, on les tue d'un coup de fusil, et comme ils sont placés dans le sens de la traînée, pour peu qu'on choisisse son temps, on en tue dix d'un seul coup.

MOIS. (*Conn. us.*) Le mois est un espace de quatre semaines et quelques jours. Le mois moyen est de trente jours. Quatre semaines composent assez exactement une lunaison ou cours entier de la lune. . .

Janvier a 31 jours, février 28 ou 29 selon que l'année est commune ou bissextile, mars 31, avril 30, mai 31, juin 30, juillet 31, août 31, septembre 30, octobre 31, novembre 30 et décembre 31.

En écrivant ces noms de mois on peut en abréger ainsi quelques-uns : janvier J^{er}, juillet J^{et}, septembre 7bre, octobre 8bre, novembre 9bre, décembre X^{bre}.

Nous placerons ici la table de concordance des mois des calendriers grégorien et républicain, que rendent nécessaire, et le besoin de précision dans les notions historiques, et le grand nombre de contrats passés pendant les quatorze années qui se sont écoulées depuis le 22 septembre 1792 jusqu'au 1er janvier 1806.

An II. 1793—1794.

1 Vendémiaire. . . .	22 Septembre	1793.
15 id.	6 Octobre	id.
1 Brumaire.	22 Octobre	id.
15 id.	5 Novembre	id.
1 Frimaire.	21 Novembre	id.
15 id.	5 Décembre	id.
1 Nivôse.	21 Décembre	id.
15 id.	5 Janvier	1794.
1 Pluviôse.	20 Janvier	id.
15 id.	4 Février	id.
1 Ventôse.	19 Février	id.
15 id.	5 Mars	id.
1 Germinal.	21 Mars	id.
15 id.	4 Avril	id.
1 Floréal.	20 Avril	id.
15 id.	5 Mai	id.
1 Prairial.	20 Mai	id.
15 id.	5 Juin	id.
1 Messidor.	19 Juin	id.
15 id.	5 Juillet	id.
1 Thermidor.	19 Juillet	id.
15 id.	5 Août	id.
1 Fructidor.	18 Août	id.
15 id.	5 Septembre	id.
5e Jour complémentaire.	21 Septembre	id.

An III. 1794—1795.

1 Vendémiaire. . . .	22 Septembre	1794.
15 id.	6 Octobre	id.
1 Brumaire.	22 Octobre	id.
15 id.	5 Novembre	id.
1 Frimaire.	21 Novembre	id.
15 id.	5 Décembre	id.
1 Nivôse.	21 Décembre	id.
15 id.	4 Janvier	1795.
1 Pluviôse.	20 Janvier	id.
15 id.	3 Février	id.
1 Ventôse.	19 Février	id.
15 id.	5 Mars	id.
1 Germinal.	21 Mars	id.
15 id.	4 Avril	id.
1 Floréal.	20 Avril	id.
15 id.	4 Mai	id.
1 Prairial.	20 Mai	id.
15 id.	3 Juin	id.
1 Messidor.	19 Juin	id.
15 id.	3 Juillet	id.
1 Thermidor.	19 Juillet	id.
15 id.	2 Août	id.
1 Fructidor.	18 Août	id.
15 id.	1 Septembre.	id.
5e Jour complémentaire.	22 Septembre.	id.

An IV. 1795—1796.

1 Vendémiaire. . . .	23 Septembre	1795.
15	7 Octobre	id.

1 Brumaire.	23 Octobre	1795
15 id.	6 Novembre	id.
1 Frimaire.	22 Novembre	id.
15 id.	6 Décembre	id.
1 Nivôse.	22 Décembre	id.
15 id.	5 Janvier	1796.
1 Pluviôse.	21 Janvier	id.
15 id.	4 Février	id.
1 Ventôse.	20 Février	id.
15 id.	5 Mars	id.
1 Germinal.	21 Mars	id.
15 id.	4 Avril	id.
1 Floréal.	20 Avril	id.
15 id.	4 Mai	id.
1 Prairial.	20 Mai	id.
15 id.	3 Juin	id.
1 Messidor.	19 Juin	id.
15 id.	3 Juillet	id.
1 Thermidor.	19 Juillet	id.
15 id.	2 Août	id.
1 Fructidor.	18 Août	id.
15 id.	1 Septembre	id.
5e Jour complémentaire.	21 Septembre	id.

An V. 1796. — 1797.

1 Vendémiaire. . . .	22 Septembre	1796.
15 id.	6 Octobre	id.
1 Brumaire.	22 Octobre	id.
15 id.	5 Novembre	id.
1 Frimaire.	21 Novembre	id.
15 id.	5 Décembre	id.
1 Nivôse.	21 Décembre	id.
15 id.	4 Janvier	1797.
1 Pluviôse.	20 Janvier	id.
15 id.	3 Février	id.
1 Ventôse.	19 Février	id.
15 id.	5 Mars	id.
1 Germinal.	21 Mars	id.
15 id.	4 Avril	id.
1 Floréal.	20 Avril	id.
15 id.	4 Mai	id.
1 Prairial.	20 Mai	id.
15 id.	3 Juin	id.
1 Messidor.	19 Juin	id.
15 id.	3 Juillet	id.
1 Thermidor.	19 Juillet	id.
15 id.	2 Août	id.
1 Fructidor.	18 Août	id.
15 id.	1 Septembre	id.
5e Jour complémentaire.	21 Septembre	id.

An VI. 1797 — 1798.

1 Vendémiaire. . . .	22 Septembre	1797.
15 id.	6 Octobre	id.
1 Brumaire.	22 Octobre	id.
15 id.	5 Novembre	id.
1 Frimaire.	21 Novembre	id.
15 id.	5 Décembre	id.
1 Nivôse.	21 Décembre	1797
15 id.	4 Janvier	1798.
1 Pluviôse.	20 Janvier	id.
15 id.	3 Février	id.
1 Ventôse.	19 Février	id.
15 id.	5 Mars	id.
1 Germinal.	21 Mars	id.
15 id.	4 Avril	id.
1 Floréal.	20 Avril	id.
15 id.	4 Mai	id.
1 Prairial.	20 Mai	id.
15 id.	3 Juin	id.
1 Messidor.	19 Juin	id.
15 id.	3 Juillet	id.
1 Thermidor.	19 Juillet	id.
15 id.	2 Août	id.
1 Fructidor.	18 Août	id.
15 id.	1 Septembre	id.
5e Jour complémentaire.	21 Septembre	id.

An VII. 1798 — 1799.

1 Vendémiaire. . . .	22 Septembre	1798.
15 id.	6 Octobre	id.
1 Brumaire.	22 Octobre	id.
15 id.	5 Novembre	id.
1 Frimaire.	21 Novembre	id.
15 id.	5 Décembre	id.
1 Nivôse.	21 Décembre	id.
15 id.	4 Janvier	1799.
1 Pluviôse.	20 Janvier	id.
15 id.	3 Février	id.
1 Ventôse.	19 Février	id.
15 id.	5 Mars	id.
1 Germinal.	21 Mars	id.
15 id.	4 Avril	id.
1 Floréal.	20 Avril	id.
15 id.	4 Mai	id.
1 Prairial.	20 Mai	id.
15 id.	3 Juin	id.
1 Messidor.	19 Juin	id.
15 id.	3 Juillet	id.
1 Thermidor.	19 Juillet	id.
15 id.	2 Août	id.
1 Fructidor.	18 Août	id.
15 id.	1 Septembre	id.
5e Jour complémentaire.	22 Septembre	id.

An VIII. 1799 — 1800.

1 Vendémiaire. . . .	23 Septembre	1799.
15 id.	7 Octobre	id.
1 Brumaire.	23 Octobre	id.
15 id.	6 Novembre	id.
1 Frimaire.	22 Novembre	id.
15 id.	6 Décembre	id.
1 Nivôse.	22 Décembre	id.
15 id.	5 Janvier	1800.
1 Pluviôse.	21 Janvier	id.
15 id.	4 Février	id.

1 Ventôse.	20 Février	1800
15 id.	6 Mars	id.
1 Germinal.	22 Mars	id.
15 id.	5 Avril	id.
1 Floréal.	21 Avril	id.
15 id.	5 Mai	id.
1 Prairial.	21 Mai	id.
15 id.	4 Juin	id.
1 Messidor.	20 Juin	id.
15 id.	4 Juillet	id.
1 Thermidor.	20 Juillet	id.
15 id.	3 Août	id.
1 Fructidor.	19 Août	id.
15 id.	2 Septembre	id.
5e Jour complémentaire.	22 Septembre	id.

An IX. 1800 — 1801.

1 Vendémiaire. . . .	23 Septembre	1800.
15 id.	7 Octobre	id.
1 Brumaire.	23 Octobre	id.
15 id.	6 Novembre	id.
1 Frimaire.	22 Novembre	id.
15 id.	6 Décembre	id.
1 Nivôse.	22 Décembre	id.
15 id.	5 Janvier	1801.
1 Pluviôse.	21 Janvier	id.
15 id.	4 Février	id.
1 Ventôse.	20 Février	id.
15 id.	6 Mars	id.
1 Germinal.	22 Mars	id.
15 id.	5 Avril	id.
1 Floréal.	21 Avril	id.
15 id.	5 Mai	id.
1 Prairial.	21 Mai	id.
15 id.	4 Juin	id.
1 Messidor.	20 Juin	id.
15 id.	4 Juillet	id.
1 Thermidor.	20 Juillet	id.
15 id.	3 Août	id.
1 Fructidor.	19 Août	id.
15 id.	2 Septembre	id.
5e Jour complémentaire.	22 Septembre	id.

An X. 1801 — 1802.

1 Vendémiaire. . . .	23 Septembre	1801.
15 id.	7 Octobre	id.
1 Brumaire.	23 Octobre	id.
15 id.	6 Novembre	id.
1 Frimaire.	22 Novembre	id.
15 id.	5 Décembre	id.
1 Nivôse.	21 Décembre	id.
15 id.	5 Janvier	1802.
1 Pluviôse.	21 Janvier	id.
15 id.	4 Février	id.
1 Ventôse.	20 Février	id.
15 id.	6 Mars	id.
1 Germinal.	22 Mars	id.
15 id.	5 Avril	id.
1 Floréal.	21 Avril	1802
15 id.	5 Mai	id.
1 Prairial.	21 Mai	id.
15 id.	4 Juin	id.
1 Messidor.	20 Juin	id.
15 id.	4 Juillet	id.
1 Thermidor.	20 Juillet	id.
15 id.	3 Août	id.
1 Fructidor.	19 Août	id.
15 id.	2 Septembre	id.
5e Jour complémentaire.	22 Septembre	id.

An XI. 1802 — 1803.

1 Vendémiaire. . . .	23 Septembre	1802.
15 id.	7 Octobre	id.
1 Brumaire.	23 Octobre	id.
15 id.	6 Novembre	id.
1 Frimaire.	22 Novembre	id.
15 id.	Décembre	id.
1 Nivôse.	Décembre	id.
15 id.	5 Janvier	1803.
1 Pluviôse.	21 Janvier	id.
15 id.	4 Février	id.
1 Ventôse.	20 Février	id.
15 id.	6 Mars	id.
1 Germinal.	22 Mars	id.
15 id.	5 Avril	id.
1 Floréal.	21 Avril	id.
15 id.	5 Mai	id.
1 Prairial.	21 Mai	id.
15 id.	4 Juin	id.
1 Messidor.	20 Juin	id.
15 id.	4 Juillet	id.
1 Thermidor.	20 Juillet	id.
15 id.	5 Août	id.
1 Fructidor.	19 Août	id.
15 id.	2 Septembre	id.
5e Jour complémentaire.	23 Septembre	id.

An XII. 1803 — 1804.

1 Vendémiaire. . . .	24 Septembre	1803.
15 id.	8 Octobre	id.
1 Brumaire.	24 Octobre	id.
15 id.	7 Novembre	id.
1 Frimaire.	23 Novembre	id.
15 id.	7 Décembre	id.
1 Nivôse.	23 Décembre	id.
15 id.	6 Janvier	1804.
1 Pluviôse.	22 Janvier	id.
15 id.	5 Février	id.
1 Ventôse.	21 Février	id.
15 id.	6 Mars	id.
1 Germinal.	22 Mars	id.
15 id.	5 Avril	id.
1 Floréal.	21 Avril	id.
15 id.	5 Mai	id.
1 Prairial.	21 Mai	id.
15 id.	4 Juin	id.
1 Messidor.	20 Juin	id.
15 id.	4 Juillet	id.

1 Thermidor.	20 Juillet	1804.
15 id.	5 Août	id.
1 Fructidor.	19 Août	id.
15 id.	2 Septembre	id.
5e Jour complémentaire.	22 Septembre	id.

AN XIII. 1804 — 1805.

1 Vendémiaire. . . .	23 Septembre	1804.
15 id.	7 Octobre	id.
1 Brumaire.	23 Octobre	id.
15 id.	6 Novembre	id.
1 Frimaire.	22 Novembre	id.
15 id.	6 Décembre	id.
1 Nivôse.	22 Décembre	id.
15 id.	5 Janvier	1805.
1 Pluviôse.	21 Janvier	id.
15 id.	4 Février	id.
1 Ventôse.	20 Février	id.
15 id.	6 Mars	id.
1 Germinal.	22 Mars	id.
15 id.	5 Avril	id.
1 Floréal.	21 Avril	id.
15 id.	5 Mai	id.
1 Prairial.	21 Mai	id.
15 id.	4 Juin	id.
1 Messidor.	20 Juin	id.
15 id.	4 Juillet	id.
1 Thermidor.	20 Juillet	id.
15 id.	5 Août	id.
1 Fructidor.	19 Août	id.
15 id.	2 Septembre	id.
5e Jour complémentaire.	22 Septembre	id.

AN XIV. 1805.

1 Vendémiaire. . . .	23 Septembre	1805.
15 id.	7 Octobre	id.
1 Brumaire.	23 Octobre	id.
15 id.	6 Novembre	id.
1 Frimaire.	22 Novembre	id.
15 id.	6 Décembre	id.
1 Nivôse.	22 Décembre	id.

Ce calendrier fut supprimé à partir de cette époque, en vertu d'un sénatus-consulte du 21 fructidor an XIII. (Voy. CALENDRIERS.)

MOISISSURES. (*Ind. dom.*) Plusieurs expériences ont prouvé que les moisissures sont de véritables plantes qui se développent et se multiplient de semences comme les autres végétaux de leur nature.

M. Ballard, pour s'en convaincre, a fait bouillir du pain dans de l'eau, afin de détruire tous les germes qui pouvaient s'y trouver, l'a partagé en trois morceaux, et a placé ces morceaux dans des bocaux bien lavés à l'eau bouillante. L'un de ces bocaux a été fermé avec un triple parchemin, l'autre avec un simple papier, et le troisième est resté ouvert : tous trois ont été mis dans un endroit humide et obscur. Les morceaux de pain placés dans le bocal ouvert, et celui fermé seulement de papier, se couvrirent de moisissures au bout de deux à trois jours ; mais celui de ce dernier en avait moins que celui du premier.

Ces végétations se succédèrent pendant plus de deux mois, sans qu'il en parût la moindre trace dans le bocal couvert en parchemin, quoique le pain qui y était renfermé eût éprouvé une décomposition complète.

Les moisissures ne se développent donc pas spontanément. On ne peut rendre cette application utile que pour empêcher ces végétaux de venir sur les confitures, les conserves, les herbes cuites, etc., etc. Il faut faire cuire ces conserves au point convenable, les bien comprimer dans le pot où on les a placées, ne pas les exposer à l'air trop long-temps avant de les renfermer, et, au lieu d'un simple couvercle de papier, souvent fort mince, en mettre plusieurs doubles, et couvrir la surface de quelques substances non susceptibles de moisissures, telles que du miel, pour les confitures, du beurre fondu ou de la graisse de porc, pour les herbes cuites, et les déposer dans un endroit très-sec, exposé à la lumière, et même au soleil si cela se peut.

La moisissure, non-seulement accélère la décomposition des corps, mais elle communique à ceux qui sont destinés à servir d'aliment aux hommes une saveur nauséabonde très-désagréable, et qu'il est en même temps difficile de leur faire perdre. Les acides végétaux, tels que le vinaigre, le jus de citron, d'une part, et l'eau bouillante légèrement alcalisée; de l'autre, sont les deux moyens les plus avantageux à employer dans cette circonstance. Il n'est pas vrai, comme quelques personnes le pensent, que, dans aucun cas, les moisissures soient un poison ; si elles produisent quelquefois le vomissement et des douleurs d'estomac, cela est dû à leur odeur et à l'effet de l'imagination.

Préservatifs contre la moisissure. Il est mille objets d'un usage journalier qu'attaque et détériore rapidement la moisissure. Tels sont, pour ne citer que quelques exemples, la colle, l'encre, les cuirs, les grains, les livres, etc.

Les parfums, et surtout les huiles essentielles, agissent avec l'efficacité la plus marquée contre cet agent de destruction.

Qu'on mette un peu d'huile de térébenthine dans un vase où il y a de la colle, et qu'on couvre la colle, on la retrouvera dans son état de fraîcheur primitive dès que l'on voudra la tirer de son espèce de prison, et quel que soit le laps de temps qu'on l'a tenue enfermée.

Une très-petite quantité d'huile de lavande ou bien de girofle, mise dans l'encre, empêche qu'elle ne se moisisse. Toute autre essence produirait le même effet.

Dans les magasins militaires, où l'entretien des harnais et des chaussures entraîne des dépenses considérables, et où souvent la moisisssure cause, en quelques jours, des pertes énormes; on a toujours évité ces pertes à l'aide des huiles essentielles, et surtout par la présence de l'huile de térébenthine, qui, en outre, a l'avantage d'être la moins chère de toutes.

Quelques gouttes de cette même huile dans une bibliothèque suffisent pour la préserver des dégats de la moisissure.

C'est avec le même succès qu'on l'a employée pour la

conservation des grains, objet si grave et si difficile, surtout dans les voyages d'outre-mer.

Enfin, on a dans les huiles essentielles, et surtout dans celles dont il vient d'être parlé, un moyen infaillible d'assurer la conservation des collections zoologiques. Une vessie remplie d'essence de térébenthine et suspendue dans le local où est déposée la collection suffira, non-seulement pour en eloigner tous les insectes, mais même pour en tuer les espèces qui font le plus de ravage dans ces asiles de la science, les scarabées, les scolopendres, les belettes.

Procédé pour faire disparaître des tonneaux l'odeur de la moisissure. La vapeur du chlore, ou les solutions des chlorures de chaux, de soude ou de potasse, ont la propriété de les désinfecter entièrement, ainsi que la chaux vive, deux litres de chaux et vingt litres d'eau.

MOISSONS. (*Agr.—Hyg.—Ind. dom.*) *Moyen de préserver les moissons.* Lorsque le blé est mûr et que les épis commencent à s'incliner; pour empêcher la pluie ou le vent de verser la récolte, il suffit de lier avec des joncs les épis en faisceau, sans trop les serrer. La séve continue de circuler et de procurer au grain sa subsistance. Une seule femme peut, dans une journée, conserver une moisson qui rendra quinze charges de grains.

Pour préserver les moissons des brouillards, qui souvent les brûlent lorsqu'elles commencent à jaunir, il suffit de tendre une corde en travers du champs et de la promener sur sa surface, ce qui, en secouant fortement les épis, fait tomber l'eau que le brouillard y avait déposée. Ce procédé, en usage en Égypte, doit être employé avant que le soleil soit complétement levé; en quelques minutes, deux personnes peuvent préserver un champ d'une grande étendue.

Ce moyen admis, il reste à constater si ce mode ne nuit pas à la circulation de la séve, et si l'épi n'est pas moins plein.

Le blé se moissonne au mois d'août; si on le récolte en maturité parfaite, on le laisse javeler deux à trois jours; on le lie ensuite en petites gerbes, qu'on place debout en en écartant le pied, et l'on enlève les grains qui ont versé.

Instruments à employer pour moissonner les blés. Il faut, s'ils sont versés, employer la faucille et la sape des Flamands, qui opère aussi bien au moins et va aussi vite que la faux. La faucille, en occupant les femmes, les enfants et les vieillards, n'est pas beaucoup plus coûteuse, mais bien plus longue. Si vos ouvriers ne manient pas la sape, employez la faux quand la récolte est pleine et un peu élevée; on obtient une paille plus longue.

On évite une perte assez considérable causée par l'égrenage, et il paraît qu'on obtient un grain de meilleure qualité pour la mouture, en coupant le froment prématurément, c'est-à-dire six ou huit jours avant sa complète maturité.

Machine à moissonner. M. Bell, d'Édimbourg, est l'inventeur d'une machine à moissonner qui remplace la faucille et le râteau, coupe le blé nettement et le dispose sur le sol de manière à faciliter sa mise en gerbes. Le 10 septembre 1828 a eu lieu la première expérience. Elle a constaté que cette machine moissonne environ un are par heure, et que, traînée par un seul cheval, elle fait l'ouvrage de six ou huit moissonneurs; elle coûte 750 fr. Il serait à désirer que les sociétés d'agriculture s'occupassent de propager une découverte qui, en diminuant les frais de moisson dans une proportion considérable, peut avoir une heureuse influence sur le prix des céréales.

Nous possédons plusieurs machines à moissonner, mais elles nécessitent le secours d'un ouvrier muni d'un râteau, tandis que celle-ci ramasse en faisceau la récolte que le botteleur n'a plus qu'à lier successivement.

Avantages du moissonnage anticipé. Les avantages du moissonnage anticipé sur le moissonnage tardif ont été signalés depuis peu d'années par d'habiles agriculteurs, et le principe commence à être expliqué. Voici les considérations développées à l'académie des sciences par M. Biot, qui rendent raison de cette méthode et montrent en quoi consistent ses bons effets.

A mesure que l'épi fécondé grossit, les feuilles les plus basses commencent à jaunir et à se dessécher, en transmettant leurs produits carbonisés à la tige. La base de la tige se dessèche aussi et jaunit à son tour, tandis que la partie supérieure, encore verte, continue de nourrir l'épi, comme le savent bien les agriculteurs.

Ainsi, quand le dessèchement du bas de la tige est arrivé, si l'on coupe la céréale, quoique le grain ne soit pas mûr encore, il achève de se nourrir et de se mûrir aux dépens des tiges, tout comme si elles étaient demeurées adhérentes au sol. On pourra donc, dès qu'elles seront sèches, rentrer le grain précisément au point de sa maturité, en évitant les pertes de l'égrenage, du moins lorsque l'on aura lieu d'espérer que les pluies ne viendront pas le saisir sur le sol où on l'aura étendu prématurément.

Pour opérer le moissonnage anticipé, il faut attendre le moment où le grain pressé dans les doigts a la consistance de mie de pain frais.

Le blé coupé vert évite par là l'effet des rosées, des grandes chaleurs, des vents; il est beau, pesant et nourri, et n'est jamais attaqué par le charançon.

Si on laisse javeler pendant quatre à cinq jours le blé coupé vert, et que les rosées soient abondantes, il faut retourner les javelles avant le lever du soleil.

Une fois coupé, le blé reste soit en javelles, soit en meulons ou mayettes, jusqu'à son entière maturité et dessiccation. Dans quelques cantons on conserve le grain en gerbes dans la grange, mais la meilleure manière est de l'établir en meules dans les environs de la maison. Le grain se conserve ainsi sans altération jusqu'au moment du battage qu'on exécute à l'aide d'une ingénieuse machine, qui rend un treizième de plus en grain que le fléau. Le produit par hectare est de 18 hectolitres; il faut deux hectolitres pour semence; ce produit varie et peut s'élever à 20 et 25 hect.; le poids varie de 73 à 75 kilogrammes l'hectolitre, celui de la paille est le double de celui du grain.

Quand la moisson a été faite par un temps pluvieux, on couche à plat une javelle de manière que l'épi ne touche pas la terre, ce qu'on obtient en faisant passer dessous le gros bout de la troisième gerbe. On en place une seconde sur la première, en mettant les épis au centre, et on continue ainsi. On peut placer une gerbe de vieille paille sous la meule : quand la meule est assez haute, on la couvre d'une grosse gerbe de paille qu'on enlève pendant le jour, s'il survient du beau temps. (Voy. BLÉ, FROMENT, MEULE, etc.)

Hygiène des moissonneurs. L'ardeur du soleil, la grande déperdition de forces exposent les moissonneurs à des maladies violentes. Il serait à désirer que le taux de leur salaire leur permît d'user de viande et de boissons fermentées, mêlées d'eau. Les pommes de terre au maigre, les vinaigrettes, l'ail en pâte avec l'huile d'olive, mets provençal antiputride qui permet d'employer l'eau pure pour toute boisson, l'eau aiguisée d'eau-de-vie, à raison d'un verre de cette liqueur pour dix verres d'eau avec une cuillerée de miel, les bains fréquents, le soin de ne pas se découvrir la poitrine pendant la chaleur, telles sont les précautions que peuvent prendre avec avantage les journaliers qui travaillent aux moissons.

Boisson pour les moissonneurs. Verser sur du sucre en poudre six pintes d'eau, ajouter une livre de jus de groseilles, mettre le tout dans une cruche que l'on enterre.

MOLÈNE DE MYCON. (*Jard.*) *Verbascum myconis.* Famille des solanées. Plante vivace des Pyrénées. On la sème en avril, à l'ombre, en pots, sans recouvrir la graine. On peut aussi séparer les pieds dans le même mois. Fleurs en mai, grandes et d'un bleu pourpré.

MOLLUSQUES. (*Conn. us.*) Animaux à corps mous. Le corps des mollusques n'a pas de squelette. Il est formé toutefois de pièces distinctes. Les muscles s'attachent à la peau molle et contractile, tantôt nue, tantôt recouverte de coquilles. Au-dessus du tube alimentaire, est une masse nerveuse qui sert de cerveau et communique avec d'autres ganglions par des filets nerveux. Quelques espèces jouissent de la vue. Les céphalopodes seuls ont le sens de l'ouïe bien constaté. La circulation est complète. Ils sont ovipares et vivipares. Les sexes sont tantôt séparés, tantôt réunis dans le même individu.

Le mollusque est nu ou à coquille. La coquille est une matière pierreuse disposée par couches. Les mollusques à coquille s'appellent testacés. La connaissance des coquilles s'appelle conchyliologie. Les coquilles d'une seule pièce s'appellent univalves; celles de deux, bivalves; celles de plusieurs pièces, multivalves.

Le naturaliste Lamarck a distingué deux ordres de mollusques : les mollusques céphalés ou à tête, et les mollusques acéphalés. La première section du premier ordre comprend 1° ceux qui, nus à l'extérieur, nagent dans les eaux; 2° ceux qui rampent. La seconde section comprend les mollusques conchylifères, distingués par leurs coquilles. La présence et l'absence de test établit simplement des différences entre les mollusques acéphalés.

MONARDE ECARLATE. (*Jard.*) *Monarda dydina.* Famille des labiées. Plante vivace et traçante de l'Amérique du Nord. Il faut la changer de place chaque année, ou l'amender avec du terreau neuf. Fleurs en juin, d'un très-beau rouge.

MONOMANIE. (*Méd. dom.*) Fureur, délire sur un seul point. (Voy. MÉLANCOLIE.)

MONNAIE. (*Conn. us.*) Le mot monnaie vient du latin *moneta.*

La monnaie fut introduite pour suppléer aux échanges en nature et à l'inégalité de valeur des denrées.

Son usage remonte aux temps les plus reculés. Les premières que l'on connut à Rome furent de bois ou de cuir.

Cette dernière était appelée *pecunia*, du mot *pecus*, qui signifie troupeau, bétail, parce qu'elle portait des figures de bestiaux.

L'usage de cette monnaie dura jusqu'au temps de César. Alors on fabriqua de la monnaie de métal, et le sénat ordonna qu'elle porterait à l'avenir l'empreinte de la tête des empereurs.

Chez plusieurs autres peuples, elle était différente; par exemple : dans l'Inde et aux îles Maldives, elle se composait de petites coquilles. D'autres nations ne connaissaient que la monnaie de cuivre ou d'airain, et c'est de là que vint cette locution latine : *æs alienum*, *airain d'autrui*, pour signifier une dette; et le mot *ærarium*, lieu où l'on dépose l'airain, pour dire le trésor public. Pour première monnaie, les Américains se servirent d'amandes de cacao.

La monnaie est donc une marchandise adoptée pour l'usage de l'échange. Il faut qu'elle puisse se proportionner à la chose échangée, qu'elle ne soit pas tellement commune qu'il en faille transporter des masses énormes, et d'extraction assez difficile pour ne pas s'avilir en très-peu de temps. L'or et l'argent qui, par toute la terre, sont d'une qualité uniforme et s'altèrent peu, réunissent ces conditions. Le cuivre sert à fabriquer les centimes et les décimes.

La valeur générale de la monnaie s'établit en raison du besoin qu'on en a, combiné avec son abondance.

Le gouvernement s'en réserve la façon, évite aux particuliers l'essayage, pesage, mesurage, et se charge de la garantir, ce que les particuliers ne pourraient faire aussi sûrement.

L'Angleterre ne prend point de prix de façon, et donne pour un poids en lingots le même poids en guinées, ce qui augmente l'exportation et diminue l'importation du numéraire monnayé.

L'empreinte de la monnaie indique sa valeur intrinsèque jointe à celle de la façon. Cette empreinte pourrait porter l'indication du poids; ainsi sur les pièces d'un franc on mettrait cinq grammes d'argent.

L'empreinte augmente la valeur de la monnaie en proportion de la commodité qui en résulte pour ceux qui en font usage.

Les Américains ayant mis aux piastres espagnoles l'empreinte des dollars, les Chinois et les peuples d'Asie les refusèrent.

L'altération des monnaies a toujours causé de grands désordres. Elle consiste à diminuer la valeur d'une pièce en lui conservant sa dénomination primitive. Ce changement détruit la confiance, fait perdre sur toutes les créances, bouleverse le prix des denrées, et confond les idées du peuple sur les valeurs.

La monnaie n'est ni un signe, car elle a une valeur intrinsèque, ni une mesure au moyen de laquelle toutes marchandises puissent être estimées en tout temps et en tout lieu, car sa valeur est variable. Si sa quantité augmente dans un pays, il faut alors une somme plus considérable qu'auparavant, pour acheter le même objet. Le contraire arrive quand la masse du numéraire diminue. En quadruplant la quantité d'or et d'argent répandue en Europe, la découverte de l'Amérique en fit baisser la valeur.

La monnaie s'use par le frottement. Cette usure s'appelle *frai*, et ce sont les particuliers qui supportent la perte qu'elle occasionne. La forme de monnaie adoptée, cylindrique et aplatie, est évidemment la plus convenable et la plus facile à transporter.

Les sous ou pièces de billon ne sont reçus que comme appoint.

Le titre des monnaies en facilite le calcul; le type garantit la fidélité de la fabrication.

Le système décimal, introduit dans les monnaies depuis qu'il est devenu celui des poids et des mesures, est ainsi nommé, parce que le calcul décimal en règle le titre et le poids. Les nombreuses lois relatives à la monnaie en font désirer une qui simplifie et complète la législation sur ce point. Le but de cette loi générale devra être de fixer d'une manière positive la valeur de toutes les monnaies, de faciliter l'échange, d'offrir au crédit une base certaine et une pleine garantie aux négociations du commerce. Une refonte des anciennes monnaies n'est pas moins urgente. Il serait bien temps de faire cesser cette bigarrure embarrassante entre les nouvelles et les anciennes, dont les valeurs ne sont plus exprimées par leur titre, ce qui donne lieu à différens appoints qui sont un sujet continuel d'embarras, de difficultés et de discussion entre les citoyens.

On entend en France, par monnaie, toutes pièces d'or, d'argent, ou d'un autre métal servant au commerce, frappées par autorité du roi, qui seul a ce droit (Ord. du 26 décembre 1827), et marquées à son coin.

Le signe, ou la marque apposée au nom du prince, a pour but d'empêcher la contrefaçon, et d'inspirer plus de confiance au public.

Le mot livre, employé en style de monnaie, vient de ce que, anciennement, le métal que l'on appelait ainsi pesait une livre.

L'or et l'argent employés à la fabrication des monnaies sont ordinairement mêlés d'alliage, c'est-à-dire d'une certaine quantité de cuivre. On ne se sert plus du mot karat pour exprimer le degré de finesse de l'or et de l'argent, mais bien de *millième* (art. 2 de la loi du 19 brum. an 6).

Il y a trois titres pour les monnaies nationales : ces titres et le poids donnent une garantie plus forte de leur valeur intrinsèque, et des moyens d'appréciation plus faciles même pour l'étranger.

Autrefois le crime de fausse monnaie était assimilé à celui de lèse-majesté. On faisait périr dans l'eau bouillante celui qui s'en rendait coupable. Aujourd'hui encore, et d'après le Code pénal (art. 52), il y a peine de mort pour le contrefacteur des monnaies d'or et d'argent, et peine des travaux forcés pour la contrefaçon de celles de billon ou de cuivre (art. 133 et 134).

L'unité monétaire, le *franc*, est assujettie au système général des mesures prises dans la nature : elle se subdivise en *décimes* et en *centimes*. Les monnaies d'or de France contiennent, ainsi que celles d'argent, un dixième d'alliage et neuf dixièmes de métal pur. En général, le titre est 0,900. La tolérance du titre, soit en dessus, soit en dessous, est 2 millièmes sur l'or, 3 millièmes sur l'argent.

Poids des pièces de monnaies en grammes.

Pièces de 40 francs. . . .	12 gr.,	90322.
Pièces de 20 francs. . . .	6	45161.
Pièces de 5 francs. . . .	25	000.

Les pièces de 40 f. ont 26 millimètres de diamètre, celles de 20 fr. ont 21 millimètres; de sorte que 34 pièces de 20 fr. et 11 de 40 fr., mises l'une à côté de l'autre, donneront la longueur du mètre.

La proportion de l'or à l'argent est de 15,5 à 1.

	fr.	c.
Le kilogr. d'or pur se paie sans retenue..	3444,	44,444
Et aux changes des monnaies, il est payé.	3434,	44,444
Au titre de 0,900, il vaut sans retenue. .	3100,	00
Et avec la retenue faite aux changes. : .	3091,	00
Le kilog. d'argent pur se paie sans retenue.	222,	22,229
Et aux changes il est payé.	218,	88,882
Au titre de 0,900, il vaut sans retenue. .	201,	80
Et avec la retenue faite aux changes. . .	200,	00

Villes où l'on bat monnaie, avec les lettres qui les désignent.

Paris	A.	Lyon	D.
Perpignan.	Q.	Marseille, un A enlacé dans un M.	
Bayonne.	L.		
Bordeaux	K.	La Rochelle.	H.
Nantes.	T.	Limoges	I.
Lille.	W.	Rouen	B.
Strasbourg	BB.	Toulouse	M.

Valeurs et poids des monnaies étrangères, comparées aux monnaies françaises.

	VALEUR.				POIDS.	
	Or.		Argent.		Gros.	Grains.
ANGLETERRE.	f.	c.	f.	c.		
Guinée....................	26	47	»	»	2	12
Couronne..................	»	»	6	18	»	»
Schelling..................	»	»	1	25	»	»
AUTRICHE.						
Ducat......................	11	86	»	»	1	12
Ecu ou rixdale.............	»	»	5	19	»	»
Florin.....................	»	»	2	59	»	»
DANEMARK.						
Ducat......................	9	47	»	»	1	10
Rixdale....................	»	»	5	65	»	»
ESPAGNE.						
Pistole....................	85	93	»	»	7	9
Piastre....................	»	»	5	45	»	»
Pistole....................	47	27	»	»	2	70

	VALEUR.		POIDS.	
	Or.	Argent.	Gros.	Grains.
ETATS-ROMAINS.	f. c.	f. c.		
Sequin	11 80	» »	2	6
Ecu de 10 pauls	» »	5 58	»	»
ETATS-UNIS.				
Dollar ou double aigle	55 21	» »	»	»
Dollar	» »	5 42	»	»
FRANCE.				
Louis de 48 livres	47 20	» »	4	»
Louis de 24 livres	23 55	» »	2	»
Pièce de 40 francs	40 »	» »	3	»
Pièce de 20 francs	20 »	» »	1	»
Ecu de 6 livres	» »	5 80	9	»
Pièce de 5 francs	» »	5 »	6	»
HOLLANDE.				
Ducat	11 95	» »	1	14
Ryder	31 65	» »	»	»
Rixdale	» »	5 48	»	»
Florin	» »	2 16	»	»
HAMBOURG.				
Ducat	11 76	» »	1	12
Rixdale	» »	5 78	»	»
PORTUGAL.				
Demi-Portugal	22 65	» »	»	»
Cruzade	» 2	» 94	»	»
PRUSSE.				
Ducat	11 77	» »	1	12
Frédéric	20 80	» »	»	»
Rixdale	» »	3 71	»	»
RUSSIE.				
Ducat	11 79	» »	1	12
Rouble de 100 copecks	» »	4 61	»	»
SUÈDE.				
Ducat	11 70	» »	1	11
Rixdale de 48 schellings	» »	5 75	»	»
TURQUIE.				
Sequin	8 72	» »	»	»
Piastre de 40 paras	» »	2 55	»	»
VENISE.				
Sequin	12 »	» »	»	»
O elle	47 7	» »	»	»
Ducat	7 49	» »	»	»
Pistole	21 56	» »	»	»
Ecu à la croix (Argent)	» »	6 70	»	»

Les monnaies anglaises sont très-exactes. Elle sont frappées au moyen de la vapeur. Huit balanciers, dirigés par huit enfans, produisent 60 pièces par minute, 28,800 pièces par heure, et 791,200 pièces par vingt-quatre heures. Sur 1,000 souverains frappés, 400 avaient le poids à moins d'un grain près, 570 à un grain près, 180 à deux grains, 40 à trois grains, 9 à quatre grains, 1 à cinq grains.

Statistique des monnaies françaises depuis Napoléon jusqu'en 1832.

Il a été frappé :

Au type impérial	1,415,854,495 f.	50 c.
Au type de Louis XVIII	1,004,165,169	75
Au type de Charles X	685,450,240	50
Au type de Louis-Philippe Ier	279,852,948	50
Total	3,385 500,854	25 c.

L'émission monétaire de 1831 a été de 254,619,578 fr. 50 c., dont 49,641,580 fr. en or, et 204,968,198 fr. 50 c. en argent.

La monnaie de Paris a fabriqué	104,960,600 f.	50 c.
Celle de Lille	44,122,566	50
Celle de Rouen	42,162,097	25
Celle de Lyon	17,261,778	»
Celle de Marseille	10,178,180	»

Les hôtels de Paris, Lille et Rouen, sont les seuls qui aient frappé des pièces en or. La masse de numéraire en circulation comprend non-seulement les 5,385,500,854 fr. 25 c. frappés depuis l'empire, mais encore les anciennes monnaies et celles de la république. Sans doute tout ce numéraire n'est pas resté en France. Il y a des pièces d'or et d'argent françaises dans toute l'Europe; mais ce qui est sorti est compensé par les monnaies étrangères qui sont entrées, car nous avons aussi des monnaies de tous les pays de l'Europe. Il est donc bien évident que la France est le pays du monde qui possède la plus grande masse du signe représentatif.

TARIFS

Des Écus de 3 livres.			*Des Écus de 6 livres.*		
Écus.	f.	c.	Écus.	f.	c.
1	2	75	1	5	80
2	5	50	2	11	60
3	8	25	3	17	40
4	11	00	4	23	20
5	13	75	5	29	00
6	16	50	6	34	80
7	19	25	7	40	60
8	22	00	8	46	40
9	24	75	9	52	20
10	27	50	10	58	00
20	55	00	20	116	00
30	82	50	30	174	00
40	110	00	40	232	00
50	137	50	50	290	00
60	165	00	60	348	00
70	192	50	70	406	00
80	220	00	80	464	80
90	247	50	90	522	00
100	275	00	100	580	00

Des Pièces d'or de 24 livres.

Pièces.	f.	c.	Pièces.	f.	c.
1	23	55	20	471	00
2	47	10	30	706	50
3	70	65	40	742	00
4	94	20	50	1,177	50
5	117	75	60	1,413	00
6	141	30	70	1,648	50
7	164	85	80	1,884	00
8	188	40	90	2,119	50
9	211	95	100	2,355	00
10	235	50			

Des Pièces d'or de 48 livres.

Pièces.	f.	c.	Pièces.	f.	c.
1	47	20	20	944	00
2	94	40	30	1,416	00
3	141	60	40	1,888	00
4	188	80	50	2,360	00
5	236	00	60	2,832	00
6	283	20	70	3,304	00
7	330	40	80	3,776	00
8	377	60	90	4,248	00
9	424	80	100	4,720	00
10	472	00			

Des monnaies françaises employées comme poids. Nous devons à M. Phélipt, membre correspondant à Bordeaux, un moyen ingénieux de constater le poids des objets achetés chez les marchands détaillistes. Ce moyen consiste dans l'emploi des monnaies françaises considérées sous le rapport de leur pesanteur. Ce travail ne peut manquer d'être apprécié et d'avoir d'utiles applications.

Les monnaies françaises sont au nombre de onze, savoir :

3 en cuivre.	Pièce de 10 cent. (2 sous), pèse...	20 gram.
	id. de 5 — (1 sou)........	10
	id. de 1 —	2
1 en billon..	*id.* de 10 — (2 sous)........	2
5 en argent.	*id.* de 5 francs................	25
	id. de 2 —	10
	id. de 1 —	5
	id. de ½ fr. (20 c. ou 10 sous)..	2 50
	id. de ¼ de fr. (25 c. ou 5 sous)..	1 25
2 en or...	*id.* de 40 francs................	12 9032
	id. de 20 —	6 4516

D'après le poids de ces monnaies, le rapport des métaux-monnaies est :

Le cuivre au billon, comme 1 est à 10 ; à l'argent, comme 1 est à 40 ; à l'or, comme 1 est à 620.

Le billon à l'argent, comme 1 est à 4 ; à l'or, comme 1 est à 62.

L'argent à l'or, comme 1 est à 15 1/2.

Ainsi,

grammes		en cuiv.	en bill.	en arg.	en or.
10,000	(1 myriag.) val.	50 f.	500 f.	2,000 f.	31,000 f.
1,000	(1 kilog.) —	5	50	200	3,100
100	(1 hectog.) —	0 50 c.	5	20	310
10	(1 décag.) —	0 05	0 50 c.	2	31
1	(1 gramme) —	0 005	0 05	0 20 c.	3 10 c
0,1	(1 décig.) —	0 0005	0 005	0 02	0 31
0,01	(1 centig.) —	0 00005	0 0005	0 002	0 031
0,001	(1 millig.) —	0 000005	0 00005	0 0002	0 0031

Il n'est guère de ménages, surtout dans les campagnes, qui n'aient une paire de petites balances ; mais souvent ces balances sont démunies de poids, et surtout de poids métriques ; ou bien ces poids sont plus ou moins altérés par le temps et par l'usage. Le tableau qui suit démontre que les monnaies nouvelles peuvent servir de poids ; en descendant jusqu'au tiers du gros (24 grains), on peut donc n'employer que les monnaies d'argent.

Tableau comparatif des monnaies d'argent nouvelles aux poids métriques.

2,000 f. pès.	10,000 gr.	(10 kilog.)	ou 20 livres nouvelles.		
1,000	5,000	(5 —)	10 —		
900	4,500	(4,5 —)	9 —		
800	4,000	(4 —)	8 —		
700	3,500	(3,5 —)	7 —		
600	3,000	(3 —)	6 —		
500	2,500	(2,5 —)	5 —		
400	2,000	(2 —)	4 —		
300	1,500	(1,5 —)	3 —		
200	1,000	(1 —)	2 —		
100	500	(0,5 hect.)	1 livre ou 16 onces nouvelles.		
75	375		3/4 de liv. ou 12 —		
50	250		1/2 — 8 —		
25	125		1/4 — 4 —		
12 50 c.	62,50		1/8 — 2 —		
5 25	31,25		1/16 — 1 once ou 8 gros.		
5 50	27,50			7/8 —	7
4 75	23,75			3/4 —	6
3 75	18,75			5/8 —	5
3	15,00			1/2 —	4
2 25	11,25			3/8 —	3
1 50	7,50			1/4 —	2
0 75	3,75			1/8 —	1
0 50	2,50				2/3
0 25	1,25				1/3

On peut descendre encore plus bas, par exemple, la différence du poids de 4 sous en billon à 15 sous argent, est de 0 gr. 25 centig., qui répond à environ 1 grain 1/2, etc. Mais on peut se borner au tableau ci-dessus.

Il est inutile d'observer qu'on doit faire choix des monnaies les moins usées, surtout quand il s'agit de poids minimes.

Les pièces d'or de 40 fr. ayant 26 millimètres, et celles de 20 fr. 21 millimètres, il suit que 32 pièces de 40 fr., plus 8 pièces de 20 fr., mises à la file et en ligne droite, donnent la longueur du mètre (32 fois 26 et 8 fois 21—1000) ; que 16 pièces de 40 fr., plus 4 pièces de 20 fr., donnent, par conséquent, le demi-mètre ou 500 millimètres ; que 8 pièces de 40 fr., plus 2 pièces de 20 fr., donnent le quart de mètre, ou 250 millimètres ; enfin, que 4 pièces de 40 fr. et 1 pièce de 20 fr. donnent le huitième du mètre, ou 125 millimètres.

MONNAIE. (*Réc. dom.*) *Moyen de fondre une pièce de monnaie dans une coquille de noix.* Mettre la pièce dans la coquille avec une partie de râpure de bois, une de soufre en poudre et trois de nitrate de potasse desséché dans une cuillère de fer. Faire brûler.

Moyen de séparer en deux une pièce de monnaie. Enfoncer dans du bois trois clous d'épingles, sur lesquels vous placerez une petite pièce de monnaie d'argent ou de cuivre ; mettre du soufre dessus et dessous cette pièce, et l'allumer. Lorsque la combustion sera terminée, vous trouverez presque toujours la pièce partagée en deux parties égales suivant son plan.

MONTAGNES. (*Conn. us.—Agr.*) L'hypothèse des géologues neptuniens, qui attribue à l'eau la formation des montagnes, est inadmissible, en ce que les terres qu'on suppose avoir été déposées par l'océan sur le plan terrestre auraient suffi pour le combler entièrement et en empêcher l'existence.

C'est avec plus de raison que les physiciens expliquent la formation des montagnes par le soulèvement et l'affaissement ; ils disent que les feux souterrains ont soulevé les couches qui composent les montagnes, et que la croûte terreuse, se disloquant par sa solidification, a laissé des points élevés, dont des masses de matière en liquéfaction ont augmenté la hauteur en pénétrant à travers les fissures. En même temps le niveau des mers baissait, ce qui est constaté par les traces dentelées qu'elles ont successivement laissées sur les flancs des îles. (Voyez GÉOLOGIE.)

L'âge des montagnes se détermine par le nombre de leurs couches, et par le genre des fossiles qui s'y trouvent. Les plus anciennes sont les montagnes de granit.

Si elles sont couvertes de couches de natures différentes, déchirées, inclinées, la montagne s'est formée et a soulevé ses couches après leur dépôt. Si, au-dessus de ses couches, il s'en trouve d'autres horizontales et non disloquées, elles sont postérieures à la formation de la montagne.

En général, quand les couches des montagnes sont très-inclinées, elles sont stériles, elle ne peuvent, à raison de leur pente, retenir ni les eaux pluviales, ni la terre végétale; pour qu'un coteau soit fertile, il importe que sa superficie soit parallèle à une section de ses couches inférieures. Dans ce cas, les couches servent d'appui au terrain.

Les grains conviennent moins aux montagnes que les bois, les vignes, les arbres fruitiers, etc. Les racines des arbres et des arbustes soutiennent le terrain et servent de véhicules aux eaux fécondantes, mais un terrain consacré à des plantes annuelles, remué souvent, n'a aucune solidité, et s'appauvrit par des dégradations successives.

MONUMENS. (*Conn. us.*) *Manière d'obtenir les copies des inscriptions en relief sur les monumens.* On nettoie d'abord la pierre avec une dissolution de soude et de potasse dans de l'eau chaude. On la couvre d'encre d'imprimerie; puis, d'une feuille de papier humide, et on frappe sur le papier avec un tampon. On peut aussi passer dessus une lame ou un rouleau.

Copies des inscriptions en creux. On procède comme ci-dessus; ce qui fait paraître l'inscription en blanc, sur un fond noir.

Les inscriptions qu'on obtient sont à rebours, et pour les lire on est obligé de regarder le papier à l'envers, au jour.

Nous avons fait nous-même l'épreuve de ce procédé à propos d'une inscription située au-dessus de la porte du vieux château de Péquigny, en Picardie. Cette inscription est un distique latin mis dans la bouche de la noblesse.

MOQUETTE. (*Conn. us.*) Velours de laine dont on fait des tapis, et dont les principales fabriques sont à Abbeville et à Amiens. La moquette se vend à l'aune, et n'a que deux pieds de large; ce qui oblige à la réunir par des coutures. Plus les couleurs de la moquette sont variées et brillantes, plus son prix est élevé.

MORÉE DE LA CHINE. (*Jard.*) *Moræa sinensis.* Famille des iris. Vivace. Fleurs en juillet, en ombelles, d'un jaune orangé tacheté de brun. Exposition sèche et méridionale. Séparation des pieds après la floraison. Mieux semis en mars, en terreau végétal et au soleil. On obtient, par ce moyen, des fleurs plus grandes et mieux ouvertes.

Morée, fausse iris. (*Moræa iridioides.*) Vivace, du Levant. Fleurs en août, blanches, à onglets jaunes bordés de lilas. Exposition méridionale au pied d'un mur. Terreau végétal ou bruyère; arrosement l'été. Séparation des pieds après la floraison, ou semis en mars, qui produisent des plantes plus rustiques. Couvrir de feuilles en hiver.

MORELLE NOIRE. (*Méd. dom.*) *Solanum nigrum.* Tiges d'un à deux pieds; feuilles ovales, pointues, dentelées ou anguleuses; tout l'été, fleurs blanches à grappes pendantes; toute terre et exposition; multiplication de graines en avril.

La plante entière a des qualités médicinales, narcotiques. Toutefois, c'est un poison violent auquel les bestiaux ne touchent jamais. Un praticien seul peut en ordonner l'usage.

MORILLES. (*Cuis.*) Famille des champignons.

Récoltes, choix, apprêt et conservation des morilles. La morille, dans sa jeunesse, répand une odeur agréable; elle est d'un gris brunâtre, qui devient presque noir dans sa vieillesse. C'est dans ce dernier état qu'il faut surtout éviter de la recueillir, parce qu'alors elle n'a pas de saveur, et qu'elle est pleine de larves d'insectes.

Recueillie pendant la rosée, il en résulte un autre inconvénient; elle se conserve plus difficilement; on doit de plus la couper au lieu de l'arracher, parce que la terre qui reste au pied se répand dans les lacunes du chapeau, et devient difficile à ôter.

On mange les morilles fraîches, cuites sur le gril ou dans un plat, sous un four de campagne, assaisonnées avec des fines herbes, du sel et du poivre.

On les met dans une grande quantité de ragoûts, auxquels elles communiquent leur saveur agréable. On les dessèche en les enfilant avec du gros fil et en les suspendant dans une chambre où il ne se forme pas de poussière. Elles peuvent se conserver plusieurs années sans perdre sensiblement de leur bonté; mais il faut, lorsqu'on veut s'en servir, les laisser tremper quelques minutes dans de l'eau tiède, si on ne veut les trop cuire.

Autre procédé pour conserver les morilles et les mousserons toute l'année. Pour avoir des morilles toute l'année, il faut les laisser sécher. Pour cela, on leur ôte le bout de la queue et on les lave. On les fait bouillir quelques instans dans l'eau; on les fait égoutter et on les fait sécher dans un four dont la chaleur soit très-douce. Quand elles sont bien sèches, on les conserve dans un endroit qui ne soit point humide, et à l'abri de la poussière. Lorsqu'on veut s'en servir, il suffit de les faire tremper pendant une demi-heure. Les champignons vénéneux, préparés par ce procédé, perdent en grande partie leurs qualités nuisibles, et peuvent souvent être mangés sans aucun danger, pourvu qu'on n'en prenne point une quantité excessive.

Autre procédé. Vous choisirez des morilles nouvellement cueillies, bien blanches et bien fermes; vous les éplucherez, les laverez, et les mettrez dans une casserole, avec un morceau de bon beurre frais, ou d'excellente huile d'olive. Vous laisserez la casserole sur le feu, jusqu'à ce qu'elles aient jeté leur eau, et que cette eau soit réduite à moitié. Vous les retirerez ensuite et les laisserez refroidir dans un vase de terre; puis vous les mettrez en bouteilles et leur donnerez un bon bouillon au bain-marie.

Manière d'apprêter les morilles. On distingue deux variétés principales: la morille blanche et la morille grise;

la première, dont la couleur tire un peu sur le pâle, est la plus commune, et celle que l'on préfère pour l'usage.

Indépendamment de l'usage où l'on est de faire entrer les morilles dans plusieurs ragoûts, on en fait des plats qui sont très-estimés. Pour les apprêter, on commence, après les avoir bien lavées, par leur ôter toute la terre qu'elles sont sujettes à contenir dans leurs cavités ou aréoles; ensuite on les égoutte bien en les essuyant, et on les met dans une casserole sur le feu, avec du beurre, du gros poivre, du sel, du persil, et, si l'on veut, un morceau de jambon. Il faut environ une heure de cuisson : comme elles ne rendent pas beaucoup d'eau, on est obligé de les humecter souvent, et, pour cela, on préfère le bouillon. Lorsqu'elles sont cuites, on ajoute des jaunes d'œufs pour faire la liaison, en les ôtant du feu. Il y en a qui y mettent un peu de crême. On les sert seules ou sur une croûte de pain rissolée, ou imbibée de beurre.

Cette manière de les apprêter est la plus ordinaire, et la meilleure. Il y en a d'autres, par exemple :

Morilles à l'italienne. Après les avoir bien lavées et laissées égoutter, on les coupe en deux ou trois; si elles sont trop grosses, on les met dans une casserole sur le feu, avec du persil, de la ciboule, du cerfeuil, de la pimprenelle, de l'estragon et de la civette; un peu de sel et un demi-verre d'huile. On les passe quelque temps, jusqu'à ce qu'elles aient rendu leur eau. On donne encore un tour. On met quelques pincées de farine; on les mouille avec du bouillon; on ajoute un demi-verre de vin de Champagne; et, après les avoir laissées un peu mijoter, on les sert avec du jus de citron et des croûtes de pain.

Morilles farcies. On préfère, pour farcir, les morilles fraîches et blondes; on les ouvre au bout de la tige, et, après les avoir bien lavées, battues et essuyées, on les farcit d'une farce fine et on les fait cuire entre des bardes de lard. On les sert dans une sauce semblable à celle des morilles à l'italienne.

Les cuisiniers, à Vienne en Autriche, ont la coutume de farcir les morilles avec de la chapelure de pain, de la volaille, des écrevisses, des sardines, etc.

Croûtes aux morilles. Éplucher et fendre en deux les morilles; les laver à plusieurs eaux, les faire bouillir; les égoutter; les passer sur le feu avec beurre, persil et ciboule; ajouter une pincée de farine, et un peu de consommé; faire cuire et réduire; ôter le bouquet; lier avec un jaune d'œuf délayé dans de la crême; ajouter une pincée de sucre en poudre, servir avec une croûte aux champignons. (Voy. ce mot.)

MORPHINE. (*Chim. dom.*) Ainsi nommée d'un mot grec qui veut dire sommeil, la *morphine* a été extraite de l'opium par M. Sterœrner; elle est blanche, amère, cristallisée en aiguilles, presque insoluble dans l'eau froide, très-soluble dans l'alcool, se décompose par la chaleur et donne les produits des matières végétales azotées. A l'état de pureté, elle n'a presque pas d'action sur l'économie animale; mais, lorsqu'elle est combinée aux acides, elle devient très-soluble et vénéneuse à une certaine dose. L'opium n'agit pas seulement par la morphine qu'il contient; ses effets sont encore dus à une autre base salifiable, nommée narcotine.

MORS. (*Ind. dom.*) L'inconvénient de la plupart des mors est d'exercer successivement, sur la langue, les lèvres, le menton, et les barres de la bouche de l'animal, une action qui irrite et impatiente les chevaux, et peut, en les excitant à ruer ou à se cabrer, mettre en danger un cavalier inhabile. Le mors ordinaire ne laisse pas assez de place pour la langue, à laquelle il est parallèle, et lorsque le cheval la met dessous, le mors ne touche plus les barres. De plus, un frottement continuel endurcit la bouche du cheval.

Le mors inventé récemment par M. Segundo n'a aucun de ces inconvéniens. Il est mobile, et contient la langue sans la gêner. Les branches sont indépendantes l'une de l'autre, et peuvent se plier, ce qui permet au cheval de manger tout bridé.

La longueur des branches de ce mors, l'élasticité et la force de la gourmette, varient suivant les différentes sortes de chevaux auxquelles il s'applique. M. Segundo a divisé les chevaux en six classes : 1° à bouche très-dure; 2° à bouche dure; 3° à bonne bouche; 4° à bouche très-sensible; 5° qui portent au vent; 6° qui s'encapuchonnent.

Une commission de généraux de cavalerie, après avoir examiné le mors Segundo, ont reconnu que son effet était plus rapide que celui des autres et qu'il contrariait moins le cheval, et ne lui endurcissait pas la bouche.

MORT. (*Conn. us.*) On définit physiologiquement la mort, l'abandon d'un corps aux lois de décomposition chimique, à la dissolution des parties. Nous laissons aux philosophes et aux médecins à déterminer ce qui, dans l'homme, peut, par son essence, n'être pas soumis à cette dissolution. Nous n'avons pas la prétention d'écrire un cours de métaphysique. Nous nous bornons à donner des conseils sur des matières usuelles, et comme malheureusement celle-ci intéresse toutes les familles, elle entrait nécessairement dans notre cadre.

Formalités à remplir. On doit faire donner directement la déclaration du décès à la mairie du lieu. L'inhumation ne peut avoir lieu sans un certificat de décès délivré par l'administration municipale. (*Code civil*, art 79 et suiv.)

En province, le curé se charge d'avertir le fossoyeur, et de régler l'ordre du convoi. A Paris, l'administration des pompes funèbres se charge de toutes les démarches et de tous les détails de l'inhumation. Les frais varient suivant le plus ou moins de magnificence des funérailles et de la tombe, et suivant les localités.

Usages domestiques. Quand une personne est morte dans une maison, on ferme les volets en signe de douleur, on appelle une femme pour veiller le défunt, jusqu'au moment où il est placé dans le cercueil. Cet usage a pour but principal de prévoir le cas où la mort ne serait qu'apparente, et de mettre à même de donner les premiers secours. Par la même raison, on ne découvre pas le malade et on ne lui cache pas le visage.

On place près du cadavre une lumière qu'on entretient nuit et jour. Les catholiques sont dans l'usage de lui poser un crucifix sur la poitrine, par-dessus le drap. Si le lit avait été disposé de manière à tenir la tête du malade un peu élevée, au moyen d'une chaise ou d'un autre objet, il faudrait lui rendre la position horizontale; sans cela, le corps se raidirait dans sa courbure, et pourrait être difficile à placer dans la bière.

On doit observer le silence dans la chambre du défunt, ou n'y parler qu'à voix basse, et éviter d'y passer sans nécessité.

On a renoncé généralement à coudre les morts dans un drap; on se borne à leur mettre une chemise et un bonnet blanc. Autrefois le corps était abandonné à des mercenaires qui commençaient par le tirer d'un lit fort chaud pour le mettre sur de la paille froide. Ils enveloppaient la tête et le visage avec une coiffe de bonnet renversée, qui formait une espèce de sac; ils mettaient quelquefois du coton dans la bouche. Ils serraient la poitrine et les bras avec une bande, entouraient d'autres bandes les pieds, et enveloppaient tout le corps avec un drap qu'ils cousaient ou fixaient avec des épingles.

Du luminaire. Il est d'usage dans quelques villes de faire suivre le convoi d'un certain nombre de pauvres vêtus de noir et portant un cierge à la main. Chacun de ces pauvres reçoit une certaine somme proportionnée à la fortune du défunt. Cette coutume est très-ancienne. On voit dans beaucoup de testamens du moyen âge : « N... donne.., à condition que. . . pauvres suivront le service avec leur torche qu'ils porteront durant ledit service.

On charge le cirier de distribuer les cierges et de payer les pauvres.

Salut aux morts. Il est d'usage d'ôter son chapeau devant les morts allant au cimetière. C'est un adieu adressé à celui qui s'en va, et un *memento mori* pour le passant qui reste.

Conseils hygiéniques. Il faut éviter d'approcher des personnes mortes, et il serait à désirer que partout on substituât l'usage du corbillard à celui de porter les cercueils à bras. Dans le nombre des personnes ainsi portées, beaucoup ont été enlevées par des fièvres putrides, des dyssenteries, des petites véroles, etc. Presque tous sentent mauvais, et souvent leur cadavre est en putréfaction lorsqu'on les porte en terre. A combien de peines et de dangers ne sont donc pas exposés ceux qui se chargent de ce fardeau et ceux qui l'escortent! Ils ont sans cesse la bouche et le nez appuyés et collés contre les planches mal jointes du cercueil où le cadavre est renfermé; la puanteur qui s'en exhale doit redoubler et devenir insupportable par les secousses que donne au cercueil chaque faux pas fait dans les chemins difficiles et tortueux. Enfin, après avoir ainsi marché, souvent pendant l'espace d'une demi-lieue, et plus encore, les porteurs haletans, inondés de sueur, arrivent à l'endroit où doit se faire la sépulture. Entrés dans une église, souvent très-froide, où ils déposent un cadavre infect, ils s'y tiennent immobiles, à genoux et la tête nue, jusqu'à ce que la cérémonie soit achevée, et s'en retournent ensuite dans leur maison, communiquer à leur femme, à leurs enfans et à leurs voisins le mauvais air qu'ils ont respiré; trop heureux, si après une marche longue et pénible, ils n'ont pas bientôt besoin qu'on leur rende à eux-mêmes le triste office dont ils viennent de s'acquitter.

Après l'enlèvement du corps, on aura soin de laver le lit et la chambre avec du chlorure de chaux, et d'entretenir un courant d'air jusqu'à ce qu'il ne reste plus aucune mauvaise odeur.

Morts apparentes. On a constaté malheureusement un assez grand nombre de cas où des personnes, tombées en léthargie, ont été enterrées comme mortes. Tout le monde connaît l'histoire de l'abbé Prévost. Il fut, le 25 octobre 1763, frappé d'une attaque d'apoplexie dans la forêt de Chantilly; on porta son cadavre au curé du village le plus près; la justice fit procéder sur-le-champ à l'ouverture. Un cri fit reconnaître au chirurgien que l'abbé Prévost n'était point mort, et glaça d'effroi les assistans; mais il était trop tard, le coup porté était mortel.

L'anatomiste Vésale, en disséquant une femme, reconnut, au second coup de scalpel, par ses mouvemens et ses cris, qu'elle était encore vivante; ce qui le rendit odieux, l'obligea de prendre la fuite et lui causa un tel chagrin, qu'il mourut peu de temps après. Des faits analogues se sont passés de nos jours.

Un nommé Colinet, de Dijon, passait pour mort. Un de ses amis voulut le voir au moment où l'on se disposait à l'ensevelir. A force de l'envisager, il crut apercevoir quelques restes de sensibilité dans les muscles du visage; il entreprit de le ranimer avec des liqueurs spiritueuses, et le mort prétendu jouit encore assez longtemps après de la vie qu'il dut à son ami. Ces prodiges seraient peut-être plus fréquens, si l'on appelait toujours les gens de l'art dans les cas de mort subite, où l'on est souvent trompé par les apparences de la mort.

Dans la crainte de pareils malheurs, les Romains ne permettaient d'enterrer les morts qu'après sept jours.

Chez nous on a fixé un délai beaucoup moins long, et qui souvent l'est trop peu. L'article 77 du Code civil porte : Aucune inhumation ne sera faite sans une autorisation, sur papier libre et sans frais, de l'officier de l'état civil, qui ne pourra la délivrer qu'après s'être transporté auprès de la personne décédée, pour s'assurer du décès, et que 24 heures après le décès, hors les cas prévus par les réglemens de police.

Mais il est de fait que cette disposition n'est point suivie et que sur cent officiers de l'état civil il n'y en a pas dix qui aillent s'assurer des décès; et comme leurs fonctions, abstraction faite de cette corvée désagréable, sont déjà assez fatiguantes, on ne parviendra point à obtenir d'eux, à cet égard, plus d'exactitude.

Il conviendrait, en ce cas, de suivre l'avis d'un grand nombre de médecins célèbres, c'est-à-dire d'établir pour chaque ville et village des *inspecteurs de morts*, *salariés aux dépens du gouvernement*, de manière qu'il fût défendu sous les peines portées en l'article 558 du Code pénal, d'ensevelir aucun corps avant la visite de l'inspecteur et *son certificat* qui devrait contenir tous les signes de mort réelle qu'il a aperçus. Ces inspecteurs auraient le pouvoir de faire retarder d'un ou plusieurs jours l'enterrement, lorsqu'ils trouveraient des signes équivoques de mort.

D'un autre côté, le délai de 24 heures fixé par le Code civil est bien insuffisant, puisqu'on a mille exemples de prétendus morts qui, après trois à quatre jours, ont donné des signes de vie.

Ainsi, principalement dans le cas de décès par suite d'apoplexie, de léthargie, d'asphyxie, d'hystérie et de syncope, l'on ne devrait enterrer qu'après quatre ou cinq jours.

On n'hésiterait pas à modifier, sous ces divers rapports, la disposition de la loi dont on vient de parler, si l'on réfléchissait que de tous les signes qui indiquent la mort, il n'en est, suivant l'opinion des plus célèbres médecins, qu'un seul de certain et d'irréfragable, *la putréfaction bien établie*, avancée et constatée *par une personne de l'art.*

Nous croyons utile de parcourir succinctement les autres signes ordinaires de mort, et de dire pourquoi ils sont incertains; afin que l'on redouble de prudence, en pareil cas. Voici les principaux :

La Face. Front ridé et aride, yeux caves, nez pointu, couleur noirâtre sur ses bords, lèvres pendantes, pommettes enfoncées, oreilles retirées en haut, menton ridé, peau sèche et livide, poils des narines et des cils recouverts d'une poussière grise, visage décomposé.

Cette face cadavéreuse s'observe souvent sur les personnes que l'on conduit au supplice. Elle n'est donc point un signe certain de mort.

Yeux. La cornée transparente est recouverte d'une toile diaphane, qui se déchire quand on y touche, et qu'on enlève aisément en essuyant les yeux. Peu d'heures après la mort, les yeux deviennent flasques et mous. Signe incertain, puisqu'il se rencontre dans d'autre cas où il y a vie.

Pouls. Il faut chercher les pulsations de l'artère au poignet, le bras étant droit et fléchi, au pli du bras, aux artères carotides, aux temporales, aux aisselles, aux aînes, aux artères crurales, à la région du cœur, et même au côté droit de la poitrine, crainte de transposition de cet organe.

Signe peu certain, car le pouls peut encore battre, quoiqu'il soit peu sensible au toucher.

La respiration. Voir si elle est tout à fait éteinte, en présentant à la bouche la flamme d'une bougie, un miroir ou un morceau de glace polie. Mais ce signe n'est pas plus certain que les autres, puisque notre corps inspire et expire par toute la surface de la peau.

Froideur du corps. Très-mauvais signe; plusieurs individus vivans et les asphyxiés conservent de la chaleur même longtemps après la mort.

Raideur des membres. Signe assez certain, les articulations se raidissant ordinairement de suite après que le malade a cessé de vivre. Quelquefois la raideur a lieu fort tard, et d'autres causes peuvent aussi l'occasionner.

Epreuves chirurgicales. Les incisions, la brûlure avec un fer rouge, la cire d'Espagne, l'eau, l'huile bouillante, l'électricité, le galvanisme ne fournissent pas non plus des signes certains de mort; car ces épreuves peuvent porter sur des parties privées de vie, sans que la partie voisine soit dans le même état.

Cependant l'ensemble ou plusieurs de ces signes et épreuves réunis peuvent servir à porter un jugement assez certain sur l'état de vie ou de mort du corps que l'on examine.

Les taches livides et la mauvaise odeur sont assez souvent des indices trompeurs, car elles peuvent se manifester dans certaines maladies putrides, gangréneuses et même nerveuses, sans que le malade soit véritablement mort.

Voici quelques autres signes que le docteur Bonafox donne comme infaillibles pour reconnaître la mort, et qui, s'ils ne le sont pas, peuvent au moins guider dans le jugement que l'on a à porter en pareil cas.

1° Si l'on abaisse la mâchoire inférieure et qu'on élève la paupière supérieure, les parties restent dans la position qu'on leur donne; la paume des mains et la plante des pieds présentent exclusivement une couleur jaune; 2° en rapprochant les doigts des mains et les opposant à la lumière, ils n'offrent plus cette transparence sensible qui a lieu constamment dans l'état de vie; 3° enfin, l'application du feu sur la peau ne produit pas la vésication, comme on l'observe quand la mort n'est qu'apparente.

Signes de mort au cas de choléra. C'est surtout lorsqu'il s'agit des cholériques que l'on doit redoubler de précautions pour s'assurer du décès. Un fait tout récent démontre le danger de les enterrer trop précipitamment. Une femme tombe malade du choléra à Samer (Pas-de-Calais); quelques heures après elle ne donne plus aucun signe de vie. On la croit morte, on l'ensevelit, les préparatifs de ses funérailles sont commandés, quand tout à coup un gémissement étouffé, partant de dessous le drap qui l'ensevelissait, vient révéler son existence. Quelques heures plus tard, cette infortunée allait être enterrée vivante.

De semblables malheurs sont d'autant plus à craindre en pareil cas, que la terreur d'une épidémie, que l'on est toujours disposé à croire contagieuse et qui enlève les hommes par centaines, éloigne précipitamment les gardes-malades, et fait précipiter les inhumations, avant de s'être assuré s'il ne reste point encore aux victimes un souffle de vie.

Les cholériques parcourent ordinairement deux périodes avant de mourir : La période *algide* (ou du froid), la période *typhoïde* (ou celle offrant la présence du typhus ou peste.)

La première, dit la *Gazette médicale*, à laquelle nous empruntons les observations qui vont suivre, réunit un nombre suffisant de signes dont la succession progressive amène la mort, ou prépare au rétablissement. Nous n'avons qu'à nous occuper des premiers.

Toutes les fois qu'un cholérique se présente avec la face caractéristique, le refroidissement des extrémités, les déjections particulières, les crampes et les autres symptômes non équivoques, si nous voyons que, sous l'influence des moyens employés, ces symptômes s'accroissent, surtout qu'après 3, 4, 6 ou 24 heures, l'empreinte cholérique de la face devienne plus profonde, que le cercle livide des yeux se prononce davantage, que la lividité des pieds et des mains soit plus marquée, si, conjointement avec ces phénomènes, le pouls achève de s'effacer, si l'oppression fait des progrès, si l'agitation arrive à son comble, dès lors plus de doute qu'à la cessation de ce trouble, le calme qui survient ne soit le calme de la mort, qui se manifeste le plus communément par *suffocation* ou *asphyxie.*

Quelquefois il arrive que sans passer par cette augmentation progressive des symptômes, les cholériques *algides* tombent subitement dans un état d'*immobilité absolue*, *manquant de respiration* ou n'ont qu'une *respiration* imperceptible, qu'ils sont sans pouls, glacés, en un mot dans un état apparent de mort. La soudaineté d'un tel état doit inspirer les plus grandes défiances aux personnes qui seraient tentées de déclarer que c'en est fait de ces malades. Nous leur citerons, pour leur inspirer plus de prudence, un très-jeune enfant qui sert de type au tableau que nous décrivons.

Il était abandonné comme mort : un médecin habile est assez heureux pour en douter. Il couvre la surface du corps de synapismes, il introduit dans l'estomac une forte dose de narcotiques, et plusieurs heures après, l'enfant se relève de son anéantissement. Les sujets de ces exemples sont des enfans, des femmes, des personnes à sensibilité très-exaltée.

La seconde période du choléra, lorsque la mort en est la suite, ne laisse aucune incertitude à cet égard, ce qui doit dissiper, en ce cas, les craintes d'inhumation précipitée.

Les Allemands, frappés de la cadavérisation qui caractérise les malheureux atteints par l'épidémie, et de l'espèce de retour des formes qui paraît se faire après leur mort, ont exprimé énergiquement leur pensée en disant que *dans cette affection les malades ressemblent aux morts et les morts aux vivans.*

Ce fait est de toute vérité. Tant que la maladie n'a pas lâché prise, sa présence est empreinte sous des traits que l'on désigne collectivement par le nom de *face cholérique.*

A la mort tous les ravages ne s'effacent pas, sans doute, mais les traits de la physionomie reviennent à un état plus normal, et remplacent l'expression compliquée de terreur, d'égarement et d'anxiété qu'ils présentaient pendant la maladie, par une expression singulière de calme et de tranquillité. Ici on se méprendrait en cherchant à reconnaître les signes de la mort tels qu'ils se trouvent dans les auteurs, car on trouverait la plupart d'entr'eux réunis sur les malades, tandis que plusieurs manquent sur le cadavre. Il nous suffit de rappeler l'opacité et la couleur terne de la cornée, l'absence de la chaleur et la privation du pouls, qui tous sont des caractères propres à l'affection cholérique. Dans les cadavres, au contraire, le froid de marbre s'efface toujours, et plusieurs heures après la mort, la main qui a gardé l'impression de ce froid pénétrant, perçoit avec surprise, en les explorant, la sensation d'une douce chaleur. Cette sensation disparaît à son tour pour faire place au froid cadavérique ordinaire, auquel s'ajoute alors la rigidité. Ainsi, de tous les signes de la mort réputés les plus sûrs, il ne reste que la rigidité cadavérique, l'odeur fade, rebutante, indice de la putréfaction, et un peu plus tard l'odeur putride plus tranchée, auxquelles on puisse se rattacher; mais encore une fois, ces signes sont précédés par ceux qui sont propres aux cadavres des cholériques, tels que le rétablissement des traits de la physionomie, et antérieurement par les détails de l'observation du malade; qui prouvent son acheminement graduel vers cette fatale terminaison.

Exhumation d'un corps. Lorsqu'il s'agit d'exhumer la dépouille d'une personne morte loin de son pays, et où l'on désire la transporter, il faut d'abord, quand on a mis le cercueil à découvert, l'arroser d'un mélange de douze litres d'eau et de deux livres de chlorure de chaux sec. On entoure ensuite le cercueil avec une étoffe imbibée du même mélange; on le place dans une boîte de bois plus grande, entourée de six pouces d'une partie de chlorure de chaux sec et de quinze parties de charbon de bois en poudre grossière. Ainsi disposé, il peut être transporté au loin sans qu'il en résulte aucun accident fâcheux, soit pour les personnes qui opéreront le transport, soit pour celles qui habitent les lieux qu'il aura à traverser.

Mort civile. (*Cod. dom.*) La mort civile est l'état d'un homme qui subit, en vertu d'un jugement criminel, une peine dont l'effet est de le priver de tous ses droits civils.

Le mort civilement perd la propriété de tous ses biens qui sont transmis à ses héritiers naturels, comme s'il était réellement mort et sans testament : il ne peut recevoir ni donner par actes entre vifs. Son mariage, s'il en a contracté un, est dissous quant à ses effets civils, et il est incapable d'en contracter un nouveau.

Cependant, comme la loi ne le prive pas de l'existence physique, elle lui permet de recevoir, mais à titre d'aliment; d'acquérir à titre onéreux, de vendre et hypothéquer les biens qu'il aurait acquis depuis la mort civile. Mais il ne peut en disposer par testament; ils appartiennent à l'état par droit de déshérence, car il n'a plus d'héritiers, puisque tous les liens de parenté sont rompus par la mort civile.

Lorsque l'on contracte avec un mort civilement, il faut donc examiner soigneusement si le bien qu'il cède lui appartient depuis la mort civile, car s'il vendait un bien qui lui aurait appartenu auparavant, la vente serait nulle.

MORTIER. (*Ind. dom.*) Les maçons de campagne sont quelquefois si ignorans de leur propre métier, qu'il est utile de donner ici les proportions de chaux et de sable nécessaires pour former un bon mortier.

Mortier grossier et commun. Trois parties de gros sable rude, une de chaux éteinte; battez et corroyez le tout avec suffisante quantité d'eau.

Mortier fin. Sable fin et doux, très-pur, deux parties; chaux éteinte, une. Mêlez et corroyez comme le premier.

Mortier pour les murs qui avoisinent l'eau. Sable fin, une partie; ciment, c'est-à-dire brique pilée, une; chaux éteinte, une.

Mortier de pommes de terre. Un dixième de pommes de terre cuites et réduites en bouillie, gâché avec neuf dixièmes de plâtre en poudre et suffisante quantité d'eau. Pour les ouvrages communs on remplace le plâtre par la glaise. Ce mortier, dur et sec, convient aux rez-de-chaussée, et n'est pas détruit par le salpêtre.

Mortier qui résiste à la pluie. Broyer ensemble parties égales de chaux noire éteinte et de sable de rivière, un huitième du tout de farine de seigle. Employer de suite.

Mortier dur et solide pour crépir les murs. Appliquer avec un balai, et laisser sécher sans polir, un mélange de chaux maigre et de chaux grasse, fusées dans une eau où l'on a fait bouillir des pommes de sapin.

Mortier de débris de pierres. Ramasser sur les routes des pierres calcaires et des cailloux, réduits en poussière après avoir été employés à ferrer le chemin. Les délayer dans de l'eau.

Mortier pour les constructions sous l'eau. Faire calciner quatre parties d'argile blanche, quatre-vingt-dix de pierre à chaux, six de peroxide de magnésie; réduire en pâte avec suffisante quantité d'eau et ajouter soixante parties de sable. (Voy. CIMENT. MASTIC.)

MORUE. (*Pêch.—Cuis.*) *Gadus morrhua.* Famille des gadoïdes. Ce poisson se pêche principalement sur les bancs voisins de l'île de Terre-Neuve, sur les côtes d'Islande et au Dogger's-Bank, dans l'Amérique du Nord. On se sert, pour le prendre, de lignes amorcées avec des morceaux de chiens de mer, des débris de poissons, des sardines, etc. Le produit de cette pêche est ordinairement de trois à quatre mille cinq cents morues par homme d'équipage.

On conserve la morue de trois manières. Préparée par la dessiccation, elle prend le nom de *stockfish*; on appelle morue verte, celle qui est seulement salée, sans dessiccation; et morue sèche ou merluche, celle qui est à la fois salée et desséchée.

Les œufs de la morue que l'on conserve sous le nom de *rogue*, servent à la pêche des sardines. Ces œufs empilés avec les foies dans des cuves, donnent de l'huile en se putréfiant.

Morue au parmesan. Mêler le blanc de la morue dans une béchamel avec du parmesan râpé; faire gratiner au four de campagne.

Morue à la maître-d'hôtel. La bonne morue a la chair blanche et la peau noire.

La laver et la faire dessaler vingt-quatre heures; changer l'eau trois fois dans cet intervalle; ne pas la laisser reposer plus longtemps, car si elle était trop dessalée, elle perdrait de sa bonté. Ratisser bien la peau; la placer dans une casserole avec de l'eau froide qui la recouvre; la poser sur le feu, et lorsqu'elle a fait deux ou trois bouillons, retirer la casserole; la couvrir et la laisser un quart d'heure dans son eau. Alors la faire égoutter, lever la chair par écailles; ôter toutes les arêtes en laissant la peau.

Manier un quarteron de beurre avec une pincée de farine, une pincée de persil, ciboule, une gousse d'ail hachée; le mettre dans une casserole avec la morue chaude; ajouter du poivre, un jus de citron, faire sauter sur le feu; dès que le beurre est fondu et lié, servir.

Morue à la béchamel. La faire cuire et la préparer comme la précédente. La mettre ensuite dans une sauce béchamel; la faire bouillir un quart d'heure.

On peut aussi, lorsqu'elle est dans le plat, la couvrir de panure et la mettre quelques minutes sous un four de campagne chaud et plein de braise; quand le dessus sera doré, la retirer et servir très-chaud.

Brandade de morue. (Voy. BRANDADE.)

Morue aux câpres. Même cuisson. Servir par-dessus une sauce blanche, avec anchois hachés et câpres.

Morue au blanc. La faire dessaler pendant deux jours; l'écailler; la mettre dans l'eau; écumer et ôter du feu dès qu'elle commencera à bouillir; la faire égoutter; la mettre dans une casserole avec beurre, un peu de farine, muscade et poivre et deux cuillerées de lait.

Morue aux pommes de terre. Après l'avoir fait dessaler, blanchir et écumer, la relever sur le bord du fourneau. Prendre des pommes de terre cuites que vous pelez et coupez par quartiers, ayant soin de les conserver chaudes; égoutter votre morue; en lever la peau; la mettre sur un plat entouré de vos pommes de terre; puis faire fondre dans une casserole un morceau de beurre frais; ajouter sel, fines herbes et jus de citron; masquer votre morue avec cette sauce et servir.

Morue au gratin. Faire cuire comme ci-dessus, ôter les arêtes, mettre dans une casserole, ajouter un demi-quarteron de beurre, une cuillerée à bouche de farine, un peu de sel, de gros poivre, muscade pilée, un demi-verre de crème; poser la sauce sur le feu en tournant toujours jusqu'à ce qu'elle jette un bouillon; la verser sur la morue; placer un rond de croûtons autour du plat où l'on sert la morue; la paner avec pain et fromage de parmesan après l'avoir couverte, avec un pinceau, d'une couche de beurre tiède. Colorer au four de campagne.

Croquettes de morue. Verser sur de la morue coupée en dés la sauce de morue au gratin; mêler et laisser refroidir; tremper dans des œufs battus, paner et faire frire. Servir avec du persil frit.

Morue en beignets. Dessaler la morue, la faire cuire, en ôter la peau et les arêtes, la piler avec un peu de beurre, de la mie de pain trempée dans un mélange fait avec du lait et un œuf frais. Faire des boulettes avec la pâte, les rouler dans la farine et faire frire. Verser dessus une béchamel. (Voy. ce mot.) Servir chaud.

Tourte de morue. Graisser une tourtière, la couvrir d'un morceau de pâte feuilletée, en dont on rogne les bords en sorte que la tourtière les dépasse de huit lignes. Mouiller les bords de la pâte sur une largeur de deux pouces; la coller et la dorer. Couper un rond de papier du diamètre du fond de la tourte, le huiler et le poser dessus pour l'empêcher de se colorer. Faire cuire une heure sous le four, comme il a été dit. Pendant ce temps préparer de la morue à la béchamel. Servir dans la tourte au moment de servir.

Morue à la bourguignote. Prendre six gros oignons, les couper en anneaux, les faire roussir dans le beurre, verser dessus un beurre roux, avec sel, poivre et fort filet de vinaigre; servir avec la morue cuite comme à la maître-d'hôtel.

Queues de morue à l'anglaise. Faire cuire comme à la maître-d'hôtel; faire une sauce avec la chair de deux citrons, un morceau de beurre, quantité égale d'huile, une pincée de poivre, des filets d'anchois, persil et ciboule hachés, un peu d'ail.

MOSAIQUE (PAVÉS EN). (*Conn. us.*) Prendre des morceaux de marbre de différentes couleurs, d'une forme assez régulière, les disposer en dessins réguliers, faire un ciment de parties égales de marbre et de chaux vive mêlés avec de l'huile de lin siccative, et l'étendre sur un plancher en plâtre ou en carreau; y transporter pièce à pièce les parcelles de marbre. Laisser sécher et polir ensuite avec du sablon ou du grès en poudre.

Autre procédé. Délayer dans de l'huile de lin visqueuse une partie de chaux vive, une de sable fin ou de brique pilée et un quart de blanc de céruse.

Si l'on ne veut qu'un simple cailloutage, on mêle les

morceaux de marbre, on les étend sur le mortier et on les comprime pour unir la surface.

MOTEURS. (*Conn. us.*) On donne ce nom à tous les agens qui peuvent déterminer le mouvement d'un corps quelconque, mais plus particulièrement celui d'une machine.

Les moteurs les plus ordinaires sont :

1° Les cours d'eau; (voy. HYDRAULIQUE, MOULIN.)

2° Le vent; (voy. MOULIN A VENT.)

3° L'élasticité des gaz ou celle de la vapeur; (voy. VAPEUR.)

4° La force animale;

5° Les poids et les ressorts.

Pour estimer leurs effets, on a pris, comme terme de comparaison, un poids donné, élevé à une hauteur déterminée dans un temps également déterminé : c'est ce qu'on désigne sous le nom d'*unité dynamique.*

L'unité dynamique adoptée en France est un poids d'un kilogramme élevé, en une seconde, à un mètre de hauteur. Pour les grandes machines, on emploie quelquefois une autre unité dynamique qui se compose de 1,000 kilogrammes, représentés par 1 mètre cube d'eau, élevés en une seconde à 1 mètre de hauteur, ou de 1 kilogramme élevé à 1 kilomètre.

Tableau de la force moyenne de l'homme agissant comme moteur. Dans ce tableau, Coulomb a pris pour unité comparative le kilogramme transporté à 1 kilomètre. Le nombre de kilogrammes indiqué à la suite de chaque mode d'action représente donc le résultat de chaque mode comparé au transport de 1 kilogramme à un kilomètre de distance. La comparaison de ces divers résultats indique donc quel est le mode d'action dans lequel l'homme produit la plus grande quantité de travail.

1° L'homme voyageant sans fardeau plusieurs jours de suite sur un chemin horizontal.	3,500	kilogram. par jour.
2° L'homme parcourant un chemin horizontal, étant chargé de 58 kilogrammes.	1,536	
Effet utile, le transport de son corps déduit.	692	
3° L'homme montant un escalier commode sans être chargé.	205	
4° L'homme montant le même escalier avec une charge de 68 kilogrammes.	120	
Effet utile.	56	
L'homme transportant un fardeau sur une brouette.	1,022	
L'homme qui élève le mouton d'une sonnette.	75	
L'homme frappant des pièces de monnaie avec un balancier.	59	
L'homme tirant de l'eau d'un puits à l'aide d'une corde et d'une poulie. . .	71	
L'homme agissant sur une manivelle.	116	
L'homme qui laboure avec une bêche.	92	
Force d'un cheval avec la charge d'une charrette montant à 750 kilogrammes non compris le poids de la voiture, le cheval peut parcourir sur route en bon état environ.	58 kilomèt.	
Attaché à un manége, un cheval exerce une traction homogène de. . . .	100 kilog.	

(Voy. MANÉGE.)

Le gaz acide carbonique, qui s'obtient aisément à l'aide d'un acide mis en contact avec un carbonate de chaux, se dilate par la chaleur et se condense par le froid. Il a une force égale à quatre-vingt-treize atmosphères. Les essais de M. Brunel font espérer qu'il sera possible de s'en servir comme moteur.

MOTS (JEU DE). (*Récr. dom.*) Ce jeu est très utile pour apprendre à lire aux enfans. Il se compose de cent quarante dés plats ayant la forme de dominos. Cent de ces dés contiennent deux alphabets : d'un côté du dé sont les lettres capitales, de l'autre les minuscules : ainsi, quand on voit A à l'endroit, on voit *a* à l'envers. Les quarante autres dés contiennent deux séries de chiffres d'un côté, et de l'autre tous les signes de la ponctuation, depuis la virgule jusqu'au guillemet. Pour jouer à ce jeu, une ou deux personnes prennent diverses lettres dans leurs mains, afin de composer le mot qu'elles ont dans la pensée, puis donnent ces lettres mêlées à une ou deux personnes qui jouent avec elles, et doivent s'exercer à placer ces lettres sur la table de manière à trouver le mot pensé. Comme beaucoup de mots sont susceptibles d'anagramme, il en résulte souvent des contrastes très-plaisans. Le joueur qui ne trouve pas le mot pensé, ou qui ne compose pas assez promptement, donne un jeton. Pour prévenir toute tromperie, il est bon d'assujettir les premiers joueurs à se confier tout bas leur mot l'un à l'autre, ou bien de le dire à l'oreille de quelqu'un de la société.

MOU. (*Méd. dom.*) *Sirop de mou composé.* Mêler un kilogramme de mou de veau, deux kilogrammes d'infusion de dattes, un hectogramme d'infusion de raisins de Corinthe, de consoude, de racines de réglisse, de feuilles de pulmonaire, deux kilogrammes de sucre cristallisé. Clarifier avec quatre blancs d'œufs et faire cuire à consistance de sirop; passer et mettre en bouteille.

Ce sirop est pectoral; il est efficace dans les rhumes, catarrhes, toux opiniâtres, phtisie. La dose est d'un à quatre décagrammes, pur ou étendu dans une tasse d'une infusion béchique.

MOUCHES. (*Animaux nuisibles*). Insectes diptères. Ils remplissent nos maisons en été, déposent des vers dans les alimens et salissent de leurs excrémens les tableaux, les glaces, les dorures, les meubles, les draperies, etc. Dans de certaines années chaudes, il est très-difficile de s'en débarrasser, malgré toutes les précautions que l'on prend.

La mouche à viande (*musca vomitoria* de Linnée) est une des plus grandes de nos climats; elle se reconnaît aux soies de ses antennes barbues, à son front fauve, à son corselet noir, à son abdomen d'un bleu luisant avec des raies noires. Elle s'annonce dans nos appartemens par son bourdonnement assez fort. Elle dépose ses œufs sur la viande que la finesse de son odorat lui fait découvrir de très-loin. On prétend que son attouchement peut communiquer aux hommes cette maladie douloureuse et mortelle connue sous le nom de charbon.

C'est vainement que l'on chercherait des moyens pour la détruire ; comme sa larve vit dans les chairs corrompues, peu de personnes auraient le courage d'aller l'y chercher ; mais on prévient aisément les effets pernicieux de sa présence, en tenant les substances alimentaires qu'elle infeste, dans des lieux frais et dans des cages garnies de canevas, où elle ne peut pas pénétrer. (Voy. GARDE-MANGER.)

La mouche domestique (*musca domestica* de Linnée) a le poil des antennes barbues ; son corselet est d'un gris cendré, avec quatre raies noires ; son abdomen est d'un brun noirâtre, tacheté de noir, avec le dessous d'un brun jaunâtre ; les cinq derniers anneaux de l'abdomen de la femelle forment un tuyau long et charnu qui lui servent à enfoncer ses œufs dans les immondices où vit sa larve.

Cette espèce, commune dans les appartemens, surtout dans ceux dont les ouvertures regardent le midi, est la plus incommode de toutes. En entretenant dans les chambre une fraîcheur habituelle au moyen des arrosemens, en tenant les volets et les rideaux fermés pendant les ardeurs du soleil, on en diminue beaucoup le nombre. Si l'on peut se procurer des branches d'osier, on en fait des faisceaux que l'on suspend au plancher ; toutes les mouches s'y rendent et s'y assemblent à la nuit tombante ; vers les dix ou onze heures du soir, on détache ces faisceaux très-doucement, avec la précaution de ne pas les agiter, et on les emporte dehors avec les mouches. On prétend que l'odeur de la conyse et du mélilot qu'on laisse sécher en petites bottes dans les appartemens, en écarte ces insectes.

On met dans une soucoupe une demi-cuillerée de poussière de mine de plomb (arsenic gris), mêlée à un peu d'eau et toutes les mouches qui en approchent tombent aussitôt mortes. On prétend que l'orpin produit le même effet. On pend au plancher des fioles à large goulot, à moitié remplies d'huile et dont les parois sont légèrement frottées avec du miel ; les mouches y entrent, tombent dans l'huile et y périssent. Une excellente méthode consiste à remplir un verre, jusqu'à la moitié de sa hauteur, d'eau de savon : on place dessus un morceau de papier tendu comme la peau d'un tambour, et maintenu ainsi au moyen d'une ficelle ; au milieu du papier faire un trou rond, large de trois lignes, communiquant dans le verre ; le dessous du papier est frotté de miel. Les mouches, attirées par l'odeur, se posent sur le papier, cherchent le trou, entrent dans le verre, tombent dans l'eau de savon et y périssent presque subitement.

La poudre de cobalt peut remplacer la mine de plomb. Il suffit de remettre de l'eau sur ce cobalt, à mesure qu'elle s'évapore, pour le faire durer un ou deux mois ; mais ce métal étant un poison dangereux, on ne doit point en placer dans la cuisine : les mouches empoisonnées tomberaient dans les mets et les rendraient malfaisans. Il est prudent aussi de couvrir l'assiette qui le contient, avec un grillage clair en fil d'archal, qui n'intercepte pas le passage des mouches, mais qui empêche les chiens et les chats d'y toucher.

Emploi des feuilles de saule. Pour détruire ces mouches domestiques qui salissent le linge et les meubles, il faut fermer les appartemens où elles sont rassemblées, suspendre au plancher plusieurs petits paquets de feuilles de saule, qui les attirent ; puis, quand la nuit est venue, on les jette dans un vase rempli d'eau ou dans le feu. On les emporte dehors.

On peut encore les détruire en plaçant dans l'appartement un vase en terre ou en verre rempli d'une solution mercurielle sucrée, ou bien couvrir le vase avec un papier enduit de miel, au milieu duquel on laisse un trou par où les mouches s'introduiront et tomberont dans cette solution. (Voy., à l'art. ANIMAUX NUISIBLES, la manière de la composer.)

De petits bâtons enduits de glu et suspendus en l'air, en font aussi périr un grand nombre, qui ne peuvent dégager leurs ailes de cette glu.

Emploi de l'huile de laurier. Les mouches carnivores hâtent la putréfaction de la viande en y déposant leurs larves.

Les bouchers de Genève garantissent de l'approche des mouches les viandes qu'ils étalent, en enduisant les murs et les boiseries de leurs boutiques d'huile de laurier. L'expérience a été répétée à Paris, où elle a eu le même succès.

On éloigne les mouches des meubles et dorures, en les frottant de cette huile, qu'on peut remplacer par du jus de feuilles de citronnelle. Il suffit de frotter les cadres sur leur épaisseur avec un pinceau.

Piqûre de mouche carnivore. La tumeur que cause la piqûre d'une mouche carnivore qui s'est reposée sur un animal mort du charbon peut causer la pustule maligne.

Traitement. Couper cette tumeur, la cautériser avec un fil de fer ou un peu de charpie de coton trempée dans de l'acide nitrique ou sulfurique, ou dans le beurre d'antimoine ; on peut employer encore un grain de potasse caustique. Si la gangrène s'est manifestée, faire sur la partie une incision en croix sans pénétrer dans les parties saines ; enlever avec des ciseaux les extrémités des lambeaux corrompus, appliquer le caustique comme ci-dessus, mais en plus grande quantité ; panser ensuite la plaie avec l'onguent styrax, ou la saupoudrer avec un mélange de charbon et d'alun calciné.

On recouvre la partie attaquée de linges trempés dans une décoction de quinquina ou dans le chlorure de sodium dissous dans l'eau, qui détruit la fétidité de la suppuration. l'alcool ou esprit de vin camphré sera également bon. Dans le principe, les boissons légèrement acides, la limonade, l'eau vinaigrée, l'eau de groseille, la limonade minérale, etc. Si le malade tombe dans l'abattement, la décoction de quinquina, quelques cuillerées de bon vin et autres toniques seront administrés.

Lorsqu'on aperçoit sur un animal une tumeur produite par une semblable piqûre, on l'incise également, et on cautérise l'intérieur de la plaie avec un fer rouge ; on peut aussi avec avantage laver la plaie avec l'essence de térébenthine et la panser les jours suivans avec l'onguent styrax ou œgyptiac ; quelques vétérinaires appliquent sur les tumeurs des caustiques, tels que le vitriol bleu délayé dans suffisante quantité de jaune d'œuf, ou le sublimé corrosif mêlé avec de l'axonge : à l'intérieur on donne dès le début de l'eau vinaigrée, et lorsque l'on voit de l'affaiblissement, des toniques, tels que la décoction de quinquina, de petite centaurée, de chardon bénit, la poudre de quinquina, de gentiane unie au sel ammoniac, au camphre, etc.

MOUCHE (JEU DE LA) (*Récr. dom.*) La mouche est un jeu très-connu et très en vogue. On l'appelle aussi la *bête* et l'*enturlu*, quand on prononce ces deux mots en jouant au lieu de celui de *mouche*. Le pamphile ou mistigri n'est qu'une modification de la mouche que nous expliquerons à la fin de cet article.

Quand on joue trois personnes à la mouche, on se sert d'un jeu de piquet; et même plusieurs joueurs en retranchent les sept. Lorsqu'on y joue six, on ajoute toutes les petites cartes, afin de fournir aux cartes que le jeu demande. Les cartes retranchées doivent toujours être les plus petites; ainsi l'on ôte d'abord les deux, puis les trois, etc.

Comme c'est un avantage de jouer la couleur que l'on veut, c'en est un d'être le premier à commencer : le hasard décide à qui sera le rôle de distributeur. On prend ensuite un certain nombre de fiches et de jetons que l'on fait valoir plus ou moins. Le donneur distribue les cartes comme il a été dit pour l'écarté et la triomphe : il fait la retourne qui marque l'*atout* et demeure sur le tapis. Il garde ensuite le talon dans ses mains.

Le premier qui a examiné son jeu, s'il le trouve tout entier mauvais, et qu'il veuille le changer, remet ses cartes l'une sur l'autre et les place sous la retourne, en disant : *cinq cartes* ou *cartes entières*. Alors le donneur lui distribue un nouveau jeu, soit en deux et trois, trois et deux, ou même en cinq, car cela ne fait absolument rien. Selon que le premier juge à propos d'écarter plus ou moins de cartes, il en nomme le nombre, et le donneur lui sert ce qu'il a demandé. Les cartes écartées ne se montrent jamais.

Quand le joueur trouve son jeu bon, ou qu'il craint d'en avoir un pire, enfin qu'il ne veut point écarter, il dit : *je m'y tiens*, et alors il ne va *point à fond*, c'est-à-dire ne reçoit point de cartes.

Si le joueur trouve son jeu trop mauvais, avant que l'on ait commencé de jouer, il peut mettre toutes ses cartes à l'écart ou dessous le talon, et ne pas jouer; mais pour cela il est important qu'il n'ait pas demandé de cartes, ni dit je m'y tiens; car dès qu'on a parlé, on est censé jouer.

Tous les joueurs ayant successivement choisi le parti qui leur convient, le donneur songe à son jeu; s'il juge à propos d'écarter ses cartes, et qu'il n'y en reste pas assez pour les remplacer, il n'en peut mettre à bas qu'autant qu'il y a de cartes remplaçantes.

Si un joueur a le bonheur d'avoir ses cinq cartes de la même couleur, bien que ces cartes ne soient point d'atout, il a la *mouche* et gagne sans jouer; en ce cas les autres joueurs quittent leur jeu, et la partie recommence. Cependant il arrive souvent que le jeu continue parce que le possesseur de *la mouche* n'est pas obligé de l'annoncer, et qu'il peut dire simplement *je m'y tiens*; cela lui est plus avantageux, car les autres joueurs peuvent faire des mouches (mettre des jetons, comme nous allons le voir) qui lui appartiendraient; c'est pourquoi il est bon d'interroger le joueur qui *s'y tient*, en lui demandant s'il *sauve la mouche*; car alors, s'il répond, il est obligé de répondre juste : il peut, il est vrai, garder le silence, mais cela équivaut à un aveu.

Lorsque plusieurs joueurs se trouvent avoir la mouche ensemble, la mouche d'atout a la préférence : si celle-ci ne détermine pas le choix, et que les couleurs soient indifférentes, c'est alors le nombre de points le plus fort qui l'emporte. A la mouche, on compte les trois figures, et l'as qui va immédiatement après le valet, pour dix points, et les autres cartes pour les points qu'elles marquent. Si elles étaient égales en tout, le premier gagnerait.

On dit à ce jeu : *faire la mouche*, *gagner la mouche*, *sauver la mouche*. Chaque donneur, avant de mêler et distribuer les cartes, met dans un panier, ou en tas au pied d'un flambeau, autant de jetons qu'il y a de joueurs. Celui qui dans le cours du jeu n'obtient aucune levée met également autant de jetons ou de marques qu'il y a de joueurs; ces deux cas s'appellent *faire la mouche*. Une mouche est un nombre de jetons égal au nombre de partenaires. Il arrive souvent qu'il y a plusieurs mouches au jeu, et alors on dit mouche double, triple, quadruple, etc.

On peut convenir de faire aller les mouches séparément, et de n'en laisser qu'une à la fois sur le jeu; mais comme les donneurs doivent successivement en mettre une nouvelle, cela cause de l'embarras.

Chaque levée vaut un jeton à celui qui l'a faite; quand la partie est jouée, chacun tire du fond de la mouche les jetons qui lui reviennent. Si la mouche est double, on en tire deux pour chaque levée, trois, si elle est triple, et ainsi de suite. On voit que le *joueur-mouche* qui attend la fin du jeu pour annoncer son coup court risque de voir diminuer son fonds, mais ce n'est pas aussi de cette façon qu'il agit.

Après qu'il a dit *je m'y tiens*, sans prendre de cartes, les autres joueurs vont leur train ordinaire. Ils commencent à jouer à leur tour; quand vient celui du joueur-mouche, il montre ses cartes, lève tout ce qu'il y a au panier (ce qui s'appelle *gagner* la mouche) et gagne encore les mouches dues, soit par le joueur en renonce, soit par ceux qui jouent, ou plutôt s'apprêtaient à jouer. Les dernières se composent d'autant de jetons qu'il y en a sur le jeu; chaque joueur qui se disposait à jouer en fait une. On voit maintenant combien le coup est profitable et combien il importe d'interroger ceux qui se tiennent à leurs cartes, afin de les empêcher de *sauver la mouche* (de la garder pour l'annoncer dès que c'est à son tour de jouer), afin que du moins ils ne gagnent que les mouches du fonds, sans moissonner celles qu'ils font faire à leurs partenaires. Avertis par son silence, ou éclairés par son aveu, ceux-ci mettent tous *jeu bas* et n'ont rien à payer.

La marche de la mouche est facile : chacun joue à son tour, et doit mettre, tant qu'il en a, de la couleur jouée : il coupe d'atout à son défaut, ou *surcoupe*, c'est-à-dire met un atout sur un atout déjà joué. En cas qu'il oublie de prendre, par une forte carte de la couleur jouée, lorsqu'il le peut, qu'il manque à jouer les atouts pour la coupe et la surcoupe, enfin, en cas de renonce volontaire ou forcée, il fait la mouche d'autant de jetons qu'elle est grosse sur le jeu.

On ne doit jamais remêler pour une carte tournée

à cause des écarts. Il n'y a, à proprement parler, point de partie à gagner à ce jeu; on comprend assez que tout le gain est dans la mouche. Cependant, lorsque personne ne la gagne et que le nombre de levées décide le gain, c'est une sorte de partie que l'on prend sur la mouche mise au jeu.

Jeu de pamphile ou *du mistigri*. Le valet de trèfle, auquel on donne le titre de *pamphile* ou *mistigri*, est l'atout par excellence; il emporte tous les autres, et même le roi. Voici l'unique différence qu'il y ait entre la *mouche* et le jeu qui nous occupe : nous n'en dirons donc que peu de choses.

Le joueur qui a le bonheur d'avoir le *pamphile* dans son jeu, reçoit de chacun un ou plusieurs jetons, selon la convention faite à l'avance; et pour lui éviter la peine de les réclamer, le donneur les lui donne pour tous les autres joueurs. Chacun agit ainsi à son tour.

Si le donneur, en faisant la retourne, amène le *pamphile*, il peut le mettre en la couleur qui abonde le plus dans son jeu.

Si parmi les cinq cartes de chaque joueur, un d'eux se trouvait avoir, dans son jeu, *pamphile* avec quatre cœurs, ou quatre piques, etc., et que l'atout fût en l'une de ces couleurs, il ne serait pas censé avoir l'*enturlu* ou la *mouche*, puisqu'il est indispensable de réunir cinq cartes de couleur semblable pour ce coup, à moins toutefois que les joueurs ne fussent convenus, comme il arrive souvent, que le *pamphile* prendrait la couleur de l'*atout*.

MOUCHOIR. (*Ind. dom.*) *Manière de plier les mouchoirs dans les armoires.* Mme Élisabeth Celnart, à laquelle les femmes sont redevables de tant de conseils utiles, donne là-dessus les indications suivantes :

« On plie ordinairement les mouchoirs le plus simplement du monde. C'est un morceau carré plié en quatre dans tous les sens; mais il y a un nouveau soin à prendre quand le mouchoir est brodé, et qu'on veut en faire paraître les coins. Quand le mouchoir est plié en quatre dans un sens, on l'étend transversalement sur la table, et on replie à gauche la moitié tansversale, en trois parties appliquées l'une sur l'autre, de manière que cela donne à gauche, en dehors trois plis, et en dedans deux plis, et la partie des coins; la même manœuvre se répète à droite. De cette façon, les coins se trouvent rapprochés, mais pas encore assez étalés; aussi voici le moyen qu'emploient les lingères pour disposer leurs mouchoirs brodés. Quand le mouchoir est plié, d'abord en quatre longitudinalement, elles rabattent sur le bord opposé du pli celles des lisières qui se trouvent en dessus; puis elles disposent le mouchoir comme je viens de l'expliquer : il en résulte que les quatre coins brodés composent un carré formé de quatre carrés égaux et enjolivés de broderie. On replie ensuite, si l'on veut, le mouchoir sur lui-même. »

MOUCHOIR. (*Réc. dom.*) *Placer un charbon, faire brûler du papier, ou mettre sur la flamme d'une bougie un mouchoir sans le brûler.* Prenez une boîte de montre; couvrez la partie convexe avec un côté d'un mouchoir, en faisant en sorte qu'il ne soit pas double; pressez fortement toutes les parties de ce mouchoir contre le métal, en les tenant toutes bien tendues, par la torsion du côté du verre. Cela fait, vous pouvez placer sur le mouchoir un charbon ardent, brûler du papier, etc., sans brûler le mouchoir. Ce phénomène est dû à ce que le calorique ne se fixe point sur la toile; il ne fait que la traverser pour se porter sur le métal. On fait également cette expérience, en société, avec tout autre corps métallique.

Une balle de plomb enveloppée de papier, suspendue au-dessus de la flamme des bougies, fond sans que le papier soit brûlé, excepté le trou par lequel passe le plomb fondu. Par la même raison, un fil de lin, dont on aura entouré fortement une pierre bien lisse, ne brûlera pas, quoique exposée à la flamme d'une chandelle.

MOUETTE. (*Chass.*) Genre d'oiseaux palmipèdes, assez répandu sur nos côtes. La mouette commune ou rieuse (*larus atricilla*), est ainsi nommée de son cri qui ressemble à un éclat de rire.

MOULAGE. (*Conn. us.*) Nous ne nous occuperons point du moulage des grandes statues, nous parlerons seulement de celui des masques humains, devenus d'un grand intérêt, depuis qu'on s'occupe d'études phrénologiques; du moulage des médaillons et de celui des petits animaux et des fleurs.

La première condition à remplir, pour mouler avec succès, doit être de s'appliquer à bien gâcher le plâtre, et connaître les proportions exactes d'eau que l'on doit employer, afin qu'il ne soit pas trop sec ou trop liquide, ou, comme disent les mouleurs, trop serré ou noyé.

Pour mouler le visage d'une personne vivante, il est nécessaire d'avoir de l'assurance, de l'adresse et l'habitude de manier le plâtre. On fait coucher le modèle horizontalement, après avoir entouré sa tête d'une serviette. On enduit le visage d'une légère couche d'huile et l'on graisse les cheveux, les sourcils et les cils avec de la pommade ou du beurre frais. Les yeux et la bouche du modèle doivent être fermés; si l'on craint de mettre du plâtre dans les narines, il est nécessaire, pour que la respiration ne soit pas interrompue, d'y placer un tuyau de plume. Ensuite, avec un pinceau fin, on pose, sur le visage, du plâtre délayé dans l'eau tiède, en commençant par le front et les joues, et finissant par les narines et la bouche. Quand la couche dont on a recouvert la face est assez épaisse, et que le plâtre est pris, on enlève le moule qui se détache facilement, attendu la précaution que l'on a eue de graisser le visage. Si l'on opère sur la nature morte, on pose d'abord, avec le pinceau, une très légère couche de plâtre qu'on laisse sécher avant d'en mettre davantage; car, si l'on surchargeait de suite la face, les formes, déjà amollies par la mort, s'affaisseraient encore, et la ressemblance serait toujours inexacte. Le moulage des médaillons se pratique sur la terre encore très-molle; on la couvre de plâtre fin, rendu assez liquide, qu'on a soin de souffler dans les creux afin de prendre fidèlement toutes les empreintes. On couvre de plâtre gâché plus serré dès que la première couche est dure, et on donne, avec la main, la figure d'un quart de sphère au moule, qui doit avoir de huit à dix lignes d'épaisseur. Aussitôt qu'il est sec, on enlève la terre avec la pointe d'un couteau ou d'un ébauchoir, et on le lave avec soin à l'eau de savon afin que l'épreuve qu'on veut en tirer soit très-blanche. Dès que le moule est bien égoutté, on l'enduit d'une légère couche d'huile et on l'emplit de plâtre très-liquide, qu'on laisse sécher pendant une heure dans un endroit sec, ensuite on brise le moule à l'aide d'un ciseau et d'un petit maillet; en ayant soin d'enlever les plus grands morceaux qu'on peut. Cette opération exige beaucoup de précautions, car un coup donné inconsidérément endommagerait l'épreuve. Quelques mouleurs ont proposé, pour ne pas la confondre avec le moule, quand on enlève celui-ci, de mêler au plâtre dont on s'est servi pour couvrir la terre, une petite quantité de vermillon ou de charbon pulvérisé, très-fin. Il serait bon d'employer ce moyen lorsqu'on moule pour la première fois; l'habitude qu'on acquiert du plâtre et du moulage dispense ensuite de ce soin. L'épreuve des moules pris sur nature morte ou vivante se tire de la même manière; les mouleurs appellent cette opération mouler *à creux perdu*, parce qu'on est obligé de sacrifier le moule pour avoir l'épreuve. Ils nomment moules *à bon creux* ceux qui sont composés de plusieurs pièces et qui permettent de tirer autant d'épreuves que l'on veut. Les moules à bon creux se font sur l'épreuve originale qu'on a obtenue par le creux perdu.

Le moulage des petits animaux, tels que les lézards, les grenouilles, les oiseaux, qui paraît offrir de grandes difficultés, devient très-facile à exécuter, après quelques essais faits avec soin et observation. On prend un animal mort récemment, afin que les formes soient encore fermes, et ne soient pas exposées à être déformées par le gonflement du plâtre; on le pose sur un plat ou sur une tablette enduite d'huile, et on le couvre de plâtre très-liquide, auquel on peut, si l'on veut, mêler un peu d'argile. On a soin de laisser au moule une petite ouverture pour le dégagement de l'air; et lorsque l'animal est entièrement enveloppé d'une couche d'un demi-pouce ou d'un pouce au plus d'épaisseur, on fend le moule en deux avant que le plâtre soit entièrement sec, avec un fil qu'on a disposé autour de l'animal. Dès que le plâtre est sec, il est facile de retirer l'objet qu'on veut reproduire en séparant les deux parties du moule, qu'on savonne, et qu'on huile comme nous l'avons dit à propos du moulage des médaillons, et dans lequel on coule ensuite du plâtre assez liquide. On peut se servir du même procédé pour avoir l'empreinte des poissons, des insectes, des coquilles et des fruits.

Un graveur anglais a imaginé, pour mouler les fleurs, un procédé ingénieux, qui nous a réussi plusieurs fois, et qui certainement réussira de même à ceux de nos lecteurs qui voudront l'essayer. Il suffit de poser une fleur sur du sable légèrement humecté, de manière à ce que la partie inférieure, appuie en tout sens sur ce sable, et qu'elle ne présente à découvert que la surface qu'on veut mouler. A l'aide d'un pinceau fin, on couvre cette surface d'une légère couche de cire et de poix de Bourgogne qu'on a fait fondre ensemble, puis on plonge la fleur dans l'eau froide. La cire se détache, et on la pose sur le sable dans la position qu'occupait précédemment la fleur. On couvre ce petit moule de plâtre avec les plus grandes précautions, et on obtient des empreintes dont rien n'égale la délicatesse et le fini. (Voy. FLEURS, MODELAGE.)

MOULE. (*Cuis.*) Coquillage bivalve de mer. On l'appelle aussi *muscle*, et *cailleu* ou *cayeu*; on le trouve par bancs sur nos côtes.

La chair des moules est laxative et un peu indigeste. Quelques-unes, qui sont malades ou qui logent des crabes dans leur intérieur, peuvent causer de graves accidents.

Il y a un proverbe dont l'expérience a démontré la vérité : les moules sont malsaines dans tous les mois où la lettre R n'entre point.

Les moules sont meilleures en septembre et en octobre qu'à toute autre époque.

Moules à la poulette. Gratter des coquilles de moules avec un couteau; les laver; les faire égoutter; les mettre à sec, dans une casserole, sur un feu vif; les sauter souvent; quand elles sont toutes ouvertes, les retirer; ôter les coquilles vides, ne laisser que la partie qui contient la moule; si vous apercevez des crabes, les jeter; conserver à part l'eau qu'elles ont rendue; les laisser reposer; les décanter; mettre dans une casserole un quarteron de beurre, une pincée de persil, ciboule et pointe d'ail hachés, du poivre; ajouter demi-cuillerée de farine; faire fondre le beurre en tournant toujours; mouiller avec un verre de l'eau des moules; faire bouillir un instant; mettre vos moules dedans avec un jus de citron; les sauter; laisser bouillir dix minutes; ajouter une liaison de trois jaunes d'œufs délayés avec une cuillerée de lait.

Moules aux fines herbes. Les sauter dans une casserole avec beurre, fines herbes et épices, jusqu'à ce qu'elles soient suffisamment ouvertes.

La moule de rivière, plus grande que la moule de mer, ne saurait servir d'aliment. Le désir d'augmenter les ressources culinaires et de rendre service à nos nombreux lecteurs, nous a déterminés à en faire l'essai. Un habile cuisinier a préparé, à la poulette, des moules de rivière fraîchement pêchées dans une eau claire et vive. La sauce était exquise, mais elle n'a pu corriger le mauvais goût et la fadeur d'un mets coriace et indigeste.

MOULIN. (*Conn. us.*) Les moulins sont d'une très-grande utilité dans les arts. On les adapte à une foule d'usages : dégraissement des draps et étoffes; broiement des chiffons avec des marteaux pour la fabrication du papier; extraction de l'huile; pulvérisation du tan; forges; sciage de planches; préparation des lames d'épée, de la poudre, des cuirs, etc.

Moulin à vent. On a essayé de faire des moulins à vent à ailes horizontales; mais la moitié au moins des ailes horizontales est soustraite à l'action du vent, qui, s'il agissait également sur les deux ailes opposées, produirait l'équilibre, et non pas le mouvement. Si l'on obvie à cet inconvénient, il en résultera que le vent, n'agissant que sur une aile, produira fort peu d'effet; si l'on objecte qu'au lieu de quatre ailes, on peut en mettre huit, dix, ou un plus grand nombre encore, nous répondrons que cela n'offrira aucun avantage, parce qu'à mesure que chaque aile viendra prendre le vent, elle abritera de plus en plus l'aile précédente, de manière qu'au total, le vent, agissant à la fois sur plusieurs ailes, ne produira pas plus d'effet que sur une seule, la surface frappée sur une aile, ajoutée aux surfaces frappées sur les autres, n'équivalant, en définitive, qu'à la surface d'une seule.

Dans les moulins à ailes verticales, au contraire, les quatre ailes sont frappées à la fois, et bien qu'elles ne le soient pas dans le sens le plus favorable au mouvement, l'effet produit est beaucoup plus grand que dans les ailes horizontales.

La face du moulin qui porte les ailes est toujours tournée vers la direction du vent. Si les ailes étaient planes, le vent agirait perpendiculairement sur elles, ne ferait que les presser, et il n'y aurait pas de mouvement circulaire produit.

On conçoit, d'un autre côté, que, si leur plan était perpendiculaire à la direction du vent, elles ne seraient frappées que sur leur bord, n'offriraient aucune résistance, et que par conséquent il n'y aurait pas non plus de mouvement produit. Il faut donc, pour qu'elles se meuvent, qu'elles soient placées dans une direction intermédiaire entre les deux que nous venons d'examiner. Pour cela, sans les changer de place, on a imaginé de les contourner dans le sens de leur longueur, de manière à présenter au vent l'inclinaison la plus favorable au mouvement.

La position de l'aile doit varier à différentes distances du centre de rotation.

Supposons la longueur d'une aile divisée en six parties égales, la première commençant au centre, et chacune d'elles portant un des numéros de la première colonne; la deuxième colonne indiquera l'angle que chaque partie doit faire avec l'axe de rotation, c'est à dire la courbure que doit prendre l'aile dans le sens de sa longueur, pour chacune des six parties; la troisième colonne indique l'angle que chaque partie doit faire avec le plan de mouvement, c'est-à-dire l'espèce de torsion qu'elle doit éprouver dans le sens de sa largeur.

N° des parties	Angle avec l'axe.	Angle avec le plan du mouvement.
1	72 degrés.	18 degrés.
2	71	19
3	72	18
4	74	16
5	77 1/2	12 1/2
6	83	7

Moulins à eau. Dans ces moulins l'eau agit comme force motrice, en tombant sur une roue. On distingue diverses espèces de roues. La *roue en dessus* reçoit l'eau dans des espèces de seaux, nommés *augets*.

Le génie de la mécanique s'est épuisé en recherches sur la meilleure forme à donner aux augets, pour qu'ils retinssent la plus grande quantité d'eau possible sur les parties de la circonférence où son action est le plus efficace, et pour que cette même eau s'écoulât le plus facilement possible aux points où son poids commencerait à être nuisible; mais outre que la plupart des formes désignées comme les meilleures sont encore aujourd'hui sujettes à discussion, comme surtout les considérations qui les déterminent pourraient ne pas être comprises par tous nos lecteurs, et occuperaient un espace que l'étendue de cet ouvrage ne nous permet pas d'y consacrer, nous nous abstiendrons d'entrer dans aucun détail à ce sujet.

On a fait de nombreuses expériences pour déterminer le diamètre le plus avantageux à donner aux roues en dessus, et la vitesse la plus convenable qu'elle puissent avoir. Plusieurs auteurs pensent que le diamètre de cette roue ne doit jamais dépasser la hauteur de la chute d'eau qui la fait mouvoir, mais qu'elle doit en approcher autant que cela est compatible avec la vitesse qu'il faut laisser à l'eau pour entrer dans les augets. Dans tous les cas, moins cette vitesse est grande, moins elle perd d'eau par le choc qui la fait rejaillir de tous côtés. D'autres, au contraire, pensent qu'il serait plus avantageux que le plus haut point de la roue dépassât la hauteur de la chute, ce qui revient en quelque sorte à donner la préférence aux roues de côté dont nous nous occuperons plus loin.

Quant à la vitesse à donner à la roue, quelques-uns soutiennent que plus son mouvement sera lent, plus l'effet utile sera considérable. D'autres prétendent qu'il y a une certaine vitesse, peu considérable, à la vérité, qui donne le *maximum* d'effet.

Nous nous rangeons à cette dernière opinion. Un peu de réflexion fera comprendre qu'il doit exister une vitesse à laquelle appartient le *maximum* d'effet, et que l'augmentation ou la diminution de cette vitesse ne peut que diminuer cet effet.

Donnons à la roue une vitesse quelconque; il est évident que cette vitesse augmentera ou diminuera selon que la résistance que la roue aura à vaincre diminuera ou augmentera. Supposons que cette roue mette en mouvement des meules à farine, il est évident que plus elle aura de meules à faire mouvoir, plus le mouvement qu'elle imprimera à chacune sera lent; et, réciproquement, que le mouvement de ces meules sera plus rapide si leur nombre est diminué. Bien que la quantité de farine produite puisse être plus grande en augmentant le nombre des meules, il est certain que chaque meule en particulier produira moins de farine, puisque son mouvement sera plus lent. Il y a donc une certaine vitesse pour laquelle tous ces effets se neutralisent mutuellement, et c'est cette vitesse qui donne le *maximum* d'effet utile.

Il est plus avantageux d'alimenter les roues en dessus, par derrière, que de faire dépasser, au canal de décharge, leur diamètre vertical. Nous avons vu que dans ces roues c'est le poids seul de l'eau qui agit; car sa vitesse horizontale n'aurait alors d'action que sur l'aube qui serait dans le prolongement du diamètre vertical; et, comme cette vitesse serait difficilement détruite, on courrait le risque que les augets ne se remplissent pas entièrement, l'eau se projetant de tous côtés après avoir frappé l'aube la plus élevée, ou bien conservant encore assez de force pour s'élancer au-delà de la roue elle-même.

Pour faire marcher les roues en dessus, on rassemble le seaux d'étang ou de source dans des réservoirs, d'où l'on fait couler l'eau suivant les besoins; cependant lorsqu'un ruisseau présente une chute de 4 à 5 mètres, on le fait arriver ou directement, dans les augets d'une roue, par un simple canal de conduite, ou dans un petit réservoir où les eaux viennent s'étendre en surface et couler en lame mince dans les augets de la roue. Ce procédé est préférable au premier, tant sous le rapport de l'économie de la force, que sous celui de la régularité qu'on est à même de donner à la puissance de l'eau.

Ce principe est également applicable aux roues en dessous.

La *roue de côté* peut être considérée comme tenant le milieu entre la *roue en dessus* et la *roue en dessous*, dont nous parlerons tout à l'heure.

La *roue de côté*, comme son nom l'indique, reçoit l'eau de côté, un peu au-dessous de son diamètre horizontal : comme dans la roue en dessus, ses aubes sont fermées de côté de manière à former des augets, et pour que ceux-ci retiennent l'eau le plus long-temps possible, le coursier du canal dans lequel la roue tourne est circulaire, et a un centre commun avec celui de la roue dont la circonférence est placée le plus près possible de celle du coursier, de manière cependant à ne pas le toucher.

Dans les roues en dessous, l'eau est reçue sur des *palettes* ou *aubes*. La direction de l'eau doit être perpendiculaire au rayon de la roue. Cette roue, peu coûteuse, tourne sous l'influence du courant qui la frappe à la partie inférieure de sa circonférence. Souvent le courant part d'un canal en pente appelé *coursier*, qui fait aller le moulin par une prise d'eau dans une rivière voisine. Les grandes roues de cette espèce ont 7 mètres de diamètre et 36 à 40 aubes. Plus une roue a d'aubes, pourvu qu'elle ne soit pas surchargée, mieux elle fonctionne. Quand une roue marche bien, la vitesse de sa circonférence est de deux fois et demie moins grande que celle du courant.

Les aubes de ces roues ont l'inconvénient de chasser l'eau devant elles, en la labourant en quelque sorte, ce qui détruit une partie de la force motrice. Quand les *coursiers* ont beaucoup de pente, il est bon de donner aux aubes, par rapport aux rayons de la roue, une inclinaison de 25 à 30 degrés.

Il faut donner aux roues le plus de largeur possible, ainsi qu'aux augets.

Une foule de perfectionnemens ont été proposés pour obvier aux différens inconvéniens que présente chaque espèce de roue; celui qui, jusqu'à présent, offre le plus d'avantages pratiques est dû à M. Poncelet, chef de bataillon du génie à Metz, et s'applique aux roues en dessous. L'idée principale de ce perfectionnement consiste dans la substitution aux aubes droites, d'aubes courbes et cylindriques, qui présentent leur concavité au courant. Le contour de chaque aube vient aboutir à un cercle extérieur, concentrique à la roue, sur la rayon de laquelle il s'incline de plus en plus, de manière à former un contour continu. (Voy. NORIA, ROUE PERSANE.)

Loi sur les moulins à eau. Un simple droit d'aqueduc autorise seulement celui qui le possède à faire passer les eaux sur le sol pour les amener au moulin.

Nul propriétaire ne peut établir des moulins et usines sur des cours d'eau, de quelque nature qu'ils soient, ni former un simple barrage, qu'après avoir obtenu l'autorisation des préfets, et sauf les droits des tiers. (Ordonnance des eaux, de 1669; arrêté du directoire, 19 ventôse an VI, et loi du 28 septembre 1791, titre II, art 19.)

Les propriétaires ou fermiers des moulins ou usines construites ou à construire, sont garans de tous dommages que leurs eaux peuvent causer aux chemins et propriétés voisines, par la trop grande élévation du déversoir ou autrement. (Loi du 28 septembre 1791, art. 19.)

Moulin à extraire le gruau d'avoine, la graine de trèfle et à raffiner le chanvre. Ce moulin, usité dans l'Isère, se compose d'un massif en pierre, au milieu duquel est posé un plateau circulaire à rebord, ou *maie*. La maie est en pierre, de deux mètres, deux décimètres et demi de diamètre (7 pieds); elle porte un rebord de trois décimètres deux centimètres (1 pied) extérieurement, et de seize centimètres (6 pouces) intérieurement. La surface de cette maie n'est pas lisse, mais rendue inégale au moyen d'un pic. Au centre de cette maie est un cylindre de bois, traversé par un montant en fer bifurqué. La bifurcation reçoit l'axe d'une meule conique, raboteuse comme la maie, en pierre, et de huit décimètres (28 pouces) de long, sur trente-deux centimètres (12 pouces) à son petit diamètre, et soixante-quatre centimètres à son grand diamètre. Ce moulin est mu ou par une roue à eau à laquelle communique le montant bifurqué, ou par un cheval qui, attelé au bout de l'axe de la meule, tourne circulairement autour de la maie.

Pour extraire les graines du trèfle, on le répand sur la maie, en ayant soin de ramener sur la maie celles qui se portent vers le centre. On obtient par heure douze à quinze livres de grains. On le vanne ensuite.

Pour obtenir le gruau, on humecte l'orge, on le fait passer entre deux meules de moulin ordinaire, suffisamment distantes, afin d'en enlever la pellicule. On la dispose à l'épaisseur de deux pouces sur la maie, et on la broie.

Pour le raffinage du chanvre, la maie doit être en madriers de chêne bien joints; on la couvre de poignées de chanvre liées au milieu par les deux bouts, qu'on soumet à mesure à l'action de la meule.

Moulin à drèche. Ce moulin est destiné à concasser grossièrement la drèche de la bière, l'avoine et les autres grains donnés au bétail, afin que celui-ci les digère plus complétement. Ce moulin se compose d'une trémie propre à recevoir les grains, d'un cylindre en bois et de deux autres cylindres en fonte cannelés; le tout est supporté par un établi en bois. Les cylindres tournent dans un sens contraire. Ils sont fixés horizontalement l'un vis-à-vis de l'autre, dans un châssis de fonte qui permet de les éloigner ou de les rapprocher, suivant qu'on veut une mouture plus ou moins fine. On jette les grains dans la trémie qui est conique : ils tombent sur le cylindre de bois qui est garni de trous où se logent les graines, et de là, ils se rendent entre les cylindres qui les broient. Tout cet appareil se meut au moyen de roues d'engrenage.

Moulin à vanner. Cet instrument est connu depuis long-temps, mais il a reçu des perfectionnemens dans l'engrenage de fonte qui fait tourner les ailes, ce qui le rend beaucoup plus utile. (Voy. VAN.)

MOUSSE. (*Jard.—Ind. dom.*) La mousse vient surtout sur les arbres exposés à l'air libre. La graine de mousse est apportée par les vents, se glisse entre l'écorce de l'arbre, et y germe sur une couche de poussière. Elle se propage ensuite d'arbre en arbre, en épuise les sucs, et sert de retraite aux insectes.

Sur les rochers, la mousse est utile : elle retient l'eau des pluies, conserve l'humidité nécessaire à la végétation des autres plantes, et forme à la longue des couches de terreau végétal. Elle sert aussi de conduit aux eaux qui filtent à travers le sol, et se réunissent dans les réservoirs souterrains des fleuves et des rivières.

Dans les jardins, les lavages à l'eau de chaux détruisent la mousse des arbres sans attaquer l'écorce. Il suffit quelquefois de frotter les arbres avec une brosse rude, trempée dans un mélange de bouse, d'urine et d'eau de savon. On peut aussi déraciner la mousse avec un couteau de bois, frotter l'arbre, et le laver pendant plusieurs jours avec de l'eau froide, surtout au printemps et en automne.

Manière de faire des matelas de mousse. Les matelas ou sommiers faits avec de la mousse ne sont pas assez connus; ils peuvent cependant être d'une grande utilité pour les classes pauvres.

On les prépare de la manière suivante : Au mois d'août ou de septembre, ramassez, par un temps sec, de la mousse des bois, et, de préférence, la plus longue et la plus douce, que vous séparerez de ses racines ligneuses; faites-la assez sécher à l'ombre afin d'en ôter la terre qui peut y être encore attachée, mais pas assez pour la rendre cassante. Mettez-la alors sur des claies et battez-la légèrement avec des baguettes pour la bien nettoyer, et coupez en même temps ce qu'elle aura de trop dur. Faites-en ensuite un matelas de huit pouces d'épaisseur, de la même manière que se font ceux de crin, qu'ils peuvent remplacer avec avantage; et piquez-les d'espace en espace. Lorsqu'ils s'aplatiront trop, battez-les avec une baguette, après les avoir placés sur une claie sans être décousus; il reprennent leur première élasticité et deviennent aussi doux que lorsqu'ils étaient neufs.

Un des rédacteurs du *Dictionnaire technologique* a fait préparer de ces matelas qui ont servi six ans sans qu'on eût besoin de changer la mousse. Les sommiers de mousse ne sont pas, dit-on, rongés par les souris, et ne peuvent servir de retraite aux puces et aux punaises.

La mousse desséchée est élastique, sans odeur et presque incorruptible : ces qualités la rendent propre à divers usages. Pressée et forcée entre les joints des planches des bateaux, elle prévient toute infiltration de l'eau. Dans le nord, elle sert à boucher les interstices des maisons en bois. On l'emploie pour emballer les marchandises et les plantes qu'on veut transporter. On en revêt les tapis des grottes et des berceaux. On la mélange avec l'argile pour construire des murailles, et elle empêche le retrait auquel cette terre est sujette.

Papier de mousse pour calfater. Ce papier est de l'invention de M. Nesbitt, anglais. Il réduit la mousse en morceaux d'un demi-pouce, au moyen d'une machine à couper le tabac, la met macérer pendant quelques jours, puis la place dans des moules, comme du papier. La pâte est soumise à une forte pression, entre des draps de laine; on la fait sécher, et on la presse de nouveau, pendant trois ou quatre heures, entre des feuilles de papier. Ainsi préparée, la mousse se coupe en longues bandes pour calfater, pour préserver de l'humidité certaines parties des vaisseaux, pour boucher les trous qui se trouvent entre les douves des tonneaux. On peut aussi en faire des semelles de souliers imperméables.

La mousse de terre est un très-bon engrais. Diverses plantes, telles que les renoncules, anémones, narcisse, aloès, jasmins, œillets, semées sur de la mousse, ont prospéré parfaitement.

La mousse de prairie, fanée et séchée légèrement, est excellente pour le *picotage* des fosses.

La mousse est encore employée dans les mines, et principalement dans les mines de houille des départemens du nord, à retenir les eaux, particulièrement celle des niveaux.

MOUSSE. (*Off.*) *Mousse à la crème.* Faire fondre une demi-livre de sucre en poudre et une pincée de gomme adragant, dans une pinte de crème fraîche, avec une pincée de fleurs d'oranger pralinée et trois gouttes d'essence de cédrat : placer la terrine qui contient la crème dans un mélange réfrigératif de glace et de salpêtre; faire mousser avec une baguette : si la crème ne mousse pas bien, y ajouter deux blancs d'œufs. Enlever la crème à mesure avec une écumoire et la mettre sur un tamis.

Mousse au café. Délayer avec une pinte de crème double, trois quarterons de sucre, six jaunes d'œufs et trois tasses de café très-fort : faire mousser.

Mousse au chocolat. Faire fondre à petit feu, dans un verre d'eau, un quarteron de chocolat, le remuer bien, y ajouter trois jaunes d'œufs, une chopine de crème double et un quarteron et demi de sucre en poudre : faire mousser.

Mousse au marasquin. Mêler un verre de marasquin, une pinte de crème, trois quarterons de sucre.

MOUSSE DE CORSE. (*Méd. dom.*) *Helminthocorton.* Mélange de plusieurs plantes marines et d'animaux zoophytes dont on administre la décoction dans les affections vermineuses. (Voy. VERS.)

MOUSSELINE. (*Conn. us.*) Les meilleures mousselines sont celles de l'Indre. Elles sont sans apprêt, n'ont point de lisière apparente, et portent en général trois quarts de large; elles sont rares et extrêmement chères. Viennent ensuite les mousselines de Suisse, de Tarare et d'Alençon, dont la largeur est de trois quarts de large jusqu'à cinq. Celles de Suisse ont la lisière étroite; celles de Tarare et d'Alençon, très-larges : le prix est modéré.

Il est reconnu maintenant que nos mousselines sont d'un meilleur usage que celles de l'étranger; mais passé le nº 200, si nous égalons la finesse des fils anglais, nous ne pouvons les fabriquer à aussi bon marché.

Les mousselines brodées sont plus chères que les mousselines unies.

Moyen de blanchir la mousseline. Prendre six parties d'eau de chaux, y faire dissoudre deux à trois parties de carbonate saturé de potasse ou de soude très-pur. Faire bouillir, et ajouter par morceaux deux à trois parties de savon. Quand le mélange est bien opéré, laisser refroidir en remuant toujours.

Emploi de la mousseline pour les cors. (Voy. COR.)

MOUSSERON. (*Cuis.*) On désigne sous ce nom l'agaric odorant.

Les mousserons sont analogues aux morilles, et se préparent de même. (Voy. CHAMPIGNONS, MORILLES.) Il ne faut les cueillir que par un temps sec, et très-mûrs; autrement, ils pourraient être nuisibles.

MOUTARDE. (*Agr.—Cuis.*) Il y en a trois espèces, la

blanche et la noire, et la moutarde sauvage. On emploie la graine à l'intérieur, comme stimulante, antiscorbutique, et à l'extérieur, comme vivifiante, irritante. (Voy. SINAPISME.)

Moutarde blanche. (*Sinapis alba.*) D'avril en juin, sol meuble un peu frais et fertile; n'a pas, comme la moutarde noire, l'inconvénient de remplir la terre de ses graines, ses siliques s'ouvrant plus difficilement; semer à la volée 10 litres par hectare; enterrer à la herse; mangée par les vaches, elle procure une plus grande quantité de beurre; on ne peut la donner qu'en très-petite quantité en raison de son extrême âcreté.

Moutarde noire. (*Sinapis nigra.*) La graine doit être semée au mois de mars, en abondance, à raison de huit livres par hectare. La terre doit être fraîche et profonde, très-meuble et riche.

Les semences se propagent d'elles-mêmes.

Récolte de la moutarde noire. Couper aussitôt que les tiges commencent à prendre une teinte jaunâtre, et que les graines du bas de la plante mûrissent. N'y toucher qu'à la rosée, si la maturité est un peu avancée; les réunir en meulons qu'on couvre de paille, et où les graines mûrissent fort bien en quinze jours ou trois semaines, sans courir aucun danger.

Propriété de la graine de moutarde. (Voy. VIN.)

Culture de la moutarde noire dans les jardins. On la sème très-claire en mars, avril, mai et juin. On doit couper la graine avant qu'elle se répande, car elle se multiplie rapidement et envahit tout. Elle est très-bonne dans les salades, comme fourniture.

La moutarde rouge ou sauvage (*Sinapis arvensis*) a peu de vertu. On la mêle souvent frauduleusement avec la moutarde noire. Elle ne vaut que 25 à 50 francs le setier, tandis que les autres moutardes valent de 60 à 80 francs.

Quand on veut acheter de la graine de moutarde, il faut en prendre au milieu du sac, l'étendre et l'examiner. La graine de moutarde sauvage est presque toujours noire et ronde, tandis que celle des autres espèces est plus ou moins rougeâtre et anguleuse sans perdre sa rondeur.

La bonne farine de moutarde est piquante au goût, grasse au toucher. Il faut rejeter celle qui est sèche, pulvérulente et sans saveur. On la falsifie quelquefois avec des tourteaux de colza ou de lin.

La moutarde blanche est meilleure à manger que la noire. Sa graine donne en abondance une huile excellente.

Manière de faire la moutarde. Mettre dans une assiette une once de moutarde en poudre fine, avec deux pincées de sel fin; délayer avec un demi-verre d'eau bouillante, et laisser fermenter vingt-quatre heures. Avant de broyer la graine de moutarde, on la lave ordinairement à deux eaux, et on la fait gonfler dans un vase.

Moutarde à l'estragon. Piler une pincée de feuilles d'estragon, autant de cresson alénois, une gousse d'ail, mêler la pâte qui en résulte avec deux onces de moutarde; préparée d'après le procédé ci-dessus, ou de moutarde en poudre sèche délayée avec du vinaigre. On fait de même la moutarde au girofle et à l'oignon.

MOUTON. (*An. dom.*) *Ovis.* Genre de quadrupèdes ruminans. (Voy. AGNEAU, BERGERIE, LAINE.)

On élève quatorze ou quinze espèces de moutons qui ont chacune leurs qualités essentielles et pour lesquelles ils sont recherchés.

Le mouton indigène non amélioré par le croisement des races espagnole et anglaise, donne un produit qui n'est pas toujours en rapport avec la dépense.

Le mérinos d'Espagne est une race excellente; sa taille est moyenne. Une laine abondante, courte, fine, frisée, lui couvre tout le corps, excepté les aisselles, le museau, et la partie inférieure des pattes.

On doit avoir égard aux conditions suivantes dans le choix des moutons.

Le bélier doit être large et bien proportionné; sa tête est petite et forte, le nez plat, le front large, les yeux noirs, le cou petit, le corps long et haut, les testicules ramassés et la queue longue.

Les brebis doivent être de grande dimension, avoir le cou petit, et se mouvoir avec agilité; leur toison doit être épaisse, fournie, touffue, et la laine longue, douce et blanche.

Les moutons demandent beaucoup de soins, sont sujets à un grand nombre de maladies dont plusieurs sont contagieuses; on doit apporter beaucoup d'attention dans le choix d'un berger. (Voy. ce mot.)

On nourrit les moutons au pâturage; leur parcage est d'un grand avantage pour la fertilisation des champs. Au besoin, on leur donne des turneps, des choux et des navets.

Trop de nourriture et une nourriture uniforme expose les moutons à des coups de sang. Le parcage dans les champs moissonnés leur est nuisible sous ce rapport, mais on ne saurait pourtant trop le recommander en général.

Les moutons se trouvent beaucoup mieux d'être continuellement à l'air que renfermés dans les bergeries : leur fumier est beaucoup plus gras et plus actif, ne s'échauffe point, et ne prend pas une couleur blanchâtre, indice de sa détérioration.

Manière anglaise de nourrir les moutons. On sème du seigle pour les brebis mères et les agneaux. On fait manger en vert les premières pousses du blé, du seigle et de l'avoine. Pour la nourriture d'hiver, on parque les troupeaux dans un champ de turneps qu'on éparpille sur le sol. On compte ordinairement un arpent de turneps pour quinze moutons. Il faut que le champ soit très-sec pour que l'opération soit profitable. On emploie aussi les pommes de terre, les carottes et les betteraves.

Le parcage est également employé pour les agneaux, qui restent jour et nuit dans des champs de navets. On ne déracine ces légumes que lorsque les herbes vertes du champ sont consommées. Au bout de deux ou trois ans, on les nourrit de foin, d'orge et de pois.

On a soin de ne jeter sur le champ qu'on fait parcourir aux moutons, que la quantité de turneps nécessaire pour qu'ils ne les foulent pas aux pieds et ne les rebutent pas. On abandonne les turneps à la fin de mars, et on donne aux moutons des choux ensemencés sur le champ, principalement des choux-navets.

Engraissement des moutons. Le cultivateur ne peut souvent donner un emploi plus profitable aux racines qu'il a en abondance. Un local spacieux et aéré est nécessaire aux moutons qu'on engraisse; presque toutes les racines conviennent bien à cet engraissement, en y ajoutant un peu de foin. Voici l'ordre de leur faculté nutritive : panais, carottes, pommes de terre, betteraves, rubatagas, navets. On peut ajouter des tourteaux de lin pilés, dont on saupoudre les racines coupées ou des grains moulus grossièrement, d'abondantes rations, mais sans causer le dégoût.

On donne les pommes de terre, cuites au commencement et crues à la fin, avec trois livres et demie d'herbes sèches, et huit à dix livres d'herbes vertes, par jour, un peu d'avoine, et du sel mêlé à l'eau de boisson.

Avec une nourriture abondante, deux mois suffisent pour engraisser un mouton. On doit toujours tondre les moutons en les mettant à l'engrais, car leur toison, surtout quand le temps devient chaud, les empêche de profiter.

Les engrais d'hiver sont plus profitables que ceux d'été. Une fois que le mouton est engraissé, il est très-sujet à la cachexie aqueuse.

Le produit de l'engraissement s'élève un peu au-dessus de celui de la tonte, qui, par chaque toison de laines mi-fines, peut aller de 6 à 15 francs. Le produit d'un troupeau s'élève, en général, à 20 ou 25 pour cent.

Monte des brebis. Comme les brebis portent ordinairement de 150 à 156 jours, il faut commencer la monte à la fin de juin ou aux premiers jours de juillet si l'on veut avoir des agneaux en décembre; 100 brebis exigent 5 béliers de l'âge de 18 mois à 6 ou 7 ans.

Quand les mères doivent mettre bas, il faut les garantir de l'humidité, renouveler l'air, et bien nourrir les brebis et les agneaux.

Quand les brebis n'ont pas assez de lait pour nourrir leurs agneaux, ou refusent de les laisser téter, on donne à ceux-ci du lait de vache, et pour qu'il ne leur occasionne pas la diarrhée, on y mêle un quart d'eau où l'on fait infuser de la tormentille (*tormentilla erecta*) à raison d'un quarteron pour quatre pintes d'eau.

Bonne nourriture pour les agneaux. A trois mois, le matin et le soir, une ration d'une poignée d'avoine et de deux poignées de son. Au moment du sevrage, du foin ou de la luzerne. Depuis le sevrage jusqu'à huit mois, une ration double d'avoine et de son.

La primprenelle, qui se conserve l'hiver, si elle a eu le temps de croître après la dernière coupe, est excellente pour les agneaux et moutons. Un are de ce fourrage vaut mieux que trois de trèfle.

Les agneaux doivent être bien nourris au commencement du printemps, sinon ils dépérissent.

Le marc de raisin engraisse les moutons, ainsi que le raisin mûr mêlé avec du son. Ce dernier mélange se donne trois fois par jour, et produit son effet en trois semaines. La quantité de raisins qui pourrait rendre 112 litres de vin, avec dix à douze doubles décalitres de son, est plus que suffisante pour l'engrais d'un mouton. Il en est de même du marc de 112 litres, donné le matin au mouton avant de le conduire aux champs, et le soir, après son retour, pendant un mois. On ne présente d'abord cet aliment qu'à petites doses, afin d'habituer l'animal à la vapeur qui en sort. Ils le préfèrent au meilleur foin.

Manière de laver un mouton. Pour laver un mouton, on le prend par les oreilles et les pattes de devant, on le plonge dans l'eau, on le frotte pendant quelques minutes pour le dégraisser complétement. Il faut le frotter ensuite avec de la glaise et le remettre à l'eau.

Fumier de mouton. Le fumier du mouton forme l'engrais le plus puissant. C'est pour cela que le parcage des troupeaux, la nuit, est toujours avantageux. Les terres élevées et d'un difficile accès ne peuvent guère se fumer autrement.

Peaux de mouton. Les peaux de mouton passées en mégie, c'est-à-dire, rendues blanches, servent à faire des gants; elles se passent aussi en chamois et en basane, et l'on en fabrique du parchemin.

Graisse de mouton. (Voy. CHANDELLE; SUIF.)

Introduction des laines longues. Notre agriculture, comme dans nos manufactures, doivent tirer un grand avantage de l'introduction des races à laines longues dont nous sommes tributaires de l'étranger et principalement de l'Angleterre.

Les plus recherchées pour peigner sont les *laines longues sèches d'Écosse.* Cette belle race, plus robuste que tout ce que nous connaissons en France, et dont les agneaux réussissent d'autant mieux que les mères les mettent bas dans les parcs, au milieu des neiges, s'acclimaterait parfaitement.

Le tableau suivant fera comprendre combien, avec peu de frais, on peut en répandre rapidement l'introduction. On remarquera que l'on n'a point tenu compte de l'accroissement de produit que doivent donner les béliers qui naîtront des pères et mères de race pure, et qui doivent augmenter dans une proportion énorme le produit du troupeau primitif.

Produit de 55 béliers achetés, prix moyen, 550 fr., et 555 brebis, au prix moyen de 55 fr.; en tout 59,855 fr. et renouvelés par quart chaque année pendant 10 ans; 1° en race pure; 2° en race croisée. On suppose 1 bélier pour dix mères, race pure, et 65 du pays.

Années	Béliers.	Mères.		Produits.	
		pures.	pays.	purs.	pays.
1	55	555	2,145	555	2,145
2	40	416	2,681	416	2,681
3	49	499	5,217	499	5,217
4	66	666	4,290	666	4,290
5	66	666	4,290	666	4,290
6	66	666	4,290	666	4,290
7	66	666	4,290	666	4,290
8	66	666	4,290	666	4,290
9	66	666	4,290	666	4,290
10	66	666	4,290	666	4,290
				5,940	52,275

Les moutons du comté de Lincoln se distinguent entre tous par la longueur et la force de leur laine. M. Bakewel en modifiant cette race par des soins assidus, a produit la variété dite : *New-Leicester*, qui se distingue par la qualité de la chair.

Les races de Durham et de Glocester ont sur les autres l'avantage de la fécondité. Leurs brebis donnent dès la seconde année deux et même trois agneaux. Douze brebis d'un an donnent environ dix-huit agneaux, tandis qu'on n'en obtient que quinze de douze brebis de la race de New-Leicester. En outre, les brebis de Durham et de Glocester rendent plus de lait, sont plus grandes, et ont une laine plus forte que celle des brebis de New-Leicester. La différence est de huit livres de laine à six ou sept.

Dans les comtés de Durham et de Glocester, où la monte des brebis a lieu le 20 ou le 22 du mois d'octobre, on donne vingt brebis à chaque bélier d'un an, et cinquante ou soixante à chaque bélier de trois ans. Le bélier doit être séparé des autres. On le laisse avec ses femelles pendant six semaines. On frotte souvent, pendant ce temps, la poitrine du bélier avec de la craie rouge délayée dans de l'eau, afin de reconnaître quelles sont les brebis qui ont reçu le mâle et de savoir l'époque où elles doivent agneler, ce qui arrive ordinairement après vingt-une semaines. Quand vient le temps de la délivrance, il faut aider les agnelets, s'ils ne sont pas assez forts pour téter leur mère sur les jambes. On donne aux mères, pendant un mois, de l'herbe, du bon foin, des navets, des choux, et deux fois par jour, de l'avoine pour augmenter le lait.

On châtre les agneaux à dix jours. Quand ils ont quatre semaines, on leur coupe la queue, en laissant à celle des mâles cinq pouces et à celle des femelles deux pouces de longueur. Quelque temps après, lorsque l'herbe commence à pousser, on coupe la laine de la queue et la grosse laine qui se trouve dessus, pour empêcher les agneaux de se frotter la queue et de se salir en urinant, ce qui attire les mouches et les vers. Si on trouvait des vers sur quelques parties, il faudrait couper la laine très-près du corps et frotter l'endroit avec de la terre sèche. On tue les poux en lavant les moutons avec une décoction de tabac.

Vers la fin du mois d'août, on sèvre les agneaux et on les envoie, loin de leur mère, aux champs. On leur donne, quand il y a de la neige, du foin, des navets, des choux, dans un petit ratelier portatif. Au mois de mai ou de juin, on les lave à l'eau courante, on les tond vers la Saint-Jean. Après trois portées, on envoie les brebis à la boucherie. Le temps de l'accouplement passé, on sépare les brebis des béliers et on tient ceux-ci dans un enclos à part.

Moutons Purik. Cette race, découverte par les Anglais dans le Thibet, est petite mais excellente. Le purik est aussi familier que le chien. Il se nourrit des miettes de la table, de farine d'orge, de débris de végétaux et même d'os de viande, de graminées qui croissent sur les rochers, d'absynthe, d'hysope, de buglose, etc.

Au Thibet, le purik couche dans des cours, sur lesquelles on place un lit de terre. On lui donne de la luzerne, et quand le lit de terre est suffisamment saturé de fumier, on l'enlève pour en répandre une nouvelle.

La brebis purik produit en un an deux agneaux. On coupe sa toison deux fois dans le même espace de temps. Le poids total de cette toison est d'au moins trois livres. On l'emploie dans la fabrication des châles communs.

Les *mouflons du Nouveau-Monde (oves montanæ)*, ou moutons des montagnes rocheuses de l'Amérique du Nord, sont encore peu connus. Leur laine est fine et abondante. Leur cou est long, leurs cornes noires sont semblables à celles des bœufs; leurs jambes, couvertes de longs poils épais.

Capuchon pour les moutons. Certaines races de moutons n'ont pas de laine sur la tête. Pour les préserver des mouches qui les tourmentent, on peut les coiffer d'un capuchon qui s'avance en triangle sur la face, percé de deux trous à travers lesquels passent les oreilles; on fixe à sa base un ruban qui se lie autour des mâchoires, et à l'extrémité un autre ruban que l'on attache autour du nez.

Pommade pour les moutons. Mêler trois parties de beurre ou de saindoux et une partie de soufre en poudre; et dès qu'un mouton a été dépouillé de sa toison, le frotter avec cette pommade sur toutes les parties du corps.

Ce procédé assainit la peau du mouton, toujours plus ou moins galeuse, et, comme la laine repousse avant que la pommade se soit séparée du corps, il reste pour toujours à la racine une base soufrée très-propre à combattre avec succès les maladies de peau auxquelles les moutons sont sujets.

Composition pour marquer les moutons. Prendre une quantité quelconque de suif, la faire chauffer et y mêler un quart ou un huitième de goudron pilé et tamisé; marquer les moutons avec cette composition encore chaude. La marque disparait difficilement.

MALADIES DES MOUTONS. (Voy. BÉTAIL.)

Abcès. Collection de matières purulentes, dans le tissu de la chair ou dans d'autres parties du corps.

Traitement. Saignées, sétons et vésicatoires pour le faire avorter; si la suppuration est nécessaire, ou si l'abcès est mûr, on hâte la terminaison par des cataplasmes émolliens de graine de lin, de mie de pain, de mauves bouillies et des lotions d'eau tiède ou des emplâtres d'onguent basilicum; quand le pus est évacué, on panse avec des plumasseaux de charpie enduits d'onguent populéum.

Angine. Inflammation avec ou sans tumeur des organes de la respiration et de la déglutition.

Traitement. Gargarismes, décoctions mucilagineuses, tièdes, miellées et acidulées; laxatifs doux; un peu d'exercice et une bonne couverture pour préserver du froid. On ajoute à ce traitement la vapeur d'eau bouillante, dirigée dans les naseaux au moyen d'entonnoirs.

Charbon ou pustule maligne, anthax. Petite tumeur ou infiltration qui ne vient à suppuration que très-rarement, où la gangrène se met très-promptement et qui se manifeste à la langue, à la tête, au col, au poitrail, aux cuisses et aux pieds.

Traitement. Pour attaquer avec succès le charbon, on cherche au moyen d'un séton ou d'emplâtre d'onguent vésicatoire, à l'amener à suppuration; puis on le cerne par des scarifications ou des boutons de feu pour l'empêcher de s'étendre et de s'infiltrer, ou bien enfin, on l'extirpe.

Pour pratiquer cette opération, ouvrez de suite la tumeur avec un bistouri ou tout autre instrument tranchant, tel qu'un rasoir; placez légèrement sur les plaies, pour les cautériser, une pelle à feu rougie; appliquez ensuite l'onguent vésicatoire pendant plusieurs jours; et quand la suppuration sera établie, nettoyez les plaies avec de l'eau vinaigrée. Vous y introduisez ensuite des étoupes imbibées d'eau-de-vie camphrée.

Contusion. Blessure produite par des chutes, par le choc violent d'un corps dur, ou une pression forte et prolongée.

Traitement. Contre la contusion il faut user, selon les cas, d'émolliens, de spiritueux ou d'aromatiques et du repos de la partie lésée.

Dyssenterie. Évacuation de matières stercorales, muqueuses, sanguinolentes et d'une odeur fétide.

Traitement. Décoction de graine de lin en lavement ou en boisson; eau blanche nitrée ou salée. Décoctions astringentes d'orties, d'écorce de chêne, de noix de galle; eau acidulée par l'acide sulfurique; camphre à la dose de deux gros dans du miel; eau tenant en dissolution un peu de chlorure de chaux.

Claveau. Fièvre inflammatoire suivie d'éruption de pustules qui suppurent. Quand, ce qui est rare, l'éruption s'opère bien, l'animal peut recouvrer la santé.

On prévient le claveau par l'inoculation qui se pratique en chargeant une lancette du virus qui se trouve dans les boutons du claveau, venu d'un autre animal. On l'introduit par trois ou quatre piqûres légères pratiquées vers la mamelle dégarnie de laine. Au bout de quelques jours, il se produit quelques gros boutons qui viennent à suppuration, puis se dessèchent. On peut aussi avec avantage donner aux animaux des boissons sudorifiques; placer au cou un séton; les préserver des excès du chaud et du froid et les nourrir de très-bons alimens donnés en petite quantité.

Crapaud ou fic. Affection ulcéreuse du pied.

Traitement. Quand le mal est léger, lotions de morelle, et application de cette plante en cataplasme; si le mal est grave, on taille la soie pour découvrir l'ulcère, on panse avec l'eau de Rabel; ou bien, on se sert de l'onguent égyptiac étendu d'un peu d'eau.

Fourchet. Tumeur qui affecte les pieds à la naissance de la division des paturons et qui dégénère en ulcère, occasionne la chute du sabot, la fièvre, le dépérissement et la mort. Le traitement est à peu près le même que pour le piétain.

Traitement de la gale. On écarte avec les doigts la toison, on déchire les boutons avec l'ongle, on pince la peau pour faire sortir la sérosité et on verse sur les plaies quelques gouttes d'huile empyreumatique; on réitère si l'on n'a pas réussi. Si la peau était raide et dure, on l'assouplit en la frottant auparavant avec un peu de saindoux et en raclant fortement. On dit avoir réussi à guérir la gale en lavant pendant huit jours les moutons avec une dissolution de chlorure de chaux.

Remède contre la gale des moutons. Mêler une livre de savon noir et quatre onces de racine d'euphorbe en poudre fine; délayer jusqu'à consistance de pommade molle avec de l'essence de térébenthine : chaque jour on étend cette pommade sur les parties atteintes de gale, après en avoir coupé la laine avec soin.

Liqueur pour le même objet. Mêler dans dix livres d'eau douze onces de savon noir, autant de fleur de soufre et de cendres fines; appliquer avec un pinceau sur les parties malades préparées mises à nu.

Les lavages avec le chlorure de chaux en dissolution, guérissent la gale des moutons sans altérer la toison, et assainissent la bergerie.

Onguent pour la gale des moutons. C'est le même que pour la gale des chiens. (Voy. CHIEN.)

Maladie rouge. (Voy. BÉTAIL.)

Remède anglais contre la maladie rouge des moutons. Douze heures après que l'animal souffrant a mangé, donner une cuillerée à bouche d'essence de térébenthine dans deux cuillerées d'eau gommeuse. Répéter deux fois cette médication à trois jours d'intervalle.

Météorisation. Maladie dangereuse qui se manifeste chez les bêtes à cornes par un gonflement excessif de l'estomac, lequel produit l'asphyxie et la mort.

Traitement. Mêler dans une chopine d'eau 1 gros d'ammoniaque liquide et faire avaler le tout à l'animal; au bout d'une heure, s'il n'est pas rétabli, on reitère. Si le mal persiste, on pratique une ouverture avec un couteau pointu, ou mieux un troquart, à la panse, au centre du flanc gauche, à distance égale des apophyses transverses, des vertèbres lombaires de la dernière côte et des hanches. L'eau vinaigrée, l'eau salée, dans laquelle on ajoute trois cuillerées d'une dissolution de chlorure de chaux, l'éther, produisent aussi de très-bons effets.

On peut encore donner une cuillerée d'eau de javelle dans un verre d'eau froide.

Piétain. Abcès qui se forme à la couronne du sabot et qui dégénère en ulcère, en carie des os du pied et en gangrène.

Traitement. Découvrir l'abcès avec un instrument tranchant, l'évacuer et toucher la plaie avec la barbe d'une plume imbibée d'acide nitrique, ou bien mettre à nu le mal et appliquer une pâte composée d'acétate de cuivre (vert de gris) et de vinaigre; lever l'appareil au bout de trois jours et traiter comme une plaie ordinaire. Si toutes les parties malades ne sont pas détruites, on les touche avec l'acide sulfurique ou muriatique, ou avec la pierre infernale. On se sert avantageusement en Angleterre de la préparation suivante : sublimé corrosif, trois quarts d'once; vitriol bleu, deux onces; vert de gris, une once et demie; alun, deux onces; vitriol blanc, une demi-once; acide muriatique, deux onces; charbon en poudre fine, trois quarts d'once. Piler le tout, excepté l'acide muriatique qu'on ajoute. Délayer dans une bouteille de vinaigre distillé.

La propreté, l'enlèvement des vieux fumiers, les lavages à l'eau chlorurée sont efficaces contre le piétain.

Tournis. Maladie causée par la présence d'un ver de l'espèce hydalide dans le cerveau.

Traitement. On cherche sur l'os pariétal le point qui fléchit sous le doigt; on y fait une ponction de six lignes avec le trocart. On y introduit en même temps une petite seringue pour pomper l'eau et retirer en même temps, s'il est possible, la vésicule. Si elle ne se présente pas à l'ouverture, on va la chercher avec une petite pince et on l'enlève en entier. On panse avec une compresse imbibée d'eau-de-vie ou de poix de bourgogne. (Voy. ŒSTRE.)

Moyen de conserver la viande de mouton. (Voy. VIANDES.)

Le meilleur mouton est noir; on en mange toute l'année, mais la saison est de juin en septembre. Les moutons les plus estimés sont ceux de Présalé et des Ardennes.

Quartier de mouton à la broche. Couper le mouton carrément, ôter l'os du quasi, mettre en broche et assujettir avec des atelets et une ficelle. Faire cuire une heure et demie.

Mouton entier à la broche ou au four. Prendre un petit mouton bien tendre; désosser les côtes et les épaules, en conservant l'épine du dos; remplir la place des os avec de la chair de gigot; assaisonner d'ail et de gros poivre; faire rôtir ou mettre au four.

Gigot. Le gigot doit être rond, avoir le manche court et mince.

Gigot au bain-marie. On choisit un gigot mortifié; en ôter toutes les peaux et la graisse, sans entamer la chair; enlever le manche, le larder en long et non en travers, pour que les lardons ne se détachent pas quand on le découpera. Le ficeler et le mettre dans une petite soupière brune, plus creuse qu'il ne faut pour contenir le gigot, mais pas plus large; ajouter un quarteron de rouelle de veau, demi-quarteron de jambon cru, sans rance, un bouquet garni, deux feuilles de basilic, une gousse d'ail, poivre (point de sel), deux verres de bouillon dégraissé; mettre le couvercle de la soupière, la placer dans un petit chaudron ou casserole creuse, dans laquelle elle puisse baigner; verser dans ce vase assez d'eau bouillante pour qu'elle monte à deux pouces du bord de la soupière. Placer l'appareil sur un fourneau, le couvrir avec le four de campagne sans feu dessus; entretenir l'eau bouillante toujours au même niveau, et faire attention qu'elle n'entre pas dans la soupière: au bout de deux heures et demie, retourner le gigot, et recouvrir. Il faut cinq heures de cuisson; un quart d'heure avant de servir, ôter le jus qui qui est dans la soupière, recouvrir le gigot, le maintenir bouillant, passer et dégraisser le jus, le mettre dans une petite casserole sur un grand feu; le faire réduire en glace, le servir sur le gigot. On peut le faire cuire, sans bain-marie, dans une casserole.

Gigot aux carottes. Préparer et larder votre gigot comme ci-dessus; le mettre dans une casserole juste à sa grandeur, avec un peu de beurre, lui faire prendre couleur sur tous les côtés et le retirer; mettre une cuillerée de farine dans le beurre, le faire roussir d'une belle couleur blonde un peu foncée; mouiller avec deux verres de bouillon dégraissé ou de l'eau bouillante, faute de mieux; remettre le gigot, et si la casserole n'est pas pleine, achever de l'emplir avec du bouillon ou de l'eau; si c'est de l'eau, ajouter un peu de sel; assaisonner de poivre un bouquet garni; couvrir et faire cuire à petit feu. Couper des carottes bien tendres en forme de grosses olives, les mettre dans une casserole avec un morceau de beurre, les sauter souvent pour les colorer; les égoutter du beurre et les mettre avec le gigot une heure avant celle du dîner; tâcher qu'elles trempent, et presser un peu la cuisson. Au moment de servir, tirer le gigot, le mettre sur le plat, arranger les carottes autour, dégraisser la sauce et la verser dessus. Il faut quatre heures et demie de cuisson.

Gigot à la broche. Prendre un gigot tendre; autrement il vaut mieux le fricasser, car un gigot sec et dur est détestable à la broche; donner un coup de couteau sur la jointure du manche, en dehors, pour la faire plier; le battre avec le plat du couperet. Si vous aimez l'ail, en mettre une ou deux gousses dans le manche. Lorsque vous employez de l'ail, il faut avoir toujours soin d'en partager les gousses, le quart d'une gousse donne plus de goût que deux gousses entières. Embrocher de manière à ce qu'il soit tout à fait plié.

Faire d'avance un très-grand feu, disposé en sorte que le milieu offre un brasier ardent; mettre votre gigot seulement une demi-heure avant de le servir; quand il est à moitié cuit, le poudrer de sel fin et d'un peu de muscade râpée; mettre dans la lèchefrite deux cuillerées de bouillon dégraissé et arroser souvent. Au moment de l'ôter de la broche; dégraisser exactement le jus qui est tombé et le servir sous le gigot. Que le plat soit bien chaud. Vous pouvez y joindre des haricots ou des concombres; alors on les met dix minutes dans la lèchefrite, et on les poivre un peu. Il faut que ces légumes aient été cuits préalablement avec beurre et sel, et qu'ils soient bien égouttés.

L'épaule de mouton s'arrange des mêmes manières que le gigot, mais elle est beaucoup moins bonne.

Poitrine de mouton. Ce morceau se fait cuire dans une marmite, avec sel et légumes comme un pot-au-feu, mais il ne faut que trois heures de cuisson. On peut aussi, s'il n'est pas trop fort, le mettre dans la même marmite que le bœuf. En le retirant, on le pane avec de la mie de pain, mêlée de sel et de poivre, puis on le laisse un peu refroidir; ensuite on le met quelques minutes sur le gril, avec un feu vif. On sert dessous une sauce aux échalotes, ou simplement de l'huile et du vinaigre, avec fines herbes.

Poitrine de mouton farcie. Lever la peau, mettre entre elle et la chair une farce de telle viande que vous voudrez; coudre la peau par-dessus; faire cuire avec épices, bardes de lard, bouillon et bouquet garni; faire réduire avec un peu de jus et de farine. Si vous la voulez à la broche, la couvrir de lard. Elle se sert avec légumes ou ragoûts.

Poitrine de mouton grillée. Composer une braise de bouillon assaisonné d'épices, avec laurier, thym, basilic, persil, ciboules; faire cuire la poitrine de mouton; passer cette poitrine à l'huile; paner alors avec de la mie de pain mélangée de persil et ciboules hachés; faire griller et ajouter une sauce piquante.

Côtelettes de mouton. Prendre un morceau de côtes. Séparer avec soin les côtelettes; les battre avec le plat du couperet. (Quelques cuisiniers défendent expressément cette opération.) Poivrer et saler; mettre sur le gril, à un feu vif. On se au naturel.

Côtelettes à la purée d'oseille. Faire cuire dans du bouillon avec un bouquet de persil, de ciboules, d'une feuille de laurier, d'une branche de thym; dégraisser votre sauce, la passer, la faire réduire, la mélanger dans une purée d'oseille, et servir.

Côtelettes panées en hors-d'œuvre. Les parer, les saler et poivrer. On peut mettre dessus un peu de girofle en poudre. Les frotter d'huile; puis les rouler dans la mie de pain rassis, passée au tamis; servir avec sauce au beurre frais aux fines herbes, ou avec une sauce aux échalotes.

Côtelettes de mouton à la Soubise. Ne pas parer les côtelettes, les piquer de lard bien assaisonné; les faire cuire dans une bonne braise pendant quelques heures; la cuisson faite, les mettre sur un plafond; couvrir et faire prendre une belle forme. Quand elles sont refroidies, les parer et les mettre dans une sauteuse avec le fond que vous avez fait clarifier et réduire; au moment de servir, dresser les côtelettes en couronne, avec un cordon de petits oignons glacés, et une purée d'oignons blancs au milieu.

Côtelettes de mouton aux légumes. Après avoir paré vos côtelettes, les laisser revenir dans du beurre frais, avec bouquet, ail et un clou de girofle; tremper avec du bon bouillon et avec du vin, ajouter quelques filets de jambon et de carottes. Après la cuisson, dégraisser; que votre sauce soit bien réduite. Vous pouvez joindre toutes sortes de légumes apprêtés à part, et sur lesquels vous aurez versé votre sauce.

Côtelettes de mouton sautées à la poêle. Mettre en même temps dans la poêle les côtelettes et un morceau de beurre frais, faire cuire à petit feu; égoutter. Ajouter à environ une cuillerée de graisse laissée dans la poêle, cinq ou six cuillerées de bouillon; y jeter des épices, de fines herbes, des échalotes et des cornichons, le tout bien haché; faire jeter au tout un bouillon, et servir après avoir exprimé dessus le jus d'un citron.

Côtelettes en haricot. Préparer des côtelettes comme pour les mettre sur le gril, les faire revenir des deux côtés, dans une casserole, avec un peu de beurre, jusqu'à ce qu'elles soient raides et blanches, verser dessus du bouillon dégraissé, ou de l'eau bouillante faute de mieux; qu'elles s'en trouvent recouvertes d'un bon pouce; ajouter poivre, sel, si c'est de l'eau; un bouquet garni, une gousse d'ail; couvrir et faire bouillir trois heures à petit feu. Pendant ce temps, éplucher de bons navets tendres, les tourner comme des œufs de pigeon; faire un roux blond coloré (voy. ce mot.) avec demi-quarteron de beurre et demi-cuillerée de farine; mouiller avec deux verres d'eau, mettre les navets dedans, ajouter peu de sel, un morceau de sucre de la grosseur d'une noix, et un demi-quarteron de lard; faire cuire deux heures, ou plus, suivant la qualité des navets; la sauce doit se réduire au point convenable. Un quart d'heure avant de servir, ôter le bouquet des côtelettes, y verser le ragoût de navets, dégraisser bien la sauce et servir très-chaud.

Pieds de mouton à la poulette. Prendre huit pieds de mouton propres et échaudés, les mettre dans un pot avec sel, une cuillerée de vinaigre, un très-petit morceau de lard, emplir d'eau; faire cuire environ deux heures, à petit feu; les retirer quand les os se détachent bien, ôter ceux de la jambe, nettoyer avec soin le sang caillé et tout ce qui reste de poil, les mettre tout chauds dans une casserole, avec un bon morceau de beurre frais, poivre et sel, le jus d'un citron, une pincée de persil, ciboules, une pointe d'ail, le tout haché; faire bouillir dix minutes en les sautant fréquemment. Délayer dans une assiette deux jaunes d'œufs avec une cuillerée d'eau ou mieux de lait; verser cette liaison dans les pieds, les sauter trois ou quatre fois hors du feu; servir.

S'il y a des restes, on les fait frire le lendemain comme les pieds de veau. (Voy. VEAU.)

Pieds de mouton au fromage. Préparés comme ci-dessus, les couper en deux sur leur longueur. Vous avez sur le feu du beurre avec champignons, persil, ail, clous de girofle et autres épices; les jeter dans cette préparation; mouiller de bouillon salé et poivré; laisser réduire la sauce, ajouter un filet de vinaigre; dresser et couvrir d'une farce unie avec des œufs battus; saupoudrer de mie de pain mêlée avec une égale quantité de fromage de Gruyère râpé. Passer le tout au four de campagne.

Pieds de mouton farcis et frits. Préparés comme ci-dessus, les faire bouillir pendant une heure dans un bouillon où vous aurez mêlé un peu de vinaigre, sel, poivre, autres épices, ail, laurier, clous de girofle, et un morceau de beurre manié avec de la farine. Laisser refroidir; tremper dans des œufs battus; paner, faire frire. La farce peut être composée de mie de pain blanc trempée dans du lait et mêlée à de la chair à saucisse et à des filets de poulet hachés.

Reste de gigot fricassé. Prendre le reste d'un gigot, en ôter la graisse et les peaux. L'émincer finement en travers. Le mettre dans une casserole avec demi-quarteron de beurre; le faire revenir un instant en le sautant. Le retirer et laisser seulement le beurre dans la casserole; y mettre une douzaine d'échalotes hachées grossièrement; lorsqu'on les hache trop menu, cela les rend trop amères. Mouiller avec un verre de bouillon, un filet de vinaigre ou un demi-verre de vin blanc; poivre, sel, un peu de basilic; faire bouillir un quart d'heure, mettre votre émincé dedans. Quand il a fait quatre à cinq bouillons, dégraisser et servir. Les émincés de viandes rôties se racornissent s'ils bouillent plus de dix minutes; mais ils se ramollissent ensuite à une cuisson prolongée à petits bouillons.

Émincé de mouton aux cornichons. Faire un roux mouillé de bouillon: y ajouter des cornichons, avec sel, poivre et lard gras; faire cuire cette sauce pendant une heure; émincer ensuite les chairs d'un gigot rôti et froid, et les mettre réchauffer dans votre roux.

Hachis de mouton. Hacher un gigot de mouton, verser dessus de l'espagnole réduite, servir avec des croûtons autour, et des œufs pochés dessus.

Hachis de mouton aux fines herbes. Mettre le gigot haché dans une casserole, avec un morceau de beurre, des échalotes hachées, des champignons hachés, du persil, une cuillerée de farine, de fines herbes, un peu de poivre et de muscade.

Hachis à la bourgeoise. Faire frire des oignons dans du beurre, y ajouter une cuillerée de farine; remuer, mouiller avec de l'eau et du sel, ou du bouillon, et un peu de poivre; verser sur le hachis.

Cous de mouton. Il en faut deux pour faire une entrée. On les ficelle, on les fait braiser; on les mouille d'eau et de sel, ou de bouillon; les laisser mijoter pendant quatre heures. Quand ils sont cuits, les assaisonner de sel et de poivre; les tremper dans du beurre tiède, les mettre dans la mie de pain; faire cuire une heure, à petit feu sur le gril. Servir avec un jus clair.

Cous de mouton aux racines. Les faire cuire comme ci-dessus. Servir avec des navets ou carottes, préparés comme pour entrées, ou avec une purée de lentilles ou des pois.

Langues de mouton. Prendre quinze langues, les laver, les faire blanchir pendant vingt minutes, les rafraîchir, les égoutter, les piquer de lardons assaisonnés. Les faire cuire avec des bardes de lard, quatre carottes coupées en morceaux, autant d'oignons dont vous piquez l'un de clous de girofle, une feuille de laurier, thym, bouquet de persil et ciboule, quelques tranches de veau; couvrir de bardes de lard; mouiller de bouillon, ou d'eau et de sel; faire cuire à feu doux pendant cinq heures. On peut y ajouter des navets et des racines, qu'on arrange en buisson au milieu du plat. On mange aussi les langues avec une sauce tomate.

Langues de mouton en papillotes. Faire cuire comme ci-dessus; les couper en deux; verser par-dessus de fines herbes. Quand elles sont froides, entourer chaque morceau avec des bardes de lard et du papier huilé. Ficeler le bout de chaque papillote; mettre sur le gril, à feu doux, pendant un quart d'heure.

Langues de mouton au gratin. Prendre des langues de mouton braisées; les poser sur une farce de quenelles de volaille, à laquelle on ajoute un peu de bouillon. Couvrir les langues avec des bardes de lard. Faire cuire à feu doux, avec le four de campagne par-dessus. Saucer d'une sauce italienne; et ôter les bardes au moment de servir.

Langues de mouton en atelet. Couper des langues de mouton braisées en petits morceaux carrés; faire cuire avec une sauce beurrée, épaissir avec un jaune d'œuf cru; enfiler ces morceaux dans un atelet, en les entourant de petits carrés de lard; verser la sauce dessus; tremper l'atelet dans du beurre; le rouler dans de la mie de pain, puis dans de l'œuf battu, puis de nouveau dans la mie de pain. Faire cuire un quart d'heure à feu doux.

Langues de mouton en cartouches. Prendre des langues de mouton braisées, froides; les couper par morceaux carrés, verser dessus une sauce à papillotes, dans laquelle on met une cuillerée d'espagnole. Rouler chaque morceau dans du papier huilé, en forme de cartouches. Mettre sur le gril.

Oreilles de mouton. (Voy. OREILLES DE VEAU.)

Queues de mouton braisées. Prendre des queues de mouton d'égale grosseur et longueur, et les faire cuire comme les langues braisées. Servir avec une espagnole réduite.

Queues de mouton braisées à l'anglaise. Quand elles sont cuites, les égoutter. Ajouter sel et gros poivre; faire tiédir un morceau de beurre; tremper les queues dedans, les mettre dans la mie de pain; faire griller à feu doux, couvrir du four de campagne très-chaud, au moment de servir, pour faire prendre couleur.

Quartier de mouton cuit à l'eau, à l'anglaise. Le faire bouillir deux heures dans un chaudron plein d'eau. Servir avec des carottes ou des navets cuits dans l'eau du gigot, avec un peu de beurre et de crème. Ne mettre ni sel, ni poivre; chaque convive en met à sa guise.

Carré de mouton à la bourgeoise. Le mettre cuire dans une casserole, avec bouillon, verre de vin blanc, bouquet garni et épices. Quand il est cuit, on le retire et l'on fait réduire la sauce, à laquelle on ajoute un morceau de beurre manié de farine, et du persil haché, avec filet de vinaigre ou citron. Servez-le avec telle garniture que vous jugerez convenable; on peut également le piquer, et le braiser exactement comme l'aloyau à la Godard. (Voy. ALOYAU.)

Carré de mouton à la Périgord. Le parer, le faire braiser très-doucement avec de l'huile d'olive, comme l'aloyau à la Godard, et le glacer; mouiller, ajouter lard, champignons, une douzaine de truffes coupées par tranches, et un bouquet de persil; lorsqu'il est cuit, dégraisser la sauce, le lier et servir les truffes et champignons autour. On peut mettre un jarret de veau pour donner plus de force à la braise. En le mouillant d'un demi-verre de vin de Malaga, et mettant sur la fin une noix de sucre dans la sauce, on rendra ce carré d'un goût supérieur.

Carré de mouton aux légumes. Oter les os d'un carré de mouton, le piquer de menu lard, embrocher; servir avec chicorée, épinards, pommes de terre ou tous autres légumes.

Rognons de mouton sur le gril. Prendre trois rognons pour chaque brochette, les tremper dans de l'eau tiède, enlever la pellicule qui le recouvre, les fendre en-dessus par le milieu, les ouvrir en les aplatissant et les enfiler dans une brochette pour les tenir ouverts; les poudrer de sel et de poivre, les arroser d'un peu d'huile d'olive. Les mettre dix minutes sur le gril, le côté creux au bord; ne les retourner qu'une fois. En les retirant, mettre dans chacun, sans les ôter de la brochette, gros comme une noisette de beurre pétri avec de fines herbes, poivre et sel. Servir de suite et très-chaud, mettre un citron à côté.

Rognon de mouton au vin blanc. Le couper par tranches minces, et le passer au roux avec bouquet garni et épices; mouiller avec vin blanc de Bourgogne ou de Champagne, et faire jeter un bouillon: il sera cuit.

Épaule de mouton rôtie. Piquer l'épaule de mouton de branches de persil passées dans de l'huile d'olive où vous aurez haché de fines herbes, des échalotes, une petite gousse d'ail et un peu de girofle en poudre. Embrocher et ne pas laisser trop cuire.

Épaule de mouton braisée. La désosser, mettre à l'intérieur sel, poivre, peu d'ail, fines herbes et lard râpé, et la rouler. La mettre dans une casserole avec beurre frais, et glacer doucement comme l'aloyau à la Godard; ajouter sel, carottes, oignons entiers, bouquet, ail, clous de girofle, peu de thym et lard gras; faire cuire très-doucement pendant quatre à cinq heures. La cuisson faite, dégraisser la sauce, que vous liez avec fécule ou roux, et servir avec chicorée, oseille, ou telle garniture que vous voudrez, mais faites séparément.

Épaule de mouton à la poulette. La couper en morceaux après l'avoir désossée. La faire cuire avec beurre et épices. Quand le beurre est fondu, saupoudrer de farine; mouiller de bouillon; faire cuire trois quarts d'heure. Ajouter, au moment de servir, un filet de vinaigre; liaison de jaunes d'œuf.

Selle de mouton. On appelle ainsi le morceau qui est entre la dernière côtelette et le gigot. La désosser; l'assaisonner de sel, poivre; la ficeler; la faire cuire entre des bardes de lard, avec oignons, carottes, clous de girofle, laurier, thym, persil et ciboule; ajouter une cuillerée de bouillon, et un rond de papier beurré. Faire cuire deux heures, avec feu dessous et dessus. Égoutter la selle; la déficeler, servir avec chicorée, épinards, purée de champignons, laitues ou oignons, ou à l'anglaise, avec du persil bien fin semé dessus.

Selle de mouton à l'anglaise. Faire cuire comme ci-dessus; enlever la peau; assaisonner de sel et de gros poivre; beurrer avec une plume; paner; faire tiédir un quarteron de beurre dans un pot, et y casser deux œufs, que l'on bat avec le beurre. En imbiber la selle; la paner. Faire cuire au four. Servir avec un jus clair.

Jambon de mouton. Prendre une cuisse de mouton bien grasse; la frotter avec un mélange d'une once de sel de cuisine en poudre, d'une demi-cuillerée de salpêtre et de deux onces de sucre brut. La placer dans une terrine pendant trois jours consécutifs; la battre et la retourner deux fois par jour, en jetant à chaque fois la saumure qui découle de la chair. L'essuyer et la frotter de nouveau avec le même mélange. La battre le lendemain, et la retourner. Répéter alternativement les frictions et le battage pendant dix jours, l'exposer à la fumée environ dix jours. Ces jambons se mangent froids.

Le dos et les côtes du mouton gras, séchés et fumés, se conservent parfaitement; les épaules sont de garde plus difficile.

MOUTURE. (*Conn. us.*) Il y a diverses espèces de moutures. Dans la mouture à la grosse, le blé ne passe qu'une seule fois sous la meule; mais une partie du son est réduite en poussière et se mêle avec la farine. 1,000 kilogrammes donnent 588 de farine blanche, 72 de farine bise blanche, 315 de son, 25 de déchet. (Voy. FARINE.)

Dans la mouture économique, on fait repasser le son à la meule à plusieurs reprises. Elle donne 671 kil. de farine blanche, 80 de farine bise, et 281 de son et d'issues; sur 1,000 kil. de blé, il y a 25 kil. de déchet.

Dans les moulins anglais, le son est séparé de la farine au moyen de brosses. 100 kil. de blé donnent environ 76 de farine blanche et bise, 5 1/4 de recoupettes ou remoulages, 5, 5/4 de recoupes, 14 1/2 de son, 2 1/2 de déchet.

Le mécanisme des moulins anglais diffère de celui des moulins français. Les résultats de la mouture sont également différens. Cent parties de blé moulu à l'anglaise donnent 58 p. 100 de farine propre au pain blanc, 14 de propre au pain bis, 26 de gros et petit son, 2 de déchet. Cent parties de blé moulu à la française donnent 65,99 de farine propre au pain blanc, 8,55 de farine bise, 25,55 de son, 2,55 de déchet.

Plusieurs journaux américains avaient annoncé une amélioration apportée dans la mouture du blé et de toute espèce de grains, amélioration dont le mérite est aujourd'hui constaté. Elle consiste tout simplement à faire un trou vertical à travers l'une des meules à une distance plus ou moins grande du centre, et pour cela il faut donner la préférence à la meule tournante. Si les meules sont d'un grand diamètre, on peut faire plusieurs trous à diverses distances de leur centre. Par ce moyen facile, quelle que soit la vitesse avec laquelle les meules circulent, la farine ne s'agglomère et ne s'échauffe jamais. (Voy. FARINE, MEULE, MOULIN, PAIN.)

MUCILAGE. (*Méd. dom.*) Nom donné à une substance végétale gommeuse et muqueuse qui se trouve abondamment dans les graines de lin et de coing, dans les racines des malvacées, de la grande consoude (*symphitum officinale*). On l'obtient en traitant par l'eau les plantes qui en contiennent. On en fait un fréquent usage pour préparer les cataplasmes émolliens et les tisanes adoucissantes.

Mucilage de gomme adragant. Prendre : gomme adragant pulvérisée, quatre grammes; eau commune, deux hectogrammes.

Mettez la gomme adragant dans un mortier de marbre, versez-y une petite quantité d'eau; faites mouvoir circulairement le pilon dans le mortier, afin de diviser entièrement la gomme; ajoutez peu à peu toute l'eau, et continuez à agiter jusqu'à ce qu'il n'y ait plus de grumeaux, et que la matière ait acquis la consistance d'une colle; disposez alors pour l'usage.

Si vous voulez aromatiser le mucilage, mettez en place d'eau commune une égale quantité de l'eau distillée de la substance dont vous voulez lui faire contracter l'odeur; ou bien, ajoutez au mucilage fait avec l'eau commune, quelques gouttes d'huile volatile.

Le mucilage de gomme adragant est employé à donner la consistance convenable aux pastilles, aux masses pilulaires, ou à diverses véhicules, tels que les looks, les potions.

MUFLIER DES JARDINS. (*Jard.*) *Antirrhinum majus.* Familles des scrofulaires. Bisannuel; indigène. On ne doit conserver dans les jardins que les pieds à fleurs rouge cramoisi ou blanc pur, et tenir ces deux variétés très-éloignées l'une de l'autre, pour qu'elles ne dégénèrent pas. Semis en mars, tous les ans, pour avoir des pieds frais et arrondis. Fleurs en juin. Variété à fleur double, couleur de chair, délicate. La tenir à bonne exposition, en terreau végétal. Multiplication de boutures qu'on fait avec des tronçons de tiges à fleurs; on les tient à l'ombre jusqu'à la reprise; on les arrose.

MUGUET DE MAI OU DES BOIS. (*Jard. Ind. — dom. — Méd. dom.*) *Convallaria maialis.* Famille des asperges. Cette jolie plante vivace réussit très-bien dans les massifs un peu humides et ombragés. Les fleurs viennent au mois d'avril; elles sont en épis, blanches et d'une odeur suave. Il y a des variétés à fleur blanche double, et à fleur d'un rose terne.

Elixir de muguet. Emplir un bocal de fleurs de muguet fraîches, sans les fouler; verser dessus autant d'esprit-de-vin qu'il en peut entrer; boucher exactement et laisser infuser deux mois. Ensuite décanter, et filtrer au papier gris.

On l'emploie avec efficacité, suivant *l'abbé Rosier*, dans les cas suivans :

Indigestions, dérangement d'estomac, coliques, suppression de règles, défaillances; on en prend une cuillerée à bouche.

Dans les premiers momens de l'apoplexie séreuse, deux cuillerées à bouche.

En faisant inspirer cet élixir par le nez, il guérit les humeurs séreuses qui se jettent sur les yeux.

MUID. (*Conn. us.*) Ancienne mesure des choses liquides et sèches. Le muid des choses liquides, sous Charlemagne, pesait deux *mines*, dont chacune valait une livre et et demie. Plus tard, le muid valait seize setiers, puis vingt-quatre. Selon le réglement de Louis XIII, le muid de vin contenait trente-six setiers, valant chacun huit pintes, en tout, deux cent quatre-vingts pintes. En Bourgogne, le muid s'appelait *feuillette;* en Lorraine, *poinçon;* en Poitou, *pipe.*

Le muid de blé de Paris se composait de douze setiers, dont chacun faisait douze boisseaux. Le muid d'avoine, était composé aussi de douze setiers, valant chacun vingt-quatre boisseaux, dont chacun se divisait en quatre picotins.

Ces détails font sentir la vérité de ce que nous avons dit à l'article MESURE.

MULET. (*An. dom.*) métis de l'âne et de la jument. Les types de production sont le *baudet du Poitou* et la *jument boulonnaise* ou la *grande jument carrossière.*

Le mulet ne craint pas la fatigue, tire plus que le cheval et peut porter 150 kilog.

Le jeune mulet montagnard est très-recherché ; il se vend, à trois ans, de 250 à 600 francs, pour aller à 1,200 francs.

Le mulet se développe bien ; est peu délicat ; mais craint les échauffemens. Les fourrages secs, carottes, panais, lui conviennent fort.

Il y a un avantage à le pousser un peu en grains au moment de son développement.

Comme celui de l'âne, son fumier est chaud et peu abondant. (Voy. ANE, CHEVAL.)

MULET. (*Pêch.*) *mugil cephalus.* Genre mugile. Ce poisson a environ un pied de long. Il a, de chaque côté, entre les yeux et le coin de la gueule, un osselet hérissé d'aspérités; son dos est d'un vert sale, et son ventre blanc. On le pêche dans l'Océan. Il remonte le Rhône, la Seine, la Garonne et la Loire. Ceux qu'on pêche dans les étangs voisins de la mer sont plus gras; ceux de la mer sont de meilleur goût. La chair du mulet est difficile à digérer.

En Italie, on prépare avec les œufs de ce poisson, salés et ensuite broyés et desséchés au soleil, une pâte appelée *botargo.* On la mange avec de l'huile et du citron.

Le mulet est assez bon en friture.

MULOT. (*Animaux nuisibles.*) Genre des rats. Famille des rongeurs. (*Mus sylvestricus*). Le mulot ressemble beaucoup à la souris. Il a le poil roux et la queue nue. Il habite les champs et les bois, attaque les grains, les glands, les noisettes, les châtaignes, dont il entasse des provisions dans des troncs d'arbres, des fentes de rocher, des amas de pierre, des terriers qu'il creuse, et détruit aussi les petits oiseaux ou les œufs des fauvettes et des rossignols. Son habitude de fouiller la terre pour en retirer les graines semées le rend funeste à tous les semis de chênes, de hêtres, de noisetiers, de noyers, et de châtaigniers, qu'il détruit quelquefois en moins d'un mois. Il nuit encore à la conservation des forêts, en recherchant et détruisant les graines disséminées sur la terre et destinées par la nature à fournir de jeunes plants.

Quand il ne s'agit de préserver qu'un établissement d'une étendue médiocre, une pépinière, un semis clos, etc., on peut venir assez facilement à bout de détruire les mulots sans de très-grandes dépenses. Il suffit de multiplier beaucoup les empoisonnemens. On peut encore enterrer des pots vernis en dedans, ou des cloches de verre de jardinier, dans le fond desquels on met un peu d'eau. En se promenant la nuit, beaucoup de mulots tomberont dans ces vases et s'y noieront, faute de pouvoir grimper contre leurs parois vernissées, pour en sortir.

Voici encore un moyen d'empoisonnement dont le succès est assez sûr : on prend une livre de noix vomique râpée, et trois livres d'amandes de noisettes; on met le tout dans un pot, et on remplit d'eau, de manière à ce que les noyaux baignent entièrement; on laisse ainsi macérer pendant huit ou quinze jours. A défaut de noisettes on peut employer de la faîne ou fruit de hêtre, des amandes douces, ou même des glands. Après la macération on fait sécher à l'ombre sur du papier gris, puis on peut s'en servir de suite ou les conserver pendant cinq ou six mois, sans que le poison perde sa force. On place ces amandes au bord des trous où les mulots font leur retraite, et ils ne manquent jamais de s'empoisonner. (Voy. PIÉGE.)

Les traquenards prennent très-bien les mulots.

Procédé pour détruire les mulots. Par ce procédé une seule commune a détruit cinquante mille mulots. Tracer des sillons de charrue sur les terrains affectés, en les espaçant de quelques toises; couper ces sillons par des sillons nouveaux. A l'endroit de la réunion des angles, enfoncer des pots à large ouverture dont les bords soient audessus du niveau du sol; remplir ces pots d'eau, que l'on couvre de quatre bouquets de paille d'avoine, dont la tige est plantée en terre, et dont les épis forment une voûte au-dessus du pot. Les mulots, en sortant de leurs trous, suivent les sillons, comme ils en ont l'habitude, et en voulant manger l'avoine, dont ils sont très-avides, ils tombent dans les pots et se noient.

Poison pour les mulots. Concasser grossièrement un seau d'orge ; la tremper dans l'eau miellée avec une livre de miel; ajouter deux livres de farine fine, et une livre d'arsenic tamisé très-menu. On répand ce mélange par pincées, aux environs des trous de mulots. Deux livres suffisent pour un arpent de blé. Ce poison n'est pas à craindre pour les chiens.

Moyen de préserver des mulots les grains légumineux. Mêler de l'eau avec de l'huile empyreumatique. On facilite le mélange avec un alcali quelconque. Faire baigner dans ce mélange, avant de les semer, les graines de pois, fèves, haricots, etc.

MULTIPLICATION. (*Conn. us.*) Cette troisième règle de l'arithmétique, par laquelle on trouve quelle somme fait un nombre répété autant de fois qu'il y a d'unités dans un autre, n'est, pour ainsi dire, qu'un abrégé de l'addition.

Table de multiplication ou de Pythagore.

1	2	3	4	5	6	7	8	9
2	4	6	8	10	12	14	16	18
3	6	9	12	15	18	21	24	27
4	8	12	16	20	24	28	32	36
5	10	15	20	25	30	35	40	45
6	12	18	24	30	36	42	48	54
7	14	21	28	35	42	49	56	63
8	16	24	32	40	48	56	64	72
9	18	27	36	45	54	63	72	81

Livret de multiplication. Ce livret est beaucoup plus simple que la table de Pythagore, en ce que le résultat est à côté de chaque chiffre; on n'a donc pas besoin de chercher, et par cette raison il ne demande aucune explication; on le continue ordinairement jusqu'à 12 parce que ce nombre est l'un des facteurs qu'on emploie le plus souvent.

1	fois	2	est	2	4	fois	2	font	8
1		3		3	4		3		12
1		4		4	4		4		16
1		5		5	4		5		20
1		6		6	4		6		24
1		7		7	4		7		28
1		8		8	4		8		32
1		9		9	4		9		36
1		10		10	4		10		40
1		11		11	4		11		44
1		12		12	4		12		48

2	fois	2	font	4	5	fois	2	font	10
2		3		6	5		3		15
2		4		8	5		4		20
2		5		10	5		5		25
2		6		12	5		6		30
2		7		14	5		7		35
2		8		16	5		8		40
2		9		18	5		9		45
2		10		20	5		10		50
2		11		22	5		11		55
2		12		24	5		12		60

3	fois	2	font	6	6	fois	2	font	12
3		3		9	6		3		18
3		4		12	6		4		24
3		5		15	6		5		30
3		6		18	6		6		36
3		7		21	6		7		42
3		8		24	6		8		48
3		9		27	6		9		54
3		10		30	6		10		60
3		11		33	6		11		66
3		12		36	6		12		72

7	fois	2	font	14	10	fois	2	font	20
7		3		21	10		3		30
7		4		28	10		4		40
7		5		35	10		5		50
7		6		42	10		6		60
7		7		49	10		7		70
7		8		56	10		8		80
7		9		63	10		9		90
7		10		70	10		10		100
7		11		77	10		11		110
7		12		84	10		12		120

8	fois	2	font	16	11	fois	2	font	22
8		3		24	11		3		33
8		4		32	11		4		44
8		5		40	11		5		55
8		6		48	11		6		66
8		7		56	11		7		77
8		8		64	11		8		88
8		9		72	11		9		99
8		10		80	11		10		110
8		11		88	11		11		121
8		12		96	11		12		132

9	fois	2	font	18	12	fois	2	font	24
9		3		27	12		3		36
9		4		36	12		4		48
9		5		45	12		5		60
9		6		54	12		6		72
9		7		63	12		7		84
9		8		72	12		8		96
9		9		81	12		9		108
9		10		90	12		10		120
9		11		99	12		11		132
9		12		108	12		12		144

Multiplication d'une somme dépensée par jour.

1 centime par jour fait par an	3 f.	65.
2	7 f.	30.
3	10	95.
4	14	60.
5	18	25.
10	36	50.
20	73	»
30	109	50.
40	146	»
50	182	50.
60	219	»
80	292	»
90	328	50.
1 franc par jour fait par an	365	»
1 50	547	50.
2	730	»
3	1095	»
4	1460	»

Multiplication réduite à l'addition. Faites une colonne de numéros 1, 2, 3 de cette manière et tirez une barre :

1 —
2 —
3 —

En face le numéro 1, portez le plus fort des deux nombres que vous avez à multiplier l'un par l'autre.

Ajoutez ce nombre avec lui-même, et portez la somme à côté du numéro 2.

Ajoutez le numéro 1 avec le numéro 2 et portez la somme à côté du numéro 4.

Soit, par exemple, 2,478,561 à multiplier par 554,879.

Je les dispose de cette manière, ainsi que je viens de l'indiquer :

1 — 2478561
2 — 4956722
5 — 7435083

En face le numéro 1, je pose 2,468,261.

J'ajoute 2,478,561 avec lui-même, ce qui donne 4,956,722 que je porte en face du numéro 2.

J'ajoute 2,478,561 avec 4,956,722, ce qui donne : 7,455,085, que je porte en face du numéro 5.

Qu'on multiplie d'abord par le premier chiffre de l'autre nombre, en le décomposant par deux ou trois de ces numéros, en ajoutant les nombres correspondans.

Par exemple, pour multiplier par 5, qui est la même chose que 2 et 5, j'ajouterai le nombre 4,956,722, avec 7.455,085, qui correspondent avec les numéros 2 et 5, ce qui donne 12,591,805 pour la valeur de 2,478,561 multipliée par 5 ;

On place à la suite du résultat autant de zéros qu'il y a de chiffres à la droite de celui par lequel on multiplie.

Par exemple, nous placerons cinq zéros à la suite de 12,591,805, car il y a cinq chiffres à la droite du 5 par lequel on multiplie dans le nombre 2,478,561.

MUR. (*Cod. dom.*) (Voy. BRIQUES, CIMENT, MORTIER.) Tout mur peut être construit par l'un des propriétaires voisins, sur les limites de sa propriété.

Quand on construit un mur qui ne doit pas être mitoyen, et que l'on conserve l'espace nécessaire pour pouvoir réparer ce mur du côté des voisins, il est important de le faire constater par procès-verbal en leur présence ou eux dûment appelés. (Voy. CLOTURE.)

Murs de séparation. Le propriétaire à qui, par suite d'un traité passé avec son voisin, il a été interdit d'élever le mur de séparation entre leurs propriétés au-dessus de huit pieds, ne peut adosser à ce mur un chantier de bois au-dessus de cette hauteur, et planter le long de ce même mûr, des arbres qui, par leur élévation, excèdent cette même hauteur. (C. de Cass., 4 janvier 1851.)

Mur mitoyen. Lorsqu'un mur de clôture est tombé en ruines, et qu'il s'agit de le reconstruire, un des voisins peut se dispenser d'y contribuer, en abandonnant la mitoyenneté et le terrain sur lequel le mur est assis. (C. de Cass., 29 décembre 1819, et 5 mars 1828.)

Le voisin qui acquiert la mitoyenneté d'un mur peut exiger la suppression de jours pratiqués dans ce mur, sans titres, antérieurement à son acquisition. (Cour de Paris, 15 novembre 1852.)

MURIER. (*Jard. — Ind. dom. — Off.*) — *Morus.* Famille des orties. Les mûriers servent principalement à nourrir les vers à soie. (V. ce mot.)

Mûrier blanc. (*Morus alba.*) Cet arbre, de Chine, s'est acclimaté partout. Il est robuste, et sa récolte ne manque jamais. Dépouillé de ses feuilles, dès le printemps, il en donne bientôt d'autres. On peut l'obtenir de semis. Les variétés à feuilles larges (*latifolia*) d'Espagne, macrophylla et lœvigata, offrent de grands avantages. Cette dernière donne une cire jaune et de bonne qualité. Le macrophylla réussit très-bien sur le climat de Paris.

Le mûrier se greffe sur le hêtre, le coignassier, le poirier sauvage, l'orme et le peuplier.

Mûrier à feuilles de peuplier. (*Morus populifolia.*) Rustique, propre aux climats froids.

Mûrier noir. (*Morus nigra.*) Famille des orties. Ce mûrier se place communément dans les basses-cours, tant pour l'ombrage que ses feuilles procurent aux volailles, que pour ses fruits qu'elles aiment beaucoup, et qu'on leur secoue chaque jour dans la saison, de juillet en septembre. Il fleurit à la mi-mai. Il se greffe en écusson à œil dormant et à fleur de terre, sur des sujets de mûriers blancs, gros comme le doigt. Les boutures prennent difficilement sans le secours d'une couche; d'ailleurs il faut qu'elles soient de jeune bois filé, sans yeux à fruit, et cet arbre en fournit rarement de pareilles. Si l'on a des pieds francs qui poussent des branches peu au-dessus de terre, on peut faire en automne des marcottes qui s'enracinent assez facilement; il vient aussi fort bien de graine qu'on sème en mars en terrain léger, surtout en terre de bruyère. Le mûrier noir est très-lent à croître; il a une forme irrégulière qu'on redresse peu à peu en coupant près du tronc, chaque année, le dernier rang des branches d'en bas. Comme il est très-touffu, il faut aussi supprimer quelques-unes de celles de l'intérieur pour donner de l'air aux autres. Il aime un terrain chaud mêlé de décombres, et élevé en forme de butte.

Le ver à soie se nourrit aussi des feuilles du mûrier noir; mais la soie qui en est produite est de médiocre qualité.

Mûrier de Constantinople. (*Morus Constantinopolitana.*) Arbuste de petite dimension dont la feuille est bonne pour les vers à soie.

Mûrier macloura (*aurantiaca.*) Il se propage de racines et de boutures. Ses feuilles sont recherchées des vers à soie. Il est propre à la teinture; forme des haies impénétrables; croît partout; donne une soie d'un jaune clair, fine et de bonne qualité.

Mûrier de Canada. (*Morus canadensis.*) Bel arbre à larges feuilles.

Mûrier de la Chine. (*Morus sinensis.*) Les feuilles ont sept à huit pouces de long.

Ces arbres font très-bien sur le devant des massifs au midi. Il leur faut un terrain léger et chaud. On les greffe sur le murier blanc, mais le mieux est de semer sa graine qui mûrit très-bien. Sa feuille est plus fine encore que celle du mûrier blanc. Il donne une soie qui est un peu grosse. Son fruit est noir et petit.

Morus Japonica. Il supporte aussi très-bien la pleine terre et se charge de fruits tous les ans. Multiplication de semis, culture du précédent; son fruit est noir. Bonne nourriture pour les vers à soie.

Morus nervosa. Les grosses nervures de ses feuilles lui donnent un aspect singulier, et le rendent propre à la décoration des jardins. Même culture.

Morus hétérophylla.

Morus laciniata. Ces deux variétés, à feuilles labiées,

poussent vigoureusement. Leurs feuilles sont pleines et peu recherchées.

Mûrier lucida. Arbre très-beau, originaire de Chine. C'est sur lui, dit-on, que, dans ce pays, le ver à soie fait tout son travail. La soie qu'il donne est d'un jaune doré, très-fine et très-consistante.

Morus indica. Arbre robuste et rustique.

Mûrier Broussonetira papyrifera ou *mûrier à papier.* Ce mûrier a presque toutes ses feuilles différentes les unes des autres. Les Japonnais font un papier avec l'écorce de ses jeunes branches.

Mûrier multicaulis. La variété de *mûrier des philippines*, ou *multicaulis*, ne paraît pas moins avantageuse à cultiver que le mûrier blanc, natif ou greffé. On peut greffer le multicaulis sur le mûrier blanc.

Le mûrier greffé se reproduit de marcottes, c'est-à-dire qu'un arbre qui, recepé au pied aurait poussé 12 rejetons, peut fournir l'année suivante 12 plants de mûrier franc à racines; mais, outre cet avantage que partage le multicaulis, ce dernier a le plus grand avantage encore de se reproduire seul de boutures; et où vous n'aviez que 12 marcottes à espérer, vous pouvez avoir 120 boutures assurées, ce qui rend le mûrier peu coûteux.

Toutefois, le multicaulis porte moins de feuilles que le mûrier blanc, et ses feuilles sont beaucoup moins longues, minces et flexibles, déchirées par le vent, et exposées aux attaques d'une mouche dont la piqûre les fait recoquiller. Il n'atteint jamais la taille des mûriers ordinaires.

Le mûrier multicaulis entre en séve de bonne heure, ce qui l'expose aux gelées d'avril. Mais quand il a souffert du froid, il repousse avec force dans le mois de mai.

La feuille de ce mûrier donne à la soie une blancheur plus éclatante, moins de poids, et plus de finesse. Les vers à soie paraissent lui préférer celle du mûrier blanc.

Mûrier des teinturiers. (*Morus tinctoria.*) Cet arbre, appelé aussi fustel ou fustique, croît en Amérique. Très-robuste sous notre climat, il s'élève à la hauteur de soixante pieds. Son bois donne une couleur jaune, qui forme un beau vert avec l'indigo, et des nuances olives, brunes et bronzées avec le rouge et le bleu.

Ses feuilles sont presque rondes. Le ver à soie s'en nourrit bien; la soie est d'un beau jaune, mais pas très-fine.

Terrain propre aux mûriers. Les mûriers viennent presque partout, pourvu que le terrain ne soit ni trop bas, ni trop argileux, ni exposé aux eaux. Ils résistent à plus de 15 degrés au-dessous de zéro.

Les terres légères, sablonneuses, pierreuses, rocailleuses, fortes et plutôt sèches qu'humides, leur conviennent.

Mûriers en prairies. Les mûriers réussissent même dans les climats du Nord de l'Europe, en Suède, par exemple. En général, de fortes chaleurs leur sont nuisibles et produisent chez eux une maladie connue sous le nom de *rouille.* Ils réussissent dans les terrains les plus mauvais et les plus arides. Plantés en buissons et formant une espèce de prairie, ils produisent dès la seconde année, une récolte assez abondante de feuilles tendres. Dans l'Amérique du Nord, on sème au printemps, sur un sol bien préparé, des graines de mûriers, et, dans le courant de la saison suivante, on les coupe deux ou trois fois. Quand les tiges deviennent fortes, on défriche le sol, pour y semer des plantes nouvelles, tandis qu'un autre terrain a été semé en mûriers pour remplacer les premiers.

Faujas de Saint-Fond a exécuté cette culture en France avec succès. Mais il semait vers la fin de l'été pour faire la cueillette l'année suivante.

Transplantation des mûriers. Elle se fait au mois de février ou de mars. On les enlève avec toutes les racines, sans quoi ils dégénèrent. On a soin de les planter dans un terrain meilleur que celui de la pépinière. Vers le mois d'octobre, on déchausse le pied pour y mettre du fumier avant l'hiver, sans toutefois que le fumier soit en contact avec le pied.

D'après le procédé de M. Hurard-Canonge, avant de planter, on coupe en rond, avec un sécateur, toutes les petites racines, ainsi que les petites branches où l'on ne laisse qu'un ou deux bourgeons. En hiver, on fait dans un terrain très-sec et pierreux, des trous de deux pieds et demi de profondeur, en jetant d'un côté la terre de dessus et celle de dessous de l'autre. En plantant l'arbre, on met cette dernière par-dessus et l'on presse la terre pour qu'il n'y ait pas de vide entre les racines.

250 mûriers d'une pépinière de sept ans, après deux ans de plantation, ont donné chacun vingt livres de feuilles à 10 francs les 40 kilogrammes.

Taille des mûriers. Les tailler sur le jeune bois après la cueillette des feuilles. La taille doit être en sifflet ou oblique, et toujours en dessous, pour que la pluie n'endommage pas le bout des branches : cette pratique augmente la quantité des feuilles et la vigueur des jets.

Procédé de taille de M. Hurard-Canonge. Cet horticulteur taille les mûriers après la chute des feuilles, ou au au mois de mars. Il les fait cueillir deux ans de suite, et la troisième année, il les taille en novembre ou en mars. Pour l'exécution de cette pratique, il a divisé ses plantations en trois parts. Douze arbres ainsi taillés ont produit 15 kilogrammes de feuilles de plus que dix-huit arbres n'en avaient donné ensemble par la méthode ordinaire.

Précautions à prendre quand les mûriers sont gelés. Receper les extrémités gelées. L'activité de la végétation s'accroît immédiatement.

Ulcères et loupes du mûrier. Lorsque les mûriers sont atteints d'ulcères qui les font languir par une grande déperdition de séve, on les cautérise avec un fer rouge; l'ulcère se dessèche et le sujet ne tarde pas à prendre plus de vigueur.

Sur les mûriers se développent aussi quelquefois des corps loupeux. Il en est qui parviennent à une grosseur énorme, surtout aux embranchemens. Ces productions épuisent l'arbre si l'on n'a soin de les extirper. A cet effet, on se sert d'un ciseau mousse, et l'opérateur, après avoir écorcé la loupe, applique sur sa partie la plus recourbée l'extrémité du ciseau dont il frappe alors fortement la tête avec un maillet, de manière à forcer le corps ligneux de dedans en dehors. Il cède bientôt, car il n'est fixé que par un pédicule. On remplit d'argile le trou qu'il laisse sur l'arbre.

M. Miergue, médecin à Anduze, a employé avec succès ces deux moyens et les a rendus publics.

Moyen de détruire les punaises du mûrier. Ces insectes communiquent aux feuilles une odeur qui fait périr les vers à soie. Brûler, au pied des mûriers, de la fiente de bœuf desséchée, ou asperger les arbres avec de l'eau de savon.

Emplois du mûrier noir. Les fruits du mûrier noir (*morus nigra*) sont employés à faire un excellent sirop. Les feuilles servent à la nourriture des vers à soie et donnent lieu à un branche de commerce précieuse et considérable. Le bois de cet arbre est d'une belle couleur jaune, assez dur, et propre à faire divers ouvrages de marqueterie, de gravure, à faire des douves. On peut le faire rouir dans l'eau, pour en détacher l'écorce filamenteuse qui est propre à faire des cordes. L'écorce des racines est regardée comme vermifuge.

Le suc des mûres noires sert à colorer plusieurs liqueurs et quelques confitures. Des personnes s'en servent pour donner une couleur foncée au vin rouge; il contribue même à lui donner de la douceur. Quoique ce suc soit inutile pour la teinture, il imprime aux doigts et au linge une couleur rouge qui s'enlève difficilement. Le verjus, l'oseille, le citron et les mûres vertes, emportent ces taches de dessus les mains; mais, pour le linge, le plus court est de mouiller l'endroit taché et de le sécher à la vapeur du soufre; l'acide vitriolique qui s'échappe de cette substance en combustion, emporte la tache de suite.

Filasse de branches de mûrier. Les jeunes tiges de mûrier pourraient servir à la fabrication d'un papier imitant le papier de Chine.

Les branches des mûriers, principalement les tendres, fournissent aussi une filasse si fine, qu'en Espagne, les Catalans la mettent après la soie, comme le fil le plus beau et le plus propre à la fabrique des étoffes.

L'usage reçu dans le royaume de Valence est de couper les branches du mûrier tous les trois ans, en laissant seulement le tronc, comme on fait ici avec les saules : par ce moyen, les branches destinées jusqu'à présent au feu donnent un profit considérable sans nuire à la récolte de la soie.

L'écorce des mûriers peut également donner de la filasse. Leur bois sert à faire des jantes de roues et des échalas; mais il a les pores trop ouverts pour être employé dans l'ébénisterie.

Sirop de mûres. Prendre un kilogramme de mûres un peu avant leur maturité, autant de sucre concassé.

Mettez ces deux substances dans une bassine d'argent; placez-la sur un feu doux; agitez avec une spatule de bois et faites prendre quelques bouillons au sirop : lorsqu'il sera suffisamment cuit, coulez-le à travers un tamis de crin; laissez égoutter et refroidir; disposez ensuite pour l'usage.

Ce sirop est rafraîchissant; il tempère l'ardeur des fièvres; il est légèrement astringent : on l'emploie dans les gargarismes détersifs et dans les inflammations de la gorge.

Ratafia de mûres. Vous prenez : Eau-de-vie à 22 degrés, 8 pintes. Mûres, 5 livres. Groseilles rouges, 8 onces. Framboises, 8 onces. Macis, 56 grains. Eau de rivière, 1 pinte. Sucre concassé, 5 livres 8 onces.

Vous égrenez les groseilles, et, les écrasant avec tous les autres fruits, vous les mettez, ainsi que le macis, infuser dans de l'eau-de-vie pendant quinze jours. Au bout de ce temps, vous faites fondre le sucre à l'eau de rivière, vous décantez la liqueur, et, lorsque le mélange est fait, vous le filtrez.

Manière de conserver les mûres. Vous égrenerez de belles mûres et les mettrez de suite en bouteilles; vous les tasserez dans les bouteilles et fermerez celles-ci hermétiquement; puis vous les mettrez au bain-marie. Aussitôt que l'eau commencera à bouillir, vous retirerez le feu, et, un quart d'heure après, vous jetterez l'eau du bain-marie.

Moyen de conserver le jus de mûres d'une année à l'autre. Quand on a exprimé les mûres, il faut verser le jus dans des bouteilles bien nettes et bien bouchées. On plongera ensuite ces bouteilles dans un chaudron d'eau froide, que l'on placera sur le feu. Quand cette eau aura bouilli pendant un quart d'heure, on la retirera du feu; et, lorsqu'elle sera refroidie, on en ôtera les bouteilles, que l'on goudronnera et ficellera pour empêcher l'air d'y pénétrer. De cette manière, le jus de mûres est susceptible de se conserver, pendant un an, aussi frais que s'il venait d'être exprimé. Il faut seulement avoir soin, quand on l'emploie, de ne pas laisser les bouteilles en vidange.

MUSA TEXTILIS. (*Agr.*) C'est une espèce de bananier cultivé aux îles Manilles, dont on fait rouir les tiges dans une eau tranquille, pour en tirer, après les avoir lavées et desséchées au soleil, une filasse d'une très-grande solidité. Cette plante pourrait se naturaliser aisément dans le midi de la France et dans la colonie d'Alger.

Les Malais rouissent le *musa textilis* à l'ombre sur un sol humide. Les insulaires des Philippines broient les tiges de manière qu'il ne reste que la filasse, qu'on lave et qu'on fait sécher ensuite.

Le *musa textilis* ne demande qu'un sol frais et riche en humus. Il se multiplie de rejetons de la tige. On la coupe tous les huit ou dix mois.

MUSARAIGNE. (*Conn. us.*) *Sorex araneus.* Classe des mammifères carnassiers, section des insectivores. Elle est de la grosseur d'une souris, et son museau cylindrique et très-mince s'avance presque comme une espèce de trompe. Son poil est d'un gris roussâtre; elle a sur chaque flanc, sous son poil ordinaire, une petite bande de soies raides et serrées, entre lesquelles suinte une humeur odorante, produite par une glande particulière. Sa queue est carrée et aussi longue que son corps.

On croyait autrefois que la morsure de la musaraigne était venimeuse, qu'elle occasionnait aux chevaux des maladies souvent mortelles. Cette croyance n'était fondée que sur ce que les chats refusent de la manger après l'avoir tuée. Le fait est que ce petit animal ne peut être que bien peu nuisible, puisqu'il n'attaque ni les graines ni les fruits, et que la seule chose qu'on pourrait lui reprocher, c'est de creuser des trous dans les prés, et, par conséquent, de détourner l'eau des irrigations. Du reste, cet inconvénient, quand il a lieu, est bien racheté par la guerre continuelle que la musaraigne fait aux limaces, aux colimaçons et à tous les insectes nuisibles.

Musaraigne d'eau. (*Sorex fodiens.*) Elle est de la grosseur de la précédente, ou à peu près; son poil est noirâtre en dessus, blanc en dessous; et sa queue, carrée, est de la longueur de son corps. Son oreille, au moyen de trois valvules, se ferme quand l'animal plonge. Daubenton est le premier qui ait fait connaître aux naturalistes cette espèce; mais depuis fort longtemps les cultivateurs la redoutaient sous le nom de *musette d'eau*, et l'accusaient d'être encore plus venimeuse que la première.

Depuis que l'agriculture est devenue en France une science à laquelle des gens instruits se sont voués, les contes débités sur cette musaraigne sont tombés en désuétude. Elle habite le bord des fontaines et des ruisseaux, où elle peut détruire tout au plus quelques petites écrevisses.

MUSC. (*Conn. us. — Ind. dom.*) Le musc est une substance onctueuse, sèche, de couleur brune, d'une odeur aromatique très-pénétrante, d'une saveur âcre et amère, que l'on trouve dans une vessie située près de l'ombilic d'un animal quadrupède que l'on nomme porte-musc. Les opinions sont très-divisées sur le nom et la nature du porte-musc. Quelques naturalistes le désignent comme une *gazelle*, d'autres comme une espèce de *zibet* ou *civette*, d'autres encore assurent que le porte-musc a plus de rapport avec le chevrotain qu'avec aucun autre des animaux qu'on lui compare.

Le musc nous est apporté du Thibet, du Tonkin, et de quelques autres contrées des Indes-Orientales : on nous en apporte aussi de Bengale; mais sa qualité est inférieure à celui du Tonkin, qui est le plus estimé. On doit le choisir renfermé dans de petites poches recouvertes de poils bruns. Comme cette substance est fort chère, on la falsifie souvent. Le musc pur est inflammable, et brûle sans aucun résidu.

Le musc est un parfum peu agréable s'il n'est tempéré par un mélange d'autres parfums ou de poudre de sucre ou d'un peu d'ambre; sa couleur est roussâtre, il est d'un goût amer. Les parfumeurs, les distillateurs et les confiseurs s'en servaient beaucoup plus autrefois qu'à présent. On le donne en médecine comme anti-spasmodique puissant dans les maladies convulsives. On doit être fort réservé sur son usage, parce qu'il excite souvent les affections nerveuses au lieu de les calmer.

Le musc doit se conserver très-sec. Dans cet état, il exhale peu d'odeur; mais il suffit de l'humecter pour qu'il soit odorant. Le musc, exposé longtemps à l'humidité, se couvre d'une sorte de moisissure. Le musc falsifié, lorsqu'on le mêle avec de la chaux, répand une odeur pénétrante d'ammoniac.

Esprit de musc. Vous prenez : musc, 1 once. Ambre, 4 grains. Sucre candi, 1 once. Esprit-de-vin rectifié, 1 pinte.

Vous broyez bien l'ambre et le musc avec le sucre candi dans un mortier de marbre; vous mettez ces ingrédiens dans un matras; vous lavez bien le mortier avec un peu de l'esprit-de-vin que vous devez employer, pour enlever l'ambre qui aurait pu y rester attaché. Vous versez l'esprit-de-vin dessus les ingrédiens; et, après avoir bouché le matras bien hermétiquement, vous laissez le mélange macérer au soleil l'espace de quinze jours, en agitant le vase de temps en temps.

L'esprit d'ambre se prépare de la même manière; il remplace le musc dont on met seulement quelques grains.

Huile antique au musc. Broyer deux gros de musc avec huit grains d'ambre gris dans un mortier de verre, avec huit onces d'huile de lichen; mettre dans une bouteille; passer dans le mortier une livre de cette huile; la verser sur le premier mélange. Laisser douze jours dans un endroit chaud, en remuant tous les jours la bouteille. Décanter et mettre en flacons.

MUSCADE. (*Conn. us.—Méd. dom.—Cuis.*) La muscade est la noix du fruit du muscadier (*Myristica.*) des îles Moluques. Ce fruit ressemble à une pêche. L'enveloppe extérieure est pleine de suc; elle est charnue, molle, de couleur blanchâtre, parsemée de taches; la saveur du suc est acerbe, styptique; sous cette enveloppe est une membrane épaisse, transparente, d'une couleur rouge, d'une odeur aromatique fort agréable, d'une saveur âcre, légèrement amère. Cette substance est celle à laquelle on a improprement donné le nom de fleur de muscade ou *macis*. Sous cette seconde enveloppe est la noix muscade, qui est de forme ronde ou oblongue, recouverte d'une membrane roussâtre vers le bord inférieur, blanchâtre, et piquetée de points rougeâtres vers le sommet; l'intérieur est une substance ferme, blanche, oléagineuse, très-odorante, entrecoupée de veines irrégulières, d'une couleur rouge brune, blanchâtre et jaune : l'odeur de cette noix, ou plutôt cette graine, est infiniment douce et agréable; sa saveur est très-aromatique, un peu âcre.

Les muscades sont employées en médecine pour augmenter les forces vitales et musculaires; elles sont carminatives, légèrement astringentes; elles sont très-échauffantes, et causent beaucoup de chaleur dans la bouche. On retire des noix muscades une huile par expression qui est employée intérieurement dans les maladies nerveuses; et à l'extérieur, on l'emploie dans la paralysie, et comme nervale. Le macis est employé dans les mêmes cas que les noix muscades.

L'huile de noix muscade, tirée soit par expression, soit par distillation, est, ainsi que celle du macis, très-propre dans les tranchées du ventre, dans les coliques néphrétiques, et dans certaines maladies des nerfs; elle apaise le hoquet; et, si l'on en frotte légèrement les tempes, elle procure le sommeil. On peut blanchir cette huile en la macérant longtemps dans l'esprit-de-vin; elle est la base de quantité de baumes composés, reconnus souverains dans l'apoplexie et les maladies convulsives.

Esprit de muscade. Prendre huit onces de muscade et huit pintes d'eau-de-vie. Vous réduisez les muscades en poudre grossière, et les faites macérer dans l'eau-de-vie et à l'étuve pendant deux jours. Vous soumettez le mélange à la distillation, et la quantité ci-dessus vous donnera quatre pintes et demie de liqueur spiritueuse.

Esprit de macis. Prendre macis, 2 onces. Cannelle, 2 gros. Eau-de-vie, 2 pintes. Vous concassez la cannelle et le macis, que vous faites infuser pendant deux jours dans l'eau-de-vie : vous distillez ce mélange au bain-marie, pour obtenir une pinte de liqueur spiritueuse.

MUSCARDIN. (*Animaux nuisibles.*) Ce joli petit animal appartient aussi au genre des loirs, et s'engourdit comme eux pendant l'hiver; c'est le *mus avellanarius* de Linnée. Sa taille est à peu près égale à celle d'une souris; il est d'un roux cannelle en dessus et blanchâtre en dessous; sa queue est garnie sur les côtés d'un long poil, comme celle d'un écureuil.

Il n'habite guère que les forêts, et surtout celles où les noisetiers sont abondans, parce qu'il fait sa principale nourriture de leurs fruits. Il loge et s'engourdit dans les trous d'arbres et de vieilles murailles.

Lorsqu'un verger est planté d'un certain nombre de noisetiers, les muscardins viennent volontiers s'y établir. Ils attaquent tous les fruits, mais principalement les cerises, les groseilles, les fruits à noyaux et les poires; rarement ils touchent aux pommes.

On les prend assez aisément dans la souricière nasse et dans le trébuchet. Ces piéges s'amorcent avec des noix.

Le muscardin peut s'apprivoiser; on le tient habituellement dans une cage de fil de fer dans laquelle on a ménagé une petite boîte en planchettes, pleine de mousse, dans laquelle il s'enfonce pour dormir. L'hiver on y met de la filasse et de la mousse,

MUSCARI MONSTRUEUX. (*Jard.*) *Muscari monstrosum.* Famille des asphodèles. Ognon indigène. Fleurs au mois de mai, en grappes paniculées, d'un violet bleuâtre, imitant un panache. Terre légère et profonde. Exposition méridionale. Multiplication de caïeux.

Muscari botride. Muscari botryoides. Petit oignon indigène. Fleurs en mars, en grappe et en grelot, du plus joli bleu, bordées d'un filet blanc. Tout terrain, toute exposition.

MUSCLES. (*Conn. us.*) Les muscles sont des masses plus ou moins rouges qui composent la chair des animaux. Ce sont les organes du mouvement.

MYOLOGIE. (*Conn. us.*) La myologie est la partie de l'anatomie qui traite des muscles.

Les *muscles* sont formés de fibres qui jouissent de la faculté de se raccourcir et de se relâcher.

Les muscles ont en général une forme qui permet de leur distinguer une partie moyenne charnue et deux extrémités tendineuses fortement attachées aux os.

La couleur rouge du tissu des muscles n'est pas celle des fibres, qui le composent; cette couleur n'est due qu'à la quantité plus ou moins grande de sang contenue dans les vaisseaux qui le pénètrent : soumis à un lavage prolongé, les muscles quittent leur couleur rouge, et leur tissu devient blanc.

Les fibres motrices qui composent la partie charnue des muscles sont sensibles et irritables; les tendons ou les extrémités des muscles sont des parties qui n'ont ni sensibilité ni irritabilité.

Il y a des muscles qui doivent leurs noms à leur mode d'action; tels sont les muscles fléchisseurs, les extenseurs, les abaisseurs, les élévateurs, etc.

D'autres muscles sont nommés en raison des parties auxquelles ils sont attachés; comme le muscle sterno-hyoïdien qui s'attache au sternum, à la clavicule et à l'os hyoïde; le muscle sterno-cleïdomastoïdien qui s'attache au sternum, à la clavicule et à l'apophyse mastoïde du temporal; les muscles thyro-hyoïdien, stylo-glosse, etc.

Quelques muscles portent le nom des figures géométriques auxquelles leur forme les a fait comparer, tels que le *muscle trapèze*, le *scalène*, le *rhomboïde* et le *muscle pyramidal* situé à la partie antérieure de l'abdomen.

Il y a d'autres muscles qui sont nommés en raison de la région qu'il occupent, comme le *muscle temporal*, situé dans la région des tempes; le *muscle lingual*, qui appartient à la langue; le *muscle pectoral*, situé à la partie antérieure de la poitrine, etc.

Les muscles sont généralement disposés par paires; les uns occupent le côté droit du corps, les autres le côté gauche.

On appelle *congénères* les muscles dont l'action concourt à produire le même mouvement.

On nomme *antagonistes* les muscles qui agissent en sens inverse les uns aux autres, comme le font, par exemple, les fléchisseurs à l'égard des extenseurs.

C'est dans le raccourcissement ou la contraction des fibres charnues dont ils sont composés, que consiste l'action des muscles; ces derniers, en se contractant, tirent les différentes parties du corps au moyen des tendons, comme une force mouvante tire un poids par le moyen d'une corde.

Il y a trois espèces de mouvemens musculaires : ces derniers sont ou *volontaires*, ou *involontaires*, ou *mixtes*.

Les *mouvemens volontaires* sont ceux qu'exécutent les muscles dont l'action est entièrement soumise à l'empire de la volonté individuelle, comme lorsqu'on lève le bras, que l'on étend la jambe, que l'on remue la langue, etc.

Les *mouvemens involontaires* sont ceux qu'opèrent certains muscles dont la contraction n'est pas sous la dépendance de la volonté, comme la contraction et la dilatation du cœur, le mouvement de l'estomac, celui des intestins, etc.

Les *mouvemens mixtes* sont ceux que produisent les muscles qui ne sont soumis que jusqu'à un certain point à la volonté, et dont l'action s'exécute habituellement sans que l'individu en ait la conscience; tels sont les mouvemens des muscles de la respiration.

On nomme *irritabilité* des muscles, la propriété en vertu de laquelle ils entrent en contraction, indépendamment de la volonté, lorsqu'on pique ou qu'on irrite d'une manière quelconque les fibres charnues dont ils sont composés.

L'irritabilité des muscles est en raison du nombre et de la grosseur des nerfs et des artères qui s'y distribuent; la langue qui reçoit une grande quantité de nerfs est une des parties du corps dont les mouvemens sont les plus soumis à la volonté.

Toujours placés dans des endroits où ils ne peuvent gêner les fonctions des organes qui leur sont contigus, les muscles sont de toutes les parties celle qui concourent le plus à constituer les formes extérieures du corps humain et à leur donner une grâce qui n'existerait pas sans eux.

Supposons que les muscles destinés à mouvoir les doigts

soient placés dans la paume et sur le dos de la main : cette dernière ne serait plus alors qu'une sorte de masse informe tout à fait incapable de remplir les fonctions qui lui appartiennent. C'est pour obvier à cet inconvénient que la nature a situé les muscles moteurs des doigts à l'avant-bras, aux os duquel ils s'attachent près du coude et que de l'avant bras ces muscles vont se fixer aux phalanges par le moyen de longs tendons qui passent sous les ligamens du carpe.

En général, plus les muscles sont gros et développés, plus les forces musculaires sont considérables. Les individus doués de la constitution caractérisée par une prédominance remarquable du système musculaire, ont une force bien supérieure à celle des autres hommes, et sont, par conséquent, les plus aptes à lutter avec succès contre les résistances matérielles.

Les principaux muscles impairs sont le *diaphragme* et les *sphincters*.

Le *diaphragme* est un large plan musculeux qui sépare horizontalement la cavité de la poitrine de la cavité du ventre ; les bords de ce muscle sont charnus, son centre est tendineux ; sa face supérieure, convexe, fait partie de la cavité thoracique ; sa face inférieure, concave, est tournée vers l'abdomen.

De tous les muscles dont l'action concourt aux mouvemens de la respiration, le diaphragme est le plus essentiel ; son importance est telle que, même dans le cas d'ankylose des côtes, circonstance qui prive entièrement ces dernières de leurs fonctions à l'égard de la respiration, celle-ci n'en continue pas moins, sans altération bien sensible, par la seule action du diaphragme : le diaphragme a aussi pour usage de seconder les muscles abdominaux dans leurs efforts pour l'expulsion des matières fécales et de l'urine.

Les *sphincters* sont des muscles annuliformes, ainsi nommés parce qu'ils ont pour usage de fermer et de resserrer les passages ou les conduits naturels. Le *muscle orbiculaire* des lèvres a pour usage de tenir l'ouverture de de la bouche habituellement fermée à un degré convenable, mais qui peut augmenter à la volonté de l'individu. Les mouvemens des sphincters sont des mouvemens mixtes qui répondent parfaitement aux besoins et aux fonctions du corps humain.

Il est curieux de remarquer que des fonctions très-importantes et très-délicates, sont parfois confiées aux plus petites parties ; ainsi, bien que les fibres contractiles de l'iris de l'œil, soient si ténues qu'on ne puisse les voir sans l'aide du microscope, elles n'en sont pas moins chargées de dilater ou de resserrer l'ouverture de la pupille ; circonstance qui met l'œil à l'abri du dommage que lui causerait l'impression d'une lumière trop vive, en laissant d'ailleurs à cet organe la faculté de voir les corps extérieurs à des degrés de lumière variés.

Exercice des muscles. Les muscles exercés d'une manière convenable et proportionnée à leurs forces, sont ceux qui acquièrent constamment le plus de solidité et de volume.

Le mouvement des muscles, dit le docteur Richerand, favorise puissamment le cours et la distribution de toutes les humeurs, les sécrétions, etc. ; un muscle condamné à l'inaction deviendrait enfin paralytique.

Dans tous les exercices du corps, dans tous les arts mécaniques, le plus habile est celui qui possède naturellement le plus de principes gymnastiques et qui en fait le meilleur usage. (Voy. GYMNASTIQUE.)

MUTATION (DROITS DE). (*Cod. dom.*) Les droits de mutation sont ceux que l'on paie quand une propriété passe des mains d'une personne dans celles d'une autre.

Lorsque la régie décerne une contrainte en paiement des droits proportionnels de mutation, il y a présomption de propriété à l'égard de l'individu dont le nom est inscrit sur le rôle de la contribution foncière, et qui, par lui ou ses fermiers, a effectué les paiemens de cette contribution. (*Cour de cassa. du* 6 *novembre* 1832.) (Voy. PROPRIÉTÉ.)

MYOSOTIS OU SCORPIONE. (*Jard.*) *Myosotis scorpioïda*. Cette plante croît spontanément dans nos champs, où la dent des bestiaux la respecte. Elle a de jolis épis contournés en queue de scorpion et des fleurs bleues à cœur jaune.

Sous le nom de *souviens-toi de moi*, ou *ne m'oubliez pas* (en anglais *forget-me-not* ; en allemand *vergiss mein nicht*), le myosotis joue un rôle dans les romances et les ballades. Il est difficile de se rendre compte de l'origine de ce nom et de la prédilection des poètes pour cette plante. Millevoye a cherché à l'expliquer dans une assez médiocre romance, où il raconte qu'une Suissesse, entraînée par une avalanche, jeta à sa compagne de voyage la fleur qu'elle tenait à la main, en lui criant : « Souviens-toi de moi. » Il ajoute :

« Elle garda la fleur fidelle,
Et depuis, cette fleur s'appelle :
Souviens-toi
De moi. »

MYRIAMÈTRE. (*Conn. us.*) 100 myriamètres ou 1,000 kilomètres égalent 515,074,074 toises, environ 225 lieues communes. Un myriamètre carré égale 10,000 hectares.

Les postes anciennes ont conservé leur ancienne longueur de 2,000 toises, quoiqu'elles aient pris le nom du myriamètre qui est de 5,152 toises. (Voy. HECTARE ; LIEUE ; MESURE.)

MYRRHE. (*Conn. us.*) La myrrhe est un suc résineux, en larmes rougeâtres, brillantes, d'une odeur forte, assez agréable, d'une saveur amère et qui présente dans leur fracture des lignes blanches de la forme d'un ongle. Quelques-unes de ces larmes sont entièrement gommeuses et fades. La myrrhe vient d'Égypte et surtout d'Arabie, de l'ancien pays des Troglodytes. On ne connaît pas la plante qui la fournit ; elle contient beaucoup plus d'extrait que de résine. On l'emploie en médecine comme un très-bon stomachique, comme anti-spasmodiaque et cordiale. On l'emploie en poudre ou dissoute dans l'alcool.

MYRTE. (*Jard.—Méd. dom.*) C'est un arbrisseau dont on distingue plusieurs espèces, entre autres le grand myrte à fleurs doubles, qui est très-agréable par le nombre de ses fleurs qui durent très-longtemps, et le myrte à petites feuilles.

Ces arbrisseaux font un joli effet dans les bosquets d'hiver et d'été de nos provinces méridionales, où on peut les élever en pleine terre. Dans les provinces septentrionales de la France, on ne peut les conserver que dans des serres, avec l'attention de les tenir voisins des portes et fenêtres, afin qu'ils jouissent de l'air dans les temps doux et humides, sans quoi ils se dépouillent de leurs feuillès. Ces arbrisseaux sont souples et susceptibles de prendre les formes les plus agréables et les plus variées sous le ciseau tondeur du jardinier industrieux.

Les feuilles et baies de myrte, qu'on nomme *myrtilles*, sont astringentes et recommandées pour affermir les dents qui ont été ébranlées par le scorbut. Les feuilles seules entrent dans la composition des sachets d'odeur, dans les pots-pourris, etc.

On retire les fleurs du myrte, en les distillant dans l'eau, une eau astringente que l'on nomme *eau d'ange;* elle est fort recherchée pour sa bonne odeur : quelques dames en font usage pour nettoyer la peau, la parfumer et affermir les chairs. Le myrte est aussi la base d'une pommade appelée *pommade de la comtesse.*

Huile de myrte. Distiller au bain-marie six pintes d'eau-de-vie, deux onces de feuilles de pêcher, la moitié d'une muscade concassée. Ajouter au produit de la distillation une demi-livre de fleur de myrte et laisser infuser quatre jours. L'infusion achevée, faire fondre, sur le feu, cinq livres de sucre dans trois pintes d'eau de rivière épurée; au moment où le bouillonnement commence, le retirer du feu et laisser refroidir. Retirer les fleurs de myrte du produit de la distillation et y mélanger votre sucre. Colorer en jaune cette huile de myrte avec de la teinture de safran; filtrer à la chausse et mettre en bouteilles.

Esprit de myrte. Prendre trois livres de sommités fleuries de myrte, les faire macérer pendant deux jours dans deux pintes d'esprit-de-vin et distiller au bain-marie, pour retirer environ deux pintes d'esprit. Cet esprit n'est bon qu'au bout de quatre à cinq ans. Il perd alors sa saveur âcre, et prend un goût et une odeur agréables. On s'en sert pour aromatiser des liqueurs ou des bonbons. On en fait de très-bonnes pastilles.

MYRTILE. (*Ind. dom.—Off.*) *Vaccinium myrtillus.* Cet arbrisseau croît dans les bois et les lieux humides.

Le myrtile fournit une espèce de tan pour les cuirs. On coupe cette plante au printemps; on la fait sécher sur place et on la moud au moulin. Trois livres et demie de ce tan suffisent pour fabriquer une livre de cuir, tandis qu'il faut pour la même quantité de cuir six livres de tan de chêne.

On ne doit pas arracher le myrtile, afin que la plante puisse repousser.

On doit la découverte de l'emploi de cette plante à Jean Rapédius, tanneur à Berncastel, sur la Moselle. Une commission, qui l'a examinée, en a reconnu les avantages. Elle s'applique très-bien sur la peau du cou, dont le tannage est difficile. L'humidité, qui fait perdre au tan de chêne dix pour cent de sa valeur, n'a aucune action sur le myrtile, qui revient à très-bon marché.

Les baies du *vaccinium myrtillus* font d'assez bonnes confitures sèches. On les fait cuire dans un vase, et quand elles sont en pâte, on les solidifie en les faisant sécher au four. On les mange aussi fraîches, en tartes, dans du lait; Elles demandent à être un peu sucrées. On se sert, du myrtyle en Allemagne, pour colorer les vins. On en retire aussi de l'eau-de-vie.

Le *myrtille à gros fruits* (*vaccinium macrocarpum*) de l'Amérique du Nord a réussi en France dans un terrain noir et humide sur une base de pierrailles. Il se multiplie par ses racines traçantes et donne des fruits très-savoureux. (Pour la culture, voy. AIRELLE.)

N.

NACRE. (*Conn. us.*) C'est cette matière brillante qui remplit l'intérieur de beaucoup de coquilles. On en fabrique des bijoux et divers ornemens.

Pour dessiner ou graver sur la nacre, on fait un vernis avec une solution de résine dans de la térébenthine; on laisse sécher; on passe ensuite dessus de l'acide nitrique, jusqu'à ce que les parties non couvertes de vernis soient corrodées.

On peut aussi couvrir de vernis toute la nacre, dessiner dessus à la pointe, et faire mordre; on fait ensuite disparaître le vernis à l'aide de l'essence de térébenthine.

NAIN JAUNE ou LINDOR (*Jeu du*). (*Récr. dom.*) On joue à ce jeu avec une sorte de tableau représentant dans le milieu un *nain* de couleur jaune, tenant à la main un sept de carreau; aux quatre coins du tableau on voit quatre cartes figurées; en haut, à la droite du nain, la dame de pique; à gauche, le roi de cœur; en bas du tableau, à gauche, le valet de trèfle, et à droite le dix de carreau : si l'on n'avait pas ce tableau, on pourrait y suppléer en attachant sur le tapis, en carré, au milieu de la table, une figure de nain, et les cartes ci-dessus nommées.

On joue au nombre de trois au moins et de huit au plus; on donne à chacun une certaine quantité de jetons qui ont une valeur convenue. Le sort désigne à qui fera, et le donneur, prenant un jeu de cartes entier, distribue trois par trois, quinze cartes à chaque joueur : quand on ne joue que trois, il reste alors sept cartes au talon. A quatre on ne donne que douze cartes à chacun, et le talon en a quatre. A cinq, on distribue à chacun neuf cartes et le talon en compte sept; s'il y a six joueurs, ils en ont chacun huit, et le talon est de quatre cartes. A sept, on a chacun sept cartes, et il en reste trois au talon; à huit, chacun n'en reçoit que six, et le talon en a quatre. Avant de distribuer les cartes à chaque coup, on procède à la garniture du tableau qui fait la mise en jeu. Chacun met sur le dix de carreau, un jeton; sur le valet de trèfle, deux jetons; sur la dame de pique, trois jetons; sur le roi de cœur, quatre jetons; sur le nain jaune ou le sept de carreau, cinq jetons. La plus haute carte du jeu est le roi, et la plus basse l'as; les autres cartes ont leur valeur ordinaire.

De la suite des cartes. Le premier en carte commence à jouer par celle qui lui convient, quand la donne est achevée, et en se proposant de se défaire de toutes ses cartes avant ses adversaires : il est fort avantageux d'avoir plusieurs cartes de la même couleur qui se suivent, comme un quatre, un cinq, un six, etc., parce qu'on peut jouer à la fois jusqu'à celle qui manque toutes les cartes qui se suivent. Ainsi, lorsqu'un joueur a, je suppose, quatre cartes se suivant, il les joue et les nomme en disant six de pique, sept, huit, neuf, sans *dix;* si le joueur qui le suit à droite a le dix il le met, ainsi que les autres cartes qu'il peut avoir de suite, jusqu'au roi. Lorsqu'un joueur a son jeu disposé de manière à pouvoir se défaire de toutes ses cartes de suite, la première fois qu'il est en tour de jouer, il fait *opéra* ou *main pleine*, c'est-à-dire qu'on enlève tout: et la garniture du tableau et les jetons que chaque joueur doit donner pour autant de points qu'il lui reste en main. Si ce coup arrive au premier en carte, personne ne joue, et chacun garde tout son jeu.

La levée appartient à celui qui a joué en dernier lieu une carte supérieure aux autres cartes jouées; il rejoue de nouveau, sans avoir égard à son tour, et s'arrête comme il est dit précédemment à la carte dont il lui manque la suivante. La même marche continue jusqu'à ce qu'un des joueurs, s'étant défait de toutes ses cartes, ait par ce moyen gagné le coup. Alors les autres étalent leur jeu et paient chacun, au gagnant, un jeton pour chaque point que présentent les cartes qu'il n'ont pu jouer.

Comme au *nain jaune* il ne se trouve point de renonce ni d'atout, on peut jouer sur une carte d'une couleur quelconque la carte suivante d'une autre couleur. On peut donc couvrir le six de cœur avec le sept de pique, de trèfle ou de carreau.

Les cartes correspondantes à celles qui sont figurées sur le tableau, se nomment *belles cartes*, et sont, ou fort onéreuses, ou d'un très-grand avantage. Elles sont onéreuses quand elles vous restent en main, parce qu'alors vous faites une bête égale au nombre de jetons qui se trouvent sur les cartes figurées : elles sont avantageuses, en ce que, lorsqu'on parvient à les jouer, on enlève la mise que portent les cartes figurées. Ainsi, le roi de cœur joué emporte la mise de jetons du roi de cœur figuré; la dame de pique du jeu lève la mise de la dame de pique du tableau, etc.

Le coup fini, c'est-à-dire la partie gagnée par le joueur qui s'est défait le premier de ses cartes, on garnit de nouveau le tableau, et la donne passe au voisin de droite du donneur précédent.

NAISSANCE. (*Cod. dom.*) Dans les actes de naissance, il sera essentiel de faire la plus grande attention à l'ordre invariable des prénoms, car les erreurs les plus ordinaires dans les déclarations sont des transpositions de prénoms : tel qui est fils de *Georges-Antoine* et de *Marie-Françoise*, n'est pas l'enfant d'*Antoine-Georges* ni de *Françoise-Marie*. (Voy. ENFANT.)

Les formules des actes de naissance varient suivant que l'enfant est légitime, reconnu, ou simplement naturel.

Les procureurs du roi doivent veiller à ce que les registres de l'état civil soient déposés aux greffes des tribunaux de première instance, dans le mois de janvier de chaque année, pour procéder, dans les quatre premiers mois, à leur vérification. (*Ord. du roi du* 28 *nov.* 1823.)

NANKIN. (*Conn. us.*) Étoffe des Indes, dont il existe maintenant beaucoup de fabriques en France.

Manière de laver le nankin sans en altérer la couleur. Jetez une poignée de sel dans un grand vase rempli d'eau fraîche; faites-y tremper le nankin pendant vingt-quatre heures, et lavez-le à l'eau de lessive chaude sans le tordre et sans employer le savon : il gardera sa couleur.

NAPPÉE ou NYMPHE DES BOIS. (*Jard.*) *Napea.* Famille des malvacées.

Napéa rude. (*Napœa scabra.*) Grande plante vivace de l'Amérique septentrionale. Fleurs en juillet, blanches et grandes. Feuilles d'un pied de long et aussi larges. Terrain profond et frais. Séparation des pieds en septembre, et semis en mars.

Napéa lisse. (*Napœa levis.*) Même culture. Ses tiges peuvent se manger en guise d'épinards.

L'écorce des napées donne une espèce de filasse très-déliée, qui peut servir aux dentelles.

Les tiges des napées périssent tous les ans, mais les racines sont insensibles aux gelées.

NAPHTE. (*Conn. us.*) Le naphte est une espèce de bitume transparent et très-inflammable, dont l'odeur approche de celle de la térébenthine. On le trouve principalement en Égypte et en Perse. On l'employait autrefois en médecine comme calmant et vermifuge. Il est très-peu usité. (Voy. BITUME.)

NAPPES. (*Conn. us.*) Les nappes doivent s'assortir aux serviettes. On achète par chaque nappe autant de serviettes qu'elle peut réunir de couverts. (Voy. SERVIETTE.)

NARCISSE. (*Jard.*) *Narcissus.* Famille des narcisses. Culture des jonquilles. (Voy. ce mot.) Il y en a un grand nombre d'espèces et de variétés :

Le narcisse *bicolor*, le petit narcisse, le narcisse musqué, le narcisse des poètes (*poeticus*), le narcisse à godets (*calatinus*), le narcisse odorant (*odorus*), le narcisse *bulbocodium*, etc.

Le *Narcisse-orange-phenix*, qui se cultive comme le *poeticus*, est remarquable par ses grandes fleurs.

Le narcisse *stillatus*, le narcisse *totus albus* à fleurs inodores, sont de jolies variétés.

Le narcisse *grand-primo*, à fleurs blanches et à cœur jaune, odorantes, réussit à bonne exposition, en terre franche et meuble.

Tous les narcisses se multiplient de leurs cayeux après la perte de leurs feuilles.

Il faut les relever tous les deux ans en juillet, et les replanter en octobre pour éviter leur dégénération.

Le *Narcisse bleu* (*Narcissus cœrulea*) d'Afrique donne des fleurs en août, d'un joli bleu. Il se conserve très-bien au fond des eaux de source qui ne gèlent pas et sont exposées au soleil en toute saison.

Les bulbes des narcisses peuvent être employées contre les ulcères comme celles des lis.

Narcisse des prés. Le narcisse des prés, *narcissus pseudo narcissus* de Linnée, est une jolie plante qui croît à la hauteur de trois ou quatre décimètres; sa racine est bulbeuse; ses feuilles sont lisses, longues, lancéolées, aiguës; sa hampe est haute environ de trois décimètres; ses fleurs sont solitaires; la corolle est tubulée, à deux limbes; le limbe intérieur est capanulé, droit; l'extérieur est à six divisions ouvertes, ovales; les étamines sont attachées dans le tube et ne le dépassent pas; le fruit est une capsule oblongue, à trois loges, à trois valves, dans laquelle sont disposées de petites semences obrondes, noires et amères.

Les fleurs de narcisse ont une odeur fort aromatique : on les emploie dans les insomnies; elles sont anodines, calmantes, assoupissantes et antispasmodiques. (Voy. JAUSE.)

NARCOTIQUES. (*Méd. dom.*) Médicamens ainsi nommés d'un mot grec qui signifie assoupissement; substances qui ont la propriété d'assoupir, comme l'opium, la belladone, etc. On emploie souvent les narcotiques en médecine comme calmans. (Voy. ce mot et OPIUM.)

NARD. (*Conn. us.*) Le nard est la racine d'un gramen des Indes, qui nous est apportée par la voie du commerce. Les Indiens en font usage dans les cuisines. On l'emploie chez nous comme aromate.

NASSE. (*Pêch.*) Machine à prendre le poisson. Elle est en osier et composée de paniers à claire-voie; disposée de manière que le poisson, attiré par l'appât placé au fond, ne peut sortir une fois qu'il est entré. Les écrevisses et les anguilles se prennent très-bien à la nasse. (Voy. ANGUILLE; ÉCREVISSE.)

NATATION. (*Hyg.—Conn. us.*) La natation, ou l'action des muscles à l'aide de laquelle l'homme se soutient et se déplace dans l'eau, s'exécute de diverses manières.

Dans celle dite en *brasse*, les membres s'étendent, se fléchissent, se rapprochent et s'éloignent; la poitrine s'efface, se dilate et les muscles de la partie postérieure du cou sont tendus pour soulever la tête au-dessus du liquide et la conserver en rapport avec l'air.

Dans la natation *sur le dos*, l'action des muscles supérieurs est plus faible, quelquefois nulle. Les muscles de la partie antérieure du cou et ceux des membres inférieurs agissent au contraire avec énergie pour donner au corps la raideur nécessaire.

Dans la coupe, ou natation *sur le ventre*, les membres supérieurs et inférieurs agissent avec force. Les premiers sont obligés à une plus grande activité parce qu'ils sortent alternativement de l'eau. Ce mode de nager est à la fois plus rapide et plus fatigant que le précédent et par conséquent plus encore que le premier.

L'art de la natation ne se devine pas, il faut l'apprendre. Sa théorie est la moins utile, l'exercice est tout.

La natation augmente la force des muscles chez les personnes qui s'y livrent habituellement.

Elle est beaucoup plus avantageuse que les bains froids avec immobilité auxquels succède une augmentation de transpiration.

La natation dans l'eau chaude présente moins d'avantage; elle peut provoquer des transpirations excessives et une irritation nerveuse. Pour jouir du bain chaud, il faut s'y tenir immobile.

L'exercice du bain froid doit être pris de préférence dans les eaux courantes et dans la mer. Il convient beaucoup aux personnes affaiblies par l'excès des plaisirs.

La natation serait plus utile encore que le bain ou immersion à ces jeunes filles frêles et délicates, aux chairs pâles et molles, qui prennent peu d'exercice et dont le teint est décoloré. Mais si elles ont quelque affection de poitrine, elles doivent s'en abstenir.

La natation peut devenir nuisible lorsque la digestion n'est pas entièrement opérée. Elle est quelquefois contraire aux personnes d'un tempérament sanguin, à l'approche et dans le cours du flux hémorrhoïdal; aux femmes pendant les momens critiques; aux individus sujets à la crampe ou aux maladies de peau.

Elle ne convient pas non plus aux personnes disposées au crachement du sang, à l'apoplexie, à la surdité, ni à celles qui éprouvent un frisson continuel et un violent resserrement de poitrine par le séjour dans l'eau froide.

Que les personnes peu accoutumées à la natation choisissent pour le lieu de l'essai un endroit peu profond et se fassent accompagner par quelques bons nageurs.

Il est utile de mettre du coton dans ses oreilles quand on est disposé à souffrir de ces parties.

Lorsque le soleil est ardent, il faut éviter de se mettre le corps hors de l'eau, à cause des coups de soleil, avoir soin de se mouiller la chevelure à chaque instant, et si l'on a peu de cheveux, s'entourer la tête d'un mouchoir et de le maintenir mouillé.

Le meilleur instant du jour, pour se livrer à la natation, est de sept à huit heures du matin, avant de déjeûner. Le soir, la chevelure sèche difficilement et il peut en résulter un coriza ou rhume de cerveau.

Moyen de s'habituer à l'eau. Ayant choisi un endroit tellement incliné que l'eau y devienne plus profonde par degrés, marchez-y en avant de sang-froid, jusqu'à ce que vous ayez de l'eau jusqu'à la poitrine; retournez-vous alors pour faire face au rivage et jetez un œuf dans l'eau entre vous et ce rivage. L'œuf tombera au fond et vous le distinguerez aisément, votre eau étant très-claire; il faut qu'elle ait assez de profondeur en cet endroit pour que vous ne puissiez atteindre l'œuf et le ramasser sans plonger dans l'eau. Pour vous encourager à l'entreprendre, faites réflexion que vous avancerez de l'endroit où l'eau est le plus profonde, vers celui où elle l'est le moins et que vous pourrez, quand il vous plaira, en portant vos jambes en bas et prenant pied sur le fond, élever beaucoup votre tête au-dessus de l'eau.

Plongez sous l'eau les yeux ouverts en vous élançant vers l'œuf et en faisant agir vos mains et vos pieds contre l'eau, afin de vous porter assez en avant, pour pouvoir l'attraper : en faisant cet essai, vous trouverez que l'eau vous soulèvera plus que vous ne voudrez; qu'il n'est pas aussi facile d'enfoncer que vous l'auriez imaginé et que vous ne sauriez attraper votre œuf sans un effort assez puissant; ainsi vous éprouverez quelle est la force de l'eau pour vous soutenir, et cela vous inspirera de la confiance en cette force, en même temps que vos efforts pour la surmonter et pour atteindre à l'œuf, vous apprendront la manière d'agir contre l'eau avec vos pieds et vos mains, action qui est précisément la même qu'il faudra employer en nageant.

Quand on commence à nager, on peut se munir de plusieurs morceaux de liége, de bottes de jonc liées en triangle et placées sous les bras, de vessies soufflées, pour se soutenir sur l'eau.

Manières les plus simples de nager. — Nager en chien. Cette manière de nager est la première qu'on emploie ordinairement, sans doute parce qu'elle est la plus conforme à nos mouvemens naturels. Il suffit d'imiter l'action que l'on voit faire au chien, c'est-à-dire qu'il faut élever et abaisser un peu chaque main l'une après l'autre et en faire autant avec les pieds, observant toutefois que les mains doivent servir à attirer l'eau vers soi, et les pieds au contraire à la repousser. Il faut commencer avec la main droite et le pied droit, puis continuer avec la main et le pied gauches et toujours ainsi de suite. Il est bon d'écarter les doigts de la main et de l'approcher un peu de la poitrine en pliant le coude.

Nager en grenouille, ou brassées. Pour nager en grenouille, les bras doivent être pliés, les mains bien tendues (la paume tournée vers le fond de l'eau), rapprochées l'une de l'autre, de sorte que les deux pouces se touchent exactement par le bout. Les coudes doivent être au niveau des épaules et les mains au niveau des coudes; elles doivent en outre toucher le corps, de manière que la main droite forme en dehors un angle rentrant d'environ cent quarante-cinq degrés avec l'avant-bras droit, ainsi réciproquement. Dans cette position, étendez-vous avec lenteur sur le ventre, et lorsque vous serez couché, rapprochez du siége vos talons en tâchant qu'ils se touchent; éloignez vos genoux l'un de l'autre le plus que vous pourrez, chassez vigoureusement de la plante des pieds l'eau qui se trouvera dans leur direction. n'oubliez pas surtout que tous ces mouvemens doivent être simultanés, c'est-à-dire que vos pieds et vos mains, vos bras et vos jambes, comme si un même ressort les avait fait partir à la fois, se déploieront au même instant; vos mains se porteront en avant et à la hauteur des épaules et ne se sépareront que lorsque vos bras seront déployés dans toute leur longueur. Cet élan, auquel vos membres seuls doivent avoir participé, vous a fait avancer en raison de la promptitude que vous y avez mise; il ne faut pas vous hâter de rassembler vos membres, parce que votre mouvement subsiste encore, quoique la cause qui l'a produit ne subsiste plus. Attendez, pour changer de posture, qu'il soit presque fini, ce que vous reconnaîtrez à l'augmentation de votre poids qui vous fera un peu enfoncer; alors vous disposerez vos membres tels qu'ils étaient avant de faire l'élan et vous recommencerez le même mouvement. Mais si vous voulez avancer plus vite, vous faites la manœuvre suivante :

Écartez d'abord lentement vos mains l'une de l'autre, ayant soin de tenir les bras bien tendus, et lorsque vos mains seront éloignées entre elles d'environ deux pieds et demi, inclinez-les de sorte que le côté du petit doigt de chacune soit un peu plus élevé que du côté du pouce. Mettez alors de la vigueur à la continuation du mouvement de vos bras et vous avancerez. Vos mains n'ont pas dû cesser encore d'être au niveau des épaules; mais lorsqu'elles seront diamétralement opposées l'une à l'autre, il faudra que l'extrémité des bras pénètre plus avant dans l'eau à mesure que vous agrandirez la portion du cercle qu'ils décrivent. Ici le mouvement doit être rapide, car ce n'est qu'à l'aide de la résistance que l'eau oppose à la paume de vos mains, que vous continuez d'avancer.

La coupe. Lorsque vous êtes couché sur le ventre, lancez votre bras droit en avant en l'étendant dans toute sa longueur. Pliez la première phalange des doigts de manière à donner à votre main une forme concave; chassez l'eau vigoureusement avec la plante des pieds et en même temps que vous ferez faire à votre bras gauche le mouvement du droit, vous attirerez l'eau à vous avec la main droite en faisant rapidement passer cette main le long de la poitrine. Vous reporterez alors vivement le bras droit en avant et la main gauche en se retirant brusquement vers la poitrine; vous ferez avancer à l'aide de la résistance qu'oppose nécessairement la masse de l'eau qu'elle attire et du mouvement des pieds qui s'opérera simultanément. Vos oreilles se trouveront alors un instant dans l'eau, mais leur position même et le mouvement s'opposeront à ce qu'elle y pénètre.

Nager sous l'eau ou plonger. Si l'on ne se livrait à l'exercice de la natation que pour son amusement et même pour sa santé, il ne serait pas absolument indispensable de savoir plonger; mais comme le but qu'on doit se proposer en apprenant à nager est de pouvoir, quelle que soit la circonstance où l'on se trouve, sauver sa vie ou celle des autres, il faut contracter d'avance l'habitude de s'élancer dans l'eau, de s'y enfoncer, sans s'effrayer ni s'étourdir. Pour apprendre à plonger, choisissez un endroit où vous ayez de l'eau jusqu'aux genoux; asseyez-vous et tendez les bras à une personne qui sera debout vis-à-vis de vous, les jambes écartées, afin de laisser aux vôtres, qui seront jointes, la facilité de se placer entre les siennes; elle vous tiendra les poignets, tandis que vous inclinerez en arrière; dès que l'eau aura couvert votre visage, elle vous remettra sur votre séant, ayant soin de refermer les yeux, tandis qu'ils seront encore dans l'eau, pour les ouvrir quand ils seront à l'air, afin d'empêcher que les cils ne se replient entre l'œil et la paupière; ce qui suffirait pour rebuter un commençant.

Pour nager entre deux eaux, il suffit quand vous aurez plongé, de prendre une position horizontale et de nager en grenouille comme si vous étiez sur l'eau.

NATTES. (*Ind. dom.*) Brins de paille, de jonc, de roseaux ou autres plantes. Les nattes de paille sont composées de cordons, ayant chacun ordinairement trois branches formées de quatre à douze brins.

La paille des nattes doit être longue et fraîche. Elle est mouillée et battue avant qu'on l'emploie.

Les nattes servent à abriter les plantes, à garantir de l'humidité les murailles et les planches, à faire des paillassons.

Les nattes de jonc de Provence servent à emballer.

Les nattes de jonc du Levant, les nattes de paille de riz du Bengale sont travaillées avec beaucoup d'art.

NAVET (*Jard.*) *Brassica napus.* Famille des crucifères. Plante bisannuelle. Il y en a deux espèces distinctes : celle du navet proprement dit, et dont la racine fusiforme s'enfonce en terre, et celle de la rave qui est plate et large, restant à la surface.

Toutes les variétés de ces deux espèces tirent leurs qualités du terrain dans lequel on les cultive, et elles les perdent lorsqu'on les transporte d'un lieu dans un autre.

On doit essayer l'une et l'autre espèce dans son terrain, et ensuite s'arrêter à la culture de celle qui y prospère le mieux et y acquiert le meilleur goût; les raves et navets aiment une terre légère et sablonneuse qui retienne un peu l'humidité, sans cela les pucerons ou tiquets dévorent les premières feuilles, et détruisent les plantes; le fumier leur est favorable, mais il faut qu'il soit bien consommé et enterré longtemps d'avance; je conseille de ne faire qu'un semis par an pour la récolte d'hiver : tous ceux d'été ne produisent que de mauvais navets véreux et âcres qui épuisent un terrain qu'on peut employer plus utilement.

Au 15 juillet, on bêche la terre qu'on leur destine, on la divise en planches de cinq rayons espacés de huit pouces et profonds seulement d'un pouce; on mêle la graine avec trois quarts de sable fin et humide; on sème extrêmement clair et le plus également possible, en remuant le sable chaque fois qu'on en prend, et on en remet sur la fin si la graine est trop épaisse au fond; on recouvre au râteau; jusqu'à la levée, arroser tous les jours, et ensuite tous les deux jours. Éclaircir à cinq pouces, et à huit pour les raves limousines. Le semis à la volée n'est jamais aussi égal, ni aussi facile à sarcler. La graine lève au bout de six jours. Les navets sont bons le 15 septembre. Ils résistent aux froids, si on les couvre d'un peu de paille. Il vaut mieux les laisser en pleine terre que de les porter dans des caves, où ils deviennent creux.

Le *navet de Freneuse* perd ses feuilles; il résiste aux plus grands froids.

Navets pour graine. On en transplante les plus beaux pieds au mois de mars. La graine mûrit au commencement de juin; elle se garde cinq à six ans; la meilleure est celle de deux ans.

Les cultivateurs anglais ont observé que les navets venus d'une semence constamment produite par des plants qui n'ont pas été repiqués sont durs, coriaces, d'un goût désagréable.

Que ceux venus de semences récoltées plusieurs années de suite sur des plants repiqués sont fort agréables, mais ne donnent qu'une petite quantité de produits.

Lorsque les porte-graines repiqués viennent d'une semence dont la tige avait été laissée en place, ou lorsque les porte-graines laissés en place viennent d'une semence portée par une racine transplantée; les produits conservent leur volume, leur goût, leur parfum.

Hersage des navets. Lorsque les navets, semés à la volée en pièce, ont cinq à six feuilles, un hersage leur est très-utile, quoiqu'il en arrache quelques-uns. Dans la Flandre, où on en sème beaucoup, les cultivateurs disent que celui qui herse les navets ne doit pas regarder derrière lui. Il y a compensation de la perte dans la grande activité que cette opération donne à la végétation de la récolte. Les navets semés en lignes se binent à la herse à cheval, et si la surface de la terre est dure, la petite herse triangulaire qui passe entre les lignes, fait un très-bon effet avant ce binage.

NAVETS. (*Cuis.*) Ceux de Freneuse, les plus estimés, se reconnaissent à la terre rougeâtre qui reste autour : on sait qu'un bon pot-au-feu ne peut se passer de ce légume.

Navets glacés. Les tailler de la forme d'un tonneau, ou de tout autre; mettre dans une casserole avec beurre; faire cuire sur une cendre chaude, et ajouter sur la fin une cuillerée à café de sucre afin qu'ils soient mieux glacés; au moment de les servir, lier en y joignant deux cuillerées de bouillon et un petit morceau de beurre manié avec de la farine.

On emploie encore les navets cuits dans l'eau aux sauces blanches et blondes, et en purée.

Recettes de madame Adanson. « *Navets au roux.* Tournez des navets comme des œufs de pigeon; faites-les blanchir pendant un quart d'heure à l'eau bouillante, égouttez-les; faites un roux de belle couleur, avec un quarteron de beurre, une cuillerée de farine; mouillez avec deux verres d'eau bouillante, mieux de bouillon; ajoutez poivre, sel, une branche de persil et ciboule, gros comme une noix de sucre. Faites cuire vos navets trois quarts d'heure, dégraissez et servez; que la sauce soit réduite.

» *Navets à la sauce blanche.* Vos navets étant blanchis et préparés comme les précédens, faites une sauce blanche ordinaire. Faites bouillir trois quarts d'heure vos navets dedans; sautez-les souvent pour que la sauce ne se tourne pas en huile; au moment de servir, ajoutez une cuillerée de moutarde au lieu de liaison. Ne laissez pas tourner la sauce.

» *Potage à la purée de navets.* Prenez douze à quinze beaux navets bien tendres, coupez-les en quatre, faites-les revenir dans une casserole avec un peu de beurre; étant un peu blonds, séparez-les de la graisse et mettez-les dans une marmite avec un peu de sel, gros comme une noix de sucre, un demi-quarteron de beurre frais; emplissez d'eau bouillante; faites cuire quatre heures à petit feu; passez-les en purée avec leur bouillon; mettez dans la soupière des petits dés de pain passés au beurre; versez la purée dessus. Elle doit être claire et peu colorée.

» *Autre potage aux navets.* Coupez, en tranches extrêmement minces, des navets tendres et faciles à cuire; emplissez-en un petit pot, versez dessus de l'eau bouillante, et faites-leur faire, devant le feu de l'âtre, un ou deux bouillons accélérés; jetez cette première eau, et remplacez-la par d'autre, bouillante aussi; faites cuire environ une demi-heure à grands bouillons, et, un instant avant de les retirer, mettez-y du sel (il en faut plus à proportion que pour un autre potage), un bon morceau de beurre frais; versez sur quelques tranches minces de pain, préparées au fond de votre soupière; ajoutez deux cuillerées de crême épaisse et nouvelle. Servez. »

Pelures de navets. On mange ces pelures en Allemagne dans quelques ménages : on enlève d'une seule pièce la peau des navets destinés aux bestiaux; on la met sécher sur des perches. Quand elle est sèche, on la découpe en morceaux d'un pouce environ et on la cuit à la poêle, avec du beurre, du saindoux ou de l'huile, ou bien on y fait une sauce blanche.

Pousses de navets. Les pousses de navets que l'on fait blanchir sont un bon aliment. On peut se les procurer fraîches pendant tout l'hiver. Pour cela, on place des racines de navets dans une cave, par tas, les collets en dehors et les parties inférieures soit à nu, soit dans du sable. On coupe les pousses à la longueur de trois à quatre pouces; on fait cuire à deux eaux, et on les mange comme les brocolis et les choux-fleurs. Les navets, auxquels on a enlevé leurs pousses, ne perdent rien de leur qualité.

Les pousses de navets que l'on coupe au printemps, sont également un mets agréable. En Angleterre, on fait même, dans le but d'en avoir, des semis tardifs. Il faut préférer pour ces semis les variétés appelées : navet de Meaux, jaune de Hollande, d'hiver de Duperré, d'Écosse, gris de Morigny et rabioles du Limousin. (Voy. CHOUCROUTE.)

NAVETTE. (*Agr.*) Famille des crucifères. Navet sauvage à racine petite et d'un goût âcre.

Culture. On fume la terre et on la prépare par deux ou trois labours. On sème à la volée, en juillet, douze à quinze livres de graine par hectare, et on l'enterre à la herse ou à l'extirpateur. On peut aussi semer en rayons à 12 pouces de distance; alors la moitié ou les deux tiers de cette graine sont suffisans. Les binages sont fort utiles à la navette. Pour en écarter les limaces, on la saupoudre de chaux vive et de cendre.

La navette transplantée donne un produit supérieur. On la sème à la volée en juin, avec les deux premiers doigts et le pouce, ou en lignes à douze ou à treize pouces de distance, et on la transplante au milieu d'août; on met les pieds à seize ou dix-huit pouces de distance, au fond des sillons d'un pied d'écartement. Quand ils ont pris racine, on les bine et on butte à la main ou à la houe à cheval.

La graine mûrit en août et septembre, et comme elle tombe très-aisément en siliques, il faut prendre beaucoup de précautions pour couper la récolte sans éprouver de perte.

On bat la navette, dans le champ, sur de larges draps ou bâches en toile étendues sur la terre; on la porte ensuite au moulin pour l'extraction de l'huile. Les tourteaux servent de nourriture au bétail; on les emploie aussi comme engrais en recouvrement.

La graine de navette sert d'aliment aux serins, pinçons, linottes, chardonnerets, et autres petits oiseaux domestiques. (Voy. HUILE.)

NÉFLIER. *Mespilus germanica.* Famille des rosacées. Il fleurit en mai, et mûrit à la fin d'octobre. Si l'on veut avoir de beaux fruits, il faut retrancher les branches gourmandes du néflier et raccourcir sur un seul montant celles qui sont trop longues.

Le néflier croît partout, mais surtout dans un terrain froid. On le greffe en fente ou en écusson, près de terre, sur le néflier-aubépine; on élève ensuite la greffe jusqu'à six pieds au moins.

Il y a plusieurs variétés de néflier, différenciées par la grosseur de leurs fruits. L'une d'elle n'a point de noyaux, mais en changeant de place, elle perd souvent cette distinction.

Le *mespilus germanica* se cultive dans les vergers. Les espèces suivantes ne servent qu'à l'ornement des jardins.

Néflier aubépine. (*Mespilus oxycantha.*) Cet arbre indigène est principalement employé pour former des haies. On le sème en rayons, aussitôt maturité. On le repique la deuxième année à trois pieds en tous sens. La graine est quelquefois deux ans à lever. Elle réussit partout, mais principalement dans une terre fraîche, substantielle et profonde.

Néflier à fleurs doubles blanches, en mai. Ses fleurs se colorent en vieillissant. Greffe en fente sur le précédent, au mois de mars.

Néflier à fleurs roses simples. Semis ou greffes.

Néflier d'Orient à feuilles de tanaisie. Feuilles cotonneuses et fleurs en juin. Semis et greffe.

Néflier coralina de l'Amérique du nord. Fleurs en juin. Semis et greffe.

Néflier du Japon. (*Mespilus Japonica.*) Arbuste toujours vert, à grandes feuilles. Il est délicat. Marcottes et greffes. On ne le met en pleine terre qu'au mois de mai, quand il a trois pieds de haut, à l'ombre, en terre de bruyère, à l'abri du nord.

Néflier cotonneux. (*Cotoneaster.*) Arbuste des Alpes. Feuilles rondes, blanches en dessous. Fleurs en mai. Marcottes.

Néflier glabre. Arbuste toujours vert. Culture du *Japonica.*

On distingue encore les variétés *latifolia*, *odorata*, *crusgalli* (ergot de coq), de Virginie, *stipulacea* du Mexique, *punctata rubra* à gros fruits rouges, *punctata lutea* à gros fruits jaunes.

Les nèfles, avant leur maturité parfaite, sont très-acerbes; on les laisse mûrir sur la paille; elles acquièrent une saveur douce et vineuse; elles sont astringentes.

NÉGLIGÉ. (*Toil.*) Les renseignemens donnés, il y a quelques années, par madame Élisabeth Cenart sur la toilette de négligé n'ont pas cessé d'être de saison, malgré quelques modifications. Nous en reproduisons une partie.

« Capote de soie, de ruban couleur claire, de gaze-laine ou mousseline-gaze; redingote de percale, garnie tout autour de mousseline brodée, plissée à tuyaux, ou de broderie à dents sur l'étoffe, ou d'une bande de tulle à dents sans plis; pèlerine attenante à la robe; schal de barége, jeté négligemment sur les épaules; ou bien encore robe de guingams, en redingote, avec ou sans garnitures : voici pour l'été. L'hiver, douillette de taffetas de couleur foncée, non garnie, et attachée devant, du haut en bas, avec des nœuds de rubans pareils, placés à distance égale; redingote de mérinos, bordée seulement par un liséré de soie semblable à la robe; schall de mérinos en quatre, ou de bourre de soie, à fond palmé, d'une aune ou cinq quarts. La coiffure est toujours une capote, mais alors de couleur un peu brune. »

Demi-négligé. « Avant que le luxe fût monté au point affligeant où nous le voyons de nos jours, le demi-négligé que je vais décrire aurait passé pour une toilette achevée; et quand j'aurai dit de quels objets il se compose, on n'en sera pas étonné. En effet, des robes de belle percale, garnies de rouleaux de mousseline, d'entre-deux de tulle, de volans brodés; des redingotes de mousseline ou de linon, doublées de taffetas; des robes de mérinos, de taffetas, convenablement enjolivées; des mousselines peintes, des alépines de couleur et beaucoup d'autres étoffes de fantaisie, sont des vêtemens qui ne conviennent pas précisément à une demi-toilette, d'autant mieux que, parmi les robes de percale à volans brodés, il y en a qui s'élèvent souvent à une valeur de 800 fr. Les fichus, les chapeaux répondent aux habits; cols rabattans de tulle de coton, cols garnis de ruches de tulle *idem*, pélerines en mousseline-gaze et mousseline brodée, schall de barége, crêpe de Chine et bourres de soie; palatines de diverses fourrures; chapeaux de paille d'Italie (à moins qu'ils ne soient ornés de grandes plumes blanches, car alors ce sont des chapeaux de toilette), suisse, ou tissus de coton; chapeaux de gros de Naples, satin, velours, etc. Il est vrai qu'en ce genre la forme et les ornemens font beaucoup plus que l'étoffe; mais il n'en est pas moins vrai qu'un demi-négligé semblable pourrait faire une toilette entière au besoin.

» Il serait ridicule de porter des pierreries en négligé ou demi-négligé. On ne passe absolument autour du cou que des rubans noirs ou bruns, larges d'un demi-pouce environ, qui servent à suspendre les montres et les chaînes d'acier ou d'or, au bout desquelles sont également suspendus ces utiles bijoux, ou les lorgnons ou binocles (lorgnon double à branches) que l'on porte par nécessité, et que l'on ne devrait jamais porter autrement. Quelques personnes portent leur montre à la ceinture, et passée dans une chaîne longue seulement d'un demi-pied à peu près, mais composée d'une multitude de rangées. Cet usage est incommode et prétentieux. Il est de meilleur goût de ne pas mettre la montre en évidence, et cela est si fondé, que lorsque la forme du corsage permet de cacher la montre en dessous, on ne manque jamais de le faire. Puisque nous nous occupons de ce bijou, je dirai que rien n'est puérile et ridicule comme l'habitude d'avoir une quantité de breloques représentant mille objets en or, tels que jouets d'enfans, animaux, figures burlesques, etc. Excepté la clef de la montre, qui peut être plus ou moins riche et variée, et si l'on veut, un cachet en pierre précieuse, tout cet attirail doit être dédaigné.

» Les petits flacons que l'on suspendait au cou, comme les montres, étaient une mode agréable et jolie; mais ces flacons trop exigus ne pouvaient pas servir à grand'chose; il n'est donc pas trop à regretter que l'usage les ait laissés là. Les flacons de poche, surtout quand le second bouchon de métal tient après, au moyen d'une charnière, sont bien préférables à ceux-ci, et je conseille à mes lectrices d'en avoir toujours, remplis de sel de vinaigre, d'eau de Cologne balsamée, ou de toute autre liqueur balsamique, pour prévenir les accidens qui pourraient leur arriver, ou pour rendre service dans l'occasion.

» Les bourses suspendues au côté, que l'on porte en demi-négligé; me semblent mériter le même reproche que les montres placées de la même façon. Comme dans le genre de costume dont nous nous entretenons, il est d'usage d'avoir des sacs, enjolivés plus ou moins selon le degré d'élégance du demi-négligé; il vaut incomparablement mieux mettre sa bourse dans son sac; elle y est, surtout à Paris, beaucoup plus en sûreté.

» Beaucoup de dames prennent, en demi-négligé, l'habitude que l'on a, en grande toilette, de porter à la main sa bourse sur son mouchoir. Depuis que la mode a ramené les bourses longues, fermées avec des coulans ou anneaux mobiles, elles les tournent autour du doigt; je ne puis encore m'empêcher de trouver cela prétentieux.

» J'ai dit que quelques différences dans la forme des objets, semblables d'ailleurs, les classent dans le demi-négligé, ou la toilette proprement dite. En voici plusieurs exemples :

» Les voiles de gaze blancs, noirs ou verts, les demi-voiles de tulle et même de blonde, avec une coulisse, sont demi-négligé. Les voiles brodés tout autour, et jetés sur le chapeau, sont toilette.

» Les bas de coton à jour sont encore demi-négligé; les bas de soie à jour, blancs, sont le contraire. Noirs, ils sont classés comme les bas de coton. Les bonnets en gaze (de modiste) sont au-dessous du demi-négligé; les berrets qui leur ressemblent sont parure.

» Les spencers des plus riches étoffes, reibs, satin, velours, sont toujours demi-négligé.

» Les robes-blouses, à pli sur le lé de devant, sont ordinairement rangées dans cette dernière classe. »

NEIGE. (*Conn. us.*) Pluie congelée qui tombe de l'atmosphère. Ce phénomène n'arrive que lorsque la pluie a passé dans des couches atmosphériques refroidies jusqu'au degré de congélation au moins.

Les flocons de neige ont la forme d'étoiles.

La coloration de la neige en rouge qui a lieu parfois dans nos climats, et assez fréquemment dans les régions polaires, est due à une multitude de petits animaux, dont la nature n'est pas encore bien connue.

On employait autrefois la neige pour rafraîchir. On la mettait dans des trous, entourée de paille et de chiffons. Alexandre fit creuser, au siége de Pétra, dans l'Inde, trente puits qu'on remplit de neige et qu'on couvrit de branches de chêne. Les anciens, pendant les chaleurs, laissaient fondre la neige dans leur vin, et filtraient le mélange avant de boire, quand la neige était mêlée de paille.

NÉNUPHAR (*Jard.—Méd. dom.*) Le nénuphar, *nymphœa lutea* de Linnée, est une plante aquatique, vivace, qui croît dans les étangs et dans la plupart des eaux douces dormantes; sa racine est longue, grosse, charnue, noueuse et garnie d'écailles brunes ou noires, blanche en dedans; les feuilles sont cordiformes, arrondies, épaisses, charnues, veineuses, échancrées en fer à cheval; vertes blanchâtres en dessus, et vertes brunes en dessous; portées par de longs pétioles, nageant à la surface de l'eau; les fleurs sont blanches, grandes, disposées en roses; la corolle est composée de pétales nombreux; ces pétales sont disposés sur plusieurs rangs; le fruit consiste en une baie qui ressemble à une tête de pavot, partagée en plusieurs loges, aux cloisons desquelles sont attachées des semences oblongues, noirâtres et luisantes.

Le nénuphar est employé comme très-rafraîchissant, adoucissant, assoupissant, anti-aphrodisiaque.

Les fleurs de nénuphar, mêlées à parties égales de miel, laissées infuser pendant douze heures sur des cendres chaudes, et passées, donnent une potion rafraîchissante, qu'on emploie dans la diarrhée et les dyssenteries bénignes, comme le miel mercurial.

La fleur du nénuphar peut se manger confite.

Le nénuphar donne une couleur noire qui remplace la noix de galle.

Le *Nénuphar blanc* (*Nymphea alba*) se multiplie aisément de racines fixées au fond de l'eau. Comme le nénuphar jaune (*lutea*), il fleurit en mai.

NEPETA CITRIODORA. (*Jard.*) Famille des labiées. Cette plante que l'on appelle aussi *cataire*, fournit une huile essentielle d'une agréable odeur, et paraît avoir des propriétés emménagogues.

NERFS. (*Conn. us.*) On appelle névrologie la partie de l'anatomie qui traite des nerfs.

Les nerfs sont les organes du sentiment. Ce sont de longs cordons blanchâtres et pulpeux, composés de faisceaux de fibres, qui, partant soit du cerveau, soit de l'épine du dos, vont se distribuer aux muscles, aux os, aux vaisseaux et à toutes les parties du corps, dans le tissu desquelles ils se terminent.

Les nerfs fournis par le cerveau sont nommés *nerfs cérébraux*, et ceux de l'épine, *nerfs de la moelle épinière.*

Les *nerfs* se divisent en *troncs*, en *branches*, en *rameaux*, en *filets capillaires*, en *papilles*, en *plexus nerveux* et en *ganglions.*

Les nerfs sortent du cerveau et de la moelle vertébrale, symétriquement par paires, vis-à-vis les uns des autres, et vont se distribuer aux parties semblables, les uns à droite, les autres à gauche.

Il y a *neuf paires de nerfs cérébraux :* 1° nerfs olfactifs, ou nerfs de l'odorat; 2° les nerfs opiques, ou nerfs de la vue, 3° les nerfs moteurs des yeux; 4° les nerfs pathétiquus, ou trochléateurs; 5° les nerfs trijumeaux; 6° les nerfs moteurs externes des yeux; 7° les nerfs auditifs, ou de l'ouïe; 8° les nerfs de la paire vague, ou nerfs moyens sympathiques; 9° les nerfs linguaux, ou nerfs du goût.

Les nerfs fournis par la moelle épinière se divisent en huit paires cervicales, en douze paires dorsales, en cinq paires lombaires et en six paires sacrées.

Les nerfs sont recouverts, à leur origine, par la *pie-mère*, et, à leur sortie du crâne et du canal vertébral, par la *dure-mère*, qui les accompagne pendant un certain temps, pour en former l'enveloppe extérieure, sous l'apparence d'une membrane cellulaire résistante; mais, arrivés dans les parties où ils se terminent, les nerfs sont mous et pulpeux.

Les *plexus nerveux* sont des espèces de réseaux formés par la réunion et l'entrecroisement d'un nombre plus ou moins considérable de nerfs; on les rencontre surtout dans le voisinage des viscères abdominaux.

Les *ganglions* sont de petits nœuds ou pelotons d'un blanc rougeâtre, variables par le volume et la force. Ordinairement placées sur le trajet d'un assez grand nombre de nerfs, ces sortes de petites glandes nerveuses, dont le tissu semble n'être qu'une modification de celui des nerfs qui les forment, ont des usages qui ne sont pas bien connus; cependant on les regarde, en général, comme autant de petits cerveaux isolés, dans l'intérieur desquels le fluide nerveux est soumis à une élaboration particulière.

Les nerfs sont les organes des sensations, et constituent celle de la vue, de l'odorat, de l'ouïe, du goût et du toucher; ils sont aussi les organes du mouvement, la contraction musculaire étant toujours sous la dépendance immédiate du système nerveux. La compression, la ligature, ou la section du nerf, entraînent constamment la paralysie ou la perte du mouvement et du sentiment, dans les parties qui reçoivent leurs branches nerveuses de la portion de ce nerf qui est inférieure à la compression, à la ligature ou à la section.

Les nerfs sont ordinairement entourés d'un tissu cellulaire plus ou moins graisseux, et passent dans les interstices des muscles et les coulisses des os; cependant, plusieurs des principaux troncs nerveux suivent le même trajet que les artères auxquelles ils sont alors contigus.

Toutes les parties sensibles et irritables reçoivent des nerfs qui viennent s'y terminer d'une manière qui n'est pas toujours la même; les nerfs qui pénètrent dans les muscles y dégénèrent en fibrilles tellement fines, qu'elles échappent bientôt à la vue; ceux que reçoivent les viscères dégénèrent aussi en filets si déliés et si mous, qu'il est presque impossible de les suivre dans le tissu de ces parties. Plusieurs nerfs, au lieu de se ramifier comme les autres, se terminent par des extrémités molles et pulpeuses; tels sont les nerfs optiques, dont l'épanouissement forme les rétines des yeux : la portion molle des nerfs auditifs, qui est l'organe immédiat de l'ouïe, en fournit aussi un exemple.

Le nerf grand sympathique constitue à lui seul ce qu'on nomme système nerveux de la vie organique : c'est un nerf considérable qui se distribue à presque tous les viscères, et joue un très-grand rôle dans l'économie animale; il est formé par tous les filets que lui envoient quelques-uns des nerfs du cerveau, et presque tous ceux de la moelle vertébrale. Ce nerf se distribue principalement aux parties dont l'action n'est pas soumise à l'empire de la volonté : telles que le cœur, l'estomac, etc.

Tempérament nerveux. Le sujet nerveux s'abstiendra d'alimens visqueux, de légumes farineux, de pâtes non fermentées, de mets d'une digestion difficile, d'assaisonnemens excitans; qu'il mange du pain bien levé, bien cuit; des viandes blanches, gélatineuses, telles que le veau, l'agneau, la poule, le poulet; des herbages, des fruits; qu'il boive un vin léger, de la petite bière ou un cidre bien paré, peu chargé; point de viandes noires, bœuf, pigeon, gibier, etc.; pas de poisson de mer, de coquillages surtout; pas de viandes salées, fumées, etc.; exercice léger, par une température modérée et un peu humide; fréquentes distractions.

Le système nerveux est éminemment développé chez les nouvelles accouchées, et les odeurs fortes leur sont très-nuisibles: leur sensibilité exige surtout alors des ménagemens et des précautions particulières; que l'on ait donc soin d'éloigner d'elles ces parfums et toutes ces émanations pénétrantes qui offensent alors le système nerveux avec d'autant plus de facilité qu'il est déjà naturellement ébranlé et disposé à la convulsion. Ainsi, pas de fleur dans la chambre de la nouvelle accouchée, et surtout pas de charbon allumé. La vue ne doit pas être moins ménagée que l'odorat.

État nerveux. On nomme ainsi l'ensemble des symptômes qui précèdent l'invasion de la fièvre nerveuse ou de l'hystérie. (Voy. ce mot.) Physionomie altérée, parfois stupide, frémissemens passagers, mouvemens convulsifs, hallucination de la vue, de l'ouïe, de l'odorat, susceptibilité extrême, insomnie, trouble dans les facultés intellectuelles, spasmes, distribution irrégulière de la chaleur.

Traitement. Bains tièdes, diète, repos du corps et de l'esprit, infusions de fleurs de tilleul et d'oranger.

La fièvre nerveuse, la fièvre cérébrale nerveuse qui suivent ces symptômes, sont des maladies graves dont le traitement nécessite la plus grande expérience dans le praticien qui s'en charge; car, selon l'âge et la force des sujets, on emploie les antiphlogistiques ou les toniques.

Toute douleur nerveuse est désignée sous le nom générique de névralgie. (Voy. ÉPILEPSIE; CHORÉE.)

NÉROLI. (*Off.*) Nom que les parfumeurs donnent à l'huile essentielle de fleur d'oranger. (Voy. ORANGE.)

NERPRUN ALATERNE. (*Jard.*) *Rhamnus alaternus*. Famille de nerpruns. Arbrisseau indigène. Toujours vert. Feuillage charmant, épais et d'un beau vert. Propre à mettre sur le second rang de devant des abris et des massifs verts. Variété à feuilles plus larges, ou panachées en jaune ou en blanc. Exposition méridionale, ombragée et sèche. Terre légère et profonde, mieux bruyère. Semis en mars, en bruyère. On couvre le plant de feuilles en hiver, pendant deux ans. Marcottes qui s'enracinent facilement.

Nerprun hybride. (*Rhamnus hybridus*.) Arbrisseau du Canada, toujours vert. Ce joli arbrisseau forme des buissons arrondis, qui lui donnent l'aspect d'un oranger. Marcottes; bruyère; exposition ombragée.

Nerprun des Alpes. (*Rhamnus Alpinus*.) C'est encore une variété très-intéressante pour l'ornement. Même culture.

Nerprun commun. (*Rhamnus catharticus*.) Arbrisseau des haies et des bois; on emploie ses baies en médecine; on en fait un sirop purgatif et hydragogue. La graine du *rhamnus catharticus minor* est employée dans la teinture sous le nom de graine d'Avignon.

NEZ. (*Conn. us. — Méd. dom.*) Le nez sert à couvrir l'ouverture antérieure des fosses nasales: le sommet se nomme *racine du nez*.

On appelle *narines* les deux ouvertures dont la base du nez est percée et qui communiquent dans les fosses nasales.

Les *fosses nasales* sont deux cavités creusées dans l'épaisseur de la face; situées au-dessous de la base du crâne, au-dessus de la bouche et derrière le nez, ces cavités renferment l'organe de l'odorat, qui réside exclusivement dans les filets des nerfs olfactifs répandus dans la membrane muqueuse dont elles sont tapissées.

Quand un corps étranger, une boule de papier, un pois, est entré dans le nez, on peut l'enlever avec un crochet, ou provoquer l'éternuement avec du tabac, ou essayer de l'attirer dans l'arrière-bouche.

Saignement du nez. (Voy. HÉMORRHAGIE NASALE.)

Rougeur du nez. Cette rougeur tient souvent à la délicatesse des vaisseaux capillaires de la peau du nez. Pour la faire disparaître, dissoudre un demi-gros de borax dans une once d'eau de rose et autant de fleur d'oranger; humecter le nez de ce mélange trois ou quatre fois par jour.

NICKEL. (*Conn. us.*) Métal de couleur blanche lorsqu'il est pur, avec une nuance de gris. (Voy. MÉTAL.)

Les oxydes de nickel sont employés dans la peinture sur porcelaine et dans la fabrication des émaux.

NICOTIANE. (Voy. TABAC.)

NIEL. (*Conn. us.*) Préparatation noire qu'on applique sur les vases et les joyaux. L'Allemagne, la Russie et la Perse sont en possession de ce genre d'industrie. Le niel est formé de six parties d'argent pur, une partie de cuivre, sept de plomb et un peu de soufre en poudre, le tout fondu dans un creuset et introduit dans les gravures des pièces qu'on veut *nieller*.

NIELLE OU CHARBON. Maladie qui attaque les graminées et convertit en une poudre noire toute la partie farineuse du grain. (Voy. BLÉ.)

NIELLE. (*Agr.*) *Agrostema*. Plante annuelle qui croît dans les blés. Ses feuilles sont vulnéraires, et leur application arrête le sang des plaies; sa semence est farineuse; mêlée au pain, elle lui communique une légère amertume.

On cultive dans les jardins une variété à fleurs doubles, et la nielle rosée du ciel (*cœli rosa*). On les sème au printemps; elles craignent l'humidité.

NIGAUD (JEU DU) OU PATIENCE RUSSE. (*Récr. dom.*) On joue en nombre indéterminé avec un ou plusieurs jeux entiers, en s'arrangeant de manière à ce que chaque joueur ait un tas de cinq à six cartes environ: on peut même en donner moins. On commence par tirer le *chef* du jeu au sort. Ce chef perçoit en argent l'enjeu dont on est convenu et en fait trois lots que l'on place au milieu de la table: le premier de ces trois lots est gros, le second de médiocre grosseur et le troisième petit, ou, pour parler plus justement, les deux derniers diminuent progressivement d'un tiers. Le chef, après avoir mêlé et fait couper, distribue ensuite les cartes une à une à chaque joueur, qui les place en tas devant lui et retournées à mesure qu'il les reçoit.

La valeur des cartes est naturelle; ainsi le roi emporte la dame, etc., jusqu'à ce qu'en descendant le deux emporte l'as : voilà tout le secret du jeu. Le premier en carte regarde quelle est la carte qui se trouve sur son tas, et celle qui est sur celui de son voisin de droite; supposez qu'il ait un valet, et ce dernier un dix, il pose ce valet sur cette carte; le voisin l'imite; et, si le troisième joueur a un neuf, il pose le dix sur le neuf, puis le valet sur le dix; et si, par un hasard qui arrive souvent, il se trouve avoir à la suite la dame et le roi, il ajoute ces deux cartes aux précédentes. Le jeu se continue, et chacun à son tour se décharge sur son voisin, s'il y a lieu; car, lorsque les cartes ne se suivent pas, on passe. Le premier qui s'est débarrassé de ses cartes emporte le gros lot et attend la fin du jeu; le second prend le second; le troisième, le dernier; et les autres joueurs n'ont rien.

Souvent lorsqu'un joueur n'ayant plus qu'une carte, saisit déjà le lot principal dans sa pensée, son voisin, chargé d'un gros tas de cartes qu'on vient de lui donner, les lui passe toutes à la suite, ce qui s'appelle la *débâcle* : c'est alors que l'on fait la *patience* ou le *nigaud;* mais par bonheur la débâcle circule.

Quand on recommence, il faut mêler et faire couper les cartes plusieurs fois.

NITRATES. (*Chim. dom.*) Les nitrates sont les résultats de l'union chimique de l'acide nitrique avec les bases salifiables ou avec les oxydes métalliques. Les caractères génériques des nitrates sont de produire sur la langue une saveur fraîche et piquante.

Le *nitrate d'argent*, composé d'acide nitrique et d'argent purifié, portait, dans l'ancienne nomenclature chimique, le nom de pierre infernale, à cause de son action sur les matières animales, sur lesquelles on la fait agir, et de la teinte noirâtre qu'elle leur imprime. On s'en sert en chirurgie comme caustique. On en assujettit un petit bâton dans un cylindre creux en argent, auquel on donne le nom de porte-pierre et par le moyen duquel on l'applique sur la partie que l'on veut consumer, après l'avoir légèrement humecté. Si on le mouillait trop, son action corrosive s'étendrait d'une manière nuisible.

Le *nitrate de potasse* ou nitre n'est autre chose que le salpêtre (voy. ce mot.) en solution, il active la végétation. (Voy. LIQUEUR VÉGÉTATIVE.)

Le *nitrate de fer* sert à donner une belle teinte aux bois. Introduire de la tournure ou limaille fine de fer dans une petite fiole remplie d'acide nitrique, jusqu'à ce que l'oxyde soit suffisamment saturé et devenu de consistance oléagineuse. Opérer en plein air et éviter avec soin les vapeurs délétères qui s'échappent pendant l'opération. Étaler le nitrate avec un pinceau sur le bois auquel il adhère fortement.

Le *nitro-muriate d'étain* donne la couleur écarlate. Prendre un kilogramme et demi d'acide hydrochlorique à 22°, un kilogramme d'acide nitrique à 55°, 156 grammes d'étain. Mêler d'abord les acides en évitant de respirer la vapeur. Projeter le mélange sur l'étain; décanter. Cette dissolution, qui se conserve très-longtemps, mêlée à la cochenille, donne une couleur solide.

NIVEAU. (Voy. HYDRAULIQUE.)

NIVERNAISE. (*Cuis.*) Espèce de sauce. Tourner en olives quinze carottes; les faire bouillir cinq minutes; les égoutter, les jeter dans l'eau fraîche, les retirer, les masquer dans une casserole, les mouiller de bon bouillon, les faire réduire et servir avec des plats maigres.

NIVÉOLE PRINTANIÈRE. (*Jard.*) *Leucorium vernum.* Famille des narcisses. Cette plante indigène réussit dans une terre légère et fraîche, exposée au soleil du midi. On sépare les cayeux en juillet, pour les replanter de suite. Les fleurs paraissent en février. Elles sont blanches, à pétales bordés de vert et uniques sur chaque tige.

Nivéole d'été. Variété plus haute. Même culture.

NIVOSE. (*Conn. us.*) Quatrième mois de l'année républicaine. Il commence au 21 décembre et finit en janvier. (Voy. CALENDRIER; MOIS.)

NOEUD. (*Ind. dom.*) Il y a un grand nombre de nœuds très-différens les uns des autres. Il serait inutile d'indiquer la manière de les faire, leur difficulté exigeant qu'on prenne leçon de personnes exercées dans cet art. Nous allons seulement donner le nom des principaux nœuds et leurs usages.

Nœud droit. Sert à attacher deux bouts de corde ou deux cordes par le milieu.

Nœud de tisserand. Idem.

Nœud de l'artificier. Composé de deux demi-clés l'une sur l'autre, sert à soulever des corps ronds et pesans. Les emballeurs le font autour d'un morceau de bois pour serrer fortement une corde.

Les demi-clés servent à entourer de cordes les manches de fouets et forment des saillies droites ou en spirale.

Nœud du collier. Sert aux emballeurs à rapprocher les deux côtés de la toile. Le *nœud de la tresse de cheveux* est le même.

Épisse. Nœud composé de bouts de cordes détortillés et rapprochés de manière à ne pas faire obstacle sur une poulie.

Nœud coulant. C'est le nœud du collier, seulement une extrémité de la corde remonte en faisant une boucle dans un enlacement qu'elle a déjà formé : les cavaliers attachent ainsi leurs chevaux par la bride.

Nœud dit rosette. Formé d'un enlacement et de deux nœuds coulans.

Nœud droit avec une seule corde. Ce nœud forme une espèce d'échelle si on en laisse prendre la boucle inférieure.

Il y a encore le nœud du pavillon, le nœud de tête d'alouette, le nœud ou chaîne du bas, le nœud tête de Maure avec quatre cordes, le nœud cul-de-porc à six cordes, le nœud du réverbère, le nœud de marine, etc.

NOIR ANIMAL. (*Agr.—Ind. dom.*) On appelle ainsi le charbon d'os.

Le noir animal est un engrais très-actif. Ce qui le caractérise particulièrement, c'est une action tellement douce et graduée, qu'il est dans la pratique mis en contact sans inconvénient avec les graines, les tiges herbacées, les racines des plantes.

Il n'en est pas de même d'une foule d'engrais moins riches, mais plus chauds. (La poudrette, l'engrais flamand ou matière fécale fluide, l'urine, la fiente de pigeons, etc.)

Le noir animalisé active quelquefois moins rapidement les premiers développemens des tiges herbacées et des feuilles que les engrais ci-dessus, mais son action, soutenue pendant toute la végétation favorise beaucoup mieux la fructification.

Ainsi, M. Bella et M. Briaune, à Grignon, ont observé que, comparativement avec la poudrette, le produit en grains à maturité avait été pour la même surface fumée par le noir animalisé d'un cinquième au moins plus considérable.

Tous les observateurs s'accordent sur ce fait qui a été vérifié dans maintes cultures, notamment pour les céréales, les colzas, le chanvre, le lin, le trèfle, les betteraves, la navette.

Les fourrages, au moment d'être fauchés, présentent le même accroissement de produit, bien que parfois les premiers degrés de la végétation aient été moins rapides.

Semé sur les prairies artificielles et naturelles, sur les gazons, les blés sortis de trois ou quatre pouces, le noir animalisé ne tarde pas à déterminer une nuance verte plus foncée et une activité de végétation soutenue.

Dans les jardins, les plantes potagères fumées avec quatre et cinq fois plus de noir animalisé que dans la grande culture, acquièrent graduellement des dimensions énormes, toutes circonstances étant favorables d'ailleurs.

La présence du charbon que cet engrais contient s'oppose aux dégâts des insectes et des rats, si nuisibles souvent lorsque l'on fait usage de matières animales pures; il n'offre pas d'ailleurs l'inconvénient grave de répandre, comme les fumiers ordinaires, des graines de mauvaises herbes ni les germes des maladies des grains.

Enfin il ne développe pas cette odeur forte qui, dans l'usage de la matière fécale, nuit aux plantes et à l'odorat.

Non-seulement l'emploi du noir animal présente dans l'agriculture un intérêt immense, mais encore sa fabrication assure les moyens les plus efficaces de la désinfection des matières organiques qui dans les grandes villes rendent l'air insalubre. Pour le froment, le seigle, le sarazin, l'orge et autres semences analogues, le noir animal se répand soit à la main, soit au semoir avant de passer la herse.

On emploie ordinairement 15 hectolitres de cet engrais par hectare (5 hectolitres par arpent) pour le lin, le chanvre, les betteraves, les pommes de terre, et 18 hectolitres sur la même surface de terre pour les prairies artificielles, le colza, la rabette, les choux, les diverses légumineuses, et pour ranimer la végétation des prairies naturelles.

On emploie un hectolitre de moins par arpent sur les terres légères et chaudes, et un hectolitre de plus sur les sols argileux et froids.

Relativement aux plantes ou fossettes en quinconce, on en pose une poignée à chaque touffe.

Pour les plantes repiquées, dans les départemens de l'Ouest et en Bretagne, un enfant suit le planteur, en jette une très-petite poignée dans chaque trou qui est immédiatement rempli de terre.

En plusieurs endroits, pour le colza, le noir animalisé est répandu en sillons sur les racines des plantes. La charrue recouvre le tout en formant un autre rayon.

Il doit être répandu sur les prairies en décembre ou janvier, avant qu'elles ne soient recouvertes de neige.

En général, il convient de mêler cet engrais avec moitié de son volume de terre, de l'émotter et cribler.

Le prix du noir animalisé est de 5 francs l'hectolitre. Il y en a une fabrique à Grenelle, près du pont, et des dépôts à Nantes, à Rouen, à Orléans et à Paris, rue Favart, n° 8.

Les procédés de fabrication du noir animal sont plus ou moins compliqués. Les petits fabricans remplissent d'os concassés leurs marmites de fonte, dont le couvercle est luté avec de l'argile ou de la terre à poêlier, et empilent ces marmites dans un four à potier, ou dans un four ordinaire qui ne sert plus à la cuisson du pain. La combustion du gaz hydrogène carboné qui se dégage à travers les fissures, indique la fin de la carbonisation. On retire les marmites, on enferme les os carbonés dans des étouffoirs, et on les pulvérise au moyen de pilons ou de meules.

Les fabricans en grand emploient des cylindres creux, au lieu de marmites.

Avant de concasser les os, on les débarrasse de leur fibres et parties charnues qui donneraient un charbon trop compact.

On soumet de nouveau à l'opération les os qui ont une couleur d'un blanc roux. On rejette ceux qui sont calcinés à blanc.

Les os de cuisine, les os cylindriques sont les plus estimés. Les dents donnent lieu, dans le produit, à de petites parcelles blanches; les vieux os, plus légers que les os ordinaires, sont impropres à la fabrication.

Le noir animal doit avoir une couleur noire matte. Celui qui est d'un noir roux n'a pas été assez complétement calciné.

Le charbon d'os a, plus encore que le charbon végétal, la propriété de décolorer et de désinfecter, quand il a été purifié. Pour le purifier, en faire une pâte avec de l'acide hydrochlorique étendu d'eau, le faire bouillir une demi-heure, décanter; après cinq ou six lavages, filtrer, laver à l'eau bouillante, laisser égoutter et sécher. Chauffer dans un vase bien fermé; laisser refroidir et conserver dans des flacons bien bouchés.

Six livres de charbon d'os suffisent pour décolorer 100 litres de vinaigre rouge. On met ces substances en contact dans un baril qu'on a soin de bien fermer; on l'agite en roulant; on laisse déposer; on agite de demi-heure en demi-heure, pendant deux jours.

On laisse déposer et l'on soutire: si l'on veut avoir un vinaigre *paillé*, on n'emploie que quatre livres de charbon, et l'on examine le point de décoloration pour saisir la nuance convenable.

Le noir animal en petite quantité suffit pour ôter au vinaigre de vin son goût empyreumatique.

Pour décolorer de l'eau-de-vie teinte en rouge, on emploie une livre et demie de noir pour 100 litres.

Le charbon animal est en usage pour clarifier le sucre. (Voy. SUCRE.) Il est excellent pour désinfecter les eaux saumâtres: 45 livres ont suffi pour enlever le mauvais goût de l'eau d'un bassin de trois pieds de profondeur sur neuf de diamètre.

Les charbons qui ont servi à la désinfection, ou à la clarification, sont de fort bons engrais.

Le noir qui a servi à la décoloration, peut être rendu

susceptible d'un nouvel emploi. Il suffit de le laver, de le mettre dans des cylindres de fonte qu'on place au feu pendant trois ou quatre heures, et qu'on remue tous les vingt-cinq minutes. Ce procédé toutefois est trop coûteux, et on doit lui préférer le suivant : Placer une couche d'os au fond d'un pot de fer, puis une couche de noir à revivifier; on remplit ainsi la marmite et on agit comme pour la fabrication du noir neuf.

Pour éprouver si le noir a servi, on ajoute sur dix grammes de noir deux grammes de potasse caustique et de l'eau. On fait bouillir ce mélange un quart d'heure; on filtre au papier gris lavé à l'eau chaude. L'eau qui passe ne doit pas être sensiblement colorée.

Analyse chimique du noir de bonne qualité. Dix parties d'oxyde de carbone, quatre-vingt-dix parties de matière salino-terreuse.

Moyen de reconnaître la bonne qualité du noir. Prendre dix grammes de noir animal en poudre fine; verser dessus trente grammes d'eau et dix d'acide nitrique; placer le vase où est le mélange sur une couche de sable déposée dans une pelle. Faire bouillir un quart d'heure; filtrer, faire sécher; renouveler l'opération sur le résidu; peser la poussière qui en résulté, c'est la matière charboneuse. Elle doit peser un gramme seulement.

Charbon animal factice pour désinfecter, décolorer, etc. Réduire de la braise en petits fragmens, ou même en poussière; la mélanger avec du sang, en faire une pâte ferme; la mettre dans un vase, boucher avec soin en réservant un petit trou au couvercle; placer le vase au milieu du charbon; quand le charbon est bien enflammé, une flamme bleue sort par le trou du couvercle; quand elle s'éteint, on arrête le feu; on retire du vase le charbon et on le broie en petits fragmens grenus.

Noir animalisé factice. Jeter dans les fosses d'aisance, de temps en temps, une certaine quantité de charbon pulvérisé; ce charbon détruit l'odeur des fosses; au bout d'un an les vidanges procurent une poudre qui, enfouie avec le blé au moment des semailles, active la végétation.

La fabrication du noir animal occupe un assez grand nombre d'ouvriers; les quantités fabriquées journellement (500 hectolitres environ), sont bien loin de suffire aux demandes, et d'autres centres de fabrication, à portée des exploitations agricoles, devront bientôt être crées en France.

C'est surtout dans les sept départemens approvisionnés par la Loire que les avantages du noir animal (quelquefois aussi désigné sous le nom de charbon animal) ont été le mieux appréciés.

L'exemple qui, dans ces contrées, en a progressivement répandu l'usage chez tous les agriculteurs, s'étend aussi chez les agronomes les plus éclairés de divers autres départemens.

La fabrication du noir est peu avantageuse; aussi doit-on utiliser avec soin tous les produits des os. On fait bouillir ceux qui présentent quelques parties de moelle ou de graisse : le bouillon avec addition d'un peu d'huile d'œillette est utile pour graisser les engrenages; il sert aussi à faire du charbon et de la chandelle.

Le noir animal s'obtient aisément des os épuisés de gélatite. On les laisse tremper pendant quarante-huit heures dans une dissolution de chair, de muscles et de potasse, on les fait sécher et on les calcine à vase clos.

M. Poncet, fabricant de produits chimiques, à Saint-Genis-Laval (Rhône), a inventé un fourneau très-propre à carboniser les os sans fumée.

NOIR DE COULEUR. (*Conn. us.—Ind. dom.*) *Noir de fumée.* Cette couleur se fait avec des matières résineuses et résidus des opérations faites sur la térébenthine; on la prépare en laissant brûler ces matières dans une chaudière, et faisant passer la fumée très-chargée de carbone qui résulte de cette combustion, dans des chambres garnies de toile. Le charbon, extrêmement divisé que la fumée entraîne, se dépose sur toute la paroi intérieure de la chambre; on le fait tomber en battant la toile, et on l'expédie dans le commerce.

Le noir de fumée est employé pour les grilles, les rampes, les balcons en fer; les tabatières en carton.

Manière simple de faire du noir. Mettez une grosse mèche à une lampe remplie d'huile de noix; allumez cette mèche; mettez au-dessus de la lampe un plat, soutenu par quelque bâton ou pierre. La fumée de l'huile, s'attachant à ce plat, forme un noir très-fin. On a soin d'amasser cette poudre noire quand elle est sèche, pour s'en servir dans le besoin.

Ce noir est de qualité supérieure si on le fait chauffer un quart d'heure dans un creuset fermé.

Noir des teinturiers. On le fait avec de la guède ou pastel (*isatis tinctoria*).

Le *noir d'Allemagne* se fabrique avec de la lie de vin, des noyaux de pêche, de l'os et de l'ivoire, le tout brûlé et calciné. Le beau noir d'Allemagne est légèrement humide, luisant, doux, friable et léger.

Le *noir d'Espagne* n'est que du liége brûlé.

Le noir des corroyeurs est composé de noix de galle, bière aigre et féraille.

Noir d'ivoire. Les rognures d'ivoire que rejettent les tabletiers servent, lorsqu'elles sont carbonisées, à préparer un noir d'une belle nuance et très-recherché dans la peinture.

Pour préparer ce noir, prendre de petits morceaux d'ivoire, les mettre dans un vase clos et luté, qu'on expose au feu jusqu'à ce que la carbonisation soit achevée. Laisser refroidir et réduire en poudre impalpable avec une molette.

On peut traiter les os de la même manière. Ils donnent un noir moins foncé. Mais la différence est peu sensible, si on choisit des parties de gros os sans pores et provenant de vieux animaux. On fait bouillir ces os grossièrement concassés, pour en extraire la graisse, avant de les carboniser. Lorsqu'on veut recueillir l'alcali volatil qui s'en dégage, on dispose une cucurbite à cet effet.

Les noyaux de pêche donnent un noir terne; le charbon de hêtre en poudre, un noir d'un ton bleuâtre; les sarmens de vigne, un noir d'un gris sale, qui devient bon quand il est pulvérisé avec soin.

Manière de teindre en noir les os, l'ivoire, la corne, le cuir, la paille, le bois, etc.

Pour les os, l'ivoire et la corne. Les enduire d'une légère dissolution de nitrate d'argent; les exposer au soleil, répéter ce procédé une seconde fois; les tremper dans un mélange de deux onces de potasse, une once et demie de noix de galle, deux gros d'oxyde d'arsenic, dans une pinte d'eau. Les imprégner ensuite d'une dissolution concentrée d'acétate de fer; ou bien les faire bouillir dans cette dernière liqueur jusqu'à ce que leur surface commence à se ramollir, et les plonger dans une décoction de noix de galle.

Pour le cuir. Appliquer sur le cuir tanné trois ou quatre couches de dissolution d'acétate de fer; on y ajoute un peu de tannin, si le cuir n'en contient pas assez.

Les cheveux des perruques se teignent en noir en les humectant d'une dissolution de potasse, et ensuite d'une très-légère dissolution d'argent.

Pour teindre les chapeaux, les chapeliers font bouillir pendant quelques heures, avec de l'eau, cent livres de bois d'Inde, douze de gomme du pays, ou six de noix de galle, ou douze de sumac; puis ils y mêlent environ six livres de vert-de-gris, et dix de sulfate de fer. C'est dans cette préparation, presque bouillante, qu'on plonge les chapeaux.

Pour teindre en noir d'ébène les bois à tissu compact, tels que le charme, le houx, l'orme, le pommier, les tremper chauds dans une dissolution de nitrate de cuivre, puis dans un bain de bois d'Inde; ou bien les faire d'abord bouillir dans ce bain avec un peu d'alun, et les imprégner trois ou quatre fois de vinaigre bouilli sur la noix de galle, et d'une dissolution quelconque de fer; les polir ensuite avec une peau cirée ou enduite d'huile de lin et de poussière de charbon.

NOISETIER. (*Jard.*) *Corylus sativa vulgaris.* Famille des amentacées. Il y en a plusieurs variétés, le *noisetier à pellicule blanche*, celui *à pellicule rose*, et le *noisetier-avelinier.* (*Corylus fructu rubente maximo.*)

Les noisetiers ont besoin d'une bonne terre franche, profonde et toujours fraîche. Ils viennent bien sous les grands arbres; c'est même là qu'on les trouve dans nos bois, mais ils n'y donnent point de fruit; il leur faut de l'air et du soleil. Pour les entrenir vigoureux et en rapport, on supprime tous les quatre ans les vieilles branches de chaque cépée et on les rechausse d'un peu de nouvelle terre. Les noisetiers se multiplient facilement des rejets enracinés; mais, quoiqu'ils reprennent infailliblement, ils sont longs à croître.

Moyen de rendre les noisettes plus précoces. Enlever, à l'entour des noisetiers, deux pouces de l'écorce, et y appliquer un emplâtre de terre glaise mêlée avec de la bouse de vache. (Voy. AVELINES.)

Casse-noisette. C'est un instrument indispensable, si l'on ne veut s'exposer à se briser les dents. On se procure un casse-noisette très-économique et prenant une branche de noisetier grosse comme le pouce et longue d'un pied; on y fait horizontalement une entaille dans laquelle on place la noisette, et on la casse en serrant entre les deux parois de l'entaille. Il n'y a pour cela qu'à plier la baguette comme pour la casser.

NOIX. (Voy. NOYER.)

NOIX D'ACAJOU. (*Méd. dom.*) La noix d'acajou (*cassurium occidentale*) produit une résine vésicante préférable aux cantharides, en faisant bouillir les coques d'acajou dans l'eau, séparant la résine qui surnage et soumettant la masse à la presse.

Quand on veut appliquer la résine de noix d'acajou comme vésicatoire, on enduit la peau d'un peu de cette résine; on y applique un emplâtre de poix de Bourgogne; on panse au bout d'un quart d'heure avec un mélange de résine et de cérat, ou mieux avec parties égales de graisse de porc, de résine et de cire.

L'amande de la noix d'acajou se mange grillée, dans les colonies, et passe pour aphrodisiaque. Prise dans du lait, son goût est assez agréable.

NOIX DE GALLE. (Voy. GALLE.)

NOIX VOMIQUE. (*Méd. dom.*) La noix vomique est une semence plate, orbiculaire, d'une couleur grisâtre, couverte de duvet, de consistance très-solide, que l'on trouve dans les fruits du *strychnos nux vomica* de Linnée, grand arbre des Indes, dont le tronc est de couleur brune, et a une circonférence de trois mètres environ.

Les noix vomiques ont une saveur amère; elles sont sans odeur: on ne les administre plus aujourd'hui à l'intérieur; elles sont un poison pour tous les quadrupèdes, les poissons, les oiseaux et même pour les hommes, quoique plusieurs auteurs anciens s'accordent à assurer le contraire.

On assure que ces effets funestes ne proviennent que de la forte irritation qu'elles causent dans les fibres nerveuses, et qu'elles n'agissent pas comme narcotiques. Cette opinion émane des expériences que l'on a faites sur cette substance, qui prouvent qu'elle ne laisse aucune trace d'engorgement semblable à celles que produisent les poisons coogulans.

La noix vomique sert à empoisonner les corbeaux. On remarque le lieu où ils ont l'habitude de s'abattre; on les y amorce pendant quelques jours avec quelques petits morceaux de viande. On prend de la chair crue que l'on hâche grossièrement, et à laquelle on mêle une certaine quantité de poudre de noix vomique; on en fait de petites boulettes grosses comme le bout du pouce, et on va les semer dans le lieu mentionné. Aussitôt que ces oiseaux en ont mangé, ils tombent dans un état complet d'ivresse, et ne peuvent pas voler; le chasseur peut aisément les prendre s'il se trouve là au premier instant. Un quart-d'heure après, ils reprennent leurs sens, s'envolent et vont se cacher dans un trou de rocher, ou dans un buisson, où ils périssent. Cette manière de les détruire n'est pas sans inconvénient, car si un chien vient à passer et à manger quelques-unes de ces boulettes, il s'empoisonne infailliblement.

NOMBRIL. (*Hyg.*) Cicatrice de l'ouverture à laquelle communiquait, chez le fœtus, le cordon ombilical. (Voyez ACCOUCHEMENT.)

La portion du cordon ombilical que l'accoucheur a laissée à l'enfant, après avoir été liée suffisamment pour qu'elle ne puisse point fournir de sang, doit être enveloppée d'un linge plié en plusieurs doubles, et graissé d'un peu d'huile ou de beurre, du côté qui touchera le ventre, et replié de bas en haut, cependant un peu plus du côté gauche, pour éviter qu'il ne comprime le foie; on doit soutenir le tout par une compresse un peu épaisse et une bande circulaire large de trois à quatre doigts; plus la compresse sera épaisse, moins on sera obligé de serrer la bande circulaire, conséquemment moins on gênera les fonctions du ventre.

Si, par quelque accident, le cordon ombilical se sépare trop tôt du ventre de l'enfant, et que le sang vienne à se faire jour, l'enfant est dans un danger imminent, et il faut vite appeler un médecin.

La hernie du nombril, désignée sous le nom d'*exomphale*, arrive fréquemment chez les enfans en bas âge, et plus souvent chez les femmes que chez les hommes; elle se fait alors par le nombril même, qui donne passage aux intestins.

Cette hernie est facile à réduire. On la maintient avec un bandage élastique, garni d'une pelote à sa partie moyenne.

NOMPAREILLE. (*Off.*) On appelle ainsi une espèce de dragée qu'on fait avec de l'iris en poudre et du sucre.

NORIA. (*Conn. us.*) On appelle ainsi une roue hydraulique très-utile quand on ne peut disposer que d'un petit cours d'eau, mais dont la chute est élevée. Elle est analogue à la roue persane. (Voy. MOULIN, ROUE PERSANE.)

Elle se compose d'une chaîne sans fin, enroulée sur deux tambours, et quelquefois sur un seul. Des vases sont attachés à des distances égales le long de cette chaîne, de manière à puiser l'eau au point le plus bas, et à la verser au point le plus haut.

« On démontre, dit M. Borgnis, que, pour obtenir d'une noria l'effet le plus avantageux, il faut modérer la vitesse autant qu'on le peut, et que la vitesse étant très-petite, la noria est susceptible, théoriquement parlant, de donner le plus grand produit possible, c'est-à-dire un produit égal à la quantité d'action produite par le moteur; mais, en pratique, plusieurs causes inévitables tendent plus ou moins à diminuer cet effet. »

NOSTALGIE. (*Méd. dom.*) Espèce particulière de mélancolie causée par le chagrin d'être éloigné de son pays natal. (Voy. MÉLANCOLIE.)

NOTAIRE. (*Cod. dom.*) Le choix d'un notaire n'est pas moins essentiel que celui d'un avocat, d'un avoué, d'un médecin. Plus d'une personne a été ruinée pour avoir confié ses affaires à un notaire inexpérimenté ou de mauvaise foi. Probité et entente des affaires : telles sont les deux qualités qu'on doit exiger du notaire auquel on remet le soin de sa fortune.

Un notaire n'est point digne de la confiance des particuliers, s'il ne dirige pas lui-même son étude, s'il laisse tout faire à des clercs mal payés, pendant qu'il est en plaisirs. Il est permis au notaire d'être homme du monde le soir, et à certains jours fériés; le reste du temps, il faut qu'il soit tout à ses cliens, penché sur son bureau, ou distrait seulement par des courses d'affaires.

Le *Manuel du notariat*, quoique succinct, est un ouvrage utile, et fait connaître l'ensemble des dispositions légales relatives à sa partie.

Un acte notarié n'est pas nul, lorsque le notaire en second n'a fait qu'apposer sa signature, sans avoir été présent à la rédaction.

Les notaires ne sont point obligés d'énoncer les patentes dans tous les actes qu'ils font pour des personnes sujettes à patente. (*C. de Cass.*, 20 *août* 1835.)

NOUGAT. (Voy. AMANDES.)

NOUILLES. (*Cuis.*) Mêler un litron de farine, quatre jaunes d'œufs, un peu d'eau et de sel, pétrir la pâte, et l'abaisser avec un rouleau; la découper en filets bien minces qu'on poudre de farine. Les nouilles se servent frites, ou se mettent dans le bouillon avec du poivre et un peu de muscade, pour potage.

Nouilles à l'Italienne. (Voy. TAGLIABINI.)

NOTES. (*Mor. dom.*) « Je voudrais, dit madame Adanson, engager ceux qui habitent la campagne, à faire des notes de tout genre et à les porter jusqu'à la minutie; c'est le seul moyen d'obtenir un résultat avantageux à l'agriculture, car cette science s'étend immensément et se rattache à tous les arts; de tout ce fatras apparent, jaillit toujours quelque découverte intéressante et utile. Les gens qui ne notent pas ont beau avoir de la mémoire, leur expérience demeure pour ainsi dire en pure perte pour le bien général. Par exemple, si, dans chacun de nos départemens, une personne instruite, d'un jugement sain et impartial, s'attachait à noter ses observations; qu'elle les étendît sur les mœurs, le caractère et les goûts, l'esprit de société, le commerce et l'industrie de ses habitans; sur les ressources inconnues ou négligées qu'offre son territoire; qu'elle y ajoutât les prix courans de toutes les marchandises, de la main-d'œuvre, des matériaux employés aux constructions en gros et en détail; un aperçu de la valeur des bestiaux en foire, et des grains, partant d'un terme moyen et citant quelques années, qu'elle donnât des renseignemens sur le genre de construction adopté, sur la manière de cultiver, la salubrité; la température du climat, les maladies générales, la constitution, la longévité des paysans, leurs vices, leurs qualités, leur costume, leur nourriture, etc., etc., et tout cela au positif et dénué de toute métaphysique, qui ne sert souvent qu'à faire errer l'opinion : combien un pareil ouvrage serait utile et intéressant! mais il faudrait le compléter, car si l'on divisait ce travail et qu'on en chargeât différentes personnes, le but serait manqué.

» Je désire que cette idée vague mette sur la voie d'un plan mieux ordonné, mais analogue. »

NOURRICE. (*Mor. dom.—Hyg.*) Les conseils que nous donnons dans cet article sont également applicables aux mères qui nourrissent elles-mêmes leurs enfans et aux femmes qui nourrissent ceux des autres.

Nous ne sommes point partisans exclusifs de l'allaitement maternel. Les pages que nous avons déjà consacrées à l'enfance peuvent faire sentir toute l'étendue des devoirs d'une nourrice. Que de soins pénibles et rebutans! que de fatigues, d'inquiétudes, de nuits sans repos! Que d'activité, de vigilance et d'attention exige un nouveau-né, faible et exposé à mille accidens!

Or, la plupart des femmes sont-elles capables de se dévouer à une tâche aussi difficile? Élevées dans l'aisance et l'oisiveté, aimant la toilette, les fêtes, les plaisirs, rendant et recevant des visites, fréquentant les bals, les concerts, les spectacles, leur est-il possible de changer subitement leur genre de vie, de se condamner à la solitude, de renoncer au monde dont leur grossesse les a tenues longtemps éloignées, et tout cela pour devenir les esclaves volontaires des appétits et des souffrances de leurs enfans? Et quand même l'instinct de l'amour maternel les déterminerait à nourrir elles-mêmes, leur organisation délicate, viciée par un régime échauffant, résisterait-elle aux veilles et aux fatigues? et leur résolution héroïque n'aurait-elle pas une influence funeste sur la santé de leurs nourrissons?

Pour remplir dignement les fonctions maternelles, il faudrait y avoir été préparée dès l'enfance par l'éducation; il faudrait n'avoir pas envisagé le mariage comme un moyen d'indépendance, de vie joyeuse et de considération, mais comme la source d'une suite de graves obligations et de sacrifices journaliers; il faudrait s'être façonnée dès longtemps aux mœurs simples et à la vie intime, et accepter toutes les conséquences de la maternité, non-seulement sans regrets, mais encore avec joie.

L'absence de ces conditions rend donc nécessaire l'allaitement étranger, qui est loin pourtant de remplacer l'allaitement maternel. La nourrice est souvent indifférente à l'enfant qu'on lui confie; elle fait un métier, et, comme la plupart des artisans, cherche à gagner le plus d'argent possible en se donnant le moins de peine. Si elle est consciencieuse, elle soignera l'enfant, mais sans amitié, et comme si elle soignait une pièce de bétail d'un bon rapport, et on ne saurait, en effet, exiger que, dans l'ordre de ses occupations, il passât avant sa basse-cour.

Tantôt gorgé de bouillie épaisse et du lait d'une femme épuisée par le travail, tantôt privé de nourriture, tantôt grelottant de froid, tantôt exposé à un feu ardent, croupissant dans l'ordure ou lavé avec une eau glacée, éloigné de tous secours pour les maladies auxquelles il est sujet, l'enfant en nourrice n'échappe qu'avec peine aux causes de destruction qui l'assiégent.

Les suites de l'allaitement étranger ne sont pas moins funestes à la mère.

La matière laiteuse, en refluant dans la circulation, cause des affections morbides. L'écoulement qui suit l'accouchement, dure plus longtemps, épuise les femmes, dégénère souvent en leuchorrée, et souvent il survient des dépôts à la poitrine, des ulcères utérins, des céphalalgies, des maladies nerveuses et hystériques, qui se font sentir toute la vie.

En France, il meurt, dans les sept à huit premières années, environ la moitié des enfans nés à la même époque, et cela est dû surtout au mauvais régime.

La docteur Raulin dit qu'en Hollande, où les enfans-trouvés sont confiés à des nourrices, sans passer par des hôpitaux, il en meurt quatre-vingt-dix-sept sur cent; à Lyon, soixante-quatre; à Montpellier, soixante; et que, de cent enfans légitimes, remis à des nourrices, il en meurt communément soixante.

Un Rapport fait en l'an II établissait que la mortalité des enfans-trouvés allait de beaucoup au-delà de la moitié, et que celle des enfans envoyés en nourrice par l'intermédiaire du bureau de Paris, se montait, dès la première année, au quart. D'après l'auteur de ce Rapport, il avait été porté aux Enfans-trouvés, depuis 1790 jusqu'aux six premiers mois de l'an II de la République française, cinquante-cinq mille cent six enfans, dont trente-et-un mille trois cent quatre-vingt-quatre étaient déjà morts à la fin de ce terme.

Tout ce que nous venons de dire a pour but d'éclaircir par des faits la question de l'allaitement, et de fournir à nos lectrices les moyens de la décider avec connaissance de cause. Nous allons maintenant examiner quelles doivent être les qualités d'une nourrice, et les principaux soins que demande un enfant. Nous ajouterons toutefois une citation de Strabon, géographe célèbre et observateur attentif :

« Nulle part, dit-il, les hommes ne sont aussi grands, aussi forts qu'en Géorgie, où l'allaitement maternel est en usage depuis des siècles, et les femmes de ces contrées sont les plus belles de toute la terre. »

Les meilleures nourrices sont celles de 24 à 30 ans, jouissant d'une bonne santé, ayant le teint frais et de belles dents. Les nourrices brunes conviennent mieux que les blondes aux enfans des villes. Toutefois, les femmes très-brunes ont ordinairement une transpiration d'où émane une odeur forte qui décèle des humeurs âcres, et dont le lait se ressent. Les brunes et les blondes cendrées conviennent mieux.

Une bonne nourrice doit avoir les mamelles détachées de la poitrine, plutôt un peu pendantes que trop fermes, pour ne pas nuire à l'accroissement du nez de son nourrisson; car, outre la difformité qu'un nez trop court apporte au visage, elle nuit encore à la facile respiration; d'ailleurs un sein trop ferme retient difficilement le lait, il se perd presque aussitôt qu'il est formé, et l'enfant n'en trouve que très-peu quand il tête; conséquemment, la nourrice est obligée de le garder longtemps à son sein.

Des trois formes ordinaires de mamelles, la poire, la calebasse, la ronde; la première est préférable; il faut que les veines en soient bien apparentes, les mamelons minces et bien saillans.

La qualité et la quantité du lait sécrété ne sont pas en raison du volume des mamelles, mais en proportion de la vitalité de la femme et de son système gastrique; ce qui explique pourquoi une petite femme qui a les mamelles d'un volume très-modéré, fournit plus de lait, et d'une meilleure qualité, qu'une grosse et grande femme dont le sein est très-volumineux.

La stérilité du sein, la phthisie, le rachitis, les dartres, les scrophules, le scorbut, la pierre, la gravelle, la goutte et autres affections dont le germe se transmet avec le lait, interdisent l'allaitement aux nourrices qui en sont atteintes.

Qualités et régime d'une nourrice. La sobriété et la tempérance sont des qualités essentielles chez les nourrices. Leurs habitudes ne doivent que peu changer, à moins qu'elles ne soient vicieuses. Les nourrices de la campagne, accoutumées au grand air, au travail, deviennent souvent malades parce qu'on leur donne des alimens trop nourrissans, qu'elles ne prennent pas assez d'exercice et que l'on a souvent à leur égard des exigences ridicules. La bonne ou mauvaise qualité de leur lait provient de la nature des alimens dont elles se nourrissent; c'est cependant une vérité incontestable; et plusieurs faits prouvent que le lait a les propriétés et souvent la couleur des choses dont la nourrice a fait usage en dernier lieu. On purge un enfant de quelques mois par le lait de sa nourrice, en purgeant celle-ci.

Sans discuter si, à l'instar d'un virus, le lait peut communiquer les vices, nous pensons que l'enfant peut au moins en acquérir les dispositions par la première éducation ordinairement confiée à ces femmes; et nous croyons bien sincèrement que l'enfant sera colérique, si sa nourrice a de fréquens accès de colère. L'enfant, naturellement imitateur, boira volontiers du vin, si sa nourrice est dans l'habitude de s'enivrer, non seulement parce qu'elle ne lui en aura pas refusé, s'il a voulu faire comme elle, mais encore parce qu'elle lui aura donné cette habitude en le forçant à en boire; car les gens vicieux aiment à propager leurs vices : d'ailleurs, une femme colère et buveuse fournira toujours du mauvais lait.

Il est donc indispensable qu'une nourrice ne soit sujette à aucune passion dominante; car, comme nous allons le répéter, une tristesse profonde, une grande joie, la colère, la haine, la jalousie, altèrent toutes les sécrétions, à plus forte raison la nature du lait, qui peut si facilement être modifiée.

Il faut qu'une nourrice soit vive, sans étourderie ni colère; il est nécessaire qu'elle soit enjouée sans folie, un peu sans souci, dans la crainte qu'elle ne se chagrine au plus petit accident.

De la nourriture des nourrices. On doit bannir les épiceries, les assaisonnemens trop relevés, les salaisons, les viandes fumées, le vieux fromage, le vin pur et les liqueurs, le café et le chocolat.

Les différens légumes farineux sont ordinairement bons pour les nourrices qui ont l'estomac fort, qui digèrent bien et qui font un grand exercice. La nourrice peut être d'une grande et forte stature, et avoir l'estomac faible; comme très-souvent elle est d'une faible constitution corporelle, et cependant ses digestions sont faciles et bonnes. Les légumes non farineux ne conviennent qu'à celles qui ont un lait trop épais, qui sont sujettes à la constipation, et qui sont souvent tourmentées d'hémorrhoïdes.

N'oubliez jamais que le lait est le fruit des digestions; conséquemment ne laissez pas boire de vin pur, encore moins de liqueurs ou du café à l'eau à la nourrice, si vous ne voulez pas qu'elle donne un lait âcre à l'enfant.

L'exercice est d'autant plus nécessaire à la nourrice, qu'elle a un régime plus succulent.

Qualités du lait. Le lait d'une bonne nourrice doit être sans odeur, de couleur légèrement bleuâtre, d'une saveur un peu sucrée. Versé sur une surface polie, il se maintient en gouttelettes lorsqu'on l'incline. Il est d'ailleurs d'autant plus épais et plus blanc qu'il est plus ancien. Quand on prend une nourrice, il faut la choisir accouchée depuis peu de jours, mais ne balancez pas à prendre un lait ancien, quand la femme réunit d'ailleurs toutes les qualités convenables. Toutefois, le lait d'une femme accouchée depuis six mois est trop épais pour un nouveau-né. Il est encore plus fâcheux de donner à un enfant de six mois, bien portant, un lait de six semaines, qu'il ne l'est de donner à un enfant de vingt-quatre heures un lait de six mois, comme cela se pratique souvent. Par un lait nouveau, conséquemment séreux, vous amollissez les fibres, les os et tout le système vasculaire de votre enfant, au moment où il commence à avoir besoin de forces vous ralentissez son accroissement et spécialement la solidification de ses os : de là vous devez sentir la nécessité de lui donner un lait à peu près de son âge.

Le lait des femmes est séreux : il donne beaucoup de crème et un beurre fade. S'il a trop de sérosité, il entretient la faiblesse des enfans.

Il n'est pas de lait dont les qualités varient aussi facilement que celui de la femme, tant à cause de la grande mobilité morale dont ce sexe est susceptible, qu'à cause du changement des alimens. On a observé que les nourrices qui vivaient de végétaux avaient un lait plus sucré, et que les nourrissons des femmes dont le lait était plus sucré jouissaient de la meilleure santé.

La nourriture influe beaucoup sur le lait : Valmont-Bomare prétend que le cerfeuil, le sureau et le fenouil, et en général les légumes, augmentent la quantité du lait, et que le persil et la bourrache la diminuent. Il conseille de donner aux nourrices, chaque jour, de la racine de scorsonaire, pour purifier la masse de leur sang.

Sécrétion du lait. Lorsque l'enfant est né, l'utérus, si distendu en longueur et en largeur, se resserre, se raccourcit et revient insensiblement à son volume antérieur et presque naturel; par conséquent il ne donne plus accès à la quantité de fluide que la grossesse y avait attiré, et dont ce viscère avait besoin pour la nourriture de l'embryon, et pour étendre son domicile en raison de son accroissement.

Cette opération de la nature fait refluer vers d'autres parties du corps le sang et les sucs lymphatico-laiteux qui s'étaient portés en grande abondance dans tous les vaisseaux utérins. Ce reflux a ordinairement et spécialement lieu aux mamelles, qui réunissent, non seulement tout le sang de la branche inférieure de l'artère mammaire, mais encore une grande partie de celui que les iliaques versent abondamment dans les épigastriques; de là naissent les picotemens avec la distension plus ou moins considérable de ces organes, suivant que la femme est naturellement pléthorique, ou qu'elle a plus ou moins perdu en accouchant.

Voilà l'origine de la sécrétion du lait, d'autant plus abondante, que les sucs lymphatico-laiteux que ce sang contient affluent en plus grande quantité à ces organes destinés à son élaboration par les glandes conglomérées dont sont formées les glandes mammaires.

Ce qui fait que le lait de la mère convient mieux à l'enfant que tout autre, c'est qu'il a de l'analogie avec la liqueur dont l'enfant était nourri dans l'utérus.

Fièvre de lait. La sécrétion du lait occasionne, trois à quatre jours après l'accouchement, quelquefois plus tôt, rarement plus tard, un mouvement fébrile appelé *fièvre de lait*.

Les femmes qui ont peu de lait, celles qui nourrissent, celles qui ont des règles modérés, celles qui transpirent beaucoup, celles qui sont sobres, en sont presque exemptes.

Symptômes. Malaise, peau rêche, frissons vagues, suppression des lochies, gonflement des mamelles, soif vive, mal de tête, quelquefois léger délire. Souvent le lait se porte avec tant de force aux mamelles, que la femme est obligée d'écarter les bras pour respirer.

Cette fièvre dure vingt-quatre heures environ, puis les lochies reparaissent, la femme sent des picotemens incommodes au sein, elle se plaint d'une sueur abondante et d'une odeur aigre, et le lait coule à flots.

La femme doit observer le repos pendant tout ce temps, et, pour faire son lit, on la transportera sur un autre avec précaution. On peut lui donner quelques tisanes légères, comme l'infusion de tilleul, de camomille, de feuilles d'oranger, l'eau d'orge, de chiendent et de réglisse, l'eau édulcorée avec des sirops de guimauve, de capillaire, de vinaigre ou de groseille. Quelques grains de nitre dans ces boissons fournissent la transpiration qui termine la fièvre de lait.

Rien de plus propre à prévenir la fièvre de lait que de présenter de bonne heure l'enfant à la mamelle.

Il est bon, pendant la fièvre de lait, de tenir les mamelles couvertes de linges chauds, d'y faire des lotions avec de la décoction de graines de lin, ou de les exposer à la vapeur de l'eau chaude, pour en dilater les canaux.

Manière de faire le sein. Le meilleur moyen de faire le sein est la succion réitérée dès le septième mois. M. Pasty ordonne des cataplasmes émolliens, entre deux linges, et couvrir le mamelon d'un bout en linge, en gomme élastique ou en buffle. On termine l'extension des mamelons au moyen de bouteilles à goulot renversé; il faut les prendre de la capacité d'un grand gobelet, et choisir les goulots les plus longs possibles, et dont les ouvertures puissent facilement recevoir le mamelon, sans cependant qu'il y soit trop à l'aise, dans la crainte que ce mamelon ne se gonflât plutôt que de s'allonger.

Pour se servir fructueusement de ces bouteilles, on doit en envelopper le fond et le corps jusqu'au collet, avec quelque étoffe qui conserve la chaleur qu'on leur donnera en les remplissant d'eau aussi chaude que possible, sans les faire casser; quand le tout est bien échauffé, on les vide exactement, et sans perdre de temps on y fait entrer le mamelon, en appliquant le renversement du goulot sur l'aréole du mamelon, de manière que l'air ne puisse entrer dans cette bouteille.

Le mamelon, attiré par la chaleur de cette espèce de ventouse, s'allonge en faisant éprouver au premier moment une légère douleur de tiraillement; on le laisse dans cet état pendant une demi-heure au moins, en soutenant la bouteille. Quand on veut cesser l'opération, on fait entrer un peu d'air dans la bouteille, en appuyant un doigt sur le sein au bord du goulot; on baisse en même temps le corps de la bouteille, alors le mamelon s'affaisse, et on peut facilement le retirer du goulot; et pendant qu'il est encore un peu allongé, on le couvre de la mamelière qui doit l'entretenir dans cet allongement.

Nous conseillons de prendre les goulots les plus longs possibles, par la raison que lorsqu'ils sont courts, le mamelon se prolonge par-delà, et s'épanouit en forme de fraise dans le corps de la bouteille, au lieu de s'allonger, ce qui est contraire à notre intention. Quand cet accident arrive, on ne peut retirer le mamelon du corps de cette bouteille qu'en la cassant, puisque l'extrémité du mamelon grossit au lieu de s'allonger.

On renouvelle ce procédé tous les jours jusqu'à ce que les mamelons perdent leur sensibilité qui, dans l'allaitement, pourrait occasionner des accidens inflammatoires.

Allaitement. Il est nécessaire d'avertir les mères-nourrices, qu'il y a des enfans qui refusent de prendre le sein pendant les premiers jours; car ce refus pourrait les désoler. Lorsque cet enfant aura bien évacué toute la partie muqueuse qui tapisse son estomac, l'appétit lui viendra, et il n'en tetera que mieux. Mais en attendant, il faut lui faire boire un peu de vin et d'eau ou de l'eau de fleurs d'oranger sucrée.

Les enfans ne pourraient trouver le mamelon de la nourrice, et les nourrices doivent les prendre dans leurs bras et les porter à leur sein pour les allaiter.

On donne à teter aux enfans, le jour, environ de deux heures en deux heures, et la nuit toutes les fois qu'ils se réveillent. Deux à trois heures sont le temps nécessaire pour que le lait acquière assez de consistance et de principes nutritifs. Si l'enfant est fort et prend d'autres alimens que le lait, on peut mettre de plus longs intervalles. Jusqu'à quatre ou cinq mois, il doit teter pendant la nuit. A cette époque; on peut l'habituer par degrés à ne se nourrir que le jour. Lorsqu'il est malade, l'abstinence lui est nécessaire.

Le lait doit lui suffire jusqu'à ce que les dents paraissent. Les forces digestives s'accroissent alors, et on peut commencer à lui donner des alimens plus solides. Lorsqu'on donne du lait de chèvre ou de vache, il faut le couper avec de l'eau tiède, et non avec de l'eau de gruau ou d'orge qui le rend encore plus lourd. Ce n'est que vers l'âge de deux ou trois mois qu'un enfant, d'ailleurs bien portant, peut commencer à prendre d'autres alimens que le lait, tels que bouillie de farine légèrement rôtie, ou panade, fécules, bouillon de veau et de bœuf, potages et gelées.

On ne doit jamais chercher à faire prendre le sein à un enfant, qu'il ne soit éveillé, et qu'il n'ait manifesté le besoin de se sustenter, sans quoi on le verra chifonner, c'est-à-dire teter de mauvaise grâce, ce qui annonce que la première nourriture qu'il a prise n'est pas encore digérée; le peu qu'il prendrait alors s'aigrirait, et ferait tourner l'autre à l'aigre, et il lui surviendrait des coliques. Quand on donne le sein à un enfant, il faut le tenir le plus droit possible, et non pas le coucher, comme le font une partie des nourrices; il faut aussi porter une grande attention à ce que les nourrices soient libres. Une nourrice soigneuse, et qui veut que sont lait profite à son nourrisson, ne doit jamais le faire teter pendant qu'elle prend son repas.

Moyens de procurer du sommeil à la nourrice. Le sommeil, qui en tout temps rafraîchit notre sang et répare nos forces perdues, est plus nécessaire à la femme qui allaite, qu'en tout autre temps de sa vie; conséquemment il est bon qu'elle ne donne point à teter pendant la nuit; la méthode opposée contrarie la nature qui veut que les mères faibles puissent réparer, par le repos de la nuit, les pertes de la journée, et former un lait d'une qualité parfaite par l'assimilation du produit des substances dont elles se sont nourries pendant le jour; sans cette salutaire réparation, le lait ne peut acquérir les qualités nécessaires à une bonne nutrition, et deviendrait plus nuisible qu'utile à l'enfant; la nourrice s'épuiserait et ne pourrait continuer son allaitement.

Donner le sein le soir à l'enfant. Préparer pour la nuit la boisson ci-dessous : Mêler dans un demi-setier d'eau un once de sucre de lait, quantité suffisante de sucre ordinaire et six grains de gomme arabique. Quand l'enfant a plusieurs mois, on double la dose, et plus tard on ajoute une cuillerée de panade. Cet aliment, donné deux fois dans une nuit est suffisant.

On n'éveillera jamais l'enfant pour le faire boire si par hasard il dort aussi longuement que sa nourrice.

Il est dangereux qu'une nourrice couche son nourrisson dans son lit : il y a de si fréquens exemples d'enfans étouffés sous leurs nourrices, que les confesseurs sont obligés d'en faire un cas de conscience.

Effets des passions morales sur le lait. Les passions exaltées, comme la grande joie, ainsi que la frayeur et la colère, bouleversent tellement les humeurs, et apportent au lait une telle dépravation, que plusieurs enfans sont tombés en convulsion pour avoir teté peu après que les nourrices avaient éprouvé de grandes commotions morales. Il est donc très-intéressant que celles qui ont éprouvé de ces grandes secousses, se reposent pendant plusieurs heures, et qu'elles perdent le lait qu'elles avaient dans les mamelles avant cet événement; sans cette précaution, elles exposent leurs enfans à divers accidens.

Il est très-essentiel que la nourrice, comme la femme grosse, n'éprouve que des affections gaies et des passions douces pendant l'allaitement; car les fâcheuses provoquent la tristesse, qui diminue l'appétit, déprave les digestions, conséquemment altère la qualité du lait et occasionne la disette.

Le docteur Heinke cite le cas d'une femme qui, après une vive colère, se fit teter par un petit chien. Dans l'instant cet animal eut de violentes convulsions. On lui donna de la thériaque; il tomba dans un profond sommeil, et se rétablit.

Cris de l'enfant et leur cause. La colère, la jalousie et la crainte sont les passions ordinaires des enfans; à défaut de parole, ils s'expriment par leurs cris. Il faut donc savoir distinguer les cris du besoin et de la douleur de ceux qui tiennent à l'impatience ou à la colère. Dans le premier cas, ils sont plus aigus, moins suivis, accompagnés de larmes pendant la douleur. Dans le second cas, ils sont forts, continus, cessent si on cède à l'enfant. Il pleure de nouveau s'il est contrarié.

Quelquefois les nourrices attribuent à la faim des cris causés par des coliques et par la mauvaise digestion d'un lait pris en trop grande abondance et coagulé dans l'estomac.

Le lait, ou toute autre nourriture, ne peut remédier qu'à la faim; il faut donc s'appliquer à distinguer ces cris de ceux occasionnés par les coliques qui proviennent de la surabondance de la nourriture qui, tournant à la fermentation acéteuse, produit de l'air qui, distendant encore le faible estomac et les intestins des enfans de cet âge, en augmente la douleur.

Dans cette circonstance, au lieu de donner le sein a l'enfant, comme on a la mauvaise habitude de le faire, il faut lui faire boire de l'eau de camomille romaine, chaude et sucrée. Les nourrices qui ont un peu d'expérience connaissent ce moyen de soulager leur nourrisson; et quand il y a des aigreurs, ce qui se reconnaît à l'haleine de l'enfant, elles donnent cinq ou six grains de magnésie dans une cuillerée de leur lait.

Quand un enfant est dans ce cas, plus on le fait teter plus on prolonge ses tourmens; il faut au contraire le priver de nourriture pendant les douleurs, car plus il souffre, moins bien il digère, et lui faire boire fréquemment quelques cuillerées d'eau chaude bien sucrée. On ne doit pas croire que l'enfant demande le sein chaque fois qu'il pleure, car souvent il ne crie que parce qu'il a l'estomac trop plein, et qu'il souffre pour digérer.

On reconnaît les pleurs qui proviennent du besoin de nourriture : 1° par le laps de temps qui s'est écoulé depuis que l'enfant a teté; 2° parce qu'alors il ouvre la bouche, remue les lèvres et qu'il saisit avidement le doigt qu'on lui présente. (Voy. ENFANT.)

Si les coliques sont assez violentes pour être obligé d'avoir recours à une potion calmante, on pourra faire usage du sirop de diacode à la dose d'un demi-gros seulement dans une once d'eau de camomille romaine, avec une once de sirop de fleurs d'oranger, que l'on donnera par cuillerées à café d'heure en heure, en sorte que l'enfant ne consomme cette dose qu'en douze ou quinze heures à peu près; car plus d'un enfant a été la victime de ce remède donné à plus grande dose dans la première année de la vie.

Les nourrices ne doivent pas laisser crier les enfans trop fort et trop longtemps; ces efforts leur causent des descentes qu'il faut avoir grand soin de rétablir promptement par un bandage. Mais, nous le répétons, qu'elles connaissent bien la cause des cris, et ne précipitent pas les repas les uns sur les autres; par là, on l'habitue à rester trop longtemps au sein, ce qui fatigue mal à propos la mère, spécialement pendant la nuit. On lui procure souvent des indigestions, ou au moins des digestions imparfaites; il est vrai que souvent l'enfant rejette ce qu'il a pris de trop; mais comme tous les enfans ne rejettent pas le superflu de ce qu'ils ont teté, il faut donc avoir grande attention de leur retirer le sein sitôt que leur besoin est satisfait; ce que la nourrice attentive reconnaît par le temps et la manière dont l'enfant l'a tetée.

Un enfant qui ne tette que de loin en loin a plus d'appétit et digère facilement.

Remède à administrer aux enfans qui ont trop teté. Lorsqu'un enfant a trop ou trop souvent teté, la fermentation du lait, qui tourne à l'aigre, dégage de l'air qui distend douloureusement l'estomac, et fait crier l'enfant jusqu'à ce qu'il ait rendu des vents par haut ou par bas; il faut, dans ce cas, desserrer la poitrine, la tenir un peu plus élevée que les fesses, et donner à cet enfant quelques cuillerées d'eau sucrée, dans laquelle on aura mis un quart d'eau de fleurs d'oranger, ou l'infusion de quelques fleurs de camomille romaine; on lui mettra sur le ventre quelques linges chauds, avec lesquels on lui fera des frictions sur toute la région épigastrique et abdominale : par suite, on évitera cet accident, en ne lui donnant le sein que toutes les trois heures, et même moins souvent quand il souffre.

Vomissemens de l'enfant qui a trop teté. Lorsque l'enfant vomit parce qu'il a trop, ou trop rapidement avalé du lait, son ventre reste plat, souple et mollet; lorsqu'au contraire il vomit parce que le lait est vicié, le ventre reste *dur* et *gros*, tandis que toutes les autres parties du corps deviennent molles et s'amaigrissent.

Dans ce cas, il faut goûter le lait de la nourrice pour savoir s'il n'a pas dégénéré; mais s'il est encore d'une bonne qualité, il faudra examiner les couches de l'enfant; et si on y trouve des matières blanches, grumelées, mêlées avec d'autres matières jaunes et vertes, il sera évident qu'il y a des humeurs dépravées; car souvent c'est du chyle pelotonné qui a acquis trop de consistance : alors il faudra évacuer toutes ces matières avec le sirop de chicorée composé de rhubarbe, dont la dose sera en raison de l'âge de l'enfant.

Après cette purgation il faudra penser à fortifier l'estomac de l'enfant, et lui faciliter ses digestions par l'usage du julep suivant :

Prenez eau de fleurs d'oranger, une once;

Sirop anti-scorbutique, une demi-once;

Sucre ordinaire, suffisante quantité pour rendre cette boisson agréable à boire.

On peut encore employer l'infusion de quelques têtes de camomille romaine, avec des feuilles d'oranger et le sirop d'écorce d'orange.

On donne une cuillerée à bouche de l'une ou de l'autre de ces mixtions, deux fois par jour, demi-heure avant de mettre l'enfant au sein, et on continuera pendant une quinzaine de jours.

Repos après l'allaitement. Il ne faut pas remuer et retourner un enfant après qu'il a bien teté ou bu, parce que le trop grand mouvement, à cet âge, nuit à la bonne digestion. Si l'enfant s'est sali pendant qu'il était au sein, ou pendant qu'il a bu, il faut mettre dans la barcelonnette ou dans le berceau tout ce qui est nécessaire pour le tenir proprement; et après avoir détaché les langes malpropres et essuyé l'enfant, on le posera tout nu sur ceux qui l'attendent; on bordera le tout jusqu'à son réveil, moment où on pourra le remuer autant qu'il est nécessaire pour l'habiller complétement.

Nettoiement de l'enfant. La nourrice doit changer les langes dès qu'elle s'aperçoit qu'ils sont mouillés. Elle lavera chaque fois la peau avec de l'eau tiède, à laquelle on peut parfois ajouter quelques gouttes d'eau-de-vie ou d'une liqueur aromatique. Si l'urine et les déjections produisent des excoriations, couvrir la peau malade avec de la poudre de lycopode ou de sciure de bois blanc tamisée. Laver la tête avec de l'eau tiède, et ne la peigner ni ne la brosser trop fortement.

Le suintement derrière les oreilles, et les gales qui viennent sur la tête, cèdent ordinairement à des soins de propreté bien entendus.

La couche de toile qu'on applique immédiatement sur la peau doit être très-propre, et jamais trop froide, trop humide ou trop rude. Quand les nourrices n'ont pas d'eau tiède prête, qu'elles aient soin de remplir leur bouche d'eau, qu'elles dégourdiront en la gardant pendant quelques momens, pour enfin la souffler sur toutes les parties malades, et ensuite bassiner ces mêmes parties avec une décoction de thym ou de lavande, pour raffermir la peau, qui, sans ces soins, s'ulcérera bientôt.

L'usage des nourrices qui ne changent les langes de leur enfant que trois fois en vingt-quatre heures est d'autant plus fâcheux, qu'il y a quelquefois longtemps qu'il s'est sali quand elles se décident à cette opération, et que le linge propre qu'on met sous eux semble provoquer une nouvelle évacuation; alors ces pauvres petites créatures se trouvent ensevelies dans leurs excrémens pendant sept à huit heures à peu près.

Les nourrices exposent encore leurs nourrissons au dévoiement, en mettant sécher les langes et le linge mouillé dans la chambre où elles les tiennent, en les exposant à l'air humide du soir, ou en leur laissant des langes mouillés autour d'eux. Dans ce cas, les déjections alvines ne sont pas de mauvaise qualité, et le dévoiement n'a lieu que par faiblesse d'estomac et relâchement d'entrailles.

Habillement de l'enfant. Nous avons indiqué comment il faut que la nourrice habille l'enfant. (Voy. LAYETTE.)

Un fichu garantit le cou. Le reste du corps est enveloppé d'un lange de toile qui vient jusque sous les aisselles, et dont la partie inférieure est ramenée sur les cuisses de manière à les séparer. Un second lange de laine ou de coton le recouvre et fait deux ou trois fois le tour du corps. Son extrémité est repliée et ramenée vers la partie supérieure de la poitrine, et les angles en sont portés derrière le dos où ils sont maintenus.

Tant que l'enfant reste couché ou qu'on le porte sur les bras, cela suffit. Vers l'âge de quatre mois, on peut lui mettre une chemise plus longue, que l'on recouvre d'une robe plus ou moins chaude, suivant la saison. Ses pieds sont couverts avec des bas de coton ou d'un tissu léger.

La tête des enfans doit être tenue couverte jusqu'à ce qu'elle soit pourvue de cheveux; mais il ne faut pas trop la couvrir. Les bonnets épais concentrent la chaleur, retiennent la matière de transpiration qui est fort abondante à cet âge.

Lorsqu'un enfant a les cheveux longs, sa tête doit toujours être nue. En été un chapeau de paille le garantira de l'ardeur du soleil. Celui qui a les cheveux coupés à la Titus, mode préférable parce qu'elle permet de le peigner plus facilement, doit se tenir plus chaudement en hiver. Les chemises et les brassières doivent être larges et s'attacher par derrière. Les manches seront amples de peur que les doigts n'y soient arrêtés et renversés. Lorsqu'on y passe le bras de l'enfant, il faut, avec deux doigts, aller chercher la main que l'on amène ainsi sans courir les risques de la tirailler; pour assujettir ses vêtemens, n'employez que le moins d'épingles possible, car souvent elles peuvent le blesser.

La partie sexuelle de la fille est sujette, dès les premiers jours, à un gonflement des lèvres de la vulve, et à un écoulement glaireux. Chez le garçon, le scrotum est souvent gonflé et tendu; dans ce cas, pour l'un comme pour l'autre, des lotions avec deux tiers d'eau chaude et un tiers d'eau-de-vie suffisent pour dissiper ces gonflemens; plus souvent encore, le scrotum est fort lâche et très-pendant. Après l'avoir lavé, il faut le relever et le soutenir avec un linge, pour l'empêcher d'être froissé et comprimé entre les cuisses; car cette compression devient douloureuse et quelquefois dangereuse; elle fait pleurer l'enfant jusqu'à ce qu'on l'ait mis en liberté, spécialement lorsque les testicules sont déjà descendus.

Manière de porter l'enfant. En portant l'enfant, que la nourrice soutienne toujours la tête, en plaçant les fesses du nourrisson sur son avant-bras. Si elle comprime le corps, elle peut le rendre difforme. Qu'elle se garde de le soulever par la tête ou par les bras. Les bourrelets dont on entoure la tête des enfans, afin de les préserver de tout choc violent lorsqu'ils tombent, forment en général une coiffure trop pesante; préférez ceux que l'on fait plus légers en élastique, en paille, en baleine, etc. (Voy. BOURRELETS.)

Il importe de ne pas exposer brusquement les enfans à la lumière. On les fait passer de l'obscurité à une douce clarté; on ne leur présente jamais la lumière qu'en face, pour éviter le strabisme. (Voy. ce mot.)

Régime de la nourrice pendant la dentition. Il faut priver la nourrice de café, de vin, de ragoûts et de tout ce qui peut l'échauffer et donner quelque acrimonie à son lait; on la nourrira avec des potages aux herbes, et on lui fera manger plus de légumes que de viande, si la saison le permet; on lui donnera des soupes au lait; sa boisson, à ses repas, sera de la bière, et dans le cours de la journée, on lui donnera de la tisane d'orge perlé.

Sevrage. Il serait avantageux à l'enfant de ne recevoir pour toute nourriture, que le lait de sa nourrice, pendant les deux premiers mois. Ce n'est qu'à trois mois, qu'on doit y suppléer par la bouillie et le pain détrempé dans du lait.

Après quelques mois d'allaitement, le lait seul ne suffit pas plus à l'enfant; il faut donc penser à suppléer à la bouillie, que nous proscrivons comme cause première de presque toutes les maladies qui tuent l'enfant (Voy. CARREAU); on y parviendra par les moyens suivans :

Panade. Prenez du pain très-cuit, qui a été un peu séché; mettez-le tremper dans l'eau pendant quelques heures, puis faites bouillir le tout pendant sept ou huit heures. A mesure que le mélange s'épaissit, versez-y de l'eau chaude; passez au travers d'un tamis; ajoutez un peu de sucre et quelques gouttes d'eau de fleurs d'oranger. La biscotte n'a aucun avantage sur le pain ainsi préparé.

Autre recette. Mettez, dans un vase de terre ou de faïence, deux onces de croûte et mie de pain bien cuit, rassi et brisé; faites-les bouillir dans un litre ou pinte d'eau, laissez réduire jusqu'à moitié, écrasez ce pain et coulez à travers une étamine, il en résulte une eau très-mucilagineuse à laquelle vous ajouterez :

Sucre de lait, deux gros; sucre ordinaire, suffisante quantité pour rendre cette boisson très-agréable. Lorsqu'on voudra ménager le lait de la mère, on fera tiédir, de cette liqueur, une dose proportionnelle à celle du lait que l'enfant tétait ordinairement; si cet enfant dort paisiblement pendant quelques heures après cette boisson, on aura la preuve d'être parvenu à la dose nécessaire.

Quand l'enfant aura besoin d'une nourriture plus substantielle que celle ci-dessus, il faudra mettre plus de pain dans l'eau, et après l'avoir fait réduire plus, on passera, avec expression, cette décoction de pain; alors on en retirera une bouillie ou colle plus épaisse, dont on délaiera une ou deux cuillerées à café, dans une petite tasse, de la boisson ci-après, et que l'on fera tiédir au bain-marie, pour faire humer à l'enfant comme si c'était du lait.

Prenez sucre de lait, demi-once; sucre ordinaire, deux ou trois onces. Le tout pour une chopine d'eau.

Quelques mères, dans la vue d'économiser le sucre, font bouillir avec le pain une certaine dose de racine de réglisse bien ratissée et bien jaune.

Quand on commence l'usage de cette nourriture, il est bon de n'en donner que la nuit, pour laisser à la mère plus de repos; une cuillerée à café doit suffire pendant les dix ou douze premières nuits, après lesquelles on en donnera autant au milieu du jour, tant que ces doses suffiront à l'enfant; et lorsqu'elles ne le nourriront plus suffisamment, on en donnera une troisième dose le soir; par suite on pourra en donner alternativement, avec le sein; plus l'enfant grandira, plus il faudra augmenter la dose de cette décoction de pain chaque fois, mais toujours progressivement à l'accroissement, et non de l'embonpoint; car il faut craindre de l'empâter, ce qui arriverait facilement, si on lui en donnait trop chaque fois, trop souvent, ou trop épaisse.

Nous ne regardons pas le gros embonpoint comme une preuve de force; nous croyons, au contraire, qu'il n'est que l'effet d'une constitution relâchée et pituiteuse, occasionnée par l'usage de la bouillie à la farine, ou de toute autre, donnée trop épaisse. Chez les enfans très-gras, toutes les fonctions vitales languissent : nous préférons un enfant d'une constitution musculeuse, dont le coloris des lèvres et l'incarnat des joues annoncent une grande activité dans le système vasculaire; tandis que ceux qui sont gros et gras, mais décolorés, annoncent plus d'asthénie que de force et d'activité dans les fonctions du cœur et de toutes ses dépendances; aussi, à quinze ou seize mois, ces enfans ressemblent-ils à des automates; et dans une dentition pénible, ils fondent si rapidement, qu'ils donnent plus d'inquiétude que les autres. Vous conduirez donc graduellement les enfans, en raison de la manière dont ils digéreront et en proportion de leurs forces.

Quand l'enfant est parvenu, par ce moyen, au terme de sept ou huit mois, on peut commencer l'usage de cette bouillie de pain dans du bouillon de viande; car cette nourriture lui devient, quelquefois plus tôt, comme souvent plus tard, nécessaire.

Il ne faut pas s'y méprendre; les grands maux qui attaquent l'enfance viennent communément de la faiblesse des organes digérans, souvent surchargés de phlegmes et d'une mauvaise nourriture, telle que la bouillie à la farine, ou d'un lait trop âgé, qui produisent viscosité dans les intestins, et qui, déposant des humeurs dans les glandes mésentériques, les obstruent, et produisent par suite la mort lente de ces jeunes créatures.

L'usage d'allaiter un enfant jusqu'à deux ou trois ans est préjudiciable à la mère et au nourrisson. Lorsqu'on sèvre celui-ci, ne lui retranchez jamais le lait brusquement, mais bien à une manière graduelle, à mesure qu'il s'habitue aux alimens solides. Dès que ses dents paraissent, on peut lui laisser mâcher des croûtes de pain, des échaudés. On lui donne ensuite du lait, du bouillon, des panades, du laitage, puis des viandes bouillies ou rôties, mais en petites quantités, des légumes, des fruits de bonne qualité, cuits; point d'épices ni de sucreries; lait coupé, eau d'orge ou de gruau, eau pure ou sucrée pour boisson.

Un enfant qui a 20 ou 22 dents, les chairs fermes, le visage coloré, les yeux clairs et vifs, en un mot l'aspect de la santé et de la force, peut être sevré sans danger. Le terme ordinaire de l'allaitement est de 12 à 15 mois. Les nourrices d'une constitution lymphatique doivent sevrer de bonne heure. Un enfant robuste et dont la dentition est facile, peut être sevré au neuvième ou dixième mois. (Voy. SEVRAGE.)

En renvoyant à l'article ENFANT, nous en profiterons pour réparer une faute d'impression qui s'est glissée dans cet article. 1er vol., pag. 272, 1re col., lig. 18 ; au lieu de : *En même temps que*, etc. Lisez : « En même temps l'enfant délivre sa mère d'une surabondance de lait et lui est utile en débarrassant les mamelles trop pleines.»

Indispositions et maladies des nourrices. — Cas où la nourrice a trop de lait. Il faut qu'elle se modère sur la qualité et la quantité de nourriture ; qu'elle mange peu de potage, très-peu de pain; qu'elle vive de légumes potagers et qu'elle prenne quelques lavemens ; qu'elle se fasse teter par une personne saine, ou qu'elle dégorge ses seins avec les bouteilles destinées à cet usage et qui ont dû l'aider à façonner ses mamelons, ou avec la pipe de verre à goulot renversé; mais sur toutes choses qu'elle se garde d'éveiller son enfant pour lui donner à teter, car il s'en acquitterait mal alors, ayant plus besoin de dormir que de boire.

Disette et sécrétion trop abondante de lait. Une femme nouvellement accouchée, ne doit pas s'inquiéter du peu de lait qui lui arrive quelquefois dans les premiers jours ; il y en a assez, parce que l'enfant doit en prendre peu alors chaque fois qu'il tette. L'enfant trouve ordinairement dans le sein de sa mère la proportion et la qualité qui conviennent le mieux à son âge; ce lait augmente chaque jour quand l'accouchée se porte bien, et lorsque, par les purgatifs qu'on a dû lui administrer dans les derniers mois de sa grossesse, on l'a mise en état de bien digérer et de manger de bon appétit.

Lorsque les mamelles ne sécrètent que très-peu de lait, il faut en rechercher la source; car cette disette peut tenir à différentes causes, comme à la faiblesse naturelle de cette femme, ou une hémorrhagie considérable à la suite de la délivrance,

Quand la disette de lait dépend de la faiblesse naturelle de la femme, il lui faut un régime analeptique, et lorsqu'elle dépend d'une hémorrhagie, indépendamment de ce régime analeptique, il faut faire faire à cette femme un usage journalier anti-scorbutique, jusqu'à ce que les torts de cette hémorrhagie soient séparés.

La petite quantité de bon lait est préférable à cette abondante sécrétion et écoulement continuel de lait séreux que Boerhaave a nommé *diabète mammaire*, qui épuise la mère sans sustenter l'enfant et qui devient un obstacle à la continuité de l'allaitement. On sent parfaitement qu'avec un lait de cette qualité, l'enfant a continuellement des besoins et qu'il crie fréquemment : il faut, dans ce cas, restaurer la mère par de fréquens potages de salep cuit au lait et aromatisé avec l'eau de fleurs d'oranger, ou de cannelle orgée, ou d'un grain de vanille, et suffisamment de sucre. Si le lait ne réussit point à la mère, on fera cuire le salep dans un bouillon à la viande dans lequel on aura mis un peu de girofle ou de canelle, si mieux elle n'aime la muscade. On peut encore lui donner, de temps à autre, un lait de poule aromatisé avec de l'eau de cannelle orgée. Ces préparations sont un excellent premier déjeûner pour une femme faible, petite mangeuse, qui a peu de lait, ou de pauvre qualité; et pour que l'abondance de pauvre lait n'épuise pas la nourrice, il sera nécessaire de lui donner quelques cordiaux pour remonter le ton de son estomac et lui faire faire de meilleures digestions; on les choisira suivant son tempérament.

Si elle est naturellement flegmatique et pituiteuse, quelques cuillerées de vin généreux, comme de Bourgogne ou de Languedoc, avec du sucre, de Rota, d'Alicante ou de Malaga amer, lui conviennent parfaitement, ainsi que le sirop anti-scorbutique, et les amers comme la décoction de racine de patience, de gentiane, ou d'écorce du Pérou. Si les amples boissons ne sont pas de son goût, on lui donnera à jeun, ou la poudre de racine de gentiane, ou d'écorce du Pérou, à la dose de dix-huit grains dont on ferait un, deux ou trois bols, ou que l'on délaierait dans quelques cuillerées de vin avec un peu de miel de Narbonne ; on peut donner pareillement l'extrait de genièvre à la dose de dix-huit grains. Si cette nourrice est d'un tempérament irritable et disposé à la constipation, les choses chaudes ne lui convenant point, on la mettra à l'usage de l'eau de seltz et des eaux ferrugineuses.

La disette de lait provenant d'un tempérament trop actif se tempère par les farineux, les autres anti-phlogistiques, les boissons nitrées; la bière au lieu de vin, le lait d'ânesse ou de vache, la tisane de fleurs de tilleul et de racine de fraisier.

— Gerçures au sein. Les efforts que fait un enfant vigoureux pour tirer le lait de la mamelle d'une femme, dont la conformation du mamelon n'est pas parfaite, produisent souvent des douleurs si vives, qu'elles font suer et souvent évanouir cette femme, et qu'enfin elles deviennent insupportables.

Lorsque le mamelon est à ce point de sensibilité, il est à craindre que la succion continuée ne produise l'inflammation de tout le sein, laquelle inflammation amène la fièvre et des dépôts laiteux.

Lorsqu'il n'y a qu'un sein malade, il faut donner l'autre. Si tous les deux sont malades, faire usage des remèdes indiqués à l'article CREVASSE. Couvrir le sein de cataplasmes émolliens, légèrement saturnés.

Quand il n'y a pas de gerçure, laver le mamelon et le couvrir du baume suivant : prenez une poignée de vulnéraire suisse (Voy. FALTRANK.), autant de feuilles et fleurs de millepertuis et de roses de Provins séchées.

Faites infuser dans un vase de terre ou de faïence, pendant cinq ou six heures, dans quatre onces de bon vin vieux de Languedoc, de préférence à celui de Bourgogne ou de Macon; coulez ce vin avec expression, et ajoutez quatre onces de miel de Narbonne; faites bouillir à petit feu dans le même vase, et jamais dans un étamé ou de fer-blanc, jusqu'à ce que le miel ait repris sa consistance; laissez refroidir et gardez pour le besoin.

Il faut, avec la barbe d'une plume, enduire de ce baume le mamelon malade, puis le saupoudrer de lycopodium, et le couvrir d'un bout de sein dont le petit trou doit être bouché avec de la cire, pour qu'il tienne toujours le mamelon tendu; ce qu'il ne ferait pas, s'il restait percé, comme il faut qu'il le soit, lorsqu'on ne le porte que pour éviter le frottement et la compression des vêtemens. On aura grand soin de nettoyer cet étui chaque jour.

Autre procédé. Couvrir le sein d'une vessie de cochon, bien lavée, dans laquelle on aura mis jusqu'à moitié, du lait de vache coupé avec la décoction de mauve tiède.

L'humidité qui transpire à travers les pores de cette vessie, fait un bain tiède continu qui met fin à l'inflammation après quarante-huit heures à peu près; il faut renouveler cette vessie deux ou trois fois en vingt-quatre heures.

Liniment pour les gerçures de mamelons. Faire dissoudre un grain d'extrait aqueux d'opium dans trois gros d'eau de chaux récente et autant d'huile d'amandes douces récentes faite à froid. Panser les mamelons avec de la charpie fine, imbibée de ce mélange, et recouvrir le tout de bouts de seins.

Inflammation du sein connue sous la dénomination vulgaire de poil. Sous cette dénomination populaire, nous entendons parler de l'engorgement des vaisseaux galactophores ou lactifères, qui peut survenir à tout terme d'allaitement et dans la plus parfaite santé de la nourrice, quand par son imprudence elle a reçu un coup d'air frais sur le sein, pour l'avoir découvert pendant qu'elle était en sueur. La crainte de cet accident doit rendre les nourrices prudentes et les décider à ne jamais donner leur sein à l'enfant quand elles viennent de faire une grande course ou un ouvrage forcé; en un mot quand elles sont en sueur par quelque cause que ce soit, et spécialement par un accès de colère.

Quelle que soit la cause de cet accident, le traitement doit être le même, puisque l'effet est le même; la femme se mettra au lit pour rappeler la sueur répercutée; elle fera diète, se contentera de bouillons qu'elle prendra de six en six heures, tant que la fièvre sera forte; dans l'intervalle de ces bouillons elle boira de l'eau de bourrache et se fera donner des lavemens émolliens.

Si le sein est bien tendu, le lait grumelé, le mamelon accourci, il faut faire usage des vessies à moitié remplies de lait de vache coupé avec la décoction de mauve.

Lorsque les lavemens de décoction émolliente ne produiront aucune évacuation alvine, il faudra en donner un demi seulement dans lequel on aura délayé quatre onces de miel mercuriel. (Voy. ce mot.)

Si on n'a pas perdu de temps avant d'employer ces moyens, on pourra éviter la saignée, parce que le sein devient facile à vider par une pipe de verre à goulot renversé, fabriquée pour cet usage. Dès que le sein sera vidé, il faudra employer les résolutifs, tels que les cataplasmes de mie de pain mêlés d'eau minérale, qu'on prépare avec une once d'acétate de plomb dans une pinte d'eau.

Quand on a persisté à faire teter l'enfant malgré les douleurs, on a décidé l'inflammation de la mamelle, qui joint à l'engorgement, produit le dépôt qui se termine par suppuration, fait cesser la lactation, conséquemment manquer l'allaitement; alors, pour hâter la suppuration et faire cesser la fièvre et les douleurs, il faut, dans un cataplasme de mie de pain et de lait, mettre une suffisante quantité d'onguent de basilicum et de la mère dont on couvrira le sein, et que l'on aura soin de renouveler de six en six heures. Ce traitement demande à être dirigé par un homme de l'art.

Perte de lait. Des succions trop réitérées, ou même des causes inconnues, peuvent produire la maladie appelée *galactirrhée* ou perte de lait. Elle s'annonce par l'amaigrissement, la pâleur, l'abattement, la tristesse, des palpitations de cœur, des nausées, des douleurs dans les hanches.

On y remédie en réglant les repas des enfans, les éloignant à plusieurs heures, remplaçant le lait qu'on donne à l'enfant par de l'eau sucrée, de l'eau d'orge, du lait pur ou coupé.

La nourrice doit se tenir à une diète modérée, évitant les boissons stimulantes et mangeant de préférence de bonne viande.

On soutient les seins avec des linges propres. Si la faiblesse est grande, si on a recours aux toniques, au vin de Bordeaux, au kina, à l'exercice en plein air, et surtout au sevrage.

Cas de grossesse de la nourrice. Le lait d'une femme enceinte n'a aucune propriété malfaisante, mais il finit par devenir séreux et perd ses principes nutritifs. Si la nourrice et l'enfant se portent bien, l'allaitement peut néanmoins être continué jusqu'à ce que la nature détournant, en faveur de l'enfant qui se développe dans l'*utérus*, une portion des fluides qui se portaient aux mamelles pour la confection du lait, et cette portion détournée, augmentant de jour en jour, le nourrisson ne trouve plus la dose à laquelle il était habitué; ce qui lui reste n'ayant plus la même qualité, il s'agite et se tourmente pour annoncer son besoin : voilà les causes de l'amaigrissement que l'on observe dans ce cas, et que l'on attribue à la mauvaise qualité du lait.

Cas de retour de l'évacuation périodique. Lorsque les règles surviennent au milieu de l'allaitement, que la nourrice est robuste, et que l'enfant n'en paraît pas incommodé, il n'y a aucun inconvénient; d'ailleurs, pendant leur durée, on peut nourrir l'enfant avec du lait coupé, des bouillies, etc. Si, au contraire, la nourrice est faible, délicate, il importe de sevrer l'enfant quand il est assez âgé.

Si les règles duraient trop longtemps et en trop grande abondanee, on peut donner :

Sirop de lierre terrestre, quatre onces;

Sirop d'écorce du Pérou, *idem.*

Mêlez ensemble pour en prendre deux cuillerées à bouche, demi-heure avant chaque repas, c'est-à-dire avant le déjeuner, le dîner et le souper. On peut y ajouter une cuillerée d'eau pour rendre ces sirops plus fluides.

Six jours après, augmentez cette dose d'une cuillerée de sirop; continuez ainsi jusqu'à consommation de huit onces de ce mélange. Si vous apercevez un mieux évident, continuez les mêmes doses de ce mélange ; si, au contraire, vous ne remarquez pas de mieux, recommencez ce mélange, en donnant quatre cuillerées chaque fois. Si l'écoulement persiste, l'opiat suivant est avantageux :

Prenez extrait de genièvre, deux onces;
Sang de dragon, une once;
Kinkina en poudre, deux onces;
Safran de mars, une once et demie.

Incorporez le tout dans suffisante quantité de miel de Narbonne, pour faire opiat de bonne consistance, dont on prendra, chaque jour à jeun, un demi-gros ; on boira par-dessus une verrée d'infusion de lierre terrestre, de véronique, ou de petite sauge de Provence, avec un peu de sucre. En outre, cette femme boira, après son dîner, dans les saisons froides et humides, deux cuillerées de sirop anti-scorbutique.

Croûte laiteuse. Maladie héréditaire, qui, quoique bien guérie, passe des nourrices qui l'ont eue, aux enfans, et dont les apparences, chez ces derniers, sont une peau écailleuse, un visage plein, des joues enflées, d'un rouge foncé; puis des boutons quelquefois pointus, ou des pustules larges comme des lentilles, remplies d'une humeur limpide et gluante, qui, de proche en proche, forment une croûte jaune et roussâtre.

Si un enfant, ayant quelques-uns des symptômes ci-dessus mentionnés, se frotte presque continuellement les joues sur son oreiller, ou sur les hardes de sa nourrice quand elle le tient entre ses bras, vous pouvez être certain que cet enfant a le principe de la *croûte laiteuse*, qui ne tardera pas à se manifester.

La croûte laiteuse s'étend quelquefois sur toute la face le cou, la poitrine, les bras, les fesses, et finit par devenir dangereuse en corrompant le sang.

Quand la croûte laiteuse est légère et abandonnée à la nature, elle dure longtemps et il n'y a pas d'espoir de la voir finir, tant que l'enfant ne rendra pas des urines qui aient l'odeur de celle du chat, odeur qui devient plus infecte et plus incommode par la chaleur du lit; on sent combien il est intéressant alors de changer l'enfant de linge, d'oreiller, et de lui faire respirer un air nouveau et pur ; mais plus le malade rend de cette urine, plus il est près de sa guérison, et plus tôt on voit tomber les croûtes.

Les femmes qui ont eu cette maladie dans leur enfance, pouvant la communiquer à leurs nourrissons, se reconnaissent à leur peau lisse et luisante, et aux plaques blanches qui restent sur leurs joues, même quand elles sont colorées.

Si la maladie vient de la nourrice, on a recours pour l'enfant à l'allaitement artificiel, et l'on mêle à du lait de vache une infusion de pensée sèche ou fraîche ; si la nourrice est saine, on la purge avec de la manne, on lui donne en tisane de l'infusion de pensée, à raison d'une pinte par jour.

Si l'abondante boisson incommodait cette femme, on lui ferait prendre la pensée réduite en poudre à la dose d'un demi-gros chaque fois dans une verrée de lait ou de bouillon ; cette plante n'ôte point au lait sa saveur douce et agréable, elle lui donne la consistance de crème.

On privera la nourrice de café au lait, si elle y est habituée, et lui donnera une soupe, soit un bouillon de viande, soit aux herbes, ou au lait, suivant la saison; on aura grand soin de lui faire tenir un régime doux, plus végétal qu'animal, on lui fera faire beaucoup d'exercice à pied et au grand air, en portant avec elle son nourrisson.

Cette hygiène influe sur l'enfant. Les humeurs sont poussées à la peau. On fera continuer les viandes jusqu'à ce que les croûtes soient tombées; et quand la peau reste blanche et nette, il faut commencer à diminuer les doses, et n'en abandonner entièrement l'usage qu'un mois après la disparition du dernier bouton, si on ne veut pas voir reparaître cette maladie.

NOURRITURE ÉCONOMIQUE. (*Cuis.*) Cette nourriture est recommandée par l'*Institut des indigens*, à Hambourg. De son usage il est résulté un accroissement de forces chez les enfans et les hommes adultes.

Recette pour sept personnes.

Prendre :	*Hectog.*	*Décag.*	*Liv.*	*Onc.*
Eau.	48	9	(10	»)
Pommes de terre.	11	5	(2	5)
Orge mondé	5	5	(»	11)
Pain rassis ou fragmens de pain de toute espèce	5	5	(»	11)
Pois gris ou jaunes, ou fèves blanches.	5	5	(»	11)
Cochon coupé en carrés tout minces	1	2	(»	4)
Sel	»	2	(»	5)
Vinaigre	2	4	(»	8)
Total . .	74	6	(15	5)

Préparation.

L'orge mondé et les pois ou les fèves se mettent, la veille, dans le pot, et se trempent dans l'eau pour en rendre la cuisson facile.

Pour dîner à midi, on met à sept heures le feu sous le pot. Ce vase doit fermer aussi bien qu'il est possible. Le pot et le feu doivent être placés dans le coin du foyer. Il faut avoir toujours attention que le feu soit sous le pot, et non autour ni après; et, lorsqu'il commence à bouillir, on doit diminuer le feu de manière à n'entretenir qu'une douce ébullition.

Il n'en faut que très-peu pour tenir un pot dans une ébullition continuelle. Tout ce qui se consume de plus n'est qu'une dépense en pure perte. Un vase plat, bien fermé, exige bien moins de feu qu'un pot profond de la même grandeur.

Quand l'orge mondé et les pois ont bouilli doucement, deux heures à deux heures et demie ; on y met les pommes de terres, après les avoir pelées, et le sel.

Une heure après, on y met le lard ou la viande coupée en petits morceaux carrés.

Un quart-d'heure avant de servir, on y ajoute le vinaigre.

Le pain se coupe aussi par petits morceaux dans le plat ; on verse le bouillon dessus. On en use ainsi pour éviter que le pain ne devienne mou, et pour qu'il oblige à mâcher, ce qui procure une meilleure digestion. Conséquemment, quand on ne peut avoir de pain rassis, il faut le faire frire dans la graisse.

Durant l'ébullition, la soupe doit être remuée souvent, pour qu'elle ne brûle pas, et qu'elle soit d'autant mieux mêlée et plus farineuse.

Plus cette soupe se transforme en une espèce de bouillie et de gelée, plus elle est nourrissante. Celui qui la préfère en soupe n'a d'autre mesure à prendre que d'ajouter un dixième d'eau de plus.

Chacune des sept personnes supposées par nous aura, pour sa part, environ deux livres, et la totalité de la dépense aura été environ de quinze sous, sans compter le chauffage.

Presque tous les peuples à demi civilisés se composent des pâtes nutritives qui les mettent à même de faire, à peu de frais, de longs voyages. Celle qu'affectionnent particulièrement les peuples septentrionaux de l'Amérique est formée de maïs torréfié, de racine d'angélique et d'une certaine quantité de sel commun. Une cuillerée suffit à une personne pour sa subsistance d'un jour.

NOVEMBRE. (*Agr.—Jard.—Écon. dom.—Cuis.*) *Travaux d'agriculture.* Dans ce mois continuer le labour général d'hiver et le transport des terres; commencer à battre les grains. Comme le bétail mange plus volontiers la paille fraîche, il est bon de ne battre qu'à mesure de la consommation les grains dont on veut leur faire manger la paille. Elle nourrit peu les bestiaux, et ne produit, consommée ainsi, qu'une petite quantité de fumier. C'est en nourrissant le bétail avec des alimens plus substantiels, et en employant la paille comme litière, qu'on peut faire une grande abondance de bon fumier; mais il est bon, avant de l'étaler pour en faire de la litière, de la présenter au bétail, qui sait choisir les parties nutritives qu'elle peut contenir.

Quoique les navets et rutabagas résistent assez bien aux gelées modérées, il faut les déterrer et les récolter dans ce mois, surtout si l'on s'en sert pour nourrir les bestiaux. On les conserve en les plaçant dans des fosses recouvertes de terre, comme les pommes de terre et les betteraves; mais la meilleure méthode est de les placer sur terre, après en avoir ôté les feuilles, en les rangeant bien les uns auprès des autres, sans les empiler, dans un terrain voisin de la ferme. Une couverture de grande paille suffit aussi pour les garantir des dangers de la gelée. Le rutabaga est une variété de raves provenant du Nord, cultivée maintenant avec avantage dans le Midi pour la nourriture des bestiaux, parce qu'elle est précoce, plus consistante et plus sucrée que l'espèce ordinaire. (Voy. RUTABAGA.)

C'est ordinairement dans cette saison qu'on exécute les opérations nécessaires pour soigner et assainir les terrains naturellement humides; on peut faire la saignée, soit sous forme de canaux couverts, si l'on peut se procurer économiquement des pierres plates propres à leur construction, soit par des tranchées au fond desquelles on place des pierrailles qu'on recouvre d'un lit de mousse ou de paille, et ensuite d'une épaisseur de dix à douze pouces de terre. Lorsqu'on manque de ces matériaux, ou peut même remplir le fond de la tranchée de fagotage, de paille ou de chaume, et achever de la remplir avec de la terre. On fait aussi des saignées de cette espèce en employant du gazon au lieu de pierres.

Il faut visiter fréquemment et vider exactement les sillons d'écoulement que l'on a dû faire dans chaque pièce dont le sol est argileux et conserve l'humidité, à mesure qu'elle a été labourée et ensemencée, afin que rien n'empêche les eaux de s'écouler.

On est quelquefois forcé de semer des blés en novembre: par exemple, quand on n'a pu labourer les trèfles, dans certaines terres argileuses, à cause de l'abondance des pluies. C'est là le plus grand inconvénient du mode de culture dans lequel on sème le blé sur le trèfle; mais il présente de si grands avantages, comme le dit et le prouve le savant agriculteur M. Matthieu de Dombasle, que ce motif n'est pas suffisant pour le faire rejeter. Dans tous les cas, plus la semaille est tardive, plus on doit augmenter la quantité de la semence. La quantité de deux cents litres, pour les semailles à la volée, doit être considérée comme une proportion moyenne; elle serait trop considérable pour les premières semailles, et ne le serait pas assez pour les semailles très-tardives.

On plante les arbres de toutes espèces, ainsi que les haies vives. On relève les terres en ruelle de chaque côté de la vigne quand elle est alignée, et par ce moyen on facilite l'écoulement des eaux, et on garantit le bois de la champlure. (Voy. VIGNE.)

Travaux d'horticulture. Les travaux de pleine terre sont peu considérables dans ce mois. Il est encore temps de labourer et butter les artichauts, après avoir coupé les montans et raccourci les plus longues feuilles. On butte aussi le céleri en place, et on en arrache pour le planter profondément dans un terreau de vieilles couches, où il blanchit plus promptement; on repique encore sur cotières des choux-fleurs d'York cabus et des laitues d'hiver. On peut même mettre immédiatement en place une portion des choux d'Yorck et cabus; ils y gagneront si l'hiver n'est pas rigoureux. Si la gelée menace, on arrache une provision de carottes, betteraves, navets, poireaux, chicorée frisée, etc., que l'on porte dans la serre à légumes; les racines s'accumulent en tas dans les encoignures, en mettant alternativement un lit de racine et un lit de terre légère ou de sable. Les autres légumes se plantent avec leurs racines l'un contre l'autre. On met de la litière ou des feuilles sur les artichauts, céleri, chicorée et scaroles restés en place. On arrache les choux-fleurs qui marquent, et on les replante près à près dans la serre à légumes, après avoir coupé une partie de leurs plus grandes feuilles, ou bien on les replante dans de larges tranchées creusées en terre et sur lesquelles on place des châssis. Ce dernier moyen est préférable au premier. Les jeunes choux-fleurs repiqués sur cotière, dans le mois précédent et dans celui-ci, veulent être couverts de litière légère lorsqu'il gèle, et être découverts toutes les fois que le temps se radoucit.

On sème encore sur de vieilles couches, sur du terreau ou sous cloches, laitue, crêpe, gotte, romaine verte, choux-fleurs durs, pour être traités comme les pareils semis du mois précédent.

On fait des couches tièdes sur lesquelles on sème de la laitue à couper, des raves et radis roses, du cresson, du cerfeuil; on y replante les plants assez forts de semis de salade et choux-fleurs faits en octobre, et l'on continue les semis et plantations sur couches d'asperges, d'oseille, d'estragon, de persil, etc., jusqu'à ce qu'on puisse les faire en pleine terre, c'est-à-dire en mars et avril; mais il faut pour cela avoir toujours en avance un tas de fumier neuf pour faire successivement de nouvelles couches et de nouveau rechauf pour entretenir leur chaleur. On commence à forcer des asperges en pleine terre, et à en chauffer sur couche. On a dû poser aussi des châssis sur un ou plusieurs plants de fraisiers quatre-saisons en plein rapport, pour entretenir leur végétation, de manière que les récoltes de fraises ne soient pas interrompues pendant l'hiver. A la fin du mois on sème les premiers concombres, en petits pots, sur couches et sous châssis, pour être mis en place sur une autre couche à la fin du mois suivant.

On peut commencer à tailler les arbres à fruits à pépins qui sont vieux ou faibles, afin que la sève ne monte pas inutilement dans les bourgeons à supprimer. On arrache les arbres usés ou à supprimer, et on en change la terre de suite, afin de pouvoir les remplacer le plus tôt possible.

Les travaux de la pépinière ne consistent guère que dans la levée des arbres, à mesure qu'on en a besoin, et dans le défoncement du terrain que l'on destine à une nouvelle plantation. Toutes les fois qu'on en aura la possibilité, on fera bien d'attendre trois ou quatre ans avant de replanter des arbres-tiges dans le carré qui vient d'en produire, et au bout de ce temps on fera encore bien de n'y pas remettre la même espèce; en attendant, on y sème des légumes ou du grain. Quand les figuiers ont perdu leurs feuilles, ou même plus tôt si on craint la gelée, on rassemble leurs branches en faisceaux, et on les enveloppe avec de la paille ou de la fougère sèche. On couvre également dans la pépinière les arbres, arbrisseaux, semis et plantes que l'on sait craindre la gelée

On peut faire, dans les terrains secs et légers, des plantations d'arbres fruitiers et autres; ils réussissent mieux qu'au printemps.

Ainsi qu'on a dû le faire depuis le 15 du mois précédent, il faut, une fois par semaine, ramasser au râteau toutes les feuilles qui tombent dans les allées, sur les pelouses, afin de s'en servir, ou pour couvrir les plantes délicates, ou pour mélanger avec le fumier des couches, ou enfin pour les faire pourrir, et obtenir un terreau particulier. On arrache toutes les plantes annuelles dont les fleurs sont passées, et on replante toutes sortes de plantes vivaces; elles fleurissent mieux l'année suivante que si on les replantait au printemps. C'est aussi le mois le plus favorable pour la plantation de la majeure partie des arbres d'agrément, excepté les arbres résineux, qu'il vaut mieux planter au printemps, ainsi que la plupart des arbrisseaux dits de terre de bruyère, parce que leurs racines, extrêmement menues et délicates, souffriraient beaucoup pendant l'hiver si on les déplaçait à l'automne.

Toutes les plantes de serre et d'orangerie ayant dû être définitivement mises en place à la fin du mois précédent, il suffit de les mouiller avec discernement; entretenir dans les terres une température convenable; renouveler l'air le plus souvent possible, et tenir les plantes propres.

Provision de fruits et de graines en novembre. Les végétaux dans ce mois commencent à se faner et à jaunir. Avant cette époque la récolte des plantes doit être terminée. Ce mois offre, en place des fruits à pépins de toute espèce, les raisins, les noix, les noisettes et les marrons. C'est le temps de faire les amidons de châtaignes, de marrons d'Inde et de pommes de terre.

Dans ce mois, le safran gâtinais, le meilleur de tous, et les grenades de Provence arrivent à Paris. On récolte diverses graines :

Coings, grenades de Provence, marrons, noisettes, noix, pommes de rainette et autres; raisin, safran, semences de coriandre.

Les coings, qui se mangent rarement crus, servent à faire, avec leur pulpe, une gelée appelée *cotignac.* On en fait aussi un sirop dont nous avons donné la recette.

Les pommes et les poires nous procurent des compotes, des marmelades, des gelées.

Le safran entre dans une infinité de compositions dont le détail serait trop long.

Les pommes et les poires, si on en prend soin, peuvent se conserver jusqu'à la venue des fruits rouges, au mois de juin. (Voy. FRUITIER.)

Les approvisionnemens qui ne sont pas terminés en novembre doivent être interrompus, parce que le prix des denrées, en augmentant, les rend désavantageux.

Ressources culinaires. Les dindons sont excellens en novembre; ils sont jeunes, gros et gras. Le 11, jour de Saint-Martin, évêque de Tours, voit périr chaque année un nombre considérable de ces volatiles.

On commence, en novembre, à avoir des harengs frais.

NOYAUX. *(Off.)* A mesure qu'on emploie des abricots, il faut mettre les noyaux à part, les laver, et, lorsqu'ils sont secs, les conserver dans un sac. Ils servent pour les entremets, sucreries et blancs-mangers, dans lesquels il faut des amandes amères. On ne les casse qu'au fur et à mesure du besoin.

Eau de noyaux. Broyer une demi-livre d'amandes d'abricots ou de pêches; les faire infuser pendant deux mois dans deux litres d'eau-de-vie; au bout de ce temps ajouter une livre et demie de sucre fondu dans trois demi-setiers d'eau; filtrer et mettre en bouteille. On ajoute finalement un peu de cannelle dans l'infusion.

Eau de noyaux de Phalsbourg. Prendre : eau-de-vie, 12 pintes; amandes d'abricots, 2 livres; de pêche et de cerises, 1 livre; eau de rivière, 6 pintes; de fleur d'orange, 1 livre; sucre concassé, 8 livres.

Vous mettez la veille les amandes tremper dans de l'eau tiède, pour en attendrir la peau; vous les pelez le lendemain; ce moyen vous dispense de les blanchir, ce qui pourrait diminuer le goût de l'amande; vous les mettez dans une cruche infuser avec l'eau-de-vie pendant huit jours, et procédez ensuite à la distillation au bain-marie.

Quand le sucre est fondu entièrement dans l'eau, vous ajoutez l'eau de fleur d'oranger, vous faites le mélange et et ensuite le filtrez.

Certaines personnes ne pèlent pas les amandes, mais alors elles communiquent à la liqueur un goût âcre et désagréable.

Ratafia de noyaux. Recette de madame Adanson. Prenez un quarteron d'amandes d'abricots ou de pêches mondées; coupez-les chacune en quatre. Mettez-les dans un vase avec un quarteron de sucre en poudre, laissez-les ainsi deux jours. Transvasez-les ensuite dans un pot de grès, ajoutez-y une demi-livre de noyaux de cerises lavés à deux eaux tièdes; versez dessus quatre pintes de forte eau-de-vie. Couvrez bien, faites infuser un mois; décantez dans un autre vase sans troubler le fond; mettez deux livres de beau sucre concassé. Au bout de quatre jours, filtrez au papier gris ou passez à la chausse de laine; mettez en bouteilles. Tenez-les debout en lieu sec.

Noyaux de cerises en dragées. Faites sécher pendant trois jours à l'étuve six livres de noyaux de cerises, que vous mettez ensuite dans une bassine avec du feu. Après une petite charge de gomme, vous les grossirez avec huit livres de sucre fondu à l'eau de rivière et cuit à la nappe, que vous aurez préparé d'avance. Vous séchez bien à chaque charge, renouvelant celle de gomme à la huitième. Vous les mettez après à l'étuve pour les faire sécher.

NOYER CULTIVÉ. (*Jard.—Ind. dom.—Off.*) *Juglans regia.* Famille des térébinthacées. La variété à coque tendre, et le noyer tardif ou de la Saint-Jean, sont les seuls que l'on doive cultiver comme fruit de dessert: on trouvera les autres aux arbres d'utilité et d'agrément. Le noyer demande à être planté isolément; il se plaît dans les plaines sableuses et fraîches. On multiplie les variétés par la greffe en flûte ou en écusson à la pousse, sur de jeunes sujets; mais l'espèce à coque tendre et celle de la Saint-Jean se reproduisent très-bien de semences. On sème en novembre à trois pouces de profondeur et à six de distance; on place les noix de côté et on relève le plant dès l'année suivante; sans cela il s'allongerait de manière à ce qu'on ne pourrait plus l'arracher sans le blesser. Quand on plante des noix la pointe en bas, il en manque beaucoup et elles lèvent un mois plus tard que celles plantées de côté; si on les plante la pointe en haut, elles lèvent un peu pl s tôt et il en manque moins que la pointe en bas. Celles plantées de côté donnent des sujets plus vigoureux. C'est une expérience que je me suis plu à répéter plusieurs fois. Si on plante dans un lieu clos à l'abri des animaux, on fera bien de le faire de suite en place, dans des trous de cinq pieds carrés sur trois de profondeur et emplis de bonne terre; mais si l'on est obligé d'attendre que les sujets aient six ou huit pieds de haut pour les placer définitivement, il faudra, en les repiquant la première fois, avoir l'attention de mettre immédiatement sous le pivot une tuile pour l'empêcher de s'enfoncer; on devra aussi les tenir un peu hors de terre et les butter. Le noyer à coque tendre fleurit à la fin d'avril ou au commencement de mai; les cerneaux sont bons en juillet; la récolte sèche se fait en septembre. Celui de la Saint-Jean fleurit au commencement de juin; les cerneaux sont bons fin d'août. La récolte sèche se fait fin d'octobre.

Noyer pacanier. (*Juglans olivæ-formis.*) de l'Amérique septentrionale. Arbre superbe qu'on doit placer isolément, à une exposition abritée du nord, en terre franche et profonde, fraîche sans être humide. Semis de fruits venus d'Amérique et qu'on met en place dès la deuxième année; on couvre alors les pieds avec de la litière les deux ou trois premières années. On fera bien aussi de mettre un peu de bruyère autour des racines en plantant.

Noyer noir. (*Juglans nigra.*) Arbre de l'Amérique du nord. Ses fruits sont bons à manger. Il est plus rustique que le précédent. Même culture.

Noyer blanc. (*Juglans alba ikori.*) Arbre de Virginie, rustique. Même culture. Son bois est très-dur et très-beau.

Les noyers se plaisent le long des chemins, le long des terres labourées, sur les collines et dans les gorges des montagnes, à l'exposition du nord et du levant; leurs racines pénètrent dans le tuf, dans la craie, lieux où aucun arbre ne jetterait des racines, si on en excepte la vigne.

Moyen de redonner de la vigueur aux jeunes noyers. Les faire étêter, pratiquer depuis le sommet des tiges jusqu'à la terre une fente dans l'épaisseur de l'écorce. Il se forme une nouvelle écorce sous l'ancienne, et les noyers deviennent très-vigoureux.

Noix. Les noix diffèrent par la grosseur, la figure, la dureté et le goût; il y en a une espèce dont l'amande est amère. Les noix sont très-bonnes à manger quand elles approchent de leur maturité; on les nomme alors *cerneaux*. Les noix que l'on garde pour l'hiver acquièrent un peu d'âcreté ou de rancidité en séchant; mais, en les mettant tremper quelques jours dans l'eau, l'amande se gonfle: on peut la dépouiller de sa peau, et alors elle est assez douce. On confit les noix vertes, soit avec leur brou, soit sans brou. On fait avec les noix sèches et pelées une espèce de conserve brûlée, assez agréable, que l'on nomme *nougat*. (Voy. AMANDES.) On emploie les noix vertes pour faire du ratafia de santé très-stomachique, et un autre connu sous le nom de *brou de noix*; et, en médecine, on en compose l'eau des trois noix.

Les noix sèches donnent par expression une huile dont les usages sont connus.

La décoction de feuilles de noyer dans de l'eau simple déterge les ulcères, surtout en y ajoutant un peu de sucre; elle est très-efficace (sans sucre) pour détruire les fourmis qui gâtent les arbres et les prairies.

Moyen de rendre aux noix sèches leur fraîcheur et leur goût primitifs. Il suffit de les faire tremper pendant cinq ou six jours dans de l'eau pure. L'humidité, pénétrant peu à peu par les pores de la coquille dans l'intérieur de la noix, en fait renfler la chair et la rend tellement fraîche qu'on peut en enlever la peau jaune et amère, comme on le pratique pour les noix nouvellement cueillies.

On peut joindre à l'eau, si on le désire, quelque peu de sel qui l'empêche de se corrompre et enlève aux noix le léger goût astringent qu'elles pourraient avoir contracté en séchant. (Voy. HARENG.)

Ratafia de noix. (Voy. BROU DE NOIX.)

Noix blanches à l'eau-de-vie. Choisissez des noix de la plus belle espèce; quand une épingle passe facilement au travers, vous les pelez jusqu'au blanc, que vous mettez à mesure dans de l'eau fraîche. Vous faites bouillir de l'eau dans laquelle vous avez exprimé le jus d'un citron pour conserver la blancheur des noix. Quand elles sont suffisamment blanchies, vous les retirez et les mettez dans de l'eau fraîche.

Vous prenez une quantité suffisante de sucre clarifié et le mettez au petit lissé; vous le versez tiède sur vos noix, et réitérez cette opération pendant les trois jours suivans : le quatrième jour vous faites cuire le sucre à la nappe, et le versez sur les noix jusqu'au lendemain, que vous les égouttez et mettez en bocaux.

Vous ajoutez au sucre cuit les deux tiers de sa quantité en eau-de-vie de vingt-cinq degrés; vous passez la liqueur à la chausse; et, la versant sur les noix, vous en remplissez les bocaux qui les contiennent, puis les fermez bien.

Noix blanches confites. Vous choisissez des noix de la plus grosse espèce, en juin, lorsqu'elles ne sont pas encore vertes et que le bois n'en est pas encore formé; vous les pelez jusqu'au blanc, les jetant à mesure dans de l'eau fraîche; vous mettez de l'eau dans une bassine sur le feu, et, lorsqu'elle bout, vous y mettez vos noix; vous les retirez quand la tête d'une épingle passe facilement à travers, et les mettez dans de l'eau fraîche.

Vous clarifiez de très-beau sucre et le mettez au lissé; vous le versez, lorsqu'il est refroidi, sur vos noix hors de l'eau, et mises dans une terrine; vous réitérez cette opération pendant trois jours de suite, en mettant le sucre cuit sur le feu, après en avoir séparé les noix : il ne faut pas que le sucre bouille pendant ces trois fois, ni que les noix aillent sur le feu, ce qui les ferait noircir. Vous faites cuire pendant cinq jours le sucre de degré en degré, depuis le lissé jusqu'au grand perlé, et toujours séparément des noix sur lesquelles vous le versez. Lorsqu'il a atteint chacune de ces cuites, et qu'il est refroidi, vous ajoutez à chaque fois un peu de sucre clarifié, parce que les noix le font un peu diminuer à mesure qu'elles s'en nourrissent; vous l'écumez toujours avant de le verser. A la dernière fois, vous mettez le mélange à l'étuve pendant douze heures, et vous égouttez les noix pour les mettre en coffrets ou dans des boîtes.

C'est une confiture d'un très-bon goût et excellente pour l'estomac.

Noix noires confites. Vous pelez légèrement des noix vertes, sans en découvrir le blanc, en les mettant à mesure dans de l'eau fraîche, puis sur le feu, dans une bassine, avec de l'eau; quand elles ont blanchi vous les remettez dans de nouvelle eau fraîche, et les faites confire comme celles de la recette précédente. Quand vous voulez en faire usage, vous les égouttez, vous les mettez sur des ardoises saupoudrées de sucre, et les faites sécher à l'étuve.

Autre recette. Prenez une quantité, à volonté, de noix aussitôt que la coquille est bien formée, et avant qu'elle ait acquis trop de solidité; pelez-les; donnez-leur huit angles; faites ensuite cuire dans une suffisante quantité d'eau: lorsqu'elles seront cuites, retirez-les de dessus le feu; sortez-les de dedans l'eau chaude pour les mettre dans l'eau froide pour les raffermir; laissez ainsi dans l'eau froide pendant neuf jours, ayant soin de les changer d'eau chaque jour : au bout de ce temps, mettez-les dans du sirop de sucre peu cuit; retirez-les chaque jour pour faire prendre un bouillon au sirop, et remettez-les-y lorsqu'il est à peu près refroidi; continuez ainsi cette opération pendant quatre jours; le cinquième, faites cuire votre sirop un peu plus que pour la cuite ordinaire; placez vos noix dans des pots, et versez-y par-dessus le sirop, dans lequel, un moment auparavant, vous aurez mis infuser une pincée de coriandre, de macis, de girofle et de cannelle, dans un petit nouet, afin de les rendre plus agréables et d'augmenter leur propriété stomachique.

L'on peut aussi piquer les noix avec des morceaux d'oranges fraîches que l'on coupe de la longueur de chaque noix et de l'épaisseur de trois ou quatre centimètres, que l'on introduit par de petits trous qu'on a pratiqués pour les recevoir : alors on peut se dispenser d'aromatiser le sirop.

Noix marinées. On choisit les noix les plus grosses avant que le bois soit formé; on les pèle jusqu'au blanc, et on les jette à mesure dans de l'eau de source, où on a mis une poignée de sel : on applique dessus une légère planche, afin de les tenir sous l'eau; on les y laisse six heures; ensuite on met de l'eau claire dans une casserole, et on la pose sur le feu; on retire les noix du bain et on les met dans la casserole; on les fait frémir cinq minutes : on dispose une casserole dans laquelle on met de l'eau claire avec une poignée de sel blanc; on la remue avec la main, ou avec un bâton, pour faire fondre le sel; on ôte les noix de la première casserole avec une cuillère de bois, et on les met dans celle où est le mélange de sel ou d'eau froide. On les y laisse un quart d'heure avec la planche par-dessus, comme auparavant; car elles noirciraient si on ne les tenait pas sous l'eau; ensuite on les fait sécher entre deux linges; on les essuie avec un linge fin; on les met dans un bocal, avec une noix muscade coupée en tranches minces, et on verse du vinaigre blanc par-dessus; on couvre ensuite le vase d'une couche de graisse de mouton d'environ un pouce, et on le bouche avec du parchemin, afin que l'air ne puisse y pénétrer.

Les feuilles de noyer sont quelquefois employées dans les maladies vermineuses et scrophuleuses. Les noix, avant leur maturité, et confites avec la pulpe, lorsque la coquille acquiert de la consistance, sont un aliment agréable.

Les noix, dans leur parfaite maturité, sont d'un très-grand secours dans les pays où il ne croît pas d'oliviers, et où le beurre est un peu rare. On en retire par l'expression une huile fort estimée, et dont on fait un grand usage dans la cuisine, en pharmacie, et dans les arts, principalement dans les ateliers de peinture et dans ceux dans lesquels on prépare le savon. (Voy. HUILE DE NOIX.) Le bois de noyer est un des bois les plus estimés en menuiserie, pour faire des meubles : il prend un poli fort beau; et s'il n'était pas un peu sujet à la vermoulure, il serait peut-être aussi estimé que l'acajou, principalement les racines.

Moyen de donner au bois de noyer la couleur de l'acajou. Le plonger dans un bain bouillant de quatre onces de bois jaune et d'une demi-livre d'eau.

Teinte plus foncée. Imprégner le bois d'une dissolution

bouillante de potasse, le plonger dans un mélange de demi-livre d'eau, trois onces de bois jaune et une once de bois d'Inde.

Autre procédé. Lisser le bois, le frotter d'acide nitrique un peu étendu (eau seconde). Faire dissoudre ensuite dans une pinte d'esprit-de-vin une demi-once de carbonate de soude, et une once et demie de sang-dragon ; l'étendre sur le bois avec un pinceau doux. Laisser sécher.

Autre. Faire dissoudre une once et demie de laque plate dans une pinte d'alcool ; y faire fondre deux gros de carbonate de soude ; étendre sur le bois ; quand il est sec, polir avec la pierre-ponce et un morceau de bois de hêtre. L'on fait bouillir dans de l'huile de lin.

Le bois de noyer enterré dans de la *moulée*, boue provenant des meules des couteliers, acquiert au bout de quelques semaines une belle couleur noire.

NOYÉS. (*Con. us.—Méd. dom.*) *De la manière de secourir un homme qui se noie.* Voici quelles précautions on doit prendre.

Quel que soit votre empressement à soustraire quelqu'un à la mort cruelle qui l'attend sous les eaux, gardez-vous de vous approcher de lui, de manière à ce qu'il puisse vous attraper par la jambe, le bras ou le corps : il ne vous lâcherait pas ; et fussiez-vous le plus adroit, le plus vigoureux, le plus habile des nageurs, vous succomberiez avec lui. Surtout cachez-vous à ses regards autant qu'il vous sera possible. Avant de le saisir, examinez ses mouvemens, passez derrière lui, profitez du moment où vous pourrez le prendre avec vos mains sous les aisselles ; et en nageant vigoureusement avec les pieds, faites-le remonter sur l'eau, et poussez-le vers la rive la plus voisine. Si vous êtes certain qu'il ait perdu l'usage des sens, vous pouvez sans risque le saisir par les cheveux, et le tirer ensuite sur le dos jusqu'au bord.

Secours aux noyés. L'asphyxie des noyés (ou par immersion), qui est une abolition ou une suspension du mouvement du cœur et des artères, ainsi que des autres fonctions de la vie, se manifeste ordinairement trois minutes après que le corps est resté sous l'eau. Elle a pour cause la privation de l'air atmosphérique, et par suite la suspension de la respiration. (Voy. ASPHYXIE.)

On peut périr sous l'eau sans en avaler, par la crainte et le saisissement que cause l'impression de l'eau froide et la peur du danger ; c'est ce qu'on appelle asphyxie nerveuse, spasmodique, syncopale ou sans matière.

Quand l'eau a pénétré dans les bronches, dans la voie de la respiration, ou a détruit le jeu des poumons, il y a asphyxie par suffocation, par engorgement ou avec matière ; celle-ci est beaucoup plus grave que la première.

Dans le premier cas, on peut rappeler le noyé à la vie en lui faisant respirer de l'alcali volatil ; dans le second, voici ce qu'il convient de faire :

1° On transportera la personne noyée, le plus promptement et le plus doucement possible, dans un endroit propre et commode, en observant de la maintenir couchée sur le côté, la tête élevée, afin que l'eau qui la suffoque s'écoule plus facilement de sa poitrine pendant le chemin.

2° Arrivé à une maison, après avoir enlevé promptement au noyé ses vêtemens en les fendant d'un bout à l'autre avec des ciseaux, afin d'aller plus vite, on l'enveloppera largement d'une bonne couverture de laine ; on le couchera sur un matelas devant un grand feu, sur le côté droit, de préférence au gauche, afin de favoriser la circulation du sang dans le cœur, en lui tenant la tête haute et toujours de côté au moyen d'un oreiller un peu dur. On lui frottera d'abord le ventre avec un morceau de laine ou flanelle bien chaud et sec, puis après avec la même pièce imbibée de quelque liqueur spiritueuse, telle qu'eau-de-vie, eau de mélisse, esprit de vin, eau vulnéraire camphrée, eau de lavande, vinaigre des quatre-voleurs ou autres.

3° On placera sur le cœur de la cendre chaude, enveloppée dans une serviette, ou une vessie pleine d'eau chaude ; sur l'estomac et la plante des pieds, d'autres serviettes et des briques convenablement chaudes et couvertes d'un linge ; vous couvrirez sa tête d'un bonnet, et son corps de couvertures bien chaudes.

4° On versera dans la bouche du noyé, si on le peut, quelques gouttes de vin chaud, de l'eau-de-vie ou de l'eau de mélisse.

5° Si la liqueur passe jusqu'à la quantité d'une cuillerée, ce qui se fait lentement, on donnera encore deux ou trois cuillerées.

6° On lui poussera de l'air dans les poumons ; et la meilleure manière d'y parvenir est d'introduire le tuyau d'un soufflet dans une des narines, tandis que l'on bouche l'autre avec le doigt ; on peut, à défaut d'un soufflet, se servir d'un tuyau quelconque que l'on introduira avec précaution par la même voie. Après avoir soufflé l'air, l'on ouvre doucement les narines et les lèvres pour le faire pénétrer.

7° On lui chatouillera le dedans des narines et de la gorge avec la barbe d'une plume, et on tâchera de l'irriter avec la fumée de tabac, avec de l'eau de luce, et l'alcali volatil, de l'eau de la reine-de-Hongrie, du vinaigre, etc.

8° Que l'on donne au noyé deux lavemens faits avec de l'eau salée dans laquelle on aura fait bouillir quelques pincées de tabac à fumer, ou avec du vin chaud dans lequel on aura mis trois cuillerées de sel, car il faut que ces lavemens soient irritans ; le lavement suivant a souvent été suivi d'un grand succès : faites bouillir demi-once de feuilles sèches de tabac, et 5 gros de sel marin, dans une quantité d'eau suffisante et pendant un quart d'heure, ce qui ne doit pas ralentir les autres secours à donner au noyé. Coulez la liqueur, donnez le lavement tiède, et réitérez-le deux à trois fois. On peut encore couper le lavement avec une décoction de séné, de sel d'Epsom, et de vin émétique trouble ; enfin, nous le répétons, un lavement irritant quelconque est d'un grand secours, surtout lorsque le noyé tarde à reprendre l'usage de ses sens. Il est bon aussi de lui introduire dans le fondement de la fumée de tabac, au moyen d'un tuyau de pipe allumée, sur la tête de laquelle on soufflera à travers un linge, opération qui sera continuée pendant une ou deux heures ; mettez le corps du noyé le plus tôt possible dans un bain chaud de sable, de cendre, de sel.

9° Dès que le noyé commencera à pouvoir avaler, on lui administrera quelques légères cuillerées d'une liqueur d'eau de mélisse, de bon vin chaud ou d'eau émétisée. Quelquefois le noyé les garde dans sa bouche plus ou moins longtemps, et finit par les avaler. Il faut toujours avoir soin de ne pas trop la lui remplir, jusqu'à ce que l'on s'aperçoive qu'elles passent facilement; s'il éprouve des nausées ou envies de vomir, on lui fera prendre quelques cuillerées d'eau légèrement émétisée, pour exciter les selles, et pour provoquer un doux vomissement.

10° La saignée est plus nuisible qu'avantageuse. Elle ne doit cependant pas être négligée dans les sujets dont le visage est rouge, violet, noir, dont les membres sont flexibles, et qui ont encore de la chaleur : la saignée à la jugulaire est la plus efficace, et celle qui fournit le plus promptement une quantité suffisante de sang. A défaut de cette saignée, on fait celle du pied. Mais il faut éviter toute espèce de saignée sur des corps froids et dont les membres commencent à raidir; on doit au contraire s'occuper à réchauffer les noyés qui se trouvent en pareil cas.

11° Il faut presser doucement avec la main, et à diverses reprises, le bas-ventre du noyé.

12° On doit bien se persuader que, quelque utiles que soient les secours que nous venons d'indiquer, ils ne réussissent qu'autant qu'ils seront administrés avec ordre, pendant longtemps et sans interruption. C'est pourquoi il faut les continuer plusieurs heures, et ne point abandonner les noyés par découragement. Que l'on sache que la putréfaction, ou décomposition des chairs, est à leur égard, comme pour les asphyxiés par la vapeur du charbon, le seul signe d'une mort certaine, et qu'il y a un grand nombre de ces infortunés qu'on n'a rappelés à la vie que 7 à 8 heures après qu'ils avaient été retirés de l'eau.

Le docteur Deglé sauva la vie à un Suisse qui était resté pendant neuf heures sous l'eau et qu'on allait enterrer.

Péklin rapporte qu'un jardinier, en Suède, ayant passé seize heures sous l'eau à une profondeur très-considérable et sous la glace, fut rendu à la vie par les secours qui lui furent prodigués.

Nous ferons observer, en terminant cet article, que quand le corps est encore chaud, il ne faut pas recourir aux moyens indiqués ci-dessus pour lui procurer de la chaleur. Il suffit alors de l'entourer de linges secs, de couvertures ou d'habits.

Surtout qu'on se garde bien de secouer fortement le noyé, et plus encore de le suspendre par les pieds sous prétexte de lui faire rendre l'eau qu'il a avalée. Ce procédé, ou, pour mieux dire, ce préjugé, lui serait fatal.

NUAGE. (*Conn. us.*) L'eau, à l'état de vapeur ou d'humidité, demeure suspendue dans l'air sous deux formes différentes : tantôt elle est invisible et se manifeste seulement par la rosée et par son action sur les corps hygrométriques (on nomme ainsi ceux qui ont la propriété d'absorber cette humidité, et par suite de se gonfler, comme le bois; ou de s'alonger et se raccourcir, comme les cordes et les boyaux, etc.); tantôt l'humidité trouble la transparence de l'atmosphère, et alors elle constitue les nuages. Ceux-ci, à cause de leur pesanteur, ont une tendance à tomber, et quand les couches inférieures de l'air sont à la même température et déjà très-humides, les nuages continuent de descendre jusqu'à ce qu'ils se résolvent en pluie à la surface de la terre, ou bien qu'ils y forment ce qu'on appelle les brouillards. Dans notre climat, les nuages se tiennent à une hauteur moyenne de 500 toises. Quand ils baissent, on doit s'attendre à de la pluie; c'est le contraire quand ils s'élèvent, et ordinairement ils commencent à se dissiper quand ils parviennent à 2,000 ou 2,4000 toises au-dessus de la surface de la terre. Dans les pays froids, l'hiver et la nuit, les nuages se tiennent plus bas : aussi les brouillards sont-ils alors plus fréquens. Dans les pays chauds, l'été et le jour, ils montent.

Quand un refroidissement subit condense les nuages, ils tombent lentement; leurs molécules s'accroissent dans leur chute; mais s'ils rencontrent une couche d'air plus chaude que celle d'où ils viennent, ils peuvent passer à l'état de vapeur.

NUIT. (*Conn. us.*) *Liste des différentes longueurs des nuits des principaux lieux de la terre, depuis l'équateur jusqu'à l'île de Melleville, près le pôle arctique.* A Pondichéry et à Cayenne, la plus longue nuit est de douze heures; à Saint-Domingue, de treize; à Ispahan, capitale de la Perse, de quatorze; à Paris et Dijon, de quinze; à Arras et Dublin, seize; à Copenhague, capitale du Danemarck, dix-sept; à Stockholm, capitale de la Suède, dix-huit; à Drontheim, en Norwège, et à Archangel, vingt; à Uléa, en Bothnie, vingt-et-une; à Tornéo, vingt-deux heures; à Enutekies, la nuit dure quarante-trois jours, ou 652 heures; à Wardhuns, soixante-six jours; au cap Nord, soixante-quatorze jours; enfin à l'île Melleville, cent soixante-deux jours.

Dans tous ces endroits, ainsi que dans tous les lieux de la terre, les jours ont la même longueur que les nuits dans la saison opposée; c'est-à-dire que, par exemple, si à Paris la plus longue nuit a quinze heures en hiver, le plus long jour doit aussi avoir quinze heures en été.

NUMÉRO. (*Conn. us.*) Il arrive souvent qu'on a intérêt à trouver une personne, qu'on connaît la rue où elle demeure, et que, faute du numéro, on court risque de ne point la rencontrer. Dans ce cas, il faut s'adresser à tous les fournisseurs des environs, c'est-à-dire aux fruitiers, épiciers et boulangers. Ce moyen nous a toujours réussi.

NYMPHE. (*Conn. us.*) Second état des insectes avant d'arriver à leur perfection. Ils sont alors recouverts d'une coque ou ligament coriace, présentant une masse immobile, et ne prenant point de nourriture.

O.

OBÉSITÉ. (*Hyg.*) Du mot latin *obeso*, j'engraisse; embonpoint excessif. En termes de médecine, on l'appelle *polysarcie*, et l'on distingue la polysarcie charnue, et la polysarcie adipeuse. Toutes deux viennent d'une nourriture trop succulente et du défaut d'exercice. Pour le traitement (Voy. EMBONPOINT.)

OBLIGATION. (*Cod. dom.*) L'obligation est le lien qui résulte d'un contract.

Mais l'obligation qu'on nomme encore engagement, *vinculum juris*, peut provenir aussi d'une autre cause que le contract; elle peut résulter, sans qu'il y ait aucune convention, de la loi, ou d'un fait personnel à celui qui se trouve obligé.

De la loi : par exemple, l'obligation d'être tuteur;

D'un fait personnel : par exemple l'obligation de réparer le dommage que nous avons causé par notre faute ou par notre délit. Dans le titre actuel, le législateur s'occupe des obligations qui résultent des conventions, et qu'il nomme *obligations conventionnelles ou contracts;* dans le titre IV, il s'occupera *des obligations sans convention*, qui résultent de la loi ou d'un fait personnel. Les faits personnels d'où découlent ces sortes d'obligations se nomment quasi-contrats, délits ou quasi-délits. (1370.)

Les obligations se divisent encore en *parfaites* et *imparfaites* : les premières sont celles dont on peut exiger l'accomplissement par les voies de droit, ce sont toutes celles qui résultent des contracts et des quasi-contrats, ou des délits; les secondes sont celles qui n'enchaînent que la conscience : par exemple, l'obligation de faire l'aumône, la reconnaissance d'un service rendu. Il est même de ces sortes d'obligations qui ne lient pas la conscience : par exemple, la promesse faite par un père à son fils de lui donner une somme pour faire une voyage de récréation.

Enfin, les obligations se divisent en *civiles* et *naturelles:* les premières sont celles qui donnent une action pour en exiger l'exécution; les secondes sont celles qui ne donnent pas d'action; mais qui diffèrent de l'obligation *imparfaite* en ce qu'elles produisent quelques effets civils. Par exemple, si j'ai sauvé quelqu'un, l'obligation qui lui impose la reconnaissance est *imparfaite;* aussi n'ai-je pas d'action pour le forcer à me récompenser, et s'il me prête une somme d'argent, je ne pourrai pas la regarder comme le prix du service que je lui ai rendu, et me dispenser de la rendre; si j'ai gagné au jeu une somme quelconque à un individu, l'obligation qu'il a de me la payer est *naturelle*, je n'ai pas non plus d'action pour le forcer à s'en acquitter, mais s'il le fait, je ne serai pas obligé de lui rendre ce qu'il m'aura payé. (1967.)

Modèle d'obligation simple.

Je soussigné déclare devoir à M. *** la somme de...... pour argent qu'il m'a avancé en différentes fois, à différentes époques, pour mes besoins et affaires; je promets de lui rendre cette somme dans deux mois à partir de ce jour.

A...... le......

(*Signature avec bon ou approuvé, si le corps de l'obligation n'est pas de la main du signataire.*)

OCCIDENT. (*Jard.*) L'occident est un des huit climats que Linné établit dans la répartition des productions végétales. Il contient l'Amérique du nord, le Canada, Philadelphie, la Virginie, la Caroline, le Japon. Les plantes de ces contrées, transportées dans nos climats, y fleurissent en automne.

OCRE. (*Conn. us.*) Substance terreuse employée dans la peinture. On distingue l'*ocre jaune*, composée d'argile et de sous-trito-carbonate de fer, et l'*ocre rouge*, composée d'argile et de peroxyde de fer.

Le département du Cher et le petit village de Pourrain possèdent des mines d'ocre.

L'ocre jaune calcinée, à l'abri de tout mélange de matière étrangère, devient rouge. En effet, l'acide carbonique se dégage, et le fer se combine avec l'oxygène de l'air.

OCTOBRE. (*Agr.—Jard.—Ind. dom.*) *Travaux d'agriculture.* On doit botteler le foin qui ne l'a pas été lors de la récolte, avant de le donner aux bestiaux. On donne un labour aux terres destinées aux semailles de printemps, on fabrique le vin, on arrache la garance.

Les éleveurs d'abeilles, soigneux de leurs essaims, transportent leurs ruches auprès des pièces de sarrasins, dans le moment où cette plante est en pleine fleur; elles y trouvent à butiner une grande quantité de miel et de cire qui complète leurs provisions d'hiver.

Plantations. Dans les terres sèches et chaudes on peut déjà planter quelques arbres; leur reprise n'en sera que plus assurée; mais si le sol est gras et humide, il vaut mieux attendre le printemps. Les racines pourrissent moins.

Curage des fossés. C'est un soin très-important auquel il faut revenir tous les ans à la même époque, si l'on veut éviter de grands travaux et avoir des pièces de terres toujours bien soignées. Les soins relatifs aux fossés d'écoulement sont un des points sur lesquels on remarque la plus incroyable négligence; tandis que dans une foule de circonstances quelques journées d'ouvriers augmenteraient sensiblement les récoltes. Le comblement des fossés entraîne souvent, après de longues pluies, la submersion des terres.

Labours préparatoires. Donner un labour aux terres destinées aux semailles du printemps dans les sols argileux. Cette pratique serait nuisible aux terres blanches qui ont la propriété de se tasser fortement par l'effet des pluies d'hiver.

Le labour qui suit une récolte buttée doit être précédé par un hersage énergique ou par un coup d'extirpateur, afin d'abattre les monticules et niveler le sol. Ce labour suivra immédiatement l'enlèvement de la récolte, parce que le blé et le seigle qui succèdent ordinairement aiment à être semés sur un labour ancien.

Blé. Un concours de circonstances indépendantes de sa volonté forcent quelquefois le cultivateur à reculer la semaille du blé jusqu'à la fin d'octobre, et même jusqu'à la mi-novembre. Si vous êtes dans ce cas, profitez du premier beau-temps, car les jours deviennent courts; une diminution notable dans la récolte est souvent le résultat d'une négligence d'un moment. Augmentez la quantité de semence d'un sixième au moins, parce que la plante n'aura pas le temps de produire des pousses latérales, et qu'un plus grand nombre de grains ne lèvera pas. Chaulez avec soin, parce qu'aux approches de l'hiver le blé se laisse attaquer plus facilement par le germe de la carie. Mais défiez-vous de ces recettes fallacieuses qu'on annonce comme des stimulans de la germination du grain, vous pourriez être la victime de votre bonne foi. On a dit qu'au moyen d'une lessive d'eau bouillante et de chaux, dans laquelle le grain demeure douze heures, le blé se gonfle, se convertit en lait, et qu'il lève onze jours plus tôt que s'il n'avait subi aucune préparation. Mais, si pendant cet espace de temps une pluie soudaine vous empêche de semer, le grain germera dans les baquets, tout sera perdu. S'il survient au contraire une chaleur brûlante, le grain humide, gonflé et laiteux, sera desséché, ainsi que le germe, par le vent et par le soleil. Cette recette est fort bonne pour le jardinier, mais le cultivateur praticien doit s'en tenir pour le moment au procédé reconnu le plus efficace dans la contrée qu'il habite.

La variété des féverolles qui supporte les rigueurs de l'hiver se sème au commencement de ce mois. Sur un sol bien ameubli par les cultures antérieures.

Les autres espèces de féverolles se récoltent dans ce mois.

Choisissez pour la récolte le moment où les gousses inférieures commencent à noircir. Plus on laisse mûrir la graine sur le pied, moins les tiges sont succulentes. Lorsque ce produit est destiné à la consommation des animaux domestiques, ne craignez pas de les faucillier sur le vert. Les grains seront moins remplis, moins blancs; mais les tiges équivaudront au moins au foin de moyenne qualité.

On doit laisser arriver à leur parfait développement les grains réservés pour semence.

Lorsque la coupe sera terminée, faites transporter toutes les javelles sur un même billon, et qu'aussitôt la dernière tige enlevée, la charrue ait déjà ouvert la première raie.

Les blés que l'on sème encore dans ce mois doivent être comme tous les autres semés à la main, et non avec les semoirs tant prônés par quelques théoriciens qui ont été obligés de les abandonner.

On sème encore dans ce mois l'agrostis stolonifère et celui d'Amérique, l'erserviller, la fétuque flottante, la vesce velue, l'ivraie vivace, la lentille d'Auvergne, qui vient dans de très-mauvais terrains; on sème avec un peu d'avoine ou de seigle pour soutenir ses tiges minces et grimpantes.

On sème le pois d'hiver, la luzerne, le sainfoin, la vesce commune d'hiver, et le vulpin des prés.

Récoltes. On récolte le fourrage d'agrostis, les pommes de terre, la betterave, le maïs, dont on suspend les épis dégarnis de feuilles à des perches dans un lieu sec et aéré, afin d'assurer leur conservation. On commence quand ils ont une teinte jaune-paille.

On commence la récolte des fruits à cidre; on les amasse en tas sous les arbres ou dans des appartemens bien aérés, en attendant qu'un degré de fermentation les ait rendus propres à être portés au pressoir.

On récolte le houblon, quand ses cônes sont d'un jaune-vert, et odorants.

Lorsque la dessiccation a lieu sur un plancher, on ne commence la cueillette que vers huit heures du matin, après la rosée. On l'étend, exposé à un faible courant d'air, en fermant toutes les ouvertures, quand il y a des brouillards. On le retourne tous les jours. Lorsqu'on sèche à l'étuve, en peut commencer la cueillette avant l'évaporation de la rosée.

Travaux d'horticulture. Mâche et épinards à leur exposition. Ils donnent leurs produits au mois de mars. On sème sur ados au pied d'un mur au midi, des pois d'hiver et des pois michaux. On plante, pour en faire usage au besoin, des dilletons d'artichaut que l'on fait blanchir.

On repique, soit en pépinière pour n'être replantés qu'en février ou en mars, soit en place, les jeunes plants de choux d'York et les choux à pomme, semés en août. Il convient surtout de mettre les choux d'York en pépinière, sur les ados exposés au midi ou dans les plates-bandes, le long des murs, à même exposition. On repique les choux-fleurs semés en septembre, les laitues d'hiver et plants d'ognons blancs.

On continue d'empailler les cardons et de butter le céleri pour le faire blanchir. On nettoie les planches d'asperges et d'artichauts de toutes leurs vieilles tiges, afin qu'ils soient prêts à être couverts au besoin et préservés du froid et de l'humidité.

Il faut butter les artichauts, non avec la terre qui se trouve au pied, ce qui les expose à la gelée, en découvrant la racine, mais avec de la terre rapportée. La paille, les feuilles sèches, le fumier, peuvent servir à les couvrir. On peut déjà planter les arbres fruitiers dans des terrains légers et secs. On élague les arbres; on les nettoie de leurs branches mortes ou mal placées.

On plante encore des plantes à bulbes ou à ognons; elles résistent mieux à la gelée que celles plantées en septembre, et elles fleurissent presque aussitôt.

On peut risquer quelques plantes annuelles craignant peu le froid. C'est le moment de séparer et lever les marcottes d'œillets pour les mettre en pots et en place, les marcottes et boutures d'un grand nombre d'autres plantes, et les drugeons et rejets enracinés. On sépare ou éclate les touffes de la plupart des plantes vivaces, soit pour massif, soit pour bordures, opération qui doit se faire avec les mains et par déchirement.

On sépare les bulbes et caïeux des plantes que l'on aurait négligées. On défait toutes les vieilles couches pour en tirer les terreaux et fumiers qui servent à l'amendement des planches et carrés. On commence l'amendement des terres. On couvre et empaille les jeunes plantes délicates et surtout leurs semis. On profite du beau temps pour tondre les haies, les charmilles, les palissades, les tourelles, etc.

On ne doit fumer les plantes bulbeuses qu'avec des engrais consommés, autrement elles pourrissent. C'est l'époque de recréer, reconstruire ou modifier son jardin, de renouveler les bordures et les changer de situation s'il est utile, de niveler les allées, de semer du gazon, le cerfeuil, ciboules, raiponces, coriandre, laitue gotte, mâche, panais, pimprenelle, pois d'hiver, cresson, épinards, laitues, crêpes de la passion et coquille, raves, radis, raifort, roquette, romaine et romaine hâtive; de planter les fraisiers, l'hysope, la laitue, la lavande, les ognons blancs, l'oseille; de semer le réséda, l'immortelle et quelques autres plantes annuelles rustiques; de planter des anémones, jacinthes, narcisse, marcottes, boutures, drageons, arbustes, renoncules, tulipes et ognons à fleurs. On ramasse tous les fruits. Ceux qui ne sont pas arrivés à maturité mûrissent dans le fruitier. On plante encore dans le mois d'octobre certains arbrisseaux, tels que myrte, buis, romarin, etc. On met en serre les orangers, citronniers et figuiers, et tous les arbres ou plantes auxquels le froid peut nuire.

On donne la dernière façon aux allées; on ramasse les feuilles qui tombent; on coupe les tiges des plantes vivaces qui ont cessé de fleurir; on nettoie, on fume et on laboure les plates-bandes dégarnies pour y planter des œillets de poëte ou des scabieuses.

On peut planter, en les exposant à la lumière sur le devant des carrés, les plantes herbacées et toujours vertes; donner aux pots et aux caisses un labour; en prolongeant la végétation des camélias, ils peuvent encore se greffer en fente et se bouturer sous cloche avec succès.

Une foule de fleurs embellissent encore les parterres, notamment les roses Bengale, noisettes, muscades, la sauge éclatante, les nombreux dahlias, etc., et plusieurs asters et phlox, etc.

Soins aux animaux domestiques. On peut commencer à mettre les bestiaux à la nourriture d'hiver.

La ration ordinaire du *foin* doit être de 20 livres par tête et par jour. Les *betteraves* équivalent en qualité nutritive au quart de leur poids de foin sec; les *pommes de terre* et *carottes*, à la moitié; les *navets* et *panais*, au cinquième. On donne ces racines aux bestiaux dans la proportion de moitié foin et moitié racines, eu égard à cette qualité nutritive. Ainsi on donnera par jour :

Dix livres de foin et vingt livres de carottes coupées par tranches;

Dix livres de foin et vingt livres de pommes de terre cuites;

Dix livres de foin et quarante livres de betteraves coupées, crues et cuites;

Dix livres de foin et cinquante livres de panais ou navets.

Les carottes conviennent surtout à la nourriture des chevaux.

La paille entière se donnera aux chevaux nourris avec du foin ou de l'avoine; elle se donnera hachée et humide quand les chevaux consomment, en place d'avoine, des grains plus nutritifs, tels que féverolles, orge, seigle; c'est afin d'augmenter le volume et de le mettre en rapport avec les facultés digestives. La paille hachée est d'un bon emploi associée à des alimens très-aqueux, tels que les résidus de la distillation de pommes de terre, graines, etc. (Voy. PAILLE.)

On tient les troupeaux à l'étable toutes les fois que les pâturages sont mouillés par la pluie ou les brouillards.

Travaux d'office et de cuisine. Ce mois n'offre que des fruits et semences pour l'office :

Capillaire, épine-vinette, pêches, poires, pommes, prunes, gros verjus, racines d'angélique, d'iris, de réglisse, raisins, semences de citrouilles.

On fait de nouvelles compotes, des pâtes et de la marmelade avec les pommes et les poires, particulièrement avec celles de bon-chrétien, de bergamotte et de rousselet. Les pêches offrent les mêmes préparations; on en met aussi à l'eau-de-vie; on en confit au liquide, et on en tire au sec.

Le gros verjus se confit au liquide; on en fait aussi des pâtes, de la gelée et des compotes. Le raisin muscat se confit de même, et il s'en fait un ratafia fort agréable.

L'épine-vinette, qui mûrit alors, se confit au liquide ou se tire au sec; on en fait de la conserve, des pâtes, de la marmelade et des dragées.

Les semences de citrouilles s'emploient dans les dragées.

Dans le cours de ce mois, la campagne se dépouille chaque jour des végétaux apparens; c'est le moment où il convient de fouiller la terre pour en arracher les racines, à mesure que leurs tiges se fanent.

Il faut faire la cueillette des fruits par un temps sec, un à un, sans les froisser, pour ceux qu'on désire conserver; avant de les transporter dans le fruitier, les étaler pendant cinq ou six jours dans une pièce sèche, marquer dans la pépinière les arbres à lever lors des plantations. (V. FRUIT.)

C'est dans ce mois qu'on tue les porcs qu'on a engraissés les mois précédens; on fait donc les jambons, le salé, le lard, des andouilles pour l'hiver. On prépare de nouvelle choucroûte; quand les coings sont mûrs on en fait la gelée de coings, le sirop de coings, la conserve de coings. A la fin de ce mois on rentre à la cave les carottes, les panais, les navets et les betteraves.

On a encore à récolter quelques melons cantaloups et les melons d'hiver, qui se conservent au fruitier jusqu'en janvier, toujours les fraises quatre saisons, les pêches tardives, les secondes figues, les prunes bifères et suisses, une multitude de poires, les meilleurs raisins, les pommes rainette du Canada, le gros-pigeon, le fenouiller jaune.

OCTROI. (*Conn. us.*) L'établissement des octrois est autorisé dans les villes dont la population s'élève à six mille âmes et au-dessus.

Dans les villes ayant un octroi, la contribution personnelle peut être payée en totalité ou en partie par les caisses municipales, sur la demande qui en est faite au préfet par les conseillers municipaux. Dans ce cas, on fait déduction des faibles loyers, et la portion à percevoir est répartie en cote mobilière seulement, au centime le franc des loyers d'habitation.

Le propriétaire ou fermier d'un domaine rural qui exploite en même temps une usine ou manufacture, dans le rayon de l'octroi d'une ville, commet la contravention prévue par l'ordonnance du 9 décembre 1814 en s'opposant à la visite des préposés qui se présentent pour réclamer les droits d'octroi à raison des denrées qui se consomment dans l'usine. (*C. de Cass. 9 février* 1855.)

OEDÈME. (*Méd. dom.*) Gonflement mou, et cédant à la pression du doigt, produit par l'accumulation d'un liquide séreux dans le tissu cellulaire. Cette enflure commence par les pieds, gagne peu à peu le tronc, et se répand sur tout le corps. Les causes sont l'abus des liqueurs fortes, la dépravation du sang, la vieillesse. Souvent la gangrène vient compliquer cette maladie. Pour le traitement, voyez HYDROPISIE.

Le lit des malades attaqués d'œdème doit être dur, l'air de leur chambre chaud et sec, leurs alimens aromatiques et stimulans, leurs boissons acidulées et nitrées.

En cas d'œdème, on fait quelquefois des scarifications aux jambes avec la teinture de cantharides. Elles sont dangereuses lorsque l'atonie du malade rend douteuse la cicatrisation des plaies.

OENANTHE. (*Conn. us.*) Famille des ombellifères. Plante des champs, dont presque toutes sont des poisons. Les bestiaux n'y touchent jamais. Les chiens qui en mangent périssent. L'huile et toutes les substances onctueuses en sont le contre-poison.

Versée dans les taupières, la décoction des racines des œnanthes détruit les taupes.

OEIL. (Voy. YEUX, VUE.)

OEILLET DES FLEURISTES. (*Jard.*) *Dianthus caryophyllus*. Famille des caryophyllées. Il ne s'agit pas des œillets à cartes qui sont d'orangerie, et dont la beauté d'ailleurs est plutôt de convention que réelle ; ceux qui aiment le naturel ne trouvent point d'agrément à une fleur artistement étendue sur une carte, et dont les branches sont régulièrement attachées en éventail.

L'œillet flamand joint la grâce de la forme au parfum et à la variété des couleurs ; de plus, il supporte nos hivers avec une culture convenable ; les plus beaux n'ont point de pétales dentés. Ils donnent peu de graine, et quoique tous les marchands en vendent sous ce nom, et fort cher, il est extrêmement rare d'en obtenir de véritables. Il vaut donc mieux acheter des pieds en fleur, et ensuite en récolter la graine avec soin : pour peu qu'on en ait, cela suffit pour produire une infinité de variétés. On la sème très-clair en avril, en terre de potager bien amendée et passée au crible ; on repique le plant en motte quand il a huit ou dix feuilles, dans une terre semblable, et à une exposition abritée et en pente au midi ; là on peut les laisser jusqu'à la floraison : alors on jette tous les pieds dont les fleurs ne se distinguent pas par la grandeur ou la couleur, et l'on place les autres, au printemps suivant, dans l'endroit destiné à cette intéressante collection. Ce lieu doit être abrité, sec, et à demi-ombragé par des arbres éloignés. Quand on veut conserver longtemps les beaux pieds, on ne leur laisse au plus que quatre à cinq branches à fleurs, qu'on attache sans les contraindre. On ôte soigneusement les feuilles pourries et sèches, à mesure qu'on en aperçoit ; pendant l'hiver on préserve de la gelée le terrain environnant avec de la paille sèche et courte, mais on n'en met point sur les plantes. Ces œillets se multiplient aussi par boutures, qu'on fait en juillet avec des branches latérales, bien fraîches et bien feuillées, dont la tige ait environ deux pouces de long ; les couper horizontalement au milieu d'une articulation ; les fendre ensuite en long sur une longueur de quatre lignes, et les enfoncer dans du terreau végétal jusqu'au bouquet des feuilles ; les placer à l'ombre et les arroser tous les matins ; lorsqu'elles commencent à pousser, les porter à demi-soleil, puis enfin les dépoter avec soin pour les mettre en place.

Les marcottes se font sans détacher entièrement les branches de la plante, c'est-à-dire qu'on ne fend l'articulation qu'à moitié de son diamètre, et qu'on remonte la fente longitudinale jusqu'à une autre articulation ; entrer ensuite la branche dans un pot fendu sur le côté et à moitié plein de terreau, la redresser de manière à ce que la partie détachée s'enfonce verticalement ; assujettir avec un petit crochet le bout de la branche qui tient à la plante ; emplir le pot de terreau qu'on foule légèrement. Tout cela demande de l'adresse, car il ne faut rien rompre. On arrose ces marcottes tous les deux jours dans les sécheresses, et ne les détacher du pied qu'au mois d'octobre. Au printemps suivant les transplanter en motte.

Œillet mignardise. (*Dianthus moscatus.*) Plante basse et vivace, formant de jolies touffes arrondies, couvertes en mai de fleurs doubles, odorantes, rougeâtres, blanches, ou rosées à onglets bruns. Ils donnent de la graine, qu'on sème en avril, comme les précédentes. On peut les marcotter en couchant et recouvrant de terreau les branches latérales qu'on dépouille préalablement de toutes leurs feuilles d'en bas. Exposition méridionale. Terre meuble et sèche.

Mignardise couronnée. Variété charmante, plus grande dans toutes ses dimensions ; la fleur est d'un blanc rosé, tout le centre est pourpre noirâtre. Plus délicate que la première, il faut la traiter comme l'œillet flamand.

Œillet superbe. (*Dianthus superbus.*) Plante vivace des Alpes, dont la fleur ne répond pas au nom fastueux qu'elle porte, mais qui cependant fait un assez joli effet de juin en septembre. Son odeur suave, forte et très-différente de celle des autres espèces, lui mériterait plutôt le nom de *suaveolens*. Multiplication de semis en mars. Rustique.

Œillet des poëtes. (*Dianthus barbatus.*) Vivace, d'Allemagne. Couleurs très-variées, du rouge foncé au blanc. On doit rechercher de préférence ceux d'un rouge cramoisi éblouissant. Semis en mars. Rustique. Variété à fleur double, très-jolie. Séparation des pieds après la floraison. Pour s'en procurer plus sûrement, on sacrifie les fleurs d'une plante ; alors elle s'étend et fournit davantage à la séparation. On peut aussi en faire des boutures pendant l'été. Exposition méridionale et sèche, en terreau végétal. Arrosemens en juin, pendant la floraison.

Il y en a une variété à fleurs semi-doubles dans toutes les nuances qui se reproduisent par la graine ; elle est précieuse pour l'ornement.

Œillet d'Espagne. (*Dianthus hispanicus.*) Vivace. Fleurs en juin, en bouquets ; doubles, d'un rouge vif et odorantes. Exposition sèche et abritée; terre légère, mieux bruyère ; séparation des pieds après la floraison ; mais il vaut mieux renouveler les pieds chaque année par des boutures qu'on fait depuis mars jusqu'en juin, et qui prennent facilement : c'est le moyen d'avoir des plantes fraîches et arrondies.

Œillet corymbifère. (*Dianthus corymbosus.*) Vivace. Fleurs en juillet, plus grandes que celles du précédent, rouges, doubles, en corymbes et odorantes. Même culture.

Œillet de la Chine. (*Dianthus sinensis.*) Plante vivace ou plutôt bisannuelle. Fleurs en juillet, quelquefois doubles, rouges ou variées, veloutées, mouchetées de brun, de noir ou de blanc. Les pieds se gardent plusieurs années en lieu sec et abrité.

Dianthus pulcherrimus. Nouvelle espèce, vivace, très-jolie. Fleurs d'un beau rouge. Culture en terre de bruyère et en pot enterré.

Multiplication de boutures qu'on rentre en orangerie la première année, et qu'on ne met en pleine terre qu'au printemps suivant.

Moyen de faire porter aux œillets des fleurs précoces. Chaque année les pieds d'œillets poussent des rejetons garnis de feuilles sans fleurs. Au moment où ces tiges commencent à s'élever, on les coupe au troisième nœud à partir de l'extrémité inférieure; on les fend un peu, et on les met dans l'eau pendant quelque temps; on les pique ensuite dans un pot, en les arrosant d'abord beaucoup et tenant la terre constamment humide. Presque toutes ces tiges prennent racine et donnent des fleurs jusqu'en hiver. La gelée amollit leurs tiges : on doit avoir soin, quand elles sont gelées, de ne pas les toucher; elles dégèlent, et au printemps fleurissent dès le mois de mai.

Œillet. (*Off.—Med. dom. — Ind. dom.*) L'odeur des œillets est subtile, pénétrante, et analogue à celle de girofle. On prépare avec les œillets un sirop, une conserve, un vinaigre, une poudre et une eau distillée : l'eau excite les sueurs; le vinaigre d'œillets rouges a une saveur et une odeur agréables. Dans les temps de peste on en imbibe des linges qu'on flaire, et dont on frotte les tempes ; on en prend aussi deux cuillerées le matin. La conserve et le sirop d'œillets sont estimés en médecine comme de grands cordiaux : on fait aussi un ratafia d'œillets domestiques très-agréable avec de l'eau-de-vie, du sucre et un peu de cannelle.

Ratafia d'œillets. Faire un sirop avec un kilogramme de sucre ; y mettre un demi-kilogramme de fleurs d'œillets; ajouter deux litres d'eau-de-vie. Laisser infuser quinze jours au moins et filtrer. On peut aussi faire infuser un mois dans l'eau-de-vie; passer avec expression dans un linge blanc, et y mêler le sucre fondu dans de l'eau.

On désigne sous le nom d'œillets à ratafia les petits œillets simples, d'un rouge foncé tirant sur le noir. On en sépare les onglets avant de s'en servir.

Ce ratafia se colore à souhait avec un peu de cochenille.

Eau d'œillets. Prendre : eau-de-vie, 8 pintes; œillets rouges épluchés, 2 livres; girofle concassé, 2 gros; eau de rivière, 4 pintes; sucre, 6 livres.

Vous mettez les fleurs d'œillets dans l'eau-de-vie, après en avoir ôté les onglets ; vous y ajoutez le girofle, et laissez le tout en infusion pendant six jours. Ce terme expiré, vous procédez à la distillation pour retirer quatre pintes de liqueur spiritueuse.

Vous faites fondre le sucre à l'eau de rivière; vous formez le mélange, vous colorez la liqueur en rouge, et la filtrez.

Sirop d'œillets. Oter les onglets d'une livre de fleurs d'œillets, les mettre au bain-marie avec deux gros de girofle concassés et verser dessus une chopine d'eau bouillante. Laisser macérer pendant douze heures et passer avec expression.

Faire cuire trois livres de sucre au perlé ; y jeter la liqueur quand le sucre est à la nappe, retirer, laisser refroidir et mettre en bouteilles.

Œillets en pastilles. Prenez la quantité de sucre passé au tamis que vous jugerez convenable pour en former une pâte molle avec l'eau d'œillets aromatisée et odorante, de l'esprit de girofle et de la gomme adragant en suffisante quantité, pour en former une pâte que vous divisez en pastilles.

Œillet d'Inde. (Voy. tagète.)

OESOPHAGE. (*Conn. us.*) L'œsophage est un canal musculo-membraneux qui s'étend de l'extrémité inférieure du pharynx à l'orifice de l'estomac; il a pour usage de conduire les substances alimentaires dans le ventricule.

OESTRE. (*Animaux nuisibles.*) L'œstre est une espèce de mouche dont le corselet et le ventre sont jaunes avec une bande noire au milieu du dos ; sur les côtés, et à l'extrémité les ailes sont blanches, avec une raie noire au milieu et des points noirs à l'extrémité.

La première espèce de ces mouches dépose ses œufs sur la peau des bœufs et des vaches.

La deuxième les place près l'anus des chevaux ; les larves éclosent, pénètrent dans les intestins et causent à ces animaux des démangeaisons insupportables.

Une troisième espèce dépose ses œufs dans les sinus frontaux des moutons, et les larves en se développant les rendent furieux et les font périr.

La larve de l'œstre de la première espèce pénètre sous le tissu cellulaire des animaux, s'y nourrit, et y croît au milieu de la matière purulente qui s'est développée par suite de l'irritation qu'elle provoque. La tumeur qui en résulte s'ouvre au bout d'un certain temps, et laisse après elle une véritable ulcération.

Aussitôt qu'on s'apercevra des tumeurs déterminées par l'œstre sur la peau des bestiaux, on pratiquera une incision, par laquelle on injectera, au moyen d'une petite seringue, une certaine quantité de solution mercurielle.

(Voy. ANIMAUX NUISIBLES) qui fera périr les larves; puis on pratiquera chaque jour des injections avec de l'eau dans laquelle on aura dissous du chlorure de calcium, qui anéantira l'odeur fétide de l'ulcère et hâtera sa cicatrisation.

Les larves d'œstre qui pénètrent dans les intestins des chevaux seront détruites par des lavemens dans lesquels on fera entrer un demi-gros de calomélas ou mercure doux.

Quant à celles qui vivent dans les sinus frontaux des moutons, on pourra essayer des injections poussées en haut et en arrière par le nez au moyen d'une seringue, et composées d'un mélange de deux onces d'huile d'olive et de vingt-quatre grains de calomélas, qu'on aura soin de bien agiter immédiatement avant de l'employer.

Mélange pour détruire l'œstre. Faire macérer pendant huit jours, en remuant souvent, une once et demie de calomélas dans dix onces d'eau-de-vie. Faire des injections avec ce mélange dans les naseaux de l'animal malade, et en diminuer le nombre à mesure que la maladie s'affaiblit.

Quand l'œstre, ce qui arrive quelquefois, s'introduit dans l'estomac du cheval, donner un, deux, trois ou quatre bols composés d'un gros de ce mélange, selon la force de l'animal. Si l'œstre s'est glissé dans le rectum, donner en lavemens à la dose d'une demi-once.

OEUF. (*Conn. us. — Cuis. — Off. — Ind. dom.*) L'œuf de poule est une substance composée :

1° D'une coque osseuse que l'on nomme coquille;

2° D'une pellicule membraneuse qui tapisse tout l'intérieur de la coquille;

3° Du blanc, que l'on nomme albumine;

4° Du jaune, qui est disposé et suspendu dans le milieu du blanc;

5° Du germe destiné au développement d'un animal semblable à celui qui l'a formé, et qui emprunte de l'élément au milieu duquel il se trouve placé la substance nutritive destinée à son développement et à sa nutrition;

6° D'une très-mince pellicule qui renferme le jaune et le sépare de l'albumine.

Les coquilles d'œufs sont un composé d'une grande quantité de carbonate calcaire, d'un peu de phosphate calcaire, d'une matière molle, tenace et élastique que l'on nomme gluten, et d'eau. Chacun de ces principes est aussi un composé particulier que l'on parvient à reconnaître par l'analyse.

Les coquilles d'œufs étaient employées en médecine comme absorbantes, légèrement astringentes, et comme propres à neutraliser les acides de l'estomac.

Le blanc d'œuf est une substance séreuse, visqueuse, gélatineuse, albumineuse; il contient du phosphate calcaire, du muriate de soude, du carbonate du même alcali et du soufre; il verdit le sirop de violettes. Le calorique, l'alcool, ainsi que tous les acides végétaux ou minéraux, le coagulent. Il passe promptement à la putréfaction et laisse dégager de l'ammoniaque. On l'emploie en pharmacie dans la clarification des liquides; on le fouette dans une petite quantité d'eau, dans laquelle il est dissoluble, et le calorique le sépare de cette dernière, le coagule; et en se coagulant, il ramasse les matières qui sont indissolubles dans le liquide et qui en troublaient la transparence : il vient alors surnager ce liquide sous la forme d'une écume blanche, ou colorée par les matières avec lesquelles il se trouve en contact.

Le jaune d'œuf est composé d'albumine, d'huile et d'une quantité de mucilage suffisante pour le rendre miscible à l'eau. Le calorique, l'alcool et les acides le coagulent. On en retire par expression, lorsqu'il est solidifié par l'action du calorique, et qu'il est desséché, une huile très-douce, qui porte le nom d'huile d'œuf, et qui était autrefois d'un usage assez fréquent en médecine, comme adoucissant.

Les œufs de poule sont d'un usage général comme aliment; ils sont restaurans, très-nourrissans, de digestion assez facile; leur usage convient aux personnes faibles et délicates, aux valétudinaires, aux convalescens; mais ce même usage est contre-indiqué dans les fièvres bilieuses.

Le seul défaut des œufs est d'échauffer et de resserrer, surtout quand ils sont durs, trop cuits, secs et brûlés.

Les œufs frais, à la coque, sont fort sains. En général, les préparations d'œufs où il entre peu de beurre, de sel et de poivre sont les plus salutaires. Ainsi, après les œufs à la coque, les œufs au plat, au verjus, au bouillon, à l'eau, pochés, en omelette, pourvu qu'il n'y ait ni ciboule, ni persil, sont préférables à toutes les autres façons de les accommoder.

L'école de Salerne prescrit de boire un coup après chaque œuf :

Singula post ova, pocula sume nova.

Les œufs vieux ne sont pas aussi bons que les nouveaux.

On voit se développer le germe des œufs électrisés à un degré qui correspond à une chaleur de 50°. Plusieurs procédés ont été inventés pour faire éclore les œufs sans le secours de la poule. (Voy. POULE.)

Pour l'incubation, il faut choisir ceux qui, vus à la chandelle, ont une vésicule d'air à la pointe. On a remarqué que les œufs allongés produisaient des coqs, et que les poules provenaient des œufs ronds qui avaient la vésicule d'air sur le côté. Ceux qui oscillent avec bruit doivent être rejetés.

Les alimens des volailles communiquent leur saveur aux œufs. L'orge les rend très-délicats; les hannetons leur donnent un goût désagréable; les bourgeons de sapin leur communiquent une odeur de térébenthine.

Moyen de reconnaître si un œuf est frais. Si, présenté à la lumière, il paraît clair et transparent, il est frais. S'il se couvre d'une légère humidité quand on l'approche du feu, il est frais.

Un œuf ancien est, en général, rougeâtre et fait entendre un certain bruit lorsqu'on le secoue.

On vend souvent des œufs conservés dans l'eau pour des œufs frais, et, dans ce cas, ils sont aussi pleins que les autres; mais leur saveur est altérée pour les palais délicats.

Si un œuf dont on mouille les deux bouts présente une pointe froide et l'autre tiède, il est propre à être conservé. Il est essentiel qu'il ne soit point fécondé. Les œufs pondus en mars et en septembre se gardent plus longtemps que les autres.

Moyen de conserver les œufs en les garantissant de l'humidité et de la gelée. L'humidité, aidée de la chaleur, communique aux œufs un mouvement de fermentation qui les altère ; elle leur est si fatale, qu'une seule goutte d'eau qui aura séjourné sur un œuf frais pendant quelque temps fait corrompre la partie du blanc qu'elle a touchée à travers la coque. La tache qu'elle a imprimée s'agrandit, jusqu'à ce que la pellicule qui couvre le jaune soit attaquée; alors l'œuf est perdu ; mais, si le jaune n'est point atteint, et qu'on fasse durcir un œuf dont le blanc seul est taché, en enlevant la portion gâtée, le reste est encore bon.

La gelée fêle la coque, désorganise l'intérieur et dispose l'œuf à se putréfier. Il arrive quelquefois qu'un œuf se gèle sans éprouver de fêlure ; mais le dégel arrivant, si on ne l'emploie pas bientôt, il se corrompt avec la plus grande célérité.

Aussi a-t-on imaginé différens moyens pour obvier à ces inconvéniens et conserver les œufs. Tous se réduisent à intercepter la transpiration qui se fait dans chaque œuf, et à empêcher la communication de l'air avec les matières qui y sont contenues, et par-là la fermentation qui peut les altérer. Les uns mettent les œufs dans un mélange de son et de sel ; les autres les isolent dans un tas de blé et de seigle ; ceux-ci les arrangent dans de la sciure de bois, ceux-là dans des cendres ; plusieurs les placent sur des lits de paille, toujours la pointe en bas.

Vernis pour les œufs. Pour transporter les œufs frais d'une contrée à une autre, il faut les plonger dans une dissolution de gomme arabique et les couvrir de charbon pulvérisé. La gomme arabique, comme vernis, fait un meilleur effet qu'aucune autre gomme résine ; car on peut aisément la faire disparaître en la lavant dans l'eau tiède ou fraîche, et en outre elle est à bon marché. Les œufs traités de cette manière se conservent pendant plusieurs années ; car un lit de charbon maintient autour des œufs une température égale ; il les empêche d'éprouver des alternatives de chaleur et de froid. Cette méthode est infiniment préférable à celle de graisser les œufs, car la graisse les gâte en devenant rance.

Autre manière de conserver les œufs. Prenez-en une certaine quantité de frais, que vous plongerez dans de l'eau de chaux ; recouverts ainsi d'une couche calcaire, ils se conserveront longtemps.

Pour préparer l'eau de chaux, faire infuser deux ou trois pierres de chaux dans quinze à vingt litres d'eau ; laisser reposer et remuer plusieurs fois avant de décanter, pour ne se servir que de l'eau sans couleur ; mettre les œufs dans cette eau ; ne les retirer qu'à mesure des besoins, avec des ustensiles très-propres et sans remettre ceux que l'on aurait touchés. Le vase doit être bien couvert et avoir deux à trois pouces d'eau au-dessus des œufs.

Immersion des œufs dans l'eau bouillante. On met un chaudron sur le feu, et lorsque l'eau est bouillante on y plonge une certaine quantité d'œufs que l'on tient dans une passoire ou un panier, et qu'on n'y laisse qu'une minute. Ce temps suffit pour coaguler une légère couche d'albumine autour de l'œuf, et lui former une enveloppe qui le préserve de l'évaporation et du contact de l'air qui provoquerait sa putréfaction.

Les œufs ainsi préparés peuvent être employés à la plupart des usages de la cuisine, et ils conservent les mêmes qualités qu'ils avaient au moment de leur sortie de l'eau bouillante. Du reste, il est à propos de les tenir entre des lits de cendre, de menue paille d'avoine, ou de sable sec, ou de paille de seigle fine sèche, la pointe en bas.

Conservation par l'huile et par la graisse. Faire chauffer ensemble portions égales d'huile et de cire ; y plonger les œufs et les placer ensuite dans de la cendre. On peut simplement ranger les œufs par lits dans la cendre ; ils se conservent encore passablement de cette manière, mais beaucoup moins bien que par le dernier procédé.

La graisse de mouton est aussi favorable que l'huile à conserver les œufs. Les œufs munis de germe, enduits de cette graisse, gardent pendant six semaines la propriété d'être couvés fructueusement, pourvu qu'on enlève le vernis avant de les soumettre à l'incubation.

Quand on doit conserver les œufs pendant un temps fort long, il faut les choisir non fécondés ; sans cela, le germe, étouffé sous le vernis, en corromprait une partie.

Procédé anglais pour conserver les œufs. Placer dans un tonneau un boisseau de chaux vive, deux livres de gros sel et huit onces de crème de tartre ; y verser de l'eau ; remuer pour opérer le mélange, et y mettre les œufs. Ils se gardent ainsi plusieurs années.

Moyen de conserver les œufs durs. Il faut les prendre nouvellement pondus, et les saler en même temps qu'on les cuit. Pour cela, on les enduit d'une pâte faite avec de la terre grasse, des cendres et du sel marin, et on les met ensuite dans un four. En Angleterre, pour atteindre le même but, on les fait cuire dans le mélange de chaux de sel et de crème de tartre ci-dessus indiqué ; lorsque la composition a de la consistance, on y met les œufs. Par ce procédé, les œufs peuvent se conserver parfaitement sains pendant l'espace de deux ans. Enfin, un dernier moyen de conservation pratiqué autrefois, c'était de délayer les jaunes d'œufs dans du vinaigre. On remplissait de ce mélange des tonneaux, et il formait un des approvisionnemens des armées.

Usage des œufs. — OEufs battus. Dans des cas où les autres alimens ne peuvent point être digérés, les œufs battus dans de l'eau à froid et édulcorés avec du sucre ont été donnés avec succès.

Tisane d'œufs nourrissante et rafraîchissante. Délayer 2 jaunes d'œufs dans 6 onces d'eau simple ; ajouter 2 onces de sucre en poudre, et 4 gros de fleur d'oranger. Battre le tout.

Look d'œufs. (Voy. LAIT DE POULE.)

Il y a un très-grand nombre de manières d'apprêter les œufs. Nous indiquerons les principales, en nous guidant principalement sur les recettes fournies par Mme Adanson, qui sont les moins coûteuses et les meilleures. Le *Cuisinier royal* a l'inconvénient de donner des recettes ruineuses. Par exemple, pour assaisonner *quinze œufs pochés à l'essence de canards*, il recommande de mettre *douze canards à la broche, de les faire cuire verts et d'en prendre le jus.*

OEufs à la coque. Les mettre dans de l'eau froide, et les retirer dès que l'eau commence à bouillir.

Autre recette. Verser sur les œufs de l'eau bouillante,

placés dans un vase préalablement chauffé, pour que l'eau ne perde pas sa chaleur. Les œufs sont cuits à point dès que l'on peut tenir le doigt dans l'eau.

Autre recette. Les jeter dans l'eau bouillante; les couvrir et les laisser ainsi hors du feu pendant cinq minutes; décanter l'eau, faire tourner vos œufs l'un après l'autre comme un toton, pour mettre le blanc en lait. Servir sous une serviette. Les œufs à la coque sont considérés comme hors-d'œuvre en cuisine.

Œufs durs en salade. Faire durcir dix minutes des œufs à l'eau bouillante (les œufs trop durcis ne valent rien et sont indigestes), passer à l'eau froide pour les éplucher plus facilement; les couper en quartiers, les arranger symétriquement sur un plat creux, avec cerfeuil, ciboule, estragon hachés, quelques filets d'anchois, du poivre, trois cuillerées d'huile, une de vinaigre.

Œufs durs à la maître-d'hôtel. Faire durcir six œufs comme ci-dessus, les couper en quartiers, les mettre dans une casserole avec un quarteron de beurre, poivre et sel; les laisser mijoter dix minutes; les remuer de temps en temps sans les écraser; ajouter une pincée de persil et ciboule hachés, un demi-jus de citron : servir.

Œufs brouillés à la crème. Battre huit œufs frais; mettre dans une casserole demi-quarteron de beurre; dès qu'il est fondu, ajouter les œufs avec une pincée de persil et ciboule hachés, poivre et sel, deux cuillerées de crème nouvelle; tourner toujours jusqu'à ce qu'ils soient de bonne épaisseur : servir.

Œufs brouillés aux asperges. Prendre des asperges cuites de la veille, ou les faire cuire exprès; les couper en petits pois, ne mettre que le vert, passer sur le feu avec un peu de beurre, poivre et sel; au bout de dix minutes, les retirer; battre huit œufs, faire fondre dans la même casserole un demi-quarteron de beurre; mettre les œufs avec poivre et sel, remuer à mesure qu'ils s'attachent au fond; quand ils sont à point, ajouter les asperges : remuer encore quelque temps, et servir.

Œufs brouillés au jus. Battre huit œufs, mettre dans une casserole un quarteron de beurre, faire blondir des croûtons, les retirer; mettre les œufs dans le beurre, avec poivre, sel et muscade; remuer jusqu'à ce qu'ils soient un peu secs; alors ajouter une cuillerée de bon jus ou de coulis; remuer et servir les croûtons autour.

Œufs brouillés aux tomates. Prendre quatre cuillerées de sauce tomate, les faire bouillir; casser huit œufs dedans, remuer jusqu'à consistance convenable.

Œufs brouillés au fromage. Battre huit œufs avec un quarteron de fromage de Gruyère râpé, faire fondre demi-quarteron de beurre, verser les œufs dedans, remuer à mesure qu'ils s'attachent au fond; ajouter un peu de sel, poivre : servir.

Œufs frits au jambon. Pour six œufs, couper six tranches minces de jambon cru, bien gras; les faire bien revenir des deux côtés dans un diable que vous placez sur un fourneau; les retirer, les arranger dans le plat où vous devez servir; ajouter à la graisse qu'elles ont rendue deux cuillerées d'huile d'olive; lorsqu'elle est très-chaude, casser un œuf frais dans une assiette, mettre du poivre et du sel dessus, le faire couler doucement dans le diable sans le crever; quand il est rissolé d'un côté, le retourner adroitement avec l'écumoire en penchant le diable; étant bien doré, le poser sur une des tranches de jambon, et faire frire de même les autres un à un : le jaune doit être mollet comme un œuf poché; verser ensuite deux cuillerées de vinaigre dans la graisse qui reste, lui faire faire un bouillon; verser sur les œufs. Servir très chaud.

Œufs frits au persil. Mettre dans un diable quatre cuillerées d'huile d'olive ou de beurre fondu, ou de graisse de volaille; étant bien chaude, faire frire les œufs comme les précédens; ensuite mettre dans la graisse une poignée de persil non lavé; lorsqu'il est cassant, le dresser sur les œufs; mettre deux cuillerées de vinaigre dans le reste de la graisse, faire frire un instant; verser sur les œufs.

Œufs pochés. Casser dans une casserole pleine d'eau bouillante, doucement et à fleur d'eau, deux ou trois œufs frais; quand le blanc est devenu mat et ferme, les retirer avec l'écumoire, ne pas crever, faire pocher les autres. Rogner les bords du blanc avec un couteau pour leur donner une forme propre et régulière; les poudrer de gros poivre et de sel fin; servir de suite sur de bon jus mêlé de coulis, ou une sauce blanche, ou une sauce tomate, que vous avez eu soin de préparer avant. Vous pouvez aussi les mettre sur une farce d'oseille, ou de la chicorée au maigre, ou des purées. Ils sont plus délicats que des œufs durs.

Œufs pochés à l'aspic. Faire tiédir de l'aspic (voy. ce mot). Placer dessus des œufs pochés, décorés de truffes; après les avoir mis dans des moules; remplir les moules d'aspic. Mettre au frais. Servir les œufs sur l'aspic.

Soupe aux œufs pochés. Faire pocher les œufs, les placer dans le fond d'une soupière; verser dessus du bouillon; avant de servir, ajouter un peu de gros poivre.

Œufs à la bonne-femme. Faire tiédir un peu de beurre sur un plat; casser des œufs dedans et les mettre sur de la cendre chaude; les semer de mie de pain en petits dés passés au beurre. Mettre le four de campagne par-dessus; verser dessus du bouillon réduit.

Œufs à la provençale. Faire chauffer un verre d'huile dans une poêle, y jeter un œuf entier; assaisonner de sel et poivre; affaisser le blanc avec une cuillère; retourner les œufs; servir avec des croûtons et une sauce de bouillon réduit, dans laquelle on met du zeste de citron.

Œufs sur le plat. On étend du beurre sur un plat de terre, on le saupoudre de sel, puis on casse les œufs sans crever les jaunes; vous mettez dessus, d'espace en espace, de petits morceaux de beurre avec cuillerée de crème et muscade râpée, et vous achevez de cuire en passant la pelle rouge sur vos œufs.

Œufs au beurre noir. Même cuisson que les précédens, avec cette différence que le beurre doit être plus noir, que les œufs doivent être cassés d'avance dans un plat et assaisonnés.

Œufs sur le gril. Mettre dans une petite caisse de papier un peu de beurre, persil et ciboule; la faire chauffer sur le gril; quand le beurre est fondu, y casser un œuf; ajouter sel et poivre et un peu de mie de pain par-dessus.

Faire cuire à feu doux, et colorer le dessus avec une pelle rouge.

Œufs en croquettes. Faire durcir des œufs ; les mettre en petits dés ; verser dessus une sauce à la crème, avec un peu de persil et de ciboule hachés ; quand ils sont bien froids, les rouler dans de la mie de pain, les tremper dans de l'œuf battu, les paner une seconde fois : faire frire, égoutter et servir.

Œufs au gratin. Préparer comme pour les œufs à la crème (voy. plus loin) ; masquer avec des jaunes d'œufs ; colorer au four de campagne, sur des cendres rouges.

Œufs sur le plat à la crème. Garnir le fond d'un plat qui aille au feu, avec un demi-quarteron de beurre ; casser six œufs frais dessus, n'en pas crever le jaune ; poudrer de poivre et sel une pincée de persil et ciboule hachés. Verser dessus deux cuillerées de crème nouvelle. Poser le plat sur un feu doux ; le couvrir du four de campagne, chaud, mais sans feu dedans. Servir au bout de dix minutes. Le jaune doit être mollet.

Omelette aux fines herbes. Mettre dans une petite terrine une cuillerée d'eau ou de lait ; faire fondre dedans une bonne pincée de sel fin, un peu de poivre ; ajouter une pincée de persil, de ciboule, et une pointe d'ail hachés. Casser sept œufs dedans, les battre au moins cinq minutes. Mettre dans une poêle peu profonde une cuillerée de beurre fondu (le beurre frais noircit) ; la poser sur un feu clair. Quand le beurre est bien chaud, verser les œufs dedans ; remuer avec une fourchette pour faire passer dessous ce qui reste dessus sans cuire, secouer un peu la poêle pour que l'omelette ne s'attache pas, et lorsqu'elle vous paraît au degré convenable de cuisson sans être sèche, la faire glisser sur le bord de la poêle et la rouler avec la fourchette à mesure qu'elle descend sur le plat.

Quand on fait une omelette aux truffes, on met au milieu des truffes sautées dans le beurre. On fait aussi des omelettes aux champignons, à la purée de volaille.

Omelette à la sauce tomate. Vous faites une omelette comme la précédente, et versez dessus une sauce tomate.

Omelette aux pommes. Vous faites une omelette sans fines herbes, et lorsqu'elle est cuite, mettez dans le milieu une marmelade de pommes chaude. (Voyez ce mot.) Faites glisser la moitié de l'omelette sur le plat, rabattez l'autre dessus. Poudrez-la de sucre râpé, et marquez dessus des losanges avec une brochette rouge et bien propre. Vous pouvez mettre des confitures au lieu de pommes.

Omelette au pain et au lait. Prenez un quarteron de mie de pain, faites-la tremper dans du lait bouillant ; quand elle est imbibée, mettez-la dans une terrine avec une cuillerée de sucre râpé, demi-pincée de sel fin, une cuillerée de fleur d'orange. Broyez le tout, cassez six œufs frais dedans et battez comme une omelette. Mettez dans la poêle une cuillerée et demie de beurre fondu. Faites une omelette, parez-la en dessus comme celle de pommes.

Omelette au rognon. Prenez le maigre d'un rognon de veau cuit à la broche ; hachez-le avec un peu de persil, ciboule ; ajoutez poivre et sel. Battez sept œufs ; mêlez-y le hachis. Mettez dans la poêle la graisse du rognon ; lorsqu'il en a fondu la valeur de deux cuillerées, ôtez les morceaux avec une écumoire ; faites votre omelette.

Omelette à l'oseille ou aux épinards. Faites chauffer de la farce ou des épinards de la veille ; préparez une omelette ordinaire ; quand elle est cuite, mettez-les au milieu ; faites-la couler à moitié sur le plat ; rabattez l'autre dessus.

Omelette aux croûtons. Battez sept œufs avec une cuillerée d'eau, sel et poivre ; mettez dans la poêle deux cuillerées de beurre fondu ; faites blondir dedans une vingtaine de petits croûtons, versez vos œufs dessus, faites l'omelette.

Omelette soufflée. Prenez dix œufs tout frais, séparez les blancs, mettez-les dans un saladier, délayez deux des jaunes avec un quarteron de sucre en poudre et le zeste d'un citron frais râpé. Battez les dix blancs en neige ferme qui se soutienne en pyramide ; faites chauffer le four de campagne, mais qu'il ne soit pas rouge, ce qui ferait brûler l'omelette ; mettez dans un plat creux qui aille au feu gros comme une noix de beurre frais ; posez-le sur un feu modéré ; mêlez les blancs avec les jaunes de votre omelette, et lorsque le beurre frémit, versez-la dans le plat ; poudrez le dessus d'un peu de sucre râpé, couvrez de suite avec le four, emplissez-le de braise. Ne mettez l'omelette sous le four qu'un quart d'heure avant de la manger. Servez-la en courant. Le dessus doit être coloré et non brûlé. On peut la faire cuire dans un moule.

Œufs à la béchamel. Faites durcir huit œufs dix minutes ; coupez-les en quartiers, faites-les bouillir un quart d'heure dans une petite sauce béchamel.

Œufs à la tripe. Prenez huit œufs durs, coupez-les en rouelles ; coupez six ognons de la même manière et très-minces ; faites-les cuire à petit feu pendant une demi-heure, avec demi-quarteron de beurre ; qu'ils prennent peu de couleur ; ajoutez une pincée de farine, poivre et sel, mouillez avec les trois quarts d'un verre de lait. Mettez les œufs, faites-leur faire quatre ou cinq bouillons.

Œufs farcis. Prenez six œufs durs, partagez-les dans leur longueur. Otez les jaunes ; pilez-les dix minutes dans un mortier, avec un peu de persil et ciboule hachés, poivre et sel, gros comme un œuf de mie de pain trempée dans du lait. Garnissez le blanc de vos œufs avec cette farce ; que le dessus soit bombé ; étendez une légère couche de beurre dans le fond d'un plat qui aille au feu ; couvrez-la de panure mêlée d'échalottes hachées, poivre et sel. Faites fondre dans une casserole un peu de beurre ; mêlez-le avec le reste de votre panure, couvrez-en le dessus de chaque œuf, et dressez-les ensuite sur le plat ; posez-le sur un feu modéré ; couvrez du four de campagne chaud et plein de braise. Au bout d'un quart d'heure, versez dessus une sauce froide à l'huile et au vinaigre, poivre et sel ; servez. Le dessus des œufs doit être gratiné.

Œufs en étuvée. Mettez dans une casserole un demi-quarteron de bon lard coupé en dés, avec un ognon coupé en rouelles, et demi-quarteron de beurre ; faites roussir le tout ; versez dessus deux verres de bon vin rouge, ajoutez poivre, un peu de sel, un bouquet garni, une gousse d'ail fendue en deux ; faites bouillir une demi-heure. Roulez un autre demi-quarteron de beurre dans demi-cuillerée de farine, faites-le fondre dans la sauce, et quand elle est remise en ébullition, cassez dedans, deux à deux, et avec précaution, des œufs bien frais ; faites-les pocher ; retirez-les pour les poser sur un plat chaud, mais hors du feu. Alors passez votre sauce au tamis, versez-la dessus. Servez promptement.

Œufs au bouillon. Mettre dans une casserole cinq cuillerées de bouillon, quatre jaunes d'œufs, deux œufs entiers; mêler bien, passer à l'étuvée; beurrer des petits pots à crème, et faire prendre le mélange dedans.

Œufs durs aux fines herbes. Faire roussir du beurre dans une casserole; quand il ne pétille plus, y jeter des fines herbes hachées; lorsque les fines herbes sont grillées, ajouter dans la casserole du vinaigre, et verser sur les œufs coupés en rouelles. Passer un peu de vinaigre nouveau dans la casserole, et l'ajouter à la sauce.

Œufs à la crème. Mettre dans une casserole un morceau de beurre, une cuillerée de farine, persil, ciboule, sel, poivre, muscade et un verre de crème; et au moment de servir, mettre, dans ce mélange chaud, des œufs durs coupés par rouelles.

Œufs à la neige. Casser douze œufs; séparer les blancs des jaunes; fouetter les blancs comme pour les biscuits, c'est-à-dire jusqu'à ce qu'ils soient parfaitement montés. On verse dans une casserole une pinte de lait, une demi-livre de sucre et un peu d'eau de fleurs d'oranger. Quand le lait est bouillant, y mettre plein une cuillère à ragoût de blancs; les faire cuire, puis les retirer et les dresser dans un plat; ôter la moitié du lait; délayer les jaunes et les mettre dans le lait, que l'on remue avec une cuillère de bois. Quand on les voit se lier, les retirer du feu et verser cette sauce dans le plat où sont les blancs, sans en couvrir ceux-ci, auxquels on doit conserver leur couleur blanche. Quand on veut rendre les œufs à la neige plus délicats on fait bouillir quelques minutes dans le lait, avant d'y mettre les jaunes, gros comme un haricot de vanille; la même vanille peut servir plusieurs fois.

Recette de madame Adanson. Prenez huit œufs frais, séparez les jaunes d'avec les blancs, battez ceux-ci en neige ferme; mettez dans une casserole large et peu profonde une chopine de bon lait; quand il bout, ajoutez un quarteron de sucre, le zeste d'un citron; prenez trois cuillerées de vos blancs, mettez-les séparément dans le lait; lorsqu'ils sont gonflés, retournez-les avec l'écumoire, au bout de deux ou trois minutes, retirez-les; mettez-en d'autres, jusqu'à ce qu'il ne reste plus de blancs; veillez à ce que le lait ne cesse pas de bouillir pendant toute l'opération; ensuite ôtez les zestes de citron, faites une crème ordinaire avec vos huit jaunes, versez-la dans un plat creux; rognez et parez vos morceaux de neige en sorte qu'ils soient oblongs et égaux, dressez-les en pyramide sur la crème.

Œufs en surprise. Vider les œufs (voy. OISEAUX); les laver; les faire sécher à l'air; avec un petit entonnoir, les remplir de crème au chocolat et autres. (Voy. CRÈME.) Boucher les trous avec de la pâte. Faire cuire dans l'eau chaude sans la pousser à l'ébullition; servir sous une assiette, pour entremets, après avoir supprimé la pâte.

Œufs à la Célestine. Faire quatre omelettes de trois œufs chacune, les garnir de frangipane; les rouler en forme de manchon; les poudrer de sucre; glacer et servir.

OFFICE. L'art de l'office est l'apanage de la maîtresse de maison, et il est assez étendu pour l'occuper activement. Il comprend les sirops, confitures, mets sucrés, liqueurs, gâteaux, bonbons, etc.; en général, toutes les préparations où il entre des fruits, du sucre et de l'alcool. Voici les ustensiles et termes d'office les plus usuels en forme de vocabulaire :

Abaisser. Étendre de la pâte avec un couteau de bois.

Assiette. On dit : Faire une assiette de biscuits, de macarons, fromages, raisins, etc.

Assortissoir. C'est une sorte de crible dont les trous sont assortis à la grosseur et à la forme des dragées qu'on veut faire.

Bain-marie. Se dit des viandes, des crèmes, des sirops, etc., que l'on fait cuire dans un vase plongé et maintenu dans l'eau bouillante pour les empêcher ou de cuire trop vite ou à trop grand feu; pour parvenir à ce but, il faut que l'eau qui bout n'atteigne pas plus des trois quarts de la hauteur du vaisseau qui contient la substance que vous voulez *faire cuire au bain-marie.*

Bassine. Sorte de casserole en cuivre étamé, grande et peu élevée des bords, ayant la forme d'un bassin avec deux anses. Cet ustensile ne doit servir qu'à faire des confitures.

Blanchet. Grosse étoffe de laine qu'on attache sur un carrelet pour passer les liquides.

Blanchir. Passer les fruits dans un sirop quelconque. C'est aussi enlever de dessus les abricots, amandes, etc., cette espèce de bourre ou de duvet dont ils sont chargés, en faisant passer ces fruits par une lessive alcaline. C'est encore faire cuire des fruits dans l'eau, ou du moins les y amollir.

Caisses. Ce sont des boîtes de sapin très-légères et garnies de papier en dedans dans lesquelles on met toutes les confitures d'office, ou toutes les pâtes sèches sucrées, pour les garantir des insectes et des impressions de l'air extérieur. On appelle encore *caisse* le papier dans lequel certains biscuits sont enchâssés.

Cafetière. Vase de terre ou de métal garni d'un manche et d'un couvercle, destiné à contenir du café au moment d'être servi.

Candir. Cristalliser six ou sept fois le sucre pour le rendre dur et transparent.

Cannelon. Moule de fer-blanc destiné à contenir les neiges, les glaces ou les pâtes fines auxquelles on veut donner une forme élégante après leur parfaite confection. Ce mot s'entend aussi de la substance contenue dans le cannelon.

Caramel. Dernière cuisson du sucre.

Cassons. Portions de sucre et de cacao brisés.

Chancir. C'est commencer à moisir; on dit que la confiture est chancie lorsquelle est couverte d'une pellicule blanchâtre; on dit qu'elle est moisie quand il s'élève de cette pellicule blanchâtre une efflorescence en mousse blanchâtre ou verdâtre. La confiture trop cuite candit; celle qui ne l'est pas assez ou qui manque du sucre chancit.

Charger. C'est remplir une petite poche en cuivre de sirop et quelquefois de sucre en poudre, dont on couvre les dragées dans la bassine, pour les grossir, blanchir et finir.

Clayon. Les confiseurs appellent ainsi un rond de fil d'archal ou d'osier en treillis assez serré, sur lequel ils posent les fruits à l'étuve.

On y rassemble encore les fleurs destinées à passer par l'alambic, afin de ne les pas fouler et d'empêcher leur corruption.

Cloche. Ce mot a différentes significations : 1° on appelle *cloche* la glace du biscuit qui se souffle; 2° le couvercle de cristal que l'on pose sur le fromage dont l'odeur est très-prononcée; 3° enfin l'espèce de four de campagne dont on se sert à l'office pour faire cuire des compotes ou confectionner des marmelades.

Coffret. Diminutif de coffre. Les confiseurs donnent ce nom à des boîtes de bois de diverses grandeurs dans lesquelles ils serrent leurs confitures.

Cohober. C'est lorsqu'on met sur son marc une liqueur distillée, pour la faire distiller de nouveau.

Colature. Se dit d'une liqueur qu'on a passée au travers d'un linge ou d'une étoffe pour la séparer de ses impuretés.

Coller. Éclaircir le vin avec des blancs d'œufs ou de la colle de poisson.

Compotier. Petite jatte peu profonde, de porcelaine, de cristal, d'argent ou de vermeil, de la grandeur d'une petite assiette, dans laquelle on sert toutes sortes de fruits cuits, confits ou mis en compote. Les compotiers de cristal doivent toujours porter leur couvercle lorsqu'on les sert.

Concasser. Signifie piler grossièrement.

Concret. Se dit d'une substance liquide qui devient solide.

Confire. C'est donner à un fruit, à une plante ou à une herbe, une sorte de préparation, en l'infusant dans du sucre, du sirop, eau-de-vie ou vinaigre, pour leur donner un goût agréable, ou pour les conserver plus longtemps.

Cornue. Vaisseau de terre ou de verre, qui a un cou recourbé auquel on a joint un récipient.

Coupe-pâte. Moule de fer-blanc, quelquefois de cuivre rouge, servant à couper la pâte, pour les petits pâtés principalement, et pour toutes les autres pâtisseries.

Cristaux. Tous les verres à tige ou sans pieds, et les coupes qui servent à contenir les fruits ou à mettre les neiges et les glaces.

Décanter. C'est verser doucement et par inclinaison une liqueur, pour la séparer du dépôt qu'elle a formé.

Décoction. C'est la cuisson de certaines substances, en les faisant bouillir dans de l'eau, du vin, du lait ou autres liqueurs, pour en extraire la vertu ou pour les ramollir, en sorte qu'on puisse en tirer les pulpes.

Décuire le sucre. C'est remettre le sucre dans son état naturel, et le rendre tel qu'il était avant d'avoir été cuit, ce qui se fait par le moyen d'eau dans laquelle on le casse, et autres procédés.

Dégraisser. C'est mettre un peu d'eau dans les compositions trop épaisses.

Diablotins. Espèces de dragées fort grosses et longues, faites de chocolat incrusté de sucre en grains très-durs.

Digérer, digestion. Se disent d'une substance qu'on met dans un matras à une chaleur douce, avec une liqueur appropriée pour en extraire quelque principe.

Dormant. Surtout de table, que l'on place au milieu, et qui reste depuis le commencement du repas jusqu'à la fin. C'est une espèce d'ornement de service.

Égouttoir. Ustensile grand comme un plat, percé comme une écumoire.

Empyreume. Odeur désagréable que prennent les liqueurs lorsqu'on distille à trop grand feu. J.-J. Rousseau a employé ce terme dans ses *Confessions.*

Étamine. Étoffe que l'on met dans une passoire de fer-blanc. On s'en sert pour égoutter les fruits, après les avoir blanchis à l'eau ou les avoir tirés du sucre.

Étuve. Lieu très-chaud où l'on dépose les substances que l'on veut faire sécher.

Exprimer. Presser un fruit pour en faire sortir le jus.

Extraire. C'est passer une décoction ou un jus par *l'étamine* afin d'en séparer le *clair* d'avec la partie qui ne l'est pas.

Fèces. Dépôt des liqueurs.

Fer. Il y en a de différens dans les offices, comme les *fers à gaufre*, *fers à découper le papier*, etc., etc.

Feuilles. Plateaux de cuivre rouge étamé, de forme ronde ou carrée. Elles servent à supporter les substances que l'on veut faire cuire au four.

Filtrer. C'est faire passer un liquide par un papier gris disposé en forme d'entonnoir, dont l'extrémité se place dans le goulot de la bouteille qui doit contenir ce liquide.

Flegme. Parties aqueuses d'une liqueur fermentée.

Fouet. Brins de bois ou d'osier réunis pour battre les blancs d'œufs ou la crème.

Four de campagne. Four en cuivre rouge, portatif et long, de trois ou quatre doigts de hauteur, un peu élevé sur ses pieds pour qu'on puisse mettre du feu dessous, selon le besoin, et garni d'un couvercle à rebords, pour retenir le feu qu'il faut quelquefois mettre dessus.

Galons. Ce sont des boîtes rondes dont on fait usage pour serrer les dragées et autres confitures sèches; on leur donne peut-être ce nom parce qu'elles sont brodées en haut et en bas d'une espèce de galon ou dentelle en peinture.

Garder au liquide. C'est confire un fruit quelconque, de façon à le conserver toujours au liquide.

Gaufrier. C'est un moule à charnière dans lequel on fait cuire les pâtes appelées gaufres.

Gimblettes. Ouvrages de confiserie faits en forme d'anneaux, de chiffres, etc., d'une pâte mêlée avec du vin d'Espagne ou du vin blanc commun, des œufs et de la farine, à laquelle on donne telle odeur qu'il plaît. (Voy. GIMBLETTES.)

Glacer. C'est orner des plats de dessert d'une sorte de garniture de sucre et autres ingrédiens semblables.

Glacer se dit aussi des fruits confits sur lesquels le sucre est candi et transparent.

Glaces. Ce sont des liquides, des sucs de fruits, des marmelades et crèmes que l'on fait geler pour les rendre plus rafraîchissans et plus agréables au goût. On fait des glaces d'une infinité de compositions : nous avons donné les recettes des principales. (Voy. GLACE.)

Grainer. Se dit d'une crème ou de blancs d'œufs dont les parties se congèlent séparément en forme de petits grains.

Grillage. Ouvrage auquel on donne ce nom, parce qu'on le laisse un peu roussir sur le feu. On fait des grillages d'amandes.

Grille. C'est un ustensile en laiton fait en forme de treillage. On en emploie de grandes et de petites. Les grandes servent pour le tirage, c'est-à-dire pour déposer les fruits que l'on tire de leur sirop pour les laisser égoutter. On n'emploie les petites que pour le sucre candi. (Voy. ce mot.)

Houlette. Ustensile de fer-blanc qui a la forme d'une houlette, et s'emploie pour travailler les neiges et les glaces dans les *sarbotières*, afin de les rendre plus délicates et de les mieux faire prendre.

Infusion. Extraction des principes d'une plante, qu'on met en contact avec de l'eau bouillante.

Jatte. Vaisseau rond et creux destiné à contenir un liquide quelconque. On dit : *une jatte de lait.*

Macérer. Même chose que digérer.

Matras. Bouteille à long cou, ronde comme une boule.

Menu. Disposition d'un repas indiqué d'avance.

Monder. Enlever la pellicule des amandes, noix, avelines, pistaches, après avoir épluché le tout.

Mortier. Il y en a de bois et de marbre; ils servent à *concasser* et à *piler*. Un mortier doit toujours être accompagné de son pilon.

Moudre. Se dit seulement du café.

Mouiller. C'est mettre de l'eau, du vin, de l'eau-de-vie, du sirop, ou tout autre liquide dans la cuisson.

Moule. Vaisseau destiné à donner une forme à la substance que l'on met dedans. Il y en a de cuivre, de fer-blanc, de plomb et de papier.

Moulin à café. Il ne doit être employé que pour moudre le café seulement, après que ce dernier a été suffisamment *brûlé* ou *torréfié*. (Voy. CAFÉ.)

Moulinet. Il sert à faire mousser le chocolat au moment d'être servi.

Mousseline. Est un ouvrage en pâte de gomme adragant détrempée dans de l'eau claire et du jus de citron avec du sucre superfin en poudre et passé au tamis, mêlant et battant bien le tout ensemble jusqu'à ce que la pâte soit bien maniable. On peut en faire de la rouge, en y ajoutant de la cochenille préparée ; de la violette, en y mêlant de l'indigo et de l'iris, et de la jaune, avec de la teinture de safran.

Mousse. Sortes de glaces composées avec une crème légère et en mousse.

Moût. Est le suc des raisins avant qu'il ait fermenté.

Mucilage. C'est une liqueur épaisse, visqueuse et gluante, tirée de différentes semences et racines.

Neige. Composition de sucre et de jus de certains fruits, comme de framboises, de groseilles, de cerises, etc., qu'on fait glacer et qu'on sert sur la table; crème ou blancs d'œufs fouettés.

Oxycrat. Mélange d'eau et de vinaigre.

Pâte. Mélange d'œufs et de farine, et autres ingrédiens. C'est aussi le terme dont on se sert pour exprimer une préparation de quelque fruit faite en broyant la chair avec quelque fluide ou autre mixtion, jusqu'à ce qu'elle ait quelque consistance, l'étendant ensuite sur un plat et la séchant avec du sucre en poudre jusqu'à ce qu'elle soit aussi maniable que la pâte ordinaire. Ainsi, l'on fait des pâtes d'amandes, des pâtes de pommes, d'abricots, de cerises, de raisins, de prunes, de pêches, de poires, etc. (Voy. PATE.)

Perloir. Espèce d'entonnoir de fer-blanc dont le trou est fort petit pour laisser filer le sucre doucement sur les dragées à perler.

Plafond. Grand plateau de cuivre étamé, avec un petit rebord tout autour, sur lequel on dispose les viandes ou la pâtisserie que l'on veut faire cuire au four.

Rectifier. Se dit d'une liqueur ou d'une substance qu'on distille de nouveau pour la rendre plus pure.

Ressuer le chocolat (faire). C'est faire amollir du chocolat sans eau sur un feu doux.

Rouleau. Morceau de bois dur et rond, de trois pieds de long sur trois pouces de diamètre, servant à battre la pâte que l'on fait pour la *grosse pâtisserie.*

Roulette. Petit instrument à découper les pâtes.

Sarbotière, ou mieux *sorbetière.* Nom donné à un appareil d'étain, quelquefois même de fer-blanc, avec lequel on fait *prendre en neige* ou *en glace* les liquides que l'on place dedans. Il doit toujours y avoir au moins quatre doigts de distance entre une sorbetière et son baquet.

Sasser. Remuer vivement avec une cuillère.

Sédimens. Se dit des parties les plus pesantes d'une chose qu'on a jetée dans une liqueur après l'avoir réduite en poudre, et que l'on trouve précipitée au fond du vase après quelque temps de repos.

Seringue. On s'en sert à l'office pour seringuer la pâte de marasquin, qui doit toujours être ce qu'on appelle *frisée.*

Sophistiquer. Falsifier.

Spatule. Morceau de bois, de fer, d'argent ou de verre, ayant la forme d'un ploir, dont on se sert pour remuer les marmelades. Il est aplati par un bout et arrondi par l'autre.

Suc. Partie savoureuse d'une substance quelconque.

Tailladins. Petites bandes de chair de citron ou d'orange.

Tambour. Il a véritablement la forme d'un tambour; il contient deux tamis, l'un de soie, l'autre de crin, qui servent à passer le sucre et à le rendre très-fin.

Tamis à glace. Tamis fort et carré pour passer les fruits charnus avant de les glacer.

Terrasse. Bassin rond en tôle ayant six pouces de hauteur et deux pieds de diamètre, avec deux anses latérales, destiné à recevoir du charbon allumé.

Tirer au sec. Faire sécher un fruit pour le garder confit.

Torréfier. C'est dessécher fortement, à l'aide du feu, une graine, une racine, un fruit, etc., jusqu'à ce que la chose devienne friable ou puisse être mise en poudre facilement.

Tour. C'est le nom que l'on donne à la table du confiseur : celle sur laquelle on fait la pâtisserie s'appelle *tour à pâte*.

Tourner. Signifie enlever la peau ou l'écorce fort mince et fort étroite avec un petit couteau, en tournant autour d'un citron, d'une orange.

Tournures. Ce sont les bandes ou lanières qu'on enlève de dessus les citrons, les limons, les oranges, soit pour distiller, soit pour confire.

Tourtière. Plateau de cuivre étamé servant à faire cuire au four des *tourtes* et des *pâtés*.

Trier. Faire un choix dans du café, du riz, du cacao, des amandes, des pistaches, des fruits, des légumes secs.

Travailler une glace. C'est remuer la composition dans une sorbetière avec la houlette, pour que la congélation se fasse également.

Triturer. C'est réduire en poudre des matières dans un mortier, en remuant le pilon circulairement autour du fond d'un mortier, et sans faire agir le pilon de haut en bas : cette manipulation est nécessaire pour pulvériser toutes les résines, la plupart des gommes-résines et autres substances très-friables.

Tube ou *tuyau*. Canal par où l'air et les choses liquides passent et ont une issue libre.

Videlle. Ce petit outil doit être de fer-blanc, rond et creux, d'un demi-pouce de diamètre sur quatre pouces de long. Il sert principalement à vider les pommes, les poires, et à d'autres usages encore.

Zeste. Superficie ou plutôt épiderme des fruits à odeur, tels que citrons, oranges, etc. Celui du citron surtout demande à être enlevé avec un couteau qui coupe bien, si on ne veut perdre tout le parfum qu'il renferme. Le zeste s'emploie dans la pâtisserie fine et à l'office, où il est d'une nécessité absolue pour la limonade, gelée, compote, etc. Préparé comme fruit confit, le zeste du citron est une assiette de dessert très-distinguée.

OFFICE. (*Écon. dom.*) La salle nommée *office*, attenant ordinairement à la salle à manger, est destinée à serrer les plats de dessert et les restes qu'on veut garder. On place ces derniers sur une table au milieu de la salle.

La croisée de cette office doit avoir des persiennes et un rideau de toile, afin d'y ménager l'ombre et la fraîcheur nécessaires à la conservation de tout ce qu'elle est destinée à renfermer. Tout l'intérieur de la pièce doit être garni d'armoires fermant à clef et de tablettes ouvertes : les premières pour serrer les choses les plus précieuses dont on ne se sert pas habituellement, telles que le surplus de l'argenterie ordinaire, les couteaux, la porcelaine, etc., et les autres pour placer les préparations d'office.

OGNON. (*Jard. — Cuis. — Méd. dom.*) *Allium cepes*. Famille des asphodèles. L'ognon réussit dans un terrain fumé avec du marc d'étang tiré depuis deux ans, ou du fumier très-consommé.

Sa culture comprend deux espèces de saison : celle de l'ognon rouge, gros et plat, qui se conserve dans les greniers jusqu'en mars et avril; et celle de l'ognon blanc, doux et hâtif, qui est bon vers la fin de mai, et se prolonge jusqu'à ce que les rouges soient formés.

Du 15 au 25 février, suivant que le temps est favorable, on bêche la terre qu'on destine à la culture de l'ognon, et qui a dû être fumée en septembre; si elle est caillouteuse, on râtèle avant et après le bêchage ; on dresse deux planches de chacune cinq rayons profonds d'un pouce, et espacés de six ; on laisse deux pieds d'intervalle entre chaque planche ; on sème assez dru ; on recouvre au râteau, de manière à ce que la terre soit bien unie ; l'ognon est un mois à lever dans cette saison; on le sarcle soigneusement à la main, et quand il a acquis la grosseur d'un tuyau de plume, on l'éclaircit, et on repique dans une terre semblable, et à la même distance, la quantité qu'on juge convenable; le reste de l'éclaircissage s'étale sur un bout de la plate-bande, où les influences alternatives de la pluie et du soleil le font venir à la grosseur d'une aveline; en cet état il sert à confire au vinaigre; si le temps était trop sec, on l'arroserait de temps à autre.

Il est nécessaire de sarcler et de serfouir l'ognon tous les quinze jours, de l'arroser souvent, ce qui le fait grossir, en même temps que cela diminue son goût piquant ; quand il est aux trois quarts de sa grosseur, on couche les tiges avec le pied, et, dès ce moment, on ne doit plus arroser.

Les feuilles étant jaunes, mais non pas desséchées, ce qui a lieu vers la mi-août, on l'arrache ; on le laisse quelques jours se ressuyer au soleil, puis on le lie par bottes, ou bien on l'étend simplement sur un grenier ; il gèle et dégèle sans s'altérer, pourvu qu'on ne le touche pas pendant qu'il est dans cet état; on doit séparer les plus beaux et les plus durs pour les consommer les derniers. Si l'on veut avoir des petits ognons pour garnir certains ragoûts, il suffit d'en laisser une demi-planche sans l'éclaircir.

En octobre ou en mars, on replante une trentaine des plus beaux pour donner de la graine. Lorsque les tiges sont parvenues à leur hauteur, on met un tuteur au pied de chaque ognon, et on les y assujettit avec des liens de paille. Aussitôt que les capsules qui renferment la graine commencent à s'ouvrir, on coupe les têtes ; on les lie en bottes et on les suspend dans un lieu sec et aéré, ayant soin de placer au-dessous quelque linge pour recevoir les graines qui tombent, et qui sont les meilleures. Au bout d'un mois, on peut éplucher la graine, ce qui se fait en la froissant fortement entre les mains ; on la vanne, et on la met dans des sacs de papier. Elle mûrit à la fin de juillet, se conserve quatre ans bonne; mais celle de l'année est toujours meilleure.

On recommande de battre la terre avant de semer l'ognon ; c'est une vieille routine plutôt nuisible qu'utile. La graine lève mieux et plus également sans cette précaution.

L'ognon blanc, doux, hâtif, est une espèce excellente et précieuse, en ce qu'elle passe l'hiver, et fournit au printemps et une partie de l'été. On la sème du 10 au 15 juillet, avec les mêmes soins qu'il a été dit ; on l'arrose aussitôt et jusqu'à la sortie du plant, qui a lieu huit jours après ; ensuite on arrose et on sarcle suivant le besoin. On la laisse en place sans l'éclaircir jusqu'au 1er mars, époque à laquelle on la repique en terre convenable, bêchée nouvellement, et à quatre pouces de distance.

Il est bien formé dès la fin de mai, comme je l'ai dit ; il

produit même des caïeux, et ne monte que l'année suivante. On ne l'arrache point, lorsqu'il est défeuillé on le serfouit, on le terreaute pour qu'il donne de plus belle graine. D'après cette culture, on sent bien que lorsqu'on en prend pour la consommation journalière, on a soin de commencer par un bout d'une planche et de suivre.

Au lieu de semer l'ognon blanc, on peut, lorsqu'on en prend pour la consommation, laisser à chaque touffe un caïeu qui en reproduit toujours d'autres.

Tous les trois ans on le transplante ailleurs pour l'empêcher de dégénérer.

Il fournit ainsi toute l'année.

Nouvelle culture de l'ognon, par M. Nouvellou de Méun (Loiret). Semer au printemps, dans une terre maigre, un demi-kilogramme d'ognon par toise carrée; n'arroser qu'une seule fois immédiatement après le semis. A l'automne, recueillir les bulbes qui sont grosses comme des pois. L'année suivante, en mai, les planter en les espaçant de trois à quatre pouces. On obtient ainsi des ognons très-gros. M. Nouvellou récolta 5 hectolitres d'ognons sur un terrain de 83 centiares, ce qui équivaut à un produit de 602 hectolitres par hectare. Un semis de quelques toises suffit pour donner les bulbes nécessaires à la plantation d'un hectare.

Ainsi que l'ognon, l'échalotte et l'ail se conservent dans leur état naturel pendant tout l'hiver, lorsqu'on a eu soin de les cueillir à propos, et de les tenir dans un endroit sec. Le temps où il est convenable d'arracher ces plantes est marqué par la dessiccation de leurs tiges. On les expose au soleil pendant quelques jours, après les avoir arrachées, et lorsqu'elles ont perdu toute l'humidité superflue, on les suspend dans un grenier sec.

Les ognons craignent la gelée; aussi est-on dans l'usage, lors des grands froids, de les mettre en tas et de les recouvrir de paille. Lorsqu'ils gèlent, on les laisse revenir, mais ils se trouvent avoir perdu beaucoup de leur force. Les vents humides et chauds du midi les font germer, et à l'entrée du printemps il est difficile de parer à cet inconvénient.

Ognons à l'étuvée. Faire cuire les ognons dans de l'eau, avec bouquet garni; les mettre dans un roux chaud de beurre et de farine, mouiller de vin rouge et de bouillon, servir avec une garniture de croûtons passés au beurre, de capres et d'anchois hachés.

Ognons glacés. Prendre de petits ou de gros ognons, leur couper la tête et la queue; beurrer le fond de la casserole; y placer les ognons avec un morceau de sucre, de l'eau ou du bouillon, de manière que les ognons en soient couverts, du poivre et un rond de papier beurré par-dessus les ognons; entretenir le feu ardent jusqu'à ce que le mouillement soit réduit aux trois quarts; puis modérer le feu; ajouter une sauce d'une cuillerée à café de farine et un demi-verre de bouillon.

Purée d'ognons. Couper en tranches deux gros ognons, leur ôter la tête et la queue, les mettre dans un quarteron de beurre avec une cuillerée de farine.

Quand ils sont blonds, y ajouter du bouillon et un morceau de sucre; faire réduire la purée; quand elle est épaisse la passer à l'étamine. La tenir chaude sans la faire bouillir.

Ognons farcis. Faire blanchir les ognons dans de l'eau bouillante avec un peu de sel; les rafraîchir en les passant dans l'eau fraîche. En retirer l'intérieur et les remplir de quenelles de volaille. Les couvrir de lard, ajouter un morceau de sucre, les mouiller d'eau de sel; faire cuire à grand feu.

Garbure aux ognons. (Voy. GARBURE.)

Soupe à l'ognon. Couper les ognons en lames; les faire roussir dans un quarteron de beurre; y verser de l'eau avec sel et poivre fin. Laisser bouillir un quart d'heure. Verser le bouillon sur le pain et servir. On peut faire cette soupe au vermicelle en laissant bouillir une demi-heure, et au riz en laissant bouillir une heure et demie. (Voy. POTAGE.)

Ognons brûlés pour la soupe. Prendre de gros ognons rouges, les faire cuire sur des plaques de tôle à four après qu'on a retiré le pain. Ces plaques seront garnies de rebords pour empêcher le jus des ognons de se perdre. Quand ils sont assez cuits pour pouvoir être mangés en salade, exprimer le jus en les aplatissant avec la main ou une palette; les ranger par lits dans des terrines, et verser dessus le jus qu'ils ont rendu. Le lendemain, les ranger de nouveau sur des tôles; les mettre au four; quand ils sont secs, les bien imbiber de leur jus; les replacer de nouveau au four. Les retirer quand ils sont noirs jusqu'au cœur, ils sont alors très-durs. On les place dans un endroit frais, les uns sur les autres, sur des claies. Ils doivent au bout de quelque temps devenir tendres, sucrés, juteux et faciles à diviser. On les enfile alors en chapelets, et on les suspend au plafond dans un endroit sec.

Autre recette. Les faire cuire dans la cendre rouge; quand ils sont cuits jusqu'au cœur et noircis, les aplatir avec une palette; les étendre au sec et serrer dans des boites.

Pour donner du goût et de la couleur à un pot-au-feu de deux livres, il faut le quart d'un ognon brûlé.

Les ognons brûlés se vendent deux liards ou un sou la pièce, suivant la grosseur, et 32 sous la livre.

La fabrication en grand des ognons brûlés pourrait être très-productive. Nous connaissons plusieurs personnes qui s'y sont livrées avec beaucoup de succès. Il serait bon, si l'on opérait en grand, d'employer, pour aplatir les ognons, une espèce de pressoir.

Petits ognons confits. Prenez deux litres de petits ognons blancs. Otez la première peau, ne les écorchez pas. Mettez-les dans un pot de grès avec une poignée de sel fin, six gousses vertes de piment. Faites bouillir de bon vinaigre blanc; versez-le dessus; laissez le pot ouvert jusqu'au lendemain; décantez, remettez-en d'autre bouillant. Bouchez avec du parchemin mouillé.

Autre recette. Éplucher les petits ognons, en couper la tête le plus près possible; les jeter à mesure dans le vinaigre; ajouter de l'estragon, de la perce-pierre, du thym, quelques clous de girofle, du poivre et du sel. Boucher hermétiquement.

Cuit sous la cendre, l'ognon est employé en médecine comme maturatif dans les panaris et autres maux analogues. (Voy. PANARIS.)

OIE. (*An. dom.—Ind. dom.—Cuis.*) *Anas anser.* Genre d'oiseaux palmipèdes. L'oie sauvage et l'oie domestique sont de la même race, mais celle de nos basses-cours a été modifiée par la captivité.

La graisse, dont chaque oie fournit trois à cinq livres; les grandes plumes de l'oie, se vendent bien. Le produit de l'oie est surtout dans son duvet, qu'on peut lui enlever deux fois par an. Douze oies peuvent fournir dans un an le duvet nécessaire pour un édredon. Comme fumier, le produit de l'oie est d'un 10e du prix de sa nourriture. Son fumier chaud, employé seul, brûle l'herbe des prairies et dégoûte ensuite les bestiaux.

L'oie demande à pâturer dehors. L'endroit où on se propose d'en élever doit être voisin de prairies, et l'on aura surtout l'attention de la tenir écartée des autres volailles, car l'oie ne saurait vivre en commun avec elles; elle maltraite surtout la poule et la dinde.

Les œufs d'oie sont un très-bon aliment. L'avoine mêlée avec de l'eau et du lait écrémé en augmente la délicatesse.

Un *jars* (oie mâle), pour être bon, doit être d'une grande taille, d'un beau blanc, avec l'œil gai; la femelle brune, cendrée ou panachée. On préfère celle qui a le pied et l'entre-deux des jambes bien larges; la couleur du plumage détermine encore le choix de ces oiseaux. On préfère les panachées aux grisées, parce que la plume s'en vend beaucoup plus cher. Mais celles-ci passent pour être beaucoup plus fécondes, et pour donner les plus beaux *oisons*; cependant il en faut aussi de panachées, parce qu'elles sont plus attachées à la troupe et moins volages. C'est surtout dans le Haut-Languedoc que les oies sont d'une belle venue et aussi grandes que les cygnes. Leur marque distinctive est d'avoir sous le ventre une masse de graisse qui touche à terre au moment où les oiseaux marchent. Cette graisse, à la vérité, n'est bien sensible qu'au mois d'octobre; elle augmente à mesure que les oies prennent de l'embonpoint : on l'appelle, en langage du pays, *panouille*. Quand on s'éloigne de Toulouse, en remontant vers Pau et Bayonne, cette masse diminue; l'espèce devient plus faible et inférieure; mais, en revanche, les salaisons qu'on obtient sont meilleures et plus délicates, ce qu'il faut aussi attribuer à la qualité du sel que l'on emploie, et qui provient des fontaines salées de Salliez, dans le Béarn.

Il y a, parmi les oies domestiques, deux variétés qui ne diffèrent que par leur taille; on préfère la plus grande, qui est d'un meilleur rapport, surtout les individus blancs; ceux dont le plumage change de couleur passent ordinairement pour être de mauvaise race : il serait possible de trouver, dans les espèces, des *jars* qui pourraient s'accoupler avec nos oies apprivoisées, d'où résulteraient des métis, dont la chair serait peut-être plus délicate que celle de l'oie ordinaire. En Espagne, où les rivières et les lacs sont partout couverts de canards sauvages, ces croisemens ont été tentés avec un grand succès.

Un *jars* sert, sans se fatiguer, plus de six femelles.

Habitation des oies. Dans les lieux où l'on est privé de rivières et d'étangs, il suffira, pour y suppléer, de creuser un petit réservoir où l'oie puisse nager, plonger et se rafraîchir.

Dans les endroits qui ne sont pas humides, on leur pratique des toits en formant des cloisons. Il n'en faut jamais mettre plus de huit dans chaque toit. Les grands battent ordinairement les petits; on doit, par conséquent, les séparer les uns des autres par des claies, ou autrement. On met ces oiseaux par vingt à trente dans la même écurie.

Les oies aiment beaucoup à avoir, dans tous les temps, leur coucher propre et sec.

Ponte des oies. La fécondité des oies est extrême; bien nourries, elles peuvent faire jusqu'à trois pontes par année, composées de douze œufs chacune; et, si l'on a soin de les enlever à mesure qu'elles les déposent et quand la ponte ne souffre aucune difficulté, elles en font jusqu'à quarante ou cinquante.

Une précaution à employer, c'est qu'aussitôt qu'on s'aperçoit que les oies veulent pondre, il faut les tenir renfermées dans leur toit, où l'on a préparé des nids avec de la paille; dès qu'elles ont fait leur premier œuf, elles continuent de pondre successivement dans le même endroit.

Il est bon de presser la ponte des oies, afin d'avoir de bonne heure des oisons, qu'ils soient déjà forts lorsque le temps de les vendre est arrivé, et qu'ils aient atteint le maximum de leur grosseur dans la saison de les engraisser et de les confire. On en vient à bout en forçant la nourriture, et en les tenant dans un lieu chaud et propre.

On juge que le moment de la ponte est venu, lorsque l'oie porte de la paille à son bec pour construire son nid; alors il faut multiplier les brins de paille sèche et courte, près de l'endroit qu'elle avait choisi; et, pour peu que cet endroit ne soit pas convenable, on doit essayer de la détourner de son premier choix, en rassemblant, dans le lieu qu'on destine pour elle, de la paille, et surtout des orties, dont elle aime l'odeur; elle ira y déposer ses œufs, si on est attentif à placer la nourriture près d'elle, ainsi qu'un grand vase d'eau où elle puisse se laver et boire.

Lorsqu'on remarquera, après chaque ponte, que l'oie commence à garder le nid plus longtemps que de coutume, c'est une preuve, comme chez toutes les autres femelles d'oiseaux domestiques, qu'elle ne tardera pas à couver.

Le nid qu'on leur construit n'est autre chose qu'un paillasson auquel on donne la forme circulaire, qu'on garnit de foin. On peut mettre sous chaque femelle quatorze à quinze œufs, ce qui suffit même pour les plus grosses; il faut bien se garder de les enlever de leur nid pour les faire boire, comme cela se pratique dans quelques fermes; car les œufs se refroidissent pendant ce temps, et l'incubation se prolonge au-delà d'un mois, terme ordinaire au bout duquel les œufs éclosent.

Nourriture des oies. La nourriture ordinaire des oies est de l'orge détrempée dans l'eau qu'on place à côté du nid. L'oie mange peu, comme les autres femelles, pendant la couvaison. Les mâles ne s'éloignent pas trop des nids, paraissent les garder, et sont fort empressés de voir paraître les petits.

L'incubation de l'oie est de trente jours; la mère prend seule le soin de ses oisons, et les ramène sous le couvert, si le temps est mauvais; il faut néanmoins, pendant les premiers mois, leur donner une fois le jour du pain et du son délayé dans du caillé.

Manière d'élever les oies dans le Bas-Languedoc. On ne conserve qu'une ou deux femelles, et point de mâles, à cause des frais qu'ils occasionnent et de leur méchanceté. Au printemps, moyennant une légère rétribution on conduit les femelles à des mâles qu'on garde à part dans es principales fermes. L'accouplement ne peut avoir lieu que dans l'eau.

Moyen d'empêcher l'oie de dévaster les vignes, jardins, vergers, champs, pépinières, etc. L'oie est naturellement portée à tout pâturer, et cause le plus grand dégât dans les jardins. On l'évite en lui passant une plume à travers les ouvertures de la partie supérieure du bec, ou en la muselant et en lui mettant un bâton au cou pour l'empêcher d'entrer dans les massifs.

Emploi des dindes pour l'incubation des œufs. Un moyen économique de se procurer beaucoup d'oisons, c'est d'employer des poules d'Inde dans la couvaison. La poule ordinaire a été également vantée pour remplir cette fonction essentielle; mais, en raison de leur volume, elle n'en peut faire éclore que neuf. La dinde peut en couver quatorze à quinze. L'oie alors, n'étant pas détournée pour pondre, fournit considérablement d'œufs. Dès les premiers jours de la naissance des oisons, on peut, s'il fait chaud, les laisser sortir; mais il faut avoir la précaution de ne pas les laisser exposés à la trop grande ardeur du soleil, qui les tuerait. On leur donne de l'orge grossièrement moulue, du son, et des remoulages, qui valent encore mieux, détrempés et cuits dans du lait, ou du lait caillé; du mélilot, des feuilles de laitue et des croûtes de pain bouillies dans du lait. Après ce temps, on profite du beau soleil pour les faire sortir pendant quelques heures; mais, s'il tombe de l'eau ou qu'il fasse froid, on les fait rentrer promptement. On ne mêlera de l'herbage à leur nourriture que lorsque leurs ailes commenceront à croiser. Lorsque les oies seront en état d'aller à l'herbage, il sera bon de leur couper les ailes, afin qu'elles ne puissent se sauver. Quand elles sont jeunes, on leur donne à manger à une heure fixe, alors elles ne quittent plus leur demeure. Souvent elles emmènent des oies sauvages qu'elles ont attirées.

Engraissement des oies. Il en est de l'oie comme de tous les animaux qu'on fait passer à la graisse, il faut saisir l'instant où, parvenue à l'obésité complète, elle maigrirait bientôt, et finirait par périr si on ne la tuait. On a calculé qu'il fallait quarante à cinquante livres de maïs dans les cantons où l'on a abondamment de ce grain. Il est remplacé ailleurs par l'orge et autres graines.

On engraisse les oies à deux époques différentes de leur vie, lorsqu'elles sont au milieu de leur croissance, ou lorsqu'elles ont acquis leur volume ordinaire. Dans le premier cas, c'est l'affaire de quinze jours ou trois semaines au plus; dans le second, il faut un mois, plus ou moins. Tout le travail consiste à les plumer sous le ventre, à leur donner une nourriture abondante et une boisson suffisante, à les enfermer dans un endroit obscur, mais tranquille, peu spacieux, à faire en sorte surtout qu'elles ne puissent pas entendre les cris de celles laissées en liberté pour la propagation de l'espèce, et à ne les tirer delà que pour les tuer.

C'est au mois d'octobre qu'il faut songer à engraisser les oies. Si on attendait plus tard, on les nourrirait en pure perte. elles entreraient en rut, s'occuperaient de la ponte, et l'opération n'aurait pas alors le même succès. Pour y parvenir, on met en pratique diverses méthodes. Nous allons les décrire toutes.

Il y a trois méthodes d'engraisser les oies. Lorsqu'on a quelques oies à engraisser, on les met dans une barrique à laquelle on a pratiqué des trous, par où elles passent la tête pour prendre leur nourriture; mais, comme cet oiseau est vorace, et que chez lui la faim est plus forte que l'amour de la liberté, il s'engraisse facilement, pourvu qu'on lui fournisse abondamment de quoi avaler. C'est ordinairement une pâtée composée de farine d'orge, de blé de Turquie et de sarrazin avec du lait et des pommes de terre cuites.

Le procédé usité par les Polonais pour engraisser promptement les oies est à peu près le même : il consiste à faire entrer l'oison dans un pot de terre défoncé, d'une capacité telle qu'il ne permette pas à l'animal de s'y remuer d'aucun côté. On lui donne à discrétion la pâtée dont il vient d'être question.

Le pot est disposé dans la cage de manière à ce que les excrémens n'y restent point. A peine les oies ont-elles séjourné quinze jours dans une pareille prison qu'elles acquièrent tant de volume, qu'on est forcé de briser les pots pour les en retirer.

Aussitôt que les oies ne trouvent plus à glaner dans les chaumes, et qu'elles ont ramassé les grains restés sur l'aire, elles sont renfermées, douze par douze, dans des loges étroites et assez basses pour qu'elles ne puissent se tenir debout, ni faire beaucoup de mouvement. On les entretient proprement, en renouvelant souvent leur litière. On enlève à chacune quelques plumes sous les ailes et autour du croupion. On met dans une auge tout le blé de Turquie, préalablement cuit, qu'elles peuvent consommer, et, dans une écuelle, de l'eau en abondance. Dans les premiers jours, elles mangent beaucoup, et à tout moment; mais leur appétit diminue au bout de trois semaines environ, et, dès qu'on s'aperçoit qu'elles commencent à le perdre tout-à-fait, alors on les souffle et on les gorge d'abord deux fois par jour, et ensuite trois fois. Pour cet effet, on introduit du grain dans le jabot de l'animal, à l'aide d'un instrument. C'est un entonnoir de fer-blanc, dont le tuyau, long de cinq pouces et demi et de dix lignes de diamètre dans toute sa longueur, a le bout coupé en bec de flûte et arrondi, formant un petit rebord soudé, et mis pour prévenir toute écorchure nuisible à l'animal; à ce tuyau s'adapte un petit ballon, pour en faire couler la graine.

La ménagère, accroupie sur ses genoux, après avoir mis l'instrument dans le cou de l'oie, qu'elle tient d'une main, de l'autre prend du grain, qui est à sa portée, le laisse tomber doucement, et la baguette au fur et à mesure, afin qu'il n'en reste pas dans l'entonnoir; par intervalles, elle met sous le bec de l'animal une écuelle d'eau fraîche. En Alsace, on recommande d'ajouter au fond de l'écuelle une poignée de gravier fin et un peu de charbon pulvérisé, dans la persuasion que cette boisson contribue plus vite à engraisser l'oie, à faciliter le passage du maïs, et à faire grossir davantage le foie; d'autres indiquent les lavures de vaisselle. Lorsque la ménagère s'aperçoit que son jabot est à peu près rempli, elle la quitte pour en reprendre une autre.

On peut gorger les oies trois fois par jour, mais observer de n'y revenir qu'autant que la digestion soit faite, autrement on les suffoquerait.

Foies gras. Dans un lieu obscur et frais, de novembre

à mars, on place les oies que l'on veut engraisser, chacune dans une cage tellement étroite que les côtés touchent les ailes, et sans qu'elles puissent faire un seul pas à droite ou à gauche, pas plus qu'en avant ou en arrière; cette prison n'a pas fond sous l'anus de l'animal, afin qu'en changeant la cage de place, l'oie soit constamment propre; trois fois par jour on gorge chaque oie avec du maïs ou blé de Turquie; on a soin de leur donner de l'eau avec de la braise de four, de sorte qu'elles n'en manquent jamais; en 30 ou 40 jours, les oies pèsent de 15 à 19 livres, le foie devient énorme; il faut alors tuer ces animaux, qui périraient par excès de graisse.

Les dindes peuvent se traiter de même, à l'exception que pour ces dernières on doit faire cuire le maïs pour en rendre la digestion plus facile.

Un boisseau de maïs, pendant trois semaines ou un mois, suffit pour l'engrais. Le foie pèse souvent trois à quatre livres et donne trois à quatre francs de bénéfice. Vers le vingt-deuxième jour, on mêle au maïs quelques cuillerées d'huile de pavot. Le foie augmente de volume si l'animal souffre de la soif.

La fin de l'engraissement est annoncée par les pelotes de graisse qui s'amassent sous les ailes, et quand l'oie éprouve de la difficulté à respirer.

Conservation des oies en pots. On fait rissoler les quartiers des oies dans un chaudron de cuivre où la graisse fond. Quand les os paraissent, et qu'une paille entre dans la chair, l'oie est assez cuite. On arrange les quartiers dans des pots de terre vernissée, au fond desquels on met trois ou quatre brins de sarment pour empêcher les quartiers de toucher au fond et afin que la graisse les entoure. Il faut avoir soin de couper les os dont la chair s'est retirée; c'est la première partie de la salaison qui rancit et qui gâte le reste : on y verse de la graisse d'oie, de sorte qu'en se figeant, elle couvre bien toute la chair, et la garantisse du contact de l'air. Quinze jours après, on verse par-dessus de la graisse de cochon, jusqu'à l'ouverture du pot, pour bien remplir les fentes qui se sont faites à la graisse d'oie, et on couvre le vaisseau d'un papier trempé dans l'eau-de-vie, et d'un gros papier huilé; mais, malgré ces précautions, les quartiers les plus élevés contractent, au bout de cinq à six mois, une odeur légère de rance.

Pour les préparer crues, après avoir coupé la viande en demi-quartiers, on presse en tous sens un morceau contre le sel égrugé comme du gros sable, et bien sec, et on le place dans le pot avec le sel qu'il a pu prendre; on continue ainsi, morceau par morceau, ayant le soin, en les plaçant, de les presser fortement les uns contre les autres, et contre les parois du pot, pour ne laisser de vide que le moins possible. On remplit ainsi le pot jusqu'à quatre travers de doigt de l'entrée, avant d'y mettre de la graisse : on observe qu'elle ne soit pas bouillante; on l'y verse peu à peu avec une grosse cuillère de bois; on en remplit le pot. Ordinairement les premiers morceaux sont aussi frais que ceux de l'intérieur.

On a été longtemps dans l'opinion que c'était préjudicier directement à la santé des oies que de les plumer. Cependant cette opération, ayant lieu avant la mue, n'est suivie d'aucun inconvénient, lorsqu'elle s'exécute à propos, avec adresse et de manière à n'enlever à chaque aile que quatre à cinq plumes et le duvet.

Plumaison des oies. La plumaison des oies demande à être faite avec soin et attention. Il faut surtout bien se garder, dans cette opération, de leur ôter le duvet de dessous les ailes. Il repousse difficilement, et, tout le temps de son absence, l'animal est triste et languissant.

Après les avoir plumées, on les frotte avec du vinaigre et du sel : c'est le moyen de les empêcher de se déchirer le corps, à cause de la démangeaison qu'elles éprouvent lorsqu'elles viennent d'être dépouillées.

Il faut prendre le soin de les faire manger et boire les deux jours qui suivent leur plumaison, autrement quelques-unes se coucheraient et mourraient de faim. On leur donne des orties hachées. On les empêche d'aller à l'eau jusqu'à ce que la peau soit raffermie. Une oie peut être plumée tous les trois mois.

Quand on plume les oies tuées, il faut les plumer encore chaudes : la plume est meilleure.

Duvet. A deux mois, quand le duvet commence à tomber de lui-même, il faut l'enlever. Si on en dépouillait les oisons avant ce temps, les vers s'y mettraient. On enlève le duvet au printemps, et une seconde fois en automne, mais avec modération, de peur du froid.

Maladies des oies. Les pluies d'été, en développant trop rapidement les herbes, exposent les oies à la *diarrhée.*

Les oies supportent avec peine la pluie, le froid et le brouillard; si elles se sont *refroidies* dans les champs, on leur administre une boisson tonique et de farine d'orge. Le vin chaud les guérit aussi de la *diarrhée;* on peut faire bouillir dans le vin des pelures de coing, des glands ou des baies de genièvre. Dans le *vertige,* on saigne l'animal avec une aiguille en perçant une veine apparente située sous la membrane qui sépare les ongles. Quand les oisons sont attaqués par de petits insectes qui s'introduisent dans leurs oreilles et leurs naseaux, on leur plonge pendant quelque temps, et à plusieurs reprises, la tête et le cou dans l'eau. La jusquiame et la ciguë, dont les oies sont très-avides, sont pour eux des poisons violens contre lesquels on ne connaît pas encore de remède.

Les remèdes de ces maladies des oies conviennent en pareils cas aux canards. (Voy. ce mot.)

Les jeunes oies sont sujettes aux maladies pendant les mois de juin et de juillet, époque où elles portent leurs plus grosses plumes.

Il faut alors leur donner un peu de bonne nourriture, et avoir soin de tenir leur eau bien propre.

Nouvelle manière de conserver les quartiers d'oie crus. Deux jours après que les oies sont tuées, les ouvrir en leur fendant le ventre, détacher les chairs de dessus les os, et ôter entièrement la carcasse; couper l'oie en quatre quartiers, les saupoudrer de sel, et les mettre dans un vase que l'on recouvre de sel. S'il gèle, les laisser quarante-huit heures; dans le cas contraire, quatre à cinq jours. Les retirer; en enlever bien l'humidité avec un linge. Dans le fond d'un vase de terre vernissée, faire, avec de petites baguettes, un plancher qu'on recouvre de graisse de porc fondue; y placer un ou deux quartiers, ayant soin qu'ils ne touchent pas les parois internes du vase; mettre alternativement une couche de graisse fondue et une couche de quartiers d'oie. Faire une couche de graisse de trois pouces; laisser refroidir; bien boucher toutes les fentes qui pourraient s'être formées; appliquer sur la graisse un papier imbibé d'esprit-de-vin, et couvrir le pot de parchemin.

Oie à la broche, et manière d'arranger les ailes et les cuisses d'oies cuites. Procédé de Mad. Adanson. Nettoyez bien vos oies, flambez-les. Mettez dans le corps de chacune trois feuilles de sauge et du sel. Faites-les cuire une heure à la broche, pas davantage. Recevez la graisse dans une lèchefrite propre, et videz-la à mesure qu'elle s'emplit; n'arrosez point les oies; quand vous les avez tirées de la broche, détachez promptement les cuisses et les ailes; rognez le bout des os; laissez-les refroidir. Mettez toute la graisse que vous avez reçue dans un chaudron; ajoutez-y moitié saindoux; faites bouillir dix minutes. Ayez des pots de grès de dix-huit pouces de haut, et dont le fond puisse tenir deux cuisses de front; placez-en deux, poudrez-les d'un peu de sel et de poivre, mettez une feuille de laurier sur chaque; posez deux ailes dessus; assaisonnez-les de même, et ainsi de suite en les tassant bien; emplissez vos pots de graisse bouillante, laissez refroidir jusqu'au lendemain. Il faut que le dernier rang de cuisses ou d'ailes soit recouvert d'un pouce de graisse. Bouchez les pots avec un parchemin mouillé; ficelez-les; mettez-les dans un lieu frais, mais non humide. C'est à Noël que les oies sont meilleures à cet usage; on les engraisse d'avance. Les carcasses ne sont bonnes qu'à fricasser.

Cuisses et ailes d'oies sur le gril. Lavez-les à deux ou trois eaux tièdes; frottez-les d'huile; panez-les, et les mettez une demi-heure sur le gril. Servez-les sur une sauce à la moutarde. (Voy. ce mot.)

Cuisses et ailes d'oies en haricot. Lavez-les comme les précédentes; mettez-les dans une casserole avec demi-quarteron de beurre; faites-les revenir des deux côtés; retirez-les. Mettez dans le beurre une vingtaine de morceaux de navets tournés proprement; faites-leur prendre couleur; égouttez-les, et mettez dans le beurre une cuillerée de farine; faites un roux; mouillez-le avec deux verres de bouillon ou d'eau; poivrez; ajoutez un bouquet garni. Remettez vos membres d'oies; faites-les bouillir une demi-heure; joignez-y les navets avec gros comme une noix de sucre; laissez cuire encore une heure; dégraissez et servez.

Oie en daube. Rôt. Mettez dans une braisière tranche de veau, jarret, et un morceau de beurre, avec carottes, ognons, bouquet, clous de girofle, un peu de thym et une feuille de laurier; garnissez l'oie de lard gras; enveloppez-la de papier beurré, et posez-la sur la couche, et faites cuire pendant sept à huit heures avec feu doux dessus et dessous. Au moment de servir dégraissez le jus et servez.

On peut servir avec des choux à la flamande. (Voyez CHOU.)

Quartiers d'oie à la purée. Désosser ces quartiers; assaisonner de sel, gros poivre; mettre en place des os des cuisses un peu de lard haché; en rassembler et coudre les chairs; faire cuire entre des bardes de lard, avec carottes, ognons, thym, laurier, girofle et bouillon.

Aiguillettes d'oie. Prendre les filets d'une oie rôtie; mêler du jus d'oie avec de l'espagnole réduite; y verser du zeste et du jus d'orange ou de citron, et un peu de gros poivre; faire chauffer cette sauce sans la faire bouillir, et verser sur les aiguillettes.

Quartiers d'oie à la lyonnaise. Les faire chauffer et frire un peu dans leur graisse; y faire frire également des ognons coupés en anneaux; égoutter; servir avec une poivrade ou toute autre sauce.

Oie à l'anglaise. Avant de mettre l'oie à la broche, lui mettre dans le corps une farce composée des foies, ognons passés dans le beurre, coupés en dé, avec une pincée de sauge hachée.

Oie aux marrons. Ajouter à la farce ci-dessus cinquante marrons rôtis, avec sel, poivre et ognons.

L'oie peut être préparée comme le dindon. (Voyez ce mot.)

Pâté de foie d'oie de Strasbourg. Dresser un pâté haut et étroit; en garnir le tour de bardes de lard, et le fond d'une farce composée d'une livre de porc maigre, d'une livre et demie de gras, de parures des foies, et de truffes hachées; placer sur ce fond deux foies gras assaisonnés; garnir les vides de farce; mettre dessus un morceau de beurre; couvrir de bardes de lard, et placer sur le lard une feuille de laurier; fermer d'une abaisse de pâte, avec un trou ou *cheminée* au milieu; dorer; faire cuire au four; retirer quand un morceau de bois que vous y introduirez entrera aisément. Boucher la cheminée avec un morceau de pâte.

OIE SAUVAGE. (*Chass.*) Les oies sauvages font de grands ravages dans les campagnes. On doit les poursuivre avec activité, d'autant plus que leurs plumes et leur duvet ne sont pas à dédaigner.

La vieille oie sauvage est assez mauvaise, mais les cuisses et les ailes des jeunes sont très-bonnes, arrangées de la manière suivante. On les distingue à la finesse de la peau qui entoure les yeux et le bec, et à celle des pattes. Prendre les ailes et les cuisses d'une jeune oie sauvage; rogner le bout des os; ôter les ailerons; couper un peu le dessus de la jointure des cuisses; piquer de gros lard; faire raidir dans une casserole avec un demi-quarteron de beurre et un peu de lard; retirer, et mettre une cuillerée de farine dans le beurre. Faire un roux; mouiller avec deux verres d'eau bouillante et un verre de vin blanc. Remettre les membres avec le lard; ajouter poivre, un bouquet garni, un ognon piqué d'un clou de girofle; faire cuire trois heures. Pendant ce temps, tourner des pommes de terre crues, comme des œufs de pigeons; les faire cuire avec une cuillerée de graisse d'oie et sel. Quand elles sont dorées, les ôter de la graisse. Cinq minutes avant de servir, les mettre dans le ragoût; dégraisser; servir avec les pommes de terre à l'entour.

OIE. (*Jeu de l'*) (*Récr. dom.*) Ce jeu de tableau est fort ancien, et a fourni l'idée de tous les jeux analogues. On y joue depuis quatre personnes jusqu'à douze ou quinze. Il faut avoir le tableau du *jardin de l'oie* que nous allons décrire, l'étendre sur une table, ou, pour mieux faire, le coller sur une planche ou tablette de même grandeur, afin qu'il ne se relève et ne se déchire point par les angles.

On tire au sort à qui jouera le premier, puis on prend un cornet dans lequel on met deux dés; on les agite, on les

[ch]ance au milieu du jeu, et prenant une marque particulière, que doit avoir chaque joueur, on va marquer le numéro qui correspond sur l'une des cases au numéro sorti du cornet. Chacun met auparavant un enjeu convenu.

Le tableau porte soixante-trois cases disposées circulairement. De neuf cases en neuf cases se trouve la figure d'une oie, de laquelle on compte le même point. Ainsi, lorsque le numéro 4 vous conduit à la case 10, vous allez à 14; mais comme cette case présente encore une oie, on va à la case 18; comme celle-ci porte encore une oie, on pousse jusqu'à la case 22. On voit que s'il n'y avait point d'exception à cette règle, d'oie en oie, on irait du premier coup au *jardin de l'oie* (case 63), qui est la case qui fait gagner; mais il y a deux exceptions. La première, c'est que lorsqu'on fait 9 par 5 et 4, on va sur la case 53, qui représente deux dés, dont l'un marque 3, et l'autre 4; la seconde, c'est que si l'on fait par 6 et 3, on va à la case 26, où sont également tracés deux dés, portant l'un 6 et l'autre 3.

Si vous amenez plus qu'il ne faut pour arriver au jardin de l'oie depuis la case où vous êtes placé, il faut rétrograder. Ainsi, supposez que vous soyez case 57, si vous amenez 9, vous irez à 60; amenez 7, après avoir touché 63, au jardin de l'oie, vous rétrograderez jusqu'à la case où vous terminerez votre 9.

A la case 6 il y a un *pont;* arrivé là, on paie un jeton, et l'on va se placer case 12.

A la case 19 est une *hôtellerie;* on paie également un jeton, et l'on y reste jusqu'à ce que chacun ait joué deux fois.

A la case 52 se trouve un *puits;* il faut y rester jusqu'à ce qu'on vienne vous trouver, et que l'on vous envoie à la case d'où on est parti. Vous payez encore du reste un jeton.

A la case 41 est un *labyrinthe;* là, vous payez un jeton, et retournez à la case 30.

A la case 52 il y a une *prison;* vous payez l'amende ordinaire, vous restez jusqu'à ce qu'on vous délivre, et retournez à la première case.

Enfin, la case du jardin de l'oie, si l'on y arrive justement, fait gagner la partie, et prendre l'enjeu.

Le jeu de l'oie compte diverses variétés : le jeu des merveilles de la nature et de l'art, le jeu de l'histoire ancienne et moderne, des monumens de Paris; le jeu de la guerre, où sont représentés l'enrôlement, le siége, etc.; le jeu de l'histoire de France, de la révolution, de la mappemonde, des termes de marine. (Voy. HYMEN.)

OILLE. Mets emprunté aux Espagnols. Mettre dans une braisière dix livres de culotte de bœuf parée et ficelée, un tendon de veau, une poitrine de mouton, un jambon désossé et dessalé, un poulet, deux pigeons, deux cailles, deux vieilles perdrix piquées, un canard; une livre de petit lard, un saucisson cru, huit saucisses, du piment, girofle, muscade, sachet de macis, deux litres de pois espagnols, que l'on fait tremper dès la veille dans l'eau tiède; mouiller de grand bouillon, faire cuire le tout. Faire blanchir quatre choux, dix laitues, trente carottes, autant de navets; faire cuire dans une casserole; les couvrir de bardes de lard, et mouiller avec le dégraissis de la braisière; faire cuire douze culs d'artichauts et vingt-quatre ognons glacés. Faire blanchir à part des petites carottes tournées, des navets, de petits haricots verts, des fèves, des concombres, des petits pois; les faire cuire avec du bouillon, et sauter au beurre.

On égoutte les viandes et les légumes; on passe la sauce des viandes, qu'on servira à part. On range le tout sur un plat; on fait autour un ovale de morceaux de choux, carottes, laitues et navets; on place les viandes au milieu, les pois dans le puits des viandes, et les culs d'artichauts entre les légumes et les viandes, alternés d'oignons glacés et des petits légumes.

On peut ajouter à la sauce quatre cuillerées d'espagnole, une bouteille de vin de Madère et un beurre de piment.

OISEAU. (*Conn. us.—Chass.—An. nuisibles et domest. — Cuis. — Ind. dom.*) *Histoire naturelle des oiseaux* ou *ornithologie. — Caractères généraux.* Deux pieds, deux ailes, le corps couvert de plumes, vertèbres à l'épine du dos, sang très-chaud, deux ventricules au cœur, ovipares.

Les poumons des oiseaux sont fixés contre les côtes, enveloppés d'une membrane percée de grands trous qui laissent pénétrer l'air dans plusieurs cavités. La fourchette produite par la réunion des deux clavicules est d'autant plus courte que l'air circule mieux. L'odorat des oiseaux est très-sensible. Leur œil, qui a quelque chose d'analogue à une lorgnette, a deux paupières externes et une paupière interne qui s'abaisse à l'aide d'un appareil musculaire spécial.

Le cou des oiseaux a beaucoup de vertèbres, tandis que le tronc est chez eux peu mobile.

Les oiseaux se distinguent surtout par le bec et les pieds. On les divise en terrestres et aquatiques, et on les subdivise en ordres et en genres. Nous n'indiquerons que quelques genres comme exemple.

1er *Ordre. Oiseaux de proie.* Les oiseaux de proie ont le bec crochu, à pointes aiguës et recourbées vers le bas, et les narines percées dans une membrane qui revêt toute la base de ce bec; leurs pieds sont armés d'ongles vigoureux; ils vivent de chair et poursuivent les autres oiseaux; aussi ont-ils pour la plupart le vol puissant. Le plus grand nombre a encore une petite palmure entre les doigts externes.

5 *Genres.* Vautour, faucon, chat-huant.

2e *Ordre. Grimpeurs.* L'on a donné le nom de grimpeurs aux oiseaux dont le doigt externe se porte en arrière comme le pouce, parce qu'en effet le plus grand nombre emploie une conformation aussi favorable à la position verticale pour grimper le long du tronc des arbres.

28 *Genres.* Pie-grièche, loriot, glaucope, musophage, corbeau, rollier, mainate, paradis, sittelle, huppe, colibri, momot, calao, alcyon, todier, guêpier, perroquet, toucan, scytrops, couroucou, barbu, coucou, torcol, pie, jacamar, ani.

3e *Ordre. Passereaux.* Les passereaux comprennent beaucoup plus d'espèces que toutes les autres familles; mais leur organisation offre tant d'analogie, que l'on ne peut les séparer, quoiqu'ils varient beaucoup pour la taille et pour la force. Les deux doigts externes sont unis par leur base et quelquefois par une partie de leur longueur.

17 *Genres.* Gros-bec, phytotome, pinson, bruant,

uliou, tangara, manakin, engoulevent, hirondelle, grive, fauvette, gobe-mouche, hoche-queue, alouette, mesange, étourneau.

4e *Ordre. Pigeons.* Ils ont le bec droit, renflé à sa base, les pieds marcheurs, et se nourrissent de graines.

2 *Genres.* Pigeon, tourterelle.

5e *Ordre. Gallinacés.* Les gallinacés ont, comme notre coq domestique, le port lourd, le vol court, le bec médiocre, à mandibule supérieure voûtée, les narines en partie recouvertes par une écaille molle et renflée, et presque toujours les doigts dentelés aux bords, et de courtes membranes entre les bases de ceux de devant. Ils se nourrissent principalement de grains.

12 *Genres.* Dindon, paon, pintade, marail, hocco, ménure, tétras, tinamou, faisan, agami, outarde, perdrix.

6e *Ordre. Autruches.* Leurs caractères sont : un cou très-long, un corps énorme, une petite tête, des ailes impropres au vol; nourriture végétale.

5 *Genres.* Autruche, casoard, nandou.

OISEAUX AQUATIQUES. 7e *Ordre. Échassiers.* Leurs caractères sont : bec cylindrique, queue courte, petites palmures aux pieds, au moins entre les doigts externes; jambes dénuées de plumes vers le bas; taille élancée; en un mot toutes les dispositions propres à marcher à gué le long des eaux pour y chercher leur nourriture. Tel est en effet le régime du plus grand nombre, et, quoiqu'il en vive quelques-uns dans les terrains secs, on les nomme oiseaux de rivage ou échassiers.

17 *Genres.* Le hamichi, spatuk, savacou, jabiru, héron, ombrette, courlis, ibis, vanneau, bécasse, courre-vite, huitrier, râle, jacana, giarole, cariama, gallinule.

8e *Ordre. Pinnatipèdes.* Ils se distinguent des précédens par les doigts fendus et pinnés sur toute leur longueur.

5 *Genres.* Phalarope, grêle, foulque.

9e *Ordre. Palmipèdes.* Ils ont les pieds palmés, c'est-à-dire les doigts unis par des membranes et qui distinguent tous les oiseaux nageurs. La position de ces pieds en arrière, la longueur du sternum, le cou souvent plus long que les jambes pour atteindre la profondeur des eaux; le plumage serré, poli, imperméable à l'eau, s'accordent avec les pieds pour faire des palmipèdes de bons navigateurs.

17 *Genres.* Avocette, flamant, albatrosse, guillemot, pingouin, plongeon, rhyncos, hirondelle de mer, mouette, pétrel, harle, canard, oie, pélican, manchot, chionis anhinga.

Les différens genres des oiseaux passent souvent les uns aux autres par des nuances presque imperceptibles, en sorte qu'il n'est aucune classe où les genres et les sous-genres soient plus difficiles à indiquer.

Dégâts causés par les oiseaux de proie. Les oiseaux de proie attaquent les levrauts, les lapereaux, les perdrix, faisans, cailles, etc. Ils se divisent en diurnes et nocturnes.

Oiseaux de proie diurnes. Ils se servent de leur bec et de leurs ongles pour saisir et déchirer les oiseaux, les petits quadrupèdes et les reptiles. Ils ont les jambes courtes, mais nerveuses; les ailes longues et vigoureuses, capables de les soutenir dans les airs plusieurs heures, et à une très-grande hauteur. Les uns chassent le jour, et sont nommés diurnes. Ils ont les yeux dirigés sur les côtés, la base recouverte d'une membrane nommée cire; les serres composées de trois doigts dirigés en avant, et d'un quatrième en arrière.

Chasse des oiseaux de proie nocturnes. Ils ne volent et chassent que la nuit, aussi les a-t-on appelés nocturnes; ils ont la tête grosse, arrondie, les yeux grands, dirigés en avant, entourés d'un cercle de plumes effilées; ils ont deux doigts des pieds dirigés en avant, un troisième qu'ils dirigent à leur volonté, en arrière ou en avant; un quatrième dirigé en arrière.

Tous les oiseaux de nuit ont la tête grosse, de grands yeux cerclés de plumes effilées, des ailes faibles et fines. Leurs cris sont désagréables et sinistres; mais à l'exception du grand-duc, espèce extrêmement rare, qui attaque quelquefois le gibier, toutes les autres font peut-être plus de bien à l'agriculture qu'elles ne font de mal à la conservation des chasses. Les grandes espèces se nourrissent de souris, de mulots, de musaraignes et autres petits quadrupèdes malfaisans; les espèces plus petites se nourrissent d'insectes et de papillons de nuit.

Les pupilles des oiseaux de nuit, énormément dilatées, recevant un très-grand faisceau de lumière, leur donnent la facilité de très-bien découvrir les objets pendant le crépuscule; mais aussi le jour les éblouit au point de leur empêcher de distinguer les objets. C'est cette disposition qui les oblige à ne chasser que la nuit, et à se cacher pendant le jour dans des trous obscurs, afin d'éviter les rayons du soleil qui les incommodent. Ils ont un caractère fort remarquable, et qui les distingue de tous les autres oiseaux de proie : le doigt externe de leurs pieds se dirige à volonté en avant et en arrière.

On se sert des oiseaux de nuit pour attirer dans les piéges les petits oiseaux, qui les haïssent et les poursuivent pendant le jour avec fureur.

Tous les oiseaux de nuit se prennent aisément au traquenard placé au sommet d'un arbre mort et ébranché, sur la lisière d'un bois, parce que c'est là généralement qu'ils aiment à se poser.

Les oiseaux de proie diurnes ont une antipathie prononcée contre les espèces nocturnes, et l'on se sert quelquefois de cette haine pour les attirer dans le piége.

Les grandes espèces ne manquent jamais de fondre sur le grand duc dès qu'elles l'aperçoivent, et les petites sur les chouettes et hibous.

On tâche de se procurer un jeune grand-duc, et voici comment on le dresse pour l'employer à la chasse.

On l'attache par une patte à une corde tendue entre deux billots, sur lesquels il se pose alternativement; la menotte tient à une ficelle terminée par un anneau en cuivre passé dans la corde : cette ficelle doit avoir à peu près un pied de longueur. Les deux billots doivent être d'abord à la distance de dix-huit pouces l'un de l'autre; lorsque l'oiseau est posé sur l'un, on lui présente son manger sur l'autre, il est ainsi obligé de franchir l'espace qui les sépare en faisant glisser son anneau le long de la corde;

le lendemain on éloigne les billots de quelques pouces, le surlendemain de quelques autres pouces, de manière à ce que l'animal soit obligé, pour prendre sa nourriture, de s'habituer à voler d'un billot à l'autre. Lorsque son éducation est finie, il doit savoir voler d'un bout à l'autre d'une corde de soixante à quatre-vingts pieds.

Voici comment on s'en sert : on pratique à l'entrée d'un taillis une éclaircie en forme de couloir, ayant huit à dix pieds de largeur sur dix à douze de hauteur; cette éclaircie s'enfonce de dix à douze pas dans l'épaisseur du bois, et l'on pratique dans le fond une cabane de feuillage, afin de cacher le chasseur; sur les côtés de l'éclaircie, sur le devant et sur le dessus, on tend des filets nommés araignées; leurs mailles doivent être de deux à trois pouces de largeur, en fil très-fin et très fort et teint en vert; à cinquante pas hors du bois, on place un billot, et le second se plante près de la cabane où est le chasseur; on pose le grand-duc sur le billot du dehors et l'on attend. Lorsqu'un oiseau de proie paraît dans les airs, le grand-duc l'observe attentivement; puis, effrayé de son approche, il prend son vol le long de la corde, et entraîne à sa poursuite l'oiseau de proie qui tombe dans les araignées. (Voy. PIÉGE.)

Chasse des oiseaux nuisibles. La classe des oiseaux offre une infinité de destructeurs qui font la désolation des jardiniers. Tels sont les moineaux, les merles, les chardonnerets, les loriots, les pinsons, les linottes, les bruants, et même les fauvettes, qui paraissent si innocentes; elles sont granivores et frugivores. On doit tendre des piéges de toute espèce à ces oiseaux, et les tirer au fusil lorsqu'ils se réunissent par troupes en hiver.

Tous ces oiseaux font beaucoup de tort aux récoltes, aux graines, au chenevis. On les prend comme le moineau. (V. ce mot.)

Ils donnent aisément dans les piéges qu'on leur tend, tels que les raquettes, lacets, arbalètes, etc.; lors de la maturité du chanvre femelle, on en réunit quelques tiges que l'on couvre de ces piéges ou de gluaux. On les prend aussi à l'abreuvoir pendant la chaleur du jour.

Le bouvreuil est très-nuisible aux pruniers.

On réussit à chasser les petits oiseaux en plaçant, dans les endroits qu'on veut garantir, un chat ou un oiseau de proie empaillé, ou l'un de ces animaux vivant et placé dans une cage où il soit aisément aperçu.

On parvient à chasser les oiseaux en plaçant dans les endroits où ils viennent un mannequin ou un mauvais habit noir, ou un chapeau fixé sur une perche élevée ou sur un arbre.

Pour les moineaux, on applique contre les murs, sous le toit, des pots au fond desquels on fait un trou assez grand pour qu'ils y entrent. Ils y font leurs nids, et on détruit la couvée entière. On détruit également les nids des oiseaux malfaisans.

Un très-bon moyen de chasser les oiseaux est de faire battre le tambour dans le lieu où ils viennent. Mais on n'a recours à ce moyen que pour la conservation de fruits ou de semences auxquelles on attache une très-grande importance. On pourrait néanmoins y avoir recours plus souvent, si l'on trouvait un moyen de le faire battre seul, au moyen d'un petit moulin à vent ou toute autre mécanique. (Voy. MOINEAU, ÉPOUVANTAIL.)

Différens oiseaux carnivores détruisent le gibier. Tels sont les corbeaux, les pies-grièches, les geais, les pies. (Voy. ces mots.)

Oiseaux utiles. Les rossignols, les rouge-gorges, les roitelets, les troglodytes, les hirondelles, les bergeronnettes, les traquets, pouillots, etc., rendent de grands services à l'agriculture.

Généralement, tous les becs fins détruisent les vers, les chenilles, les insectes qui, pour la plupart fort petits, échapperont toujours aux recherches qu'on pourra en faire.

Les pies dévorent les larves du cerf-volant qui percent le bois des chênes.

Le nom du fourmilier indique assez les services qu'il rend.

Avant l'époque des semences et de la maturité des fruits, tous les oiseaux, excepté le pinson et la mesange, sont utiles en dévorant les chenilles et les insectes.

On mange à la campagne une infinité de petits oiseaux qu'on prend dans des piéges. Ils sont tous bons quand ils sont gras. On les vide, on les barde, on les met un quart d'heure à la broche. Le lendemain on en fait un salmis, ou on les fait sauter avec beurre et fines herbes.

Conservation des oiseaux pour la cuisine. On leur arrache les yeux, la peau du bec et de la gorge; on rebouche avec du papier gris toutes les ouvertures naturelles ou celles qu'on a faites pour vider.

Maladies des oiseaux en volière. C'est à M. Havet que nous devons le travail intéressant qui va suivre.

Ce n'est que par des signes extérieurs qu'on peut juger si un oiseau est malade. Son silence, le désordre de ses plumes, son air chagrin et mélancolique sont les indices les plus certains des diverses maladies ci-après : abcès, aphtes, asthmes, constipation, flux de ventre, gale à la tête et aux yeux, goutte, jambes cassées, langueur, mal caduc, mal au croupion, pépie, mue, phthisie, poux ou ricins, perte de la vue, rhume ou voix enrouée.

Abcès. Les oiseaux d'un naturel chaud ont souvent à la tête des apostumes jaunes, et qui parviennent quelquefois à la grosseur d'un pois-chiche. On les guérit de deux manières : en frottant la plaie avec du beurre frais, du saindoux ou de la graisse de chapon, ou en touchant la partie malade avec un fer de la grosseur de l'œil de l'oiseau, et rougi au feu; ce qui dessèche l'abcès s'il est aqueux, et le consume s'il est plâtreux. Pendant tout ce temps, on lui donne, si c'est un granivore, des feuilles de laitue, de poirée, de seneçon, de mouron, de raves; et on met, pour un insectivore, du suc de bette dans son abreuvoir, au lieu d'eau.

Aphtes ou chancres. De petits ulcères que l'on nomme ainsi s'attachent souvent au palais des oiseaux. On les guérit en mettant dans leur boisson de la semence de melon mondée et dissoute dans l'eau pendant trois ou quatre jours. On leur touche, pendant plusieurs jours, mais légèrement, le palais avec une plume trempée dans du miel rosat avec un peu d'huile de soufre. Le miel corrige la chaleur excessive du mal, et l'huile de soufre en éteint la malignité.

Asthme. Cette maladie interne, occasionnée par le resserrement de la poitrine, s'annonce lorsque l'oiseau ouvre le bec et qu'il est enroué. L'on en aura encore un indice certain si, en touchant la poitrine, on y sent une palpitation extraordinaire. Le sucre candi, simple ou violat, qu'on met fondre dans leur eau, ou de l'oxymel qu'on y mêle pendant deux ou trois jours, sont des remèdes assez efficaces. Cependant, autant qu'il sera possible, on leur fera tomber dans le bec, par le moyen d'une plume, deux ou trois gouttes d'oxymel.

Constipation. Les oiseaux attaqués de cette maladie se guérissent en leur mettant, pendant deux jours, une plume frottée d'huile commune dans le fondement. Cette opération sera répétée deux fois par jour, et, pendant ce temps, on leur donne le suc de bette pour boisson. Les linottes, les *chardonnerettes*, sont très-sujettes à ce mal, qui se reconnaît par les efforts qu'elles font. Un peu de sucre rouge, un filet de safran dans leur abreuvoir, la mercuriale, la laitue, la chicorée sauvage, la bette et le mouron, sont des nourritures qui leur tiennent le ventre libre et les purgent des mauvais sucs des graines dont on les alimente.

Flux de ventre. Cette maladie se connaît à leurs excrémens plus liquides que de coutume, à un remuement et serrement de queue presque continuel. Il faut alors leur couper les plumes qui sont tout autour de l'anus, et le graisser avec de l'huile; leur retirer, s'ils sont granivores, leur nourriture habituelle, et y substituer la graine de melon mondée pendant deux jours; leur ôter, s'ils sont insectivores, leur mangeaille ordinaire, et la remplacer par des jaunes d'œufs durs.

Pendant ce temps, on met dans leur eau un morceau de fer, ou une décoction légère de petite centaurée, de noix de galle ou de cornouiller.

Gales à la tête et aux yeux. Elles se guérissent comme les abcès.

Goutte. Plusieurs espèces, surtout celles de complexion délicate, comme fauvettes, mesanges, rossignols, troglodytes, loriots, etc., sont très-sujettes à cette maladie. On la reconnaît à leurs pieds gonflés, raboteux, et qui prennent la couleur du plâtre; à la difficulté qu'ils ont à se soutenir, et à leurs plumes toutes hérissées. Le froid est la première cause de cette maladie : pour la prévenir, il faut les tenir chaudement, et, pour y remédier, leur laver les pieds avec une décoction de racine d'ellébore blanc dans de l'eau commune; à défaut d'ellébore, on se sert d'eau de vigne. Si on ne veut pas prendre le malade avec les mains, on lui frotte les pieds avec un pinceau.

Jambes cassées. Quand ce malheur arrive à un oiseau, on lui retire tous les bâtons ou juchoirs qui sont dans sa cage; on pose le boire et le manger dans le bas, que l'on garnit de petit foin et de mousse, et on les tient dans un lieu où il ne soit nullement inquiété, afin qu'il voltige le moins possible; après quoi, on abandonne sa guérison à la nature. Cependant, on peut bander la jambe avec une douce ligature, composée d'étoupe trempée dans de l'huile de pétrole. Comme il arrive souvent qu'elle se dessèche, alors il faut la couper avant que le mal ait fait des progrès; après quoi on touche la coupure avec un fer chaud, et on la frotte d'huile et de cendre, ou de savon noir fondu, afin d'adoucir la douleur de la brûlure.

Langueur. L'oiseau qui en est incommodé a le corps gros et enflé, la chair toute couverte de veines rouges, l'estomac extrêmement maigre, et n'est occupé, dans toute la journée, qu'à jeter sa mangeaille. On ne peut le guérir qu'en le changeant de nourriture, c'est-à-dire, s'il vit de navette, on la remplace avec du chenevis, ainsi des autres, et on met dans son eau un peu de sucre candi.

Mal caduc. Le premier accès de cette maladie est souvent mortel; l'oiseau, quand elle lui prend, tombe, après avoir fait quelques mouvemens précipités, tout étendu dans sa cage, les deux pattes en l'air et les yeux renversés; si on ne lui apporte un prompt secours, il rend les derniers soupirs. De tous les remèdes qu'on peut employer, il ne s'en trouve point de plus sûr, ni qui réussisse mieux, que de le prendre et de lui couper avec de bons ciseaux l'extrémité de ses ergots, surtout ceux qu'il a derrière; il en sort quelques gouttes de sang; on lui lave ensuite les pattes plusieurs fois dans de bon vin blanc tiède. Si c'est en hiver, on lui en fait avaler aussi quelques gouttes en y mettant un peu de sucre fondu. Par le moyen de ce remède, l'oiseau malade, qui était comme agonisant, reprend de nouvelles forces, et se trouve, en peu d'heures, dans une santé aussi parfaite que celle dont il avait joui auparavant.

Mal au croupion. Le croupion, dans ce cas, est gonflé, et à sa pointe est un bouton d'un blanc jaunâtre. Les oiseaux le crèvent souvent eux-mêmes. S'ils ne le font pas, ils paraissent incommodés, et sont tristes; on coupe la pointe du bouton, ou on la comprime, ce qui vaut mieux; il en sort alors de la matière, comme d'une tumeur; et, pour sécher la plaie, on y met un petit grain de sel fondu dans la bouche.

Pépie. Nom que l'on donne à un mal qui, dit-on, vient à la langue des oiseaux. Il se manifeste, à son extrémité, par une petite peau blanche; ce qui les empêche de boire, et même de faire leur cri ordinaire. Cependant des personnes révoquent en doute ce prétendu mal au bout de la langue, et assurent que ce qu'on prend pour la pépie n'est autre que des ulcères qui viennent au-dedans du bec des oiseaux. S'il en est ainsi, on doit s'abstenir de couper cette partie de la langue; puisque ceux qui croient, par cette opération, déraciner le mal, font périr le malade. Ces ulcères se guérissent comme je l'ai dit ci-dessus. (Voy. APHTES.) Il faut seulement ajouter que, lorsqu'on voit quelque amendement après les remèdes indiqués, on doit mettre dans leur boisson un peu de sucre candi.

Mue. Cette maladie, naturelle à tous les oiseaux, n'est pas dangereuse lorsqu'ils la font à la fin de juillet et au mois d'août; à cette époque, la chaleur favorise la chute des plumes anciennes et aide le développement des nouvelles; mais, lorsqu'ils muent plus tard, les vents froids leur sont très-nuisibles. Ils éprouvent alors beaucoup de difficultés, ce dont on s'aperçoit à leur air triste, au gonflement de leurs plumes, à la manière dont ils les tirent avec leur bec : on doit donc venir à leur secours, si on ne veut pas les voir succomber. Alors il ne faut pas les exposer au froid du matin et du soir. Il faut les arroser modérément, au milieu du jour, avec du vin tiède dans la bouche; ensuite on les tient au soleil ou devant le feu, jusqu'à ce qu'ils soient entièrement secs; et, pour les égayer, on a soin d'entourer leur prison de verdure toujours fraîche.

Phthisie. C'est une maladie de langueur dont les oiseaux sont souvent attaqués; elle se guérit comme on l'a vu ci-dessus. (Voy. LANGUEUR.)

Poux ou *ricins*. Les petits insectes qu'on désigne ainsi incommodent beaucoup les oiseaux, les font maigrir, et souvent font périr les jeunes. On les en débarrasse, à ce qu'on prétend, en mettant dans leur cage un bâton de figuier; d'autres remédient à cette incommodité avec un bâton de sureau dont on a ôté la moelle, et qu'on a bien nettoyé de son écorce. On le perce de trous du côté qu'ils se perchent, à un travers de doigt de distance l'un de l'autre. Ordinairement ces petits animaux se retirent dedans, et on les détruit en les nettoyant tous les jours. Mais ces insectes sont quelquefois en si grande abondance, qu'on ne peut parvenir à une destruction totale: alors il n'y a pas d'autre moyen que de changer l'oiseau de volière et de les faire périr en lavant l'ancienne avec de l'eau bouillante. Le petit nombre qui restera sur le malade se réfugiera sur le bâton creux, et alors on en verra facilement la fin. Un arrosement de vin est encore un moyen indiqué.

Perte de la vue. Quelques oiseaux sont sujets au mal des yeux et même deviennent aveugles. Dès que l'on s'en aperçoit, on prend des feuilles de bette ou de poirée; on en tire le jus, que l'on mêle avec un peu d'eau et un peu de sucre, et on leur donne à boire cette liqueur, de deux jours l'un, pendant six jours consécutifs, c'est-à-dire un jour de cette liqueur, et un jour de l'eau pure. On indique encore d'autres moyens de guérison, comme de leur toucher les yeux avec du lait de figuier, avec de l'écorce d'orange ou de verjus, ou de les laver avec de l'eau dans laquelle on a fait bouillir de l'ellébore blanc, ou simplement avec de l'eau de vigne; enfin, des oiseliers se bornent à mettre dans leur cage de petits bâtons de figuier, sur lesquels ils se perchent: guidés par un instinct nature, ils s'en frottent eux-mêmes l'œil, et se guérissent.

Rhume ou *voix enrouée.* Les oiseaux chanteurs sont quelquefois sujets à s'enrhumer et à perdre leur chant; le remède indiqué consiste dans une décoction de jujube, de figues sèches, de réglisse concassée, et de l'eau commune; on leur donne, pendant deux jours, de cette décoction, avec un peu de sucre, et ensuite, pendant deux ou trois autres, avec le suc de bette. On les tient la nuit au serein, si c'est en été, en les garantissant de la rosée; mais, dans toute autre saison, il faut les tenir renfermés.

Les oiseaux en liberté n'éprouvent guère les maladies dont on vient de parler; ils trouvent, dans la variété de leurs alimens, un préservatif naturel. Mais il n'en est pas de même de ceux qu'on tient en captivité; ils sont bornés à une seule pâture qui souvent leur est étrangère, et presque toujours privés de celle qu'ils préfèrent. On doit donc venir à leur secours, si on veut les conserver longtemps. On purge les insectivores, tels que les rossignols, les fauvettes, etc., avec des fruits, des vers de farine et des araignées, ce qu'on doit faire deux fois par an; et, deux jours après, on met dans leur eau un petit morceau de sucre candi, de la grosseur à peu près d'une noisette. Les granivores se purgent avec de la graine de melon mondée et toutes sortes d'herbes rafraîchissantes, telles que feuilles de laitue, rave, seneçon, poirée, mouron. On leur donne aussi de l'eau sucrée indiquée ci-dessus.

Lois relatives aux oiseaux. L'oiseleur acquiert la propriété des oiseaux qu'il prend. Il est permis à toutes personnes de prendre à la pipée des oiseaux de toute espèce, excepté les pigeons et autres oiseaux domestiques.

Mais il n'est pas permis, pour ce genre de chasse, d'entrer dans les enclos sans la permission des propriétaires.

On peut prendre encore les oiseaux avec des pots à passe ou sur leurs nids avec des filets, sauf l'action du propriétaire du fonds pour dommage causé. (Despeisses, *Droit seign.*, tit. VI, sect. VII, n° 8.)

Lorsqu'un oiseau apprivoisé, comme un perroquet, une pie, un corbeau, un serin, etc., s'est envolé de la maison de son maître, le voisin qui s'en empare doit le lui rendre, car il n'en perd pas la propriété tant qu'il conserve l'espoir de le recouvrer. Les devoirs du bon voisinage obligent même celui qui l'a pris à s'informer dans le quartier de celui qui l'a perdu, afin de le lui rendre.

Manière d'empailler les oiseaux. Étendre l'oiseau sur une table, écarter à droite et à gauche les plumes de la poitrine, faire une incision longitudinale qu'on commence en haut du *brechet*, cartilage de la poitrine, et qu'on conduit un peu au-dessous de son extrémité. Détacher d'avec les chairs la peau des bords de la plaie, puis de tout le corps, de chaque côté successivement, en ayant soin que les doigts de la main opposée répondent toujours à l'action des doigts sur la peau. Quand la peau est détachée, saisir le cou au-dessus de son articulation avec le corps, en détacher la peau, et la séparer d'avec le corps au moyen de fins ciseaux. On saisit ensuite l'une des ailes par son moignon, on le détache de la peau, et, parvenu au pli de l'aile, on coupe les chairs et les os de l'articulation; on opère de même sur l'autre aile. On dépouille les cuisses comme les ailes, et on coupe l'os au pilon. On enlève ensuite tout le corps de la main gauche, en séparant de la droite la peau qui tient encore. Quand le croupion est à découvert, on le coupe un peu au-dessus de l'endroit où il s'articule avec le corps. On retire le cou en retournant la peau comme un gant. Parvenu à la tête, on détache la langue sur les côtés sans la couper, on sépare le cou à la jonction de la tête, et on emporte avec lui la langue, le gosier et le canal de la respiration. On agrandit le trou occipital, on vide la cervelle. On remplit ensuite de mousse ou de coton, en garnissant très-peu les ailes, et beaucoup les cuisses. On coud ensuite la peau, on remet les ailes dans leur position et on les assujettit en entourant tout le corps d'une ficelle. On arrache les yeux avec un fer pointu et recourbé, et on introduit des yeux d'émail dans l'orbite, en écartant avec précaution les paupières. Quand on a sali la peau pendant l'opération, on nettoie le sang avec de l'eau saturée de nitre, et la graisse avec de l'eau de lessive.

Il est bon de saupoudrer la peau d'alun ou de chaux, pour la conserver.

Moyen de vider les œufs d'oiseaux qu'on veut conserver. Les percer par les deux bouts, et souffler par l'un des trous. La substance liquide de l'œuf sort par le trou opposé; on l'expose à l'air quelques jours pour que l'intérieur se dessèche.

Instrumens pour empailler. Deux scalpels, pinces à mors, deux limes, alènes et aiguilles, pinces de dissection, vrilles, bourroirs, marteau, petite scie, petit étau, fil de fer ou laiton recuit ou rougi au feu pour qu'il ne se rompe point, tenailles, pinceau, éponges et coton.

Manière de monter l'oiseau. On prépare trois fils de fer vernissés. Les deux premiers servent à maintenir les extrémités inférieures; le troisième, que l'on garnit d'étoupes dans toute sa largeur, se fixe dans la cavité du crâne, et doit excéder au moins d'une fois la longueur du corps les dimensions totales de l'oiseau.

Quand on veut tenir l'oiseau dans la situation du vol, on le soumet pendant vingt-quatre heures à la presse.

OLIBAN. (*Conn. us.*) Gomme-résine sèche, dure, d'un jaune blanchâtre, transparente, en larmes grosses comme des noisettes, arrondies et oblongues, farineuses en dehors, brillantes en dedans, d'un goût âcre, amer, et d'une odeur pénétrante; s'enflammant facilement, exhalant une vapeur aromatique, et s'éteignant difficilement. L'arbre qui fournit cette gomme n'est pas connu: on nous apporte de l'Arabie l'oliban. On s'en sert pour parfumer les temples dans les diverses religions, et pour faire des fumigations résolutives en médecine.

On appelle *manne d'encens* les miettes ou les petites parties qui se sont formées par le frottement des morceaux; et l'on donne le nom de *suie d'encens* à cette manne brûlée de la manière qu'on brûle l'arcanson ou la poix pour faire du noir de fumée.

OLIVIER. (*Agr.*) *Olea europœa.* Famille des jasminées. Après la vigne, il n'y a pas d'arbuste qui soit plus anciennement cultivé et répandu dans les diverses parties du monde que l'olivier, et dont le fruit, qui est un des plus précieux présens de la nature, ait été d'un usage plus anciennement connu. Il est fait mention de l'huile dès les plus anciens temps. Nous voyons dans l'Écriture que le patriarche Jacob veillait à la préparation de l'huile extraite des olives; ainsi leur culture devait déjà recevoir les soins des agriculteurs de cette époque reculée. Depuis lors, elle s'est toujours propagée jusqu'aux temps modernes, et se perfectionne chaque jour.

L'on cultive aujourd'hui l'olivier avec le plus grand succès dans la plupart des contrées du midi de l'Europe, en Italie, en Espagne, en Portugal et en Provence, où son riche produit récompense amplement les soins peu multipliés qu'exige sa culture. Dès le mois de janvier ou de février, on doit l'élaguer, ce qui n'a lieu que tous les deux ou trois ans, suivant la nature du terrain, qui lui fait pousser des branches parasites en plus ou moins grand nombre. Au mois de mars ou d'avril, on bêche autour du pied, en extirpant les mauvaises herbes et les pousses sauvages; on y met peu ou point de fumier; si l'on a des décombres de quelques vieux bâtimens, on en étendra sur les racines, qui, en recevant les sels délayés par les pluies ou les rosées, donneront de la vigueur à l'arbre et hâteront sa croissance.

Il y a une grande variété d'oliviers, qui ne diffèrent pourtant que dans la grandeur de l'arbre et la dimension des feuilles. Les espèces qui sont les plus communes en Provence sont: 1° l'olivier verdeau, qui a des feuilles longues et larges dans le milieu; son fruit, de forme ovoïde, acquiert un noir brun dans la maturité; 2° l'olivier cayon, qui n'a qu'environ dix pieds de hauteur: son fruit et ses feuilles sont peu différens des autres espèces d'oliviers avec lesquels il est souvent confondu; 3° l'olivier de Palerme, qui est d'une grande espèce, et dont le fruit est plus gros et les feuilles plus grandes que ceux des autres oliviers; 4° l'olivier brun, qui a les feuilles courtes, fort étroites, moins vertes, et des fruits petits, arrondis, qui forment la différence caractéristique de cette espèce d'olivier.

Il existe encore plusieurs autres variétés qui rentrent dans l'une ou l'autre catégorie des espèces que nous venons de décrire. Quant aux fruits, c'est-à-dire aux olives de ces différentes espèces d'oliviers, ils ne diffèrent que par leur grosseur plus ou moins grande; on estime les petites olives comme donnant une huile plus délicate que celle des grosses, qui en donnent une plus grande quantité, mais qui est d'une qualité inférieure. Quant à la qualité, tout dépend du terrain, de la méthode d'extraire l'huile, et surtout de la plus ou moins grande maturité qu'on laisse acquérir aux olives, soit sur l'arbre ou en tas, lorsque la récolte est faite. C'est ainsi qu'à Aix et à Digne, qui sont les endroits les plus renommés pour la qualité supérieure de leurs huiles, on cueille les olives encore vertes; l'huile acquiert une couleur d'or, elle est plus fine et plus limpide, elle a un goût plus doux et plus exquis; tandis que les olives qui sont cueillies dans la Basse-Provence, dans leur pleine maturité, et qu'on laisse encore fermenter en tas, pour en extraire une plus grande quantité d'huile, en donnent une commune, pâteuse et ayant un goût fort, qui prend à la gorge; on l'emploie principalement pour les fabriques de savon de Marseille, ainsi que pour brûler. Les huiles fines d'Aix, de Digne, de Saint-Chamans et autres, servent au lieu de beurre, qui est extrêmement rare en Provence. Les propriétaires des plantations d'oliviers ont, par conséquent, le choix entre la qualité et la quantité; indépendamment de la qualité des oliviers, du territoire et de l'exposition, qui ont aussi une grande influence sur la qualité des olives et leur produit.

Pour ce qui concerne la multiplication des oliviers, on a rarement recours aux semis, attendu que le noyau étant extrêmement dur et longtemps à se développer ou à prendre racine, c'est le mode le plus lent qu'on puisse choisir. On préfère prendre des sauvageons dans les bois ou parmi les plants d'oliviers qui ont été gelés et abandonnés, que l'on peut placer en pépinière et greffer en francs oliviers, lorsqu'ils ont acquis de la vigueur. L'olivier est un des arbres qui est le plus long dans sa croissance; c'est pour cette raison qu'en général on songe peu à faire de nouvelles plantations lorsque quelque grand froid les fait périr, comme cela arrive de temps à autre, même en Provence, où le climat est très-doux. Le froid extraordinaire de 1820, qui a été de 11 degrés de Réaumur, y a détruit un grand nombre d'oliviers; ceux qui se trouvaient dans une exposition favorable ont seuls échappé à ce désastre. Dans ce cas, on coupe la partie gelée de l'olivier, même tout le tronc, jusque près du bloc des racines, qui ont une vitalité si prodigieuse qu'elles poussent des rejetons. En peu d'années ces rejetons deviennent des arbustes qui, acquérant tous les ans plus de force, finissent par multiplier leurs rameaux, qui se chargent de fruits, comme leurs prédécesseurs qu'ils ont remplacés, et qui ne sont eux-mêmes que les rejetons de racines qui ont souvent des siècles.

On assure que les oliviers du Jardin-des-Olives sont les mêmes qu'au temps de Jésus-Christ.

Moyen de multiplication pour les oliviers. Un citoyen de Marseille s'est avisé de faire avaler des olives mûres à des dindons renfermés dans une enceinte : il a recueilli leur fiente contenant les noyaux de ces olives, et il a placé le tout dans une couche de terreau, qu'il a fréquemment arrosée. Les noyaux ont levé, et il a eu des plants d'oliviers qu'il a repiqués ensuite, et qui ont parfaitement végété. Éclairé par cette expérience, il a cherché à se passer des oiseaux de basse-cour, et il a fait macérer des noyaux dans une lessive alcaline ; peu de temps après il les a semés, et il a obtenu un plant d'oliviers aussi beau que le premier.

L'olivier, comme la plupart des plantes, est sujet à plusieurs maladies : ce qu'on appelle le noir est une espèce de lèpre qui change le gris cendré des branches en une teinte noirâtre. Élaguer la partie affectée est le seul remède qu'on ait trouvé pour arrêter ce mal. Un grand nombre d'insectes attaquent aussi l'olivier, et, en se multipliant, lui sont extrêmement préjudiciables, ainsi qu'aux olives, qui sont quelquefois rongées intérieurement par des vers, ce qui diminue beaucoup leur produit. Cet arbre est tellement sensible aux gelées, que, dans une seule nuit, elles peuvent en faire périr un grand nombre dans des hivers rigoureux; c'est pour cette raison que l'olivier ne réussit bien que dans les climats de la zone tempérée, comme en Provence, en Italie, en Espagne, en Portugal, en Grèce, etc.

Voici ce que dit des maladies de l'olivier M. Garcin, de Gallican (Var):

«La pourriture dans les racines de l'olivier est le principe de sa destruction. Il faut s'empresser de retrancher les racines attaquées, de purger toute la terre imprégnée de l'humeur aqueuse de cette pourriture, de donner à celles non attaquées fumure et terre nouvelle. Cette maladie venant presque toujours d'un sol épuisé des sels propres à la nourriture de l'olivier, on croit qu'on préviendrait la pourriture des racines en les déchaussant de temps à autre, et en leur donnant une terre neuve qui ranimerait la vigueur de l'arbre, soit dans sa tige, soit dans ses racines.

»Le ver, qui ronge la souche de l'olivier, la creuse en forme de cône, et pénètre jusqu'au milieu du tronc et au cœur de l'arbre. Ces vers sont d'une telle grosseur que le moindre est plus gros que le pouce.

»Une végétation vigoureuse doit empêcher l'introduction de ce ver sous la souche. Il faut en conséquence renouveler les terres pour obtenir cette végétation.

»Dépôt autour du tronc de suie de cheminée, de chaux hydratée, tous moyens qui semblent propres à éloigner le ver.

»Les propriétaires doivent enlever avec soin de leurs oliviers les lisières de bois mort. Le végétal qui ne vit plus est un foyer de pourriture pour celui qui vit encore. Puis entre le bois vivant et celui qui ne reçoit plus de sève, se loge une multitude d'insectes, fourmis et autres, qui nuisent singulièrement à la végétation.

»La mouche qui pique l'olive dépose ses œufs sous l'écorce que le temps a soulevée; sous cette même écorce gisent les fourmis, vers et autres insectes parasites. Râcler cette écorce, tenir les oliviers propres, est un moyen d'arriver à réduire la prodigieuse fécondité de la *myoda alea*, dont le ciron dévore la pulpe des fruits et pénètre dans le noyau.

» Jusqu'à ce jour nul remède n'a été trouvé pour détruire le ver qui attaque la fleur dans le moment de sa fécondation. Une végétation vigoureuse doit toutefois l'éloigner. Il est possible que des fumigations le fassent périr; dans tous les cas, ce ver doit provenir d'un insecte ailé; ne pourrait-on pas l'attirer et le détruire en allumant du foin ou de la paille goudronnée au bout d'une longue perche? les mouches ou papillons de nuit viendraient s'y brûler. Ce moyen paraît avoir fort bien réussi dans les vignes attaquées de la maladie provenant du papillon blanc.

» Toutes ces causes de mortalité pour l'olivier le menacent moins d'une destruction complète que la *morphée*, qui, depuis 1818, a envahi nos oliviers après avoir exercé ses ravages sur les citronniers et oliviers de l'Italie. La morphée, espèce de pou, fécondée par la mouche, doit, dit-on, son existence à des moucherons sortis des Marais-Pontins à l'époque de travaux entrepris pour le dessèchement de ces marais. Ce qu'il y a de certain, c'est que ce fléau nous était inconnu ainsi qu'à l'Italie à une époque peu éloignée de nous. Il semble s'attacher de préférence aux arbres les plus vigoureux pour ne les abandonner que lorsqu'il les a réduits à l'état de la plus extrême langueur. Tous les remèdes ont été essayés jusqu'à ce jour sans succès. Cependant, si l'on considère que cet insecte craint la pluie, qu'il se place au-dessous des branches quand il y est exposé; qu'il tombe en quantité sur la terre lorsque des pluies, chassées par des vents contraires, battent l'arbre, on peut croire qu'il ne serait pas déraisonnable de l'attaquer par des aspersions d'eau faites de bas en haut avec une pompe à main, et surtout dans le moment où une pluie viendrait favoriser cette opération, qui devrait avoir lieu au moment de la fécondation du pou ou à l'époque où son abdomen rempli d'œufs le rend plus facile à se détacher de l'arbre.

» Un labour donné ensuite immédiatement à la terre ensèvelirait les œufs de la morphée, et pourrait faire espérer la destruction d'un insecte qui menace d'une mort prochaine nos oliviers et nos citronniers.

» Cette opération ne pourrait avoir lieu que simultanément sur tous les oliviers attaqués de cette maladie; un seul excepté pourrait propager la contagion. L'autorité locale serait donc obligée d'intervenir dans l'intérêt même des propriétaires. Les habitans de la Haute-Provence devraient également être appelés pour aider les propriétaires d'oliviers dans cette opération longue et difficile, sans certitude cependant d'un résultat bien complet; mais comme jusqu'à ce jour tous les remèdes tentés n'ont amené aucune réussite, il est peut-être sage de faire quelques essais particuliers sur des arbres aspergés d'une eau dans laquelle on aurait fait infuser quelques pierres à chaux, pour s'assurer si les insectes tombent tous, et si les arbres ainsi nettoyés sont moins sujets aux invasions de cet insecte. Ces essais devraient être faits sur des arbres isolés avant la ponte des œufs. »

Olivier de Crimée. On trouve sur la côte méridionale de Crimée deux variétés d'olivier : l'un de forme pyramidale, à fruits ovales ; l'autre, à branches pendantes et à fruits en cœur.

Ces deux variétés sont très-rustiques, et leur naturalisation aurait de grands avantages.

L'huile est le produit le plus avantageux des olives. (V. HUILE.)

Préparées dans une saumure, les olives excitent l'appétit et fortifient l'estomac; malgré ces bons effets, il serait dangereux d'en faire abus.

Pour conserver les olives vertes, on les lave avec une lessive de cendres, et on les imprègne ensuite d'une saumure de sel marin aromatisé.

En Provence, quelques personnes retirent, au bout de quelque temps, leurs olives de la saumure, ôtent le noyau, mettent une câpre à la place, et les conservent dans de l'huile.

Liqueur pour préparer les olives. Projeter de l'eau sur de la chaux jusqu'à ce qu'elle soit éteinte et en poudre ; y mêler partie égale de soude en poudre ; l'étendre avec une quantité d'eau suffisante pour que le liquide ne marque que neuf degrés au-dessous de zéro, à l'aréomètre de Baumé. Laisser reposer. Quand la liqueur est claire, y jeter deux livres huit onces d'olives par litre. Au bout de sept à neuf heures, les olives sont pénétrées jusqu'au noyau, ce dont on s'assure en les coupant. Les mettre alors dans l'eau claire qu'on change deux fois par jour ; en goûtant les olives, on reconnaît le moment où elles ont perdu toute l'amertume que la soude et la chaux leur avaient communiquée. On les met alors dans de l'eau, de manière qu'elles en soient couvertes, et on y fait dissoudre cinq gros de gros sel par livre d'olives.

OMBRES CHINOISES. (*Réc. dom.*) Les ombres chinoises sont un objet d'agréable récréation pour les enfans, et pourraient servir à leur éducation, ainsi que la lanterne magique. (Voy. ce mot.)

Un grand nombre de nos lecteurs ont sans doute, dans leur enfance, applaudi, au théâtre du sieur Séraphin, les lazzis du *Pont-Cassé* et les mouvemens naturels des animaux qui défilaient successivement dans une grande forêt.

Les ombres chinoises sont un spectacle essentiellement nocturne. Il ne doit y avoir d'éclairé dans la salle où on les montre que le derrière de la toile. Voici la manière de les disposer, d'après M. Julia Fontenelle.

Faites une ouverture à une cloison d'environ quatre pieds de longueur sur deux de hauteur, de manière à ce que le côté inférieur se trouve à une élévation de cinq pieds au-dessus du sol; couvrez cette ouverture avec une gaze d'Italie blanche et vernie avec le copal. Préparez beaucoup de châssis d'une semblable grandeur, sur lesquels vous tendrez de cette même gaze ; vous y dessinerez au trait des sujets d'architecture ou de paysage en rapport avec les scènes que devront représenter les figures, dont nous parlerons bientôt.

On ombre ces tableaux au moyen de plusieurs papiers très-minces et découpés. Lorsqu'il s'agit d'imiter les clairs, l'application sur la toile d'un ou deux suffit; il en faut trois ou quatre pour les demi-teintes, et six pour les ombres. La forme de ces papiers est facile à prendre; on n'a qu'à les calquer sur le trait du tableau, et les y coller les uns sur les autres le plus soigneusement et le plus exactement qu'on peut. On va plus vite en besogne et l'on rend ce travail plus correct en reformant le tout au moyen d'un peu de bistre. On doit exposer ces tableaux au grand jour, pour juger de l'effet qu'ils doivent produire.

On prépare ensuite des figures d'hommes et d'animaux avec du carton découpé dont on rend les parties mobiles au moyen d'un fil; ces parties mobiles sont elles-mêmes accrochées à de petits fils-de-fer qui les font mouvoir en tous sens derrière et très-près de ces châssis. Il est bien évident que toutes ces figures sont supposées vues de profil, et qu'elles ne sont visibles que lorsqu'elles sont placées derrière les parties des tableaux qui sont peu ombrées. Il est inutile de dire qu'on leur fait représenter de petites pièces que l'on a composées, et que les mouvemens de ces ombres sont en raison de l'adresse et de l'habitude de celui qui les expose à la curiosité publique.

ONAGRE FRUTESCENTE. (*Agr.*) *OEnothera fruticosa.* Famille des onagres. Plante vivace de Virginie, la plus belle de sa famille. Fleurs jaunes. Semis en avril, en terre légère à bonne exposition, ou séparation des pieds à la défloraison.

Onagre bisannuelle. (*OEnothera biennis.*) L'onagre indigène, d'origine exotique, croît spontanément dans quelques départemens, et supporte les grandes gelées. Fleurs en juin; les graines qui paraissent à la mi-août sont une bonne nourriture pour les poules, les serins, et autres oiseaux domestiques. Ses racines cuites se mangent en Bretagne, où on les appelle vulgairement *jambon de Bretagne.* Son feuillage abondant est mangé avec avidité par les vaches, les moutons et les chèvres.

On sème l'onagre en mars, ou avant l'hiver, dans toute terre, à la volée, et après un labour; on enterre la graine à la herse; la seconde année on peut faucher au 1er juillet pour les bestiaux.

On peut aussi la cultiver à cause de ses graines. Dans ce cas, on la coupe au pied, et si on laisse les debris sur le sol, on n'aura pas besoin d'autre engrais.

ONCE. (*Conn. us.*) Seizième portion d'une livre, composée de huit gros, ou vingt-quatre scrupules, ou cinq cent soixante-seize grains. (Voy. MESURE.)

ONDIN. (*Phys. dom.*) On appelle *ondin* ou *ludion*, une petite figure en émail, qui sert à faire des expériences sur la pesanteur de l'air. Elle porte sur la tête un globe en verre percé d'un petit trou ; leur poids réuni est calculé de manière que, quoiqu'elle soit presque en équilibre dans l'eau, elle tend à se porter à la partie supérieure du vase que l'on couvre d'une peau de vessie. Lorsqu'on veut faire descendre la figure, on presse avec le pouce sur cette vessie; dès le moment qu'on le retire, la pression cesse et le *ludion* remonte.

Il est évident, en effet, qu'en pressant la vessie, on comprime l'air du vase, lequel, agissant sur l'eau, que l'on sait être fort peu compressible, la force d'entrer dans la boule qui est placée sur la tête de la figure. Cette augmentation de poids rompt l'équilibre et la force à descendre. Mais si l'on cesse la compression, l'air reprend son ressort et ne pèse plus sur l'eau; dès-lors ce liquide est chassé de la boule par la force expansive que l'air contracte, et, l'équilibre se trouvant rétabli, le *ludion* remonte.

ONGLES. (*Conn. us.*) *Composition des ongles.* Les *ongles* sont de petits corps blanchâtres, transparens, d'une substance semblable à de la corne, qui servent à recouvrir et à protéger les papilles nerveuses des doigts et des orteils; ils sont regardés, ainsi que les poils, comme une dépendance de la peau.

Hygiène des ongles. Coupez vos ongles carrément, non avec des ciseaux, mais au moyen d'un petit instrument dit *couteau à couper les ongles.* Cet instrument, très-moderne, est aplati et tranchant par un bout : c'est le couteau; de l'autre bout, il ressemble à l'extrémité d'un cure-oreille : cela sert à nettoyer les ongles, et la branche forme une petite lime propre à ronger les cors.

Remède pour les ongles ébranlés, cassés ou trop faibles, surtout pour ceux des pieds. Mélangez ensemble une once d'huile d'amandes amères, une drachme d'huile de tartre, et un peu d'essence de citron; lavez-vous souvent les ongles de cette composition, et mettez-en une petite compresse la nuit sur les ongles des pieds.

Moyen de dissiper le sang caillé qui s'extravase dans les ongles, par suite de coups. Broyez du plantain long avec un peu de sel, puis appliquez-le en forme de cataplasme sur l'ongle. L'eau de scabieuse distillée a, dit-on, aussi la propriété de résoudre le sang extravasé des ongles. Pour cela, il faut en laver souvent l'ongle meurtri, et appliquer dessus une compresse imbibée de cette eau.

Envies. La peau du bord des ongles est sujette à se couper, à saigner, et à se détacher de l'ongle. Ces accidens sont connus sous le nom d'envies, et déterminent quelquefois des panaris.

Quand ce funeste résultat n'aurait pas lieu, l'ongle ébranlé ferait toujours beaucoup souffrir, et perdrait sa forme élégante.

Sitôt que vous apercevez une envie, coupez-la avec des ciseaux, et bassinez-la avec un peu d'eau-de-vie étendue d'eau; si elle était un peu élargie, vous la couvririez d'un morceau de taffetas d'Angleterre.

Quant à la surpeau qui déforme les ongles, il faut la prévenir en tirant, autant que possible, la peau du bord de l'ongle avec le pouce : plus les ongles sont allongés sur la première phalange, plus ils ont de grâce. Si vous avez négligé cette précaution, et qu'à la suite d'engelures ou de tout autre accident, une surpeau se soit allongée sur les ongles, il faut la tirer souvent, autant qu'il se pourra sans causer de douleur; on peut tremper le doigt dans l'eau de temps en temps pour que la surpeau cède avec plus de facilité.

ONGUENT. (*Méd. dom.—Jard.*) On donne le nom d'onguens aux médicamens externes, onctueux, d'une consistance demi-solide, et qui sont destinés à être appliqués sur les plaies ou sur les tumeurs. Ils sont composés d'huiles végétales ou animales, de baumes naturels, de graisses, de mucilages, de gommes, de résines, de cires, de poudres, de substances bitumineuses, etc., suivant l'usage auquel ils sont destinés.

La dénomination d'onguent dérive du mot latin *ungere* (oindre), parce qu'ils sont employés à oindre les parties extérieures malades.

Onguent d'althæa. Prenez mucilage, un kilogramme; cire jaune, vingt-cinq décagrammes; poix résine, térébenthine, douze décagrammes de chaque.

Faites liquéfier toutes ces substances ensemble dans une bassine, sur un feu très-doux; passez au travers d'un linge bien serré; laissez déposer quelques impuretés que contiennent toujours la poix et la cire; coulez alors le tout dans un mortier de marbre, et agitez jusqu'à ce que l'onguent soit entièrement refroidi; disposez alors dans des pots, et conservez pour l'usage. Cet onguent est très-adoucissant; il est résolutif.

Onguent d'Arcœus. Prenez suif de mouton, un kilogramme; térébenthine, résine élemi, sept hectogrammes et demi de chaque; axonge de porc récente, cinq hectogrammes.

Faites liquéfier ensemble toutes ces substances à une chaleur modérée; passez ensuite au travers d'un linge bien serré, et agitez cet onguent dans une terrine vernissée ou dans un mortier de marbre, jusqu'à ce qu'il soit entièrement refroidi.

Cet onguent, que l'on nomme généralement baume d'Arcœus, consolide les plaies; il contribue à la détersion et à la cicatrice des ulcères simples, particulièrement de ceux de la tête, dont les chairs sont trop molles et dont le pus est séreux et fétide.

Onguent blanc de rhasis. Prenez cire blanche, un hectogramme; huile d'olive, 4 hectogrammes. Faites liquéfier la cire dans l'huile d'olive; coulez le mélange dans un mortier de marbre légèrement chauffé, et agitez-le avec un bistortier jusqu'à ce qu'il soit à peu près refroidi, et qu'il ne paraisse plus aucuns grumeaux; ajoutez alors oxyde de plomb blanc obtenu par l'acide acéteux, un hectogramme.

Mêlez très-exactement, et disposez pour l'usage.

Cet onguent est adoucissant, dessiccatif; on l'emploie dans quelques maladies cutanées.

Onguent égyptiac. Prenez miel blanc, 4 hectogrammes; acide acéteux concentré, 2 hectogrammes; oxide de cuivre vert par l'acide acéteux, 16 décagrammes.

Pulvérisez l'oxide de cuivre, et mettez le tout dans une bassine d'argent; faites bouillir légèrement la matière, en ayant soin d'agiter sans discontinuer avec une spatule de bois, jusqu'à ce que le mélange cesse de se gonfler, et jusqu'à ce qu'il ait acquis une belle couleur rouge; retirez alors la bassine de dessus le feu, et disposez dans un pot pour l'usage.

Cette préparation, à laquelle on donne improprement le nom d'onguent, de rouge qu'elle était, ne tarde pas de prendre une teinte noirâtre à sa partie supérieure, parce que l'oxyde brun-rouge de cuivre, n'étant qu'interposé dans le miel, ne tarde pas à se précipiter au fond du vase dans lequel on la conserve pour l'employer dans l'état qui lui est convenable; il est nécessaire de l'agiter et de la mêler très-exactement toutes les fois qu'on a besoin d'en faire usage.

L'onguent égyptiac est employé comme dessiccatif. On s'en sert assez fréquemment dans la médecine vétérinaire.

Onguent populeum. Prenez germes de peupliers noirs secs, 5 hect.; feuilles récentes de pavots noirs, de jusquiame, de joubarde, de belladone, de bardane, de chaque, 11 décag.; morelle, 2 hect.; axonge de porc récente, 15 hect.

Contusez tous ces végétaux dans un mortier de marbre, avec un pilon de bois; après les avoir mondés soigneusement, et en avoir séparé toutes les herbes étrangères et les feuilles mortes ou fanées; mettez-les alors dans une bassine de cuivre avec l'axonge de porc; placez-la sur un feu doux capable d'occasionner une légère ébullition; agitez la matière sans discontinuer avec une spatule de bois; au bout d'un quart d'heure d'ébullition, ajoutez les germes de peuplier; faites-les baigner dans l'axonge, couvrez le vaisseau, et disposez-le dans une autre bassine pleine d'eau bouillante; laissez infuser le tout jusqu'au lendemain; faites alors liquéfier la matière à une douce chaleur, coulez avec expression dans un pot de terre peu évasé; laissez refroidir; enlevez alors l'onguent avec précaution, par le moyen d'une spatule, afin de le séparer entièrement de l'humidité et des fèces qui occupent la partie inférieure du vaisseau; faites liquéfier une seconde fois, et coulez dans un pot pour l'usage, à travers un linge; laissez refroidir paisiblement, et couvrez le vaisseau aussi bien qu'il vous sera possible, afin de priver l'onguent du contact de l'air, et qu'il se conserve mieux dans l'état qui lui convient.

L'onguent populeum est très-adoucissant, calmant; il dissipe l'inflammation et soulage les douleurs hémorrhoïdales.

Onguent rosat. Prenez axonge de porc, 1 kilogr.; roses de Provins sèches, 15 décagr.; roses pâles récentes avec leurs calices, 5 hectogr. Contusez les roses pâles dans un mortier de marbre, avec un pilon de bois; exprimez-en le suc, dont vous pourrez préparer l'extractif ou le sirop de roses; mettez alors le marc exprimé avec les roses sèches dans une cruche de grès; ajoutez-y 4 grammes d'orcanette; d'une autre part, faites liquéfier l'axonge de porc à une douce chaleur; versez-la dans la cruche; bouchez exactement, et disposez cette dernière dans une bassine pleine d'eau bouillante, que vous retirerez à l'instant de dessus le feu; laissez refroidir le tout; faites alors suffisamment chauffer l'eau de la bassine, pour qu'elle puisse liquéfier l'onguent; coulez avec expression, laissez refroidir, enlevez l'onguent avec une spatule, pour le séparer des fèces et de l'humidité; faites liquéfier de nouveau, et coulez dans un pot pour l'usage.

Cet onguent est très-adoucissant; on s'en sert dans les douleurs hémorrhoïdales, pour les maux de lèvres et pour ceux du nez.

On peut préparer l'onguent rosat blanc en supprimant l'orcanette, et en ayant soin de le laver avec l'eau de roses distillée.

Onguent suppuratif (ou *basilicum*). Prenez poix résine, cire jaune, de chaque, 4 hectogr.; huile d'olive, 15 hectogrammes.

Faites liquéfier toutes ces substances dans une bassine, à une très-douce chaleur; coulez ensuite à travers un linge serré, et agitez le mélange sans discontinuer, jusqu'à ce qu'il soit entièrement refroidi.

Onguent de styrax. Prenez huile de noix, 7 hectogr.; colophane, 10 hectogr.; résine élemi, cire jaune, de chaque, 5 hectogr.

Faites liquéfier à une douce chaleur toutes ces substances dans un vaisseau convenable; retirez de dessus le feu, et ajoutez styrax liquide, 5 hectogr.

Agitez avec une spatule de bois, et, lorsque le mélange sera parfaitement exact, coulez à travers un linge; laissez refroidir; ratissez avec une spatule, afin de séparer les impuretés qui se sont précipitées; agitez alors avec un bistortier, et disposez pour l'usage.

Cet onguent est très-estimé pour les plaies dont le pus est fétide; il les déterge et en corrige la mauvaise odeur; il résout les tumeurs froides, il résiste à la gangrène.

On emploie encore l'*onguent brun* pour les ulcères, l'*onguent digestif* pour les plaies, l'*onguent* de soufre sublimé, muriate de soude, graisse de porc et racine de patience, pour les maladies de peau; l'*onguent hydrargirique*, l'*onguent nutritum*, l'*onguent vert*, coloré avec de l'oxide de cuivre, pour prévenir la gangrène; l'*onguent de Tutie*, ou oxide de zinc, pour les yeux, etc.

Onguent de la mère. (Voy. EMPLATRE.)

Onguent pour les chevaux. (Voy. CHEVAL.)

Onguent pour la gale des chiens et des moutons. (Voy. CHIEN.)

Onguent Saint-Fiacre. Il sert à greffer; on le met aussi sur les plaies des arbres, soit qu'elles proviennent de maladies, soit d'amputations faites pour retrancher de grosses branches; on l'applique simplement sur les coupes de la taille.

Prenez poix noire, une livre; résine, une livre; cire jaune, demi-livre; saindoux ou chandelle, demi-livre; térébenthine en poix, quatre onces. Faites fondre le tout; remuez pour opérer le mélange.

Cet onguent s'emploie tiède; on l'étend avec un pinceau ou une spatule de bois.

Autre onguent pour le même usage. Faire fondre ensemble parties égales de poix résine et d'huile de poisson; on peut aussi employer celle de faine, de colza, de lin, de noix, de chenevis.

ONOPORDON ou PÉDANE A FEUILLES D'ACANTHE. (*Agr.*) Famille des cinarocéphales. *Onopordon.* Plante bisannuelle. L'onopordon croît spontanément sur le bord des chemins, dans les terres incultes, les landes. Il fleurit en juillet. Ses feuilles sont écailleuses et terminées par deux fortes épines. Toute la plante est couverte d'un duvet blanchâtre. Ses semences quadrangulaires sont très-abondantes; on les ramasse en automne en coupant les têtes. On les laisse sécher et on en sépare les graines en les battant. 22 livres de ces têtes ont fourni 12 livres de graines, dont, en les soumettant à une forte presse, on retire 5 livres d'huile.

Cette huile est aussi abondante que celle de chenevis. A l'aréomètre, c'est la plus pesante après l'huile de lin. Elle marque 19, et l'huile de lin 18. Elle ne se fige pas. Elle est bonne à brûler, et dure une heure de plus que l'huile de chenevis, et une heure et demie de plus que l'huile d'olive, avec une lumière égale.

La racine, les têtes et les jeunes pousses peuvent se manger comme légumes. Le suc de pédane est vulnéraire. Les cendres de l'onopordon donnent beaucoup de potasse.

OPIA OU ARRACACHA. (*Jard.*) Famille des ombellifères. Plante originaire d'Amérique, qu'on essaie depuis peu de naturaliser. Ses racines s'accommodent comme les pommes de terre. Elles exigent peu de cuisson, et sont un aliment très-sain et très-nutritif. Cette plante exige un terrain noir, meuble et profond. Elle se multiplie par ses racines qu'on coupe de manière à ne laisser à chacune d'elles qu'un bourgeon.

OPIAT. (*Méd. dom.*) Ce mot est synonyme d'électuaire. (Voy. ce mot.)

L'opiat emménagogue, l'opiat stomachique de Salomon, dans lequel il entre 27 racines, feuilles, écorces et drogues diverses, étaient autrefois très-employés.

Opiats dentifrices. (Voy. DENTS.)

OPIUM. (*Méd. dom.*) L'opium est un extrait gommo-résineux qui provient de l'expression et de l'évaporation du suc des têtes, des feuilles et des tiges du pavot blanc, *papaver somniferum* de Linnæus. On nous l'envoie en pains de la grosseur du poignet et du poids de sept ou huit hectogrammes; son odeur doit être forte et nauséabonde, sa couleur d'un brun noirâtre, sa saveur âcre et amère; il doit être sec, friable, inflammable. Le meilleur opium nous venait anciennement de la fameuse Thèbes, ce qui avait donné lieu à divers auteurs anciens de donner le nom de thébaïque aux préparations d'opium. L'on disait, par exemple, teinture thébaïque, pour désigner l'alcool ou la teinture d'opium faite par l'alcool; mais la plus grande quantité du bon opium que l'on trouve aujourd'hui dans le commerce nous vient de la Perse, de la Syrie et de différentes contrées de l'Égypte.

L'opium est calmant, somnifère, légèrement astringent; il diminue le sentiment; il détruit la douleur; il donne de la gaîté; il cause la stupeur, la perte de mémoire et quelquefois la folie : son administration ne doit absolument être livrée qu'aux praticiens prudens et aux pharmaciens instruits. On n'en donne jamais qu'un grain en commençant.

On a employé quelquefois avantageusement l'opium à l'intérieur dans le cas de gangrène.

Empoisonnement par l'opium. (Voy. EMPOISONNEMENT PAR LES NARCOTIQUES.)

Préparation de l'opium. (Voy. CALMANS, CYNOGLOSSE, LAUDANUM, SIROP DIACODE.)

On en fait en Orient une grande consommation que l'on mâche par distraction; les lois de la Chine en défendent l'entrée dans cette contrée, comme un poison nuisible à l'esprit, au corps et à la morale publique, ce qui n'empêche pas qu'on y en introduise annuellement environ deux millions de livres.

Manière de faire l'opium. Prendre une once de coques de pavots blancs pilées en poudre fine, après avoir ôté les graines. Faire infuser deux jours dans deux litres d'eau. Passer avec expression; faire évaporer au bain-marie jusqu'à un demi-setier. Filtrer, verser sur des assiettes de faïence; laisser évaporer jusqu'à siccité, et détacher l'extrait collé fortement aux assiettes. « L'expérience nous a appris, dit le médecin Lieutaud, que cet opium était moins dangereux que l'opium d'Égypte et qu'il agissait plus tranquillement plus et sûrement.»

OPODELDOCH. (*Méd. dom.*) Baume très-utile en frictions dans les douleurs rhumatismales. (Voy. RHUMATISME.)

OPOPONAX. (*Conn. us.*) Suc résineux qui découle du pastrisaca opoponax, plante que l'on trouve dans l'Arabie, dans la Macédoine, dans la Sicile, dans l'Italie et dans quelques contrées méridionales de la France; il est d'une couleur jaunâtre, d'une odeur pénétrante et fétide, d'une saveur âcre. On nous l'apporte en pains roussâtres, parsemés de larmes d'un blanc sale. Il est, ainsi que le sont toutes les gommes résines, soluble en partie dans l'alcool et en partie dans l'eau; on l'emploie quelquefois intérieurement comme apéritif, dans la jaunisse et dans les maladies hystériques; appliqué à l'extérieur, il est résolutif, balsamique; on le fait entrer dans plusieurs préparations emplastiques, pour augmenter leur propriété fondante.

OPPRESSION. (*Méd. dom.*) Sensation d'un poids quelconque du corps, notamment dans la poitrine. Quand l'oppression n'est pas le symptôme d'une maladie, elle cède aisément au repos, au régime et à l'emploi des antispasmodiques.

OPTIQUE. (*Conn. us.—Réc. dom.*) Science de la vision. Elle comprend la catoptrique, la dioptrique et la perspective. La catoptrique traite des effets du fluide lumineux, en tant qu'il arrive un objet à l'œil après s'être réfléchi. La dioptrique a pour objet les effets de la réfraction du même fluide, passant par des milieux de différentes densités, tels que l'air, l'eau, le verre, les lentilles, etc. La perspective est la théorie des différentes représentations de certains objets, suivant les différentes positions de l'œil qui les considère. Elle s'applique au dessin. (Voy. LANTERNE MAGIQUE, MICROSCOPE.)

La machine nommée optique est une boîte dans laquelle les objets se montrent amplifiés et dans l'alignement. On la construit de différentes manières, toutes basées sur les mêmes élémens. On place dans la partie supérieure de la boîte un miroir plat, incliné à 45 degrés; un verre lenticulaire est placé sur un des côtés de la boîte, et les rayons lumineux qui partent de l'intérieur de la boîte éclairée, réfléchis sur la lentille, font apercevoir les objets placés au fond ou sur les parois de la machine dans l'éloignement et dans une situation horizontale.

Les optiques doivent recevoir beaucoup de jour. On peut

faire aux estampes des changemens pour rendre ces récréations beaucoup plus agréables, en les découpant, et rendant transparens les points qui sont lumineux, etc. Mais comme il faut, en les éclairant par derrière et par devant, changer la forme de la boîte et la compliquer, nous nous abstiendrons d'entrer dans d'autres détails.

Le cosmorama est une espèce d'optique. Dans l'optique dite théâtrale, on place des coulisses comme sur un théâtre.

Pour l'optique transparente, on prend diverses estampes qu'on lave avec des couleurs légères. On les mouille par derrière; on les met en presse, entre deux papiers, pendant environ deux heures, après avoir cependant mouillé et essuyé l'un de ces deux papiers. On colle ces estampes, par leurs bords, sur un verre du côté de la gravure; on les ombre par derrière à travers le jour, et on les charge de couleurs employées pour produire les ombres dans les lieux convenables, suivant que ces ombres devront être plus ou moins fortes : ce que l'on reconnaît lorsque l'estampe, regardée à travers le soleil ou plusieurs bougies, paraît bien dégrader du clair à l'obscur.

Ayez une boîte offrant, au côté antérieur, une ouverture égale à celle des estampes, sur une profondeur de six pouces; fixez-y un verre blanc au-dessous duquel vous mettez vos diverses estampes, que vous aurez auparavant bien tendues sur des châssis. Pratiquez une porte au derrière de cette boîte, qui devra être doublée de fer-blanc en dedans, et disposez-y, à diverses hauteurs, six petits supports destinés à six bougies.

Il est évident que, les estampes se trouvant placées entre les bougies et le verre, la vue en sera d'autant plus agréable que ces bougies auront été placées de manière que la lumière soit bien distribuée, sans être forte sur aucun point. Il est bon de faire observer aussi qu'il ne doit point y avoir de lumière dans la chambre, ou du moins très-peu.

Illusion d'optique. Découper un cercle de carton de 25 centimètres; le diviser par seize lignes ou secteurs passant toutes par le centre; pratiquer près de la circonférence et sur les lignes des fentes de 3 à 4 millimètres de largeur et de 2 centimètres de long; dessiner sur chacun des secteurs de petites figures qui passent par degré d'une position à une autre. Noircir l'autre côté du carton. Poser un fil de fer au centre du cercle. En tournant rapidement, et regardant dans une glace à travers les fentes, on voit de petites figures s'agiter, et chacune semble changer de position par degrés.

OR. (*Com. us.—Ind. dom.*) Métal dont les principales mines sont dans l'Amérique méridionale. On le trouve en paillettes dans le sable de plusieurs rivières, le Rhône, l'Arriège, la Cèze.

L'or n'est très-malléable que lorsqu'il est pur. On le purifie par le nitre ou le sublimé corrosif. Pour le réduire en feuilles, on le fond, on le forge, on l'aplatit et on le fait passer entre des cylindres d'acier. Deux onces d'or donnent 1800 petites feuilles d'or carrées. On obtient également les feuilles d'or au moyen du battage opéré entre deux feuilles de parchemin ou de vélin pour amortir les coups de marteau.

L'alliage des pièces d'or les rend plus dures. Celles de France contiennent neuf parties d'or et une de cuivre; celles d'Angleterre, 1772 grammes de cuivre pur, et 5316 grammes d'or pur.

Les alliages communiquent à l'or diverses nuances. L'or pur est jaune; l'or rouge contient cinq parties d'or et une de cuivre rouge. L'or vert-pré est formé d'une partie d'argent et trois d'or fin; l'or vert feuilles-mortes, de dix-huit parties d'or fin et de six d'argent; l'or vert d'eau, de quatorze parties d'or fin et de dix d'argent; l'or bleuâtre renferme une petite quantité de fer.

Pierre de touche économique; moyen de reconnaître l'or. Prenez une pierre à briquet (silex); frottez dessus l'objet qu'il vous intéresse d'éprouver; lorsque l'empreinte métallique est suffisamment marquée, enflammez une allumette bien soufrée; approchez la flamme le plus possible de l'empreinte faite sur la pierre : si le métal n'est pas de l'or, l'empreinte disparaîtra.

Autre moyen de distinguer l'or du cuivre. L'or pur est deux fois aussi lourd que le cuivre. Si l'on touche un morceau d'or avec une baguette de verre trempée dans de l'acide nitrique, il n'est pas altéré; tandis que la partie touchée devient bleue ou verte lorsqu'il y a du cuivre.

Manière de dorer l'écriture. On ajoute un peu de colle à l'encre, et on écrit comme de coutume; quand l'écriture est sèche, on souffle légèrement dessus, et on y applique de suite une feuille d'or, qu'on y fait adhérer avec force au moyen d'une légère pression; on frotte le tout avec un pinceau de blaireau.

Solution éthérée d'or. Cette solution éthérée d'or est très-propre à dorer plusieurs métaux, tels que l'acier, le fer, etc. Il suffit de bien nettoyer et polir leur surface, au moyen de l'émeri, et d'y appliquer cette solution avec un pinceau; en peu de temps l'éther s'évapore et laisse une couche d'or d'autant plus forte que la couche de la solution était plus épaisse; on fait chauffer ensuite le métal et on le brunit.

Moyen de préparer la solution éthérée d'or. Prenez une dissolution d'or dans l'acide nitro-muriatique; mettez-la dans un grand vase, et versez-y avec précaution le double de son poids d'éther sulfurique; mêlez les liqueurs et laissez-les reposer. Bientôt après on voit l'éther surnager l'acide qui se décolore, tandis que l'éther prend une couleur dorée, en lui enlevant l'or. On sépare ces deux liqueurs en les versant dans un entonnoir dont on bouche l'extrémité du tube; lorsque l'acide, comme plus pesant, s'est réuni au-dessous, on débouche l'entonnoir pour le faire couler, et on le ferme quand la solution éthérée commence à passer.

Pour dorer l'acier. On le plonge dans une dissolution éthérée d'or, et après l'avoir retiré, on laisse évaporer l'éther.

Pour dorer la soie, le satin, l'ivoire. On ajoute à trois parties d'eau distillée une dissolution d'une partie de nitro-muriate d'or, et on y plonge la pièce que l'on veut dorer, et que l'on place ensuite dans une cloche pleine de gaz hydrogène.

Pour dorer les tissus. On les plonge dans l'éther phosphorique, et quand ils sont presque secs et ne produisent plus de fumée, on répète cette opération dans une solution de nitro-muriate d'or.

Procédé à l'usage des imprimeurs sur étoffe pour dorer les étoffes. Faire fondre une livre de colle de Flandre dans huit livres d'eau ; détremper, avec cette colle, du métal broyé ; ajouter un sixième de dissolution de savon de cire; on imprime les étoffes avec ce mélange; on fait sécher; on passe l'étoffe pendant cinq ou six minutes dans cinq livres d'eau alunée avec deux onces d'alun; on rince à l'eau courante et on fait sécher.

L'or dont on se sert pour dorer se vend sous le nom d'*or en rubans*, ou *or pur*, chez tous les orfèvres et changeurs.

Manière de retirer l'or des vieux bois. Procédé de M. Montami, correspondant de l'Académie des Sciences. Faites tremper ces sortes de bois dans l'eau bouillante, et laissez-les-y assez de temps pour que l'eau puisse bien détremper la colle dont ils sont couverts. Elle s'en détachera en peu de temps, et elle entraînera avec elle les feuilles d'or qu'on veut séparer; le tout tombera dans l'eau. Cette première opération faite, et le bois étant retiré de l'eau, faites bouillir celle-ci, et laissez-la évaporer jusqu'à siccité. Vous trouverez au fond du vaisseau une masse informe composée de colle et d'or. Prenez cette masse, mettez-la dans un mortier, et pilez jusqu'à la réduire en poudre. Mettez cette poudre sur une moufle, dans un fourneau; le feu brûlera la colle et fera évaporer toutes les parties huileuses; il ne restera plus qu'une poudre d'or, que vous triturez avec du mercure; il s'y amalgame parfaitement.

Voulez-vous ensuite séparer l'or du mercure? mettez cet amalgame dans un creuset, et celui-ci dans les charbons d'un fourneau; adaptez à ce creuset un vaisseau propre à recevoir les vapeurs du mercure que le feu volatilise et enlève. Vous obtiendrez, dans ce dernier vaisseau, de très-bon mercure coulant sans déchet sensible, et l'or restera dans le creuset.

On voit par ce détail combien cette opération est facile à pratiquer, et combien elle est peu dispendieuse. Il est de fait qu'après l'expérience et les calculs de M. Montami, on peut retirer vingt sous d'or par heure; ce qui mérite bien d'occuper un artiste industrieux qui voudrait se livrer à ce travail.

Cette recette, souvent reproduite, date de 1788.

Autre procédé. Promener les objets dorés au-dessus d'une terrine contenant du soufre enflammé; l'or, en se combinant au soufre, produit une couche brune en forme de feuille mince et facile à détacher. En fondant ensuite dans un creuset, le soufre s'évapore et l'or reste au fond.

Végétation de l'or et de l'argent. Amalgamez deux onces d'argent ou d'or fin avec vingt onces de mercure; broyez et lavez cinq à six fois cet amalgame dans de l'eau pure; faites-le sécher et distillez-le dans une cornue de verre, sur un bain de sable, à une température si peu élevée que cette distillation dure environ deux jours; après ce temps, poussez le feu de manière à vaporiser le restant du mercure. L'appareil étant refroidi, on trouvera dans la cornue une masse surmontée de petits arbrisseaux d'or ou d'argent de différentes hauteurs, et affectant des formes différentes : on les sépare de la masse, et, après les avoir fait rougir au feu, on les conserve. (Voy. MÉTAL.)

Vernis à l'or. Faire dissoudre séparément, dans des bouteilles bien bouchées, au soleil, avec six parties d'esprit-de-vin, une de gomme laque en feuilles, une de gomme-gutte en poudre, une de sang-dragon en poudre, une de poudre de rocou sec, un quart de safran gâtinais. Au bout de quinze jours, filtrer le contenu de chaque bouteille et mêler.

Alliage métallique imitant l'or. Faire fondre à basse température parties égales de cuivre rouge et de zinc; ajouter au mélange du zinc par petites portions, jusqu'à ce que de jaune il prenne une nuance pourpre ou enfin entièrement blanche. Cet alliage peut être employé pour les ornemens, la bijouterie, pour doubler l'intérieur des vases, etc. Il ne se rouille jamais, et se repolit aisément lorsqu'il est terni.

Autre. Mêler, sur vingt-quatre parties, seize de platine, sept de cuivre pur et une de zinc. Placer dans un creuset, recouvrir de charbon en poudre, et exposer à un feu ardent, jusqu'à parfait mélange.

Moyen de faire revivre l'or des broderies. Ce procédé est dû à M. l'abbé de Witry. « Parmi les riches ornemens de l'église cathédrale de Tournai, il s'en trouvait un, dit-il, très-ancien, brodé en or et en divers fleurages de couleurs naturelles, mais si dégradé par le laps du temps, que par dérision il était nommé le *vieux cuir doré;* on songeait même à le brûler; j'ai demandé grâce pour ce monument de la magnificence d'un évêque de Tournai, de l'illustre maison des princes d'Ysenghien, en proposant de faire revivre cet ornement; mon secret consiste dans une dissolution de gomme-gutte et de sang-dragon, faite par du bon esprit-de-vin, que je fais passer à l'aide d'un pinceau sur l'or; le coup d'œil suffit pour faire juger du juste degré qu'il convient de donner à cette teinte : si on la veut d'un bel or jaune, la gomme-gutte doit dominer; si c'est l'or rouge que l'on se propose d'imiter, la dissolution doit être plus chargée de sang-dragon; mais je ne saurais trop recommander de faire son essai en petit et sur quelques broderies que l'on veut bien sacrifier; et si la dissolution abonde trop en sang-dragon, l'or prend une couleur fausse qu'il est malaisé de changer, surtout si le sang-dragon n'est pas pur, ce qui arrive souvent. Il n'en est pas de même de la surabondance de gomme-gutte qu'il est facile de changer avantageusement en la combinant avec un peu de sang-dragon; quant aux fleurages, j'ai employé les teintures usitées parmi les raccommodeurs de vieilles tapisseries, le bois de Fernanbouc, l'indigo, la gomme-gutte, la cochenille, avec la précaution de fixer d'une manière durable cette teinte par l'application de quelques couches de bon vernis blanc. Ayant ainsi opéré sur l'or et les fleurages, je suis parvenu à rendre à cet ornement, auparavant méconnaissable, son premier lustre, et tellement permanent, que depuis 14 à 15 ans il paraît au même état que le premier jour de sa restauration : j'ai voulu laisser écouler ce long terme avant de publier ma méthode, afin de m'assurer par-là de sa bonté; et pour laisser un objet de comparaison, j'ai à dessein négligé d'appliquer ma composition sur les coins d'une chape, pour faire connaître l'ancien état de cet ornement; j'avouerai aisément que l'ouvrage aurait été mieux exécuté par quelqu'un plus exercé que moi dans le maniement du pinceau; mais ces incorrections sont peu sensibles dans un ornement fait pour être vu à une grande distance. »

Moyen de nettoyer les broderies en or. Jeter à travers un tamis, de la crème de tartre en poudre, sur les broderies, et frotter légèrement avec une brosse douce les objets ternis.

Moyen de donner à des bijoux d'or une belle couleur. Faire dissoudre deux parties de salpêtre, une d'alun et une de sel de cuisine; porter ce mélange à l'ébullition, et y plonger les bijoux. Ce mélange, en enlevant une partie du cuivre d'alliage à la surface du bijou, lui donne une couleur d'or brillante.

Application de feuilles d'or et d'argent sur des chaussures ou des peaux. Mouiller les peaux avec soin; passer dessus de l'eau d'écorce de chêne; les assouplir avec un chiffon de laine; les lustrer avec un mélange de jus d'épine-vinette, de gomme arabique et de noix de galle; les enduire de blancs d'œufs bien battus; appliquer les feuilles métalliques sur la surface enduite, et remettre à la presse.

OR MUSSIF. (*Conn. us.*) On appelle ainsi un composé de de soufre et d'étain employé en physique pour frotter les coussins de la machine électrique (voy. ce mot); et en peinture pour dorer et bronzer.

OR (EAU D'). (*Off.*) Distiller au bain-marie quatre pintes d'eau-de-vie, les zestes de six citrons, un gros de macis. Faire fondre dans deux pintes d'eau de rivière bien pure trois livres de sucre. Mêler aux deux pintes de liquide obtenu par la distillation le sucre fondu, auquel on ajoute une livre d'eau de fleur d'oranger. Colorer en jaune avec la teinture de safran; filtrer la liqueur et la mettre en bouteilles. Alors, ayant un livret contenant des feuilles d'or, vous en faites tomber dans une assiette, et, y ajoutant un peu de la liqueur, vous les battez légèrement avec une fourchette, jusqu'à ce qu'elles soient brisées, et en mettez avec une cuillère dans chaque bouteille suffisante quantité.

Autre recette. Prendre trois citrons, un gros de coriandre, deux gros de cannelle, trois pintes d'eau-de-vie, deux pintes et demie d'eau et une livre un quart de sucre. Faire infuser huit jours dans l'eau-de-vie l'écorce jaune des citrons et les aromates concassés. Faire fondre le sucre dans l'eau; mêler à l'eau-de-vie, ajouter un peu de caramel; passer. Ajouter une feuille d'or par pinte. Pour cela mettre les feuilles d'or dans une petite bouteille avec un peu de liqueur, et remuer jusqu'à ce que les feuilles soient en paillettes menues.

ORANGER. (*Jard.—Ind. dom.—Off.*) *Malus aurea.* Famille des orangers. L'oranger est un arbre très-vivace; on en compte plusieurs variétés à fruits doux et à fruits aigres: l'orange douce, l'orange de Grasse, l'orange de Portugal, l'orange rouge, l'orange sans pépins, l'orange de la Chine, l'orange riche-dépouille, l'orange bergamotte, l'orange étoilée, l'orange pomme d'Adam, le pompoléum, le pampelmous, le mella-rosa, l'hermaphrodite.

Tous les orangers au climat de Paris se cultivent dans des caisses.

Le meilleur bois pour les caisses à oranger est l'acacia à bois jaune. Il est solide et de longue durée. (Voy. ACACIA.)

La terre qui convient aux orangers est un mélange préparé depuis plus d'une année de terreau, de crottin et de fumier. On multiplie ces arbres de semis, marcottes et greffes sur sauvageons. En les sortant de la terre au printemps, on coupe les bois morts et les pédicules des fruits de l'année précédente. On ne doit jamais laisser deux fleurs ensemble si l'on veut que le fruit grossisse.

Il serait possible, peut-être, d'élever les orangers en espaliers.

Moyens de remédier à la carie des orangers et d'écarter les pucerons qui infectent cet arbre. Le moyen de remédier à la carie est de couper la partie cariée, et d'y appliquer de l'onguent de Saint-Fiacre. Si cependant elle n'est ni étendue, ni profonde, on peut essayer le lait de chaux vive un peu épais, et y en mettre à plusieurs reprises.

La présence du puceron sur l'oranger y attire la fourmi, qui est fort avide du miellat, de cette goutte de liqueur limpide et sucrée que distille le puceron et que l'on aperçoit aisément à l'œil; car la fourmi ne vit pas aux dépens de l'oranger; mais elle y nuit en ce que ses déjections et celles du puceron bouchent les pores de l'écorce, et altèrent l'arbre. En le lavant souvent, on prévient son dépérissement.

Engrais liquide pour les orangers. Faire macérer pendant un an de l'urine, des matières fécales, des débris de cuisine, des eaux de toilette; ajouter un peu d'eau si le mélange est trop épais, et le répandre sur les orangers en abondance vers le 15 mai, quand on les sort de l'orangerie.

Emploi médical des feuilles et des fruits d'oranger. Ces feuilles sont employées comme amères, cordiales, toniques. Les fleurs sont employées dans les affections spasmodiques, dans les maladies nerveuses; elles sont vermifuges; elles raniment les forces vitales: les oranges sont employées à faire une espèce de limonade qui est rafraîchissante, anti-bilieuse, anti-putride; elles ont une saveur fort agréable.

Emploi des boutons de fleurs d'oranger. Boutons de fleurs d'oranger confits. Choisissez de gros boutons de fleurs d'oranger bien fermes; vous leur faites une petite incision à la queue et dans le milieu; vous les mettez dans un linge blanc, que vous liez, et vous les serrez un peu pour empêcher le bouton de s'ouvrir pendant l'opération; vous les jetez, ainsi empaquetés, dans de l'eau bouillante où vous avez exprimé le jus d'un citron; vous y joignez une poignée d'autres boutons de fleurs d'oranger sans être enveloppés, afin de juger par eux quand les autres seront blanchis: quand ils sont tendres sous le doigt, vous retirez le petit sac, vous mettez la fleur dans de l'eau fraîche que vous renouvelez trois fois pour bien les rafraîchir; vous les égouttez et les mettez au sucre comme la fleur d'oranger.

Boutons de fleur d'oranger lissés en dragées. Mettez dans une bassine, sur un feu doux, dix livres de boutons de fleur d'oranger confits; vous commencez par de très-petites charges, avec une fonte de dix livres de sucre à l'eau de rivière, et cuit à la nappe; vous passez légèrement la main dessus, et, lorsqu'ils sont à moitié grosseur, et avant que la dernière charge soit sèche, vous chargez vos dragées avec deux poignées de gros sucre passé au tamis de crin, et dont vous aurez séparé le fin avec le tamis de soie; vous les retournez bien à chaque poignée pour les mêler en y passant la main ; vous finirez ensuite de les grossir avec le sirop, puis les remettrez à l'étuve ; le lendemain vous les reprendrez pour les préparer à blanchir avec un sucre clarifié cuit à la nappe, et les continuerez avec un sucre superfin, pour les blanchir, finir et lisser à la matière accoutumée.

Moyen de conserver de la fleur d'oranger toute l'année. On choisit de la fleur d'oranger bien fraîche et blanche, on en détache les pétales, et on les met dans les vases où on veut les garder. On fait fondre du sucre dans un peu d'eau, et on le fait bouillir sur le feu, jusqu'à ce qu'en en tirant une petite quantité avec une cuillère il se fige promptement. Alors on le verse dans le pot sur la fleur d'oranger. Il faut qu'il y ait assez de sucre pour que la fleur d'oranger en soit couverte. Elle se conserve, par ce moyen, aussi fraîche que si elle sortait de dessus l'arbre.

L'eau de fleurs d'oranger est susceptible d'être falsifiée dans le commerce par l'addition d'huile volatile de la même fleur, de feuilles, de rameaux, de fruits, de fleurs d'oranger et de citronnier.

Si l'eau de fleurs d'oranger qu'on achète est bien préparée, quelques gouttes d'acide nitrique donnent une belle couleur d'un rouge clair, qui est peu sensible si elle est altérée.

Emploi des fleurs d'oranger. Néroli, ou huile essentielle de fleurs d'oranger. Vous prenez une quantité de fleurs d'oranger proportionnée à la capacité de votre alambic ; vous les posez sur la grille de la cucurbite, que vous emplissez aux deux tiers, y compris l'eau que vous ajoutez et dans laquelle les fleurs doivent tremper ; vous dressez votre appareil et adaptez le *récipient italien* au bec du chapiteau ; puis vous allumez d'abord un petit feu, que vous augmentez graduellement jusqu'au degré nécessaire pour l'eau bouillante. Les premières portions de liqueur qui distilleront seront très-odorantes et peut-être sans couleur ; mais peu après l'eau devient laiteuse, et vous découvrez pendant l'opération une portion huileuse qui se tient séparée de l'eau, qui vient surnager à la surface et conserve sa forme liquide : c'est l'huile essentielle de fleurs d'oranger appelée, *néroli*. Lorsque vous vous apercevez que l'eau qui distille cesse d'être laiteuse, c'est un signe qu'il ne passe plus d'huile essentielle ; alors vous éteignez le feu et terminez l'opération, puis séparez l'huile de l'eau avec l'entonnoir de verre, ainsi que nous l'avons dit. Il faut bien se garder de jeter l'eau distillée, qui est de très-bonne eau de fleurs d'oranger.

Esprit de fleurs d'oranger. Prendre deux kilogrammes et demi de fleurs fraîches et deux litres et demi d'esprit de vin. Distiller au bain-marie pour retirer toute la quantité d'esprit de vin que vous avez employée ; ce fluide se chargeant pendant cette opération du principe odorant, vous obtenez de l'esprit de fleurs d'oranger. Si vous le voulez très-chargé d'odeur, vous le rectifiez plusieurs fois de suite sur de nouvelles fleurs d'oranger dont vous avez séparé les pétales.

L'esprit de fleurs d'oranger sert à parfumer. Il entre dans la composition des pastilles à froid à la liqueur qui porte son nom.

Eau de fleurs d'oranger. Cueillir des fleurs d'oranger avant le lever du soleil ; les mettre, sans les éplucher, dans la cucurbite d'un alambic. Si l'on supprime les cœurs pour les distiller ensuite ou les faire sécher, on a une eau de meilleure qualité.

Pour une livre de fleurs, employer une pinte d'eau, dont vous tirerez seulement une chopine. Mettre ensuite votre alambic sur le feu, avec de l'eau ; il faut un feu plus vif que lorsqu'on distille à l'esprit de vin, parce que l'eau, étant plus pesante que l'alcool, monte difficilement.

Ayez soin d'entretenir un feu toujours égal, et faites attention surtout à la quantité d'eau que vous retirerez, parce que, si vous en ôtiez plus qu'il ne faut, la fleur s'attacherait au fond. Pour rendre votre distillation meilleure, renouvelez souvent l'eau du réfrigérant. Quelques parfumeurs font macérer la fleur pendant vingt-quatre heures dans l'eau, en y jettant une poignée de sel, et distillent ensuite.

Il faut boucher tous les vaisseaux avec du papier imbibé de colle de farine.

Autre recette. Jeter dans sept kilogrammes d'eau bouillante deux kilogrammes et demi de fleurs d'oranger récentes ; distiller.

Fleurs d'oranger au liquide. Prenez trois livres de fleurs d'oranger cueillies le matin et par un beau temps ; vous la jetez dans de l'eau bouillante, et la retirez quand elle commence à s'amollir ; vous la mettez dans une nouvelle bassine d'eau bouillante, où vous avez exprimé le jus d'un citron ; elle achève de s'y blanchir, et, quand elle s'écrase facilement sous les doigts, vous la mettez dans de l'eau fraîche, en ajoutant le jus d'un citron ; vous l'égouttez deux heures après. Vous clarifiez du sucre raffiné, que vous mettez au petit lissé : lorsqu'il est tiède, vous y joignez les fleurs ; le lendemain, vous l'en séparez pour lui donner quelques bouillons ; quand il n'est plus que tiède, vous le versez sur la fleur d'oranger ; vous continuez ainsi pendant les deux jours suivans. Enfin, vous faites cuire le sucre à la grande nappe, et, quand il est tiède, vous y incorporez les fleurs sans mettre la bassine sur le feu ; le lendemain, vous les égouttez, les rangez sur des tamis ; vous les saupoudrez de sucre et les portez à l'étuve ; trois jours après, vous les retournez, et les renfermez dans des boîtes pour vous en servir au besoin.

Ratafia de fleurs d'oranger. Il y a des personnes qui possèdent un ou plusieurs orangers, et qui, en raison de la petite quantité de fleurs qu'ils fournissent, négligent de les utiliser. C'est donc leur rendre un service que de leur faire connaître un moyen d'en tirer parti, en leur procurant l'agrément de faire avec les fleurs de cet arbre un excellent ratafia.

Pour cela, il faut cueillir la fleur d'oranger dès qu'elle commence à s'épanouir, en séparer avec soin les pétales (qu'on appelle vulgairement les feuilles de la fleur), en peser deux onces ; d'autre part, il faut faire fondre sur le feu, et dans un poêlon bien propre, douze onces de très-beau sucre dans une demi-livre d'eau de rivière, enlever l'écume à mesure qu'elle se forme, ajouter les fleurs et verser le sirop bouillant dans un vase de faïence, dont on bouchera exactement l'orifice. Après une heure d'infusion, on passe le sirop aromatique par une serviette sans exprimer le marc, et on y mêle un litre d'eau-de-vie de Cognac; on agite de temps en temps, et l'on filtre quelques jours après ce mélange.

Si l'on mettait les fleurs d'oranger entières dans le sirop, la liqueur serait colorée et moins agréable, de même que si l'on prolongeait plus de temps l'infusion, ou que l'on exprimât le résidu de celle-ci. Enfin, ces pétales, infusées dans de l'eau-de-vie, lui communiqueraient beaucoup d'amertume, et rendraient le ratafia qu'on en ferait très-désagréable à boire.

Autre recette. Faire infuser une demi-heure seulement une demi-livre de pétales de fleurs d'oranger dans une pinte d'esprit-de-vin à 33; jeter sur un linge propre; mêler à l'infusion ainsi obtenue vingt-huit onces de beau sucre fondu à froid dans une pinte d'eau; filtrer sur un papier gris lavé avec de l'eau chaude; mettre en bouteille, et exposer au soleil.

Sirop de fleurs d'oranger. Ce sirop est stomachique et calmant. Faire cuire trois livres de sucre à la nappe; y verser une livre de fleurs d'oranger. Passer et mettre en bouteilles.

Huile de fleurs d'oranger. Faire macérer pendant deux heures, dans une chopine d'eau-de-vie, deux onces de fleurs d'oranger mondées. Passer au tamis, et ajouter un demi-kilogramme de sucre fondu dans huit onces d'eau filtrée.

Pâte de fleurs d'oranger. Prendre : fleurs d'oranger, trois livres; sucre royal, une livre huit onces.

Épluchez la fleur d'oranger, et séparez-en les étamines, en sorte qu'il n'y reste que le blanc; ayez une bassine sur le feu; lorsque l'eau qu'elle contient bout, vous y jetez la fleur d'oranger; quand vous la sentirez s'attendrir entre les doigts, vous la retirerez et la mettrez dans de l'eau fraîche, que vous changerez plusieurs fois. Vous égouttez la fleur et la passez dans un linge pour l'essuyer parfaitement; vous la pilez dans un mortier de marbre, jusqu'à ce qu'elle soit réduite en pâte, et y ajoutez le suc de deux citrons. Vous faites cuire le sucre au petit boulé; vous retirez la bassine du feu pour y incorporer la fleur d'oranger; vous y ajoutez une demi-livre de gelée de pommes; vous mettez le mélange sur le feu pour lui donner deux légers bouillons; vous dressez la pâte sur des feuilles de fer-blanc. La mettre à l'étuve pour la faire sécher.

Pain de fleurs d'oranger. Vous prenez : fleurs d'oranger, une once; deux blancs d'œufs; sucre en poudre, trois livres.

Vous contusez les fleurs d'oranger dans un mortier de marbre, et les mêlez avec le sucre passé au tamis de soie, et dans lequel vous avez battu les blancs d'œufs; vous formez du tout une pâte maniable que vous roulez sur une feuille de papier; vous la coupez par morceaux, et de chacun d'eux vous faites de petites boules de la grosseur d'une noisette, que vous arrangez à mesure sur du papier, laissant entre elles un demi-pouce d'intervalle; vous les mettez ensuite au four à une chaleur extrêmement douce, jusqu'à ce qu'elles boursouflent un peu; vous avez soin de les retirer avant qu'elles aient pris de la couleur.

A défaut de fleur d'oranger, vous faites usage de quelques gouttes de bonne eau double de fleurs d'oranger en faisant votre pâte.

Gâteaux de fleurs d'oranger. (Voy. GATEAU.)

Tablettes fondantes à la fleur d'oranger. Prendre : fleurs d'oranger épluchées, huit onces; sucre, six livres.

Vous clarifiez votre sucre, et, le faisant cuire, vous y jetez la fleur d'oranger au moment qu'il est près d'être au petit boulé : vous le retirez quand il est à ce point, et formez vos tablettes.

Elles sont stomachiques et céphaliques.

Les boutons et la fleur d'oranger se préparent au sucre candi.

Fleurs d'oranger au candi. Clarifiez quantité suffisante de sucre; faites-le cuire au soufflé, jetez-y environ une livre de fleurs d'oranger épluchées, que vous plongez dans le sucre avec l'écumoire; remettez votre bassine sur le feu, et faites faire quelques bouillons à votre sucre; vous le versez dans une terrine, et le mettez à l'étuve.

Grillage de fleurs d'oranger. Fleurs d'oranger épluchées, huit onces; sucre, une livre.

Vous faites cuire le sucre à la plume, et y jetez la fleur d'oranger; vous remuez avec la spatule, et, quand elle a acquis une belle couleur, versez-y un peu de suc de citron. Le grillage se dresse en rochers sur un plat graissé de bonne huile vierge, et on le met ensuite à l'étuve.

Compote de fleurs d'oranger. L'éplucher; la blanchir à l'eau bouillante; quand elle s'écrase sous le doigt, la jeter dans de l'eau fraîche acidulée avec du jus de citron; l'égoutter, la mettre dans du sucre clarifié; passer au feu; la couvrir, et lui laisser prendre le sucre pendant trois ou quatre heures.

Conserve de fleurs d'oranger. Vous ferez fondre deux livres de sucre fin dans une quantité d'eau suffisante; vous l'écumerez, et vous y jetterez huit onces de fleurs d'oranger fraîchement épluchées; vous ferez cuire le tout au petit cassé; vous le remuerez vivement, et le retirerez avec une spatule quand il commencera à boursoufler; puis vous le verserez dans de petites caisses de papier.

Marmelade de fleurs d'oranger. Prendre de belles fleurs d'oranger; les faire blanchir jusqu'à ce qu'elles soient molles; y ajouter le jus d'un citron; les rafraîchir; les égoutter; les presser dans un linge blanc; les piler dans un mortier, avec le jus d'un citron; faire cuire au soufflé, avec un kilogramme et demi de sucre fin pour chaque demi-kilogramme de fleurs. Délayer peu à peu les fleurs avec le sucre, sans les mettre sur le feu; verser dans des pots.

Les pétales de fleurs d'oranger, séchés au soleil, peuvent s'employer en guise de thé.

Si l'on fait infuser un demi-quarteron de fleurs d'oranger dans un litre de vinaigre blanc pendant dix jours, qu'on passe au tamis, et qu'on conserve dans des bouteilles bien bouchées, on obtient un vinaigre aromatique très-agréable.

Compote d'oranges. Vous choisissez de belles oranges, et, après les avoir tournées avec toute la propreté possible, vous les coupez en quartiers et en séparez les pépins; vous les mettez à mesure dans de l'eau fraîche : cela fait, vous les mettez blanchir avec suffisante quantité d'eau sur le feu; quand elles sont tendres, vous les retirez et les mettez dans de l'eau fraîche.

Vous faites cuire de sucre au petit lissé; vous y faites frissonner quelques bouillons aux oranges, et, après les avoir retirées de la bassine, vous les laissez refroidir.

Vous remettez une seconde fois la bassine sur le feu; vous donnez quelques bouillons aux oranges et les faites refroidir; alors vous les mettez dans vos compotiers; vous mettez le sucre à la nappe, et, lorsqu'il est refroidi, vous le versez sur vos fruits.

Sirop d'orange. Quand vous avez amolli les oranges en les roulant à la main sur un marbre, fendez-les en deux, et exprimez-les avec une petite presse à main; le suc coule clair sur l'étamine, et c'est sur du sucre concassé que vous le faites écouler. Quand il y aura les proportions convenables de suc et de sucre, vous ferez prendre un bouillon, et vous aurez un sirop parfaitement limpide, qui conservera toute la saveur de son fruit.

Bâtons d'orange au sucre. Exprimer le suc de trois livres d'oranges, après avoir enlevé l'écorce; le jeter dans du sucre cuit au grand cassé; ajouter quelques gouttes d'eau de fleur d'oranger; verser le tout sur une table de marbre enduite d'un peu d'huile d'olive; le couper en morceaux; plier chaque morceau en deux, et le tordre.

Glaces à l'orange. Elles se font comme celles au citron, ou en mêlant cinq oranges broyées avec deux onces de sucre fondu dans un demi-verre d'eau, et glaçant. (Voyez GLACES.)

Oranges confites. Vous choisissez de belles oranges à écorce épaisse; vous les tournez, et les mettez à mesure dans de l'eau fraîche; vous les mettez dans l'eau bouillante, et les y laissez jusqu'à ce que la tête d'une épingle y entre en n'appuyant que légèrement; vous les remettez dans de l'eau fraîche. Faites bouillir du sucre cuit au lissé; versez-y les oranges et leur donnez quelques bouillons; vous écumez, et mettez le mélange dans une terrine; le lendemain vous égouttez, et, après avoir donné quelques bouillons au sucre cuit, vous le versez sur les fruits. Le troisième jour, vous mettez le sucre à la nappe: après y avoir ajouté un peu de sucre clarifié, vous y réunissez les oranges, auxquelles vous faites prendre un bouillon couvert; vous réitérez de même pendant les deux jours suivans; à la dernière façon, vous cuisez le sucre au perlé; vous donnez un bouillon aux oranges, et les mettez en pots. Vous pouvez aussi les glacer.

Oranges de Chine ou *chinois.* Ces oranges vertes, de la grosseur d'une noix, viennent par Turin ou par Marseille.

Vous les mettez dans une bassine avec de l'eau sur le feu, et les faites bouillir jusqu'à ce qu'elles soient assez ramollies pour que la tête d'une épingle puisse passer à travers sans résistance; vous les mettez dans de l'eau fraîche, et les y laissez pendant quatre jours, ayant soin de renouveler l'eau trois fois le jour; ce qui leur fait perdre leur amertume.

Vous mettez du sucre clarifié au petit lissé; lorsqu'il bout, vous y jetez les oranges, et leur donnez un bouillon couvert; vous les écumez et versez dans une terrine. Le lendemain, vous les égouttez et faites cuire le sucre à la nappe; vous y mettez vos fruits, et leur faites prendre un bouillon couvert; vous leur donnez encore deux façons semblables. A la dernière, vous mettez le sucre au perlé, et, lorsque le bouillon couvert a été donné, vous mettez les oranges avec le sucre cuit dans des pots que vous couvrez le lendemain. Vous pouvez les conserver en terrine, pour en tirer au sec et pour mettre en coffrets.

Oranges de Chine tournées et glacées. Vous les choisissez un peu plus grosses que les premières; vous les tournez, les mettant à mesure dans de l'eau fraîche, puis le tout sur le feu; vous suivez les procédés ci-dessus pour les blanchir et les confire, et, au lieu de les mettre en pots, vous les glacez.

Oranges tournées et glacées. Vous tournez des oranges à l'endroit de la queue; vous appuyez avec un emporte-pièce pour former une ouverture qui sert à les vider lorsqu'elles sont blanchies; vous les mettez à mesure dans de l'eau fraîche, et ensuite dans de l'eau bouillante pour les blanchir, ce que vous reconnaîtrez lorsque la tête d'une épingle passera au travers sans résistance: alors vous les retirez et les mettez dans de l'eau fraîche; vous les videz ensuite avec la videlle de la largeur de l'ouverture précitée, et les lavez bien proprement.

Vous clarifiez de beau sucre, que vous faites cuire à la nappe; vous y ajoutez un peu d'eau pour le mettre au lissé; vous donnez quelques bouillons aux oranges; vous les égouttez le lendemain, et, lorsque le sucre est cuit séparément à la petite nappe, vous les mettez dessus, et continuez la même opération pendant les deux jours suivans, ayant soin d'ajouter chaque fois un peu de sucre clarifié; vous le mettez enfin au perlé, et donnez un bouillon couvert aux oranges; vous écumez, et les versez dans des terrines.

On peut confire de la même manière des oranges en quartiers, ainsi que celles de la Chine, et les oranges aigres ou bigarades.

Vin d'orange des Antilles. Faire un sirop de cinq kilogrammes de sucre avec trois litres d'eau; prendre le zeste de dix oranges, et le faire bouillir avec trois litres d'eau; ajouter trois litres de jus d'orange; mêler avec le sirop; mettre dans un baril, et boucher en laissant un peu de jour pour que l'écume s'écoule pendant la fermentation, qui dure six semaines. Remplir le tonneau qui se vide avec de la liqueur mise en réserve; au bout de six semaines, on ferme le tonneau avec une bonde de terre glaise, à laquelle on mêle un peu de sel. Deux à trois mois après, on clarifie avec de la colle de poisson, et on ajoute une poignée de fleurs d'oranger. On met en bouteilles le vin, qu'on ne conserve point à la cave, où il s'altérerait. Ce vin s'améliore beaucoup en vieillissant.

Les oranges doivent être bien saines, et coupées avec un couteau d'os ou de bois. L'emploi du fer et de l'acier altèrerait les qualités de vin.

Oranges tapées. Cueillir des oranges un peu avant leur maturité; les laisser tremper trois jours dans une eau de chaux; les laver à l'eau pure; y faire des incisions, et les remettre pendant un jour à la presse; retirer, autant qu'on le peut, les pépins; faire cuire à petit feu pendant six à huit heures dans du sirop de sucre; faire sécher à l'étuve, ou dans une chambre chaude.

Cette confiture est stomachique, en mangeant une

ou deux oranges ainsi preparées, le matin, avant déjeûner. On en compose une tisane pectorale et bonne contre le rhume en faisant bouillir une de ces oranges dans une pinte d'eau.

Gâteaux d'oranges. Les Chinois fabriquent des gâteaux d'oranges qui sont recherchés en Europe même, où on les apporte. En voici la recette :

Prenez des oranges peu mûres; mettez-les entières dans une lessive alcaline d'eau de chaux pendant trois ou quatre jours. A défaut d'oranges, prenez des bigarades, ou moitié de celles-ci et moitié de citrons, et mettez-les entières, pendant quatre jours, dans de l'eau de chaux; vous laverez ensuite les unes et les autres dans de l'eau pure.

Vous les couperez par quartiers, de façon à ne pas attaquer les pépins, qu'il faudra ôter sans exception, parce qu'ils donneraient de l'amertume à la confiture.

Vous exprimerez le jus de ces fruits, et vous les mêlerez avec du sucre en quantité suffisante pour en faire un sirop un peu épais. Lorsqu'il sera bien clarifié et qu'il aura été passé au tamis, vous y ferez cuire toutes les écorces des fruits, que vous aurez bien pilées d'avance, avec des fleurs d'oranger fraîches ou sèches, ou même pralinées et réduites en pâte. Si vous manquez de sirop, vous en ferez d'autre avec le jus de nouvelles oranges, sans employer leur écorce. Vous ménagerez le feu, et vous remuerez continuellement la confiture avec une cuillère, afin qu'elle ne brûle pas. Lorsqu'elle en sera venue à une certaine consistance, vous la mettrez dans des boîtes de douze à quinze lignes d'épaisseur et rondes, où elle prendra la forme d'une meule, et vous tiendrez ces boîtes dans une étuve ou une chambre bien chauffée, jusqu'à ce que le gâteau soit maniable.

A l'extérieur du gâteau, les Chinois appliquent des peaux fines d'oranges douces, qu'ils ont confites à part, et qu'ils arrosent d'eau rose. On fait cuire ces peaux dans plusieurs sirops avant de les employer comme croûtes ou couvertures : cela les rend plus transparentes.

Gelée d'oranges. (Voy. GELÉE.)

Oranges à l'eau-de-vie. Piquez des oranges dans le milieu, faites-les blanchir à l'eau bouillante; quand elles fléchiront sous le doigt, vous les mettrez dans de l'eau fraîche; vous leur ferez ensuite jeter sept ou huit bouillons dans le sucre clarifié à la petite nappe; vous les écumerez et les laisserez reposer jusqu'au lendemain, que vous ferez encore la même opération. Écumez-les de nouveau; mettez-les dans des bocaux, et versez dessus moitié sirop et moitié eau-de-vie. Vous boucherez avec soin.

Ratafia d'orangeade. Pour une pinte d'eau-de-vie, prenez deux oranges de Malte, que vous couperez par quartiers, en faisant en sorte de ne pas perdre le jus. Faites infuser pendant six semaines; puis vous ferez le sirop, que vous mêlerez avec l'eau-de-vie, et vous laisserez encore infuser pendant huit jours. Ce ratafia est recherché des gourmets. On croirait, en le buvant, avoir dans la bouche la meilleure orange. Il gagne à vieillir.

Orangeade. Prenez une orange, exprimez le suc dans une chopine d'eau; d'autre part, frottez avec un morceau de la peau de votre orange le sucre que vous devez employer pour sucrer l'orangeade, et faites-le fondre dans la chopine d'eau.

Quelques personnes ajoutent, dans cette préparation, quelques cuillerées d'eau-de-vie ou de rhum.

Emploi de l'écorce des oranges. Au lieu de jeter l'écorce de vos oranges, coupez-les toutes fraîches en bandes de six lignes de largeur et faites-leur faire quelques bouillons dans du sucre cuit à la nappe, retirez-les ensuite jusqu'au lendemain, que vous leur ferez faire quelques nouveaux bouillons; après quoi séparez-les du sucre et faites-les sécher à l'étuve ou sur un poêle, ou enfin comme vous pourrez. Conservez-les dans une boîte pour aromatiser vos crèmes, gâteaux, confitures, etc., etc. Elles sont même bonnes à manger comme bonbons.

Ratafia d'écorce d'orange ou *fine-orange*. Prendre : eau-de-vie, six pintes; zestes d'orange, quatre gros; eau de rivière, huit pintes; eau double de fleur d'oranger, une livre; sucre raffiné, quatre livres huit onces.

Vous faites infuser les zestes d'orange dans l'eau-de-vie pendant quatre ou cinq jours, vous les distillez pour obtenir trois pintes et demie de liqueur; vous faites fondre le sucre dans l'eau de rivière, vous y ajoutez l'eau de fleur d'oranger, vous formez le mélange et le filtrez.

Mets de dessert à saveur d'orange. On prépare encore un mets de dessert avec économie : vous coupez une écorce de citron en tranches le plus minces possible, c'est-à-dire une ligne environ de grosseur et sur la longueur du citron; coupez ensuite des carottes de la même manière que le citron jusqu'à ce que vous ayez cinq fois autant de carottes que de citrons; faites cuire ensuite dans un sirop de cassonade clarifié le tout réuni : vous obtiendrez une orangeade supérieure pour le goût et le parfum à ce que vous eût donné l'écorce d'orange seule.

ORANGERIE. (*Jard.*) L'orangerie sert à abriter de la gelée les plantes qui supportent difficilement le froid. On y met ces plantes au mois d'octobre. L'orangerie doit être très-bien éclairée; on lui donne de l'air toutes les fois que le temps le permet. (Voy. les noms des mois.)

ORCANETTE (*Méd. dom.*) *Orchana tinctoria*. Elle croît dans les départemens méridionaux.

La racine d'orcanette est légèrement astringente; mais son usage le plus général est de donner une belle couleur rouge, principalement aux matières graisseuses ou oléagineuses.

ORCHIS. (*Agr.—Ind. dom.*) Famille des orchidées. Il y en a un très-grand nombre d'espèces indigènes : l'*orchis simia*, l'*orchis maculata*, l'*orchis pyramidalis*, l'*orchis militaris*, l'*orchis sambucina*, l'*orchis morio*, l'*orchis latifolia*, etc. Toutes ces plantes contiennent un principe farineux et amilacé éminemment restaurant.

C'est avec les racines des orchis d'Orient qu'on prépare le salep, fécule nourrissante qui s'allie avec du lait ou du bouillon; on peut en faire une boisson agréable en y mêlant de l'eau, du sucre, et quelques légers aromates.

Les orchis sont recommandables dans les temps de disette pour préparer des alimens très-nourrissans et très-salubres. L'abbé Rozier, Geoffroy, Retzius, Coste Villement, Bodard, Mathieu de Dombasle et un grand nombre d'autres savans ont cherché à attirer l'attention des économistes sur la possibilité qu'il y aurait de se procurer du salep avec les orchis qui croissent sur notre sol, et par là de soustraire la France à un tribut qu'elle paie à l'étranger, tout en fournissant des moyens d'existence à quelques familles pauvres. Le travail le plus complet sur la récolte des orchis et sur l'emploi de ces produits est dû à M. Marsillac : il date de 1791. L'auteur donne les résultats suivans de ses recherches.

Les orchis indigènes peuvent être récoltés et convertis en une fécule qui peut être employée comme aliment dans les cas de disette et dans les voyages de long cours. Cet aliment est très-nutritif. Uni à la fécule de pommes de terre, on peut en faire du pain et des gâteaux. Dix-huit livres d'orchis, récoltées en un jour par un seul homme, donnent 9 livres de fécule.

L'orchis est facile à cultiver dans le Midi. Il y en a beaucoup dans le Cantal et la Lozère.

On récolte les orchis lorsque la plante commence à défleurir et que la bulbe de l'année précédente est presque entièrement flétrie ; si on faisait cette récolte avant cette époque, le tubercule perdrait de son poids par la dessiccation, et le salep qu'on obtiendrait ne serait pas d'aussi bonne qualité. L'effet serait le même si on attendait l'époque de la maturité des graines : à cette époque le germe que porte la nouvelle bulbe commençant à se développer, le salep qu'il contient aurait déjà éprouvé un commencement d'altération.

Aussitôt que les bulbes sont arrachées, on s'occupe de la préparation du salep ; on sépare avec soin les bulbes du germe et des petites racines ; on jette ces bulbes dans l'eau fraîche, on les lave, on les enfile de manière à en faire des chapelets ; on jette ces chapelets dans l'eau bouillante, et on entretient cette ébullition pendant vingt-cinq à trente minutes, ou jusqu'au moment où l'on s'aperçoit que quelques-unes des bulbes se réduisent en mucilage ; on doit apporter le plus grand soin à cette dernière opération, car si l'ébullition n'était pas assez prolongée, le salep qu'on obtiendrait aurait une odeur vineuse ; lorsque les tubercules sont restés assez longtemps en contact avec l'eau bouillante, on retire les chapelets de l'eau et on fait sécher le salep au soleil, ou bien, ce qui est encore mieux, dans une étuve.

Si on a employé des orchis à bulbes rondes, on obtient un produit qui a la plus grande analogie avec le salep du commerce.

Le goût du salep indigène bien préparé ne diffère en rien de celui du salep exotique.

On pourrait, lors de la récolte, mettre de côté les orchis les plus beaux pour les convertir en salep bon à être mis dans le commerce, et utiliser les bulbes les plus petites pour en extraire une farine qu'on ferait entrer dans les alimens, ou bien qui servirait à la nourriture des animaux.

Il serait à désirer qu'on fît quelques expériences dans le but de reconnaître si le salep introduit dans la fécule de pommes de terre destinée à la panification pourrait remplacer le gluten, que cette fécule ne contient pas.

On peut faire dessécher les orchis sans feu. On les râcle, on les frotte avec une brosse un peu rude, et on les fait sécher au soleil ou dans un four à feu doux. Le salep obtenu a plus de blancheur si on enlève la peau des orchis, et a meilleur goût si on coupe les racines filamenteuses des bulbes. Pour réduire les orchis en poudre, on les pile dans un mortier, et on les tamise.

OREILLES. (*Conn. us.—Méd. dom.*)

Anatomie des oreilles. Les oreilles sont situées sur les parties latérales et inférieures de la tête ; elles constituent l'organe de l'ouïe, et sont distinguées en deux parties, que sépare une membrane particulière, appelée membrane du tambour : l'une est l'oreille externe, et l'autre est l'oreille interne.

L'oreille externe se compose du pavillon de l'oreille et du conduit auditif.

L'oreille interne est formée par la caisse du tambour ou tympan, et par le labyrinthe que composent trois cavités qui communiquent ensemble et sont creusées dans l'épaisseur du rocher de l'os temporal ; le vestibule, le limaçon et les canaux demi-circulaires sont les noms que portent ces trois cavités. (Voy. os.)

Hygiène des oreilles. Dès que vous vous réveillez, frottez-vous le derrière des oreilles avec un morceau de batiste ou d'étoffe de laine. On enlève ainsi la sueur qui s'y est amassée pendant la nuit, et cette pratique est fort avantageuse. Vous pourrez aussi tremper l'index dans un flacon d'eau de Cologne, et le placer tout autour du pavillon de l'oreille.

Quand les oreilles exhalent une odeur fétide, il faut, chaque matin et chaque soir, introduire dans l'intérieur un cure-oreille enveloppé de batiste usée, en bien laver l'extérieur, et frotter le bord avec de l'eau de Cologne pure, ou étendue d'un peu d'eau.

Mauvaise conformation des oreilles. Quand une femme a les oreilles plates, elle doit éviter de serrer les cordons de ses bonnets sur les oreilles ; de plus, le soir, elle doit relever le dessous de la conque avec un peu de coton ; le soin de les laver à l'extérieur, d'en oindre les bords d'huile fine en ranimera et développera la peau qui semble racornie.

Les oreilles écartées seront le soir rapprochées de la tête, et fixées avec un large ruban ; chaque fois que l'on prendra un chapeau, on les effacera en passant la main dessus ; il sera bon de le faire aussi de temps en temps pendant le jour.

Les oreilles écartées nuisent principalement lorsqu'on est coiffée, parce qu'elles poussent ridiculement le chapeau en avant. Les oreilles longues et pendantes, au contraire, détruisent tout l'agrément de la coiffure en cheveux. Il faudra le soir les enfermer dans un morceau de linge que l'on serrera légèrement, et relèvera après les côtés du bonnet.

Corps étrangers dans les oreilles. Des aiguilles, du papier roulé, des insectes, peuvent entrer dans les oreilles. Pour les enlever, on les saisit avec des crochets ou pinces déliées, et on les attire dehors en les entourant d'une boule de coton. On peut faire une injection d'huile d'olive afin de lubéfier le canal du tympan, si un perce-oreille ou une puce se sont introduits dans l'oreille ; on les enlève en les engluant à l'aide d'un pinceau de charpie recouvert de miel.

On peut considérer comme un corps étranger le cérumen des oreilles endurci, qui bouche le canal auditif. On le dissout en injectant de l'eau tiède dans l'oreille.

L'eau tiède ou la vapeur de l'eau chaude, conduites par un entonnoir, sont efficaces pour détruire et faire sortir les insectes qui se sont glissés dans l'oreille.

Inflammation de l'oreille ou otite. Elle attaque les jeunes gens et les enfans; elle est causée par les corps étrangers dans l'oreille, l'exposition au froid, au vent, à la pluie, surtout chez les personnes habituées à couvrir leurs oreilles.

Symptômes. Quand l'inflammation est externe, douleur, chaleur, tintemens, confusion dans l'ouïe, écoulement puriforme. Quand elle est interne, la douleur est plus vive; l'ouïe est fort dure; il y a délire et convulsions; et si le pus amassé ne sort pas de la cavité de l'oreille par la rupture du tympan, elle peut être très-dangereuse.

Traitement. Fumigations aqueuses, boissons adoucissantes, saignées locales et générales, révulsifs aux membres inférieurs.

Quand l'otite est chronique, elle est presque incurable. Il faut employer les soins de propreté et les injections, boucher les oreilles avec du coton pour garantir du froid et empêcher l'écoulement continuel. (Voy. SURDITÉ.)

OREILLER. (*Ind. dom.*) *Manière de fermer les mailles des tissus de toile destinés à former des oreillers.* Ordinairement on passe sur la toile un rouleau de cire blanche, mais la cire se fond avec le temps, et donne passage aux plumes.

Il faut donc faire fondre 750 grammes de cire blanche sur un feu doux, y verser une lessive composée de 1 kil. 1/2 d'eau et 128 grammes de potasse ou de soude; étendre cette espèce de savon de trois fois son poids d'eau bouillante, et y plonger la toile; la tordre légèrement, et la suspendre par un bout. Quand elle est bien sèche, on la jette dans de l'eau froide, où l'on ajoute 1/100 de son poids d'acide sulfurique. Au bout d'une demi-heure, la retirer, la laver à grande eau, exprimer l'eau légèrement, faire sécher, et repasser avec un fer un peu chaud. La cire, en s'étendant, forme une surface imperméable; on peut ajouter un peu de résine à la cire.

Moyen de dégraisser les plumes avant de les employer pour les oreillers. Faire dissoudre 1/2 kilog. de chaux vive dans quatre litres d'eau; verser de ce mélange sur les plumes assez pour les couvrir à trois pouces de hauteur. Remuer; laisser tremper 4 jours; placer sur un tamis, laver avec de l'eau propre; faire sécher sur des filets à grosses mailles, à travers lesquelles les plumes passeront à mesure qu'elles sècheront. Ainsi préparées, elles n'ont besoin que d'être battues.

Il faut laver et nettoyer avec soin les oreillers ayant servi à des malades.

ORFRASE ou PYGARGUE. (*Chass.*) Les anciens naturalistes donnaient à cet oiseau le nom de *falco ossifragus*, *albicilia*, et *albicaudus*. Ils en formaient deux espèces qu'ils fondaient sur quelque différence de plumage. Dans ses premières années, le pygargue a le bec noir, la queue noirâtre tachetée de blanchâtre, et le plumage brunâtre, avec une flamme d'un brun foncé sur le milieu de la plume. Avec l'âge, il devient d'un gris brun uniforme, plus pâle à la tête et au cou, avec une queue toute blanche et un bec jaune pâle. Cet oiseau attaque le poisson et n'a guère d'autre nourriture. Il est assez rare en France.

ORGANDIE. (*Conn. us.*) Espèce de mousseline claire apprêtée et peu durable.

ORGE. (*Agr. — Ind. dom. — Écon. dom. — Cuis. — Off.*) L'orge, *hordeum vulgare* de Linnée, est une plante qui appartient à l'utile et précieuse famille des graminées; quoique d'un usage moins grand que le froment, l'orge ne laisse pas d'être une des semences les plus précieuses et une de celles qui concourent le plus à nos jouissances. Son utilité, reconnue par tous les peuples, l'est principalement par ceux du Nord, qui, outre la nourriture qu'ils en retirent, en préparent une boisson salutaire que nous nommons bière (voyez ce mot), laquelle remplace chez eux le vin, dont ils sont privés par l'obstacle que la froide température de leur atmosphère apporte à la culture de la vigne.

La farine de l'orge fait un pain à peu près semblable à celui du froment, mais un peu moins blanc, moins nourrissant, quoique plus lourd, d'une digestion moins facile et d'une saveur moins agréable. (Voy. PAIN.)

L'orge est celui des graminées qui contient une plus grande quantité de principe sucré, et dans lequel le développement de ce principe s'opère avec plus de facilité par la fermentation; c'est pourquoi elle est généralement préférée dans la préparation de la bière.

On en distingue deux espèces principales: la grande orge à deux rangs, la petite orge quadrangulaire, l'orge nue à six rangs, l'orge nue à deux rangs.

Il faut à l'orge un sol riche, léger, ou du moins convenablement ameubli. Dans un sol argileux, un labour profond donné en automne et deux ou trois cultures à l'extirpateur au printemps sont la meilleure préparation qu'on puisse lui donner.

Ce grain veut être enterré un peu profondément; deux ou trois et même quatre pouces dans les sols très-légers ne sont pas trop; par cette raison, l'extirpateur convient mieux que la herse pour couvrir la semence. Que le sol soit bien ressuyé; la semer dans la poussière, dit M. Mathieu de Dombasle, c'est ce qui lui convient le mieux.

Pour la grosse orge plate, ainsi que pour l'orge nue à deux rangs, on emploie 250 à 300 litres de semence par hectare; pour la petite orge triangulaire, 225 à 250; pour l'orge céleste ou à six rangs, 200 suffisent, parce que cette variété tasse beaucoup et très-promptement.

Les semailles des orges se font en avril.

L'escourgeon ou orge d'hiver se sème en août ou en septembre, et se coupe au printemps, quinze jours avant le trèfle.

Cette plante veut un terrain plus riche que l'orge du printemps; mais aussi sa récolte est plus abondante. Son grain est petit et de médiocre qualité. C'est surtout comme fourrage que l'escourgeon est précieux. Il souffre plus de la gelée que le blé.

L'orge se coupe en août à sa maturité. On la laisse javeler vingt-quatre heures, si on ne craint pas que le mauvais temps lui fasse tort. On la lie en gerbes semblables à celles du blé. (Voy. GERBE, JAVELLE, MEULE.)

La prompte germination des orges leur fait courir le plus de danger lorsque la saison est pluvieuse ou orageuse; c'est donc vers cette récolte qu'on doit diriger ses principaux soins.

Labours pour l'orge. Lorsqu'on laboure un sol argileux pour de l'orge, il vaut mieux laisser passer la saison que de mettre la charrue lorsque la terre est humide, parce qu'alors celle-ci forme des masses compactes, préjudiciables à une bonne végétation, et surtout à la germination. On ne peut les diviser qu'avec difficulté. Après les premières pluies, on applique le rouleau, afin de rompre les mottes.

Soins à prendre avant de semer l'orge. On lui donne quelques préparations. On la fait tremper dans l'eau pendant vingt-quatre heures avant de semer. On a reconnu qu'il y avait un grand avantage dans cette trempe. Un agronome renommé fait tremper son orge dans de l'eau de fumier et d'étables. Il la mêle ensuite avec des cendres pour semer plus régulièrement. Il a obtenu par demi-hectare 22 hectolitres d'orge très-propre, sans grains petits ou verts, ni mauvaises herbes; tandis que d'autres champs semés en grains non préparés n'ont rendu que le tiers, ou 7 hectolitres d'orge, considérablement chargée.

Moyen d'augmenter les récoltes d'orge. Donner un premier labour après la semaille des blés, et un second en janvier. Herser en février; semer à la mi-avril, en planches de douze pieds de large, pour que la pluie arrose plus aisément. Recouvrir à la herse, et s'en servir deux fois avant la récolte pour détruire les mauvaises herbes.

Orge ingrain. L'orge connue sous le nom d'*ingrain* donne un grain peu farineux qu'on fait manger aux porcs et aux chevaux. Elle pousse sans fumier dans les plus mauvaises terres. Coupée en vert, elle fournit un bon engrais.

Emplois de l'orge. Nous avons parlé des emplois de l'*orge maltée.* (Voyez BIÈRE.) On obtient un produit plus délicat dans la fabrication du pain, en substituant à l'eau pure de pétrissage la décoction d'orge maltée. Ce n'est pas à cette seule amélioration que se borne l'usage du malt; par cet agent, les fécules étant converties en sirop et ajoutées dans ce nouvel état aux marcs mal appréciés de nos vendanges, il en résulte un double avantage : l'amélioration des premiers produits de la vigne dans les années sans maturité et, dans tous les temps, la possibilité de fabriquer avec les marcs pressurés des petits vins d'un bon prix.

On appelle *orge mondé*, l'orge nettoyée et préparée; et *orge perlé*, l'orge dépouillée de sa première pellicule.

Décoction d'orge, tisane commune. Prenez : orge mondée ou entière, une cuillerée à bouche; faites bouillir dans eau commune, un litre et demi, jusqu'à réduction à un litre. On ajoute sur la fin un gros de racine de réglisse.

Orge perlé ou *mondé en potage.* Laver l'orge, la faire tremper dans l'eau la veille; le jeter dans l'eau bouillante; l'égoutter, et le faire cuire une heure dans du bouillon.

Manière de remplacer le froment par l'orge. Pour préparer le pain d'orge, il faut se servir, en tout temps, d'eau chaude, et faire en sorte que le levain, un peu avancé, s'y trouve dans la proportion de la moitié de la farine employée ; parvenue au pétrissage, la pâte doit être bien travaillée, afin d'acquérir autant de liant et de viscosité qu'elle est susceptible d'en prendre, et poussée à un point de fermentation avancé. Quant à la cuisson, il faut que le four soit un peu moins chauffé que pour le froment, et que le pain y séjourne plus longtemps; mais ce pain, fabriqué d'après les précautions que nous venons de recommander, est plus ou moins rougeâtre, à cause de la matière extractive qui y abonde; sa mie n'est ni flexible, ni spongieuse, ni élastique; à peine conserve-t-il, peu de temps après la cuisson, cette qualité qui appartient à toute espèce de pain frais, celle d'être tendre et humide au sortir du four. Les auteurs qui prétendent que l'on faisait autrefois de très-bon pain avec de la fleur de farine d'orge, que c'était une nourriture assez commune chez les Athéniens, et dans les autres états les plus riches et les plus puissans de la Grèce, ont confondu sans doute la galette avec le véritable pain; et, quoique ce grain soit, après le froment, celui qui contient le plus d'amidon, la fermentation panaire y développe une saveur âcre, et son état est tellement compacte que le pain d'orge est devenu de nos jours un point de comparaison pour exprimer l'aliment le plus lourd et le plus grossier. Il n'est pas douteux que, dans tous les cantons où l'on est réduit à se nourrir de pain d'orge, si l'on voulait n'adopter que la variété nue à deux rangs, les défauts inhérens à ce pain seraient moins considérables. Cette espèce est un peu plus difficile à moudre, contient plus de farine, absorbe davantage d'eau.

Mais un pain grossier et compact n'est pas toujours malsain dans ses effets. Les hommes vigoureux qui s'en nourrissent, de temps immémorial, sans inconvéniens, en sont la preuve incontestable. A la vérité, comme la farine d'orge s'assimile très-bien avec celle de froment et de seigle, et que, réunies, elles fournissent plus de pain que traitées séparément, on pourrait, en associant constamment ces trois farines ensemble à parties égales, obtenir un pain mieux conditionné; c'est déjà ce que l'expérience a justifié; et ce pain serait non-seulement, pour les habitans de la campagne, la nourriture la plus substantielle et la plus économique, mais il procurerait encore à l'ouvrier chargé de famille, à l'homme dénué de tout secours, l'économie d'un tiers sur le prix de sa subsistance, et présenterait en même temps l'avantage de ménager une grande quantité de blé par un emploi plus considérable de seigle et d'orge.

Sucre d'orge. Prendre une livre d'orge et trois livres de sucre; faire bouillir l'orge avec de l'eau; quand elle est crevée, la passer. On délaie dedans le sucre que l'on clarifie aussitôt avec un blanc d'œuf fouetté dans un peu d'eau, en versant par parties à plusieurs reprises. Quand le sucre monte, et qu'il est enfin clair et limpide, vous le faites cuire à grand feu, jusqu'à ce qu'il soit au grand cassé, ayant soin d'éponger les bords de la bassine; vous le versez sur une table de marbre où vous avez mis de bonne huile d'olive; et, lorsqu'il est froid, vous le coupez avec des ciseaux par petites tablettes d'environ six à huit pouces de longueur, que vous roulez sur des ardoises.

Si vous voulez que votre sucre soit d'un beau jaune, vous y ajoutez une légère décoction d'un demi-gros de safran gâtinais à laquelle vous n'avez donné qu'un bouillon, et que vous avez passée à travers un linge.

On voit fort peu de sucre d'orge fait de cette manière : la plupart des confiseurs n'y mettent point d'orge, et le composent seulement avec de la cassonade clarifiée, et un peu de safran pour lui donner de la couleur ; mais celui où il entre de l'orge est préférable en ce qu'il est vraiment adoucissant; il facilite l'expectoration et guérit le rhume.

Le sucre d'orge doit être d'un beau jaune citrin, bien transparent, sec et cassant. On en prend un petit morceau de temps en temps, et on le fait fondre dans la bouche.

ORGEAT. (*Off.*) *Sirop d'orgeat.* Prendre : amandes douces, une livre ; amères, une livre ; zestes d'un citron ; eau de fleur d'orange, quatre onces ; commune, cinq livres ; sucre, huit livres.

Vous faites choix d'amandes douces et amères bien fraîches; vous versez de l'eau bouillante dessus, et, lorsque leur peau s'enlève facilement, vous les jetez sur un tamis, et, pour faciliter la séparation de la peau, vous y passez de l'eau froide; à mesure que vous les pelez, vous les jetez dans de l'eau fraîche, et lorsqu'elles sont toutes mondées de leur enveloppe, vous les pilez avec le zeste du citron dans un mortier de marbre ou de bois, en y ajoutant de l'eau par intervalles pour empêcher les amandes de se tourner en huile, et continuez cette opération jusqu'à ce qu'elles soient réduites en pâte très-fine, ce qu'on reconnaît lorsqu'en prenant une portion de cette pâte entre les doigts on ne sent plus de portions d'amandes. Alors vous délayez cette pâte avec la moitié de votre eau, puis la passez au travers d'un linge serré fortement par deux personnes ; vous remettez la pâte dans le mortier et la pilez de nouveau pendant sept ou huit minutes ; vous la délayez avec la moitié restante de votre eau, et, après l'avoir aussi passée au travers d'un linge et obtenu de cette manière un *lait d'amandes*, vous jetez le marc comme inutile.

Vous clarifiez le sucre et le faites cuire au petit cassé, vous retirez la bassine du feu pour y verser le lait d'amandes, puis l'y replacez et remuez avec l'écumoire jusqu'à ce que le mélange ait reçu un bouillon couvert ; alors vous la retirez. Lorsque le sirop est refroidi, vous y ajoutez l'eau de fleur d'orange et la passez au travers d'un linge, afin de bien mêler une pellicule épaisse et mucilagineuse qui vient nager à la surface, et qu'il est essentiel de conserver dans le sirop, étant une partie du lait d'amandes.

Les confiseurs, qui font une très-grande quantité de ce sirop, se contentent, après avoir pelé les amandes, de les concasser, et ensuite de les broyer sur la pierre ; puis ils les soumettent à la presse; ils mesurent le lait d'amandes, et mettent le double de sucre clarifié à la nappe; ils le font cuire séparement au petit cassé, et ensuite font leur mélange; le sirop est à son degré, et cette manière est beaucoup plus prompte.

On ne doit point être étonné de voir ce sirop se séparer en deux parties peu de temps après avoir été fait : la portion inférieure est claire et transparente, et la supérieure est blanche et plus épaisse ; cette partie est l'huile des amandes mêlée du parenchyme divisé et d'une portion de sirop interposée dans les interstices; ces matières, étant plus légères, viennent nager à la surface, et celles-ci seules ont la propriété de blanchir l'eau lorsqu'on y délaie du sirop d'orgeat ; la portion claire seule ne produit jamais cet effet. Cette séparation n'annonce pas que le sirop soit gâté; il faut avoir soin d'agiter les bouteilles de temps en temps, pour que la matière se mêle ; autrement, si elle restait séparée, elle finirait par se moisir, s'aigrir, et communiquer un mauvais goût.

Quelques personnes falsifient ce sirop, et le font avec du lait de vache et un peu de lait d'amandes, pour lui donner de la saveur ; elles emploient de la mélasse en place de sucre, et elles mêlent du mucilage de graine de lin ou de colle de poisson pour lui donner la consistance convenable; d'autres mêlent de l'amidon avec de la mélasse et une suffisante quantité d'eau. Ces prétendus sirops d'orgeat sont de très-mauvaise qualité, et ne peuvent se garder tout au plus que huit à dix jours quand les bouteilles sont entamées.

Le sirop d'orgeat est très-rafraîchissant, pectoral et adoucissant. La dose est d'une cuillerée dans un verre d'eau.

Pâte ou bâtons d'orgeat. Prenez : amandes douces récentes, 2 livres ; sucre, 4 livres 8 onces.

Vous choisissez de belles amandes, vous en enlevez la peau, et les jetez à mesure dans de l'eau fraîche, puis les pilez au mortier de marbre, en ajoutant par intervalles un peu d'eau de fleur d'orange, jusqu'à ce qu'elles soient réduites en pâte très-fine.

Quand on a une pierre à broyer, on les pile à moitié dans le mortier, et on les achève sur la pierre ; on obtient, par ce dernier moyen, une pâte toujours plus déliée, et cette manière est la plus expéditive.

Vous clarifiez le sucre et le faites cuire au petit cassé ; vous retirez la bassine du feu et y mettez la pâte d'amandes, que vous incorporez avec soin en remuant le mélange avec une spatule; quand ce mélange est bien exact, vous retirez la pâte de la bassine, et la mettez refroidir dans un vase ou une terrine; vous la pilez ensuite dans un mortier, pour lui donner toute l'élasticité nécessaire. Pendant ce temps, vous saupoudrez de sucre une table de marbre ; vous y formez votre pâte en tablettes, ou la roulez en forme de bâtons du poids que vous désirez.

Cette pâte est préférable au sirop, parce que, délayée dans de l'eau et passée au travers d'un linge propre, elle fournit une liqueur d'un plus beau blanc que le sirop, et d'un très-bon goût.

Un autre avantage, c'est de ne point avoir à craindre la falsification à laquelle le sirop d'orgeat est si exposé, ou les inconvéniens qui sont la suite de sa séparation, qui peut lui communiquer souvent un goût de moisi.

Tablettes d'orgeat portatives. Vous prenez parties égales d'amandes douces et amères, bien fraîches; vous les pelez, et, après les avoir lavées à plusieurs eaux, vous les pilez dans un mortier de marbre, en y ajoutant par intervalles un peu d'eau, et ensuite les broyez bien par portions sur la pierre, et les mettez à mesure dans un vase où se trouve de l'eau de fleur d'oranger, avec laquelle vous les délayez très-épaisses; puis vous les mettez à la presse, et formez les tablettes.

Vous en faites fondre dans un verre d'eau, en remuant

un peu, et vous obtenez aussitôt un orgeat très-rafraîchissant.

Pastilles à l'orgeat. Versez de l'eau bouillante sur une livre d'amandes amères, ou d'amandes d'abricots, ou bien de pêches ; vous les retirez lorsque leur peau s'enlève facilement, et les mettez égoutter sur un tamis. A mesure que vous les mondez de leur peau, vous jetez les amandes dans l'eau fraîche, afin qu'elles ne jaunissent pas. Quand elles sont toutes pelées, vous les lavez dans plusieurs eaux et les pilez dans un mortier, par demi-livre chaque fois. Vous achevez de les bien broyer sur la pierre ; ensuite vous les délayez un peu avec de l'eau de fleur d'oranger ; puis, les mettant dans un linge que vous serrez fortement à deux personnes, vous en exprimez le lait dont vous vous servez pour former une pâte avec quatre livres de beau sucre. Quand elle est bien ferme, vous l'employez par petites portions dans votre poêlon, comme il a été dit pour les pâtes où il entre des corps gras. Quand vos pastilles sont finies, vous les mettez un jour à l'étuve, et les enfermez dans des boîtes.

Ces pastilles sont adoucissantes et tempérantes ; elles peuvent se porter en voyage, même sur mer, et servir au même usage que l'orgeat, et sur-le-champ ; il ne s'agit que d'en mettre dans un vase avec de l'eau, et de les y faire fondre, en les remuant avec une cuillère ou un couteau.

Orgeat factice. Prendre un litre d'eau, y mêler un demi-setier de lait, de l'eau de fleurs d'oranger et du sucre ; remuer fortement et servir aussitôt.

ORIGAN. (*Agr.*) *Origanum vulgare.* Plante des champs à fleurs en épis. L'huile essentielle de cette plante, mise avec du coton dans le creux d'une dent gâtée, en calme les douleurs.

Les sommités fleuries de l'origan sont employées comme apéritives, emménagogues, cordiales, incisives ; leur odeur est aromatique et agréable ; leur saveur est âcre et amère ; leur couleur est d'un rouge violet.

ORME. (*Jard.*) *Ulmus.* Famille des amentacées. L'orme est un des arbres les plus généralement plantés en France. Nos grandes routes en sont bordées ; il embellit beaucoup de places publiques. La culture en a été recommandée quelquefois par l'administration publique, notamment par le ministre Sully.

Le bois d'orme est excellent comme bois de chauffage ; il donne un bon charbon. On l'emploie au charronnage, et à faire certaines pièces des pressoirs et des conduits d'eau. Les feuilles d'orme sont très-recherchées des bestiaux.

Les ormes se multiplient de semis au mois de mai, de marcottes, de boutures, de racines et de rejets. Ils demandent un terrain qui ne soit ni trop gras ni trop humide. Nous indiquerons dans cet article les différentes variétés et leur nature.

Les ormes à longues feuilles croissent plus vite que les autres, sont plus élégans et plus touffus.

Dans les bas-fonds, les ormes atteignent une grande dimension, mais s'élèvent peu.

La coupe des branches de l'orme peut occasionner de grandes pertes de sève ; quand on coupe les grosses branches, l'humidité peut produire des chancres en s'introduisant dans la moelle. On ne doit donc jamais attendre pour couper une branche qu'elle ait plus de deux pouces de diamètre. Quand, selon l'usage d'Italie, on destine l'orme à soutenir la vigne, il faut le soumettre à une taille rigoureuse et ne lui laisser que les rameaux nécessaires pour supporter les pousses de la vigne.

Ulmus vulgaris. Arbre indigène. Cet arbre, qui fait de belles avenues, croît vite dans une terre franche et facile à pénétrer, parce que ses racines tracent beaucoup. On le sème aussitôt maturité à la volée, sur une terre fraîchement travaillée, et l'on passe seulement le râteau pardessus. On repique le plant à deux ans, en pépinière, où on l'élève, soit pour sujets à greffer, soit pour plantations en grand. Il faut, pour ce dernier emploi, qu'il ait au moins dix-huit lignes de diamètre. C'est se soumettre à un préjugé nuisible que de l'étêter : après cette mutilation, il ne s'élève jamais à une aussi grande hauteur et sa végétation est retardée pour longtemps. On doit au contraire les élaguer rez-tronc en les plantant.

Il faut sarcler la première année deux ou trois fois.

Orme d'Amérique. (*Ulmus americana.*) Arbre très-élevé. Feuillage petit. Semis. Terre humide. Bois inférieur.

Orme rouge. (*Ulmus rubra.*) Arbre du même lieu. Rameaux rougeâtres. Semis ou marcottes, ou greffe sur l'orme commun.

Orme pleureur. (*Ulmus pendula.*) Arbre du même lieu. Se greffe en fente, à 8 pieds de haut, sur l'orme commun. Son bois a les mêmes qualités.

Orme pyramidal. (*Ulmus fastigiata.*) Ayant le port du peuplier. Greffes, marcottes et boutures. Propre aux haies de clôture quand il est taillé. Ses ramilles sont bonnes pour le bétail, surtout pour les moutons.

Orme fauve. (*Ulmus fulva.*) Arbre de l'Amérique du Nord, à très-grandes feuilles. Marcottes et greffes.

Orme argenté (*Ulmus argentea.*) Feuilles blanches en dessous. Greffes et marcottes. Se plante en grandes lignes.

Orme crispé. (*Ulmus crispa.*) Même culture. Petit arbre d'agrément.

Ulmus rugosa. Variété encore peu cultivée. Croissance prompte. Bon bois.

Orme de la Chine. (*Ulmus pumila.*) Arbuste toujours vert. Il vient bien à l'ombre dans une terre légère et meuble. Marcottes et boutures. On fait usage de ses feuilles en guise de thé.

Orme nain. (*Ulmus pumila.*) Joli arbuste de Sibérie. Les brebis aiment ses feuilles.

Orme tortillard. (*Ulmus modiolina.*) Se multiplie de racines, de greffes sur racines, de boutures et de marcottes. Bonne terre en plaine, sur le bord des fossés. Ses rameaux sont très-propres au charronnage. On en fait de très-beaux meubles, des échalas et des cerceaux.

Orme macrophylla. Arbre à tige droite, à feuilles couvertes de poils blanchâtres, qui croît très-vite et atteint une grande élévation.

Orme latifolia. Feuillage d'une teinte vaporeuse. Beau en avenues. Il demande une bonne terre.

Orme glabre, orme glabre variegata. Ces trois derniers se greffent en fente sur l'orme commun.

Orme d'Exester. (*Ulmus exoniensis.*) Bel arbre en avenues. Port du cyprès. On peut l'élaguer sans danger. Il se greffe sur l'orme commun.

Orme cuculata. Même culture. Donne un bois excellent.

Orme d'Espagne. (*Hispanica.*) Arbre très-grand.

Orme subéreux. (*Suberosa.*) Son écorce a la consistance du liége, son bois est très-dur et ses ramilles nombreuses.

Orme cendré. (*Ulmus cinera.*) Feuilles d'un vert grisâtre. Son bois a les qualités du commun.

Orme à petites feuilles. (*Ulmus parvifolia.*) Élévation moyenne. Bon bois.

Orme noir. (*Ulmus nigra.*) Arbre d'Amérique, dont la culture est très-avantageuse. Greffe sur le commun.

Orme ailé. (*Ulmus alata.*) Arbre de Virginie, à feuilles semblables à celles du charme. Il s'élève à 50 et 55 pieds. Terre marécageuse au midi. Encore peu commun en France.

Remède contre les ulcères des ormes. Insérer dans l'ulcère une tarière, et adapter au trou un tuyau qui pénètre à trois centimètres de profondeur. Au bout d'un ou deux jours, s'il fait beau, la plaie, après avoir rendu une liqueur particulière, se sèche et guérit.

ORNITHOGALE PYRAMIDAL. (*Jard.*) *Ornithogalum pyramidale.* Famille des asphodèles. Ognon indigène. Fleurs en juin, d'un blanc pur et en long épi; tout terrain, toute exposition; séparation des caïeux en septembre.

OROBE PRINTANIER. (*Orobus vernus.*) Famille des légumineuses. Plante vivace, indigène, qui fait un charmant effet en avril; ses fleurs deviennent successivement brunes, rouges et bleues, à mesure qu'elles sont plus avancées; rustique; séparation des pieds en septembre, ou semis en mars, en pots, pour repiquer la deuxième année. Elle perd sa tige et ses feuilles.

Emploi de l'orobe printannier comme fourrage. Cette plante croît dans les haies et dans les lisières des bois des provinces méridionales et tempérées de la France; elle s'élève à la hauteur d'un pied; sa racine est rampante et fibrense; ses fleurs, assez belles et paraissant en mars, la font cultiver dans quelques jardins d'agrément. Un orobe ayant été coupé en fleurs au mois de mars, une nouvelle plante lui avait succédé à la fin d'avril; prétenté, soit vert, soit sec, à des chevaux et à des bêtes à cornes, il fut dévoré avec avidité. Il peut donc fournir un fourrage précoce, pérennal et qui sera goûté des animaux. M. Hudellet lui attribue d'autres qualités, mais qu'il n'a pas vérifiées par ses propres observations. Il croit que l'orobe a une grande partie des qualités précieuses de la famille à laquelle il appartient, notamment des propriétés très-nutritives et lactifères (qui donnent du lait); il juge que sa végétation précoce empêchera le développement des plantes adventives; qu'il préviendra ou guérira certaines maladies qui affectent les bêtes à cornes nourries à l'étable pendant l'hiver, par exemple les calculs biliaires. « Sa racine fibreuse et rampante, ne vivant pas à la surface du sol, doit encore contribuer à faire placer l'orobe parmi les plantes propres aux prairies artificielles. Ce genre de racines, peu adhérentes à la terre, doit permettre de faire son défrichement avec facilité et favoriser ainsi le système de culture alterne.» Toutes les plantes qui constituent nos prairies artificielles exigent des amendemens et des engrais chers ou une terre de prédilection; l'orobe, végétant naturellement dans les sols maigres et siliceux qu'il dispute aux ronces et aux arbrisseaux, sera sans doute moins difficile sur le choix du terrain; on acquerra par des soins un accroissement extraordinaire de végétation; il donne l'espérance de faire jouir les pays pauvres des avantages de l'établissement des prairies artificielles dont ils sont privés.

ORONGE. (Voy. CHAMPIGNON.)

ORPIMENT. (*Chim. dom.*) On désigne ainsi le sulfure d'arsenic jaune. Il se rencontre en petite quantité dans la nature et accompagne partout le réalgar (Voy. ce mot.), tantôt en petit amas dans des substances argileuses, tantôt dans l'intérieur des filons, quelquefois enfin parmi les produits de la combustion. Il est solide, ordinairement en masses lamelleuses, demi-transparentes, faciles à diviser, quelquefois en cristaux prismatiques, insipide, inodore, vénéneux, d'un jaune d'or souvent nacré, plus fusible que l'arsenic, et susceptible de se prendre par le refroidissement en masse friable d'un jaune orangé; exposé à la chaleur, il se fond, entre en ébullition et se distille sous la forme de goutelettes jaunâtres. Il est sans action sur l'air et le gaz oxygène sec, mais il absorbe rapidement ce dernier gaz à l'aide de l'humidité. Il est composé, suivant M. Laugier, de 100 parties d'arsenic et de 61,65 de soufre.

On emploie l'orpiment dans les manufactures de toiles peintes pour dissoudre l'indigo; on s'en sert quelquefois aussi en peinture; dans les pharmacies, il sert à composer une poudre et une pommade épilatoire.

ORPIN. (*Méd. dom.*) (*Sedum telephium.*) L'orpin est quelquefois employé comme vulnéraire, et légèrement astringent. Il est connu vulgairement sous le nom de joubarbe des vignes. (Voy. JOUBARBE.)

ORSEILLE. (*Conn. us.*) On appelle ainsi une espèce de lichen, très-abondant sur les rochers des Canaries et d'autres îles voisines de l'Afrique. Mêlée avec de la chaux, de l'urine et des sels alcalis, elle forme une pâte d'un rouge foncé en usage dans la teinture. Un florentin, nommé Federigo, a le premier, vers 1300, introduit l'emploi de cette plante en Europe, ce qui mérita à ses descendans le nom de Rucellari. Les Hollandais en ont fabriqué une laque.

L'orseille d'Auvergne et celle de Languedoc donnent une couleur plus faible et moins abondante que celle des Canaries.

ORTHOGRAPHE. (*Conn. us.*) L'orthographe est l'art d'écrire les mots correctement, c'est-à-dire avec les lettres et accens qui leur conviennent. La meilleure est celle qui suit l'usage le plus général.

On apprend l'orthographe en lisant et surtout en copiant beaucoup de bons ouvrages bien imprimés.

Un des moyens les plus sûrs de faire des progrès dans l'orthographe, qui fait juger de l'instruction qu'on a reçue, est de n'écrire aucun mot avant de s'être assuré dans un bon dictionnaire de la manière dont il s'écrit.

Deux choses peuvent servir à faire connaître l'orthographe d'un mot: sa prononciation, son étymologie ou origine, et les mots qui sont de la même famille.

Chacun doit s'observer par rapport à l'orthographe, et

s'attacher à la bien pratiquer; car si l'on tolère un défaut d'écriture, il n'en est pas de même des défauts dans l'orthographe, qui sont toujours une preuve d'ignorance.

Nous ne prétendons pas donner ici un cours d'orthographe; nous voulons seulement signaler quelques difficultés, et chercher à les résoudre. Ce qui va suivre est un memento destiné à rappeler certaines règles qui échappent même aux personnes les plus instruites.

Pour l'étude de l'orthographe, on divise les mots en deux classes: les verbes, et les mots qui ne sont pas des verbes.

Ces derniers mots s'écrivent suivant les règles de la prononciation, de la dérivation, du genre, du nombre et de l'usage.

S'il s'agit d'écrire *corps*, par exemple, d'après la première règle, on écrira *cor.* En étudiant la deuxième, on trouvera que *corps* forme *corpulence*, et on écrira *corp.* S'il s'agit de l'écrire au pluriel, on ajoute un *s*, tous les mots en général prenant un *s* au pluriel. Mais en consultant la règle de l'usage, on trouvera que *corps* s'écrit au singulier par un *s*, et on aura l'orthographe complète du mot.

Les articles *le*, *la*, *les*, *des*, *à*, *eux*, s'écrivent toujours de la même manière.

L'adjectif, qui distingue par sa manière d'être une personne ou une chose, s'accorde avec le nom, ainsi que le participe passé, adjectif tiré du verbe. Toutefois, le participe passé ne s'accorde que lorsqu'il est ou peut être placé après le mot qu'il qualifie. Autrement, il n'y a accord que lorsqu'en faisant la question : *qui est-ce qui est?* on amène pour réponse : *c'est moi qui suis*, *c'est toi qui es*, etc.

Ex. La personne que j'ai vue. Il y a accord. *La personne dont j'ai entendu parler.* Qui est-ce qui a été entendu? ce n'est pas la personne : il n'y a donc pas accord quand ce participe est suivi d'un infinitif; il n'y a accord que si cet infinitif peut être remplacé par un participe présent.

Dans l'orthographe des verbes, il faut examiner le nombre et la personne des verbes.

Le verbe doit toujours être du même genre et du même nombre que son sujet, c'est-à-dire que le *nom* ou *pronom* auquel il se rapporte.

Le sujet se place quelquefois après le verbe.

Lorsque plusieurs substantifs devant servir de sujet au verbe sont récapitulés par les mots *aucun*, *chacun*, *nul*, *personne*, *tout*, etc., le verbe reste au singulier.

Quand plusieurs noms sont joints par la conjonction *ni*, le verbe est pluriel ou singulier selon qu'ils sont employés d'une manière collective ou isolée. Il en est de même des sujets liés par la conjonction *ou*, et de *l'un et l'autre*, *ni l'un ni l'autre*, etc.

La même difficulté se présente encore lorsque les deux substantifs qui précèdent le verbe sont joints ensemble par les mots *avec*, *comme*, *ainsi que*, *de même que*, etc.

1° Tout verbe qui a pour sujet un collectif général précédé de l'article prend ordinairement le nombre de ce nom, parce qu'alors il exprime une idée générale, indépendante.

Cependant, si l'idée n'est point générale et emporte avec elle une restriction, il faut le pluriel. Ex. *La moitié de mes lapins sont morts.*

2° Tout verbe qui a pour sujet un collectif partitif, c'est-à-dire un substantif précédé de *la plupart*, *une foule*, *un nombre*, etc., des adverbes de quantité, comme *beaucoup*, *peu*, *moins*, *plus*, *trop*, etc., doit se mettre au même nombre que le nom qui exprime l'idée sur laquelle doit porter l'attention.

Ex. Bien des gens ont besoin du *Dictionnaire des Ménages*.

3° Cependant, lorsque ces mots *la plupart*, *beaucoup*, *moins*, etc., ont rapport à un substantif pluriel sous-entendu, le verbe doit se mettre au pluriel.

De la concordance des temps et des modes.

La concordance des temps de l'indicatif ne présente aucune difficulté : 1° entre eux :

Ex. Vous irez au bois quand je serai rentré.

2° Avec ceux du conditionnel :

Ex. Je lirais si vous vouliez.

J'aurais lu pendant que vous auriez écrit.

La concordance des temps du subjonctif avec ceux de l'indicatif présent offre plus de difficultés : on doit d'abord bien se pénétrer, avant d'écrire, de l'idée qu'on veut exprimer, soit au passé, au présent ou au futur, examiner les conditions accessoires de cette idée, et alors on trouvera facilement la forme verbale destinée à reproduire fidèlement cette idée.

Ex. L'empereur a commandé qu'il meure. (RACINE.)

Les Romains de ce siècle n'ont pas un seul homme qui vaille la peine d'être cité. (BOILEAU.)

Crois-tu que je ne susse pas à fond tous les sentimens de mon père? (MOLIÈRE.)

Ce n'est pas que j'eusse mieux fait que vous. (MAD. DE SÉVIGNÉ.)

Il n'est espoir de bien, ni raison, ni maxime
Qui pût en ta faveur m'arracher une rime. (BOILEAU.)

C'était là une des plus belles fêtes que l'on puisse voir. (MAD. DE SEVIGNÉ.)

C'était la plus belle décoration qu'on pût imaginer. (*Id.*)

L'infinitif de tous les verbes est invariable et se termine toujours par *r*. On le reconnaît à la facilité d'y substituer : *faire*. Ex. *Je veux aller*, comme on peut dire : *je veux faire.* On écrit donc *aller* avec un *r* à la fin.

Le participe présent est aussi invariable, et se termine par *ant.* Quand on peut mettre *en* devant un mot et *bien* après, c'est un participe présent. Adjectif verbal, le participe présent suit la règle des adjectifs.

Chose surprenante. Le participe présent des verbes neutres, précédé des adverbes *toujours*, *encore*, *constamment*, *également*, etc., est variable : mais s'il est suivi au contraire de ces adverbes, il demeure invariable.

Noms féminins dans un sens et masculins dans un autre.

Un *aide*-de-camp. Une *aide* assurée.

Un *aigle*, oiseau. Une *aigle* romaine.

Un bel *aune*, arbre. Une *aune* de toile.

Un mauvais *ange*. Une belle *ange* (poisson).
Un beau *barbe* (cheval). Une *barbe* blanche.
Un *cartouche*, ornem. d'archit. Déchirez la *cartouche*.
Le *coche* d'Auxerre. Une grosse *coche*.
Voilà un beau *couple*. Une *couple* de pigeons.
Un *crêpe* au bras. Une *crêpe* sucrée.
Un bel *écho*. La nymphe *Écho*.
Un *exemple* de vertu. Une *exemple* d'écriture.
Un *forêt* de marchand de vins. La *forêt* de Fontainebleau.
Un *fourbe* reconnu. La *fourbe* était bien ourdie.
Un *garde*. Monter la *garde*.
Aller au *greffe*. Enter une *greffe*.
Le *guide* nous a trompés. Conduire à grandes *guides*.
Un bon *livre*. Une *livre* de sucre.
Un *manche* de balai. La *manche* d'une veste.
Un *mémoire* d'apothicaire. Cet enfant a une bonne *mémoire*.
Le *mode*, subjonctif. Un homme à la *mode*.
Le *moule* d'une statue. Des *moules* fraîches.
Un *mousse*. De la *mousse*.
Un *œuvre*, ouvrage. Faire une bonne *œuvre*.
Rendre un bon *office*. Une grande *office*.
Le *page* de Frédéric. Une *page* d'écriture.
Le *pendule* est arrêté. Il faut remonter la *pendule*.
Avoir du *pique*. Prendre une *pique*.
Aller à son *poste*. Aller à la *poste*.
Se chauffer au *poêle*. Mettre un poisson dans la *poêle*.
Faire un bon *somme*. Compter une *somme*.
Un *souris* moqueur. Une *souris* blanche.
Jouer un mauvais *tour*. La *tour* de Londres.
Donner dans le *vague*. La *vague* (flot).
Un *vase* d'or. La *vase*.
Un *voile* d'Angleterre. Mettre à la *voile*.

§ 2. *Noms qui se prononcent de même ou presque de même, quoique s'écrivant différemment et de divers genres : on les appelle* homonymes.

Air, aire, ère, hère. Prendre l'*air*; l'*aire*, place unie pour battre le grain; l'*ère* vulgaire; un pauvre *hère*.
Auteur, hauteur. Un bon *auteur*; la *hauteur* de la rivière.
Bal, balle. Aller au *bal*; jouer à la *balle*.
Bar, barre. *Bar*-sur-Aube, (ville); une *barre* de fer.
Bris, Brie. Un *bris* de scellé; fromage de *Brie*.
Cale, calle. Descendre à fond de *cale*; *calle*, (plante).
Céleri, sellerie. Éplucher du *céleri*; une *sellerie* bien tenue.
Chêne, chaîne. Abattre un *chêne*; rompre sa *chaîne*.
Chrême, crème. Le saint *chrême*; deux sous de *crême*.
Col, colle. Un *col* de chemise; de la *colle* de pâte.
Coq, coque. Le *coq* gaulois; un œuf à la *coque*.
Cour, cours. Descendre dans la *cour*; suivre un *cours*.
Faîte, fête. Le *faîte* d'un toit; souhaiter une *fête*.
Foie, foi, fois. Du *foie* de veau; manquer de *foi*; deux *fois*.
Fil, file. Du *fil* blanc; la *file* des voitures.
Lac, laque. Traverser un *lac*; de la gomme *laque*.
Lai, lait, lé, laid, laie, legs. Chanter un *lai*; un sou de *lait*; un *lé* de velours; ah! qu'il est *laid*; acheter une *laie*; recevoir un *legs*.
Lieu, lieue. Dans quel *lieu*? à deux *lieues*.
Lit, lie. Faire son *lit*; de la *lie* de vin.
Lis, lice, lisse. Quel beau *lis* ou *lys*; entrer dans la *lice*; une peau *lisse*.
Luth, lutte. Accorder un *luth*; engager une *lutte*.
Moue, mou. Faire la *moue*; du *mou* de veau.
Père, pair, paire, perd. Un bon *père*; aller de *pair*; une *paire* de souliers; il *perd*.
Parc, parque. Chasser dans un *parc*; les trois *Parques*.
Parti, partie. Un *parti* de rebelles; une *partie* de piquet.
Pau, peau, pot, Pô. Aller à *Pau*; une *peau* blanche; un *pot* à l'eau; traverser le *Pô*.
Pène, peine. Le *pène* est cassé; se donner de la *peine*.
Pic, pique. Le *pic* d'un rocher; l'as de *pique*.
Poids, pois, poix. Faire bon *poids*; cuire des *pois*; se servir de *poix*.
Rêts, raie. Tendre des *rêts*; faire une *raie*; manger de la *raie*.
Saule, sole. Un *saule* pleureur; une *sole* frite.
Sel, selle. Du *sel* blanc; une *selle* à l'anglaise.
Tribu, tribut. Payer un *tribut*; la *tribu* de Juda.
Vice, vis. Il est rempli de *vices*; attacher avec des *vis*.

§ 3. *Substantifs masculins quoique ayant la terminaison en* ée *ou en* ie.

Apogée, *périgée*, *périnée*, *caducée*, *Colysée*, *Champs-Élysées*, *coryphée*, *empirée*, *hyménée*, *mausolée*, *spondée*, *trachée*, *trophée*, etc.... Noms d'hommes : *Pompée*, *Thésée*, etc.

Génie, *incendie*, *aphélie*, *périhélie*, *bain-marie*, *le Messie*, *Malachie*, *Elie*, *Zacharie*.

§ 4. *Substantifs masculins ou féminins sous la même signification.*

Amour, masculin au singulier. Les poëtes l'emploient quelquefois au féminin au pluriel, on dit :

Des petits amours, quand on parle de petits enfans, servant d'emblêmes; et d'*inconstantes amours*, quand il s'agit de passion.

Automne s'emploie au masculin et plus souvent encore au féminin.

Délice et *orgue* sont masculins au singulier et féminins au pluriel.

Gens. Ce mot est dans une position particulière; on doit mettre au masculin l'adjectif qui le suit, et au féminin celui qui le précède.

Ex. Les gens sont ainsi faits; voilà de sottes gens.

Orge est toujours féminin, excepté quand on dit : de l'*orge perlé*, de l'*orge mondé*.

§ 5. *Formation du féminin dans certains substantifs.*

Les noms masculins terminés par un *e* muet ne changent pas au féminin.

Il y a quelques exceptions. Les mots terminés par une consonne prennent un *e*. Les mots en *an*, *en*, *et*, *on*, *ot*, doublent leur consonne, et prennent l'*e*, excepté *courtisan*, *courtisane*. Les mots en *eau* font *elle*; ceux en *eur*, font *euse*, excepté les suivans :

Un acteur, une actrice; un instituteur, une institutrice; un bienfaiteur, une bienfaitrice.

Un chanteur, une cantatrice; un serviteur, une servante; un gouverneur, une gouvernante.

Un pécheur, une pécheresse; un enchanteur, une enchanteresse.

Les féminins de certains substantifs ne sont soumis à aucune règle, et sont consacrés par l'usage. Ainsi : un duc, une duchesse; un bachelier, une bachelette; un neveu, une nièce; un vieux, une vieille.

Formation du pluriel. Le signe général est un *s*. Les mots en *s*, *x* et *z* n'ajoutent rien. Les mots en *au*, *eau* et *en* prennent un *x*; les mots en *ou* un *s*, excepté *cailloux*, *choux*, *genoux*, *hiboux*, *poux*. Les mots en *al* font *aux*, excepté *bals*, *pals*, *chacals*. Les mots en *ail* seulement font aux, excepté *travails*, quand il s'agit d'administration, et autres. *Aïeul*, *ciel*, *œil*, font *aïeux cieux*, *yeux*. Cependant on dit des *aïeuls* quand il s'agit de désigner spécialement l'aïeul paternel et l'aïeul maternel.

Ex. Cette jeune personne a encore ses deux aïeuls.

On dit : des *ciels-de-lit* et des *œils-de-bœuf*.

Des substantifs qui n'ont que le singulier, et des circonstances où quelques-uns peuvent être employés au pluriel.

1° Les noms de vertus, de vices, de qualités habituelles, etc., comme la *foi*, la *colère*, la *sincérité*, la *charité*, etc.

On dit au pluriel : les *charités* (signifie *aumônes*).

2° Les noms de métaux pris en général, comme l'*or*, l'*argent*, le *fer*, etc. Cependant on dit : *des fers*, *des plombs*, etc., quand on considère ces métaux comme étant mis en œuvre.

3° Les infinitifs employés comme substantifs; *ex. : le boire*, *le manger*, etc.

Mais quand on peut y joindre un adjectif, les infinitifs deviennent de véritables substantifs et prennent la marque du pluriel : *des dîners délicats*, *de petits déjeuners*, etc.

4° Les adjectifs employés comme substantifs suivent la même règle, comme le *vrai*, l'*utile*, le *beau*, le *rouge*, etc. Les noms unis par un trait-d'union prennent tous deux la marque du pluriel : des *chefs-lieux;* mais si l'idée du singulier s'attache à l'un des substantifs, il est invariable. Quand les noms sont joints par une préposition, le premier prend la marque du pluriel : des *arcs-en-ciel*. On dit toutefois des *coq-à-l'ane*, des *tête-à-tête*, des *pied-à-terre*.

Quoique le nom propre ne convienne qu'à une seule personne ou à une seule chose, et que par cette raison il faille toujours avoir soin de commencer ce mot par une lettre majuscule, il peut arriver plusieurs cas où l'on emploie le nom propre au pluriel.

1° Quand il représente le seul individu pour lequel il a été créé, quoique employé sous la forme du pluriel, il reste invariable.

Ex. Le même roi qui sut employer les Condé, les Turenne, les Luxembourg, etc., choisit les Racine, les Boileau, pour écrire son histoire.

2° Mais quand on l'emploie par extension, en parlant de plusieurs individus semblables à ceux dont on cite les noms, alors on le met au pluriel.

Ex. Un Auguste aisément peut faire des Virgiles.

(BOILEAU.)

On dit des *Raphaels* pour des peintures de Raphael; les *Césars*, les *Condés* quand on désigne toute la famille des Césars, etc.

Substantifs que l'on emploie toujours au pluriel.

Voici les principaux :

Accordailles.	Funérailles.
Aguets.	Hardes.
Annales.	Mânes.
Armoiries.	Mouchettes
Arrérages.	Mœurs.
Besicles.	Obsèques,
Dépens.	Prémices.
Décombres.	Pleurs.
Frais.	Ténèbres.

Il y a plusieurs substantifs invariables : des *ouï-dire*, francisés par l'usage, des *hausse-col*, des *passe-partout*, etc.

Pour les noms étrangers, il n'y a pas de règles fixes. Toutefois, l'usage d'ajouter un *s* paraît prévaloir maintenant; car on écrit aujourd'hui des *duos*, des *opéras*, des *examens*, des *bravos*, etc. Mais on écrit encore cependant : des *duetti*, des *vade-mecum*, des *ex-voto*, etc.

Noms de nombre. Vingt et *cent*, précédés d'un nom de nombre, sont invariables lorsqu'ils sont suivis d'un autre nom de nombre; mais ils prennent la marque du pluriel s'ils sont suivis immédiatement d'un nom commun.

Mille est indéclinable. On emploie *mil* au lieu de *mille* dans l'énonciation d'une date : *l'an mil huit cent trente-six.*

Mais il faut conserver le mot *mille* lorsque l'on cite un certain laps de temps écoulé.

Tout. Tout prend le genre et le nombre du nom ou pronom auquel il se rapporte.

Ex. J'ai loué toute la maison. J'ai cueilli toutes mes pommes.

Je les ai vus tous partir. Je les ai renvoyées toutes.

Tout est invariable devant un substantif, devant un adjectif masculin, commençant soit par une consonne, soit par une voyelle ou une *h* muette, devant un adjectif féminin commençant par une voyelle, devant un adverbe, et enfin devant une préposition.

Ex. Il est tout zèle et tout obéissance.

On dit : *Une femme toute belle; des personnes tout aimables.*

Pronom je. Lorsque le pronom *je* se trouve dans une phrase interrogative ou exclamative avec un verbe de la première conjugaison, comme dans cette phrase : *Puissé-je vous être utile!* on doit mettre un accent aigu sur l'*e* muet final du verbe.

Tout pronom personnel, complément d'un verbe à l'impératif, se place après ce verbe avec un trait d'union.

Ex. Conduisez-la; empoignez-le, regardez-moi.

En pronom. Répondez-m'en; gardez-vous-en; va-t'en. Ne m'en veuillez pas; ne t'en inquiète pas.

Il faut dire : *je m'en suis allé*, et non pas *je me suis en allé*. (On fait cette faute trop fréquemment.)

Y, *pronom*. On dit : *Allons-y ; ne vous y fiez pas ; attendons-nous-y*.

Mais il faut éviter de dire : *Menez-m'y*, ou même (quoique mieux) *menez-y-moi* ; il vaut mieux tourner la phrase et dire : *Faites-moi le plaisir de m'y mener*. En général, l'emploi de l'*y* est d'un mauvais effet.

Dont, pronom. Ce pronom est de tout genre et de tout nombre ; il convient aux personnes et aux choses.

Ex. La personne dont on m'a parlé.

Ce dont il s'agit.

On doit se servir du pronom *dont* toutes les fois qu'il est suivi d'un substantif dont il est le complément ; mais si le substantif vient avant, sous la dépendance d'une préposition, il faut employer *duquel*, *de laquelle*, etc.

Ex. L'homme sur la recommandation duquel je me présente.

Même. *Même*, placé avant ou après un nom, est adjectif, et s'accorde avec ce nom en genre et en nombre ; mais sa position devant ou après le substantif lui donne un sens bien différent.

C'est la même vertu est bien différent de *c'est la vertu même*.

On doit donc écrire : *nous-mêmes*, *vous-mêmes*, *eux-mêmes*, *elles-mêmes*. Cependant si, par hyperbole, ces mots étaient employés pour *moi-même*, *toi-même*, il ne faudrait point ajouter un *s* à *même*.

Même, employé comme adverbe, reste invariable.

Ex. Les Égyptiens adoraient les animaux, même les plantes.

Même, placé devant un nom ou après un adjectif, est invariable.

Quel que, *Quelque*. *Quel que*, suivi d'un verbe et d'un substantif, s'écrit en deux mots, et *quel* prend *s* au pluriel.

Ex. Quel que soit votre caprice. Quelle que soit votre volonté.

Quels que soient vos motifs. Quelles que soient vos raisons.

Quels que soient son nom et son rang. Quelles que soient son opulence et sa place.

Quelque, suivi d'un substantif, s'écrit d'un seul mot, et prend l'*s* au pluriel.

Ex. Il a montré quelque courage. Prêtez-moi quelques livres.

Avez-vous quelque recette ? Donnez-moi quelques raisons.

Il est invariable dans le cas suivant : Quelque magnifiques que soient ces édifices.

Règles du mot Air. On dit : *cette femme a l'air doux*, si on parle de sa physionomie ; *cette femme a l'air douce*, si on parle de son caractère. Dans ce dernier cas, on sous-entend le verbe être.

Règle du pronom Ce. Lorsque *ce* est suivi du verbe *être* et d'un substantif au pluriel, il est d'usage de mettre le verbe au pluriel ; cependant plusieurs autorités, telles que l'Académie, Châteaubriand, Massillon, etc., l'emploient au singulier.

On dit toutefois : fût-ce ? sera-ce ?

Lorsque *ce* et le verbe *être* sont suivis de plusieurs substantifs, l'usage le plus généralement suivi est l'emploi du singulier ; cependant il n'est pas rare de rencontrer le pluriel.

Lorsque *ce* est suivi des pronoms *nous*, *vous*, il faut mettre le verbe *être* au singulier ; et lorsqu'il est suivi des pronoms *eux*, *elles*, il faut le mettre au pluriel.

Emploi du pronom en. L'emploi de ce pronom mérite une attention particulière ; cependant on peut poser comme règle générale que, quand il n'est pas précédé d'un régime direct, le participe qui le suit est indéclinable ;

Ex. Il m'a apporté des gâteaux, j'en ai mangé.

Des échantillons, je n'en ai pas reçu.

Mais si au contraire le pronom *en* se trouve précédé d'un régime direct, le participe devient variable :

Ex. Les échantillons que j'en ai reçus.

Les soupçons que j'en ai conçus.

Règles diverses. Les adverbes, les conjonctions, les interjections, les prépositions, ne varient pas dans leur orthographe.

Les adverbes qui ont la finale en *ment* s'écrivent toujours par un *e*.

Ex. Négligemment, joliment.

Ne confondez pas *alentour*, adverbe, avec *autour*, préposition : le premier n'a jamais de complément ; le second au contraire en exige toujours un.

Il en est de même d'*auparavant* et d'*avant* ; de *dessus*, *dessous* ; *dehors*, *dedans*, distincts de *sur*, *sous* ; *dans*, *hors*. *Dessus* et *dessous* n'admettent point de complément, excepté dans les deux cas suivans :

Lorsqu'ils sont mis en opposition l'un à l'autre :

Ex. Il n'est ni dessus ni dessous la table. (ACADÉMIE.)

Lorsqu'ils sont précédés des prépositions *à*, *de* ou *par* :

Ex. On a tiré cela de dessous la table. (ACADÉMIE.)

Plutôt ou *plus tôt*. Quoique ces deux mots signifient à peu près la même chose, il faut bien se garder de les employer l'un pour l'autre. Il est d'usage d'employer le premier quand il s'agit d'une préférence, et le second par opposition à *plus tard*.

On doit distinguer *près de*, *prêt à*, et *prêt de* : *près de* signifie *sur le point de* ; *prêt à* signifie *disposé à* ; tandis que *prêt de* s'emploie dans les deux sens.

Abréviations orthographiques.

M. — monsieur.
MM. — messieurs.
Mme — madame.
Mlle — mademoiselle.
Me — maître.
Md — marchand.
Mgr — monseigneur.
Le Sr — le sieur.
S. M. — sa majesté.
S. A. S. — son altesse sérénissime.
S. A. R. — son altesse royale.
S. E. — son éminence.
S. S. — sa sainteté (*le pape*).
V. S. — votre seigneurie.
Ve — veuve.

7bre — septembre.
8bre — octobre.
9bre — novembre.
xbre — décembre.
N° — numéro.
1er — premier.
2e — deuxième.
3e — troisième.
Der — Dernier.
Demt — demeurant.
Dépt — département.
C. à d. — c'est-à-dire.
N. B. — nota bene (*remarquez*).
P. S. — post-scriptum.
Ex. — exemple.
Etc. — et cætera (*et le reste*).

Accentuation. Elle consiste en petits signes qui modifient la prononciation ; ils sont au nombre de trois : l'accent aigu, qui se tire de droite à gauche (é) ; l'accent grave qui se tire de gauche à droite (è) ; l'accent circonflexe qui réunit les deux formes (ê). Cet accent remplace souvent une consonne qui se trouvait dans l'orthographe ancienne. Ainsi on écrit *prêtre* pour *prestre, château* pour *chasteau, tâche* pour *tasche*, etc.

Signes de ponctuation. La ponctuation sert à marquer les repos ou temps d'arrêt dans le discours.

Virgule. (,)
Point-virgule. (;)
Deux points. (:)
Point. (.)
Point d'interrogation. (?)

Le repos indiqué par la virgule peut être représenté par le temps nécessaire pour compter 1 ; celui indiqué par le point et virgule, par le temps nécessaire pour compter et prononcer 1, 2 ; celui indiqué par les deux points, par le temps nécessaire pour compter 1, 2, 3 ; et enfin celui indiqué par le point seul, par le temps nécessaire pour compter et prononcer 1, 2, 3, 4.

Les autres signes de la langue écrite sont : le point d'exclamation (!), les points suspensifs (...), l'apostrophe ('), le tréma (¨), le trait d'union (-), la parenthèse (), les crochets [], le tiret (—), les guillemets (« »), le paragraphe (§), l'astérisque (*), la cédille (ç), qui donne au *c* le son de l'*s*.

ORTHOPÉDIE. (*Méd. dom.*) On nomme ainsi l'art de corriger, chez les jeunes gens, les difformités du corps.

L'orthopédie, pratiquée en France depuis environ soixante ans, compte de nombreux succès ; mais pour que son application réussisse, il importe que le sujet soit jeune et son infirmité récente. S'il réunit ces deux conditions, on pourra le placer en toute sûreté dans un établissement orthopédique.

ORTIE. (*Agr. — Ind. dom.*) *Urtica.* Famille des orties. Les orties, et surtout la grande ortie brûlante, sont un bon fourrage que tous les bestiaux mangent avec plaisir, et qui les engraisse. On mêle les orties avec de la paille, ou bien on les fait infuser pendant la nuit dans de l'eau chaude, et on donne au bétail les orties infusées et l'eau de cette infusion. Les qualités des amers et des astringents, réunisse dans les orties, paraissent en faire un préservatif contre l'épizootie. Les orties augmentent le lait des vaches, le rendent crémeux, et communiquent au beurre une belle couleur et un bon goût.

La grande ortie vient bien dans tous les lieux élevés, parmi les pierres, au soleil. Il est inutile de défoncer le sol pour la semer. Il suffit que la graine soit recouverte de deux pouces de terre noire.

La graine de la grande ortie brûlante se recueille et se récolte en août. On coupe la tige, que l'on laisse sur terre, et on ramasse la graine. Cette graine se sème en septembre.

La grande ortie se multiplie aussi de séparation des racines, au bout desquelles on laisse un travers de doigt de la tige. Les orties, ainsi plantées en septembre ou octobre, peuvent être coupées l'été suivant. On ne coupe que la seconde année les orties venues de graine. On peut les couper au printemps, pour les donner en vert.

Les engrais convenables aux plantations d'orties sont, tous les trois ans, les feuilles d'aune, répandues sur le semis à quatre ou cinq pouces de hauteur ; et les autres années les branchages, surtout les tiges de genêt et de sapin, la vieille paille. On fait trois coupes d'orties par an, à la mi-juin, à la mi-juillet et à la mi-août.

La tige fibreuse de l'ortie fraîche, traitée comme le chanvre, fournit une bonne filasse.

Les graines d'orties, mêlées avec les alimens des chevaux, leur sont salutaires.

En faisant bouillir les racines d'orties avec un peu de sel et d'alun, on obtient une belle couleur jaune.

Dans les rhumatismes, les paralysies, on se sert d'orties pour frictionner.

ORTOLAN. (*Chass.*) *Emberiza hortolanus.* Cet oiseau, dont il y a plusieurs espèces en France, fait les délices des gourmets.

Manière d'engraisser l'ortolan, également applicable aux cailles, aux tourterelles et aux grives. L'ortolan, célèbre par sa graisse, la doit plutôt à l'art qu'à la nature ; car il est plus souvent maigre que gras lorsqu'on le prend. La méthode qu'on emploie pour l'engraisser est fort simple : on le met dans une chambre bien close, où le jour extérieur ne puisse pas pénétrer. Cette chambre s'appelle *mue* ; elle est éclairée avec une lampe entretenue sans interruption, afin que les prisonniers ne puissent distinguer le jour d'avec la nuit, et n'aient que la clarté nécessaire pour trouver leur mangeaille, leur boisson et leur juchoir.

Les uns les laissent libres dans leur prison, et ont soin de répandre une grande quantité de graines, telles qu'avoine, millet, panis, etc. ; d'autres les tiennent dans des cages basses et couvertes, où les augets seuls sont éclairés ; dans l'un et dans l'autre cas, on leur donne une nourriture abondante, et l'on tient leur abreuvoir toujours très-propre. La porte de la *mue* est ordinairement très-basse ; les murs sont teints de gris, et doivent être surtout bien crépis, pour écarter les *rats*, les *souris*, et autres petits animaux qui mangent le grain, et tuent souvent les ortolans. A chaque coin de la chambre est placée, pour servir de juchoir, une grande perche garnie de traverses ; de plus petites, garnies de même, sont le long des murs ; celles-ci doivent être à un demi-pied de distance environ l'une de l'autre, et les traverses d'en haut moins longues que celles d'en bas.

A côté de la mue, il y a une petite chambre éclairée qui y communique par une porte que l'on n'ouvre qu'aux époques où l'on a besoin d'oiseaux. Ceux-ci, attirés par une grande clarté, passent de l'une à l'autre ; mais, dès que le nombre desiré est complet, on les y renferme, en tirant la porte par le moyen d'une ficelle : de cette manière, ceux qui restent ne sont point effarouchés en voyant prendre leurs compagnons ; ce qui souvent les jette dans la mélancolie, ou les fait maigrir. On peut être sûr, avec ce régime, de les engraisser très-promptement ; il ne faut que huit jours pour qu'ils soient au point convenable, et même ils prennent une telle quantité de graisse, qu'ils finiraient par mourir de *gras fondu* si on ne prévenait cet accident en les tuant à propos, ou en n'engraissant à la fois que le nombre dont on a besoin. On peut employer les mêmes moyens pour les *cailles*, les *tourterelles*, les *grives* ; mais on nourrit ces dernières de diverses baies et de farine pétrie avec des figues sèches. Quoique le chenevis engraisse facilement tous ces oiseaux, on doit en donner peu, et même il est mieux d'en priver ceux que l'on destine pour la table, car il donne à leur graisse un goût huileux et désagréable. Si l'on veut faire passer, d'un pays éloigné, des ortolans parvenus à ce point, dans les lieux où ils sont très-rares, et par conséquent très-chers, on les met tout plumés dans une petite caisse pleine de millet, que l'on envoie par la poste.

Un ortolan gras est un excellent manger ; mais, sans le talent du cuisinier, il perd tout son mérite ; il faut savoir conserver à la graisse sa saveur, son fumet et son goût exquis, soit au bain-marie, soit au bain de sable ou de cendre, et même dans une coque d'œuf naturelle ou artificielle, comme les Romains faisaient, pour les bec-figues, dans des œufs de paon.

Chasse aux ortolans. La chasse la plus usitée est celle des deux nappes aux *alouettes*, avec les appelans. (Voyez ALOUETTES.) On les prend encore au trébuchet. Cette dernière manière est assez usitée dans le midi de la France. Un ortolan est dans une cage laissée au haut d'une perche, et au pied sont placés plusieurs trébuchets, qui ont aussi chacun leur appelant. D'autres tendent des filets, au milieu desquels on met diverses graines pour appât ; alors les moquettes sont dans des cages ordinaires, ou attachées à des piquets, de la même manière qu'un chardonneret à la galère. Ces chasses se font deux fois par an : l'une au mois d'août, et l'autre en avril, époques des deux passages : mais celle d'août est la meilleure, parce qu'on en prend beaucoup de jeunes, qui sont toujours plus délicats que les vieux.

Les ortolans passent au printemps, à peu près dans le même temps qu'arrivent les hirondelles, et devancent un peu les *cailles* ; mais leur passage n'est pas régulier dans les mêmes cantons.

Manière d'apprêter les ortolans On les barde ; on les embroche, et on les met sept à huit minutes à un feu ardent. On peut les préparer aussi comme les alouettes et les petits oiseaux. (Voy. ces mots.)

ORVALE. (*Jard.*) *Salaria Sclarea.* Famille des labiées. Plante odorante, commune partout ; sa feuille et sa fleur, infusées dans le vin ou la bière, leur donnent un goût muscat fort agréable ; mais alors il faut user sobrement de la liqueur, parce qu'elle porte plus promptement à la tête : en employant cette plante avec discernement, elle peut faire un très-bon effet dans les compositions de toute espèce.

ORVET. (*Conn. us.*) *Anguis.* Serpent commun en France.

L'orvet est connu sous les nom d'*anveau*, de *borgne*, *aveugle*, et *serpent de verre.* Il est inoffensif, quoique les paysans regardent sa morsure comme mortelle, et se nourrit de lombrics, d'insectes, de larves et de petits mollusques.

ORVIÉTAN. (*Méd. dom.*) L'orviétan est un électuiore auquel on attribuait autrefois de grandes vertus, et qui est actuellement inusité. Plusieurs des substances qui entrent dans sa composition ont des propriétés contradictoires. L'orviétan se compose de quatorze racines : calamus aromaticus, valériane, bistorte, gentiane, iris, etc. ; de treize espèces de feuilles : grande absinthe, menthe, chardon bénit, dictame de Crète, laurier, marrube blanc, thym, etc. ; trois espèces de fleurs : lavande, roses rouges et tanaisie ; de semences d'anis, de céleri, de cumin, de carottes et de moutarde ; d'épices : de gomme arabique, myrrhe, et de quatorze autres substances, baumes divers, vipères, sulfate de fer, etc.

Ce mélange s'employait comme anti-vermineux, stomachique et calmant, à la dose de deux grammes jusqu'à huit.

L'orviétan devait son nom au charlatan italien Orviétano ; et selon d'autres auteurs, à la ville d'Orviéto, où on l'inventa.

OS. (*Conn. us.* — *Ind. dom.*—*Cuis.*— *Méd. dom.*) Le sous-phosphate de chaux seul est une partie constituante d'une des matières solides des animaux, puisqu'il forme environ les quarante centièmes des os. Sa porportion varie cependant suivant l'âge des individus ; elle est d'autant moindre qu'ils sont plus jeunes, et d'autant plus grande qu'ils sont plus avancés en âge. La substance cellulaire varie dans un rapport inverse avec l'âge des animaux, de manière que les os, qui d'abord ressemblent à une sorte de cartilage et ont beaucoup de souplesse, deviennent de plus en plus solides, durs, et finissent par contenir une si grande quantité de phosphate, qu'ils sont presque cassans.

D'après l'analyse de Fourcroy et de Vauquelin, les os de bœuf sont composés d'environ cinquante de tissu cellulaire, trente-sept de phosphate de chaux, dix de carbonate de chaux, 1/3 de phosphate de magnésie ; ils contiennent en outre des traces d'alumine, de silice, d'oxyde de fer et d'oxyde de manganèse. Il paraît que cette composition des os est la même dans tous les autres animaux parvenus à l'âge adulte.

Le tissu cellulaire des os se compose presque entièrement d'une matière qui se convertit en gélatine dans l'eau bouillante. (Voy. GÉLATINE.)

On extrait des os le phosphore. Calcinés à l'air, ils donnent du phosphate de chaux blanc, qu'on emploie pour donner au cristal une teinte d'opale. Bouillis, râpés ou broyés dans leur état naturel, et étendus sur les semis, ils servent d'engrais. Les Anglais ont, avec un bénéfice immense, emporté les os de tous les soldats morts sur les champs de bataille d'Allemagne, et les ont expédiés en tonneaux pour féconder leurs terres.

On prépare avec les os le noir-animal, et des noirs pour la peinture et la composition du cirage. (Voy. NOIR.) Ils sont utilisés en quantité considérable dans la fabrication et le raffinage du sucre. Leur utilité dans cet emploi est fondée sur la précipitation des matières colorantes, précipitation que le carbone opère avec une grande énergie.

En coupant une extrémité des os de pied de bœuf (tibia), et les plongeant dans l'eau bouillante, il en sort une matière huileuse connue sous le nom d'huile de pied de bœuf, et que l'on emploie pour graisser les pièces frottantes des mécaniques et pour faire des fritures. Les os, décomposés en vases clos par la chaleur, laissent non seulement un résidu charbonneux utile; mais leur produit gazeux, condensé dans des appareils réfrigérans, donne une petite quantité d'acétate et d'hydro-cyanate d'ammoniaque, une huile noire et une grande quantité de sous-carbonate d'ammoniaque. Ce dernier produit sert à la préparation du sel ammoniac, employé dans l'étamage, etc., et du sulfate d'ammoniaque, qui entre dans la composition de l'alun, et sert à fabriquer plusieurs produits ammoniacaux; enfin, l'huile noire, qui est aussi l'un des produits de la distillation des matières animales, rectifiée par une seconde et une troisième distillation, donne une huile blanche ou jaunâtre, connue sous les noms d'huile de Dippel ou de corne de cerf; elle est très-employée en médecine. C'est un puissant antispasmodique.

Machine à broyer les os. C'est une espèce de moulin employé dans la ville de Thiers (Puy-de-Dôme), pour pulvériser les râclures qui restent de la fabrication des manches de couteaux. L'arbre de ce moulin est mis en mouvement par une roue à eau, et réduit les os en fragmens pareils à de la grosse sciure de bois. On les répand ensuite dans les champs, soit en les mélangeant aux terres, soit en les mêlant avec des cendres, ou en les incorporant aux fumiers. Ils conviennent surtout dans les terrains calcaires et crayeux, dans les sols secs et légers, dans les pâturages, dans les cultures de tabac, dont ils améliorent la qualité. Il faut environ vingt hectolitres de poudre d'os par hectare. Un quintal de poudre d'os équivaut à vingt-sept quintaux de fumier, et a l'avantage de ne pas contenir de mauvaises herbes.

L'action de la poudre d'os est en raison directe de sa finesse, et sa durée en raison inverse.

Préparation d'un engrais d'os. Concasser des os de jeunes animaux, les faire bouillir; quand le bouillon a la consistance d'une gelée, le délayer dans un peu d'eau et le répandre sur les racines des arbres.

Os de la desserte. Ordinairement on donne ces os aux chiens et aux chats, en les ôtant de dessus les assiettes et à toute heure du jour; ce qui les rend gourmands et importuns, et leur fait moitié moins de profit que s'ils leur étaient administrés en temps convenable.

Os du pot au feu. Les os du pot au feu peuvent donner encore du bouillon quand ils ont été concassés. On les met avec de l'eau dans un pot, et on les laisse quatre heures au four après la cuisson du pain. En retirant, on a un bon bouillon; on le met de côté; on remplit de nouvelle eau, et on remet au four pendant six heures; on peut recommencer encore une fois cette opération, en laissant les os pendant huit heures dans le four. On mêle ensuite tous les bouillons obtenus par cette espèce d'infusion.

Os humains. L'étude des os s'appelle *ostéologie*. Les os constituent la charpente du corps humain, destinée à attacher les parties molles et à former des cavités qui protégent les organes.

Les os sont des substances blanches, insensibles, très-solides, formées par la réunion d'une multitude de fibres qui contiennent une matière particulière nommée *gélatine*, différens sels terreux, et surtout du phosphate de chaux.

L'état des os n'est pas le même à toutes les époques de la vie : chez les enfans, ils contiennent beaucoup de gélatine, sont élastiques et par conséquent peu sujets à se fracturer; chez les vieillards, les os ont perdu leur élasticité en se dépouillant de leur gélatine pour se surcharger de matières calcaires qui les rendent très-durs et disposés à se rompre facilement.

Suivant les diverses dimensions que présentent les os, on les distingue en *os longs*, en *os courts* et en *os plats* : l'*humérus*, le *fémur*, sont des os longs; les os du poignet sont des os courts; l'*omoplate*, les *pariétaux*, l'*occipital* sont des os plats.

Il y a trois sortes de substances osseuses : la *substance compacte*, la *substance spongieuse* et la *substance réticulaire*. Les os longs sont ceux dans lesquels ces trois subtances sont les plus prononcées; la substance compacte forme leur partie moyenne, la substance spongieuse en occupe les extrémités, et la substance réticulaire est disséminée dans l'intérieur du canal creusé pour loger la moelle, et nommé *canal médullaire*.

L'assemblage de tous les os qui forment la charpente du corps de l'homme porte le nom de *squelette*.

Il y a des squelettes naturels et des squelettes artificiels : les squelettes naturels sont ceux dont les os n'ont pas été séparés et sont restés unis par leurs ligamens naturels; les squelettes sont artificiels lorsque les os dont ils sont composés, après avoir été séparés par la macération ou par l'ébullition, ont été replacés dans leur ordre naturel et réunis à l'aide de fils métalliques.

La membrane fibreuse qui recouvre les os est nommée *périoste*; on l'appelle *périchondre* lorsqu'elle abandonne les os pour se porter sur les cartilages.

On divise le squelette en *tête*, en *tronc* et en *extrémités* ou membres.

La tête comprend le *crâne* et la *face*.

Le crâne est une sorte de boîte osseuse, ovoïde, formée par la réunion de huit os, ayant pour usage principal de renfermer le cerveau et ses membranes, le cervelet, et de protéger ces organes.

Les os du crâne sont : l'*os frontal* ou *coronal*, les *deux pariétaux*, les *deux temporaux*, l'*os occipital*, l'*os sphénoïde* et l'*os ethmoïde*.

Le *coronal* est situé à la partie antérieure du crâne, où il forme le front et une partie des fosses des yeux.

Les *deux pariétaux* ont une figure qui approche de celle d'un carré; ils forment la plus grande partie de la voûte du crâne.

Situé en arrière des pariétaux pour former la partie postérieure de la tête ou l'occiput, l'*occipital* est un des os les plus épais du crâne; il loge la partie postérieure du cerveau et surtout le cervelet, dont les plus légères lésions sont promptement suivies de mort.

Les *temporaux*, situés sur les parties latérales du crâne, forment les tempes : on les divise en trois portions; la première est nommée *écailleuse* ou *squammeuse;* la seconde, *mastoïde;* la troisième, connue sous le nom de *rocher*, est creusée de diverses cavités qui renferment les osselets de l'ouïe; ces osselets sont le *marteau*, l'*enclume*, l'*étrier* et l'*os lenticulaire.*

L'*os sphénoïde*, situé à la base du crâne, présente la figure d'une chauve-souris aux ailes étendues; il s'articule avec tous les os du crâne et le plus grand nombre de ceux de la face.

L'*os ethmoïde* offre, entre deux de ses portions appelées *masses latérales de l'ethmoïde*, une lame horizontale criblée d'un grand nombre de petits trous qui livrent passage aux filets des nerfs de l'odorat.

La *face* se compose de deux parties distinctes : l'une, immobile et supérieure, la *mâchoire supérieure;* l'autre, mobile et inférieure, la *mâchoire inférieure.*

Les treize os dont l'assemblage forme la mâchoire supérieure sont : les *os propres du nez*, les *os unguis*, les *os de la pommette*, les *os maxillaires supérieurs*, les *cornets inférieurs*, les *os palatins* et l'*os vomer.*

La *mâchoire inférieure* est primitivement formée de deux os qui se réunissent ensuite pour n'en faire qu'un seul que l'on désigne sous le nom d'*os maxillaire inférieur.*

Les deux mâchoires sont bordées par de petits os blancs très-durs, les *dents*, au nombre de trente-deux.

Solidement fixées dans de petites cavités nommées *alvéoles*, les dents forment les *arcades dentaires* et sont distinguées en *incisives*, en *canines* et en *molaires;* les dents incisives coupent, les canines déchirent, les molaires broient. Les dents servent à la mastication et à la prononciation; elles empêchent la salive de fluer hors de la bouche et sont un des ornemens du visage.

La nature a voulu qu'à l'époque de la naissance les dents ne fussent point apparentes et qu'elles demeurassent cachées, pendant un certain temps, dans l'épaisseur des bords alvéolaires, afin d'éviter à la mère les douleurs que lui occasionnerait l'allaitement si le nouveau-né avait les mâchoires armées.

L'*os hyoïde*, rangé au nombre des os de la tête, est un petit arceau osseux et fourchu, situé entre la base de la langue et le larynx, qui ne s'articule avec aucun autre os et n'est uni aux parties voisines que par des muscles et des ligamens.

Du tronc. On appelle *tronc* la partie du squelette qui s'étend depuis la tête jusqu'aux membres abdominaux et qui est située entre les membres thoraciques.

Le *tronc* se divise en *colonne vertébrale*, en *poitrine* ou en *thorax* et en *bassin.*

La *colonne vertébrale* ou le *rachis*, vulgairement appelée *épine du dos*, est formée par vingt-quatre pièces osseuses nommées *vertèbres;* c'est une sorte de pyramide percée dans toute sa longueur par un canal qui renferme un prolongement des membranes du cerveau et la moelle épinière. Le sommet de la colonne vertébrale supporte la tête; sa base repose sur la partie postérieure et moyenne du bassin en s'articulant avec l'*os sacrum.*

La colonne vertébrale présente trois régions : celle du *col* ou la *région cervicale;* celle du *dos* ou la *région dorsale;* celle des *lombes* ou la *région lombaire.*

Chaque vertèbre porte le nom de la région à laquelle elle appartient : il y a *sept vertèbres cervicales*, *douze vertèbres dorsales*, et *cinq vertèbres lombaires.*

La *première vertèbre cervicale* est nommée *atlas;* c'est elle qui unit la tête à la colonne vertébrale en s'articulant avec l'occipital.

La *seconde vertèbre cervicale* s'appelle *axis;* cette vertèbre présente une éminence ressemblant à une dent.

La *septième vertèbre cervicale* porte aussi le nom de *vertèbre saillante* ou *proéminente* : elle unit la région cervicale à la région dorsale.

On compte les vertèbres de haut en bas; la cinquième vertèbre lombaire, la plus inférieure, s'appelle *vertèbre sacrée*, en raison de son articulation avec le sacrum.

La *poitrine* ou *thorax* est une sorte de cage osseuse et cartilagineuse, spécialement destinée à renfermer le cœur et les poumons. Cette cage osseuse est formée, dans sa partie moyenne et antérieure, par l'*os sternum;* dans sa partie moyenne et postérieure, par les *vertèbres dorsales*, et, dans le reste de son étendue, par les *côtes* et les *cartilages* qui les prolongent.

La figure de la poitrine est celle d'un cône aplati d'avant en arrière, dont la base est en bas et le sommet en haut; cependant cette figure n'est pas la même chez les différens sujets. Les femmes ont généralement la base de la poitrine fort étroite.

L'*os sternum* est situé à la partie moyenne et antérieure de la poitrine; il est composé, dans l'âge adulte, de trois pièces, distinguées en première ou supérieure, en seconde ou moyenne, et en troisième ou inférieure, qui a été nommée *appendice xyphoïde.* Le sternum s'articule avec les clavicules et les cartilages des côtes.

Les *côtes* sont les arcs osseux dont sont formées les parties latérales du thorax; leur nombre est de douze de chaque côté. On appelle *vraies côtes* celles dont les cartilages s'étendent jusqu'au sternum, et *fausses côtes* celles dont les cartilages ne vont pas jusqu'à ces os. Les vraies côtes sont au nombre de quatorze, sept de chaque côté de la poitrine, où l'on en compte aussi cinq fausses. L'extrémité postérieure de toutes les côtes s'articule avec les vertèbres dorsales.

Le *bassin* est situé à la partie intérieure du tronc, dont il forme la base : on y remarque les deux *os innominés*, l'*os sacrum*, et l'*os coccyx*, dont la réunion forme une cavité principalement destinée à renfermer la vessie, l'intestin *rectum* et les organes internes de la génération.

Les *os innominés* sont formés dans la jeunesse par trois

pièces osseuses que réunit une substance cartilagineuse intermédiaire; l'une supérieure nommée *os ilion*, l'autre inférieure appelée *os ischion*, et la troisième, située à la partie antérieure, désignée sous le nom d'*os pubis*, dans l'âge adulte, où la matière cartilagineuse intermédiaire s'est ossifiée. Ces trois os n'en forment plus qu'un qui a le nom d'*os innominé*.

L'*os sacrum* forme la partie moyenne et postérieure du bassin; il supporte la colonne vertébrale à laquelle il fait suite ainsi que le coccyx.

Des extrémités ou *membres*. Les *extrémités* sont distinguées en *supérieures, ou extrémités thoraciques*, et en *inférieures*, ou *extrémités abdominales*.

Les membres supérieurs sont formés par l'*épaule*, le *bras*, l'*avant-bras*, et la *main*.

Les os de l'épaule sont au nombre de deux; la *clavicule* est placée en avant, et l'*omoplate* en arrière.

Le bras est formé par un seul os nommé *humérus*.

Les os de l'avant-bras sont le *radius* et le *cubitus*: le premier est situé en dehors, le second en dedans.

La main est divisée en *carpe*, en *métacarpe*, et en *doigts*.

Le *carpe* ou le poignet, qui joint la main à l'avant-bras, formé par huit petits os placés sur deux rangées et qui sont distingués par des noms particuliers : la rangée supérieure ou brachiale des os du carpe est formée de quatre os, en comptant du côté du pouce vers le petit doigt : l'*os scaphoïde*, l'*os lunaire* ou *semi-lunaire*, l'*os pyramidal*, et l'*os pisiforme*.

La rangée inférieure est formée par les os suivans : l'*os trapèze*, l'*os trapézoïde*, le *grand os*, et l'*os crochu* ou *unciforme*.

Le *métacarpe* est la partie de la main située entre le carpe et les doigts; il est composé de cinq os distingués les uns des autres par les noms numériques de premier, second, etc., os du métacarpe. La face antérieure du métacarpe répond à la paume de la main; sa face postérieure forme ce qui est appelé le *dos de la main*.

Les *doigts* sont au nombre de cinq : le premier s'appelle *pouce;* le second, *indicateur;* le troisième, *doigt du milieu* ou *grand doigt;* le quatrième, *annulaire;* et le cinquième, *auriculaire*, ou petit doigt.

Tous les doigts sont composés de trois os qu'on appelle *phalanges*, à l'exception du pouce, qui n'en a que deux.

Les extrémités inférieures ou abdominales sont attachées à la partie inférieure du tronc; elles se composent de la *cuisse*, de la *jambe* et du *pied*.

La *cuisse* s'étend depuis le tronc jusqu'à la jambe; elle est formée par un seul os, le plus volumineux et le plus long de tous, le *fémur*.

La *jambe*, située entre la cuisse et le pied, est formée, en dedans, par l'*os tibia;* en dehors, par l'*os péroné;* et à sa partie antérieure et supérieure, par la *rotule*.

On divise le pied en trois parties : une postérieure, nommée *tarse;* une moyenne, appelée *métatarse*, et une antérieure que forment les *orteils*.

Les os du tarse sont l'*astragale*, le *calcaneum*, le *scaphoïde*, le *cuboïde*, et les trois *cunéiformes*.

Le *métatarse*, ou la partie moyenne du pied, est composé de cinq os distingués par les noms numériques de premier, second, troisième, etc., en comptant du gros orteil vers le petit.

Les *orteils* sont au nombre de cinq, et, comme les doigts de la main, formés de trois phalanges : le gros orteil n'en a que deux.

On désigne sous le nom de *sésamoïdes* de petits os dont le nombre est sujet à varier; placés dans certaines articulations des doigts et des orteils, ils ont pour usage d'augmenter la force des muscles dans les tendons desquels ils se sont développés.

On appelle *os vormiens* de petits os surnuméraires qu'il n'est pas rare de rencontrer dans les sutures principales des os du crâne.

Le nombre total des os qui entrent dans la composition du squelette est, en général, de *deux cent quarante-huit:* il a huit os au crâne; quatorze à la face, auxquels il faut ajouter trente-deux dents; huit osselets de l'ouïe, et l'*os hyoïde;* vingt-quatre vertèbres; le *sacrum* et le *coccyx;* vingt-quatre côtes; le *sternum;* deux *os innominés;* quatre os pour les épaules, deux pour les bras, quatre pour les avant-bras, seize pour les carpes, dix pour les métacarpes; vingt-huit phalanges pour les doigts; deux os pour les cuisses, six pour les jambes, quatorze pour les tarses, dix pour les métatarses; vingt-huit phalanges pour les orteils, huit os sésamoïdes pour les pouces et les gros orteils.

De la connexion des os. On donne le nom d'*articulation* à l'assemblage de deux ou d'un plus grand nombre d'os qui sont en contact par des surfaces conformées de manière à se correspondre.

Il y a trois espèces d'articulations : la première, nommée *diarthrose*, permet le mouvement; la seconde, appelée *synarthrose*, ne permet pas le mouvement; la troisième, ou la *symphyse*, a lieu lorsque les os sont articulés à l'aide d'une substance intermédiaire.

La *diarthrose* ou l'*articulation mobile* comprend l'*énarthrose*, l'*arthrodie*, le *ginglyme*, la *trochoïde* et l'*amphiarthrose*.

L'*énarthrose* a lieu lorsque la tête arrondie d'un os est reçue dans une cavité profonde d'un autre os, de manière à permettre le mouvement dans toutes les directions, comme l'articulation de la tête du fémur avec la cavité de l'os innominé; l'*arthrodie*, lorsque la tête arrondie d'un os est reçue dans une cavité peu profonde d'un autre os, comme l'articulation de la tête de l'humérus avec la cavité de l'omoplate. Le *ginglyme* ne permet le mouvement que dans deux directions, comme les articulations du bras avec l'avant-bras, de la cuisse avec la jambe, celle des doigts et des orteils. La *trochoïde* permet à un os de tourner sur un autre, comme le font la première vertèbre cervicale sur la seconde, le radius sur le cubitus : l'*amphiarthrose* ne permet qu'un mouvement très-peu prononcé, tel que celui des os du métacarpe et du métatarse.

La *synarthrose* ou l'*articulation immobile* comprend la *suture*, l'*harmonie*, la *gomphose* et la *connexion* par *schyndilèse*.

Dans l'articulation par suture, l'union se fait au moyen

des bords dentelés des os qui s'engrènent les uns dans les autres, comme cela a lieu pour les os du crâne entre eux.

L'articulation par harmonie est celle dans laquelle l'union s'opère à l'aide de surfaces rugueuses, non dentelées : les os de la face en offrent un exemple.

Il y a articulation par gomphose lorsqu'un os est fixé dans un autre comme une cheville dans un trou : l'implantation des dents dans les alvéoles des os maxillaires en fournit un exemple remarquable.

Dans l'articulation par schyndilèse, l'union se fait par l'induction d'un os dans un autre.

Il y a cinq sortes de symphyse : cette dernière est nommée synchondrose lorsqu'un os est uni à un autre à l'aide d'un cartilage intermédiaire, comme on le remarque dans l'articulation du corps des vertèbres; syssarcose, lorsqu'un os est joint à un autre au moyen d'un ou de plusieurs muscles, tel est le mode d'union de l'os hyoïde avec le sternum; synévrose, quand l'union des os se fait par une membrane intermédiaire, comme cela a lieu pour l'articulation des os du crâne dans l'enfant nouveau-né; syndesmose, quand la connexion des os s'opère par un ligament intermédiaire; comme dans l'articulation du radius avec le cubitus : synostose, lorsque deux os, primitivement séparés, sont ensuite réunis l'un à l'autre par une substance osseuse intermédiaire.

Les articulations des os du crâne entre eux, toutes synarthrodiales, sont nommées sutures. Les principales sutures du crâne sont : la suture fronto-pariétale, formée par la réunion du bord supérieur de l'os frontal avec le bord antérieur des pariétaux; la suture sagittale, qui résulte de l'union du bord supérieur d'un pariétal avec le bord supérieur du pariétal opposé; la suture lambdoïde, ou celle que forme la jonction des bords postérieurs des pariétaux avec les bords supérieurs de l'occipital; les sutures écailleuses ou squammeuses, formées par l'articulation de la portion squammeuse des temporaux avec le bord inférieur des pariétaux.

Dans les articulations mobiles, les surfaces osseuses contiguës sont toujours recouvertes d'une couche de substance cartilagineuse, qui permet aux os de glisser d'autant plus facilement les uns sur les autres, que la surface libre de cette couche est continuellement lubréfiée par de la *synovie*, humeur visqueuse fournie par les glandes synoviales qui sont placées à l'extérieur des capsules articulaires.

Les *capsules articulaires* sont des ligamens membraniformes qui servent à entourer les articulations, et à y retenir l'humeur synoviale.

L'articulation de la tête avec le sommet de la colonne vertébrale se fait par la réception de deux saillies de l'occipital dans deux petites cavités creusées à la surface supérieure des masses latérales de l'atlas. Cet articulation est une double arthrodie qui permet la flexion, l'extension et des mouvemens latéraux.

Gélatine des os. (Voy. ce mot.)

L'usage de la gélatine des os offre de grands avantages. Il est fréquent surtout dans plusieurs parties de la Suisse.

Des boîtes, à peu près semblables à celles de la poste aux lettres de Paris, sont placées au milieu et au coin de chaque rue de Genève. Chaque ménage vient y déposer journellement les os qui proviennent de sa cuisine, et chaque jour le magistrat les fait enlever, pour être transportés à l'établissement où on les convertit en gélatine : de cette manière, on distribue une quantité considérable d'excellent bouillon aux pauvres.

La livre d'os donne cinq pintes d'un bouillon qui égale, en principe nutritif, celui qu'on obtient de cinq livres de viande; bouillon qui, refroidi, se convertit en une gelée consistante éminemment substantielle.

Pour la préparer, on dissout les os dont on veut obtenir la gélatine dans une suffisante quantité d'eau mêlée d'un dixième d'acide muriatique : l'acide se lie avec la partie calcaire des os, et forme avec elle un muriate de chaux qui reste suspendu dans le liquide. Après quelque temps les os sont totalement dissous, et se montrent en forme d'une gelée presque pure. On décante le liquide, et on lave la gelée plusieurs fois dans l'eau froide, pour en séparer toute la partie calcaire. On peut se servir de cette gelée, soit pour des soupes, soit pour tel autre usage de cuisine. Elle est de bon goût et très-nourrissante.

OSEILLE. (*Jard.—Cuis.—Ind. dom.*) *Rumex acetosa.* Famille des polygonées. Cette plante vivace et pivotante se multiplie par les semis ou par la séparation de pieds en septembre. On la met en bordure, à dix-huit pouces de distance, dans une terre fumée et séchée profondément. Elle monte à mesure qu'on la recoupe, ce qui la rend âcre. Quand elle commence à monter, on la coupe rez-terre avec un couteau.

On doit lui préférer l'oseille vierge (*rumex montana*). On la rase pendant les sécheresses, ce qui diminue son acidité.

Si on veut en avoir de bonne heure, il faut garnir le tour des pieds avec de la litière pendant les fortes gelées, et les rechausser avec du terreau au commencement de février : de cette manière, on en aura dès le commencement de mars. La première oseille doit se cueillir avec précaution, et feuille par feuille.

On relève l'oseille tous les trois ou quatre ans, et on renouvelle la terre si on la remet à la même place. La graine se conserve quatre ans. Si on voulait en semer, on suivrait le même procédé que pour les épinards.

Oseille grasse ou maigre. En ôter les queues ; la laver, l'égoutter ; la hacher; la mettre dans une casserole. Si elle rend trop d'eau, la faire égoutter dans une passoire ; la placer dans une casserole avec un morceau de beurre ; mettre dans un vase deux cuillerées de farine et les délayer avec deux œufs et un verre de bouillon ou de lait ; verser le tout sur l'oseille ; remuer, et faire bouillir un quart-d'heure. Servir avec des œufs durs, des œufs pochés, ou en fricandeau.

Manière de conserver l'oseille pendant l'hiver. A la fin de septembre, ou au commencement d'octobre, on cueille de l'oseille, on la hache et on y mêle ensuite du persil, de la ciboule, du cerfeuil, de la petite laitue et de la poirée ; ces herbes doivent former le tiers du hachis ; on la fait cuire, en ayant soin de la remuer sans cesse avec un bâton ou spatule, afin qu'elle ne s'attache point au vase ; on en ajoute à mesure qu'elle fond ; on entretient un feu très-doux, et lorsqu'on juge qu'elle est assez cuite, ce que l'on reconnaît à la pesanteur et épaisseur, on la sale un peu plus que si c'était pour manger de suite, et on la met dans des pots de grès, où on la laisse refroidir avant de la couvrir d'une couche de beurre fondu. Si, après que l'oseille est refroidie, l'eau surnage, c'est une marque qu'elle n'est pas assez cuite, et elle se gâterait infailliblement si l'on n'avait pas la précaution de la remettre sur le feu et de la faire cuire encore quelque temps.

Autre. On hache et fait cuire l'oseille et les autres ingrédiens comme nous venons de l'indiquer; on la laisse refroidir dans des vases de faïence; on la met ensuite dans des bouteilles à grande embouchure que l'on bouche soigneusement. On fait bouillir au bain-marie pendant un quart-d'heure seulement, et l'oseille se conserve aussi intacte et aussi fraîche que si elle sortait du jardin.

On peut faire cuire l'oseille seule; on l'épluche avec soin pour ne pas la laver; on la hache et on la met dans un chaudron sur le feu avec un morceau de beurre et la quantité de sel jugée nécessaire. On fait cuire de la sorte l'oseille à un grand feu, que l'on modère beaucoup sur la fin, en remuant sans cesse avec une spatule: et quand l'oseille paraît suffisamment cuite, on la laisse refroidir à moitié, et on l'introduit dans des pots de grès que l'on recouvre le surlendemain d'un parchemin ou d'une vessie mouillée bien tendue.

On a soin de tondre l'oseille au mois d'août, pour en avoir à tondre en septembre. On ne doit cueillir l'oseille que lorsque la rosée est passée.

L'oseille que l'on conserve doit être épaisse; aucune eau ne doit surnager dessus, même *étant froide*. Mettez-la dans des *pots de grès* assez petits pour qu'ils ne restent pas longtemps entamés lorsque vous en ferez usage. Déposez-les en lieu sec et à l'abri de la gelée. Cette oseille s'emploie comme de la fraîche; il n'en faut que demi-cuillerée pour un potage. Si le beurre ou la graisse du dessus des pots rancit, il faut la renouveler.

Divers usages de l'oseille. Les racines d'oseille sont employées comme rafraîchissantes; on assure qu'elles sont apéritives; cependant leur saveur acerbe et l'observation ne confirment pas cette propriété, et les feraient plutôt ranger dans la classe des astringens. Les feuilles d'oseille sont nourrissantes, rafraîchissantes, tempérantes, dépuratives; on les emploie avec succès dans les fièvres putrides, dans les affections scorbutiques, et dans quelques autres maladies cutanées.

Pour détruire la gomme et les chancres des arbres fruitiers, il suffit de les enlever avec un couteau, et de frotter les plaies avec de l'oseille, jusqu'à ce que le suc ait pénétré dans le bois.

L'oseille contient un acide appelé *acide oxalique*, qui forme, avec la potasse, un *oxalate* connu sous le nom de *sel d'oseille*. Il a divers emplois dans les arts. On s'en sert pour enlever les taches d'encre et de rouille; ces dernières disparaissent plus facilement à l'aide d'un peu d'étain: aussi les enlève-t-on le plus ordinairement en mettant le sel dans une cuillère d'étain.

Moyen de fabriquer le sel d'oseille. Prenez une quantité, à volonté, de feuilles d'oseille; pilez-les dans un mortier de marbre, avec un pilon de bois; exprimez fortement; remettez le marc dans le mortier; pilez-le de nouveau; ajoutez-y une petite quantité d'eau; exprimez pour la seconde fois; mêlez les deux liqueurs; filtrez-les à travers le papier gris, et faites-les évaporer à une douce chaleur, jusqu'en consistance de sirop; recouvrez la liqueur d'huile, pour la priver du contact de l'air, et pour empêcher la fermentation; exposez-la à la cave, dans une terrine de grès, pendant six mois, ou jusqu'à ce qu'elle ait déposé ses cristaux; tirez alors par inclination la liqueur qui surnage les cristaux; dissolvez-les dans une suffisante quantité d'eau bouillante; filtrez la dissolution, et faites évaporer à douce chaleur, jusqu'au point de cristallisation.

L'acide oxalique servait jadis à préparer les limonades sèches; il est très-rafraîchissant; il apaise la soif; mais depuis qu'on est parvenu à obtenir l'acide citrique cristallisé, on le lui substitue dans la préparation de ces limonades.

OSIER. (*Jard.*) Famille des amentacées. Il y en a de plusieurs espèces.

L'osier d'un rouge brun paraît le meilleur.

On tond les osiers tous les ans, après la chute des feuilles. On les trie. Les plus gros servent à faire des berceaux, à lier les arbres; ceux de dix à douze décimètres, à lier les treillages, à attacher la vigne, à palisser. Les petits qu'on emploie pour des paniers qui n'ont qu'un mètre de long composent le troisième tas. Les autres sont mis au rebut. On les divise, selon leur grosseur, en deux ou en quatre, après les avoir triés et épluchés; on les met en bottes de douze décimètres de long, contenant trois cents brins fendus.

Le triage et l'arrangement de l'osier peuvent occuper, durant les jours pluvieux, les loisirs des cultivateurs et le temps de leurs enfans.

Manière de former une oseraie. Choisir un terrain humide, sans être inondé; le labourer; le fumer, et y semer des turneps, des pois, des vesces et de l'avoine. Labourer après cette récolte; planter des plançons, ou branches pour boutures, en laissant six pouces hors de terre, et à seize pouces les uns des autres. Tailler en biseau l'extrémité des plançons et les incliner vers la terre, pour les empêcher de se pourrir à la pluie. Sarcler à la houe l'été et l'automne suivans; enlever le bois mort; ne laisser aux tiges qu'autant de branches qu'elles en peuvent nourrir; abattre les chicots forts, arracher les plus faibles, et ne laisser que deux yeux sur ceux qu'on conserve. Quand un pied périt, on le remplace par un plançon de deux pieds six pouces de long, et on laisse quinze à dix-huit pouces au-dessus du sol.

OSMAZOME. (*Conn. us.*) Principe qui communique l'odeur au bouillon, et qui fait partie de la chair musculaire des animaux.

OUATE. (*Conn. us.*) On appelait autrefois ouate le produit de l'*asclepias syriaca*, dont on fait, en Égypte, des lits et des sofas.

On appelle aujourd'hui *ouate* du coton fin cardé et gommé sur ses deux faces. On fait des morceaux de ouate de la longueur d'un lé de jupon. On les vend à la pièce, environ vingt ou vingt-cinq sous chez les mercières. Ordinairement on les dédouble pour en garnir des douillettes, ce qui s'appelle alors demi-ouate. On a soin de mettre l'endroit gommé du côté du dessous de la robe, pour que le plus chaud se trouve tourné vers la doublure.

Les morceaux d'ouate se faisaient autrefois plus étroits du haut que du bas. Maintenant ils sont partout d'égale largeur.

OURSIN. (*Cuis.*) *Aschinus esculentus*. Cette espèce de zoophyte est enveloppée d'un test armé d'épines. Au printemps il est bon à manger. On l'apprête comme le crabe. (Voy. ÉCREVISSE.)

OUTRES. (*Ind. dom.*) Sacs de cuir qui servent à transporter le vin et l'huile. On en fabrique en Espagne, dans l'Orient et dans les départemens des Alpes, de l'Aveyron, du Cantal, de la Creuse, de l'Isère, de la Lozère, du Puy-de-Dôme, des Pyrénées, etc. On fabrique les outres avec coutures ou d'une seule pièce.

Outres cousues. On prend des peaux de vaches, sans plis; on les fait tremper dans une eau de chaux qui a déjà servi; quand elles sont ramollies, on les remet dans un bain d'eau de chaux récente; on les pèle et on les lave à l'eau courante. On les fait sécher au soleil, puis sur un terrain sec en les soustrayant à la trop grande ardeur du soleil. On les étend ensuite au sec, au soleil, pendant vingt ou trente jours; puis, on les fait tremper dans l'eau. On les coud en long avec une alène. On fait ensuite les coutures du fond, puis celles du haut, en laissant une ouverture de six à huit centimètres, et une espèce de goulot de seize centimètres, qu'on bouche avec une bonde en bois environnée de toile.

En cousant la peau, on met le côté de la chair en dedans.

Outres non cousues. On les fait de peaux de boucs. Quand le bouc est tué, on le gonfle avec un soufflet afin de détacher la chair; on coupe la tête au-dessus du cou, et les jambes de devant à l'articulation du genou; on suspend le bouc par les pattes de derrière, et on fait sortir par l'ouverture du cou toutes les parties du corps; on coupe les deux jambes de derrière comme celle de devant: on retourne la peau, pour la saler fortement, en la frottant de sel pilé, On la couvre d'une pierre, et on la laisse ainsi quinze jours.

On retourne ensuite la peau; on tond le poil assez près; on lie avec de la ficelle les ouvertures des jambes et celle du cou; on coud le trou de l'anus avec l'alène; on peut fermer le cou avec une bonde de bois enveloppée d'un chiffon, à laquelle on pratique un trou. On bouche ce trou avec un bouchon ordinaire.

Pour conserver aux outres leur souplesse, on y verse de temps en temps une bouillie de quatre livres de miel dans huit litres d'eau, à laquelle on a mêlé, quand elle tiédit, une livre de farine de seigle passée au tamis. On agite cette bouillie dans l'outre; on secoue fortement; quand la chaleur fait suinter le liquide en dedans, on frotte l'extérieur de la même bouillie.

OUTREMER. (*Conn. us.*) L'outremer est une couleur bleue qui s'extrait du *lapis-lazuli*. La difficulté de l'obtenir la rend très-chère. Elle coûte jusqu'à 50 ou 60 francs l'once. Toutefois, M. Guimet, en 1828, est parvenu à produire un outremer factice, dont le prix ne s'élève pas maintenant au-delà de 3 à 4 francs l'once, et qui remplace parfaitement le véritable l'outremer.

La fabrication d'outremer factice est basée sur une composition chimique. On dissout de la silice dans de la soude caustique; on ajoute, à la soude saturée de silice, de l'alumine hydratée de manière qu'il y en ait 70 parties pour 72 de silice; on jette ce mélange par petites parties dans du sulfure de sodium en fusion, préparé avec un mélange de deux parties de soufre et d'une de sous-carbonate de soude. Après avoir exposé une heure à un feu doux, on retire; on laisse refroidir et on lave le résidu.

Moyen de reconnaître la falsification d'outremer. En mettre une pincée dans un vase de terre et verser dessus un peu d'acide nitrique. La couleur bleue est à l'instant détruite si l'outremer est pur. S'il est mêlé avec du bleu cobalt et du bleu de Prusse, ou de l'indigo, ces couleurs résisteront à l'action de l'acide.

OUVRIER. (*Cod. dom.*) Les salariés sont soumis à des réglemens spéciaux dont les uns déterminent leurs rapports avec les entrepreneurs, et les autres augmentent contre eux la rigueur des lois de police. (Loi du 22 germinal an XI. Arrêté du 9 frimaire an XII.)

Tout individu employé par un autre comme ouvrier, compagnon ou garçon, doit se pourvoir d'un *livret*. Ce livret est sur papier libre, coté et paraphé sans frais par un commissaire de police ou, à son défaut, par le maire ou son adjoint. Le premier feuillet porte le sceau de la municipalité et contient les noms de l'ouvrier, son âge, le lieu de sa naissance, son signalement, sa profession et le nom et la demeure du maître qui l'emploie. Le premier livret d'un ouvrier lui est délivré sur la présentation de son acquit d'apprentissage, ou sur la demande de la personne chez qui il travaille, ou sur l'attestation, de deux citoyens patentés de sa profession et domiciliés, qu'il est libre de tout engagement, soit comme apprenti, soit comme ouvrier. A moins de prevention de délit, il n'y a point de motifs de refuser un livret à un ouvrier. Lorsqu'un ouvrier veut faire coter et parapher un nouveau livret, il représente l'ancien, qui doit être rempli ou hors d'état de servir. Les mentions des dettes sont transportées de l'ancien livret sur le nouveau. Si le livret est perdu, l'ouvrier peut, sur la représentation de son passeport en règle, obtenir la permission provisoire de travailler dans le lieu où il est, en justifiant à l'officier qu'il est libre de tout engagement, et il peut lui être délivré un nouveau livret, sans lequel il ne peut partir. Tout ouvrier voyageant sans livret est réputé vagabond; et l'ouvrier qui veut voyager doit faire viser, pour partir, son dernier congé sur son livret, par le commissaire chargé de la délivrance des livrets, et y faire indiquer le lieu où il va.

Lorsqu'un ouvrier entre chez un maître, celui-ci inscrit son entrée et sa date sur le livret; l'ouvrier fait viser cette inscription dans les 24 heures par le commissaire de police du domicile du maître, lequel légalise en même temps la signature de ce dernier. Si le maître l'exige, le livret reste entre ses mains. Lorsque l'ouvrier sort de chez un maître, celui-ci donne sur son livret son congé portant la date de la sortie, et s'il a rempli ses engagemens. L'ouvrier fait signer ce congé dans les 24 heures par le commissaire de police. Si le maître refuse de remettre le livret à l'ouvrier qui sort de chez lui, ou de lui délivrer son congé, l'affaire est portée à Paris, devant le préfet de police, et ailleurs, devant le maire ou son adjoint.

L'ouvrier qui a reçu des avances sur son salaire, ou qui est engagé pour un temps, ne peut exiger son congé ni la remise de son livret, qu'après avoir acquitté sa dette par son travail, et rempli ses engagemens si le maître l'exige. Si un ouvrier demande son congé, celui-ci n'est obligé de le payer qu'au jour fixé dans ses ateliers pour la paie. Si c'est le maître qui renvoie l'ouvrier, il doit le payer en le renvoyant. Si le maître refuse paiement pour cause de malfaçons d'ouvrages ou de gâtement de pièces, l'ouvrier peut demander que l'ouvrage soit examiné par des experts. Si l'ouvrier est obligé de se retirer par refus d'ouvrage et de son salaire de la part de son maître, son livret et son congé lui sont remis, encore bien qu'il n'ait pas remboursé les avances à lui faites : mais le créancier a droit de mentionner la dette sur son livret. Le nouveau maître chez qui l'ouvrier entre lui fait sur son salaire journalier une retenue au plus du cinquième de sa journée, jusqu'à l'entière libération de la dette.

Il serait à désirer que le livret fût adopté pour tout homme ou femme travaillant soit aux champs, soit dans les ateliers, et pour les domestiques de toute classe : il assurerait en quelque sorte aux bons sujets un état, en constatant leurs qualités, leur conduite, leur moralité ; il retiendrait souvent dans le devoir ceux qui seraient susceptibles de s'en écarter.

Les coalitions d'ouvriers, pour faire cesser en même temps de travailler, interdire le travail dans un atelier, empêcher de s'y rendre ou d'y rester avant ou après certaines heures, et en général pour suspendre, empêcher ou renchérir les travaux, s'il y a eu tentative ou commencement d'exécution, sont punies d'un emprisonnement de 1 à 3 mois. Les chefs ou moteurs sont punis de 2 à 5 ans d'emprisonnement. Il est défendu aux ouvriers de prononcer des amendes, des défenses, des interdictions ou toute proscription sous le nom de damnation ou toute autre qualification, soit contre les directeurs d'ateliers et entrepreneurs d'ouvrages, soit les uns contre les autres.

L'engagement d'un ouvrier ne peut excéder un an, à moins qu'il ne soit contre-maître, conducteur des autres ouvriers, ou qu'il ait un traitement et des conditions stipulées par un acte exprès.

Toutes les affaires de simple police entre les ouvriers et les apprentis, les manufacturiers, fabricans et artisans, sont portées à Paris, devant le préfet de police, et ailleurs devant le maire et son adjoint. Ils prononcent sans appel les peines applicables aux divers cas, suivant les lois de police municipale. Dans certaines villes manufacturières, les conseils de prud'hommes connaissent comme arbitres des contestations entre un fabricant et ses ouvriers contre-maîtres relatives aux opérations de la fabrique.

OXIGÈNE. (*Chim. dom.*) Nous avons déjà mentionné l'oxigène. (Voy. GAZ.)

Ce gaz est sans odeur, sans couleur ni saveur. Il joue un grand rôle dans la nature, car il se combine de diverses manières avec les autres corps, et leur communique de nouvelles propriétés ; ainsi il forme avec eux tantôt des *acides*, ou composés qui ont une saveur aigre ; tantôt des *oxides*, ou composés insipides et pouvant ramener au bleu la teinture de tournesol, que les acides ont rougie.

On considère l'oxigène comme un corps simple. Quelques expériences ont fait soupçonner à l'Anglais Thumphray Davy que ce gaz pourrait être composé.

Influence de l'oxigène sur les couleurs. Lorsqu'on expose à l'air des étoffes de laine nouvellement sorties d'une cuve d'indigo, elles absorbent l'oxigène, ce qui les fait passer au bleu foncé.

Expériences diverses. Si on comprime fortement l'oxigène dans un corps de pompe en verre, il s'échauffe aussitôt et dégage de la lumière. On peut faire la même expérience sur le chlore et sur l'air, mais la lumière est moins brillante.

Si on remplit une vessie munie d'un tube à robinet avec un mélange d'air et de gaz hydrogène, en ouvrant le robinet, en pressant légèrement la vessie, et faisant passer peu à peu de ce mélange gazeux dans une solution de savon, on produira de grosses bulles qui s'élèveront dans l'air, et que l'on fera détonner en en approchant une bougie allumée placée au bout d'un roseau.

Pour obtenir l'oxigène, on chauffe au rouge, dans une cornue de grès, du péroxide de manganèse en poudre. L'oxigène se dégage, passe par un tube adapté au col de cette cornue, et se rend sous une cloche pleine d'eau placée sur une cuve ; on rejette la première partie que l'on obtient, parce qu'elle est mélangée d'air. A la place du manganèse, on peut se servir de chlorate de potasse que l'on chauffe dans une cornue de verre.

Effet de l'oxigène sur les animaux. Ce gaz, qui entre pour 21 parties sur 100 dans la composition de l'air, est indispensable à la vie. C'est lui qui, dans les poumons, se combinant avec le sang, lui donne une couleur rouge vermeil et le rend propre à alimenter les organes. Si un animal a été privé d'air, ou s'il en a respiré un qui soit vicié, il tombe en asphyxie et meurt ; mais si on l'introduit assez à temps sous une cloche remplie de gaz oxigène, il revient bientôt à la vie. Ce gaz, nécessaire pour l'existence des animaux, peut aussi en abréger la durée quand il est respiré longtemps pur ; un oiseau placé sous la cloche de la machine pneumatique éprouve d'abord du bien-être, et meurt bientôt par excès de chaleur.

L'oxigène est essentiel à la combustion. Un corps brûle en s'emparant de l'oxigène de l'air, il cesse de brûler aussitôt qu'il ne peut plus admettre d'oxigène ou que l'air environnant ne contient plus de ce gaz.

Une bougie qu'on vient d'éteindre ou un charbon qui n'a plus qu'un point en ignition se rallument aussitôt qu'on les plonge dans l'oxigène.

Quand on souffle le feu, on fait, sans s'en douter, une opération chimique. On augmente l'activité de la combustion en combinant une plus grande quantité d'oxigène avec le bois dans le même temps. Les conditions essentielles de la combustion sont donc : 1° un corps combustible ; 2° une proportion suffisante d'oxigène ; 3° une température assez élevée pour commencer la combinaison vive de l'oxigène avec le corps combustible.

Le fer même brûle très-activement dans l'oxigène.

Le mélange de l'oxigène avec divers corps forme des oxides.

Les oxides ont une saveur prononcée ; la plupart sont même très-caustiques, et l'on n'en doit goûter que des quantités extrêmement petites, car ils altèrent promptement nos organes; ils verdissent plusieurs couleurs végétales, font passer au bleu la couleur rouge du tournesol et au rouge la teinture curcuma.

Les corps oxidés augmentent de poids : ainsi, un kilogramme de fer, auquel on combine autant d'oxigène qu'il lui est possible d'en retenir, pèsera après cette opération dix-sept hectogrammes. Il aura donc augmenté en poids des sept dixièmes; conséquemment il retient sept hectogrammes d'oxigène combiné.

Tous les corps ne sont pas oxidables au même point. Si un corps se charge d'une quantité d'oxigène excédant celle nécessaire pour devenir oxide, il devient un oxide sur oxigéné; et s'il est de nature acidifiable, il acquiert les caractères généraux des acides, et dès lors il en prend la dénomination. Ce second terme d'oxidation prend alors le nom d'oxigénation.

Les propriétés des oxides, comme celles des acides, sont toujours en raison de la quantité d'oxigène retenu.

Les oxides de fer, de cuivre, de plomb, de zinc et de manganèse sont connus sous le nom de rouille. (Voy. ce mot.)

L'acide nitrique oxide presque immédiatement les métaux avec lesquels on le met en contact.

On peut, à l'aide de moyens analogues, oxider les métaux et les désoxider; par exemple, l'on oxide un métal en l'échauffant avec un excès d'oxigène. Pour désoxider, ou revivifier l'oxide, il suffit, en général, de le chauffer avec un excès de combustible, à l'abri de l'oxigène de l'air. Pour produire cet effet, on met en contact avec l'oxide un excès de charbon, et l'on chauffe le mélange à une température plus ou moins élevée, suivant la nature du métal oxidé; le charbon s'empare de l'oxigène, avec lequel il forme de l'acide carbonique invisible qui se dégage, et le métal reste à nu dans son état de pureté. Plusieurs autres substances combustibles sont susceptibles d'enlever l'oxigène aux oxides métalliques, à une haute température; les métaux difficilement oxidables (platine, or et argent) peuvent même être débarrassés de l'oxigène sans aucun autre agent que la chaleur.

La chaux est de l'oxide de calcium. Quand de la chaux vive est mêlée avec de l'eau, la chaleur qui se dégage est telle qu'on peut enflammer par ce moyen la poudre à canon, le soufre, le phosphore, etc. Ce dégagement considérable de calorique est dû à l'absorption et à la solidification de l'eau par l'oxide de calcium qui passe à l'état d'hydrate. (Voy. CHAUX.)

Oxide de potassium. (Voy. POTASSE.)

Oxide de sodium. (Voy. SOUDE.)

Oxide de cuivre ou vert de gris. On prépare l'oxide de cuivre vert dans les lieux où l'on récolte de grandes quantités de vin. Pour l'obtenir, on réduit du cuivre en lames très-minces, on les stratifie ensuite avec des grappes de raisin exprimées; on arrose le tout avec du mauvais vin; il s'excite une fermentation spiritueuse qui passe bientôt à la fermentation acide, et ces lames de cuivre se combinent avec l'oxigène de l'acide acéteux qu'elles décomposent, et se convertissent en une rouille verte qui est connue dans le commerce sous le nom de vert-de-gris.

On emploie en médecine l'oxide d'antimoine comme diaphorétique, l'oxide de cuivre dans la préparation de l'onguent vert, l'oxide de fer comme tonique, etc. L'oxide de manganèse sert dans les arts pour blanchir diverses substances. Il est d'un grand usage aux verriers. L'oxide de plomb calciné rouge, appelé minium, donne une couleur rouge. Le deutoxide de plomb jaune ou *massicot* sert à vernisser la faïence. Cristallisé en lames, il prend le nom de litharge.

OXYMEL. (*Méd. dom.*) Mélange de deux parties de miel et d'une partie de vinaigre. Remède rafraîchissant, facilitant l'expectoration.

OXYCRAT. (*Méd. dom.*) Mélange d'eau et de vinaigre employé comme rafraîchissant anti-septique et astringent avec une forte dose de vinaigre.

P.

PACHYDERMES. (*Conn. us.*) Animaux à peau épaisse. (Voy. HISTOIRE NATURELLE.)

PACKFONG. (*Conn. us.*) Cuivre blanc de Chine. Pour le préparer, on concasse du nickel en morceaux gros comme une noisette; on les jette dans un creuset, et on ajoute du zinc et du cuivre, en mettant du cuivre dessus et dessous. On recouvre le tout de poussier de charbon; on fait fondre en remuant, et tenant longtemps en fusion. Le packfong sert à faire des cuillères, fourchettes, gobelets, etc. Les proportions des trois métaux varient : pour les cuillères, 0,25 nickel, 0,25 zinc, 0,50 cuivre. Pour les garnitures de couteaux, 22 nickel, 23 zinc, 55 cuivre. Pour les chandeliers, 0,20 nickel, 0,20 zinc, 0,57 cuivre, et 0,5 plomb. Quand on ajoute 0,020 ou 0,025 de fer ou d'acier fondu préalablement avec du cuivre, le packfong est plus blanc, mais plus dur.

En refondant les rognures de packfong, on ajoute 0,05 ou 0,04 de zinc, pour remplacer celui qui se volatilise.

Il faut de grandes précautions pour laminer le packfong. On le colore en le trempant dans 100 d'eau et 14 d'acide sulfurique.

PAILLAGE. (*Jard.*) Opération qui consiste à répandre du fumier consommé sur le sol, pour assurer la levée des graines, et garantir les jeunes plantes. Le paillage se pra tique aux premières chaleurs, pour empêcher le soleil de trop dessécher la terre. Il est destiné à protéger les semis; il doit être d'une faible épaisseur, une ligne ou une ligne et demie. Le paillage réussit parfaitement sur le chanvre. On peut, au lieu de fumier, employer les feuilles d'arbres, fougère, les joncs et roseaux pourris, la bruyère, etc.

PAILLASSE. (*Conn. us.*) Les paillasses tiennent lieu de sommiers dans les lits communs. La paille qu'on emploie pour les garnir doit être débarrassée de ses épis, pour ne point attirer les rats. L'enveloppe est ordinairement de grosse toile dont la trame est bleue et la chaîne grise, on y fait quatre ouvertures d'un pied de long, savoir : deux de chaque côté du dessus, ce qui donne la facilité de remuer la paille. Il faut le même aunage de toile que pour un matelas.

Paillasses faites avec la paille de maïs, blé de Turquie. Les paillasses remplies avec la paille provenant de la dessiccation des feuilles ou robes qui enveloppent l'épi du maïs sont préférables aux paillasses remplies avec le chaume du blé. En effet, ces paillasses, où l'on fait entrer de 80 à 100 livres de paille de maïs, peuvent durer 10 ans. La paille en est élastique, se redresse d'elle-même lorsqu'on la remue; elle ne se coupe pas, ne se divise pas comme la paille ordinaire.

La seule précaution à prendre chaque année, pour le bon entretien de ces paillasses, consiste à vider cette paillasse une fois par an, à bien remuer cette paille dans une chambre, sur un drap, et à l'introduire de nouveau dans la paillasse.

Les paillasses faites avec la paille de maïs sont très-répandues dans le midi.

PAILLASSON. (*Jard.*) (Voy. ABRIS, NATTES.) Les paillassons servent à garantir les espaliers et les plantes. Pour les faire, on couche à terre trois échalas de six pieds de long éloignés les uns des autres de deux pieds; on pose dessus en travers un pouce de paille de seigle; on place ensuite sur ce lit trois autres échalas correspondant aux autres, avec lesquels on les attache au moyen de liens d'osier; on termine en mettant un ou deux échalas en travers pour consolider l'ouvrage. On met les paillassons à plat sur les couches, élevés seulement avec quelques petits pieux.

PAILLE. (*Agr.—Ind. dom.—Conn. us.*) Douze sortes de paille sont employées pour litière et fourrage : celles de

Colza.	Pois.
Froment.	Vesce.
Seigle.	Lentille.
Orge.	Sarrasin.
Avoine.	Millet.
Fève.	Maïs.

Nous allons les examiner successivement. Voici d'abord leur ordre et leurs qualités.

Comme fourrage.

1° Paille de millet.	7° de colza.
2° de maïs.	8° d'orge.
3° de lentille.	9° de seigle.
4° de vesce.	10° de froment.
5° de pois.	11° d'avoine.
6° de fèves.	12° de sarrasin.

Comme litière.

1° Paille de colza.	7° de pois.
2° de vesce.	8° d'orge.
3° de sarrasin.	9° de froment.
4° de fèves.	10° de seigle.
5° de lentille.	11° de maïs.
6° de millet.	12° d'avoine.

Paille de colza. Bonne pour les moutons, coupée très-menue et trempée dans l'eau chaude, puis mêlée avec son ou tourteau d'huile; on doit la laisser un peu fermenter dans cet état. Elle contient 45 pour cent de parties nutritives, et, brûlée, 96 pour cent de parties combustibles, 4 pour cent de potasse, soude, chaux, magnésie et autres sels non combustibles.

La fermentation de la paille de colza fournit beaucoup d'ammoniaque.

Elle est supérieure, non-seulement comme fourrage, mais encore comme engrais, à celle des céréales.

L'usage est dans quelques pays de brûler la paille de colza et d'en jeter les cendres.

Paille de froment. Contient 48 pour cent de parties nutritives, mais moins d'albumine que le colza et moins de phosphate de chaux. Elle donne, brûlée, 96 et demi pour cent de parties combustibles, 5 pour cent de terre siliceuse, une demi de potasse, soude, etc. Elle est un mauvais engrais en raison de son peu d'alcali et d'ammoniaque.

On doit recueillir la paille bien sèche, l'entasser dans un lieu aéré, privé d'humidité, afin qu'elle ne contracte aucune mauvaise odeur, et séparer avec soin celle dont le grain a été frappé de rouille, parce qu'elle pourrait occasionner des maladies. Avant de la donner aux bêtes, on aura soin de la couper menu avec un hache-paille ou tout autre instrument tranchant. Alors, jointe à une petite portion de foin également taillé, elle forme une nourriture agréable. Il est hors de doute que la paille constitue un fourrage sain, et que dans quelques provinces, les chevaux, les bœufs, le menu bétail s'en nourrissent presque exclusivement. La paille nourrit très-bien le bétail; en quelques lieux on la fait bouillir, et de cette manière elle sert à engraisser les bœufs. Nos agriculteurs savent conserver le chaume, afin d'en faire du fourrage; mais ils n'ont pas l'art de le couper, ce qui fait que le bétail en mange seulement une partie, laissant la plus grosse.

La paille récoltée humide est de qualité inférieure. Pour avoir de belle paille de froment et de seigle, on bat les gerbes sans les délier.

La bonne paille se reconnaît à sa couleur jaune-clair, à son odeur suave et à sa saveur sucrée.

Les céréales coupées avant leur complète maturité en fournissent de meilleure, parce que le principe sucré y est resté en plus grande quantité.

On conserve la paille, soit dans des greniers ou dans des granges, soit en meules à l'air libre. L'important est qu'elle ne soit pas atteinte par les eaux des pluies, qui altèrent sa saveur et sa solidité.

Paille de seigle. Provenant d'un sol argileux et fertile, contient 52 pour cent de parties nutritives.

Brûlée, elle donne :
97 pour cent parties combustibles,
5 id. silice, soude et potasse.
La silice y est, elle seule, pour 2 un quart.

Plus riche que la paille de froment en potasse, elle la surpasse également en parties nutritives. Elle est propre à faire des paillassons, des chaises, etc.

Paille d'orge. Venue sur un sol argileux et fertile, contient 49 et demi pour cent de parties nutritives.

Brûlée, elle donne :
94 et demi pour cent de parties combustibles ou eau,
5 et demi id. sels fixes divers.

D'après cette analyse, la paille d'orge, contenant une plus grande quantité de potasse, chlore, soude, etc., que les pailles de froment et de seigle, leur est supérieure comme fourrage et engrais. Elle est trop courte comme litière.

Paille d'avoine. Provenant d'un sol argileux et fertile : 52 et demi pour cent de parties nutritives.

A la combustion :
95 1/5 pour cent, parties combustibles,
4 4/5, sels divers.

Inférieure à celle d'orge, supérieure à celle du seigle et du froment, la paille d'avoine communique au lait un goût amer que donne aussi la paille d'orge, mais moins fortement. Il ne faut pas la laisser javeler.

La proportion de fibre végétale est à peu près la même dans toutes les pailles de céréales.

Paille de fèves. Sol argileux et riche.

Bien rentrée et pas trop mûre, elle est bonne pour chevaux et moutons.

48 pour cent de matières nutritives.

A la combustion, elle donne :
97 pour cent de parties combustibles,
5 id. substances diverses non combustibles.

Contenant principalement chlore, acide phosphorique et potasse.

Bonne pour fourrages et fumiers.

Paille de pois. Cette paille est une des meilleures connues; elle convient surtout aux moutons, mais donne des coliques aux chevaux.

Elle contient 69 pour cent de parties nutritives.

Brûlée, elle donne :
95 pour cent de parties combustibles,
5 id. de substances diverses, présentant peu de soude et de chlore.

Elle ne doit s'employer comme nourriture habituelle qu'en donnant un peu de sel aux animaux qui s'en nourrissent, ou en l'arrosant d'eau salée.

Paille de vesce. Très-rarement bien rentrée, et presque toujours altérée par la pluie; elle est bonne pour nourrir les moutons. Contenant 46 pour cent de substances solubles dans l'eau. C'est un des fourrages que la pluie détériore le plus.

Les chevaux sont friands de paille de vesces; on leur procure un fourrage excellent en semant des vesces avec du seigle de printemps, les fauchant et les faisant sécher comme du foin.

La paille de vesces présente 56 pour cent de parties nutritives.

Brûlée, elle donne :
95 pour cent de matières combustibles, dont un peu d'eau,
5 pour cent de substances diverses, dont les proportions prouvent son excellence comme engrais ; car elle est riche en potasse, chaux, magnésie, acide sulfurique et phosphorique, chlore, etc.

Paille de lentilles. La plus estimée comme fourrage : elle équivaut au meilleur foin; contenant 61 pour cent de parties nutritives.

Brûlée, elle donne :
96 pour cent de parties combustibles et un peu d'eau;
4 id. substances diverses, dont peu d'acide sulfurique.

Elle convient mieux aux animaux que la paille de pois, en ce qu'elle contient plus de sel marin, quoique moins riche en parties nutritives.

Paille de sarrasin. Les animaux ne la mangent pas avec plaisir, et quelquefois ils la refusent tout-à-fait.

La paille de sarrasin provenant d'un marais mis en culture par l'écobuage, a donné :
46 1/4 pour cent de parties nutritives; l'extrait aqueux fortement acide, âcre, astringent.

A la combustion :
97 pour cent de parties combustibles et un peu d'eau,
3 id. de substances diverses.

Mauvaise comme fourrage, elle est bonne comme engrais.

Paille de millet. Fort estimée comme fourrage, à part qu'elle ait été fermentée, ce qui lui arrive lorsqu'on la met en tas en la ramassant.

Le millet aime un sol sablonneux et léger. La paille qui a servi à l'analyse provenait d'une terre argileuse et grasse. Elle contenait :
61 et demi pour cent de parties nutritives;

A la combustion :
95 pour cent de parties combustibles et un peu d'eau,
5 id. de substances diverses, dont beaucoup de silicate de potasse.

Riche en parties nutritives, la paille de millet est un très-bon fourrage; elle serait meilleure si elle contenait plus de phosphate de chaux et d'albumine.

On voit par-là combien il est essentiel de donner au bétail une nourriture mélangée; l'animal se trouve plus à même d'extraire le principe propre à son organisation.

Paille de maïs. Le bétail en est très-avide; 100 parties de cette paille donnent 74 de substances nutritives.

A la combustion elle donne :
96 pour cent de parties combustibles,
4 id. de matières diverses,

Dont beaucoup de silice, ce qui prouve qu'elle n'abonde pas en fumier.

Moyen de tirer de la paille des fèves une filasse propre à remplacer le chanvre; par M. Hall, de Londres. En faisant tremper la plante dans l'eau dix à douze jours, on en sépare facilement la filasse, soit en la battant, soit en la frottant. On doit la laver, et ensuite la traiter précisément de la même manière que le chanvre, soit en la-

traitant par la machine dont on se sert pour le broyer, soit en la peignant.

L'enlevement des chaumes des pailles est important pour l'agriculteur qui connait le tort que causent aux récoltes les plantes inutiles. Cette opération consiste à donner au sol une légère culture, soit avec une forte herse en fer, soit avec l'extirpateur, soit avec une charrue. Si vous voulez en obtenir un résultat vraiment utile, ne laissez pas évaporer l'humidité de la terre, car elle provoque la germination des mauvaises graines. Permettez tout au plus qu'entre le chariot qui enlève la récolte et l'instrument qui déchaume, un troupeau de moutons profite des épis qui ont échappé au moissonneur.

Les Romains faisaient consommer toutes leurs pailles au bétail, en les saupoudrant de sel ou les couvrant d'eau salée. On peut mêler à la paille hachée des feuilles, des racines, des tiges de vesce, de pois et autres légumineux, du foin, du trèfle, de l'avoine, des bulbes de grains, de l'orge, des fèves, etc.

Préparation de paille pour servir à la nourriture des bestiaux et à l'engrais. Hacher de la paille très-court, la mêler à des graines concassées et faire cuire le tout à demi.

La paille fine sert à faire des chapeaux. La paille mise en cordes est propre au chauffage. On fabrique du papier entièrement composé de paille. Celui de paille de riz de la Chine est très-estimé, et sert à faire de jolis dessins d'un aspect particulier.

Apprêt de la paille pour chapeaux. (Voy. CHAPEAUX.)

Plantes qui peuvent remplacer la paille pour les chapeaux. Triticum, melica cærulea et gigantea, agrostis stolonifera, triticum repens, lolium perenne, avena flavescens, cynosurus cristatus, anthoxanthum odoratum, agrostis canina.

On récolte ces plantes en fleurs; on lie les tiges en bottes; on verse dessus de l'eau bouillante; on les laisse infuser dix minutes. On les fait sécher sur une pelouse, bien étalés, en les retournant de temps en temps. Vers le septième jour, le blanchiment est complet. Il reste ensuite à éplucher, à fendre, à aplatir la paille, et à en former des tresses.

PAIN. (*Conn. us.—Ind. dom.*) Les conseils suivans s'adressent aux boulangers, et aux personnes qui ont coutume de fabriquer le pain chez eux, ce qui est en général peu avantageux. (Voy. BOULANGERIE.)

Le bénéfice des boulangers est ordinairement de vingt pour cent des frais de fabrication. Ils gagnent huit à quatorze centimes sur le pain de quatre livres. L'autorité fixe, à Paris, le prix du pain, en accordant au boulanger dix francs par cent, ou vingt centimes par pain de quatre livres.

En évaluant à 500,000, à Paris, le nombre des consommateurs de pain peu aisés, on trouve que l'augmentation d'un sou par livre de pain prélève sur eux 9,125,000 francs chaque année.

Tout pain mis en vente doit avoir le poids. Si, comme il arrive souvent, le pain ne pèse que cinq livres dix onces, c'est pour l'acheteur une perte de dix-huit livres douze onces de pain par mois, valant trois francs cinquante centimes, ce qui fait quarante-deux francs par an. Il serait à souhaiter, pour éviter toute fraude, que le pain fût vendu au poids.

Les pains fendus sont moins nourrissans que les autres, perdent plus de poids au four, et ne cuisent pas aussi bien.

Comme le pain est la provision du ménage la plus essentielle, puisqu'il constitue l'aliment journalier et indispensable à la vie, il nous paraît très-important qu'on sache le préparer d'une manière avantageuse à la santé, à l'économie et à l'agrément.

Le pain qu'on fabrique chez soi est presque toujours aigre, mat et bis, malgré la bonté des grains qu'on y emploie, et revient toujours à un prix fort cher, faute de connaître les moyens économiques de les moudre et d'en préparer convenablement cet aliment.

Le meilleur ouvrage sur la fabrication du pain est l'*Avis aux bonnes ménagères*, du célèbre Parmentier. Pour dispenser d'y recourir, nous en reproduirons les principales indications.

Choix du blé. Le meilleur blé est sec, dur, pesant, ramassé, bien nourri, plus rond qu'ovale, ayant la rainure peu profonde, lisse et clair à sa surface, et d'un blanc jaunâtre dans son intérieur, qui sonne lorsqu'on le fait sauter dans la main, et cède aisément à l'introduction du bras dans le sac qui le renferme, tous indices qui prouvent son état sec et net.

Le blé inférieur est celui qui s'éloigne des caractères distinctifs dont nous venons de parler; c'est-à-dire qu'il est plus maigre et plus alongé, d'un jaune plus foncé, léger, ayant l'écorce plus épaisse et plus terne, se cassant plus aisément sous la dent, et offrant dans son intérieur une matière moins serrée et moins blanche.

Les blés médiocres sont encore plus chétifs, plus légers et presque toujours mélangés de seigle, d'orge, de nielle, d'ivraie, de rougeole, de pois gras, qui colorent et diminuent la farine, rendent le pain bis, sans pourtant nuire à sa salubrité.

Les blés altérés se reconnaissent bientôt à leur odeur et à leur goût; il suffit de les porter sous le nez, ou de les mâcher pour s'en assurer : leur surface d'ailleurs est presque toujours haute en couleur, et la matière farineuse qu'ils contiennent offre un blanc terne. (Voyez BLÉ.)

Précautions à prendre avant de porter le blé au moulin. Choisir de préférence, pour serrer le bon blé, l'endroit de la maison le plus frais, le plus sec, le plus éclairé, le plus propre, le plus éloigné des foyers, des latrines, des écuries et autres lieux habités par des animaux; en fermer les fenêtres avec des châssis en toile, afin de laisser l'air pénétrer librement; interdire l'entrée aux souris, aux rats et aux chats, à cause du dégât qu'ils occasionnent, et de l'odeur que le blé, par leurs émanations, peut contracter; ne pas amonceler le grain en tas trop épais, pour que la transpiration qui en résulte s'évapore; renouveler l'air dans l'intérieur du tas, et rafraîchir chaque grain, en remuant à la pelle, et faisant changer, par ce mouvement, tout le blé de place : telles sont les précautions générales.

Quand l'hiver a passé sur le grain nouveau, soit qu'il ait acquis toute sa perfection à la grange, étant renfermé dans l'épi, ou bien que, battu peu de temps après la récolte et porté ensuite au grenier, il ait ressué et *jeté son feu*; il est certain qu'alors on peut le faire moudre avec profit, sans courir aucun risque.

L'expérience a souvent prouvé que les grains, en général, peuvent occasionner des désordres dans l'économie animale lorsqu'on les mange trop nouveaux et qu'ils viennent d'une année froide et humide.

Il vaut mieux acheter cher de bon grain que de faire de mauvais pain avec du grain avarié.

Avant de porter le blé au grenier, il faut d'abord s'informer des circonstances qui ont accompagné sa croissance et sa récolte; car c'est l'état où il se trouve après avoir été battu qui doit régler la nature et les espèces de soins qu'il faut prendre pour sa conservation.

Le blé qui vient d'une année sèche et chaude, quel que soit le terrain ou le climat où il a crû, se garde de lui-même, sans employer presque aucun soin; mais si la récolte a été au contraire froide et humide, il est essentiel de ne pas le perdre un instant de vue, et de le veiller de près: autrement l'eau dont il a été nourri concourt bientôt à son dépérissement.

C'est surtout au printemps qui succède à la moisson qu'il faut redoubler d'attention, parce qu'aux premières chaleurs le blé *jette son feu*, fermente, s'altère, et que d'ailleurs c'est le temps des charançons.

Les blés mouillés doivent être séchés au soleil ou au four. L'écorce s'en détache plus aisément. Ils donneront plus de son; les meules ne seront pas empâtées, ni les bluteaux graissés; la farine qui en proviendra sera plus abondante, plus parfaite; elle se conservera infiniment mieux, boira davantage d'eau au pétrissage, et donnera par conséquent une quantité plus considérable de pain, et de meilleure qualité.

Les blés trop secs ne sont pas non plus exempts d'inconvéniens quand on va les faire moudre en cet état. L'écorce des blés trop secs s'écrase plus facilement qu'on ne voudrait; une partie se réduit en poudre fine, et passe à travers les bluteaux fins, altère la blancheur de la farine et la qualité du pain; elle occasionne, en outre, un déchet marqué par la poussière légère qui voltige dans le moulin, dans la bluterie, et que l'air emporte avec lui au dehors. Il faut donc restituer à ce blé trop sec la portion d'humidité que les blés trop nouveaux ou mouillés ont par surabondance.

Sur un setier de blé trop sec, pesant à peu près deux cent quarante livres, on répand environ dix pintes d'eau, par le moyen d'un arrosoir; on laisse ce blé en tas toute une nuit, afin que chaque grain se pénètre insensiblement de l'humidité qui le recouvre. On ne doit faire cette opération que quand on est presque sûr de jouir du moulin vingt-quatre heures après, parce qu'autrement, s'il faisait chaud, le blé, ainsi arrosé d'une eau étrangère à celle qu'il contient naturellement, courrait plus vite encore les risques de s'altérer. Si l'on néglige cette précaution, le meunier n'y manquera pas, et pourra rendre en eau ce qu'il aura retenu en farine.

De la farine. Il faut la conserver dans des sacs isolés de toutes parts, tenus ouverts lorsqu'il fait chaud, en y enfonçant le manche d'une pelle jusqu'au fond, pour y former ce qu'on nomme une cheminée, afin que l'air, qui pénètre dans l'intérieur du sac, enlève avec lui une humidité particulière qui transpire continuellement des corps végétaux amoncelés; la farine, si elle vient du blé sec et mûr, se conservera en bon état. On peut même renouveler ces cheminées de la même manière, en faisant à côté des trous perpendiculaires depuis l'orifice jusqu'au fond du sac. (Voy. FARINE, SON.)

De l'eau dans le pain. La bonté du pain ne dépend nullement de la qualité des eaux avec lesquelles on le fabrique; c'est le degré de chaleur qu'on leur donne qui y contribue.

Toutes sortes d'eaux, pourvu qu'elles soient potables, peuvent servir indifféremment à la préparation du levain, au pétrissage de la pâte et à la fabrication du pain; ainsi l'eau de puits, l'eau de citerne, l'eau de fontaine, l'eau de rivière et l'eau de pluie ne présentent, dans la fermentation et la cuisson de cet aliment, aucune nuance de légèreté, de blancheur et de saveur capable d'en désigner la nature, l'espèce et l'origine. (Voy. EAU.)

Que l'on se donne bien de garde surtout de verser sur le levain de l'eau bouillante, même dans le temps où le grand froid rend l'eau chaude nécessaire, dans l'intention de la tiédir aussitôt par le mélange de l'eau froide, parce qu'elle surprendrait la pâte, la rendrait grise, molle, lui ôterait de sa fermeté et de sa consistance.

On peut établir, en général, que l'eau doit être employée dans la fabrication du pain sous trois états: 1° telle qu'elle est quand il fait chaud, 2° tiède en hiver, 3° enfin chaude dans les grandes gelées; mais on a remarqué qu'il résultait toujours de la même farine trois qualités de pain différentes, et que la meilleure était constamment celle qui avait été pétrie à l'eau froide. Le pain à l'eau froide ou tiède sera toujours plus délicat que celui à l'eau chaude.

Beaucoup de gens de la campagne sont dans l'usage de faire bouillir la totalité de l'eau qu'ils veulent employer pour préparer leur pain; mais il suffit d'en faire bouillir une partie, et de la mêler ensuite toute bouillante avec l'autre qui est froide.

Emploi de l'eau de mer dans la panification. M. Ch. Paquet, capitaine de navire, au Havre, vient d'obtenir un succès qui sera apprécié dans la marine, en réussissant à employer l'eau de mer dans la panification.

Son procédé se borne à faire le levain seulement à l'eau douce, et à employer, sans autre préparation, l'eau de mer au reste de l'opération.

M. Paquet assure avoir obtenu ainsi un pain sans aucun goût, et tout aussi bon que celui fait entièrement à l'eau douce.

Du levain. Le levain est la partie la plus essentielle, la plus délicate et la plus difficile de la fabrication du pain. Cet aliment sans lui ne serait autre chose qu'une galette plate, visqueuse, indigeste et sans goût. (Voy. LEVAIN.)

La veille où l'on doit cuire, on prendra le levain de la dernière fournée, que l'on délaiera le soir, avant que de se coucher, dans le tiers de farine destinée à être employée en pain avec l'eau froide; on formera du tout une pâte ferme, qu'on laissera toute la nuit dans le bout de la huche ou du pétrin, entourée de farine qu'on élèvera et que l'on foulera afin qu'elle ait plus de solidité, et qu'elle contienne mieux le levain dans ses limites.

Si la bonne ménagère désirait avoir encore un pain plus léger, plus blanc et plus parfait, elle pourrait, au lieu de commencer à faire pétrir sa pâte à six heures du matin, différer jusqu'à neuf heures, et délayer son levain de la même manière que la veille, en tenant cependant sa pâte plus douce, moins ferme ; il n'y aurait que du retard, avec l'avantage d'avoir un pain plus savoureux, sans augmentation d'embarras ni de dépense. Dans la fabrication du pain, on ne peut pas établir de règles fixes et invariables ; il n'y a rien qui soit plus assujetti aux vicissitudes des saisons que la pâte qui fermente dans les grands froids. Il faut employer pour le levain de l'eau un peu chauffée, mettre ce levain dans une corbeille bien couverte auprès du feu : voilà pour l'hiver.

Du sel dans le pain. Il est des provinces où l'on ne fait pas de pain, de quelque espèce qu'il soit, sans y introduire en même temps du sel ; et il est rare qu'il n'y en ait pas toujours trop, au point souvent que la saveur naturelle et agréable de cet aliment n'est plus du tout sensible.

C'est particulièrement vers le Midi que l'usage de mettre du sel dans le pain est adopté et suivi ; cependant les blés de ces contrées sont ceux qui ont le moins besoin de cet assaisonnement : ils portent avec eux une saveur infiniment préférable à celle du sel, qui n'augmente pas autant qu'on l'assure la quantité et la qualité du pain qu'on en prépare.

Il est vrai que si les blés récoltés dans des pays chauds et dans des saisons sèches peuvent très-bien se passer de sel, il faut convenir que ceux qui proviennent de pays froids et d'années humides doivent gagner par cette addition, parce que leurs farines ont moins de saveur.

Emploi du son dans le pain. Le son a le défaut de ne pas nourrir, d'exciter l'appétit, de diminuer le volume du pain.

Dans le pétrissage, le son, toujours grossier, toujours étranger à la farine, empêche l'eau de s'incorporer dans cette dernière d'une manière aussi intime, aussi uniforme, d'où il résulte une pâte inégale, second inconvénient. Les levains dans lesquels il entre du son sont toujours très-aigres ; ils perdent trop promptement l'état vineux qui leur est nécessaire pour donner un bon apprêt à la pâte, troisième inconvénient. Le pain qui contient trop de son, ne peut perdre son humidité au four ; il reste presque toujours mat ou gras, ce qui en accélère la moisissure, quatrième inconvénient.

M. de La Justois découvrit, vers 1770, une meilleure panification que celle qui est en usage et une méthode sûre d'augmenter le pain d'un quart avec la même quantité de farine, et de le conserver frais pendant plusieurs mois, mais divers obstacles empêchèrent d'en faire usage en France. Il ne s'agissait que d'une liqueur avec laquelle la farine devait être pétrie, et qui était extraite du gros son bouilli durant une heure dans une quantité suffisante d'eau. Cette manipulation est tombée dans l'oubli par les intrigues de l'intérêt et de la vieille routine, ainsi qu'un four perpétuel inventé à la même époque, et qui eut le même sort pour des causes pareilles.

L'eau dans laquelle on a fait des lavages de son, employée pour la préparation de la pâte, donne, en pain de très-bonne qualité, 1|5 en sus du poids des parties qu'elle contient en dissolution ; c'est-à-dire que, si l'eau de lavage contenait vingt kilogrammes de parties enlevées au son, il y aurait vingt-cinq kilogrammes de pain de plus que si on avait employé de l'eau pure.

Le procédé du lavage est bien simple. Il s'opère ainsi : on place le son dans un sceau de fer-blanc dont le fond et les côtés sont percés de trous très-petits, tels que ceux d'une passoire, ou dont le fond serait en toile métallique, et on le trempe à plusieurs reprises dans un baquet un peu plus grand et plein d'eau ; on laisse ensuite le sceau plongé dans l'eau pendant deux heures ; puis on le retire doucement, on le laisse égoutter en le pressant avec la main. C'est cette eau et le résidu qui est déposé que l'on emploie dans la panification. Il est nécessaire de l'employer dans la journée.

Quand on fait bouillir du son, il en faut une livre dans à peu près vingt litres d'eau, et ayant soin d'agiter constamment ce mélange avec un bâton, pour empêcher que le son ne brûle en s'attachant au fond du vase. Après avoir passé avec expression (en pressant avec les mains) cette espèce de pâte liquide à travers un sac de toile, on l'emploiera chaude au lieu d'eau pour pétrir la farine, suivant la méthode ordinaire.

L'avantage du pain ainsi fabriqué est moins encore de posséder un poids supérieur que d'être d'une digestion plus facile.

Du pétrin. Le pétrin, connu encore sous les noms de *maie* et de *huche*, est une auge de bois ou coffre long, plus étroit dans sa partie inférieure qu'à son ouverture ; fait du bois le plus dur qu'on puisse trouver ; mais ce pétrin a l'inconvénient de permettre à l'eau de séjourner dans les angles, et de pénétrer ensuite à travers. Combien de fois n'a-t-on pas vu le levain délayé s'échapper au moment du pétrissage ? Il convient, pour y remédier, de garnir ces angles de farine entassée avant d'y verser l'eau destinée à faire la pâte.

Une forme plus commode de pétrin, et que l'on doit préférer à celle du carré long, c'est le pétrin qui ressemble à peu près à un tonneau qu'on aurait coupé dans toute sa longueur : on y remue plus aisément la pâte, elle s'y trouve plus ramassée et disposée à faciliter les bras du pétrisseur ; on nettoie d'ailleurs beaucoup mieux ce meuble, ce qui est un grand avantage, car on ne saurait entretenir le pétrin dans une trop grande propreté.

Il est inutile de donner ici les proportions que doit avoir le pétrin, puisqu'elles sont réglées sur la quantité de pain qu'on a à fabriquer ; il faut toujours qu'il soit beaucoup plus long que large et profond, parce que celui qui travaille la pâte a plus de moyens de la retourner.

On place le pétrin dans un lieu très-clair, qui ne soit ni trop chaud, ni trop froid. S'il est sous une fenêtre, on l'ouvrira en été afin de tempérer la fermentation ; on le fermera au contraire en hiver, pour garantir le levain et la pâte des impressions de l'air. Il faut encore que le couvercle joigne exactement, et qu'il n'y ait pas dans le voisinage du pétrin d'égout ou de matières en putréfaction.

Du four. (Voy. ce mot.)

Sur une voûte construite solidement en briques ou en moëllons, on placera l'âtre au four, qui doit être pavé et très-plane; on donnera à l'âtre une surface de cinq pieds environ de longueur sur quatre pieds dans sa plus grande largeur; la plus grande élévation du dôme ou chapelle au-dessus de l'âtre serait d'un pied à un pied et demi, environnant de toutes parts le foyer, à l'exception de la partie antérieure, où l'on pratiquera une ouverture, nommée la *bouche du four*, assez grande pour laisser introduire le pain : cette bouche serait garnie d'une porte de fer, comme celle d'un poêle, bien adaptée, que l'on pourrait ouvrir et fermer à volonté, pour que la chaleur ne puisse pas se perdre, et que le pain placé à l'entrée puisse y cuire comme celui qui occupe le fond.

En pratiquant au-dessus du four une espèce de chambre, et tenant le dessous de la voûte fort propre, la bonne ménagère pourrait retirer de ces deux endroits une très-grande utilité : sur le haut, elle sécherait son grain quand il serait humide ou trop nouveau; dans le bas, elle exposerait, en hiver, le levain et la pâte, qui s'apprêtent difficilement.

Manière de faire la pâte. On délaie proprement le levain dans une *fontaine* (rond fait avec de la farine, et dans lequel on met de l'eau).

Le levain étant suffisamment délayé, et pour ainsi dire dans l'état liquide, on a l'attention de rompre la *fontaine*, afin que tout le liquide se répande et soit arrêté par l'autre partie de farine destinée à être convertie en pain; alors commence le pétrissage.

On ramasse le tout ensemble, afin qu'il en résulte une masse uniforme, que l'on manie bien en la portant de gauche à droite et de droite à gauche, la soulevant et la découpant, la divisant avec les mains ouvertes, et non en y enfonçant les poings fermés, en pinçant et en arrachant la pâte avec les doigts pliés et les pouces alongés; c'est ce qu'on nomme *fraser*.

Cette pâte est encore molle, un peu grossière et inégale; on la travaille de nouveau et de la même manière, ayant l'attention chaque fois de râtisser le pétrin, d'introduire ensuite dans la masse, avec un peu d'eau, la pâte qu'on en a détachée : la pâte est alors plus uniforme et plus ferme; cette seconde opération s'appelle *contre-fraser*.

Si l'on veut terminer le pétrissage d'une manière plus complète, il faut faire un enfoncement dans la pâte ainsi *frasée* et *contre-frasée*, y verser de l'eau froide ou tiède. Cette eau, ajoutée après coup et incorporée à force de travail dans la pâte, achève de diviser et de confondre les parties les plus grossières de la farine, et par le mouvement continu, vif et prompt, forme du nouvel air qui rend la pâte plus tenace, plus longue, plus égale, plus légère, ce qui produit un pain plus savoureux, plus persillé et plus blanc; c'est ce qu'on appelle le *bassinage* de la pâte. Ce troisième travail ne devrait jamais être négligé, il coûte peu de peine et vaut beaucoup.

Pour ajouter encore à la perfection que le bassinage donne à la pâte, on la bat en la pressant par les bords, en la pliant sur elle-même, en la pressant, l'étendant, la découpant avec les deux mains fermées et la laissant tomber avec effort.

La pâte étant travaillée convenablement, on la retire du pétrin par parties, en la découpant et la battant encore à mesure qu'on la met en masse sur le tour où elle reste une demi-heure, afin qu'elle conserve sa chaleur et entre en levain; il faut la tourner et la diviser au contraire sur-le-champ lorsqu'il fait chaud.

Le pétrissage fini et la pâte sur le tour, on râtisse le pétrin pour faire, avec les râtissures, le levain de la cuisson prochaine; on y ajoute le double de farine et de l'eau froide pour former une pâte ferme qu'on laisse dans le lieu le plus frais de la maison; on ne saurait trop blâmer la mauvaise habitude dans laquelle on est d'abandonner la pâte à elle-même sans être contenue dans un vaisseau quelconque, parce qu'au lieu de s'élever elle s'étend plutôt, ce qui fait un apprêt défectueux; ainsi il convient de mettre la pâte dans des paniers ou des corbeilles d'osier qu'on saupoudre avec du petit son ou de la farine, de peur que la pâte ne s'attache au fond; on expose ces paniers à l'air libre dans les temps chauds, et il faut les envelopper de couvertures et les tenir chaudement quand il fait froid.

Dans tous les temps la pâte est comme le levain, elle demande un certain degré de chaleur intérieurement et à l'extérieur, pour s'apprêter doucement, lentement et par degrés, en sorte qu'il est essentiel, quand on est obligé d'accélérer ou de tempérer la fermentation, de tâcher que les moyens opposés qu'on emploie produisent toujours à peu près le même effet, c'est-à-dire que la pâte demeure le même temps en été et en hiver. Mais ne cessons de le répéter, parce que cela est aussi essentiel que la préparation du levain, il faut éviter d'enfoncer les poings dans la pâte et de la fouler à force de bras. On doit, au contraire, prendre la pâte par portions en l'allongeant, la soulevant, la serrant dans les mains, en la rassemblant et la battant avec force.

Il faut encore employer suffisamment d'eau dans le pétrissage, afin que le levain soit bien délayé et que la pâte ne soit pas trop ferme : autrement, le pain serait massif, lourd et peu profitant; l'eau ajoutée à la pâte devient nourrissante, et c'est un bénéfice pour la bonne ménagère, qui économisera un peu de farine et nourrira également bien son monde; après le pétrissage de la pâte, il est naturel de passer à la cuisson du pain.

De la cuisson. Lorsque le levain a été pris dans son vrai point, que le pétrissage a été bien fait, que la pâte a été tournée, distribuée dans des paniers de différentes grandeurs, enveloppée de toiles ou de couvertures, il faut songer à allumer le four, parce que le temps nécessaire pour le chauffer au degré convenable est à peu près celui que la pâte exige pour son apprêt.

On se servira, pour chauffer le four, de toutes les matières combustibles que le territoire fournit, en évitant d'employer les bois peints, à cause du danger dont est pour le pain la couleur qui les recouvre; on ne se servira pas non plus de paille, parce que c'est une perte pour l'engrais des terres, que ce chauffage en outre n'a pas assez de force.

Le four dans lequel on ne cuit pas tous les jours demande davantage de bois et plus de temps pour le chauffer : c'est ordinairement environ deux heures; d'ailleurs, ce terme doit être relatif à la quantité du bois dont on se sert, à la grandeur du four, à la grosseur et à l'espèce de pain qu'on veut cuire.

On ne peut pas toujours concilier le moment où la pâte sera prête avec celui où le four aura assez de chaleur, puisque cela dépend encore d'une infinité de circonstances que l'expérience raisonnée saura prévoir. On l'entretient chaud avec peu de soin, au lieu qu'il faut recommencer l'autre quand il a passé son apprêt.

Le four doit être chauffé également et à propros; s'il l'est trop, le dessous du pain brûle et le dedans ne cuit point; quand il ne l'est pas suffisamment, il s'aplatit plutôt que de lever; il demeure mat, gras et pâteux; il est donc important de saisir le point fixe du four.

Chacun a sa manière de connaître la chaleur du four. Les uns jettent à l'entrée une pincée de farine; si elle roussit sur le champ, la chaleur est au point convenable; si elle noircit, il est trop chaud; enfin, si elle conserve sa couleur, le four n'est pas suffisamment chauffé; les autres frottent l'atre ou la voûte avec un bâton s'il en sort des étincelles, c'est signe que le four est au point qu'il faut; mais l'habitude, quand elle n'est pas aveugle, en apprend plus que ces moyens, souvent fort équivoques. On connaît bientôt son four lorqu'on l'a gouverné plusieurs fois.

Quand on est assuré que le four est chaud également partout, on ôte les tisons, on arrange la braise à côté de la bouche du four, et on nettoie bien l'intérieur avec l'écouvillon, au bout duquel sont plusieurs linges mouillés et tors.

On doit faire attention de prendre la pâte comme le levain, c'est-à-dire à son point, plutôt moins que trop; pour peu qu'on ait d'expérience à faire du pain, on s'aperçoit bientôt, à la vue, quand la pâte est assez levée, lorsqu'elle a acquis un volume assez considérable, qu'elle résiste aux doigts qui la pressent sans se rompre à la surface; l'usage des paniers deviendrait un indice assuré, parce que la pâte, parvenue à son apprêt, serait reconnue à une hauteur marquée.

Dès que le four est bien nettoyé et que la pâte a atteint le degré qu'on souhaite, on l'enfourne promptement en renversant la pâte des paniers sur la pelle saupoudrée de petit son, afin que le dessus se trouve en dessous; on garnit d'abord le fond du four des plus gros pains, on les arrange avec adresse les uns à côté des autres sans qu'ils se touchent; lorsque tout est enfourné, on ferme la bouche du four, et on la laisse quelquefois ouverte lorsqu'il est trop chaud, afin que le pain cuise sans brûler.

Les pains demeurent dans le four le temps proportionné à leur volume et à leur espèce. Plus le pain est blanc, moins il est long à cuire : c'est environ une heure et demie pour la pâte la plus ferme, et la moitié pour celle qui est la plus legère. On ne devrait jamais faire de trop grands pains; ils se forment et se cuisent mal. On s'aperçoit que le pain est cuit quand, en frappant dessus du bout du doigt, il résonne avec force, et lorsqu'à la baisure la mie pressée revient comme un ressort.

En ôtant les pains du four, il faut les ranger à côté les uns des autres, et ne pas les renfermer qu'ils ne soient ressués et parfaitement refroidis; car depuis l'instant que la pâte est mise au four, jusqu'à ce que le pain qui en résulte soit parfaitement refroidi, elle exhale sans discontinuer une partie de l'eau avec laquelle on l'a pétrie.

Le pain est un objet trop précieux à la santé, et trop avantageux parmi les agrémens de la vie, pour dédaigner les moyens simples et peu dispendieux de le mieux fabriquer; ce n'est pas par sa croûte que l'on peut juger toujours de sa qualité; il faut examiner l'intérieur, si la mie est sèche, spongieuse, parsemée de trous égaux entre eux, et ayant un goût de noisette; si en le coupant elle est lisse, c'est une preuve qu'il est bon et bien fait; mais ce n'est pas au sortir du four qu'il faut s'en assurer: on attend le refroidissement complet.

Voici en résumé les règles générales pour faire de bon pain.

1° Bien choisir le blé;

2° Ne pas moudre un blé trop nouveau;

3° Ne pas faire moudre le seigle et le froment ensemble, parce que le grain de seigle étant plus petit que celui du froment, la mouture ne porte pas également sur l'un et sur l'autre : il vaut mieux ne mêler les farines qu'après qu'elles ont été faites séparément ;

4° Lorsque les meules vont trop fort ou sont trop serrées, le son devient menu comme de la farine, et passe avec celle-ci dans le bluteau ; la farine pèse davantage, à la vérité, mais elle ne fait pas un pain nourrissant ; d'ailleurs, le grain qui contient du son reste humide et moisit promptement.

5° Lorsque le son est trop gros, et qu'on y a laissé trop de farine, il faut le faire tremper dans de l'eau durant une nuit, passer cette eau dans un linge et l'employer à faire du pain.

6° La farine est meilleure quand elle est faite depuis un mois.

7° Ne pas tenir la farine près des écuries, ni d'aucun endroit d'où s'exhalent de mauvaises odeurs. Il est nécessaire que les sacs de farine soient posés sur des planches, et non sur la terre. Il est utile aussi de retourner de temps à autre ces sacs, pour mettre plus à l'air le côté qui était contre la muraille.

8° Quand la farine est de bon grain, bien faite et pure, quinze livres prennent sept à huit livres d'eau.

9° Le vieux levain donne un goût aigre au pain.

10° Quand on ne fait pas souvent du pain, il faut tenir le levain très-chaudement, pour lui conserver sa force, et le rafraîchir tous les jours, c'est-à-dire y ajouter un peu de farine et d'eau.

11° Pour bien mettre en levain, on emploie plus de la moitié de la farine dont on veut faire le pain.

12° Toutes les eaux potables sont bonnes pour faire le pain; néanmoins on ne doit les verser dans le pétrin qu'à travers un linge. Il est nécessaire que l'eau soit tiède, mais jamais bouillante, pas même en hiver. Lorsqu'on veut faire le pain à l'eau froide, comme en été, il faut le pétrir davantage; de cette manière, il est meilleur.

13° Il faut pétrir toute la pâte jusqu'à ce qu'elle ne tienne plus aux mains; plus on l'aura pétrie, meilleur sera le pain.

Le pétrissage est de la plus grande utilité : ce n'est que par son moyen que l'on unit intimement la farine et l'eau ; union absolument nécessaire pour l'uniformité et la promptitude de la fermentation.

14° Quand la pâte est faite, et qu'on la met lever sous des couvertures, il faut avoir le plus grand soin que celles-ci soient propres; sans cette précaution, le pain contracte une mauvaise odeur, et ne lève pas assez.

15° Les vieux bois qui ont été peints sont dangereux pour chauffer le four, ils donnent au pain une mauvaise qualité.

16° Lorsque la pâte est assez levée, il faut enfourner sans délai; autrement la pâte fermente trop et s'aigrit. On doit veiller à ce que le four ne soit ni trop chaud ni pas assez, et que la chaleur soit également répandue partout.

17° Les pains trop grands se forment et cuisent mal.

18° On doit laisser ressuer et refroidir le pain avant que de le manger, non-seulement afin qu'il ne nuise pas, mais encore pour qu'il dure davantage.

19° Le pain bis est peu nourrissant; le pain blanc de fine farine nourrit bien davantage. Celui qui est fait avec du levain se digère très-aisément ; le pain que l'on fait, au contraire, sans levain, est plus difficile à digérer.

20° La vieille farine fait du mauvais pain. Le meilleur pain est celui qui est léger, blanc, troué, fait de bonne farine de froment et d'un peu de seigle mêlés ensemble, bien levé et cuit à propos. Celui qui réunit toutes ces qualités se digère très-aisément et est très-nourrissant.

Ayez un levain, qui est un morceau de pâte qu'on a gardé de la dernière cuisson, et pesant deux ou trois livres, plus ou moins, selon la quantité de pain que vous voulez faire; pour le pain bourgeois, c'est la sixième partie de la farine qu'on veut employer. Mettez, avant de vous coucher, la quantité nécessaire de farine dans une huche ; rangez-la des deux côtés ; mettez le levain dans le vide du milieu; jetez dans ce milieu de l'eau chaude à souffrir aisément la main, et seulement ce qu'il en faut pour détremper le levain : étant délayé, formez-en peu à peu, avec un tiers de la farine, une pâte un peu ferme, laissez-la au milieu de la huche; couvrez-la d'une serviette, renversez dessus le reste de la farine qui est aux deux côtés; couvrez la huche de son couvercle. En hiver, on couvre le levain de quelque chose d'épais, et quelquefois on met un réchaud de feu par-dessus.

Le lendemain matin, faites chauffer de l'eau; relevez la farine comme elle était d'abord ; ôtez la serviette, et jetez de l'eau chaude sur le levain ; délayez-le bien, en sorte qu'il n'y ait point de grumeaux; formez la pâte du reste de la farine, observant surtout de ne point mettre trop d'eau. Plus la pâte est pétrie vite et mollement, plus le pain est léger : celle du pain de ménage se pétrit moins et plus lentement, ce qui le rend plus ferme.

Toute la pâte étant faite, on la couvre bien ; dans les grands froids, on met du feu dessous ; on laisse la pâte en cet état une heure ou une heure et demie, et jusqu'à ce qu'elle soit levée. Cependant on chauffe le four; ensuite on donne à la pâte la forme du pain qu'on souhaite, et on le met sur une table, de manière que les pains ne se touchent point.

Le four doit être chaud également et à propos ; s'il l'est trop, le dessus du pain brûle, et le dedans ne cuit pas, et, quand il ne l'est pas assez, il ne cuit point du tout. On connaît que le four est assez chaud lorsqu'en frottant un peu fort avec un bâton le carreau ou la voûte, il en sort des étincelles. Alors on ôte les tisons et les charbons ; on range quelque peu de brasier à côté de la bouche du four ; on le nettoie avec l'écouvillon, au bout duquel sont quelques morceaux de vieux linge, qu'on mouille dans l'eau claire, et qu'on tord avant de s'en servir. On bouche le four un peu de temps, pour laisser abattre sa chaleur ; puis on l'ouvre, et on enfonce promptement le pain ; on garnit le fond des plus gros pains, et on garde la place du milieu pour les petits; puis on bouche le four.

On a reconnu que pendant la cuisson du pain, il se dégageait des vapeurs qui, étant condensées, ont donné de l'alcool ou esprit de vin ayant une saveur agréable de noyau.

On a calculé qu'en Angleterre la quantité d'alcool pur qui était perdu dans la fabrication générale du pain était annuellement de 32,000 hectolitres ou 800,000 gallons.

On peut sans exagérer porter cette perte en France à 80,000 hectolitres, dont la valeur à 50 cent. le litre est de 4,000,000 de francs.

Une construction peu dispendieuse des fours dans les manutentions en grand permettrait de recueillir ce produit, qui diminuerait les frais de cuisson du pain, ce qui serait un avantage dans les grandes villes principalement.

A Paris, on retirerait 16 à 20 hectolitres par jour de la cuisson du pain livré à la consommation.

Pain de seigle. Le seigle est, après le froment, le grain dont on fait le plus d'usage en Europe, et qui fournit le meilleur pain.

Il y a des seigles de première, de seconde, de troisième qualité : on cultive également des seigles d'hiver et de mars; on en retire au moulin plusieurs espèces de farines, soit par la mouture, soit par la bluterie. Les boulangers en font différents pains : du pain blanc avec la plus belle farine, du pain de ménage en mêlant toutes les passées ; enfin un troisième pain plus commun, dans lequel on n'introduit que les dernières farines, et que l'on peut comparer au pain bis du froment, fabriqué avec les farines dépouillées de la fleur et des gruaux.

Le seigle le plus estimé à Paris est celui qui croît dans la Champagne. On doit le choisir clair, peu alongé, gros, sec et pesant ; il se conserve mieux que le blé ; les mêmes causes l'altèrent, et les mêmes moyens le garantissent ; mais quand il est vicié il exhale une autre odeur.

Il est extrêmement essentiel, avant de porter le seigle au moulin, qu'il soit plus sec que le froment, parce qu'il est naturellement plus humide; mais quand il a été recueilli sec, mûr et bien gardé un certain temps, on peut le moudre sans inconvénients ; trop nouveau ou trop sec, il demande les mêmes précautions, parce qu'il produirait encore plus d'inconvénients.

Le seigle étant pointu, plus alongé et par conséquent plus sonneux que le blé, il rend moins de farine et plus de son : il faut tenir les meules plus rapprochées pour moudre ce grain, parce qu'il ne s'échauffe pas autant, et que d'ailleurs on ne fait ordinairement qu'un moulage.

La farine de seigle, parfaitement moulue et blutée, n'a pas l'œil jaune de celle du froment; la matière qui colore cette dernière n'y existe pas; elle est douce au toucher, d'un beau blanc, et exhale une odeur de violette qui la caractérise; si on en fait une boulette avec de l'eau, la pâte qui en résulte n'est pas longue et tenace comme celle du blé: au contraire, elle est courte, grasse, et s'attache aux doigts.

Pour faire le levain de seigle, on prendra la pâte de la dernière fournée, qu'on délaiera le soir, avant de se coucher, avec de l'eau et la moitié de la farine destinée à être employée pour le pain, au lieu du tiers comme pour le levain du froment; on fait la pâte plus ferme. On dépose ainsi le levain, entouré de farine, au milieu d'une *fontaine*, ou bien dans des corbeilles placées suivant que la saison l'exigera : le lendemain matin on le trouvera parfaitement levé. On pourra également rafraîchir ce levain, si on est curieux d'avoir un pain plus levé et plus délicat; mais surtout qu'on ne l'emploie jamais qu'il n'ait les qualités requises, c'est-à-dire crevassé, et qui exhale, non pas l'aigre, mais une odeur vineuse.

Pour délayer le levain de seigle, on agira de la même manière que pour celui du froment, avec cette attention seulement que la pâte soit plus ferme d'abord, parce que le travail ne lui donne pas de consistance, et qu'ensuite elle relâche à l'apprêt. Par la même raison, on ne bassinera pas la pâte, on ne la travaillera pas autant, parce que la farine du seigle est plutôt combinée avec l'eau que celle du froment.

Quand la pâte est faite, on la tourne et on la distribue dans des paniers; c'est ici surtout que les paniers et les corbeilles sont le plus indispensables pour contenir la pâte de toutes parts, et favoriser la fermentation qui s'opère plus difficilement que celle du froment.

Il convient de donner à la pâte de seigle moins d'apprêt qu'à celle du froment, de l'exploiter à l'air dans l'été, et couverte dans un lieu chaud quand il fait froid : ce serait se tromper que d'espérer qu'elle levera et bouffera autant; on doit donc l'enfourner avant que la fermentation soit achevée, parce qu'au lieu de se gonfler au four, elle crèvera infailliblement, et s'aplatira à cause de son peu de viscosité.

Le four doit être plus chauffé, pour que la chaleur saisisse sur-le-champ la pâte de seigle; mais si on veut que la cuisson se fasse et s'achève, il faut laisser la porte du four ouverte, afin que le pain, qui autrement s'étendrait et s'affaisserait bientôt, comme je viens de le dire, si le four n'était pas assez chaud, puisse se ressuer dans l'intérieur, ce qui exige un temps plus long : on est obligé de laisser le pain de seigle plus longtemps au four que celui de froment.

Le pain de seigle tient le premier rang après le pain de froment; il a même un avantage que n'a pas ce dernier, c'est qu'il reste frais longtemps sans presque rien perdre de l'agrément qu'il a dans sa nouveauté. (Voy. SEIGLE.)

Pain de maïs. Procédé usité dans le Béarn. On commence à faire bouillir une quantité d'eau proportionnée à la farine qu'on a dessein d'employer; dès qu'elle a acquis le degré d'ébullition, on met dans le pétrin toute la farine qu'on destine à la cuite; on la divise en deux portions, c'est-à-dire qu'on pratique dans le milieu une rigole dans laquelle on verse une suffisante quantité d'eau bouillante et, comme la chaleur de celle-ci ne permet pas de faire la manœuvre avec la main, on se sert d'une spatule de bois, espèce de pelle avec laquelle on délaie la farine, la remuant fort et longtemps, pour en faire une pâte dure.

Quand le degré de chaleur permet de pétrir cette pâte avec les mains, on fait un trou dans la masse et on y met le levain, ayant soin de le bien mêler avec la pâte qu'on pétrit de nouveau, après quoi on laisse la masse en repos; on la couvre et on la laisse fermenter : pendant ce temps, on a soin de chauffer le four.

Lorsqu'on s'aperçoit que la pâte est assez levée, on la délaie de nouveau avec de l'eau froide en quantité suffisante pour lui donner la consistance de pâte molle; après quoi on en remplit des terrines garnies de feuilles de châtaignier ou de choux qu'on a fait faner en les approchant du feu.

Les terrines étant remplies à un pouce près, on les met au four; la pâte s'élève en cuisant et déborde quelquefois d'un pouce, ce qui forme une croûte; on laisse cuire autant qu'il est nécessaire. En retirant les terrines du feu, on les renverse sur une table le pain se détache; on en sépare les feuilles, et le pain de blé de Turquie est fait. (Voy. MAÏS.)

Pain de sarrasin. (Voy. SARRASIN.)

Le sarrasin donne beaucoup de son et peu de farine par conséquent; cette farine est d'un blanc-gris, semblable à celle d'un blé qui aurait été mouillé; elle est toujours piquée, à cause de l'écorce que les meules divisent et y répandent; mise en boulettes, elle est plus collante que celle d'orge, mais beaucoup moins que celle de la pâte de seigle, et à plus forte raison de la pâte de froment; elle exhale une odeur particulière qu'on ne saurait définir, mais qui ne ressemble en rien à celle des grains dont nous parlons.

La pâte de la farine de sarrasin demande presque autant de travail, pour être convertie en pain, que celle d'orge : un levain jeune, en grande quantité, un pétrissage vif et prompt, sans basssinage, afin qu'elle acquière cette tenacité, ce liant qui forme le soutien de la pâte qui est en fermentation, et la voûte du pain qui cuit; exposer cette pâte dans des paniers; placer ces paniers dans un lieu chaud pour l'apprêter; l'enfourner avant d'être à son point; enfin le laisser au four un peu plus de temps que pour l'orge, parce qu'elle est plus difficile à se ressuer et à cuire par conséquent. Voilà les seuls moyens qu'on peut mettre en usage pour préparer, avec la farine de sarrasin, un pain meilleur qu'il n'est ordinairement, sans néanmoins être encore très-bon. On a beau faire, ce pain ne reste pas frais longtemps; dès le lendemain même de sa cuisson, il se sèche, se fend, s'émiette, et finit par devenir insupportable.

Pain de riz. Pour le faire, on fait moudre le riz avec du seigle, et on pétrit la farine comme à l'ordinaire. (Voy. RIZ.)

Pain de méteil. (Voy. MÉTEIL.)

La pâte formée avec la farine de méteil n'a jamais la longueur et la viscosité de celle de froment, parce que le seigle, qui y entre dans des proportions variées, affaiblit et partage cette qualité que le froment possède à un si grand degré ; mais plus il y aura de ce dernier dans le méteil, plus il faudra employer de levain, tiédir l'eau, pétrir longtemps la pâte, la rendre ferme, lui laisser moins prendre d'apprêt, l'enfourner plus tôt, chauffer davantage le four et l'y tenir plus longtemps. On sent fort bien que le méteil est d'autant meilleur que le blé y domine ; mais contenant tantôt plus de seigle que de froment, et tantôt plus de ce dernier que du premier, ce mélange doit produire des effets différens dans la mouture, dans le produit des farines et dans les résultats en pain.

Pain d'orge. (Voy. ORGE.)

La farine de l'orge est presque toujours défectueuse, à cause de cette première enveloppe qui s'écrase un peu au moulin ; elle est sèche et rude au toucher, ayant un œil rougeâtre ; si on en fait une boulette avec de l'eau, elle exhale l'odeur de celle faite de froment, mais elle n'en a ni la longueur, ni la tenacité. Elle ne donne pas un pain bien fermenté sans l'emploi d'un bon levain et sans un pétrissage soigné.

Comme la farine d'orge a la propriété de se durcir volontiers à l'air, étant mise en boulettes avec de l'eau, il faut en premier lieu faire le levain bien ferme, dans la proportion de la moitié de la farine qu'on a dessein de transformer en pain, ensuite le bassiner, c'est-à-dire y répandre de l'eau, afin d'unir davantage les parties les plus grossières, de rendre le levain plus collant et plus disposé à fermenter.

Pain de pommes de terre. On a beaucoup discuté les avantages de la pomme de terre comme substitution du froment, soit consommée seule, soit panifiée au moyen d'un mélange de farine. On est d'accord sur la plus grande valeur du produit de la pomme de terre par hectare. Sa récolte manque rarement, et lorsqu'elle est convenablement employée, elle fournit un aliment sain et très-nutritif, en comparant la pomme de terre au froment, sous le rapport du produit, on a trouvé que pour un hectare on obtenait en pommes de terre huit fois le poids d'une récolte de blé.

Un hectare, planté en pommes de terre, rend 267 hectolitres, qui pèsent 12,282 kilogrammes.

Un hectare, semé en froment, produit 22 hectolitres, qui pèsent 1,694 kilogrammes.

Ainsi les quantités de substances alimentaires produites par la pomme de terre et le froment sont entre elles dans la proportion de 8 à 1 ; il est difficile d'établir au juste la faculté nutritive réelle de la pomme de terre et du froment : celui-ci contient trois fois autant de fécule que la pomme de terre, ainsi qu'une quantité de gluten et d'albumine dont celle-ci est dépourvue. Ces matières sont remplacées par une substance mucoso-sucrée qu'on ne trouve qu'en minime quantité dans la farine.

En admettant que 2 kilogrammes de froment équivalent à 7 kilogrammes de pommes de terre, il nous reste à savoir si la nutrition est égale. La consommation par individu est évaluée à 197 kilogrammes de froment par année, qui peuvent être remplacés par 690 kilogrammes de pommes de terre. Ainsi, un hectare semé en froment fournira la nourriture annuelle de huit individus, tandis que la même étendue de terrain, plantée en pommes de terre, pourra nourrir 17 ou près de 18 personnes.

La population de la France, étant de 32 millions d'âmes, sera approvisionnée en froment par 4 millions d'hectares, et moins de 2 millions d'hectares fourniront, en pommes de terre, un approvisionnement plus que suffisant pour nourrir toute la population.

Si la panification de pommes de terre peut réduire à un quart la consommation du froment, en nourrissant aussi bien, avec 5 millions d'hectares de bonne terre, on alimenterait toute la France : car Lauderdale a calculé que 977,050 hectares en culture approvisionnent 9 millions d'habitans.

Fabrication de ce pain. Prenez la quantité que vous voudrez employer de pommes de terre, faites-les cuire dans l'eau ; ôtez-en la peau et écrasez-les ensuite avec un rouleau de bois, de manière qu'il ne reste aucun grumeau et qu'il en résulte une pâte unie, tenace et visqueuse ; ajoutez à cette pâte le levain préparé dès la veille, suivant la méthode qui a été déjà exposée, et toute la farine destinée à rentrer dans la pâte, en sorte qu'il y ait moitié pulpe de pommes de terre, et moitié farine; pétrissez bien le tout avec l'eau nécessaire. Quand la pâte sera suffisamment apprêtée, enfournez-la, en observant que le four ne soit pas autant chauffé que de coutume, de n'en pas fermer aussitôt la porte, et de l'y laisser cuire plus longtemps ; sans cette précaution essentielle, la croûte du pain serait dure et cassante, tandis que l'intérieur serait humide et pas assez cuit.

C'est surtout la farine d'orge, celles du blé de Turquie et de sarrasin qu'il faut traiter de cette manière, puisqu'elles donnent un pain infiniment meilleur étant mêlées avec la pulpe de pommes de terre que si elles étaient employées seules ou ensemble ; on a même remarqué qu'elles perdaient, par leur mélange avec ces racines, l'âcreté et l'amertume qu'on leur reproche; elles acquerront en même temps la faculté de nourrir plus agréablement et plus économiquement.

Le célèbre Parmentier, à qui l'on doit l'usage général de la pomme de terre, ne fait pas un grand éloge de la panification qu'on en fabrique si on ne suit exactement la méthode qu'il prescrit. « Le procédé pour faire du pain de pommes de terre, dit-il, mélangé avec deux tiers de farine de froment, le seul économique, n'est praticable qu'en petit, et par les particuliers qui cuisent chez eux ; mais il est impraticable en grand. »

« Il n'y a pas, dit cet agronome, de plante aussi étonnante, aussi productive, qui exige moins de la terre et du cultivateur, que la pomme de terre ; elle se plaît dans tous les climats ; tous les terrains lui sont propres ; la récolte ne manque presque jamais ; quelques mois suffisent pour qu'elle acquière son accroissement et toute sa perfection ; elle est à l'abri des accidens que nos moissons essuient si souvent, parce que la maturité de la partie la plus essentielle s'opère dans l'intérieur de la terre ; enfin, quiconque a été témoin de la fécondité presque miraculeuse de cette plante n'a pu, sans injustice, lui refuser son admiration.

» Les pommes de terre, considérées du côté de la nourriture, offrent également les plus grandes ressources : elles réussissent aux plus robustes comme aux plus faibles ; les personnes de tout âge et de tout sexe en font usage, sans éprouver aucune suite fâcheuse ; elles sont susceptibles d'une infinité de préparations, se déguisent de mille manières différentes, et acquièrent, dans les assaisonnemens, de quoi se prêter à toutes nos fantaisies et à tous nos goûts. (Voy. POMMES DE TERRE.)

Pain de pommes de terre gelées. Les pommes de terre gelées sont comprimées lors de leur premier ramollissement. Dans cet état, on les lave à plusieurs eaux ; on les laisse en infusion une nuit dans la dernière eau ; on les comprime le lendemain ; on les étale dans un grenier où elles se sèchent parfaitement sans autre soin. Au bout d'un certain temps, on les écrase dans un mortier ; on les tamise. Le parenchyme et la fécule passent à travers le tamis. Ce sont ces substances qui, mélangées à poids égal avec de la farine de froment, donnent à la cuisson un pain salubre et nourrissant, et qui est très-économique.

Procédé de M. Quest, cultivateur, à Bruyères-le-Châtel, près Arpajon, pour faire le pain de pommes de terre. Ce pain est un peu bis ; il craque sous la dent ; son goût n'est point désagréable ; il a une saveur légèrement sucrée, et n'est pas aussi bon que le pain de froment, ayant une légère odeur de pain de seigle ; mais il ne contient que de la pomme de terre, qui y entre tout entière, fécule, parenchyme et pelure. On râpe la pomme de terre le mieux possible ; on la fait sécher, et ensuite on passe cette farine séchée sous la meule ; l'auteur appelle cette farine *parmentine*. Quand elle a été passée sous la meule, on l'emploie comme la farine de froment. Le levain de froment est le meilleur pour faire lever la pâte, la levure de bière donnant un mauvais goût au pain. 125 kilogrammes de pommes de terre, à 5 fr., fournissent 50 kilogrammes de parmentine sèche ; ces 50 kilogrammes absorbent, par le pétrissage, une certaine quantité d'eau, et donnent bien plus de 50 kilogrammes de pain. Les frais de fabrication de la farine de pommes de terre, et ceux de la fabrication du pain, à Paris, font revenir le pain de pommes de terre à 10 cent. Dans une ferme où l'on pourrait éviter le séchage de la parmentine et sa mise sous la meule du moulin, les frais de fabrication du pain ne feraient revenir le kilogramme de pain qu'à 6 cent. 1/2 au plus. Quant à la qualité nutritive de ce pain, comparée à la qualité nutritive des autres espèces de pain, M. Quest a peu de données à cet égard ; il la croit presque aussi prononcée que celle du pain de froment ; ses ouvriers s'en nourrissent en place de ce dernier ; ils en trempent la soupe, et n'en mangent pas plus que d'autre pain.

La société d'agriculture de Paris a aussi indiqué divers moyens de faire entrer la fécule dans la panification. On peut se borner à mélanger une partie de fécule avec neuf de farine de blé ; un procédé plus économique consiste à faire de l'empois avec 1/10 de la fécule, à former par son mélange avec la fécule pulvérulente une pâte molle qu'on mêle ensuite avec une pâte de farine ordinaire dans la proportion de 1/10 au moins ; enfin, on peut augmenter la proportion de la fécule convertie en empois jusqu'à 15 ou 20 pour 100, au lieu de 10, et supprimer toute addition de farine. On fait fermenter et lever cette pâte, en ajoutant 5 pour 100 du poids de la fécule, de mélasse de canne, ou 6 pour 100 de sirop de fécule à 22 degrés, dans l'eau qui sert à détremper la pâte.

Préparation des pommes de terre pour en tirer de la farine. On les coupe en tranches minces avec un coupe-racines, ou bien on les écrase. On les jette à mesure dans une barrique pleine d'eau ; tous les jours pendant huitaine on renouvelle l'eau au moyen d'une cheville placée à un pouce du fond de la pièce. Cette infusion opérée, on presse les pommes de terre par petites parties dans un sac ou sous une simple presse à levier. Ainsi pressurées, on les fait sécher sur un drap garni d'un peu de paille en dessous. Sèches, elles rendent en farine 28 pour cent de leur poids primitif, au lieu de 16 à 17 pour cent qu'elles donnent en fécule.

Pain de millet. Il est lourd et peu agréable, mais nourrissant. Pour le préparer, on fait cuire la farine de millet dans un chaudron, en remuant toujours ; on la coupe par morceaux et on la mange.

Pain d'avoine. Il est également lourd et peu agréable, mais très-nourrissant.

Pain de châtaignes. On met les châtaignes en tas sur des claies dont les lattes laissent entre elles des intervalles de deux ou trois lignes. Quand on a entassé les châtaignes sur un pied et demi de haut et trois ou quatre pieds de large, on fait du feu dessous, jusqu'à ce qu'elles ne soient plus humides. Elles ne sont toutes sèches qu'au bout de dix ou douze jours d'un feu continu. Pour s'en servir, on les met dans des sacs de toile, qu'on frappe sur des blocs, jusqu'à ce que l'écorce se sépare. On les met ensuite au four dont on a retiré le pain, en ayant soin qu'elles ne rôtissent pas. On les moud ensuite. Elles ne donnent pas de son.

On fait la pâte avec du levain de la veille. Il faut ordinairement dix livres d'eau pour vingt-sept livres de farine. Quand la pâte est levée et le four chaud, on pose sur la pelle à four des feuilles sèches de châtaignier ; on met sur chacune d'elles une poignée de pâte, et on aplatit avec la main trempée dans l'eau. Le pain est cuit quand il devient roux. Il se conserve quinze jours et plus. On en fait en Corse un très-grand usage.

Pains de Turin, dits grissini. Ces pains sont en petits bâtons de 75 centimètres, pesant moins d'une once. Ils se conservent un an et plus. On les fabrique d'une pâte ferme de farine de gruau, eau et un peu de sel, on peut y ajouter du beurre. On la pétrit avec les poings, et on la fait avec deux levains. On coupe la pâte en petits morceaux, et d'un seul coup l'ouvrier la tire en bâtons, en imprimant à chaque bout la marque du pouce.

Pains d'anis de Sainte-Marie-aux-Mines. Prendre une livre de farine blanche, autant de sucre pulvérisé, deux onces de semence d'anis vert, quatre blancs d'œufs, deux jaunes, une cuillerée à café de sous-carbonate de potasse liquide. Bien pétrir ; laisser les pains douze ou vingt-quatre heures sur le four avant de les enfourner.

Pain au sirop de dextrine. Mettre 2 livres et demie d'orge germé et concassé dans 25 kilogrammes d'eau froide ; exprimer fortement au bout de quatre à cinq heures, et décanier. Ajouter à la solution 25 autres kilogrammes d'eau; chauffer au bain-marie, jusqu'à 60 degrés centigrades; verser dans cette solution 25 livres de fécule bien sèche. Remuer avec une spatule; quand la liqueur a 70 degrés, laisser à cette température pendant quatre ou cinq heures; filtrer et faire chauffer jusqu'à ce qu'on obtienne un un sirop de 20 à 50 degrés, dit *sirop dextrine*. On délaie dedans de la levure. On verse ce liquide dans le pétrin avec 50, 60 ou 80 pour cent de farine. On en fait dix petits pains d'une pâte légère et d'excellent goût.

Pain de bonpernickel. Le bonpernickel est un composé de seigle, d'orge et de sarrasin dans lequel on fait tout entrer; on y aperçoit même souvent, assez distinctement, jusqu'à des brins de paille, des semences étrangères entières qui ont échappé à la meule; ce composé rend un pain d'une couleur encore plus noire et d'une saveur plus amère et plus sure par les procédés défectueux de sa fabrication. C'est malheureusement la nourriture d'un grand nombre de paysans.

Ce pain est excellent pour les chevaux.

Pain de pois. (Voy. POIS.)

Pains divers. L'amidon étant le principe alimentaire, par excellence, des farineux, et se trouvant en outre répandu dans beaucoup d'autres végétaux que ceux dont l'usage est le plus ordinaire, et qui sera toujours préférable, on pourrait séparer de ces végétaux l'amidon qu'ils renferment, et de la même manière que nous l'avons décrit pour les pommes de terre, et le faire servir au même but: ces végétaux fussent-ils âcres, caustiques et mordicans, tels que le pied-de-veau, la bryonne, le colchique, les marrons d'Inde, le glaïeul, l'ellébore : l'amidon qu'on retirera de leurs racines étant bien lavé, sera toujours doux, nourrissant et salubre; semblable à la racine du manioc, d'où les Américains retirent une farine dont ils font la *cassave*.

Pain pour les chevaux. Mêler un tiers de froment, autant d'orge et autant de féverolles.

Pain au levain de mousse de bière. Mélanger avec soin 12 kilogrammes de fleur de farine, 4 livres et demie d'eau et un demi-litre de mousse de bière mêlée à l'eau tiède. Faire les pains, les déposer sur des planches recouvertes de toiles. Exposer dans un lieu chaud, à l'abri des courans d'air; la pâte lève au bout d'un quart d'heure; on met au four chauffé modérément.

Mélange pour pain économique. Dix parties de farine, une de riz, six de pommes de terre.

Autre. On prend 2 livres et demie de riz dans sa balle; on le fait bouillir dans une quantité d'eau suffisante pour en faire une pâte très-ferme; on le laisse reposer toute la nuit, et, le lendemain, on le pétrit avec 4 livres de farine de froment, deux poignées de sel, une pinte de drèche douce, et très-peu d'eau. Il est nécessaire de faire lever la pâte pendant une grande heure, au moins devant le feu, et de la laisser cuire pendant une heure vingt minutes, dans un four modérément chauffé : elle fournira 28 livres de pain.

Méthode pour donner au blé germé une qualité salubre et pour en faire de bon pain. M. Sarrazin, chirurgien à Belleny, près Saint-Quentin, a trouvé, après diverses preuves, que le moyen le meilleur de tous consiste à pétrir le pain à l'eau tiède, légèrement acidulée d'acide sulfurique; de faire la pâte dure, de la laisser bien lever; de donner peu d'épaisseur au pain, et de le faire bien cuire.

Dans le département de la Meuse, en 1816, on mêla avec succès, dans la farine de froment, une livre de riz par double décalitre; et au moyen d'un quart de verre d'eau-de-vie jeté dans l'eau dont on se sert pour faire la pâte, le gras-cuit disparaît, et le pain est excellent.

Manière de garder le pain frais un mois. Le placer dans une cave aérée; le déposer dans un tonneau bien luté de bois léger, couche par couche, sur cinq ou six claies, en laissant un pouce ou deux d'intervalle au-dessus des pains entre chaque claie.

Pain moisi. L'habitude qu'ont les gens de la campagne de faire une provision de pain qui doit durer quelquefois quinze jours nous fait un devoir de signaler divers accidens produits par l'usage du pain moisi; ces accidens ont été assez graves pour simuler les symptômes d'un empoisonnement violent. Les enfans sont les individus sur lesquels paraît agir le plus la moisissure du pain; les symptômes se manifestent par des congestions à la tête, des coliques violentes, des envies de vomir, de la somnolence, et quelquefois des convulsions; les vomissemens soulagent presque toujours, en sorte qu'on doit les provoquer chez les malades et tenir ensuite ceux-ci à un régime adoucissant.

Le pain se moisit avec facilité lorsqu'il n'est pas assez cuit ou qu'il est déposé dans un lieu humide. Il faut donc apporter la plus scrupuleuse attention à la cuisson et à la conservation d'un aliment, base de la nourriture. En général, on ne soigne pas assez la conservation des substances alimentaires dans la plupart des campagnes. Cet objet mérite cependant bien de fixer l'attention des chefs de famille. Le lard aussi produit quelquefois des accidens mortels, lorsqu'il est gâté; celui qui est rance est toujours d'un fort mauvais usage.

Des restes de pain. Les restes du pain doivent être déposés dans une corbeille destinée à ce seul usage. Ils servent à engraisser les volailles, nourrir les jeunes poulets, etc.; lorsqu'on les descend à la cuisine, ils s'y consomment en pure perte.

PAIN D'ÉPICES. (*Off.*) Le pain d'épices se compose de farine, de miel, d'une petite quantité de potasse et de divers aromates; voici la manière de le préparer.

Prenez une livre de miel; faites-le cuire sur un feu vif, jusqu'à ce qu'il n'écume plus; pendant ce temps, disposez dans une huche la quantité de farine que le miel pourra absorber; faites un creux au milieu de cette farine; versez-y votre miel tout bouillant, et mêlez-le, au moyen d'une cuillère de bois, avec la farine; continuez ce travail jusqu'à ce que le miel, réduit en une pâte ferme, ne prenne plus de farine; alors étendez votre pâte dans la huche, et laissez-là reposer un quart d'heure, afin qu'elle refroidisse un peu. Le soir qui précède le jour dans lequel vous vous proposez de faire ce travail, prenez trois gros de la meilleure potasse blanche; mettez-la infuser dans un demi-verre de lait. Le lendemain passez cette liqueur, et, votre pâte étant faite et reposée comme nous venons de le dire, ajoutez-y la dissolution de potasse en pétrissant fortement avec les deux mains comme les boulangers pétrissent le pain. Votre pâte étant achevée, donnez-lui la forme qui vous plaît, et faites cuire dans un four modérément chaud. Pour glacer vos pains d'épices, faites fondre une petite quantité de colle de poisson dans un peu de bière, et frottez la surface du pain d'épices avec cette liqueur au moment où vous le retirez du four. On peut aussi ajouter au pain d'épices des amandes fendues, du citronnat et des écorces d'oranges confites au sucre, en les appliquant à la surface du pain d'épices quand il est encore humide et chaud.

Pour faire des pains d'épices plus agréables et de première qualité, on ajoute dans la pâte : anis 3 gros, coriandre 1 gros, cannelle 1 gros, girofle 1 gros, le tout réduit en poudre très-fine, citronnat, écorces d'oranges confites, de chaque deux onces, hachées menu.

PAINS SOUFFLÉS. (*Off.*) Fouettez trois blancs d'œufs bien frais avec suffisante quantité de sucre royal en poudre, pour former une pâte dans laquelle vous mêlez bien quatre gros d'iris de Florence en poudre, une pincée de bleu de Prusse et de carmin, pour donner une couleur violette : coupez la pâte en petites boules, et les faites cuire au four.

Lorsque vous voulez une couleur bleue, vous ne mettez que du bleu de Prusse : vous pouvez donner à ces compositions l'odeur que vous voulez, et y mêler différentes couleurs, ce qui fait un très-bel effet.

PAINS A CACHETER. (*Ind. dom.*) On les fait au moyen de gaufriers fabriqués exprès. On prépare une pâte très-claire avec de l'eau très-pure et de la fleur de farine. On verse la pâte dans les gaufriers chauffés; on laisse chauffer quelques instans encore, et les pains à cacheter sont faits. On a soin de tenir toujours les gaufriers chauds, pour aller vite.

Manière de colorer les pains à cacheter. Ajouter à la pâte :

Pour le noir. Poudre fine de noir de fumée; encre.

Pour le rouge. Décoction de bois d'Inde, de garance, de cochenille en poudre, avec un peu d'alun.

Pour le bleu. Poudre de bleu de Prusse très-fine.

Pour le vert. Bleu et jaune.

Pour le jaune. Décoction de safran, de graines d'avignon, de cucurma.

Pour le violet. Bleu et rouge.

Manière de glacer les pains à cacheter. Les plonger dans de la gélatine fondue dans beaucoup d'eau, et faire sécher à l'étuve.

PAISSON. (*An. dom.*) Nom qu'on donne à tout ce que les bestiaux et les bêtes fauves paissent et broutent dans les bois et forêts.

PALES-COULEURS. (*Méd. dom.*) Cette maladie, connue en médecine sous le nom de chlorose, se manifeste par la pâleur verdâtre ou bleue de la peau, la bouffissure des paupières, les oppressions, les palpitations, les défaillances, la fièvre lente, un gonflement de l'abdomen, qui se termine ordinairement par une hémorrhagie de l'utérus. Quelquefois la chlorose est causée par une suppression, et elle cesse par un retour des règles.

Les toniques, le quinquina, les amers, les eaux ferrugineuses, sont prescrits dans le cas de chlorose.

Pilules contre la chlorose. Broyer quatre gros de sous-carbonate de fer, autant de sulfate de fer en cristaux ; diviser en pilules. Il faut broyer très-longtemps, en ajoutant un peu de gomme adragant. (Voy. MUCILAGE.)

On donne ces pilules matin et soir, à la dose de trois, quatre et cinq. On peut donner par-dessus chacune d'elles une tasse d'infusion légère de bourgeons de sapin du Nord. Il faut pour tout le traitement une once quatre gros de ces bourgeons seulement. La maladie cède ordinairement au bout de trente jours.

PALISSADE. (*Conn. us.*) On appelle ainsi les petites charmilles à hauteur d'appui dont on garnit les allées. (Voyez CHARMILLES, JARDIN.)

PALISSER. (Voy. ESPALIER, PÊCHER.)

PALIURE ÉPINEUX. (*Jard.*) *Paliurus aculeatus*. Famille des nerpruns. Cet abrisseau indigène est hérissé d'épines, et propre à mettre sur le devant des haies, au midi. On le sème aussitôt maturité. Pendant trois ans, on le couvre de feuilles l'hiver.

Les semences de paliure passent pour diurétiques, et ses feuilles pour astringentes.

PANADE. (*Cuis.*) *Recette de Fagon, premier médecin de Louis XIV.* Faire bouillir du pain dans de l'eau; ajouter un peu de sel, des clous de girofle et du cerfeuil; y délayer ensuite deux jaunes d'œufs cuits dans leur coque.

Recette moderne. Couper des tranches de pain très-minces, les arranger dans un pot; mettre un peu de sel et de l'eau froide; faire bouillir une demi-heure; retirer le pot; ajouter un demi-quarteron de beurre frais; faire fondre en remuant. Elle ne doit jamais ni être trop claire, ni être trop épaisse. On peut y mettre un jaune d'œuf et du lait. (Voy. NOURRICE.)

PANAGE. (*Cod. dom.*) Droit de mener des porcs dans une forêt pour s'y engraisser de glands et de faînes. (Voy. GLANDÉE.)

PANAIS. (*Jard.—Econ.dom.—Off.*) *Pastinaca oleracea.* Famille des ombellifères. Plante bisannuelle et pivotante. Le panais aime une terre franche, très-profonde et bien fumée; dans toute autre, il devient fourchu et boiseux. On le sème très-dru au 1er mars, même au 15 février, si la saison est favorable, en rayons espacés d'un pied. On éclaircit le plant à six pouces; on sarcle, on serfouit, on arrose. Il ne craint aucune intempérie. On peut, lorsqu'il est dans sa plus forte végétation, raser ses feuilles pour les donner aux vaches. Au 15 août, on fait un second semis pour le printemps; mais il monte presque aussitôt que le premier. La graine mûrit au commencement d'août, et n'est bonne qu'un an. Elle avorte presque toute; on ne doit cueillir que celles des ombelles du centre des tiges, et s'assurer qu'elles sont *pesantes*. Avec cette précaution, on n'a que de bonne graine qui lève bien.

Il est bon d'arracher en mars et de replanter de suite les pieds pour grainer. On s'assure ainsi que la racine n'est pas fourchue; circonstance qui ferait dégénérer l'espèce.

Culture en grand. Le panais est un bon fourrage; on le cultive seul, ou avec les lins, les chanvres et la carotte hâtive.

On le sème à la fin de mars ou au commencement d'avril : il faut que la terre soit bien meuble. On le sème en lignes à un pied de distance si on le bine à la main, et à trois pieds si on le travaille à la houe à cheval.

Le sol qui convient aux panais est une terre franche et un sol sablonneux, qui doit avoir au moins un pied de profondeur et offrir partout une fertilité égale.

Si la terre n'est pas naturellement bonne, on la fertilise par de bons labours et du fumier; les sillons doivent avoir la plus grande profondeur possible.

Il ne faut pas semer les panais immédiatement après la fumure; ils seraient infailliblement infectés de la gale ou chancre. On doit prendre une ou deux récoltes avant les panais.

Il faut dix à douze livres de graines par hectare, en bon sol.

On sarcle avec soin, quatre ou cinq semaines après la levée; on bine et on éclaircit.

On distingue le panais long et le panais rond ou de Siam. Les racines de tous deux conviennent à la nourriture des hommes et des animaux domestiques; ils donnent aux vaches un lait abondant et crémeux. Les lapins, les porcs, les moutons, les chevaux, qu'on y a habitués, en mangent volontiers.

En arrachant les racines de panais, si les feuilles ne paraissent pas, il faut se garder de les confondre avec celles de la jusquiame et de la ciguë.

Il faut récolter ces légumes peu de temps avant la gelée, les rentrer et les enterrer dans le sable jusqu'au cou, en ayant soin de les ranger les uns auprès des autres sur un plan incliné. On formera ensuite une seconde couche de sable, dans laquelle on enterrera une seconde couche de légumes; et ainsi de suite, jusqu'à ce que tout soit rangé. Ces légumes se conserveront de cette façon dans toute leur fraîcheur: on les prendra à l'aventure, sans affecter de tirer du milieu ou des côtés du tas.

On attend pour récolter les panais que la couleur des feuilles change et s'altère. On les cultive avec une pioche à fer long. Si l'on laissait les panais en terre jusqu'aux gelées, ils seraient difficiles à arracher, et le cœur en pourrait devenir ligneux.

Récolte des graines de panais. On en coupe les bouquets quand elles sont d'un jaune roux. On les fait sécher à l'air libre; on les bat, et on conserve en tas à l'ombre. On emploie les graines l'année d'après la récolte. La graine des principales tiges, produit de racines replantées et bien mûres, et peut se garder deux ans.

Sirop de panais. Les couper par morceaux; quand ils s'écrasent sous les doigts, en exprimer le jus; mettre bouillir avec d'autres panais coupés par morceaux; faire évaporer le jus en écrasant; retirer, après quatorze ou seize heures. Ce sirop est un véritable sucre semblable à celui de la canne.

En Irlande, en faisant bouillir la racine du panais avec du houblon et en en faisant fermenter la décoction, on a une boisson qui remplace la bière.

PANARIS. (*Méd. dom.*) Il y en a deux espèces: l'un appelé, aussi *tourniole*, est placé entre l'épiderme et le derme; l'autre espèce est celle que l'on appelle *mal d'aventure*, et qui survient au bout d'un doigt.

Ce second panaris, ou *mal d'aventure*, se forme dans le tissu cellulaire, sous la peau seulement, et on peut l'éviter quelquefois, en faisant mettre ce doigt malade et enflammé dans de l'eau aussi chaude que possible, sans brûler.

Traitement. Tremper la main dans de l'eau de fleurs de sureau tiède pendant plusieurs heures; appliquer des cataplasmes faits avec de la farine de lin et une forte décoction de têtes de pavot; si la maladie ne fait que commencer, on pourra employer avec avantage l'eau très-froide, ou la glace, dans laquelle on plongera le doigt du malade; si, malgré l'emploi de ces moyens, le mal augmente, que les douleurs deviennent insupportables et soient accompagnées de fièvre, il faut avoir recours à un chirurgien; car, dans ce cas, l'incision de la tumeur est le seul moyen d'amener une prompte guérison.

Si le panaris est la suite d'une piqûre faite avec un instrument imprégné d'une liqueur putride, il ne suffit pas d'arrêter le développement de l'inflammation; il faut encore prévenir les accidens qui peuvent résulter de l'absorption de cette liqueur. On y parvient ordinairement en lavant, dans l'instant même, avec de l'eau tiède, l'endroit piqué, et en prenant soin d'exprimer le sang à plusieurs reprises, pour entraîner la matière irritante.

Pour amener le panaris à suppuration, on enveloppera le doigt malade dans une portion de cataplasme de mie de pain et de lait, que l'on renouvelle assez souvent pour ne pas le laisser sécher sur le mal, qui souvent est chaud et brûlant; ce cataplasme calme la douleur, attendrit la peau et fait former le pus, auquel on donne issue lorsqu'il est blanc, par une petite ouverture que l'on peut faire au bout du doigt avec une aiguille; puis on l'enveloppe d'un emplâtre d'onguent de la mère: trois ou quatre jours après, la suppuration cesse, la nouvelle peau du doigt se régénère, et l'ancienne se détache facilement.

Remède simple contre le panaris. Mêler une cuillerée de cendres de sarment de vigne dans un verre d'eau-de-vie chaude; bassiner le doigt plusieurs fois par jour jusqu'à guérison.

PANICAUT. (*Jard.*) *Eryngium alpinum.* Famille des ombellifères. Vivace. Belles fleurs bleues en juillet. Semis en maturité; en bruyère chaude et en pot pour repiquer l'année suivante. Exposition au midi. On peut séparer les pieds au mois de mars.

PANNE OU GRAISSE DE PORC. (*Cuis.*) *Manière de la préparer.* Oter la membrane qui l'enveloppe; la couper par morceaux, en la lavant pour enlever le sang caillé; la faire fondre à douce chaleur; quand elle est devenue claire et transparente, et qu'elle ne pétille plus dans le feu, la passer à travers un linge. Continuer ainsi jusqu'à ce que toute la graisse soit fondue, en faisant refondre les portions de graisse qui ne sont pas liquéfiées; exprimer fortement les membranes à la dernière opération.

Cette dernière portion de graisse est aussi bonne que l'autre; cependant on la met à part, parce qu'elle est colorée, et on l'emploie la première. On verse la graisse, tandis qu'elle est encore chaude et liquide, dans des pots de faïence, afin qu'en se figeant dans ces vases, elle ne laisse autour d'elle aucun vide par où l'air puisse pénétrer son intérieur, ce qui la ferait jaunir et rancir plus promptement.

PANIS. (*Jard.—An. dom.*) *Panicum italicum*. Famille des graminées. Espèce de millet dont les semences servent à nourrir les oiseaux. Il est peu cultivé. (Voy. MILLET.)

Le *panis pied-de-poule* (*panicum pesgalli*) est un bon pâturage pour les bestiaux ; la racine en est employée dans les tisanes, comme apéritive ; les chiens et les chats en mangent pour se faire vomir.

PANORAMA. (*Conn. us.*) Le tableau circulaire qu'embrasse d'un coup-d'œil le spectateur placé au milieu, sur un point élevé, d'où il semble dominer sur une ville, ou un paysage. Inventé en 1787, par Robert Barker, d'Edimbourg, il fut perfectionné en 1799, par l'Américain Robert Fulton, qui l'importa en France en 1805, et rendu populaire par le talent de Prévôt.

PAON. (*An. dom.*) *Pavo cristatus*. Genre des gallinacés. Le paon est un fort bel oiseau, mais il coûte très-cher d'entretien, dégrade les toits en y montant, et a un cri désagréable. Il vit environ 25 ans.

La paone ne pond qu'à trois ans ; elle pond dix à douze œufs, au printemps. Il faut lui mettre beaucoup de paille sous les œufs ; elle cache, autant qu'elle le peut, l'endroit où elle couve, et il est souvent difficile de le découvrir ; les petits éclosent au bout d'un mois. La paone prend soin de les accoutumer à monter sur les arbres, en les y portant sur son dos. Ils se battent souvent entre eux, et il importe d'y veiller.

On donne de l'orge aux paons. Chacun en consomme environ dix kilogrammes par mois. Le froment, les pépins de poires et de pommes leur conviennent. Les fèves rôties sous des charbons les rendent féconds.

Les paons sont peu délicats et aiment à coucher dehors, bravant le chaud et le froid.

Un paon suffit à cinq ou six femelles.

Les fleurs du sureau font périr les paons.

On peut donner aux poules les œufs de paone à couver ; cinq œufs suffisent ; on les choisit bien frais, et on ne les met sous la poule que lorsque la paone les a couvés dix jours. On a soin de les remuer de temps en temps, ce que la poule ne saurait faire.

La chair du paon est de très-bon goût dans sa jeunesse. On l'apprête comme le dindon. (Voyez DINDON.) Les Romains en faisaient grands cas. Horace en fait mention comme d'un mets recherché.

PANSEMENT. (Voyez EMPLATRE, FRACTURE, LUXATION, MALADES.)

PANTRITEUR. (*Conn. us. — Ind. dom.*) Le *pantriteur* de M. Fleulard fait du premier jet, non-seulement des farines de blé plus atteintes que celles faites par les meilleurs moulins à meule, mais encore à triturer successivement, sans autre changement à la machine que de la rapprocher plus ou moins, toutes les céréales, les graines oléagineuses, le café, le sucre, le cacao, le plâtre, le charbon, et généralement toutes les matières susceptibles d'être pulvérisées.

Le pantriteur paraît être d'une utilité si générale, que la maison Pihet vient de passer un traité avec M. Fleulard par lequel elle est chargée spécialement, par ce dernier, de la construction de tous les pantriteurs dont il aura besoin pendant quinze ans, durée de son brevet, quels qu'en soient le nombre, l'espèce et la dimension.

La construction de cette machine, qui est simple, peu volumineuse et d'une grande solidité, offre toute sécurité aux acquéreurs ; sa durée est incalculable, car, étant conique dans toutes ses parties broyantes, on peut en cas d'usure, au moyen d'une vis de pression, réparer journellement l'altération peu sensible que le temps et le travail pourraient lui occasionner ; d'ailleurs, si, au bout de quelques années, les dents, qui sont creuses au lieu d'être saillantes, se trouvaient un peu usées, l'ouvrier serrurier le moins habile pourrait réparer avec une lime l'usure faite, et leur redonner leur profondeur primitive.

Il y a des pantriteurs de la force d'un et de deux hommes, d'un demi-cheval, d'un, de deux, trois ou quatre chevaux. Celui de la plus grande dimension n'aura, bâti compris, que quatre pieds carrés.

On pourra, à très-peu de frais, adapter les pantriteurs à tous les moteurs ; il suffira, pour le faire, d'employer une simple courroie.

L'exigence de sa force en général est d'un kilogramme de poids pour chaque livre de blé qu'on voudra moudre par heure : ainsi, avec un pantriteur à bras, un homme pourra moudre neuf à dix livres de blé à l'heure ayant continuellement à la manivelle un poids de 10 kilogrammes.

Avec un de la force d'un cheval, on fera une mouture bien atteinte de 70 à 80 livres de blé par heure. Toutes les autres forces sont dans la même proportion.

Cette machine, exempte de repiquage, produira plus que les moulins à meules, qu'il faut repiquer au moins trois ou quatre fois par mois. Les prix varient de 560 à 1000 fr.

PAPIER. (*Conn. us.*) *Recette pour empêcher le papier de boire.* Prenez quatre onces de colle de Flandre et quatre onces de savon blanc ; faites-les fondre sur le feu avec une pinte d'eau, ensuite ajoutez-y deux onces d'alun, que vous laisserez fondre ; puis vous remuerez bien le mélange. Quand cette composition est froide on en frotte le papier avec une éponge ou un pinceau plat et on laisse sécher.

Papier de tenture. Les papiers de tenture sont tous composés de vingt-quatre feuilles au rouleau. Les communs ont vingt-huit pieds de long, les fins trente à trente-deux. Leur largeur est toujours de dix-huit pouces tout ébarbés.

Papiers sur lesquels on peut écrire avec de l'eau et même avec de la salive. La vente, dans Paris, d'un papier sur lequel on pouvait écrire avec de l'eau ou de la salive nous a porté à examiner la nature de ce papier ; ces recherches nous ont démontré que ce papier était du papier ordinaire qui avait été trempé dans une solution de sulfate de fer (*couperose verte*), séché, puis saupoudré de poudre de noix de galle, enfin recouvert, pour ainsi dire, d'encre sèche qui, par l'eau, se manifestait et se faisait apercevoir sur les traits imbibés d'eau par le bec d'une plume trempée dans ce liquide ou bien remplie de salive.

Ce papier peut être préparé de la manière suivante : on prend du papier collé et bon pour écrire ; on le fait tremper dans une solution de sulfate de fer ; on l'étend sur des fils pour le faire sécher ; lorsqu'il est bien sec, on le recouvre de poudre de noix de galle très-fine, et à l'aide d'un tampon de coton, on répand également la poudre sur toutes les surfaces du papier ; on ébarbe alors ce papier ; on le soumet à la presse, puis on le met en cahiers.

Ce papier, qui a une couleur jaune due au sel de fer qui s'est sur-oxidé, prend, par le contact de l'eau ou d'un liquide contenant de l'eau, une couleur noire; cette couleur noire ne se manifeste que sur le point mouillé.

Moyen de reconnaître si un papier est acide. L'acidité, qui se fait quelquefois remarquer dans le papier destiné à l'impression typographique ou la lithographie, est cause que, dans le premier cas, ce papier reçoit moins facilement l'encre d'impression, et que, dans le second, le dessin se voile, se recouvre d'une teinte nuageuse et change de physionomie.

Un moyen très-simple d'essayer ces papiers consiste à laisser tomber sur le papier qu'on veut essayer une goutte de teinture de tournesol; cette teinture qui est bleue passe à la couleur rouge, si le papier est l'acide, et l'intensité de la couleur rouge est d'autant plus marquée que l'acidité du papier est plus grande.

La teinture de tournesol peut être préparée avec la plus grande facilité par la méthode suivante : on met dans un filtre de papier placé sur un entonnoir deux gros de tournesol en pain réduit d'avance en poudre fine; on met l'entonnoir sur un flacon à l'émeri de la contenance de deux onces; on verse ensuite sur la poudre qui est dans le filtre deux onces d'eau; cette eau dissout la matière colorante du tournesol, et donne deux onces environ d'un liquide coloré en bleu, qui est la teinture de tournesol.

Ce flacon peut être facilement porté sur soi, il est alors facile d'essayer le papier dans la fabrique même.

Le papier peut être privé de son acide par une eau de chaux claire, ou par une eau légèrement alcalisée à l'aide de l'ammoniaque.

PAPILLON. (*Conn. us.—An. nuisibles.*) *Papilio.* Nom commun à un nombre infini d'insectes lépidoptères. On les divise en plusieurs tribus: les nymphales, les héliconiens, les guerriers, les danaïdes et les hespéries.

La formation de collections de papillons est un agréable délassement. (Voy. INSECTE.) En étudiant une branche intéressante de l'histoire naturelle, l'amateur de papillons rend service à l'agriculture, dont les larves des papillons sont le fléau. (Voy. CHENILLES.)

Moyen de détruire les papillons. Lorsqu'un grand nombre de papillons se montrent dans certains endroits, il faut faire présenter devant les arbres, qui servent à leur retraite le soir, une torche enduite de glu et allumée. Presque tous les papillons viendront se brûler à cette flamme qui les attire. Il faut, en employant ce moyen, avoir soin d'agiter avec une branche rameuse les feuilles des arbres devant lesquels on passe avec la torche. C'est surtout avant leur ponte, à la fin de juin, et dans la première quinzaine de juillet, qu'il faut recourir à ce moyen.

De petits feux clairs et sans fumée considérable, allumés sur divers points élevés, dans les vergers, les champs, les vignobles et les jardins, à une heure environ après le coucher du soleil, sont une autre manière non moins certaine d'attirer et de brûler les papillons. Par là on préviendra la ponte de milliards d'œufs, qui, l'année suivante, porteraient partout la désolation.

PAPILLON (JEU DU). (*Récr. dom.*) Jeu assez amusant qu'on joue à trois et au plus à quatre personnes. On emploie un jeu de cartes entier, et après être convenu des tours que l'on veut jouer, après avoir taxé l'enjeu, on détermine ce que l'on donnera à celui qui gagnera la plus basse carte qui désigne le donneur.

Celui-ci donne à chaque joueur et prend trois cartes, qu'il doit invariablement distribuer une à une; ensuite il étend sur la table sept cartes retournées, qu'il prend de suite sur le dessus du talon ; cela se fait ainsi quand on joue à trois personnes; mais lorsqu'on est quatre, le donneur n'étend que quatre cartes sur le tapis.

Il doit y avoir au milieu de la table un corbillon dans lequel chacun met l'enjeu.

Le premier en cartes examine son jeu, et voit s'il n'y a pas sur le tapis quelque carte qui puisse lui convenir. Il ne peut changer, au reste, que la couleur; car il faut nécessairement remplacer une carte par une carte semblable : ainsi, un roi par un roi, etc. Pour les cartes blanches on peut agir autrement, et en prendre plusieurs petites pour une forte qui contiendrait les derniers points disséminés dans les autres. On trouve double avantage : premièrement, parce qu'on enlève du tapis des cartes qui pourraient accommoder les autres joueurs; secondement, parce que l'on réunit dans son jeu un plus grand nombre de cartes, et que cela peut conduire à gagner les levées.

On n'échange les cartes qu'à son tour. On ne peut, avec une carte quelconque, en lever deux semblables qui seraient sur le tapis, comme aussi lorsqu'on a plusieurs cartes pareilles en main, et qui sont leurs correspondantes sur le tapis ; on ne peut toutefois en jouer qu'une à chaque tour de son jeu.

Si votre tour est de jouer, et que faute de cartes convenables vous ne puissiez point en lever sur la table, vous seriez forcé de vous étendre ou jeter à bas votre jeu, et de mettre au corbillon autant de jetons que vous avez abaissé de cartes. Alors vous ne jouez plus, jusqu'au moment où, chacun ayant joué ses trois cartes, le donneur donne, comme d'abord, trois cartes à chaque joueur, à la suite du talon, et on recommence.

Quand chacun a levé une carte à son tour pour une des siennes, le premier jette sur la table celle qu'il veut; chacun doit fournir de la couleur, ou renoncer. Au troisième tour, on échange encore. Lorsque toutes les cartes sont données pour la seconde fois, celui qui se défait de ses trois cartes le premier, gagne. Si plusieurs s'en défont à la fois, c'est le donneur qui gagne; et ses plus proches voisins auront la préférence.

Quand personne ne *fait*, c'est-à-dire ne se défait de ses trois cartes, comme il arrive souvent, celui qui joue la dernière carte en s'étendant, outre qu'il ramène toutes les cartes qui sont sur le jeu pour servir à lui faire gagner les cartes, reçoit encore de chacun un jeton de consolation.

Plusieurs personnes se bornent à échanger des cartes, et ne les jouent pas entre les deux donnes.

Hasards du jeu de papillon. 1° *Le petit papillon.* Le joueur qui, en jouant, dans le courant de la partie fait ses trois cartes, gagne un jeton de chacun de ses partenaires, et fait *petit papillon.* J'ai dit dans le courant de la partie, puisque celui qui les lève, quand toutes les cartes sont jouées, gagne la partie.

2° *Le hanneton*. Il consiste dans le coup suivant. Avoir un roi, un valet, une autre carte dans son jeu, et lever trois cartes de la même manière.

3° *La sauterelle*. Lever en jouant toutes les cartes, où la dernière carte qui resterait sur la partie, constitue la *sauterelle* : ce qui fait gagner un jeton de chaque joueur, et force celui qui joue après de s'étendre.

Des as. Ces cartes ont un privilége spécial au jeu qui nous occupe : la personne qui, en s'étendant, étale un ou plusieurs as, obtient de chaque joueur autant de jetons qu'elle a étendu d'as.

Lorsqu'en prenant des cartes sur le tapis on prend un ou plusieurs as, on se fait payer autant de jetons par chacun.

Le porteur d'un as tirant un autre as sur le tapis gagne deux jetons de chacun des joueurs. Le porteur d'un d'eux qui enlève deux as sur le tapis gagne quatre jetons; celui qui, avec un trois, lèverait trois as placés sur la table, en gagnerait six; enfin, le joueur qui, avec un quatre lèverait les quatre as mis sur le jeu, obtiendrait huit jetons de chaque joueur. Mais ce coup est extrêmement rare.

Le joueur qui aurait trois cartes semblables, comme trois rois, trois dames, etc., dont la quatrième serait sur le tapis, pourrait la prendre avec ses trois, et gagnerait un jeton de chacun. Celui qui dans ses levées (soit que l'on ait ou non joué entre les donnes) a le plus grand nombre de cartes gagne un jeton de chaque partenaire pour les cartes; lorsqu'elles sont égales entre les joueurs, personne ne les gagne, mais elles se paient double au coup suivant.

Le donneur doit avertir, lorsqu'il n'y a plus que trois cartes pour chacun au talon, que ce sont les dernières cartes à donner.

PAQUERETTE VIVACE. (*Jard.*) *Bellis perennis*. Famille des corymbifères. Indigène. Variétés à fleurs doubles rouges, blanches, rouge panaché, et prolifères. Terrain frais et ombragé. Séparation des pieds après la floraison et chaque année, pour les conserver. Fleurs en mars.

PARAPLUIES-CANNES LUMINEUX. (*Variét.*) Ces parapluies sont peu en usage. Un morceau de phosphore caché dans la poignée allume une mèche qui sert comme de lanterne. Ils ont été inventés en Angleterre.

PAPILLOTTES. (*Off.*) Pistaches auxquelles on joint des devises et qu'on enveloppe de papier blanc ou de couleur; le premier sert aux pistaches à la fleur d'oranger. Pour les pistaches à la rose, on se sert de papier festonné dont on trempe les deux bouts dans du carmin liquide. Pour les diablotins au chocolat, on prend du papier peint de diverses couleurs, que vous découpez pareillement par les deux bouts.

Quant aux autres bonbons ou pistaches, c'est un morceau de papier blanc en carré que vous pliez promptement par les deux bouts lorsque le bonbon est dedans. Ayez bien soin d'employer toujours, pour tous les bonbons, du papier de belle qualité et bien fin.

Chaque carré doit avoir trois pouces et demi de long, sur environ deux pouces de large ; vous découpez ce même papier très-délicatement par les deux bouts, de la longueur de six lignes de chaque côté; vous placez le bonbon dans le milieu, après y avoir mis une devise ou une chanson; enveloppez le tout avec ce papier, que vous tournez à chaque bout, afin que le bonbon y soit renfermé et n'en sorte pas.

PARALYSIE. (*Méd. dom.*) On désigne sous ce nom l'abolition ou l'affaiblissement notable de la sensibilité et du mouvement volontaire dans une partie quelconque du corps. La paralysie consiste essentiellement dans le défaut ou dans l'absence de l'influence cérébrale sur les organes des sens ou du mouvement volontaire. C'est dans les altérations du cerveau qu'il faut chercher les causes naturelles qui la produisent. Or, ces altérations sont elles-mêmes le produit de la dépravation chronique des humeurs qui amènent la paralysie presque toujours à la suite de l'apoplexie. La paralysie est ou *complète* ou *incomplète*, selon qu'elle se manifeste par l'abolition ou par le simple affaiblissement de la sensibilité et de la contractilité animale.

La paralysie peut être produite par un grand nombre de causes variées, physiques, organiques et morales; soit que ces causes agissent directement sur le système nerveux, en comprenant, divisant ou excitant d'une manière quelconque le cerveau et la moelle épinière, à laquelle les nerfs cérébraux sont liés par une étroite sympathie, et dont ils partagent l'affection ; soit que leur mode d'action reste inconnu, comme il n'arrive que trop souvent.

L'état pléthorique porté à un haut degré, l'omission d'une purgation habituelle, la suppression de la sueur, d'un ancien ulcère, d'un exutoire quelconque, doivent être regardés comme des sources fréquentes de cette affection.

Elle est souvent l'effet de la mollesse. Toutes les causes de l'apoplexie, l'épilepsie, les douleurs longues et violentes, la suppression des évacuations naturelles ou morbides; le transport de la matière morbifique dans les maladies aiguës, tout ce qui tord, distend, comprime ou contracte les nerfs : les fortes ligatures, les luxations, les fractions, l'inflammation des enveloppes membraneuses des nerfs, principalement dans les ganglions où ils sont liés ensemble; les dépôts séreux, l'excès des alimens astringens, particulièrement des fruits verts; la trop grande boisson d'eau chaude, qui affaiblit et relâche ; l'abus du thé et du café; la chaleur et le froid extrêmes, les vapeurs vénéneuses de l'arsenic et du mercure.

La paralysie est plus ou moins dangereuse, suivant la cause, la grandeur et le siége de la maladie : celle qui a son origine dans le cerveau est la plus à craindre; lorsqu'elle attaque le cœur ou les organes de la respiration, elle est fatale, parce que la vie ne saurait continuer un moment sans l'usage de ces parties.

La paralysie paraît être plus commune chez les hommes que chez les femmes. On ne doit l'attribuer qu'aux excès et aux accidens divers auxquels ils sont beaucoup plus exposés qu'elles dans la société. Cette maladie est moins rare dans l'enfance que dans la jeunesse, et beaucoup plus fréquente chez les vieillards. Le côté gauche est plus fréquemment atteint que le côté droit, et on attribue ce phénomène à la force plus grande qu'acquièrent les parties droites du corps par un exercice plus habituel dans l'état social. Enfin la paralysie s'observe aussi plus souvent aux membres abdominaux qu'aux membres thoraciques.

La paralysie ne s'arrête pas toujours à l'anéantissement de la partie latérale, elle exerce sur toute l'économie animale une bien plus grande influence : la perte de la parole, de l'ouïe, du goût, de l'odorat, sont encore les terribles conséquences de cette affection. Enfin elle réduit l'homme aux phénomènes bornés d'une obscure végétation ; elle le condamne à une vie courte et précaire.

Régime chaud, stimulant, frictions, sinapismes, vesicatoires, bains d'eau sulfureuse, bains dans lesquels on fait fondre du sel gris, tranquillité d'esprit, mouvement ; immersion dans le marc de raisin. On recommande à l'intérieur les sudorifiques, les purgatifs, les vomitifs. Chez les pléthoriques, les stimulans réussissent peu.

PARATONNERRE. (*Conn. us.*) *Usages et précautions relatives au paratonnerre.* On donne le nom de paratonnerre à des barres de fer terminées en pointe, que l'on élève sur des édifices pour les préserver d'être foudroyés. On sait, par expérience, que les corps pointus, lorsqu'ils communiquent à la terre, déterminent à distance la décharge progressive et graduelle des corps électrisés, de manière à empêcher l'explosion subite, que l'on appelle *étincelle électrique*, et qui les déchargerait tout d'un coup. Ainsi une barre de fer pointue, élevée sur un édifice, et communiquant au sol par une suite d'autres barres, doit produire absolument le même effet sur les nuages électrisés qui s'en approchent ; c'est aussi ce que l'expérience confirme, et en cela consiste l'utilité des paratonnerres. Comme leur faculté est dans la conservation de leur pointe, on a coutume de la dorer, pour qu'elle ne se détruise pas en se rouillant. Il faut aussi que la barre du paratonnerre soit assez grosse pour offrir un libre passage à l'électricité, et même pour pouvoir recevoir et conduire une décharge foudroyante. Un pouce carré de grosseur suffit pour cela ; il faut aussi que les diverses barres qui se joignent les unes aux autres pour former le conducteur, et amener l'électricité jusqu'à la terre, soient bien soudées les unes aux autres, sans interruption. Enfin, il faut que la dernière plonge dans l'eau d'un puits ou dans quelque endroit humide, pour que la déperdition de l'électricité soit plus facile et plus rapide. Toutefois, si l'eau manque, on peut y suppléer en terminant l'extrémité inférieure de la dernière barre par une grosse masse de plomb que l'on enfonce en terre à une certaine profondeur.

PARCOURS. (*Cod. dom.*) Servitude réciproque de paroisse à paroisse ; elle entraîne avec elle le droit de vaine pâture, et continue d'avoir lieu, avec les restrictions ci-après déterminées, lorsque cette servitude est fondée sur un titre ou sur une possession autorisée par les lois, un titre particulier ou un usage immémorial.

Elle ne s'exerce pas dans les prairies artificielles, dans les champs en rapport non récoltés, dans les prairies dont la première herbe n'a pas été coupée.

Dans les pays de vaine pâture, soumis à l'usage du troupeau en commun, tout propriétaire ou fermier peut renoncer à cette communauté, et faire garder, par troupeau séparé, un nombre de têtes de bétail proportionné à l'étendue des terres qu'il exploite dans la paroisse.

La quantité de bétail proportionnée à l'étendue du terrain est fixée dans chaque paroisse à tant de bêtes par arpent, d'après les réglemens et usages locaux ; et à défaut de documens positifs à cet égard, il y est pourvu par le conseil municipal de la commune.

Néanmoins tout chef de famille domicilié qui ne sera ni propriétaire, ni fermier d'aucun des terrains sujets au parcours ou à la vaine pâture, et le propriétaire ou fermier à qui la modicité de son exploitation n'assureront pas l'avantage qui va être déterminé, peuvent mettre sur lesdits terrains, soit par troupeau séparé, soit en troupeau commun, jusqu'au nombre de six bêtes à laine et d'une vache avec son veau, sans préjudicier aux droits desdites personnes sur les terres communales, s'il y en a dans la paroisse, et sans entendre rien innover aux lois, coutumes et usages locaux et de temps immémorial, qui leur accorderaient un plus grand avantage.

Les communes dont la circonscription territoriale a changé par suite de la loi du 1er décembre 1790, relative à l'assiette de l'impôt foncier, ont conservé le droit de parcours et vaine pâture sur les territoires autrefois dépendant de leur circonscription, et attribués par la loi ci-dessus à une autre commune. (Cour de cassation, 1er février 1851.)

Les propriétaires ou fermiers qui exploitent des terres sur les paroisses sujettes au parcours ou à la vaine pâture, et dans lesquelles ils ne seraient pas domiciliés, ont le même droit de mettre dans le troupeau commun, ou de faire garder par troupeau séparé, une quantité de têtes de bétail proportionnée à l'étendue de leur exploitation, en suivant la disposition de l'article 28 du Code civil ; mais dans aucun cas les propriétaires ou fermiers ne peuvent céder leurs droits à d'autres.

La clôture affranchira du droit de vaine pâture réciproque ou non réciproque entre particuliers, si ce droit n'est pas fondé sur un titre, toutes les lois et usages contraires étant abolies. Mais le propriétaire qui se clot perd son droit au parcours et à la vaine pâture en proportion du terrain qu'il y soustrait. (Code civil, article 648.)

Entre particuliers tout droit de vaine pâture fondé sur un titre, même dans les bois, est rachetable à dire d'experts, suivant l'avantage que pourrait en retirer celui qui avait ce droit s'il n'était pas réciproque, ou eu égard au désavantage qu'un des propriétaires aurait à perdre la réciprocité si elle existait ; le tout sans préjudice au droit du cantonnement tant pour les particuliers que pour les communautés.

Le droit de vaine pâture est une des plaies de notre agriculture ; tous les hommes qui s'intéressent aux progrès agricoles sont unanimes sur ce point ; mais avant d'entrer dans quelques détails à cet égard, en réponse aux questions qui nous sont adressées, expliquons ce qu'on entend par droit de parcours et de vaine pâture.

La vaine pâture n'est pas, ainsi que nous avons vu plus d'un cultivateur le croire, l'usage adopté dans toutes les grandes exploitations de conduire les troupeaux de moutons ou tous autres bestiaux pâturer sur le sol lorsqu'il est dépouillé de ses récoltes.

Dans ce sens, la vaine pâture est un système pour l'éducation et l'entretien des bestiaux, en opposition avec celui d'après lequel on nourrit les bestiaux à l'étable. Ces deux systèmes peuvent être légalement controversés.

Il ne faut pas confondre non plus le droit de vaine pâture avec le parcours exercé dans un grand nombre de communes, sur des propriétés communales.

La vaine pâture, dont on se plaint avec raison, dans les pays où elle s'exerce, résultait d'anciennes concessions féodales, et a été régularisée par la loi du 6 octobre 1791.

D'abord droit de parcours de paroisse à paroisse;

Ensuite, vaine pâture entre les habitants d'une même paroisse.

Dans les pays de parcours, la quantité de bétail, proportionnellement à l'étendue du terrain, est fixée dans chaque paroisse à tant de bêtes par arpent, d'après les réglements et usages locaux. Néanmoins tout chef de famille, qui n'est ni propriétaire, ni fermier d'aucun des terrains soumis au parcours ou à la vaine pâture, peut mettre sur ces terrains, soit par troupeau séparé, soit en troupeau commun, jusqu'au nombre de six bêtes à laine et d'une vache avec son veau, sans préjudicier aux droits desdites personnes sur les terres communales.

(Art. 13 et 14, section IV de la loi du 6 octobre 1791).

Ainsi le droit de parcours ou de vaine pâture, tel que le définit la loi, est le droit pour tous propriétaires, fermiers ou non, de faire pâturer en commun, après la récolte, une étendue de terre désignée chaque année par les maires.

Le droit de vaine pâture peut exister, ou en vertu de titres particuliers, ou d'après des usages immémoriaux.

S'il résulte de titres authentiques, c'est une véritable servitude dont se trouve grevée la propriété; c'est bien alors un droit réel.

Mais partout où il n'y a que des usages *immémoriaux*, c'est une violation flagrante du droit de propriété.

Dans le premier cas, celui de titres authentiques, une nouvelle législation ne saurait intervenir pour les détruire; la législation actuelle est d'ailleurs suffisante; elle autorise le cantonnement, soit à l'amiable entre les intéressés, soit en le soumettant à l'arbitrage des juges.

Dans le second cas, celui des usages immémoriaux, nous croyons que la législation peut d'abord considérablement modifier l'exercice de ces usages, et les détruire ensuite à l'aide du temps.

La loi de 1791 avait elle-même indiqué les moyens pour les propriétaires, de s'affranchir de ces droits de parcours et de vaine pâture, en déclarant (art. 4) que rien ne peut empêcher un propriétaire de clore sa propriété, et dès-lors de se mettre à l'abri de l'envahissement des tiers.

Cette loi dit de plus (art. 9), que dans aucun temps et à aucune époque les droits de parcours ou de vaine pâture ne pourront s'exercer sur les prairies artificielles, ou sur une terre ensemencée ou couverte de quelque production que ce soit.

Les propriétaires ou les fermiers d'une commune peuvent donc s'affranchir de ces droits en tenant toutes leurs terres ensemencées, soit en prairies artificielles, soit de toute autre manière. — L'ensemencement des prairies artificielles est d'ailleurs si facile et si peu coûteux, que ce moyen tout légal est à la portée de tout le monde.

PARIÉTAIRE OFFICINALE. (*Jard.*) *Parietaria officinalis*. Tiges droites d'un à deux pieds; feuilles entières, ovales, pointues; fleurs verdâtres, petites, en été. Terre sèche et de décombres. Multiplication de graine et d'éclats. La plante entière est diurétique et émolliente.

PARQUET. (*Ind. dom.*) Quand on peint les parquets, il faut environ deux livres de couleur broyée et une livre d'huile, pour peindre à trois couches une toise carrée de surface; mais la première en emporte la moitié à elle seule. Les bois tendres ou mal unis en emploient encore davantage.

Peinture des parquets. On prend une certaine quantité de rouge de Prusse, que l'on broie sur une table de marbre ou de porphyre avec de l'huile de lin cuite. (V. PEINTURE.) On se sert pour cela d'un instrument également de marbre ou de porphyre, en forme de pain de sucre, que l'on nomme *molette*. On reconnaît que la peinture est suffisamment broyée lorsqu'en en étendant un peu sur l'ongle elle est parfaitement lisse, et n'offre aucun grain de couleur. On conserve cette couleur broyée dans des pots ou dans des vessies, pour s'en servir au besoin. On prend deux livres de cette peinture broyée, et on la délaie avec un pinceau dans un mélange d'une livre et demie d'huile de lin cuite et d'une livre d'essence de térébenthine. Cette peinture s'applique alors sur la première couche de détrempe, au moyen d'un pinceau ou d'une éponge. Si l'on est dans l'hiver, et que l'on veuille que la peinture sèche très-promptement, on met un peu plus d'essence de térébenthine, et on délaie dans la peinture une once de litharge en poudre fine; mais il ne faut pas mettre une plus grande quantité de cette poudre; sans cela, la peinture aurait l'inconvénient de s'écailler au bout d'un certain temps.

On applique toujours une couche de peinture en détrempe par-dessus celle à l'huile avant de mettre l'encaustique, espèce de vernis qui donne le brillant à la couleur. (Voy. ENCAUSTIQUE, CARREAU.)

PARTIE CIVILE. (*Cod. dom.*) Celui qui, dans un procès, intervient comme défendeur.

Partie civile. L'article 160 du décret du 18 juin 1811, sur les frais de justice, en exigeant que la partie civile consigne, avant toute poursuite, les frais de la procédure, n'a eu pour objet que d'assurer au trésor public la rentrée des avances qu'il pourrait faire. En conséquence, cet article ne doit recevoir son application qu'au cas où le ministère public exerce lui-même les poursuites, et non au cas où la partie civile agit elle-même, et fait personnellement le débours de tous les frais. (*Cour de cassation*, 4 *mai* 1833.)

Le plaignant, en matière correctionnelle, ne peut se constituer partie civile devant la cour royale sur l'appel interjeté par le ministère public, lorqu'il n'a pas pris cette qualité en première instance. (*Arr. C. R. Paris, avril* 1833.)

Le plaignant qui, en première instance, a déposé comme témoin ne peut, en cause d'appel, se porter partie civile. (*C. de cass.*, 23 *mai* 1833.)

PASSAGE. (*Cod. dom.*) *Droit de passage.* Le juge du possessoire, saisi d'une demande en complainte ayant pour objet de maintenir le demandeur en possession d'un droit de passage et du sol sur lequel ce droit s'exerce, ne peut, sous le prétexte que le droit de passage n'est pas contesté, mettre les parties hors d'instance sur l'action possessoire, et les renvoyer à faire valoir leurs droits au pétitoire sur la propriété du sol. (*Cour de Cass.*, 29 *décembre* 1828.)

Le propriétaire dont le fonds est enclavé a prescrit l'indemnité de passage, alors même qu'il n'aurait pas passé pendant 30 ans sur le même fonds, et qu'il aurait exercé la servitude tantôt sur un fonds, tantôt sur un autre, mais appartenant tous deux au propriétaire débiteur de la servitude. (*C. de Cass.*, 21 *mars* 1851.)

Le trouble à la possession d'un passage, au cas d'enclave, donne lieu à l'action en complainte. L'article 691 du Code civil, portant que les servitudes discontinues ne peuvent s'acquérir par possession, n'est point applicable aux servitudes légales, parmi lesquelles est placé le passage au cas d'enclave. (*C. de Cass.*, 19 *novembre* 1852.)

C'est par voie d'action possessoire qu'un propriétaire peut se plaindre de ce que son voisin a abusé de la servitude d'enclave en circulant dans le fonds asservi, au lieu de suivre la ligne habituelle, plus directe et moins nuisible, et demande à être maintenu dans la possession de son fonds, contre cet abus. (*Cour de Cass.*, 24 *juin* 1828.)

PASSALES. (*An. nuis.*) Insectes de l'ordre des coléoptères, dont les larves rongent les racines des plantes. On les détruit de même que les hannetons.

PASSE-DIX. (*Réc. dom.*) Le but de ce jeu est de passer dix en lançant trois dés. Il y a la partie à deux joueurs et la partie avec un banquier et des pontes. Quelquefois tous les coups de dés sont décisifs; d'autres fois, on convient qu'un coup ne finira que lorsque deux dés présenteront chacun un point semblable. Chacun met un enjeu, et l'on tire au sort à qui commencera. Tant que celui qui joue passe dix, il peut conserver les dés, en tenant ce qu'on lui propose jusqu'à concurrence de sa mise.

Quand il y a un banquier, il tient les dés, et les pontes parient contre lui qu'il passera ou ne passera pas, et gagnent l'argent de leurs adversaires si leur espoir se réalise.

Si le banquier amène le point quatre, il gagne l'argent des pontes qui ont soutenu qu'il passerait, et, s'il amène le point dix-sept, l'argent des pontes qui ont parié qu'il ne passerait pas.

PASSE-ROSE. (Voy. ALCÉE.)

PASSIFLORE. (Voy. FLEUR DE LA PASSION.)

PASTEL ou GRUSDE. (*Arg.*) *Ysotis tinctoria.* Famille des crucifères. Plante qui donne une teinture bleue et résineuse, et fort solide.

Le pastel se sème d'avril en mai, dans une terre légère et douce; il faut le sarcler souvent; il craint la sécheresse. Les sauterelles en détruisent quelquefois des champs entiers. Dans ce cas, il faut couper de suite les plants de pastel par le pied; ils repousseront, et donneront une seconde récolte avant les gelées.

On commence aussi la récolte du pastel au moment où les feuilles commencent à jaunir, en juillet ou août; on les coupe par un beau temps, on les laisse au soleil une demi-journée, ou une journée, afin qu'elles soient flétries; on les transporte au moulin lorsqu'elles sont suffisamment privées d'humidité surabondante pour les réduire en pâte, et on les prépare pour le commerce.

PASTILLES. (*Off.*) Elles sont faciles à faire. On pulvérise du beau sucre, qu'on délaie avec un esprit aromatique quelconque; on fait bouillir sur le feu, en remuant, dans un poêlon. Quand le mélange commence à bouillir, vous retirez le poêlon au moment où la pâte est prête à bouillir; et, continuant encore de remuer deux ou trois fois, vous la coulez alors sur des plaques de fer-blanc, de la manière suivante :

Tenez le poêlon de la main gauche, et, penchant très-doucement son bec, vous en faites couler la pâte, qui se présente au bord à l'aide d'une moitié d'aiguille à tricoter emmanchée dans un petit morceau de bois que vous tenez de la main droite, dirigeant alternativement le poêlon et l'aiguille, de manière que la pâte tombe sur la plaque en forme de petits boutons moitié moins grands qu'une pièce de six liards; c'est ce qu'on nomme pastilles. Ayez soin de les aligner parfaitement en les coulant, et de ne mettre à toutes que la même quantité de pâte; ce qui ne peut se faire qu'autant que la main gauche sera bien assurée : autrement les pastilles seraient disproportionnées.

Une heure après vous les retirez de dessus la plaque, et les posez, sur des tamis garnis de papier, à l'étuve, où vous les laissez un jour; plus de temps en diminuerait le parfum.

Trois jours suffisent pour mettre au fait de ces pastilles. On peut en faire vingt livres par jour, et même davantage.

On fait des pastilles à la rose, à la décoction de café, au chocolat râpé, à l'essence de fleur d'oranger, à l'esprit de jasmin, de jonquille, de nerprun, de tubéreuse; au jus d'épine-vinette, etc. Pour les pastilles *au girofle*, il faut cinq onces de girofle en poudre par livre de sucre.

Pastilles à l'ananas. Prenez deux ananas, frottez-les bien contre un gros morceau de sucre, que vous grattez à mesure que l'écorce de l'ananas s'y attache. Quand vous avez enlevé de cette manière toute la superficie de vos fruits, vous les coupez en deux, et en exprimez le jus dans trois livres de sucre; vous y joignez les râpures, et délayez le tout avec de l'eau simple jusqu'à consistance de pâte ferme.

Cette pastille est des plus agréables; il s'en fait peu en France, parce qu'on ne peut se procurer des ananas qu'à grands frais, attendu qu'ils n'y viennent que dans des serres, et que leur culture exige le plus grand soin. (Voy. ANANAS.)

Pastilles de badiane ou anis vert. Huile volatile de badiane, vingt-quatre gouttes; sucre blanc tamisé, deux livres; gomme adragant, quatre gros.

Faites du tout une pâte molle, et opérez comme pour les précédentes.

Pastilles à l'angélique. Pilez une once et demie de graine d'angélique, que vous passez au tamis de soie; mettez la poudre dans trois livres de beau sucre préparé, et composez vos pastilles.

Pastilles au bouquet. Mettez quinze gouttes de bon esprit de jasmin, autant d'esprit de tubéreuse, de jonquille et de réséda dans trois livres de sucre superfin préparé à l'ordinaire; délayez le tout avec de bonne eau de fleur d'oranger double, pour en former une pâte ferme, que vous coulez comme les précédentes.

Pastilles au cachou. Employez trois onces de cachou en poudre par livre de sucre. Une once de ces pastilles dans une pinte d'eau fait une boisson astringente, bonne dans les diarrhées, les vomissemens, etc.

Pastilles citriques. Acide citrique cristallisé, six gros; sucre blanc en poudre, vingt onces; huile volatile de citron, dix gouttes.

Mêlez ces substances avec quantité suffisante de gomme adragant pour en former une pâte, que vous taillez en pastilles comme de coutume.

Pastilles au citron. Pour faire des pastilles avec l'essence de l'écorce de citrons, oranges, bergamotes, etc., on délaie deux livres de sucre avec de l'eau simple; on parfume avec quelques gouttes d'essence, ou en râpant contre un morceau de sucre l'écorce jaune de quatre citrons.

Ces pastilles sont très-rafraîchissantes; elles apaisent la soif; elles sont fort agréables pour les personnes qui voyagent et qui n'ont pas partout où elles se trouvent la facilité de faire de la limonade pour se rafraîchir et se désaltérer. On peut en mettre quelques-unes fondre dans une verrée d'eau, et on la boit à sa soif; cela forme une boisson qui réunit aux propriétés de la limonade son parfum et sa saveur acidule.

Pastilles à la cannelle. Prenez trois livres de sucre superfin, que vous pilez au mortier de marbre et passez au tamis de crin; puis, y ajoutant deux onces de cannelle superfine en poudre, vous délayez le tout ensemble avec suffisante quantité d'eau simple pour en former une pâte dont vous faites des pastilles à la manière accoutumée.

Pastilles à la framboise. Vous pressez fortement dans un linge des framboises bien mûres, pour en exprimer le jus, dans lequel vous délayez trois livres de sucre, pour en former une pâte très-épaisse et très-ferme, que vous coulez par portions, afin de ne pas la graisser.

Cette pastille se fait encore en pilant six onces de framboises mises à l'étuve dans leur saison et séchées; vous les passez au tamis de crin, puis les mettez dans un vase avec trois livres de sucre; vous délayez le tout avec de l'eau simple, pour en former les pastilles.

Pastilles de menthe. (Voy. MENTHE.)

Pastilles au pot-pourri. Vous mettez douze gouttes de bon esprit de jasmin, autant de jonquille, de tubéreuse et de réséda, quatre gouttes d'essence d'ambre, et autant d'essence de musc, dans trois livres de sucre pilé et passé au tamis; formez ensuite votre pâte avec de bonne eau double de fleur d'oranger, et quand elle est bien ferme, formez vos pastilles.

Pastilles au safran. Prenez trois livres de sucre superfin, que vous pilez et passez au tamis de crin; puis, donnant un bouillon à un demi-setier d'eau dans laquelle vous aurez mis dix-huit grains de safran gâtinais, vous la retirez et passez la décoction à travers un linge que vous serrez fortement pour en extraire toute la liqueur. Lorsqu'elle est refroidie, vous vous en servez pour délayer votre sucre et en former une pâte que vous coulez comme les précédentes.

Pastilles blanches au vinaigre. Délayez trois livres de sucre avec du bon vinaigre blanc d'Orléans; ou, si vous employez du vinaigre rouge, ajoutez-y un peu de carmin liquide: vous aurez deux sortes de pastilles.

Pastilles à la violette. Préparez quatre livres de sucre de la manière ordinaire; mettez dans une cucurbite une livre de fleurs de violettes mondées de leurs queues et de leur calice; versez-y une chopine d'eau bouillante et refermez hermétiquement la cucurbite, puis la mettez douze heures à l'étuve; alors vous passez l'infusion à travers un linge, que vous pressez bien fort afin d'en extraire tout le suc, dont vous vous servez pour délayer votre sucre et en faire une pâte que vous coulez comme les précédentes.

Ces pastilles ont la même vertu que le sirop de violettes; elles sont pectorales et bonnes pour le rhume. On peut en délayer dans de l'eau et en prendre comme dans du sirop.

Les pastilles dont nous venons de parler se nomment *pastilles à la goutte.*

Pastilles au marasquin. Les pastilles à froid sont préférées; celles au marasquin de Zara sont le type de ce genre. Prendre une livre de sucre superfin, quatre gros de gomme arabique. Vous pilez le sucre et le passez au tamis de soie; vous délayez séparément votre gomme avec de l'eau chaude; vous la laissez refroidir, puis la versez sur votre sucre, que vous finissez de délayer avec de bon esprit de marasquin de Zara. Vous saupoudrez de sucre passé au tamis de soie des ardoises, sur lesquelles vous roulez votre pâte en forme de petits bâtons, que vous coupez en petits morceaux ronds. Quand vos ardoises en sont remplies, vous les secouez, les frappant un peu sur la table pour faire tendre vos petits ronds, et leur faire prendre la forme de pastilles; puis vous les mettez à l'étuve avec un feu doux: le lendemain vous les retournez avec un couteau très-mince, pour achever de les sécher; ensuite vous les renfermez dans des bocaux ou des boîtes bien bouchées.

Ces pastilles sont très-agréables et digestives.

Pastilles à l'esprit de cannelle. Employez une livre de sucre, quatre gros de gomme arabique, et quelques gouttes d'esprit de cannelle. On fait dans les mêmes proportions les pastilles de cinnamomum, de myrte, de persicot, de macis, de muscade, de girofle, de rose, de menthe, d'orange, de jasmin, de jonquille, de tubéreuse, de réséda, de framboise, de rossoli, de crème des Barbades, de scubac, d'esprit de Vénus, etc.

PASTILLES MÉDICINALES.—*(Méd. dom.) Pastilles de soufre.* Prenez cannelle de Ceylan en poudre, deux gros; gomme adragant fondue à l'eau simple, une once; fleur de soufre, trois onces; sucre passé au tamis de soie, trois livres.

Vous commencez par piler la gomme avec un peu de sucre; vous y mettez le soufre et continuez de piler, en mêlant à mesure votre sucre, et broyant avec soin les petites pelotes de soufre qui ne manquent pas de se former. Vous ajoutez ensuite la cannelle; et lorsque la pâte est bien pétrie, vous la découpez avec un emporte-pièce pour en former vos pastilles.

Elles sont bonnes contre les maladies de poitrine et contre l'asthme. Pour les personnes attaquées de cette dernière maladie, on ajoute à la recette douze grains de fleurs de benjoin par livre de pastilles.

Pastilles de semen-contra. Prenez semen-contra, une once quatre gros; beau sucre, trois livres.

Vous pilez le *semen-contra*, et le passez au tamis de soie très-fin; puis, réunissant à cette poudre le sucre également pulvérisé, vous délayez le tout dans de l'eau simple, pour en former une pâte très-ferme, que vous coulez comme les autres pastilles, ainsi que nous l'avons dit.

Ces pastilles sont excellentes pour chasser les vers : la dose est depuis un gros jusqu'à deux onces.

Pastilles stomachiques. Prenez zestes d'oranges amères sèches, une once; extrait de quinquina, un gros; calamus aromaticus, trente-six grains; eau de fleur d'oranger, suffisante quantité; sucre, une livre.

Mettez toutes ces substances en poudre, et les incorporez avec le sucre, au moyen de l'eau de fleur d'oranger; vous en formez une pâte que vous découpez avec un emporte-pièce en petites pastilles rondes, et vous les faites sécher à l'étuve.

Ces pastilles sont bonnes dans les maux d'estomac, dans la mélancolie hypocondriaque, pour lever les obstructions du bas-ventre. La dose est depuis un gros jusqu'à une once, que vous faites fondre dans de l'eau : vous en prenez dans le cours de la journée.

PASTILLES ODORANTES A BRULER. (*Ind.dom.*) On appelle ainsi des compositions où il entre divers aromates; on leur donne assez ordinairement une figure conique ou triangulaire; on y met le feu pour parfumer les appartemens : elles brûlent en scintillant, et exhalent une fumée qui répand une odeur très-agréable.

Prendre civette, trente-six grains; benjoin, deux gros; storax calamite, un gros; bois d'aloès, quatre gros; écorce d'orange sèche, un gros; deux muscades; girofle, un gros; laudanum, deux gros; charbon, une once; sel de nitre, quatre onces; esprit d'ambre, deux onces; sucre fin, une once; quantité suffisante de mucilage de gomme adragant à l'eau de rose.

Vous réduisez en poudre les dix premières substances dans un mortier de fer; vous y ajoutez le sel de nitre et l'esprit d'ambre; et, avec le mucilage de gomme adragant, vous donnez au tout la consistance d'une pâte que vous réduisez sur la table de marbre en petits rouleaux de la grosseur de tuyaux de plumes, et que vous contournez ensuite sur eux-mêmes en forme de coquillages de la hauteur d'environ un pouce et d'une pâte proportionnée; ou vous leur donnez une forme triangulaire, pyramidale, etc. On les fait sécher à l'ombre, et on les renferme dans des bocaux bien bouchés.

Autres. Prenez trois onces de benjoin, un gros de zestes d'orange secs, un gros et demi de roses muscades, un gros d'ambre gris, un gros et demi de bois de Santal rouge, une demi-once de sucre; pulvérisez toutes ces choses, et incorporez-en la poudre très-fine avec le mucilage de la gomme adragant délayée dans l'eau de rose ou dans l'eau de fleur d'oranger, pour en faire une pâte que vous diviserez en petits ronds, cônes, cœurs ou carrés, que vous ferez sécher au soleil ou à petit feu. (Voy. POUDRE.)

Autres. Ou prenez : zestes de cédrats, de limons, d'oranges; roses muscades; romarin; santal rouge; calamus aromaticus, deux gros de chaque; storax, une once; laudanum, une once; clous de girofle, trente-six grains; iris de Florence, trente-six grains; oliban, cinq onces; nitre, quatre gros; charbon, une once.

Toutes ces substances doivent être sèches.

Vous réduisez ces substances en poudre très-fine, et les incorporez avec suffisante quantité de mucilage de gomme adragant fait à l'eau de fleur d'oranger; vous en formez une pâte dont vous composez vos pastilles que vous mettez sécher.

Lorsqu'on veut se servir de ces pastilles, l'on met le feu à l'une d'elles, et on la pose sur une table de pierre ou toute autre chose qui n'en puisse éprouver aucun dommage. Elle brûle en scintillant et en répandant une odeur agréable : cette pratique chasse le mauvais air et purifie lés appartemens.

Des pastilles formées d'herbes aromatiques sèches, telles que la sauge, l'estragon, la lavande, l'hysope, le romarin, qui, sèches et réduites en poudre, sont délayées avec du vinaigre très-fort, seront excellentes pour purifier une chambre de malade; on peut les mettre sur une pelle rouge, après y avoir d'abord mis le feu. Leur fumée, tonique, analogue à celle du vinaigre brûlé, sera encore plus balsamique, et n'entraînera pas l'inconvient de tacher le plancher, comme le vinaigre fait quelquefois en bouillonnant.

PASTILLAGE. (*Off.*) C'est une pâte faite avec un mucilage de gomme adragant très-blanche, et du sucre en poudre, que l'on aromatise avec toutes sortes d'odeurs, et que l'on coupe avec des emporte-pièces, ou que l'on forme avec des moules de diverses formes et figures.

PATATE. (*Jard.—Cuis.*) *Convolvulus batatus.* Famille des liserons. Vivace. Beaucoup de personnes confondent les patates avec les pommes-de-terre; ces deux productions sont de la même famille; mais il existe entre elles de très-notables différences. La patate est une pomme-de-terre d'Amérique, qui paraît tirer son origine des montagnes du Pérou ou du Chili; on la cultive dans toute l'Amérique méridionale, au Mexique et à Saint-Domingue. En France, où elle est encore très-peu cultivée, on ne peut la faire arriver à maturité que par les plus grands soins. Cette plante exige, comme les melons, des couches, des châssis, des cloches, et une attention continue. On la multiplie de portions de racines auxquelles on conserve, en les coupant, un œil ou deux. On espace de douze pieds, parce que la plante s'étend, et que chaque tige forme des plantes nouvelles.

Il en résulte que ce légume restera longtemps cher, et que quelques tables privilégiées peuvent seules en jouir.

La patate forme une racine conique et oblongue, rose à sa surface. La fane, qui est verte et assez touffue, peut être, ainsi que le fruit, apprêtée et servie avec succès. M. Fouret, dans *le Cuisinier royal*, a donné la recette de l'une des manières dont le fruit peut s'assaisonner. Cet écrivain culinaire la prépare comme les salsifis et comme les artichauts frits. On peut également frire simplement les tranches de patates, comme les pommes-de-terre.

Moins farineuses, les patates sont plus sucrées que les pommes-de-terre. Elles ont quelque chose de l'artichaut, et parfois un peu de la saveur de la noisette. Leur chair très-fine, et d'un goût délicat, les rend très-supérieures à tout autre légume de ce genre.

Mais la verdure qui les surmonte, jusqu'ici mise à l'écart par les cuisiniers, produit un mets plus délicat encore. Épluchée soigneusement, et cuite dans le beurre frais avec un assaisonnement, elle se réduit en purée comme l'épinard; alors on la mouille avec de la crème, on l'assaisonne de sucre, et on la sert, soit avec des croûtes frites, soit, mieux encore, couronnée de tranches de patates sautées dans le beurre. La verdure de la patate peut aussi se préparer au gras: des deux manières elle produit un entremets beaucoup plus délicat que les épinards.

PATE. (*Cuis.—Off.*) *Pâte à frire.* Mettez un petit morceau de beurre dans de l'eau tiède; délayez avec cette eau beurrée plus ou moins de farine, avec le sel nécessaire, ayant soin qu'il ne se trouve pas de grumeaux. Ajoutez deux ou trois cuillerées d'huile suivant la quantité, et mettez ensuite deux blancs d'œufs légèrement battus en neige. Cette pâte se fait au moment et ne se conserve pas.

Pâte à dresser. Prenez deux livres de farine, mettez en masse sur une table, formez un creux au milieu, y mettre une demi-livre de beurre, deux œufs, un peu d'eau. Faire une pâte ferme et laisser reposer une heure sous un linge.

Pâte brisée. Faite de même, moins ferme, avec moitié plus de beurre et un œuf de plus par deux litres; elle sert pour gâteaux, temboles.

Pâte feuilletée. (Voy. PATÉ.)

Pâte à frire de madame Pariset. Délayez la farine avec demi-cuillerée de vinaigre, un peu de sel fin, et un peu de lait.

Des restes de pâte. Abattez vos restes de pâte de l'épaisseur d'un écu, coupez-la en losanges; faites-les frire; égouttez-les, poudrez-les de sucre, glacez-les avec la pelle rouge, et servez-les pour entremets, ou garnissez-en des légumes et des purées; alors vous n'y mettrez point de sucre.

Pâtes d'office. Ces pâtes sont une sorte de marmelade épaissie par l'ébullition, au point de garder toutes sortes de formes, lorsqu'après avoir été mises dans des moules, elles sont séchées dans une étuve. (Voy. ABRICOTS, ORANGES, PRUNES, ETC.)

PATÉ. (*Cuis.*) (Voy. ALOUETTE, LIÈVRE, ETC.)

Pâtés chauds ou vol-au-vent. La pâte se fait avec du feuilletage; on la remplit de godiveaux, hachis, boulettes, farces, avec garnitures de cervelles, champignons, truffes, riz de veau, etc. Toutes ces choses se mettent avec épices, et on y joint le beurre dans lequel on les a fait revenir.

Pâtés froids.—Manière de préparer les viandes pour les pâtés froids. Que ce soit viande de boucherie, volaille ou gibier, assaisonnez bien de sel et d'épices intérieurement et extérieurement; piquez votre viande; faites-la revenir et cuire à moitié dans une casserole avec un morceau de beurre et des feuilles de laurier. Retirez de la casserole et laissez refroidir dans l'assaisonnement. Faites une farce de lard haché très-fin avec les parures de votre viande; assaisonnez encore; coupez des bardes de lard très-minces, et, tout étant ainsi préparé, vous formez votre paté de la manière suivante:

Prenez de pâte à dresser (voyez ce mot) la moitié de la pesanteur de votre viande; mettez-la sur un papier double beurré, donnez-lui la forme que votre pâté doit avoir, en dessinant cette forme avec le doigt sur la pâte suffisamment aplatie; relevez-en les bords de manière à former une enceinte de la forme que vous voudrez donner à votre pâté; mettez au fond une couche de votre farce, ensuite votre viande, et enfin le reste de cette même farce, avec un morceau de beurre qui devra être dans la proportion d'une demi-livre à neuf livres de pâté. Les bardes de lard auront été placées entre la pâte et la viande, et vous aurez conservé de cette pâte de quoi faire un couvercle que vous soudez de votre mieux avec un jaune d'œuf et de l'eau; dorez le pâté avec des jaunes d'œufs, et faites-le cuire au four.

Petits pâtés. On les fait d'abord avec de la pâte feuilletée.

La pâte feuilletée, qu'on destine à cet usage, se fait avec trois livres de fleur de farine, de l'eau froide, un peu de sel, et même, si l'on veut, quelques jaunes d'œufs. On la pétrit; on en fait une abaisse de l'épaisseur d'un pouce; on y met dessus deux livres et demie de beurre frais; on renverse l'un des bouts sur l'autre, de manière que le beurre soit en dedans; on la détend une seconde fois avec le rouleau, en la poudrant de farine dessus et dessous, et on la replie et détend jusqu'à cinq à six fois.

La pâte feuilletée faite, on hache un peu de rouelle de veau et de moëlle de bœuf avec persil, ciboule, champignons; ajoutez-y deux œufs, avec sel et poivre; délayez cette farine avec un demi-setier de crème. Faites ensuite de petites abaisses de la pâte ci-dessus; mettez-les sur des moules à petits pâtés; étendez de petits morceaux de farce sur chaque abaisse, et couvrez cette abaisse d'une autre, et dorez-la. Faites de même à chacun, et mettez-les au four.

Les tartelettes se font de même, si ce n'est qu'au lieu de cette farce, on y met de la crème pour des tourtes.

Paté à l'anglaise. Couper en tranches de six lignes d'épaisseur en travers deux livres de filet de bœuf paré. Former un pâté oblong; arranger les tranches dans le fond; par dessus deux pincées de ciboule, ail, laurier, thym, persil hachés, avec sel et poivre; faire un couvercle, porter le pâté à la porte du four, l'emplir d'eau froide, poser le couvercle, avec un trou au milieu; enfourner de suite avec le plateau. Faites cuire une heure et demie. Ce pâté est excellent. On peut le faire sous le four de campagne; alors il faut deux heures de cuisson à petit feu égal.

Pâté chaud de gibier. Ayez diverses pièces de petit gibier, telles que mauviettes, grives, cailles, etc.; après les avoir troussées, sautez-les dans du beurre avec une poignée de fines herbes, poivre, sel, enfin un bon assaisonnement.

Prenez de la farine, et faites une pâte *de bois* (c'est-à-dire avec de l'eau sans beurre); cette pâte, qui doit avoir beaucoup de consistance, sera maniée avec soin et disposée en forme de plateau. On placera au milieu le gibier sauté; puis, ramenant les bords de la pâte de manière à enfermer complètement le gibier, et formant une espèce de bourse, on la placera dans un linge blanc de lessive, et on déposera le tout dans un chaudron d'eau bouillante. Lorsque la préparation sera cuite (une heure suffit à peu près), retirez-la du linge; entr'ouvrez la pâte qui doit être ferme, et glissez légèrement dans l'intérieur un bon coulis, ou de l'espagnole bien finie. Servez bouillant. Ce mets se donne avantageusement pour entrée.

PATELLE. (*Cuis.*) *Patilla vulgaris*. Coquillage univalve, de couleur grise, qu'on pêche sur nos côtes. Il s'apprête comme les moules, mais il est moins délicat.

PATENTE. (*Cod. dom.*) La taxe des patentes se compose de deux droits : le droit *fixe* et le droit *proportionnel*. Le droit fixe est établi d'après la classe de la patente et la population de la commune où s'exerce l'industrie. Le droit proportionnel est basé sur le loyer.

Droit fixe. La loi du 25 mars 1817 a établi cinq catégories de patentables : 1° patentables classés d'après la population ; 2° patentables hors classe ; 3° fabricans à métiers ; 4° filateurs ; 5° fabricans et manufacturiers.

Première catégorie. La première catégorie se divise en sept classes; le droit fixe à payer par chacune d'elles, d'après la population, est ainsi réglé :

CLASSES.	Communes de 5,000 h. et au-dessous.	Communes de 5,000 h. à 10,000.	Communes de 10,000 h. à 20,000.	Communes de 20,000 h. à 50,000.	Communes de 50,000 h. à 50,000.	Communes de 50,000 h. à 100,000.	Communes de 100,000 h. et au-dessus
1	40 f.	50 f.	80 f.	120 f.	180 f.	240 f.	400 f.
2	20	25	50	40	60	80	100
3	15	20	25	50	45	60	75
4	8	10	15	20	50	40	50
5	5	8	10	16	24	52	40
6	4	5	8	12	18	24	30
7	3	4	5	8	12	16	20

Le classement de chaque nature de commerce, d'industrie, de métiers et de profession est établi par les lois des 22 octobre 1798, 5 mai 1802, et 25 mars 1817.

Deuxième catégorie ; patentables hors classe. Le droit fixe, dans cette catégorie, est établi sans égard à la population. Voici comme le fixe la loi du 25 mars 1817.

1° banquiers, 500 fr. ; 2° négocians, armateurs pour le long cours et le long cabotage, commissionnaires de marchandises en gros, savoir : villes de 50,000 h. et au-dessus, 300 fr. ; de 50 à 50,000 h., ou villes dans lesquelles un entrepôt est établi, quelle qu'en soit d'ailleurs la population, 200 fr. ; dans toutes les autres communes, 150 fr. ; 3° courtiers de navires et de marchandises, entrepreneurs de roulage ou de voitures par terre et par eau, 200 fr. ; 4° marchands forains avec voitures, 80 fr. ; 5° colporteurs avec chevaux ou autres bêtes de somme, 60 fr. ; 6° colporteurs à balles ayant ou non un domicile, 20 fr. ; 7° entrepreneurs ou directeurs de spectacles, et autres amusemens publics, dans lesquels on est admis en payant, le montant complet d'une représentation établi d'après le nombre et le prix de chaque place ; 8° et les maîtres de danse donnant bal, le montant d'une recette de bal.

Troisième catégorie ; fabricans à métiers. Ces fabricans, outre le droit ordinaire de cinquième classe ci-dessus fixé, paient, par chaque métier excédant le nombre de cinq, savoir : pour les métiers d'une largeur au-dessus d'un mètre, 4 fr., et pour les métiers d'un mètre et au-dessous, 2 fr., le tout jusqu'au *maximum* de 500 fr., qui ne peut être dépassé. (Loi du 25 mars 1817.)

Les fabricans qui déclarent se soumettre à ce *maximum* de 500 fr. sont dispensés de toutes autres déclarations et vérifications. (*Ibid.* et loi du 15 mai 1818.)

Les ouvriers qui n'ont qu'un seul métier, et qui travaillent pour des fabricans, ne sont pas assujettis à la patente, lorsqu'ils déclarent les nom et demeure du fabricant qui les emploie. (Loi du 15 mai 1818.)

Les déclarations ont habituellement lieu chaque année, dans les premiers jours de novembre, en vertu d'un arrêté du préfet qui détermine le délai dans lequel ces déclarations devront être vérifiées. Des registres *ad hoc* sont ouverts dans chaque mairie. Les fabricans qui ne viennent point se soumettre à cette formalité sont taxés d'office à un droit double de celui auquel on estime qu'ils sont susceptibles d'être assujettis, droit qui ne peut dépasser le *maximum*. Quant à ceux qui font une fausse déclaration, non-seulement ils sont taxés au *maximum*, mais ils encourent, en outre, une amende de 200 fr. (Lois des 25 mars, 9 avril, 25 octobre 1819 et 15 mai 1818.)

Quatrième catégorie : filateurs de laine et de coton. Les filateurs paient pour 500 broches et au-dessous, non compris celles des bellys et autres métiers préparatoires, 15 fr., et 5 fr. par chaque 100 broches excédant 500 ; le tout jusqu'au *maximum* de 500 fr., qui ne peut être dépassé. Ces patentables sont soumis aux mêmes déclarations, aux mêmes prescriptions et aux mêmes peines que celles indiquées pour les patentables de la même catégorie.

Cinquième catégorie : manufacturiers et fabricans. Les manufacturiers et fabricans de cette catégorie sont : les teinturiers travaillant pour les fabricans et les marchands, ou qui teignent les étoffes et les matières premières servant à la fabrication des tissus, les imprimeurs d'étoffes, les tanneurs, les manufacturiers de produits chimiques, les entrepreneurs de fonderies, de forges, de verreries, d'aciéries, de blanchisseries, de papeteries, enfin les fabricans ou manufacturiers qui convertissent des matières premières en des objets d'une autre forme ou qualité, soit simples, soit composés.

Ces patentables sont soumis à un droit fixe, qui est ainsi réglé, et cela, sans égard à la population, savoir : ceux de première classe, 500 fr. ; deuxième, 200 fr. ; troisième, 150 fr. ; quatrième, 100 fr. ; cinquième, 50 fr., et sixième, 25 fr. (Lois des 22 octobre 1798 et 25 mars 1817.)

Les fabricans qui travaillent sans ouvriers, qui n'ont point de boutiques ni de magasins, et qui vendent au fur et à mesure les produits de leur industrie ou de leur fabrication, ne sont assujettis qu'au droit fixe de la sixième classe de cette catégorie. (Loi du 22 octobre 1798.)

Les propriétaires qui manipulent les produits de leurs récoltes ne sont pas assujettis à ces droits. (*Ibid.*)

Le classement des manufacturiers et fabricans appartenant à cette cinquième catégorie est fait, savoir : pour les cantons ruraux, par le sous-préfet, après avoir pris l'avis du maire de la commune et celui des répartiteurs et du contrôleur des contributions directes; et pour les villes, par le maire, après avoir pris l'avis des répartiteurs et du contrôleur. (Lois des 25 mars 1817 et 15 mai 1818.)

L'époque du classement de ces manufacturiers et fabricans est la même que celle des déclarations à faire par les fabricans à métiers.

Droit proportionnel. Le droit proportionnel consiste, sauf un très-petit nombre d'exceptions, dans le dixième du loyer. Le loyer qui sert de base à la fixation de ce droit se compose tant de l'habitation personnelle que des usines, ateliers, magasins et boutiques. (Loi du 12 octobre 1798.)

Pour déterminer la valeur locative sur laquelle doit être basée la fixation du dixième, on comprend le bail du contribuable, s'il en existe, sans faire la déduction du quart, ainsi que cela se pratique dans l'évaluation de la contribution foncière, ni la déduction du tiers, s'il s'agit d'une usine. S'il n'y a pas de bail, le droit proportionnel s'établit, au contraire, d'après les matrices des rôles de la contribution foncière; mais alors on ajoute le quart s'il s'agit d'une usine. (Loi du 1er brumaire an 7.)

Toutefois, si dans le bail se trouvent compris des objets étrangers au commerce ou à l'industrie du patentable, tels, par exemple, que des terres, des prés, dans un bail de moulin, le revenu de ces objets ne doit pas être compris dans l'évaluation du droit proportionnel. (*Ibid.*)

Les cinq premières classes du tarif pour les patentes, comprises dans la première catégorie, sont assujetties au droit fixe et au droit proportionnel, ainsi que toutes les patentes hors classe, dont le droit fixe est de 40 fr. et au-dessus. Les sixième et septième classes de ce tarif ne doivent que le droit fixe; il en est de même pour les patentes hors classe de 30 fr. et au-dessus. (Instr. du 17 septembre 1815.)

Les filateurs doivent toujours le droit proportionnel, quel que soit le droit fixe auquel ils soient assujettis, ne fût-il même que de 15 fr. (Loi du 25 mars 1817.)

Font exception au dixième du loyer, comme base de la taxe proportionnelle, les maîtres d'hôtel garni, qui ne doivent que le quarantième du prix total de leur location; les meuniers, qui ne paient que le trentième de la valeur locative de leurs maisons, usines ou moulins, à moins qu'ils n'exercent en même temps une autre profession, cas où ils doivent, en outre, le dixième de la valeur locative des bâtimens affectés à cette seconde profession; les fermiers ou entrepreneurs de bacs, qui ne paient également que le trentième de la valeur locative de ces établissemens; et les paumiers, qui ne doivent que le vingtième du prix de leur location entière. (Lois des 15 mai 1818 et 22 octobre 1798, et décision de juin, 12 et 27 octobre 1802.)

Nul n'est tenu de prendre plus d'une patente, quelles que soient d'ailleurs les diverses branches de commerce, professions ou industries qu'il exerce; mais alors la patente est toujours due pour l'industrie qui donne ouverture au plus fort droit. (Loi du 22 octobre 1798.)

Les patentes sont toujours prises pour l'année entière; on ne peut les borner à quelques mois. Néanmoins ceux qui, dans le courant d'une année, entreprennent un commerce, une profession sujets à patente, ne doivent les droits qu'au *prorata* de l'année, calculée par trimestres, et sans qu'un trimestre puisse être divisé. Ainsi, pour une patente prise dans les mois d'avril, mai et juin, il est dû les trois quarts des deux droits; pour la patente prise dans les mois de juillet, août ou septembre, la moitié, et le quart pour celle prise en octobre, novembre et décembre. (Inst. min. du 17 septembre 1805.)

Tout individu muni d'une patente peut exercer sa profession ou son industrie dans toute l'étendue du royaume, en payant, savoir : le droit fixe dans le lieu où ce droit est le plus élevé, et le droit proportionnel dans toutes les communes où il a un établissement. (*Ibid.*)

On ne peut imposer un négociant qui, avant le commencement de l'année, a déclaré devant le maire qu'il cessait son commerce. (Ordon. du 14 mai 1817.)

Les patentes sont personnelles, et ne peuvent servir qu'à ceux qui les obtiennent. En conséquence, chaque associé d'une même maison de banque, de commerce en gros ou en détail, et de toute autre industrie sujette à patente, est tenu d'avoir la sienne. Lorsque les associés résident dans la même commune, l'associé principal paie le droit fixe en entier; les autres ne paient qu'un demi-droit fixe chacun. Tout associé résidant dans une commune autre que celle du siége de l'établissement doit le droit fixe en entier. Lorsqu'une maison de commerce agit sous la raison d'*un tel et compagnie*, elle n'est assujettie qu'à une seule patente. Lorsque les associés occupent une même maison, les mêmes usines et les mêmes ateliers, il n'est dû qu'un droit proportionnel payé en entier par l'un d'eux; les autres ne doivent que le droit fixe. (Lois des 22 octobre 1798, 25 mars 1817 et 15 mai 1818.)

Ces dispositions ne sont pas applicables aux établissemens de fabrications à métier ou de filatures.

Le logement d'habitation doit être compris dans le loyer servant de base au droit proportionnel pour la patente. (*Cons. d'État*, 10 *août* 1835.)

Sont exempts de la patente : les personnes à gages, et travaillant pour autrui dans les magasins, boutiques et ateliers; les avocats, notaires et avoués; les médecins, et officiers de santé *employés dans les hôpitaux* civils et militaires, ou donnant leurs soins à des établissemens de charité, qu'ils reçoivent ou non un traitement; les peintres, graveurs, sculpteurs, considérés comme artistes, et lorsqu'ils ne vendent que les produits de leur art; les professeurs et instituteurs; les maîtres de postes pour l'exploitation des relais dont ils sont titulaires; ceux qui exploitent les mines; les marins commandant les navires ou barques faisant le petit cabotage ou la pêche; les pêcheurs; les porteurs de contraintes; les marchands qui vendent en ambulance dans les rues et dans les marchés, des fruits, des légumes, et autres menus comestibles en détail; les associés en commandite; les sages-femmes; les cardeurs; les fileurs de laine et de coton; les blanchisseuses, les savetiers et les tripiers.

La cote du patentable qui vient à décéder n'est exigible que pour le passé et le mois courant. (Loi du 5 mai 1802.)

Modèle de demande en réduction et rectification sur la contribution des patentes.

Monsieur le préfet,

J'ai l'honneur de vous exposer que je suis cotisé au rôle des patentes de la commune de.... pour la profession de.... (*énoncer ici l'objet de la réclamation; dire si l'on réclame pour une fausse indication de profession ou bien pour une taxation trop forte. Dans le cas où l'on réclamerait contre l'évaluation du droit proportionnel, on s'exprimerait ainsi* :) Il y a surtaxe; elle résulte du droit proportionnel évalué pour les bâtiments que j'occupe et pour ceux affectés à l'exploitation de mon commerce (*ou*), de mon industrie, à la somme de.....

Or, je ne paie de loyer pour ces bâtimens que.... (*ou si l'on est propriétaire*) ou la valeur locative de cette partie du bâtiment ne doit être que de....

Je demande donc la réduction de cette taxe.

Veuillez, monsieur le préfet, faire instruire ma demande, y statuer, et agréer l'expression de mon respect.

PATURAGES COMMUNAUX. (*Cod. dom.*) Le mode de jouissance des biens communaux ne peut être changé que par un acte du gouvernement rendu sur la demande des conseils municipaux, après que le préfet et le sous-préfet ont donné leur avis.

Toutefois les communautés d'habitans peuvent délibérer par l'organe des conseils municipaux sur un autre mode de jouissance.

La délibération du conseil est, avec l'avis du sous-prefet, qui l'approuve, rejeté ou modifié en conseil de préfecture, sauf de la part du conseil municipal, et même d'un ou plusieurs habitans ou ayant droit à la jouissance, le recours au conseil d'état. (Voy. PARCOURS.)

PATIENCE SAUVAGE. (*Jard.*) *Rumex acuta*. (Fam. des polygonées.) Plante vive, qui croît abondamment dans les prés humides et le long des ruisseaux. C'est la racine seule qu'on emploie. On peut l'arracher toute l'année, excepté lorsque la plante est en fleurs ou en graine; on la fait sécher et on la brosse. Elle est tonique et dépurative.

La racine de patience donne une teinture jaune.

PATIENCE (JEU DE). (*Réc. dom.*) Tout le monde connaît ce jeu, qui consiste à former un tableau de pièces diverses collées sur des morceaux de bois d'une forme irrégulière, et qu'il faut rajuster. Les *jeux de patience*, représentant des cartes, facilitent aux enfans l'étude de la géographie.

PATISSERIE. (*Hyg.*) La pâtisserie, telle que les pâtés chauds et les tourtes, soit de viande, soit de crème ou de fruits, est pesante sur l'estomac, difficile à digérer et capable d'enflammer le sang, à cause des épices, du sel ou du sucre et des aromates qui y entrent nécessairement en grande quantité. (Voy. PATE, PATÉ.)

PATTE-D'OIE. (*Agr.*) *Chenopodium*. Famille des aroches. Plante des champs. Il y en a plusieurs espèces. On mange en guise d'épinards et d'asperges le *chenopodium bonus Henricus*. La patte-d'oie des villes (*chenopodium urbium*) renferme un suc qui est purgatif à la dose de quatre onces.

PATURIN. (*Agr.*) *Poa*. Famille des graminées. Ces plantes forment de nombreuses espèces, qui toutes fournissent des graines que les oiseaux recherchent, et une nourriture savoureuse aux bestiaux.

PAUME. (*Récr. dom.*) Le jeu de paume le plus usuel est celui de *la courte-paume* ou *paume-fermée*.

Dans ce jeu, fermé et borné de murailles, qui est tantôt découvert, on joue, à ce genre de paume, à deux ordinairement, avec les balles ordinaires, des raquettes ou des battoirs, de petits bâtons et un panier. On commence par tourner la raquette pour savoir à qui sera dans le jeu : celui qui n'y est pas doit servir la balle sur le toit, en la poussant avec la raquette : le premier coup de service s'appelle le *coup des dames*, et ne compte pas. L'on convient ensuite de la valeur du jeu, et l'on joue à l'ordinaire.

Les parties se jouent en quatre jeux : si l'on convient trois jeux à trois jeux, on dit *à deux jeux;* c'est-à-dire qu'au lieu de finir en un, on remet la partie en deux jeux. On peut aussi jouer en six jeux, si cela convient; mais en ce cas, il n'y a point d'*à deux jeux*, si ce n'est du consentement des joueurs.

On doit encore, avant de commencer à jouer, tendre la corde à telle hauteur qu'on puisse voir le pied de dessus du mur, du côté de l'adversaire, et le long de cette corde est un filet attaché, dans lequel les balles donnent souvent : il n'est jamais permis, en poursuivant une balle, d'élever la corde. S'il arrivait, par hasard, qu'en jouant, la balle demeurât entre le filet et la corde, et qu'on donnât dans le poteau qui tient cette corde, le coup ne vaudrait rien.

Les joueurs de paume, tant à la longue-paume qu'à la paume fermée, ont ordinairement des *marqueurs* : ce sont proprement les valets de jeu. Ils marquent les chasses, et comptent le jeu des joueurs, et les servent de diverses façons.

Ces marqueurs marquent au second bond de la balle, et à l'endroit qui touche le bond; ils doivent encore avertir les joueurs tout haut qu'il y a *chasse*, et dire *chasse;* ou *deux chasses*, si elles ont lieu, à tant *de carreaux*; et crier aussi : *à tel carreau la balle la gagne*.

Si les joueurs disent *chasse morte*, elle demeure telle, et les marqueurs gardent le silence.

On joue, pour l'ordinaire, partie, revanche et le tout : ou bien partie liée si l'on en est convenu précédemment.

Le joueur qui, en servant la balle (en la lançant), ne se sert que sur le bord du toit ou sur le rabat seulement, doit recommencer à servir; car le coup est nul, à moins que l'on ne joue à *qui fault, il boit*.

Qui met sur l'ais de volée en servant, ou sur les clous le tiennent, gagne *quinze;* il en prend autant quand il met dans *la lune* : on nomme ainsi un trou de la muraille qui est du côté du toit où l'on sert.

Quand on ne veut pas être servi, on dit *pour rien*, mais avant que l'autre joueur ait lancé, et jamais on ne le fait aux coups de hasard. Celui qui sert ne peut pas dire *pour rien :* servir, c'est pousser la balle sur le toit.

Quand on a *quarante-cinq*, on dit *chasse morte*.

A la *courte-paume*, on donne *avantage* et *bisque* aux plus faibles joueurs, ainsi qu'à la longue-paume.

PAUPIÈRES. (*Hyg.*) Les paupières, au nombre de

deux pour chaque œil, sont distinguées en supérieure et en inférieure : ce sont deux espèces de voiles mobiles, placés au-devant du globe de l'œil, dans la composition desquels entrent les tégumens communs et une lame cartilagineuse que l'on nomme cartilage tarse. Les paupières sont très-mobiles, surtout la supérieure : elles ont pour usage de mettre le globe de l'œil à l'abri de rayons lumineux trop vifs, d'étendre uniformément les larmes sur sa surface, et de couvrir entièrement cet organe durant le temps du sommeil pour empêcher qu'il ne soit desséché par le contact de l'air, ou blessé par les corps extérieurs.

Moyen de prévenir la rougeur des paupières. Vous aurez d'abord soin de la prévenir, en portant l'été un voile vert, et l'hiver en usant d'un écran de même couleur; car l'impression de la flamme est aussi contraire aux yeux qu'à la peau. Vous vous éclairerez d'une manière convenable ; vous ne lirez pas de caractères très-fins; vous ne ferez point d'ouvrages vétilleux à la lumière, tels que broderie, points de dentelle, etc.; et surtout vous éviterez de travailler à quelque étoffe rouge ou noire.

Pommade excellente pour la rougeur des paupières et pour fortifier la vue. Prenez gros comme un pois de précipité rouge en poudre, jetez-le sur le dessous d'une assiette, ajoutez-y une goutte d'eau de roses, délayez; prenez gros comme une petite noix de beurre extrêmement frais, de première qualité, et ne contenant aucune partie caséeuse; pétrissez et amalgamez-le avec le précipité, en vous servant pour cela d'un couteau d'ivoire; lorsque la teinte de la pommade est bien égale, mettez-la dans une petite boîte d'étain ou de bois, de grandeur à tenir juste la pommade, afin qu'elle ne rancisse pas. Elle peut se conserver au frais trois mois l'été et six mois l'hiver. Pour s'en servir, on en prend, le soir, comme la moitié d'un grain d'orge sur le bout du doigt, on ferme les yeux, et on l'étend sur les paupières.

Lorsque les paupières sont rouges et enflammées, on peut les bassiner avec un linge fin trempé dans de l'eau de vulnéraire : ce remède produit de bons effets; il raffermit la vue.

Remède contre l'inflammation des paupières. Un cataplasme de feuilles de grand plantain, bouillies et appliquées tièdes sur l'œil, en calme promptement l'inflammation; on en voit de très-fortes, guéries du soir au matin par ce simple moyen. (Voy. POMME.)

L'infusion de mélilot a la même vertu. (Voy. VUE. YEUX.)

PAUXI. (*An.dom.*) *Crax pauxi.* Oiseau gallinacé du genre hocco. On l'appelle aussi *oiseau de pierre*, à cause d'un tubercule dur qu'il a à la base du bec. Il est originaire du Mexique, où on le réduit à la domesticité. C'est un excellent mets, et sa naturalisation, facile à effectuer, aurait de grands avantages.

PAVÉ. (*Conn. us.*) Il serait possible de substituer aux pavés ordinaires des pièces carrées en fonte, réunies ensemble, à queue d'aronde, et rendues assez raboteuses pour que les chevaux puissent marcher sans glisser. Il en résultera une économie considérable pour les grandes villes ; car on a calculé qu'un pavé de fer peut, pendant vingt ans, sans avoir besoin de réparation, résister au roulage le plus actif, tandis qu'il faut renouveler entièrement tous les trois ou quatre ans le pavé ordinaire.

PAVIA ROUGE. (*Pavia rubra.*) Famille des érables. Arbrisseau de Caroline. Feuillage imitant celui du marronnier d'Inde. Fleurs en mai, en grappes rouges. Terre légère et amendée. Exposition à demi ombragée. Greffe en fente sur le marronnier d'Inde; mieux de semis en automne, mais long à croître par ce moyen.

Pavia jaune. (*Pavia lutea.*) Arbre, même lieu. Fleurs en avril, en grappes jaunes. Même culture.

Pavia de l'Ohio. (*Pavia ohioiensis.*) Arbre. Fleurs en mai, en grappes blanches. Même culture.

Pavia hybride. (*Pavia hybrida.*) Arbuste. Feuilles finement découpées. Fleurs rouges. Rejetons, greffes et semis.

Pavia à longs épis. (*Pavia macrostachia.*) Arbuste de l'Amérique septentrionale. Fleurs en juillet. Très-joli arbuste. Multiplication de rejets. Même culture. Exposition méridionale.

PAVOT DES JARDINS. (*Jard.*) (*Papaver somniferum.*) Famille des papavéracées. Belle plante annuelle, très-variée dans ses couleurs et ses panachures. On ne recueille que la graine des fleurs parfaitement doubles, et dont les pétales ne sont pas lasciniés, car c'est un défaut. On doit, à la floraison, marquer avec de la laine un ou deux pieds de chaque nuance, afin d'avoir un beau mélange bien égal. Il y a une variété dont les plantes sont moins fortes, connue sous le nom de pavot nain : elle est fort jolie. Semis en septembre et en mars ; très-clair, à la volée, sous une terre nouvellement bêchée; on ne recouvre pas la graine. Le plant ne se repique pas. Dans les jardins paysagers; les pavots se ressèment d'eux-mêmes; mais comme ils épuisent beaucoup la terre, ils finissent par y dégénérer. Les premiers semis fleurissent en juin, les seconds en août.

Pavot coquelicot. (*Rhœas.*) Annuel, indigène; beaucoup plus petit que le précédent. Fleurs aussi belles, aussi variées. Même culture, même soin pour la cueille des graines. Fleurs en mai.

Pavot à tiges nues. (*Papaver nudicaulis.*) Bisannuel des Alpes. Fleurs blanchâtres, à odeur de jonquille. Semis en mars ; bonne exposition ; terre légère. Feuilles l'hiver.

Pavot à bractée. (*Papaver brachutum.*) Vivace du Caucase. Belles fleurs rouges, à onglets noirs. Craint la pourriture en hiver.

Culture en grand. Le pavot aime les sols légers, sablonneux, mais cependant riches et profonds; se sème ordinairement à la volée; peut se cultiver en lignes, à deux pieds de distance ; la semence blanche paraît préférable à la grise, en ce que les capsules qui la recèlent ne sont pas sujettes à s'ouvrir au moment de la maturité ; le pavot d'Orient, qui jusqu'ici n'avait été cultivé que comme plante d'agrément, pourrait fixer l'attention du cultivateur ; on en extrait un opium indigène qui se vendrait fort cher.

On les récolte en août; on met les têtes dans des sacs, et l'on égraine séparément en les remuant sur un linge, après les avoir fendus. (Voy. FÉVRIER.)

Les pavots, comme toutes les plantes à suc âcre et laiteux, nuisent évidemment à la qualité du terrain, et le gâtent ou l'effritent pour les récoltes suivantes; et l'on doit éviter d'enterrer les débris de ces plantes âcres; car on ne ferait qu'aggraver le dépôt des molécules nuisibles qu'elles mettent dans le sol.

Les têtes de pavots sont employées en médecine comme somnifères, calmantes et anti-spasmodiques. Elles sont légèrement astringentes; l'odeur et la saveur de cette plante sont âcres, virulentes et nauséabondes. C'est le suc qui découle de cette plante et l'extrait qu'on obtient par sa décoction dans l'eau qui nous fournit l'opium; mais cet opium ne se prépare que dans l'Asie et dans l'Afrique, où les propriétés du pavot sont beaucoup plus énergiques que dans nos climats tempérés. (Voy. OPIUM.)

Dans le Nord, on mange des gâteaux faits avec la graine de pavot des jardins. On en exprime une huile excellente. (Voy. HUILE D'ŒILLET.)

PEAU. (*Hyg.—Conn. us.*) *Eau pour adoucir et blanchir la peau.*

Prenez des fraises bien mûres, écrasez-les bien dans un vase; pressurez-les ensuite dans un linge blanc, et mêlez la liqueur qui en découlera avec du lait et un peu d'eau. Il faut faire la préparation pour chaque soir, parce que, dans la grande chaleur surtout, elle s'aigrit très-promptement.

Remède contre la peau farineuse. Sans avoir ni boutons, ni enflure, ni éblouissement, plusieurs personnes voient leur teint se couvrir de petites pellicules farineuses, et la peau paraît en quelque sorte épluchée : rien n'est aussi disgracieux; mais heureusement on détache aisément cette farine malencontreuse avec de l'eau aromatisée de teinture de benjoin, d'eau-de-vie ou d'eau de Cologne.

Préparation du docteur Withering pour dissiper les éruptions de la peau. Exprimez du jus de poireau, mêlez avec une égale quantité de lait doux ou de crème, et servez-vous-en pour laver les boutons, qui sécheront et tomberont promptement sans laisser de taches.

Infusion cosmétique, du même, pour la peau. Faites infuser du raifort dans du lait, et lavez-vous chaque soir le visage avec cette simple composition.

Eau pour calmer l'irritation de la peau. Prenez un morceau de veau gros comme deux fois le pouce; faites-le cuire dans une demi-tasse d'eau, sans herbes ni sel; lorsqu'il sera cuit, passez la liqueur à travers un linge blanc, et lavez-vous-en le visage chaque soir.

Eau qui brûle sur la main sans attaquer la peau. Suivant M. Ozanam, en mettant ensemble parties égales de saindoux, d'huile de pétrole et de térébenthine ainsi que de chaux vive, et battant le tout jusqu'à ce que le mélange soit parfait, on peut retirer de là, par distillation, une eau qu'on pourra faire brûler sur la main sans danger.

On rencontre dans les grandes villes des hommes qui se montrent par curiosité, parce qu'ils sont, pour ainsi dire, insensibles au feu; ils entrent dans des fours dont la température est très-élevée, manient des barres de fer rouge, boivent de l'eau bouillante, etc. On sait aujourd'hui qu'au moyen de frictions avec les acides, particulièrement l'acide sulfurique étendu d'eau, la peau devient insensible à l'action de la chaleur du fer rouge; une solution d'alun, évaporée jusqu'à ce qu'elle soit spongieuse, produit encore mieux cet effet.

PEAU. (*Conn. us. — Ind. dom. — An. nuisibles.*) (V. CUIR.) *Peaux d'agneaux.* Les peaux fines d'agneaux se préparent ainsi chez les Kalmouks :

On les gratte d'abord avec un couteau; on les étend à l'air; on les arrose avec du lait de vache aigri, en ajoutant du sel. Après quatre jours, on les frotte, et on les suspend à la fumée dans un trou conique. On les enduit de craie en poudre; on les gratte, et on bat pour nettoyer le poil.

Peau de vache. La peau de vache, tannée depuis longtemps et desséchée, donne de bon amadou.

Conservation des peaux. Les pelleteries sont exposées à être attaquées par un insecte appelé dermeste (*dermestes pellio*) : il est petit, noir, avec trois points blancs sur le corselet, et un de la même couleur sur chaque élytre, formé par un duvet. La larve est très-alongée, d'un brun roussâtre, luisante, garnie de poils roux, et terminée par une queue formée de poils de la même couleur.

Pour soustraire les pelleteries à ces animaux destructeurs, on emploie divers procédés dont nous allons parler. Le principal est de les tenir hermétiquement fermées dans des armoires ou des cartons dans lesquels les insectes ne puissent pas pénétrer. Chaque mois on les en sort; on les secoue, on les expose à l'air pendant vingt-quatre heures, et on les bat avec une baguette. En les remettant dans les armoires, on intercale, entre chaque fourrure, de l'absinthe, de l'armoise, de l'hyssope et autres plantes aromatiques dont l'odeur fait fuir les insectes. Ces végétaux se placent entre deux feuilles de papier gris sans colle, et on ne doit les employer qu'à moitié secs.

Le camphre est encore un excellent préservatif, mais, malheureusement, communique son odeur aux pelleteries; cependant elles la perdent bien vite si on les expose pendant deux ou trois jours au soleil et à l'air. On enveloppe les morceaux de camphre dans des petits sachets de toile que l'on intercale de distance en distance dans les fourrures. L'odeur d'essence de térébenthine chasse aussi très-aisément ces insectes; on peut donc en imbiber les parois du meuble dans lequel on renferme les pelleteries.

Les Anglais, pour préserver les peaux des dermestes, emploient une liqueur ainsi préparée : un gros de mercure sublimé dissous dans l'esprit-de-vin, et mélangé à une pinte d'eau. On soulève le poil avec un peigne, puis on en imbibe sa racine, et on laisse sécher.

Les throsques, les anthraines, et quelques autres genres d'insectes, ont les mêmes habitudes et se détruisent de la même manière.

PÊCHE. (*Cod. dom.*) *Loi sur la pêche fluviale.* Cette loi, que différens jurisconsultes désignent sous le nom de *Code*, est du 15 avril 1819. (Bull. des lois, n° 286.) Elle est composée de 84 articles, divisés en 8 titres.

Titre. Ier. Du droit de pêche exercé au profit de l'état dans les fleuves, rivières, canaux et contre-fossés navigables ou flottables, avec bateaux, trains ou radeaux; dans les bras, noues, boires et fossés qui tirent leurs eaux des fleuves et rivières navigables et flottables dans lesquels on peut en tout temps pénétrer ou passer librement en bateau de pêcheur, et dont l'entretien est à la charge de l'état.

Titre II. De l'administration et de la régie de la pêche.

Titre III. Des adjudications des cantonnemens de la pêche.

Titre IV. Conservation et police de la pêche.

Titre V. Des poursuites ou réparations de délits au nom de l'administration et dans l'intérêt des fermiers de la pêche et des particuliers.

Titre VI. Des peines et condamnations.

Titre VII. De l'exécution des jugemens rendus à la requête de l'administration et du ministère public, et dans l'intérêt des fermiers de la pêche et des particuliers.

Titre VIII. Abrogation de toutes lois, ordonnances, édits, déclarations, arrêts du conseil, arrêtés et décrets, et tous règlemens intervenus, à quelque titre que ce soit, sur les matières réglées par la présente loi.

Tout individu qui se livrera à la pêche sur les fleuves et rivières navigables ou flottables, canaux, ruisseaux ou cours d'eau quelconques, sans la permission de celui auquel le droit de pêche appartient, sera condamné à une amende de 20 fr. au moins et de 100 fr. au plus, indépendamment des dommages-intérêts.

Il y aura lieu, en outre, à la restitution du poisson pêché en délit, et la confiscation des filets et engins de pêche pourra être prononcée.

Néanmoins, il est permis à tout individu de pêcher à la ligne flottante tenue à la main, le temps du frai excepté. (Loi du 15 avril 1819, art. 5.)

Il est interdit à toute personne de placer dans les rivières, canaux et ruisseaux, aucun barrage, appareil, ou établissement quelconque de pêcherie, ayant pour objet d'empêcher entièrement le passage du poisson, sous peine d'une amende de 50 à 500 fr., des dommages-intérêts et de la saisie et destruction des appareils. (*Idem*, art. 24.)

Quiconque aura jeté dans les eaux des drogues ou appâts qui sont de nature à enivrer le poisson ou à le détruire sera puni d'une amende de 50 à 500 fr., et d'un emprisonnement d'un mois à trois mois. (*Idem*, art. 25.)

Des ordonnances déterminent les temps, saisons et heures pendant lesquels la pêche est interdite dans les rivières et cours d'eau quelconques, et quiconque se livre à la pêche pendant ce temps, est puni d'une amende de 50 à 200 fr. (*Idem*, art. 26 et 27.)

Quiconque pêchera, colportera ou débitera des poissons qui n'auront pas les dimensions déterminées par les ordonnances, sera puni d'une amende de 20 à 50 fr., et de la confiscation desdits poissons. Sont néanmoins exceptées de cette disposition les ventes de poissons provenant des étangs et réservoirs. (*Idem*, art. 30.)

Sont considérés comme des étangs et réservoirs, les fossés et canaux appartenant à des particuliers, dès que leurs eaux cessent naturellement de communiquer avec les rivières.

La même peine est prononcée contre les pêcheurs qui appâtent leurs hameçons, nasses, filets et autres engins avec des poissons des espèces prohibées par les ordonnances. (*Idem*, art. 31.)

Les fermiers de la pêche et porteurs de licences, leurs compagnons et gens à gages, ne peuvent faire usage d'aucun filet ou engin quelconque qu'après qu'il a été plombé et marqué par les agens de l'administration de la police de la pêche.

Les délinquans sont punis d'une amende de 20 fr. pour chaque filet ou engin non plombé ou marqué. (*Idem*, art. 32.

Les contre-maîtres, les employés de balissages et les mariniers qui fréquentent les fleuves, rivières et canaux navigables et flottables, ne peuvent avoir dans leurs bateaux ou équipages aucun filet ou engin de pêche, même non prohibés, sous peine d'une amende de 50 fr. et de confiscation. Ils sont tenus de souffrir les visites des agens de la pêche, sous la même peine. (*Idem*, art. 35.)

Les gardes-pêche recherchent et constatent par procès-verbaux les délits; mais ils ne peuvent, sous aucun prétexte, s'introduire dans les maisons et enclos y attenant pour la recherche des filets prohibés. (*Idem*, art. 39 et 40.)

La disposition des lois qui permet de pêcher à la ligne flottante dans les rivières navigables et flottables n'est point applicable aux rivières non navigables ni flottables qui traversent un domaine. Le propriétaire de ce domaine, l'étant du lit de la rivière et du poisson qui se trouve dans toute l'étendue de sa propriété, a le droit d'interdire la pêche à la ligne flottante. (C. R. de Caen, octobre 1826.)

Le gore ou barrage construit sans autorisation doit être rangé dans la catégorie des instrumens de pêche prohibés, comme propres à dépeupler les rivières du poisson qu'elles possèdent. (C. de Cass., 4 juillet 1828.)

La liberté de la pêche, d'après les termes de l'article 5 de la loi, ne s'étend pas aux rivières ou cours d'eau qui, bien que compris dans les limites de l'inscription maritime, ne se jettent pas directement dans la mer. (C. de Cass., 17 novembre 1832.)

La défense faite par les articles 23 et 24 de la loi, de placer dans les rivières, canaux et ruisseaux, aucun barrage ayant pour objet d'empêcher entièrement le passage du poisson, s'applique à tous les canaux et cours d'eau, quels qu'ils soient, communiquant par un même point avec les fleuves ou rivières, même à ceux qui seraient établis sur des propriétés particulières, et qui se perdraient dans ses propriétés. (Cour de Cass., 24 novembre 1832.)

Le sous-fermier d'une pêche qui excède les limites de la permission que lui a donnée par écrit le fermier général de la pêche ne commet pas un délit justiciable de la police correctionnelle. (Cour R. de Paris, 27 décembre 1832.)

Une contestation entre deux fermiers de la pêche sur l'étendue des droits qui résultent de leurs baux respectifs est du ressort de l'autorité judiciaire. (Conseil d'État, 16 février 1825.)

Les produits qui résultent du droit de pêche ne peuvent être considérés comme un produit foncier, susceptible de la contribution, d'autant qu'aucune loi n'en fait mention, et qu'il en faudrait une précise à cet égard, comme pour les canaux de navigation.

Pêche. (*Ind. dom.*) (Voy. les noms des poissons et des filets.)

PÊCHER (*Jard.—Ind. dom.—Off.*) *Amygdalus persica.* Famille des rosacées. La plupart des pêches ont la peau velue; mais plusieurs espèces, qu'on nomme *pêches violettes*, l'ont très-lisse. Il y a des pêches velues qui quittent le noyau, et d'autres dont le noyau est adhérent à la pêche; celles-ci se nomment *pavies*. Il y a aussi des pêches violettes ou lisses qui quittent le noyau, et d'autres, qu'on nomme *brugnons*, dont la chair est adhérente au noyau. (Voy. BRUGNONS.)

La pêche est savoureuse, délicate, rafraîchissante et saine, lorsqu'elle est mûre et en petite quantité: on en fait des compotes. Mais la pêche veut être mangée crue, elle perd de sa qualité en passant sur le feu; aussi n'en conserve-t-on guère qu'à l'eau-de-vie: d'ailleurs ces fruits se corrompent aisément.

Les feuilles et les fleurs de pêcher sont employées comme égèrement laxatives et anti-vermineuses.

L'espèce principale est celle des pêchers à larges pétales; la seconde, celle des pétales moyens; la troisième, celle à pétales courts et étroits.

Variétés de la première espèce, qui exigent l'espalier.

Petite mignonne hâtive. Arbre à fruit petit, très-abondant, rond, coloré du côté du soleil, à peau fine, excellent; mûrit aux premiers jours d'août.

Grosse mignonne. Productif; fruit gros, rond, creux sur le sommet et divisé par une espèce de sillon; peau fine, très-colorée du côté du soleil; mûrit au vingt août.

Madeleine rouge de Courson. Fruit gros, rond, très-rouge; peau un peu adhérente à la chair; mûrit au premier septembre.

Admirable jaune, abricotée. Fruit très-gros, jaune en dehors et en dedans, sujet à cotonner si on le laisse trop mûrir; se reproduit de noyau; exige une exposition très-méridionale; mûrit au dix octobre.

Pêchers à pétales étroits et courts, qui exigent l'espalier.

Galande, Bellegarde. Arbre vigoureux et très-productif; fruit moyen, entièrement coloré et d'un rouge foncé; mûrit au vingt août.

Téton de Vénus. Fruit très-gros, à peine coloré, dont le sommet se termine par un gros mamelon; mûrit au quinze septembre.

Pêche lisse violette hâtive. Productif; fruit petit, d'un blanc jaune à l'ombre, et violet du côté du soleil; mûrit au premier septembre.

Gros brugnon musquée. Fruit gros, jaune du côté de l'ombre, et rouge-noir de celui du soleil; mûrit au quinze septembre.

On doit laisser les brugnons et les pêches lisses sur l'arbre jusqu'à ce que la peau commence à se rider; sans cela les fruits n'acquièrent point leur dernier degré de perfection.

Pêchers de bonne espèce, qui viennent également en espalier et en plein vent, et se reproduisent de noyaux.

Pêche de Malte, belle de Paris. Fruit assez gros, peu coloré, excellent; mûrit au premier septembre; les pétales sont larges.

Belle de Vitry. Arbre vigoureux et productif; fruit gros, jaune en dedans, d'un rouge coloré en dehors; mûrit au quinze septembre; ses pétales sont moyens.

Bourdine. Productif; fruit rond, gros, coloré au soleil, surmonté d'un petit mamelon; mûrit au vingt-trois septembre; les pétales sont très-petits.

Pêches d'Ispahan. Ce fruit est petit et de peu d'apparence; sa peau est verte, mais très-fine et se détache parfaitement; sa chair est pleine d'eau, d'un goût fin, sucrée; elle fond entièrement dans la bouche. Il mûrit fin de septembre, ce qui est encore un avantage.

L'arbre est petit, les feuilles ressemblent à celles du saule; il n'a point besoin de l'espalier; mais il vient mieux à une bonne exposition un peu abritée; il n'exige aucune taille que celle d'ôter le bois mort. Il se reproduit de noyaux sans dégénération, et par la culture il est susceptible de s'améliorer beaucoup; enfin il est des plus productifs, et ses fleurs ne paraissent pas être sensibles aux gelées du printemps.

« L'établissement d'un espalier de pêchers, dit madame Adanson, qu'on ne peut se lasser de citer, à qui nous empruntons cet article tout entier, demande des soins, des frais et des conditions, sans lesquels on ne peut obtenir de succès.

» La position la plus avantageuse pour un arbre en espalier est le mur d'un bâtiment élevé dont les deux côtés forment un angle rentrant au midi direct, et qui par conséquent abrite de tous les vents contraires; on a alors des emplacemens au sud-est et au sud-ouest. Outre cet avantage, l'épaisseur du bâtiment, l'avancement des toitures, contribuent, l'un à l'augmentation de la chaleur, l'autre à préserver des intempéries. Aussi, pour peu que l'intervalle des ouvertures, comme cela se rencontre le long d'une grange, laisse l'espace convenable pour y placer un pêcher ou deux greffés à quatre pieds et demi au-dessus de terre, on doit en profiter.

» Un mur simplement destiné à des espaliers doit avoir dix pieds de haut, être en briques peu éloignées les unes des autres et liées par un bon mortier, mais non récrépies, pour que les intervalles soient visibles et facilitent le palissage à la loque; car non-seulement les treillages sont très-dispendieux, mais ils servent de refuge à une infinité d'insectes; et d'ailleurs, quelque talent que vous supposiez à celui qui palisse, il ne le fera jamais aussi bien sur un treillage que sur un mur tel que je viens de le décrire. Si ce mur est surmonté d'un larmier, il faut qu'il soit assez large pour que l'eau des pluies tombe au moins à trois pieds du tronc des arbres; dans le cas contraire, il vaut mieux qu'il n'y en ait pas du tout, ou que sa pente soit par derrière. On espace les pêchers à cinq toises les uns des autres; on élève un peu le terrain au pied du mur, et on lui donne une inclinaison vers le devant de la plate-bande, qu'on laisse de trois pieds de large. On fait des fossés de cinq pieds dans le sens du mur, de trois en avant et de trois de profondeur; on place au fond un lit d'un pied de gravois et de pierrailles de démolitions; on en emplit les vides avec de bonne terre franche, mêlée de terreau; on arrange ces gravois en forme de butte au milieu du trou, et à huit ou dix pouces du mur; on recouvre suffisamment de terre semblable; on place le dessous du centre des racines sur cette élévation, en les écartant surtout sur les côtés et en les dirigeant en bas, de manière à ce que le tronc de l'arbre soit à six pouces d'écartement dans le bas, que le haut appuie sur le mur, et que la greffe soit tournée en avant. On maintient l'arbre dans cette position; on jette légèrement dessus et peu à peu de la même terre; on le secoue doucement de temps en temps pour la faire couler dans tous les vides des racines, dont le collet doit rester à fleur de terre; on rachève de combler la fosse à quatre pouces au moins au-dessus du niveau du sol, à cause du tassement qui est de deux pouces par pied; on foule légèrement et avec précaution; on dresse la surface. On fera bien de recouvrir toute la plate-bande de deux pouces de sable fin.

» Les pêchers destinés à mettre le long d'un mur de dix pieds doivent être greffés à six pouces au-dessus du col des racines et sur prunier Saint-Julien; le pêcher tend toujours à s'élever et à se dégarnir du bas. L'amandier porte ce défaut plus loin encore, et ne peut, par conséquent, que l'aggraver dans le pêcher; il est pivotant, et les branches d'un arbre suivent la direction des racines, c'est un fait constant: or, un arbre en espalier doit s'étendre sur les côtés, et jamais verticalement. L'amandier est très-vigoureux; et la taille la mieux calculée du pêcher consiste à ménager ses moyens de végétation pour les prolonger; de plus, l'amandier communique la gomme, et un pêcher gommeux est perdu. Quelques pépiniéristes ont adopté exclusivement l'amandier pour la greffe du pêcher, parce qu'il pousse avec une promptitude étonnante: ce qui leur procure une grande économie d'emploi de terrain; mais le bénéfice qu'ils retirent de cette vicieuse méthode tourne tout au détriment de l'acheteur. Le prunier au contraire est branchu, ses racines sont presque toutes formées de chevelu. Tout cela est analogue à la direction qu'on doit donner au pêcher.

» On doit, en plantant un arbre en espalier, faire autant que possible que les racines un peu fortes ne viennent point en avant, ce qui disposerait l'arbre à pousser de même, comme je viens de le dire en parlant des racines pivotantes. On rafraîchit par une coupe nette, et qui parte de dessous en dessus, toutes celles qui sont brisées ou écorchées, et qui deviendraient chancrées sans cette précaution; mais on ne saurait donner trop de soin à conserver les racines intactes dans toute leur étendue lorsqu'on déplante un arbre; le bon sens seul en indique la raison.

» Il est impossible de donner des principes fixes sur la taille des pêchers, sans courir le risque d'induire en erreur ceux qui les suivraient à la lettre: la taille est une science purement d'intelligence et de sentiment, qui s'adapte au sujet, se guide selon les circonstances, qui sont à l'infini. Il faut voir faire des gens habiles, et examiner avec attention l'arbre sur lequel ils opèrent, afin de tirer une juste conséquence du procédé qu'ils emploient. Ensuite on doit pratiquer avec raisonnement et précaution, non par imitation, mais dans le même esprit que ce qu'on a vu faire. Il n'y a qu'une longue habitude qui puisse rendre réellement savant dans cet art si utile et si récréatif.

» La manière de Montreuil est sans doute la plus parfaite, la seule qui atteigne le but qu'on se propose en soumettant un arbre au palissage, celui d'avoir chaque année de beaux et bons fruits, et de prolonger l'existence de l'arbre qui les procure.

» On doit donc tâcher de se rapprocher le plus possible de la méthode que suivent ces ingénieux praticiens. Pour bien diriger un pêcher, il faut le prendre dès sa plantation: un arbre de cette espèce qui a été mal conduit ne peut jamais se rétablir.

» En plantant un pêcher on tourne, comme je l'ai dit, la greffe sur le devant; on ne lui laisse que deux branches, l'une à droite et l'autre à gauche, qui s'appuient bien contre le mur en forme de V; on les rabat à deux ou trois pouces de long sur un œil montant, car une plaie en dessus ne se répare jamais bien, et fait un mauvais effet. Ces deux branches sont, pour ainsi dire, la charpente de l'édifice; elles doivent, tout le temps de l'existence du pêcher, se faire remarquer au premier abord; on les baisse un peu plus chaque année, jusqu'à ce qu'elles aient atteint un angle de quarante-cinq degrés; c'est le terme où elles doivent s'arrêter: la science consiste à les y amener le plus tard possible, et à établir un équilibre parfait dans la sève, en sorte qu'un côté ne soit jamais plus vigoureux que l'autre, et rapporte également du fruit; d'où résulte une régularité très-apparente sans être réelle.

» De ces deux branches principales sortent d'autres secondaires qu'on répartit avec la même régularité, et qui font aussi partie de la charpente. On leur fait suivre petit à petit, dans la même proportion, l'inclinaison des deux premières. Ces branches ne doivent pas passer le nombre de quatre de chaque côté: deux en dessus, deux en dessous des principales.

» Tout le reste de l'arbre est soumis à des raccourcissemens ou à des retranchemens entiers, si le cas le nécessite.

» On doit, depuis la première année jusqu'à la sixième, tenir rigoureusement à ne pas laisser l'arbre s'étendre trop promptement, dans l'impatience de jouir, car le présent anticiperait tout l'avenir. A cet effet, on rabat tous les ans la pousse de chaque branche principale et secondaire, à trois ou quatre pouces au-dessus du bois de l'année précédente, et sur un œil montant; lorsqu'elles sont trop vigoureuses, on les modère en les courbant un peu du bout.

» Voilà à quoi se réduisent les principes fondamentaux.

» On a bientôt appris à connaître les boutons et les branches, à bois ou à fruit, ainsi que les gourmands: ceux-ci se retranchent partout où ils se trouvent, à moins qu'ils ne puissent remplacer avantageusement une branche à supprimer par un motif urgent.

» On maintient toutes les branches dans leur direction respective, avec des loques formées de bandes de vieux drap ou de lisières; on en fait de larges d'un pouce pour les fortes branches, et de cinq à six lignes seulement pour les petites, afin de n'en pas cacher les boutons. On les coupe à mesure du besoin, et on les perce par un des bouts avec un clou de taille proportionnée au genre de muraille sur laquelle on palisse; on passe la loque sous la branche, puis on l'assujettit, avec le clou, à coups de marteau.

» Une attention à avoir est que, lorsqu'on met plusieurs loques à une branche, elles doivent, en général, être placées de manière que, alternativement, l'une tire en haut et l'autre en bas. On ne doit pas serrer les branches avec la loque, mais leur laisser l'espace pour grossir. On doit prendre garde de les heurter avec le marteau. Aucune branche ne doit se croiser sur une autre, ni être placée verticalement, ni directement en bas, ni se courber en trompette; mais elles doivent se diriger horizontalement ou en diagonale.

» Tous les bourgeons qui ont plus de deux pouces de long doivent être attachés. Il doit toujours rester, entre un bourgeon et un autre, un intervalle de deux pouces au moins, et de six pouces au plus.

» Lorsqu'une branche qui a donné du fruit s'alonge et s'effile, on la rabat sur le bourgeon le plus bas, pourvu qu'il ait un œil à bois.

» On ne doit jamais rabattre une branche que sur un œil à bois, montant si elle est faible, descendant si elle est trop vigoureuse.

» Les petites branches à bois se rabattent sur deux ou trois yeux, suivant leur grosseur et leur emplacement. En général, on doit tailler du *fort au faible*, c'est-à-dire à l'endroit où la branche est dans sa moyenne grosseur.

» On ne laisse jamais ni branche ni bourgeon, en avant ni derrière; avant de rabattre une branche, on essaie si elle s'appuiera sans effort contre le mur, et quelle direction aura dans cette position l'œil sur lequel on veut la rabattre: ceux qui taillent avant d'avoir pris cette précaution sont tout étonnés, quand la branche est attachée, de voir qu'elle est rabattue sur un œil qui va tout à l'opposé de ce qu'ils ont voulu faire.

» En taillant, on ne doit jamais perdre de vue que le pêcher tend toujours à se dégarnir d'en bas, et que, par conséquent, toutes les fois qu'il se présente une branche en bas, munie de quelques bons yeux à bois, il faut rabattre dessus.

» Un pêcher bien conduit, qu'on ne laisse point s'emporter par la sève, en lui laissant des branches verticales, donne toujours du fruit avec plutôt trop que pas assez d'abondance.

» Lorsqu'un vieil arbre est devenu trop branchu par la succession des années, on peut lui retrancher, sans inconvénient, une ou deux branches également de chaque côté, et à deux années différentes, pourvu que ce soit en *dessous* des deux principales, et que ce retranchement soit fait avec propreté et sans déchirement, rez l'écorce; un chicot laissé à une branche arrête la sève dans sa circulation, et la plaie ne se répare jamais.

» On ne saurait mettre trop de soin dans la manière de couper les branches petites ou grosses. La coupe doit effleurer le bourrelet d'en bas, et se rabattre du haut sur la branche qui reste; la plupart des jardiniers font tout le contraire; et de là autant de chicots qu'il y a eu de branches supprimées : il faut observer que c'est principalement le dessous du bourrelet d'une branche qui recouvre ensuite la plaie.

» Sur les fortes branches on abat, avec l'ongle, tous les yeux en avant.

» On ne doit point procéder à la taille d'un arbre sans le dépalisser en entier, si on a des branches principales ou secondaires à redescendre : si elles restent à leur place, on se contente de dépalisser à mesure celles qu'on taille, d'ôter les loques pour visiter si elles ne recèlent pas quelques insectes, et de les changer si elles sont pourries; les mêmes clous reservent; on les redresse s'ils sont courbés.

» On ne doit jamais négliger de détacher à chaque taille même les plus petits bourgeons. Il n'y a pas une branche qui ne doive être visitée par l'amateur ou le jardinier qui attache quelque intérêt à l'entretien de ses espaliers.

» Le taille du pêcher doit se faire exclusivement, depuis décembre jusqu'au 15 février; jamais pendant la pluie ni la gelée : il faut donc saisir sans négligence, dans cet intervalle, tous les beaux jours qui se présentent.

» Au printemps, et dans le courant de l'été, on visite tous les huit jours ses pêchers; et, lorsqu'un bourgeon se montre en avant ou derrière les branches principales, ou mal placé dans une aisselle, on l'abat avec les doigts. On supprime aussi les gourmands qui montent toujours verticalement; mais il ne faut pas abuser de cette méthode, car souvent un bouton mal placé a servi à maintenir la sève dans une branche qui se serait appauvrie sans lui.

» On attache à la loque, et dans la direction convenable, la pousse des branches principales, à mesure qu'elles s'alongent; sans cela le vent pourrait les casser. On tâche en même temps aussi de donner une bonne direction aux petites branches qu'on suppose devoir être utiles à la taille.

» On raccourcit pendant le courant de l'été, et avec l'échenilloir, les bonnes branches qui s'alongent sur le devant, et interceptent l'air et le soleil nécessaires à la maturité des fruits. Toute autre taille serait nuisible aux pêchers dans cette saison.

» Si la cloque se manifestait sur quelques feuilles, il faudrait de suite couper avec des ciseaux, non les feuilles entières, mais toutes les parties attaquées, ainsi que les bouts de branches garnis de pucerons noirs. »

Les pêchers greffés sur l'abricotier donnent d'excellens produits.

Pêcher à fleurs doubles d'ornement. Charmant arbre, qui se couvre en avril de fleurs aussi jolies que des roses pompon. On l'écussonne sur prunier. Exposition méridionale. Devient superbe en espalier, et donne alors quelques fruits très-bons. Terre bien amendée et légère.

Bois des pêchers. Le bois des pêchers qui ont crû en plein vent est excellent pour le placage : les veines sont larges, variées de rouge brun et d'un brun clair. Le grain est fin et susceptible d'un plus beau poli. Ce bois, quand il est très-sec, est également recherché des tourneurs.

La pêche est un fruit dont la chair est molle et fine, pleine d'un suc exquis quand elle est mûre; mais, dès qu'elle devient trop molle, elle est déjà passée; la peau des meilleures est très-fine, et se détache facilement. Celles dont la peau est fine et bien colorée, la chair ferme, douce et bien succulente, d'un goût sucré, cependant relevé, vineux et parfumé, le noyau petit, et qui quittera facilement le fruit, auront toutes les qualités qu'elles peuvent avoir, et mériteront la préférence sur toutes les autres.

Moyen de conserver les pêches. Enveloppez vos pêches de filasse de chanvre; plongez-les ainsi dans la cire jaune fondue; vous les en tirerez ensuite. La cire, ayant formé une croûte autour de la filasse, empêchera la communication de l'air extérieur, et vos pêches se conserveront saines, pourvu que vous les placiez dans une cave profonde et qui ne soit pas humide.

Autre procédé. Vous préférerez les pêches appelées *galande* et *grosse-mignonne*, parce que leur qualité est supérieure, et vous procéderez comme pour les abricots. (Voy. ABRICOTS.)

Les pêches en se desséchant deviennent immangeables. Pour les conserver, on prend des pêches de l'espèce d'admirable jaune et d'alberge jaune, bien mûres; on les pèle, on les ouvre en deux et on les met sur un plat où on les aplatit légèrement avec une palette de bois. On les abandonne ensuite dans cet état pendant plusieurs heures, et il en découle un suc que l'on recueille à part, et que l'on tient en digestion pendant dix à douze heures, sur des cendres chaudes, en y ajoutant un poids égal d'eau-de-vie, une demi-partie de sucre et un peu de girofle et de cannelle. Dans l'intervalle on dispose les pêches sur des claies et on les introduit dans un four très-légèrement échauffé, où elles reçoivent un commencement de cuisson. Au sortir de là, on les passe l'une après l'autre dans un sirop de sucre, et on les expose de nouveau à l'action du four, en répétant la même manœuvre jusqu'à ce qu'elles soient suffisamment sèches. On reconnaît qu'elles sont au point convenable lorsque leur chair a acquis de la fermeté, et qu'elles sont d'un brun incarnat et recouvertes d'une sorte de vernis luisant. On peut conserver de la même manière les brugnons et les abricots; mais ces derniers ne sont pas séparés en deux, et l'on se contente d'en faire sortir le noyau.

Tranches de pêches au sucre. On pèle de belles pêches, on en retire les noyaux, on les coupe par tranches, et on les range dans un compotier couvert de sucre fin en poudre.

Pêches vertes confites. Cueillir de petites pêches vertes, au travers desquelles une épingle puisse passer sans être arrêtée par le noyau. Oter le duvet; faire blanchir; passer dans l'eau fraîche; donner deux ou trois bouillons dans du sucre cuit au petit lissé; les retirer le lendemain. Mettre à l'étuve deux jours.

Pêches confites en quartiers. Prenez des pêches très-fermes; vous les coupez par quartiers, vous les pelez en côtes, les mettez à mesure dans de l'eau fraîche, et ensuite sur le feu, pour les faire blanchir; quand la tête d'une épingle passe facilement au travers, vous les retirez et les remettez de nouveau dans de l'eau fraîche. Vous les mettez dans un sucre cuit au petit lissé, et procédez comme ci-dessus pour les glacer. Vous égouttez bien vos fruits de leur sucre; vous les passez promptement dans de l'eau tiède, pour en dégraisser la superficie, qui se trouve garnie de sucre cuit : sans cette précaution la glace ne pourrait prendre. Vous clarifiez suffisamment du sucre, que vous faites cuire au petit soufflé; vous y jetez vos fruits et ôtez la bassine de dessus le feu; après avoir laissé reposer le sucre un instant, vous le faites blanchir en frottant les côtés intérieurs de la bassine avec une fourchette; quand il commence à blanchir et à se figer aux bords de la bassine, vous donnez un petit tour dans le milieu avec la fourchette; vous retirez, aussitôt après, vos fruits à l'aide d'une cuiller et d'une fourchette, et les dressez sur des clayons : ils sèchent promptement et sont parfaitement glacés.

Pêches au liquide. Prenez des pêches un peu avant leur maturité. Vous les piquez avec une grosse épingle, et les jetez à mesure dans de l'eau fraîche; vous les faites blanchir : quand elles sont tendres, vous les retirez pour les remettre dans de l'eau fraîche.

Vous mettez du sucre clarifié au petit lissé : quand il est sur le point de bouillir, vous le versez sur les pêches; le lendemain, vous les séparez du sucre, que vous mettez à la petite nappe, et le jetez de nouveau sur les fruits; le troisième jour, même opération lorsque le sucre est à la nappe; le quatrième, vous le faites cuire au petit perlé, y mettez les pêches et leur donnez un bouillon couvert; le lendemain, lorsque votre sucre est au grand perlé, vous y jetez vos pêches; vous leur donnez trois ou quatre bouillons, et les laissez deux jours à l'étuve.

A mesure que les pêches prennent sucre, il faut avoir soin d'ajouter un peu de sucre clarifié, et de l'écumer chaque fois que vous le sortez du feu.

Marmelade de pêches. Prendre sept livres de pêches, ôter les noyaux, écraser les pêches dans une passoire. Faire cuire, en ajoutant deux livres de sucre cuit à la plume. Après quelques bouillons, mettre en pot.

Compote de pêches. Choisissez des pêches qui ne soient point trop mûres, et, les conservant entières ou les coupant par la moitié, vous les mettez dans une bassine avec de l'eau sur le feu; lorsqu'elles sont assez molles, vous les retirez et les mettez dans de l'eau fraîche; vous leur enlevez la peau, puis leur donnez quelques bouillons dans un sirop de sucre cuit au lissé; vous les retirez; et, lorsqu'elles sont refroidies, vous les posez dans des compotiers; vous donnez de nouveau quelques bouillons au sucre cuit, le passez et le versez sur les pêches.

Pêches à l'eau-de-vie. Prenez cinquante pêches; sucre raffiné, deux livres huit onces.

Choisissez de belles pêches en espalier, un peu avant leur parfaite maturité; vous enlevez leur duvet en les frottant avec un linge propre, ensuite vous les piquez jusqu'au noyau avec une grosse épingle, et les mettez à mesure dans de l'eau fraîche.

Vous clarifiez le sucre et le faites cuire au petit lissé; vous mettez moitié des pêches dans une bassine un peu plate, et y versez le sucre cuit; vous posez le mélange sur un feu doux, y faites frissonner les pêches en les remuant de temps en temps, jusqu'à ce qu'elles soient suffisamment blanchies; ce que vous connaissez lorsqu'elles fléchissent sous le doigt; vous les retirez promptement du feu, car il est nécessaire qu'elles ne soient pas trop blanchies, ce qui en occasionnerait la perte. Vous suivez les mêmes principes pour blanchir l'autre moitié; et, quand tout est refroidi, vous remettez promptement le sucre à la petite nappe. Quand il est refroidi, vous y versez, aux deux tiers de son poids, l'eau-de-vie à 25 degrés; vous remuez le mélange, et, comme il se trouve louche, parce que les pêches, en séjournant dans le sucre cuit, y ont déposé une espèce de limon, vous le passez dans une manche ou chausse de castor, et non en laine; vous ne collez point, car, comme vous êtes obligé d'y remettre à plusieurs reprises la liqueur, jusqu'à ce qu'elle passe très-limpide, le limon, s'attachant aux parois intérieures de la chausse, produit l'effet de la colle de poisson.

Vous mettez les pêches dans des bocaux; vous versez cette liqueur par-dessus, puis vous fermez bien le vase avec un liége et un parchemin mouillé que vous ficelez.

Il est des personnes qui passent deux fois les pêches au sucre, en diminuent la quantité de l'eau-de-vie. Ce moyen, mal entendu, en augmentant les soins et les peines et en alongeant l'opération, ne sert qu'à faire gâter les fruits.

Pêches à l'eau-de-vie, façon de Paris. Vous prenez la quantité que vous jugez à propos de pêches en espalier, choisies à l'époque précitée; vous en enlevez le duvet, les piquez, et les mettez à mesure dans l'eau; vous posez le tout sur un feu modéré, et, ayant soin d'entretenir l'eau presque bouillante, vous soulevez de temps en temps les pêches avec l'écumoire; à mesure que vous en sentez fléchir sous les doigts, vous les jetez dans de l'eau fraîche; ayant retiré de cette manière les plus avancées, vous poussez un peu le feu, pour accélérer une semblable cuisson de celles qui restent. Il est facile d'éviter de les écraser, en les mettant à mesure dans de l'eau fraîche; vous égouttez cette première eau et en versez de la fraîche à deux reprises dans l'intervalle d'un quart-d'heure; vous les égouttez bien et les mettez en bocaux.

Alors, prenant du sucre clarifié à la nappe, le quart pour les deux tiers, en suffisante quantité, et le mesurant, vous mettez le double d'eau-de-vie à 50 degrés; vous mélangez le tout; et, comme la liqueur est toujours un peu louche, vous la laissez déposer dans un tonneau ou dans un vase. Dans un cas pressant, vous la passez à la manche, puis en remplissez les bocaux où se trouvent vos pêches préparées.

Les distillateurs de Paris qui traitent cette partie en grand, après avoir effectué le mélange du sucre clarifié et de l'eau-de-vie, l'y laissent dans de grandes pipes ou tonnes; il devient clair; et, à mesure qu'ils mettent leurs fruits en bocaux, il prennent la quantité de la liqueur qui leur est nécessaire, et, au bout de deux mois, les fruits sont très-bons à manger. Ils ne sont pas aussi moelleux préparés de cette manière que de la précédente; mais il y a beaucoup de personnes qui les préfèrent, parce qu'ils sont plus fermes: on les croirait tout fraîchement cueillis, tant ils sont vermeils, et la liqueur est aussi bien plus limpide.

Cette méthode a l'avantage d'abréger beaucoup et d'être moins dispendieuse.

On prépare de même à Paris les abricots, les reines-Claudes, les mirabelles, les poires à l'eau-de-vie.

Ratafia de pêches. Prendre suc de pêches, quatre pintes; eau-de-vie, huit pintes; sucre, quatre livres.

Choisir des pêches en plein vent, les plus belles et les plus mûres, et surtout bien saines; les envelopper, séparées de leurs noyaux, dans un linge, et en exprimer le jus à la presse; réunir à l'eau-de-vie le suc des pêches; décanter ce mélange au bout de six semaines, y faire fondre le sucre, et ensuite filtrer le ratafia.

Vin de pêches. Le suc des pêches, avec addition de certaines substances, produit un vin d'un bon goût. Vous faites fermenter ce jus avec de l'eau et du miel; vous passez ensuite la liqueur au travers d'un tamis, et exprimez le marc que vous jetez; vous concassez le sucre et le faites fondre dans ce jus exprimé; puis mettez le mélange dans un petit tonneau, et y ajoutez des feuilles de pêcher, des aromates, de la vanille coupée en petits morceaux, du vin de Champagne, de l'eau-de-vie et de l'esprit de vin; vous laissez le tout en infusion pendant trois semaines; au bout de ce temps, vous décantez la liqueur, et, deux mois après, vous soutirez votre vin, vous le collez et le mettez en bouteilles.

PECHSTEIN. (*Conn. us.*) Sorte de quartz grisâtre et nuancé de bleu, qu'on appelle aussi *ménilite*, parce qu'on le trouve à Ménilmontant, près Paris.

PÉDICULAIRE. (*Agr.*) *Pédicularis.* Les plantes de ce nom forment une famille nombreuse. Elles ont une odeur désagréable, et les bestiaux n'y touchent jamais.

PEINTURE. (*Conn. us.—Ind. dom.*) *Préparation de l'huile pour la rendre dessiccative et propre à la peinture.* Prenez de l'huile de lin ou de noix; ajoutez-y un quart de son poids de litharge, faites bouillir le tout pendant demi-heure dans une marmite de fer; comme ce mélange monte à mesure qu'il s'échauffe, il faut que le vase soit très-grand, sinon on courrait le risque de mettre le feu s'il se répandait au-dehors. Mettez cette huile en cruche, et servez-vous-en à froid pour la peinture à l'huile.

Couleurs pour la peinture à l'huile. (Voy. COULEUR.)

Peinture à la détrempe. Faites fondre une livre de colle de peau de lapin dans une chopine d'eau froide (il faut au moins vingt-quatre heures); prenez ensuite une livre de blanc d'Espagne en poudre tamisée; ajoutez un peu de noir de fumée pour donner une teinte grise; délayez le tout avec la colle, ajoutez de l'eau si le mélange est trop épais. On met au moins deux couches de cette peinture, qui n'est bonne que dans l'intérieur des appartemens.

Peinture pour les murs des appartemens et des maisons. Mêler 25 parties de plâtre cuit et tamisé avec 57 de chaux vive, fusée avec un peu d'eau pour la réduire en poudre fine et tamisée; ajoutez vingt pintes de céruse tamisée, et un peu de fromage blanc. En faire avec de l'eau une bouillie; appliquer à l'aide d'une grosse brosse. On peut colorer avec de l'ocre. (Voy. OCRE.) Cette peinture est très-solide. (Voy. BADIGEON.)

Peinture encaustique. M. Castellan, auteur de ce procédé, qui fut peut-être connu des anciens, mais que les modernes avaient jusqu'à présent tenté sans succès, commence par imprimer ses fonds avec une couche de cire fondue, en ayant la précaution de sécher et d'échauffer préalablement le stuc et le plâtre, etc. Il étend la cire avec une brosse; il en égalise la surface en promenant le réchaud à main des doreurs, ou le disque de métal rougi dont se servaient les anciens. Des linges fins et des brosses rudes passés sur cette surface terminent le travail de l'impression. On peint sur ces impressions avec des couleurs broyées à l'huile d'olive, et non à l'huile siccative. On sèche la peinture en promenant le réchaud sur le tableau, ou en portant la température de l'atelier à trente ou quarante degrés de chaleur, ou enfin en exposant ce tableau au soleil. M. Castellan glace ces tableaux avec un vernis transparent, qui est fait par la dissolution de la cire dans une huile volatile très-décolorée. Plusieurs peintures exécutées par ce procédé ont été exposées, pendant plusieurs années, à toutes les intempéries de l'air, sans gerçures, sans avoir

quilibre avec d'autres dont le poids est connu, et que l'on place à diverses distances du point d'appui : c'est une espèce de levier.

Rotation. Mouvement circulaire en vertu duquel un corps tourne sur lui-même.

Son. Suite de mouvemens très-prompts et très-rapides, distincts et réguliers, qui sont produits par un choc dans les parties insensibles d'un corps élastique, etc., et qui sont perçus par l'ouïe. (Voy. ce mot.)

Sonomètre. Instrument qui produit un son à l'unisson duquel on monte celui des autres.

Spectre solaire. Image oblongue et colorée, de lumière décomposée, produite sur un mur blanc quand on fait tomber un rayon solaire sur un prisme placé dans une chambre obscure.

Sphère d'activité. C'est le point où cesse l'action sensible d'une force quelconque.

Syphons. Tubes recourbés servant à transporter les liquides d'un vase dans un autre, en faisant le vide dans ces tubes. (Voy. ce mot.)

Télescopes. Instrumens qui ont pour but de rapprocher, en les grossissant, les objets placés loin de nous.

Tempérament. C'est l'altération de certains intervalles musicaux qui a lieu dans les divers instrumens à sons fixes.

Températures atmosphériques. Terme défini de la chaleur sensible indiquée par l'élévation ou l'abaissement du thermomètre.

Tenacité. Propriété qu'ont les fils métalliques de supporter un tiraillement ou des poids plus ou moins forts sans se rompre.

Tension. Augmentation de volume des gaz par la raréfaction.

Tension électrique. Répulsion produite par le fluide électrique accumulé sur un corps.

Thermo-électrique. Effets dus à l'influence qu'exercent réciproquement la chaleur et l'électricité sur certains corps.

Thermomètre. (Voyez ce mot.)

Thermoscope et *thermomètre différentiel.* Instrumens pour rendre sensible la différence de température de deux milieux.

Tierce. Quand le son fondamental fait quatre vibrations, la tierce en fait cinq.

Tirage. Mesure dont un corps flottant s'enfonce.

Tonnerre. (Voy. ce mot.)

Tons. Sons relatifs et comparés.

Translucides. Corps qui ne se laissent traverser que faiblement par la lumière.

Transparens. Corps qui donnent passage à la lumière.

Vapeur. (Voyez ce mot.)

Vibrations. Mouvemens alternatifs qu'on opère sur les molécules des corps, et qui produisent, dans certaines circonstances, les divers sons.

Vide. Le vide absolu n'existe point; on ne donne donc ce nom qu'aux espaces desquels on a extrait toute la quantité d'air possible, soit par la machine pneumatique, ou par tout autre moyen.

Vitrée (électricité). C'est le fluide positif.

Volatils. Corps qui se réduisent facilement en vapeurs.

Volume. Etendue des corps ou bien espaces qu'ils occupent.

Zone. C'est ainsi qu'on nomme l'espace du globe terrestre renfermé entre deux cercles parallèles à l'équateur.

Zymosimètre. Instrument propre à reconnaître le degré de fermentation d'une liqueur.

PHYTOLAQUE. (*Jard.—Conn. us.*) Le phytolaque, *phytolacca decandra*, est une plante d'Amérique que l'on cultive dans nos jardins, et qui n'en fait pas un des moindres ornemens; sa racine est très-grosse, blanche, vivace, s'enfonçant profondément dans la terre; ses tiges s'élèvent à la hauteur de deux mètres environ.

Les feuilles du phytolaque passent pour résolutives dans les tumeurs squirrheuses. Elles se mangent en guise d'épinards.

Les baies du phytolaque pourraient fournir dans nos ateliers de teinture une belle couleur rouge ou pourpre, et remplacer des objets étrangers, d'autant mieux que cette plante réussit parfaitement dans nos départemens méridionaux.

Le suc des racines est un purgatif violent.

PIANO. (*Conn. us.*) Cet instrument fut inventé par Balbâtre, célèbre organiste de Saint-Roch, pendant le 18e siècle. Il a été depuis l'objet de grands perfectionnemens.

Les pianos à queue d'Érard ont un beau son, mais leur forme est incommode. Les pianos de Pape, ceux de Hertz ont joui successivement de la vogue. Le piano harmonica, inventé en 1802 par M. Smith de Paris, a eu peu de succès.

Les pianos à vis de pression de M. Cluesman (1836) sont considérés comme supérieurs à tous ceux de ses devanciers.

Les pianos-consoles sont commodes pour les personnes exposées à changer souvent de domicile et à faire des voyages. Ils sont portatifs, et ont des qualités de son très remarquables.

PIE. (*Chasse.—Conn. us.*) La pie, que Cuvier place au rang des passereaux, est d'un noir soyeux, à reflets bleus et dorés; son ventre est blanc, et elle a une tache de même couleur sur l'œil. La pie se plaît autour des habitations; elle se nourrit de toute espèce de matières, et souvent attaque les petits oiseaux de basse-cour. Elle chasse dans les haies, les buissons, les taillis, brise les œufs qu'elle trouve dans les nids, et se saisit même quelquefois de la mère couveuse. On en a vu détruire des couvées entières de petits perdreaux, et même se jeter sur les jeunes lièvres et lapins. Rien n'est facile comme de détruire cet animal incommode. Comme elle place son nid à découvert, sur les arbres les plus élevés, et qu'elle l'entoure d'un fagot d'épines qui le rend très-facile à apercevoir, il ne s'agit que de saisir le moment où la mère est sur ses œufs pour la tuer d'un coup de fusil.

La pie a une antipathie prononcée contre tous les oiseaux de proie nocturnes, et principalement contre la chouette et le hibou. On se sert de cette aversion pour l'attirer dans un piége. Dans un lieu un peu découvert, on élève une cabane de feuillages, dans laquelle le chasseur se cache; au-dessus de la cabane, on place un juchoir sur lequel est attachée une chouette ou un hibou; autour de la cabane on plante quelques branches élevées, dépouillées de leurs feuilles et de leurs rameaux, et garnies de gluaux. Aussitôt que la pie aperçoit son ennemi, que l'on a soin de faire remuer de temps à autre au moyen d'une ficelle, elle s'approche en criant, vient pour attaquer, se pose sur les branches engluées, et est prise. La chasse est beaucoup plus certaine si celui qui la fait sait imiter le cri de la chouette ou *frouer*. Dès que l'on a une pie prise, on a soin de la faire crier pour attirer les autres.

Manière de prendre les pies quand il y a de la neige. On creuse des trous en forme d'entonnoir, et on les garnit d'un cornet de fort papier enduit de glu; on met au fond un morceau de viande, et la pie s'englue en voulant avoir l'appât.

PIED. (*Hyg.—Conn. us.*) Quand un soulier trop étroit, ou les plis des bas trop longs, ou les coutures des semelles en toile auront froissé le pied, on en apaisera aussitôt la souffrance en mouillant un morceau de savon blanc avec de l'eau-de-vie, et en frottant de ce savon l'endroit affecté. On termine par laver avec de l'eau-de-vie pure.

Cette opération calme aussi subitement la cuisson que l'on éprouve à la plante des pieds quand on a trop dansé, ou marché trop longtemps. Si l'impression douloureuse persistait après le premier frottement, on le réitérerait en employant un peu plus d'eau-de-vie.

Vous ne poserez jamais les pieds nus à terre; vous ne porterez point de pantoufles dont le talon serait rabaissé, de peur d'exposer le talon au froid, ou de le faire devenir trop gros relativement au reste du pied. Vous aurez constamment des bas dans la grande chaleur, même le matin; comme l'usage et la propreté veulent que vous soyez chaussé pendant le jour, vos jambes en ont pris l'habitude, et vous éprouveriez un mauvais effet de les dégarnir momentanément.

Ayez soin d'extirper les cors (voy. CORS), de ne point porter de chaussures gênantes, de vous frotter les pieds souvent avec un linge sec et chaud. Après cette opération, en jetant sur le pied quelques gouttes d'eau-de-vie, on évite les désagrémens de la sueur.

Ne laissez jamais les pieds humides et froids; pour y parvenir, portez en hiver des semelles de liége, et surtout des *socques articulés*.

Remède contre la sueur des pieds. Saupoudrez-les avec de la poudre d'alun brûlé, et prenez souvent des bains d'eau tiède à l'eau-de-vie.

Prendre des bas blancs chaque jour; porter des chaussons de batiste ou de percale fine, afin de ne pas grossir le pied, et les renouveler chaque matin; avoir dans son soulier une semelle de toile de coton velu, pour absorber la sueur; arroser cette semelle d'eau de Cologne, d'eau-de-vie, de lavande, de menthe, etc.; la changer fréquemment, et la fétidité des pieds diminuera d'abord, et disparaîtra bientôt.

Les bas de laine sont très-salutaires.

Il faut craindre également de faire bassiner votre lit et d'y demeurer les pieds froids; il est bon, en vous couchant, de les envelopper dans un morceau de linge ou d'étoffe de laine bien chaud.

Ne faites pas usage de *chaufferettes* (voy. ce mot.); elles portent le sang à la tête, donnent des couleurs forcées, dessèchent et rident la peau des membres inférieurs; de plus, elles répandent souvent une odeur très-désagréable.

PIED-DE-CHAT. (*Méd. dom.*) Le pied-de-chat, *gnaphalium dioïcum* de Linnée, est une petite plante qui croît à la hauteur de douze ou quinze centimètres, et qu'on trouve dans les lieux arides, sur les coteaux, dans les champs; sa racine est fibreuse, rampante; sa tige est très-simple, avec des rameaux rampans, blanchâtres, velus.

Les fleurs de pied-de-chat sont béchiques et adoucissantes.

PIED-DE-VEAU (*Méd. dom.*) *Arum aculatum*. Plante des haies, très-commune. Sa racine est arrondie, remplie d'un suc laiteux, d'une saveur âcre et brûlante; la tige est nulle, c'est-à-dire, c'est une hampe ou une espèce de pédoncule herbacé, dépourvu de feuilles, qui sort immédiatement de la racine, et porte à son sommet une fleur d'un blanc jaunâtre.

La racine de l'arum est hydragogue; on lui attribue une propriété fondante: on peut en retirer une assez bonne quantité de fécule, qui, bien privée par le lavage de sa saveur âcre et brûlante, peut fournir une nourriture saine, ou tout au moins peut remplacer l'amidon, qui est d'un usage si général, et qu'on prépare la plupart du temps avec les semences des graminées.

PIÉGE. (*Chasse.—An. nuisibles.*) Nous réunirons dans cet article les principaux piéges employés à la chasse et à la destruction des animaux nuisibles. Nous avons déjà parlé de quelques-uns. (Voy. ALOUETTES.)

Les amorces des piéges varient suivant les animaux qu'on veut prendre. Ainsi on amorce pour le blaireau avec un oiseau mort; pour les chats sauvages, avec un morceau de poulet, etc.

Araignées. Collets d'un fil très-fin. Pour prendre les oiseaux de proie, on plante dans la terre et dans un lieu découvert quatre perches au bout desquelles on laisse du feuillage; on les garnit en dessus et sur les côtés d'araignées d'un fil très-fin, et l'on place dessous un pigeon blanc, que l'on fait mouvoir comme pour le *tombereau*.

Arbalète. Piége employé contre les animaux du genre des rats, et qui agit par le jeu d'un arc tendu.

Assommoirs. Plusieurs piéges portent le nom d'*assommoir*. On les emploie pour les loups, les chats sauvages, les belettes, les putois, etc.

Le plus commun est celui-ci:

On prend une planche de chêne, et l'on cloue sur les côtés des liteaux une planchette mobile qui se baisse et se lève à volonté par devant, et est fixée par derrière à la planche de chêne par un boulon en fer ou une charnière; elle sert de détente. Une troisième planche, forte et épaisse, qui sert d'assommoir, est mobile et à charnière comme la planchette. Devant est une quatrième planche clouée

été sensiblement altérées. La laque d'Angleterre même, qui passe si vite au soleil, n'a pas perdu de l'intensité de sa couleur. La classe des beaux arts de l'Institut de France, d'après le rapport de ses commissaires, a adopté cette méthode de peindre, dans sa séance du 11 mars 1815.

Formule d'un vernis pour la conservation des peintures à-fresque. On prend la cérine obtenue du traitement d'une once de cire blanche par deux livres d'alcool à 40° bouillant; on la met dans un matras, et on ajoute une livre et demie d'huile essentielle de térébenthine alcoolisée. On laisse macérer pendant quelques jours, puis on décante le liquide clair pour l'employer à froid sur la peinture que l'on veut conserver; mais il faut que l'endroit supportant la peinture soit bien séché, et qu'aucun corps étranger ne masque la peinture.

Couleurs extraites des fleurs pour la peinture à l'eau. Piler des fleurs d'iris dans un mortier de marbre, après en avoir ôté le calice. Lorsque les pétales de ces fleurs commenceront à se réduire en une espèce de bouillie par la trituration, saupoudrez toute cette matière avec de l'alun de roche mis en poudre très-fine; vous continuerez ensuite de piler ce mélange, et vous en exprimerez le suc à la presse lorsqu'il ne restera plus rien sous le pilon qui lui résiste. Vous recevrez cette liqueur dans une vessie que vous suspendrez dans la cheminée. Au bout d'un certain temps, elle s'y épaissira et se convertira en une substance pareille à la gomme, avec cette différence qu'elle sera d'un vert noirâtre. Cette matière, étant dissoute dans l'eau pure, donne un très-beau vert, que l'on connaît vulgairement, dans la pratique de l'enluminure, sous le nom de vert de vessie. On en varie la teinte en y ajoutant de la gomme-gutte ou du vert-de-gris distillé, appelé vert-d'eau. C'est avec ce dernier mélange que l'on peint les arbres dans les plans. Si l'on substitue les pétales des roses blanches à ceux des flambes ou fleurs d'iris, et qu'on les prépare comme les dernières, on en retirera un très-beau jaune. Les pétales des fleurs de lis, qui font une couleur propre, donnent un très-beau vert; mais on doit piler ces derniers avec un peu de chaux. On fait épaissir au bain-marie le suc que fournissent ces différentes fleurs, après avoir été triturées et broyées dans le mortier de marbre.

PELURE. (*Ind dom.*) La pelure légère qui enveloppe l'oignon est employée par quelques bonnes ménagères à teindre les étoffes de soie, de coton. Après les avoir alunées (trempées longtemps dans une légère dissolution d'alun), on fait bouillir cette pelure, et on met tremper l'étoffe dans cette décoction, plus ou moins de temps, selon qu'on veut donner plus ou moins d'intensité à la couleur, qui est d'un beau jaune.

PENDULE. (*Conn. us.*) *Manière de régler les pendules et les montres.* Pour faire avancer une pendule, il faut faire remonter la lentille du balancier, au moyen de l'écrou qui est dessous; pour la faire retarder, il faut faire descendre la lentille par le même moyen.

Si la pendule est dans un cartel, et qu'on ne puisse toucher à la lentille, on trouvera dans le cadran un petit carré d'acier qu'on fera tourner, au moyen d'une clef de montre, de gauche à droite pour avancer, et de droite à gauche pour retarder.

On ne doit pas faire rétrograder les aiguilles des pendules à sonnerie de plus d'une demi-heure; encore faut-il le faire avec précaution, et s'arrêter lorsqu'on sent une résistance; on ne doit pas non plus reculer l'aiguille des minutes lorsqu'elle est près de 28 minutes ou 55 minutes, c'est-à-dire lorsque la sonnerie est près de frapper; car si alors on trouve l'aiguille *en arrière*, la sonnerie *frappera;* et, lorsque l'aiguille reviendra de nouveau au même point, et passera à la demie et à l'heure, la sonnerie frappera encore, en sorte que la sonnerie et les aiguilles ne seront plus d'accord, et la pendule sonnera l'heure à la demie. Lorsque cela arrive, il faut tourner l'aiguille des minutes jusqu'à ce qu'elle soit à deux minutes environ de l'heure ou de la demie; alors on la fera rétrograder jusqu'à ce que la sonnerie frappe. On ramènera ensuite l'aiguille en avant, et la sonnerie frappera de nouveau; ainsi l'heure sonnera à l'heure, et la demie à la demie; il ne faudra plus que tourner les aiguilles pour les mettre à l'heure et à la minute.

Lorsque la sonnerie d'une pendule n'est plus d'accord avec les aiguilles, il faut tourner l'aiguille des heures séparément de celle des minutes et l'amener à l'heure de la sonnerie. On fera ensuite tourner l'aiguille des minutes jusqu'à ce que la pendule soit à l'heure.

Pour poser une pendule, il faut avoir soin qu'elle soit bien d'aplomb, ce qu'on reconnaît lorsque les battemens du balancier font entendre des coups parfaitement semblables, ce qui n'a pas lieu lorsqu'elle penche à droite ou à gauche.

Quand elle penche en avant ou en arrière, la lentille du balancier peut heurter ou la muraille ou le corps même de la pendule, et par conséquent en arrêter le mouvement.

Pour avancer ou retarder les pendules et les montres, on les fait marcher du côté où elles ont le moins de chemin à faire; il n'est pas nuisible de les faire reculer.

Il faut remonter les pendules et les montres d'une manière régulière et à la même heure, les tenir longtemps dans la même position, et à la même température. La force du ressort n'étant pas constamment la même, l'avance des premières heures peut se compenser par le retard des dernières, *et vice versâ*:—tel est le motif de la première règle.

On ne doit pas tourner les aiguilles d'une montre à répétition quand la pièce sonne.

Quand une montre à répétition sonne trop vite ou trop lentement, on corrige ce défaut en faisant tourner une seconde aiguille qui se trouve dans l'intérieur vers la lettre V, qui veut dire *vite*, lorsqu'on veut la faire sonner plus rapidement; et vers la lettre L, qui veut dire *lentement*, lorsqu'on veut qu'elle sonne moins vite.

Telle montre marche régulièrement dans telle position et varie quand cette position change, ou quand les mouvemens de la personne qui la porte ont telle direction plutôt qu'une autre; circonstances auxquelles il faut avoir égard lorsqu'on veut régler sa montre d'une manière convenable. Toutefois nous devons ajouter qu'une bonne montre ne doit varier que très-peu, quels que soient les changemens de position ou de température auxquels elle peut être soumise, et que les mêmes circonstances doivent toujours reproduire les mêmes résultats d'avance ou de retard.

Peu de personnes savent que le soleil n'emploie pas toujours le même temps pour revenir d'un midi à l'autre, et que par conséquent tous les jours de l'année ne sont pas exactement de 24 heures; car tantôt le soleil emploie 24 heures et quelques secondes depuis le midi d'un jour jusqu'au midi suivant, et tantôt 24 heures moins quelques secondes depuis le midi d'un autre jour jusqu'au midi suivant. Ainsi donc tantôt le soleil retarde, et tantôt il avance.

D'un autre côté, les pendules et les montres doivent diviser le temps d'une manière parfaitement régulière, et ramener midi exactement toutes les 24 heures.

On a donné le nom de *temps vrai* au temps mesuré par le soleil, et celui de *temps moyen* au temps réduit à une égalité constante par la marche régulière des pendules et des montres. On voit donc qu'une bonne montre ou une bonne pendule ne peut se rencontrer tous les jours à midi avec le midi du soleil indiqué par un cadran solaire, et que les habitués du Palais-Royal ou du Luxembourg sont dans une grave erreur lorsqu'ils s'empressent de mettre leurs montres à midi lorsque le canon de ces deux jardins leur annonce le *midi vrai*.

Les astronomes ont calculé une table qui indique, pour chaque jour de l'année, l'heure que doit marquer une bonne montre ou une bonne pendule, au midi vrai. Cette table se trouve reproduite dans le calendrier de l'*Almanach royal* et celui de l'*Annuaire du bureau des longitudes*. Nous allons toutefois indiquer ici la marche générale des différences qui doivent exister pendant le cours de l'année entre le midi du soleil et celui d'une pendule bien réglée.

Supposons que, le 25 décembre, on mette sa pendule ou sa montre en retard de 4 secondes sur le soleil; le 24 décembre, le midi du soleil retardera de 30 secondes sur le midi de la pendule, et cet écart ira toujours en augmentant jusqu'au 11 février, jour auquel le midi du soleil retardera de 14 minutes 44 secondes sur celui de la pendule. Depuis le 11 février, ce retard ira en diminuant jusqu'au 14 avril. Ce jour-là, le midi du soleil et celui de la pendule seront ensemble. Le 15 avril, le midi du soleil avancera de 4 secondes, et il continuera ainsi à avancer jusqu'au 10 mai, où il sera en avance de 3 minutes 59 secondes. Le midi du soleil se rapprochera insensiblement de celui de la pendule jusqu'au 15 juin. Les deux midi seront ensemble ce jour-là. Le 16 juin, le soleil retardera de 8 secondes sur la pendule, et continuera à retarder de plus en plus jusqu'au 25 juillet, où son retard sera de 5 minutes 56 secondes. Ce retard ira en diminuant jusqu'au 31 août, jour où les deux midi coïncideront encore. Enfin le 1er septembre, le soleil avancera de 27 secondes, et avancera de plus en plus jusqu'au 1er novembre, où il sera en avance de 16 minutes 9 secondes. Dès-lors il avancera de moins en moins, de sorte que les deux midi seront de nouveau ensemble le 25 décembre.

On voit donc que, pour remettre une pendule ou une montre à l'heure, lorsque le soleil marque midi, il ne faut pas faire marquer midi à la pendule, mais l'heure indiquée par la table dont nous avons parlé plus haut.

Quand une montre ne fait qu'une minute d'écart par jour, soit en avançant, soit en retardant, on ne doit pas s'en plaindre.

Il n'en est pas ainsi des pendules, sujettes à moins de causes de variation.

Il faut remettre sa montre à l'heure tous les huit ou dix jours, avec une bonne pendule ou un bon cadran solaire. Si elle ne fait que huit minutes d'écart en huit jours, il faut simplement remettre les aiguilles à l'heure. Si l'écart est plus considérable, il faudra en outre toucher à l'*aiguille de rosette*. On désigne sous ce nom une aiguille placée sur un petit cadran dans l'intérieur de la montre, auprès du balancier.

Si la montre avance, il faut faire marcher l'aiguille de rosette vers la lettre R marquée sur le cadran, et qui signifie *retard*; si, au contraire, la montre retarde, il faut faire marcher l'aiguille de rosette vers la lettre A, qui signifie *avance*.

Il ne faut faire marcher chaque fois l'aiguille de rosette que d'une demi-division du cadran, à moins que la montre ne fasse un grand écart en 24 heures, comme de 4 à 5 minutes; alors on peut faire marcher l'aiguille d'une ou deux divisions, plus ou moins, selon l'écart.

Pour remettre une montre à l'heure, il faut se servir de la clé et faire tourner l'aiguille des minutes par son carré, jusqu'à ce que la montre marque l'heure et la minute qu'il est, en ayant soin de ne pas faire tourner l'aiguille des heures séparément de l'aiguille des minutes.

PENSIONS. (*Cod. dom.*) *Pensions de retraite.* Pour avoir droit à une pension de retraite par suite d'infirmités, on doit justifier que l'admission à la retraite a eu pour cause unique et nécessaire ces infirmités. — La qualité de secrétaire d'un général en chef, ou d'un chef du gouvernement, ne doit pas être considérée comme celle d'employé de l'état, et ne peut compter dans la supputation des trente années de service nécessaires pour être admis à la pension de retraite. (Ordonn. Cons. d'état, 9 et 18 mai 1833.)

Pensions alimentaires. Les père et mère ne doivent des alimens à leurs enfans, auxquels ils ont donné d'ailleurs une éducation convenable, que lorsque ceux-ci sont dans l'impuissance de pourvoir personnellement à leur subsistance. (C. R. Paris, 16 avril 1833.)

Le créancier d'une pension alimentaire ne peut prendre inscription hypothécaire pour le capital évalué par lui de la prestation alimentaire. (C. R. Paris, 2 janvier 1833.)

PÉPINIÈRE. (*Jard.*) Il est utile d'avoir une pépinière lorsqu'on le peut; car rarement les pépiniéristes vous livrent l'espèce demandée lorsqu'on veut se procurer une variété quelconque d'un arbre fruitier.

Travaux des pépinières. (Voyez les noms des mois.)

PERCALE. (*Com. ind.*) Étoffe de coton, ordinairement fine, qu'il ne faut pas confondre avec le calicot. Les plus belles percales viennent de l'Inde et d'Angleterre. Celle qu'on nomme *batiste d'Écosse* est la plus propre à faire des chemises; mais la toile est toujours préférable, sous les rapports de la santé et de l'agrément; sa largeur ne passe pas trois quarts; celle de l'Inde en a souvent cinq. On en fait des robes qui seront toujours de mode. La France fabrique aussi de belles et bonnes percales, particulièrement à Saint-Quentin : leur largeur est de trois quarts jusqu'à cinq. Il y a des percales depuis 2 fr. l'aune jusqu'à 20.

PERCE-OREILLE. (*Jard.—An. nuisibles.*) Il y en a deux espèces. Le grand perce-oreille (*forficula auricularia* de Linnée) est long d'un demi-pouce, brun avec la tête rousse, les bords du corselet grisâtres et les pieds d'un jaune d'ocre; ses antennes ont quatorze articles.

Le petit perce-oreille (*forficula minor* de Linnée) est de deux tiers plus petit, brun, à corselet noir, à pattes jaunes, avec onze articles aux antennes.

Les perce-oreilles attaquent surtout les œillets, dont ils rongent les boutons.

On doit faire la recherche de ces animaux dans les endroits frais, humides, sous les pierres, les vieilles écorces, les bois pourris et autres lieux; comme ils vivent en troupes, on vient aisément à bout d'en détruire un très-grand nombre. Les amateurs qui cultivent des collections d'œillets placent au bout des baguettes qui soutiennent leur tige des ergots de mouton, de cochon ou de veau. A la pointe du jour, les perce-oreilles se retirent dans ces morceaux de corne; tous les matins on les y trouve, et on les écrase avec facilité.

Si l'on répand sur le sol de la paille fraîchement brûlée, on y trouvera bientôt les perce-oreilles.

Les perce-oreilles font infiniment de tort aux arbres fruitiers; ils se retirent l'hiver sous la terre de leurs pieds, il faut alors les y chercher.

PERCE-PIERRE. (*Jard.—Cuis.*) *Crithmum maritimum.* (Famille des ombellifères.) Plante vivace et pivotante, qui croît dans les rochers du bord de la mer, craint le froid, aime l'humidité. On la sème en mars, sur un sable gras et bien exposé au soleil; on recouvre très-peu la graine avec le crible; on l'arrose souvent; on la couvre de feuilles pendant les gelées. Elle fleurit en juillet. Ses feuilles sont excellentes confites dans le vinaigre. La graine n'est bonne qu'un an.

Perce-pierre confite. De tous les végétaux qui se confisent au vinaigre pour hors-d'œuvre, la perce-pierre est peut-être le meilleur; cependant on en voit peu sur les tables. Détachez les feuilles qui sont épaisses, mettez-les dans le fond d'un pot de grès avec demi-poignée de sel, un bouquet d'estragon, deux gousses vertes de piment; faites bouillir de bon vinaigre blanc, versez-le dessus.

Le lendemain décantez; remettez-en d'autre bouillant. Bouchez avec du parchemin mouillé.

PERCHE. (*Conn. us.*) Mesure valant 51 centiares 7 dixièmes. (Voy. MESURE.)

PERCHE. (*Pêch.*) *Sciena.* Beau poisson de nos rivières, long de deux pieds. Il y a encore la *perche umbre* et *la perche diucanthe*, dite *la perche naine*, toutes trois de la Méditerranée. On les mange frites, à l'étuvée, en matelote, etc.

Les perches de rivière et de mer s'apprêtent de même.

PERDRIX. (*Chass.—An. dom.—Cuis.*) *Perdrix.* On distingue la *perdrix grise* (*cinerea*), la *bartavelle* (voy. ce mot), la *petite perdrix grise de passage*, la *perdrix rouge* (*rufa*), la *perdrix des montagnes* (*montana*).

On prend les perdrix au collet, au trébuchet, au traîneau, etc. Les perdrix grises se prennent à la pipée. (Voyez ALOUETTES, PIÉGE, PIPÉE.)

Il est facile à la campagne de se procurer des perdreaux en vie; ils s'élèvent parfaitement avec la même nourriture que les poules et les poulets. On les tient dans un cabinet *sec et élevé* dont la fenêtre est grillée à mailles et dont on ferme le volet tous les soirs; on leur met un peu de paille dans les quatre coins du local, pour les préserver de la goutte, et un peu de sable *sec* ou de poussière, dans une caisse profonde seulement de six pouces, et un peu d'eau (renouvelée chaque jour) dans un vase plat. Il faut tâcher que le soleil donne une partie de la journée dans cette chambre. Là vos perdrix s'engraisseront, en ayant soin de les tenir très-propres. Les personnes qui veulent se procurer le plaisir de retenir les perdreaux dans la basse-cour, et les apprivoiser chez elles, doivent, avant qu'ils soient maillés, les faire mener de temps en temps avec leur mère couveuse, parmi les autres poules, pour les y accoutumer peu à peu, et les tenir même quelque temps enfermés tous ensemble. Les perdreaux en essuieront d'abord quelques coups de bec; mais bientôt ils vivront et mangeront en société sans se battre. On doit avoir la précaution de leur arracher de bonne heure les deux plus fortes plumes de chaque aile, et de leur couper un peu l'extrémité des autres. Afin de les habituer plus aisément, il faut: 1° ne pas prendre les œufs qui aient été trouvés auprès de l'habitation où l'on veut les faire couver, parce que les perdreaux qui en viennent connaissent, par un instinct particulier, le nid de leur vraie mère, quoiqu'ils ne l'aient jamais vue, et y volent sur-le-champ, pour ne plus la quitter; 2° il faut les accoutumer avec la poule, en les tenant dans un jardin ou verger clos et bien fermé, garni de broussailles et de bosquets, et où on leur donne à manger à des heures réglées. Ils s'y plaisent tellement que, quoiqu'ils s'envolent au-dehors, ils y reviendront aux heures des repas, y passeront la nuit, et même y pondront et couveront. On a rendu des compagnies de perdrix, ainsi élevées, si familières, qu'elles revenaient au son du tambour, et au premier coup de sifflet de celui qui en prenait soin.

La perdrix, pour être bonne à manger, doit être mortifiée, et se gardera longtemps si, après lui avoir ôté le gros boyau, qui se corrompt promptement, on la laisse à la cave ou dans un tas de blé sans y toucher; mais on aura soin de ne l'y pas mettre toute chaude, ni après un dégel, ni dans un endroit trop humide, parce que sa chair prendrait un goût de relan.

La perdrix rouge et la grise s'accommodent de même.

Perdrix aux choux. Trousser une perdrix les pattes en dedans; ficeler; mettre dans une casserole avec un quartier de petit lard, dix tranches de carottes minces roussies dans un quartier de beurre. Ajouter au beurre une cuillerée de farine et trois verres de bouillon. Placer votre perdrix au milieu de la casserole, le ventre en dessous; ajouter le lard et les carottes, un bouquet garni, assez de poivre, quatre saucisses ou quelques tranches de cervelas. Couvrir et faire cuire trois heures à petit feu. Couper un gros chou en quatre; le faire blanchir un quart d'heure à l'eau bouillante; l'égoutter, et le presser bien; ôter les côtons du cœur. Une heure avant celle du dîner, arranger vos quatre quartiers de chou autour de la perdrix; les poivrer un peu; faire bouillir.

Au moment de servir, prendre une casserole proportionnée; la frotter autour et dans le fond avec une plume que vous trempez dans le jus de la perdrix, qui doit être épais. La retirer, la déficeler avec soin; placer dans le fond de la nouvelle casserole une couche de choux, les appuyer avec une cuiller; poser la perdrix dessus, le ventre en dessous, et la tête du côté de la queue de la casserole; arranger le lard autour. Placer les choux à l'entour et sur la perdrix; les tasser bien. La casserole doit être pleine; la tenir chaudement; ôter les saucisses et le bouquet de dedans le jus; le bien dégraisser; augmenter le feu pour faire réduire en coulis. Retourner la casserole qui contient la perdrix sur le plat que vous devez servir, et de manière à ce que votre appareil conserve la forme de la casserole. Se rappeler le côté où est la tête de la perdrix; la faire sortir. Mettre les quatre saucisses autour du plat; arranger les tranches de carottes en couronne sur le haut des choux; verser le coulis en dessus; servir très-chaud.

Perdrix à l'étouffade. Prendre une perdrix, la trousser proprement, l'envelopper de deux bardes de lard, ficeler; garnir le fond d'une petite casserole de bandes de lard, placer votre perdrix le ventre en dessous, ajouter un quarteron de rouelle de veau, un morceau de carotte, une branche de céleri, un bouquet garni, deux pincées de coriandre, un clou de girofle, du poivre, un verre de bouillon et un verre de vin blanc; couvrir, faire cuire une heure et demie; ensuite faire un roux dans une autre casserole avec un petit morceau de beurre et demi-cuillerée de farine; le mouiller avec le jus de la perdrix après l'avoir passé; mettre votre perdrix dedans, dégraisser, faire réduire; la servir garnie et recouverte de bardes.

Perdrix à la purée de lentilles. Prendre une perdrix, la piquer de petit lard, la faire revenir avec un demi-quarteron de beurre et un quarteron de petit lard coupé en morceaux; quand elle a pris couleur, verser une chopine d'eau froide dessus, mettre un bouquet garni, du poivre et un demi-litre de lentilles de l'année, lavées, épluchées et sans pucerons; couvrir, faire cuire deux heures à petit feu, ne pas remuer et veiller à ce que les lentilles ne s'attachent pas. Oter le bouquet, passer les lentilles à travers la passoire fine; arranger la perdrix et le lard sur le plat, la tenir chaudement sur une casserole pleine d'un autre ragoût; remettre un instant la purée sur le feu, dans la casserole où était la perdrix, la verser ensuite dessus; elle ne doit être ni trop claire ni trop épaisse.

Perdreaux à la broche. Les perdreaux sont bons à cet usage depuis le 15 d'août jusqu'en février. On les distingue des perdrix en ce qu'ils ont le bout de la première plume de l'aile pointu, tandis qu'il est arrondi dans les autres.

Ne pas leur plumer la tête, leur laisser les pattes alongées; les piquer, surtout les rouges, qui sont secs, ou bien les couvrir d'une barde de lard; les arroser avec de l'huile d'olive; il ne faut qu'une demi-heure pour cuire un perdreau : vous pouvez les servir avec des citrons.

Salmis de perdreaux. Les restes de perdreaux à la broche s'arrangent en salmis, comme celui de pigeon.

PÈRE DE FAMILLE. (*Cod. dom.*) Le père de famille est tenu de déclarer la naissance de son enfant dans les trois jours de l'accouchement devant l'officier de l'état civil (le maire ou l'adjoint), et de le présenter à ce magistrat. Il énoncera avec exactitude, et sans aucune altération des faits, le jour, l'heure et le lieu de sa naissance, le sexe de l'enfant, et les prénoms qui lui sont donnés, ainsi que les prénoms, noms, profession et domicile des père et mère, et ceux des témoins. (Voy. NAISSANCE.)

Il est du devoir d'un bon père d'empêcher, ainsi que la loi l'y autorise, son fils qui n'a pas atteint l'âge de vingt-cinq ans accomplis, et sa fille qui n'en a pas vingt et un, de contracter des mariages qui, par suite de leur inexpérience, pourraient être contraires à leurs intérêts; et, lorsqu'ils ont dépassé cet âge, le père, dans cette grave circonstance, leur doit encore des avis et des conseils; il est même de son devoir de former opposition à leur mariage si des conséquences fâcheuses pour eux pouvaient résulter de l'union qu'ils veulent former. Le père contracte, par l'effet du mariage, l'obligation de nourrir, entretenir et élever ses enfans; il doit leur accorder les alimens dans la proportion de leurs besoins et de sa fortune; les entretenir suivant leur condition, et leur donner une éducation conforme au rang qu'ils tiennent dans le monde. Il exercera les droits de la puissance paternelle que les art. 371 et suivans du Code civil lui confèrent, avec humanité, mais avec fermeté; il veillera soigneusement à ce que son fils, avant sa majorité (vingt et un ans), ne quitte pas la maison paternelle sans sa permission, et à ce qu'il ne s'écarte jamais du respect qu'il doit à ses parens. S'il a contre ce fils des sujets de mécontentement graves, il doit user des moyens de correction que la loi met à sa disposition. Pendant la minorité de ses enfans, le père, administrateur légal de leurs biens personnels, s'efforcera de gérer ces biens pour leur plus grand avantage. Lorsque les enfans auront atteint l'âge de vingt-cinq ans révolus, le père, si l'intérêt des mineurs le réclame impérieusement, devra les émanciper en faisant une déclaration devant le juge de paix de son canton. Responsable du dommage causé à autrui par ses enfans mineurs habitant avec lui, le père doit veiller avec soin, dans son propre intérêt, sur leur conduite, et jamais ne se relâcher à leur égard de la discipline domestique. La loi n'a pas donné d'action aux enfans contre leur père pour un établissement par mariage, ou pour le contraindre à leur former un établissement quelconque; elle s'en est rapportée à cet égard aux sentimens naturels qui doivent unir ces individus entre eux; néanmoins, il est du devoir d'un bon père de famille de donner une dot à ses enfans, et de leur procurer, par des sacrifices pécuniaires ou autres, la situation la plus avantageuse et la plus honorable.

PÉRICARDITE. (*Méd. dom.*) Inflammation du sac membraneux qui enveloppe le cœur. L'invasion de cette maladie, produite par une irritation générale ou locale, est subite et marquée par l'oppression et une syncope. Une douleur vive, un sentiment de constriction se manifeste dans la région du cœur; la respiration est gênée; il y a anxiété, soif, douleur générale.

Traitement. Saignées locales et générales, repos moral et physique, diète absolue et boissons rafraîchissantes, cataplasmes sur la région du cœur. Les remèdes appliqués à temps ont quelquefois un heureux succès; quand la péricardite devient chronique, il est rare qu'elle soit curable.

PERILLA. (*Jard.*) Famille des labiées. Plante annuelle. On la cultive comme le basilic, dont elle a le parfum.

PERIPLOCA DE LA GRÈCE. (*Jard.*) *Periploca græca.* Famille des apocynées. Arbuste sarmenteux, qui s'élève à une très-grande hauteur s'il trouve un appui. Fleurs en juin, d'un rouge brun. Cet arbrisseau est très-propre à cacher le nord des murs, et à s'entrelacer dans les haies. Toute terre, toute exposition.

PERITONITE. (*Méd. dom.*) Inflammation générale ou partielle de la membrane qui enveloppe les intestins.

Causes. Épanchement d'urine, de sang, de pus; changemens produits dans les accouchemens.

Symptômes. Douleur aiguë, exaspérée par la plus légère pression, chaleur, dureté du ventre, distension gazeuse, nausées, vomissemens, constipation, abattement, soif, etc.

Cette maladie est très-dangereuse. Dès les premiers symptômes, on couvre le ventre de sangsues; on donne du sirop de chicorée pour faciliter l'évacuation; on met le malade au repos et à la diète absolue : il faut de suite appeler un médecin.

PERLE. (*Conn. us.*) Substance en globules plus ou moins gros, qu'on trouve dans certaines coquilles. (Voy. ABLETTE.)

PERROQUET. (*An. dom.*) *Psittacus.* Il y a un très-grand nombre d'espèces. Le perroquet vert est le plus commun. Cet oiseau des Indes, naturalisé en Europe, contribue assez à notre agrément pour que nous devions chercher à recueillir quelques préceptes sur la manière de l'instruire et de le nourrir convenablement : nous allons donc en occuper un moment nos lecteurs.

C'est sur le soir, et à une heure réglée, qu'il faut faire la leçon au perroquet. Pour le disposer favorablement, on commence par lui donner à manger de la soupe au vin. On couvre ensuite sa cage avec un morceau d'étoffe. On a soin, dans la leçon, de lui répéter plusieurs fois la parole qu'on veut qu'il apprenne; on tient en même temps la lumière cachée. La voix des femmes et celle des enfans paraissent avoir un grand pouvoir sur lui. Il devient bavard en les entendant, et dit avec empressement tout ce qu'il sait. On en obtient aussi beaucoup si, lorsqu'on lui parle, on met devant lui un miroir avec la lumière : il croit alors avoir affaire à un de ses semblables, et se montre satisfait et facile.

Pour la nourriture, il est peu de choses dont le perroquet ne puisse pas s'accommoder. Il mange du pain, de la soupe, des châtaignes, des noix, des pommes, des poires, des cerises, du fromage, etc. Il aime la graine de laitue; mais le persil et les amandes amères sont pour lui un poison mortel. Il boit fréquemment : il faut donc avoir soin de ne pas le laisser manquer d'eau.

PERSES. (*Conn. us.*) Toiles de lin extrêmement fines, dont les couleurs sont éclatantes, et les dessins parfaitement frappés : elles tirent leur nom du pays où on les fabrique. Les perses sont rares, et se remplacent avec avantage par nos indiennes fines.

PERSICAIRE ORIENTALE. (*Jard.*) *Polygonum orientale.* Famille des polygones. Plante annuelle; elle s'élève à huit pieds de haut dans les bons terrains, et se ressème d'elle-même. Fleurs en grappes, et d'un beau jaune.

La *persicaire douce* (*polygonum persicarium*) donne une teinture jaune, ainsi que la *persicaire hydropiper* ou *poivre d'eau*.

PERSICOT. (*Off.*) Prendre : eau-de-vie, six pintes; amandes d'abricots, deux livres; cannelle fine concassée, un gros; eau de rivière distillée, deux pintes; eau double de fleur d'oranger, une chopine; sucre surafﬁné, cinq livres.

Vous pelez les amandes, les concassez, et les mettez dans le bain-marie de l'alambic, avec l'eau-de-vie, la cannelle, et soumettez le tout à la distillation. Quand le sucre est fondu dans l'eau de rivière, vous y ajoutez l'eau de fleur d'oranger, et vous faites le mélange, que vous filtrez, et votre liqueur est parfaite.

Esprit de persicot. Amandes d'abricots, trois livres; de cerises, une livre; girofle, un gros; macis, un gros; eau, une pinte; eau-de-vie, six pintes.

Vous pelez les amandes et les concassez dans un mortier de marbre, puis les mettez en infusion dans l'eau-de-vie pendant trois jours; vous versez le tout au bain-marie de l'alambic avec la pinte d'eau, et retirez, par la distillation, trois pintes de liqueur que vous rectifiez. Ce produit vous sert pour les pastilles au persicot.

PERSIL. (*Jard.*) *Apium pretoselinum vulgare.* Famille des ombellifères. Trisannuelle. On le sème au quinze avril en rayon et en bordure, dans une terre fumée et bêchée profondément. Semé dans un autre temps, il est trop long à lever, et monte. On sème assez épais et de la graine de la dernière récolte, qu'on recouvre au rateau d'un demi-pouce de terre; on arrose de suite, et tous les jours jusqu'à la levée qui ne passe pas treize à quinze jours; et ensuite tous les deux jours jusqu'à ce que le plant soit assez fort pour l'éclaircir, ce qu'on fait à un pouce seulement. On sent bien que les jours de pluie, et tout le temps que la terre est humide, il faut se dispenser d'arroser; ce persil dure jusqu'à ce que le nouveau de l'année suivante soit bon à couper. On laisse monter une partie pour graine, et on arrache de suite, car il effrite la terre et demande à être souvent changé de place. On couvre de pailles longues pendant les gelées. On aura ainsi du persil tendre et abondant toute l'année, sans aucune interruption. La graine est mûre au premier septembre; on la récolte à mesure que celle des plus belles ombelles se détache d'elle-même; elle dure cinq à six ans; mais, comme je l'ai dit, il n'y a que celle de l'année qui lève promptement. Il y en a une variété à feuilles frisées, très-jolie et aussi rustique que le commun, mais qui dégénère promptement. Deux ou trois autres variétés connues ne peuvent remplacer le persil ordinaire.

Conservation du persil. On épluche du persil vers le mois de septembre, on le met sécher à l'ombre, et on le serre dans un endroit sec. Lorsqu'on veut s'en servir, on le fait revenir dans de l'eau tiède, et on s'aperçoit qu'il n'a perdu ni de sa verdure ni de son goût.

Persil de Macédoine. Bubon macedonicum. Se cultive comme le persil commun, et craint les gelées; il s'emploie comme le céleri, et a une saveur plus douce.

PERVENCHE. (*Jard.*) *Vinca.* Famille des apocynées.

Grande pervenche, major. Vivace, toujours verte, indigène; fleurs bleues; terre fraîche, à l'ombre, en pente au nord, sur le bord des massifs.

Petite pervenche Minor. Fleurs bleues ou blanches, en avril; variété à fleurs doubles et à fleurs pourpre foncé; même culture.

PESTE. La peste est originaire de l'Orient, et se transmet par contagion. La jeunesse, une constitution molle, la terreur favorisent sa transmission.

Symptômes. Mal de tête, horripilations, lassitude, frisson, développement des bubons, qui font des progrès continus jusqu'à la mort.

Il y a malheureusement peu de remèdes contre la peste; mais il est possible de s'en préserver par des soins prophylactiques. (Voy. ÉPIDÉMIE.)

Dans un voyage fait en Grèce en 1720, M. Guys de Marseille observa qu'en temps de peste, les Grecs buvaient plus de vin que de coutume. Un fossoyeur, qui n'avait d'autre occupation que d'enterrer les pestiférés, était toujours ivre, et n'eut jamais la moindre attaque de ce mal. Les femmes grecques de Constantinople, qui soignent les pestiférés, ne demandent que de l'eau-de-vie pour se préserver de la contagion, et elles en boivent souvent pendant le jour.

On sait que les soldats qui composaient l'armée de César en Thessalie ne se garantirent de la peste qui ravageait cette contrée qu'en buvant avec excès du vin qu'ils y trouvèrent en abondance.

PÉTONCLE. (*Cuis.*) *Petunculus.* Coquillage bivalve de l'Orient et de la Méditerranée; on le mange comme les moules. (Voy. ce mot.)

PET-DE-NONNES. (*Off.*) Mettez dans une casserole un peu moins gros qu'un œuf de beurre, un verre d'eau, de l'écorce de citron, un peu de sucre et de sel. Faites jeter un bouillon et ajoutez autant de farine que l'eau en pourra boire en remuant continuellement; lorsque la pâte est si épaisse qu'elle se détache de la casserole, vous la mouillez de trois ou quatre œufs mis l'un après l'autre, et vous remuez sans cesse. Cette pâte faite, mettez-la près de vous et jetez-la par petites boules dans la friture à peine tiède, elles enfleront beaucoup; vous achèverez de faire de belle couleur en mettant votre poêle sur un grand feu : servez saupoudrés de sucre.

PEUPLIER BLANC. (*Jard.—Conn. us.*) *Populus alba.* Famille des amentacées. Ce bel arbre indigène réussit sur le bord d'un ruisseau ou d'une rivière. La variété nommée grisaille est particulièrement propre à recevoir la greffe des espèces étrangères. Ils donnent des rejets, mais ne prennent point de boutures.

Peuplier tremble (*tremula*); *peuplier faux-tremble* (*tremulloides;*) *peuplier noir* (*nigra*). Tous trois indigènes, sont bien inférieurs sous tous les rapports. Le dernier prend de bouture.

Peuplier d'Italie. (*Populus fastigiata.*) Arbre du port le plus majestueux, ornant mieux qu'aucun autre le bord des eaux. Son bois est léger et très-solide pour les constructions à couvert; la planche qu'on en fait remplace le sapin. Dans un bon terrain, un peuplier de vingt ans peut rapporter vingt francs. On le multiplie communément de boutures grosses comme le doigt et longues d'un pied, qu'on élève en pépinière pendant plusieurs années. Cette méthode est abusive, et emploie en pure perte un terrain précieux. Un propriétaire doit se procurer des jets de neuf ou douze pieds de haut, en coupant quelques gros pieds, et recépant ensuite leurs pousses tous les deux ou trois ans. Ces jets se mettent de suite en place, dans des trous préparés, exactement comme si l'on plantait des sujets enracinés, à la différence seule qu'on emplit le trou en entier, et qu'on bat médiocrement la terre avant d'y enfoncer le jet; il doit entrer de dix-huit pouces environ. Ces branches poussent plus vigoureusement que des arbres faits, et l'on épargne les frais d'entretien de pépinière ainsi que le revenu du terrain; car, quant aux trous, il faut bien les faire en plantant des arbres enracinés. J'ai planté ainsi des branches de dix-huit pieds de haut sur trois pouces de diamètre dans le bas, qui ont fait la même année un jet de quatre pieds. Mais il faut que ces branches, quelque grosses qu'elles soient, aient l'écorce jeune et lisse, et que la pousse de l'année soit au moins de trois pieds. Mars est le moment le plus favorable pour cette plantation.

Peuplier d'Athènes. (*Populus græca.*) Arbre du Levant. Écorce lisse et blanche. Il donne des rejets, et se sème de lui-même; il ne prend point de bouture.

Peuplier de Caroline. (*Populus angulata.*) Arbre à feuilles de six pouces de long, cinq de large, sur les jeunes pousses. Prend assez difficilement de boutures : il faut les faire en mars. Cet arbre est plus beau et pousse plus vigoureusement si on lui laisse du pied, *deux ou trois branches.* On en voit qui, *à âge égal, terrain égal*, surpassent en hauteur et en grosseur ceux d'Italie et de Suisse; le peuplier de Caroline, conduit ainsi, est le plus productif de toutes les espèces. Son bois est très-bon.

Peuplier de Canada. (*Populus canadensis.*) Arbre qui paraît être une variété du précédent; moins beau et moins grand; prend bien de fortes boutures.

Populus suisse. (*Populus molinifera.*) Arbre à branches étalées; belles feuilles à pétioles rouges. C'est l'espèce qui pousse le plus rapidement; il fait quelquefois des jets de neuf pieds dans l'année. Son bois est aussi bon que celui d'Italie : on devrait en faire de grandes plantations; il prend de boutures aussi grosses qu'on veut.

Populus à grandes dents. (*Populus grandidentata.*) Arbre de Canada. Feuilles grandes et dentées profondément; très-beau; ne prend pas de boutures; se greffe en écusson sur le tremble, ou en fentes sur racines. On arrache, en février, une racine de tremble grosse d'en haut comme le doigt, et bien chevelue par le bas : après avoir nettoyé la coupe, on la fend, et on y introduit la greffe; on la maintient avec un tour de grosse laine; on couvre la plaie avec l'onguent à greffer; on plante à l'ombre et en bon terreau la racine verticalement, et de manière que l'endroit garni d'onguent soit justement recouvert par la terre; on arrose dans les sécheresses, comme une bouture.

Peuplier liard, grand baumier. (*Populus viminea.*) Arbre de Canada. Feuilles précoces, ayant la forme de celles du poirier. Les boutons exhalent une odeur forte et désagréable. Il prend de boutures très-fortes.

Peuplier baumier tacamahaca. (*Populus balsamifera.*) Arbuste de Caroline. Exposition méridionale; bon terreau meuble et frais. Il donne des rejets.

Peuplier argenté. (*Populus heterophylla.*) Arbrisseau de l'Amérique septentrionale. N'est qu'un petit arbrisseau en

France. Feuilles grandes, épaisses et cotonneuses en dessous ; ne prend point de boutures. Greffe en écusson sur tremble, ou en fentes sur racine. (Voyez celui à grandes dents.) Il est d'un joli effet.

Peuplier d'Hudson. (*Populus hudsonia.*) Il a des rapports avec le *populus canadensis*, mais le bouton qui termine les branches est *tomenteux* d'après *Bosc.* Il prend de boutures.

Peuplier du lac Ontario. (*Populus ontariensis.*) Une des plus belles espèces; il y en a dont les feuilles ont neuf pouces de long sur six de large. Ses boutons ressemblent à ceux du *baumier tacohamaca*, mais le port de l'arbre et le feuillage sont très-différens. D'ailleurs le tacahamaca pousse très-lentement et n'est qu'un arbre de petite dimension, tandis que le *populus ontariensis* pousse des jets de six ou huit pieds chaque année. Il lui faut une bonne terre de marais. Multiplication de boutures en février. Cet arbre est destiné à faire un des plus beaux ornemens des parcs.

Peuplier acerifolia. C'est une variété du *populus alba*. Ne prend point de boutures, donne de rejets.

Tous les peupliers ont besoin, pour croître avec vigueur, d'une terre franche et toujours fraîche.

On a cru que la fleur et les bourgeons de peupliers contenaient de la cire, les expériences faites par M. Chevalier, qui s'était adjoint M. Habert, pharmacien de Paris, ont démontré que les bourgeons et les fleurs de peuplier ne fournissent pas de cire, mais bien une petite quantité de matière résineuse qui n'a pas de ressemblance avec la cire, et qui ne pourrait être exploitée avec avantage.

L'écorce des peupliers est employée à la fulmination du maroquin; pulvérisée, elle est bonne pour les moutons.

PHALANGÈRE, LIS SAINT-BRUNO. (*Jard.*) *Phalangium liliastrum*. Famille des aspodèles. Vivace, indigène. Fleurs en juin, grandes, d'un blanc pur et en épi. Bruyère mêlée de terreau; exposition abritée et à demi-ombragée; couvrir de feuilles en hiver; perd ses feuilles. Multiplication par la séparation des griffes, en septembre; mais elles fournissent peu. Semis en mars, en bruyère et à l'ombre. Ils fleurissent au bout de quatre ans.

PHALARIDE. (*Agr.*) *Phalaris*. Famille des graminées. Fleurs en épis. Toutes les espèces de phalarides sont bonnes, vertes, pour les moutons; mais elles donnent un foin trop dur. La *phalaride-roseau* est cultivée dans les jardins, et employée dans diverses contrées à couvrir les maisons. La *phalaride des Canaries* ou *alpiste* donne une graine que mangent les serins, et une farine très-bonne et très-saine.

PHALÈNE. (*Conn. us.*) Insectes lépidoptères qui habitent les prairies et les bois, et y volent après le coucher du soleil. Les principaux se trouvent sur le lilas, le bouleau, le sureau et le groseiller. (Voy. PAPILLON.)

PHARAON (JEU DU). (*Réc. dom.*) Il jouissait de la plus grande vogue sous Louis XIV et sous Louis XV, et se jouait avec un jeu composé de cinquante-deux cartes. Les joueurs, dont le nombre est illimité, portent le nom de pontes, et sont présidés par un banquier.

Après que les cartes ont été mêlées et que le banquier a fait couper, les pontes mettent chacun sur une ou plusieurs cartes qui leur plaît l'argent qu'ils veulent risquer. Lorsque le jeu est ainsi fait, le banquier tire d'abord une carte qu'il met à sa droite, et ensuite une autre qu'il met à sa gauche.

De ces deux cartes, quand elles ne forment point un doublet, la première fait gagner au banquier la mise que les pontes ont faite sur cette carte, et la seconde oblige le banquier de doubler au profit des pontes l'argent dont ils l'ont couverte.

L'*avantage* du banquier consiste dans le doublet et dans la dernière carte; quand il arrive au doublet, c'est-à-dire quand deux cartes semblables, comme deux rois, deux dames, etc., sont tirées, l'une à droite, l'autre à gauche, le banquier gagne la moitié de l'argent que le ponte a risqué sur la carte arrivée au doublet.

L'avantage du banquier, quant à la dernière carte, consiste en ce qu'il est dispensé de doubler l'argent que les pontes y ont joué, quoiqu'il ait tiré celui qu'ils avaient mis sur la pénultième.

Il y a communément trois doublets dans deux tailles. Si tout le jeu était joué également, l'avantage du banquier serait de dix-sept sous trois deniers par louis; mais, comme cette égalité n'a pas lieu, et que la probabilité des doublets et que la situation de chaque jeu varient tous les coups, on ne peut apprécier au juste cet avantage.

A l'exception du cas où une carte est encore dans le jeu, il est peu de positions où le risque de tomber à la dernière carte ne soit plus grand que le désavantage d'essuyer un doublet. Le ponte peut diminuer ce désavantage en choisissant, par exemple, la *carte de face* ou *la carte anglaise* (la première que le banquier place à sa gauche). Il est moindre sur ces cartes que sur celles qui ne sont pas encore sorties.

On nomme au pharaon *sept et le va* sept fois la vade.

Lorsque le banquier met deux cartes de suite sur un même tas, il fait *fausse taille*.

Quand il n'y a plus que huit cartes dans la main du banquier, il l'annonce aux pontes.

PHARMACIE (*Méd. dom.*) (Voy. MÉDICAMENS.) Les visites des magasins des droguistes, laboratoires et offices des pharmaciens, se font dans le courant de juillet, par des professeurs de médecine et des membres du jury médical. (*Loi du 21 germinal an XI.*)

PHILARIA A LARGES FEUILLES. (*Jard.*) *Phillyrea latifolia*. Famille des jasminées. Arbrisseau indigène. Toujours vert. Variété à *feuilles d'olivier*, à *feuilles de romarin*, à *feuilles étroites*. Ces arbrisseaux font un charmant effet sur le devant des massifs verts. Terre légère, mieux de bruyère; exposition méridionale et sèche; marcottes simples ou incisées.

PHLOMIS FRUTESCENT. (*Jard.*) *Phlomis fruticosa*. Famille des labiées. Toujours vert; d'Espagne. Jolies feuilles blanches et velues; fleurs en juin, d'un beau jaune. Ce charmant arbuste doit se placer sur le devant des massifs, côté du midi, bien abrité et un peu en pente. Bonne terre légère; semis en mars, en bruyère et en pots enterrés à une exposition chaude. On couvre le jeune plant l'hiver avec des feuilles; on le met en place la troisième année.

PHLOMIS LYCHNIDE. *Phlomis lychnitis*. Arbuste indigène. Port du précédent, mais plus bas; même culture; fleurs en juillet.

PHLOX DIVARIQUÉ. (*Jard.*) *Phlox divaricata.* Famille des polémoines. Vivace, de l'Amérique septentrionale. Fleurs en mai, grandes, gris de lin et en grappes.

Phlox glabre. (*Phlox glaberrima.*) Vivace, de même lieu. Fleurs en juin, d'un violet clair, en panicules.

Phlox à feuilles ovales. (*Phlox ovata.*) Vivace, du même lieu. Fleurs en mai, très-grandes et d'un beau pourpre.

Phlox blanc. (*Suaveolens.*) Vivace, de l'Amérique du nord. Fleurs en mai, blanches, odorantes. Terre fraîche, soleil. Séparation des pieds en septembre.

Phlox deamata. Fleurs pourpres en août; bruyère, à demi-ombre.

Phlox amœna. Fleurs pourpres en juillet. Feuilles l'hiver.

Phlox sous-ligneux. (*Suffruticosa.*) Vivace, de Caroline. Fleurs d'un violet brun en juillet. Terre légère et sableuse de bruyère, à demi-ombre. Feuilles l'hiver. Séparation des pieds en septembre.

Phlox pyramidal. (*Pyramidata.*) Fleurs en épis pourpres, au mois de juillet; même culture. Tiges de quatre pieds.

Phlox maculé. (*Maculata.*) Fleurs en août, d'un bleu pourpre. Même culture.

Phlox de Caroline. (*Caroliniana.*) Fleurs violettes en juillet. Tiges de quatre pieds. Culture du phlox blanc.

Phlox paniculé. (*Phlox paniculata.*) Fleurs en août. Même culture.

PHOLADE. (*Conn. us.*) Coquillage bivalve, qui se trouve sur les rochers de nos côtes. Il est très commun en Normandie. On le mange à toutes sortes de sauces, et on le confit au vinaigre. C'est un très-bon mets. (Voy. PHOSPHORE.)

PHOSPHORE. (*Conn. us.—Récr. dom.*) Le phosphore est un corps simple; mis en contact avec l'air atmosphérique, il y brûle lentement avec une flamme bleu-violet, visible dans les ténèbres. Il répand une odeur d'ail, et des vapeurs blanches occasionnées par son union à l'oxigène de l'air dont il est très-avide, donnent naissance à l'acide phosphoreux, pourvu toutefois que la température ne soit pas élevée au-dessus de douze ou quinze degrés; mais s'il est exposé dans une température sèche de vingt-deux à vingt-cinq degrés, alors il brûle avec rapidité, il se convertit en acide phosphorique, il embrasse les corps combustibles, et répand une lumière très-éclatante et très-vive, et il dégage beaucoup de calorique.

Le phosphore a été découvert par l'alchimiste Brandt, qui, après en avoir fait un secret, le vendit à Krafft, auquel Kunkel s'était associé pour cet achat. Trompé par le premier, qui garda le secret pour lui, et sachant seulement qu'on obtenait le phosphore de l'urine, Kunkel se livra à un grand nombre de recherches et parvint à le découvrir à son tour en 1674. Ce ne fut que soixante-trois ans après qu'un étranger l'apporta en France; et en 1774 *Gahn* et *Scheele* le découvrirent à l'état d'acide dans les os.

On extrayait autrefois le phosphore de l'urine; on le tire actuellement des os.

Le phosphore s'unit à presque toutes les substances simples; on l'extrait principalement des matières animales, comme de l'urine, du cerveau, des nerfs, des os, de la laitance de carpe. Ces matières contiennent d'autant plus de phosphore qu'elles sont plus en putréfaction; et aujourd'hui on ne s'émerveillerait plus, ainsi que cette femme qui, ayant acheté de la viande au marché de Montpellier, eut, pendant la nuit suivante, sa chambre entièrement éclairée. Les substances animales peuvent produire de la lumière sans qu'elles soient en putréfaction, ainsi qu'on le voit dans le ver luisant et dans un coquillage nommé pholade, qui est d'autant plus lumineux que sa chair est plus fraîche; mais les autres poissons brillent davantage à mesure qu'ils se pourrissent, et c'est à leur présence, ainsi qu'à celle de la pholade, qu'on attribue le phénomène de la *mer lumineuse.*

Récréations domestiques au moyen du phosphore.

Faire briller le lait et le miel. La pholade peut servir à plusieurs expériences amusantes: un seul de ces coquillages, plongé dans du lait, suffit pour communiquer à sept onces de ce liquide une lumière assez vive pour qu'on puisse y voir dans l'obscurité; en même temps qu'il devient lumineux, le lait semble être devenu transparent. La pholade, conservée dans le miel, a la propriété de demeurer lumineuse pendant plus d'un an.

Les substances végétales jouissent à un moindre degré de cette phosphorescence; cependant les bois pourris et exposés à l'air deviennent souvent lumineux, mais leur lueur est moins tenace: l'alcool et l'eau peuvent aisément la détruire. Quelquefois les substances végétales, sans être en putréfaction, donnent une lumière phosphorescente: telle est la nature de la lueur que l'on voit de temps à autre entourer la fleur de capucine. Il y a un moyen simple pour rendre le bois lumineux en employant de la chaux ou de la magnésie: pour cela on trempe de petites baguettes de bois dans une solution de chlorure de chaux; on brûle l'une des extrémités à la flamme d'une bougie, et, lorsque l'on retire la baguette de ce foyer, on trouve au bout brûlé une matière blanche qui répand une lumière éblouissante, et qui devient encore plus brillante si on l'expose à l'action d'un soufflet de forge.

La compression enflamme le phosphore. C'est sur ce fait que repose l'usage des briquets phosphoriques et diverses jolies expériences.

Faire éteindre une chandelle par une figure et la rallumer par une autre. Construisez deux petites figures portant chacune un petit tuyau dans la bouche; dans l'un vous introduisez un petit morceau de phosphore, et dans l'autre un peu de poudre à tirer. Cela fait, présentez à cette dernière une chandelle allumée, la poudre s'enflammera aussitôt avec explosion et l'éteindra; approchez-la ensuite de l'autre figure, aussitôt le phosphore la rallumera. On peut varier ces effets: par exemple, on rallumera une chandelle avec la pointe d'une épée ou d'un couteau en plaçant à la pointe d'un de ces instrumens un très-petit morceau de phosphore que l'on porte sur le lumignon de la chandelle et en écartant la mèche.

Éteindre une bougie, en allumer une autre d'un même coup de pistolet. Placez deux bougies à côté l'une de l'autre; l'une allumée et bien éméchée, l'autre éteinte et ayant dans sa mèche un morceau de phosphore; tirez à six pas sur ces deux bougies un pistolet chargé à poudre; aussitôt la bougie allumée s'éteindra par l'effet de la commotion qu'aura éprouvée l'air, tandis que le phosphore allumera l'autre.

Huile phosphorique. Six parties d'huile d'olive et une partie de phosphore qu'on laisse digérer ensemble au bain de sable donnent une solution avec laquelle on peut sans danger se frotter les mains et le visage, qui se recouvrent alors d'une légère flamme bleuâtre, tandis que les yeux et la bouche se présentent comme des taches noires.

Pour écrire en caractères lumineux. On trace sur un mur, avec un bâton de phosphore, des caractères d'écriture, ou tout autre objet ; si l'on intercepte le jour, ou, si c'est de nuit, qu'on éteigne la lumière, ces caractères paraissent lumineux. On s'est servi maintes fois de ce moyen pour épouvanter les esprits faibles ainsi que les mourans.

Cette lueur est due à ce que le phosphore, avec lequel on trace ces caractères, en laisse une légère couche sur les lieux où il passe ; et, comme ce corps est très-combustible, il brûle lentement en absorbant l'oxigène de l'air et dégageant de la lumière.

Allumer le phosphore par la compression. Il suffit de comprimer entre deux morceaux de bois un morceau de phosphore pour l'enflammer. On opère également cette inflammation par le frottement.

Pour se rendre les mains et la figure lumineuses. Frottez-vous légèrement les mains et la figure avec du phosphore, et, dans l'obscurité, elles seront lumineuses.

Détonation violente au moyen du phosphore et du nitre. Faites fondre, dans un creuset, vingt-quatre grammes de nitrate de potasse, et jetez-y ensuite environ sept décigrammes de phosphore ; il se produira soudain une détonation des plus fortes et une combustion très-vive.

Disque phosphorique. Procurez-vous un matras en verre blanc d'environ quatre pouces de diamètre ; placez dans l'intérieur un fragment de phosphore de la grosseur d'un pois ; chauffez au bain de sable ; aussitôt que le phospore sera fondu, il s'enflammera ; faites tourner le globe jusqu'à ce qu'un hémisphère soit recouvert de ce combustible. L'inflammation ayant cessé, il restera sur cette partie un enduit d'un blanc sale qui, dans l'obscurité, offrira le disque de la lune par une vive lumière.

Diverses préparations phosphorescentes portent le nom de *phosphore.*

Phosphore de Beaudoin. Calciner dans un creuset du nitrate de chaux.

Phosphore de Bologne. Calciner au rouge, et pulvériser du sulfate de baryte en poudre ; en faire des gâteaux minces avec de la farine et de l'eau, et chauffer au rouge. Ce corps lumineux a été découvert par Vincinto Casciorolo, cordonnier de Bologne.

Phosphore de Canton. Faites calciner pendant une demi-heure des écailles d'huître ; réduisez en poudre les plus beaux morceaux, passez à un tamis fin, mêlez à cette poudre un tiers de son poids de fleurs de soufre ; placez le tout dans un creuset luté ; entretenez-le à une chaleur rouge pendant une heure et demie, et laissez refroidir. Tirez ensuite la matière produite, réduisez-la en poudre et renfermez-la dans un flacon bien sec bouché à l'émeri. Ce flacon, ainsi préparé et exposé aux rayons solaires ou au grand jour pendant cinq minutes, sera lumineux dans l'obscurité.

Phosphore de Geoffroy. M. Geoffroy, qui découvrit cette préparation, veut qu'on mêle une once de deutoxide d'antimoine avec deux onces de savon noir, et qu'on projette ce mélange, par portions dans un creuset chauffé au rouge, en attendant, chaque fois, que le savon soit brûlé et que la matière ait perdu son gonflement. Quand tout ce mélange est brûlé, on ajoute par-dessus une once de savon noir, et, après sa combustion, on couvre le creuset et son couvercle de beaucoup de charbon, afin de faire subir à la matière une haute température ; malgré cela elle reste spongieuse sans entrer en fusion. On doit retirer alors le creuset du feu, et laisser refroidir le tout. Quatre ou cinq heures après, si vous découvrez le dessus de la matière avec une tige de fer, dès qu'elle est en contact avec l'air, il se fait une explosion vive et bruyante qui lance une gerbe de feu très-forte.

Phosphore de Homberg. Faites fondre dans un creuset de l'hydrochlorate de chaux, et, après la fusion aqueuse, portez-le à la fusion ignée ; coulez, et couvrez la matière jusqu'à ce qu'elle soit refroidie. Si on la frotte alors dans l'obscurité, elle devient lumineuse.

Phosphore de Wilson. Choisissez les écailles d'huîtres les plus épaisses ; placez-les sur des charbons ardens et recouvrez-les également de charbon ; demi-heure après, retirez-les du feu, en faisant en sorte de ne pas les briser. Il suffit de les exposer ensuite pendant quelques minutes à la lumière pour se convaincre qu'elles sont devenues très-phosphorescentes. En effet, placées dans l'obscurité, elles répandent une lueur accompagnée de la plupart des couleurs prismatiques. Si la calcination a été faite dans un creuset fermé, ces couleurs sont moins vives. Si ce creuset est de fer, les parties des écailles qui auront été en contact avec ses parois donneront une lueur rougeâtre ; si dans le creuset on dissémine de petites plaques d'acier, la phosphorescence est plus vive ; si c'est au contraire des morceaux de charbon plat, les couleurs seront encore plus belles que celles avec l'acier, surtout les bleue, rouge et verte.

Phosphate de soude. On l'extrait des os calcinés, traités par l'acide sulfurique et le carbonate de soude.

Le phosphate de soude est un purgatif fort agréable, en ce qu'il a fort peu de saveur. On en fait dissoudre quelques décagrammes dans des véhicules appropriés, ou dans l'eau, à laquelle on peut ajouter un peu de sucre et un aromate quelconque. La dose la plus ordinaire pour une purgation est de cinq décagrammes.

PHOTOPHORE. (*Conn. us.*) Il est reconnu que le phosphore se dissout dans les huiles bouillantes, et qu'exposés au contact de l'air, les caractères tracés par une plume trempée dans cette solution, sur un mur, sur une table ou autre chose semblable, deviennent lumineux dans l'obscurité. D'après cette connaissance, M. Bianchetti, pharmacien, a imaginé de faire une pareille dissolution dans une petite fiole qui, fermée exactement, ne donne aucune phosphorescence ; en mettant la solution au contact de l'oxigène de l'air, en ouvrant la petite fiole, il se dégage dans la nuit une lumière capable de laisser distinguer l'heure à une montre. Cette fiole, qu'il appelle photophore, peut être avantageuse dans beaucoup de circonstances, lorsque, pendant la nuit, on a besoin d'un peu de lumière.

Pour l'obtenir, on jette un morceau de phosphore dans

une petite fiole dont on remplit le tiers avec de l'huile bouillante ; on ferme ensuite exactement avec un bouchon.

Autre préparation. Coupez dans l'eau un morceau de phosphore de la grosseur d'un petit pois ; divisez-le en plusieurs fractions, et faites-le bouillir dans un demi-verre d'eau, à feu doux, dans un petit vase de terre ; versez ensuite la liqueur bouillante dans un flacon long et étroit, bouché à l'émeri, que vous aurez eu soin de remplir d'eau bouillante et de vider avant d'y introduire la liqueur phosphorique. On bouchera aussitôt le flacon, et on le mastiquera afin d'éviter toute introduction d'air. Cette eau, ainsi préparée, restera lumineuse dans l'obscurité pendant plusieurs mois. Si on l'agite pendant un temps chaud et sec, on verra des éclairs très-brillans jaillir du milieu de ce liquide.

PHTHISIE PULMONAIRE. (*Méd. dom.*) — *Causes prédisposantes.* Une constitution grêle, une poitrine étroite, un cou long, une grande facilité à contracter des rhumes, l'habitation dans un climat froid, dans une maison humide. On en confond quelquefois les symptômes avec ceux du catarrhe et de la pleurésie.

Symptômes. Premier degré. Toux sèche, oppression légère ; quelquefois crachement de sang. Douleurs dans divers points de la poitrine ; crachats clairs, écumeux, avec de petits grumeaux semblables à du riz bien crevé ; diminution de l'embonpoint et des forces ; dans ce degré, le malade paraît quelquefois entrer en convalescence.

Deuxième degré. Fièvre hectique ; amaigrissement ; insomnie ; crachats abondans et striés ; gêne de la respiration ; toux fréquente ; altération de la voix ; efforts de vomissemens au moment de la toux ; dévoiement ; soif ; sueurs nocturnes partielles. Ces symptômes augmentent dans le troisième degré. La maigreur s'accroît ; les crachats deviennent purulens ; l'appétit est nul ou capricieux ; le dévoiement est continuel, et exhale une odeur fétide ; les sueurs sont froides et visqueuses. La durée de cette maladie permet de consulter un médecin. Prise à temps, elle peut être guérie ; la matière tuberculeuse est appelée dans les bronches, et les tubercules du poumon se cicatrisent.

Traitement. Les amers, le séjour à la campagne, l'attention à éviter les fatigues, les infusions vulnéraires, les boissons gommeuses ; un régime qui soutienne le malade sans produire d'excitation, le lait, les bouillons de poulet, les œufs frais, les consommés, les gelées, etc.

Lock contre la phthisie. Prenez quinze décigrammes de réglisse râtissée et coupée, quinze amandes douces, trois amères, seize décagrammes d'eau commune, un gramme de gomme adragant, quatre décagrammes de sucre très-blanc, deux décagrammes d'huile d'amandes douces, un décagramme d'eau distillée de fleur d'oranger. Mettez infuser la réglisse dans un vase ; versez-y par dessus l'eau bouillante ; couvrez le vaisseau : d'une autre part, mondez les amandes de leurs enveloppes, en les trempant un instant dans l'eau bouillante : lorsqu'elles seront entièrement, lavez-les dans de l'eau froide, et pilez-les dans un mortier de marbre : aussitôt qu'elles seront bien concassées, passez l'infusion de réglisse à travers une étamine ; ajoutez-en un peu dans le mortier, et continuez à piler jusqu'à ce qu'en en prenant une petite portion et la broyant entre les dents, vous n'aperceviez plus aucune portion grossière des amandes ; ajoutez alors les trois quarts du sucre et le reste de l'infusion ; délayez exactement la pâte pilée ; passez votre émulsion à travers une étamine très-blanche ; nettoyez le mortier et son pilon ; mettez-y le quart du sucre que vous avez mis en réserve, ainsi que la gomme adragant ; ajoutez-y l'eau de fleur d'oranger prescrite ; faites le mucilage, et mêlez-y peu à peu l'huile d'amandes douces et ensuite l'émulsion ; faites continuellement mouvoir le pilon circulairement dans le mortier, jusqu'à ce que le lock soit très-uni et jusqu'à ce qu'il ait la consistance requise.

Le lock blanc est un fort bon pectoral ; il facilite l'expectoration ; il convient dans les gros rhumes, dans la phthisie, la pulmonie ; on l'administre par cuillerées à bouche aux époques que le médecin indique. (Voy. SIROP.)

PHYSIOLOGIE. (*Conn. us.*) La physiologie a pour but l'étude de l'homme moral et physique. Elle le définit une intelligence servie par des organes. Les documens contenus dans divers articles de cet ouvrage nous dispensent d'entrer dans des détails. (Voy. MYOLOGIE, NÉVROLOGIE, OSTÉOLOGIE, etc.)

La physiologie intellectuelle est une science encore fort incomplète. L'action de la volonté libre sur les sens, celle des sens sur la volonté, la manière dont s'opèrent les faits du domaine spirituel, sont des problèmes trop compliqués et trop difficiles pour que nous ayons à nous en occuper.

Le corps de l'homme, ainsi que celui des autres animaux, est composé des élémens chimiques ou simples suivans : l'*azote*, le *carbone*, l'*hydrogène*, l'*oxigène*, le *chlore*, le *phosphore*, le *soufre*, le *potassium*, le *sodium*, le *calcium*, le *magnésium*, le *silicium*, le *fer*, le *manganèse*, l'*or*. Ces principes constituants n'existent pas en nous dans un état de simple cohésion (ou liaison), comme dans les animaux. Ils ne peuvent pas non plus, pour la plupart, concourir à notre développement et à l'entretien des fonctions de la vie, dans leur état de simplicité ; ils doivent, avant d'être appropriés à notre organisation, avoir subi des combinaisons qui en sont des principes immédiats. Cette première opération, dans laquelle les corps simples forment des produits pouvant servir à la composition des animaux, se passe dans le règne végétal. On nomme *élémens organiques* les principes qui nous sont fournis par les plantes, ou que nous trouvons dans les espèces animales qui servent à notre nourriture. Ce sont : la *gélatine*, l'*albumine*, la *fibrine*, le *mucus*, le *sérum*, l'*huile*, l'*eau*, le *sucre*, la *résine*, l'*urée*, l'*osmazono*, le *phosphate* et le *carbonate de chaux*, la *pïérocholine*, la *zoohématine*, etc.

PHYSIQUE. (*Conn. us.*) Le mot *physique* vient du mot grec *phusis*, qui signifie *nature*. La physique a donc pour objet l'étude de la nature. Il ne faut pas néanmoins prendre cette expression dans toute son étendue ; car la chimie, l'histoire naturelle, etc., ont aussi pour but l'étude d'une partie de la nature inanimée ou vivante.

Les physiciens s'occupent spécialement de la nature des corps, de leur changement d'état ; des actions qu'ils exercent réciproquement les uns sur les autres sans le secours de l'art humain, etc.

Les corps qui nous environnent sont distribués par les physiciens en deux classes principales :

1° Les corps pondérables (corps pesans), tels que les minéraux, le bois, l'eau, l'air, etc. ;

2° Les corps impondérables (non pesans), comme le feu, la lumière, les principes de l'électricité, du magnétisme, etc.

Les corps pondérables peuvent s'offrir à nous dans trois états différens bien distincts, qui sont : l'état *solide*, l'état *liquide* et l'état de *gaz* ou de vapeur.

La physique, qui fait partie de l'histoire naturelle générale, est une science qui nous apprend les causes de tout ce qui se passe dans la nature ; elle nous fait connaître les corps existans, les modifications qu'ils éprouvent, les lois et les causes des actions que ces corps produisent.

La physique, qui se perfectionne chaque jour, nous a déjà rendu de grands services. Fondée sur les faits, sur l'expérience, le raisonnement et le calcul, que d'erreurs elle a déjà détruites, que de notions inexactes elle a rectifiées!

La physique est une science trop étendue pour qu'il nous soit possible d'en embrasser ici les différentes questions. Mais nous pouvons du moins, grâce aux travaux de MM. Bailly de Merlieux, Julia Fontenelle, et autres savans distingués, donner à nos lecteurs, par un vocabulaire, une idée des principaux détails auxquels elle s'applique.

Aberration. Déplacement apparent des astres dû à la vitesse de la lumière.

En termes d'optique, l'aberration est la dispersion des rayons de lumière, qui, partant d'un objet et traversant un verre de lunette, au lieu de se réunir en un point au foyer, se répandent sur une petite étendue.

Absorption. L'action d'assimilation commune aux êtres vivans et à quelques corps.

Acoumètre. Instrument pour mesurer l'étendue de l'ouïe.

Acoustique. Théorie des sons.

Aériformes (fluides). Corps à l'état gazeux.

Aérolithes. Pierres qui tombent de l'atmosphère.

Affinité d'agrégation. Force qui tend à unir les molécules intégrantes des corps, et à conserver cette union.

Affinité chimique. Force qui tend à unir des molécules constituantes ou bien de nature différente, et d'après laquelle le nouveau corps qui en est le produit a des propriétés différentes de celles des molécules constituantes.

Agent. Corps susceptible de donner lieu à une action chimique.

Agrégation. Est l'assemblage de plusieurs parties qui forment un tout.

Agrégat. Molécules similaires unies par la cohésion.

Aimant. Substance ferrugineuse connue par la propriété qu'elle a d'attirer le fer et le nickel.

Air. (Voy. ce mot.)

Aigrette électrique. Bouquet de rayons électriques.

Alcorrazas. Vases d'argile très-poreux, fabriqués en Espagne pour rafraîchir l'eau.

Alcoolomètre. Instrument pour reconnaître la quantité d'alcool absolue contenue dans cent parties d'un mélange d'eau et de cette liqueur.

Alliage. Union des métaux par la fonte.

Amalgame. Union des métaux avec le mercure.

Amplitude. C'est l'étendue d'un mouvement ou d'un arc de cercle parcouru par le pendule.

Analyse. Opération propre à séparer et à reconnaître les principes constituans des corps.

Analectriques. Corps non susceptibles de devenir électriques par le frottement.

Anémomètre. Instrument destiné à reconnaître la force et la vitesse du vent.

Anémoscope. Instrument pour déterminer la direction du vent.

Angiscope. Espèce de microscope simple.

Appareils. Ustensiles usités dans les cabinets de physique et de chimie.

Arc. Portion de la circonférence d'un cercle.

Aréomètres. Instrumens gradués de manière qu'en plongeant dans certains liquides ils servent à en faire connaître le poids spécifique.

Atmomètre. Instrument que M. Leslie a inventé pour déterminer la quantité d'humidité qui s'exhale d'un corps mouillé dans un temps donné.

Atmosphère. Masse gazeuse qui enveloppe le globe.

Atomes. Dernières molécules des corps.

Attraction moléculaire. Force qui agit lorsque les molécules se touchent. Elle prend les noms de *cohésion* et d'*affinité*, suivant qu'elle a lieu sur les molécules similaires ou de nature différente.

Attraction newtonienne ou *planétaire*. N'a lieu qu'entre les grandes masses, et sa force est en raison directe de ces mêmes masses et du carré des distances.

Attrition. Frottement mutuel de deux corps.

Auge galvanique. Diffère de la pile de Volta en ce que les plaques métalliques sont disposées, non les unes sur les autres, mais à côté l'une de l'autre.

Axe. On appelle ainsi une ligne droite qui s'étend d'un point de la circonférence d'une sphère à un autre en passant par le centre.

Azote. (Voy. GAZ.)

Bain électrique. État d'une personne isolée qui communique, à l'aide d'une chaîne, avec le conducteur de la machine électrique mise en action.

Balance. Instrument propre à déterminer le poids des corps.

Balance électrique. C'est, à proprement parler, une espèce d'electromètre.

Balance hydrostatique. Instrument pour déterminer la densité.

Balance de torsion. Pour donner la preuve de l'attraction mutuelle des corps.

Balancier. Pendule des horloges.

Baromètre. Instrument en verre qui indique la variation de la pression atmosphérique par l'abaissement ou l'élévation d'une colonne de mercure renfermée dans un tube gradué, dont le poids est égal à celui de la masse d'air qui enveloppe le globe.

Barascope. Synonyme de baromètre.

Batterie électrique. Réunion de plusieurs bouteilles de Leyde qu'on met en communication.

Boussole. Instrument renfermant une aiguille aimantée propre à indiquer la position des points cardinaux.

Bouteille de Leyde. (Voy. MACHINE.)

Bouteille d'Ingenhonze. Petite bouteille de Leyde que l'on enduit d'un vernis afin de la garantir de l'humidité.

Calorimètre. Instrument au moyen duquel on peut reconnaître la chaleur spécifique des corps.

Calorique. Fluide invisible et impondérable qui tend à faire passer les corps solides à l'état liquide, et ceux-ci à l'état gazeux.

Calorique latent. Celui qui, faisant partie des corps, n'est pas susceptible d'être déterminé par nos instrumens.

Calorique spécifique. Celui qui est nécessaire pour élever un poids égal d'un même nombre de degrés, sous la même pression.

Camera lucida. Nom donné à un prisme de verre quadrangulaire au moyen duquel on aperçoit, sur un carton placé horizontalement, l'image des objets environnans, de manière à pouvoir les dessiner.

Capillarité. Mouvement d'ascension attribué à une attraction à laquelle on donne le nom de *capillaire*.

Centre des forces parallèles. C'est le point fixe par lequel la résultante de deux forces parallèles passe, et sur lequel elle tourne lorsqu'il arrive que ces deux forces changent de direction en tournant autour de leurs points d'application.

Centre de mouvement. On nomme ainsi le point autour duquel un corps exécute ses mouvemens.

Chaleur. Sensation que nous fait éprouver le calorique en cherchant à se mettre en équilibre avec notre corps.

Chambre obscure. Instrument au moyen duquel on aperçoit, sur le mur, des images renversées, et qu'on peut voir droites en les regardant dans un miroir placé horizontalement.

Cet instrument a été perfectionné de nos jours pour faciliter le dessin d'après nature; il se compose d'un seul prisme qui rend les objets sur le papier de manière à pouvoir commodément les dessiner.

Chromatique. Échelle musicale qui se compose de seize tons.

Chronomètre. Instrumens qui servent à mesurer le temps: telles sont les horloges, etc.

Combustion. Combinaison de l'oxigène de l'air atmosphérique avec le corps combustible qui opère un dégagement de calorique et souvent de lumière en même temps.

Commotion. Espèce d'ébranlement douloureux que nous fait éprouver une décharge électrique.

Compensateur. Instrument servant à corriger les variations de longueur des pendules qu'occasionne l'élévation de température.

Compression. Force qui tend à rapprocher les molécules des corps.

Concave. Se dit de la surface intérieure d'un corps creux, particulièrement s'il est circulaire.

Condensation. Résultat de la compression ou d'une soustraction de calorique.

Condensateurs. Instrumens dans lesquels on accumule le fluide électrique.

Conductibilité. Propriété dont jouissent certains corps de donner passage au calorique ainsi qu'au fluide électrique.

Cône. En physique, cône de lumière, c'est un faisceau ou assemblage de rayons de lumière qui, partant d'un point quelconque d'un objet visible, vont en divergeant tomber sur la prunelle ou sur la surface d'un verre ou d'un miroir, de sorte que ces différens corps deviennent la base de ce cône de lumière.

Conséquents (points). Pôles dans la longueur d'un barreau aimanté.

Contractibilité. Rapprochement des molécules des corps par soustraction de calorique.

Convergent. Les rayons de lumière convergens sont ceux qui, en passant d'un milieu dans un autre d'une densité différente, se rompent en se rapprochant l'un vers l'autre, tellement que, s'ils étaient prolongés, ils se rencontreraient en un point au foyer.

Convexe. Surface extérieure d'un corps rond, par opposition à la surface intérieure qui est concave. Les verres convexes des deux côtés s'appellent *lentilles*.

Corps. Tout ce qui est susceptible d'obéir aux lois de l'attraction. On appelle *corps pondérables* ceux dont on peut déterminer le poids, et impondérables ceux qui, comme le calorique, la lumière, etc., ne sont pas doués de pesanteur.

Courans électriques. Circulation double de deux fluides électriques d'un pôle à l'autre: savoir, le fluide positif, circulant de ce point au pôle négatif, et celui du fluide négatif au pôle positif, etc.

Cristallisation. Arrangement symétrique que prennent certains corps.

Cristallomancie. Art de lire dans l'avenir par l'examen des figures qui se forment sur les surfaces métalliques bien polies.

Cuve hydro-pneumatique. Caisse remplie d'eau, destinée à recueillir les gaz.

Cuve hydrargyro-pneumatique. Auge en marbre remplie de mercure, employée à recueillir les gaz solubles dans l'eau.

Décharge électrique. Union des deux fluides positif et négatif qui donne lieu à une explosion plus ou moins forte, etc.

Déclinaison. C'est ainsi qu'on nomme l'angle que décrit l'aiguille aimantée avec le méridien.

Degré. Partie d'une mesure, d'une qualité ou d'une quantité quelconque.

Déliquescence. Propriété qu'ont certains corps de se liquéfier en absorbant l'eau qui se trouve dans l'air.

Densité. Désignation donnée au rapport qui existe entre les poids des corps sur le même volume.

Diamètre. On nomme ainsi une ligne qui traverse un cercle en passant par son centre.

Diapason. Instrument métallique qui, par la vibration, produit un son qui sert de point de comparaison en musique.

Diffraction. C'est la déviation qu'éprouvent les rayons lumineux dans leur marche.

Dilatabilité. Ecartement des molécules produit par le calorique ou par une diminution de la pression atmosphérique.

Dioptrique. Branche de la physique qui a pour but l'étude des propriétés de la lumière réfractée ou bien des effets qui ont lieu quand elle traverse des milieux qui ont des densités différentes.

Dirradiation. Expansion de la lumière qui provient d'un corps.

Dispersion. Division que subit le fluide lumineux quand il traverse le prisme.

Divergent. Ce qui s'écarte d'un centre commun.

Divisibilité. Réduction des corps en particules plus ou moins rares.

Ductilité. Propriété dont jouissent plusieurs corps de pouvoir être étendus par un moyen quelconque; leurs molécules glissent les unes sur les autres en se déplaçant.

Dureté. Résistance qu'opposent les molécules des corps à leur division ou à l'action du choc.

Dynamomètre. Instrument destiné à mesurer la force musculaire comparative de l'homme et des animaux.

Ébullition. Passage rapide d'un liquide à l'état de vapeur.

Écho. Réflexion des sons par un corps.

Échomètre. Règle graduée servant à mesurer la durée, les intervalles ainsi que les rapports des sons.

Élasticité. Propriété que possèdent certains corps de revenir à leur forme ou à leur volume primitif lorsqu'ils en ont changé.

Elatéromètre. Instrument destiné à mesurer, approximativement, la densité ou la raréfaction de l'air qui se trouve sous le récipient de la machine pneumatique.

Efflorescence. Propriété dont jouissent plusieurs corps de céder à l'air tout ou partie de l'eau qu'ils contiennent.

Électricité. (Voy. ce mot.)

Électro-magnétisme. Électricité produisant des effets magnétiques.

Électromètre. Instrumens au moyen desquels on mesure l'électricité.

Électroscope. Même usage.

Élémens. Corps non encore décomposés.

Équateur magnétique. On désigne ainsi le grand cercle de la sphère dont le plan est perpendiculaire au plan du méridien magnétique; son inclinaison sur l'équateur terrestre est d'environ dix à douze degrés.

Éolipile. Boule métallique ou en verre, munie d'un bec recourbé qui se termine par une issue capillaire.

Équilibre. Repos des corps opéré par le niveau des forces.

Équivalens chimiques. Tel est le nom dont s'est servi Wollaston, le premier, pour indiquer le système des proportions définies dans lesquelles les corps infiniment petits se combinent, en les rapportant tous à un corps commun que l'on prend pour unité.

Eudiomètres. Instrumens qui servent à l'analyse de quelques gaz et de l'air.

Évaporation. Conversion des liquides en vapeur au moyen du calorique ou de l'air.

Excitateur. Nom donné à un excitateur destiné à opérer les décharges électriques sans aucun danger.

Extensibilité. Propriété d'augmenter le volume.

Feu. Synonyme de calorique.

Feu-follet. Jets de flamme qu'on aperçoit la nuit dans les lieux où se trouvent des substances animales et végétales en décomposition.

Fixité. Propriété dont jouissent certains corps de ne pas se vaporiser par l'action du calorique.

Flamme. Combustion vive des substances gazeuses avec chaleur et lumière.

Flexibilité. Faculté de plier.

Fluides. Liquides.

Fluides gazeux. Gaz.

Fluides élastiques. Idem.

Fluide électrique. Corps impondérable qui n'est connu que par ses effets. On le regarde comme composé de deux fluides, auxquels on a donné les noms de positif et de négatif.

Fluide lumineux. Lumière.

Force centrifuge. Elle tend à diminuer la pesanteur.

Force centripète ou *centrale.* C'est cette force qui, jointe avec la vitesse *latérale* ou *tangentielle*, donne lieu au cours des astres.

Force électro-motrice. C'est à elle qu'est due la séparation des fluides positif et négatif, à cause de tendances particulières dont chaque corps jouit.

Force motrice. C'est celle qui tend à tirer le corps de l'état d'inertie ou repos.

Foudre. Décharge du fluide électrique répandu dans l'atmosphère.

Foyer. Point où se réunissent les rayons que les *lentilles* et les *miroirs* reçoivent.

Frangibilité. Résistance qu'opposent les molécules des corps qu'on veut rompre.

Friabilité. Facilité qu'ont les molécules de certaines substances de se séparer par l'action faible d'une puissance.

Frigorifique. Mélange de glace ou de neige avec divers sels, etc., destiné à congeler les liqueurs qu'on y plonge. (Voy. GLACE.)

Frigorique. Fluide impondérable dont quelques physiciens ont supposé l'existence pour expliquer le froid, produit par la soustraction du calorique.

Froid. Sensation plus ou moins forte qu'on éprouve par une soustraction plus ou moins grande de calorique.

Frottement. Résistance qu'opposent au mouvement les aspérités dont les surfaces des corps sont parsemées.

Frottement. Sorte de contact des corps, dégagé du calorique, de l'électricité, etc.

Frottoirs. Nom consacré aux corps qui, par le frottement, développent l'électricité.

Fulminant. Décomposition de certains corps dont un ou plusieurs principes passent à l'état gazeux si rapidement, que le choc qui s'opère contre l'air qui est déplacé donne lieu à un grand bruit.

Fusion. Acte par lequel les corps solides à la température ordinaire passent à l'état liquide par l'action du calorique.

Galactomètre, Galvanisme, Glace, Globe. (Voyez ces mots.)

Hélice. Ligne tracée autour d'un cylindre en forme de vis.

Horizon. Nom donné au grand cercle qui coupe la sphère en deux parties, l'une supérieure et l'autre inférieure. On est également convenu d'appeler ainsi le point que notre vue ne peut dépasser, et où le ciel et la terre semblent se réunir.

Hydrogène. (Voy. GAZ.)

Hydromètre. Vase de verre pour reconnaître le poids spécifique des liquides volatils corrosifs.

Hygromètres. Instrument propre à mesurer l'humidité de l'air et des corps.

Hygroscope. Sorte d'hygromètre perfectionné par Leslie.

Ignition. État des corps que l'on chauffe au point de les rendre incandescens.

Imperméabilité. (Voy. ce mot.)

Impénétrabilité. Propriété dont jouissent les corps de ne pouvoir occuper en même temps le même lieu.

Impulsion. Action exercée par un corps sur un autre qui, par suite, se meut ou tend à se mouvoir.

Impulsion. Mouvement donné aux corps.

Incandescence. Corps chauffé au point d'être rouge et lumineux.

Incinération. Combustion des corps organiques pour en obtenir un résidu auquel on a donné le nom de *cendre*.

Inclinaison. Abaissement de l'angle d'une aiguille aimantée vers l'horizon.

Inertie. Propriété dont jouissent les corps de rester dans un état de repos, en opposant une résistance active à tout mouvement.

Inflexion. Déviation des rayons lumineux dans leur marche.

Isoloirs. Corps non-conducteurs de l'élasticité.

Lampe de Davy. (Voy. MINE.)

Lampe à gaz. (Voy. PLATINE.)

Lanterne magique. (Voy. ce mot.)

Larmes bataviques. Gouttes de verre fondu qu'on laisse tomber dans l'eau, et qui, lorsqu'on les casse, éclatent avec explosion.

Lentilles. (Voy. MICROSCOPE.)

Leiver. (Voy. MOTEURS.)

Ludion. (Voy. ONDIN.)

Lumière. (Voy. ce mot.)

Lunette, Machine électrique, Magnétisme. (Voyez ces mots.)

Malléabilité. Propriété que possèdent certains corps de s'aplatir sous le marteau ou au laminoir.

Mégascope. Modification de la chambre noire.

Manomètre. Instrument destiné à mesurer la raréfaction de l'air sous le récipient de la machine pneumatique.

Manoscope. Sorte de baromètre.

Masse. Quantité spécifique de matière des corps.

Matière. A proprement parler, on ne devrait appeler ainsi que la substance pondérable des corps; et cependant on donne aussi ce nom à tout ce qui affecte nos sens.

Météores. (Voy. ce mot.)

Météorographie. Instrument employé dans les observations météorologiques.

Microcoustique. On nomme ainsi les instrumens destinés à faire entendre les sons les plus faibles.

Micromètre. Instrument pour mesurer les objets d'une grande ténuité. On l'emploie ordinairement pour mesurer les microscopiques.

Microphone. Espèce de porte-voix.

Microscope. (Voy. ce mot.)

Milieu. Corps qui livre passage aux autres ou qui les environne.

Mirage. (Voy. ce mot.)

Miroirs. Glaces polies en verre étamé sur une surface, ou bien un corps métallique poli, dont les surfaces de l'un ou de l'autre sont planes, concaves ou convexes, et les formes horizontales, coniques, sphériques, etc.; ils jouissent de la propriété de réfléchir les objets.

Mobilité. Facilité à sortir de l'état de repos.

Molécules. Particules des corps dans un état de division extrême.

Mollesse. État des corps dont les molécules glissent facilement les unes sur les autres.

Mouvement. C'est le transport des corps d'un lieu dans un autre.

Myopie. État de ceux qui, réfractant trop fortement la lumière, ne peuvent distinguer les objets qu'à une distance très-rapprochée.

Nature. L'ensemble des êtres qui comprennent l'univers et les lois qui les régissent.

Négatif. Fluide électrique que produit la résine par le frottement, etc.

Objectif. Lentille qui concentre à son foyer les rayons qu'elle reçoit des objets.

Oculaire. Verre d'un court foyer au moyen duquel l'œil distingue plus en grand l'image produite au foyer de l'objectif.

Odomètre. Instrument indiquant le nombre de pas que l'on fait en marchant.

Œnomètre. Instrument pour reconnaître le degré de spirituosité du vin par son poids spécifique.

Opaques. Corps qui ne se laissent pas traverser par la lumière.

Oscillation. Mouvement d'un corps suspendu à un point fixe, autour duquel il décrit un arc plus ou moins étendu.

Optique. (Voy. ce mot.)

Pachomètre. Instrument pour mesurer l'épaisseur des glaces.

Paragrêles, *Paratonnerres.* (Voyez ces mots.)

Pendule. Poids attaché à un fil, à une verge de fer, etc.

Pesanteur. Force en vertu de laquelle tous les corps tendent à se porter vers le centre du globe par l'effet de l'attraction.

Peson. C'est ainsi qu'on nomme la balance qui, par la flexibilité du ressort, indique le poids des corps.

Phosphorescence. Lueur sans chaleur que contractent certains corps.

Photomètre. Instrument pour mesurer l'intensité comparative de la lumière.

Pile de Volta. Plaques de zinc et de cuivre soudées ensemble, servant à dégager le fluide électrique par contact. Chaque plaque de zinc et de cuivre réunies porte le nom de *paire*, etc

Pistolet de Volta. Instrument de physique rempli de gaz hydrogène et oxigène au moyen duquel on peut lancer un projectile en faisant détonner ces gaz par l'étincelle électrique.

Pneumatique. (Voy. MACHINE.)

Poids. Pesanteur relative des masses et non du volume.

Polarisation. C'est une propriété particulière que possèdent certains côtés des rayons.

Pôles. Extrémités d'une ligne droite perpendiculaire à un plan circulaire, par l'axe duquel elle passe.

Polyèdre. Verre à plusieurs facettes, lequel est plan d'un côté et convexe de l'autre, mais dont la convexité est composée de plusieurs petits plans.

Ce verre multiplie l'image d'un objet que l'on regarde au travers de son épaisseur.

Pores. Espaces entre les molécules des corps.

Porte-voix. Instrument en forme d'entonnoir dont le tube est plus ou moins prolongé; il est destiné à augmenter le son de la voix, en resserrant l'espace dans lequel il est, pour ainsi dire, lancé.

Positif (fluide). Dégagé du verre par le frottement; c'est celui qu'on appelait *vitreux*.

Presbytes. Personnes dont les yeux ne réfractent pas assez les rayons lumineux.

Prisme. Corps triangulaire en verre ou cristal, qui réfracte la lumière, en fait dévier les rayons et les sépare les uns des autres.

Projectile. Corps destiné à être lancé par une force quelconque.

Propriétés. Qualités qui appartiennent à chaque corps en particulier.

Pyro-électriques. Corps susceptibles de s'électriser par le calorique.

Pyromètres. Instrumens destinés à mesurer les hautes températures.

Pyrophores. Substances qui s'enflamment par le contact de l'air.

Quinte. Ses vibrations sont à celles du son fondamental comme trois est à deux.

Radical. Base des corps composés.

Raréfaction. Espace plus grand qu'on fait occuper aux corps de dilatation.

Rayons lumineux. La lumière est composée de sept rayons diversement colorés. On les trouve placés dans l'ordre suivant et de haut en bas, c'est-à-dire en bandes : le rouge, l'orangé, le jaune, le vert, le bleu, l'indigo et le violet; leur pouvoir calorique va en croissant du violet au rouge; hors du spectre, et au-delà de ce dernier, il existe des rayons calorifiques plus chauds que lui, et après le rayon violet, toujours hors du spectre, des rayons obscurs sans chaleur. Un grand nombre de physiciens ont reconnu que la lumière est composée de rayons calorifiques, colorifiques et chimiques.

Rayons calorifiques. Le calorique rayonne et se disperse en raison inverse du carré des distances, comme l'électricité, la lumière.

Réactifs. Nom donné aux substances employées dans les analyses chimiques pour reconnaître les corps par des changemens sensibles qu'elles leur font éprouver.

Réfractaires. Corps infusibles ou exigeant une très-haute température pour entrer en fusion.

Réflexion. Retour de la lumière sous un angle égal à celui d'incidence.

Réfraction. Changement de direction qu'éprouvent les rayons lumineux lorsqu'ils tombent obliquement d'un milieu dans un autre, dont la densité n'est plus la même, et qui les rapproche ou les éloigne de la perpendiculaire, suivant que ce milieu est moins ou plus dense que le premier.

Réfrigibilité. Propriété dont jouit la lumière de se réfracter.

Réfringens. C'est ainsi qu'on nomme les milieux qui produisent la réfraction du rayon lumineux.

Repos. État d'inertie des corps.

Répulsion. Force en vertu de laquelle certains corps, ou leurs molécules, se repoussent réciproquement.

Répulsion électrique. Elle s'opère entre les corps contenant le même fluide.

Réservoir commun. La terre est ainsi nommée parce qu'elle sert de réservoir au fluide électrique.

Résineuse (électricité). Fluide négatif.

Résistance. Force nécessaire pour séparer les molécules des corps, et celles qu'ils opposent à leur mise en mouvement.

Résonnance. C'est la communication et la conservation d'un mouvement vibratoire.

Romaines. Tiges métalliques graduées dans le but de reconnaître le poids des corps, en établissant un état d'é-

solidement au fond et servant de support. Le bras de la planchette passe par une ouverture de la quatrième planche; il y a plusieurs entailles près du bout. Dans une de ces entailles on place un petit support ou bilboquet, dont l'extrémité opposée est fixée dans un cran de la quatrième planche; une ficelle tient au bilboquet, passe sur la quatrième planche, et va s'attacher à la planche assommoir que l'on charge d'une grosse pierre. Lorsqu'un animal passe sur la planchette, il la fait baisser par son poids; le le bras sort du cran, et la ficelle laisse tomber l'assommoir.

Assommoir quatre-de-chiffre. Cette machine se tend dans les greniers, pour prendre les rats. On prend une planche lourde, on la place sur une surface unie, et on la charge d'une pierre afin d'augmenter son poids et de la rendre capable d'assommer l'animal sur lequel elle tombera. On la soulève d'un côté, pendant que l'autre porte à terre, et on la maintient ainsi au moyen d'une détente nommée quatre-de-chiffre. Elle est composée de quatre morceaux de bois : l'un est vertical, tenu droit par un cran du bras de détente; l'autre porte d'un bout sur un cran de ce bras, de l'autre sur la planche, et reçoit dans une entaille de sa partie supérieure le bout de la baguette verticale, ce qui fait la figure d'un 4.

Au bout du bras de détente, on attache pour appât un morceau de lard que l'on a fait griller à la flamme d'une chandelle, pour lui communiquer une odeur qui plait beaucoup aux rats, et qui les attire de fort loin.

Assommoir à palette. Dans ce piége, on pend l'appât à un fil qui s'attache au manche d'une palette. Lorsqu'un animal coupe le fil en mangeant l'amorce, l'assommoir, n'étant plus retenu, vient le frapper et l'assomme. On conçoit que cette machine doit être faite dans des proportions exactes, afin que la force du coup porte juste sur l'animal placé vers l'appât.

Hameçon à loups. L'hameçon à loups se compose d'une boîte en tôle ou en chêne longue de vingt-huit lignes, large de quatre, et épaisse de trois.

Sur le devant, on pratique une coulisse large d'une ligne et demie, longue de dix-huit, et se terminant à quatre lignes de l'extrémité inférieure de la boîte. Deux tiges de fer de deux pouces de longueur, de deux lignes de largeur et d'une ligne et demie d'épaisseur, remplissent la boîte. Ces tiges se terminent inférieurement par trois pointes aiguës en acier, longues de six lignes, et ouvertes de manière à former avec la tige, et entre elles, un angle de quarante-cinq degrés. Les deux tiges sont réunies au sommet autour d'un axe se terminant à un bouton qui doit couler aisément du haut en bas de la coulisse. Entre les deux tiges est un ressort qui, en se distendant, les fait écarter l'une de l'autre.

Lorsqu'on tend ce piége, on rapproche avec effort les deux tiges l'une de l'autre, en faisant prêter le ressort; puis on les fait glisser dans la boîte qui leur sert de gaîne et les retient en position. On garnit les crochets d'un morceau de viande qui cache la boîte. On le suspend à une souche au moyen d'une chaîne. En tirant l'appât, le loup tire les deux tiges hors de leur gaîne, et reçoit les crochets dans les mâchoires.

Ce piége est dangereux pour les chiens. Il faut ne le tendre que le soir, dans l'épaisseur des taillis.

Tombereau. Piége pour les oiseaux de proie et les petits oiseaux. C'est un filet analogue à celui avec lequel on prend les alouettes et les ortolans. (Voy. ces mots.) Les nappes ont cinq pieds de longueur sur dix de largeur. Le filet est en fil solide, mais fin, et les mailles peuvent avoir quinze lignes de largeur. Ces nappes sont tendues sur deux cordes en fil, ayant une boucle solide à chaque extrémité. Les quenouilles sont des bâtons de cinq pieds de longueur, peints en vert, et terminés d'un côté par un crochet simple, et de l'autre par un autre crochet circulaire. Voici comment on tend ce filet : on commence par étendre les nappes sur la terre, et l'on plante quatre piquets fourchus de manière à faire tendre les cordes en fil le plus qu'on peut. On place les quenouilles, et l'on fait entrer les crochets simples dans les crochets circulaires.

Cela fait, il s'agit de placer les bras. Ce sont des cordes ayant en longueur quatre fois la largeur des nappes : ces cordes tiennent aux quenouilles par une boucle que l'on passe en tendant dans une entaille; par l'autre bout, elles sont attachées à des piquets. Pour que les nappes soient bien tendues, on secoue le filet au moyen d'une corde de cinquante à soixante pieds, nommée *tirasse*, qui s'attache à l'extrémité des quenouilles.

Le sautereau est dans le milieu du filet : c'est un appareil composé d'une branche en fil-de-fer solide fixée en terre par deux petits piquets. Au sommet de cette branche, on attache un pigeon sur deux traverses recourbées en demi-cercle, de manière à lui laisser les ailes libres, et de temps en temps on l'élève en faisant mouvoir la branche au moyen d'un fil. Un troisième petit piquet, tenant la branche dans le milieu de sa longueur, l'empêche de se mouvoir, mais lui permet de s'élever à sept à huit pouces.

Ce filet se tend dans les plaines découvertes. Le chasseur a soin de le placer de manière à ce qu'il soit lui-même caché dans une haie ou dans un buisson épais; s'il tend dans un pré, les filets, les cordes, les quenouilles doivent être teints en vert; si, au contraire, il doit chasser dans les terres, ils seront teints en brun pâle. Il est une teinture qui tient entre ces deux couleurs et qui est fort employée par les chasseurs. Ils prennent une certaine quantité de brou de noix qu'ils font bouillir dans de l'eau avec un peu de couperose; ils plongent plusieurs fois leurs filets et leurs cordes dans cette composition, et lui communiquent ainsi une couleur convenable très-solide.

De temps à autre le chasseur, placé au bout de la tirasse, tire un fil, ce qui fait agiter et voltiger le pigeon; l'oiseau de proie l'aperçoit du plus haut des nues, se précipite dessus avec la rapidité de l'éclair, et l'enlace dans ses serres; le chasseur tire la tirasse, les nappes se ferment; et l'oiseau est pris.

Le tombereau s'emploie aussi pour la chasse des petits oiseaux, et particulièrement des alouettes; il se fait de la même façon, seulement chaque nappe a vingt-cinq pas de long, et les mailles sont larges de neuf lignes.

Trappe à bascule. Cette trappe se tend d'elle-même, et son effet est de noyer les animaux qui s'y prennent.

Traquenard à rats. Ce traquenard est très-employé. (Voy. RATS.)

Traquenard. Le traquenard s'emploie pour les loups ou pour les renards, selon sa grandeur. C'est pendant les froids secs de l'hiver que les loups s'y prennent le plus aisément. Avant de se servir du piége, il faut le démonter et le nettoyer. Pour ôter la rouille, on se sert d'émeri et d'huile d'olive ; l'on frotte avec un petit morceau de bois blanc, de saule ou de peuplier, jusqu'à ce que le fer ait repris tout son brillant. Lorsque le piége est propre et luisant, on prépare l'appât, qui consiste en un morceau de viande crue sur laquelle on jette un peu de poudre de camphre. On choisit, pour tendre le piége, une pelouse découverte, à l'entrée d'un bois, ou dans le bois même s'il y a des éclaircies. A l'endroit convenable, on fait dans la terre une espèce de petit encaissement dans lequel le piége tendu doit s'enchâsser, sans être trop juste. On tend le piége avec précaution pour ne pas se blesser ; on l'ajuste, et on le couvre entièrement de graines de foin que l'on a apportées pour cet usage. On met aussi de ces graines sous le piége, pour que l'humidité de la terre n'empêche pas les branches de jouer. L'appât seul doit paraître. Le piége doit être solidement fixé à un piquet, pour que le loup ne l'entraîne pas, s'il n'est pris que par la patte. Dans ce cas, après avoir fait longtemps tous ses efforts pour se dégager, il finit, lorsque le jour approche, par se couper la jambe avec les dents ; mais le but qu'on se proposait n'en est pas moins atteint car il périt peu de temps après dans son hallier, ou il est attaqué et dévoré par le premier loup qui le rencontre dans cet état : car ces animaux dévorent leurs pareils, lorsqu'une blessure les met hors d'état de se défendre.

Il faut avoir soin de faire des tranchées autour du piége. De distance en distance, on étend sur la terre une ou deux poignées de graines de foin, et on place dessus un morceau de viande camphrée, de la grosseur d'une noix.

Traquenard-souricière à boîte. Il sert à prendre les souris. Dans ce piége, un ressort maintient le couvercle une fois qu'il est tombé. (Voy. SOURIS.)

Traquenard-souricière à un battant. Ce traquenard n'a qu'une coulisse ; l'un des côtés de la boîte est fermé par un grillage en fil de fer.

Traquenard-souricière à deux battants. Il consiste en une caisse carrée, longue de trois pieds, large et haute de six pouces à l'intérieur. On la construit avec quatre planches de bon chêne solidement clouées. Les deux extrémités sont ouvertes et disposées de manière à recevoir, dans des rainures, deux portes à coulisses. En dessus de la boîte est percé un petit trou pour faire partir une détente en fil de fer.

Le *traquenard* est un piége fort employé pour les oiseaux de proie qui vivent de pâture morte, tels, par exemple, que la cresserelle. On l'amorce avec un morceau de viande et on le dépose dans les trous de clochers ou dans les vieilles tours, que ces animaux habitent de préférence. Lorsque l'on a remarqué l'endroit fréquenté par une buse ou autre oiseau sédentaire, on y élève une perche de trente à quarante pieds de hauteur, au bout de laquelle on fixe le traquenard par le moyen de deux branches de fer. Les oiseaux de nuit surtout aiment à se percher sur le sommet des branches mortes, afin de pouvoir plus aisément observer leur proie ; si ce piége est tendu à quelques pas de la lisière d'un bois, ils manquent rarement de s'y prendre. On les prend aussi bien en mettant le traquenard au sommet d'un arbre nouvellement ébranché.

Le *traquenard à ressort* consiste en deux branches de fer munies de dents aiguës, qui saisissent l'animal par le cou lorsqu'il touche à l'appât qu'on y a placé.

Traquenard à bascule. Dans le *traquenard à bascule*, les branches sont tenues par deux ressorts. L'appât est fixé avec un clou sur une planchette mobile. On enterre le piége avec la précaution de creuser un peu sous la bascule, afin de lui laisser un libre jeu, et l'on recouvre de graine de foin. Lorsque l'animal saisit l'appât, il fait baisser ou lever la bascule : le piége se ferme avec vitesse, et l'animal se trouve saisi par le cou. Ce traquenard se construit entièrement en fer, à la seule exception de la planchette en bascule qui est en bois.

Ce traquenard, comme on le voit, part aussitôt que l'on dérange la bascule ; aussi, peut-on s'en servir sans y placer d'appât, quand on en a un certain nombre. Pour cela, on plante un pieu de sept à huit pieds au milieu de la clairière d'un bois ; on place dessus une vieille roue de charrette, et sur la roue on attache un agneau ; autour de ce pieu, on tend plusieurs traquenards. Les loups, attirés par les bêlemens de l'agneau, viendront tourner et retourner autour du pieu, et ne manqueront pas de donner dans les traquenards.

Ces piéges, extrêmement dangereux, ne doivent se placer que dans les endroits déserts, et il est essentiel d'en avertir les passans par un écriteau.

PIE-GRIÈCHE. (*Chass.*) Ordre des passereaux. La pie-grièche détruit le gibier. Elle est grosse comme une grive, a les ailes et la queue noires, le ventre blanc ; son bec est crochu. A ses pattes elle n'a point de serres.

La pie-grièche commune (*lanius excubitor* de Linnée) habite la France toute l'année ; elle se plaît dans les pays en plaine, couverts de buissons, d'arbres et de quelques taillis ; elle est très-courageuse et très-cruelle ; elle attaque les petits oiseaux qu'elle dévore, et sans cesse elle est à la recherche des nids de merles, de grives, etc., dont elle brise les œufs et mange les petits. Ce n'est guère que sous ce point de vue qu'on peut la regarder comme un oiseau nuisible. Elle ne donne pas facilement dans les piéges qu'on pourrait lui tendre ; mais on peut aisément, avec de la persévérance, l'approcher à la portée du fusil.

Pie-grièche rousse. Les naturalistes la connaissent sous plusieurs noms (*lanius collurio rufus*, *lanius pomeranus*, *rutilus*, *ruficollis*). Elle est plus petite que la précédente ; elle a le bandeau, les ailes et la queue comme elle. Le dessus de sa tête et de son cou est d'un roux vif ; son dos est noir, son ventre et son croupion blancs. Il serait difficile de la reconnaître à son chant, car elle imite celui des oiseaux qu'elle entend.

PIERRE. (*Conn. us.*) On distingue les pierres calcaires, les pierres siliceuses, les pierres argileuses, les pierres ollaires, etc.

Pierres factices. Prendre un tiers de sable fin, autant de pierre en poudre, et de chaux en poudre. Corroyer le tout avec beaucoup d'eau, et laisser sécher dans des moules. Ces pierres sont très-utiles, dans les endroits où il n'y a point de pierres de taille, pour faire des angles de murs, etc.

Moyen de s'assurer quelles sont les pierres susceptibles de fendre par l'effet de la gelée. Il suffit d'imprégner la pierre que l'on veut essayer d'une dissolution saturée de sulfate de soude, et de l'exposer à l'air; elle éprouvera la même altération qu'à la gelée.

Pierre de Volvic. Espèce de lave lithoïde, compacte, et en même temps criblée de cavités. Elle sert à bâtir et à faire des meules dans le pays; on la fait venir à Paris pour les trottoirs.

PIERRE. (*Méd. dom.*) Lorsque les calculs urinaires se fixent dans la vessie, et augmentent de volume par l'addition des matières pierreuses de l'urine, on dit que le malade a la pierre.

Dans ce cas, l'urine ne sort que goutte à goutte; il y a douleur aiguë dans le col de la vessie, après le mouvement; on urine plus aisément couché que debout; l'urine est souvent sanguinolente ou chargée d'un sédiment blanchâtre.

Le traitement à suivre est le même que pour la gravelle. (Voy. ce mot.)

Dès les premiers symptômes, il faut augmenter, autant que possible, la sécrétion des urines.

Quand la pierre se déclare chez un enfant, il faut apporter de prompts secours. On donne à l'enfant une eau de graine de lin un peu mucilagineuse, ou de l'orgeat, ou le petit lait nitré, dans laquelle on met une cuillerée de sirop de gomme par verrée. Si ces boissons ne soulagent pas beaucoup l'enfant, il faut y ajouter, quelques jours après, huit ou douze grains de sel sédatif de Homberg; et on baignera l'enfant deux ou trois fois par jour.

Le régime doit être mucilagineux et diurétique; en conséquence on supprimera la nourriture solide, le bœuf et le mouton, pour ne donner à l'enfant que du veau et du poulet rôti; s'il est déjà à l'usage de la viande.

On lui fera du bouillon avec ces deux viandes, des oignons, des poireaux et du céleri; et avec ce bouillon sans sel, on lui préparera des potages à la semoule, au sagou, au gruau, ou avec toutes les diverses préparations de fécule de pomme de terre.

Tant qu'on pourra tenir cet enfant au régime légumineux ou herbes potagères, on fera sagement, on lui fera manger tantôt des laitues pommées, des romaines, des épinards, des asperges, des petits pois, des chicorées, des pommes de terre, des carottes blanches de préférence aux autres, le tout préparé sans sel; pour boisson, le vin blanc, étendu d'eau, est préférable au rouge.

L'exercice en plein air, parce qu'il ne provoque pas la sueur, la constance dans le régime ci-dessus prescrit, aideront beaucoup à l'efficacité des remèdes.

Lorsque la pierre a acquis un certain volume, la lithotritie seule ou la lithotomie peuvent en débarrasser le malade.

La lithotritie est le broiement de la pierre dans la vessie au moyen d'un instrument *ad hoc.* Cet instrument est introduit dans le canal de l'urètre; il en sort trois branches qui saisissent la pierre dans la vessie, et un obturateur que fait jouer le chirurgien réduit la pierre en petits fragmens.

Cette opération est douloureuse, mais elle est généralement sans danger, à moins que l'état du malade n'amène des mouvemens convulsifs. Nous l'avons vu souvent pratiquer par le docteur Civiale, à l'hôpital Necker.

La lithotomie ou taille ne se pratique plus que rarement.

Ammonicus, chirurgien d'Alexandrie, pratiqua le premier l'opération de la pierre. Cette découverte fut mise à l'épreuve en France, pour la première fois, sur un criminel condamné à mort, et à qui on promit de faire grace s'il en échappait. L'opération ayant réussi, elle fut bientôt pratiquée sur Louis XI, qui avait demandé cette expérience avant de livrer son corps au scalpel de ses médecins. On lit, sur ce sujet, une nouvelle intéressante dans les *Soirées de Walter-Scott*, par le bibliophile Jacob.

Il est important, après l'une ou l'autre de ces opérations, de ne pas suivre un régime capable de faire renaître les symptômes.

L'académie des sciences de Paris entendit, dans sa séance particulière du 19 août 1816, avec beaucoup d'intérêt, la lecture d'un mémoire de M. le docteur Magendie, dont le résultat est qu'avec un certain régime, on peut espérer de se guérir de la gravelle et de la pierre. Ce régime n'a rien de désagréable, puisqu'il paraît que le sucre en forme la base. Nous regrettons de ne pouvoir le communiquer à nos lecteurs.

PIGAMON A FEUILLES D'ANCOLIE. (*Jard.*) *Thalictrum aquilegifolium.* Famille des renonculacées. Vivace, des Alpes. Fleur en mai, en panicules terminaux, d'un joli effet. Terre franche et profonde; séparation des pieds en septembre.

PIGEON. (*An. dom.*) *Columba.* Le type des pigeons domestiques, ou *pigeons de volière*, fait beaucoup moins tort aux semences qu'on l'a prétendu; il peut même être considéré comme sarcleur. Le pigeon de volière est surtout avantageux en ce que; ne quittant pas la basse-cour, il profite de tous les déchets de grains.

Le fumier est ce qu'il y a de plus précieux dans le pigeon, il est le plus chaud connu; il est assez abondant. (Voy. COLOMBINE.)

Volière pour élever les pigeons. Les pigeons élevés dans une volière sont, en général, suivant l'opinion d'un grand nombre d'amateurs, d'un produit beaucoup plus considérable que ceux qu'on laisse vaguer suivant leur caprice.

Les pigeons bisets coûtent moins cher à nourrir que les autres; mais ils sont moins délicats, et ne produisent que pendant quatre mois.

Les meilleurs pigeons de volière ont le cou court et gros, les jambes courtes et bien garnies de plumes, tout le corps large et bien nourri; les huppés ou capuchonnés sont inférieurs sous tous les rapports.

Il est difficile de distinguer le mâle d'avec la femelle; cependant avec de l'habitude et l'esprit d'observation, on s'aperçoit qu'il a la proéminence du bec et l'entour des narines bien plus élevés que la femelle; le mâle aussi, lorsqu'il est dans le nid et n'a encore que des *tuyaux de plume*, fait un *craquement* avec son bec et s'élève sur ses jambes comme pour se défendre quand on l'approche, tandis que la femelle se tapit de peur : cet indice est certain; mais aussitôt qu'ils ont des plumes, ils ne cherchent plus à se défendre, et acquièrent de la poltronnerie avec la connaissance du danger. Chez les adultes on reconnait les males à ce que leur queue est presque toujours sale et usée par le bout, ce qui vient de ce qu'ils la traînent en faisant la roue.

Les pigeonneaux commencent à être bons à manger à vingt-deux jours. Ils mangent seuls à deux mois, sont tendres et gras jusqu'à trois, excepté pendant les huit premiers jours, qu'ils apprennent à manger seuls. Et c'est ce moment que vous saisirez pour les mettre dans la réserve.

La volière doit être bâtie carrément dans un endroit de la basse-cour où le chaud et le froid ne se fassent pas trop sentir; il faut qu'elle tire ses jours du côté du levant ou du midi. Les murs et le plafond d'un pigeonnier doivent être bien crépis et sans trous ni crevasses, afin que les rats et les fouines ne s'y introduisent pas; car celles-ci surtout y feraient un dégât incroyable: c'est pour cette raison qu'on doit fermer la fenêtre le soir de bonne heure, c'est-à-dire aussitôt que le dernier des pigeons est rentré.

Il faut s'abstenir d'entrer dans le pigeonnier.

La fenêtre du pigeonnier doit être placée au midi, et le vitrage en être grillé; on met en dehors, au bas de cette fenêtre, une petite avance en bois, pour que les pigeons puissent s'y reposer en s'abattant et entrer plus facilement.

« Dans les pigeonniers, dit madame Adanson, il faut séparer les nids, en sorte que chaque couple ne soit point tourmenté par son voisin. Si les nids sont faits dans l'épaisseur du mur, ils se trouvent séparés naturellement; mais, dans un autre cas, voici comment on les construit: on scelle dans le mur, à la distance de six pieds l'un de l'autre, des bouts de membrure qui ressortent de quinze pouces; on place dessus deux perches équarries sur deux pouces d'épaisseur en tous sens, l'une à trois pouces du mur, l'autre à neuf pouces de la première; on les assujettit ainsi à demeure et solidement; c'est sur ces deux perches qu'on range des nids d'osier à une distance de deux pieds au moins les uns des autres; on les recouvre chacun séparément d'une espèce de couvercle d'un pied d'élévation et n'ayant d'ouverture que sur le devant. Ces couvercles sont peu dispendieux; on les fait faire chez soi avec des débris de caisses ou de vieilles planches légères dont on ne manque guère à la campagne. Par ce moyen, chaque couple vit tranquille et amène sa couvée à bien: ce qui arrive rarement quand il n'existe aucune séparation entre eux; car cet oiseau, symbole de la douceur et de la fidélité, n'est rien moins que doux et fidèle; on a vu tuer à coups de bec répétés avec une persévérance féroce les petits de leurs voisins. C'est pour remédier à cet inconvénient, qui rendait nul le produit du pigeonnier, que j'ai imaginé ces couvercles; depuis ce temps les petits s'élèvent très-bien deux par deux, et le produit surpasse celui sur lequel on statue ordinairement.

« Le nombre des nids se calcule sur deux par paire de pigeons; c'est donc vingt-quatre sur douze. L'espèce dite de *volière*, ou *patus*, est extrêmement productive. Bien nourris et soignés, vous pouvez compter sur neuf couvées amenées à bien par chaque paire... Mais ils exigent les plus grands soins.

« Vous ne ferez point placer deux rangs de nids les uns sur les autres, parce que les ordures du rang supérieur incommoderaient ceux du dessous, et que ces animaux aiment la propreté; pour l'entretenir, vous ferez balayer, nettoyer les perches et le dessus des couvercles une fois la semaine, mais avec la plus grande précaution et douceur. On doit s'abstenir de toucher et d'approcher des nids où il n'y a encore que des œufs. Il faut aussi répandre un peu de paille tout autour de la chambre, autant pour préserver les jeunes pigeons sortis du nid de prendre la goutte (ce qui leur arrive quand ils demeurent sur le carreau nu) que pour les empêcher de se blesser s'ils tombent par accident. »

Les paniers d'osier ont leur incommodité: outre que la vermine trouve plus aisément à s'y loger, les petits en tombent souvent; et, si on n'a pas le soin de les remettre aussitôt dans leur nid, ils ne tardent pas à être massacrés par les autres.

Quelques amateurs ont fabriqué, en terre cuite, des pots assez ressemblans à ceux qu'on place pour recevoir les moineaux. Ces pots n'ont pas l'inconvénient des paniers; les petits n'en peuvent sortir; ils facilitent l'incubation, et ils dispensent de placer des rayons en bois. Il faut avoir l'attention de mettre les nids dans l'endroit le moins clair de la volière; car les pigeons, comme tous les autres oiseaux, lorsqu'ils veulent pondre ou couver, recherchent toujours l'obscurité.

On donne communément aux pigeons, à raison de trois nids par paire, des terrines de plâtre par nid, ou bien on construit des cabanes de bois d'un pied en tous sens; ou bien encore on pratique des trous dans l'épaisseur des murs; mais ces différents nids sont sujets à des inconvéniens. On reproche aux cases en planches, dans lesquelles on met un plateau de plâtre, de s'imbiber trop facilement de la partie humide de la fiente, et de contracter par-là une odeur qui finit par occasionner des maladies aux pigeons.

Les terrines de plâtre peuvent être avantageusement remplacées par des terrines de terre cuite très-poreuse, pour absorber l'humidité; si elles étaient vernissées, la fiente liquide ou molle du pigeonneau pourrirait le nid; il s'y engendrerait beaucoup d'insectes, et même des vers à mouches, capables d'attaquer les petits; et, s'ils avaient le dévoiement, on les y trouverait bientôt morts.

Ces dernières sont d'un prix à peu près double; mais la facilité de les nettoyer à grande eau, et surtout leur durée, dédommagent au-delà de l'excédant de la dépense. Les cavités pratiquées dans l'épaisseur du mur sont trop fraîches, et ne paraissent pas leur convenir.

On leur met de l'eau propre dans un baquet. On fait dégeler cette eau dans les grands froids, et on la change toujours avec soin.

Quand on enlève des pigeonneaux, on aura soin de renouveler la paille des nids, en la brisant toujours pour que les œufs ne puissent pas y glisser entre les brins. Il faut aussi dégarnir les nids trop pleins.

La nourriture doit être donnée deux fois le jour, le matin et à deux heures; on la jette sur un endroit propre du carreau. Une mangeoire n'est pas aussi commode. Une assiette à soupe suffit pleine de grain pour chaque repas.

Pains salés qui aiguisent l'appétit des pigeons. Prenez vesce, deux livres; graine de cumin, un quarteron; sel gris, une demi-livre. Mettez dans un vase une demi-livre de terre franche tamisée; mêlez-y vos ingrédiens, et versez de l'eau en suffisante quantité pour faire une pâte bien liée et assez consistante pour conserver la forme de cône que vous lui donnerez. Faites sécher ce pain au soleil, et lorsqu'il aura acquis la dureté d'une pierre, placez-le dans le pigeonnier.

La vesce, la jarousse, le sarrasin, les pois, les criblures de blé, sont les grains qu'ils préfèrent; mais si vous voulez qu'ils produisent beaucoup et qu'ils soient bien gras, vous leur donnerez tantôt de l'un, tantôt de l'autre, à des intervalles de huit jours; quelquefois vous les mêlerez tous. Quand on les tient trop longtemps à la même nourriture, ils s'en dégoûtent et mangent moins. Si vous vous apercevez qu'ils soient rassasiés et laissent du grain, retranchez-leur un repas jusqu'à ce que l'appétit leur revienne.

Pour que la ponte ne soit pas interrompue dans les mois les plus rigoureux, il faut mêler une poignée de chènevis à leur nourriture accoutumée; ce moyen est infaillible: mais il faut cesser en *mars*, parce qu'à cette époque la fécondité reprend son cours habituel, et qu'une nourriture trop échauffante pourrait leur être nuisible; c'est par la même raison que vous donnerez plus de *pois* en été qu'en hiver.

Ces petits détails sont nécessaires pour en tirer tout le profit dont ils sont susceptibles, et ce profit est grand. Dans la proportion ci-dessus, deux doubles décalitres par mois suffisent; en les évaluant l'un portant l'autre à 2 fr., ce qui est très-cher, vous pouvez, pour 48 fr. par an, manger quatre pigeons par semaine, gros comme des poulets et d'un goût exquis.

Ces oiseaux, produisant beaucoup, sont nécessairement bientôt épuisés; il faut donc surveiller avec attention chaque couvée, et dès que vous voyez que de deux œufs il y en a un de clair, vous devez supprimer le couple et en laisser venir un jeune à la place; celui-ci doit être choisi provenant d'un père et d'une mère sans défauts.

Il arrive quelquefois que le jeune couple n'est pas assorti, et qu'il y a deux mâles ou deux femelles; alors il faut le supprimer encore sans chercher à rappareiller.

Quand vous voulez détruire une paire de vieux, il faut attendre qu'elle ait des œufs: alors vous prenez celui qui se trouve sur le nid; l'autre revient bientôt après le remplacer; et de cette manière, on n'effarouche pas les autres pigeons.

Les pigeons nés en septembre ou octobre sont bons à conserver, parce qu'ils sont dans toute leur force au mois de mars suivant.

D'autres préfèrent les pigeons nés au printemps, qui n'ont point souffert du froid.

On doit avoir le soin, surtout, de ne jamais souffrir dans la volière ni plus ni moins de mâles que de femelles, et de n'y tenir que des ménages assortis. Il est indispensable de ménager, pour chaque paire, une longue cage fermant à volonté, fermée par des treillages et des planches, avec deux séparations et deux pots à couvercles, afin que, lorsque les petits sont forts, ils n'aillent pas troubler la nouvelle ponte de leurs parens; ce qui arrive toujours lorsqu'il fait froid ou qu'ils sont faibles et paresseux: la mère, surtout, n'a pas la force ou le courage de les chasser; ils salissent le nid et les œufs, et les cassent. Si ces cages sont bien faites, un peu sombres, quoiqu'aérées, faciles à nettoyer et à descendre par ceux qui les occupent, ils s'y attacheront et ne les quitteront jamais. On ne saurait trop les multiplier pour éviter les combats.

On a imaginé une sorte de niche qu'ils aiment beaucoup, et qui a l'avantage d'être légère, mobile, facile à nettoyer, et de familiariser les pigeons: elle est formée par trois planches carrées, d'un pied de long sur dix pouces de large, réunies, dans la hauteur, en deux carrés, par des lattes longues de trois pieds, clouées latéralement, près à près, pour laisser circuler l'air, de manière qu'une planche fait le dessous ou le bas, une autre le dessus, et la troisième sépare les deux cages. On met des traverses sur le devant, pour que les parens s'y perchent, et qu'elles retiennent les petits; on attache ces lattes où l'on veut, par rangs ou files, au moyen de bons clous.

Si les pigeons sont farouches, on emploie une autre façon. Deux planches d'une largeur proportionnée à leur nid, et de telle hauteur que la planche le permet, sont clouées d'équerre en formant comme une large gouttière; on couvre le haut d'une planche formant le dessus, et on partage la longueur en autant de cases que l'exige la hauteur des pigeons. On y cloue des traverses et des barres saillantes pour qu'ils puissent entrer, et on pose ces cages mobiles contre les murs, où elles se tiennent naturellement debout et fermées; on peut, avec elles, obtenir une régularité agréable, et le soir on aura le plaisir de voir presque tous les mâles placés sur le dessus, pour surveiller leur famille.

Si on veut y enfermer une paire, on pose contre une claie de lattes ou d'osier, qui va de l'une à l'autre cage; on place au-dessus une longue planche qui les unit et ferme la séparation, et on met le boire et le manger par terre, tout contre la claie, avec une planchette mobile ou une tuile couchée contre, en talus, qui en écarte les autres pigeons.

Ces cages mobiles sont faciles à nettoyer, prennent le moins de place possible, s'emportent et se mettent où l'on veut.

Il est également important que les pots à couver, en terre cuite, unie et poreuse, comme celle des pots à fleurs, soient proportionnés à la taille des pigeons, et plutôt plus petits que plus grands, afin que le pigeonneau jette plus aisément sa fiente au dehors. Il faut changer souvent la paille coupée dont on les garnit, et tuer les puces, les mites et les vers que l'on y trouve toujours. Les mites se cachent aussi sous le centre du pot, où les attire la chaleur. Surtout, il ne faut pas oublier que le pigeon renfermé s'ennuie et travaille moins qu'étant libre, ou du moins dans un espace où il pourrait voltiger. Il en est de même des pigeonneaux qui maigrissent en cage, et mangent seuls plus vite étant avec les autres, à moins que l'on n'ait la précaution de placer auprès d'eux des petits vases pleins d'eau et de grains.

Un ou deux mâles non appareillés suffisent pour porter le trouble dans toute l'habitation, et pour déranger toutes les pontes. Aussi, quelques amateurs ont-ils la précaution de retirer de la volière, aussitôt qu'ils mangent seuls, tous les jeunes pigeons qu'ils destinent à augmenter le nombre des nids ou à remplacer ceux dont l'âge annonce la prochaine stérilité. Ils les réunissent dans un endroit qu'ils appellent l'*appareilloir*, et les y laissent jusqu'à l'époque où le roucoulement des mâles et la coquetterie prononcée des femelles ne laissent aucun doute sur le sexe des individus. Alors, à moins que l'on en ait de différentes races que l'on veuille croiser, il ne faut point gêner leurs inclinations, et les laisser faire leur choix. Il y a même de l'inconviennent à mettre indistinctement un mâle et une femelle dans une cage pour qu'ils s'accouplent; dans ces ménages, brusquement formés avant que les soins mutuels en fassent le lien, la discorde règne plusieurs jours.

Il est presque indispensable d'avoir deux, et même trois séparations dans une même volière, ou d'avoir deux ou trois volières séparées, lorsque l'on veut posséder toutes ou presque toutes les espèces de pigeons de tailles différentes; car leur mélange est fécond en dissensions et en combats. Lorsqu'on tient ces pigeons captifs, il faut placer devant leur demeure une cage de fil de fer dont la grandeur est proportionnée au nombre des pigeons. La base de cette espèce de volière extérieure doit être en planches; les côtés, le devant, en grillage; la partie supérieure, qui sert de toit à la cage, doit être couverte de manière à ne pas permettre à la pluie d'y pénétrer, parce qu'elle y forme, avec la fiente des pigeons, une boue qui s'attache à leurs pattes, aux plumes du ventre, et nuit au succès de l'incubation. Le même inconvénient résulte de la liberté laissée à ces animaux dans les temps humides.

Cette cage leur sert à aller prendre l'air et à s'échauffer au soleil. Il est nécessaire aussi, quand les pigeons ne sortent pas, de placer dans la volière un baquet de quatre pouces de profondeur, rempli d'eau que l'on renouvelle tous les jours. Les pigeons aiment singulièrement à se baigner et à se rouler dans la poussière, pour se délivrer des poux et des puces qui les tourmentent.

Manière d'engraisser les pigeons. Lorsqu'on désire manger de bons pigeonneaux, il ne faut pas attendre qu'ils se nourrissent seuls, parce qu'alors ils maigrissent; leur chair n'a plus cette finesse et cette délicatesse qui caractérisent les bons pigeonneaux : c'est lorsqu'ils ont environ un mois qu'il convient de les prendre, et avant qu'ils ne sortent de leurs nids; mais, si l'on veut manger d'excellens pigeonneaux de volière, il faut les engraisser de la manière suivante : lorsque les pigeonneaux seront parvenus au dixneuvième ou au vingtième jour, lorsque le dessous de leurs ailes commencera à se garnir de plumes, ou de canons dans la partie des aisselles, retirez-les de la volière, placez-les ailleurs dans un nid, et couvrez le nid avec une corbeille, un panier, qui refuse l'accès à la lumière et laisse le passage à l'air. Tout le monde sait qu'on doit, en général, tenir dans l'obscurité les animaux qu'on veut engraisser artificiellement; ayez des grains de maïs qui auront trempé dans l'eau environ vingt-quatre heures; retirez deux fois par jour, le matin de bonne heure, le soir avant la nuit, chaque pigeonneau de son nid; ouvrez-lui le bec avec adresse, et faites-lui avaler chaque fois, selon son espèce et sa grosseur, quatre-vingts et même cent grains de maïs humecté. Continuez dix ou quinze jours de suite, et vous aurez des pigeons d'une graisse aussi fine que celle des plus belles volailles du Mans : il n'y aura de différence que dans la couleur. D'autres ont conseillé, pour avoir des pigeonneaux extrêmement gras, de leur arracher les plus grosses plumes des ailes, pour les obliger à ne point quitter le nid, ou bien de leur attacher les pieds. Quelques-uns même leur brisent les os des jambes. Par ce moyen, disent-ils, on les voit engraisser à vue d'œil, parce qu'alors la nourriture de ces petits animaux n'étant pas dissipée, tout se porte vers la graisse. Cette opération, inventée par la plus détestable sensualité, ne contribue en aucune manière à leur embonpoint; elle pourrait même leur être très-préjudiciable, puisqu'elle ne saurait avoir lieu sans leur occasionner des douleurs très-vives; d'ailleurs, le père et la mère chassent leurs petits du nid, et cessent de les nourrir quand ils sont occupés d'une nouvelle couvée. Les pigeonneaux, ainsi disloqués, maigrissent, et ne cessent d'être maltraités par les autres, dont ils sont la victime s'ils se traînent hors de leur nid, à cause de l'impossibilité dans laquelle ils sont de se défendre ou de les éviter, tandis que, s'ils sont bien nourris, et qu'on les prenne lorsqu'ils sont sur le point de sortir du nid, c'est-à-dire lorsqu'ils ont trois semaines, ou un mois, ils seront suffisamment gras pour ne point avoir recours à de pareils moyens, qui ont quelque chose de révoltant.

Des maladies des pigeons, et des remèdes qu'il convient d'y apporter. Parmi les maladies auxquelles le pigeon est sujet, celles qui l'affectent principalement sont : l'*avalure*, le *chancre*, le *ladre* et la *goutte*. La mue est, pour le pigeon captif, qui ne peut se livrer à toute l'activité à laquelle la nature l'avait destiné, une maladie souvent aussi cruelle que la dentition l'est pour d'autres animaux: Quelquefois un pigeon meurt après avoir longtemps souffert, faute d'avoir pu se défaire de trois ou quatre grandes plumes de l'aile. On peut prévenir cette mort en prenant l'individu et en lui arrachant les plumes avec soin, de peur de les rompre ou de déchirer les parties adhérentes par un mouvement trop brusque et trop fort.

L'*avalure* est, presque comme la goutte, une maladie de vieillesse : les individus qui en sont attaqués vivent quelquefois longtemps; mais ils sont absolument inféconds.

Cette maladie est un déplacement sensible, formant grosseur dans les organes sexuels, et qui les rend incapables de produire.

Le *chancre*, trop connu par ses ravages, mais pas assez attentivement examiné, a été jusqu'à présent regardé comme à peu près incurable; on n'a pas trouvé le moyen de le guérir, et la crainte de la contagion conduit les propriétaires à tuer impitoyablement les pigeons qui en sont atteints. Voici cependant une recette qui paraît avoir quelque succès.

Prenez : sel d'oseille, cumin, huile d'aspic, essence de cochléaria, quantités égales; mêlez le tout, et, soir et matin, avec une plume de l'aile du pigeon trempée dans ce mélange, lubrifiez-en le gosier du malade. Ce remède ne peut être employé qu'à l'extérieur; si une très-faible quantité pénètre dans leur gosier ou dans leur glotte, elle les tue presque sur-le-champ.

Le *ladre* est une maladie qui pourrait être regardée comme un lait répandu, dont quelquefois sont affectés les pigeons qui, ayant perdu leurs petits dès les premiers jours de leur naissance, n'ont pu se débarrasser de la pâtée qu'ils avaient préparée dans leur estomac pour leur première nourriture. Le moyen de les guérir serait de leur substituer d'autres petits de même âge à la place de ceux qui seraient morts.

Quelques pigeons sont tellement avides, qu'ils se gorgent d'alimens au point que, ne pouvant pas être digérés, ils restent dans le jabot, s'y corrompent, et font souvent mourir l'animal; cela arrive surtout lorsqu'ils ont été longtemps sans manger. Dans ce cas, on les enferme dans un bas qu'on attache à un clou, de manière qu'ils aient les pieds inférieurement; et, dans cette position, on ne leur donne qu'un peu d'eau de temps en temps. Mais ce procédé manque quelquefois: alors on est obligé de fendre le jabot avec une paire de ciseaux bien pointus ou un canif: on en retire l'aliment corrompu, on le lave, et ensuite on le recoud. Cette opération, dangereuse et souvent mortelle, ne vaut pas le premier moyen, surtout si, pour faciliter la digestion, on fait avaler à l'oiseau un peu d'ail pour fortifier l'estomac. Après, on le met à la diète, à l'eau nitrée, ou de rouille, ou d'alun. Il y a encore une maladie très-commune aux pigeons, surtout dans les pays chauds: c'est une espèce de petite vérole. Les pigeons sont encore sujets aux coups de sang ou à l'apoplexie; ils tombent tout à coup; leur sang sort par le bec, et ils meurent promptement. Si on s'en aperçoit à temps, il faut les saigner, en leur coupant un ou deux ongles, dont le sang sortira, surtout l'on leur tient la patte dans l'eau tiède, ce qui les soulage aussitôt.

Le *torticolis*, le *polype*, le *râle*, l'*asthme*, les *vers*, le *dévoiement*, sont encore des maladies qui attaquent les pigeons. Le sel mêlé aux alimens, la propreté, en sont les préservatifs et les seuls remèdes. Le dévoiement cesse par l'usage du sel.

Moyen de détruire les petits insectes et les puces qui tourmentent les pigeons. Pour en empêcher le développement, il convient de laver avec la *première solution mercurielle* (voy. ANIMAUX NUISIBLES) les murs des lieux destinés à recevoir ces animaux, ainsi que les paniers où ils pondent, les juchoirs, etc. Si ce moyen offre des difficultés dans son emploi, on pratiquera des fumigations sulfureuses, après avoir fait sortir la volaille et fermé aussi exactement que possible toutes les ouvertures par où la vapeur pourrait s'échapper.

PIGEONS SAUVAGES. (*Chass.*) Chacun peut chasser et tuer les pigeons sauvages, tels que les pigeons ramiers et autres de cette espèce.

Quant aux pigeons domestiques, ils sont assimilés à la volaille, c'est-à-dire qu'il est libre à chacun d'en avoir, pourvu qu'ils ne portent dommage à personne.

Afin de prévenir leurs dégâts, ils doivent être renfermés aux époques fixées par la loi; autrement ils sont considérés comme gibier, et chacun peut les tuer ou s'en emparer de toute autre manière sur son terrain, comme de toute autre volaille. (Décret du 5 août 1789; loi du 6 octobre 1791.)

Mais ils ne peuvent être tués, ni même tirés ou pris, sur le terrain d'autrui, avec trappes, filets, glu, ou de toute autre manière, à peine de 20 francs d'amende et de dommages-intérêts. (Art. 12 de l'édit du mois de juillet 1809. M. Merlin, Rép. de Jurisp., au mot *Colombier*, page 456.)

Il est défendu d'attirer les pigeons sur son terrain pour s'en emparer. (Art. 564 du Code civil. M. Thoullier, t. V, note de la page 12.)

Celui qui, hors le temps où les pigeons sont déclarés gibier, les tue et les enlève contre le gré des propriétaires, est passible des peines de l'article 40 du Code pénal.

Celui qui tue sur sa propriété des pigeons qui lui causent des dommages ne commet oint de délit.

L'autorité municipale ne peut rendre des arrêtés portant des peines contre ceux qui laisseraient vaguer leurs pigeons en temps prohibé; ce serait empiéter sur le pouvoir législatif. La seule mesure répressive autorisée par la loi consiste en ce que, pendant ce temps, les pigeons étant regardés comme gibier, chacun peut tuer ceux qu'il trouve sur son terrain. (C. de Cass., 27 juillet 1820.)

La divagation des pigeons au temps des moissons autorise une action en dommages-intérêts. (Loi du 4 août 1789.)

Le juge de paix qui dispose à cet egard par voie de réglement ou de prohibition générale empiéte sur les attributions administratives. (Code civil, art. 5.)

Le juge de paix qui prononce en cette matière des dommages et intérêts, s'il commet une erreur, ne commet pas du moins un excès de pouvoir qui puisse autoriser le pourvoi.

PIGEONS. (*Cuis.*) Le maréchal Mouchy prétendait que la chair du pigeon a une vertu consolatrice. Lorsque ce seigneur avait perdu un ami, un parent, il disait à son cuisinier : « Vous me servirez à dîner des pigeons rôtis. J'ai remarqué, ajoutait-il, qu'après avoir mangé deux pigeons, je me lève de table beaucoup moins chagrin. »

Des pigeons de volière. Les pigeons de volière sont les meilleurs de l'espèce. On ne les saigne pas, mais on les étouffe. Quand vous voulez les mettre à la broche, prenez-les au moment où ils se préparent à descendre du nid, parce que, lorsqu'ils commencent à manger seuls, ils maigrissent pendant huit jours, mais ils reviennent promptement gras. Il faut donc, avant de les prendre, les observer et les connaître. Il y en a toute l'année si on les nourrit bien. Ils n'ont pas besoin d'être mortifiés comme les autres volailles; on peut les prendre au moment du dîner, ce qui les rend d'une grande ressource.

Pigeons à la broche. Prendre deux pigeons bien propres et flambés; qu'aucun grain surtout ne reste dans leur corps, ce qui suffirait pour dégoûter d'en manger. Trousser le cou, les tourner sur le dos, les ailerons renversés en arrière et les pattes allongées; couper les premières phalanges des doigts; enlever le dessus du bec; mettre du sel dans le corps, barder sur l'estomac; envelopper de feuilles de vigne beurrées, ou huilées si c'est la saison; ficeler; faire cuire trois quarts d'heure à petit feu s'ils sont gros; arroser souvent avec de l'huile fine. Ne pas servir desséchés : le pigeon doit rendre du jus en le découpant. Les gros pigeons se partagent en quatre; le bas, qu'on nomme culotte, est le meilleur à offrir.

Pigeons en compote. Prendre un ou deux gros pigeons; ôter le cou; replier les pattes sur le ventre; ficeler; aplatir un peu; faire blanchir un quart d'heure à l'eau bouillante; essuyer; arroser l'estomac avec un jus de citron. Mettre dans une casserole un quarteron de beurre, une cuillerée de farine; faire un roux blond peu coloré; mouiller avec deux verres de bouillon chaud et demi-verre de vin blanc; ajouter poivre, un bouquet garni, un quarteron de jambon, huit champignons coupés en quatre; placer vos deux pigeons l'estomac en dessous; couvrir et faire cuire deux heures à petit feu. Pendant ce temps, faire blanchir à l'eau bouillante douze ou quinze petits oignons blancs; égoutter; une demi-heure avant de servir, mettre dans votre ragoût ; faire réduire à point ; ôter le bouquet et le jambon ; dégraisser et servir, les oignons rangés autour des pigeons.

Pigeons aux pois. Ils s'arrangent exactement comme le canard aux pois (voy. ce mot) ; mais il ne leur faut qu'une heure et demie de cuisson.

Pigeons en crapaudine. Prendre deux jeunes pigeons ; ôter les cols ; trousser les pattes sur le ventre ; les passer sous la peau ; retourner les ailerons en arrière. Placer sur le billot l'estomac en dessous ; les frapper avec le plat du couperet pour les aplatir, sans les écorcher. Faire fondre demi-quarteron de beurre avec sel, poivre, une pointe d'ail haché ; tourner vos pigeons dedans, que tout le beurre s'y attache ; les passer bien épais. Mettre demi-heure sur le gril, le ventre le premier ; ne les tourner qu'une fois. Servir sur une sauce aux échalottes (voy. ce mot) ou une sauce froide à l'huile et au vinaigre, avec échalottes grossièrement hachées.

Pigeons en salmis. Prendre les restes de pigeons rôtis et les bardes s'il y en a ; mettre dans une casserole avec gros comme une noix de beurre ; faire revenir de tous côtés ; ajouter une pincée de farine ou une cuillerée de chapelure. Mouiller avec demi-verre de bon vin rouge et demi-verre de bouillon. Mettre huit échalottes hachées, poivre, sel, six petites croûtes de pain comme des pièces de cinq francs, deux cuillerées d'huile fine ; faire bouillir ; servir les croûtons en dessus.

PIGNON. (*Conn. us.*) Dans les combinaisons des roues communiquant leur mouvement les unes aux autres, la plus petite prend le nom de *pignon*, et ses dents se nomment des *ailes*. Quelquefois le pignon est formé de deux plateaux tournant sur un même axe, et portant autour de leur circonférence intérieure un certain nombre de pièces cylindriques allant d'un plateau à l'autre, et servant de dents ou d'ailes. Ce pignon prend alors le nom de *lanterne*, et ses ailes celui d'*aluchons* ou de *fuseaux*. On ne l'emploie guère que dans les grandes machines, telles que les moulins à farine, etc.

Lorsque le mouvement est communiqué par un certain nombre de roues et de pignons, la vitesse angulaire de la première roue (c'est-à-dire le nombre de révolutions qu'elle fait dans un temps donné) est à la vitesse angulaire du dernier pignon comme le produit obtenu en multipliant les uns par les autres le nombre de dents de chaque pignon est au produit de la multiplication des uns par les autres, des nombres de dents de chaque roue ; ou bien comme le nombre de dents dans chaque roue et dans chaque pignon est proportionnel au diamètre de la roue ou du pignon. On obtiendra le même résultat en cherchant le rapport entre le produit de la multiplication des uns par les autres des rayons de tous les pignons, et le produit de la même multiplication des rayons de toutes les roues.

PIGNONS DOUX. (*Conn. us.*) Ce sont les fruits du pin, arbre résineux, grand, droit, et d'une utilité infinie, outre l'avantage de la durée de son bois pour la charpente. Certaines espèces de pins fournissent de la résine sèche et liquide, du goudron, du brai gras, etc. Les fleurs que produisent ces arbres sont formées de plusieurs écailles, sous chacune desquelles est un embryon surmonté d'un stylet ; ces embryons deviennent chacun un noyau, quelquefois assez dur, quelquefois tendre, plus ou moins gros : on trouve dans ces noyaux une amande composée de plusieurs lobes ; ce sont ces amandes qu'on nomme *pignons doux* : à mesure que ces amandes se forment, les petites têtes grossissent et forment des cônes ou pommes. Ces pignons sont bons à manger. Ils ont des propriétés pectorales ; on en fait des dragées, et on en tire de l'huile. (Voy. PIN.)

PILLAGE. (*Cod. dom.*) Il y a lieu à exécution de la loi du 10 vendémiaire an IV en cas de pillage sur le territoire d'une commune.

Lorsqu'un particulier réclame des indemnités d'une commune, en exécution de cette loi, de son chef et par action principale, sans que le ministère public ait poursuivi d'office, ce particulier n'a pas besoin de soumettre sa demande au conseil de préfecture à l'effet de faire autoriser la commune à plaider, comme dans les procès ordinaires. (C. de Cass., 28 janvier 1826.)

Les communes sur le territoire desquelles des vols ou des pillages ont été commis sont tenues, en vertu de la loi du 10 vendémiaire an V, de payer le double de la valeur des objets pillés lorsqu'ils ne sont point rendus en nature. Cette loi du 10 vendémiaire an IV, rendue pendant le cours du papier-monnaie, ne parlant point de signe monétaire de cette valeur, dès-lors c'est le double de la valeur effective, telle qu'elle était à l'époque où le pillage a eu lieu. (Cour royale d'Orléans, 14 mars 1827.)

Les communes dont les habitans ont pris part au pillage sont solidairement responsables de la réparation.

Le procès-verbal d'estimation du préjudice causé par le pillage peut être dressé par le maire d'une des communes, accompagné d'experts.

Le jugement qui condamne une commune à une somme à titre de réparation peut en outre la condamner aux intérêts de cette somme à partir du jour du pillage. (C. de Cass., 4 décembre 1827.)

PILULES. (*Méd. dom.*) Médicamens semi-solides, simples ou composés, sphériques, et ovales lorsqu'ils pèsent plus de 4 décigrammes.

Les pilules ne doivent être ni trop molles ni trop solides. Dans le premier cas, ces médicamens sont sujets à l'altération, à se réunir les uns avec les autres, et à ne former qu'une seule masse ; dans le second cas, ils ne se délaient pas assez promptement et assez facilement dans les premières voies.

En général, on ne doit pas préparer de trop grandes masses de pilules officinales à la fois, et on ne doit diviser de ces masses que des quantités relatives à la consommation qu'on peut en faire en quelques jours, parce que, lorsque ces masses sont trop considérables, et malgré qu'on les conserve dans des pots de faïence ou dans des parchemins, qu'on place dans des lieux frais, elles se dessèchent toujours ; et, lorsqu'on veut les diviser, on les trouve trop solides, et l'on est obligé d'y ajouter un excipient pour les ramollir, ce qui augmente la masse et diminue les propriétés des pilules eu égard au poids qu'elles doivent avoir. Si elles ne se dessèchent pas, il arrive souvent qu'elles moisissent à la surface, ce qui est bien pis encore ; et, si on les divise toutes à la fois, l'on tombe dans le cas dont nous avons parlé ci-dessus; c'est-à-dire que, trop desséchées, elles tardent quelquefois trop à se délayer, et par conséquent leur effet n'est point assez prompt.

Un grand nombre de remèdes portent le nom de pilules. Les principales sont les pilules angéliques vermifuges et purgatives, les pilules astringentes, les pilules de ciguë, employées dans les scrophules; les pilules de cynoglosse (voy. ce mot), les pilules hydragogues de Bontin, les pilules mercurielles de Beloste, les pilules balsamiques de Morthon, pour les maladies de poitrine, etc.

PIMENT. (*Jard.*) *Capsicum*. Famille des solanées. Plante annuelle. Semis dans la couche sourde, en même temps que les melons : il lève au bout de douze ou treize jours. Au premier mai, repiquer au soleil, en terre légère bien fumée; on peut semer en pleine terre, au 15 avril, au midi, au pied d'un mur. Il mûrit à la fin d'octobre, et est en piment aux gelées.

Le piment doux jaune ressemble à la tomate.

Pour conserver la graine, on la laisse dans les gousses qu'on enfile et qu'on suspend. Elle se garde cinq à six ans.

PIMPRENELLE. (*Jard.*) *Poterium sanguiserba*. Famille des rosacées. Cette plante vivace sert pour fournitures de salades. La graine dure trois ans. On la sème dans un terrain frais et profond, en bordure ou contre-bordure. On la tond souvent pour la conserver tendre, et on arrose pendant la sécheresse; elle épuise la terre. On la multiplie aussi de séparation de pieds, en septembre.

PIN SAUVAGE. (*Jard.*) *Pinus sylvestris*. On sème la graine aussitôt maturité, dans de très-petits pots, au fond desquels est un tuileau; on les emplit de terre de bruyère criblée; on place dessus trois ou quatre graines, et on recouvre au crible. On enterre à l'ombre : il faut une humidité modérée. Quand le jeune plant a un pouce de haut, on n'en laisse qu'un dans chaque pot; on change les pots en mai, chaque année, jusqu'à ce que le plant ait un pied de haut. On le met alors en place, avec un peu de terre de bruyère, dans un lieu clos. On fera bien de mettre les pins en place dès la seconde année, de les marquer par quatre petits piquets, et de les garnir de feuilles pendant l'hiver : ils pousseront bien rapidement.

Si par hasard on avait des pins un peu plus forts (comme de trois ou quatre pieds de haut) à changer de place, on ne doit faire cette opération qu'à la fin de mai. On cerne l'arbre à douze pouces du tronc, en enfonçant la bêche à pic le plus profondément possible, sans ôter de terre; on tâche alors de soulever à deux, en se plaçant en face l'un de l'autre, toute la motte de l'arbre, en appuyant sur le manche des deux bêches, et on le transporte de suite avec précaution dans la fosse qu'on lui a préparée. On arrosera ces pins tous les quatre jours dans les sécheresses. Mais ce moyen n'est que pour des cas particuliers, il vaut toujours mieux planter jeune et en pots. Le pin sylvestre est un des plus rustiques : il vient à toute exposition, en tout terrain, pourvu qu'il ne soit pas très-humide. Les pins supportent sans aucun inconvénient l'élagage rez-tronc; mais, comme plus ils sont garnis, plus ils sont beaux, on ne doit leur retrancher des branches que lorsqu'elles gênent par une cause quelconque.

Pin de Russie. Pinus riga. Arbre ayant du rapport avec le précédent; mais sa forme est plus régulière. Il a deux feuilles dans la même gaine; ses cônes sont pointus et petits. Même culture.

Pin nain. Pinus sylvestris mugho. Arbuste indigène de six ou huit pieds; branches à deux feuilles; cônes ovales et obtus. Même culture; propre au rang de devant des abris.

Pin maritime ou de Bordeaux. Pinus maritima. Arbre peu branchu; feuilles très-longues, deux dans chaque gaîne. Cônes gros de cinq pouces de long et ordinairement placés de chaque côté des tiges. Cet arbre, ne pivotant pas, n'a pas de soutien; le vent le couche toujours, aucun tuteur ne peut le redresser. Même culture. C'est le plus rustique, mais le moins propre à l'ornement, comme aux abris.

Pin à trochet. Pinus racemosa. Arbre à deux feuilles. Les cônes sont rassemblés en grand nombre au bout des branches. Variété du *maritime*. Même culture.

Pin de Corse. Pinus laricio. Arbre à deux feuilles. Très-droit, d'un port superbe. Les branches sont régulières, ascendantes et garnies de feuilles très-longues et très-serrées. Il croît rapidement, est très-propre à faire des abris; mais son feuillage, étant épais, donne beaucoup de prise au vent. Il ne faut donc pas le placer sur le rang le plus exposé. Même culture.

Pin cultivé ou à pignon. Pinus pinea. Arbre indigène, à deux feuilles. Il s'élève beaucoup, se dégarnit du bas, et forme une large tête. Cônes de trois pouces de diamètre, contenant des amandes grosses comme celles des noisettes, bonnes à manger. Même culture, mais exposition méridionale. Abriter plus soigneusement le jeune plant des gelées, jusqu'à ce qu'il ait deux pieds de haut.

Pin d'Alep. Pinus alepensis. Arbrisseau indigène à deux feuilles, formant un large buisson; branches jusqu'à terre; feuillage fin et glauque; cônes gros comme des œufs. C'est une jolie espèce. Mêmes soins que pour le pin à pignon.

Pin d'encens. Pinus tœda. Arbre de Caroline. A trois feuilles longues et nombreuses, et d'un beau port. Tige droite, forte, bien garnie du bas; cônes moyens. C'est une des plus belles espèces. Très-rustique, souffrant très-bien la transplantation en mai.

Pin de lord Whemouth. Pinus trobus. Arbre de Canada. A cinq feuilles; c'est le plus droit et le plus régulier. Son écorce est lisse et grosse; son feuillage est léger et glauque; cônes longs, pendans, à écailles minces et détachées. On les cueille en août. Même culture que les premiers. Il pousse rapidement.

Pin cembro. Pinus cembra. Arbuste des Alpes. A cinq feuilles; tige droite, bien garnie. C'est un joli arbre. Même culture.

Pin doux. Pinus mitis de Michaux. Arbre de l'Amérique septentrionale; a trois feuilles longues de quatre pouces, et très-douces au toucher. Même culture.

Pin de Romanie. A deux feuilles. Très-belle espèce ayant l'aspect du *laricio*. Je ne connais que des individus greffés.

Pin de Virginie. Pinus inops. A deux feuilles. Il est

d'un aspect misérable comme l'indique son nom. Même culture.

Pinus palustris. Des marais de la Caroline. A trois feuilles, longues de *douze pouces.* Il est peu branchu, et d'un aspect bizarre. On a longtemps cultivé ce pin en orangerie et en pots; les marchands le font encore. Aussi, à six ou sept ans, ces sujets ont à peine un pied de haut, et on les vend dix francs pièce. « Je puis affirmer, dit madame Adanson, que le *pinus palustris* n'est pas plus délicat que le *sylvestris.* Je m'en suis procuré de la graine il y a quelques années; je l'ai semée en terre de bruyère et en pots enterrés; je les ai laissés tous les hivers dehors, en me contentant de jeter dessus quelques feuilles mortes; je n'en ai pas *perdu un seul*, et la première année ils n'étaient pas plus gros que des fils. Je les ai mis en place dans une terre bourbeuse et humide, toute composée de débris végétaux; ils paraissent s'y plaire à merveille. C'est là que je cultive mes sarracènes. »

Pinus caramania. A deux feuilles, longues de deux pouces. C'est un bel arbre très-droit. Il fleurit tous les ans chez moi, mais ne fructifie pas. Culture du *pinus sylvestris.*

PINNE. (*Pêch.*) *Pinna.* Coquille bivalve de la Méditerranée, connue sous le nom de *jambonneau rouge.* On la pêche avec des harpons. Les filamens soyeux avec lesquels elle se fixe aux rochers servent à faire des étoffes très-fines, de couleur brune lustrée et brillante, des bas, des gants, etc.

PINSON. (*An. dom.*) *Fingilla.* Passereau d'Europe. Le mâle a la tête bleue et le croupion doré. Pour l'élever, il faut l'avoir très-jeune.

Le pinson est sujet à devenir aveugle. Quand ses yeux pleurent et que ses plumes se hérissent, on lui fait boire tous les deux jours, pendant quatre jours, du jus de feuilles de poirée, avec de l'eau et du sucre. On peut aussi lui donner un petit bâton de figuier, pour s'y percher et y essuyer ses yeux; on le nourrit ensuite, pendant trois jours, avec de la graine de melon mondée.

PINTADE. (*An. dom.*) *Numida meleagris.* Poule d'Afrique, naturalisée en France, où on l'élève avec les poulets. On peut faire couver ses œufs à des poules. On la nourrit avec des jaunes d'œufs purs, millet, navettes broyées, avec un peu d'eau. La tenir chaudement.

La pintade est tachetée de blanc sur un fond gris. Il y en a une variété toute blanche, et une autre huppée, qu'on a acclimatée en Hollande.

Le pintadeau s'apprête comme le dindon, et est très-délicat. (Voy. DINDON.)

Les œufs de la pintade sont abondans et excellens.

PIPE. (*Hyg.*) La pipe noircit les dents; elle excite, hors le temps de la mastication, la sécrétion de la salive, et par la suite amaigrit le fumeur qui en fait un usage immodéré. Elle peut amener des irritations pulmonaires et gastriques.

Quand les habits d'un fumeur sont imprégnés de l'odeur de la pipe, on enlève cette odeur en plaçant les vêtemens au fond d'une armoire à porte-manteau. Au bas, on dépose deux assiettes contenant environ deux onces de chlorure de chaux sèche. L'odeur est détruite au bout de six heures. (Voy. TABAC.)

PIPÉE. (*Chass.*) La chasse à la pipée se fait en septembre ou octobre, dans un bois, une forêt ou un lieu bas, à peu de distance d'un vignoble ou de quelques osiers, ou d'un ruisseau. On choisit un petit chêne isolé, à branches courtes et droites. On coupe toutes les branches inutiles, en commençant par le haut; on élague l'arbre de manière à lui donner la forme d'un verre à boire; on y fait des entailles au-dessus, profondes de deux ou trois lignes, et de trois en trois pouces, pour y faire tenir des gluaux. (Voy. GLU, GLUAUX.)

On doit faire une petite cabane autour du pied de l'arbre pour le pipeur et ceux qui veulent avoir le plaisir de cette chasse. On la fait, en bonne partie, des branches qu'on a coupées de l'arbre, et on la couvre de feuilles. Elle doit avoir au moins cinq pieds de hauteur, et le haut doit être en forme de dôme. On y laisse deux ou trois ouvertures. On pratique des avenues ou petites voûtes, au nombre de dix ou douze, qui aboutissent toutes à l'arbre, et à la distance de trente ou quarante pas. On les nettoie bien; on y place des perches qu'on fait plier en demi-cercle; on leur fait des entailles pour y placer des gluaux, en les faisant plier horizontalement.

La pipée se fait le matin, au lever du soleil, et le soir, vers son coucher, et par un temps tranquille et modéré. Après qu'on s'est renfermé dans la loge, on observe un grand silence. Le pipeur commence à frouer, ce qu'il fait en soufflant dans une feuille de lierre à laquelle on fait un petit trou, en levant le côté du milieu assez près de la queue, ce qui imite le cri d'un petit oiseau qui appelle les autres à son secours. Il y a encore diverses manières de frouer. Aussitôt qu'on a froué, plusieurs oiseaux, comme des rouges-gorges, viennent se prendre; on donne quelques coups de pipeau pour contrefaire la chouette. On fait crier quelqu'un des oiseaux pris, ce qui en attire d'autres, qu'on fait crier à leur tour: par exemple, le pinson attire les grives, les merles, les geais; les geais attirent les corbeaux et les pies. A mesure qu'ils sont pris, on les tue, ou on les met dans un sac, pour faire crier ceux qui, par leur cri, peuvent attirer les autres. C'est au lever du soleil et à son coucher qu'on peut prendre des oiseaux bons à manger, comme les petites grives, les merles, les rouges-gorges, les mesanges, moineaux, fauvettes, roitelets et autres, qui sont fort bons rôtis ou fricassés.

C'est à la brune qu'on prend les hiboux, les chouettes, en contrefaisant la souris. On prend encore, au lever du soleil ou à son coucher, des éperviers, des tiercelets, des émérillons, des buses. En ramassant les oiseaux de proie, il faut se donner garde de leurs serres; le plus court est de les assommer. Les pies, les geais et les merles sont les plus difficiles à attraper lorsqu'ils sont tombés à terre. Il y a des oiseaux qu'on ne prend point au pipeau: tels sont les ramiers, les tourterelles, sansonnets, linots, chardonnerets; il faut encore ajouter les oiseaux qui ne perchent point, comme perdrix, cailles, bécasses.

Les gluaux pourront se faire avec de petits osiers bien unis, minces et droits, longs de quinze à dix-neuf pouces, et que l'on enduit de glu, excepté par le gros bout, pour y faire prendre les oiseaux à la pipée. Les meilleurs sont ceux que l'on cueille au mois de septembre, et dont les pointes ne se cassent point. Dès qu'on les a cueillis, on doit les laisser au soleil quelques heures, puis ôter les feuilles, en commençant par les cimes, et prenant garde d'en casser les pointes; on doit leur tailler le gros bout en forme de coin, pour qu'ils entrent dans les entailles faites aux branches de l'arbre, et qu'ils y tiennent, mais légèrement; les rassembler par paquets en les égalisant par le haut. Quand ils sont dans cet état, on prend de la glu vers la cime des gluaux, et on les frotte les uns contre les autres pour les engluer.

Nous avons dit que la glu commune se faisait avec de l'écorce de houx. (Voy. GLU.) On y mêle de l'huile d'olive pour s'en servir. Voici la manière d'employer le gui à faire de la glu.

On met dans un lieu humide cette écorce renfermée dans un pot pendant huit ou dix jours. Quand elle est pourrie, on la pile jusqu'à la réduire en bouillie, ensuite on la met dans une terrine. On y jette de temps à autre de l'eau de fontaine bien fraîche. On remue avec un bâton en forme de spatule, jusqu'à ce que la glu se prenne au bâton; plus elle est nette, plus elle est tenace; on l'étend souvent dans l'eau pour la bien nettoyer.

Autre manière de faire la glu. Prenez de l'écorce de gui, qui vient sur les chênes lorsqu'ils sont en sève; formez-en un gros peloton tout entrelacé; mettez-le pourrir dans un tas de fumier où il y aura de l'eau; laissez-l'y pendant cinq ou six jours. Pilez ensuite cette masse d'écorce dans l'eau; réduisez-la en pâte; lavez-la dans une eau courante; elle devient alors une masse gluante, qu'on met en boule dans un pot en lieu frais, et on verse dessus de l'eau claire, que l'on renouvelle de temps en temps.

Quand le moment est arrivé de vous servir de votre glu, vous en prenez la quantité qui vous paraît nécessaire, et vous la mettez dans un pot de terre. Vous ajoutez un tiers de graisse d'oie ou de chapon clarifiée avec soin, et vous mettez votre mixtion sur un feu doux. Vous laissez les matières fondre ensemble, et vous les remuez continuellement, jusqu'à ce qu'elles soient bien amalgamées; alors ôtez-les du feu, et remuez-les jusqu'à ce qu'elles soient refroidies.

Lorsque votre glu est froide, vous prenez vos baguettes, et vous les chauffez un peu sur le feu. Vous prenez votre glu, et vous en garnissez les bouts de vos baguettes. Vous les séparez l'une d'avec l'autre, et vous achevez de les arranger, en les pliant et les travaillant ensemble continuellement, jusqu'à ce qu'en les barbouillant l'une sur l'autre, vous ayez garni chaque baguette d'une quantité suffisante de glu.

Si vous enduisez de glu des cordes, faites-le pendant qu'elle est très-chaude et très-légère; barbouillez les cordes de tous côtés, en les nouant ensemble et les dénouant ensuite.

Si vous engluez de la paille, procédez-y aussi tandis que la glu est très-chaude; vous en engluez beaucoup à la fois, autant à peu près que vous pouvez en faire tenir dans votre main. Travaillez et secouez votre paille devant le feu, jusqu'à ce qu'elle soit toute enduite, de manière que chaque brin de paille ait autant de glu qu'il en faut. Cela terminé, mettez vos brins dans un étui de cuir ou de peau, jusqu'à ce que vous vouliez vous en servir.

Pour empêcher que la glu ne gèle sur les baguettes, les buissons ou la paille, vous ajouterez une pinte d'huile de pétrole avec autant de graisse de chapon; vous mêlerez bien le tout ensemble, et vous en frotterez bien les baguettes, etc. La glu se conserve ainsi souple, visqueuse et molle, sans avoir rien à craindre, même de la gelée la plus rude.

PIPÈTE. (*Conn. us.*) On a construit, en vertu de la propriété des pompes, de petits instrumens nommés *pipètes*, qui servent à séparer un liquide d'un solide, ou un liquide d'un autre liquide. Ces instrumens se composent d'une boule; à l'extrémité inférieure de la boule, est un tube effilé, et à la partie supérieure est un autre tube. Quand on veut soutirer une petite quantité de liquide, on y plonge le petit tube, et on aspire par l'autre tube; dès-lors la liqueur monte dans la boule par un trou imperceptible.

Les pipètes servent à vider les œufs.

PIQUE-MÉDRILLE. (*Récr. dom.*) Ce jeu, analogue au piquet et au médiateur, se joue entre deux personnes. Ses règles sont celles du médiateur. On supprime les huit, les neuf et les dix. La couleur favorite s'indique en retournant une carte. La donne se tire au sort. Le donneur place devant lui cinq fiches nommées *poulans*, et deux jetons; son adversaire met deux jetons seulement. Ces quatre jetons et l'une des fiches forment la poule; les autres poulans sont destinés aux matadors. Chaque joueur prend ensuite dix cartes. Pour l'ordre des cartes, les *matadors* et le reste du jeu, voy. HOMBRE.

PIQUETTE. (*Ind. dom.*) Dans les pays vignobles, les habitans des campagnes sont dans l'usage de fabriquer avec le marc de raisin un râpé, qu'ils chargent d'eau au fur et à mesure de la consommation. On prépare une boisson de la même manière avec des pommes tombées, des pommes à cidre ou sauvages, des prunelles et autres fruits des bois, plus ou moins communs. Les premières portions de boissons sont vineuses, agréables, piquantes, à cause de l'acide carbonique qui reste en solution; mais plus tard la liqueur devient plate; elle prend une saveur âpre, que lui communiquent la grappe et les pépins. Sur la fin elle est même désagréable, et l'eau pure est préférable. On obtient de la manière suivante un râpé qui durera cinq ou six mois et donnera un petit vin de ménage économique, agréable et salubre.

On met dans le fond d'un tonneau des copeaux de hêtre bien lavés, à une hauteur suffisante pour couvrir le trou où l'on met la cannelle ou robinet; on couvre ensuite les copeaux de marc de raisin frais et émietté jusqu'au milieu du tonneau. On achève de le remplir à un pouce de la bonde de petites pommes, ou de pommes coupées si elles sont trop grosses. On remplit ensuite le tonneau d'une solution préparée dans ces proportions de crême de tartre, soixante-quatre grammes (deux onces); sucre, miel ou mélasse, un kilogramme (deux livres). Cette solution est préparée à chaud; on la laisse refroidir à quinze degrés avant de la verser. On place sur le trou de bonde une bonde percée dans le milieu, sur laquelle on met un tube de deux pouces, ou mieux la bonde hydraulique en usage dans les contrées viticoles. On laisse fermenter quelques jours; on ajoute, si l'on veut, un peu d'alcool 5/6, en raison d'un litre pour un hectolitre de liquide. Lorsque le vin est fait, on en tire vingt ou trente litres, qu'on met en bouteilles, ou une plus grande quantité, que l'on soutire dans un baril pour la consommation. On remplace le liquide tiré par une quantité égale de solution tartrique; on répète le soutirage et le remplissage alternatifs jusqu'à ce que le ferment soit épuisé. Lorsque la fermentation languira, que la liqueur restera douce, on l'activera par l'addition d'un peu de lie de vin, de levain de farine de seigle ou de levure de bierre. Ce petit vin ne coûtera pas au-delà de 10 c. le litre hors Paris; il resterait au même prix dans Paris, sans l'entrée, qui se paie 6 fr. 60 c. pour un sac de pommes d'un hectolitre et demi, ce qui augmente la boisson d'un ou deux centimes au plus. Un tonneau de deux cent vingt-huit litres, ainsi préparé et conduit, pourra durer jusqu'au mois d'avril. Dans un petit ménage on se procurera ainsi pour l'hiver une très-bonne boisson, beaucoup moins chère que le vin de broc à 60 c., plus salubre, et profitable au moins à toute la famille.

Autre recette. Lorsque votre vin a été foulé, et que vous en avez extrait tous les grains où tous les marcs, entonnez-les dans un ou deux tonneaux, selon leur quantité; puis emplissez votre tonneau jusqu'aux trois quarts; mettez ensuite un quart de genièvre de l'année, avec une livre de cassonade, et bondonnez-le fortement. Surveillez, car cette piquette éprouve quelquefois une grande fermentation. Vous pouvez lui donner une couleur plus foncée et un goût plus spiritueux, en jetant dedans le marc de votre cacis après en avoir tiré l'eau-de-vie dans laquelle il aura infusé.

PIQUET (JEU DE). (*Récr. dom.*) On ne joue ordinairement que deux au piquet : le jeu de cartes qu'on emploie en prend le nom. Ce jeu se compose de trente-deux cartes, où les as sont au-dessus des rois; le reste garde sa valeur ordinaire. L'as vaut onze, et emporte toujours le roi, pourvu qu'il soit de couleur semblable. Chaque figure vaut dix points.

On convient du prix du jeu et du nombre de points que l'on jouera; ce nombre est de cent pour l'ordinaire, et l'on dit communément : *faire un cent de piquet*, pour dire une partie de piquet. On peut prendre une quantité de fiches et de jetons formant le nombre cent (à dix jetons la fiche), pour connaître en marquant quel est le joueur qui a le premier fourni ce nombre; mais le plus communément on se sert d'une carte coupée sur les quatre faces : d'un côté sont quatre coupures pour les unités, et une cinquième entaille à l'extrémité pour le nombre cinq; de l'autre côté, il y a également quatre coupures pour les dizaines, et une cinquième aussi à l'extrémité pour le nombre cinquante. Le coup n'est pas plus tôt fini que chacun doit marquer ce qu'il a fait de points, jusqu'à ce que la partie s'achève.

On tire à la plus basse carte à qui donnera. Le donneur distribue les cartes deux à deux, ou trois à trois, mais jamais une à une, jusqu'à ce que chacun en ait douze : il n'en reste donc que huit, qui forment le talon, et que l'on pose sur le tapis sans faire de retourne, car il n'y a point d'atout, ce sont les meilleures cartes de la couleur jouée qui font la levée.

Chacun examine et arrange ses couleurs : il remarque d'abord s'il a *cartes blanches*, c'est-à-dire des cartes qui ne sont point figures. Ces cartes, qui valent dix points, ne peuvent être comptées qu'après que l'autre joueur *a fait son écart*. Alors, leur porteur les étale sur le tapis en les comptant l'une après l'autre; elles se comptent avant le point même et servent à faire le *pic*, le *repic*, dont nous parlerons.

Qu'il ait cartes blanches ou non, le premier s'occupe de prendre son écart, c'est-à-dire que depuis un jusqu'à cinq il choisit dans son jeu les cartes qui lui semblent les moins nécessaires, les supprime et les remplace par autant qu'il prend à la suite dessus le talon; il est le maître de regarder les cartes qu'il laisse, et qu'il pourrait prendre; mais il ne l'est pas de regarder les trois dernières, qui appartiennent nécessairement au donneur; il est obligé d'écarter au moins une carte, et il peut regarder son écart tout le temps que dure le coup, s'il lui convient.

Le donneur, ou dernier à prendre, s'occupe ensuite de faire son écart; ainsi que le premier, s'il laisse des cartes, il peut les voir, et celui-ci le peut aussi, pourvu qu'il accuse la couleur par laquelle il doit jouer. Dès qu'il a nommé une couleur, il est forcé de la jouer; car s'il s'avisait de la changer, son adversaire aurait le droit de le faire commencer par la couleur qui lui conviendrait.

On fait l'écart dans le but de gagner les cartes et d'avoir le point, ce qui oblige à ne retrancher que les cartes de la couleur la moins nombreuse et la plus faible. Quand le jeu va bien, il ne faut pas, dans l'intention de le rendre encore meilleur, s'exposer à le gâter, et c'est alors que l'écart doit être seulement d'une carte.

Des quatorze. L'écart est encore et spécialement destiné à faire des *quatorze*. On nomme ainsi quatre as, quatre rois, quatre dames, quatre valets et quatre dix. Le premier l'emporte sur tous les autres; et, grâce à lui, on peut compter ce dernier quatorze, lors même que l'adversaire en aurait un de rois, de dames ou de valets, parce que le quatorze le plus fort annule le plus faible. Comme, au défaut des quatorze, on compte trois as, trois rois, trois dames, trois valets, trois dix, il est encore bon de chercher à les avoir. Les trois as valent mieux que les trois rois; le moindre quatorze empêche de compter trois as; et, à la faveur d'un quatorze, on compte non seulement d'autres quatorzes moindres, mais encore trois dix, ou autres trois, pourvu qu'ils ne soient pas de neuf, de huit ou de sept, bien que l'adversaire eût un trois d'une valeur supérieure.

On observe la même chose relativement aux dix-huitièmes, dix-septièmes, seizièmes, quintes, quatrièmes et tierces, auxquelles un joueur qui fait son écart doit avoir égard, pour tâcher de s'en procurer par sa rentrée.

Les joueurs s'occupent ensuite de leur *point*. C'est l'assemblage des cartes les plus nombreuses du jeu et d'une couleur quelconque, et dont on réunit les points pour les annoncer. On se rappelle la valeur des cartes; et par conséquent on voit que, pour former le point, l'as, qui vaut onze, et chaque figure dix, sont indispensables pour en former la base.

Le point assemblé, le premier en cartes l'annonce en ajoutant : *vaut-il ?* Si l'adversaire a un point moindre, il répond : *il vaut;* en a-t-il un semblable, il dit : *égal;* en a-t-il un plus fort, il dit : *ne vaut pas*. Celui qui a le point le plus fort compte pour cela autant de points qu'il a de cartes; si le point est égal, personne ne peut le compter; il en est de même quand les deux joueurs ont les mêmes tierces, quatrièmes, cinquièmes, etc., à moins que, par une quinte ou quatrième, ou tierce supérieure, un d'eux ne rende bonnes les tierces, quatrièmes ou cinquièmes qui pourraient être égales à celles de son adversaire.

Des hasards. Il y a trois sortes de hasards, qu'on appelle *repic*, *pic* et *capot*.

Le *repic* a lieu lorsque, sans que l'adversaire puisse compter, ou du moins ne pare pas, on compte dans son jeu jusqu'à trente points: en ce cas, au lieu de dire seulement trente, on annonce quatre-vingt-dix et au-dessus, à mesure qu'il y a des points à compter au-dessus de trente.

Le *pic* arrive lorsqu'ayant compté un certain nombre de points sans que l'adversaire ait rien compté, l'on va en jouant jusqu'à trente; en ce cas, alors, au lieu de dire trente, l'on compte soixante, et l'on continue de compter les points que l'on fait au-dessus.

Le *capot*. Lorsqu'un des joueurs fait toutes les levées, il rend l'autre *capot*. Ce coup lui vaut quarante points, tandis que le seul gain des cartes n'en vaut que dix. On peut réunir les trois hasards, et faire son adversaire *pic*, *repic* et *capot*.

Pour faire *pic*, c'est-à-dire pour compter soixante au lieu de trente, on doit être le premier; car, si vous ne l'êtes pas, et que votre adversaire jette une carte qui marque, il comptera un; et vous, quand vous auriez compté dans votre jeu vingt-neuf, si vous levez la carte jetée, vous ne compterez cependant que trente, à moins que l'autre ne jette une carte qui ne compte point; alors, après avoir levé cette main, vous pouvez continuer de jouer votre jeu jusqu'à trente, et compter soixante, le hasard étant bien fait.

Voici le temps de compter les cartes blanches, dont nous avons parlé plus haut; viennent ensuite le point, les tierces, quatrièmes, quintes, etc., après cela, les points que l'on compte en jouant, et enfin les dix points de cartes ou les quarante du capot.

Des tierces. Il y en a de six espèces: la première, que l'on nomme *majeure*, se compose d'un as, d'un roi et d'une dame; la deuxième, appelée *de roi*, se compose d'un roi, d'une dame et d'un valet; la troisième, nommée *de dame*, se forme de la dame, du valet et du dix; la quatrième, désignée sous le nom de *tierce de valet*, contient un valet, un dix et un neuf; la cinquième, dite *tierce de dix*, offre un dix, un neuf et un huit; enfin, la sixième, que l'on nomme *tierce basse* ou *fine*, a le neuf, le huit et le sept. Il va sans dire que toutes ces cartes doivent être de couleur semblable, et cette obligation regarde toutes les séquences suivantes.

Des quatrièmes. C'est la même marche que pour les tierces. Il y a cinq sortes de quatrièmes: 1° la première, nommée *quatrième majeure*, veut l'as, le roi, la dame, le valet; 2° vient ensuite celle de *roi*, où le dix remplace l'as, mais en ne venant qu'à la suite du valet, ainsi pour toutes les autres quatrièmes; 3° celle de *dame*, où le neuf remplace roi; 4° celle de *valet*, où le huit remplace la dame; 5° la *quatrième basse*, où le sept remplace le valet et se met à la fin.

Des quintes. Comme les quatrièmes ont une espèce de moins que les tierces, les quintes en ont une de moins que les quatrièmes: observation qui, du reste, s'applique à toutes ces différentes séquences, qui vont toujours en diminuant d'un à mesure que les cartes dont elles sont composées augmentent d'une aussi. Il y a donc quatre quintes: 1° la *quinte majeure*, formée de l'as, du roi, de la dame, du valet et du dix; 2° la *quinte du roi*, où le neuf remplace l'as; 3° celle de *dame*, où le huit remplace le roi; 4° la *quinte basse* ou *au valet*, où le sept remplace la dame.

Des sixièmes. Il y a trois sortes de sixièmes: 1° la *sixième majeure*, où l'on trouve l'as, le roi, la dame, le valet, le dix et le neuf; 2° celle de *roi*, où le huit tient la place de l'as; 3° celle de *dame*, ou *basse* (on dit encore *sixième à la dame*), où le sept remplace le roi, mais dans un ordre différent.

Des septièmes. Il n'y en a que deux: la *septième majeure*, où l'on compte les sept premières cartes; la *septième du roi*, où, après avoir retranché l'as, on compte encore les sept cartes suivantes.

Des huitièmes. Il n'y a qu'une seule huitième, qui se compose de toutes les cartes d'une couleur: c'est la séquence la plus rare.

Voici la valeur de ces séquences. Une tierce *bonne* vaut au joueur qui la compte trois points; une quatrième, quatre; une quinte, quinze; une sixième, seize; une septième, dix-sept; et la huitième, dix-huit, outre les points qui sont accordés pour le point. Ainsi, un joueur qui aurait une quinte majeure dont le point serait bon compterait à la fois quinze pour la quinte, et cinq pour le point, ce qui lui ferait vingt. Quant à la quatrième, elle lui vaudrait quatre pour elle-même, et quatre pour le point, et ainsi de toutes les autres séquences que nous venons d'expliquer.

Le porteur des tierces, quatrièmes, quintes majeures, etc., annule toutes celles qui sont plus basses. Par exemple, une tierce majeure annule celle de roi, et la quatrième du roi, celle de dame, ainsi pour toutes les autres séquences. Observez néanmoins que la moindre quatrième annule la plus haute tierce, que la moindre quinte efface la *quatrième majeure*, que la *sixième basse* rend nulle la plus haute quinte, et qu'enfin la *huitième* annule toutes les autres séquences.

Remarquez également qu'à la faveur d'une tierce, quatrième, quinte, etc., qui sont bonnes, on fait passer les moindres tierces, quatrièmes, etc., quoique l'adversaire en ait de plus fortes, et l'on accumule par-là les points qu'elles produisent, le jeu de l'adversaire étant annulé par la séquence supérieure. Il y a égalité dans la plus haute séquence entre les joueurs; celui qui s'en trouverait plusieurs autres majeures ou moindres n'en compterait pas une pour cela, car la plus noble est la plus égale.

Après avoir compté le point, chacun des joueurs examine s'il a des tierces, quatrièmes, quintes, etc., afin de les compter si elles ne sont parées par l'adversaire. Le point et toutes ses séquences doivent être étalés sur la table, afin qu'on puisse en compter la valeur; car, si un joueur qui aurait annoncé le point ou des séquences, et à qui l'on aurait répondu *valoir*, ou *cela vaut*, oubliait de les montrer et jouait sans les avoir comptées, il ne pourrait plus y revenir; alors son adversaire compterait son point et ses séquences, quoique tout fût inférieur. Si ce dernier oubliait aussi de les montrer avant de jeter sa première carte, ni l'un ni l'autre ne compterait.

Lorsqu'on a examiné et compté les séquences, il importe d'examiner si l'on a quelque quatorze. Un quatorze bon compte quatorze points; le supérieur annule l'inférieur, et permet de compter à sa faveur trois as, etc., comme on l'a déjà vu.

De la manière de compter. Après que chacun a examiné son jeu, et connu, par les interrogations faites, ce qu'il peut y avoir de bon, le premier commence à compter (nous lui supposerons un jeu fourni pour servir d'exemple) : 1° il compte les cartes blanches, et dit : dix de cartes blanches valent dix ; (il étale ensuite le point, et supposez qu'il ait cinquante en points) dix et cinq pour le point, c'est quinze; vient la quatrième bonne qu'il étale également, et ajoute quatre points à quinze, qui font dix-neuf; dix-neuf et quinze précédens font trente-quatre ; (vient un quatorze) quatorze pour le quatorze et trente-quatre font quarante-huit, et quarante-neuf, continue-t-il en jetant une carte sur le tapis, si cette carte est un as, un roi, une dame, un valet ou un dix.

Le premier ayant compté ainsi et joué sa carte, l'autre joueur, avant de jouer, l'imite ; et, après avoir additionné comme lui tout ce qu'il peut avoir à compter, il lève la carte jouée s'il le peut, en en mettant une plus forte, ou bien une plus faible, mais de la même couleur; lorsqu'ensuite il prend la levée, il joue par la couleur qu'il lui plaît.

On nomme toujours la couleur dont on joue; en même temps on ajoute au compte de son jeu autant de points que l'on joue de figures, d'as ou de dix; lors même qu'on n'en joue point, on ne laisse pas de nommer de temps en temps son point pour ne pas l'oublier ; aussi entend-on presque continuellement les joueurs de piquet répéter entre leurs dents le nombre qu'ils espèrent accroître.

Lorsqu'il lui arrive que le point et les diverses séquences ne sont pas bons, parce que ceux de l'adversaire sont meilleurs, le premier commence à compter par un en jetant sa carte. Il va sans dire que le premier annonce ses séquences et quatorze de la même manière que le point, et que les réponses sont semblables, suivant les cas.

Celui qui prend la levée rejoue toujours ; on continue de la sorte jusqu'à ce que les douze cartes soient jetées, et celui qui obtient la dernière levée compte deux points. Chacun compte ensuite ses levées ; celui qui en a le plus compte dix pour les cartes, ce qui s'appelle *les gagner*, lorsque les levées sont égales, personne ne compte.

Quand le nombre convenu des points est terminé, et que l'on recommence une partie, si le perdant veut jouer, on coupe pour savoir à qui fera le premier, à moins qu'au commencement de la partie on ne soit convenu que la main suivrait.

Lorsque par erreur on a écarté une carte qui faisait un quatorze, et que les trois restantes sont bonnes, on doit le dire à l'adversaire, s'il le demande à temps. Si l'on n'a qu'un seul *quatorze* qui doit valoir, on n'est pas tenu de spécifier ; on dit seulement *quatorze*: mais si l'on peut en avoir plusieurs, on est obligé de les nommer.

Piquet à écrire. Il y a deux façons de jouer à ce genre de piquet : au *malheureux* et *à tourner*. Dans le premier cas, on joue d'abord deux personnes : celle qui est marquée reste à jouer, et celle qui marque est relevée par celui des joueurs qui attend qu'on lui cède la place après le coup fini : on voit par là que chacun joue à son tour. En effet, le piquet à écrire admet trois, quatre, cinq, six et même sept personnes. Le *malheureux* est le joueur remplacé.

Dans le second cas, on joue tous ensemble, en *tournant*, c'est-à-dire en commençant et tournant toujours du même côté, comme au surplus pour tous les jeux à plus de deux personnes où l'on va par la droite, avec diverses modifications. Ainsi, je commencerai la partie avec le joueur placé à ma droite : après que nous aurons achevé notre coup, il jouera un nouveau coup avec le joueur de sa droite, et ainsi des autres ; c'est la manière la plus égale de jouer le jeu ; aussi doit-on la préférer.

Quelques-uns des termes du piquet à écrire diffèrent de ceux du piquet simple. Ainsi, avant de commencer à jouer, on convient combien l'on fera de *rois* ou de *tours*; un *roi* fait deux *tours*, et un *tour* fait deux coups. Il faut, pour qu'un tour soit joué, que chacun des deux joueurs ait donné une fois; on convient ensuite de la valeur de chaque point, soit deux, cinq centimes, etc. On tire ensuite à qui fera la donne.

L'on joue, au reste, d'après les règles du piquet.

Cependant l'on compte à demi-tour les points que l'on fait de plus que son adversaire; en les comptant avec des jetons, par exemple, on suppose que du premier coup l'un des deux joueurs ait fait vingt points et son adversaire dix : ce sont dix points que le premier a de plus, et qu'il marque avec des jetons jusqu'à ce que le second coup soit joué. Si dans le second coup le possesseur des dix points n'en faisait encore que dix, et que le second joueur en obtînt quarante, ce serait vingt points que celui-ci aurait de plus que lui de ce second coup, parce que de quarante points il faudrait en soustraire vingt : savoir, dix du coup précédent et dix du coup suivant ; par conséquent, il resterait vingt points que l'on écrirait pour le perdant, et ainsi des autres coups. Au surplus, la table suivante indiquera la méthode qu'il convient d'employer pour marquer ceux qui perdent ; on observera seulement que tous les points qui se trouvent au-dessous du cinq sont comptés pour rien, et que cinq points au-dessus sont comptés pour dix. Par cette raison, quinze points en vaudront contre le marqué autant que vingt-quatre, c'est-à-dire qu'ils seront marqués pour vingt, et ainsi des autres. Si l'on est trois joueurs, on fait trois colonnes; à la tête de chacune, on met le nom du joueur, et on marque sur cette colonne à mesure qu'il est marqué.

Table de douze rois et vingt-quatre tours joués.

A	B	C
50 40	50 40	60 100
100 50	50 50	40 90
70 90	50 60	70 100
50 60	50 80	50 20
478	570	510

Voilà les colonnes de chaque joueur marquées de points qu'ils ont perdus dans le cours de douze rois qu'ils ont joués. Les totaux sont de 470, 570, 510, qui produisent ensemble 1550 points, qu'il faut diviser en trois personnes, ce qui fait pour chacune 450 points; cette division faite, chacun prend sa rétribution, de telle sorte que B, qui n'a que 570 points, en gagne 80, parce qu'il manque de nombre pour se remplir des 450 qui font son tiers de 1550 points; et A, marqué de 470 points, en perd 20, parce qu'il a le même nombre au-dessus de 450; et par la même raison, C perd 60 points. Lorsqu'il y a quelque dizaine de surnuméraire, elle est au profit de celui qui perd le plus.

On paie ordinairement une consolation à ce jeu; elle est de 20 par marque, plus ou moins, selon qu'on en est convenu: de manière que si elle est de 20, le joueur marqué de 50 par le jeu a 50 en perte, et ainsi des autres; cette consolation est pour le gagnant.

Nouvelle manière de jouer le piquet à trois et à cinq, sans écrire. Chacun prend la valeur de six cents marques en cinq fiches et dix jetons: chaque fiche vaut dix jetons, et chaque jeton est compté pour dix marques; en sorte qu'un joueur marqué de 50 paie en mettant trois jetons.

Le jeu va du reste comme en écrivant, mais au lieu d'avoir au bout de la table une écritoire, on a un corbillon dans lequel on met ce dont on est marqué, et que l'on partage également entre tous les joueurs à la fin de la partie.

La consolation se paie par le marqué comme il vient d'être dit; mais au lieu de dix dont il est marqué par le jeu, il en met trente (ou trois jetons) dans le corbillon, et cinquante au lieu de trente, ainsi du reste; outre cette consolation, il en doit payer une autre, et celle-ci est de deux jetons pour celui qui l'a marqué, et d'un jeton aux autres joueurs: il reçoit cette seconde consolation lorsqu'il marque, ou que les autres jouent entre eux.

Quand les coups de deux joueurs sont égaux, ou qu'il ne reste pas à l'un plus de quatre points plus qu'à l'autre, il y a *refait*; alors celui qui est marqué après ce refait paie au corbillon vingt marques de plus; après deux refaits, il paie quarante, et ainsi de suite; à moins cependant que l'on ne soit convenu qu'afin d'empêcher les refaits on marquera à un point; en ce cas, pour que le refait ait lieu, il faut que les deux coups soient parfaitement égaux.

La partie étant achevée, ce qu'indique la carte où l'on a marqué le nombre de tours convenu, et que le corbillon est partagé par égales parties entre les joueurs, chacun, sans embarras, voit ce qu'il perd ou gagne, et les jetons impairs et surnuméraires qui n'ont pu être partagés sont le bénéfice du joueur qui perd davantage.

Piquet normand, ou *piquet à trois*. Toutes les règles du piquet à deux sont applicables à celui-ci, sauf les exceptions suivantes.

On distribue dix cartes à jouer, par deux et par trois, mais jamais par quatre; les deux cartes qui restent au talon peuvent servir à faire faire un écart au donneur, s'il y trouve son avantage.

Si, après avoir compté son jeu, le premier en cartes parvient jusqu'à vingt sans avoir jeté aucune carte sur la table, il compte quatre-vingt-dix, et la partie est presque gagnée; s'il ne parvient à ce nombre qu'après avoir joué une ou plusieurs cartes, il compte seulement soixante.

Le capot arrive fréquemment; les quarante points qu'il vaut, comme à l'ordinaire, se partagent entre les deux autres joueurs, et chacun compte vingt points. Mais quand deux sont capots, le troisième joueur qui parvient à faire toutes les levées marque quarante points pour lui seul.

Celui du trio qui atteint le premier le nombre cent, ou cent cinquante, ou deux cents, selon que la partie est convenue, se retire; les deux autres joueurs continuent à lutter au piquet à deux, et celui qui succombe perd la partie contre les deux joueurs.

Piquet voleur, ou *piquet à quatre*. C'est un piquet à partenaires, on y joue deux contre deux; les cartes distribuées par deux et trois sont au nombre de huit pour chacun, et par conséquent il ne reste point de talon, et il n'y a point d'écart.

PIQURE. (*Méd. dom.*) La piqûre des insectes est très douloureuse, et elle fait souffrir longtemps si on n'y apporte un prompt remède. Aussitôt qu'on l'a reçue, il faut donc arracher l'aiguillon, qui reste toujours dans la plaie, et qui, par un mécanisme singulier, s'enfonce toujours de plus en plus, quoiqu'il soit détaché du ventre de l'animal; on applique aussitôt sur la plaie un peu de chaux vive, en poudre, ou une petite compresse d'alcali volatil.

Si on n'a pas ces substances à sa disposition, on écrase des feuilles de persil, on en exprime le jus, et on l'applique sur la piqûre.

M. Desvaux, directeur du jardin botanique d'Angers, assure qu'une suite d'observations lui a démontré qu'il était très-facile de détruire instantanément la douleur et l'enflure que produisent la piqûre des insectes ainsi que les orties. Il suffit pour cela de frotter les piqûres avec le suc de la première plante aromatique qu'on a sous la main, comme thym, serpolet, menthe, marjolaine, romarin, etc. Si ces plantes étaient trop sèches, on les humecterait avec un peu de salive, et on emploierait de même le marc qu'on obtiendrait ainsi.

Ce procédé a également réussi à l'auteur pour la morsure des vipères, en le faisant précéder de l'application d'une boule d'argile appliquée fortement sur la plaie, et qui absorbe le venin; c'est ainsi qu'agissent les fameuses pierres à serpent des Indes. M. Desvaux conseille ce remède contre la morsure des chiens enragés; mais l'alcali volatil est préférable.

M. Ballard, médecin des eaux de Bourbonne, a obtenu de bons résultats de l'essence de térébenthine en frictions sur la plaie.

Le chlorure de sodium, l'eau vinaigrée, sont des remèdes contre les piqûres; la chaux vive, la cendre, le sel en dissolution concentrée, sont aussi de bon effet. Pour faire cesser l'inflammation et l'enflure qu'occasionne la piqûre de certains insectes, il suffit d'appliquer dessus du sel gris égrugé et mouillé; on le maintient avec une compresse.

Les serpents mordent et ne piquent pas. Toutefois ces indications s'appliquent aux plaies qu'ils font, en observant d'employer les remèdes les plus énergiques, tels que l'alcali.

En cas de piqûre par un insecte venimeux, faire saigner

la plaie le plus qu'on pourra, afin de faire écouler au dehors la matière nuisible qui y a été déposée, en même temps qu'on pratiquera une ligature serrée au-dessus de la partie blessée. Si la conformation permet d'appliquer une ventouse, on le fera de la manière suivante. On placera sur la plaie une mèche à veilleuse, qu'on allumera, et qu'on recouvrira à l'instant même d'un verre à vin de Bordeaux. Le vide qui se fait attire au dehors les liquides de la plaie, comme le ferait l'action de sucer. Mais comme la succion ne serait pas exempte de danger pour les personnes qui l'opèreraient, on ne saurait la conseiller. Néanmoins, si quelqu'un par un grand dévouement voulait s'y résoudre, il faudrait qu'il prît le soin de se laver auparavant la bouche avec de l'huile, qui empêche l'absorption. La cautérisation de la plaie avec le fer rouge, et mieux avec les caustiques liquides, est un moyen très-avantageux et même indispensable, mais qui ne peut être appliqué que par un médecin. En effet, une personne étrangère à l'art de guérir s'exposerait à faire éprouver au malade une douleur inutile en portant le caustique d'une main timide, ou bien, si elle l'employait avec trop de hardiesse, à blesser de gros vaisseaux ou de grands troncs nerveux. Le malade doit d'ailleurs être traité comme dans les maladies aiguës.

PISÉ. (*Ind. dom.*) Le pisé est une manière de construire en terre des habitations solides, saines, à l'abri des incendies, et d'une économie qui n'est comparable à aucune autre.

L'opération en est toute manuelle, et à la portée des plus simples intelligences.

Le pisé est, depuis un temps immémorial, d'un usage presque général dans les départements du Rhône, de l'Isère et de l'Ain.

Les murs en pisé, s'ils sont bien faits, ne doivent former qu'une seule pièce. Ils acquièrent en peu de temps une dureté et une consistance égales aux pierres tendres dites *de taille*. Le besoin d'y faire quelque tranchée ou ouverture nécessiterait l'emploi de marteaux à pointes et taillans, employés pour la taille de ces pierres.

Ces murs, revêtus à l'extérieur d'un bon enduit, peuvent durer plusieurs siècles.

Le pisé convient donc aux constructions à faire sur les montagnes et dans les vallées, où les transports sont difficiles, souvent même impossibles; dans tous nos départemens du Nord, où les matériaux sont rares; dans tous les lieux où l'on est privé d'eau, si nécessaire pour faire les mortiers.

Il présente d'immenses avantages aux grands établissemens industriels, que des constructions ruineuses font souvent échouer; aux établissemens agricoles, qui ont besoin, pour leur exploitation, de bâtimens d'une grande étendue, coûtant beaucoup et ne rapportant rien.

Il vient au secours du modeste habitant de village, du pauvre journalier, qui pourront, avec quelques économies, se construire une habitation commode et convenable à leur position.

Il est encore d'une utilité incontestable pour construire des clôtures qui remplaceraient avantageusement les haies envahissantes, si nuisibles à la culture. C'est le cas de faire remarquer que les arbres palissés sur les murs en pisé réussissent mieux que ceux attachés sur les murs en maçonnerie; ces derniers ont un principe réfrigérant qui nuit à la végétation; au contraire, les murs en pisé, pénétrés des rayons du soleil, conservent une chaleur permanente, douce, et qui active la végétation.

Le pisé ne redoute rien que les pluies perpendiculaires; les maçons-piseurs auront donc le soin chaque soir, après leur journée, de couvrir les murs de manière qu'il y ait saillie d'un côté, pour que, si une pluie d'orage survenait la nuit, ces murs n'en soient point trempés, et que les eaux s'égouttent loin de leur base.

On peut toujours et sans crainte élever un ou deux étages sur un mur en pisé, et y adosser toute construction.

L'absence des joints dans les murs pisés, si multipliés dans ceux en maçonnerie ordinaire, les préserve des quadrupèdes rongeurs, comme rats, souris, etc., qui ne peuvent s'y retirer ni s'y nicher.

La maçonnerie en pisé, qui convient aux exploitations de tous genres, étant évaluée à dix francs la toise, permet d'établir la toise superficielle close et couverte à cent francs; ainsi un local de cent vingt pieds de longueur sur trente-six de large, représentant cent vingt toises carrées, doit coûter douze mille francs, y compris comme habitations les portes, croisées et carrelages, ou comme écuries les mangeoires, râteliers et pavages, ces calculs se balançant à peu près de la quantité à la qualité.

Le temps propice aux constructions en pisé est de mars à novembre, les gelées, à ces deux époques extrêmes, n'étant point assez fortes pour nuire aux murs.

Une maison en pisé peut être occupée sans danger aussitôt qu'elle est terminée, si l'on veut se contenter des beaux paremens droits et lisses que laisse le moule. Alors on bouche les trous des clefs avec des tuileaux ou pierres plates que l'on scelle en mortier de chaux et sable. Ces paremens, qui n'ont rien de désagréable à la vue, peuvent n'être ravalés qu'après plusieurs années, même être conservés nus.

Dans le cas où quelque dégradation a lieu, il suffit, pour la réparer, de détremper une partie de chaux vieille éteinte dans un baquet; y ajouter deux parties de sable avec quantité suffisante d'eau; prendre un balai, nettoyer, avec, la partie dégradée, le tremper dans le mélange préparé et en asperger cette partie. Telles sont les réparations ordinaires et les plus importantes à faire au pisé.

Le principal outil du pisé est un moule formé de deux tables ou *banches* en bois blanc, mieux en sapin, de 10 pieds (3 m. 25) de longueur, sur 2 pieds 9 pouces (0,89) de hauteur, composées de planches jointes à rainures et languettes, blanchies à la surface intérieure pour lisser les paremens des murs, consolidées à l'extérieur par quatre barres espacées également, attachées avec des clous à pointes rivées; les deux barres d'about de 10 pouces (0,25) de longueur, les deux intermédiaires de 8 pouces (0,22) de largeur. Les planches ou barres doivent avoir 1 pied (0,27) d'épaisseur. Pour faciliter le transport et la pose en place de ces banches, on attache à chacune deux poignées en fer.

Ce moule a encore différentes parties, dont nous parlerons en traitant de la manière de le monter.

L'outil le plus important, duquel dépend toute la solidité du pisé, se nomme *pisoir*. On prend, pour sa masse, un bois dur et liant, tel que les racines de chêne, frêne, orme ou noyer. Cette masse doit avoir 10 pouces (0,27) de hauteur, sur 6 pouces (0,16) de largeur, et 5 pouces (0,14) d'épaisseur. Sa forme, basée sur des règles consacrées par l'expérience, a besoin d'être décrite clairement; on l'établit ainsi : à 6 pouces (0,16) en partant du bas, on trace une ligne dans son pourtour; chacune des quatre faces est divisée en deux parties égales, par une ligne tirée; dessous on trace deux autres lignes aux côtés de celle du milieu sur la plus large face, qui laissent entre elles une épaisseur de 18 lignes. (0,04); les deux faces moins larges sont délardées en forme de coin, jusqu'aux lignes dessous, et éligées ensuite par une courbe rallongée, qui réduit cette épaisseur à 1 pied (0,027); le haut de cette masse se termine par un cercle d'environ 4 pouces (0,11) de diamètre, qu'on raccorde avec la partie carrée en arrondissant et adoucissant les arêtes; les autres arêtes doivent aussi être arrondies, et les faces avec lesquelles on frappe la terre bien unies et bien lisses. Cet outil, tout emmanché, doit avoir 4 pieds (1,50), un peu plus, un peu moins, selon la grandeur des ouvriers. Le manche est rond, à 12 lignes (0,027) de diamètre dans le bas, et 15 lignes (0,034) dans le haut; le trou pour le recevoir sera percé bien droit et au milieu de la masse. Le pisoir doit être bien fait et commode, afin de pouvoir frapper la terre dans toutes les parties de l'encaissement; on en fait usage en le tournant à chaque coup, de manière à croiser les traces qu'il imprime sur la terre, et à la massiver également dans toute son étendue.

Les autres outils sont : une pioche à deux tranchans, servant a faire les entailles pour les clefs; deux sergens de menuisier, pour tenir les têtes du moule; des pioches ordinaires ou bêches, pour la fouille; des pelles, des râteaux, des hottes, pour porter la terre dans le moule; des échelles, truelles et plombs de maçon.

Terres propres au pisé. Toutes les terres sont bonnes à faire le pisé quand elles n'ont pas l'onctuosité des terres grasses ou argileuses et l'aridité des terres maigres.

Les meilleures terres sont celles franches ou fortes, qui sont mêlées de petits graviers; toutes les terres végétales, surtout celles qui se crevassent, et celles où les mulots font des souterrains, et encore les terres formant des berges naturelles se soutenant presque à plomb.

On reconnait qu'une terre est propre au pisé si, avec une pioche, une bêche ou une charrue, on enlève des mottes qu'il faut briser pour les désunir. Si les chemins d'un pays ont des ornières profondes, on peut être assuré que là il y a de la terre bonne à piser.

Les terres argileuses ayant du retrait en séchant produisent une infinité de fentes; celles maigres et sablonneuses manquent des qualités nécessaires à l'union et à la crispation de leurs particules: il en résulte que ces terres ne peuvent s'employer seules pour le pisé; mais un mélange heureux de ces deux espèces, dans une proportion que des essais et l'expérience indiqueront, à défaut de règles impossibles, donnera une terre propre à piser, laquelle acquerra plus de consistance si l'on y ajoute de petits graviers, des débris de plâtras ou de mortier, ou tous autres corps du règne minéral.

Préparation de la terre. La terre doit, autant que possible, être prise dans le lieu de la construction, ce qui évite les frais de transport.

La fouille faite, on casse les mottes pour les bien diviser; on relève la terre en tas de forme pyramidale, ce qui oblige les mottes et cailloux de rouler à la base du monceau, d'où un ouvrier muni d'un râteau les retire facilement. Le râteau à cet usage doit avoir entre ses dents un intervalle de 18 lignes (0,054), afin de laisser passer entre elles les cailloux de la grosseur d'une noix, un peu plus, et n'entraîner que ceux plus volumineux.

On doit apporter le plus grand soin à extraire de la terre à piser les racines, pailles, et tous autres corps susceptibles de se fuser ou se pourrir; tels sont ceux appartenant aux règnes animal et végétal.

Cette terre ne doit être que légèrement humide; celle prise à trois ou quatre pieds en contrebas du sol a toute la fraîcheur requise. Lorsqu'elle est trop sèche, on la mouille par aspersion, au moyen d'un arrosoir garni de sa grille, percée d'une infinité de petits trous, en ayant soin de la remuer à mesure avec une pelle, afin de l'humecter également.

Si le temps menaçait de pluie, il faudrait couvrir le monceau préparé avec des planches, des paillassons ou de mauvaises toiles, pour empêcher qu'il n'en soit trop trempé. La terre trop humide, au lieu de se comprimer sous les coups du pisoir, se corrode, se gonfle et se réduit en boue.

On reconnaît que la terre est suffisamment humide quand une poignée prise sur le tas, comprimée dans la main, conserve, en retombant, la forme qu'elle a reçue.

Il ne faut préparer de terre ainsi que ce que les maçons-piseurs peuvent employer dans leur journée (environ une demi-toise cube).

Pratique d'opération. La fondation des murs extérieurs devra être en maçonnerie ordinaire, qu'on élèvera au moins de 10 pouces (0,28) d'épaisseur, et de niveau, à 2 pieds (0,65) environ au-dessus du terrain, pour préserver le pied de ces murs de l'humidité du sol et du rejaillissement des eaux qui retombent des égouts du toit. Les tranchées des clefs seront espacées de 3 pieds (0,97) au milieu, auront 6 pouces (0,16) de profondeur, et 4 pouces (0,11) de largeur. La fondation des murs intérieurs ne présentant point ces inconvéniens, elle devra être en pisé.

Cette maçonnerie terminée, on monte le moule. On place d'abord les clefs, les aiguilles dedans, après avoir fait porter dessus les banches, qu'on serre au moyen des coins sur les paremens du mur inférieur, qu'elles embrasseront de 3 pouces (0,08); il restera pour la hauteur du moule 2 pieds 6 pouces (0,81). On donne de talus aux murs de pisé une ligne (0,002) par pied de hauteur pour chaque côté; c'est une diminution de 5 lignes (0,011) sur l'épaisseur, pour chaque cours élevé de 2 pieds 6 pouces (0,81). Ainsi, le mur de fondation étant de 18 pouces (0,48) d'épaisseur, les bâtons, dits gros de mur seront coupés, pour le premier cours, à 17 pouces 7 lignes (0,475) de longueur.

Lorsqu'on commence un mur, le moule se place d'aplomb, à l'un des angles de la maison. On y adapte alors la tête à un bout qui formera le parement; l'autre bout se termine par une pente d'environ 18 pouces (0,48) de base, comme aux joints. On nettoie et on arrose légèrement le fond du moule : on recouvre le dessus des clefs d'une petite planche de 6 pouces (0,16) de largeur, qu'on calfeutrera au pourtour, ainsi que les banches par le bas, soit en plâtre, en mortier de chaux et sable, ou en mortier de terre plus humide que celle à piser. Cette opération a pour but d'empêcher de couler les premières terres qu'on jette dans le moule.

Alors, dans chacune des trois cases du moule formées par les aiguilles et les bâtons de gros de mur, on place un maçon-piseur, ce qui fait trois pour l'équipage. Ils sont servis par trois aides ou manœuvres, qui ensemble piochent, préparent et portent la terre dans le moule.

Les maçons-piseurs seront soigneux de n'admettre de terre chaque fois qu'une couche de 4 pouces d'épaisseur au plus, qu'ils étendront d'une manière uniforme avec les pieds; laquelle, massivée, doit être réduite à moitié de cette épaisseur.

Chaque maçon-piseur doit être muni d'un plomb, avec lequel il vérifiera, de temps à autre, pour reconnaître si le moule ne s'est point dérangé.

La première banche remplie, on démonte le moule que l'on fait couler à la suite, de manière que les banches embrassent la pente, par le haut, environ de 12 lig. (0,827) pour rendre adhérentes ces deux parties.

Les maisons peuvent être distribuées intérieurement par des murs de refend. Ceux-ci doivent être reliés avec les murs de face, en alternant et croisant leurs liaisons, ce qui nécessitera de retourner le moule sur chacun des murs de refend, et, sa longueur étant pisée, de la reporter sur le mur de face, à l'endroit interrompu. On consolidera beaucoup ces liaisons aux murs de refend et aux angles, si l'on y place un tirant formé d'une planche de 18 pouces (0,48) de longueur, sur 9 pouces (0,24) de largeur environ; cette planche, totalement privée d'air, ne peut fuser ni se pourrir.

Les pointes de pignons, étant isolées, ne peuvent croiser. Pour les élever régulièrement, il suffit de tracer dans le moule leur ligne de pente, et de ne piser la terre que suivant leur inclinaison.

Lorsque les murs sont arrivés à la hauteur de chaque plancher, on dispose, à des distances arrêtées à l'avance, les trous qui doivent recevoir les abouts des pièces principales, comme enchevêtrures et chevêtres (les meilleurs planchers étant ceux d'assemblage); pour cela, on place dans le moule une planche de longueur suffisante pour couvrir ce trou; et lorsque le moule n'occupe plus leur place, on pose de suite ces pièces, quoique le pisé soit tout frais.

Les pannes et faîtages seront reçus dans des tranchées ouvertes sur les rampes de pignons, ce qui dispensera de mettre des fermes de charpente, qui sont très-dispendieuses et gênent dans les greniers. Les chevrons seront enfouis, par le pied, dans l'épaisseur des murs. La charpente du comble ainsi disposée, étant bien garnie et calfeutrée en mortier, ne formera plus qu'un tout avec le pisé, toutes ces parties se liant et s'entre-tenant ensemble.

Main-d'œuvre. Un maçon-piseur avec son manœuvre construiront en clôture, dans une journée de 12 heures environ, une toise superficielle de pisé de 18 pouces (0,48) d'épaisseur, la terre pouvant être prise jusqu'à 60 pieds (20 mètres) environ de distance du moule ; ce qui, pour les six hommes composant l'équipage, donne trois toises superficielles par journée.

Les murs d'une épaisseur moindre de 18 pouces (0,48) coûtent autant à établir que ceux-ci; la raison en est que, les ouvriers étant gênés dans le moule, plus resserré pour des murs plus minces, la massivation exige des soins qui entraînent à une égale dépense de temps.

Ceux d'une épaisseur excédante, exigeant plus de temps, seront payés dans une progression en rapport avec le prix des murs de 18 pouces (0,48).

Ravalement. Au bout de 5 mois, le pisé est sec. On applique les ravalemens avec blanc en bourre (voy. ce mot), chaux et sable ou plâtre.

La chaux doit être bien éteinte, afin que les parties moins cuites de la pierre, qui n'ont pu se fuser lors de son extinction, aient eu le temps de se dissoudre ; sans cette précaution, ces parties, que fera éclater l'humidité de l'enduit, formeront une infinité de petites crevasses, qui obligeront à recommencer le travail.

Les ravalemens sont de deux sortes : le crépis rustiqué, et l'enduit lissé.

Avant de procéder à un ravalement, on repique, avec le tranchant d'une hachette, les murs de pisé ; on rapproche le plus possible les petites tranchées pour que le mortier y adhère plus fortement ; on nettoie cette surface piquée avec un balai dont les brins sont raides, et on l'arrose d'eau au moyen d'un pinceau, au fur et à mesure qu'on doit y appliquer le mortier.

L'enduit lissé ne se fait ordinairement que dans les intérieurs. Pour ce travail, on établit un échafaud avec quelques planches portées sur des bouts de chevrons que l'on coule dans les trous des clefs. L'enduit exige deux maçons avec deux manœuvres pour les servir; un des maçons, après avoir arrosé d'eau la partie à sa portée, applique dessus quelques truellées de mortier, qu'il étend autant qu'il le peut, avec le dos de sa truelle; l'autre vient derrière, qui asperge d'eau ce mortier étendu, et le polit au moyen d'une bouche lisse qu'il tient de la main droite, son bras le plus éloigné du mur, et sa tête le plus rapprochée, de manière à pouvoir viser de l'œil si l'enduit est bien uni et bien droit. La partie enduite, ils descendent l'échafaud au-dessous, bouchent les trous supérieurs des clefs à moitié de leur profondeur, pour la facilité de l'échafaudage extérieur. Cette opération se répète jusqu'à l'achèvement parfait.

Le crépis rustiqué est préféré pour les extérieurs; il n'exige qu'un maçon, avec son manœuvre, pour le servir. Le maçon, sur l'échafaud, après avoir aspergé d'eau la surface à sa portée, la couvre de mortier préparé à l'état de bouillie, qu'il jette avec un petit balai fait d'une poignée de bouleau, buis, jonc, ou d'autres menus brins, de manière à l'en revêtir également. La surface crépie, il descend l'échafaud plus bas et bouche plein les trous supérieurs des clefs.

Ces ravalemens peuvent être ornés de corps en saillie, comme plinthes, pilastres, bandeaux et corniches. Pour retenir le morceau en saillie, on plante de vieux clous espacés entre eux de 5 pouces (0,08).

L'enduit tout frais, on peut le peindre de telle couleur qu'il plait; on délaie cette couleur dans une eau de chaux très-claire, qu'on étend avec un pinceau; cette couleur s'incorpore avec l'enduit et dure autant que lui, sans jamais s'altérer.

Les parties de mur qu'on voudra couvrir de boiseries ou de papier de tenture n'ont pas besoin d'être ravalées.

Les enduits de blanc en bourre ne sont propres qu'à quelques localités. (Voy. RAVALEMENS.)

PISSENLIT. (Voy. DENT-DE-LION.)

PISTACHIER TÉRÉBINTHE. (*Jard.*) *Pistacia terebinthus.* (Famille des térébinthes.) Arbrisseau de la France méridionale; les feuilles, d'un beau vert, et les boutons, d'un rouge vif, produisent un assez joli effet. Terre légère et chaude; exposition méridionale. Multiplication de graines ou de rejetons.

Cet arbre fournit la térébenthine, qui découle de son tronc incisé. (Voy. TÉRÉBENTHINE.)

Les semences de pistachier sont d'un grand usage dans nos offices.

PISTACHES. (*Off.*) Les confiseurs emploient pour faire les bonbons appelés *pistaches* des procédés d'assez difficile exécution; mais voici l'ancienne recette pour les faire, recette qui peut être appliquée à l'embellissement des desserts.

Prenez 5 livres de pistaches en fruits; gomme adragant, deux onces; sucre fin passé au tamis de soie, trois livres.

Mettez tremper la gomme adragant dans de l'eau de fleur d'oranger; quand elle est fondue, vous la pilez avec suffisante quantité de sucre pour en former une pâte qui ait assez de consistance pour être travaillée. Vous la roulez et la coupez par morceaux de la grosseur d'une noisette, dans le milieu desquels vous placez la pistache, et que vous roulez ensuite dans le creux de la main; vous les posez à mesure sur des tamis, et le lendemain à l'étuve. Quand elles sont sèches, vous les mouillez de même gomme pour y attacher la nonpareille; ensuite vous les mettez en papillotes.

Pistaches à l'ambre. Pistaches, trois livres; bon esprit d'ambre, trois onces; sucre, huit livres.

Vous concassez le sucre et le faites fondre; quand il est près de bouillir, et que vous avez couvert le feu pour l'en empêcher, vous y versez votre esprit d'ambre, et procédez comme à l'ordinaire.

Celles au musc se font de la même manière.

Pistaches au jasmin. Pistaches, trois livres; bon esprit de jasmin, six onces; sucre, huit livres.

Mêmes procédés que pour les précédentes.

On travaille de même celles à la jonquille, à la tubéreuse, au réséda; excepté que, pour cette dernière, on fait entrer huit onces de bon esprit.

Pistaches à la vanille. Pistaches, trois livres; bon esprit de vanille, quatre onces; vanille, une once; sucre, huit livres.

Vous pilez la vanille dans un mortier de marbre, y ajoutant un petit morceau de sucre pour faciliter l'opération; vous la passez dans un tamis fin. Vous concassez le sucre, et, quand il est fondu et près de bouillir, vous couvrez le feu. Vous délayez la vanille en poudre avec l'esprit de vanille, et la mêlez à la fonte; puis vous opérez comme à l'ordinaire.

Pistaches à l'héliotrope. Pistaches en fruits, trois livres; esprit de jasmin, une once quatre gros; tubéreuse, une once; eau de roses double, six onces; esprit de vanille, trois onces; eau double de fleur d'oranger, six onces; sucre, huit livres.

Concassez le sucre, et le délayez avec de l'eau de rose et de fleur d'oranger; faites-le fondre, et, quand il est près de bouillir et que le feu est couvert, vous y versez vos essences, et terminez l'opération à la manière usitée.

Pistaches au café. Pistaches, trois livres; bon café, six onces; sucre, huit livres.

Vous torréfiez le café légèrement jusqu'à ce qu'il ait seulement une couleur roussâtre, et le pulvérisez avec le moulin. Vous faites bouillir une pinte d'eau, et y mettez votre café en poudre, que vous remuez avec une cuillère de bois, en lui donnant trois ou quatre bouillons. Vous retirez la cafetière et y jetez un demi-verre d'eau, avec un petit morceau de colle de poisson; vous le laissez déposer et ensuite le tirez au clair. Vous concassez le sucre et le délayez très-épais avec la décoction de café; vous mettez le mélange sur le feu, et le retirez quand il est près de bouillir. Ensuite vous travaillez vos pistaches à la bassine branlante, après quoi vous les mettez en papillotes comme les autres.

Pistaches à la cannelle. Pistaches, trois livres; cannelle fine en poudre, deux onces; sucre, huit livres.

Concassez le sucre et donnez-lui une fonte très-épaisse; mettez-le sur le feu, et le retirez quand il est près de bouillir; vous couvrez alors le feu, et versez dans le sucre la cannelle délayée avec un peu d'eau; puis vous procédez à l'ordinaire.

Autre manière. Pistaches, trois livres; essence de cannelle, quatre gros; sucre, huit livres.

Il n'y a de différence que dans l'essence qui remplace la poudre de cannelle.

Pistaches au chocolat de santé. Prenez de bon chocolat de santé, dont vous mettez douze onces dans un mortier de fonte dont vous avez bien chauffé l'intérieur avec du charbon ardent, et que vous avez bien essuyé; vous le pilez bien, et, quand il est en pâte maniable, vous le divisez en petits morceaux comme des noisettes, dans chacun desquels vous enveloppez une pistache, en les roulant dans le creux de la main. Vous les jetez dans une bassine remplie de nonpareille, et les remuez bien avec une cuillère de fer-blanc, et non avec la main, afin de ne pas tacher la nonpareille. Quand les pistaches en sont bien garnies, vous les retirez et les laissez refroidir; ensuite vous les mettez en papillottes, en y joignant une devise.

Vous pouvez vous servir de chocolat à la vanille, suivant le goût des personnes.

Pistaches d'attrape au chocolat. Elles se font de la même manière que les précédentes, excepté qu'au lieu de pistaches vous mettez un morceau d'ail de la même grosseur.

Pistaches au girofle. Pistaches, trois livres; girofle en poudre, trois onces; sucre, huit livres.

Vous concassez le sucre et le délayez très-épais; vous le

mettez sur le feu, et le retirez à l'ordinaire, quand il est près de bouillir; vous délayez votre poudre de girofle avec un peu d'eau, et la mettez dans votre fonte; puis vous travaillez vos pistaches à la bassine branlante et à la manière accoutumée.

Vous pouvez, au lieu de girofle en poudre, employer de l'essence.

Pistaches au pot-pourri. Pistaches, trois livres; esprit de jasmin, une once; de jonquille, une once; de tubéreuse, une once; de musc, un gros; d'ambre, un gros.

Vous concassez et délayez très-épais le sucre; vous le faites chauffer, et, quand il est près de bouillir, vous couvrez le feu et versez les esprits dans le sucre fondu; puis vous travaillez les pistaches à l'ordinaire.

Pistaches de Macédoine à la fleur d'oranger. Pistaches, deux livres; fleur d'oranger épluchée, une livre; sucre, quatre livres huit onces.

Vous mettez les pistaches dans l'eau bouillante ; quand la peau s'enlève, vous les retirez; ensuite vous les pilez dans un mortier de marbre, en mettant de temps en temps quelques gouttes d'eau d'épinards, pour qu'elles ne tournent pas en huile; vous les broyez ensuite sur la pierre pour en rendre la pâte très-fine; vous y incorporez bien la fleur d'oranger après l'avoir pilée. Vous clarifiez le sucre et le faites cuire au petit cassé; vous le retirez et y mêlez la pâte avec une spatule; puis, étant refroidie, vous la sortez de la bassine et la posez dans une terrine propre; vous la pilez ensuite et la broyez bien; vous mêlez le tout, qui forme une pâte que vous passez sur du sucre en poudre; vous en prenez de petits morceaux de la grosseur d'une noisette, que vous roulez dans la main pour en former vos pistaches; vous les mettez sécher à l'étuve avec un feu doux. Le lendemain vous les mouillez légèrement avec de la gomme arabique fondue, et les couvrez de nonpareille à la manière accoutumée : vous les remettez à l'étuve, et, lorsque vous les garnissez de papillottes, vous y joignez une devise ou une chanson.

Cette pistache est des plus agréables à manger, et a l'avantage d'être fondante, céphalique et légèrement sudorifique. On peut la vendre sans être en papillottes.

Pistaches de Macédoine à la rose. Pistaches, deux livres; roses de Provins récentes, une livre huit onces; *idem* sèches, huit livres; carmin liquide, une once; sucre, quatre livres huit onces.

Enlevez la peau de vos pistaches, pilez-les en ajoutant par intervalles de bonne eau double de rose; vous les broyez ensuite sur la pierre pour en former une pâte très-déliée. Vous pilez les roses de Provins sèches et récentes en même temps, y ajoutant aussi par intervalles de bonne eau double de rose. Lorsqu'elles sont bien en pulpe, vous les mêlez avec les pistaches, en y joignant une once de carmin liquide. Vous clarifiez le sucre et le faites cuire au petit cassé, puis le retirez et faites le mélange; ensuite vous finissez vos pistaches comme les autres.

Pistaches de Macédoine à la provençale. Pistaches, deux livres; fleur d'oranger épluchée, huit onces; zestes de deux citrons, de deux oranges, de deux bigarades, de deux poncires; sucre, quatre livres huit onces.

Procédez comme ci-dessus; pilez de même les pistaches, en jetant dessus de l'extrait d'épinards, très-vert, et par intervalles; ensuite râpez vos fruits à écorce contre un gros morceau de sucre; détachez-en la partie odorante qui s'y attache, et la mettez dans la pâte de pistaches, que vous finissez comme ci-dessus.

Pistaches de Macédoine à la vanille. Pistaches, deux livres; vanille en poudre, deux onces; esprit de vanille, huit onces; sucre, quatre livres huit onces.

Mêmes procédés à suivre que pour les précédentes.

Pistaches de macédoine à l'ananas. Pistaches, trois livres; huit ananas; sucre, cinq livres.

Râpez la partie superficielle des ananas, coupez-les par moitié ensuite, et exprimez-en le jus. Quand vous pilez les pistaches, vous en mettez quelques gouttes, afin qu'elles ne tournent pas en huile. Ajoutez un peu d'extrait d'épinards pour en maintenir la couleur verte, et broyez-les sur la pierre; vous y incorporez bien la râpure d'ananas, et finissez comme de coutume.

Cette pistache est excellente et d'une odeur très-suave; elle est coûteuse en France par la rareté et la cherté de l'ananas.

Pistaches de Macédoine aux fleurs. Pistaches, deux livres; fleurs de citronnier, quatre onces; d'orange épluchée, quatre gros; esprit de rose, quatre gros; de jasmin, quatre gros; de réséda, quatre gros; de tubéreuse, quatre gros; de jonquille, quatre gros; sucre, quatre livres huit onces.

Pelez et pilez les pistaches, en y mettant de temps en temps de l'eau d'épinards; vous les broyez ensuite sur la pierre. Réduisez en pulpe, dans un mortier, vos fleurs d'oranger et de citronnier, que vous incorporez avec la pâte de pistaches. Au même moment, versez-y tous vos esprits, et mêlez avec la spatule; faites cuire le sucre au grand cassé, et mêlez le tout.

Conserve aux pistaches. Pistaches, six onces; sucre, deux livres.

Vous versez de l'eau bouillante sur les pistaches ; et, quand leur peau s'enlève facilement, vous les jetez sur un tamis pour les séparer de l'eau bouillante, et versez par-dessus de l'eau froide ; vous les pelez ensuite, les coupez en petits morceaux très-minces, et les jetez dans le sucre lorsqu'il est cuit au petit cassé; vous donnez quelques bouillons et retirez.

Cette conserve est stomachique, pectorale; elle apaise les douleurs néfrétiques, arrête les dévoiemens. On fait de la même manière des conserves d'avelines.

PISTOLET. (*Conn. us.*) En donnant des préceptes sur la manière de tirer le pistolet, nous n'avons nullement l'intention de fournir des moyens d'action à ceux que l'amour des querelles pousse à des combats singuliers. Nous voulons seulement accroître la force défensive des voyageurs attardés contre les voleurs et les chiens errans. Nos conseils pourront être également utiles aux chasseurs, par l'application qu'ils en feront au maniement du fusil.

Du pistolet. Choisissez une paire de pistolets de combat, à piston. Ils ont sur les anciens pistolets à pierre un avantage incontestable. Ceux dont le canon a de six à huit pouces de longueur sont les meilleurs; ils peuvent porter à cinquante pas. Qu'ils soient du calibre de trente-cinq à quarante-cinq, et qu'aucune virole n'excède le canon, car elle empêcherait d'ajuster.

De la charge. Il en est du pistolet comme du fusil : la manière dont il porte dépend beaucoup de la charge, et aussi de la construction du tonnerre, c'est-à-dire de l'endroit où est enfermée la poudre, et de la bonté de cette poudre. (On sait qu'elle se compose de nitre ou salpêtre, de soufre et de charbon pilé.)

Pour essayer la poudre, mettez-en un peu dans le creux de votre main, frottez-la avec le pouce : si elle est bonne, elle ne doit ni engraisser ni noircir la main.

Autre manière de l'éprouver : étendez une demi-charge de poudre sur une feuille de papier, mettez-le feu : si elle laisse sur le papier une tache ronde couleur gris de perle, sa bonne qualité n'est pas douteuse ; lorsqu'elle est mauvaise, elle brûle le papier. Si elle le noircit, c'est qu'elle renferme trop de charbon. Enfin, s'il reste sur le papier de petits grains et qu'en y mettant le feu ils ne brûlent pas, cela indique que le salpêtre a été mal raffiné.

Beaucoup de poudre empêche de tirer juste, en faisant reculer le canon.

Un dixième de la charge ordinaire d'un fusil à piston suffit pour le pistolet quand on tire de vingt-cinq à trente pas. Si l'on veut tirer de plus loin, ce qui arrive rarement, ou si l'on est en hiver, il faut augmenter un peu la quantité, parce que l'humidité en diminue la force.

La balle doit entrer à juste dans le canon, et être peu bourrée.

Position du corps. Ayez soin que votre corps soit bien d'aplomb; placez le pied droit en avant du pied gauche, à un pied de distance à peu près, et sur la même ligne. Appuyez la main gauche sur votre hanche du même côté; tenez votre tête élevée.

Position de la main. 1° Saisissez le pistolet par la monture, en observant que le canon ne soit jamais dirigé vers ceux qui sont près de vous, crainte d'accident.

2° Couchez le pouce sur la partie droite de cette monture, vis-à-vis le frappoir, au lieu de le placer sur le canon, comme beaucoup de personnes font, ce qui nuit à l'ajustement.

3° Que les trois autres doigts décrivent une ligne parallèle au canon, et soient appliqués de manière à ne laisser aucun vide dans le creux de la main.

4° Que l'index soit arqué sur la gâchette.

Position du coude. Le coude doit être un peu élevé et courbé, afin de diminuer l'effet de l'action nerveuse, et d'arriver au plus haut degré possible d'immobilité; plus le bras est étendu, plus il est sujet à vaciller. Placé sur le bras gauche, et ayant ainsi deux points d'appui, il vacille également, et la plus légère vacillation produit à vingt pas un écart de quelques pouces. Lorsqu'on s'exerce, dès qu'on s'aperçoit de cette vacillation, il faut s'arrêter et redonner au bras son aplomb.

Le moyen d'éviter le plus possible le mouvement qui peut encore se faire sentir, même dans la meilleure position par nous indiquée, est de serrer la gâchette avec le crochet de l'index à la seconde phalange, *progressivement*, et sans secousse, jusqu'à ce que le coup parte, et sans s'inquiéter de l'agitation presque imperceptible qui peut se manifester encore au bout du canon.

Cette pression progressive et soutenue de la gâchette est le point capital dans le tir du pistolet; c'est aussi le mouvement le plus difficile.

De l'ajustement. Lorsque vous êtes bien assuré de la régularité de votre position, d'après les principes ci-dessus, ajustez par la visière la sommité du point de mire sur la ligne la plus basse du but que vous voulez toucher, et vous atteindrez juste au milieu.

Explication des écarts. 1° Si, dans la position de la main ci-dessus décrite, vous ne pressez pas assez la monture entre le pouce et les doigts, la pesanteur du bout du pistolet, l'entraînant infailliblement à droite, le fera écarter de ce côté.

2° Si les doigts serrent trop et le pouce pas assez, l'écart se fera à gauche.

3° Si la gâchette n'est que faiblement pressée du bout de l'index, la balle écarte en bas.

4° Si la première phalange, au lieu d'opérer en crochet et d'agir perpendiculairement sur la gâchette, agit horizontalement et de côté, le coup porte à gauche.

5° Si la gâchette reçoit une légère saccade du doigt qui se trouve placé dessous le coup portera trop haut.

Avec du sang-froid, de l'observation, et en s'exerçant suivant les principes ci-dessus pendant quelques jours, on évitera ces écarts, et l'on parviendra à tirer le pistolet parfaitement.

Il faut avoir soin de rectifier un tir, sur l'observation des trous qu'ont faits les balles dans le but.

Récréations. Avec une chandelle au lieu de balle, on peut percer une porte.

Si l'on tire contre une vitre un coup de pistolet chargé avec une petite balle, il y fait un trou égal à son diamètre, sans cependant casser la vitre. Cet effet est dû à ce que la vitesse du projectile est trop grande pour que la vitre ait le temps de fléchir ; de sorte qu'on peut dire avec raison que la balle chasse devant elle la partie du verre qu'elle touche. Lorsqu'on tire, au contraire, une pierre contre une vitre, elle est brisée en morceaux, parce que la vitesse étant moindre et le corps choquant plus gros, le corps choqué fléchit et se brise. C'est pour cette même raison que, dans les batailles navales, il est moins dangereux de recevoir un boulet à demi-portée qu'à portée entière, puisque, dans le premier cas, il ne fait qu'un trou que l'on répare aisément, tandis que, dans le second, la vitesse étant moindre, le boulet fait fléchir le bois et brise la charpente aux environs du point qu'il frappe.

PITUITE. (*Méd. dom.*) C'est le nom qu'on donne à une affection produite par l'accumulation, dans les cavités des organes digestifs et respiratoires, d'une humeur fluide et incolore, plus ou moins visqueuse. L'excrétion de cette humeur, extrêmement incommode, surtout chez les personnes d'un âge avancé, est le plus souvent la suite et l'effet d'un catarrhe chronique des membranes muqueuses, des voies aériennes et du pharynx. Dans la surabondance d'humeurs dont elle surcharge l'économie, on voit une affection particulière des organes gastriques, à laquelle on doit remédier par des moyens appropriés à sa nature ; cependant les personnes d'un tempérament lymphatique ou muqueux y sont souvent sujettes sans être ou sans avoir été attaquées d'un catarrhe.

Les boissons mucilagineuses, expectorantes, sont les meilleurs remèdes contre la pituite.

PIVOINE COMMUNE. (*Jard.*) *Pæonia officinalis.* (Famille des renonculacées.) Vivace, des Alpes. Variétés : à fleur double, cramoisie ; à fleur double, d'un rouge plus clair ; à fleur simple, d'un blanc rosé. Fleurs en mai. Séparation de racines en septembre. Terre franche et profonde ; soleil. Toutes les pivoines fleurissent en avril et en mai.

Pivoine à feuilles menues. (*Semifolia.*) Vivace de l'Ukraine. Fleurs en avril, petites, d'un rouge vif, entourées de feuilles. Même culture.

Pivoine subalbida. Fleurs d'un rose tendre, qui deviennent très-blanches. Même culture.

Pivoine peregrina. Tiges herbacées. Fleurs simples, d'un rouge violet. Même culture.

Pivoine de la Chine. (*Sinensis.*) Tiges herbacées. Fleurs très-grandes, doubles, souvent deux à deux, à odeur de rose. Même culture.

Pivoine stérile. (*Humilis.*) Tiges herbacées. Fleurs inodores, grandes, et d'un rose foncé superbe. Même culture.

Pivoine moutan. Tiges qui s'élèvent comme un arbuste. Même culture que les autres ; à demi-ombre, et un peu abritée au nord.

PIVOT. (*Conn. us.*) Dans les machines délicates, les chapes ou les trous dans lesquels doivent tourner les pivots, les plans sur lesquels doivent reposer les couteaux d'un pendule, doivent être en grenat, de préférence à toute autre substance.

Ainsi dans une boussole, les trous en grenat sont recherchés.

PLAN INCLINÉ. (*Conn. us.*) On désigne sous le nom de *plan incliné* une surface plane, inclinée à l'horizon, que, dans la théorie, on considère comme parfaitement dure et polie, de manière qu'un corps qui glisserait dessus n'y éprouverait aucun frottement. Cette définition implique nécessairement, pour la pratique, des corrections, résultant de ce qu'il n'existe aucun corps assez dur et assez poli pour anéantir tout frottement.

PLANERA RICHARDI. (*Jard.*) Famille des amentacées. Arbre de Sibérie. Feuilles ovales et cannelées régulièrement, d'un joli effet. Exposition méridionale; bruyère humide. Semis qu'on ne met en place que la troisième année, et qu'on préserve des gelées. On le greffe en fonte sur l'orme commun.

PLANÈTES. (*Conn. us.*) Les *planètes* sont des astres assez semblables en apparence aux étoiles, mais dont la position dans le ciel, et par rapport aux étoiles fixes, varie chaque jour. Le globe que nous habitons est la troisième planète en partant du soleil. Ces astres sont des corps opaques, qui ne sont visibles que parce qu'ils réfléchissent la lumière du soleil, tandis que cet astre et les étoiles sont lumineux par eux mêmes. Toutes les planètes se meuvent autour du soleil, d'occident en orient, dans des orbites presque circulaires et très-peu inclinés sur le plan de son équateur; il n'y a que les quatre planètes découvertes récemment qui s'écartent de la ligne de l'écliptique de plus de 9 degrés. Les anciens ne connaissaient que six planètes ; maintenant on en compte onze, et voici l'ordre dans lequel on les rencontre, à partir de l'astre central : d'abord paraît *Mercure*, puis *Vénus ;* on appelle ces deux planètes inférieures, parce qu'elles sont plus rapprochées que nous du soleil. Vient ensuite la *terre* ou *Cybèle*, qui est accompagnée d'un satellite, la *Lune*. Après elles viennent les planètes supérieures ; c'est d'abord *Mars*. Là, d'après les rapports de distance qu'on avait reconnus entre les planètes, il existait une lacune : elle a été remplie au commencement de ce siècle par la découverte de quatre petites planètes, *Cérès, Pallas, Junon* et *Vesta*, qui circulent dans des orbites très-rapprochées, et que la plupart des astronomes considèrent comme les éclats d'une planète plus considérable. Après elles se trouvent *Jupiter*, puis *Saturne*, et enfin, aux dernières limites de notre monde, *Uranus* ou *Herschell*, qui était inconnu aux anciens, et qui a été découvert par l'astronome dont il porte le nom. Ces trois planètes sont accompagnées de 4, 7 et 6 satellites ; Saturne est de plus entouré d'un anneau très-régulier.—Les distances des planètes à l'astre central offrent dans leurs rapports une harmonie constante dont on ignore la cause physique, mais qui n'en est pas moins très-remarquable. Si l'on écrit les nombres successivement doublés : 3, 6, 12, 24, 48, 96, 192, et qu'on ajoute 4 à ces nombres, de manière à donner pour correspondans 4, 7, 10, 16, 28, 52, 100, 196, on aura les distances relatives de chaque planète au soleil, le premier nombre donnant celle de Mercure, le second celle de Vénus, le troisième celle de la Terre, le quatrième celle des quatre petites planètes très-voisines, et ainsi de suite.

Notions sur les principales planètes. — *Mars.* Ronde, opaque, analogue au globe, ayant des taches verdâtres semblables à des mers, et une couleur rouge qui paraît être de sol ; vers les pôles des taches éclatantes augmentant en hiver, diminuant en été, qu'on suppose des amas de glace. L'inégalité dans la vision des taches fait supposer une atmosphère.

Jupiter. Planète très-aplatie aux pôles. Elle a quatre satellites; bandes obscures, variant de forme et de position, jamais de direction. Taches ressemblant à des nuages, ce qui suppose une atmosphère traversée par des courans alisés très-impétueux à cause de la vitesse de rotation. Lumière très-vive.

Saturne. Rond, opaque. Sept satellites. Anneau circulaire immense, divisé en deux autres concentriques. Les cercles de l'anneau sur la planète, et réciproquement, ont fait voir qu'ils étaient éclairés par le soleil. Lumière pâle et terne. Sept satellites. Le plus distant est beaucoup plus gros ; le plus éloigné après lui se voit assez facilement ; les trois d'après sont très-petits. Les deux autres voisins de l'anneau n'ont été vus que rarement.

Uranus. Au moins deux, et peut-être cinq ou six satellites difficiles à apercevoir. Ils se meuvent de l'est à l'ouest, tandis que tous les autres corps vont de l'ouest à l'est.

Vesta. Très-petite. Peu de pesanteur à sa surface : un homme y tomberait de soixante pieds sans éprouver une secousse plus forte que s'il tombait de trois pieds. Orbite très-alongée et variable.

Vesta. Junon. Cérès. Pallas. Très-petites, et sur des orbites semblables, sont considérées comme fragmens d'une planète primitive brisée.

Mercure. Très-petit; non lumineux par lui-même.

Vénus. Son diamètre est de plus de 2800 lieues. En passant devant le soleil, elle se montre comme un point noir; son axe de rotation n'est pas sur le plan de son orbite. La chaleur y est très-forte, et l'atmosphère dense. Sa révolution s'accomplit en 224 jours 16 heures 49 minutes 8 secondes. Sa vitesse moyenne est de 29000 lieues à l'heure.

Ainsi que Mercure, elle s'éloigne peu du soleil, paraissant après son coucher ou avant son lever.

PLANTAIN. (*Méd. dom.*) Famille des plantaginées. Le plantain, *plantago major*, est une plante fort commune, qui croît dans les prés, sur le bord des chemins; sa racine est vivace, courte, grosse comme le doigt, garnie de fibres blanchâtres; sa tige consiste en une hampe cylindrique, unie, un peu velue, au haut de laquelle est une fleur en épis.

Le plantain à longues feuilles est vermifuge. On le pile, on en exprime le jus, et on en met dans une cuillerée de vinaigre autant de gouttes que l'enfant a d'années. Le lendemain on répète la même dose, et les vers sortent par morceaux.

Les feuilles du plantain sont employées comme astringentes, vulnéraires : on les emploie dans les hémorragies, dans les pertes, dans les gonorrhées. L'eau distillée sur ces feuilles est employée dans quelques maladies des yeux; mais elle est tout-à-fait insignifiante.

PLANTATION. (*Cod. dom.*) Il n'est permis de planter des arbres de haute tige qu'à la distance prescrite par les réglemens particuliers actuellement existans, ou par les usages existans et reconnus, et, à défaut de réglemens et d'usages, qu'à la distance de deux mètres de la ligne séparative des deux héritages pour les arbres à hautes tiges, et à la distance d'un demi-mètre pour les autres arbres et haies vives. (C. C., art. 671.)

Nul ne peut planter sur le bord des chemins vicinaux, même sur sa propriété, sans leur conserver la largeur qui aura été prescrite par l'administration publique. (Loi du 9 ventose an XIII, art. 7.)

Les arbres plantés sur les chemins publics autres que les grandes routes nationales sont censés appartenir aux propriétaires riverains. Ceux sur les places publiques des villes, bourgs ou villages, ou dans les marais, sont censés appartenir aux communes. (Décret du 28 août 1792, art. 14 et 15.)

Le voisin peut exiger que les arbres plantés à une moindre distance que celle de deux mètres soient arrachés. Celui sur la propriété duquel avancent les branches du voisin peut contraindre celui-ci à couper ces branches; si ce sont les racines qui avancent sur son héritage, il a le droit de les y couper lui-même. (C. C., art. 672.)

Les propriétaires riverains des routes royales dont la largeur ne permet pas de faire des plantations sur le terrain appartenant à l'État sont obligés de planter des arbres sur leur propre terrain, à moins de 6 mètres de distance de la route; sinon les plantations se font d'office, à la réquisition de l'ingénieur en chef du département. (Conseil-d'État, 28 octobre 1851.)

PLANTATION. (*Jard.*) C'est depuis octobre jusqu'au 1er février qu'on doit rigoureusement faire toutes ses plantations : passé cette époque elles sont exposées à périr s'il vient des sécheresses. D'ailleurs la végétation se manifeste dans les racines dès la mi-janvier; c'est alors qu'elles poussent ces espèces de *suçoirs* qui servent à nourrir l'arbre : le moindre hâle, le plus léger frottement les font périr; il est aisé de sentir combien cela doit nuire à la reprise.

Si l'on veut élever des arbres dans un terrain humide, qui ordinairement leur est contraire, il faut les planter sur le sol, et puis entourer suffisamment les racines de bonne terre. (Voy. JARDIN.)

Les espaliers se plantent à une distance plus ou moins grande, suivant leurs espèces et leurs dispositions à étendre leurs rameaux. Ainsi le pêcher, l'abricotier, le prunier, le cerisier exigent quinze à dix-huit pieds; les figuiers, poiriers et pommiers, dix-huit à vingt. On borde les allées d'arbrisseaux à fruits, tels que groseillers, framboisiers, pommiers nains, etc.

Les bordures étroites qui touchent aux espaliers sont propres à tous les légumes hâtifs ou paresseux; mais il faut en écarter ceux qui poussent de hautes tiges et de profondes racines, à cause de l'ombre qu'ils donnent et de la quantité de sucs qu'ils absorbent.

Des plantations d'arbres et bordures le long des chemins et autour des pièces de terre. Ces plantations entraînent le propriétaire à des dépenses très-fortes sans avantages pour lui; elles sont nuisibles aux champs et aux routes, et ne donnent que des sujets rabougris, nuisibles pendant leur vie, nuisibles après leur mort.

Ces diverses plantations ne présentent d'ailleurs aucun des avantages de celles groupées faites sur une certaine étendue et disposées en bosquets plus ou moins considérables.

Les routes ombragées d'arbres sont toujours humides et d'un entretien dispendieux; plus une route est exposée aux vents et au soleil, plus elle est d'un entretien facile.

La législation est venue contraindre en France les propriétaires à planter le long des routes; en Angleterre, elle leur défend même de maintenir les haies à plus de cinq pieds de haut dans ces circonstances.

Pour la commodité des voyageurs, il suffit de laisser un arbre tous les cent ou deux cents pas disposés de chaque côté en quinconce, afin de laisser toujours un passage libre à l'air. Cette distance est même suffisante pour indiquer le chemin en temps de neige.

A cette occasion, pour déblayer rapidement les routes, on propose l'emploi d'un traîneau ayant la forme d'un triangle garni de planches sur les deux côtés, qui, réunissant par leur sommet un attelage de quatre chevaux, peut en quelques heures balayer une grande étendue de route, et éviter ainsi beaucoup d'accidens et d'efforts de tirage.

Les plantations le long des routes exigent plus de frais et

de soins que toutes autres, et sont soumises à plus de chances. Il faut que l'arbre qu'on plante le long d'une route soit déjà grand, qu'il soit garanti par des épines, et malgré ces soins il faut souvent le remplacer plusieurs fois avant de le mettre à l'abri de la malveillance et des dégradations des animaux.

L'arbre planté en massif coûte moins, est moins exposé, profite davantage et file mieux.

Sous les arbres en bordure, la récolte est maigre ; elle absorbe fumiers et la bours dans une plus grande proportion que dans le reste du champ, par les obstacles que créent les racines traçantes.

Les plantations le long des pièces en culture sont moins exposées ; mais elles offrent les mêmes inconvéniens pour les récoltes.

En Angleterre, où les pièces de terre sont généralement vastes, les plantations en bordure peuvent convenir en ce qu'elles sont un moyen de se passer de bergers et de bergeries, les moutons, comme les bêtes à cornes, passant nuit et jour leur temps dans la prairie.

Chaque clos devant passer de l'état de terre arable à celui de pré, et étant soumis à une rotation de culture régulière, chaque pièce doit être environnée d'une clôture qui permette aux animaux d'y séjourner nuit et jour pendant l'état de pré. Les haies sont, à cet effet, tenues fort basses tout le temps que la pièce est cultivée; on les laisse grandir à l'époque où on la convertit en pré.

Les haies ne peuvent s'appliquer qu'aux terrains d'une grande étendue. Le produit des haies, lorsqu'elles sont bien entretenues, ne va jamais au-delà des frais de l'élagage ; souvent leur entretien est une charge pour le propriétaire, indépendamment du tort qu'elles font aux récoltes. Dans les jardins, les abris sont nécessaires pour hâter la végétation ; peu importe pour un champ. Il est connu que les champs abrités produisent moins et sont plus sujets aux accidens de gelée et de rouille.

Sur les hautes montagnes et sur les bords de la mer, les abris qui garantissent des vents présentent des avantages qui doivent les faire conserver.

PLANTE. (*Conn. us.*—*Jard.*—*Agr.*—*Méd. dom.*—*Écom. dom.*) Les végétaux ou plantes sont des *êtres organisés vivans*, qui proviennent d'une graine, sont fixés pendant la durée de leur existence au lieu où ils ont pris naissance, s'accroissent par l'*absorption* de *fluides* qu'ils puisent dans le *sol* et l'*atmosphère* ; ils périssent ou meurent après un temps plus ou moins long.

Les plantes sont composées de plusieurs parties distinctes ou *organes*, savoir : la racine qui s'enfonce dans le *sol;* la tige ou le tronc qui s'élève dans l'air; les feuilles, expansions membraneuses, planes, ordinairement vertes, qui revêtent la tige ; la fleur, composée de feuilles ou pétales, le plus souvent colorées, et qui enveloppent les organes *sexuels* ou de la génération ; le fruit, qui renferme les graines ou semences.

Cultiver une plante, c'est placer la graine ou la jeune plante dans un sol *labouré;* favoriser son accroissement par des soins particuliers ; recueillir à une époque convenable de la végétation les parties ou produits utiles pour l'homme et les animaux *domestiques.*

La plupart des plantes ont des racines, des branches, des fleurs et des feuilles; il en est pourtant parmi lesquelles on ne remarque aucuns principes de cette organisation, telles que la truffe, les varechs, etc.

La plante est organisée, car elle a des vaisseaux de diverses sortes, des fluides circulans, des organes reproductifs ; elle secrète et absorbe certains principes de l'air ou de la terre.

L'eau, un peu de terre, le carbone et la présence de la lumière constituent la partie solide des plantes; les alcalis, la sève, le mucilage, la gomme, la résine, le sucre, qui se rencontrent dans leur analyse, sont des combinaisons de l'eau, des oxides ou terres et de l'acide carbonique.

Sans les plantes, nul ne pourrait exister ; elles fournissent à la nourriture du règne animal depuis l'éléphant jusqu'à l'insecte que le microscope seul fait apercevoir.

La plante est, par-dessus tout, la vraie nourriture de l'homme, puisque c'est d'elle et des animaux qui s'en nourrissent qu'il tire sa subsistance.

La plante sert aussi aux besoins de nos habillemens, ameublemens et logemens.

A part quelques rochers battus des vagues, la terre et les pierres se couvrent de végétation abandonnée à la nature.

Les moules, les huîtres, par leur décomposition, couvrent d'humus le rocher le plus infertile.

Les plantes qui croissent dans les sables les rendent, en s'y décomposant, propices à la production d'autres plantes.

La mer, les rivières, les étangs, les marais, les sols humides, ont chacun des plantes qui leur sont propres, et qui croissent dans les conditions de cette existence.

Les mousses, les lichens paraissent être la base de toute végétation ; ces plantes ne se nourrissant que de l'air, leur décomposition forme l'humus de la terre, qui est pour elle une nouvelle création.

Familles des plantes. (Voy. FAMILLES.)

Graines des plantes. (Voy. GRAINES.)

Vie des plantes. Il est des végétaux dont l'existence passagère ne se prolonge pas au-delà de quelques heures ; il en est d'autres dont la vie surpasse de beaucoup en durée celle de l'homme : le tilleul et l'olivier vivent jusqu'à trois cents ans, le chêne jusqu'à cinq cents. L'antique yeuse du mont Vatican qui existait encore du temps de Pline datait de bien avant la fondation de Rome. Les baobabs de Sénégal paraissaient être immortels. Adamson a calculé que les baobabs des îles de la Madeleine avaient plus de six mille ans d'antiquité.

Les facultés végétatives des plantes, provenant du même semis, viennent des circonstances qui accompagnent la germination, et souvent aussi de la qualité des graines.

Les bonnes graines se distinguent par la couleur, le volume et le poids.

Cette étude demande de l'exercice, de l'habitude, et surtout la comparaison.

Habitation des plantes. Il y a des plantes que l'on rencontre dans les quatre parties du monde; d'autres ne se trouvent que dans telles ou telles localités.

Chaque climat a ses plantes particulières, et dans la même contrée la végétation offre un aspect différent, suivant l'exposition, la qualité, l'humidité du sol, son élévation, etc.

Les *algues* prennent racine sur les rochers submergés par l'océan; les rivages des mers voient éclore les soudes, les salicornes, les panicauts, le chou marin, etc.; les fontaines prêtent leurs eaux limpides aux cressons, aux beccabunga, aux fontinales; toutes les familles des joncs, des sapins, des carex, des morrènes, et généralement toutes les plantes aquatiques terrestres, se plaisent au bord des rivières; les marais nourrissent dans leurs eaux des rosages, des bruyères, des mousses, des joncs, des scirpes, des massettes, qui donnent un aspect herbacé à leur surface; sur leurs bords vivent les prêles, les tussilages, les benoites, et bien des végétaux vénéneux au feuillage sombre et triste, à la saveur âcre; les ciguës, l'œnanthe, la renoncule scélérate. Les plantes montagneuses ont un tout autre aspect, de toutes autres propriétés : jusqu'à 1600 mètres d'élévation on trouve les chênes; à 2000, vivent les ifs, les pins, les sapins; là commencent les sous-arbrisseaux à tiges rampantes, que la neige couvre jusqu'au printemps (les rosages, les daphnés, les télèphes, les saules herbacés); au-dessus et jusqu'à 5500 mètres d'élévation, végètent, au milieu des rocs et sous les glaciers, les lichens, les byssus, les mousses, les saxifrages, les renoncules montagneuses. Dans les pâturages, on trouve les brunelles, les euphrosynons, les boucages, les scabieuses et une immensité de graminées. Les serpolets, la dravre printanière, la coquelourde, aiment les champs incultes; les bluets, les coquelicots, les pieds-d'alouette, l'ivraie, se plaisent parmi les moissons; les forêts cachent, à l'ombre des chênes, des hêtres, des frênes, etc., les mercuriales, la moscatelline, les muguets, les violettes, la circéa, l'actée, la belladone, la surelle, etc.

Ce n'est qu'après avoir étudié ces divers documens que le botaniste herborisateur doit se mettre en campagne.

Signes par lesquels on désigne la durée des plantes,

Plantes annuelles	⊙
Plantes bisannuelles.	♂
Plantes vivaces.	♃
Arbres et arbrisseaux.	♄

Nutrition des plantes. Les élémens de la nutrition végétale sont le carbone, l'oxygène, l'hydrogène et l'azote. Ils ont pour véhicule l'eau pompée par les feuilles dans l'atmosphère, et par les racines au sein de la terre. C'est dans le *liber*, substance spongieuse, dont les racines et les feuilles sont principalement formées, que repose la force de succion; force qui est si grande, qu'elle agit avec plus de puissance que la pression de l'atmosphère sur le mercure d'un baromètre. Les sucs, une fois absorbés, se transforment, dans le végétal, en d'autres sucs dont les caractères et les propriétés sont bien distincts : la *sève* et les *sucs propres*.

La *sève* ou *lymphe*, contenue dans des vaisseaux particuliers, nommés pour cela *vaisseaux séveux*, est une liqueur limpide, sans odeur ni saveur, facile à s'épancher, quand on incise une plante en pleine végétation, ce qui est ordinairement au printemps. Cette extravasion est surtout très-sensible chez la vigne dans le temps de la taille : les vignerons disent alors qu'elle *pleure*. La *sève* est peu abondante en été et en hiver. Dégagée par l'élaboration de ses parties grossières, elle forme un suc mucilagineux, transparent, sans odeur et d'une saveur gommeuse, que les botanistes nomment *cambium :* c'est la partie la plus pure de la *sève;* son principal siége est entre l'écorce et le bois.

Les *sucs propres* proviennent encore de la *sève*, mais différemment élaborée; ils se distinguent de celle-ci en ce qu'ils sont colorés et qu'ils possèdent une odeur et une saveur particulières; ils s'échappent, sous forme laiteuse, des branches du titymale et du figuier, quand on les coupe vers le milieu. Leur *couleur* est *rouge* dans la patience sanguine, l'artichaut, le bois de campêche, *jaune;* dans la chélidoine; *verte*, dans la pervenche. Leur *substance* est *gommeuse*, dans le cerisier; *résineuse*, dans les pins; *narcotique*, dans le pavot; *corrosive*, dans les euphorbes, etc. Leur principale résidence paraît être dans les couches corticales, où les vaisseaux qui les contiennent prennent le nom de *vaisseaux propres :* c'est de là qu'on les obtient par écoulement, dans les arbres résineux, au moyen d'une incision pratiquée à leur tronc. Cet écoulement est plus abondant pendant les chaleurs que pendant l'hiver, et vers le milieu du jour que le soir ou pendant la nuit. Néanmoins, les *sucs propres* habitent dans le végétal pendant toutes les saisons de l'année; leur mouvement, selon quelques auteurs, s'opère du sommet de la plante vers les racines.

La marche de la *sève* est bien différente. Elle suit deux sortes de mouvemens : un d'*ascension*, de bas en haut; un autre *latéral*, du centre à la circonférence. Elle monte dans tous les cônes ligneux qui composent la tige, à travers les pores nombreux dont elle est criblée; elle se meut en général dans tous les gros vaisseaux de la tige, excepté dans ceux de la moelle et de l'écorce. Dans les tiges dicotylédones, les vaisseaux qui charient la *sève* sont réunis en chapelets; le mouvement du centre à la circonférence s'opère par les prolongemens médullaires; le chaud paraît être le principal agent de la circulation de la *sève*. Aux premières approches du printemps, elle s'élance dans les tiges, et, ne pouvant s'ouvrir un passage, elle reflue entre l'écorce et le bois, sous forme de *cambium*, et y forme un *liber*. Des expansions de ce dernier, naissent les *jeunes rameaux* et les *feuilles*. La transpiration s'organise, et le *cambium* disparaît. Le même phénomène se renouvelle en automne, jusqu'en hiver, où la *sève* devient presque stagnante.

Taille des plantes. La taille des végétaux varie à l'infini, depuis l'humble petitesse de l'hyssope jusqu'à l'élévation la plus gigantesque. Le tronc de certains palmiers acquiert jusqu'à cent quatre-vingts pieds de hauteur : celui des mélèses du nord de l'Europe n'est jamais de moins de cent trente pieds. On trouve des troncs dont la grosseur n'est pas moins extraordinaire. Strabon parle d'une vigne dont deux hommes ne pouvaient embrasser la tige. Il existe sur le mont Etna un châtaignier d'une dimension si énorme, qu'on lui attribue cent cinquante pieds de circonférence; et Pline parle d'un platane creux qui reçut dans son sein dix-neuf personnes. On connaît l'influence qu'exercent, sur le fluide électrique les arbres élevés : ils attirent à eux la foudre et font l'office d'immenses paratonnerres. (Voy. TONNERRE.)

Odeur des plantes. Linnée les a ramenées toutes à sept principales : 1° l'*aromatique* (les *labiées*, l'oranger); 2° la *suave* (le lis, le jasmin); 3° l'*ambrée* ou musquée (les géranium exotiques, la mauve musquée); 4° l'*alliacée* (l'ail); 5° l'*hircine* ou *odeur de bouc* (les *satyrium*, la vulvaire); 6° la *stupéfiante* ou *soporative* (le pavot, l'hyèble); 7° la *nauséeuse* ou *nauséabonde*, dont la fétidité peut quelquefois provoquer le vomissement. Elle est assez commune aux solanées et aux ombellifères, où se trouvent les poisons végétaux les plus nombreux. Les fleurs du *dracuntium* exhalent une odeur de cadavre en putréfaction; celles du *stapelia* sentent la charogne.

L'odeur réside quelquefois dans toute la plante, comme dans les *labiées* et les *crucifères;* souvent une seule de ses parties est odorante : la racine, dans les valérianes; l'écorce et les feuilles, dans les lauriers; les fleurs, dans le plus grand nombre de végétaux.

Saveur des plantes. L'instabilité des saveurs n'est pas moindre chez les végétaux que celle des couleurs. On tâche de les classer en ramenant à une même espèce toutes celles qui produisent sur l'organe du goût à peu près la même sensation. La saveur *sèche* est celle que produirait la sciure de bois mise sur la langue; la saveur *aqueuse* ou *insipide* désigne les plantes sans vertu; la saveur *visqueuse* a pour type celle de la gomme arabique (les tussilages, les mauves); la saveur *grasse*, semblable à celle de l'huile; la saveur *douce* ou *sucrée;* la saveur *salée;* la saveur *amère;* la saveur *styptique* ou *astringente*, qui a pour type celle de la noix de galle; la saveur *acide;* la saveur *âcre* (le pied de-veau); la saveur *nauséeuse* (les plantes narcotiques).

On peut ranger, parmi les caractères accessoires des végétaux, l'*irritabilité*, propriété en vertu de laquelle leurs organes exécutent certains mouvemens en recevant certaines impressions.

Emploi des plantes. Peu de plantes conviennent aux usages de l'homme, ou des animaux qu'il emploie. Multiplier et améliorer celles-ci, détruire celles qui nous nuisent, tel est le but de l'agriculture.

Connaître les conditions d'existence et de bien-être de ces plantes doit être l'étude principale de l'agriculteur.

Il est des plantes que tous les animaux rejettent, d'autres qui sont mangées par certaines races seulement, d'autres enfin auxquelles il faut accoutumer les animaux. L'agronome doit faire une étude de ces diverses espèces.

Certaines plantes qui s'élèvent, et que les animaux rebutent, peuvent être encore productives comme litières, et, si on les brûle, faire de la potasse ou du fumier.

Que l'on emploie en litières dans les composts ou qu'on fasse brûler ces plantes, cette opération doit toujours avoir lieu avant leur floraison.

La culture des plantes de marais, destinées à cet emploi, pourrait souvent faire subsister une nombreuse famille sans ressources.

On ne saurait trop encourager les propriétaires et fermiers à ne pas négliger de sortir des bois et des marais les plantes nuisibles dont l'incinération peut être un objet de ressources dans leur exploitation.

La culture des plantes qui servent à notre nourriture, les vertus curatives de certaines plantes, ont donné lieu à l'horticulture et à la botanique médicale.

Il est important que les plantes reçoivent du sol une proportion d'eau convenable, que leurs racines puissent y passer et y recevoir l'air. Le cultivateur doit donc mêler aux terres humides et compactes des cendres ou du sable; aux terres sableuses, des argiles grasses, de la marne et autres substances qui les rendent moins perméables; il doit enlever les cailloux et les grosses pierres qui empêchent les graines de lever et les racines de s'étendre. Ce n'est qu'après ces dispositions que les fumiers ou les engrais peuvent procurer les plus grands avantages.

La végétation des plantes est encore favorisée par plusieurs sels solubles qui se rencontrent dans le sol; ceux-ci, lorsqu'ils sont déliquescens, paraissent agir en absorbant l'eau contenue dans l'air, pour la répandre ensuite dans le sol où les racines la puisent : cet effet a lieu surtout lorsqu'on répand une solution d'hydrochlorate de chaux à la surface de la terre : on remarque une végétation plus active. Mais il est démontré aussi que d'autres sels solubles influent d'une manière différente : en effet, ils passent avec la sève dans la circulation, à l'aide de l'eau qui les dissout, et font partie de la plante. Il paraît qu'ils agissent comme excitant les forces vitales; du moins il est reconnu que la quantité et la nature des sels les plus convenables à la végétation varient pour plusieurs plantes; la bourrache, la pariétaire, les orties, ne prennent beaucoup d'accroissement que dans les terres qui contiennent des nitrates; ces sels paraissent contribuer aussi au développement de la betterave; les plantes marines viennent mal dans un sol qui ne contient pas de sel marin, et ce sel, dans la même proportion, est nuisible à la végétation du blé; le plâtre favorise la végétation du trèfle, de la luzerne, etc., et il paraît sans action sur un grand nombre d'autres plantes. Enfin toutes les solutions salines ou végétales sont absorbées dans la végétation; elles sont utiles ou nuisibles suivant leurs proportions et leur nature.

Manière de recueillir et de faire sécher les plantes médicinales. On cueille les plantes quand elles commencent à s'épanouir. Toutefois la mauve, la guimauve, la pariétaire et le seneçon sont plus adoucissans avant d'avoir poussé leurs tiges. Les feuilles doivent se récolter jaunes, car elles deviennent ligneuses.

Les plantes séchées à l'ombre jaunissent ou noircissent. Il vaut mieux les exposer au soleil ou à la chaleur d'un four chauffé à 50°.

On peut également faire usage de la chaleur du dessus d'un four de pâtissier ou de boulanger.

Les plantes recueillies par un beau temps sec et serein, après le soleil levé, et lorsque la rosée de la nuit est dissipée, doivent être nettoyées des herbes étrangères, des feuilles mortes ou fanées. Ensuite on les étend sur des clayons d'osier garnis de papier gris, et on les expose à la chaleur du soleil, ou à celle d'une étuve, ou sur le four d'un boulanger. On remue les feuilles plusieurs fois par jour, et on les laisse à la même chaleur jusqu'à ce qu'elles soient parfaitement sèches ; ce que l'on reconnait lorsqu'elles n'ont plus de souplesse et qu'elles se brisent en les maniant ; on les laisse quelque temps à l'ombre, et elles reprennent une certaine humidité qui suffit pour les empêcher de se briser quand on les manie. On les met alors dans des boîtes, où elles se conservent à l'abri de la poussière et de l'humidité.

Les plantes qu'on a fait sécher avec les soins que nous venons d'indiquer conservent leurs couleurs vives et brillantes et leur odeur. C'est d'après ces qualités essentielles qu'on peut juger de leur bonté.

Il ne faut pas trop les amonceler les unes sur les autres en les mettant sur les claies; car alors, la chaleur ne les pénétrant pas dans les endroits épais, l'humidité y est retenue et fait jaunir les plantes dans ces mêmes endroits : c'est un effet de l'étiolement causé par l'air acide qui se dégage des végétaux pendant leur dessiccation ; l'acide gazeux qui se dégage réagit, et détruit la couleur de la plante.

Les plantes aromatiques, telles que le thym, le romarin, la sauge, etc., demandent à être séchées rapidement comme les autres : il convient seulement de ménager le degré de chaleur en raison de la volatilité de leurs principes. Elles perdent toujours un peu de leur odeur en séchant; mais une dessiccation prompte leur en fait toujours perdre moins qu'une dessiccation lente.

On conserve ainsi le thym, la marjolaine, le petit chêne, la menthe, la mélise, le serpolet, l'ivette, le calament, etc.

Les plantes, ou racines, ou fruits, sont préférables et meilleurs lorsqu'ils croissent éloignés les uns des autres : ils sont mieux nourris, plus gros, et ont plus de force et de vertus. C'est pour cette raison qu'on doit retrancher des arbres et des plantes une partie des fruits avant leur maturité, quand ils viennent en trop grande abondance.

On doit toujours faire choix des simples, qui ont le plus d'odeur, de saveur et de couleur, lorsqu'ils doivent réunir ces qualités, comme le safran, par exemple. On sait que les plantes cultivées sont plus grasses; celles qui viennent naturellement dans les campagnes, plus vigoureuses; celles qu'on rencontre sur les montagnes, plus odorantes ; celles qui croissent dans les lieux aquatiques, plus âcres ; celles qu'on se procure par artifice pendant l'hiver ont peu de vertus, et se sentent du fumier qui leur a été prodigué.

Il ne faut pas employer des simples mal formés, et qui aient été altérés par des maladies ou par des jeux de la nature, ce qui peut affaiblir leurs propriétés ou leur en donner de nouvelles.

On doit toujours choisir les plantes dans les lieux qui leur sont naturels ; car nous voyons tous les jours celles des pays chauds dégénérer dans nos climats, quelques soins et quelque attention que l'on porte à leur culture. Celles des pays froids, transportées dans les pays chauds, éprouvent la même vicissitude : alors les sucs nourriciers de ces plantes n'étant plus les mêmes, ni dans les mêmes proportions, elles ne viennent plus à maturité et perdent toutes leurs vertus.

Il y a beaucoup de personnes qui donnent la préférence aux plantes non cultivées, parce qu'elles pensent que la nature leur distribue le lieu et le climat qui leur sont propres. Ce principe cependant admet une exception en faveur des plantes aromatiques de nos climats : lorsqu'elles sont bien exposées et cultivées avec soin, elles sont plus odorantes, et rendent plus d'huile essentielle dans la distillation.

Dans le choix des plantes, il faut faire attention aux voisines de celles qu'on veut cueillir. Il en est dont les tiges, faibles et sans soutien par elles-mêmes, s'attachent et grimpent sur les plantes qu'elles rencontrent ; elles tirent par leurs filamens une partie de leur nourriture, et participent aux propriétés des plantes sur lesquelles elles sont attachées. Or, si ces plantes sont vénéneuses ou de qualités contraires, elles doivent être rejetées.

Les plantes contiennent plus ou moins de parties sableuses ; et les insectes y peuvent déposer leurs œufs, qui pourraient éclore, manger les plantes et les réduire dans un si mauvais état, qu'on serait obligé de les jeter avant qu'on pût s'en procurer d'autres. Il convient donc de séparer tous ces corps étrangers destructeurs des plantes ; on y parvient en remuant et en secouant les plantes sur un tamis de crin un peu gros ; ils passent au travers. Cette opération est de la plus grande importance ; mais il ne faut y procéder que quand les plantes se sont amollies légèrement, de crainte de les briser.

Les plantes se conservent beaucoup mieux, et jouissent de propriétés infiniment meilleures, dans les années où les pluies ont été peu abondantes, que quand elles ont été cueillies dans les années pluvieuses.

Plantes dont les fleurs seules doivent être conservées, comme les roses, les œillets, les violettes. Le temps de recueillir les fleurs est un peu avant leur épanouissement, époque à laquelle elles ont le plus d'odeur et de vertu.

On cueille les roses rouges lorsqu'elles sont en boutons, bien avant leur épanouissement. Celles qui sont épanouies perdent une partie de leur couleur en séchant ; elles noircissent plus ou moins, et elles ont moins d'odeur.

Les œillets rouges doivent être pris au moment de leur épanouissement ; on rejette la partie verte et la partie blanche, parce qu'on a intention de n'avoir que la partie rouge de ces fleurs.

Les violettes noires cultivées, qui fleurissent au printemps, doivent être prises peu de temps après leur épanouissement : on les préfère avec raison à celles qui viennent dans les bois et dans les campagnes, et qui n'ont ni autant d'odeur, ni autant de couleur. On rejette la partie extérieure qui est verte, et on ne conserve que celle qui est colorée.

Les fleurs, quoique plus délicates que les feuilles des plantes, demandent à être séchées promptement comme les plantes elles-mêmes. On les fait sécher de la même manière dans une étuve ou au soleil, le plus promptement possible. Il y a des fleurs dont la couleur est si délicate, qu'on ne peut les conserver sans altération, malgré toutes les précautions que l'on prend ; telles sont celles de violette, de bourrache, de buglose. Ces dernières fleurs, ainsi que celles de camomille et de muguet, doivent être recouvertes de papier gris, soit qu'on les sèche au soleil ou à l'étuve, afin de les avoir très-belles.

On conserve les fleurs dans des boîtes bien bouchées, dont l'intérieur est garni de papier. Celles dont la couleur est fugace, comme la violette, etc., se conservent dans des bouteilles bien bouchées.

Plantes dont on conserve les fruits ou semences. Les graines doivent être recueillies, en général, quand elles sont bien mûres. Quelquefois, néanmoins, on cueille la plante entière peu de temps avant la maturité de la graine; on la dispose sur le plancher, comme si on voulait la faire sécher; la sève qui reste à la plante se porte à la semence, et achève de la mûrir. Ce moyen, pratiqué par les jardiniers pour récolter les petites graines légumineuses, est très-bon et très-commode pour se procurer, sans perte, toutes les graines trop petites pour être récoltées autrement.

Quand les graines sont huileuses, comme les amandes, par exemple, on casse, au moyen d'un marteau, la coque dure et ligneuse qui les revêt; on sépare le bois; on met à part les amandes, qu'on étend à trois ou quatre pouces d'épaisseur sur le plancher, dans une chambre sèche, à l'abri du soleil et de toute chaleur plus forte que celle qui règne dans les beaux jours de l'automne; on couvre les fenêtres, si le temps le permet, pour évacuer l'humidité qui se dégage, et on remue les amandes de temps en temps. Il faut mettre ces semences à l'abri des souris et des rats, qui en sont très-friands.

Les graines sèches et farineuses sont très-faciles à faire sécher. Nous avons dit précedemment qu'on fait sécher les plantes avec leurs graines, lorsque ces graines sont trop petites pour se récolter autrement. Quand, par ce moyen, les graines sont bien sèches, on bat la plante avec des baguettes, pour en faire sortir la graine; on frotte aussi entre les mains les extrémités de la plante pour opérer le même effet; on enlève à la main le plus qu'on peut de plante brisée; on met le menu de la plante qui contient la graine dans une assiette ou dans un plat de faïence, ou dans un petit van; on secoue le tout, en vannant, pour faire partir tout ce qu'il y a de plus léger; la graine se nettoie et se débarrasse, et reste enfin seule, parce qu'elle est en général plus pesante. Lorsque la graine est bien nettoyée, il convient de la laisser encore quelque temps à l'air, afin d'achever de la dessécher; on la vanne encore avant de la serrer, et on la passe au travers d'un tamis de crin, pour la mieux séparer de la paille.

On conserve ordinairement les petites graines dans des bocaux de verre coiffés de papier : cette manière est fort bonne. On peut aussi les conserver dans des boîtes. Quelques personnes conservent indistinctement ces mêmes petites graines dans des bouteilles bouchées de liége, mais elles rancissent.

Plantes à racines. Elles se récoltent au printemps et en automne, temps où les tiges sont passées. Autrement elles sont de mauvaise qualité.

Les racines légumineuses, qu'on cultive pour les alimens, sont des plantes annuelles; on les sème depuis le mois de février jusqu'à la fin de l'été, à des époques différentes, afin d'avoir toujours de jeunes racines. Si on ne semait ces plantes que dans une saison, on n'aurait qu'une seule fois dans l'année ces racines de bonne qualité; telles sont les raves, les carottes, les panais, etc., parce que, lorsque ces racines ont poussé des tiges d'une certaine force, elles deviennent ligneuses dans leur intérieur; on en sépare même facilement le cœur, qui ressemble à une corde. Il en est de même de beaucoup de racines de plantes médicinales annuelles qu'on cultive, ou qui viennent dans la campagne, et qui se sèment d'elles-mêmes à plusieurs reprises, telles que l'ache, la bourrache, la buglose, la carotte sauvage, la guimauve, la consoude, l'asperge, le persil, la bryone ou navet du diable, la valériane, etc., etc. Les racines de ces plantes ne sont point ligneuses dans leur première jeunesse; mais l'intérieur le devient lorsqu'elles poussent des tiges. Il suffit, par conséquent, pour avoir ces racines en bon état, de les cueillir lorsque les plantes commencent à bourgeonner et à pousser quelques feuilles; ce que l'on peut faire pendant le courant de l'été.

Lorsqu'on a récolté convenablement les racines, on profite de l'état de fraîcheur et de plénitude où elles se trouvent en sortant de la terre, pour les bien laver avant de les mettre sécher. On coupe par morceaux les racines qui sont trop grosses; on les met sur des clisses d'osier garnies de papier, et on les fait sécher dans une étuve ou dans le four d'un boulanger.

Les racines que l'on conserve dans des caves deviennent bientôt ligneuses, et perdent leur vertu.

Si l'on veut sécher des oignons, les oignons de lis, par exemple, il faut les effeuiller avant de les sécher.

Les racines bien séchées doivent être conservées dans des boîtes bien closes, afin de les garantir de la poussière et des vicissitudes de l'air.

Plantes dont on conserve le bois ou l'écorce. Le bois et l'écorce des plantes sont, en général, faciles à dessécher et à conserver. Il suffit de les exposer à l'air pendant quelque temps, après les avoir divisés convenablement. Il y a seulement un petit nombre d'écorces tendres et délicates, comme celle du sureau, qui demandent les mêmes soins que les racines pour être desséchées et pour être conservées. Ces parties peuvent être conservées fort longtemps sans éprouver d'altération.

PLAQUEMINIER LOTUS. (*Jard.*) *Diospyros lotus.* Famille des plaqueminiers. Arbre d'Italie. Beau feuillage. Exposition méridionale, abritée du nord; bonne terre légère et un peu fraîche; semis en mars en bon terreau, au pied d'un mur au midi. On couvre le jeune plant l'hiver avec des feuilles; on le met en pépinière à la troisième année.

Plaqueminer de Virginie. (*Virginica.*) Feuilles cotonneuses. Semis à l'ombre. Très-rustique.

Plaqueminier à grandes fleurs. (*Calycina.*) Bel arbre, rare. Greffe sur le *lotus*, et même culture.

Diospyros lucida. Belle variété. Même culture.

Diospyros angustifolia. Id.

Les plaqueminiers ne se mettent en place que lorsqu'ils ont huit ou neuf pieds, car les gelées détruiraient les jeunes pousses.

PLATANE D'ORIENT. (*Jard.*) *Platanus orientalis.* Famille des amentacées. Bel arbre du Levant. Fleurs en avril. Se place isolé, au midi; multiplication de boutures en mars, à l'ombre, avec de jeunes branches auxquelles on laisse un talon.

(Platane d'Occident.) Platanus occidentalis. Arbre de l'Amérique septentrionale. D'un beau port, feuilles moins grandes. Fleurs en mai. Même culture. Il craint plus le froid que le précédent.

(Platane d'Espagne.) Platanus hispanica. Feuilles à lobes très-aigus et dentés. Belle espèce, mions délicate que les deux autres. Même culture.

PLATES-BANDES. (*Jard.*) Les plates-bandes qui bordent les allées conviennent à toutes sortes de plantes hâtives, telles que radis, laitues, épinards, carottes, haricots, salades, pois nains, etc. Les grands carrés doivent être réservés pour les choux, oignons, poireaux, carottes, panais, choux-fleurs, fèves, asperges, céleri, artichauts, et autres espèces semblables.

PLATINE. (*Conn. us.—Chim. dom.*) Métal qu'on trouve dans les mines d'or d'Amérique.

M. Fonzi a trouvé le moyen de rendre le platine malléable.

Grâce à cette intéressante découverte, le platine, relégué jusqu'à présent dans le laboratoire du chimiste et dans l'atelier de l'armurier, va prendre son rang parmi les métaux. Déjà M. Fonzi a fabriqué en platine, des vases, des bijoux, de petits meubles, et une multitude d'objets aussi précieux que s'ils étaient d'argent, d'or, ou d'acier poli.

Le platine de cuivre est excellent pour l'étamage. On l'obtient en faisant dissoudre le platine dans de l'eau régule, et précipitant la solution dans le sel ammoniac. Le précipité, lavé à grande eau, et chauffé au rouge à un feu lent dans une cornue, se réduit en poudre; on broie une partie de cette poudre dans un mortier bien chauffé, avec cinq ou sept parties de mercure. Sept parties rendent plus maniable l'amalgame, qui, appliqué sur du cuivre bien poli, s'y attache; et, après en avoir chassé le mercure par la chaleur, le platine pur reste fixé sur le cuivre. Cette opération réussit encore mieux si l'on ajoute un peu de craie à l'amalgame. Si l'on polit ensuite le cuivre ainsi platiné, il prend l'éclat et la blancheur de l'argent, et il peut être employé, sans le moindre inconvénient, aux ustensiles de cuisine et à d'autres usages.

PLATRE. (*Agr.—Ind. dom.—Conn. us.*) Il est bon à la campagne d'avoir toujours quelques morceaux de plâtre cru, soit pour sceller des gonds ou toute autre chose, le plâtre cuit ne se conservant pas sans se détériorer. Lorsque vous voulez en faire cuire, mettez-en un morceau dans l'âtre, sur un feu *modéré* que vous entretenez *égal;* vous reconnaîtrez qu'il est cuit *à point* si en le mouillant il est moelleux et collant; au contraire, s'il est rude et sans liaison, il est mal cuit. La cuisson faite, concassez-le d'abord, pilez-le ensuite sur une pierre avec une brique; et passez-le au tamis de soie; employez-le de suite. Si vous étiez forcé de le garder quelque temps, que ce soit dans un lieu très-sec.

Le plâtre en poudre est un excellent engrais pour le trèfle, la luzerne et le sainfoin; il suffit de soixante livres par grand arpent la première année, et ensuite trente.

On répand sur les prairies le plâtre et la chaux par un temps un peu sombre. Les légumineuses surtout profitent du gypse qui est généralement employé. La chaux détruit la mousse et les mauvaises herbes.

Le plâtre agit comme stimulant, décompose le carbonate d'ammoniaque, est décomposé par le charbon, qui enlève l'oxygène au soufre, et il se forme de la craie, chaux carbonatée.

Vernis pour les figures de plâtre. Faire fondre parties égales d'étain et de bismuth; quand ces deux métaux sont en fusion, ajouter du mercure; bien remuer; laisser refroidir; réduire en poudre, et mêler avec des blancs d'œufs quand on voudra l'étendre sur les statues.

PLEIN (JEU DU). (*Récr. dom.*) Jeu dérivé du trictrac. (Voy. TRICTRAC.) Son but est de remplir ou *faire le plein*, c'est-à-dire que les joueurs s'efforcent de parvenir à mettre douze dames couvertes et accouplées dans la table du grand jan, que l'on appelle aussi *grand plein* au trictrac.

Tout est réglé comme à ce jeu; les joueurs n'y sont pas en plus grand nombre; on jette les dés avec force, et les coups en sont déterminés d'après les usages du trictrac et du revertier; les doublets s'y jouent doublement, comme à ce dernier jeu et au gammon.

Lorsqu'on sait jouer au trictrac, on apprend avec grande facilité le jeu du plein.

Chaque joueur ayant empilé ses dames sur la première case ou flèche de la table, la plus éloignée du jour (comme au trictrac), on abat beaucoup de bois, on couche ensuite six autres dames toutes plates sur les flèches du grand jan, parce qu'ayant du bois abattu, il est après cela plus facile de couvrir.

Il est permis de mettre une seule dame dans le coin, qu'on nomme au trictrac coin de repos.

Il est important de ne point forcer son jeu, et d'avoir toujours les grands doublets à jouer. Celui qui a couvert le premier toutes ses dames dans la seconde table gagne la partie; il n'a pas le dé pour la revanche, comme au trictrac.

PLÉTHORE. (*Méd. dom.*) Lorsque, par une cause quelconque, les liquides contenus dans les vaisseaux augmentent au point de faire dilater les parois outre mesure, il y a pléthore, et l'homme est dans une situation voisine de ces accidens.

La pléthore appelée sanguine n'a point pour seule cause la surabondance du sang; la sérosité de ce liquide, augmentant avec son volume, l'épaissit, diminue la force de la circulation, distend les vaisseaux, produit des engourdissemens, mène à l'apoplexie et à la paralysie.

Il y a plusieurs espèces de pléthores; tout ce qui est vaisseau dans l'économie animale est susceptible d'être affecté de pléthore : ainsi on distingue autant d'espèces de celle-ci qu'il y a de vaisseaux différens. Chaque appareil sécréteur, chaque système circulatoire, ayant des canaux propres à l'exécution des fonctions dont il est chargé dans l'ordre naturel, peut avoir une surabondance dans les sucs que transmettent les conduits, et se trouver dans un état pléthorique.

Une pléthore très-fréquente est la *lymphatique* : celle-ci a des signes caractéristiques qui ne permettent pas de la méconnaître; une autre pléthore non moins évidente est celle que l'on appelle bilieuse, et que les praticiens reconnaissent avec facilité. On doit distinguer les pléthores en générales et en locales. Elles peuvent effectivement avoir lieu dans tous les vaisseaux qui composent un appareil, ou se borner à ceux d'une certaine région.

Il y a des individus disposés naturellement aux pléthores.

L'inaction est très-souvent une cause non équivoque de pléthore, surtout de la pléthore lymphatique; c'est ce qui explique pourquoi les ouvriers, les gens de la campagne sont en général peu susceptibles de la contracter, tandis que les personnes riches, inactives, les femmes surtout, qui mènent dans les villes une vie sédentaire, en sont souvent tourmentées. Une nourriture trop abondante, réunie à l'inaction, est la source la plus féconde de toutes les pléthores.

Les effets généraux de la pléthore sont un état de gêne dans l'économie, l'empêchement apporté à l'exécution entière de certaines fonctions, une sorte d'empâtement, de boursouflement dans les parties où elle a lieu, quelquefois un véritable développement des parties par suite de l'accumulation des liquides pléthoriques et de la distension qu'ils causent dans les vaisseaux qu'ils remplissent. Un autre effet qui appartient à toutes les pléthores, c'est celui de la stase du liquide surabondant dans les vaisseaux destinés à le contenir.

Parmi les moyens généraux à employer contre la pléthore native ou acquise, on doit compter, en première ligne, l'exercice : l'homme est essentiellement fait pour se mouvoir, agir, travailler du corps; c'est toujours aux dépens de sa santé qu'il s'écarte de ce vœu de la nature. L'emploi des purgatifs et un régime sévère sont efficaces.

PLEURÉSIE. (*Med. dom.*) Inflammation aiguë ou chronique de la plèvre, ou parenchyme des poumons.

La pleurésie est une maladie inflammatoire des plus graves et des plus dangereuses. On la connaît à la fièvre, la douleur ou point de côté, la difficulté de respirer et la toux souvent accompagnée de crachement de sang. Le pouls est fréquent et dur, la toux est sèche et la douleur aiguë. Tous les hommes de tous les pays y sont sujets; cependant le temps moyen entre l'adolescence et la virilité est celui auquel les hommes deviennent plus souvent pleurétiques, et où cette maladie leur est plus funeste. On a distingué deux sortes de pleurésies, relativement à la situation de la douleur, l'une vraie et l'autre fausse. Dans la vraie, l'inflammation et la douleur sont principalement dans la plèvre (membrane qui tapisse l'intérieur de la poitrine); dans la fausse, l'inflammation et la douleur ont leur siége dans les muscles intercostaux. Le moyen de s'assurer si la douleur n'est que dans les muscles, c'est d'appuyer fortement la main sur le côté douloureux, et de faire respirer le malade, qui souffre moins alors si les muscles seuls sont attaqués.

On emploie contre la pleurésie les saignées, les boissons mucilagineuses, le repos absolu, les cataplasmes sur la partie malade, etc.

Nous ne nous appesantirons point sur cette dangereuse maladie, non plus que sur la pneumonie ou inflammation du poumon; ces maladies, malheureusement trop répandues, sont du nombre de celles qu'on ne saurait guérir seul. Toutefois, dans toutes les maladies chroniques de poitrine, les malades peuvent contribuer à leur guérison par le régime : une vie régulière, une alimentation succulente sans être irritante, le repos du corps et de l'esprit, un exercice modéré, un air pur, des boissons mucilagineuses, l'abstinence des liqueurs spiritueuses prolongeront certainement leur existence, et souvent les soustrairont à la cause de destruction qui les menace.

PLIE. (*Cuis.*) *Pleuronectes platessa.* Poisson de mer très-commun dans l'océan, long d'un pied, mince et plat, large d'environ sept pouces. Il remonte les fleuves : on le trouve dans toute la Loire. La saison la plus favorable pour la pêche de la plie est depuis le mois d'avril jusqu'en juin, et depuis octobre jusqu'en décembre; la plie s'enfonce dans le sable; il faut l'y harponner dans les eaux basses, ou enfoncer en face de sa tête un filet en forme de poche, dans lequel elle donne en fuyant. Cette pêche se fait plus aisément la nuit avec des lanternes qu'au jour.

PLOMB. (*Conn. us.*) Voy. MÉTAL.

Le plomb, en contact avec l'atmosphère, est gris; son oxidation au feu lui donne une couleur jaune; à une température plus élevée, il est rouge. Le plomb présente encore un autre phénomène dans son oxidation à l'air; il s'unit, après s'être oxidé, avec l'acide carbonique de l'air; cette combinaison, purifiée par des lavages et broyée en poudre fine, constitue ce que l'on connaît sous le nom de *blanc de plomb*, que l'on emploie dans la plupart des couleurs à l'huile. (Voy. CÉRUSE, OXIDE.)

Alliage de plomb et d'étain (soudure des plombiers). Cet alliage s'obtient en fondant ensemble, dans un creuset fermé, une partie d'étain et deux parties de plomb. Cet alliage, comme l'indique son nom, est employé pour souder les tuyaux, pour réunir les lames de plomb et en former des carrés qu'on nomme *chambres*, et dans lesquelles on fait brûler le soufre pour en obtenir l'acide sulfurique.

Alliage de bismuth d'étain et de plomb, métal fusible de d'Arcet. Cet alliage est composé de huit parties de bismuth, cinq parties de plomb, trois parties d'étain; il s'obtient en mettant les trois métaux dans un creuset et fondant.

L'alliage de d'Arcet est remarquable; fusible à quatre-vingt-dix degrés centigrades, il peut être employé pour sceller des barreaux de fer dans de la pierre; pour prendre des empreintes de médailles, faire des clichés, des bustes que l'on peut bronzer; pour lier ensemble des tables de marbre ou de granit.

PLOMB DE CHASSE. (*Ind. dom.*) Faire fondre du plomb dans une cuiller de fer, le verser dans une passoire sous laquelle on place un vase plein d'eau; le plomb forme en tombant de petits grains de différentes grosseurs qu'on sépare en les passant à travers plusieurs tamis. On peut ajouter au plomb en fusion une petite quantité d'arsenic.

Les fabricans de plomb en grain fixent leur fourneau au sommet d'une tour de trente mètres de haut, en sorte que le grain est refroidi avant d'arriver à l'eau.

Moyen de plonger la main dans le plomb fondu sans se brûler. On fait fondre du plomb dans une capsule de fer, et on y plonge la main ou le doigt avant que tout le métal soit fondu.

Le calorique tend à se mettre en équilibre dans tous les corps. Or, dans la fusion, au lieu de s'accumuler dans les molécules fondues, il se porte sur celles qui ne le sont point encore, et leur soustrait de la chaleur. Aussi remarque-t-on qu'on ne saurait, sans le plus grand danger, tenter la même expérience lorsque le métal est complétement fondu. Cette connaissance est également applicable à l'emploi des chaudières en plomb, qui ne fondent nullement tant qu'elles contiennent un liquide, quoiqu'elles soient exposées à une température supérieure à celle de leur fusion, parce qu'alors le calorique ne fait que les traverser pour se porter sur le liquide. Le contraire a lieu si elles n'en contiennent plus ou qu'il se forme un dépôt sur un point qui intercepte le contact de la chaudière avec la liqueur; dès lors elle fond.

PLOMBAGINE. (*Conn. us.*) Carbure de fer, connue sous le nom de mine de plomb.

On sait que la plombagine s'emploie pour faire des crayons, pour adoucir les frottements dans les engrenages des machines; mêlée avec de la graisse, elle sert à faciliter le mouvement des essieux de voitures; on l'emploie pour garantir le fer de la rouille, donner aux fourneaux, aux poêles, etc., en terre cuite, l'apparence de la fonte. (Voy. CRAYON.)

PLONGEON. (*Chasse.*) *Colymbus.* Genre d'oiseaux palmipèdes, qu'on trouve dans nos étangs et sur les côtes de Picardie. Le plongeon commun, d'un gris cendré, est commun en France. Le *plongeon lumme* et le *plongeon tacheté à gorge noire* se montrent en hiver le long de la Manche.

PLONGEURS. (*Conn. us.*) Valmont-Bomare prétend qu'à en juger par une expérience pratiquée par Buffon, on pourrait créer une classe d'excellens plongeurs en empêchant de se fermer le trou ovale par lequel dans l'utérus, le sang du fœtus passe d'un ventricule du cœur à l'autre. On sait que le fœtus nage dans un fluide. Buffon reçut dans l'eau tiède des chiens nouveau-nés; au bout d'une demi-heure, on leur laissa respirer l'air le même temps; on les replongea dans du lait; on les remit à l'air, et ils purent vivre alternativement dans l'eau et dans l'air.

PLUIE. (*Conn. us.*) Le rapprochement des nuages par une cause quelconque, et l'abaissement de la température des couches atmosphériques chargées d'humidité, sont les causes principales de la pluie. L'électricité en est aussi une cause puissante et fréquente, comme le prouve ce fait, que la pluie qui accompagne les orages est toujours très-forte. L'influence des vents dans la production de la pluie est bien démontrée. Dans nos contrées, les *vents d'est* sont desséchans, parce que l'air qu'ils nous amènent vient de passer sur une grande étendue de terre; au contraire, les *vents d'ouest*, qui nous arrivent chargés d'une grande quantité de vapeurs, après avoir traversé la vaste étendue de l'Océan, nous amènent aussi presque constamment des pluies. Les *brises de mer*, qui sont produites par l'arrivée d'un air plus froid et plus lourd, qui presse et pousse un air plus léger et plus chaud, laissent très-souvent un dépôt d'humidité. Les vents qui poussent l'air dans des gorges de montagnes assez élevées, en l'obligeant à passer au-dessus des cols de ces montagnes, le font arriver dans une couche plus froide; un nuage se forme, et il y a dépôt d'humidité, surtout si les arbres d'une forêt viennent favoriser le mélange des deux masses atmosphériques. Les nuées viennent donc se résoudre en pluie sur les flancs des montagnes et dans les lieux couverts de végétation. Aussi M. de Humboldt a-t-il remarqué que le manque de pluies et l'absence de plantes sont deux phénomènes qui réagissent l'un sur l'autre : il ne pleut pas, parce que la surface d'un sol sablonneux, nu et privé de végétation, s'échauffe davantage, et ainsi repousse les nuages au lieu de les attirer; et le désert ne devient pas une steppe ou une forêt, parce que, sans eau, il ne peut y avoir de développement organique. Les vents du nord sont secs, parce qu'ils sont froids, et deviennent, en arrivant dans les contrées plus chaudes, capables de contenir plus de vapeurs ; le contraire a lieu pour ceux du sud.

Il est certain que plus se prolonge, dans une contrée ou une saison, la pluie ou la sécheresse, plus il est probable qu'elles continueront, par la raison que, dans le premier cas, l'évaporation est continuellement alimentée, et, dans le second, elle ne l'est presque pas. Du reste, les années qui fournissent une grande quantité d'eau ne sont pas toujours les plus humides. C'est ce qui arrive : 1° lorsque les quantités de pluie qui tombent ne sont pas également réparties sur tous les mois, de manière qu'un seul mois, et quelquefois même un seul jour, fournisse autant d'eau que plusieurs mois; 2° si les pluies sont fréquentes, mais fines, l'année paraîtra avoir été pluvieuse, sans qu'elle ait pour cela fourni beaucoup d'eau; 3° enfin, s'il tombe fort peu d'eau dans les mois de juin et juillet, et que la quantité que ces mois auraient dû fournir se trouve distribuée dans les autres mois, l'année paraîtra avoir été sèche, quoique réellement elle ait été humide. Tout dépend donc de la manière dont les pluies ont été distribuées dans les différens mois de l'année. (Voy. NUAGE.)

Quelquefois la pluie est colorée par des substances végétales ou minérales enlevées par les vents. On appelle pluies de sang celles dont l'eau a été teinte par des insectes ou des matières prises autour des cratères des volcans.

Jours de pluie sous le climat de Paris. Le nombre moyen des jours de pluie, à Paris, est de 142, un peu plus du tiers de l'année : la hauteur moyenne de l'eau tombée sous notre latitude est de 19 pouces 1 ligne 55 centimètres, y compris la neige et la grêle fondues ; l'année 1825, seulement 7 pouces 8 lignes. La plus grande quantité d'eau tombée en 24 heures, à Paris, a été de 5 pouces 5 lignes. Il pleut beaucoup en automne et en hiver, cependant moins que pendant les saisons chaudes.

PLUMES. (*Conn. us.*) Bien qu'on ait récemment inventé une foule de plumes artificielles, la majorité des consommateurs préfère encore les plumes d'oie, toujours plus flexibles et moins coûteuses.

Les bouts d'ailes sont préférables aux grosses plumes, et se fendent plus net. Les vieilles plumes sont meilleures que celles qui conservent encore leur graisse. Il faut choisir (dégraissées) les plumes claires, rondes, sans taches blanches, et hollandées. Les plumes de cygne sont trop grosses, et ne servent pas pour écrire. Les plumes de corbeau sont excellentes pour le dessin.

Manière de hollander les plumes pour leur faire perdre leur humeur graisseuse. Plonger pendant quelques instans le tuyau des plumes dans un bain de sable fin chauffé à environ 50° ; frotter ensuite avec un morceau de laine ; les mettre dans de l'acide hydrochlorique très-étendu d'eau, et les faire sécher.

PLUVIER. (*Chass.*) *Charadrius.* Oiseau échassier. Le pluvier doré (*pluvialis*) est gros comme une tourterelle. Il a le dessus du corps griselé et marqueté d'un jaune doré. Il se montre en France, au printemps et en automne, dans les lieux humides; et se nourrit de vers de terre. C'est un excellent rôti.

Le *petit pluvier criard* (*hiaticula*) hante les côtes et le bord des fleuves. Le grand pluvier (*œdichnemus*), le plus grand de tous, habite les lieux arides et sablonneux.

PNEUMATIQUE. (*Conn. us.*) La partie de la physique qui traite des propriétés et des effets de l'atmosphère, c'est-à-dire de la couche d'air qui enveloppe la terre, s'appelle la *Pneumatique*.

(Voy. BAROMÈTRE, MACHINE PNEUMATIQUE, THERMOMÈTRE.)

PODALYRE A FLEURS BLEUES. (*Jard.*) *Podalyria australis.* (Famille des légumineuses.) Très-belle plante vivace, de Caroline. Fleurs en juin, grandes et en long épi. Terre légère un peu fraîche; exposition méridionale; tiges de quatre pieds. Séparation des racines en septembre, ou semis en mars.

PODOPHYLLE EN BOUCLIER. (*Jard.*) *Podophyllum peltatum.* Famille des renonculacées. Vivace, de l'Amérique septentrionale. Fleurs en mai, grandes et blanches.

Podophylle palmé. Podophyllum palmatum. Vivace, du même lieu. Fleurs en mai, semblables, mais à odeur d'ananas. Ces deux belles plantes s'accommodent d'une terre franche et meuble, pourvu qu'elles aient du soleil : elles disparaissent entièrement l'hiver. Séparation des racines en septembre, ou semis en mars en pot enterré. On repique le plant la deuxième année.

POÊLE. (*Conn. us.*) Lorsqu'on se sert d'un poêle pour chauffer un appartement, il faut poser dessus un grand vase plein d'eau froide : la vapeur qui s'en élève, à mesure que l'eau s'échauffe, répand une douce chaleur et entraîne, en se précipitant, l'acide carbonique qui se forme pendant la combustion.

POÊLES. (*Cuis. — off.*) Celles que l'on emploie pour la cuisine doivent avoir une queue. Il y a des poêles de toutes les grandeurs et de différentes capacités. Celles à *omelette* sont les plus petites. Elles ne doivent jamais être récurées. Les poêles à frire doivent être plus grandes que les autres; elles ne diffèrent des poêles à fourneau que par la dimension de leur queue, ces dernières ne devant, pour ainsi dire, comporter qu'un manche; quant à celles d'office, elles doivent être de cuivre avec deux anses.

Les POÊLONS sont de petites poêles; quelques-uns ont presque la forme d'une casserole de moindre dimension.

Les poêlons à bec servent à cuire le sucre pour les gâteaux de fleurs d'oranger et autres tablettes; et à les couler.

POIDS SPÉCIFIQUE. (*Conn. us.*) Le *poids spécifique* d'un corps est le poids d'un volume donné à un corps, comparé à un volume égal d'un autre corps, pris pour étalon ou terme de comparaison. L'eau a été généralement choisie pour étalon. Ainsi, quand on dit que le poids spécifique de l'or est à peu près 19, on entend par là qu'un volume donné d'or, est à peu près 19 fois aussi pesant qu'un volume égal d'eau.

Les poids spécifiques des corps mentionnés dans la table ci-dessous, et dans toutes les tables du même genre, ne peut être considéré que comme la moyenne d'un grand nombre d'expériences faites sur chaque corps, et pourrait bien ne pas concorder parfaitement avec le résultat d'une seule expérience faite pour déterminer le poids spécifique d'une substance quelconque : car, la plus ou moins grande pureté de cette substance, la température et d'autres causes peuvent modifier le résultat, à moins qu'il ne s'agisse d'une opération délicate dans laquelle on tiendrait compte de toutes les causes d'erreur.

L'utilité d'une pareille table est très-grande, car bien que les nombres n'indiquent réellement que le poids relatif des substances placées en regard de ces nombres, on peut facilement en déduire le poids absolu d'un volume donné de chacun de ces corps. Quelques exemples rendront parfaitement clairs les moyens d'y parvenir.

Nous avons fait remarquer que le premier nombre placé en regard de chaque substance indique non-seulement son poids relatif, mais encore le poids absolu d'un décimètre cube, en kilogrammes et en subdivisions du kilogramme. Par conséquent, pour trouver le poids réel d'un nombre donné de décimètres cubes d'une substance quelconque, il suffit de multiplier le nombre donné de décimètres cubes par le nombre placé en regard de la substance. Le produit sera le poids en kilogrammes.

D'autres problèmes utiles peuvent être résolus au moyen de cette table; notamment celui de connaître le volume d'une substance lorsque son poids est donné. Il suffit de diviser le poids donné par le poids spécifique de la substance.

Exemple : Quel est le volume de 7 kilog. 050 gr. de zinc?

Le poids spécifique du zinc 6,861 divisant 7 k. 050 gr. donne pour quotient 1 décimètre 027 centimètres 747 millimètres cubes, volume du morceau de zinc.

Un peu de réflexion fera comprendre que si l'on connaît le poids et le volume d'une substance donnée, on pourra facilement trouver son poids spécifique, car il suffira de diviser le poids connu par le volume du corps, exprimé en mètres et en fractions du mètre.

Exemple : Quel est le poids spécifique d'un bloc de pierre de liais de 60 décimètres cubes et pesant 124 kilog. 668 gr.? Divisant 124 kilog. 668 gr. par 0 mèt. 060 d. le quotient donnera 2.077.8 poids spécifique de la pierre de liais.

Noms des substances.	*Poids d'un décimètre cube ou litre.*	*Poids d'un pied cube.*
Fluides élastiques.		
	kil. gr.	kil. gr.
Air atmosphérique	0.001.500	0.044.5
Vapeur d'iode.	0.011,205	0.585.6
Vap. d'éther hydriodique . . .	0.007.118	0.241.6
Vap. d'essence de térébenthine .	0.006.517	0.225.0
Gaz hydriodique.	0:005.776	0.197.7
Gaz fluo-silicique.	0:004.646	0.160.8
Gaz chloro-carbonique	0.004.406	0.150.8
Vap. de carbure de soufre. . .	0.095.458	0.117.7
Vap. d'éther sulfurique . . .	0.005.561	0.115.1
Chlore	0.005.148	0.107.8

Gaz euchlorine	0.005.092	0.105.8
Gaz fluo-boriquè	0.003.082	0.105.5
Vap. d'éther hydrochlorique	0.002.875	0 098.4
Gaz sulfureux	0.002.757	0.094.4
Gaz chlorocyanique	0.002.744	0.095.9
Cyanogène	0.002.541	0.080.4
Vap. d'alcool absolu	0.002.097	0.071.8
Protoxide d'azote	0.001.977	0.067.7
Acide carbonique	0.002 081	0.007.8
Gaz hydrochlorique	0.001.622	0.055.4
Gaz hydro-sulfuriqué	0.001.549	0.055.0
Gaz oxigène	0.001.455	0.049.1
Deutoxide d'azote	0.001.547	0.046.1
Gaz oléfiant	0.001.271	0.045.5
Gaz azote	0.001.269	0.045.4
Gaz oxide de carbone	0.001.258	0.045.1
Vap. hydrocyanique	0.001.217	0.041.7
Hydrogène phosphuré	0.001 151	0.058.7
Vap. d'eau	0.000.811	0.027.8
Gaz ammoniacal	0.000.776	0.026.6
Gaz hydrogène carboné	0.000.722	0.024.7
Gaz hydrogène arsénical	0.000.688	0.025.6
Gaz hydrogène	0.000.089.4	02.005.06
Pierres.		
Granitelle	5.062.6	104.977
Ardoise	2.855.5	97.809
Marbre de Paros	2.837.6	97.264
Porphire rouge	2.765.1	94.779
Marbre Campan vert	2.741.7	93.977
Albâtre oriental	2.730.2	93.685
Granit gris, de Bretagne	2.728.0	93.507
Granit gris	2.727.9	93.507
Marbre de Carare	2.716.8	93.124
Granit des Vosges	2.716.3	98.122
Quartz-jaspe	2.710.1	92.894
Granit rouge d'Égypte	2.654.1	90.975
Pierre meulière	2.483.5	85.127
Pierre fine de Meudon	2.455.5	83.576
Basalte d'Auvergne	2.421.5	83.002
Grès à paveurs	2.415.8	82.806
Pierres à plâtre	2.107.9	74.509
— de liais	2.077.8	71.221
Pierre d'Arcueil	2.060.5	70.628
Grès à bâtir	1.953.2	66.264
Albâtre d'Europe	1.874.0	64.235
Pierre de St-Leu	1.659.5	56.876
Houille compacte	1.329.2	45.561
Pierre ponce	0.914.5	51.346
Verre et cristal.		
Flint-Glass	3.329.3	114.118
Verre blanc	2.892.2	99.136
— à bouteilles	2.752.3	93.662
— à vitre	2.642.3	90.570
Cristal de St-Gobin	2.448.2	83.560
Substances animales.		
Ivoire	1.919.0	65.909
Cire blanche	0.968.6	33.201
— jaune	0.964.8	33 050
Lard	0.947.8	42.487
Blanc de baleine	0.943.3	32.333
Beurre	0.942.3	32.299
Suif	0.941.9	32.285
Graisse de porc	0.936.8	32.110
— de veau	0.934.1	32.018
— de mouton	0.923.3	31.653
— de bœuf	0.923.2	31.645
Bois.		
Chêne (le cœur)	1.074.0	40 074
Hêtre	0.842.0	32.280
Frêne	0.845	32.592
If	0.807	27.662
Orme	0.671	23.000
Pommier	0.793	27.182
Oranger	0.705	24.165
Sapin rouge	0.657	22.520
Tilleul	0.604	20.703
Cyprès	0.644	22.064
Cèdre	0.596	20.429
Peuplier blanc	0.529	18.145
Sassafras	0.482	16.522
Peuplier ordinaire	0.383	13.158
Liége	0.240	8.226
Noyer	0.671	22.993
Érable	0.773	26.475
Saule	0.585	20.052
Sapin mâle	0.550	18.852
Sapin femelle	0.498	17.080
Poirier	0.661	22.657
Néflier	0.944	32.357
Prunier	0.785	26.907
Olivier	0 927	32.775
Cerisier	0.715	2.4508
Buis de France	0.912	31.261
— de Hollande	1.328	45.520
Grenadier	1.354	46.411
Vigne	1.327	45.486
Sureau	0.695	23.823
Ébénier d'Amérique	1.331	45.625
— des Indes	1.209	41.419
Aune	0.800	27.421
Coignassier	0.705	24.165
Gayac	1.333	45.691
Brésil	1.031	35.340
Campêche	0.913	31.295

POIL. (*Con. us.*) Les *poils* sont de petits filamens longs et ronds qui sortent de la peau. Leur racine, qu'on trouve sous le derme et qu'on nomme *bulbe* ou *ognon* est enveloppée dans une capsule creuse et vasculeuse qui renferme un fluide huileux.

Les poils du cuir chevelu sont appelés *cheveux*; ceux qui sont au-dessus des yeux sont nommés *sourcils*; ceux qui bordent les paupières se nomment *cils*, etc.

La couleur des cheveux et des poils varie à l'infini; il y en a des noirs, des blancs, des bruns, des rouges, etc.

POINTS CARDINAUX. (*Con. us.*) Tout le monde sait les distinguer. Le côté où le soleil se lève est le levant; lorsqu'il est au plus haut du ciel ou au milieu de sa course, c'est le midi ou sud. Le point où il paraît se coucher, c'est l'occident ou le couchant; et le point précisément opposé au midi, le nord. Ainsi, quand vous voulez vous orienter, lorsque le soleil se lèvera, tournez votre main droite vers lui, vous aurez l'occident à votre gauche, le nord devant vous, le midi derrière. Si c'est la nuit que vous désirez vous orienter, suivez l'exemple des marins et des voyageurs, c'est-à-dire cherchez dans le ciel un groupe d'étoiles que l'on appelle la Grande-Ourse ou le Chariot de David, parce qu'elles présentent la forme d'un chariot. C'est une boussole céleste, car elle se trouve toujours au nord. Le midi, étant le point opposé, sera de suite connu de vous, et les deux autres points aussi facilement, puisqu'ils se trouveront l'un à droite, l'autre à gauche.

POIRÉ. (*Ind. dom.*) Le poiré se fabrique de la même manière que le cidre. (Voy. CIDRE.) Il ne faut pas que les poires soient tout-à-fait mûres; on ajoute même quelques poires sauvages pour lui donner une saveur plus piquante, plus de feu. Le poiré possède beaucoup plus d'analogie avec le vin de Champagne que le vin de groseilles; on prétend même que, lorsqu'il est bien conditionné, on le vend à Londres pour du vrai Champagne, et que des gourmets eux-mêmes ont été trompés et l'ont trouvé d'un très-bon goût. Il réunit la vinosité, la saveur et le pétillant du vin d'Épernai.

Le produit en cidre ou poiré d'un hectare de terre ne peut être estimé que par le nombre d'arbres qu'il contient. Dans un verger en plein rapport, et si la saison est favorable, un arbre rend une quantité de fruits suffisante pour donner de cent vingt à cent trente litres de cidre; on compte cinq hectolitres de fruits pour deux hectolitres de cidre ou poiré. Le nombre d'arbres varie depuis vingt-cinq jusqu'à cent: ainsi la quantité de cidre suit la même variation; de sorte qu'un hectare peut produire depuis treize ou quatorze hectolitres jusqu'à cinquante-deux à cinquante-six hectolitres. Les poires rendent plus de jus que les pommes.

Les cidres et poirés, ainsi que les vins, ne paient aucun droit de fabrication; mais ils sont soumis comme eux aux droits de circulation, d'entrée et de débit.

POIREAU. (*Jard.*) *Allium porrum*. Famille des asphodèles. On bêche, au premier mars, une bande de terre qui a été fumée à l'automne; on y trace un ou deux rayons profonds d'un pouce; on sème clair et également; on recouvre au râteau. On doit nécessairement repiquer le poireau: il est vingt-cinq jours à lever dans cette saison. Lorsque le jeune plant est gros comme un fort tuyau de plume, on prépare une terre meuble et bien fumée, en la bêchant profondément; on y trace, en effleurant seulement la terre, des rayons espacés de huit pouces: on peut en faire cinq par planche. On soulève le plant sans blesser les racines; on racourcit la tige d'environ deux pouces, ainsi que les *racines*, et ceci n'est point par préjugé, mais parce que sans cette précaution elles se *rebroussent* presque toujours en entrant dans le trou du plantoir, position qui nuit infiniment à la végétation de toutes les plantes; on fait, avec un plantoir émoussé, des trous de cinq pouces de profondeur, espacés de six; on place dans chacun un pied de poireau; on ne presse point la terre autour, mais on arrose pour la faire couler dans le trou. On sarcle, on serfouit tous les quinze jours; on arrose de deux jours l'un dans les sécheresses, jusqu'à ce que le plant soit gros comme le doigt. Quand il est bon à employer, on en butte avec la terre environnante une vingtaine de pieds à la fois, en commençant par le bout d'une planche, et l'on continue au fur et à mesure du besoin. Les poireaux, ainsi conduits, sont blancs et tendres sur une longueur de huit pouces, et il n'en faut qu'un pour équivaloir à trois de ceux qui sont cultivés à la manière ordinaire. En mars de l'année suivante, on en réserve une trentaine des plus beaux pour grener; on les étaie comme les ognons. La graine est sujette à avorter: elle mûrit vers le 15 septembre, et se conserve quatre ans; mais il faut, autant que possible, semer celle de la dernière récolte.

On peut ressemer du poireau au 15 juillet et le laisser en pépinière jusqu'au 1er mars, époque à laquelle on le repique comme il vient d'être dit. Mais ce semis monte promptement et n'acquiert ni beauté ni bonté.

POIREAU. (*Med. dom.*) Verrue qui se développe aux doigts.

Le frottement avec des étoffes de laine, les substances corrosives, telles que l'eau forte, sont employés avec succès contre ces dégoûtantes excroissances; mais le premier de ces moyens est d'une lenteur excessive, et le second est dangereux.

Les sucs laiteux de l'épurge ou thitymale, de la feuille de figuier, de l'éclair ou chélidoine, appliqués deux fois par jour font disparaître les poireaux. (Voy. COR.)

POIRÉE A COUPER. (*Jard.*) (Voy. BETTE.)

Poirée à cardes. On sème la graine de poirée dans une terre forte, bêchée profondément et ameublie par des fumiers. On trace, au 1er mars, des rayons espacés de quinze pouces et de deux de profondeur; cinquante pieds suffisent pour une forte consommation: on y sème, tous les quinze pouces, quatre à cinq graines ensemble, et on recouvre au râteau. Elle met vingt jours à lever dans cette saison. Lorsque le plant a quatre feuilles, on n'en laisse qu'un en place; on repique dans les endroits où il en manque; on sarcle, on serfouit, on arrose au besoin. Elles sont bonnes au 15 mai.

On fait un second semis au 25 juin, et de la même manière; mais on arrose alors jusqu'à la levée qui a lieu dix ou onze jours après. On les éclaircit comme les premières; elles demandent de fréquens arrosemens dans cette saison; on peut en manger dès octobre.

A la fin de novembre, plus tôt ou plus tard, suivant le froid, on les lie avec de la paille, on les butte sur une hauteur de trois pouces, et on répand de la litière autour, mais non sur les feuilles. Vers le 15 mars on debutte les cardes poirées, on bêche autour, puis on les recouvre d'un peu de paille pour les habituer peu à peu au grand air; on l'ôte aussitôt que les feuilles ont repris leur verdeur naturelle. C'est de celles-là dont on garde trois ou quatre pieds pour graine. Elle mûrit au commencement de septembre et se conserve huit à dix ans. En l'épluchant on supprime tous les bouts effilés des tiges ainsi que les petites branches de côté, pour n'avoir que la plus belle graine du centre.

PIORIER. (*Jard.—Off.*) *Pyrus*. Famille des rosacées.

Les poiriers greffés sur coignassier durent moins que ceux qu'on greffe sur franc. Toutefois le coignassier convient à certaines espèces.

Culture des poiriers. — Procédés de madame Adanson. On choisit un terrain bien amendé et bêché profondément. On sème en août les poiriers d'été; en novembre ceux d'automne, et en février ceux des fruits qui ont passé l'hiver. Ces sujets, si le terrain est convenable, seront bons à mettre en pépinière dès l'automne qui suit le dernier semis, et auront deux, trois et quatre pieds de haut, suivant la variété; à la saison ci-dessus, on les lèvera sans endommager aucune racine, et on les plantera au cordeau, à trois pieds de distance en tout sens, dans le terrain préparé pour les recevoir, qui doit être une bonne terre franche, légère et amendée par des terreaux. En procédant à la plantation, on ne la fera point au plantoir, mais à la bêche, proportionnant l'ouverture de la terre à l'étendue des racines, écartant celles-ci également et le plus possible comme en rayons, partant tous du même centre. On rejettera les sujets épineux de poiriers, ainsi que ceux qui seraient trop pivotans (à moins qu'on n'ait un terrain très-profond); on maintient le col des racines à fleur de terre; on foule légèrement pour que la gelée ne soulève par la terre fraîchement remuée, et que le vent n'agite pas les sujets, ce qui leur nuirait infiniment. Les précautions pour l'arrangement des racines sont essentielles, plus qu'on ne le croirait, au port de l'arbre : de leur régularité dépend celle de la tête de la greffe. Ces sujets, sarclés et binés deux fois dans l'année, seront propres à écussonner dans la deuxième à six pouces au-dessus de terre, ou à greffer en fente à la troisième; ou enfin, ce qui vaut mieux encore, à greffer en fente la cinquième année à cinq ou six pouces de haut; ils auront alors un bon pouce de diamètre à cette hauteur. On aura soin de diriger verticalement les sujets tant qu'ils seront en pépinière. Ces dernières greffes seront bonnes à mettre en place la deuxième année, et donneront du fruit l'année qui suivra la transplantation : on leur donnera la forme qu'on jugera convenable, soit en les évidant dans le milieu, ou en les élaguant pour les faire monter.

Un moyen meilleur, pour avoir de beaux arbres, est de mettre les sujets en place à leur troisième année, et de les greffer à la cinquième; on aura du fruit dès la sixième.

L'épine blanche vient en tout terrain. On fera donc bien, si celui qu'on a est contraire aux poiriers francs, de s'en servir pour sujets, mais il faudra greffer sur le col des racines : ces greffes poussent avec une vigueur étonnante.

L'amateur qui a un goût réel pour la culture, et qui cherche non-seulement à améliorer, mais à créer de nouvelles variétés, laissera tous les ans trois ou quatre sujets de poiriers de ses semis sans les greffer, pour donner leur fruit naturel. Il choisira ceux qui auront les feuilles les plus larges, et qui seront sans épines. Sa patience sera immanquablement récompensée, au bout de peu d'années, par quelque bonne variété.

Lorsqu'on greffe un poirier ou un autre arbre, on doit prendre la greffe sur un sujet ayant déjà donné du fruit : sans cela, on est très-longtemps à en obtenir; et on attribue ce mal au pied franc sur lequel on a opéré.

Le poirier exige une terre profonde, forte et non humide : les fonds glaiseux et ferrugineux lui sont mortels. Il faut le fumer de temps en temps, surtout si on s'aperçoit qu'il languisse.

La chaux en poudre, mêlée dans la proportion d'un vingtième avec de bon terreau, est un des engrais qui lui sont le plus favorables : on met quelques morceaux de chaux vive sur un emplacement quelconque; on les recouvre de vingt fois autant de terreau un peu humide; lorsque la chaux est fusée et entièrement réduite en poudre, on la mêle avec le terreau; on laisse le tout trois ou quatre mois, ensuite on déchausse avec précaution les poiriers, et on leur met à chacun une brouettée de cet engrais.

La manière la plus avantageuse d'élever les poiriers est en plein vent. Un seul arbre vigoureux de ce genre donne plus de fruits que six autres, et ne demande que le soin de retrancher les branches qui frottent les unes contre les autres, ou qui étouffent l'intérieur de l'arbre.

Il faut aussi les purger de la mousse, soit en les frottant, le matin à la rosée, avec un gros linge, soit en les barbouillant au pinceau, avec une eau de chaux vive très-claire; ou mieux encore, avec de la glaise et de la bouse de vache, quantité égale de chacune, délayée dans de l'eau à consistance d'une peinture : cet enduit rend l'écorce des arbres fraîche et lisse, et les préserve des insectes et des maladies.

Les poiriers en espaliers ne se dirigent point comme les pêchers; leur vigueur s'y oppose : on leur laisse, la première année, deux seules branches en forme de V ; mais ensuite on conserve les petites branches à fruit, partout où il s'en présente, même en avant ; on en est quitte pour les supprimer lorsqu'elles deviennent trop fortes. On attache les bonnes branches *dans le sens* où elles se présentent, mais on n'en souffre point qui se croisent; on ôte les gourmands, on courbe les branches principales : si on en laissait une seule verticale, elle attirerait à elle toute la végétation; et au lieu d'un espalier, on aurait un plein vent.

On raccourcit toutes les pousses de l'année, du fort au faible, mais moins court que le pêcher.

Voici, par ordre de maturité, un certain nombre des meilleures espèces de poires.

Sept-en-gueule. Fruit petit, jaune; mûrit fin de juin.

Épargne ou beau-présent. Fruit allongé, vert jaunâtre, un peu coloré du côté du soleil; juillet.

Cuisse-madame. Fruit allongé, vert jaunâtre; fin de juillet.

Bon-chrétien-d'été musqué. Fruit allongé, bien fait, coloré au soleil; mûrit en août. Absolument sur franc.

Rousselet de Reims. Fruit petit; pyriforme, rouge foncé, tiqueté de gris; août.

Inconnue-Cheneau. Fruit moyen, pyriforme, vert tacheté de gris; fin d'août.

Épine-d'été, *satin-vert.* Fruit pyriforme, d'un beau vert; septembre.

Beurré-d'Angleterre. Fruit pyriforme, vert, tiqueté de gris; septembre.

Beurré-romain. Fruit un peu turbiné, jaune; septembre.

Messire-Jean-doré. Fruit turbiné; mûrit en octobre.

Verte-longue, mouille-bouche. Fruit moyen, queue longue, peau lisse et verte. Excellent fruit, plein d'eau et un peu musqué; octobre.

Belle-de-Bruxelles. Fruit extrêmement gros, turbiné, aplati du côté de la tête, gris-brun; octobre.

Beurré-gris. Fruit gros, pyriforme, gris-brun; octobre.

Doyenné-blanc, Saint-Michel. Fruit gros, turbiné, jaune doré; octobre.

Doyenné-gris. Fruit aussi gros, même forme que le précédent, lisse, gris; fin d'octobre.

Crassane. Fruit gros, froid, vert jaunâtre, tiqueté de gris; fin d'octobre.

Beurré-d'Arambert. Fruit gros; pyriforme, vert-gris, excellent; mûrit en novembre.

Saint-Germain. Fruit gros, allongé, vert foncé, jaunâtre dans la maturité; novembre jusqu'en avril.

Martin-sec. Fruit pyriforme, allongé, rouge-brun, tiqueté; de novembre en janvier.

Épine-d'hiver. Fruit pyriforme, allongé, vert jaunâtre, queue épaisse; mûrit de novembre en janvier. Veut être greffé sur coignassier.

Colmar. Fruit très-gros, turbiné, aplati sur la tête, vert, tiqueté; de décembre en mars.

Chaumontel. Fruit de forme variable, jaune-rouge rayé de gris, décembre.

Messire-Jean-d'hiver. Fruit très-gros; greffé sur franc; turbiné gris; moins productif que le doré d'automne; décembre.

Chaptal. Fruit très-gros, turbiné, jaune clair; de janvier en mars.

Bergamote-de-Pâques. Fruit très-gros, rond, jaune, tiqueté: de janvier en mars.

Bon-chrétien-d'hiver. Fruit très-gros, en forme de calebasse, vert jaunâtre. Il exige l'espalier. Veut être greffé sur coignassier, mûrit de janvier en mai.

Angélique-de-Bordeaux. Fruit moyen, pyriforme, rouge clair; mûrit de janvier en février.

Poire-à-Gobert. Fruit gros, turbiné, vert, se conserve jusqu'en juin.

Sarrazin. Fruit pyriforme, renflé sur le milieu, jaune, tiqueté de gris; se conserve d'une année à l'autre.

Catillac. Poire à cuire. Fruit gros, en calebasse, jaune-roux; se conserve de novembre en avril.

Muscat Lalleman. Très-gros fruit, gris d'un côté, coloré de l'autre; d'une saveur relevée, fondant et très-bon. Se conserve jusqu'en avril.

Il y a encore d'autres espèces de poires qui sont généralement moins cultivées. Il en mûrit cinq en janvier, cinq en février, quatre en mars, une en avril, une en mai, trois en juin, douze en juillet, six en août, sept en septembre, neuf en octobre, six en novembre, et cinq en décembre.

Moyen de préserver les poires des insectes. Enduire le tronc jusqu'à la naissance de la tige, d'une couche de peinture à l'huile.

Bois de poirier. Le bois de poirier est pesant, ressemble à l'ébène quand il est teint, est propre au tour et à la gravure en bois. Le bois du poirier sauvage doit être préféré.

Qualités alimentaires des différentes sortes de poires. Le *petit muscat* est la poire la plus hâtive et la première de l'été : elle a une odeur de musc très-agréable; elle est mûre à la fin de juin.

Le *bon-chrétien* d'été est très-sucré, et est excellent dans les terres chaudes. Il y a plusieurs autres sortes de poires d'été dont on fait cas, telles que la *blanquette*, le *muscat-Robert*, la *bergamote d'été*, la *fondante musquée*, l'*épine d'été*.

La poire de *rousselet* est des plus estimées par son eau parfumée, mais d'un parfum qui ne se trouve qu'en elle : elle est mûre à la fin d'août. Son unique défaut est d'être sujette à mollir; elle devient grosse en espalier, mais elle y perd son parfum. C'est cette espèce de poire qu'on fait préparer et sécher aux environs de Reims et de Tours, et qui est connue sous le nom de *poire tapée*. La poire de *Colmar* et celle de *Berri* sont aussi très-propres à faire sécher.

La *bergamote d'automne* a la chair tendre, une eau douce et sucrée : elle paraît à la fin d'octobre; il y a des différences fondées sur la couleur. La bergamote suisse se fait reconnaître par ses bigarrures.

Les *beurrés* sont les poires par excellence; aucune poire ne lui est comparable en bonté; elle surpasse toutes les autres par l'abondance de son eau, par la finesse et la délicatesse de sa chair, qui est fondante, et enfin par l'excellence de sa saveur. Elle a de plus l'avantage de charmer la vue, tant par sa grosseur et la beauté de sa forme que par son coloris. Enfin elle est extrêmement fertile, et charge les arbres jusqu'à rompre leurs branches.

Le *doyenné* n'a qu'un instant pour être mangé. La poire de *Messire-Jean* est bonne en raisiné.

La *virgouleuse* a une chair très-fondante.

La poire de *Saint-Germain* a la chair fort tendre et beaucoup d'eau.

Le *bon-chrétien* est remarquable par son coloris incarnat. Quand elle est mûre, elle est excellente crue; elle a l'avantage de faire la meilleure compote de toutes les poires; elle dure jusqu'aux nouveautés du printemps.

On ne doit jamais manger les poires avant leur maturité, parce qu'elles sont d'un mauvais suc, et nuisibles.

Les poires cuites se digèrent plus aisément que les crues. Celles qui sont acerbes se mangent en compote, cuites au four, dans la cendre, ou en raisiné; le sirop de poires sauvages est astringent et arrête la diarrhée.

Manière d'avancer la maturité des poires et des pommes. Les retirer du fruitier, les exposer à une douce température, environnées de mousse. Le bon-chrétien d'hiver se place dans du papier Joseph.

Tarte aux poires. Faites une pâte ferme comme pour un pâté froid, étendez-la de l'épaisseur d'un écu, posez-la sur une tourtière un peu beurrée, il faut qu'elle déborde suffisamment pour se retrousser sur les poires et les recouvrir entièrement. Prenez des poires de *Martin-sec*, de *rousselet* ou de *messire Jean*, enfin des poires très-sucrées; pelez-les et les coupez en tranches très-minces, mettez-les dans une terrine avec de la crême épaisse comme pour faire du beurre, mais bonne et fraîche, ajoutez-y du sel fin et une bonne pincée de poivre, mêlez le tout et arrangez-le sur la pâte en forme de dôme de trois pouces d'élévation, recouvrez avec les bords de la pâte, mettez au four pendant une bonne heure.

Poires au roux. On prépare en Allemagne, avec les poires de messire-jean, un mets peu coûteux, et que notre bonne ménagère apprêtera souvent, quand nous le lui aurons fait connaître. On choisit des poires de messire-jean bien mûres; cependant, on peut employer, de cette manière, des poires qu'on ne pourrait pas manger crues, et qui ne seraient pas assez belles pour faire des compotes; on les pèle, on les coupe par quartiers et on enlève les pepins. On met les poires dans une casserole étamée, avec autant d'eau qu'il en faut pour les baigner; on porte sur le feu, et on le continue jusqu'à ce que les poires aient atteint une demi-cuisson. Alors on fait, dans une autre casserole, un roux assez épais avec du bon beurre frais. On doit employer la valeur de deux cuillerées de farine pour un quarteron de poires moyennes. Quand le roux a pris une belle couleur, on le délaie avec une partie du jus des poires, et on le verse dans la casserole où sont ces dernières. On remet sur le feu jusqu'à parfaite cuisson des poires. Enfin, on dresse dans un plat des tartines de pain taillées bien minces et grillées, et l'on verse les poires dessus. Lorsqu'elles sont de bonne qualité, on peut se dispenser d'y mettre du sucre; dans le cas contraire, on en ajoute une petite quantité.

Compote de poires. Les meilleures poires pour compote sont le bon-chrétien, le messire-jean, le martin-sec, le catillac et le sarrazin. Prenez-en cinq ou six, suivant leur grosseur, pelez-les finement sans qu'on aperçoive les traces du couteau, coupez-les en deux, ôtez les cœurs. Le martin-sec se laisse entier. Mettez-les dans une marmite de juste grandeur, placez toutes les pelures sur le devant pour empêcher les poires de s'attacher; ajoutez un quarteron de sucre, un peu de cochenille, emplissez d'eau, couvrez. Quand vous pouvez traverser les poires jusqu'au centre, retirez-les, arrangez-les dans le compotier de manière à ce que les moitiés se recouvrent tant soit peu et forment une roue. Passez le jus, faites-le réduire, versez-le sur les poires.

Compote de poires grillées. Prenez des poires, posez-les sur la braise ardente du fourneau, retournez jusqu'à ce que la peau soit entièrement grillée et se détache en la frottant avec un torchon; alors coupez-les en deux; ôtez le cœur. Faites-les cuire et finissez votre compote comme la précédente; mais au lieu de cochenille mettez un peu de cannelle.

Compote de poire de bon-chrétien. Vous prenez les poires dans leur maturité; coupez-les par la moitié; vous les mettez dans une bassine sur le feu, avec suffisante quantité d'eau; vous les faites bouillir à grand feu; et, quand vous sentez qu'elles sont ramollies, en les serrant un peu sous les doigts, vous les retirez et les mettez dans l'eau fraîche; vous les pelez le plus promptement possible, par quartiers, et les mettez à mesure dans de nouvelle eau fraîche.

Vous faites cuire le sucre au lissé; lorsqu'il bout, vous le retirez du feu, et y arrangez vos quartiers de poires; vous les faites frissonner quelques légers bouillons, vous les retirez et les laissez refroidir; vous les mettez une seconde fois sur le feu, pour leur donner cinq ou six bouillons; vous les retirez et les faites égoutter; quand elles sont froides, vous les mettez dans les compotiers. Vous mettez le sucre à la nappe, en y ajoutant un peu de zeste de citron pour lui donner du goût; vous les laissez refroidir, et le versez sur les poires.

Si vous voulez leur doner une couleur rouge, vous y mettrez un peu de vin de Bourgogne et de la cochenille préparée.

Compote de poires d'été. Faites-les blanchir sur le feu, puis rafraîchissez-les; pelez-les; piquez-les à la tête; coupez-les par quartiers si elles sont grosses; jetez-les à mesure dans l'eau fraîche; mettez-les dans du sucre clarifié, auquel vous aurez ajouté un peu de zeste d'orange ou de citron; laissez-les-y frémir; laissez-les jeter leur eau, et faites-les bouillir jusqu'à ce qu'elles n'écument plus. Un quarteron de sucre suffit pour une semblable compote.

Les poires d'hiver se mettent en compote de la même manière. On doit les piquer jusqu'au cœur, et ne les retirer du feu que quand elles sont assez mollettes.

Compote de poires crues. Prendre des poires de bon-chrétien bien mûres (ou autres poires), les peler; les couper en tranches extrêmement minces; dresser sur un compotier, et poudrer chaque lit avec du sucre en poudre et un peu de cannelle râpée; arroser le tout avec un demi-verre d'eau-de-vie, ou mieux avec moitié rum et moitié eau-de-vie.

Compote à la bonne femme. Prenez des poires de messire-jean; nétoyez la queue et ôtez l'œil; lavez-les bien et faites-les égoutter; mettez-les ensuite dans une poêle avec du sucre, un morceau de cannelle, deux ou trois clous de girofle, du vin rouge et un peu d'eau. Laissez-les cuire à petit feu, en ayant soin de les écumer. Elles se rident lorsqu'elles sont cuites, et c'est de là qu'est venu leur nom de poires à la *bonne femme.*

Ces poires sont encore bonnes à faire une compote qui a la couleur rouge. Pour y parvenir, pelez-les et mettez-les dans un pot bien vernissé, avec un verre de vin, un peu de cannelle, du sucre convenablement et un peu d'eau. Vous mettrez dans le pot une cuiller d'étain; vous le boucherez bien, en le plaçant sur la cendre chaude jusqu'à cuisson parfaite.

Marmelade de poires de rousselet. Prendre : Poires de rousselet, 6 livres; sucre, 4 livres.

Vous mettez sur le feu les poires de rousselet avec un peu d'eau pour les attendrir; vous les pelez, les coupez par quartiers pour en ôter les pepins et toute la partie pierreuse; vous les jetez à mesure dans de l'eau fraîche, et les mettez ensuite sur le feu; quand elles sont suffisamment molles, vous les versez dans un tamis, où vous les écrasez pour faire passer à travers la pulpe, que vous recevez dans une terrine. Cela fait, vous clarifiez le sucre, et le faites cuire au petit cassé; vous l'incorporez dans la pulpe de poires, que vous replacez sur le feu, en remuant avec la spatule jusqu'à ce qu'elle ait acquis une consistance suffisante : alors vous la versez dans des pots.

Poires tapées. Les poires d'hiver sont les meilleures à faire sécher au four, et entre celles-là, la poire de Colmar et celle de Bezery. On cueille ces poires un peu avant leur parfaite maturité; on les introduit dans un chaudron d'eau bouillante, et lorsqu'elles commencent à mollir un peu, on les retire, on les laisse égoutter sur les claies, on les pèle en leur conservant la queue, et on les arrange, la queue en l'air, sur des plats où elles laissent écouler une certaine quantité d'un suc que l'on conserve avec soin et dont on fait un sirop en y ajoutant une demi-partie de sucre, autant d'eau-de-vie et un peu de cannelle et de girofle. Ces préparatifs terminés, on place les poires sur des clayons, et on les introduit dans un four d'où l'on a retiré le pain et qui ne conserve que la chaleur suffisante. Au sortir de là, on les plonge dans du sirop de mûre; on les remet de nouveau dans le four modérément chaud; on les en retire pour leur donner une nouvelle immersion dans le sirop, et on les met une troisième fois dans le four toujours au même degré de chaleur. D'ordinaire, elles achèvent de se sécher à cette fois-là; et l'on reconnaît qu'elles sont au degré convenable, lorsqu'elles ont pris une couleur café clair, et que leur chair est ferme, transparente, et luisante du vernis formé par les deux couches de sirop. Les poires ainsi préparées sont connues sous le nom de *poires tapées*; elles se conservent long-temps et sont d'un bon goût qui s'améliore encore par une conservation de quelques mois. On les garde dans des boîtes de sapin.

Poires de beurré confites. Faites choix de poires de beurré d'Angleterre, pas trop mûres; lorsque les pepins en sont noirs, elles sont bonnes à confire; vous les mettez dans de l'eau sur le feu; quand elles sont ramollies, vous les retirez et les mettez refroidir dans de l'eau fraîche; vous les pelez le plus légèrement possible; vous leur coupez le bout de la queue, les piquez jusqu'au cœur, et les jetez à mesure dans de l'eau fraîche. Cela fait, vous les remettez sur le feu, et jetez une poignée d'alun dans l'eau que vous faites bouillir; quand la tête d'une épingle pénètre facilement dans les poires, elles sont assez blanchies, et, après les avoir refroidies dans de l'eau fraîche, vous les égouttez.

Vous mettez de l'eau dans du sucre à la nappe, pour le rendre au petit lissé; quand il bout, vous y réunissez vos poires et leur faites prendre un bouillon couvert; vous écumez et versez le mélange dans une terrine. Le lendemain, vous égouttez les poires, et faites revenir le sucre au petit lissé, y ajoutant un peu de sucre clarifié; vous le versez sur les poires, et opérez de même pendant les trois jours suivans, augmentant à chaque fois le degré de cuisson du sucre jusqu'à ce qu'il soit au grand perlé; vous y joignez les poires et leur donnez un bouillon couvert; vous écumez et mettez le tout dans une terrine à l'étuve; vous égouttez les poires deux jours après pour les mettre en coffrets ou boîtes, ou pour en faire des compotes.

Comme la poire se candit facilement, vous pouvez, lorsque vous donnez la dernière façon, joindre un peu de gelée de pommes dans le sucre cuit, et les faire bouillir ensemble. Ce moyen ne s'emploie que pour les poires confites au liquide.

Poires au candi. Lorsque les poires sont confites, vous les égouttez du sucre clarifié, et les mettez sécher à l'étuve sur des tamis; lorsqu'elles sont bien sèches, vous les arrangez dans un moule que vous remplissez. Vous faites cuire du sucre clarifié au soufflé, et le versez dans votre moule que vous mettez à l'étuve pendant huit à dix heures. Au bout de ce temps, vous égouttez les fruits et les retirez du moule en le renversant et frappant légèrement dessus; vous disposez vos poires sur des tamis, et les mettez passer une nuit à l'étuve.

Il est essentiel que les fruits soient bien secs avant d'être mis au candi, sans quoi il s'en détacherait en les sortant du moule. Certains fruits sans consistance, tels que les abricots, qui se sèchent difficilement à l'étuve, se candissent aussi très-difficilement.

Les reines-claudes, les noix blanches et noires, les pâtes de pommes, de coings, etc., se mettent au candi par le procédé ci-dessus, ainsi que les conserves en tablettes.

Ratafia de poires. Vous prenez : Suc de poires de rousselet, 5 pintes; eau-de-vie, 6 pintes; cannelle, 4 gros; girofle concassé, 2 gros; sucre, 3 livres.

Vous faites usage d'eau-de-vie rectifiée avec le girofle et la cannelle, vous râpez suffisante quantité de poires de rousselet, vous laissez macérer les râpures jusqu'au lendemain, vous les soumettez à la presse et opérez comme pour le ratafia de coings.

Les poires de rousselet et d'Angleterre se mettent à l'eau-de-vie comme les pêches et les prunes; seulement il faut les peler au sortir de l'eau bouillante

Poires de rousselet à l'eau-de-vie. Prenez des poires de rousselet presque mûres et cueillies à la main. Piquez-les et mettez-les dans une bassine avec de l'eau fraîche. Faites-les cuire à petits bouillons jusqu'à ce que vous puissiez les traverser avec une épingle. Retirez-les, jetez-les à l'eau fraîche, et changez cette eau au bout de cinq minutes. Prenez vos poires une à une, pelez-les sans attaquer la chair ni laisser aucune parcelle de peau. Posez-les au fond d'un bocal. Faites cuire du sucre à la nappe, dans la proportion de quatre onces par livre de poires, et finissez comme les pêches.

Poires de beurré d'Angleterre à l'eau-de-vie. Prenez de belles poires de beurré qui ne soient pas trop mûres, vous les mettez sur le feu avec suffisante quantité d'eau que vous ne faites point bouillir. Lorsque vous sentez que les poires mollissent sous le doigt, vous les retirez et les mettez dans de l'eau fraîche; vous les pelez et enlevez la tache noire de la tête; vous les piquez et les remettez sur le feu avec de nouvelle eau, dans laquelle vous jetez un peu d'alun, et que vous faites bouillir à grand feu. Vos poires sont assez blanchies lorsqu'une épingle passe à travers sans la moindre résistance; vous les retirez avec précaution à l'aide de l'écumoire, et les mettez dans de nouvelle eau fraîche.

Vous clarifiez suffisamment le sucre et le faites cuire au petit lissé; vous le versez bouillant sur les poires, vous les égouttez le lendemain; et, lorsque le sucre est à la nappe, vous les remettez frissonner un léger bouillon; le surlendemain, vous réitérez la même opération, les égouttez et les mettez en bocaux.

Vous donnez quelques bouillons au sucre, puis le laissez refroidir; vous y versez les deux tiers de sa quantité d'eau-de-vie à vingt-cinq degrés, vous filtrez le mélange à la chausse, le versez sur les poires, et bouchez les bocaux.

Les poires de rousselet se préparent de la même manière.

Procédé Appert pour conserver les poires. Couper en quartiers les poires épluchées, les mettre dans des vases; donner pendant quelques minutes un bouillon au bain-marie.

POIS. (*Jard.*) *Pisum.* Famille des légumineuses. Plante annuelle.

Il y en a plusieurs variétés. Les meilleurs sont le *pois hâtif* du printemps, et le *pois carré à cul noir* d'été.

On sème les pois devant un mur, dans un terrain bien fumé et bien bêché.

Les semis à la Sainte-Catherine, sont, suivant madame Adanson, rarement suivis de succès. « J'ai semé, dit-elle, des pois, de même espèce et à même exposition pour objet de comparaison, les uns en novembre, les autres au 1er février; ces derniers ont toujours été plus hâtifs de cinq à six jours et beaucoup plus abondans. C'est donc au 1er février, ou quelques jours plus tard, à cause des intempéries qui peuvent exister, qu'on doit, après avoir profondément bêché la terre, semer le pois le *plus hâtif*, à trois pieds environ d'un mur, pour ne pas nuire aux espaliers. On n'en met que deux rayons l'un devant l'autre; on les espace d'un pied; on les creuse à trois pouces de profondeur; on y place tous les six pouces sept à huit pois ensemble, car il faut semer très-épais dans la saison où il y a des chances à courir. Ils sont un mois à lever; lorsqu'ils ont trois pouces de haut, on les sarcle et on les rechausse au piochon, puis on les rame avec des rames très-branchues, peu élevées, et qu'on incline sur le devant, c'est-à-dire du côté opposé au mur. Au bout de deux mois ils seront en fleurs, et bons à manger au bout d'un autre: total, quatre mois du jour du semis à celui de la récolte; ils devancent le plus souvent cette époque.

» Un autre moyen très-bon d'avoir des pois hâtifs, est de former des ados inclinés au midi, et de semer dessus. Les campagnols, ou rats des champs, font ordinairement de grands ravages sur ces premiers semis; il faut alors tendre, de douze en douze pieds, un petit traquenard en fer, qu'on amorce avec de la noix. (Voy. PIÈGES, RATS.)

» Pour n'avoir point d'interruption dans l'usage de cet excellent légume, on en sème à partir du premier semis, tous les huit jours, deux grandes planches de quatre rayons en plein air, un peu moins épais que les premiers. On doit mettre au moins quatre pieds d'intervalle d'une planche à l'autre. On les sarcle, on les rechausse, on les rame de même, mais à trois rangs et en inclinant les deux rangs extérieurs sur le centre de la planche: il y a une espèce de science à bien placer les rames, en sorte que les pois puissent s'y attacher directement sans se coucher les uns sur les autres; elles doivent être piquées un peu en dehors du rayon. Tous ces semis, jusqu'au 1er mai, se font avec la même espèce de pois, et ne demandent d'autres soins que ceux indiqués. Après cette époque on emploie le *carré à cul noir*, et on recommence à semer épais: on arrose abondamment deux fois par semaine dans toutes les sécheresses. Le dernier semis doit avoir lieu au 1er juillet, passé cela, on en ferait sans succès. Les pois aiment singulièrement les terres neuves et vierges, ou celles qui ont été fumées longtemps d'avance. On ne doit jamais faire de semis avant d'avoir bêché profondément. Les meilleurs pois pour graine sont ceux du premier semis de chaque espèce. On les écosse à la main pour les trier. Ils se conservent deux à trois ans, mais ceux de la dernière récolte sont les plus hâtifs.»

Dans la culture en grand, on sème les pois dans un sol fertile, sec, meuble et chaud, depuis février jusqu'en août, à la volée, en lignes ou sous-raies.

Cette dernière méthode est préférée, parce qu'outre l'économie de graine, elle protége la semence contre les oiseaux qui la dévorent avidement.

Pour le semis à la volée, on consomme de 110 à 180 litres de graine par demi-hectare; 70 à 75 litres suffisent quand on sème en lignes; et comme le grain est immédiatement recouvert, la volaille ne peut l'enlever.

Les plantes sont ensuite sarclées et buttées, aussitôt qu'elles ont atteint un pouce de hauteur. On recommande la même opération quand elles ont quatre pouces.

Lorsque les pois approchent de la maturité, on les garde contre les ravages des pigeons et d'autres oiseaux. Au moment de la récolte, on les coupe, on les met en paquets, pour les faire sécher au soleil ou à l'air, et les battre.

Les pois n'épuisent pas le sol; c'est une bonne nourriture pour les cochons. On rentre la tige sèche sans inconvénient; elle est peu inférieure au foin pour les chevaux et le bétail.

Les pois gris, qu'on sème à la fin de mars et à la volée, sont enfouis à la charrue avant la floraison, et donnent un bon engrais préparatoire pour le blé.

Pois conservés au sucre. Pour rendre les petits pois susceptibles de se conserver, on les expose à une douce chaleur dans une bassine avec du sucre pulvérisé, et on les tourne continuellement pendant ce commencement de cuisson. Lorsque le sucre a été bien absorbé, on les met sur une feuille de papier posée sur un tamis renversé, sous lequel on entretient de la cendre chaude, ou sur des claies dans un four très-modérément échauffé, et quand ils sont parfaitement desséchés, on les conserve dans des sacs de papier que l'on tient soigneusement à l'abri de l'humidité. La quantité du sucre que l'on emploie est variable, et elle peut aller jusqu'à un quart et demi par litre de pois. Quelques personnes n'emploient pas de sucre, et se contentent de plonger les pois pendant quelques minutes dans l'eau bouillante. Ils les en retirent pour les sécher sur un tamis au-dessus d'un petit feu, et ils les conservent de la même manière en un lieu très-sec. Dans tous les cas, lorsqu'on veut faire usage de pois conservés par l'un ou par l'autre de ces procédés, il faut les faire tremper pendant quelques heures dans de l'eau un peu chaude.

Quelques personnes passent les pois dans de l'eau froide, au sortir de l'eau bouillante, et cette précaution n'est pas sans utilité; d'autres les font ressuyer à l'air avant de les porter à l'étuve ou au four; mais ils les tiennent soigneusement à l'abri du soleil, parce que sa lumière directe changerait leur couleur et leur goût.

Les pois, parvenus à leur parfaite maturité et séchés à l'air se conservent sans aucune préparation avec une grande facilité. Il suffit de les tenir dans un endroit sec, et de les remuer de temps en temps à la pelle lorsqu'ils sont en tas ; dans cet état, les pois sont souvent gâtés par le charençon. Les plantes d'une odeur forte, telle que l'hièble, éloignent, à ce que l'on prétend, cet insecte ; mais on s'en préserve plus sûrement en lavant les grains qui en sont attaqués et les faisant sécher dans un four.

Quand on fait sécher les pois au four, on il faut avoir de les retourner, pour les faire sécher plus promptement. S'ils conservaient la moindre humidité après cette opération, ils moisiraient infailliblement; au lieu qu'en y mettant le soin convenable, on s'assure l'avantage de les trouver bons jusqu'à la récolte prochaine.

Autre procédé. On les choisit bien tendres; on les met, quand ils sont écossés, dans l'eau bouillante; après qu'ils ont fait un bouillon, on les retire et on les passe dans l'eau fraîche. Ils sont ensuite exposés au grand air et à l'ombre, sur une nappe blanche ; on doit avoir soin de les remuer de temps en temps, et même de changer cette nappe si elle est trop mouillée. Quand ils sont secs, on les serre dans des vases bien fermés et tenus dans un lieu sec. Lorsqu'on veut les manger, on en prend trois onces pesant pour faire un litre; on les fait tremper, pendant un quart d'heure, dans une pinte d'eau chaude; puis on les accommode.

Conservation suivant la méthode d'Appert. Il ne faut pas prendre des pois trop fins, parce qu'ils fondent en eau pendant l'opération; on les choisit moyens; ils ont infiniment plus de goût et de saveur, se trouvant alors plus faits. On les écosse aussitôt qu'ils sont cueillis, et l'on procède tout de suite; car, au bout de deux ou trois jours, ils commencent à subir une fermentation qui nuit à l'opération. Quand ils sont écossés, et que l'on a séparé les gros, on les met dans des bouteilles, en les tassant avec soin. On bouche hermétiquement les bouteilles, et on les met dans le bain-marie. On laisse dans le bain-marie pendant une heure et demie au bouillon, lorsque la saison est fraîche et humide, et deux heures lorsqu'il y a chaleur et sécheresse. On laisse refroidir. Les petits pois ainsi préparés, se sautent dans le beurre, avec un peu de farine et un bouquet garni. On les mouille d'eau bouillante qu'on fait réduire. On ajoute par litre un peu de beurre frais, et une cuillerée à bouche de sucre râpé; et l'on dresse sur un plat chaud.

Nota. Quand on les retire de la bouteille, on les lave à l'eau tiède et on les égoutte bien.

Conservation des petits pois. On fait sa provision dans le temps qu'ils sont à meilleur marché. On doit les choisir petits et tendres, et les accommoder comme les haricots verts. Cependant il serait encore mieux qu'on les fît sécher à l'ombre, et qu'on les tînt ensuite dans un endroit très-sec, jusqu'au moment où l'on veut les manger ; car alors, comme ils sèchent plus lentement, toute l'humidité en sort ; au lieu que le four ou la grande ardeur du soleil en grille la surface, et empêche que l'humidité du dedans ne s'évapore ; et, alors, il peut y avoir du danger qu'ils ne moisissent. (Voy. HARICOT.)

Farine de pois. Deux cents livres de pois les plus mauvais, séchés au four deux ou trois heures après que le pain en est sorti, donnent à la mouture cent cinquante livres de belle farine. Employée dans le pain à raison d'un dixième, elle le rend plus sec et meilleur. On en fait une bonne purée au lard.

Manière de décortiquer les pois secs. Les enfermer dans une serviette ; les plonger dans l'eau bouillante ; les retirer au bout de quelques instans pour les mettre dans l'eau froide ; faire sécher, et passer les pois entre deux meules distantes de trois lignes environ ; vanner.

Autre procédé. Les laisser tremper vingt-quatre heures dans l'eau; les exposer cinq ou six heures à l'étuve, par couches de deux à trois pouces; les faire sécher au soleil, et les presser comme ci-dessus.

Autre. Les mettre par couches de deux pouces sur des tamis de crin; verser alternativement dessus, à plusieurs reprises, de l'eau bouillante et de l'eau froide. Quand l'écorce ne tient plus, les faire sécher, et procéder comme ci-dessus.

Les petits pois sont tendres et délicats, au mois de mai surtout.

Pois secs en purée. Prendre un demi-litre de pois verts anglais, sans pucerons. Les mettre dans une petite marmite avec demi-quarteron de petit lard, peu de sel, persil et ciboule. Emplir d'eau froide. (En règle générale, les légumes secs se font cuire à l'eau froide, et les frais à l'eau bouillante.) Ajouter un demi-verre de vert d'épinards épais. Faire cuire trois heures; décanter l'eau, la mettre à part, ôter le lard. Passer les pois dans la passoire fine. Si la purée est trop sèche, mouiller avec un peu du bouillon que l'on a ôté. Mettre dans une casserole demi-quarteron de beurre ; quand il est fondu, mettre une douzaine de croûtons de mie de pain rassi, coupés en losanges ; la faire blondir, les retirer avec l'écumoire. Mettre la purée dans le beurre avec un peu de poivre, goûter si elle est assez salée, lui faire faire deux bouillons. Servir les croûtons rangés autour.

Potage à la farine de pois. Faire un bouillon maigre, soit avec des herbes fraîches ou des herbes cuites, mais n'y mettre point de beurre. Un quart d'heure avant de servir, mettre dans une casserole autant de cuillerées combles de farine, que vous avez de personnes, délayer avec le bouillon, poser sur le feu, saler et poivrer de bon goût ; votre potage étant en pleine ébullition, ajouter du beurre bien frais dans la proportion d'une once par cuillerée de farine, remuer, lier hors du feu avec un jaune d'œuf, verser sur du pain en tranches, mieux sur des croûtons.

Pour purée maigre. Délayer cinq cuillerées combles de farine avec deux verres et demi d'eau bouillante, poser sur le feu, tourner le mélange, saler et poivrer, mettre une pincée de persil haché. Lorsque votre purée bout, ajouter un quarteron de beurre bien frais, remuer et servir, avec des œufs durs ou pochés dessus, ou seulement avec des croûtons frits.

Pour purée au lard. Faire cuire quatre heures, dans une petite marmite pleine d'eau, une livre de petit lard de poitrine, rouge et entrelardé, dont vous aurez ôté soigneusement tout le rance, le dessus et la couenne ; assaisonner d'un bouquet garni et d'un ognon ; point de sel ; un quart d'heure avant de servir, mettre dans une casserole cinq cuillerées combles de farine, délayer avec trois verres de votre bouillon passé au tamis ; faire bouillir, poivrer, ajouter un quarteron de beurre frais, servir avec votre lard dessus.

Petits pois à la française. Prendre deux litres de petits pois très-fins, les laver, égoutter bien. Mettre dans une casserole avec un quarteron de beurre frais, une pincée de sel fin, une branche de persil et ciboule liés ensemble. Faire cuire demi-heure à petit feu; remuer de temps en temps, pour que le beurre ne se tourne pas en huile. Ajouter une liaison d'un jaune d'œuf, hors du feu. A mesure que la saison avance et que les pois durcissent, on les fait cuire plus longtemps, on y ajoute un peu d'eau et gros comme une noix de sucre.

Pois à l'anglaise. Prendre deux litres de pois moyens, mettre à la crémaillère un petit chaudron plein d'eau, ajouter demi-poignée de sel. Quand elle bout à grands bouillons, jeter vos pois dedans, empêcher qu'elle cesse de bouillir. Au bout d'un bon quart d'heure, les retirer s'ils sont cuits; les faire égoutter dans un tamis, sans les laisser refroidir. Poser une casserole sur de la cendre chaude, mettre vos pois dedans avec un quarteron de beurre frais, poivre, un peu de sel fin; sauter jusqu'à ce que le beurre soit fondu, servir de suite.

Pois au lard. Mettre dans une casserole un petit morceau de beurre avec un quarteron de petit lard coupé en morceaux; quand il est un peu roussi, mouiller avec deux verres d'eau bouillante; ajouter poivre, un petit bouquet garni, faire bouillir un quart d'heure, mettre un litre de gros pois verts. Quand ils ont cuit trois quarts d'heure, ôter le bouquet, servir.

Coulis de pois. En prendre un demi-litre; les laver, les mettre dans une petite marmite, avec des couennes ou du beurre; un ognon, peu de sel; emplissez d'eau froide. Quand ils sont cuits, ôter de l'eau s'il y en a trop, et les passer à travers une passoire fine, goûter si l'assaisonnement est bon. S'ils sont secs, on y ajoute du vert d'épinard. (Voy. ce mot.)

Pois chiches. Ce pois se prépare comme les petits pois, mais il est moins bon. En le faisant torréfier et le pulvérisant, on en obtient une infusion analogue au café.

POIS A CAUTÈRE. (*Méd. dom.*)

Pois de garou. Prenez une quantité, à volonté, de tiges de *thymelœa;* faites-leur donner, à l'aide du tour, la grosseur et la forme des pois ronds.

Ces pois sont employés pour maintenir l'ouverture des cautères, et pour faciliter la suppuration : ils sont un peu épispastiques.

Pois d'iris. Prenez des racines d'iris de Florence, et disposez-les comme les tiges du *thymelœa.* (Voy. CAUTÈRE.)

POISSONS. (*Conn. us. — Ind. dom. — Hyg. — Cuis. — Pêche.*) Ce sont des animaux vertébrés et à sang rouge, qui respirent par des branchies, et par l'intermède de l'eau. Leur queue a une grande force musculaire, leurs tégumens sont lisses, et leur sang, s'oxygénant peu, est froid; leur sensibilité est peu étendue; leurs yeux sont fixes et sans paupières; leur langue presque immobile, et souvent osseuse, et cuirassée de plaques dentaires et en communication avec quelques nerfs; leur oreille enfermée de toute part dans les os du crâne, sans conque extérieure, sans limaçon à l'intérieur, composée seulement de quelques sacs et canaux membraneux, doit leur suffire à peine pour distinguer les sons les plus frappans.

On distingue deux classes de poissons : les cartilagineux et les osseux, subdivisés en sections, en ordres, et en genres.

La distinction des poissons entre eux est presque généralement fondée sur des caractères anatomiques. Elle est souvent difficile à saisir; la difficulté de l'étude des poissons s'augmente de celle de s'en procurer les diverses espèces, et d'en connaître les habitudes. Nous ne placerons donc pas ici la nomenclature des poissons donnée par Linnée et par Lacépède.

Moyen de conserver le poisson pendant les transports. Prenez du charbon de bois; pilez-le grossièrement, et enlevez la poudre la plus fine en passant le charbon sur un tamis de crin : ayez une boîte proportionnée à la grosseur du poisson. Remplir la gueule, les ouïes, et le ventre; il suffit ensuite de bien laver le poisson.

Moyen de rendre le poisson mangeable quand il a commencé à se corrompre. Pendant les chaleurs, il arrive que le poisson se corrompt du matin au soir. Pour ôter le goût et l'odeur qu'alors il a contractés, il faut le faire bouillir dans une grande quantité d'eau, dans laquelle on met un quart de vinaigre, du sel, et un nouet de linge contenant du poussier de charbon de bois. Ce procédé est également applicable aux viandes.

Moyen de manger le poisson bon, quoique gelé. Faire cuire sans précaution le poisson qui a été gelé, c'est s'exposer à le trouver sur le plat, sans consistance, sans goût, sans qualité. Il faut, avant tout, travailler à lui rendre peu à peu la température qui lui est naturelle. Commencez par le plonger dans un vase plein d'eau froide : cette eau le dégèlera peu à peu, mais bientôt elle formera autour de lui une couche de glace légère. Vous en retirerez alors le poisson, pour le replonger dans de l'eau nouvelle. Quand il ne se formera plus de glace, vous en conclurez qu'il a repris sa température naturelle, et il n'aura plus rien à craindre de la cuisson.

Moyen de conserver le poisson. Faites-lui jeter un bouillon dans une petite quantité d'eau et un peu de sel : il pourra rester deux ou trois jours dans cette eau sans se corrompre, parce qu'il sera tombé au fond du vase, et que l'eau salée le couvrira entièrement. S'il vous faut le garder plus de trois jours, vous remettrez le vase sur le feu, en ajoutant encore un peu de sel et une feuille de laurier-sauce. Le poisson peut ainsi soutenir jusqu'à trois ébullitions. Vous y emploierez des vases de terre.

Les poissons de prix que l'on veut conserver doivent être placés dans une poissonnière, sur un lit de persil, et arrosés de vin fort; on ajoute un quart de vinaigre si le vin n'est pas capiteux. Ce procédé est préférable à la salaison, qui n'a lieu que très-inégalement.

Avis culinaires. Le poisson ne doit jamais être cuit dans du fer ou dans des vases de fonte ou de fer-blanc, ni coupé avec un instrument d'acier.

Nouvelle cuisson des poissons. Mettez une quantité de poissons, grands et petits, nettoyés et saupoudrés convenablement de sel, de poivre, de beurre, et d'autres épices, si vous les aimez, dans un pot, à sec. Le pot rempli, vous le couvrirez d'un couvercle bien ajusté, que vous luterez encore avec de la colle de farine, et vous le mettrez, sur-le-champ, dans un four au moment où l'on enfournera le pain. Lorsqu'on défournera ce pain, les poissons seront assez cuits; et ce qui sera le plus particulier, on n'y trouvera plus d'arêtes. Apprêtés de la sorte, les brochets et autres bonnes espèces de poissons deviennent une véritable friandise. Le four n'est point absolument nécessaire à ce mets; il peut aussi se préparer au feu de la cuisine et sur des charbons.

Qualités alimentaires des poissons.—Poissons d'eau douce. Les poissons de rivière sont préférables à ceux d'étang, parce que ces derniers sentent presque toujours la vase.

La truite, la perche, la lotte et le brochet (dont il faut prendre garde de manger les œufs, parce qu'ils causent des vomissemens) sont agréables au goût, aisés à digérer, fournissent un bon aliment et conviennent à tous les tempéramens: il n'y a que les phlegmatiques qui ne doivent point en faire leur nourriture ordinaire.

La carpe (dont la laitance offre une nourriture salutaire et facile à digérer, même pour les convalescens), le barbeau, l'éperlan et le goujon sont sains à digérer.

L'anguille et la tanche sont très-mal-saines, parce qu'elles sont remplies d'un suc huileux et visqueux, qui les rend d'une difficile digestion : leur nourriture donne des vents, et ne convient qu'aux jeunes gens chauds et bilieux; encore doivent-ils en manger sobrement, et boire de bon vin pur par-dessus.

L'écrevisse est un peu difficile à digérer, et convient plutôt aux jeunes gens d'un tempérament chaud et bilieux, qu'aux vieillards et aux estomacs froids et mauvais.

En général, dans chaque espèce de poissons, tant d'eau douce que de mer, les plus gros sont les meilleurs : leur chair est plus serrée et plus compacte.

On place entre les poissons d'eau douce et de mer le saumon, l'alose et la lamproie, parce qu'ils se tiennent tantôt dans l'une et tantôt dans l'autre.

Le saumon nourrit beaucoup et fortifie.

Il faut en manger sobrement, parce qu'il est gras, lourd, indigeste, et qu'il cause des envies de vomir.

L'esturgeon et le thon (dont le premier passe quelquefois dans les rivières) sont, à peu de chose près, de la même nature que le saumon : ainsi il faut leur appliquer les mêmes règles, par rapport à la santé. L'esturgeon nourrit plus que le thon, et le thon plus que le saumon.

L'alose est plus visqueuse que le saumon, et par conséquent moins saine.

La lamproie a toutes les mauvaises qualités de l'anguille.

Poissons de mer. La sole, la vive, le rouget, le turbot, la morue fraîche, le carlet, la limande, la sardine, la plie et le hareng frais sont les plus sains de tous les poissons de mer. Ils sont agréables au goût, se digèrent facilement et produisent un bon suc.

Le merlan nourrit très-peu, mais présente une chair légère, aisée à digérer, et propre pour les convalescens. (Voy. MERLAN.)

La raie (la meilleure est la bouclée), le cabillau et le maquereau sont moins sains que les précédens.

En général, un poisson est plus sain à raison que sa chair est moins visqueuse.

La tortue est nourrissante; mais elle ne convient qu'aux bons estomacs. On en fait des bouillons propres à purifier le sang, et bons aux phthisiques.

Il y a des tortues d'eau douce et de terre, comme de mer : elles sont toutes de même nature.

La moule nourrit peu : elle est tendre et délicate. Elle convient particulièrement aux tempéramens chaux et bilieux.

Il y a des personnes chez qui cet aliment produit des accidens; c'est surtout lorsque les moules renferment de petits crabes, et qu'on n'a pas soin de les ôter. (Voyez MOULE.)

La moule de mer est beaucoup meilleure que celle de rivière et d'étang.

Les écrevisses de mer, les salicoques, les crabes, et presque tous les autres coquillages sont, à peu près, de même nature que l'écrevisse de rivière, et produisent les mêmes effets : l'écrevisse de rivière est plus délicate que celle de mer.

L'huître crue est un mets excellent.

L'huître donne de l'appétit, fortifie l'estomac, et lâche le ventre.

L'huître nourrit peu, parce qu'elle se résout en eau dans l'estomac.

Il faut prendre au moins une partie de l'eau dans laquelle l'huître nage; elle en est bien plus saine.

Quelque salutaires que soient les huîtres, elles peuvent cependant causer des indigestions; ce qui arrive lorsque l'on en mange par excès, et avec beaucoup de pain : alors un bouillon de lait chaud fait passer cet accident.

L'huître marinée, mangée avec de l'huile et du gros poivre, est agréable au goût, mais moins aisée à digérer que crue, quoiqu'elle le soit plus que cuite.

L'huître cuite n'est pas si saine que crue; frite, elle devient coriace et indigeste.

Poissons salés. Le sel, sans changer la nature des poissons, les rend plus solides, plus durs, plus coriaces, plus indigestes; les salines échauffent, excitent la soif, et donnent des rapports désagréables.

Les salines ne conviennent qu'aux estomacs forts, et à ceux qui font beaucoup d'exercice. Elles sont pernicieuses aux tempéramens chauds et bilieux.

Les principales salines sont le thon et les anchois, qu'on mange crus en salade, et sans être dessalés; le saumon, la morue, le hareng et le maquereau, qui ne veulent être ni trop salés, ni trop peu dessalés; enfin le hareng sur, que l'on mange tel qu'il est, ou cru ou cuit.

De toutes les salines, la morue est la meilleure, et le hareng saur la plus pernicieuse.

Tourte de poisson. Prenez une anguille avec une tanche. Nettoyez-les selon l'usage. Jetez les têtes, coupez les corps en tronçons; faites-les revenir un quart d'heure avec un quarteron de beurre, poivre et sel, une pointe d'ail, huit champignons coupés en quatre. Retirez-les, mettez le beurre et les champignons à part, arrangez le poisson dans la tourte, exactement comme il a été dit du poulet. Un quart d'heure avant de servir faites un roux avec le beurre que vous avez mis à part, et une demi-cuillerée de farine, mouillez-le avec un verre de vin blanc, ajoutez-y les champignons, poivre et sel, faites bouillir; dégraissez la tourte, versez la sauce dedans, servez.

Moyen de se procurer beaucoup de poisson à la pêche. Broyez du fromage de Hollande ou du gruyère dans un mortier avec de la lie d'huile d'olive et du vin, jusqu'à ce que le tout soit réduit en pâte un peu épaisse; ajoutez-y un peu d'eau de roses; faites avec cette pâte de petites boulettes de la grosseur d'un pois, jetez-les dans l'eau, et dans l'endroit où vous voulez jeter votre filet. Si c'est le soir que vous voulez jeter le filet, jetez votre amorce le matin; et le soir, si c'est le lendemain.

Autre. Jeter dans l'eau quelques grains de moutarde et de la graine de cynorrhodons ou *grateculs.*

Autre. Mettre pour appât, dans les filets, du poisson de l'espèce que vous voulez prendre. (Voy. APPAT.)

Expérience pour tuer les poissons dans l'eau avec un fusil. Il est une vérité bien démontrée, c'est que, lorsqu'un corps tombe obliquement sur la surface d'un liquide, il est réfracté par la résistance de ce liquide, et s'écarte par conséquent de la perpendiculaire. D'après ce principe, lorsqu'on veut tuer un poisson ou tout autre animal dans l'eau, au lieu de viser droit à l'animal, il faut viser d'autant plus bas, qu'il sera à une plus grande profondeur, parce que, l'angle de réfraction étant relatif à cette même profondeur, la déviation de la balle en est aussi en raison directe.

POIVRE. (*Conn. us.*) On distingue dans l'économie domestique deux espèces de poivre, le poivre blanc et le poivre noir. Le premier est plus estimé que l'autre.

Altérations. Le poivre conserve longtemps son odeur et sa saveur; mais il les perd plus ou moins par la vétusté, surtout s'il a été réduit en poudre. Le poivre blanc qu'on a soumis à une trop longue macération dans l'eau pour lui enlever son écorce est de beaucoup plus faible et moins piquant que le poivre noir proprement dit. Le poivre perd en général de sa saveur et de sa force quand il a été exposé longtemps à l'humidité. Il convient donc de le conserver dans des boîtes bien fermées et placées dans un lieu sec. Un poivre qui nage sur l'eau, qui se brise entre les doigts, qui a une saveur faible, dont les grains sont maigres, poudreux, rongés des vers, ou moisis, est altéré, et on doit le rejeter.

Falsifications. 1° On vend quelquefois un poivre artificiel dont les grains ressemblent à ceux du véritable poivre dépouillé de son écorce : il est composé d'une pâte faite avec de la farine de seigle, du piment de Provence et de la farine de moutarde. On reconnaîtra cette fraude en faisant macérer dans l'eau ce prétendu poivre, qui ne tardera pas à s'y réduire en une pâte molle qui formera une espèce de colle si on la fait chauffer.

Le poivre noir est quelquefois mélangé avec différens fruits, qui ont quelque ressemblance avec lui, comme les baies de nerprun ou de genièvre. On reconnaît assez facilement ce mélange à ce que ces graines sont plus grèges à l'extérieur que le véritable poivre; à ce qu'elles ne sont pas pleines intérieurement; à ce qu'elles sont moins pesantes; enfin à ce qu'elles n'ont pas le goût du poivre quand on les mâche. Cette sophistication du poivre ne fait que diminuer sa qualité, elle n'est aucunement préjudiciable à la santé.

Le poivre blanc n'est autre chose que le poivre noir auquel on a enlevé son écorce, en le faisant macérer dans l'eau. Il arrive quelquefois que les commerçans, pour lui donner du poids, le roulent dans diverses pâtes blanches, composées, le plus souvent, d'amidon cuit avec le blanc d'Espagne ou le blanc de céruse. Cette dernière substance est un poison très-dangereux. On reconnaît que le poivre est recouvert avec une pâte blanche, à ce qu'il n'a pas de saveur piquante quand on le pose sur la langue, et à ce que l'eau dans laquelle on en agite une certaine quantité devient blanche et laiteuse. Si la pâte dont le poivre a été recouvert est du blanc de céruse, on obtient le plomb qu'elle contient en mettant dans un creuset une certaine quantité de poivre falsifié, que l'on recouvre d'une couche de charbon pilé, et qu'on fait ensuite rougir à une forte chaleur. Si, au lieu de blanc de céruse, il y avait dans la pâte du blanc d'Espagne, le vinaigre y produirait une espèce de bouillonnement et d'effervescence, et prendrait un goût amer très-marqué.

Poivre-long ou *petit piment.* Prenez du poivre-long; le plus petit est le meilleur. Otez-en la queue, et jetez-la dans le vinaigre, avec une poignée un peu forte de sel gris, de l'estragon, de la perce-pierre, et deux ou trois gousses d'ail, et vous vous serez assuré un hors-d'œuvre qui se mange avec le bœuf.

Emploi du poivre-long en guise de poivre. Prenez du poivre-long ou piment bien mûr; épluchez-le avec soin, et coupez-le par morceaux, pour faciliter la dessiccation; puis mettez-le au four à plusieurs reprises; ensuite vous le pilerez et le tamiserez; vous aurez un équivalant du meilleur poivre. (Voy. PIMENT.)

POLÉMOINE BLEUE. (*Jard.*) *Polemonium cœruleum.* Famille des polémoines. Vivace, d'Angleterre. Fleurs bleues ou blanches en mai; en panicules. Séparation des pieds en septembre; semis en mars.

POLICE RURALE. (*Cod. dom.*) La police rurale a pour objet la tranquillité, la sûreté et la salubrité des campagnes; elle protége les propriétés particulières et biens de l'état; elle rentre dans les attributions plus générales de la police judiciaire. (Loi du 28 septembre 1791 et Code d'instruction criminelle, *passim.*)

La police judiciaire recherche les crimes, délits et contraventions, en rassemble les preuves, et en livre les auteurs aux tribunaux chargés de les punir. (Lois citées, art. 1er du titre II, et art. 8.)

La police judiciaire est exercée sous l'autorité des cours royales,

1° Par les gardes champêtres, forestiers et de pêche fluviale;

2° Par les commissaires de police dans les lieux où il y en a;

3° Par les maires et les adjoints;

4° Par les procureurs du roi et leurs substituts;

5° Par les juges de paix;

6° Par les officiers de gendarmerie;

7° Par les juges d'instruction. (Code d'instruction criminelle, art. 9.)

Les commissaires de police, et dans les communes où

il n'y en a pas, les maires et leurs adjoints, sont spécialement chargés de rechercher les contraventions de police, même celles qui sont sous la surveillance spéciale des gardes champêtres et forestiers, à l'égard desquels ils ont concurrence et même prévention. (*Id.*, art. 11.)

Ils recevront les rapports, dénonciations et plaintes relatifs aux contraventions de police, et consigneront, dans leurs procès-verbaux, la nature et les circonstances des contraventions, le temps et le lieu où elles auront été commises, les preuves et indices à la charge de ceux qui en seraient présumés coupables. (*Id.*, art. 11.)

Les délits ruraux sont poursuivis, soit par la partie lésée d'après la plainte qu'elle rend devant l'officier de police, soit d'office.

Sont considérés comme contraventions de police les faits qui, d'après les dispositions pénales ci-après, peuvent donner lieu soit à quinze francs d'amende et au-dessous, soit à cinq jours d'emprisonnement et au-dessous, qu'il y ait ou non confiscation des choses saisies, et quelle qu'en soit la valeur. (Code d'inst. crim., art. 137.)

Les maires connaissent, concurremment avec les juges de paix, des contraventions de police dans les cas déterminés par la loi. (*Ibid.*, art. 166.)

Pour que le maire puisse connaître d'une contravention de police, il faut:

1° Qu'elle ait été commise dans l'étendue de sa commune;

2° Que cette commune ne soit pas chef-lieu de canton;

3° Que les contrevenans aient été surpris en *flagrant délit*, et qu'ils soient résidens ou présens dans la commune;

4° Que les témoins y soient aussi résidens;

5° Que la partie réclamante n'ait conclu, pour ses dommages-intérêts, qu'à une somme déterminée qui n'excède pas quinze francs;

6° Enfin, qu'il ne soit pas question de contravention forestière ou de pêche fluviale. (*Ibid.*, art. 139, 140, 141 et 166, et loi du 15 avril 1829, art. 15.)

Tout délit dont la peine excède cinq jours d'emprisonnement et quinze francs d'amende, ainsi que tout délit forestier ou de pêche fluviale, sont de la compétence des tribunaux correctionnels. (*Ibid.*, art 179 et loi du 15 avril 1829, art. 53.)

Tous délits ruraux que les lois punissent d'une peine afflictive ou infamante sont de la compétence des cours de justice criminelle. (*Ibid.*, article 155; et Code pénal, article 1er.)

Tout délit rural est puni d'amende ou d'emprisonnement, ou de ces deux peines réunies, suivant les circonstances ou la gravité du délit, sans préjudice de l'indemnité de la partie lésée qui est payée de préférence à l'amende. (Loi du 28 septembre 1791, titre II, art. 3; et Code pénal, art. 54.)

Tous les individus condamnés pour un même délit sont tenus solidairement des amendes, restitutions, dommages-intérêts et frais. (Code pénal, art. 55.)

Les peines pour délits ruraux qui n'entraînent pas, aux termes de la loi du 28 septembre 1791, condamnation à une amende excédant trois journées de travail, doivent être doublées, si le délit a été commis avant le lever ou après le coucher du soleil, et triplées si à cette circonstance se joint celle de la récidive. (Loi du 28 septembre 1791, titre II, art. 4.)

Depuis la loi du 25 thermidor an IV, les amendes prononcées par la loi du 28 septembre 1791 ne peuvent être au-dessous de trois journées de travail ou de trois jours d'emprisonnement. (Cour de cassation, 19 messidor an VII et 24 avril 1807.)

La valeur de la journée de travail ne peut, aux termes de la loi du 3 nivose an VII, art. 5, être au-dessous de 50 cent. ni au-dessus de 1 fr. 50 c., dans les départemens où elle n'a pas été réglée par les conseils généraux des départemens. (Loi du 25 juillet 1820, art. 28.)

L'exécution des condamnations aux amendes, restitutions, dommages-intérêts et frais, peut être poursuivie par la voie de la contrainte par corps. (Code pénal, art. 52.)

Lorsque les amendes et frais sont prononcés au profit de l'état, si, après l'expiration de la peine afflictive ou infamante, l'emprisonnement du condamné, pour l'acquit de ces conditions pécuniaires, a duré une année complète, il peut, sur la preuve acquise par les voies de droit, de son absolue insolvabilité, obtenir sa liberté provisoire. (Code pénal, art. 53.)

Les vols, les dommages aux champs et aux animaux domestiques, les dégradations de chemins, les délits forestiers, les délits de chasse, etc., sont du ressort de la police rurale.

Sont punis d'une amende de un à cinq francs :

1° Ceux qui embarrassent la voie publique ;

2° Ceux qui laissent dans les champs, rues ou chemins publics, des coutres de charrue, pinces, barres, barreaux, ou autres machines, instrumens ou armes dont pourraient abuser des malfaiteurs.

3° Ceux qui négligent d'écheniller dans les campagnes ou jardins où ce soin est prescrit;

4° Ceux qui ne se conforment pas aux arrêtés conformes aux lois, publiés par l'autorité municipale. (Loi du 28 avril 1832, art. 55.)

Ceux qui jettent des pierres, des corps durs ou des immondices dans les enclos et jardins, qui vendent des comestibles gâtés ou altérés sont punis d'une amende de 6 f. à 10 fr. exclusivement. (Même loi, art. 95.)

Il est défendu d'inonder l'héritage de son voisin et de lui transmettre volontairement des eaux d'une manière nuisible; d'élever les eaux des ruisseaux ou étangs au-dessus de leur hauteur déterminée par l'autorité compétente, et d'inonder ainsi les chemins ou les propriétés. On ne peut combler des fossés, détruire des clôtures quelles qu'elles soient; couper ou arracher des haies vives ou sèches; déplacer ou supprimer des bornes ou pieds cormiers; ou tous autres arbres servant de limites entre des héritages, et passer dans une propriété en brisant la clôture. On est encore puni lorsqu'on entre ou qu'on passe sur un terrain préparé ou ensemencé, et qu'on n'est ni propriétaire, ni usufruitier, ni locataire, ni fermier, ni jouissant d'un droit de passage, et qu'on n'est ni agent, ni préposé d'aucune de ces personnes; qu'on laisse passer ou qu'on mène des bestiaux ou des bêtes de trait, charge ou monture, sur le terrain d'autrui ensemencé, chargé de récoltes, ou dans un bois taillis, des vignes, des prairies, des vergers, des jardins, des pépinières, des plants, etc. On ne peut, dans les lieux non sujets au parcours ni à la vaine pâture, conduire une chèvre ou bouc; et dans le pays de parcours et de vaine pâture où les chèvres ne sont pas conduites en troupeau commun, on ne peut les mener aux champs qu'attachées. Celui qui détruit ou coupe de petites parties de blé en vert ou d'autres productions de la terre, sans intention de se les approprier, paie un dédommagement; celui qui les enlève subit l'emprisonnement; celui qui dévaste des récoltes sur pied ou des plants venus naturellement ou faits de main d'homme, est puni d'une amende et d'un emprisonnement. Toute rupture ou destruction d'instrumens d'agriculture, de parcs de bestiaux, de cabanes de gardiens, subit les mêmes peines. Le glanage, râtelage ou grapillage, sont défendus en tout temps dans un enclos rural; dans les champs ouverts, on ne peut glaner, râteler ou grapiller, que dans ceux qui sont entièrement dépouillés et vides de leur récolte, et jamais avant le lever ou après le coucher du soleil. On ne peut mener aucun troupeau dans un champ moissonné et ouvert que deux jours après l'enlèvement de la récolte entière. La loi punit de peines plus ou moins graves ceux qui cueillent et mangent sur le lieu même des fruits appartenant à autrui; ceux qui dérobent sans autres circonstances aggravantes des récoltes détachées ou encore attachées au sol; ceux qui enlèvent, sans la permission du propriétaire, des fumiers, de la marne ou tout autre engrais; qui volent ou tentent de voler dans les champs des chevaux ou bêtes de charge, de voiture ou de monture, du gros et menu bétail, des instrumens d'agriculture, des bois dans les ventes, des pierres dans les carrières, du poisson dans les étangs, viviers ou réservoirs, etc. Elle punit encore sévèrement ceux qui occasionnent la mort ou la blessure des animaux ou bestiaux appartenant à autrui, par des moyens directs ou indirects, qui les empoisonnent, ainsi que les poissons.

Cumul des peines. Il n'est prohibé que lorsque les deux peines sont de nature différente; mais si elles sont de même nature, elles peuvent être cumulées, pourvu que leur réunion n'excède pas le *maximum* établi par la loi. (C. de Cass., 2 août 1855.)

POLYGALA À FEUILLES DE BUIS. (*Jard.*) *Polygala chamæbuxus.* Famille des pédiculaires. C. de la Suisse. Bas et rampant, joli feuillage. Fleurs en avril, jaunes et tachées de rouge; bruyère; nord. Multiplication de rejetons enracinés.

Les polygalas des champs sont aimés des bestiaux; on prétend qu'ils augmentent la sécrétion du lait. De là leur nom. (*Polus*, beaucoup, *galé*, lait.)

POLYTECHNIQUE (ÉCOLE). (*Conn. us.*) Les jeunes gens qui désirent concourir pour l'admission à cette école doivent se faire inscrire, avant le 15 juin, à la préfecture du département qu'ils habitent. (*Prospectus officiel.*)

POLYPE (*Conn. us.*) Genre de vers à corps mou, qui n'ont ni nerfs ni organes respiratoires, mais seulement un canal intestinal aveugle, et se multipliant par bourgeons, ou par scission de leur corps.

POLYPODE (*Méd. dom.*) Le polypode, *polypodium vulgare*, est une plante qui croît presque partout, sur les murs, sur les montagnes ombragées, entre les pierres, sur le tronc des vieux arbres, etc.; sa racine est écailleuse; les feuilles sont lobées, en dents de scie, profondes, disposées alternativement sur un pétiole qui tient lieu de tige.

Les racines de polypode sont employées comme apéritives, sudorifiques, légèrement purgatives.

POMMADES (*Hyg. — Ind. dom.*) Les pommades sont des compositions dont on fait usage pour entretenir les cheveux et y fixer la poudre, et les cosmétiques servent à nourrir la peau, la blanchir et en relever l'éclat.

Préparation de la graisse pour les pommades en bâton. Vous prenez une quantité quelconque de graisse de mouton ou de bœuf, bien fraîche et sans odeur d'herbe; vous en séparez la membrane adipeuse qui est à la surface, vous coupez la graisse par petits morceaux, et, la lavant dans plusieurs eaux fraîches, vous en séparez le sang caillé; vous la pilez bien dans un mortier de marbre, vous égouttez l'eau à mesure qu'elle en rend, et la réduisez en pâte; car plus la graisse est pilée, moins on éprouve de déchet; vous la faites fondre dans une bassine, observant de bien la remuer et de l'écumer; lorsqu'elle ne rend plus d'écume, vous la videz toute chaude dans une terrine, en la passant à travers un linge avec expression. Quand elle est bien refroidie et durcie, vous faites en sorte d'enlever le pain que forme la graisse le plus entier possible, en passant un couteau à l'entour; vous séparez la couche non inhérente à la partie inférieure du pain, et remettez la graisse fondre de nouveau, en versant d'abord un demi-verre d'eau de fleur d'orange dans la bassine ou chaudière, pour que la graisse ne brûle pas; vous la remuez avec la spatule jusqu'à ce qu'elle prenne une petite ébullition; alors vous la versez dans une terrine en la passant à travers un linge serré; et quand le pain est bien figé, vous l'enlevez le plus entier possible.

Préparation de la graisse de porc pour pommade liquide. (Voy. les indications données à l'article *panne*.) Quand la graisse est fondue et coulée, remuez avec une spatule ou un fouet d'osier, et la battez bien; lorsqu'elle est assez blanche et qu'elle est presque froide, vous lui donnez le parfum que vous désirez en ajoutant de l'essence ou de bergamote ou de citron, ou de cédrat, etc.; vous incorporez bien l'essence avec la graisse en agitant le mélange, et vous mettez ensuite votre pommade dans des pots de faïence. Si vous préparez cette pommade dans un temps chaud, il est nécessaire de vous mettre dans un endroit frais.

Pommade commune en bâtons. Vous prenez de la graisse préparée et figée que vous faites fondre au bain-marie: cela fait, vous la retirez et la remuez par intervalles avec une spatule jusqu'à ce qu'elle commence à se figer; alors vous y ajoutez une essence quelconque que vous y incorporez bien; ensuite vous coulez votre pommade dans des moules de fer-blanc, rangés à la file, et d'une capacité proportionnée au poids que vous voulez donner aux bâtons de pommade; lorsqu'ils sont refroidis, vous les retirez et les enveloppez dans du papier blanc.

Toutes les pommades communes en bâton se font de même; elles prennent ordinairement le nom de l'essence qu'on y fait entrer.

Pommade fine à la rose. Vous prenez de la graisse préparée pour le genre de pommade que vous devez faire, soit en bâton, soit liquide; vous la faites fondre au bain-marie d'étain, et y ajoutez même poids de fleurs de roses récentes qui doivent y nager; et, après avoir laissé le tout quatre heures au bain-marie, vous le passez à travers un linge très-fort, et mettez le marc à la presse. Lorsque vous en avez extrait toute la graisse qui pouvait y être contenue, vous la rejetez comme inutile; vous remettez de nouveau cette graisse dans le même vaisseau avec même quantité de roses que la première fois, et réitérez ainsi cinq ou six fois pour former un corps de pommade double. Vous l'exposez dans un endroit frais et l'y laissez figer.

Quelques jours après, vous la faites fondre encore au bain-marie à une chaleur très-douce, vous la coulez dans les moules ou la mettez en pots.

Lorsque vous voulez donner une couleur brune à la pommade, vous faites fondre du chocolat sans sucre que vous ajoutez à la graisse.

Les pommades à la fleur d'orange, au jasmin, à la jonquille, à la tubéreuse, à la lavande, et généralement à toute espèce de fleurs odorantes, se font de la même manière; mais elles ne se fondent une seconde fois que lorsqu'on veut y faire entrer des essences odoriférantes; elles se mettent en pots avec la spatule.

Pour avoir des pommades de plusieurs prix, vous diminuez la qualité de celle-ci en l'étendant avec des corps de pommade sans odeur.

Pommade à l'œillet. Vous faites fondre au bain-marie douze livres de graisse, où est entré un tiers de graisse de bœuf et un tiers de celle de mouton; vous la retirez du bain-marie, et, lorsqu'elle commence à se figer, vous y ajoutez cinq onces d'huile de girofle et autant d'essence de même; vous incorporez bien le tout avec la graisse, et mettez la pommade dans des pots.

Pommade à la vanille. Prenez huit livres de graisse préparée, moitié graisse de porc et un quart en graisse de bœuf, et autant de graisse de mouton; vous la faites fondre dans un bain-marie; et, quand après l'avoir retirée du feu elle n'est plus que tiède, vous y mettez cinq onces de vanille en poudre, et quatre onces d'esprit double de vanille que vous y incorporez bien avec la spatule; et, pour lui donner la couleur, vous y mêlez du chocolat sans sucre, après l'avoir fait fondre; et vous mettez ensuite la pommade dans les pots.

Pommade à l'ambre. Avec la même quantité de graisse préparée, fondue, et presque refroidie, vous mettez deux gros d'ambre, quatre gros d'essence d'ambre, six grains de musc et trois onces de grains d'ambrette en poudre; vous incorporez bien le tout, et en formez un mélange exact, puis vous mettez la pommade dans les pots.

La pommade au musc se fait en mettant même quantité de musc qu'il y a d'ambre dans cette recette et avec les mêmes ingrédiens.

Pommade à la sultane. Prenez : pommade à la rose, à la fleur d'orange, au jasmin, à la tubéreuse, à la jonquille, 2 livres de chaque. Cannelle en poudre, 4 gros; ambre, 6 grains; musc, 6 grains.

Mêmes procédés que ci-dessus.

Pommade à la péruvienne. Prendre : graisse préparée, 6 livres; essence d'orange, 2 onces; néroli, 1 gros; huile de girofle, 4 gros; ambre, 12 grains; musc, 12 grains.

Lorsque la graisse, après avoir été fondue au bain-marie, commence à se figer, vous ajoutez les aromates que vous y incorporez bien.

Pommade à la nompareille. Prenez : pommade à la rose, 4 livres; au jasmin, une livre; à la jonquille, une livre, essence de bergamote, 1 gros; huile de girofle, 1 gros; néroli, 1 gros; musc, 12 grains.

Mêmes procédés que ci-dessus.

Pommade à la moelle de bœuf. Prenez : moelle de bœuf, 2 livres; pommade à la fleur d'orange, 12 onces; cire jaune, une once; essence de bergamote, une once.

Vous faites fondre la moelle et la passez à travers un linge propre; lorsqu'elle est un peu refroidie, vous y ajoutez la pommade de fleur d'orange, en remuant bien avec la spatule jusqu'à ce que tout soit bien fondu; ensuite vous y mettez l'essence de bergamote et la cire jaune que vous avez fait fondre à part. Si vous ne trouviez pas la pommade assez jaune, vous y ajouteriez un peu de roucou, puis vous la mettez dans des pots.

Pommade au bouquet. Prenez : pommade au jasmin, à la rose, à la fleur d'orange, à la tubéreuse, une livre de chaque.

Vous mêlez ces pommades ensemble et les faites fondre au bain-marie, en remuant avec la spatule; lorsqu'elles sont fondues, vous coulez le mélange dans des pots, et vous avez une excellente pommade au bouquet.

Pommade à l'héliotrope. Vous prenez les mêmes pommades que ci-dessus, vous les faites fondre, et, quand elles sont presque figées, vous y ajoutez une once de vanille en poudre. La pommade à l'héliotrope faite ainsi supplée à la fleur, au point de s'y tromper.

Pommade à la maréchale. Prenez six livres de graisse préparée, que vous faites fondre, lorsqu'elle commence à se figer hors du feu; vous y mêlez quatre onces de bon girofle en poudre, huit grains d'ambre, quatre grains de musc, un gros de néroli, et vous mettez la pommade en pots.

Pommade au pot-pourri. Dans la même quantité de graisse vous ajoutez deux onces de bonne essence de bergamote, deux onces de baume du Pérou, quatre gros de néroli, douze grains d'ambre, demi-livre de chacune des pommades au jasmin, à la jonquille, à la tubéreuse; vous mêlez le tout avec la spatule, et mettez la pommade dans des pots.

Pommade en crème, ou pommade pour le teint. On prend un demi-gros de cire blanche et de blanc de baleine, une once d'huile d'amandes douces, et une demi-once d'eau de roses.

On fait fondre ensemble dans un pot de faïence au bain-marie, ou sur les cendres chaudes, la cire blanche ou le blanc de baleine avec l'huile d'amandes douces. On coule ce mélange dans un mortier de marbre, et on l'agite avec un pilon de bois jusqu'à ce qu'il soit froid, et qu'il ne paraisse plus de grumeaux; alors on y mêle l'eau de roses peu à peu; on l'agite jusqu'à ce qu'elle soit bien incorporée. Cette pommade devient extrêmement blanche par l'agitation : elle est légère et semblable à de la crème; c'est ce qui l'a fait nommer *pommade en crème*.

Cette pommade est un excellent cosmétique; elle est très-bonne pour nourrir la peau, pour l'adoucir, et faire dissiper les rides causées par la sécheresse. Cette pommade est encore bonne pour empêcher les marques de la petite vérole. Dans ce dernier cas, on la mêle avec dix grains de safran, et quinze grains de craie de Briançon, en poudre, pour les quantités des autres substances que nous avons prescrites.

Pommade jaune pour les lèvres. On prend deux onces et demie de cire jaune et quatre onces d'huile d'amandes douces. On fait fondre la cire dans l'huile, en exposant le mélange à une douce chaleur; on le laisse refroidir ensuite: il acquiert un degré de consistance considérable; on racle légèrement la pommade avec une spatule; elle se ramollit beaucoup. On la met à mesure dans le mortier de marbre. Lorsqu'on l'a toute râclée, on l'agite dans un mortier avec un pilon de bois, pour faire disparaître une infinité de petits grumeaux qui proviennent de ce qu'on l'a ratissée trop brusquement. On serre la pommade dans un pot.

Cette pommade est adoucissante; elle est bonne pour les gerçures des lèvres, pour les crevasses des mains et du sein, et pour adoucir la peau. (Voy. LÈVRES.)

Pommade de limaçons. Graisse de porc, 2 livres; de mouton, 4 onces; racine de guimauve récente, 4 gros; blanc de baleine, une once; limaçons, 8 onces.

Vous faites fondre la graisse au bain-marie; vous coupez la guimauve par petits morceaux, et vous pilez les limaçons; ensuite vous formez du tout un mélange en remuant bien avec la spatule, et le laissez quatre heures au bain-marie; vous le passez à travers un linge avec expression. Quand la pommade est presque froide, vous la battez bien pour la faire blanchir, en ajoutant quatre gros d'essence de citron ou de bergamote.

Cette pommade maintient la peau dans un grand état de fraîcheur.

Pommade de concombre. (Voy. CONCOMBRES.)

POMME DE TERRE. (*Conn. us.—Agr.—Ind. dom.—Cuis.*) (*Solanum tuberosum.*) Famille des solanées.

Il y en a trois excellentes espèces pour la table.

La grosse corne de vache jaune, extrêmement productive, et celle qui se conserve le plus long-temps; elle est farineuse et s'écrase à la cuisson;

La petite longue rouge sans yeux, farineuse et conservant sa forme;

Enfin, *la petite sucrée chinoise*, peu répandue, sucrée, grasse et d'une saveur délicate, ne s'écrasant jamais quelque degré de cuisson qu'on lui donne; sa fleur est du plus joli bleu, et quelques pieds placés çà et là font très-bien dans un jardin paysager.

Pour l'usage ordinaire et la nourriture des volailles et des bestiaux, la grosse rouge commune est excellente et très-productive.

Toutes les pommes de terre aiment le fumier; et, lorsqu'il est bien consommé et qu'il ne les touche pas immédiatement, il n'altère aucunement leur qualité. C'est dans une terre sablonneuse, fumée et légèrement humide, qu'elles acquièrent leur plus haut degré de bonté et d'abondance.

On commence à en planter quelques-unes dans les premiers jours d'avril, et l'on continue jusqu'en mai, dans une terre fraîchement bêchée. Les uns choisissent à cet effet toutes les petites de rebut; d'autres coupent les plus grosses en plusieurs morceaux; celles qui sont trop petites produisent une récolte moins belle et moins abondante, quoi qu'on en ait pu dire; et celles qui sont coupées sont sujettes à pourrir si la saison est pluvieuse. Des pommes de terre moyennes et bien saines sont celles qui font le mieux.

Celui qui les plante doit avoir devant lui une espèce de poche ou de besace en toile, attachée à sa ceinture, et dans laquelle est une certaine quantité de pommes de terre choisies, dont il a un sac à côté de son travail. Il soulève la terre avec la bêche à la profondeur de deux pouces; il jette en dessous une pomme de terre et laisse retomber la terre; il marche à reculons, et les espace d'un pied dans la direction qu'il suit; il laisse deux pieds d'intervalle entre chaque rayon. Un homme exercé au travail de la terre fait ses rayons parfaitement droits sans le secours d'un cordeau, et en plante un demi-arpent dans sa journée.

Lorsque les pommes de terre ont six à sept pouces de hauteur de tiges, on les butte en relevant sur chaque côté la terre des rayons : le *fechou* est très-commode pour ce travail. (Voy. JARDIN.)

Elles ne demandent plus d'autre soin jusqu'à l'époque de la récolte qui se fait quand les tiges sont entièrement sèches, ce qui arrive vers le 15 octobre. Laissées plus long-temps, elles peuvent repousser de nouveau. Pour cela, on choisit un beau temps, du matin jusqu'à quatre heures. On peut faire le triage, en ramassant successivement les petites et les grosses.

Le lieu où l'on serre les pommes de terre doit être sec, obscur, non exposé aux gelées.

On les amoncelle sur des lits de paille, qu'on n'ouvre que pour en prendre, et de cette manière elles se conservent jusqu'à la fin de septembre (du moins l'espèce corne de vache jaune), ce qui est d'une grande ressource pour la basse-cour. Il suffit de les égermer une fois au commencement de mai; si on le faisait plus tôt, elles recommenceraient à pousser et ne se conserveraient plus.

On peut cueillir les pommes de terre au fur et à mesure de la consommation, dès le mois de juillet, et par conséquent il n'y aura point d'interruption.

Analyse chimique de la pomme de terre par Vauquelin. La pomme de terre contient des liqueurs, de l'eau, de l'amidon, de deux à trois centimètres d'albumine, de citrate de chaux, de citrate de potasse, de l'esparagine et une matière azotée.

Culture en grand. Il faut une terre légère, franche, sablonneuse sous le sol.

Le sol doit être profondément labouré deux ou trois fois, et avant le dernier labour, au printemps, on répand à la surface du fumier consommé qu'on enterre à la charrue.

Au mois de mars ou au commencement d'avril, le terrain doit être nivelé ou uni; ensuite on trace des sillons à trois pieds de distance et de sept à huit pouces de profondeur, au centre desquels on met un tubercule. On coupe ceux qui sont trop gros. L'expérience a démontré que les peaux ou pelures munies d'yeux intacts réussissent et donnent une récolte abondante. Ce procédé ne réussit qu'en petit.

Quelque temps avant qu'elles poussent, on passe la herse pour détruire les mauvaises herbes et favoriser la croissance des plantes. A mesure que les tiges s'élèvent, on les bine et on les butte.

Pour prévenir les maladies auxquelles les pommes de terre sont sujettes et leur dégénérescence, on doit mettre le plus grand soin dans le choix des semences, les changer et élever des graines de nouvelles sortes ou variétés.

La meilleure manière de les récolter est d'employer la charrue. On laboure une seule fois le long de chaque raie, des deux côtés à quatre pouces de distance. On ramasse à la main les pommes de terre qui paraissent, on lève ensuite les tiges avec une fourche à trois dents, on recueille les tubercules de même à la main, en ayant grand soin de ne pas les écraser ou les couper.

(La charrue seule ne suffirait pas, sans la fourche.)

Lorsqu'on n'a pas l'intention de les conserver plus tard que le mois d'avril, on les met dans un coin de la grange ou du grenier, ou mieux à la cave; on les couvre de paille. Si on veut les conserver jusqu'à la récolte prochaine, on les place dans une fosse creusée dans la terre sèche; on fera bien de les mêler avec de la bouffe d'avoine ou des feuilles bien sèches: lorsque la fosse est ouverte, on enlève avec un couteau les œilletons qui paraissent en végétation; les pommes de terre se gardent alors jusqu'à la fin de juin.

Si l'ancienne récolte est épuisée avant que la nouvelle soit mûre, on y supplée en partie au moyen de jeunes tubercules qui sont presque à la surface du terrain, ce qui, loin de nuire à la récolte, lui sera avantageux en favorisant l'accroissement des tubercules restans.

Les avantages de la culture de la pomme de terre, en établissant pour base de produit ce que Parmentier et Delpierre ont obtenu, et déduisant tous les frais de culture, semence et labour, rend 724 fr. 80 c. net par hectare en calculant le double décalitre à 50 c. et 5000 décalitres à l'hectare; mais en établissant le produit sur la récolte des terrains les plus ordinaires, convenablement préparés, on obtient encore, tous frais déduits, 280 fr. par hectare.

Cette valeur devient double, si l'on cultive la pomme de terre dans des défoncemens de granit argileux en décomposition et suffisamment fumés; on peut arriver ainsi à un produit, par hectare, de 5000 doubles décalitres.

L'enlèvement des fleurs sur les plantes de pommes de terre, au moment de la floraison, augmente le produit d'un cinquième à un quart.

Le fauchage des tiges, lorsque la feuille n'est pas complétement fanée, diminue le produit de près de moitié.

Si les nouveaux défrichemens conviennent à la pomme de terre, ceux qui lui conviennent davantage sont les défrichemens faits dans les terres légères.

Le produit en poids du tubercule est en raison directe du fumier employé et des binages et butages donnés.

La pomme de terre redoute les terres argileuses; elle se plaît et produit énormément dans la terre légère d'alluvion; les terres blanches calcaires ne lui sont point aussi favorables; elle est plus productive si ces mêmes terres sont graveleuses, car elles permettent au tubercule de se loger dans les vides; les terrains granitiques et gras colorés, surtout les grès rouges en décomposition, sont ceux où elle se plaît davantage; dans un sol argileux, compacte, la pomme de terre a besoin de fumier long pour diviser la terre, et de fumier consommé dans les terres plus légères; les sols pierreux qui lui conviennent fort réclament des composts formés de curages soit d'étangs ou de fossés, de mottes de prés et de chaux.

Un binage à la main, un butage à la charrue, sont les élémens d'une culture économique.

Dans les terrains primitifs les céréales font merveille sur une récolte de pommes de terre. Elles réussissent moins bien dans les terrains secondaires.

M. Claudin a fait des expériences tendant à prouver les avantages du repicage de la pomme de terre. « En 1828, dit-il, après avoir conservé en lieu sec pendant l'hiver environ deux cents graines de pommes de terre, dites *Madeleine rouge hâtive*, je les semai en mars; cette graine levée, et en état d'être transplantée, j'en repiquai moitié en excellente terre, bien préparée et fumée, et, après les façons utiles successives et les arrosages réguliers, cette partie arriva à des tiges de quatre pieds de hauteur, donna des pommes de terre de la grosseur d'un œuf de poule, et avec cela de remarquable que sur ce semis de cent pieds on distinguait près de vingt variétés notables.

» Ces mêmes tubercules, semés l'année suivante, comparativement aux semences ordinaires du pays, ont donné des produits plus considérables.

» Les cent pieds de graines qui n'ont pas été repiqués, et bien qu'ils eussent reçu les mêmes soins de culture et d'arrosages à temps utile, n'ont donné que des produits très-minimes et peu de variétés d'espèces. »

Culture des pommes de terre dans les caves. Un journal allemand a publié l'exposé suivant: couvrez un coin de cave d'une couche d'un pouce d'épaisseur, dans laquelle il y ait deux tiers de sable fin, et un tiers de terre ordinaire. Au mois d'avril on y met des pommes jaunes ou d'une autre espèce; on les pose seulement à la surface; elles y germent abondamment de tous les côtés, et l'on recueille, à la fin du mois de novembre suivant, plus d'un quart de boisseau d'excellentes pommes de terre; la peau en est très-mince, et la pulpe farineuse.

Conservation des pommes de terre. Une petite quantité de pommes de terre se transporte aisément. Quand on a beaucoup de pommes de terre, on peut creuser un trou dans un terrain élevé et sec. On garnit de paille longue; on pose les pommes de terre dessus, et on fait ensuite un lit de paille en forme de meule. On peut aussi entourer dans la grange un espace de planches ou de claies de parcs à moutons, et y placer les pommes de terre.

Avant de déposer les pommes de terre dans l'endroit où elles doivent demeurer en réserve pendant l'hiver, il est nécessaire de les laisser se ressuyer au soleil ou sur l'aire d'une grange, après les avoir mondées de toutes leurs racines chevelues ou fibreuses qui les reunissaient au pied de la plante. Cette opération préliminaire, quand on n'a pas de gelées blanches à craindre, achève de dissiper l'humidité la plus superficielle, détruit l'adhérence d'un peu de terre qui leur ferait contracter un mauvais goût, et rend plus facile leur conservation; mais il ne faut pas différer de les rentrer, parce que, trop longtemps en contact avec la lumière, elles verdissent à la surface et prennent beaucoup d'âcreté. Un premier soin qu'on doit avoir, c'est de séparer les espèces pour les conserver à part, parce qu'elles ont chacune une manière différente de cuire; de destiner les plus grosses pour la table, et les plus petites pour la plantation ou pour la nourriture des bestiaux. Il convient encore d'enlever celles qui sont entamées pour les manger d'abord, et rejeter les gâtées ou celles qui ont commencé à végéter, vu qu'une seule d'entre elles suffirait pour endommager tout le tas.

Une autre précaution, non moins indispensable, c'est que, quand on le peut, les pommes de terre doivent être remuées avec la pelle. Ce mouvement imprimé à la masse rafraîchit et interrompt la fermentation intestine.

Autre méthode de madame Adanson. Lorsque vous n'avez pas de serre pour conserver les pommes de terre, réservez dans votre grange ou fenil, vers l'endroit accessible, un espace vide pour les y placer : ce qui se pratique aisément en élevant les gerbes en bottes sur trois côtés comme un mur; vous posez en dessus des planches en travers, et vous les recouvrez de gerbes : le devant étant resté ouvert, vous le bouchez avec de la paille.

Méthode écossaise. Jeter une minute dans un chaudron d'eau bouillante les pommes de terre à conserver; les retirer et les faire sécher. Cette opération détruit le germe. La chaleur d'un four peut suppléer à celle de l'eau.

Procédé de Parmentier. On met les tubercules dans une chaudière pleine d'eau : on les fait bouillir; on les pèle; on les coupe en tranches minces; on les fait sécher dans un four, après la cuisson du pain.

Conservation des pommes de terre en tranches. Couper les tranches de trois à quatre lignes; les jeter dans l'eau; les faire infuser pendant seize jours dans de l'eau, renouvelée tous les deux jours au moyen d'une cheville placée au fond de la barrique; les retirer et les faire sécher au grenier. Ainsi préparées, ne conservant que leur fécule et le parenchyme, privées de leur principe fermentescible, elles se conservent indéfiniment, et sont propres à la mouture, comme aux préparations culinaires.

Procédé pour mêler les pommes de terre au pain. Prenez, par exemple, vingt livres de froment, de seigle ou d'orge, suivant l'usage ou les ressources du canton; délayez-y, le soir, à la fin de la veillée, le morceau de levain de la dernière fournée, avec suffisamment d'eau chaude pour en former une pâte extrêmement ferme, que vous couvrirez et que vous laisserez dans le pétrin pendant la nuit, comme vous le faites pour le levain ordinaire.

Le lendemain matin, ayez vingt-cinq livres de pommes de terre, préalablement cuites; mêlez-les toutes chaudes au levain, avec un demi-quarteron de sel, et assez d'eau pour le fondre; le mélange se fera par portions, au moyen d'un rouleau de bois; dès qu'il sera achevé, tournez sur-le-champ vos pains : ils ne doivent pas être de plus de quatre livres; mettez-les sur couches, et, quand ils auront atteint leur apprêt, enfournez-les avec la précaution de chauffer moins le four, et d'y laisser la pâte plus longtemps.

Il faudra avoir environ une livre de farine pour manier et sécher la pâte, et cette farine réunie aux râtissures du pétrin, avec le moins d'eau possible, formera le levain de chef pour la fournée à venir.

En suivant cette manipulation, on est assuré d'obtenir le pain dont il s'agit.

Manière de faire un gâteau économique avec des pommes de terre. On fait cuire des pommes de terre sous la cendre; on les épluche et on les réduit en pâte; on met une livre de cette pâte dans une grande terrine; on y ajoute six jaunes d'œufs et quatre onces de sucre en poudre. On pétrit le tout ensemble; on y met ensuite l'écorce d'un citron râpée, le jus du citron et les six blancs d'œufs; on met le tout dans une tourtière un peu graissée, afin que le gâteau ne s'y attache pas.

Autre gâteau de pommes de terre. Vous prendrez une douzaine de pommes de terre (préférez les jaunes et les plus farineuses); vous les ferez bouillir avec leur peau; vous les pèlerez et les jetterez encore chaudes dans une jatte de bois; vous y joindrez quatre macarons émiettés, deux cuillerées de miel, un demi-verre de bière, une bonne cuillerée d'eau-de-vie; vous pilerez; le tout se convertira en une masse bien malaxée et très-tenace. Pendant la cuisson des pommes de terre, vous aurez bien nettoyé une poignée de raisins de Corinthe, ou, à leur défaut, de gros raisins de passe; mais vous aurez soin de couper ceux-ci et de retirer leurs pépins. Vous mettrez ce raisin avec la pâte, que vous pétrirez légèrement, afin de l'y bien faire entrer. Après avoir ensuite bien graissé une casserole ou une tourtière, vous laisserez revenir votre pâté dans un lieu chaud; vous la dorerez avec un œuf, et vous la mettrez au four, de façon qu'elle soit d'abord saisie. Ce mets se sert froid, et vaut une frangipane. Il faut le couper en tranches de l'épaisseur du doigt; retourner ces tranches dans la farine, et les faire frire dans l'huile, au beurre ou au saindoux. Avant de le servir, on jette par dessus un peu de sucre en poudre.

On peut aussi manger ce gâteau avec une sauce composée de beurre, que l'on fait simplement fondre, et dans lequel on jette, au moment de servir, une poignée de cassonnade ou de sucre en poudre, en y ajoutant un peu de muscade à volonté.

Recette pour faire, avec des pommes de terre, des boulettes à très-bon marché. Faites cuire à demi une certaine quantité de pommes de terre; épluchez-les, et réduisez-les en poudre grossière; mêlez-y de la farine, environ un seizième de leur poids; ajoutez-y du sel, du poivre et des herbes; mélangez le tout à un degré d'épaisseur convenable, au moyen d'eau bouillante, et faites-en des boulettes de la grosseur d'une pomme. Roulez ces boulettes dans la farine, pour empêcher l'eau d'y pénétrer; puis laissez-les cuire dans de l'eau bouillante jusqu'à ce qu'elles surnagent : elles seront alors assez cuites. Ces boulettes sont un manger très-agréable, si l'on y joint un peu de viande séchée et broyée, du hareng saur pilé ou du pain grillé.

Purée de pommes de terre. Il faut choisir l'espèce de pommes de terre la moins chère; elle est ronde, jaune, se crève en bouillant et tombe presque en farine. Il faut ôter la peau avec soin, faire bouillir ses pommes de terre à grande eau, en les remuant lorsqu'elles commencent à tomber en bouillie. Aussitôt que l'on juge la purée assez épaisse et bien prise, on y met un morceau de beurre, du sel à volonté; et, après l'avoir suffisamment encore remuée, on la transvase dans une terrine très-évasée. Cette purée est excellente.

Cuisson de pommes de terre à la vapeur. Vous prenez une marmite de fer, avec une couverture en tôle, fermant bien. Vous remplissez la marmite de pommes de terre, vous y jetez un verre d'eau; vous couvrez et mettez à la crémaillère.

La pomme de terre alors est sèche, ferme, farineuse, d'un bon goût et d'une odeur qui flatte.

Autre. Prendre un chaudron de fer; remplissez le chaudron de pommes de terre, ensuite vous ôtez celles qui sont sur les bords et les mettez au milieu, comme si le chaudron était comble. Vous faites, avec de mauvais linge ou de la toile d'emballage, un bourrelet en façon de petit sac; on remplit ce bourrelet avec du regain, de la mousse, de mauvaises étoupes ou du foin mou. Il ne faut pas presser, et le bourrelet ne doit pas être dur. Vous posez ce bourrelet autour de votre chaudron, et vous l'enfoncerez dedans pour que la flamme ne l'atteigne pas, car il brûlerait; ensuite vous le mouillez avec un balai trempé dans l'eau. Sur le milieu du chaudron, vous posez un coussin fait avec la même toile et rempli des mêmes matières; alors tout est bien couvert. Quand le chaudron est à la crémaillère, vous mettez dessus une pierre plate qui presse et scelle tout cela. En chargeant votre chaudron de pommes de terre, vous y mettez une bouteille d'eau ou une demi-bouteille. C'est alors comme si vous aviez une marmite de la grandeur de votre chaudron. Tout cela n'est pas bien difficile à faire, et ne coûte presque rien. Ce qu'il y a de bon dans cette méthode, c'est que la pomme de terre est excellente, et qu'il faut une moitié moins de bois pour la cuire. Quand vos pommes de terre seront à moitié cuites, vous pourrez ôter le chaudron du feu, et le laisser couvert pendant trois quarts d'heure, elles finiront de cuire. Quand vous enlèverez le coussin et le bourrelet, elles seront encore beaucoup plus chaudes qu'en sortant de l'eau bouillante.

Il faut visiter la pomme de terre de temps à autre, pour apprendre à connaître le point de la parfaite cuisson. En général, dix à vingt minutes au plus de l'action de la vapeur suffisent pour cuire parfaitement la pomme de terre, quand on n'en fait cuire que peu à la fois.

Cuisson ordinaire. On fait cuire les pommes de terre à l'eau froide, avec un peu d'eau et de sel; pour les empêcher de se fendre, on verse dessus un peu d'eau froide à mesure qu'elles bouillent; quand elles sont cuites, on décante l'eau, on rapproche un instant le pot du feu pour les faire ressuyer, faisant attention de ne pas les laisser brûler, car elles contracteraient un mauvais goût.

Lorsque vous voulez les faire cuire sous la cendre, lavez-les préalablement dans une eau *très-salée* et ne les essuyez pas.

Ainsi cuites, les pommes de terre écrasées avec du lait ou du bouillon sont un excellent aliment.

Emploi des pommes de terre gelées. On peut les soumettre à la distillation, et en tirer de l'eau-de vie. (Voyez PAIN.)

Polenta de pommes de terre. Pour faire le polenta de pommes de terre, on commence par les laver et les faire cuire à la vapeur; ensuite on les pèle, on les froisse dans les mains pour les diviser, enfin on les fait sécher à l'étuve ou au four à la sortie du pain. Ensuite on moud cette pâte sèche, soit dans un moulin à café ou de toute autre manière; puis on la passe au tamis de soie: ce qui sort par le tamis est ce qu'on nomme le *polenta farine*, et ce qui est resté dedans est la semoule.

Cette farine est saine et fait des bouillies excellentes.

Fécule. (Voy. ce mot.)

Fromage de pommes de terre. (Voy. FROMAGE.)

Pommes de terre à la maître-d'hôtel. Prendre des pommes de terre rouges longues, cuites à l'eau et chaudes; les peler; couper en rouelles minces ou en long et en quatre; mettre dans une casserole avec un quarteron de beurre très-frais, un peu d'ail haché, une demi-cuillerée d'eau chaude, un filet de jus de citron, poivre et sel. Sauter sur le feu jusqu'à ce que le beurre soit fondu; servir de suite. Il ne faut pas que le beurre soit en huile.

Pommes de terre en ragoût. Mettre un demi-quarteron de beurre dans une casserole avec une cuillerée de farine; faire roussir d'une belle couleur; mouiller avec deux verres de bouillon chaud et dégraissé; ajouter un bouquet garni, poivre, très-peu de sel, un quarteron de petit lard sans rance et coupé en plusieurs morceaux; au bout d'une heure de cuisson à petit feu, peler une vingtaine de petites chinoises crues; mettre dans votre ragoût; dès qu'elles sont cuites, dégraisser la sauce et servir avec le lard; observer qu'elles ne doivent point être écrasées. Si vous n'avez pas de chinoises, prendre des longues rouges, et les parer en morceaux gros comme des noix.

Pommes de terre en salade. Prendre des pommes de terre rouges longues, cuites à l'eau; les couper en rouelles; les mettre chaudes dans un petit saladier; arranger dessus avec goût et symétrie deux filets d'anchois, une pincée de cerfeuil et ciboule hachés, un œuf dur haché, assaisonner de poivre, trois cuillerées d'huile, une de vinaigre; servir sans laisser refroidir.

Flan de pommes de terre. (Voy. FLAN.)

Pommes de terre aux échalottes. Prenez des pommes de terre rouges longues, cuites à l'eau comme on l'a indiqué plus haut; pelez-les; coupez-les en rouelles minces. Maniez un fort quarteron de beurre frais avec deux échalottes, une pincée de persil, hachés; poivre, sel, demi-jus de citron; mettez-le dans une casserole avec vos pommes de terre chaudes; sautez-les jusqu'à ce que le beurre soit fondu; servez de suite.

Pommes de terre à la sauce blanche. Coupez des pommes de terre comme les précédentes, et de la même espèce. Faites une sauce blanche *anglaise*; mettez vos pommes de terre très-chaudes sur un plat; versez la sauce dessus; servez.

Pommes de terre au lait. Prenez des pommes de terre

chinoises, cuites à l'eau; si elles sont trop petites, laissez-les entières, sinon coupez-les en deux. Mettez-les chaudes dans une casserole avec un demi-quarteron de beurre, deux verres de bon lait, sel, poivre; faites bouillir à petit feu, remuez souvent pour que la sauce se lie et s'épaississe sans farine : il faut environ demi-heure.

Pommes de terre en purée. Prenez des cornes de vache jaunes; faites-les cuire sous la cendre; pelez-les et passez-les à travers la passoire; mettez-les dans une casserole avec demi-quarteron de beurre très-frais, poivre, sel; remuez et mouillez avec du lait, jusqu'à ce que la purée soit au degré convenable; faites bouillir un instant sans laisser attacher; servez. On peut y mettre du sucre et point de poivre.

Pommes de terre frites. Prendre des cornes de vache crues; les laver; les peler proprement; les couper en rouelles de trois lignes d'épaisseur; les jeter dans une friture très-chaude; remuer avec la queue de la cuiller de bois pour qu'elles ne s'attachent pas ensemble. Quand elles sont jaunes et croquantes, les égoutter dans une passoire; servir brûlantes et poudrées de sel fin.

Pommes de terre farcies. Prendre huit cornes de vache les plus grosses possible; les laver et peler; les fendre en long par le milieu; creuser adroitement avec un couteau ou une cuiller jusqu'à ce qu'elles soient réduites à deux lignes d'épaisseur. Prendre deux pommes de terre cuites sous la cendre, deux échalottes hachées, gros comme un œuf de beurre, un petit morceau de lard gras et frais, une pincée de persil et ciboule hachés; piler le tout dans un mortier avec poivre et peu de sel; en former une pâte liée; beurrer l'intérieur des pommes de terre; emplir de cette pâte, que le dessus soit bombé; garnir le fond d'une tourtière avec du beurre frais; arranger vos pommes de terre dessus; placer sur un feu modéré; couvrir du four chaud et plein de braise; au bout de demi-heure, si le dessous et le dessus des pommes de terre est rissolé, servir.

Beignets de pommes de terre. Prendre huit cornes de vache cuites sous la cendre; les peler; les mettre dans un mortier avec sel, une cuillerée d'eau-de-vie, gros comme un œuf de beurre, une cuillerée de crème, une demi-cuillerée à café de sel fin; piler longtemps, au moins une heure, et ajouter de temps en temps un œuf entier, jusqu'à ce que la pâte devienne d'épaisseur à pouvoir se rouler en boulettes; alors en faire de grosses comme des noix; les fariner tout autour et faire frire de belle couleur; poudrer de sucre; servir brûlant.

Pommes de terre sous le four de campagne. Prendre douze pommes de terre longues rouges, cuites sous la cendre; les peler; les mettre chaudes dans une terrine avec un quarteron de beurre, sel, poivre, un verre de lait; broyer jusqu'à ce que le beurre soit mêlé et fondu. Garnir le fond d'un plat qui aille au feu, d'une légère couche de beurre, verser vos pommes de terre dessus; les étendre de dix-huit lignes d'épaisseur; unir le dessus; les marquer en losanges avec le dos d'un couteau; poser le four de campagne chaud et plein de braise sur votre plat; point de feu dessous. Quand le dessus est doré et forme une croûte, servir. Il faut environ dix minutes.

Pommes de terre au fromage. Prendre douze pommes de terre cornes de vaches, cuites à l'eau; les piler dans un mortier et passer à travers la passoire; broyer ensuite en y ajoutant quatre œufs entiers l'un après l'autre, avec un peu de sel fin. Râper dans une assiette une demi-livre de fromage de Gruyère. Beurrer le fond d'un plat qui aille au feu; le couvrir d'une couche de votre pâte de pommes de terre et répandre dessus un lit de fromage avec quelques petits morceaux de beurre frais; remettre une couche de pommes de terre, puis du fromage et du beurre, jusqu'à ce que tout soit employé; finir par du fromage. Poser le plat sur un feu doux; couvrir du four chaud et plein de braise, et laisser ainsi demi-heure. Servir chaud, après avoir essuyé la graisse des bords. Le dessus doit être doré.

Emploi des fleurs de pommes de terre. Les propriétés tinctoriales de la fleur de pommes de terre furent découvertes en 1794 par M. Dambourney, négociant à Rouen : en faisant cuire, pendant une heure et demie, dans une pinte d'eau, trois onces de feuilles vertes et de tiges fleuries, avec thé, vers la fin du mois d'août, il se procurait un beau jaune citron. En opérant sur un gros de laine, il l'imprégnait d'un mordant composé d'un quart d'acide nitrique, et de trois quarts d'acide hydrochlorique tenant en dissolution un seizième d'étain, la faisait bouillir avec un gros d'écorce de bouleau et un demi-gros d'alun, pendant dix minutes, et la plongeait ensuite dans le bain presque bouillant où il la laissait trois quarts d'heure. (Voy. JAUNE.)

Pommes de terre préparées pour les bestiaux. Les couper en tranches, et en alterner des lits dans un cuvier avec des lits de son. Laisser fermenter huit heures au plus à une température de dix degrés, jusqu'à ce que le mélange répande une odeur alcoolique.

Un mélange de pommes de terre cuites et de paille hachée procure journellement une économie de 25 centimes pour chaque cheval qui consomme en deux fois six kilogrammes trois quarts de tubercules mêlés avec de la paille. Ce régime entretient la santé des chevaux.

POMMIER. (*Jard. — Off. — Hyg.*) *Pyrus malus.* Famille des rosacées. Le pommier exige une terre argileuse, grasse, forte et substantielle.

Le pommier s'élève en plein vent.

En greffant le pommier sur paradis, on a des fruits très-gros et en petite quantité. Il faut mettre les pommiers nains de manière à les diminuer toujours; c'est depuis octobre jusqu'en janvier qu'on pratique la taille.

Le doucin est une bonne variété de pommier.

Le doucin et le paradis donnent des rejets nombreux, qui servent à les multiplier.

Les pommiers ont besoin d'être placés à une exposition très-aérée; ils dépérissent s'ils sont abrités, surtout du côté du nord.

Ils sont sujets à trop charger, ainsi que le poirier, et alors leurs fruits tombent avant maturité. On remédie à cet inconvénient, en supprimant à la taille une partie plus ou moins considérable des bourses ou bourgeons à fruit, et en alternant cette suppression : ce moyen redonne beaucoup de vigueur aux arbres. Il arrive souvent aussi que les bourses arrêtent la sève à la naissance des branches à bois; alors on coupe l'écorce, et les branches s'allongent.

Quand un pommier vieillit ou s'épuise, on creuse, à l'époque de la taille, une petite fosse circulaire à cinq pieds du tronc; on coupe net les racines qu'on rencontre, et sans les déchirer; on emplit cette fosse de fumier de cheval consommé, on la recouvre de la terre sortie, ensuite on supprime à l'arbre, avec discernement, quelques grandes branches qu'on coupe près du tronc; on couvre les plaies *d'onguent à greffer* : c'est le meilleur et le plus simple de tous.

Mais, lorsqu'on a chez soi une petite pépinière qu'on entretient annuellement, on doit chaque année renouveler un certain nombre de vieux arbres. Les arbres de moyen âge donnent le plus beau fruit.

On démousse les pommiers par le même procédé que les poiriers.

Les poiriers et les pommiers sont sujets au chancre, surtout dans les terrains *pauvres ;* il faut donc alors les fumer pour les pommiers qui vieillissent. Le meilleur remède pour guérir le chancre déjà formé est celui que Muller conseille. Il consiste à nettoyer jusqu'au vif les bords et le centre de la plaie, et à la recouvrir ensuite avec de la térébenthine ou de l'*onguent à greffer*. (Voy. ONGUENT.)

On doit borner la culture du pommier à quelques espèces des meilleures et de celles qui se conservent le plus longtemps; car, parmi une infinité de variétés, il y a peu de différence pour le goût; elles ne font qu'embarrasser dans les fruitiers qu'elles encombrent pour y pourrir la plupart du temps.

Voici celles qui peuvent suffire, et dont la qualité est supérieure.

Reinette jaune hâtive. Fruit moyen, peau jaune, tiquetée; mûrit en septembre jusqu'en octobre.

Reinette belle Thouin. Fruit de moyenne grosseur, d'une jolie forme, jaune verdâtre, un peu piqué, d'un goût excellent; c'est une des meilleures pommes. Mûrit au commencement de novembre.

Calville blanc d'hiver. Arbre très-productif à dix ou douze ans; la meilleure des pommes, et peut les remplacer toutes; bonne cuite et crue; fruit gros, à côtes, jaune; se cueille en octobre, dure jusqu'en mai.

Fenouillet gris. Arbre délicat, végétant presque toujours mal, poussant peu de bois; fruit petit, rond, gris, tiqueté, excellent; se cueille au commencement d'octobre, dure jusqu'en janvier.

Reinette franche. Fruit moyen, jaune doré; se cueille en novembre; bonne jusqu'en août.

Reinette de Canada. Fruit très-gros, à côtes peu saillantes, d'un vert jaunâtre; se cueille en octobre, dure jusqu'en janvier.

Postophe d'hiver. Fruit aussi gros que le canada, mais sans côtes, presque sans queue; se cueille en octobre, dure jusqu'en février.

Pigeonnet, museau de lièvre. Arbre grêle; fruit petit, allongé, pointu, d'un beau rouge, rayé de rose et blanc; chair très-blanche, d'un goût aussi délicat que l'apis; se cueille en octobre, dure jusqu'en janvier.

Apis fin. Arbre délicat, qui pousse des branches longues et grêles; fruit petit, aplati, incarnat d'un côté, blanc de l'autre; se cueille en novembre, dure jusqu'en mars.

Il est nécessaire de ramasser tous les jours avec exactitude toutes les poires et les pommes qui tombent, de les jeter à l'eau quand elles sont trop vertes, et de les faire consommer aux bestiaux lorsqu'elles ont acquis leur grosseur (les vaches en sont très-friandes, on les coupe par morceaux pour les leur donner.) Il ne faut jamais les porter sur les composts ni sur les fumiers. Ces fruits ne tombent que parce qu'ils sont verreux, et c'est le moyen qu'emploie la nature pour faciliter la multiplication de ces insectes, qui s'enfoncent dans la terre pour y subir leurs métamorphoses et remonter ensuite sur les arbres. Pour les détruire, il faut donc anéantir le fruit qui les renferme avant qu'ils aient eu le temps d'en sortir.

Moyen de faire pousser promptement les pommiers. Faites un trou ou excavation de quatre pieds de largeur sur dix-huit pouces de profondeur; placez au fond un buisson de ronce, bruyère ou fougère d'un pied d'épaisseur environ; mettez deux ou trois pouces de bonne terre dessus; plantez les arbres, et couvrez leurs racines suivant l'usage ordinaire. Cette méthode convient surtout dans les terrains siliceux.

Pommier odorant d'ornement. (*Malus coronaria.*) Arbre de Virginie. Greffes en fente, semis ou marcottes qui sont quatre ans à s'enraciner. Terre grasse et fraîche. Belles fleurs blanches nuancées de rose, odorantes en avril.

Pommier de la Chine. (*Malus spectabilis.*) Arbrisseau. Même culture. Boutons rouges en avril, suivis de fleurs roses semi-doubles.

Pommier baccifère. (*Malus baccata.*) Même culture. Cet arbrisseau de Sibérie est d'un bel effet. Fruit gros et rouge. Fleurs roses en avril.

Pommier microcar. Fleurs blanches. Fruit gros et rouge. Même culture.

Pommier toujours vert. (*Malus sempervirens.*) Arbuste de l'Amérique du nord. Petites fleurs en mai, de couleur de chair, très-odorantes. Même culture. Bois épineux.

Qualités alimentaires des pommes. Les *reinettes* tiennent le premier rang; la reinette blanche est tendre; elle n'a pas l'eau si relevée que les autres : la reinette grise à l'eau sucrée et relevée; c'est la meilleure de toutes; la reinette franche est grosse, elle jaunit en mûrissant, elle est tiquetée de points noirs, son eau est sucrée; on en fait des compotes, et une gelée qui est une des plus excellentes confitures. La reinette verte est délicieuse, soit crue, soit cuite; elle porte son sucre avec elle; on devrait la cultiver par préférence.

Les pommes de *rambour* sont grosses, rondes; elles ne sont bonnes qu'en compote. La pomme de *calville rouge* a un goût vineux, et la blanche à côtes un goût relevé; elle est plus estimée que la rouge.

La *reinette d'Angleterre* est plus longue que ronde, et tiquetée de points rouges; son eau est sucrée.

Le *fenouillet*, d'un fond violet couvert d'un gris roussâtre, a la chair fine et l'eau sucrée; son goût approche du fenouil. La *pomme violette*, espèce de gros fenouillet, est grosse, presque ronde, mêlée de rouge du côté du soleil; sa chair est blanche, son eau est douce et sucrée.

La *pomme d'api* est des plus jolies; sa couleur de rose se détache sur son fond blanc; elle est recherchée à cause de sa beauté et de son eau délicieuse, qui rafraîchit la bouche et apaise la soif. On les distingue de deux espèces, les grandes et les petites.

Les pommes, et principalement les pommes crues, sont un des fruits dont les auteurs de médecine ont dit le plus de mal.

L'expérience réitérée, journalière, constante, prouve que les pommes même crues, mangées modérément, lorsqu'elles sont bien mûres et saines, sont un aliment indifférent dans la plupart des cas pour tous les sujets sains, et un aliment très-salutaire pour toutes les personnes qui se trouvent, soit habituellement, soit par accident, échauffées, pressées d'une soif opiniâtre, tourmentées de rapports, qui sont sujettes aux coliques bilieuses, aux digestions mauvaises, etc. C'est une très-bonne ressource contre le mauvais état de l'estomac qui suit l'ivresse et la gloutonnerie, que de manger quelques pommes crues. Les ivrognes prétendent de plus que ce secours les préserve de l'ivresse, et même qu'il la dissipe.

Les meilleures pommes sont celles qui sont douces, aigrelettes et bien parfumées, telles que la pomme de reinette, et le calville blanc. La chair de la pomme d'api est peut-être un peu trop dure, et souvent indigeste par cette qualité.

Les pommes crues doivent cependant être interdites aux estomacs faibles, et qui refusent les crudités; car il est vrai que la pomme doit être regardée par la fermeté de sa chair comme étant, pour ainsi dire, éminemment crue.

Les pommes cuites, soit à la manière la plus vulgaire, en les exposant devant le feu, ou bien en les mettant au four, soit avec le sucre, sous forme de compote ou de marmelade, soit enfin leur décoction épaissie avec du sucre en consistance de gelée, toutes ces préparations, dis-je, et surtout les plus simples, les pommes cuites devant le feu ou au four, fournissent un aliment léger, et aussi salutaire qu'agréable, tant pour les personnes en santé que pour les convalescens, et tous ceux qui ont besoin d'une nourriture bienfaisante, légère, et qui en même temps relâche doucement le ventre. Outre cette dernière propriété légèrement médicamenteuse, qui est fort évidente, on les regarde encore comme douées d'une vertu pectorale ou béchique adoucissante, qui n'est pas à beaucoup près aussi manifeste. Cependant les pommes cuites sont d'un fort bon usage dans les rhumes, à quelque titre que ce soit, aussi bien que la tisane que l'on prépare avec leur suc ou leur décoction, et à laquelle on ajoute communément le chiendent et les fruits doux, comme jujubes, dattes, raisins secs.

Les pommes cuites, réduites en pulpe ou sous forme de cataplasme, sont encore un bon remède extérieur, capable de ramollir et de calmer la douleur, lorsqu'on l'applique sur les tumeurs inflammatoires résistantes et douloureuses. Cette application est surtout très-bonne dans l'ophthalmie récente, et accompagnée de beaucoup de douleurs, et surtout lorsque cette maladie est principalement palpébrale. On emploie aussi à ce dernier usage la pomme pourrie; mais il paraît que la pulpe cuite d'une pomme saine et bien mûre vaut mieux.

Lorsque les pommes ont été gelées, comme cela arrive pendant les hivers les plus rigoureux, on ne doit point les toucher jusqu'à ce qu'elles soient dégelées insensiblement par le changement de la température de l'air : elles se conservent également comme si elles n'avaient pas souffert la gelée : on a même observé qu'elles en deviennent beaucoup plus douces et qu'elles exigent moins de sucre lorsqu'on les cuit. Enfin on les gâte si on les dégèle auprès du feu; mais en les jetant dans de l'eau très-froide, il se forme des glaçons à la superficie; la pomme se dégèle doucement de cette manière, et son organisation n'est point détruite.

On peut conserver les pommes dans les caves, en les mêlant avec des pommes de terre, en les mettant en tas, et en les plaçant sur un lit de paille.

Conservation des pommes. Une bonne manière de conserver les pommes consiste à les mettre dans des tonneaux avec du sable. A cet effet, on emploie du sable qu'on a eu soin de bien faire sécher pendant l'été; on en répand au fond du tonneau une couche sur laquelle on place un lit de pommes qu'on recouvre d'une couche de sable, et ainsi successivement, jusqu'à ce que le tonneau soit rempli. Cette méthode a l'avantage de préserver les pommes du contact immédiat de l'air, qui est la cause la plus active de leur corruption. Elle les prive aussi d'une humidité surabondante qui ne leur est pas moins nuisible. Le sable répandu également entre les pommes absorbe une partie de leur humidité, de sorte qu'elles n'en conservent que ce qui est nécessaire pour les maintenir en bon état.

On a aussi l'avantage de leur conserver l'arome ou le bouquet qui leur est propre, et qui se perd lorsque les fruits restent exposés à l'air. En disposant ainsi les pommes dans des tonneaux ou dans des caisses, ou même dans le coin d'une chambre, elles seront bien moins exposées à la gelée, aux variations de la température et à l'humidité du lieu où on les aura placées. On pourra, par ce moyen, prolonger la durée de ce fruit jusqu'aux mois de mai et juin.

Manière de donner aux pommes le goût et le parfum de l'ananas. Ayez une petite caisse très-propre et qui puisse bien se clore; mettez au fond un lit de fleur de sureau; arrangez dessus un rang de pommes de reinette bien fraîches; empêchez qu'elles ne se touchent, en mettant entre elles un peu de cette même fleur; recouvrez-en aussi ce premier rang, et ainsi de suite jusqu'à quatre; terminez par un lit de sureau; couvrez avec une feuille de papier blanc. Bouchez bien. Au bout de trois semaines ou un mois, les pommes ont le goût de l'ananas.

Beignets de pommes. (Voy. BEIGNETS.)

Pommes au riz. Prenez trois onces de riz de Caroline bien épluché et bien lavé à plusieurs eaux; mettez-le dans une casserole avec un quarteron de sucre, une pincée de sel, une chopine de lait; faites cuire à petit feu sans remuer; lorsque le lait est réduit, ajoutez gros comme un œuf de beurre frais; versez votre riz dans une terrine et délayez dedans trois jaunes d'œufs frais; aromatisez avec une cuillerée d'eau de fleur d'oranger ou de l'écorce de citron râpée.

Pendant que votre riz cuit, pelez six pommes de reinette; videz le cœur et faites-les cuire, sans les déformer, dans un sirop de demi-quarteron de sucre et un peu de cannelle; ensuite beurrez légèrement un plat qui aille au feu; étendez au fond une couche de votre préparation de riz; dressez vos pommes dessus, et mettez dans chacune (si vous voulez) une petite cuillerée de gelée de groseilles; recouvrez avec le reste du riz que vous lissez bien avec le dos de la cuillère, saupoudrez de sucre et mettez au four ou sous le four de campagne, avec feu dessus et dessous, pendant une demi-heure. Avant de servir, versez dessus le sirop qui a servi à cuire vos pommes.

Pommes au beurre. Prenez douze pommes d'espèce tendre, telle que le calville; pelez-les; ôtez le cœur; coupez-les en huit quartiers, puis les quartiers en deux. Mettez dans une casserole un quarteron de beurre bien frais; faites blondir des croûtons dedans; ôtez-les; mettez les pommes dans le beurre; ajoutez un quarteron de sucre râpé, une pincée de cannelle en poudre; faites cuire, et que les morceaux qui ne sont pas fondus soient tendres et moelleux. Au moment de servir ajoutez gros comme un œuf de beurre; faites-le fondre hors du feu. Versez vos pommes dans le plat, poudrez-les de sucre, glacez-les avec la pelle rouge; dressez les croûtons autour; servez chaud.

Charlotte de pommes. (Voy. CHARLOTTE.)

Pommes sous le four. Prenez cinq pommes, videz-les, ôtez les queues, piquez-les partout. Placez-les dans une tourtière avec deux cuillerées d'eau; emplissez le vide des cœurs avec du sucre râpé; mettez-en un demi-quarteron dans l'eau du fond. Posez sur un feu modéré, couvrez avec le four chaud et plein de braise. Au bout de quelques minutes, regardez vos pommes, et pressez ou diminuez le feu suivant le besoin. S'il y en a qui soient cuites avant les autres, retirez-les, arrangez-les dans le compotier. Quand elles y sont toutes, mettez sur chaque cœur un morceau de gelée de groseille poudrez-les de sucre, glacez à la pelle rouge, versez le jus dessus.

Compote de pommes. Prenez quatre pommes de reinette ou de calville; les premières se pèlent, on pique seulement les dernières avec une grosse épingle. Coupez-les en deux, ôtez le cœur. Mettez dans une casserole un verre et demi d'eau, un quarteron de sucre; dès qu'il est fondu, placez vos pommes le cœur en dessus, ajoutez un jus de citron. Faites cuire à petit feu sans couvrir, parce que cela fait crever les pommes. Lorsqu'elles commencent à s'écraser et que vous pouvez traverser aisément le centre, retirez-les avec l'écumoire, arrangez-les sur le compotier. Mettez un peu de cannelle dans le sirop, laissez-le bouillir un instant, versez-le sur les pommes.

On peut ôter la moitié des pommes et laisser réduire le reste en sirop qu'on verse sur les fruits. Dans ce cas, on les pèle.

Compote à la portugaise. Faire cuire dans une tourtière, et couvrir de son couvercle après avoir saupoudré de sucre.

Gelée de pommes de Rouen. Manière de faire de la gelée de pommes semblable à celle que l'on fabrique à Rouen. On prend deux cents pommes de reinette; on les pèle; on en ôte les pépins, puis on les met cuire dans trois pintes d'eau; on ajoute deux écorces de citron avec quatre à cinq clous de girofle. Lorsque les pommes sont cuites, c'est-à-dire réduites en compote liquide, on les met dans des chausses ou dans des linges bien propres; on les suspend dans des vases, pour recevoir le jus qui en tombe; puis on met ce jus dans la bassine, avec trois livres de sucre ou de cassonade au plus; si les pommes sont bien mûres, on coupe les écorces de citron que l'on a fait cuire avec les pommes, et, lorsque la gelée commence à se faire, on les jette dedans. On connaît que la confiture est cuite en en mettant refroidir une petite quantité sur une assiette; surtout il faut avoir l'attention de ne pas quitter la bassine, parce que cette confiture est susceptible, en deux ou trois bouillons de plus, de prendre un degré de cuisson qui la rendrait un peu ferme. Si ce petit accident arrivait, il faudrait la faire bouillir quelques minutes avec une petite quantité d'eau.

Gelée de pommes ordinaire. Prenez quarante-cinq belles pommes de reinette bien mûres. Pelez-les; coupez-les en huit; ôtez les pépins; jetez-les à mesure dans l'eau fraîche pour qu'elles ne noircissent pas; retirez-les pour les mettre dans un chaudron avec de nouvelle eau qui les recouvre un peu; ajoutez le jus de trois citrons et le zeste; n'y laissez pas tomber de pépins; faites bouillir, et quand les pommes s'écrasent, ôtez-les. Posez un grand tamis sur une terrine; versez les pommes dedans; laissez sortir tout le jus sans le presser; pelez-le; mettez dans une bassine autant de très-beau sucre concassé que vous avez de livres de jus, avec une chopine d'eau; posez-la sur un grand feu; faites cuire ce sucre au petit cassé. (Pour connaître le degré de cette cuisson, trempez la queue d'une cuillère de bois dans le sucre, retirez-la promptement et la plongez dans de l'eau fraîche; prenez le sucre qui est au bout, roulez-le avec les doigts; essayez-le sous la dent; s'il casse et s'y attache, il est au petit cassé.) Le sucre étant à ce point, retirez-le du feu; versez de suite le jus de pommes dedans; remuez et remettez sur le feu; faites faire cinq à six bouillons; enlevez soigneusement l'écume qui surnage; coupez une écorce de citron vert confit en petits morceaux longs d'un pouce, épais d'une ligne; mêlez-les dans la gelée; lorsqu'elle est à la nappe, c'est-à-dire lorsqu'elle s'étend autour de l'écumoir, et retombe en nappe, elle est faite.

Marmelade de pommes. (Voy. MARMELADE DE POIRES DE ROUSSELET.)

Sirop de pommes. Vous prendrez six belles pommes de reinette; vous les pèlerez et les couperez par petits morceaux; vous les mettrez dans un matras, avec trois-quarterons de sucre en poudre et deux verres d'eau; vous boucherez bien le matras, et le mettrez au bain-marie pendant deux heures, en entretenant le feu au degré de l'eau bouillante; vous aurez soin de remuer de temps en temps le matras, sans le sortir de l'eau. Après deux heures de cuisson, vous laisserez éteindre le feu et refroidir le matras, sans le sortir du bain. Quand ce sirop sera presque froid, aromatisez-le, en y exprimant du suc de citron, et en y ajoutant une cuillerée d'esprit de citron ou une cuillerée d'esprit de cannelle, ou de l'eau de fleur d'oranger, ou enfin tel parfum qu'il vous plaira. Si vous vous apercevez alors qu'une espèce de fécule se précipite au fond du matras, vous laisserez reposer le tout pendant quelques heures encore; après quoi, vous verserez bien doucement votre sirop dans les bouteilles.

Manière de faire la pommée. On s'occupe de la pommée à la fin de novembre. On prend des pommes de toutes espèces; on les pèle; on les coupe en deux ou en quatre; on enlève les pépins; on les met dans un chaudron sur lequel on pose un couvercle, et au fond duquel on a jeté un ou deux verres d'eau. On commence avec un feu doux; la pomme s'amollit; quand on la voit fondre, on la verse dans des terrines qu'on met au frais; le lendemain, on remet la pomme à la cuisson; on la retire de nouveau du feu.

On peut se dispenser d'ôter les pepins de la pomme; on pulpe alors à travers la pulpoire. La peau de quelques pommes a un arome qui, avec celui du pépin, parfume la pomme; mais un arome qui convient très-bien à la pomme est celui du coing. Un seul suffit pour cent pommes.

On remet la pommée sur le feu pour la troisième fois, et on finit par la cuire en consistance de marmelade. Si, quand elle est refroidie, elle relâche encore son eau, on la remet sur le feu; enfin on l'empote, et on présente, à deux ou trois fois, les pots au four, à la sortie du pain, ce qui recuit la pommée et forme à sa surface une croûte qui tend à la conserver.

Cette pommée est une excellente marmelade, aussi sucrée que le sont les confitures, bien qu'il n'entre pas de sucre dans sa composition.

POMPES. (*Conn. us.*) On donne en général le nom de *pompes* aux machines destinées à élever les liquides au-dessus de leur niveau naturel, lorsque la construction de ces machines se fonde sur les principes de l'*hydrostatique* et de la *pneumatique*.

La machine la plus simple de cette espèce est celle qui porte le nom de *pompe élévatoire*.

Un court cylindre est submergé dans le puits ou le réservoir d'où l'on veut élever l'eau, communique par une *soupape* s'ouvrant de bas en haut, avec un tuyau qui s'élève jusqu'au point où l'on veut faire monter l'eau. Un *piston*, parfaitement rodé avec le cylindre, et muni d'une soupape s'ouvrant aussi de bas en haut, se meut dans ce cylindre au moyen d'une tige adaptée à un cadre, qui lui-même s'adapte définitivement, au moyen d'une tige, à un levier destiné à faire mouvoir tout l'appareil.

Le piston en descendant fait ouvrir la première soupape; l'intervalle entre les deux soupapes se remplit d'eau, et cette eau monte au-dessus du piston pour être chassée dans le tuyau.

Quand on aspire de l'eau avec un chalumeau quelconque, on fait le vide dans ce chalumeau, et l'eau ne rencontrant plus d'obstacle monte jusqu'à la bouche.

Une pompe ordinaire fonctionne suivant le même principe; le piston qu'on fait monter en pressant sur le levier de la pompe laisse un vide au-dessous de lui, que l'eau du puits ou du réservoir remplit à l'instant, étant pressée par le poids de la colonne d'air qui pèse sur la surface du réservoir.

La pompe aspirante ordinaire n'est guère autre chose qu'une grande seringue dont l'extrémité inférieure plonge dans l'eau du puits ou du réservoir d'où on veut l'élever. L'extrémité de ce tuyau, placée au-dessous du piston, s'appelle le *tuyau d'aspiration*. Les principes de la *pneumatique* sont particulièrement applicables à cette pompe.

La pompe foulante consiste en un corps de pompe dans lequel se meut le piston solide mis en mouvement au moyen d'un levier. Ce corps de pompe est plongé dans l'eau du réservoir ou du puits, de manière que l'eau, traversant une soupape, s'élève naturellement dans le corps de pompe jusqu'au-dessous du piston arrivé à la plus grande élévation. Lorsque le piston descend, l'eau qui ne peut repasser par la soupape est refoulée, par un tuyau latéral, dans un réservoir d'air, et de là dans un tuyau d'ascension.

Il y a des pompes à la fois foulantes et aspirantes.

Il est d'une grande importance, dans toutes les pompes, que le piston soit tellement ajusté avec le corps de la pompe, que, dans aucune des positions qu'il occupe, il ne laisse passer ni l'eau ni l'air entre sa circonférence et les parois du cylindre dans lequel il se meut, et c'est ce qu'on n'obtient pas facilement dans la pratique.

PONTEDERIA CORDATA (*Jard.*) Famille des narcisses. Plante vivace et aquatique de la Virginie. Fleurs en août, en épis d'un joli bleu. Séparation des racines en mars. Culture en pot qu'on emplit de marc d'étang, et qu'on plonge sur le bord de l'eau au midi. L'hiver on couvre et on entoure le pot avec une brouettée de fumier long. On renouvele le marc chaque année.

POPULAGE DES MARAIS. (*Jard.*) *Caltha palustris.* Famille des renonculacées. Vivace, aquatique, indigène. Fleurs en avril, grandes et d'un beau jaune. Variété à fleurs doubles de dix-huit lignes de diamètre, qui fleurit une seconde fois en septembre. Culture en pots comme la *pontederia.* Lorsque cette plante a un peu multiplié, on peut en placer en pleine terre sur le bord des eaux au midi, elle y fait un très-bel effet. Il y a une variété à fleurs encore plus grandes et aussi doubles. Même culture.

PORCELAINE. (*Conn. us.*) Les Chinois fabriquent leur porcelaine avec trois espèces de terre, qu'ils appellent le kaolin, le petuntsé et le hoatche. Les deux premières sont des terres composées; on trouve aux environs d'Alençon et à Saint-Yriex, en Limousin, une terre argileuse, blanche, friable, contenant du feld-spath qui est analogue au kaolin. Le hoatche est une terre bolaire.

Moyen de raccommoder la porcelaine fendue. Lorsque l'on a des porcelaines fendues assez pour qu'elles laissent échapper le liquide qu'on y met, il suffit de frotter fortement la fente avec une amande amère sèche. Ce raccommodage est parfait, et le vase ainsi réparé contiendra tous les liquides aussi bien que s'il n'était pas gercé ou fendu.

Composition pour raccommoder la porcelaine. Prenez une demi-livre de caillé de lait écrémé; lavez-le jusqu'à ce que l'eau qui sert au lavage reste limpide; exprimez toute l'eau; puis mélangez ce caillé avec six blancs d'œufs; exprimez d'un autre côté le jus d'une quinzaine de gousses d'ail, et ajoutez-le aux deux premières substances; triturez le tout fortement dans un mortier, puis ajoutez chaux vive en poudre tamisée graduellement, assez pour faire une pâte sèche, que vous agitez jusqu'au moment où elle forme un mélange exact. Lorsqu'on veut se servir de ce mastic, on en prend une partie qu'on broie sur une glace avec la mollette et un peu d'eau; lorsqu'il est bien broyé, on le pose sur les fragmens qu'on veut réunir, ou dans les fentes que l'on veut boucher; on ajuste avec soin et on fixe avec force les objets réunis, à et on laisse sécher à l'ombre. Ce mastic résiste au feu et à l'eau bouillante, si on a la précaution de le bien laisser sécher. Il convient aussi à la faïence, au verre et au cristal.

Moyen de raccommoder la porcelaine et le verre. Faire dissoudre de la gomme arabique dans très-peu d'eau; délayer dans de l'eau-de-vie et de l'esprit-de-vin qu'on remplace à mesure qu'il s'évapore; ajouter un peu de gomme ammoniaque et un peu de plâtre. Ce ciment convient aussi pour coller les petits ouvrages en papier et en carton.

PORT-D'ARMES. (*Chass.*) Il est défendu de chasser sans permis de port d'armes pour la chasse, sous peine d'être traduit devant le tribunal de police correctionnelle, et puni d'une amende de 30 à 60 fr., et en cas de récidive l'amende sera de 60 fr. au moins, et de 200 fr. au plus; le tribunal pourra en outre prononcer un emprisonnement de six jours à un mois. (Décret du 4 mai 1812, article 1 et 2.)

Dans tous les cas il y aura lieu à la confiscation des armes; et, si elles n'ont pas été saisies, le délinquant sera condamné à les rapporter au greffe ou à en payer la valeur, sans que cette fixation puisse être au-dessous de 50 fr. (*Idem.*, art. 4.)

Le permis de port d'armes n'a d'effet que pour un an. (Décret du 11 juillet 1810, art. 11.)

La confiscation de l'arme avec laquelle un individu a chassé en temps prohibé ou sans permis de port d'armes doit être prononcée lors même que son arme n'aurait pas été saisie au moment du délit, la loi défendant aux gardes de désarmer les chasseurs. (C. de Cass., 10 février 1819 et 23 février 1811.)

L'individu trouvé en délit de chasse et en délit de port d'armes doit être condamné aux peines établies contre ces deux délits, par la loi du 22-30 avril 1790, et par le décret du 4 mai 1812. (C. de Cass., 4 décembre 1812.)

Le fait de chasse, sans permis de port d'armes et dans un temps prohibé, constitue deux délits passibles de peines différentes qui doivent être cumulées, et la plus forte prononcée.

Le défaut de permis de port d'armes n'est délit que lorsque le fait de chasse est constant. (C. de Cass., 17 août 1821.)

Le fait de chasse, même en temps prohibé, par le propriétaire ou fermier, sur son terrain, sans permis de port d'armes, constitue une contravention; la quittance des droits ne suffit pas, il faut la permission. (C. de Cass., 7 mars 1823.)

Les prévenus de délit de chasse sans permis de port d'armes ne peuvent être excusés sous prétexte qu'ils n'ont chassé que le renard. (C. de Cass., 1er juillet 1826.)

La peine pour défaut de permis de port d'armes est applicable, même au propriétaire, toutes les fois qu'il s'y réunit le fait de chasse quelconque. (C. de Cass., 23 février 1827.)

Une île n'est pas un enclos, et il n'est pas permis d'y chasser sans port d'armes. (C. de Cass., 12 février 1830.)

PORTER. (*Ind. dom.*) Le porter est une bière anglaise qui égale en force le meilleur vin.

La recette suivante suffit pour un petit ménage :
Malt, 10 litres;
Réglisse (racine), 128 grammes;
Jus de réglisse, 128 gr.;
Caramel, 128 gr.;
Houblon, 128 gr.;
Mélasse, 250 gr.;
Capsicum, gingembre sec, 4 gr.
Le tout peut revenir à 5 fr. 75 c.

Cette dose donnera 27 litres de porter, qui, évalués à 40 cent. le litre, coûteraient, au café, 10 fr. 80 cent.; le bénéfice est assez grand pour dédommager de la peine et du temps perdu, et, dans les grandes villes où les femmes gagnent peu ou rien, une ménagère qui s'occuperait de cette opération, qui ne demande pas plus de science que celle de faire la cuisine, se ferait ainsi une bonne journée. Cette liqueur est potable au bout de huit jours, très-saine et agréable au goût. Elle est meilleure si on la laisse en bouteille quelques jours.

Cette petite quantité n'est pas difficile à faire. On donne deux trempes au malt; on fait bouillir la réglisse écrasée dans la seconde trempe; on fait cuire; on ajoute sur la fin les autres ingrédiens. On fait refroidir et on ajoute un peu d'eau froide si la réduction est trop forte; on met le levain à 15 ou 18°; on entonne dans un baril qu'on a soin de tenir plein pour lui faire jeter sa levure; on le laisse éclaircir quelques jours; on le met en bouteille après l'avoir collé. On peut le boire quelques jours après, ou, ce qui vaut mieux, le conserver quelques semaines dans un endroit frais, en ayant soin de le surveiller avant de le mettre en consommation. On se sert pour le porter de drèche pâle et ambrée. On pourrait peut-être substituer au malt ambré une petite quantité d'orge ou de seigle grillé comme le café; dans ce cas, la fécule est convertie en gomme ou mucilage soluble qui ne peut nuire à la bière.

Autre recette de bière anglaise. Prendre drèche pâle et ambrée, 100 litres;
Houblon, 1 kilogr. 500 gram.;
Sucre brut, simplement fondu, retiré du feu avant de se lever, 1500 gram.;
Capsicum ou poivre de Guinée, 2 gram.;
Coriandre, 16 gram.;
Sel de mitine, 52 gram. ou 64 gram.;

On trempe, comme nous l'avons prescrit; on fait bouillir le capsicum, etc., dans le second moût, auquel on ajoute le sucre; on fait réduire. On met en levain à 15° ou 18°; on laisse fermenter deux ou trois jours, en ayant soin de l'agiter une ou deux fois par jour; quand l'écume se forme, on ajoute une cuillerée de sel avec un peu de fleur de froment ou de seigle; on soutire et on entonne.

On a ainsi un hectolitre et demi de bière forte, vineuse, et cinquante litres de petite bière à boire de suite. Le tout coûte 22 fr. 50 c.

Autre. Prendre 100 litres de malt; 1500 grammes de houblon, autant de caramel; 15 grammes de jus de réglisse; 10 livres de mélasse; brasser, et traiter comme les autres bières. Cette boisson doit être consommée de suite. Elle revient à 5 fr. l'hectolitre, moins d'un sou la bouteille.

PORTES ET FENÊTRES. (*Cod. dom.*) Depuis la loi du 21 avril 1832, l'impôt des portes et fenêtres est un impôt de répartition. Il y a donc aujourd'hui quatre degrés de répartition; entre les départemens, par les chambres; entre les arrondissemens, par le conseil général; entre les communes, par le conseil d'arrondissement, et entre les contribuables, par les répartiteurs.

Bases de l'impôt. Les taxes sont graduées d'après la population, conformément au tableau ci-après. (Art. 24, loi du 21 avril 1832.)

POPULATION des VILLES ET COMMUNES.	MAISONS				
	1 ouv.	2 ouv.	3 ouv.	4 ouv.	5 ouv.
	f. c.	f. c.	f. c.	f. c.	f. c.
Au-dessus de 5,000 âmes.	» 30	» 45	» 90	1 60	2 50
De 5,000 à 10,000	» 40	» 60	1 35	2 20	3 25
De 10,000 à 25,000	» 50	» 80	1 80	2 80	4 »
De 25,000 à 50,000	» 60	1 »	2 70	4 »	5 50
De 50,000 à 100,000	» 80	1 20	3 60	5 20	7 »
De 100,000 et au-dessus.	1 »	1 50	4 50	6 40	8 50

MAISONS A SIX OUVERTURES ET AU-DESSUS.

Portes cochères, charretières et de magasin.	Portes ordinaires et fenêtres du rez-de-chaussée, de l'entresol et des 1er et 2e étages.	Fenêtre du 5e étage et des étages supérieurs.
f. c.	f. c.	f. c.
1 60	» 60	» 60
3 50	» 75	» 75
7 40	» 90	» 75
11 20	1 20	» 75
15 »	1 50	» 75
18 80	1 80	» 75

Dans les villes et communes au-dessus de cinq mille âmes, la taxe correspondant au chiffre de leur population ne s'appliquera qu'aux habitations comprises dans les limites de l'octroi.

La taxe atteint toutes les portes et fenêtres donnant sur les rues, cours et jardins, des maisons, des salles de spectacle, bâtimens, usines, magasins, hangars et boutiques. (Loi du 4 frimaire an VII.) Elle comprend les mansardes et trous de toits éclairant des chambres latérales.

Il ne doit être compté qu'une seule porte charretière pour chaque ferme, métairie ou toute autre exploitation rurale, et les portes charretières existant dans les maisons à une, deux, trois, quatre ou cinq ouvertures, ne peuvent être comptées et taxées que comme portes ordinaires. (Art. 27, loi du 25 avril 1832.)

Exceptions. Ne sont pas imposables : les portes et fenêtres dans l'intérieur des maisons, celles servant à éclairer ou à aérer les caves, les bergeries, les granges, les étables, les greniers; les ouvertures des combles des maisons et des toitures, et généralement toutes les ouvertures qui ne servent pas à l'habitation des hommes. (Loi du 4 frimaire an VII.)

Il en est de même pour les portes et fenêtres des bâtimens affectés à un service public, militaire, ou à l'instruction et aux hospices. Toutefois, les fonctionnaires, les ecclésiastiques et les employés civils et militaires logés gratuitement dans ces bâtimens sont imposés nominativement pour les portes et fenêtres des parties de ces bâtimens qui servent à leur habitation personnelle. (Art. 27, loi du 21 avril 1832.)

Les manufacturiers jouissent de l'exception pour les ouvertures de leurs manufactures; ils sont imposables, toutefois, pour la partie du bâtiment qui leur sert d'habitation, et pour les ouvertures éclairant leurs bureaux et magasins. (Loi du 26 mars 1803.)

POSSET. (*Méd. dom.*) Boisson anglaise pour arrêter les mouvemens convulsifs. Pour la préparer, faire bouillir deux livres de lait avec une demi-once de sucre en poudre, et y verser douze onces de vin blanc.

POTS. (*Conn. us.*) Les vases de terre qui ont contenu du beurre fondu ou autre corps gras contractent ordinairement une mauvaise odeur; pour la leur faire passer, il faut les laver avec une eau légère de chaux vive.

POT, MESURE. Le *pot* de Normandie tient deux litres.

POTAGE. (*Cuis.*) Nous avons indiqué dans le cours de cet ouvrage les principaux potages. En voici encore quelques-uns.

Le *potage au naturel* se fait avec le bouillon de bœuf versé à travers un tamis sur des croûtes de pain. Ce même bouillon sert à faire les potages suivans : *aux choux*, qu'on fait cuire à part avec des couennes ou du beurre; *aux gros pois verts et à l'oseille* : on les fait cuire aussi à part dans un petit pot avec beurre et sel, ou couennes.

Ces légumes se placent sur le pain avant de couler le bouillon, et alors on ne sert point les légumes du pot.

Pour faire des croûtons pour le potage, couper du pain rassis en petits dés; faire frire dans le beurre.

Potage aux choux. (Voy. CHOUX.)

Potage aux laitues. (Voy. GARBURES DE LAITUES.)

Potage aux lazagnes. (Voy. MACARONI.)

Potage au macaroni. (Voy. ce mot.)

Potage à la Crécy. Prendre carottes, navets, céleri, poireaux, ail, une feuille de laurier; vous émincerez le tout, et le passerez au beurre, et faites cuire avec du bouillon, jusqu'à ce qu'il soit en purée. Passez cette purée à l'étamine; servez. On met aussi, si l'on veut, quelques lames de jambon, ou un petit morceau de sucre au moment de servir.

Potage aux croûtons. Verser des croûtons dans une purée de haricots rouges.

Potage à la Faubonne. Il se compose et se fait de la même manière que le potage à la jardinière, avec cette différence, qu'au lieu de faire blanchir les légumes, on leur fait prendre de la couleur en les passant dans le beurre.

Potage aux écrevisses. (Voy. BISQUE.)

Potage aux grenouilles. (Voy. GRENOUILLES.)

Potage à la jardinière. (Voy. JARDINIÈRE.)

Potage à la julienne. (Voy. JULIENNE.)

Potage maigre aux herbes. Prendre : oseille, deux poignées; une laitue, quatre à cinq feuilles de poirée verte ou de belle-dame, un peu de cerfeuil; éplucher; faire blanchir cinq minutes à l'eau bouillante; égoutter, presser, hacher grossièrement. Mettre dans une casserole avec demi-quarteron de beurre, sel et poivre; laisser cuire un quart-d'heure; verser de l'eau chaude, et faire bouilir un autre quart-d'heure. Goûter si l'assaisonnement est à point. Délayer trois jaunes d'œufs dans une assiette avec deux cuillerées du dessus du lait; retirer le bouillon du feu; verser la liaison peu à peu, en tournant toujours: tailler le pain dans la soupière, et tremper votre soupe. L'été on y ajoute deux cuillerées de pois verts.

Potage aux ognons avec jaunes d'œufs. Prendre deux gros ognons, les couper en rouelles, faire jaunir avec un demi-quarteron de beurre; lorsqu'ils sont bien cuits et blonds, verser dessus de l'eau bouillante, saler et poivrer; faire faire deux bouillons. Dans une autre casserole, délayer trois jaunes d'œufs; passer votre bouillon, et verser dessus peu à peu, en tournant toujours. Couper le pain et tremper la soupe. On peut mettre du lait au lieu d'eau. (Voy. OGNON.)

Potage au potiron. (Voy. POTIRON.)

Potage printanier. Julienne avec petites asperges, petits pois, et autres productions du printemps. (Voy. JULIENNE.)

Potage à la purée de pommes de terre. Vous prendrez une livre de la purée de pommes de terre, dont nous avons donné la recette. (Voy. ce mot.) On la mouille dans une casserole ou poêlon avec une pinte de bouillon de viande; et même, si la purée était au beurre, on pourrait, à la rigueur, ne se servir que d'eau; ceci s'emploie encore au même usage avec un peu de graisse. Quand on a mis le tout sur le feu, on remue avec une cuillère de bois pendant trois à quatre bouillons, et le potage est parfait. On suppute que chaque portion revient à peine à un sou.

Potage économique au lait. Vous prendrez de même une livre de purée; vous y ajouterez une pinte de lait; vous mettrez sur le feu, toujours en remuant.

Potage économique au maigre et aux herbes. Vous prendrez encore une livre de cette purée; vous y mettrez une pinte d'eau et deux cuillerées d'herbes cuites. Plus vous réchaufferez ce potage, et meilleur il sera; on pourra donc en faire pour quelques jours à la fois. Il faut avoir soin de toujours remuer, de peur qu'il ne s'attache et ne brûle.

Potage économique par le comte de Rumfort. On fait bouillir ensemble, dans une chaudière ordinaire, de l'eau et de l'orge mondée; on y joint des pois, et l'on continue la cuisson pendant deux heures, à un feu modéré; après quoi l'on ajoute des pommes de terre crues ou cuites, pourvu qu'elles soient épluchées, et l'on prolonge la cuisson pendant une heure, en remuant. On ajoute du vinaigre et du sel. On verse sur des tranches de pain.

Potages à la purée. Ils se font de même manière; en voici un exemple : mettez les lentilles (ou tout autre légume) dans une casserole, avec ognons, carottes, poireaux et céleri; joignez-y du lard si vous voulez une purée au gras; le tout bien cuit; écrasez vos légumes, et passez-les dans une passoire; servez sur le potage.

Potage à la reine. Faites rôtir deux ou trois poulets, ôtez-en la chair blanche; faites crever du riz dans l'eau bouillante pendant un quart-d'heure; pilez cette chair et le riz dans un mortier avec vingt amandes douces et quelques amères émondées; délayez le tout avec du consommé, passez au tamis. Mettez du consommé dans la purée pour qu'elle ne soit ni trop épaisse ni trop claire. Laissez mijoter pendant deux heures dans le consommé, sur un feu doux, les débris de volaille et les os que vous avez brisés. Passez le bouillon dans un tamis de soie; versez-le sur le pain de la soupière, et au moment de servir versez la purée de blanc après y avoir mis du sel et du poivre.

Potage au sagou. Laver le sagou à l'eau tiède. Après l'avoir fait tremper la veille, le faire blanchir et le mettre dans du bouillon.

Potage en tortue. On met tranche de bœuf, parure de veau, poule, ou parure de volaille, moitié consommé et moitié blond de veau; carottes, oignons, clous de girofle, dans une marmite; moitié de tête de veau dégorgée et blanchie, coupée par petits morceaux, dans une autre marmite; petits pimens, macis de muscade, consommé, vin de Madère, champignons, riz de veau en très-petits morceaux, crêtes de coqs, rognons, quenelles de volailles; dans la soupière, œufs pochés. Ajouter un peu de glace de volaille et de beurre de piment.

Potage au vermicelle. Soit au gras, soit au maigre, il faut le broyer entre ses doigts, le jeter dans le liquide bouillant, et le faire bouillir à grand feu; on peut y ajouter une purée.

POTASSE. (*Chimie dom.*) M. Davy a découvert le potassium qui forme la potasse en se combinant avec l'oxigène.

Le potassium est susceptible de se combiner avec deux proportions différentes d'oxigène, et de produire dans ces combinaisons le protoxide de potassium ou potasse, et le deutoxide.

Le nom de potasse, que l'on emploie encore aujourd'hui, paraît être dérivé du mot anglais *potash*, qui désigne le même alcali; ce mot est composé de deux autres : *pot*, de ce que l'on se servait autrefois de pots pour calciner la potasse, et de cendres, *ashes*, doù l'on obtenait cet alcali.

La potasse n'a pas encore été trouvée à l'état de pureté dans la nature, mais on l'y rencontre très-fréquemment combinée avec les acides carbonique, sulfurique, hydrochlorique, et quelques acides végétaux, dans beaucoup de plantes; avec l'acide nitrique dans les matériaux salpêtrés, quelquefois à l'état de silicate ou de combinaison avec l'oxide de silicium dans un assez grand nombre de minéraux.

Tous les végétaux contenant de la potasse combinée à des acides décomposables au feu; rien n'est plus facile que d'en extraire cet alcali : on les réduit en cendres pour décomposer les sels et détruire toutes les matières organiques. Le résidu contient des substances terreuses, quelques sels solubles, et particulièrement du sous-carbonate de potasse; on le lessive à l'eau; la solution évaporée à siccité et calcinée donne de la potasse combinée à l'acide carbonique, et mêlée de quelques sels. On l'emploie en cet état à beaucoup d'usages dans les arts; souvent on la prive de l'acide carbonique qu'elle contient, en mettant sa solution en contact avec la chaux; le carbonate de chaux se précipite, et la liqueur contient la potasse *caustique*. On fait évaporer rapidement; on chauffe le résidu de l'évaporation jusqu'à le faire fondre, on le coule; il se prend par le refroidissement en masses dures, compactes, rougeâtres, que l'on connait dans le commerce sous le nom de potasse d'Amérique.

La potasse caustique fondue contient quelques sels étrangers, et surtout des sulfate et hydrochlorate de potasse; on l'en sépare dans les laboratoires en la faisant dissoudre dans l'alcool. Ce liquide ne dissout que la potasse; en le faisant vaporiser, et fondre le résidu dans un creuset d'argent, on obtient la potasse dite *à l'alcool*.

Les emplois de la potasse étaient fort nombreux dans les arts industriels avant que l'on eût trouvé le moyen de préparer à très-bon marché la soude artificielle : aujourd'hui les usages de cet alcali se bornent, en raison de son prix plus élevé en France que celui de la soude, à la fabrication du salpêtre ou nitrate de potasse, à la préparation du cristal, du savon mou, du chlorate de potasse, et de quelques sels employés dans les laboratoires et dans les pharmacies.

Le sulfate de potasse, que l'on obtient en traitant le salpêtre par l'acide sulfurique, pour préparer l'acide nitrique, entre dans la composition de l'alun.

La potasse à l'état de pureté est blanche, extrêmement caustique, douée de propriétés alcalines très-énergiques, fusible un peu au-dessus de la température rouge, indécomposable au feu, même à la plus haute température, réductible par la batterie voltaïque, surtout à l'aide du mercure, déliquescente et, par conséquent, très-soluble dans l'eau; elle absorbe le gaz oxigène à l'aide d'une forte chaleur, et passe à l'état de péroxide.

La potasse exposée à l'air, à la température ordinaire, en attire promptement l'humidité, se liquéfie, se combine avec l'acide carbonique, et forme le sous-carbonate de potasse.

Il suffit de projeter du chlorate de potasse dans un peu d'acide sulfurique pour déterminer une explosion et une combustion instantanées : telle est à peu de chose près la composition des briquets. (Voyez ALLUMETTES, BRIQUETS.)

Le chlorate de potasse et le charbon mêlés, dans les proportions de quatre grains du premier sur deux du second, enveloppés dans du papier, et exposés sur une enclume à l'action du marteau, produisent une détonation violente.

Le même effet a lieu au moyen d'un grain de chlorate de potasse et demi-grain de phosphore. On peut également le produire en broyant ce mélange dans un mortier de bronze. Il est bon de faire observer que ces expériences sont fort dangereuses, et qu'on ne doit opérer que sur de petites quantités et avec les plus grandes précautions.

POTENTILLE FRUTESCENTE. (*Jard.*) *Potentilla fruticosa*. Famille des rosacées. Arbuste de l'Amérique septentrionale. Joli buisson. Fleurs en juin, jaunes. Séparation des pieds en octobre, en terre légère et meuble.

POTERIES. (*Conn. us.*) *Moyen de reconnaître si le vernis des poteries n'est pas nuisible.* L'emploi des vases de terre vernissée est souvent nuisible par l'effet des substances métalliques qui entrent dans la composition du vernis; les vases blancs sont donc préférables aux autres. Avant d'en faire usage, on doit faire bouillir dedans un peu de vinaigre, qui ne doit point altérer le vernis ou l'émail lorsque celui-ci est bon, ni former aucun précipité quand on en verse une cuillerée dans un verre de savon.

Quand on verse dans ce vinaigre de l'hydrogène sulfuré, il détermine une coloration et un précipité en noir ou en brun si le vernis a été attaqué par le vinaigre; cette coloration n'a pas lieu si le vernis n'a pas été attaqué.

POTION. (*Méd. dom.*) Les potions sont des médicamens liquides, destinés à être administrés intérieurement à des doses relatives à l'effet qui leur est assigné.

Les potions altérantes sont destinées à apporter un changement salutaire dans le sang et dans les humeurs, sans produire aucune évacuation apparente; les potions purgatives sont destinées à l'évacuation des humeurs par les selles.

Potion calmante que l'on doit faire prendre avec succès et sans danger :

Eau de cerises noires, une once;
— de tilleul, une once;
— de menthe, demi-once;
— de fleur d'oranger, demi-once;
Liqueur minérale d'Hoffmann, cinquante gouttes;
Sirop d'écorce d'orange, six gros;
Sirop de limon, six gros.
Mêlez pour une potion.

Elle se prend par cuillerée dans toutes les maladies où il y a des spasmes, dans les coliques violentes et les attaques de nerfs.

POTIRON. (*Jard.—Cuis.*) Famille des cucurbitacées. Espèce de citrouille. (Voy. CITROUILLE.) En la nettoyant de ses pépins, la traitant comme les choux, et la mettant par couches avec du sel, on en fait une très-bonne choucroûte.

Avec l'écorce de potiron et des épingles, les enfans font de petites voitures qui roulent très-bien et les divertissent beaucoup.

Soupe au potiron. Couper du potiron en morceaux d'un pouce carré; faire cuire dans un pot d'eau froide, avec un peu de sel, un petit morceau de beurre. Verser le potiron égoutté et passé sur des tranches de pain, et ajouter une pinte de bon lait bouillant, où l'on a fait fondre un demi-quarteron de sucre.

Purée de potiron. Hachez et faites réduire en bouillie dans de l'eau et du sel; jetez l'eau; mettez votre purée dans la casserole avec du beurre et une cuillerée de farine; quand le beurre sera fondu, saupoudrez de sucre, liez avec jaunes d'œufs et crême, et versez sur un plat au milieu de croûtons frits.

POUS. (*Animaux nuisibles. — Méd. dom.*) Ces insectes incommodes, résultant chez l'homme de la malpropreté, offrent presque autant d'espèces qu'il y a d'animaux mammifères et d'oiseaux. Chacune d'elles ne vit que sur l'animal qu'elle semble être née pour tourmenter, et ne se rencontre jamais sur d'autres. Cependant, quelques animaux, et l'homme, en nourrissent de plusieurs espèces. Les pous mâles sont armés d'un aiguillon caché dans leur anus, et avec lequel ils causent de vives démangeaisons. Les femelles pondent un assez grand nombre d'œufs, cinquante au moins, nommés *lentes*, qu'elles placent sur les cheveux, les poils, les plumes ou les habits. Au bout de six jours, ils éclosent, et huit ou dix jours après les petits sont en état d'engendrer. Si, d'après ces données, on fait un calcul, on sera effrayé du nombre prodigieux qui pourra naître sur la tête d'un individu que l'on négligera de tenir propre, sous le sot prétexte que ces insectes dégoûtans entretiennent la santé des enfans; car, tel est le préjugé de certaines personnes. Lorsque les pous se sont trop multipliés, ils occasionnent la phtiriase ou maladie pédiculaire, dont mourut Hérode.

Trois espèces de pous attaquent l'homme, le *pèdiculus humanus corporis*, blanc, et assez gros; le *pèdiculus animalis*, et le *pediculus pubis*.

Les pous sont une maladie particulière à l'enfance; elle provient fréquemment de l'exsudation de la tête spécialement chez ceux qui ont une gourme abondante; mais nous en avons vu survenir, à l'âge de trois et quatre ans, à des enfans qui n'avaient jamais eu de gourme; dans ces cas, l'irruption de ces insectes annonce une maladie de la lymphe, car alors les glandes du cou sont engorgées, et l'enfant est décoloré; il faut craindre une tendance au scrophule ou au scorbut.

Il faut bien se garder d'employer aucune préparation *mercurielle* pour délivrer les enfans de ces animaux; la propreté et les remèdes *anti-scorbutiques* sont les seuls moyens qu'on doive employer pour leur destruction.

Moyen de détruire les pous de la tête des enfans. Leur laver la tête avec de la décoction d'absinthe ou de centaurée, et la saupoudrer de semences de persil en poudre.

Lorsque les pous des enfans sont en grand nombre, et qu'ils forment des gales, il y a à craindre la teigne. (Voy. TEIGNE.)

Les pous se détruisent au moyen de l'huile d'olive dont on lave la tête, et qu'on enlève au bout de vingt-quatre heures avec une eau de savon. On enlève ensuite les cadavres avec un peigne fin.

La *poudre de capucin*, ou précipité rouge (deutoxide de mercure), mêlé à certaines graines, ne doit être employée qu'à très-petites doses, et très rarement.

L'application d'onguent hydrargirique suivie, au bout d'un quart d'heure, d'une lotion à l'eau de savon, les détruit infailliblement.

On emploiera des fortifians à l'intérieur: le vin de quinquina, de gentiane, le rob de genièvre, l'extrait d'absinthe, etc.; les alimens toniques, les viandes rôties, les consommés, un vin généreux, etc.

Il faut surtout tenir la tête des enfans dans une extrême propreté, la leur laver quelquefois pendant la belle saison, et les peigner tous les jours.

Cependant, si, malgré tous les soins, ces animaux continuaient à se multiplier, il faudrait employer quelques procédés. Dans le cas où la tête serait entamée, il ne faudrait pas hésiter à entièrement couper la chevelure, et alors il serait facile de les voir et de les enlever.

Toutefois l'usage de couper les cheveux pour tenir la tête plus propre est souvent plus préjudiciable à la santé de l'enfant; on peut seulement les raccourcir; car lorsqu'on les coupe entièrement, ou que l'on rase la tête, l'enfant devient sujet aux maux d'yeux et d'oreilles; car les cheveux sont les organes d'une sécrétion particulière.

Dans quelques provinces on emploie un autre procédé qui paraît assez efficace, et dont les résultats n'offrent rien de dangereux. On va ramasser dans les prés cette fleur rose ressemblant assez à celle du crocus ou du safran, et connue sous le nom du colchique d'automne (Voy. ce mot.) Elle n'a ni tige ni feuilles et ne paraît qu'en automne. On pile ces fleurs dans un mortier, et on en extrait le jus dont on frotte la tête des enfans.

Les autres pous n'attaquent guère que les malheureux qui n'ont pas la faculté de changer de linge, et qui couchent dans des lieux infestés par ces insectes. Avec de la propreté et du linge blanc on n'est jamais dans le cas d'en être attaqué.

Pous des chiens. Les chiens, et particulièrement l'espèce du barbet, sont sujets à une espèce de pous qui les fait beaucoup souffrir. Comme il serait très-difficile de les en délivrer au moyen du peigne, on emploie un autre procédé: on fait une forte décoction de tabac, et on les en lave de manière à être sûr que la liqueur a pénétré jusque sur la peau de l'animal, trois ou quatre heures après on les lave avec de l'eau fraîche, et ces animaux ne reparaissent plus. Une eau de savon très-forte, dans laquelle on mélange un peu de mercure sublimé, à raison de vingt ou trente grains par pinte, est encore un moyen infaillible.

Pous des poules. (Voy. POULE.)

POUDRE A FUSIL. (*Conn. us.*) Mélange qui détonne avec fracas en détruisant les obstacles qui s'opposent à sa force d'expansion.

En France les proportions sont:

Poudre de guerre:	Poudre de chasse;	Poudre de mine.
Salpêtre, 75	78	65
Soufre, 12,5	10	20
Charbon, 12,5	12	15
100,0	100	100

La fabrication de la poudre en grand demande de nombreuses opérations qu'il serait trop long de décrire ici. Si l'on veut en fabriquer soi-même on peut s'y prendre de la manière suivante:

On réduit séparément en poussière fine soixante-quinze parties en poids de salpêtre, quinze parties de charbon et dix parties de soufre; puis on les mélange avec soin, et on en forme une pâte épaisse en y ajoutant un peu d'eau: on laisse sécher cette masse quelque temps, et on la fait ensuite passer à travers un tamis métallique pour en obtenir des grains irréguliers de la grosseur dont on a besoin; puis on laisse sécher ces grains que l'on assortit au moyen d'un tamis.

La poudre des capsules des fusils à piston se compose de:

Chlorate de potasse	100
Nitrate de potasse.	55
Soufre	35
Lycopode	17
Bois de bourdaine râpé et tamisé . .	1,7

Moyen simple de reconnaître la qualité de la poudre à tirer. Ce moyen consiste à verser une ou deux amorces de poudre sur un papier blanc et à l'enflammer en la touchant avec une tige de bois en combustion, ou encore mieux avec une tige de fer rougie à l'un des bouts. Si la poudre est bonne, elle fera une prompte explosion dans l'air avec une fumée blanche et claire, ne laissant sur le papier d'autre trace qu'une tache ronde et grisâtre; si, au contraire, elle était de mauvaise qualité, la tache serait noire et le papier brûlé.

Poudres de diverses couleurs. C'est en variant les proportions du nitre et du soufre, puis en remplaçant le charbon par d'autres substances, que l'on donne à la poudre différentes couleurs. Si la poudre contient six parties de salpêtre, une de soufre et une de moelle de sureau bien sèche, elle sera blanche. Elle aura une couleur verte si elle se compose de dix parties de salpêtre, une de soufre, deux de bois pourri bouilli dans de l'eau-de-vie avec du vert-de-gris. On met du santal rouge, deux parties sur quatorze, pour la rendre rouge, etc.

On obtient une flamme blanche en unissant la poudre à de la limaille de fer ou d'acier. Si l'on emploie le camphre au lieu de ce métal, elle est d'un blanc plus pâle.

La râpure d'ivoire produit un blanc argenté;

Celle d'ambre jaune donne une couleur citrine;

L'antimoine, une flamme rousse;

Le soufre, à petite dose, une couleur bleuâtre;

L'hydrochlorate d'ammoniaque (sel ammoniac), et le sous-carbonate de cuivre, une flamme verte;

Le sable de fer, une couleur rouge;

La poix noire, une teinte noirâtre avec une épaisse fumée;

Les fils de cuivre, plongés dans la flamme, lui donnent une teinte verte. (Voy. ARTIFICE.)

On prétend qu'en ajoutant moitié de borax en poudre à la poudre commune, on obtient une *poudre muette*.

Poudre fulminante commune. Prenez trois parties de salpêtre, deux parties de sous-carbonate de potasse et une de soufre, le tout réduit en poudre très-fine; mêlez sur le papier et introduisez le tout dans une fiole. Si l'on expose une trentaine de grains de cette poudre sur une pelle à l'action de la chaleur, elle fait bientôt explosion et répand une flamme d'un beau violet.

Autre. On donne cette composition comme une des meilleures:

Mercure de Howard	0,15	parties.
Nitrate de potasse (salpêtre)	0,60	
Soufre	0,10	
Charbon	0,15	
	100	

Poudre charbonneuse à déflagration. Mêlez deux parties de nitrate de potasse et une de charbon, l'un et l'autre en poudre fine; placez ce mélange sur une pelle à feu, et touchez avec un fil de fer rouge; vous produirez aussitôt une belle combustion; le nitrate sera décomposé, et les résultats seront de l'azote libre, du gaz acide carbonique, produit par le charbon et l'oxigène de l'acide nitrique, et du carbonate de potasse.

Autre. Faites fondre, dans un creuset, quatre parties de nitrate de potasse; et, quand il y aura quelque temps que ce sel sera en fusion, projetez-y deux parties de charbon en poudre fine; il s'opérera aussitôt une explosion et une combustion des plus vives; les nouveaux produits seront de l'azote, de l'acide carbonique et du carbonate de potasse.

Poudre dont l'explosion est très-violente. Mêlez, au moyen d'une spatule en bois, quatre parties de nitrate de potasse, deux de sulfure d'antimoine et une de soufre, le tout en poudre fine, et conservé dans un flacon bouché à l'éméri. Si l'on met environ un gros de cette poudre dans un vase de bois ou de métal, et qu'on la touche avec un fil de fer rouge, il y a explosion.

POUDRES COSMÉTIQUES. (*Hyg.—Ind. dom.*) Les poudres se font avec différentes fleurs et plantes aromatiques, et qui servent à parfumer les poudres ordinaires, les sachets, etc. Il est essentiel de faire un choix de substances aromatiques de première qualité et de les bien combiner.

Poudre d'œillet double. Prendre fleurs d'œillets secs, une livre; roses de Provins, quatre onces; sassafras, quatre onces; benjoin, trois onces; graine d'ambrette, une once; bois de girofle, cinq onces; santal citrin, quatre onces; clous de girofle, quatre onces; coriandre, deux onces; calamus aromaticus, deux onces; écorce de bergamote, une once; storax en pains, une once; musc, trente-six grains.

Vous pilez ensemble toutes ces substances, qui doivent être sèches, et les passez au tamis de soie très-fin, pour en composer une poudre que vous serrez dans des vases de faïence pour vous en servir au besoin. On observera de ne mettre le musc que vers la fin de l'opération.

Poudre à la maréchale double. Prendre: roses de Provins, six onces; fleurs d'oranger sèches, quatre onces; souchet long, quatre onces; sassafras, huit onces; bois de santal citrin, quatre onces; iris, trois onces; benjoin, une once; calamus aromaticus, une once; storax, une once; coriandre, quatre onces; marjolaine, deux onces; bergamote sèche, deux onces; racine d'angélique, une once; musc, un gros.

Vous formez votre poudre comme la précédente.

Poudre de violette double. Racine d'iris de Florence, une livre; palixandre ou bouquet de violette, six onces; graine d'ambrette, trois onces; calamus aromaticus, une once; cannelle, quatre gros; girofle, quatre gros; écorce d'oranger, quatre gros.

Vous formez du tout une poudre très-fine, qui est très-agréable par l'odeur de violette que lui donne l'iris; elle est bonne pour chasser le mauvais air et pour parfumer les sachets d'odeur.

Poudre royale double. Prendre: santal citrin, trois onces; iris de Florence, trois onces; roses de Provins, deux onces; fleurs d'oranger, deux onces; vessie de musc, quatre gros; souchet, deux onces; calamus aromaticus, deux onces; benjoin, deux onces; storax, quatre gros.

Vous faites votre poudre comme à l'ordinaire.

Poudre de mousseline. Prendre: iris de Florence, quatre onces; coriandre, deux onces; grains d'ambrette, quatre onces; cannelle, trois onces; girofle, trois onces; muscade, trois onces; poivre, quatre onces; gingembre, trois nces; baume du Pérou sec, quatre gros; anis, une once.

Vous faites du tout une poudre très-fine.

Poudre d'ambre. Prendre : graine d'ambrette, une livre ; bois de Chypre, trois onces ; santal, trois onces; benjoin, trois onces; calamus aromaticus, cinq onces; storax, trois onces; ambre gris, un gros.

Vous pilez tous ces aromates ensemble, excepté l'ambre gris ; quand ils sont en poudre très-fine, vous y incorporez l'ambre que vous avez broyé à part dans un petit mortier de verre, et serrez votre poudre dans des bocaux ou des vases bien bouchés.

Poudre de Chypre. Prendre : mousse de chêne bien sèche, deux livres; storax, deux onces; benjoin, deux onces ; fleurs d'oranger sèches, deux onces; roses de Provins, deux onces.

Vous pilez ces aromates ensemble; et, lorsqu'ils sont en poudre très-fine et passés au tamis de soie, vous incorporez exactement.

Musc, trois gros; civette, trois gros; ambre, deux gros.

Poudre au jasmin. Prenez trente ou quarante livres de poudre sans odeur, purgée à l'esprit-de-vin ; vous l'étendez dans une grande boîte par couches, que vous recouvrez de fleurs de jasmin toutes fraîches cueillies ; vous garnissez le tout de papier blanc, et fermez la boîte bien hermétiquement; vous mêlez les fleurs pendant vingt-quatre heures avec la poudre que vous criblez pour les en séparer. Vous y remettez de nouvelles fleurs de la même manière, et continuez cette opération jusqu'à ce que vous sentiez que la poudre ait suffisamment pris l'odeur des fleurs ; vous la passez cette dernière fois dans un tamis, afin qu'il n'y reste aucune parcelle de fleurs ; vous la renfermez dans des bocaux bien bouchés, afin que l'air n'altère pas son parfum.

Vous pouvez faire de cette manière de la poudre à la jonquille, à la tubéreuse, à la fleur d'oranger, au réséda, à la rose musquée.

Poudre au musc. Prendre : poudre à la fleur d'oranger, huit onces ; à la rose, quatre onces ; au jasmin, quatre onces ; poudre de Chypre, huit onces; musc en poudre, un gros.

Vous formez du tout un mélange bien exact que vous conservez dans des bocaux hermétiquement fermés.

Poudre au bouquet. Prendre : santal-citrin, huit onces; fleurs d'oranger, quatre onces; graine d'ambrette, quatre onces ; iris de Florence, quatre onces ; roses blanches musquées, quatre onces.

Vous pilez le tout ensemble et le passez au tamis de soie : lorsque vous en avez obtenu une poudre très-fine, vous ajoutez :

Poudre au jasmin, huit onces ; à la rose musquée, huit onces ; à la tubéreuse, huit oncese; de Chypre, quatre onces, que vous incorporez bien pour en former un mélange très-exact que vous renfermez dans des bocaux bien bouchés.

Poudre à la vanille double. Prendre : souchet long, deux livres; cachou, une livre ; benjoin en pain, quatre onces ; storax en pain, huit onces; bois de Sainte-Lucie, une livre ; vanille, trois onces.

Vous coupez la vanille par petits morceaux, et la pilez avec les autres aromates pour en former une poudre très-fine, que vous passez au tamis de soie, et que vous serrez dans des bocaux bien fermés.

Poudre à l'héliotrope. Prendre : fleurs d'oranger, six onces; benjoin, quatre onces ; storax, six onces ; vanille, deux onces.

Toutes ces substances réduites en poudre très-fine, vous y incorporez ce qui suit :

Poudre à la rose, quatre onces; au jasmin, quatre onces, et vous avez une poudre qui imite parfaitement l'odeur de la fleur d'héliotrope, qu'on se procure difficilement.

Poudre de mille-fleurs. Prendre : poudre d'ambrette, deux livres; à la fleur d'oranger, six onces; au jasmin, six onces; à la tubéreuse, six onces ; à la jonquille, six onces ; à l'œillet, quatre onces; de Chypre, quatre onces ; à la maréchale, trois onces.

Vous formez du tout un mélange exact, et serrez cette poudre dans des bocaux bien bouchés.

Poudre à la frangipane. Prendre : poudre d'ambrette, une livre huit onces; santal citrin en poudre, quatre onces; poudre de Chypre, quatre onces; à la fleur d'oranger, quatre onces; à la vanille, quatre onces ; calamus aromaticus en poudre, une once; poudre de Souchet, une once; baume du Pérou sec en poudre, un gros; essence d'ambre, huit gouttes ; de bergamotte, six gouttes.

Vous incorporez bien toutes ces poudres en y ajoutant les essences, et renfermez ce mélange dans des vases bien bouchés.

Poudre à l'adonis. Prendre : poudre au jasmin, une livre; à la fleur d'orange, une livre ; à la rose, une livre; de Chypre, huit onces; poudre à la jonquille, huit onces; essence de girofle, quatre gouttes ; baume du Pérou liquide, six gouttes; essence de bergamotte, quatre gouttes.

Vous incorporez toutes ces poudres ensemble ; et, après y avoir ajouté les essences, vous frottez la poudre à plusieurs reprises et par portions entre les mains, afin d'écraser les petites pelotes que les essences pourraient y former.

Poudre à la princesse. Vous prenez : poudre à la fleur d'oranger, une livre ; à la tubéreuse, une livre; au jasmin, une livre; d'ambrette, quatre onces ; écorce de bergamotte en poudre, deux onces; baume du Pérou sec en poudre, un gros.

Vous mélangez toutes ces poudres ensemble, et les renfermez dans des bocaux bouchés hermétiquement.

Poudre à la rose. Vous prenez : roses de Provins sèches, deux livres. Bois de roses râpé, une livre huit onces.

Vous réduisez ces deux substances en poudre subtile, que vous passez au tamis de soie, puis vous ajoutez : poudre à la rose musquée, une livre ; essence de rose, six gouttes, que vous incorporez bien, et dont vous formez une poudre que vous enfermez dans des bocaux bien bouchés.

Poudre pour brûler dans les cassolettes, ou sur une pelle rouge. Mêler une poignée de fleurs de lavande, une once d'orange séchée et hachée, une cuillerée de sucre en poudre, deux gros de benjoin en poudre grossière. Une pincée suffit pour brûler chaque fois.

POUDRES MÉDICINALES. (*Méd. dom.*) *Poudre de Carignan.* Inventée par un des médecins de la princesse de Carignan. Elle arrête les convulsions des enfans. Prenez quatre décagrammes de gui de chêne, autant de racines de frascinelle, deux décigrammes de racines de pivoine, autant de carbonate d'ammoniaque, huit décagrammes de karabé.

Pulvérisez séparément chacune de ces substances; mêlez-les ensuite très-exactement, et conservez-les dans un bocal que vous tiendrez hermétiquement bouché, et que vous placerez dans un lieu sec.

Cette poudre réussit fort bien dans les convulsions des enfans; on la fait prendre dans du lait de la nourrice aux enfans à la mamelle, ou dans du lait de vache à ceux qui sont sevrés; on la leur fait prendre dans du bouillon, dans de l'eau distillée de fleurs d'oranger, dans une infusion de fleurs de tilleul, ou dans de l'eau pure, et jamais dans du vin, à la dose ci-après prescrite :

A l'âge d'un an et avant, un gramme;

A deux ans, deux grammes;

A trois ans, trois grammes;

A quatre ans, quatre grammes;

A tous les autres âges, cette dernière dose est la plus forte.

Il faut observer de donner cette poudre avant que l'accident prenne, ou quand il est passé, et jamais dans le temps de l'accident même.

On peut répéter la dose plusieurs fois par jour, s'il en est besoin, en observant toujours le temps de l'accident à venir ou passé.

Poudre fébrifuge. Prenez : carbonate de potasse, rhubarbe, jalap, huit grammes de chaque;

Quinquina choisi, huit décagrammes.

Faites une poudre composée.

Cette poudre est un instant fébrifuge; on emploie avec succès dans les fièvres intermittentes : la dose doit être proportionnée à l'âge, au tempérament et à l'état de la maladie.

Poudre sternutatoire. Prenez : feuilles d'azarum, un décagramme.

Fleurs de lis des vallées, marjolaine, bétoine, deux décagrammes de chaque.

Disposez chacune de ces substances séparément, de manière à obtenir une poudre qui ne soit ni trop fine ni trop grosse.

Cette poudre provoque l'éternuement; elle dégage le cerveau, et facilite l'écoulement des humeurs qui occasionnent les maux de tête; l'on en prend par le nez une très-petite pincée comme on prend le tabac.

POUILLOT. (*Chasse.*) *Sylivia trochilus.* Passereau du genre fauvette. Ce petit oiseau est de couleur olive sur le dos, avec quelques taches jaunes sur la poitrine; il se montre en France au printemps, et se nourrit de moucherons et d'insectes. Son nid a la forme d'une boule, et est construit d'herbes sèches et de mousse : l'entrée est par le côté.

POULE. (*Anim. dom.*) Type de reproduction. Coq normand.

Le *produit* de la poule consiste en *couvées d'œufs.* Une poule peut couver dix-huit œufs. Les jeunes poussins demandent chaleur, eau pure, nourriture délicate d'œufs durs pilés et mie de pain trempée dans du lait. Une couvée peut être faite par un chapon et même par une dinde. Le *produit* d'une couvée réussie, et les poulets vendus jeunes, est de 4 à 5 fr.

Engrais de la poule. Maïs, sarrazin en farine, orge; obscurité; nourriture crue, cuite et abondante lui conviennent; y mêler du poussier de charbon; peu de mouvement. Cet engrais réussit surtout après la castration de l'animal ou l'enlèvement des ovaires dans la femelle, des testicules dans le mâle.

Quinze jours suffisent à un engrais bien conduit. L'engrais d'une poule peut donner 1 fr. 50 c. de bénéfice net.

La poule pondra presque toute l'année si elle est tenue au chaud et excitée par une nourriture stimulante, comme l'avoine. Elle peut alors donner près de trois cents œufs; sa dépense ne dépasse pas 5 s. par jour, même en achetant tout. La poularde est avide de vers de terre; l'établissement de vermeillières est à conseiller.

Le *fumier* de poule est chaud, il a beaucoup de similitude avec la colombine; il s'emploie sur les chenevières et dans la formation des composts. Il peut être estimé un sixième dans le produit de la poule.

Choix des poules. Les belles poules pondent très-peu, et sont inférieures aux poules moyennes. Une poule peut rapporter pendant quatre à cinq ans. On peut les engraisser au bout de ce temps, en janvier ou novembre, et les remplacer par d'autres.

On prétend que les poules noires sont plus friandes que les autres. On doit se défaire des poules trop vieilles, ou de celles qui cassent et mangent leurs œufs.

Choix des coqs. Un bon coq doit être grand de son espèce, avoir la poitrine large, les jambes fortes, bien ergotées, la crête simple et du rouge le plus vif; il doit, même dès les premiers mois, appeler les poules lorsqu'en grattant il a trouvé quelque grain ou quelque morceau friand : les coqs gourmands sont à rejeter. Il est inutile de dire que vous les choisirez parmi vos élèves; mais dans le cas où il y aurait chez vos voisins ou dans le canton quelques poules d'un meilleur rapport que les vôtres et pondant des œufs plus gros, vous tâcherez de vous en procurer pour les faire couver chez vous.

On peut donner douze poules à un seul coq. Il peut suffire à seize ou vingt. Il dure quatre ans.

Nourriture des poules. La nourriture des poules doit varier suivant la saison; en tout temps deux repas suffisent : un le matin en sortant du poulailler, l'autre à deux heures. Rien n'excite plus les poules à pondre et ne les tient en meilleure santé que les légumes farineux, bouillis et donnés chauds; les pommes de terre possèdent cet avantage au plus haut degré; depuis novembre jusqu'à la fin d'août, si vous avez su les conserver, vous pouvez en donner à toutes ces volailles pour leur repas du matin : on les écrase préalablement et encore bouillantes avec une petite pelle de bois. Cette nourriture saine, et de leur goût, ménage moitié du grain qu'il leur faudrait sans cela. Au repas de deux heures on donne du grain, principalement de l'orge en été; du sarrazin, de l'avoine; le pain, les herbages, les légumes, la chair crue ou cuite, le son bouilli, la vesce, le millet, les pois, l'orge moulue, l'orge à demi-cuite leur conviennent. Les lupins sont nuisibles.

Dans les grandes chaleurs quelques feuilles de salade conviennent; le sarrazin, le chenevis qui coûte bon marché après la semaille du chanvre, excitent les poules à pondre.

La pâte de chenevis, pilé avec un peu de son d'orge et un sixième de brique tamisée, les fait pondre, mais les épuise.

On donne quatre à six onces de grains par jour aux poules qui sortent, et huit à celles qu'on tient enfermées.

Nourriture pour faire pondre les poules. Il existe à Numvieth, près de Luttiche, un fermier dont les poules pondent, en hiver comme en été, des œufs pesant quatre onces et demie, dont la plupart ont deux jaunes. Voici quelle est la nourriture que ce fermier donne à ses poules:

Après avoir fait sécher dans un four les écorces des graines de lin, il les porte sous le moulin pour les réduire en menu, et les fait bouillir ensuite dans de l'eau. Il mêle cette espèce de son avec celui de froment et de la farine de glands. Du tout, il forme une pâte bien pétrie, qu'il présente aux poules en morceaux de la grosseur d'une fève. Les proportions de chaque substance sont d'un tiers de la masse totale.

On peut facilement, et sans danger, essayer ce procédé, qui promettrait un grand avantage.

Autre moyen. On établit d'abord, dans quelque endroit clos et couvert, un fond de fumier de l'épaisseur de deux pieds; on foule et on aplatit, autant que possible, le milieu du plancher; on élève ensuite, dans tout son contour, une espèce de mur de fumier encore chaud, et on lui donne une base suffisante pour que le rebord puisse se soutenir à la hauteur de quatre pieds. Cela fait, on ne donne à manger et à boire aux poules que dans cette sorte de parc; on y établit des lits bien garnis, afin que les poules y pondent et s'y logent pendant la nuit.

Comme le fumier produit une fumée, il faut, pour la faire évaporer, pratiquer une ouverture grillée, qu'on ferme par un vitrage, lorsque le grand feu est passé, et qui sert à leur donner un peu de jour. Si le fumier devenait froid, il faudrait le remplacer. On sent bien qu'on ne doit loger ainsi les poules que dans la saison où elles ne pondent plus.

Poulailler. Le sol du poulailler doit être dressé et préparé par une couche de neuf pouces d'épaisseur, en glaise mêlée d'un quart de chaux amortie, le tout bien amalgamé et battu. Lorsque cette préparation est sèche, elle devient plus dure que le carreau, et n'en a pas l'humidité; on répand dessus un lit de paille qu'on renouvelle exactement deux fois la semaine, après avoir balayé et gratté le fumier.

Il faut qu'il soit exposé au midi, et placé dans un endroit spacieux. On a soin de le garnir suffisamment de perches, afin que les poules puissent se jucher, et on le dispose de manière à pouvoir fermer la porte tous les soirs, à cause des animaux ennemis de la volaille, tels que la fouine, la buse, la belette, etc., etc. Il est bon aussi que le poulailler soit éloigné de l'écurie et de l'étable; car, dans le cas contraire, les plumes se mêlent avec le fourrage, ce qui occasionne des toux aux vaches, et rend même quelquefois les chevaux poussifs.

Il est encore essentiel qu'il ne soit ni trop froid pendant l'hiver, ni trop chaud pendant l'été; il faut que les poules puissent s'y plaire, et ne soient pas tentées d'aller coucher et pondre à l'aventure; la grandeur doit être proportionnée au nombre des individus, mais plutôt petit que trop grand.

Les poules, quand elles sont resserrées dans un petit espace, paraissent réussir davantage.

Les nids, recommandés par madame Adanson, ont de grands avantages. Ce sont des boîtes en planches de peuplier, d'un pied carré. Le dessus est en pente; sur le devant, est un rebord pour retenir les œufs. On les suspend à des crochets par un trou percé dans la partie postérieure.

Il faut un poulailler pour les poulets, et un plus petit, sans juchoirs, destiné aux poules couveuses; on y met à terre deux ou trois nids semblables aux autres, un abreuvoir de deux pouces seulement de profondeur, afin que les petits nouvellement éclos ne puissent s'y noyer, et une mangeoire qu'on tient toujours garnie de grains et de pâtée; car les couveuses ne doivent jamais sortir tant que dure l'incubation.

Le poulailler doit être très-propre, et l'eau de boisson souvent renouvelée. On doit le nettoyer deux fois la semaine, en tout temps; il est convenable que ce soit à jours fixes. Il faut, pour cette opération, choisir l'heure du premier repas et le faire faire lestement; la paille des nids ne se renouvelle que lorsqu'elle est en parcelles; alors on profite de l'occasion pour retourner le nid et le bien secouer hors du poulailler. Tout cela doit être fait en un instant, et ne durer que le temps du repas des poules. La paille de tous les nids ne s'use pas à la fois, et il n'y en a guère qu'un ou deux ensemble qui requièrent ce soin, ce qui le rend plus facile.

Levée des œufs. La levée des œufs doit avoir lieu tous les matins, avant le premier repas; on en laisse un dans chaque nid, et pour que ce soit toujours le même on le marque avec du charbon (il est bon de les faire *durcir*, pour éviter qu'en se cassant, comme cela arrive quelquefois, ils n'infectent le nid); les œufs de plâtre ne leurrent pas aussi bien les poules. Il faut éviter d'entrer au poulailler dans le courant de la journée: une poule que vous dérangez au moment où elle allait pondre va faire ses œufs ailleurs, et quelquefois continue sans revenir au poulailler.

Incubation. Les poules qui veulent couver pondent ordinairement dix-huit à vingt œufs de suite.

Souvent on excite les poules à couver en les échauffant et en leur mettant quelques œufs dans leur nid. Celles qui ont déjà couvé et qui n'ont pas de grands ergots, sont préférables aux autres. Elles doivent être éveillées, familières et se laisser prendre.

Pour chaque poule on prépare un nid bien garni de paille froissée; on y met douze, treize ou quatorze œufs des derniers pondus, parmi lesquels on choisit les plus gros. De ces douze ou quatorze œufs, il est rare qu'il en réussisse plus de huit à neuf; par conséquent une seule couveuse ne suffit pas au besoin de votre maison; il en faut au moins deux ou trois à la fois, afin que, les poussins étant éclos, vous puissiez les réunir sous une ou deux mères, et ôter l'autre, qui se remettra à pondre peu de temps après.

L'incubation dure vingt et un jours; si le vingt-deuxième les poussins ne sont pas éclos, c'est que les œufs sont clairs, et il faut recommencer de suite avec une autre poule; mais cet accident est très-rare.

Pendant tout le temps de l'incubation on doit entretenir l'auge pleine d'eau fraîche, et la mangeoire bien garnie de pâtée ou de grain.

Lorsque la couvée est avant le mois de mars, on donne douze œufs à la poule; au mois de mars quinze; au mois d'avril et au temps chaud, autant qu'elle en peut embrasser. Ceux qui sont les plus gros, les plus frais pondus, c'est-à-dire, qui n'ont que neuf à dix jours, et qui, étant mis dans l'eau, demeurent au fond, sont les meilleurs pour donner des poulets. On doit rejeter tous ceux qui viennent à la surface; et les premiers sont aussi les meilleurs pour manger; cette opération a l'avantage, en rafraîchissant les œufs, de les mettre au même degré, en sorte que les poussins viennent tous ensemble.

Les poussins demandent quelques soins, surtout dans le commencement; dès qu'ils sont éclos, on ôte les coquilles ainsi que les œufs clairs, et on les laisse tout le premier jour aux seuls soins de la mère; le troisième ou quatrième on les fait sortir seulement depuis onze heures jusqu'à trois, si le temps est beau et s'il fait soleil, car la pluie les rend tristes et malades. Il faut toujours les faire rentrer pour prendre leur nourriture, de peur que les autres volailles ne la leur mangent. Trois repas sont assez: un avant la sortie, un à midi et le dernier à quatre heures. Les quinze premiers jours, il faut leur donner du pain émietté et mêlé avec un peu de son et d'eau, de la graine de millet, de l'avoine bouillie, du froment bouilli, ensuite du froment sec, et enfin de l'orge. On peut avoir un panier à poulets sous lequel on leur met à manger; ils entrent et sortent à volonté à travers des clayons, ce qui évite la peine de les faire rentrer à midi.

Les feuilles de poireau hachées menu conviennent aux poulets.

On les fait sortir de temps en temps pour les fortifier et les accoutumer à l'air, mais jamais par un mauvais temps. On peut en donner à mener à une seule poule jusqu'à vingt-cinq ou trente, et on remet les autres mères pour couver de nouveau.

Il faut, en tout temps, leur continuer trois repas par jour pour les entretenir en chair, et leur donner une nourriture rafraîchissante, surtout des pâtées de son, de pain et de caillé.

Lorsqu'on veut en engraisser pour la broche, on les nourrit dans une épinette fixée contre un mur à trois pieds d'élévation du sol, à l'ombre en été, au soleil en hiver; là on leur donne du pain blanc trempé dans du lait, de l'orge bouillie, du froment, du maïs cuit dans du lait, des pommes de terre cuites, et même des marrons s'ils sont communs; cette dernière nourriture leur donne un goût excellent. Il faut varier pour qu'ils ne se dégoûtent pas.

Vous pourrez ne tenir que six poulets à la fois dans cette épinette, parce qu'il suffit de six semaines pour qu'ils y deviennent parfaitement gras; on les prendra par ordre, en suivant de droite à gauche, et de gauche à droite, et à mesure qu'on en ôtera un on le remplacera de suite. Les mâles s'engraissent moins bien que les femelles, et même plus du tout dès qu'ils sont adultes, tandis que les poules prennent la graisse à tout âge; il faut donc garder celles-ci pour les dernières, et en élever le plus possible. Il est surtout nécessaire de tenir l'épinette extrêmement propre et de ne jamais remettre de manger *l'un sur l'autre*, sans cela les volailles y dépérissent au lieu d'engraisser.

Méthode pour élever les poussins sans le secours des poules. On retire de la poule, pendant la nuit, les poulets lorsqu'ils sont éclos, et on les remplace par de nouveaux œufs que la poule continue à couver. On répète cet échange deux ou trois fois. On nourrit les petits poulets avec des œufs cuits durs, hachés très-menu avec du pain, comme on le pratique pour toute autre sorte de volaille. Au bout de quinze jours on fait une pâte avec de la thériaque et de la farine d'avoine. Les poulets, très-avides de cette nourriture, en mangent copieusement, et profitent tellement, qu'en moins de deux mois ils sont aussi forts que toutes les autres volailles.

Incubation artificielle. Réaumur a découvert ce secret par des expériences nombreuses. Il consiste à exposer les œufs à une chaleur de trente degrés du thermomètre de Réaumur. Pour cela, on choisit des œufs fécondés; on les place dans du fumier ou bien on les expose dans des fours, des étuves, au bain-marie, ou à la vapeur de l'eau; on a soin que la chaleur communiquée aux œufs par ces moyens soit de trente à trente-quatre degrés; il faut que cette chaleur soit continue, et nullement interrompue. On voit ordinairement éclore les poulets le vingtième jour, c'est-à-dire un jour plus tôt qu'ils ne sortent par l'incubation naturelle; sans doute parce que ces œufs ne sont pas exposés au refroidissement, comme le sont, de temps en temps, ceux couvés par la mère.

Incubation par les dindons. Quelques personnes sont dans l'usage de faire couver des dindes au lieu de poules; le seul avantage qu'on en retire est de leur donner à chacune autant d'œufs qu'on en donnerait à deux poules. Mais cet avantage est-il réel, puisque la dinde mange autant et plus que les deux poules? Tandis qu'un désavantage certain est qu'étant très-pesante, elle écrase souvent les poussins, en foulant dessus. De plus, les dindes battent les poules, et les poursuivent à outrance. Toutefois, pour avoir des poules en hiver, on peut se servir d'une dinde, à laquelle on fait couver vingt-cinq œufs dans un lieu bien chaud. On met les poussins éclos dans un panier avec de la plume pendant cinq ou six jours, et on les nourrit à l'ordinaire.

Engraissement des poulets. Il y a des personnes qui ajoutent à la nourriture des poulets un peu de semence de jusquiame, dans la vue de la rendre somnifère; mais il reste à savoir si cette semence partage réellement les propriétés de la plante d'où elle provient. D'autres y mêlent des graines d'orties sèches et réduites en poudre. Enfin, au lieu de mettre les chapons, les poulardes ou autres volailles dans des épinettes, plusieurs les renferment dans des cabas suspendus en l'air, et faits de telle manière que d'un côté leurs têtes sortent dehors, et de l'autre leurs croupions.

Ainsi empaquetés, immobiles, ils mangent, dorment et digèrent à peu près comme dans l'épinette.

Anciennement, sous prétexte de les délivrer de la vermine qui, pendant l'opération de l'engraissement, les tourmente et en empêche es effets, on les plumait sur la tête, sous le ventre et sous les ailes.

Enfin, la gourmandise avait tellement rendu féroce et si peu avisé, qu'au lieu de les mettre, comme nous le conseillons, dans un endroit obscur, on leur crevait les yeux.

Dans le temps où la nation avait un goût décidé pour les épices et les aromates, on imagina de varier à son gré la saveur et le parfum de la chair de la volaille; on mêlait à la pâtée destinée à l'engraisser des dragées au musc, à l'anis, et d'autres drogues aromatiques. En Angleterre, on leur fait une pâtée composée de farine d'avoine et de thériaque.

Castration des volailles. On pratique la castration des volailles vers la fin du printemps ou au commencement de l'automne. On fait une incision près des parties de la génération; on enfonce le doigt par cette ouverture, et on enlève les testicules aux mâles et les ovaires aux femelles. On réunit les bords de la plaie par une suture modérément serrée, et quelquefois on la frotte avec un peu de beurre frais, ou on la saupoudre d'un peu de cendre.

On remarque que les poulardes engraissent plus aisément que les chapons. (Voy. ce mot.)

Maladies des poules. Les poules sont sujettes à quelques maladies, mais rarement lorsqu'elles sont bien soignées. Les plus communes sont le bouton, la pépie et la dyssenterie: celle-ci est contagieuse.

Abcès à la tête. On ouvre la tumeur, on la vide et on lave avec du vin chaud pendant quelques jours.

Bouton. Le bouton est une petite tumeur blanche qui se forme sur le croupion; on le guérit en le coupant avec précaution, et frottant ensuite la plaie avec du vinaigre; mais l'animal reste longtemps languissant, et une poule n'a pas assez de valeur, il est trop aisé de la remplacer, pour chercher à la conserver au risque d'infecter les autres de la même maladie; il vaut mieux la tuer et l'enterrer profondément.

Catarrhe. Le catarrhe attaque les poules exposées au froid ou à un soleil ardent. Elles reniflent, râlent, ont des mouvemens convulsifs, vomissent des matières âcres. Pour faciliter cet l'écoulement, on leur traverse les naseaux avec une plume; quand il se forme une tumeur du côté du bec et des yeux, on l'ouvre, et on lave la plaie avec du vin chaud; on y met ensuite un peu de sel fin broyé.

Clavelée. Elle a son siége au cou et à la tête. Chercher une plante qu'on trouve sur les chemins, et qu'on appelle vulgairement *craisson corne de cerf* (*plantago coronopus*. Famille des plantains. Fleurs en épis.) Donner cette plante avec des œufs et de la mie de pain.

Constipation. Soupe au bouillon de tripes; pâtée de seigle haché et de laitue avec le même bouillon et quelquefois un peu de manne.

Dévoiement. Nourriture sèche; pain trempé dans du vin, et patée composée de farine de sarrazin, de persil et d'ortie grièche hachés, et quelques œufs durs.

Empoisonnement. Les baies du sureau tuent les poules.

Goutte. Tenir quelque temps dans un endroit chaud.

Maladie de croupion. Quand la tumeur est mûre la percer, et laver avec du vinaigre chaud ou de l'eau-de-vie coupée avec de l'eau; régime rafraîchissant.

Mue. Pendant cette maladie, nourriture échauffante, telle que le millet et le chenevis; habitation chaude et sèche.

Ophthalmie. Bassiner les yeux avec du vin blanc où l'on a fait infuser de l'éclair, du lierre ou de la buglose; nourriture rafraîchissante.

Pépie. La pépie est ordinairement l'affaire de peu de jours. Cette maladie se manifeste par la pâleur de la crête et le refus que l'animal fait de manger; alors on lui ouvre le bec, et on aperçoit au bout de la langue une peau jaunâtre et racornie qu'on enlève avec une forte épingle ou des ciseaux bien pointus. On fait boire de suite à la poule un peu de vin, et on lui donne, pendant quatre ou cinq jours, une pâtée de son, de pain et de caillé.

Après avoir enlevé la pellicule qui se forme sur le bout de la langue, on mouille ensuite d'un peu de vinaigre et d'eau; l'eau nitrée en boisson pendant deux jours produit un bon effet.

Phthisie. Quand les poules souffrent du froid en hiver, elles sont sujettes à la phthisie. Il faut les placer dans un lieu sec, qu'on échauffe s'il est possible; leur donner, pour toute nourriture, de l'orge bouillie avec de la poirée, et pour boisson du suc de poirée avec un quart d'eau; plus tard, on ajoute de la bouillie d'avoine, de maïs, de sarrazin, avec un peu d'anis vert, de cumin, et d'angélique

Poux. Le poivre en poudre détruit les poux des poules.

Ulcères. Bassiner avec du vin tiède; nourriture de meilleure qualité. Quand on ne réussit pas, il vaut mieux sacrifier l'animal, qui communiquerait son mal aux autres.

Vermine. Parfumer le poulailler de thym et de genièvre, et l'entretenir propre.

Poularde aux truffes. Brosser et laver dans plusieurs eaux trois livres de truffes; les peler; vous hachez bien menu quelques-unes des moins belles, que vous mettrez dans une casserole avec les pelures des autres, et une livre de lard également haché; mettez-y aussi les autres truffes entières avec un bon assaisonnement, tel que bouquet garni, poivre, sel et jus de citron; faites-les cuire sur un feu doux pendant une heure; retirez-les, et laissez presque refroidir. Vous prendrez trois ou quatre foies de volailles que vous pilerez dans un mortier avec quelques truffes hachées; vous farcirez le ventre de la poularde, et vous le recoudrez. Au bout de plusieurs jours, suivant la température, elle aura pris le parfum des truffes, et son odeur vous apprendra qu'elle est propre à mettre à la broche, entourée de papier beurré. Ainsi préparée, une poularde ne peut manquer d'être excellente; mais sa cuisson demande beaucoup de temps et de soin.

Poule aux ognons. Après l'avoir fait à moitié cuire au

pot, on la met dans un roux de beurre et de lard; quand elle a pris couleur, on mouille de bouillon, et on fait bouillir pendant une heure, avec bouquet garni, épices et ognons.

Poule en fricassée. (Voy. plus bas FRICASSÉE DE POULET.) Il faut la faire bien mariner, après l'avoir retirée du pot-au-feu où elle aura cuit.

Poulet à la paysanne. Coupez-le par morceaux que vous passerez sur le feu avec un morceau de beurre et deux cuillerées d'huile d'olive; quand ils auront belle couleur, vous joindrez épices, bouquet de persil, carottes, ognons en tranches; mouillez de bouillon et achevez de cuire.

Poulet farci. Formez une farce de mie de pain, de chair à saucisses à moitié cuite, avec persil, ciboules, thym et laurier hachés fin, épices, beurre, jaunes d'œufs crus; maniez bien le tout, et mettez dans le corps du poulet que vous ferez rôtir; servez avec une sauce faite de beurre manié de farine, bouillon, anchois hachés, filet de vinaigre et épices: on la fera lier sur le feu.

Poulet à l'estragon. Hachez fin une petite poignée d'estragon avec le foie d'un poulet; maniez le tiers de l'estragon avec beurre, sel et poivre; mettez cette farce dans le ventre de votre poulet que vous ferez rôtir bardé et entouré de papier beurré; vous mettrez le reste de l'estragon dans du beurre fondu, avec une pincée de farine mouillée de bouillon et liée avec un jaune d'œuf; ajoutez jus de citron ou verjus, et servez sous le poulet.

Poulet au four. Faites cuire une demi-livre de riz dans de bon bouillon bien assaisonné, ayez soin qu'il soit épais; étendez-en la moitié sur une tourtière; placez dessus une fricassée de poulet froide avec sa sauce; recouvrez de l'autre moitié de riz; dorez avec jaune d'œuf; faites cuire au four.

Poulet grillé dans son jus. Laissez-le deux heures dans une marinade d'huile, épices, persil, ognons en tranches; entourez-le de son assaisonnement, que vous maintiendrez avec bardes de lard et papier beurré; faites cuire sur le gril à très-petit feu; ôtez tout son entourage, et servez sur une sauce à la ravigote.

Poule en pilau. Hacher quatre ou cinq ognons; les faire blondir dans une casserole avec un demi-quarteron de beurre frais; y ajouter une volaille dépecée comme pour une fricassée de poulet; verser dessus du bouillon suffisamment pour la recouvrir en entier; saler et poivrer, et faire bouillir deux heures. Un quart d'heure avant de servir, verser dedans trois tasses à café de riz bien lavé et bien épluché; faire bouillir à grands bouillons et à découvert. Servir. Il faut que le bouillon soit entièrement réduit.

On peut faire ce pilau avec du mouton, et même avec des restes de volaille rôtie; mais, dans ce dernier cas, on met moins de bouillon et on fait cuire moins longtemps.

Poulet gras à la broche. Retrousser un poulet gras les pattes allongées, le cou renversé sur le dos, les ailerons tournés en arrière; lui mettre dans le corps une boulette de beurre frais, poivre et sel, un filet de vinaigre. Lui couvrir l'estomac d'une barde de lard frais; le ficeler; le faire cuire une heure à la broche à un feu doux; l'arroser d'huile d'olive.

Fricassée de poulet. Prendre un poulet bien blanc et bien nettoyé; lui enlever les cuisses, puis les ailes en tirant avec la main gauche dès que la jointure est séparée, afin de ne point entamer les blancs; couper le cou en deux morceaux; enlever l'estomac tout d'une pièce; séparer le croupion du dos en le renversant en-dessus. Couper avec des ciseaux le bout des côtes qui dépasse le morceau du dos, ainsi que les peaux qui pendent autour du croupion. Couper le gésier en deux, nettoyer, ôter le fiel du foie. Séparer les pattes des cuisses, couper un peu la jointure de celles-ci en-dessus, pour les faire plier; rogner l'os du bas et du haut en repoussant la chair. Raccourcir aussi l'os de chaque aile. Faire bouillir de l'eau, y jeter tous les morceaux et laisser tremper quelques minutes; les égoutter ensuite sur un torchon. Mettez dans une casserole un quarteron de beurre, une cuillerée de farine; faire fondre en tournant toujours. Dès que le beurre est fondu, mouiller avec deux verres d'eau bouillante; ajouter sel, poivre, muscade râpée, un bouquet garni, une gousse d'ail, six champignons coupés en quatre, le jus d'un citron. Mettre votre poulet; faire bouillir trois quarts d'heure; retirer le bouquet et laisser réduire la sauce au point convenable. Délayer dans une assiette trois jaunes d'œufs avec une cuillerée de lait; retirer les morceaux de poulet, les dresser en pyramide sur un plat, l'estomac, les deux cuisses et les deux ailes en dessus. Mettre votre liaison dans la sauce hors du feu; tourner pour lier, verser sur le poulet. On peut supprimer les champignons. Il ne faut jamais couvrir la casserole d'une fricassée de poulet, ou ne le faire qu'avec un morceau de papier beurré: autrement on la rend noire.

Dans la saison de l'estragon, vous pouvez en hacher une pincée et la mettre dans votre sauce quelques minutes avant de servir; ce qui donne à la fricassée un goût fort agréable.

Pour les repas de cérémonie on laisse les poulets entiers, sans tête et bien retroussés; on place les crêtes et les foies en garniture autour du plat avec les champignons, mais pour cela il faut de très-jeunes poulets blancs et gras.

Les restes froids peuvent se faire frire; on les garnit de persil; c'est un très-bon plat.

Poulet sur le gril à la Sainte-Menehould. Prendre un jeune poulet à demi-gras, bien trousser les pattes en dedans, l'aplatir en battant le dessus avec un couperet, sans l'écorcher; le mettre dans une casserole avec un quarteron de beurre, demi-verre de vin blanc, sel, poivre, un bouquet garni, une gousse d'ail fendue en deux, une pincée de basilic; faire bouillir à petit feu, et, lorsque la sauce est réduite, tourner bien votre poulet dedans pour qu'il en soit recouvert; le retirer pour le tremper dans un œuf battu; le rouler ensuite dans la mie de pain passée, faire qu'il s'y en attache beaucoup et bien également; retremper le poulet dans le reste de la sauce de la cuisson, le rouler encore dans de l'œuf battu, puis dans la panure, et le mettre sur le gril à un feu égal et modéré; quand il est coloré de tous les côtés, servir sur une sauce piquante chaude ou froide.

Poulet à la tartare. Prendre un poulet gras, ôter les pattes et le cou; fendre l'estomac d'un bout à l'autre, l'ouvrir et l'aplatir avec le plat du couperet; faire fondre dans une casserole un demi-quarteron de beurre, avec persil et ciboule hachés, poivre et sel; en frotter votre poulet de tous côtés; que tout s'y attache; le rouler ensuite dans de la mie de pain passée. Prendre une feuille de papier d'office, la graisser en dedans avec de l'huile, en envelopper le poulet, coudre le bout du papier. Mettre une demi-heure sur le gril à un feu doux, le côté de l'estomac en premier, et ne retourner qu'une fois. Oter le papier; servir sur une sauce froide, comme il suit : hacher bien menu persil, ciboule, estragon, deux échalottes; les délayer avec deux cuillerées d'huile et deux de vinaigre, poivre et sel.

Au lieu de l'envelopper de papier, vous pouvez le placer sur une tourtière graissée de beurre frais, et le faire cuire trois quarts d'heure à feu doux, sous le four de campagne, comme des côtelettes de veau; alors vous mêlez le jus qui en est sorti à la sauce froide indiquée ci-dessus, ce qui est encore meilleur.

Poulet au jus. Prendre un poulet ou une jeune poule d'un an, grasse et en chair; ôter le cou. Piquer les deux côtés de l'estomac. Mettre dans le fond d'une casserole, juste à sa grandeur, une barde de lard; placer dessus la volaille, l'estomac en dessous; assaisonner de poivre demi-quarteron de jambon, une tranche de veau, un clou de girofle, la moitié d'une carotte roussie sur les charbons, le jus de la moitié d'un citron, un verre de bouillon. Couvrir; faire mijoter trois heures à petit feu. Passer et dégraisser le jus, le servir sous la volaille.

Quenelles de volaille. Mettre dans une casserole environ demi-livre de mie de pain tendre bien imbibée de lait; poser sur un feu modéré et remuer jusqu'à ce qu'elle forme une pâte sèche, que vous retirez sur une assiette; prenez une demi-livre de blanc de volaille et de blanc de veau cru; ôtez-en toutes les peaux, nerfs et graisse; hachez d'abord cette viande, pilez-la ensuite dans un mortier pour la réduire en pâte fine; alors ajoutez-y votre mie de pain, sel et poivre, persil, ciboule et demi-gousse d'ail hachés; broyez le tout ensemble et ajoutez un œuf à mesure, jusqu'à ce que votre pâte soit de consistance à se soutenir en boulettes allongées. Ayez de l'eau salée et bouillante, jetez-y doucement vos quenelles, laissez-les cuire demi-heure, retirez-les avec l'écumoire; quand elles sont égouttées, faites-les bouillir un quart d'heure dans un coulis de bon goût ou dans une sauce de fricassée de poulet. Vous pouvez aussi les mettre en tourte avec des culs d'artichauts et des champignons.

Le coq et la poule ne sont guère bons qu'à mettre dans le pot. On les sert avec du gros sel sur l'estomac.

Salade de volaille. Lorsqu'on a des restes de poulet, on peut les servir sur une salade qu'on dresse ainsi : mettre dans le fond d'un saladier quelques cœurs de laitue coupés en quatre, ou de la romaine bien blonde; les dresser de manière que le dessus soit plat et égal. Arranger vos blancs, même cuisses ou ailes, en pyramide sur le milieu; couper deux œufs durs en quatre, les placer autour. Mettre symétriquement près du faîte de la pyramide de viande quatre ou six filets d'anchois; couronner le milieu d'une pincée de cerfeuil, ciboule, estragon, cresson alénois, hachés grossièrement. Faire derrière les quartiers d'œufs un cordon de tranches de cornichons et d'olives, et enfin autour du saladier un autre cordon de fleurs de capucine. Assaisonner la salade avant de la servir, mais ne pas la retourner. Il faut quatre cuillerées d'huile, une et demie de vinaigre, qu'on verse principalement sur la viande et les œufs; peu de sel s'il y a des anchois, du poivre, une cuillerée de moutarde. En hiver, on peut la dresser avec de la chicorée ou des mâches, céleri et betteraves cuites, le tout arrangé avec goût et symétrie. Une salade bien dressée orne très-bien une table.

Du sang de poulets et dindons. Le sang des poulets et des dindons est très-bon et très-délicat arrangé de la manière suivante. Mettez dans une petite terrine un morceau de lard gras, une pincée de persil et ciboule, un peu de thym, le tout haché très-fin; ajouter du poivre et un filet de vinaigre; faire saigner votre volaille au-dessus de la terrine en sorte que tout le sang tombe dedans; le remuer un peu et laisser refroidir; alors couper dans tous les sens, pour qu'il soit comme à demi-haché; mettre dans une casserole avec gros comme une noix de beurre; faire cuire un bon quart d'heure; ajouter une demi-cuillerée de vinaigre; goûter si le sel est à point; servir très-chaud, avec un cordon de tranches de cornichons.

Tourte de fricassée de poulet. Prenez un poulet bien nettoyé; coupez-le comme pour la fricassée. Faites-le blanchir un instant à l'eau bouillante. Mettez-le dans une casserole avec un quarteron de beurre, poivre et sel, une pointe d'ail haché, huit champignons coupés en quatre. Faites revenir un quart d'heure. Otez le poulet, mettez le beurre et les champignons à part.

Prenez un morceau de pâte à pâté froid, abattez-la de l'épaisseur d'un écu, posez-la sur une tourtière huilée. Dressez dessus vos morceaux de poulet, garnissez-les d'un demi-quarteron de beurre en morceaux maniés; couvrez de deux bardes de lard minces. Abattez un morceau de pâte pour le couvercle, couvrez, rognez les bords, mouillez-les et pincez-les, dorez le dessus. Posez la tourtière sur un feu égal et modéré, recouvrez du four chaud et plein de braise. Faites cuire deux heures; entretenez le feu. Au bout d'un quart d'heure que votre tourte est sous le four, faites un trou au milieu du couvercle, remettez le four. Un quart d'heure avant de retirer la tourte, faites chauffer le beurre et les champignons; que vous avez mis à part, avec demi-cuillerée de farine; tournez, et mouillez avec un verre d'eau bouillante, sel, poivre, demi-jus de citron; faites bouillir. Tirez votre tourte, détachez-en le couvercle en le coupant autour avec un couteau; ôtez les bardes et toute la graisse qui est dans l'intérieur, faites glisser la tourte sur un plat, liez votre sauce avec trois jaunes d'œufs, versez-la dedans, remettez le couvercle; servez.

POULE D'EAU. (*Chass.*) *Gallinula chloropus.* Oiseau de passage, du genre échassier, assez commun dans nos marais, gros comme un corbeau, et de couleur noirâtre. Il est peu recherché pour la table.

POURPIER. (*Jard.*) *Portulaca.* Famille des portulacées. Plante annuelle, qu'on cultive comme fourniture de salade. Le pourpier vert croît naturellement, et plus qu'on ne veut; le doré à larges feuilles mérite seul quelques soins. On bêche au 1er mai un morceau de terre légère et chaude; on la recouvre d'un pouce de terreau, on râtelle et on répand ensuite la graine à la volée, clair, et sans recouvrir; on arrose pour enterrer la graine qui est quinze ou vingt jours à lever; on peut la hâter par des arrosements si le temps est sec. On éclaircit les endroits trop épais et l'on sarcle. La graine se conserve plus de dix ans; elle tombe avant que la plante soit sèche; on l'arrache dès qu'on s'en aperçoit, et on la secoue sur un linge.

Le pourpier est employé en médecine comme vermifuge; légèrement astringent dans le vomissement bilieux, dans la diarrhée bilieuse; il arrête le crachement de sang et les grandes pertes.

POUZZOLANE. (*Conn. us.*) Substance volcanique, qu'on trouve en France, en Italie et en Allemagne, et qui sert à bâtir. Elle forme une masse indestructible sous l'eau. Le mortier de pouzzolane se fait avec de la pouzzolane et de la chaux; il se consolide très-promptement.

On appelle *trass* une espèce de pouzzolane abondante sur la rive gauche du Rhin, entre Coblentz et Bonne.

Manière de faire le ciment de pouzzolane. Former un tas de cette substance; faire un trou au milieu, et y jeter la chaux trempée préalablement dans l'eau. Couvrir de pouzzolane; mélanger le tout fortement; laisser pendant trois jours, et broyer avec de l'eau.

On peut se procurer de la pouzzolane aux Moulineaux, près Paris, route de Meudon.

PRAIRIE. (*Agr.*) Espace couvert d'herbe pour nourrir les bestiaux, généralement entretenu humide. Les bords des rivières, les sols marécageux, les terrains élevés, peuvent être mis en prairies.

Les plus productives sont les prairies arrosées. Il faut les tenir en bon état et en bannir les mauvaises herbes.

Les Anglais ont amené la culture des prés à un très-haut degré de perfection, tandis qu'elle est à peine connue en France.

Sous le rapport de la durée, on distingue les prairies en prairies permanentes et temporaires; sous le rapport de leur établissement, on les classe en naturelles et artificielles.

Les prés sont situés en plaine sur le bord des rivières, en montagne sur des plateaux élevés ou sur des côteaux inclinés, dans les bas-fonds, dans tous les lieux marécageux où les eaux sont stagnantes, dans les tourbières.

Une considération dans la culture des prés, c'est la manière de récolter l'herbe, ce qui les divise en prés à faucher et prés à pâturer. Chacune de ces divisions réclame des herbages de diverses espèces, appropriées au sol et au genre de troupeau que l'on se propose d'entretenir.

Les prairies naturelles permanentes sont celles dont les herbages ont été produits spontanément par la nature et dont la durée est indéfinie. Elles se trouvent souvent sur des sols ou dans une situation qui ne permet pas un autre genre de culture; on doit s'attacher à les entretenir et à les améliorer pour en obtenir un produit constant.

Les prairies artificielles, établies par le cultivateur, sont permanentes ou temporaires. Ces dernières appartiennent à la culture alterne plus spécialement.

La première connaissance à acquérir est celle des herbes qui conviennent aux bestiaux, et qui contiennent la plus grande proportion de parties nutritives; puis celle du sol ainsi que de l'exposition la plus favorable à leur végétation.

Les plantes qui entrent dans la composition des pâturages naturels sont en grand nombre; elles sont associées et combinées de manière à fournir pendant toutes les saisons une nourriture verte et substantielle aux animaux. Ce sont les deux grandes familles des graminées et des légumineuses qui fournissent la plus grande proportion des herbages qui constituent les plus riches pâturages ainsi que les prés à faucher.

Sur plus de quatre-vingt-dix espèces de graminées qui sont indigènes en France, plus de vingt sont généralement répandues, et se rencontrent dans tous les pâturages ordinaires jusqu'à la hauteur de deux mille pieds d'élévation au-dessus de la mer.

Les légumineuses approchent des graminées pour l'importance et par leur riche inflorescence : elles contribuent avec d'autres plantes à l'embellissement de nos prairies.

Viennent ensuite les cypéracées, parmi lesquelles se trouvent les laiches, dont les petites espèces sont mangées par le bétail. D'autres plantes sont aussi très-répandues et broutées lorsqu'elles sont dans leur jeunesse. D'autres sont nuisibles, et tiennent souvent la place des bonnes espèces qu'elles ont fait disparaître.

On ne peut mettre au nombre des pâturages ces grandes étendues de pâtures ou pâquis communaux qui ne sont recouvertes que d'un rare gazon entrecoupé de joncs, de bruyères, de genêts et de buissons. Ces espèces de landes ne peuvent nourrir qu'un chétif bétail, et ne profitent en aucune manière aux habitants, qui trouveraient un avantage réel à cultiver ces terrains par eux-mêmes et à entretenir à l'étable des animaux d'une espèce améliorée. Ainsi se trouverait supprimé le plus grand fléau de l'agriculture, la vaine pâture, du moment où les habitants des campagnes en auraient reconnu les graves inconvénients.

Tous les bestiaux doivent être exclus des prés arrosés aussitôt la tombée des pluies d'automne. Il serait encore mieux que l'entrée de ces prés leur fût absolument prohibée. Le curage des canaux de ceinture et des rigoles d'irrigation aura lieu avant l'hiver.

De même que la réparation des vannes, digues, bassins à bascules, afin que la prairie puisse profiter des premières eaux troubles, ces eaux lui seront continuées dans le début de la végétation au printemps suivant. Mais il est contre l'intérêt du cultivateur de continuer les arrosements lorsque la terre, couverte des ombrages de l'herbe, ne craint plus de se dessécher.

Si la prairie est humide, quelques saignées couvertes donneront de l'écoulement aux eaux stagnantes.

De la chaux chaude en poudre, jetée à la main sur les prés marécageux aussitôt après la coupe des joncs et des laiches, fera périr les plantes aquatiques, et renouvellera la qualité de l'herbe.

La cendre non lessivée, et même celle lessivée, mise en plus grande quantité, fera disparaître les mousses des prairies humides, et renouvellera la nature de l'herbe ainsi que sa vigueur.

On peut, sans inconvénient, lorsque le temps est sec, arroser les foins de première coupe jusqu'à leur maturité.

Aussitôt après la récolte de cette première coupe, on visitera de nouveau les digues de ceinture, canaux et rigoles d'irrigation, pour remettre le tout en état, et donner immédiatement les irrigations qui doivent assurer les produits de la seconde coupe.

C'est en profitant des eaux grasses et chaudes, surtout de celles qui suivent les labours d'automne, que le propriétaire assurera son revenu et près de neuf milliers de produits en foin par hectare à la première coupe, et plus de la moitié de cette quantité à la seconde.

C'est en répétant les applications de cendres et de chaux, et en coupant tous les mois les mauvaises herbes, que l'on parviendra à les détruire.

C'est en veillant à ce que les pieds des bestiaux ne dénivellent pas le sol, que les irrigations soient données à propos et jamais la veille des gelées, que l'on arrivera à améliorer successivement une prairie arrosée.

Les prairies arrosées que l'on fait consommer doivent être divisées en petits clos dans lesquels on fait entrer successivement les troupeaux.

On veillera à ce que la partie saturée soit absolument privée d'eau pendant toute la durée du pâturage; cela évitera le gaspillage de l'herbe et la détérioration de la prairie; mais ce qu'il y aurait encore de mieux à faire serait la suppression de tout pâturage dans les prairies arrosées, au moins avant la première coupe.

L'étaupinage, à la houe ou à la pioche, doit se faire avec le plus grand soin. Chaque ferme devrait posséder un taupier, ou du moins un homme connaissant les habitudes de la taupe, pour la détruire aux heures de ses poussées, ou du moins savoir tendre des piéges dans ses galeries. Les piéges à branches faisant ressort et nœud coulant sont les plus simples, et ceux aussi qui offrent le plus de chances de succès pour la destruction des taupes.

La noix vomique, mêlée avec des vers de terre, en fait aussi périr un grand nombre.

Les nids de jeunes taupes sont d'habitude dans des poussées plus fortes ou sous des gazons soulevés; un peu d'habitude les fera reconnaître. La destruction des jeunes taupes est plus expéditive que celle des vieilles. La taupe fait deux portées, chacune de cinq petits, en mars et septembre; c'est le moment où il convient de les détruire. On reconnaît la demeure des taupes et le point où elles déposent leurs petits par une plus forte taupinière environnée circulairement de quatre à cinq plus petites.

Nous recommandons la herse coupe-taupe qui, en enlevant les taupinières, unit le sol, coupe l'herbe, donne de l'air aux racines, et devrait être adoptée dans toutes les grandes exploitations.

Les vides produits par l'extirpation des mauvaises herbes et par les dégâts des taupes seront semés avec les mélanges indiqués page 400, en ayant soin de niveler et herser le terrain.

Les prairies qui se trouvent sur des sols marécageux, constamment inondés, tourbeux pour la plupart, sont celles dont l'amélioration exige le plus de travaux, de soins et d'intelligence.

Couvertes de joncs, de laîches, de scirpes, de massettes, de souchets, etc., elles ne produisent qu'un mauvais foin et des pâturages insalubres où les animaux puisent le germe d'épizooties désastreuses. Le seul parti qu'on puisse tirer de ces terrains infects, c'est de les dessécher complétement, de lever et couper la superficie qu'on fera sécher et brûler, et dont on répandra les cendres sur le sol après les avoir mélangées avec de la chaux vive. Après un labour et un hersage énergique pour niveler, on prendra une récolte d'avoine, on déchaumera de suite, et l'on sèmera un mélange d'herbages appropriés à la nature du sol et avec les précautions qui ont été indiquées, c'est-à-dire une fumure en recouvrement, le hersage et l'application du rouleau. C'est par ce mode de trait ment et de culture rationnelle qu'on parviendra, d'une manière efficace, à l'assainissement de plusieurs contrées insalubres, et qu'on rendra productives de grandes étendues de terrains.

Les prés naturels doivent être faits, comme les prairies artificielles, au moment où la plus grande masse des graminées, qui les composent, sont en fleurs, ou du moins aussitôt que cette fleur est passée. Attendre la maturité de la graine est un aussi mauvais ménage que de faire manger son foin en herbe sur le pré. (Voy. FENAISON.)

La coutume de ne faucher les prés qu'après la floraison des blés, paraît un préjugé; car nul fait concluant ne permet de croire que l'humidité qui s'évapore des prairies après leur coupe contribue à faire rouiller les blés.

C'est le foin des prairies non arrosées qui a le plus de parfum; c'est aussi celui dont les chevaux sont le plus avides. Il contient en outre moins d'herbes nuisibles.

Le foin des prairies de première classe, ou de prairies arrosées, convient aux bêtes à cornes. Les moutons redoutent les regains de ce genre de prés.

Le fourrage des prairies marécageuses ne paraît propre qu'à remplir la volumineuse capacité de l'estomac des bœufs; il ne convient pas aux autres espèces de bétail.

Les regains des prairies de première et seconde classe sont pâturés sur place dans une partie des provinces septentrionales. C'est un abus.

Leur coupe améliorerait la prairie, et la préserverait de l'action nuisible des bestiaux sur un sol détrempé. Leur dessiccation, par le mode de fermentation comme par leur mélange avec les pailles, nous paraît toujours préférable à la consommation sur place.

La consommation sur place, pratiquée en Normandie, n'est admissible que pour des herbages de première qualité sans mélange de mauvaises herbes. Nulle plante n'échappant à la dent de l'animal, la dégradation des espèces ne peut avoir lieu. Le propriétaire répare, par les engrais qu'il tire de la mer, ceux que ces bestiaux ne lui donnent pas à l'écurie. Ce cas seul excepté, la consommation des fourrages sur place est une chose intolérable.

La consommation en vert, à l'écurie ou dans les mangeoires portatives, est la plus avantageuse.

On peut sans inconvénient faire pâturer les moutons sur les prés, même arrosés, au printemps. Le pâturage d'automne, et surtout des regains, leur est funeste; les prés secs, non arrosés, ne doivent jamais être pâturés en été par les moutons, qui, les tondant de trop près, arrachent la motte, et laissent sur place la portion du collet de la plante qu'ils rebutent.

L'inconvénient ci-dessus n'est pas à craindre dans les

prairies arrosées, lorsqu'on les fait pâturer par les moutons à la suite des bêtes à cornes; il faut prendre garde de les y laisser trop de temps. L'abondante nourriture qu'ils y trouvent pourrait leur être funeste.

Le fumier laissé par le mouton dispose merveilleusement les prés arrosés à pousser un foin abondant, surtout lorsque, après avoir été tondue de près, la prairie est arrosée peu de jours après le passage des bêtes à laine.

Le passage des brebis sur les prés, au printemps, sera la garantie du succès de leur nourrissage, et favorisera le développement des agneaux.

Le pâturage des chevaux a toujours de graves inconvéniens, parce que, plus turbulens, ils sont aussi plus délicats sur le choix de l'herbe qui leur convient, et que, rasant l'herbe de près, ils l'arrachent souvent.

Le pâturage des bêtes à cornes a peu d'inconvéniens, à part les prés trop humides. Le tort que leur dent occasionne est réparé par le fumier qu'elles laissent.

Laisser aller les oies sur un pré, c'est en vouloir la destruction. Les excrémens de ces oiseaux brûlent l'herbe sur laquelle ils tombent, et surtout dégoûtent tous les animaux à qui on présente ces herbages ainsi fumés.

Cinquante hectares de prairies peuvent, en peu d'années, être perdus par le pâturage de deux cents oies.

Prairies sèches. Les prairies sèches sont celles qui, placées sur un sol crayeux ou sablonneux, ne sont point susceptibles d'arrosement. L'étude des plantes qui croissent sur ces localités permettrait d'y établir des herbages à demeure et susceptibles d'un grand produit.

Les prairies sèches se cultivent de temps à autre en céréales. Le sainfoin peut se mettre dans les sols calcaires convertis en prairies artificielles.

L'herbe des prairies sèches convient surtout aux moutons.

Prairies momentanées. Tout semis de plantes annuelles destinées à la nourriture des bestiaux s'appelle fourrage momentané.

Le seigle et le maïs sont les plantes qui se coupent en vert, un peu avant la floraison.

On doit semer dru la graine des herbages que l'on veut couper en vert.

Le seigle, étant la graminée la plus précoce, est celle que l'on indique comme plus avantageuse pour être coupée verte.

Le maïs doit être conseillé comme celle qui convient le mieux aux départemens méridionaux.

On emploie, pour prairies momentanées, l'avoine, le froment, l'orge, la vesce, les pois gris, la gesse, les fèves de marais, les lentilles, les spergules. L'avoine, la vesce, et la gesse sont celles qui conviennent le mieux : ces deux dernières doivent se semer avec un peu de seigle pour soutenir leurs tiges.

Le propriétaire soigneux et prévoyant ne peut se dispenser d'avoir des prairies momentanées : elles seules donnent de l'herbe fraîche au moment où l'on n'en trouve nulle part.

Il serait à désirer que, dans toute ferme bien conduite, il fût établi des fourrages momentanés, se succédant les uns aux autres toute l'année.

Prairies artificielles, temporaires ou de culture alterne. La prairie artificielle doit durer au moins deux ans; le trèfle incarnat est une prairie momentanée, une récolte dérobée.

La luzerne, le mélilot, le sainfoin, les diverses espèces de trèfle, le ray-gras d'Italie ou d'Angleterre, la chicorée, la pimprenelle, forment, avec la minette, la base des prairies artificielles.

La luzerne demande de la chaleur, des terres profondes et humides.

La racine, qui en deux ans peut pivoter de quatre-vingts centimètres, se plaît surtout dans les terres fortes d'alluvions.

La luzerne est essentiellement la plante des climats chauds et tempérés; nulle ne produit davantage, et sa durée est indéfinie dans les terres où elle peut pivoter profondément.

Nous avons vu des luzernières de vingt-quatre ans fort bien garnies encore, et que l'on ne songeait pas à défricher.

La sève de la graine de luzerne est délicate; elle demande de fréquens sarclages et surtout des fumures à la surface du sol, qui, lui donnant une grande force de végétation, lui permettent d'étouffer les plantes parasites qui pourraient la gêner.

Le plâtrage fait merveille sur les luzernes, à part celles plantées dans le voisinage de la mer.

Le sainfoin demande un terrain sec et calcaire; ceux feuilletés lui conviennent surtout : c'est le fourrage par excellence pour les chevaux. Il dure cinq à six ans, et ne doit être détruit que lorsque les mauvaises herbes le gagnent. On ne peut trop recommander sa culture.

Les trèfles se plaisent surtout dans les sols granitiques ou sablonneux : les grès en décomposition lui conviennent à merveille.

Les terrains argileux, divisés par des sables, favorisent aussi sa production. Sa durée de deux ans permet au cultivateur d'enterrer sa seconde ou troisième coupe.

La chicorée se plaît dans les terrains au nord, profonds et riches, et ne craint nullement l'ombrage; elle demande à être semée en raies, et à recevoir deux ou trois binages; on doit la faucher avant la floraison.

La chicorée se donne en vert aux bestiaux, dont elle entretient la santé et l'appétit. C'est une excellente nourriture pour les porcs pendant le temps de leur croissance.

La chicorée qu'on laisse monter à graine épuise sa racine et peut périr dans un hiver rude. On veillera donc à la couper en épinards, toujours avant sa montée : dans cet état, les bestiaux la préfèrent.

La pimprenelle vient dans les terrains secs et arides; c'est un excellent fourrage pour les moutons; ils en sont très-avides, ainsi que du ray-grass; mais il convient de ne pas les laisser s'en rassasier et de les faire marcher pendant qu'ils pâturent ces herbages.

Les prairies artificielles viennent là où il serait impossible d'établir des prairies naturelles, et elles ont l'avantage de faire rendre plus au même espace de terre qu'il ne pourrait produire en prairies naturelles. Dans toute agriculture bien entendue doivent donc entrer des prairies naturelles qui demandent peu de culture; des prairies temporaires, seul moyen d'avoir du vert précoce pour la nourriture dans l'écurie; des prairies artificielles, qui sont le mode le plus convenable de bien assoler les terres et de leur faire rapporter davantage en céréales.

Plantes qu'il faut arracher des prairies. Les plantes qu'on doit extirper dans les prairies comme dangereuses sont : le cochique ou tue-chien, la persicaire brûlante, la tobèle, la presle ou queue de cheval, la ciguë, la pédiculaire, les tithymates, certaines renoncules, telles que la scélérate, la douve, etc.; d'autres plantes doivent être détruites comme nuisibles : les joncs, le spargamium, le bouillon blanc, les fougères, le jacobée, l'ulmaire; d'autres encore qui sont épineuses, les chardons, l'arrête-bœuf, la bardane; enfin, d'autres inutiles : l'orvale, le velar ou l'herbe au chantre, le pissenlit, la lyzimachie, la mauve, la marulée, le millepertuis, la vipérine, les plantins, les campanules, les liserons. Au mois de septembre ou de février, on ôte les mauvaises herbes avec une espèce de petite bêche ou de houlette, et il convient de leur substituer à l'instant des graines de bonnes plantes.

PRALINES. (*Off.*) Prendre : amandes douces, deux livres; sucre, deux livres.

Mettez votre sucre fondre avec un peu d'eau dans une bassine; criblez les amandes pour en enlever la poussière, et mettez-les sur le feu bouillir dans le sucre. Quand elles pétillent, retirez-les en donnant quelques coups de spatule pour les sabler, puis passez-les à travers un crible pour en séparer le sucre; remettez-les dans la bassine sur un feu couvert, et travaillez-les, en tournant avec la spatule, jusqu'à ce qu'elles aient pris tout le sucre attaché à la bassine, et qu'elles soient d'une belle couleur de caramel : alors vous les retirez, et, partageant votre sucre sablé en deux, vous en mettez moitié dans la bassine avec un demi-verre d'eau, et le laissez bouillir jusqu'à ce qu'il offre une petite odeur de caramel; vous y jetez de suite les amandes, et, après les avoir bien retournées avec la spatule pour leur faire prendre sucre, vous les retirez, et remettez la seconde moitié de sucre dans la bassine, et le faites bouillir comme la première fois, avec même quantité d'eau. Quand la même odeur se fait sentir, vous y jetez les amandes, que vous remuez avec la spatule le plus lestement possible, jusqu'à ce qu'elles aient pris tout le sucre; vous les retirez et les mettez dans un tamis, que vous couvrez pour leur faire prendre couleur.

Il est des fabricans qui font d'une seule fois les amandes grillées : ce procédé est vicieux, en ce que le sucre qui doit les couvrir ne s'attache pas dessus également, ce qui les rend difformes.

La laque, pour couleur rouge, est contraire à la santé de ceux qui en font usage. Il est facile de reconnaître celles fabriquées ainsi; elles sont d'un rouge foncé, tandis que celles qui sont bien faites ont une couleur seulement un peu rougeâtre en tirant sur le caramel. (Voy. LAQUE.)

Si vous voulez glacer les amandes grillées, aussitôt qu'elles seront finies, vous les mouillerez légèrement, et à plusieurs reprises, avec de l'eau, en les faisant sauter dans la bassine : vous les versez sur un tamis, et les couvrez jusqu'à ce qu'elles soient refroidies.

Un ouvrier peut faire de cette manière seize livres de pralines à la fois.

Pralines grillées à la fleur d'oranger. Prendre : amandes douces, trois livres; fleur d'oranger épluchée, huit onces; sucre, trois livres.

Contusez la fleur d'oranger dans un mortier de marbre; vous partagez les amandes par moitié, et réunissez chacune d'elles au sucre lorsque vous le faites cuire pour les deux dernières façons à donner aux pralines.

Pour les glacer, vous suivez le procédé ci-dessus; mais, au lieu d'eau simple, jetez-y légèrement de l'eau de fleur d'oranger.

Cette praline est très-agréable, autant par son croquant que par son parfum.

Pralines blanches. Prenez : amandes pelées, trois livres.

Vous prenez du sucre clarifié que vous faites cuire au grand boulé; vous y jetez les amandes, puis, retirant la bassine, vous les remuez jusqu'à ce qu'elles aient pris sucre; vous renouvelez cette opération, et les parfumez à la fleur d'oranger, si vous le désirez, en y ajoutant, comme dessus, huit onces de fleur d'oranger contusée; puis vous les laissez passer douze heures à l'étuve.

Pralines à la pistache. Prenez : pistaches en fruits, trois livres; sucre, trois livres.

Faites fondre le sucre; mettez-y les pistaches, et, lors qu'il est au gros boulé, retirez la bassine : vous les sablez ensuite en remuant lestement avec la spatule jusqu'à ce que vous les voyiez d'une couleur rousse, et qu'elles aient pris le sucre attaché à la bassine; retirez-les ensuite, et, partageant votre sucre par la moitié, vous les faites cuire à deux reprises comme les amandes grillées. Si vous voulez leur donner l'odeur de la fleur d'oranger, vous suivez le procédé que j'ai indiqué. Vous pouvez également les parfumer ou à la bergamotte ou au cédrat, en y mettant, quand vous leur donnez la dernière façon, la râpure de l'un de ces fruits. Vous les glacez de même.

Ces pralines sont très-délicates.

Pralines à l'aveline. Prenez : avelines fraîches cassées, trois livres; sucre, trois livres.

Mettez vos avelines dans la bassine sur un feu doux; chauffez très-fort, en les remuant bien pour en détacher la première peau; criblez-les ensuite; faites fondre le sucre, et y joignez les avelines : suivez pour le reste les mêmes procédés que pour les pralines grillées. Vous pouvez les parfumer comme celles à la pistache.

PRÊLE. (Voy. QUEUE DE CHEVAL.)

PRÊT. (*Mor. dom.—Cod. dom.*) Il vaut mieux donner que prêter : cela d'ailleurs revient souvent au même; seulement, en donnant, on a le mérite d'un bienfait de plus.

Il ne faut prêter que pour rendre vraiment service à des gens qui en valent la peine.

Prêtez largement et sans intérêt à ceux qui sont dans le besoin, et ne vous inquiétez pas de vos rentrées.

Les prêts un peu considérables qu'on fait sur hypothèques sont de véritables opérations commerciales, des placemens de fonds. Pour assurer le remboursement on ne saurait alors prendre trop de précautions.

Une société de prêt gratuit, qui a été fondée à Toulouse par un certain nombre d'actionnaires ayant versé 500 fr., prête sans intérêt. Elle a déjà produit les plus heureux résultats en diminuant sensiblement l'usure, bien que son action soit limitée par la faiblesse d'un capital au-dessous de 40,000 fr., qui l'oblige à mettre des restrictions aux gages qu'elle reçoit, à l'importance et à la durée de ses prêts; ils se sont élevés cependant, en trois ans, en nombre, à 5150, et, en argent, à 144,000 fr.

L'exemple de cette société prouve tout le bien qu'on peut faire avec peu d'argent; ses statuts, d'une exécution facile, peuvent être utilement consultés.

Quand une personne vous dit : « Prêtez-moi cinq francs, ou toute autre somme, j'ai oublié ma bourse » ; regardez, si vous prêtez, votre argent comme perdu. (Voy. JEU.)

Prêt sur hypothèque. Le prêteur devra s'assurer que tous les prix des ventes antérieures ont été acquittés ; car la loi accorde aux précédens vendeurs l'action en résolution, faute de paiement du prix, et ce droit n'a pas besoin d'être inscrit. Le prêteur exigera donc que toutes les quittances des prix, jusqu'à 50 ans en arrière au moins, lui soient représentées.

Pour se garantir des hypothèques légales qui pourraient frapper sur les vendeurs antérieurs, il exigera la preuve que les formalités de transcription et purge ont été remplies lors de ces ventes, ou du moins que le propriétaire actuel a embrassé dans ses formalités tous les précédens propriétaires jusqu'à 50 années en arrière.

Lorsque le prêteur se sera livré à cet examen minutieux, il devra encore veiller à ce que son inscription soit faite avec régularité.

En effet, l'inscription est déclarée nulle :

Si elle ne comprend pas les nom et prénoms du créancier ;

Si elle n'indique pas sa profession, s'il en a une ;

Si elle ne mentionne pas son domicile réel, lors même qu'il y a domicile élu ;

Si elle n'indique pas la date et la nature du titre ;

Si elle ne rappelle pas l'époque d'exigibilité ;

Enfin, si elle n'indique pas l'espèce et la situation de ses biens.

Enfin, le prêteur n'oubliera pas deux observations importantes. La première, c'est que la loi exige que le créancier fasse élection de domicile dans l'arrondissement du bureau de la conservation hypothécaire. Si donc il n'est pas domicilié dans cet arrondissement, il devra élire domicile chez un ami soigneux qui lui transmettra toutes les significations qui pourraient lui être faites à ce domicile, car c'est là où tous les actes d'une procédure en expropriation forcée et en purgation d'hypothèques conventionnelles devraient être faits, en sorte que s'il n'était pas averti il pourrait perdre sa créance.

La deuxième, c'est que l'inscription ne dure que dix ans, et que, si elle n'est pas renouvelée avant l'expiration de cette période de temps, son effet cesse entièrement.

PRIMEURS. (*Jard.*) *Méthode pour s'en procurer.* Enlever des gazons de dix pouces de long, sur une largeur égale ; les placer sur une couche formée d'herbes ou de feuilles qu'on abrite avec des paillassons soutenus de lattes ; semer sur chaque gazon une ou deux rangées de pois ou de carottes, et, quand le temps le permet, enlever chaque gazon, et le placer en pleine terre.

PRIMEVÈRE COMMUNE. *Jard.*—*Off.*—*Méd. dom. Primula* Famille des *veris*. lysimachies. Charmante plante vivace, indigène. Fleurs en mars, variées à l'infini, en rouge de toutes les nuances, brun presque noir, jaune, blanc, à bouquet ou sans tige. On doit les cultiver à l'ombre en terre franche un peu humide. On sépare les pieds après la floraison pour multiplier les variétés de choix ; mais il faut chaque année au mois de mars, ou aussitôt maturité, faire des semis à l'ombre en terre légère et criblée : on sème clair, on recouvre à peine avec le crible, on arrose légèrement à mesure que la terre sèche ; quand le plant a quatre ou cinq feuilles, on le repique à six pouces de distance ; il fleurit dès le printemps suivant et donne de nombreuses variétés, si on recueille la graine sur des fleurs de choix. Il faut enlever les feuilles pourries, les limaces, et le ver gris qui détruit les racines.

Primevère bleu ardoisé. Ne mûrit pas de graines. Fleurs simples en bouquets.

Primevère sans tige à fleur double jaune. Rare.

Primevère sans tige à fleur double blanche. Rare.

Primevère integrifolia des Alpes. Fleurs en mai, violettes. Feuilles épaisses et luisantes.

Primevère prolifère et acaulis. Fleurs blanches et grandes, d'octobre en février.

Primevère cortusoïde, ou à feuilles de cortuse. De Sibérie. Fleurs en mai, d'un pourpre clair. Perd ses feuilles.

Primevère sans tige à fleurs doubles lilas.

Primevère à bouquet, à fleurs doubles pourpre noir, très-odorantes. Même culture que les communes, mais plus de soin pour les conserver.

Primevère oreille-d'ours. Primula auricula. Des Alpes. Plante plus belle encore et de couleurs aussi variées que les précédentes. Même culture. Semis faits avec les mêmes précautions. Pour obtenir de belles variétés, il faut acheter d'abord une douzaine de pieds choisis en différentes nuances, en récolter la graine et la semer, ou s'en procurer chez quelqu'un de sûr, et qui ait une collection renommée. On doit aussi avoir l'attention de ne récolter que peu de graine de chaque couleur. On ne connaît encore que deux variétés d'oreille-d'ours à *fleurs doubles*, qui sont la jaune et la pourpre.

Hydromel primevère. (Voy. HYDROMEL.)

Conserve de primevère. Prendre : primevère, six onces; sucre, deux livres.

Faire réduire à moitié une chopine d'eau, dans laquelle vous mettez la primevère ; puis passer la décoction à travers un linge serré fortement, et la réunir au sucre cuit au grand cassé ; donner quelques bouillons au mélange, jusqu'à ce que le sucre soit au petit cassé, et laisser refroidir.

Cette conserve est excellente dans l'apoplexie et dans la paralysie ; elle calme les vapeurs, dissipe les migraines.

Les fleurs de primevère sont employées comme cordiales, vulnéraires, antispasmodiques, adoucissantes.

PROCÈS. (*Mor. dom.*) Évitez les procès toutes les fois que vous pourrez le faire sans vous laisser dépouiller par des fripons. Les dépenses et les ennuis qu'entraînent pour les deux parties les discussions devant les tribunaux doivent déterminer même les ayant-droit à faire quelques concessions pour transiger. (Voy. TRANSACTION.)

Il y a longtemps qu'on a recommandé de fuir les procès; et l'on peut consulter là-dessus les versets 25 et 26 du chapitre V de l'évangile de S. Matthieu. La justice depuis a fait peu de progrès. Sa marche est toujours embarrassée par les formalités mêmes qui sont destinées à la rendre facile.

En supposant que vous gagniez votre procès, vous aurez toujours l'avocat à payer, et les avocats ne sont pas dans l'usage de se contenter d'un modique salaire.

Si les frais sont seulement compensés, vous vous verrez enlever sur le produit du procès une somme considérable en frais de procédure; le gain des avoués est énorme. A Paris, cent douze avoués ont été supprimés par décret du 19 mars 1808; cent cinquante avoués ont le monopole des affaires, et, obligés de payer des études de 3, 4, et 500,000 fr., il leur est impossible de ne pas profiter des avantages de leur position.

En 1789, la plus forte étude de la capitale, celle de M. Jurieu, fut achetée par M. Brulé 50,000 fr.; le prix élevé des études actuelles prouve l'augmentation des affaires et celle du bénéfice des hommes de loi.

Quand un avoué vous présente un *état de frais* qui vous paraît exorbitant, vous avez la ressource de le faire taxer par le juge, qui souvent le diminue de moitié. Ainsi des mémoires montant à 407 fr. ont été taxés 216 fr.; d'autres montant à 654 fr. ont été taxés à 585 fr. Quelquefois, dans la prévoyance de la demande en taxe, on grossit l'état de frais de manière que la réduction ne porte aucun préjudice à l'homme de loi.

Souvent toute une procédure devient nulle par un défaut de forme indépendant du fait de l'avoué, et elle n'en est pas moins payée.

PRODUCTION. (*Conn. us.*) *Productions gastronomiques de la France.* — *Abbeville.* Pâtés. — *Aix.* Huile, anchois, olives, thon, eau-de-vie. — *Aï.* Vin mousseux. — *Alençon.* Oies grasses. — *Agen.* Prunes. — *Amiens.* Pâtés d'anguilles. — *Andaye.* Eau-de-vie. — *Angoulême.* Galantines, pâtés de perdrix truffés. — *Arbois.* Vin mousseux. — *Ardennes.* Mouton. — *Aurillac.* Vin. — *Autun.* Vin. — *Bar.* Confitures de groseilles et d'épine-vinette. — *Bayonne.* Jambons, chocolats, cuisses d'oies, fromages, vins. — *Beaune.* Vin. — *Besançon.* Langues fourrées, fromages, truites. — *Blois.* Liqueurs. — *Bocage.* Mouton. — *Bolbec.* Coqs vierges, cidre. — *Bordeaux.* Vin, liqueurs. — *Bourbon-Vendée.* Bœufs. — *Bourg-en-Bresse.* Chapons. — *Bourges.* Mouton. — *Bourgogne.* Vins de Pomard, Vougeot, la Romanée, etc. — *Bretagne.* Beurre, bœuf, sardines. — *Brignolles.* Prunes et fruits secs. — *Brives.* Galantines, volailles truffées, truffes. — *Caen.* Huîtres, poisson de mer, volaille. — *Cahors.* Vin. — *Cancale.* Huîtres. — *Châlons.* Andouillettes. — *Champagne.* Vin, mouton, moutarde, poisson, cochonnaille. — *Chartres.* Pâtés, volaille, blé. — *Clermont.* Conserves, confitures, vin, fromage. — *Cognac.* Eau-de-vie. — *Compiègne.* Faisan, lièvre, chevreuil, sanglier, gâteaux. — *Dieppe.* Huîtres, soles, turbots, merlans, esturgeons, coquillages, enfin toute espèce de poisson de mer. — *Dijon.* Moutarde, confitures, vin, liqueurs, écrevisses, raisiné. — *Épernay.* Vin mousseux. — *Étretat.* Huîtres. — *Fontainebleau.* Raisin, sanglier, chevreuil. — *Forges (en Bray.)* Biscuits à la crème, mirlitons. — *Fécamp.* Harengs-saurs. — *Gournay.* Beurre, fromage, canards. — *Grenoble.* Liqueurs, ratafiat, poisson. — *Hâvre.* Huîtres, poisson, homards, crevettes, poisson de mer de tout genre. — *Honfleur.* Melons verts. — *Isigny.* Cidre, beurre. — *Joigny.* Vin. — *La Flèche.* Chapons. — *Langres.* Lièvre, mouton, vin, liqueurs, coutellerie de table. — *Lyon.* Marrons, saucissons, cervelas. — *Mâcon.* Vin. — *Mans.* Poulardes. — *Marseille.* Figues, raisins secs, huile, anchois, olives, thon. — *Montpellier.* Eau-de-vie, liqueurs. — *Meaux.* Fromage, blé. — *Melun.* Anguilles. — *Metz.* Lièvres, fruits, mirabelles. — *Montauban.* Cuisses d'oies. — *Mont-d'Or.* Fromage. — *Montmorency.* Cerises. — *Nantes.* Terrines, sardines, poisson. — *Narbonne.* Miel. — *Nérac.* Terrines. — *Neufchâtel.* Fromage, cidre, canards. — *Niort.* Liqueurs. — *Nîmes.* Liqueurs. — *Orléans.* Vin, sucre, aloses, dindons, eau-de-vie, vinaigre. — *Pantin.* Pâtés. — *Paris.* Les productions du monde entier. — *Périgueux.* Dindes aux truffes, pâtés. — *Perpignan.* Becfigues, raisiné, vin. — *Pithiviers.* Pâtés de mauviettes, gâteaux d'amandes. — *Pontoise.* — Veau. — *Provins.* Poires tapées. — *Puy-de-Dôme.* Fromages, cotignacs. — *Quercy.* Perdreaux rouges, bécasses. — *Quimper* Beurre, poisson. — *Rennes.* Beurre. — *Reims.* Vin mousseux, pâtés, pain d'épices, biscuits, jambonneaux. — *Roquefort.* Fromages. — *Rouen.* Pâtés de veau, canneton, cidre, gelée de pomme, épine-vinette, sucre de pomme, confitures et conserves, bonbons et sucreries de toute espèce, poisson d'eau douce, aloses, saumons. — *Salins.* Sel. — *Sancerre.* Fin, gibier, poisson. — *Soissons.* Haricots. — *Saint-Flor.* Vin, fromage. — *Saint-Germain-en Laye.* Gibier. — *Sainte-Menehould.* Pieds de cochon. — *Strasbourg.* Pâtés de foies gras, carpes et vin du Rhin, choucroûte, écrevisses, brochets. — *Tonnerre.* Vin. — *Toulouse.* Vin, pâtés, ortolans. — *Toulon.* Coquillages, dails, oursins. — *Tours.* Pruneaux. — *Troyes.* Hures de cochons, langues de moutons. — *Valogne.* Mouton, volaille, beurre. — *Vassy.* Mouton. — *Vendôme.* Asperges. — *Verdun.* Dragées, liqueurs. — *Versailles.* Gibier. — *Vierzon.* Cochon, lamproies. — *Vitry.* Fromage. — *Yvetot.* Coq vierge, cidre.

PRONOSTICS. (*Conn. us.*) On entend par pronostic la conjecture de ce qui doit arriver.

Il ne faut pas confondre avec les prédictions stupides, rapportées dans la plupart des almanachs, et les préjugés enfantés par l'ignorance, ces remarques utiles sur les changemens de temps que l'expérience a mille fois confirmées, et que la physique peut expliquer.

Voici une analyse de celles dont la connaissance importe le plus aux agriculteurs, aux horticulteurs et aux habitans de campagne en général, pour régler le temps de leurs travaux.

Pronostics du mauvais temps, d'après l'état du ciel.

Soleil. N'espérez pas un beau jour, si, au lever du soleil, son disque paraît obscurci ou marqué de taches.

Si le vent du nord et celui du midi soufflent à l'opposé, et obscurcissent une partie de ses rayons, s'ils le font paraître concave, s'ils n'en laissent briller que le centre.

Si son disque entier se couvre d'un voile bleuâtre, craignez la pluie.

Craignez-la encore si des couronnes ou cercles blanchâtres se montrent autour du soleil, de la lune ou des étoiles.

Quand vous verrez le soleil briller d'un rouge enflammé et colorer de ses feux pourpres les nuages qui l'environnent, craignez de violens orages.

Craignez-les aussi lorsque les étoiles perdent de leur clarté sans qu'il paraisse de nuage.

Si la couleur bleuâtre se mélange confusément à celle du soleil, la pluie et les vents régneront tour à tour.

Si, pendant le beau temps, il survient un brouillard qui s'élève et forme des nuages, le mauvais temps est immanquable.

Il en est de même si, au moment du lever du soleil ou de son coucher, ses rayons sont obscurcis par d'épais nuages, à travers lesquels ils se développent avec peine, et ne parviennent jusqu'à nous que divisés par faisceaux.

De petits nuages blancs pasant devant le soleil lorsqu'il est près de l'horizon, et s'y colorant en rouge, en jaune, en vert, etc., annoncent encore la pluie.

Lorsqu'après le vent il survient une gelée blanche qui se dissipe en brouillard, vous aurez un temps pluvieux et malsain.

Sous le climat de Paris, le vent sud-ouest est celui qui amène le plus souvent de la pluie; le vent d'est amène le beau temps, mais sec et froid.

La gelée qui commence par un vent du nord dure ordinairement longtemps, et devient très-forte.

Tempête. Quand le vent change fréquemment de direction, c'est signe de tempête; il en est de même quand le soleil est entouré de nuées jaunes.

Même signe lorsque les nuages qui entourent le soleil sont noirs, et qu'ils le couvrent d'un voile sombre. Si un ou deux cercles obscurs l'environnent également, la tempête sera plus violente.

Lune. Si l'on voit que la lune soit environnée d'un clair-obscur du côté le plus noir, c'est un signe de pluie; s'il s'élargit ou rougit, il fera un grand vent; s'il est jaune, tempête, grêle et foudre. Si c'est en été, les cornes de la lune claires annoncent le beau temps, et le mauvais temps si elles sont troubles.

Étoiles. Quand les étoiles sont plus claires que de coutume, et qu'elles semblent tomber ou changer de place, c'est signe de grand vent; si elles sont troubles, c'est brouillard et pluie; si le vent qui a cours ne cesse alors, il pourra continuer pendant plusieurs lunes. Si elles paraissent grandes et rapprochées, le temps va changer.

Nuages. Plus les nuages, dans un temps incertain, se rapprochent de la terre, plus ils sont près de fondre en eau. Les nuages qui après la pluie descendent annoncent le beau temps.

Pluie. Si la pluie fume en tombant, et que, par sa chute, elle forme des bulles sur l'eau, c'est un signe qu'il pleuvra longtemps et abondamment. Si, après une petite pluie, on aperçoit près de la terre un nuage ressemblant à de la fumée, c'est un signe certain qu'il tombera beaucoup de pluie.

Arc-en-ciel. Si l'arc-en-ciel se forme au midi avec la pluie, elle continuera plus abondamment; si c'est du côté de l'orient il viendra du beau temps; si c'est avant la pluie, continuation de beau temps; si l'arc est plus vert que d'ordinaire, grande pluie; s'il est rouge, grand vent; s'il est jaune vers le couchant, tempête.

L'arc-en-ciel, bien coloré ou double, annonce une continuité de pluie. Les couronnes en cercles blanchâtres qui se montrent autour du soleil, de la lune et des étoiles, sont un signe de pluie.

Vents. Plus les vents tirent au nord, plus ils sont froids et insupportables, plus ils apportent de neige. Un vent méridional vacillant, accompagné de chaleur humide, amène prochainement la pluie, et rend l'air plus lourd.

Lorsque les vents sont près de déployer leurs fureurs, un bruit effrayant se fait entendre sur la cime des monts, et se prolonge par les échos; la mer élève ses flots, son écume blanchit le rivage, le héron le gagne à tire d'aile, et annonce l'arrivée de la tempête par ses cris; les canards et les plongeons s'agitent dans l'eau, et fuient vers leurs retraites.

Si l'on entend de loin le son des cloches, c'est un signe de vent ou de changement de temps.

Indications de mauvais temps fournies par les animaux. Presque toujours, lorsqu'il va pleuvoir, on voit le canard et les autres oiseaux aquatiques plonger et replonger sans cesse, crier et voler çà et là.

L'hirondelle rase la terre, voltige bas autour des rivages, se balance sur l'eau, qu'elle effleure d'une aile légère, et y baigne son plumage.

Les pigeons reviennent tard au colombier.

La voix de la grenouille se fait entendre plus longtemps qu'à l'ordinaire et avec plus de force au milieu des marais.

Le hibou pousse des cris lugubres.

Le bœuf élève ses larges naseaux, comme pour flairer les vapeurs.

Les oiseaux s'appellent pour se rassembler.

La fourmi s'empresse de tirer ses œufs de sa demeure souterraine.

La chenille, le limaçon et le ver de terre rampent sur les murs.

Les brebis sont âpres à la pâture.

La poule s'épluche et glousse souvent.

Les corbeaux et les geais se réunissent en troupes nombreuses et contrefont la voix de l'épervier. Les premiers croassent beaucoup.

Le pinson voltige le matin en imitant le chant de l'alouette.

Tous les oiseaux maritimes quittent leur élément.

Les abeilles s'écartent peu de leur ruche, et arrivent en foule, avant le soir, sans avoir achevé leur charge.

Si les pigeons reviennent tard au colombier, c'est signe de pluie pour les jours suivans.

De même, lorsque les poules se roulent plus que de coutume dans la poussière.

Les coqs chantent à des heures extraordinaires.

Les crapauds sortent le soir en grand nombre; les vers quittent leurs trous.

Si les taupes labourent plus que de coutume, c'est un indice de pluie.

Lorsque, au coucher du soleil, les nuages se forment à l'ouest et se colorent en rouge, c'est un indice de vent et de temps sec.

Orage. Lorsque les mouches piquent, deviennent plus importunes qu'à l'ordinaire, et que les abeilles attaquent ceux qui les approchent, c'est un signe d'orage.

Le tonnerre du soir amène un orage; celui du matin indique le vent, et celui du midi la pluie. Le tonnerre continuel annonce une bourrasque et un fort orage.

Pronostics de beau temps d'après l'état du ciel. Quand l'horizon, au coucher du soleil, est rouge vif ou sans nuage, et que le vent est au nord, on est sûr d'avoir du beau temps. Rouge au soir, blanc au matin, c'est la journée du pèlerin.

Il en est de même lorsque les nuages, après la pluie, descendent près de terre, et semblent rouler dans les champs.

S'il survient un brouillard pendant un mauvais temps, il indique que ce temps va changer.

Il y a signe d'un beau jour lorsque nous voyons le soleil, à l'horizon, environné d'un grand cercle qui diminue et disparaît insensiblement.

Même signe si, durant l'hiver, le soleil se montre pâle à son coucher, et lorsqu'il n'est pas nébuleux quand il quitte l'horizon.

Si sa pourpre colore encore les nuages qui l'environnent, ne craignez pas la pluie pendant la nuit ni le jour suivant.

Des éclairs sans nuages sont signe de beau temps et chaleur.

Autres signes de beau temps. Espérez encore le beau temps si la flamme de votre lampe ne vacille pas; si la chouette fait entendre pendant la nuit une voix basse et tranquille; si la corneille, sur la fin du jour, déploie gaiement sa voix agreste; si les corbeaux réunis redoublent leurs cris et en adoucissent l'âpreté, s'ils vont et viennent, sautillent, voltigent autour des arbres, se perchent sur la cime, partent en foule; si les grues s'élèvent en l'air hardiment.

Les chauves-souris se montrent en grand nombre.

Les chouettes qu'on entend crier pendant le mauvais temps annoncent le retour du beau temps.

Les fils répandus le matin sur la terre indiquent sa présence.

Les moucherons se jouent au soleil couchant.

Pronostics tirés du feu. Si le bois brûle en hiver plus vivement que de coutume, c'est signe de gelée.

Quand la suie se détache et tombe de la cheminée, il y a indice de pluie.

Quand la lampe ou bougie étincelle et forme un champignon: pluie.

Si la braise est plus ardente qu'à l'ordinaire, si la flamme est agitée, c'est indice de vent et de froid.

Quand, au contraire, la flamme est droite et tranquille, c'est un signe de beau temps.

Pronostics tirés des plantes. Lorsque la fleur du *calendula pluvialis* ne s'ouvre pas le matin, la journée sera pluvieuse. Si elle s'ouvre, le temps sera beau.

La fleur de *sibiricus* restant ouverte pendant la nuit annonce la pluie; restant fermée, elle indique pour le lendemain un beau jour.

La rose de Jéricho sert à juger de l'état plus ou moins sec de l'atmosphère; conservée sèche, ses rameaux s'étendent et s'éloignent par l'humidité, se contractent et se rapprochent beaucoup par la sécheresse. Le Liferon des champs, le mouron des champs, le souci pluvial et beaucoup d'autres plantes, ferment leurs fleurs aux approches de la pluie, ce qui a même fait appeler le mouron *baromètre du pauvre homme.*

Pronostics de froid, de dégel, de pluie, etc. L'arrivée des oiseaux de passage est un signe de froid; plus ils s'avancent vers le midi, plus le froid est proche.

Les apparences de deux ou trois soleils sont des indices de neige et de froid.

Les éclairs sont en hiver un signe de neige prochaine, de vent ou de tempête.

Les nuages moutonnés indiquent du vent pendant l'été, et de la neige pendant l'hiver.

Si l'horizon est dépourvu de nuages et qu'il ne souffle aucun vent, ou celui du nord, c'est un signe certain de beau temps.

Si, après le vent, il s'ensuit une gelée blanche qui se dissipe en brouillard, le temps devient mauvais et malsain.

Dans le climat de Paris, le vent sud-ouest est celui qui amène le plus souvent de la pluie, et le vent de l'est celui qui l'amène le plus rarement.

Le changement fréquent du vent est l'annonce d'une bourrasque.

Si le sel, le marbre, le fer, les vitres deviennent humides; si le bois des portes et des fenêtres se gonfle; si les cors aux pieds deviennent douloureux, c'est signe de pluie ou de dégel.

Les vents qui commencent à souffler pendant le jour sont beaucoup plus forts, et durent plus longtemps que ceux qui commencent pendant la nuit.

Si, en frottant un chat dans l'obscurité, il jaillit du poil des étincelles électriques, c'est signe de sécheresse et de froid.

Beaucoup de neiges annoncent une année fertile. Les pluies abondantes font craindre le contraire.

Si le temps est pluvieux, il y a beaucoup de foins, mais peu de blés; s'il est chaud, beaucoup de fruits, mais verreux; s'il est froid, les récoltes sont perdues.

Si le printemps et l'été sont très-doux, secs, on sera menacé de disette. Si l'été est chaud, il y aura beaucoup de maladies.

Un automne pluvieux annonce une mauvaise qualité dans les vins, et une médiocre récolte de blé pour l'année suivante. Un bel automne est presque toujours suivi d'un hiver venteux.

En général, la longue intempérie des saisons, soit par vent, soit par sécheresse, soit par humidité, soit par chaud ou par froid, devient nuisible aux plantes comme aux animaux.

Les printemps et les étés humides sont ordinairement suivis d'un bel automne; si l'hiver est pluvieux, le printemps est sec; si celui-là est sec, celui-ci est humide. Lorsque l'automne est beau, le printemps est pluvieux.

Le baromètre, le thermomètre et les hygromètres sont utiles pour fournir des données sur la température, sur l'état de sécheresse et d'humidité atmosphérique.

Dans les étés humides, l'évaporation enlève à la terre beaucoup de chaleur. Ces étés font produire beaucoup de graines à l'épine blanche, aux queues de renards et autres plantes : de là l'opinion que leur fécondité annonce un hiver rigoureux.

Quand le vent souffle du sud-ouest pendant l'été ou l'automne, que la température de l'air est très-froide pour la saison et que le baromètre baisse, on doit s'attendre à beaucoup de pluie.

Les signes de dégel sont : la chute de la neige en gros flocons tandis que le vent souffle du sud; les craquemens qui se font entendre dans la glace; si le soleil paraît baigné d'eau, et les cornes de la lune émoussées; si le vent tourne au sud ou est très-changeant. On voit que ce sont en général les mêmes indices que pour l'humidité. On a observé que, si octobre et novembre sont froids et neigeux, janvier et février sont doux.

PROPRETÉ. (*Hyg.*) La propreté est la mère de la santé. Il ne suffit pas qu'elle s'étende aux objets dont on est environné; celle du corps est la plus essentielle de toutes, et il est une foule de maladies dont on cherche souvent la cause, sans se douter qu'elle réside dans le peu de soin qu'on prend de soi. Nous avons indiqué, aux articles *dents*, *mains*, *pieds*, les soins qu'exigent ces différentes parties du corps. Nous allons compléter, par quelques considérations générales, ce que nous avons à dire sur la propreté.

En général, tout individu, homme ou femme, bien constitué, devrait se baigner au moins une fois par mois, excepté dans les plus grands froids. L'été, tant que l'eau des fleuves ou des rivières est supportable, on doit préférer ce bain à tout autre. Dans les autres saisons, on prend des bains chauds, en évitant qu'ils le soient trop, afin qu'il y ait moins de différence entre la température du bain et celle de l'air. Une précaution à prendre, lorsque l'on se baigne en hiver ou dans dans un temps froid, est de ne s'exposer à l'air qu'après s'être bien séché toutes les parties du corps, et surtout le visage, qui reçoit immédiatement les impressions de l'air. Du reste, on doit se baigner dans l'eau pure, à moins que le corps très-sale ne puisse être suffisamment nettoyé par elle; alors, on emploie le savon, la pâte d'amandes ou le son. Une heure de bain suffit; si on le faisait durer plus longtemps, il pourrait en résulter un affaiblissement des forces. On doit se laver la tête de temps en temps; mais alors il faut avoir soin de la sécher parfaitement, ou du moins de l'envelopper d'un mouchoir, afin d'éviter un refroidissement qui pourrait, à la longue, occasionner de vives douleurs.

Les bains ne suffisent pas pour entretenir la propreté du corps, parce que la transpiration continuelle qui se fait à sa surface y porte sans cesse de nouvelles impuretés. Le renouvellement fréquent du linge qui nous touche immédiatement devient alors indispensable. En général, on doit changer de chemise trois fois par semaine; et même dans l'été, lorsqu'on se livre à des travaux un peu fatigans, on doit le faire plus souvent encore. Il est bon, chaque fois, de s'essuyer tout le corps avec le linge qu'on quitte; celui qu'on met doit être parfaitement sec. On doit habituer les enfans à changer de chemise en se couchant, de manière qu'ils n'aient jamais, pendant la nuit, la chemise qu'ils ont portée dans le jour. Cette habitude permet de réserver pour le jour les bonnes chemises et de faire sécher pendant la nuit les chemises de jour, ce qui est utile à la santé.

L'eau fraiche est meilleure que l'eau tiède pour se laver le visage. La pâte d'amandes en nouet dans une serviette, avec de l'eau tiède, nettoie parfaitement la peau; le savon ne doit être employé que pour la barbe.

Il est essentiel de se peigner souvent à fond, pour ne pas dire tous les jours : la transpiration, interceptée par la poussière et la sueur, reflue sur les parties voisines, et cause des catarrhes, des maux de gorge, d'oreilles, d'yeux, etc.

PROPRIÉTÉ. (*Cod. dom.*) Le Code civil a adopté la définition du droit romain d'après lequel la propriété est le droit de jouir et de disposer des choses de la manière la plus absolue, pourvu qu'on n'en fasse pas un usage prohibé par les lois ou par les règlemens. (C. civ., art. 544.)

La propriété d'une chose mobilière ou immobilière donne droit à tout ce qu'elle produit et à tout ce qui s'y unit, soit naturellement, soit artificiellement : ce droit s'appelle *droit d'accession*. (C. civ., art. 546.)

Nul ne peut être contraint de céder sa propriété, si ce n'est pour cause d'utilité publique, et moyennant une juste et préalable indemnité. (C. civ., art. 545, et Charte constitutionnelle, art. 9.)

Le terrain d'un particulier cesse d'être sa propriété, et reçoit le caractère de voie publique, par cela seul qu'une ordonnance royale a compris ce terrain dans un plan d'alignement qui l'affecte à l'élargissement d'une rue.—Tout ce que peut prétendre le propriétaire privé de tous les droits utiles, reste soumis à toutes les charges de la propriété, se réduit à recevoir, quand il plaît à l'administration, l'indemnité à raison du terrain définitivement enlevé. (C. R. d'Orléans, 11 juillet 1835.)

PRUNIER. (*Jard. Off.*) *Prunus.* Famille des rosacées.

Le prunier se greffe du 1er au 10 mars, en fente sur des sujets d'un pouce de diamètre et de cinq à six pieds de haut; on a du fruit dès la seconde année.

Il y a plusieurs variétés de pruniers. Voici, par ordre de maturité, celles qui méritent d'être placées dans les jardins et les vergers.

Prune de Saint-Jean, ou *Damas hâtif de Provence*. Fruit moyen, oblong; peau noire, chair jaune quittant le fin de noyau, sucré, bon, productif; mûrit en juin.

Prune de monsieur. Peu productif, poussant peu de bois; fruit gros, rond, violet, médiocre; fin de juillet.

Abricotée blanche. Productif; fruit très-gros, rond, jaune, pâle à l'ombre, doré au soleil, bon; commencement d'août.

Grosse reine-Claude. Productif; fruit très-gros, rond, vert, tiqueté de rouge au soleil, sucré, excellent, bon cru et cuit; mi-août.

Petite mirabelle. Productif; fruit petit, allongé, jaune d'or, et tiqueté de rouge; sucré, bon cru et cuit; mûrit fin d'août.

Reine-Claude violette. Peu productif; fruit rond, un peu allongé et ridé vers la queue, ayant une faible rainure, peau violette, chair verte, sucré, bon; fin d'août.

Perdrigon blanc. Fruit moyen, un peu allongé, ayant une rainure, peau vert jaunâtre, bon, sucré; mûrit en septembre.

Abricotée rouge. Fruit gros, rond, doré d'un côté, rouge de l'autre, sucré, bon; mûrit en septembre.

Sainte-Catherine. Arbre grêle; fruit gros, allongé, d'un vert jaune, queue très-longue, sujet à verrer, bon en pruneaux; fin de septembre.

Damas de septembre. Productif, bois cassant; fruit petit, peau noire, assez bon; fin de septembre.

Prune de Saint-Martin. Arbre grêle; fruit rond, moyen, violet, rougeâtre; assez bon pour la saison; mûrit en novembre; supporte très-bien trois ou quatre degrés de froid.

La grosse reine Claude, le perdrigon blanc, le saint-Julien et tous les damas se reproduisent de noyaux; mais ce moyen est long; et, comme il n'offre aucun avantage, il vaut mieux greffer : j'ai déjà dit que l'espèce saint-Julien était préférable pour cet usage; elle drageonne beaucoup, et ses drageons font d'excellens sujets si on a soin, en les plantant, de diriger en bas l'extrémité de leurs racines.

Le prunier est peu délicat; il s'accommode de tout terrain, pourvu qu'il ne soit pas trop sec et qu'on le place dans un lieu aéré.

On ne l'élève guère qu'en plein vent, et il faudrait avoir bien de l'espace à perdre pour le mettre en espalier, où il donnerait autant de peine qu'un pêcher, sans que cela contribuât à améliorer son fruit, au contraire. Quoique en plein vent, le prunier a besoin d'être taillé de temps en temps, d'être dirigé dans les deuxième et troisième années de la greffe, en rabattant les jeunes pousses; d'être dépouillé de l'extrémité des branches et des gourmands. Le tout se fait depuis novembre jusqu'en février. Dans les espèces trop productives, on retranche le long des branches un bourgeon à fruit sur trois ou quatre.

Pruniers d'agrément. Prunier chicasaw. (*Prunus chicasa.*) Arbuste de Caroline. Fleurs réunies deux à deux en avril. Fruits jaunes; multiplication de semis et de rejetons.

Prunier couché. (*Prostrata.*) De Crète. Charmant arbuste, dont les branches, étalées sur la terre, se couvrent à la fin d'avril de nombreuses fleurs d'un joli rouge. Multiplication de rejets.

Prunier épineux à fleurs doubles. (*Spinosus flore pleno.*) C'est encore un joli arbuste. Multiplication de greffe sur épine noire commune.

Qualités alimentaires des prunes. Le *damas noir* quitte le noyau. On le mange cru ou en pruneaux. Sa pulpe est laxative.

La *prune de monsieur* est excellente dans les climats chauds.

La *Sainte-Catherine* est excellente en pruneaux.

Le *damas gris* ou *prune abricotive* ressemble à un petit abricot.

La *prune de Brignoles* est petite, d'un rouge clair, d'une chair un peu ferme comme celle du coing; elle est légèrement acide et vineuse. On nous apporte ces sortes de prunes séchées au soleil, dans des boîtes, et arrangées en pelotons à la manière des figues grasses. Elles tirent leur nom de Brignoles, ville de la Provence, d'où elles viennent.

La *reine Claude* est la meilleure de toutes les prunes; sa peau est fine, verte, colorée d'un rouge brun; sa chair est succulente et sucrée; elle est excellente aussi en ratafiat.

La *mirabelle* est particulièrement estimée en confitures; elle est petite, jaunâtre, et sa chair tient un peu de celle de l'abricot.

La *prune royale* est une grosse prune ovale, d'un goût et d'un fumet excellens.

Le *perdrigon violet* est une prune d'une grosseur moyenne; sa peau est fine, d'un rouge tirant sur le violet; sa chair est ferme et extrêmement sucrée.

La prune connue sous le nom de *pruneau d'Allemagne*, parce qu'on en fait principalement usage en pruneaux ou séchée au four, est cependant fort bonne, verte et en tourte; c'est une grosse prune ovale de couleur violette et sucrée : elle mûrit après les autres espèces.

On fait avec les pruneaux des prunes aigres un sirop rafraîchissant qui calme la bile et arrête les diarrhées : sa décoction, faite avec des prunes douces, est légèrement purgative. Il découle des pruniers une gomme blanche, luisante, transparente, que les marchands mêlent souvent avec la gomme arabique.

Manière de manger les prunes plus longtemps fraîches. — Si vous voulez prolonger pour vous la jouissance des fruits charnus, mais surtout de la prune, vous la cueillerez à mi-maturité, et vous la déposerez dans une glacière, une laiterie, enfin dans un lieu très-frais. Elle y atteindra lentement sa parfaite maturité.

Tourte de prunes. Prenez des mirabelles bien mûres, ôtez les noyaux, mettez-les dans une casserole avec un quarteron de sucre : faites-les cuire à moitié, laissez-les refroidir. Arrangez dans la tourtière de la pâte comme pour la morue; mais au lieu de papier mettez vos prunes dans le fond, que la tourte en soit bien pleine. Faites cuire une heure. Tous les autres fruits s'arrangent de même. On met de la cannelle dans les pommes.

Compote de prunes. Après avoir choisi vos prunes, de telle espèce que vous voudrez, vous les ferez blanchir, vous les ferez rafraîchir et égoutter; vous les mettrez dans un sucre léger, leur ferez jeter deux ou trois bouillons, les verserez dans une terrine, et les laisserez refroidir. Vous les garderez dans le sucre pendant une journée; puis donnez-leur un second bouillon, et mettez-les dans votre compotier.

On peut encore faire cette compote d'une autre manière : on ôte le noyau à des prunes sans les faire blanchir; on les met dans le sucre clarifié cuit au petit lissé; on les y fait frémir, et on les remet sur le feu pour leur faire jeter un bouillon. Il ne s'agit plus ensuite que de les servir.

Prunes de reine Claude à l'eau-de-vie. Les abricots, les pêches, les prunes, peuvent se mettre à l'eau-de-vie d'une manière tout-à-fait semblable. D'ordinaire on arrose ces fruits d'eau bouillante dans laquelle on les laisse tremper un moment; on les retire ensuite; on les égoutte et on leur fait prendre un bouillon dans un sirop de sucre clarifié dont ils restent baignés jusqu'au lendemain. Alors on porte de nouveau le sirop sur le feu, et, quand sa cuisson paraît suffisante, on y ajoute le fruit, que l'on laisse frémir un moment. Cela terminé, on laisse refroidir le mélange et on l'introduit dans un bocal avec la quantité d'eau-de-vie que l'on juge convenable. Si les prunes de reine Claude avaient perdu leur couleur verte par l'action de l'eau bouillante, on la leur rendrait par l'addition du suc de citron ou d'un peu de suc d'épinards.

Mirabelles confites. Choisissez de belles mirabelles qui ne soient pas trop mûres, vous les piquez et les mettez dans de l'eau fraîche; vous les mettez ensuite dans de l'eau bouillante, et, quand elles montent, vous les retirez avec l'écumoire, et les remettez dans de nouvelle eau fraîche. Vous ajoutez un peu d'eau au sucre clarifié, et, lorsqu'il bout, vous y jetez les mirabelles, auxquelles vous donnez un bouillon couvert; vous les écumez et les retirez; le lendemain vous les égouttez et remettez le sucre à la nappe; vous y versez les mirabelles et les retirez après un bouillon couvert; vous continuez comme pour les reines Claude, puis les égouttez quand vous voulez les mettre en coffrets.

Marmelade de prunes de reine Claude. Prendre: prunes de reine Claude, six livres; sucre, quatre livres.

Vous faites choix de belles reines Claude bien mûres, dont vous ôtez les noyaux, et que vous mettez à mesure dans une terrine. Lorsque ces prunes ne sont pas suffisamment mûres, vous les mettez cuire d'abord dans de l'eau, après en avoir enlevé les noyaux; vous les faites égoutter ensuite sur un tamis, et les versez dans la passoire au-dessus d'une terrine, et les écrasez avec le pilon de bois; vous mettez la pulpe sur le feu pour en enlever l'humidité en remuant toujours avec la spatule ou l'écumoire; cela fait, vous y ajoutez le sucre clarifié et cuit au petit cassé; vous l'incorporez dans la marmelade, que vous remuez jusqu'à ce qu'elle ait la consistance de la gelée, ce que vous connaîtrez lorsqu'elle s'étend en nappe en tombant de l'écumoire; vous la retirez et versez dans des pots.

Les marmelades de prunes vertes se font de la même manière.

Marmelade de mirabelles. Vous prenez des mirabelles bien mûres; vous en ôtez les noyaux, et suivez en tout les mêmes procédés que pour la reine Claude, en employant par livre de fruit la même quantité de sucre.

Pâte de mirabelles. Oter les noyaux de mirabelles bien mûres; leur donner un bouillon; les écraser dans un tamis; extraire la pulpe; la peser; après avoir fait évaporer l'humidité jusqu'à ce que la marmelade soit réduite à moitié, clarifier quantité égale de sucre, que vous faites cuire au petit cassé; vous y versez la marmelade, en remuant bien avec une spatule. Quand le mélange est bien fait, vous remettez la bassine sur un petit feu, en remuant toujours jusqu'à ce que vous découvriez facilement le fond de la bassine; alors vous la retirez de dessus le feu.

Vous posez sur une plaque de ferblanc, ou sur des ardoises, des moules de différentes figures, soit en rond, soit en carré, soit en forme de cœur; vous les emplissez de votre pâte ou marmelade, ayant soin d'en bien unir la surface avec un couteau; lorsque tous les moules sont remplis, vous saupoudrez vos pâtes avec du sucre, et les mettez à l'étuve avec un bon feu. Le lendemain vous les retirez des moules, vous les posez sur des tamis, en les retournant, et les saupoudrez aussi de sucre de ce côté; vous les laissez en cet état un jour à l'étuve, et les conservez dans des boîtes bien bouchées, en les disposant par lits, et mettant entre chacun une feuille de papier blanc.

Les pâtés de reines Claude et de pêches se font de même, ainsi que celles de pommes de reinette.

Prunes au sucre confites. Prendre des prunes de reine Claude, grosses, mais vertes et encore dures. Conservez leurs queues que vous rognerez avec des ciseaux; piquez-les en plusieurs endroits avec une grosse aiguille à tricoter; ou des poires de rousselet presque mûres, pelez-les finement sans leur ôter la queue; ou des abricots-pêches à moitié mûrs, fendez-les pour en ôter le noyau, ou enfin prenez toutes ces espèces dans leur saison, pour les mélanger ensuite.

Mettez dans une bassine du sucre en proportion de ce que vous avez de fruits, faites le bouillir avec un peu d'eau, écumez-le, et, lorsqu'il est cuit à la nappe (voyez *cuisson du* SUCRE), mettez dedans un rang de fruits, de manière à ce que tout le fond de la bassine soit garni et que les fruits ne soient pas l'un sur l'autre; retournez-les un à un *continuellement*, jusqu'à ce que la grosse aiguille à tricoter puisse les traverser aisément. Alors retirez-les avec l'écumoire et placez-les au fond d'un large saladier, puis procédez à la cuisson d'une autre fournée.

Si l'opération est longue à cause de la quantité de vos fruits, et que le sucre épaississe trop et menace de faire caramel, prévenez cela en ajoutant de temps en temps un peu d'eau froide.

Tous vos fruits étant ainsi passés, versez le sirop dessus et laissez-les tremper deux ou trois jours, pendant lesquels ils rendront toute leur eau. Alors tirez-les du sirop que vous faites bouillir jusqu'à ce qu'il ait repris l'épaisseur de la nappe, après quoi vous rangez vos fruits dans des bocaux, et versez le sucre dessus, en sorte qu'il les recouvre entièrement.

Usage de ces fruits. Si vous voulez en mettre à l'eau-de-vie, il suffit d'en arranger dans le fond d'un bocal avec un peu de leur sirop, et de verser de l'eau-de-vie dessus; au bout de huit jours il sont parfaits. Si vous voulez les servir en confitures, tirez-en seulement de quoi emplir un pot à confitures, *tassez*-les dedans en les pressant; n'y mettez point de sirop.

Enfin, voulez-vous les servir en boîtes de fruits secs, tirez-en suffisamment, faites-les égoutter deux ou trois jours sur un grillage d'osier; et, lorsqu'ils sont bien *ressuyés*, arrangez-les en les pressant dans une boîte garnie de papier blanc.

Ces fruits se conservent parfaits pendant plus de deux ans, et ne reviennent pas à vingt sous la livre.

Prunes de mirabelles à l'eau-de-vie. En prendre douze livres, jaunes, sans être mûres; les piquer, les mettre dans de l'eau fraîche; faire bouillir; enlever les prunes avec l'écumoire, et les jeter dans une terrine pleine d'eau fraîche quand elles montent.

Clarifier trois livres de sucre et le mettre au petit lissé; faire faire aux prunes un bouillon dans le sucre. On renouvelle cette opération pendant deux jours; le troisième, on met les prunes en bocaux; on fait cuire le sucre à la nappe; quand il est refroidi, on y mêle les deux litres d'eau-de-vie; remuer, passer, verser sur les prunes, et bien boucher.

Prunes sèches ou pruneaux. Le procédé suivant est suivi dans quelques provinces pour faire sécher les prunes.

Dans le département de Lot-et-Garonne, où cette opération se fait très-en grand, on cueille les prunes que l'on se propose de faire sécher au point de leur parfaite maturité, après quoi on les expose pendant plusieurs jours au soleil sur des claies ou sur des tables recouvertes d'un lit de paille. Lorsqu'on les trouve suffisamment disposées, on les introduit dans un four modérément chauffé, où on les laisse dix à douze heures, et quelquefois vingt-quatre; on les remet alors au soleil, on les retourne pour qu'elles sèchent également, et on leur fait subir de nouveau l'action du four. On réitère une troisième fois la même manœuvre, et d'ordinaire elles sont alors suffisamment sèches. On ne fait pas sécher indistinctement toutes les espèces de prunes. Les meilleures à cet égard sont celles de Sainte-Catherine; elles sont de forme ovoïde, un peu allongée, d'une couleur mêlée de rouge et d'un jaune ambré, d'une odeur assez parfumée, et d'une saveur un peu trop fade et sucrée pour être mangées avec plaisir tant qu'elles sont vertes. Leur maturité s'accomplit dans le courant de juillet, et l'on s'occupe de leur dessiccation jusqu'à la fin d'août, pendant six semaines ou deux mois.

L'on suit quelquefois une autre méthode pour la conservation de quelques espèces de prunes. On les tient pendant quelques minutes dans l'eau bouillante; on les en retire; on les dépouille de leur peau, ce qui se fait avec une grande facilité; on les ouvre pour en détacher le noyau, et, lorsqu'elles sont ainsi ouvertes, on en applique plusieurs l'une sur l'autre. C'est dans cet état qu'on les introduit dans un four sur des claies, et comme on ne les y expose qu'à une chaleur très-modérée, on est obligé de les y mettre trois fois pour les sécher au point convenable. Dans cet état, elles ont, comme les poires séchées, une couleur café clair et une chair homogène, transparente et très-délicate.

Manière d'obtenir la pulpe des pruneaux et des autres fruits secs, de manière à imiter les marmelades faites avec ces mêmes fruits récens. On prend la quantité que l'on veut de pruneaux secs; on les fait cuire dans une suffisante quantité d'eau, ayant soin cependant qu'il reste peu de liqueur quand ils sont cuits. On les met dans un vase convenable; on les écrase avec une spatule de bois; on les met ensuite sur un tamis de crin; on frotte la chair de ces pruneaux, sur ce tamis, avec une spatule de bois suffisamment large pour forcer la pulpe à passer à travers; si la pulpe se trouve trop épaisse, on y ajoute un peu de la décoction des pruneaux, et on sépare les noyaux à mesure qu'ils se présentent; on continue ainsi de suite jusqu'à ce qu'on ait fait passer toute la pulpe au travers du tamis; il reste enfin sur le tamis les noyaux et les peaux du fruit, que l'on rejette comme inutiles. On repasse la pulpe, de la même manière, au travers d'un second tamis de crin, un peu plus serré que le premier, afin que la pulpe soit plus fine. Lorsqu'elle est un peu trop liquide, on la fait sécher au bain-marie, jusqu'à ce qu'elle ait assez de consistance. On peut employer des linges clairs au lieu de tamis; mais ils sont beaucoup moins commodes. On ajoute, si l'on veut, du sucre en poudre et un peu d'eau de fleur d'oranger, pour donner à la pulpe un meilleur goût. On peut employer le même procédé pour avoir la pulpe des fruits récens, tels que les pommes, les poires, etc.

Brignolles. Prendre des prunes de l'espèce appelée Brignolles du nom d'une ville de Provence renommée pour cette confiture sèche; les faire blanchir un instant à l'eau bouillante; peler sans les écorcher, les fendre en deux et ôter le noyau. Ensuite dresser les moitiés sur des claies, et les conduire absolument comme il vient d'être dit pour les pruneaux.

Pruneaux à l'eau-de-vie. Prenez de beaux pruneaux de Sainte-Catherine, lavez-les à deux eaux tièdes, essuyez-les, et les placez au fond d'un bocal, qu'il en soit à moitié plein. Emplissez-le de bonne eau-de-vie. Au bout de quinze jours vous pouvez déjà les employer. Sans être très-recherché, c'est un dessert fort agréable et peu dispendieux.

Compote de pruneaux à l'eau-de-vie. Vous représenterez jusqu'à trois fois la prune à l'étuve. Vous ne pousserez cependant pas la dessiccation au point où elle doit être pour le pruneau à conserver; vous lui laisserez plus de mollesse. Alors vous emplirez un vase de ces pruneaux, que vous tasserez à la main, et vous y verserez la petite quantité de vin blanc et partie égale d'eau-de-vie que le peu d'interstice des pruneaux entre eux admettra : vous boucherez exactement avec de bon liége. Vous vous serez procuré ainsi une compote toute préparée, qui ne demande point de cuisson. En y ajoutant un arome, la cuillerée de jus qui accompagnera le fruit sera un ratafia agréable et très doux.

Eau-de-vie de prunes. (Voy. EAU-DE-VIE.)

PTÉLÉA A TROIS FEUILLES. (*Ptelia trifoliata.*) Famille des térébinthacées. Arbuste de Caroline. Feuilles à trois folioles, d'un beau vert luisant; panicules à odeur d'œillet, en mai. Cet arbrisseau, propre à garnir les vides des massifs, très rustique, fait mieux en cépées qu'en tiges. Multiplication de semis en mars.

PUBERTÉ (*Hyg.*). La puberté est le temps où les viscères paraissent acquérir une action qu'ils n'avaient pas, et où toute la nature semble renaître : la force des vaisseaux est plus grande, la chaleur plus vive, le sang plus fougueux. On doit éviter à cet âge les aromates, les alimens de haut goût, les spiritueux, les exercices violens. On doit prendre des alimens très-nourrissans, comme les farineux, la chair de vieux animaux, le pain bien fermenté et bien cuit, et surtout défendre le vin pur et les liqueurs spiritueuses.

PUCE. (*Animaux nuisibles.*) Cet insecte est très-commun. Il est comme couvert d'une cuirasse; ses cuisses de derrière sont propres au saut.

La femelle pond une douzaine d'œufs blancs et visqueux,

il en sort de petites larves sans pieds, très-allongées, semblables à de petits vers, très-vives, se roulant en cercles ou en spirale, serpentant dans leur marche; d'abord blanches, et ensuite rougeâtres. Leur corps est composé d'une tête écailleuse, sans yeux, portant de très-petites antennes, et de treize segmens, ayant de petites touffes de poil, avec deux espèces de crochets au bout du dernier. Leur bouche offre quelques petites pièces mobiles dont ces larves font usage pour se pousser en avant. Après avoir demeuré une douzaine de jours sous cette forme, les larves se renferment dans une petite coque soyeuse, où elles deviennent nymphes, et dont elles sortent en état parfait au bout d'un espace de temps de la même durée.

La puce commune (*pulex irritans* de Linnée) se nourrit du sang de l'homme, du chien et du chat; elle attaque plus particulièrement les femmes, parce qu'elles ont la peau plus délicate, et par conséquent plus facile à percer. Elles viennent à la suite de la malpropreté; souvent aussi les chiens et les chats les apportent sur les personnes. Pour s'en délivrer, il ne faut pas vivre familièrement avec ces animaux; il faut balayer très-souvent les appartemens, entretenir proprement les draperies de lit et autres, changer de lingele plus souvent possible. Dans les appartemens dont le parquet n'est pas ciré, il faut arroser trois ou quatre fois par jour avec de l'eau dans laquelle on a versé quelques gouttes de vinaigre. Le voisinage des pigeonniers amène beaucoup de puces, parce que leurs larves se plaisent particulièrement dans le nid des pigeons; elles s'attachent au cou de leurs petits, et les sucent au point de devenir toutes rouges.

On délivre les chiens de leurs puces par des frictions de pommade mercurielle, composée du mélange d'un gramme de sublimé corrosif pulvérisé et de quatre grammes de graisse de porc, ou en saupoudrant leur peau avec un peu de précipité rouge.

Comme les puces naissent et vivent ordinairement dans les matelas, les couvertures, etc., on les détruira en soumettant ces objets à des fumigations sulfureuses et mercurielles qu'on aura soin de renouveler de temps en temps, pour atteindre celles qui seraient échappées ou qui se seraient développées de nouveau. On pratiquera également ces fumigations dans les colombiers, où les puces sont souvent très-multipliées, et autres lieux destinés à recevoir les animaux domestiques, qu'on en fera sortir préalablement, et qu'on n'y laissera rentrer qu'après avoir aéré convenablement. (Voy. ANIMAUX NUISIBLES.)

PUCERONS. (*Animaux nuisibles.*)

Les piqûres que font les pucerons aux feuilles ou aux jeunes tiges des végétaux font prendre à ces parties différentes formes, comme on peut le voir aux nouvelles pousses des tilleuls, aux feuilles de groseillers, de pommiers, et plus particulièrement à celles de l'orme, du peuplier et du pistachier, où elles produisent des espèces de vessies ou d'excroissances, renfermant dans leur intérieur des familles de pucerons, et souvent une liqueur sucrée assez abondante. La plupart de ces insectes sont couverts d'une matière farineuse ou de filets cotonneux, disposés quelquefois en faisceaux.

C'est à ces petits animaux qu'il faut attribuer la cloque qui attaque quelquefois les pêchers et d'autres arbres. La liqueur mielleuse qu'ils déposent sur les feuilles attire les fourmis, ce qui vient encore augmenter le mal.

Pour chasser les pucerons de dessus une plante, on emploie des arrosemens faits avec une décoction de plantes âcres, telles que tabac, feuilles de noyer, sureau, etc., la fleur de soufre, la suie ou la cendre dont on saupoudre les parties qui en sont infectées; mais ces remèdes sont souvent insuffisans, et alors il faut avoir recours à une autre méthode. On fait faire en tôle, en cuivre, ou simplement en fer-blanc, une boîte ovale de la grosseur d'un œuf de poule; elle s'ouvre dans le milieu de la même manière qu'une boîte à savonnette. A un des bouts de l'ovale est un tuyau long de sept à huit pouces, de la grosseur de celui d'une pipe, et guère plus ouvert. A l'autre extrémité est un second tuyau beaucoup plus gros et plus court, qui sert à adapter cette matière au bout d'un soufflet ordinaire de foyer. On remplit la boîte de tabac à fumer; on y met un petit morceau d'amadou embrasé, et on l'adapte au soufflet; cela fait, on dirige le tuyau long et mince sur la partie de la plante où les pucerons sont rassemblés; on fait jouer le soufflet, et le tuyau lance un jet de fumée que l'on dirige à volonté sur les insectes, ce qui les fait périr en deux ou trois minutes. Il faut avoir la précaution de ne pas approcher le tuyau trop près des feuilles, parce que la fumée en sort assez chaude pour les brûler.

PUDDING. (*Off.*) *Pudding au pain.* Prenez la mi d'un pain d'une livre, coupez-la en tranches, faites-les tremper dans du lait pendant une heure; retirez le pain sans le presser, et ajoutez-y une pincée de sel fin, un peu de muscade râpée, une demi-cuillerée de farine et deux œufs frais; broyez le tout en forme de pâte. Mettez au feu une marmite qui n'ait point d'odeur de graisse et qui soit assez grande pour contenir votre pudding au large; emplissez-la d'eau, faites-la bouillir à grands bouillons; trempez dans cette eau un linge propre, tordez-le, étendez-le sur la table et le saupoudrez de farine; versez votre pudding au milieu, relevez les bords du linge en les réunissant; liez-les avec une ficelle, ayant soin de laisser un peu d'espace pour que la pâte puisse renfler. Plongez-le dans l'eau bouillante et laissez-le bouillir sans interruption une heure et un quart; veillez à ce que la marmite soit toujours pleine et que l'eau recouvre bien le linge; ensuite retirez-le de l'eau, laissez-le refroidir dans le linge un quart d'heure, pour qu'il prenne de la consistance; développez-le et servez-le après l'avoir recouvert de la sauce suivante:

Faites fondre en tournant toujours un bon quarteron de beurre bien frais, avec une pincée de farine, un demi-verre d'eau, un morceau de sucre et une pincée de sel fin; laissez bouillir dix minutes.

Pudding à la passerille. Quantité des ingrédiens:

Demi-livre de raisin sec, dont on a ôté les pépins;

Deux clous de girofle en poudre;

La moitié d'un bâton de cannelle en poudre;

Un peu de muscade râpée;

Une pincée de poivre;

Une forte pincée de sel;

Une demi-livre de graisse de rognon de bœuf hachée très-menu.

Mêlez tous ces ingrédiens et mettez-les à part dans une assiette.

Mettez ensuite dans une terrine une livre de farine; faites un trou au milieu; mettez-y quatre œufs frais, une cuillerée d'eau-de-vie; remuez avec la main en versant peu à peu du lait, jusqu'à ce qu'il y en ait assez pour vous aider à former une pâte ferme et bien liée, sans grumeaux; pétrissez-la fortement en y ajoutant tous les autres ingrédiens; faites cuire ce pudding comme l'autre, mais en le laissant deux heures et demie au feu.

Pudding aux fruits. Prendre à volonté pommes pelées, prunes, groseilles, etc. Mettre dans une terrine une livre de farine, un œuf, du beurre, un peu de sel fin; faire une pâte en ajoutant l'eau peu à peu; étendre de la farine sur la table; rouler dessus la pâte bien pétrie; l'étendre en rond de l'épaisseur de deux lignes; placer au milieu les pommes coupées par petits morceaux, ou les autres fruits; ajouter pincée de cannelle en poudre et un bon quarteron de sucre râpé; retrousser la pâte à l'entour, en réunissant les bords au dessus; envelopper le pudding comme les précédens; faire cuire deux heures.

Pudding de maïs. Ce mets américain est très-bon et très-nourrissant. Voici de quelle manière on le fait :

Mettez sur le feu, dans un pot ou chaudière de fer découverte, la quantité d'eau nécessaire pour un pudding; vous ferez dissoudre ce qu'il faut de sel, et vous y mêlerez peu à peu la farine de maïs, avec une cuiller de bois, dès que l'eau est chaude et qu'elle commence à bouillir. Ne faites couler successivement dans l'eau qu'une petite quantité de farine à travers les doigts de la main gauche, tandis qu'avec la droite vous imprimerez à l'eau un mouvement précipité, afin que la farine s'y mêle complétement, et ne se forme pas en paquets. Au commencement de la cuisson, vous n'introduirez la farine qu'avec beaucoup de lenteur, afin que la masse ne soit pas plus épaisse que de la soupe de gruau d'avoine. Il faut que l'addition du surplus de farine nécessaire pour épaissir convenablement le pudding soit reculée au moins d'une demi-heure, durant laquelle vous tiendrez sans cesse la masse en mouvement et en ébullition. Le moyen de voir si le pudding a l'épaisseur convenable, c'est d'enfoncer la cuiller de bois au milieu de la masse ; si elle n'y demeure pas debout, on doit ajouter encore de la farine; dans le cas contraire, le pudding est à son point. Il gagnera à ce qu'on le laisse cuire trois quarts d'heure ou une heure entière, au lieu d'une demi-heure.

On mange ce pudding de plusieurs manières : les uns, tandis qu'il est encore chaud, en mettent des cuillerées dans du lait, et le mangent au lieu de pain; les autres le mangent à la sauce.

PUITS. (*Conn. us.*) L'assainissement des puits est soumis aux mêmes règles que celui des fosses d'aisances. (Voy. ce mot.)

Lorsqu'on aura reconnu l'insalubrité des lieux, il faut jeter dans le puits infecté deux ou trois boisseaux de chaux vive, et quand on aura reconnu qu'elle est suffisamment éteinte, attacher une pierre lourde à une corde de longueur, et agiter par ce moyen l'eau du puits pour la convertir en lait de chaux.

A défaut de l'exécution de cette méthode, il faut tenir à hauteur du puits des baquets de lait de chaux, et en jeter fréquemment dans le puits autour des murs. Ce moyen nous est confirmé de nouveau par M. Mollerat, de Dijon.

Enfin, au lieu de chaux, on pourra se procurer facilement un tuyau de zinc ou autre métal, de longueur suffisante; il faudra adapter très-hermétiquement au haut de ce tuyau un fort soufflet pour chasser sans cesse dans le puits de l'air pur de haut en bas.

Avant de curer un puits, on s'assure, à l'aide de lumières, de l'altération de l'air. (Voy. ASPHYXIE.) Les ouvriers doivent être robustes et hors de l'état d'ivresse. On leur donne une ration d'eau-de-vie deux ou trois fois par jour pour les stimuler.

Puits artésiens. Les puits artésiens, ainsi appelés du nom de la province (l'Artois) où il en existait le plus anciennement, sont de vrais jets d'eau; en voici la raison :

Supposez une vallée fermée de tous côtés dans laquelle tombe un ruisseau : il y formera un lac. Admettez que cet amas d'eau soit recouvert d'une couche de matières telles que l'argile, la craie, imperméables à l'eau : ces eaux, comprimées, s'il est permis de parler ainsi, tendront par cette charge à s'échapper de tous côtés, de sorte que, si on perce la masse comprimante qui les retient, elles jailliront au-dessus : voilà la théorie des puits artésiens.

PULMONAIRE DE VIRGINIE. (*Jard.*) (*Pulmonaria Virginica.* Famille des boraginées. Vivace. Fleurs en mars, d'un joli bleu. Rustique. Terrain frais et ombragé. Séparation des pieds en septembre.

PULMONAIRE. (*Méd. dom.*) La pulmonaire, *pulmonaria officinalis*, est une plante qui croît dans les bois, dans les haies, au pied des montagnes de l'Europe : sa racine est vivace, blanchâtre, garnie de fibres éparses; les tiges s'élèvent à la hauteur de deux ou trois décimètres; elles sont anguleuses, de couleur tirant un peu sur le purpurin.

La pulmonaire est employée comme béchique dans les catarrhes, dans la pulmonie, dans les gros rhumes; elle est légèrement astringente, et on l'emploie quelquefois dans le vomissement et dans le crachement de sang.

Pulmonaire de chêne. (*Lichen pulmonarius.*) Se trouve sur les troncs d'arbres, tels que les chênes, les hêtres, les sapins et autres arbres des forêts : on la trouve quelquefois aussi sur les rochers, sur les pierres; elle offre des expansions rampantes, divisées à leur bord en découpures obtuses; elle est lacuneuse en dessus, et velue en dessous; on l'emploie avec succès dans les mêmes cas que la pulmonaire; elle est légèrement amère : il est des pays où on la substitue au houblon dans la fabrication de la bière, et au tan dans la fabrication des cuirs; on en retire aussi une teinture brune solide.

PUNAISE. (*An. nuisib.*) *Cimex lectuarius.* Cet insecte est à la fois désagréable par ses piqûres et par son odeur. Il se tient dans les bois de lit, dans les tentures, dans les fentes des murs. Il se multiplie prodigieusement.

Procédés pour détruire les punaises. Une extrême propreté, et une recherche journalière, surtout au printemps, sont le moyen le plus certain pour arriver à ce but, lorsqu'il y a peu de ces insectes; mais, lorsqu'il y en a des milliers, comme cela n'est que trop fréquent, il est indispensable de détendre les lits, de laver les bois, le linge, et autres étoffes, à l'eau bouillante; de boucher les trous qui se laissent voir dans les murs, les plafonds, etc., et de blanchir à la chaux ou peindre à l'huile tout ce qui en est susceptible.

Les claies qu'on emploie contre les punaises doivent être larges d'environ deux pieds, et plus ou moins longues, suivant la largeur du lit. On les place verticalement entre les matelas et la têtière. En faisant le lit on enlève cette claie, on la secoue sur le plancher, et on écrase les punaises qui s'y sont réfugiées. Lorsqu'un bois de lit en est infesté, on le démonte, on passe chaque pièce à l'eau bouillante, et on y étend un nouveau vernis. Si la qualité du bois ne permet pas de faire cette opération, on prend de l'essence de térébenthine, et on en fait pénétrer avec un pinceau dans toutes les fentes où les punaises peuvent se retirer. L'odeur de la feuille de noyer et de laurier est un préservatif contre ces animaux, en plaçant de ces feuilles partout où elles habitent pour les forcer à abandonner leur retraite.

Quand les punaises se sont retirées dans les vieilles boiseries et dans les trous de muraille, on prépare un mastic fait avec de l'ail et du blanc d'Espagne broyé; on y ajoute un peu d'essence de térébenthine, que préalablement on a fait dissoudre dans de l'esprit de vin; puis, après avoir introduit un peu de poussière de camphre et d'essence de térébenthine dans les trous, on les mastique et bouche hermétiquement avec cette composition.

Si les décorations d'un appartement permettent d'en arroser les murailles sans inconvénient, on prépare une liqueur ainsi qu'il suit : on fait dissoudre une demi-once d'essence de térébenthine dans de l'esprit de vin; on fait de même dissoudre deux gros de sublimé corrosif dans la même liqueur, et enfin une demi-once de camphre; lorsque ces dissolutions sont parfaites, on les mélange dans un vase, et l'on y jette une pinte d'eau distillée ou d'eau de puits, avec la précaution de remuer continuellement, afin que le mélange soit parfait; il en résulte une liqueur un peu laiteuse, que l'en n'emploie pas avant de l'avoir parfaitement remuée. Avec un très-gros pinceau de crin on en passe des couches partout où l'on voit que ces animaux se retirent; cela suffit pour les faire mourir très-promptement.

Emploi des harengs. On parvient aussi à chasser et à détruire les punaises par le moyen suivant, qui est fort simple : on prend six harengs-saurs; on les enveloppe dans un linge, afin de ne point salir les matelas, et on les place sur la paillasse, en en mettant trois à la tête du lit, et trois aux pieds.

Emploi de la corne. On fait aussi périr les punaises en brûlant, dans les appartemens, la corne qui vient du sabot des chevaux, et que l'on rogne quand on les ferre.

Emploi du soufre. Pour une pièce d'environ quinze pieds carrés, on prend une livre de soufre, que l'on met dans un petit vase sur un réchaud rempli de charbons ardens, ou sur les charbons mêmes. Le réchaud doit être placé au milieu de la chambre, qu'on ferme aussitôt le plus exactement qu'il est possible, pour ne l'ouvrir que le soir, un peu avant de se coucher, afin de chasser les vapeurs du soufre, qui sont dangereuses à respirer. On doit avoir soin, avant de faire cette opération, de retirer tout ce qui est contenu dans la chambre, excepté le bois de lit et la paillaisse; il ne faut pas surtout laisser les couvertures et le matelas sur lesquels on couche, car ils contracteraient l'odeur du soufre, qui est très-désagréable, et qui ne se perd entièrement qu'au bout de quelques mois.

Emploi du nitrate de mercure. Vous prendrez deux onces et demie de nitrate de mercure bien concentré, et six onces de mucilage de gomme adragant; vous mêlerez et battrez bien le tout ensemble dans un plat de terre verni, avec une poignée de verges, jusqu'à ce que cela soit bien mêlé. Ensuite, vous prendrez les pièces du bois de lit les unes après les autres; vous les brosserez bien pour en enlever la poussière et les ordures, sans les laver : puis vous frotterez toutes les jointures et les joints; une ou deux applications au plus tuent toutes les punaises.

Emploi des feuilles de noyer. Verser sur une livre de feuilles deux livres d'eau. Faire bouillir; presser avec expression.

Emploi du camphre. Lorsque les punaises se sont introduites dans les lits, le moyen le plus sûr pour s'en préserver c'est de placer quatre morceaux de camphre, chacun de la grosseur d'une noix, deux au pieds du lit et deux à la tête, entre le drap de dessus et le matelas.

Emploi du fiel de bœuf. Mettez dans un pot exposé à un feu doux une once de térébenthine et deux à trois fiels de bœuf; mêlez le tout avec une spatule en bois; ajoutez-y quatre onces d'huile de vitriol; trempez un pinceau dans cette liqueur, et frottez-en toutes les jointures, creux et coins de vos couches, et de l'alcôve où vos couches sont placées.

Emploi de la staphisaigre. On prend deux ou trois onces de staphisaigre en poudre; on en met dans toutes les jointures de lits et dans les coutures des coins des matelas, dans tous les lieux où les punaises se rassemblent; au bout de deux ou trois nuits, ces insectes périssent et se dessèchent.

On peut se servir de la même manière du tabac, du poivre et de la résine d'euphorbe réduite en poudre.

Emploi de la première solution mercurielle. (Voy. ANIMAUX NUISIBLES.) On lavera les murs, les meubles, les boiseries, avec la précaution d'en faire pénétrer dans les fentes, les fissures où les insectes auraient pu se réfugier et déposer leurs œufs. Cette dernière méthode a l'avantage d'un résultat plus durable; la solution mercurielle se desséchant sur les lieux où on l'a déposée est un obstacle constant au séjour et au développement des punaises. Elle a un autre avantage, c'est celui de ne pas altérer la couleur des soieries, des meubles et même des papiers de tentures. On doit éviter cependant de toucher avec la solution les objets en cuivre et en argent, car elle les ternirait.

Emploi du galbanum et de l'assa-fœtida. On met, dans un réchaud plein de charbons allumés, une demi-once de galbanum et autant d'assa-fœtida. Après avoir levé les couvertures, les matelas, les sommiers ou paillasses, et jusqu'aux barres du lit que l'on met à terre, on tient la chambre bien close, et l'on bouche avec un drap l'ouverture de la cheminée. Il faut faire cette opération de grand matin, pour n'ouvrir la chambre que le soir, à l'heure où on veut se coucher. A l'instant où la vapeur des drogues s'exhale, les punaises tombent sans mouvement, et, s'il en reste quelques-unes, un jour ou deux après on les trouve toutes desséchées.

Un moyen indiqué depuis longtemps, et dont on peut se servir avec avantage, surtout dans les auberges, lorsque, pendant des voyages, on est exposé à y coucher, c'est de laisser brûler une chandelle à la proximité et à la hauteur du lit; car les punaises fuient la lumière, et ne sortent pas de leur retraite, tant elles ont lieu de craindre d'être aperçues. Placer les matelas au milieu de la chambre, comme on le fait souvent, diminue bien le nombre des assaillans, mais n'en débarrasse pas complétement. Une claie est encore le meilleur de tous les procédés.

Emploi de l'acide carbonique. (Voyez ANIMAUX NUISIBLES.)

Les punaises des jardins ou *kermes*, font un grand tort aux pommiers et aux poiriers; elles déposent leurs œufs entre l'écorce et le liber, et occasionnent une espèce de gale; il faut frotter ces œufs avec de l'essence de térébenthine et écraser ces insectes toutes les fois qu'on en voit.

Ces punaises sont également dangereuses pour les pêchers et pour les arbres de serre à feuillage persistant, tels qu'orangers, figuiers de serre chaude, lauriers, etc., etc.; avec beaucoup de propreté, on vient à bout d'en débarrasser ces arbres. En été, pendant un jour chaud, on les sort de la terre; avec une éponge et de l'eau, on lave leurs feuilles et leurs jeunes rameaux, après avoir préalablement écrasé les kermes avec un petit morceau de bois plat. Afin de les approprier mieux, on peut se servir d'une brosse à crins doux, afin de détacher de dessus les rameaux les ordures que ces insectes pourraient y avoir déposées. Qdant aux arbres de pleine terre, on les en débarrasse en arrosant leur feuillage avec des décoctions de plantes âcres.

PUNCH. (*Off.*) *Manière de faire le punch.* Mettre dans un bol une demi-livre de sucre avec deux cuillerées de sirop de limon; faire chauffer dans un poêlon de fer-blanc battu trois demi-setiers d'excellente eau-de-vie; lorsqu'elle est près de bouillir, verser sur le sucre; ajouter promptement deux verres d'eau bouillante; allumer le punch avec un papier; remuer cinq minutes avec la cuiller; ensuite laisser éteindre seul. Si vous n'avez pas de sirop, frotter votre sucre sur l'écorce d'un citron frais, jusqu'à ce que la moitié du zeste se trouve enlevée; fendre ensuite le citron, mettre la moitié de son jus sans laisser tomber les pepins; on peut aussi employer du vin de Champagne au lieu d'eau-de-vie : alors mettre la bouteille entière sans mélange d'eau; ne l'allumer pas. Le punch au rhum se fait comme celui a l'eau-de-vie; mais, si au punch à l'eau-de-vie vous ajoutez un demi-verre de rhum, il devient excellent. Le punch au vin rouge se fait de même, ainsi que ceux au rack, au kirsch, etc. La combustion du punch est agréable à l'œil, mais a le défaut de lui faire perdre sa partie spiritueuse.

Sirop de punch. Clarifiez quatre livres de sucre et faites-le cuire au grand lissé (c'est un peu plus que le lissé ordinaire); ajoutez-y le jus de huit citrons bien juteux, après l'avoir passé dans un linge; faites-lui faire trois bouillons, et versez-le dans une grande terrine neuve. Ce sirop étant presque froid, versez dedans une chopine de rhum et une pinte d'excellente eau-de-vie; mêlez bien le tout. Mettez en bouteilles, et ne bouchez que lorsque c'est entièrement refroidi.

Pour s'en servir on en met à moitié des tasses et on achève de les emplir avec de l'eau bouillante ou du thé. Ce sirop se garde très-longtemps et procure à la minute un punch des plus délicats. Il est de plus économique.

Punch aux œufs. Mettre dans un verre à punch un petit verre du sirop, et un jaune d'œuf. Battre le tout, et remplir le verre d'eau bouillante.

Autre méthode. Dans partie égale de jaunes d'œufs et de jus de citron, mêlés et battus l'un avec l'autre, ajoutez trois parties de rhum; versez dessus dix fois autant d'infusion faite avec le thé sucré d'avance; mêlez le tout exactement, et ajoutez la moitié des blancs d'œufs battus en neige.

Manière de rendre le punch plus agréable. Voulez-vous rendre le punch incomparablement meilleur qu'il ne l'est ordinairement? faites cuire, pendant une demi-heure, l'eau qui vous sera nécessaire avec une poignée de riz.

Nouvelle recette de punch.

Thé hyswin	1/2	livre.
Thé noir	4	onces.
Eau.	24	litres.
Sucre	16	livres.
Eau-de-vie vieille.	20	litres.
Rhum.	4	id.
Acide citrique.	5	onces.
Esprit de citron	4	id.

Faire infuser le thé; y jeter l'acide citrique; faire fondre le sucre; passer, et ajouter les autres ingrédiens; on peut conserver dans des bouteilles bien bouchées.

Punch à l'anglaise. On ajoute trois parties de rhum sur une de suc de citron, dans lequel on a mis infuser d'avance quelques zestes; après avoir versé sur le tout neuf parties d'excellente infusion de thé, on édulcore avec la quantité de sucre jugée convenable ou nécessaire, car il est des personnes qui le veulent très-sucré, d'autres à qui il est insupportable de cette manière. On conseille encore, en suivant le même procédé, de remplacer le rhum par le rack, ou par du vin rouge, enfin, par du vin de Champagne, ou toute autre liqueur aromatique vineuse ou alcoolique, pour obtenir du punch de goût différent.

Punch glacé. Pour faire des glaces au punch, ou du punch à la glace, après l'avoir confectionné comme il vient d'être dit du punch anglais, on le met dans une sarbotière pour le glacer.

Punch froid au lait. Lever le zeste de douze citrons, faire infuser pendant vingt-quatre heures dans une bouteille de rhum avec une muscade concassée et un gros de cannelle; exprimer le suc de douze citrons, ajouter trois bouteilles de rhum, quatre d'eau, deux livres de sucre blanc; faire chauffer; quand le tout est près de bouillir, verser en remuant toujours et par filets deux bouteilles de lait; retirer du feu, couvrir d'un linge; laisser reposer deux heures; passer à la chausse deux fois de suite, et mettre en bouteilles. Ce punch glacé est exquis.

PURÉE. (*Cuis.*) Toutes se font à peu près de la même manière. Celle *aux pois verts* s'obtient en les faisant cuire à l'eau bouillante avec beurre, épices et bouquet garni; celles *aux pois secs*, *aux haricots*, *aux lentilles*, en les mettant cuire dans une marmite avec lard, bouquet garni, carottes, ognons, girofle, épices; celle *aux ognons*, en les faisant cuire jusqu'à ce qu'ils soient réduits en bouillie, avec beurre et épices.

PURGATIF. (*Méd. dom.*) Quand on sent le besoin de se purger, il faut le faire avec des remèdes très-doux, tels que la calomélas, la manne, l'eau de Sedlitz.

Purgatif efficace. Prenez quinze grains de *pilules hydragogues de Boutin;* formez-en quatre pilules pour les prendre à jeun. Buvez ensuite du bouillon aux herbes, à mesure que le purgatif opère.

Autre purgatif très-doux et favorable au commencement du printemps.

Savon médicinal	1/2 gros.
Aloës succotrin	18 grains.
Crème de tartre	18 grains.
Extrait de rhubarbe	18 grains.

Former seize pilules avec du sirop de chiendent. Prendre deux pilules chaque matin à jeun et par-dessus une tasse de bouillon aux herbes.

La purgation est nécessaire pour achever la guérison d'un clou. (Voy. CLOU.)

PUTOIS. (*An. nuis.*) *Mustela putorius.* Genre des martes. Il est brun, avec des taches blanches à la tête; il exhale une odeur fétide.

Le putois habite également les environs des fermes et les bois. Plus petit que la fouine, il se cache plus aisément dans les crevasses de murailles, sous les tuiles des toits; il se glisse aussi par des trous plus petits et trompe aisément la surveillance.

Lorsqu'il est parvenu à entrer dans un poulailler, il tue tout avant d'en sortir. Habite-t-il les bois, il visite chaque nuit les garennes, pénètre dans les terriers et détruit les lapins. Pour peu que deux ou trois putois se soient établis dans les environs d'une garenne, on peut être à peu près certain qu'elle sera entièrement détruite dans un court espace de temps.

On prend le putois dans les traquenards ou souricières. On amorce avec un morceau de volaille.

Q.

QUARTAUT. (*Conn. us.*) Ancienne mesure pour les liqueurs. Le quartaut de Champagne valait douze setiers ou quatre-vingt-seize pintes; le quartaut d'Orléans, treize septiers et demi ou cent huit pintes. (Voy. MESURE.)

QUARTERON. Quatrième partie d'une livre, quart d'un cent, et un en sus, et parlant des choses qui se vendent par compte.

QUAS. (*Ind. dom.*) Liqueur russe très-rafraîchissante et peu coûteuse. Mettre dans de grands pots vingt livres de farine de seigle et cinq livres de malt de seigle en farine; faire une pâte avec de l'eau chaude qu'on verse peu à peu; on met dans un four, à une température un peu moindre que celle nécessaire à la cuisson du pain. Au bout de dix-huit à vingt-quatre heures, on retire la pâte, on la verse dans une cuve; on y met du levain ordinaire ou un morceau de pain de seigle trempé dans l'eau-de-vie. On verse un verre d'eau chaude; on remue la pâte pendant une heure entière. Cette opération se fait dans une chambre suffisamment chauffée. On remplit la cuve d'eau froide; lorsque la liqueur commence à s'aigrir, on passe au tamis dans un tonneau; on ajoute de la menthe ou autres aromates, et on met à la cuve. Cette liqueur est bonne dès le troisième jour.

Soupe au quas. Ajouter à la liqueur, de l'oseille, des choux verts hachés, de l'ognon, du concombre, sel, poivre, muscade, le tout cuit à l'eau; servir froid. Le *quertlichy* est une liqueur analogue.

QUENELLES. (*Cuis.*) Viandes hachées d'abord, pilées ensuite, et façonnées en boulettes. On dit: *des quenelles de veau, de gibier, de volaille, de poisson, etc.* (Voy. POULE.)

QUENOUILLES. (Voy. JARDIN.)

QUERCITRON. (*Conn. us.*) Écorce du *quercus nigra.* (Voy. CHÊNE.) On en sépare l'épiderme qui donne une couleur brunâtre. Le reste, réduit en poudre au moulin, donne une très-belle couleur jaune. Elle est huit fois plus abondante que la gaude.

QUEUE. (*Conn. us.*) Ancienne mesure pour les liquides, qui valait quatre cent vingt pintes.

QUEUE-DE-CHEVAL ou PRÊLE. (*Agr.*) Famille des fougères. Plante qui sert aux menuisiers à polir le bois, le cuivre et le fer.

QUEUE DE-MOUTON. (Voy. MOUTON.)

QUEUE-DE-PORC. (*Méd. dom.*) *Peucedanum.* Famille des ombellifères. La racine de cette plante est pleine d'un suc jaunâtre qui a l'odeur de la poix desséchée. Elle perd les principes nuisibles que peut avoir ce suc, et s'emploie comme résolutive.

QUEUE-DE-RENARD ou VULPIN. *Alopecurus.* Plante de la famille des graminées, qui fait d'excellents pâturages. Le vulpin des prés est sujet à l'ergot. (Voy. ce mot.) Toutes les espèces de vulpins croissent partout et en toute terre, et sont d'une précieuse ressource dans les contrées stériles.

QUE-DE-VEAU. (Voy. VEAU.)

QUININE. (*Méd. dom.*) Substance alcaline extraite du

quinquina jaune, et qu'on emploie pour combattre les fièvres inter- mittentes. (Voy. FIÈVRE, QUINQUINA.)

QUINQUET. (*Conn. us.*) Les quinquets furent inventés par Quinquet, au dix-huitième siècle.

Moyen de nettoyer les globes de quinquets. Faire une eau chaude de savon; nettoyer le globe, frotter avec une pierre-ponce toutes les parties qui sont restées noires, et laver avec de l'eau pure.

Huile à quinquet. Un pouce cube d'huile à quinquet contient mille neuf cent vingt-huit lignes cubes, pesant trois cent quarante-deux grains; la livre égale neuf mille deux cent seize grains.

Un quinquet en consomme environ deux mille trois cent quarante-six lignes cubes en dix heures; la consommation de l'huile d'olive est double.

QUINQUINA. (*Méd. dom.*) *Chincona.* Famille des rubiacées. Ce précieux remède doit son nom à la comtesse de Chinchon, femme du vice-roi du Pérou, à laquelle les Indiens le découvrirent. Il y a quatre espèces de quinquina : le quinquina *orangé* est le meilleur fébrifuge; le quinquina rouge arrête les progrès de la gangrène.

Le quinquina en poudre est un bon dentifrice. Son emploi offre de grands avantages relativement aux gencives, qu'il fortifie et qu'il préserve de plusieurs affections auxquelles elles sont sujettes. On peut le mélanger avec le charbon en poudre; quelques personnes y ajoutent dix gouttes d'essence de menthe par once; cette addition ne peut être qu'avantageuse.

Sirop de quinquina. Prendre 5 hectogrammes de quinquina concassé, 5 kil. d'eau.

Faites macérer le quinquina dans l'eau prescrite pendant cinq à six jours, ayant soin d'agiter de temps en temps le vaisseau; filtrez ensuite la liqueur; remettez le marc dans le matras, et ajoutez-y quinze hectogrammes d'eau; laissez digérer pendant deux ou trois jours; filtrez; réunissez les deux liqueurs; ajoutez-y

Sucre très-blanc. . . . . 2 kilog.

Faites évaporer à une très-douce chaleur, jusqu'en consistance de sirop; disposez alors, pour l'usage, dans des bouteilles très-propres.

Ce sirop est un excellent fébrifuge; il est stomachique, il donne beaucoup de ton à l'estomac; il facilite les digestions lentes et laborieuses : la dose doit être proportionnée aux indications que l'on se propose de remplir.

Ce sirop n'est pas d'une lucidité parfaite; cependant, lorsqu'on ajoute le sucre avant de soumettre le produit de la macération à l'action du calorique, les portions résineuses qui étaient dissoutes dans l'eau ne se précipitent point, et la transparence du sirop n'est pas altérée d'une manière sensible.

QUINTE FEUILLE. (*Agr.*) (*Potentilla reptans.*) Famille des rosacées. La racine de cette plante est longue, fibreuse, rougeâtre en dedans, noirâtre en dehors; elle est répulsive, vomitive et fébrifuge. Dans les arts, elle sert à tanner les cuirs. Les vaches, les chèvres et les moutons la broutent.

QUINTILLE. (*Récr. dom.*) Jeu qu'on joue à cinq.

Les joueurs se placent comme à la *bouillotte.* (Voy. ce mot.)

Pour la composition de ce jeu (voy. PIQUE-MÉDRILLE); pour la couleur *favorite* ou de *préférence*, et pour les fiches nommées *poulans.* (Voy. encore à ce dernier jeu.) Quant à l'ordre, à la valeur des cartes, aux matadors, aux renvis, à la parole, au sans-prendre. (Voyez HOMBRE.) Comme au *pique-médrille* et au jeu précédent, les cartes qui suivent les trois premiers matadors sont matadors *surnuméraires.* Le joueur qui ouvre et conduit le jeu se nomme aussi l'*hombre*; les autres cherchent à le faire perdre et à faire codille.

Voici cependant quelque chose de particulier à ce jeu : les petites cartes d'une couleur autre que celle d'atout se nomment *fausses cartes*, et l'action de s'en défaire s'appelle se *défausser.* On dit qu'on est en *cheville* quand on n'est ni le premier ni le dernier à jouer. *Coster* se dit d'un joueur en *cheville* qui, ayant une carte-roi et une autre inférieure, jette celle-ci plutôt que celle-là, parce qu'il espère que la carte supérieure à celle qui n'est pas roi ne se trouvera pas dans la main de la personne avant laquelle il joue. On *obéit*, c'est-à-dire on fournit de la couleur jouée. La *remise* est le coup où l'*hombre* fait la bête sans que son adversaire ait gagné codille.

L'*hombre* peut s'associer à quelqu'un, et alors il partage la perte et le gain avec son partenaire. Si, dans leur partage, il se trouve un jeton impair, l'*hombre* le paie en cas de perte, et le recueille en cas de gain.

Tous les paiemens, pour lesquels on renvoie aux différens jeux nommés ci-dessus, se font doubles depuis le neuvième tour de la partie, que, pour cette raison, on nomme *tour double* : c'est le dernier. A mesure que les bêtes se multiplient, ellesaugmentent de quinze jetons.

R.

RACINE (*Conn. us.—Agr.—Méd. dom.*) Quoique la racine des végétaux ne soit pas leur partie la plus belle, et qu'elle s'enfonce dans la terre pour y accomplir obscurément ses fonctions, son importance est immense.

On désigne sous le nom de *collet* la ligne de démarcation qui sépare la racine du reste de la plante. On l'appelle aussi le *nœud vital*, parce que la plante meurt presque toujours si on la coupe dans cet endroit.

Immédiatement au-dessous du *collet*, on trouve le *corps de la racine.*

Les nombreux filamens qui partent de ce corps sont appelés *radicelles* ou *chevelu*.

On peut réduire à quatre le nombre des racines, savoir: *fibreuses*, *tubéreuses*, *bulbifères* et *pivotantes*. Les *racines fibreuses* présentent un amas de jets longs à la manière des filamens. Les *tubéreuses* sont composées de bosses ou renflemens irréguliers, charnus et solides, tels que les racines des pommes de terre. On aperçoit à la surface des *racines tubéreuses* des renfoncemens d'où partent des côtés et par-dessous de petites *racines fibreuses*. On appelle *bulbifères* les racines dont la forme a quelque ressemblance avec les ognons. Il y a des botanistes qui ne classent pas ces ognons parmi les véritables racines, car ils n'ont de racine proprement dite que le corps en général très-mince qu'on nomme *plateau*. Les *racines pivotantes* sont celles qui s'enfoncent perpendiculairement dans la terre. Cette forme peut être observée dans les navets.

De la récolte et de la dessiccation des racines médicinales. La récolte des racines peut se faire au printemps ou en automne, lorsqu'elles sont sans tiges; autrement, les racines sont ligneuses et de mauvaise qualité.

On doit, autant qu'on le peut, avoir les racines entières, bien nourries, sans qu'elles le soient trop.

Après les avoir récoltées en temps convenable, on les lave bien pour en emporter la terre qui y adhère, on frotte chacune d'elles avec un linge rude ou une brosse; et on râtisse avec un couteau celles dont les anciennes écorces sont trop adhérentes; on ôte tous les filamens, on fend en plusieurs parties celles qui ont un cœur ligneux pour le séparer et le rejeter; on coupe par morceaux les racines qui sont trop grosses, on les met sur des claies d'osier garnies de papier, et on les fait sécher dans une étuve ou sur le four d'un boulanger. On est aussi dans l'usage de couper par tranches médiocrement épaisses les grosses racines, et d'enfiler ces tranches avec une ficelle et une aiguille à emballer; on attache à des crochets la ficelle par les deux bouts dans l'étuve; les racines se sèchent aussi très-bien de cette manière.

Ordinairement on ne coupe point par tranches les racines de guimauve, qu'on fait sécher avec leur écorce: lorsqu'elles sont sèches et encore cassantes, on les râtisse avec un couteau pour emporter cette écorce qui devient grise; dans cet état elle s'enlève mieux et plus facilement.

On doit renfermer les racines bien desséchées dans des boîtes closes pour les garantir de la poussière et des influences de l'air.

Conservation des racines. Les racines se conservent très-bien dans des celliers. Ceux qui n'en possèdent point d'assez vastes peuvent construire des silos près de leur habitation. Ces silos, ou fosses, se creusent à quelques pouces de profondeur avec une largeur de trois à quatre pieds sur une longueur indéterminée. Les racines s'entassent en forme de toiture à deux pans. On laisse le talus se former naturellement; car si on donnait au monceau une inclinaison trop forte, les tubercules tomberaient entraînés par leur pesanteur; si la pente était adoucie artificiellement, les pluies pénétreraient avec facilité. Lorsque la partie supérieure du tas forme bien l'arête, on le couvre d'une légère couche de paille, sur laquelle on jette à la pelle une épaisseur de douze à quinze pouces de terre.

Par le procédé d'Appert, les racines potagères se conservent également, soit que leur cuisson ait été complète, comme pour l'usage, soit qu'on n'ait fait que les plonger dans l'eau bouillante. Seulement on ne leur donne qu'un quart-d'heure de bain-marie dans le premier cas, tandis que dans le second, on les y laisse pendant une heure.

RADIS. (*Jard.*) (*Raphanus sativus rotundus.*) Famille des crucifères. Annuel.

Le *radis rose de Bourgogne*, et le *radis blanc hâtif* sont les meilleures espèces.

On sème le blanc hâtif, en terreau, au pied d'un mur, très-clair, au 15 février, en rayons profonds d'un pouce et séparés de quatre; on recouvre au râteau. Ils sont vingt jours à lever. On sème ensuite tous les huit jours en plein air, dans une terre très-meublée et amendée par des fumiers consommés. Ces semis réussissent jusqu'en mai; passé ce temps, ils donnent des racines longues au soleil, ou des feuilles étiolées à l'ombre.

On a jusqu'en novembre des radis verts et ronds en les semant au soleil, comme les choux (voy. CHOUX), et arrosant tous les jours, s'il ne pleut pas.

De juin jusqu'à la mi-août, les radis sont quatre jours à lever, et sont bons au bout de vingt-quatre. Ceux de septembre sont bons seulement au bout de trente jours.

La graine la meilleure est celle des premiers semis. Elle se garde douze à quinze ans, mais celle de trois ou quatre ans est préférable. (Voy. RAIFORT, RAVES.)

RAIE. (*Cuis.*) Poisson de mer dont on compte plusieurs espèces. La *raie bouclée* est la plus recherchée.

Raie sauce aux câpres. Prenez un morceau de raie garni d'un morceau de foie, lavez-la et mettez-la dans une casserole avec de l'eau froide qui surnage, une petite poignée de sel, une gousse d'ail, un ognon, un gros bouquet garni, un clou de girofle, un demi-verre de vinaigre; quand elle bout, ajoutez le foie, faites faire quelques bouillons, retirez la casserole, couvrez-la; au bout d'un quart d'heure, ôtez la raie, enlevez-en la peau, égouttez et servez le foie à côté; versez dessus une sauce blanche aux câpres.

Raie au beurre noir. Préparez-la comme la précédente; mettez dans une poêle un quarteron de beurre, faites-le frire; jetez dedans une poignée de persil non lavé; quand il est cassant, quoique vert, retirez-le et placez-le sur la raie; ajoutez au beurre un demi-verre de vinaigre, sel et poivre; faites bouillir un instant, versez sur la raie, et servez très-chaud.

Raie au beurre blanc. Faites-la cuire dans de l'eau de sel; servez-la sur du beurre très-frais, que vous aurez fait fondre dans un plat, avec épices et filet de verjus.

RAIFORT. (*Jard.*) (*Raphanus.*) Famille des crucifères. (Voy. RADIS.)

La racine de raifort sauvage est un puissant diurétique, anti-scorbutique; on l'emploie avec succès dans les maladies cutanées. Dans l'Allemagne, on râpe cette racine, et l'on en fait une espèce de moutarde qui réveille l'appétit.

RAISIN. (*Conn. us.—Off.—Ind. dom.*) Nous consacrons un article au raisin pris isolément et séparé de la plante qui le produit. Nous parlerons de sa culture à l'article vigne.

Le raisin bien mûr offre un aliment très-sain durant cette saison, surtout pour le déjeuner et le repas du soir : il peut même devenir un bon remède, et il y a des observations constatées de guérisons de phthisie opérées par ce moyen. Tout le monde sait qu'il est propre à guérir ou à prévenir les affections bilieuses qui abondent dans cette saison.

Le célèbre Tissot a relevé, avec raison, les préjugés populaires qui pourraient faire condamner le raisin dans la dyssenterie, et il rapporte un exemple frappant de son efficacité contre cette cruelle maladie.

Conservation des raisins. C'est de tous les fruits le plus difficile à conserver ; il y a même des années où cela est impossible, et c'est lorsque la fin de l'été a été pluvieuse. Il vaut mieux n'en serrer qu'une petite quantité et le bien soigner, que d'en faire des provisions qui pourrissent à la fois, et vicient l'air du fruitier. On doit le cueillir à midi, par un temps sec, et choisir les grappes les moins serrées ; en ôter avec des ciseaux tous les grains pourris, les suspendre par un fil, deux par deux, sens dessus dessous, et avoir soin qu'elles ne se touchent nullement.

Les grappes de raisins fins peuvent être conservées dans des sacs ou cornets, en garnissant de cire la queue de la grappe pour empêcher l'humidité de s'échapper, ou on les étend dans du son ou du sable bien sec.

Cueillez à la fin de la saison vos grappes de raisin, par un temps sec ; suspendez-les au plancher d'une pièce non sujette à l'humidité et bien close, et elles s'y conserveront très-longtemps. Il est mieux encore de les envelopper d'un sac de fort papier clos avec soin, qui les préserve plus sûrement du contact de l'air.

On leur tord, si l'on veut, la queue, qu'on serre avec un fil.

Coupez le raisin le plus tard possible, faites-le sécher, puis placez-le dans des caisses de bois pleines de sable très-fin, et séché au moyen du feu ; il faut avoir soin d'insinuer le sable entre tous les grains de chaque grappe, pour les empêcher de se toucher. Au moyen de cette seule précaution, le raisin demeure deux ou trois mois et plus, absolument aussi tendre et aussi savoureux que lorsqu'il vient d'être cueilli ; seulement les tiges ont séché et jauni.

Autre procédé. Dans l'Italie septentrionale, on le cueille par un temps bien sec ; on ôte avec soin tous les grains gâtés ou écrasés ; puis on les place avec précaution, par deux ou trois couches, dans une caisse, en séparant chaque couche par des feuilles de pêcher. Cela fait, on met les caisses sur des planches, dans un appartement bien aéré, et le raisin se conserve parfaitement jusqu'au mois de janvier et même de février.

Autre. On choisit un baril neuf et solidement cerclé que l'on défonce d'un côté, et dans lequel on établit un lit alternatif de son de blé seul, bien séché au four, et de grappes que l'on choisit à grains serrés. On veille à ce que le raisin ne touche nulle part à la futaille, que l'on referme ensuite hermétiquement, et que l'on place dans un lieu où la température soit douce et égale. Le raisin peut ainsi se conserver plus de six mois dans un état parfait.

On peut placer le raisin par couches dans des cendres.

On le met aussi dans des pots couverts de marc de vendange ou simplement de paille. Ainsi préparé, on l'appelait chez les Romains, *uva ollaris*. On suspendait aussi le raisin dans des ateliers où on travaillait le fer. La pellicule de chaque grain était rendue plus dense et plus dure par la vapeur du charbon ou la fumée ; et, soit effet de l'imagination, soit que ce fruit en fût plus agréable au goût et plus délicat, Tibère lui donna de la vogue.

Moyen de rendre au raisin sa fraîcheur. Couper le bout de chaque grappe, et le tremper, selon sa couleur, dans du vin rouge ou blanc.

Raisiné. On le prépare en exprimant le jus du raisin et le faisant cuire avec une demi-partie de sucre. Si l'on n'ajoutait pas de sucre, si l'on faisait réduire le moût au quart en le remuant continuellement, si on le passait alors à travers un tamis, et si on achevait après cela de le faire cuire, on aurait ce qu'on appelle du raisiné proprement dit. Pour le raisiné de Bourgogne, on ajoute des quartiers de poire bien épluchés dans le moût, et l'on fait cuire le tout en remuant de même continuellement. Les pots dans lesquels on verse ce raisiné sont exposés pendant une nuit dans un four.

La manière de faire le raisiné varie dans les divers pays, suivant l'espèce de fruits qu'on a à sa disposition. Ainsi on le prépare tantôt avec des poires et du raisin, tantôt avec des prunes, et quelquefois avec le mélange de tous ces fruits. En général, c'est un moyen d'employer utilement et de conserver les fruits qui se gâteraient promptement. L'important est de le cuire assez pour qu'il ne moisisse pas ; on reconnaît qu'il a acquis le degré de cuisson convenable lorsqu'il ne se sépare plus de jus en le pressant avec l'écumoire. On peut donner beaucoup de qualités au raisiné en apportant du soin dans sa préparation, et en ajoutant quelques substances propres à l'aromatiser ; tels sont les clous de girofle, les coings ; il est surtout important de ne point le laisser brûler, et, pour cela, on doit l'agiter depuis le moment où on allume le feu dessous jusqu'à celui où on le retire. Un bon raisiné se fait avec un mélange de raisin ou de moût, et de grosses prunes noires.

Confitures de raisins. Écraser deux livres de raisin blanc ou noir, dans une toile blanche, propre et un peu claire.

Le jus obtenu, vous y ajouterez un poids égal de beau sucre blanc raffiné, mis en poudre grossière ; il faut à l'avance mettre la poêlette ou bassine, avec un peu d'eau sur le feu, pour qu'elle s'échauffe pendant que le fourneau s'allume. Dès que l'eau sera bouillante, videz et essuyez la bassine, pour y verser de suite le jus sucré que vous voulez réduire en confiture. Comme il n'en coûte pas plus pour cuire une grande quantité en une demi-heure que deux moitiés en deux quarts d'heure, préférez ce dernier moyen. Cuisez à petites parties ; car plus vous cuirez rapidement, plus le fruit gardera de son parfum, en prenant en même temps moins du goût acide et âcre que le feu développe toujours.

Lorsque le jus sera assez rapproché pour faire la lame à l'écumoire, et qu'une goutte de ce jus, tombant sur une assiette froide, gardera la forme de perle, les confitures seront cuites.

Muscat en grappe tiré au sec. Prendre du muscat ferme et peu mûri, le mettre dans partie égale de sucre clarifié et cuit à la plume; lui donner dix ou douze bouillons; l'écumer; le lendemain, l'égoutter, le poser sur des ardoises saupoudrées de sucre; le faire sécher à l'étuve pendant trois jours, en le retournant chaque jour.

Raisin muscat confit. Prendre quatre livres de raisin, et autant de sucre, peler les raisins, ôter les pépins avec une plume, faire cuire une heure ou deux à feu doux, avec de l'eau. Faire cuire le sucre à la plume, ajouter le muscat; après une douzaine de bouillons, retirer; le lendemain, égoutter le muscat.

Marmelade de muscat. Raisin muscat, six livres; sucre, six livres.

Faites bouillir le raisin, passez-le au tamis avec expression, versez ce liquide dans le sucre cuit au cassé, laissez chauffer sans ébullition et versez dans les pots.

Ratafia de muscat. Prendre : suc de muscat, quatre pintes; eau-de-vie, quatre pintes; sucre, deux livres; cannelle, un gros; macis, dix-huit grains; muscade, un gros.

Exprimez le jus de muscat en le mettant dans un linge et à la presse, passez à la chausse, faites votre mélange et laissez infuser pendant six semaines; vous filtrez et ajoutez quelques grains de musc.

Raisins secs. Dans certains pays, ce fruit ainsi conservé devient un objet de commerce considérable. En Espagne et en Portugal, on plonge le raisin bien mûr dans une lessive bouillante préparée avec des cendres de sarment; en Provence et en Italie, on ajoute du sel à cette lessive, et à Montpellier on lui substitue de l'eau bouillante à laquelle on ajoute une certaine quantité d'huile. Dans tous les cas, on laisse égoutter le raisin au sortir de l'eau; ou l'étend sur des claies, et on l'expose au soleil jusqu'à ce qu'il paraisse suffisamment sec. Dans les pays où la chaleur du soleil n'est pas suffisante, on a recours à celle d'un four; mais il ne faut employer pour le chauffer que le quart du bois nécessaire pour cuire le pain. On y laisse le raisin trente à quarante heures, afin qu'il ne cuise que très-lentement; on l'en retire pour l'exposer pendant plusieurs jours au soleil; on le retourne; on l'introduit de nouveau dans le four chauffé au même degré, et d'ordinaire, après avoir éprouvé une troisième fois l'action du soleil et celle du four, il est suffisamment desséché.

Raisin à l'eau-de-vie. Le raisin que l'on emploie et que l'on confit à l'eau-de-vie est un raisin de Provence, qu'on appelle, dans le pays, *pause*; ou le raisin de *Damas sec*, qui est encore plus délicat.

On prend donc pour cela du raisin sec de Damas; on le met tremper dans l'eaud-e-vie pendant huit jours : au bout de ce temps, les grains pénétrés par l'eau-de-vie seront grossis. On met l'eau-de-vie dans laquelle auront trempé les raisins dans un sirop de sucre, à raison de trois pintes pour neuf d'eau-de-vie; passer à la chausse; et verser sur les raisins.

Raisin vert ou verjus. *Confiture de verjus.* Prendre: verjus, six livres; sucre, six livres.

Vous fendez le verjus pour en séparer les pepins; vous le mettez dans de l'eau bouillante, et, après trois ou quatre bouillons, vous posez la bassine sur des cendres chaudes, et la couvrez; quand le verjus est reverdi, vous l'égouttez sur un tamis. Vous faites cuire le sucre au boulé, et, après dix à douze bouillons donnés au verjus, vous versez le mélange dans une terrine; le lendemain, vous le séparez, l'égouttez, et le mettez dans les pots. Vous remettez le sucre à la nappe; lorsqu'il est refroidi, vous le versez sur le verjus et couvrez les pots.

Marmelade de verjus. On prépare une marmelade de verjus, en écrasant les grains de ce fruit presque mûr, faisant bouillir le tout sur le feu, passant au tamis pour en séparer les pépins et les pellicules, faisant réduire de nouveau sur le feu, ajoutant un poids égal de sucre, et cuisant jusqu'à ce qu'une goutte prise entre le pouce et l'index produise un filet par la séparation de ces doigts.

Usage des pepins de raisin. Ils peuvent être employés à faire de l'huile. (Voy. Huile.) Cette huile est supérieure à celle de colza pour l'éclairage; elle est limpide, d'un jaune verdâtre, fluide à huit degrés, brûlant avec une belle flamme, sans répandre d'odeur désagréable. Son goût est supportable et préférable même à celui de plusieurs sortes d'huiles consommées par la classe inférieure. Cette huile se saponifie parfaitement, et le savon qu'on en obtient est très-blanc.

Le résidu de l'expression (le tourteau) est un excellent combustible. Un fragment de deux hectogrammes allumé a brûlé pendant trois heures avant d'être consumé en entier; par suite de cette combustion, on a obtenu une cendre très-alcaline.

La quantité d'huile obtenue par M. Batilliat, qui s'est occupé de cette fabrication, lui est revenue à 70 centimes le kilogramme; mais, dans des opérations faites en grand, la main-d'œuvre serait moindre, et cette huile reviendrait à un prix très-bas.

D'après les calculs de M. Batilliat, s'il se récolte en France 45,000,000 de pièces de vins, on obtiendra 71,589 pièces de pepins de raisins, et par l'extraction, 1,142,224 livres d'huile.

RALE D'EAU. (*Chass.*) *Rallus aquaticus.* Oiseau échassier, gris comme une caille, qui habite dans les roseaux des marais, et court plus qu'il ne vole. On le chasse en hiver; sa chair est peu estimée.

Le *râle de terre* ou *rale de genêts* est un oiseau de passage; c'est un des meilleurs gibiers.

RAMEQUINS. (*Off.*) Mettez dans une casserole un verre d'eau, gros comme deux œufs de beurre, un peu de sel; faites bouillir. Ayez dans une autre casserole quatre cuillerées de farine, un quarteron de gruyère haché; versez votre eau dessus, et peu à peu, de la main gauche; tournez de la droite jusqu'à ce que la farine soit liée. Remettez sur le feu, en continuant de tourner; lorsque la pâte est assez ferme pour que vous ayez de la peine à la tourner, retirez-la du feu; éclaircissez-la avec un œuf entier, puis un autre, jusqu'à ce qu'elle soit au point convenable, ni claire, ni épaisse. Formez-en des boulettes comme des noix; arrangez-les sur une tourtière graissée; ne les serrez pas, car elles gonflent beaucoup. Faites cuire demi-heure sous le four, à feu égal et modéré.

RASOIR. (*Ind. dom.*)

Manière de repasser les rasoirs. Nettoyer la pierre avec une éponge et de l'eau de savon; l'essuyer, et tremper légèrement dans de l'eau douce un morceau de savon à barbe bien propre, dont on frotte la pierre jusqu'à ce qu'elle soit couverte d'une couche de savon; repasser sur la pierre humide et ainsi préparée, passer ensuite le rasoir sur le cuir, et nettoyer la pierre à l'éponge.

Poudre à rasoir. Les cuirs doivent avant tout être grattés à fond avec un couteau et dégagés de tout le cambouis formé par les précédentes applications de pommade; on y ajoute ensuite du suif pur que l'on étale avec soin. La pommade à appliquer sur le cuir, ainsi préparé, se compose tout simplement de moitié suif et moitié sanguine mise en pâte avec un couteau et étendue ensuite sur le cuir.

Tous les mois on doit remettre le cuir en état, par application à neuf de la même pommade, après avoir gratté à fond la précédente couche.

RAT. (*An. nuis.*) Mammifère rongeur. Cet animal a trois molaires à tubercules mousses, dont l'antérieure est la plus grande, et sa queue est longue et écailleuse. Il est un peu plus du double plus gros que la souris, et son pelage est d'un gris noirâtre. Les naturalistes le connaissent sous el nom de *mus rattus*.

Il paraît que ce petit quadrupède n'était pas connu des anciens, puisqu'ils n'en ont pas parlé, et tout porte à croire qu'il n'a pénétré en Europe qu'au moyen âge. Il habite les greniers, les trous de murs, et dévore grains, fruits, etc. Il attaque même les poules, et, si sa force répondait à son courage, il sortirait toujours vainqueur de la lutte.

Lorsque les rats deviennent nombreux dans une maison au point de ne plus y trouver leur subsistance, ils se déclarent une guerre à mort et se dévorent les uns les autres jusqu'à ce que leur nombre soit diminué au point nécessaire; dès-lors la paix est faite. Lorsqu'un bâtiment menace ruine, les rats ont l'instinct de prévoir le danger qu'ils courraient s'il venait à tomber, et ils l'abandonnent longtemps avant qu'il soit renversé.

On emploie, pour détruire ces animaux incommodes, plusieurs moyens que nous allons énumérer. Le poison est le plus expéditif de tous; on mêle à de la farine de froment moitié de chaux vive ou de plâtre pulvérisé; on en place quelques pincées dans des cartes ou des petits vases que l'on dépose dans les lieux qu'ils fréquentent, et l'on met à côté du poison une assiette ou une écuelle remplie d'eau. Dès que l'animal a mangé la chaux avec la farine, il sent ses intestins enflammés, et va se désaltérer dans l'eau qu'il trouve à proximité afin d'éteindre le feu intérieur qui le dévore; mais à peine a-t-il avalé quelques gouttes d'eau, que la chaux fermente avec beaucoup plus de force dans son estomac; elle en corrode et désorganise les parois; le ventre de l'animal enfle d'une manière prodigieuse, et il meurt sur la place avant même d'avoir eu le temps de gagner sa retraite. On peut encore l'empoisonner d'une autre manière aussi certaine; elle consiste à faire frire dans une poêle des morceaux de lard de la grosseur du petit doigt, à les rouler encore chauds dans de la râpure de noix vomique et à les exposer près de sa retraite, mais hors de l'atteinte des chiens. Dans les maisons où il n'y a pas d'enfant, on se sert quelquefois de mort-aux-rats, ou arsenic mélangé avec de la farine; mais ce moyen offre trop d'inconvéniens et de dangers pour que nous le recommandions; d'ailleurs, il n'a pas plus d'efficacité que les deux que nous venons de mentionner. On peut encore se servir de noyaux empoisonnés, comme nous l'avons dit à l'article du mulot. (Voy. MULOT.)

L'assommoir quatre-de-chiffre. C'est une machine fort simple et d'un succès assuré. (V. PIÉGE.)

On peut prendre les rats dans des barriques coupées en deux, remplies d'eau à la hauteur de six pouces: on enterre à moitié ces barriques dans les jardins; on les recouvre de planches mal jointes, dont l'une fait bascule, quand les rats viennent saisir l'appât qu'on place au milieu.

Lorsqu'on veut tendre un piége pour les rats, on prépare un appât qui consiste toujours en un morceau de lard grillé à la flamme d'une chandelle.

Pâte éprouvée pour détruire les rats et souris. Laisser dans le four fermé, après en avoir retiré le pain, pendant vingt-quatre heures, une forte poignée de ciguë; la retirer, et la piler dans un mortier, jusqu'à ce qu'elle soit réduite en poudre; ajoutez sur six cuillerées de la poudre ci-dessus pour six sous de noix vomique et cinq à six cuillerées de verre noir de bouteille pilé et aussi réduit en poudre. Ajoutez à ces diverses matières du lait doux en suffisante quantité pour en faire une pâte qui ait la consistance du levain. Placez-en plusieurs morceaux en divers endroits fréquentés par les rats, qui en mangeront avidement et périront de suite. Cette recette ne présente aucun danger pour les chats et les chiens, qui se gardent bien d'y goûter.

Autre moyen. Répandre, dans les endroits où il y a des rats, quelques pincées de chaux vive en poudre, mélangée de sucre râpé.

Moyen de détruire les rats des champs. (Voy. CAMPAGNOL.)

Il paraît qu'autrefois cette espèce était plus multipliée qu'aujourd'hui, et que souvent elle a été un véritable fléau pour des provinces entières.

Lorsqu'un printemps chaud et sec a favorisé la multiplication de ces animaux, et que l'on voit leur nombre augmenter d'une manière sensible, il faut y porter remède de suite; car, si l'on attendait plus tard, il ne serait plus temps. Il peut arriver que le champ où ils se sont établis soit dans une situation telle qu'on puisse l'inonder, soit en lâchant des écluses, soit en y détournant un ruisseau ou une petite rivière. Dans ce cas heureux, mais rare, il faut se hâter d'y lâcher les eaux, cependant avec précaution, pour ne pas nuire aux récoltes. Si le champ peut être entièrement submergé, on peut n'y laisser l'eau que quelques heures; s'il ne peut en être totalement couvert, l'opération doit se renouveler trois ou quatre fois dans l'espace de quinze jours. Par ce moyen on détruit les jeunes campagnols, et l'on force les autres à abandonner le champ pour aller s'établir ailleurs.

RAT D'EAU. (*Cuis.—An. nuis.*) Le rat d'eau est plus gros que le rat vulgaire. Il plonge aisément, mais ne peut tenir plus d'une minute sous l'eau. Nous avons goûté de sa chair. Elle s'apprête comme celle de lapin, et n'est nullement à dédaigner. Nous recommandons surtout aux gastronomes, le rat d'eau en gibelotte.

Moyen de préserver les arbres plantés sur les bords des rivières de la dent des rats. M. Bonamour de Saint-Pardoux, propriétaire, voyait chaque année les plantations qu'il opérait en peupliers sur le bord de la rivière détruites par les rats qui dévoraient, pendant l'hiver, l'écorce tendre du pied des arbres. Après avoir essayé inutilement la chaux et d'autres moyens, il imagina d'enduire le bas des plantes de peupliers avec le dégras de l'huile de poisson. Non-seulement les arbres ont été préservés par cette méthode facile de la dent des rats, mais leur croissance s'est trouvée plus rapide et mieux assurée, le dégras de l'huile de poisson agissant sans doute comme fumier. Cinq ans d'expérience ne laissent aucun doute sur le succès de ce moyen préservatif.

RATAFIA. (*Off.*) Les ratafias sont des liqueurs obtenues par infusion de fruits dans l'alcool. Pour les faire, on concasse les semences, les baies, etc., avant que de les mettre en infusion ; alors on fait entrer de l'eau dans la recette, pour parvenir à fondre le sucre.

On fait infuser les ingrédiens plus ou moins de temps, suivant leur nature ; sur quoi nous observerons qu'il ne faut pas laisser durer l'infusion trop longtemps, parce qu'alors l'eau-de-vie, se chargeant, à la longue d'une portion d'amertume qui existe dans la plupart des substances, communiquerait de l'âcreté à la liqueur.

On sépare la liqueur du dépôt qu'elle a formé, en la décantant ; on ajoute le sucre et autres ingrédiens ; et souvent on filtre ensuite le ratafia ; mais, s'il se rencontre un inconvénient à la suite d'une infusion trop prolongée, ceux qui se croient dispensés d'attendre que le dépôt soit formé par une filtration anticipée en éprouvent un effet non moins nuisible ; il est possible d'obtenir d'abord une liqueur très-limpide en apparence, surtout si la chausse a été imbibée de colle de poisson ; mais elle ne tarde pas à déposer, parce qu'elle n'était pas suffisamment dépouillée de la portion muqueuse de la substance lorsqu'elle a été filtrée.

Quand on compose une très-grande quantité de ratafias, on peut les coller d'après la méthode que nous avons indiquée. (Voy. LIQUEUR.)

Ratafia blanc avec lequel on peut préparer toute sorte de liqueurs. Prendre une bouteille, y mettre un demi-litre d'esprit de vin ; verser dessus trois quarterons de sucre clarifié, remplir la bouteille avec de l'eau. Pour s'en servir, il suffit d'ajouter une once, par pinte, d'une huile essentielle quelconque.

Ratafia de fruits. Prenez griottes, groseilles, framboises, cassis, ou autres fruits à volonté ; ôtez les queues, mettez-en à moitié du vase que vous voulez emplir d'eau-de-vie : plus elle sera forte et de bonne qualité, plus votre liqueur sera bonne. Couvrez bien et laissez infuser un mois. Au bout de ce temps, décantez, ne pressez pas le fruit. Ajoutez six onces de beau sucre concassé par pinte de liqueur. Rebouchez votre vase, et quatre jours après, filtrez au papier gris ou passez à la chaussé. Mettez en bouteilles ; tenez-les debout dans un lieu sec. Cette liqueur est potable de suite, mais elle devient excellente au bout de quelques années.

Ratafia agréable, sans sucre ni sirop. Ecrasez des cerises, et laissez-en déposer le jus un quart-d'heure après qu'il a été extrait du fruit. Mettez-le ensuite dans un bocal ; ajoutez-y des noyaux de cerises, et, si vous le pouvez, quelques noyaux d'abricots concassés, pour lui donner un léger goût de liqueur de noyau : le jus, passé à la chausse, de quelques livres de cerises ou guignes noires, lui procurera un peu plus tard une couleur rouge au lieu de celle rouge-pâle qu'il aurait.

Les choses à ce point, vous ajouterez à votre liqueur un tiers ou moitié (selon que vous la voulez forte) d'eau-de-vie, qui la consolide et la conserve plusieurs années, en bouchant soigneusement le bocal. On ne le fermera cependant ainsi qu'après que la liqueur aura cessé de fermenter ; jusque là on le couvrira légèrement avec des feuilles de vigne chargées d'un poids léger qui puisse les contenir sans empêcher le gaz de les soulever un peu.

Si vous désirez la liqueur plus douce, au lieu de sucre, vous y joindrez le jus (exprimé et passé à la chausse) de prunes de reine Claude ou de beuville.

Autre. Vous ferez infuser des framboises dans l'eau-de-vie, en quantité suffisante pour saturer. Vous remuerez tous les jours jusqu'au temps des vendanges. A cette époque, vous passerez et presserez dans un linge ; vous mêlerez ensuite avec quantité égale de moût de vin, et clarifierez le tout à la chausse.

(Voy. les divers noms des fruits.)

RAVALEMENT. (*Ind. dom.*) Enduit qu'on applique sur les murs. (Voy. PISÉ.)

Élémens pour établir seul, en tout pays, le prix des ravalemens. Un muid de chaud, qui contient quarante-huit pieds cubes, coûtant 48 fr., c'est 1 fr. le pied cube ; comme la chaux double son volume par l'extinction, le pied cube ne vaudra plus que moitié. 0,50

Cent ou vingt-neuf pieds cubes environ de sable (capacité d'un tombereau attelé d'un cheval) coûtant 1 fr. 50 c., c'est le pied cube. 0,055

Un muid de plâtre qui contient trente-six sacs, chacun à huit pieds cubes, ou le muid vingt-quatre pieds cubes, coûtant 12 fr., c'est le pied cube 0,50

Une journée de maçon avec son manœuvre, qui est de douze heures de travail, coûtant pour les deux hommes 5 fr. 68 cent., c'est l'heure (un peu moins de. 0,54

RAVE. (*Jard.*) *Brassica rapa.* Pour la culture. voyez NAVET.

Moyen d'accélérer la végétation des raves. Faire tremper la graine pendant vingt-quatre heures dans l'eau ; l'exposer au soleil ; la verser dans des baquets pleins de terre exposée préalablement au soleil, et recouvrir avec d'autres baquets ; au bout de trois jours en toute saison, on trouve des raves bonnes à manger en salade. En hiver, il faut faire tiédir l'eau ; on chauffe aussi les baquets ; on arrose la terre bien fumée avec de l'eau chaude, et on porte les baquets dans une bonne cave.

Moyen d'avoir d'excellentes petites raves. Formez en plein air, avec du sable pur de rivière, une petite couche, ou, pour mieux dire, une petite meule bien arrondie et en cône tronqué. Avec une très-petite baguette, vous y ferez des trous dans chacun desquels vous mettrez une graine de petites raves. Ces graines, bien choisies, réussissent toutes, et produisent des petites raves, belles, transparentes, fermes et cassantes.

Moyen de conserver les raves. Dans quelques endroits où l'on en a une grande quantité à conserver, on les arrache à l'approche des gelées; on en coupe les feuilles presque à la base, et on les enterre dans une fosse pratiquée dans le champ même, s'il est d'un terrain suffisamment assaini. Cette fosse est garnie de paille dans le fond; et, quand elle a été remplie presque en entier de navets rangés lit par lit, on y introduit une nouvelle quantité de paille; et par-dessus la terre tirée de la fosse. On foule fortement cette terre, on la dispose en dos d'âne, et l'on recouvre le tout d'un toit de paille bien serrée que l'on retient avec des piquets et des lattes.

Dans les terrains secs, on laisse ordinairement les raves en terre durant tout l'hiver, et on ne les arrache qu'à fur et à mesure du besoin. Ils se conservent généralement sans autre précaution.

RÉDHIBITOIRES (VICES). (*Cod. dom.*) On appelle ainsi les vices cachés, dont la découverte peut donner lieu à la résolution de la vente.

Le vendeur, dit l'article 1641 du Code civil, est tenu de la garantie à raison des défauts cachés de la chose vendue, qui la rendent impropre à l'usage auquel on la destine, ou qui diminuent tellement cet usage, que l'acheteur ne l'aurait pas acquise, ou n'en aurait donné qu'un moindre prix, s'il les avait connus.

L'art. 1648 ajoute: « L'action résultant des vices rédhibitoires doit être intentée par l'acquéreur dans un bref délai, suivant la nature de ces vices, et l'usage du lieu où la vente a été faite.

Mais *quels sont ces vices*, quels sont ces usages des lieux dont parle cette disposition? Le Code ne les fait point connaître.

Les usages locaux font loi en cette matière; ils devront être médités avec attention par tous les propriétaires, cultivateurs, fermiers, et particulièrement par tous les marchands de chevaux, bœufs, vaches, moutons et autres animaux.

Le législateur se sert, dans l'art. 1641 du Code civil, d'expressions générales, non pour embrasser tous les cas où l'acheteur se plaint de vices cachés, mais pour comprendre tous les défauts regardés par les divers usages et réglemens locaux comme rédhibitoires. (Rapport de M. Faure.) Ainsi, tous les défauts vaguement signalés par cet article ne donnent pas lieu à l'action rédhibitoire, comme le dit à tort M. Fournel dans ses *Lois rurales*. Dans les pays où il n'y a point d'usages sur les vices rédhibitoires, il semble raisonnable d'admettre, pour les chevaux, la morve, la pousse et la courbature: pour les bêtes à cornes, le mal caduc et la pommelière; pour les porcs, la ladrerie; et pour tous les animaux, les maladies épidémiques et contagieuses (Pothier, *de la vente*, n° 205.) Le même jurisconsulte prétend que l'action rédhibitoire a lieu pour la vente des tonneaux futés; il autorise aussi la rédhibition pour les héritages placés dans des airs empestés, pour les pâturages où se trouvent des herbes empoisonnées, pour les étoffes tarées et pour les poutres pourries (*loc. cit.*, n° 206). En Bretagne, le vendeur est garant de la graine de lin qu'il vend comme nouvelle. (Hévin.) M. Huzard fils a publié, sur les vices rédhibitoires des animaux, un ouvrage que l'on consultera utilement.

Les vétérinaires comprennent sous le nom de courbature toutes les lésions graves autres que la pousse et la morve; tels sont, par exemple, les abcès dans les poumons, les tubercules, l'atrophie, la carnification de la portion de quelques-uns de ces organes, l'hydropisie lente et invétérée de la poitrine et du bas-ventre, les ulcères de l'estomac et des intestins, les anévrismes de la mésentérique, les lésions du foie, des reins, de la vessie, de l'urètre, les concrétions ou bézoards dans les intestins, les polypes des fosses nasales et de la trachée, le cornage, le soufflage, l'épilepsie, le farcin à l'intérieur, les rhumatismes, l'incontinence d'urine et celle de la liqueur spermatique, les vers à un degré dangereux, le crapaud, affection ulcéreuse à la fourchette du cheval. Dans l'usage, on ne donne pas, à beaucoup près, autant d'étendue à la courbature. Cette maladie est une pleurésie. Au surplus, c'est aux vétérinaires à juger ce que l'on doit entendre par cette maladie.

Le cornage, soufflage ou halley, est un bruit plus ou moins fort que fait entendre le cheval respirant. Cette maladie est attribuée à des vices de conformation, à des douleurs aiguës de poitrine, à des maladies chroniques, à des accidens particuliers, à la mauvaise manière de harnacher les chevaux.

Des auteurs ont mis au nombre des vices rédhibitoires les tics qui consistent chez les chevaux à ne point manger le foin ou la paille au râtelier, et à ronger leur longe ou leur râtelier; lorsque ces tics ne sont pas visibles à l'usure des dents, un arrêt du Parlement de Paris, du 26 juillet 1769, les rejette. Il en est de même de la claudication ou vieux mal, si l'animal n'était pas boiteux au moment de la vente. Dans le Soissonnais et le Laonnais, qui faisaient partie de l'Ile-de-France, on ne connaît comme vices rédhibitoires que la morve, la pousse et la courbature.

REDOUL A FEUILLES DE MYRTE. (*Jard.*) *Coriaria myrtifolia.* Bel arbuste. Terre légère; marcottes et rejetons à demi-ombre.

RÉGLISSE. (*Jard.—Off.—Méd. dom.*) *Glycyrrhiza glabra.* Famille des légumineuses. Arbuste traçant, dont on emploie fréquemment les racines qui sont très-pectorales, surtout lorsqu'elles sont fraîches: il vaut donc mieux ne les arracher qu'au besoin. Cette plante trace d'une manière importune, et il faut lui imposer des limites en cernant l'endroit où on la cultive avec des planches ou des fossés. On peut lui faire une espèce de caisse de neuf pieds carrés, au midi, humide et bien fumée. Elle se multiplie de ses traces.

Jus de réglisse anisé. Sucre de réglisse, dix-huit livres. Essence d'anis, deux gros.

Mettez dans une bassine le jus de réglisse, que vous faites fondre dans suffisante quantité d'eau sur un petit feu ; ayez soin de le remuer avec une spatule, et prenez garde que sa partie gommeuse ne le fasse attacher au fond de la bassine. Quand il est bien fondu, vous le passez à travers un tamis de crin serré, au-dessus d'une seconde bassine posée sur un petit tonneau dans lequel se trouve une terrasse ou trappe de feu; vous continuez à le réunir jusqu'à ce qu'il soit très-épais : alors ajoutez l'essence d'anis. Vous appliquez un peu de votre préparation sur le dos de la main; et, lorsqu'elle n'y tient pas, vous la versez sur une table unie bien graissée. Pendant que le jus de réglisse est chaud, vous en prenez par petites parties, que vous roulez en abaisses le plus minces possible, vous le mettez ensuite sur des plaques de ferblanc dans un endroit sec. Le lendemain ou surlendemain, vous le coupez en long avec des ciseaux, et en formez des bandelettes que vous découpez en mouches.

Si vous voulez en faire de petits bâtons, vous lui donnez cette forme lorsqu'il est encore chaud.

Ce suc adoucit l'âcreté de rhume, humecte la poitrine, les poumons, et excite les crachats.

Il n'est pas rare de trouver ce suc de réglisse falsifié, particulièrement celui en bâtons; pour cela, on le fait moins cuire, et on le pétrit avec de la farine; mais il est moins sucré et très-pâteux. Quand il est fabriqué fidèlement, il fond aisément dans la bouche et est très-agréable au goût.

Pâte de réglisse. Prendre : racines de réglisse mondées, deux onces; gomme arabique blanche, vingt onces; sucre blanc, vingt onces; eau de rivière, dix-huit onces.

Vous faites bouillir la réglisse pendant cinq minutes dans l'eau, vous passez la décoction et y ajoutez la gomme arabique concassée ; vous remettez le mélange sur le feu en l'agitant avec la spatule, jusqu'à l'entière solution de la gomme ; vous passez dans un linge; nettoyez la bassine et remettez-y le liquide avec le sucre concassé; faites évaporer à une chaleur douce en remuant jusqu'à ce que le mélange ait une certaine consistance; jetez-y alors six blancs d'œufs fouettés en neige, auxquels vous aurez mêlé quatre gros d'eau de fleur d'oranger ; pendant ce temps, agitez vivement avec la spatule jusqu'à ce que le mélange ait acquis une grande blancheur et qu'il se détache facilement de la spatule; retirez du feu et coulez sur un marbre saupoudré d'amidon; laissez refroidir, et coupez la pâte en la saupoudrant pour empêcher les tablettes de se coller ensemble.

RELIURE. (*Ind. dom.*) *Moyen d'empêcher la reliure des livres d'être détériorée par la piqûre des insectes.* Voici la recette d'une colle dont on se sert, depuis plus de dix ans, pour les reliures du gouvernement à Cayenne. Cette composition est très-simple : elle consiste à mettre, dans la proportion de trois hectogrammes d'arsenic pulvérisé et de six hectogrammes d'alun de roche, dans un demi-kilogramme de farine fine. On fait bouillir le tout, et on s'en sert pour les reliures.

RENARD. (*Chass.*) *Canus vilpes.* Genre des chiens. Cet animal est très-connu. Il y en a une variété appelée *renard charbonnier*.

Les renards exhalent une odeur fétide qui anime beaucoup les chiens à leur poursuite. Ils ont toute la légèreté du loup ; ils sont presque aussi infatigables, mais ils sont beaucoup plus ingénieux dans l'art qu'ils mettent à pourvoir à leur nourriture et à se dérober au danger. Ils habitent des terriers qu'ils savent creuser au bord des bois ou dans les taillis, sous des troncs d'arbres, dans les pierres, les rochers, ou enfin dans la terre, mais alors sur un sol en pente, afin d'éviter l'humidité ou les inondations. Quelquefois ils s'emparent des terriers de blaireaux, ou même de ceux des lapins, qu'ils élargissent.

On emploie contre les renards le traquenard à ressorts. (Voy. PIÉGE.)

Il faut avoir soin de le nettoyer avec de l'eau et de l'émeri; on le frotte avec un morceau de bois de morelle ; quand il n'a aucune tache de rouille, on l'essuie parfaitement avec un linge propre de lessive; on ne le touche plus qu'avec ce linge pour éviter l'émanation des doigts, et l'on pousse même la précaution jusqu'à ne pas souffler dessus.

On s'occupe alors de l'appât : on achète une casserole neuve de terre cuite; on allume un fourneau dans une cour et on la place dessus. On jette dedans une demi-livre de saindoux de cochon mâle, que l'on fait fondre, et, quand cette graisse est assez chaude, on y fait frire des petits morceaux de pain blanc de la grosseur du pouce ; on remue avec une spatule de bois de morelle. Lorsque le pain est frit, et que la graisse est sur le point de se coaguler, on y met la valeur d'un dé à coudre de camphre en poudre; on retire du feu pour qu'il ne s'évapore pas, et l'on remue avec la spatule jusqu'à ce que le tout soit froid. On observera qu'en faisant cet appât, il faut éviter de souffler dessus et de le toucher avec les doigts depuis le moment où on a mis le camphre. On le met dans un pot neuf et passé à l'eau chaude; on le couvre avec un bouchon de liége ou de bois blanc, et on le conserve pour s'en servir au besoin. Il est nécessaire de conserver la même spatule. Quand l'appât a réussi, ce qui n'arrive pas toujours, sans qu'on puisse en deviner la cause, il faut le ménager, et il pourra se conserver plus d'un mois.

La saison la plus favorable pour tendre le traquenard est depuis la fin de l'automne jusqu'en février. Il ne faut pas le placer dans le bois ni dans aucun lieu couvert, mais seulement à proximité de ces endroits, et dans un pré, une terre, ou un pâturage. Il faut que le renard puisse découvrir parfaitement tous les objets à cinquante pas à la ronde pour qu'il perde un peu de sa défiance naturelle. On tend et enterre le piége, et on le couvre de graines de foin, comme nous l'avons dit pour le loup. (Voy. LOUP.)

Le renard a l'odorat fin; aussi faut-il employer toute l'adresse dont on est capable pour lui dérober les émanations du chasseur. On chaussera donc des sabots neufs pour aborder l'endroit où l'on veut placer le piége, et préalablement on les aura frottés avec la graisse de l'appât. On fera plusieurs tournées sur la lisière des bois environnans, et à mesure qu'on se rapprochera du piége, on jettera quelques poignées de graines de foin de distance en distance, sur lesquelles on placera un petit morceau du pain frit composant l'appât.

Si pendant trois ou quatre nuits de suite le piége n'a

produit aucun effet, et que l'on ait cependant la certitude qu'il y a des renards dans le canton, il faut l'attribuer à ce que la préparation de l'appât a été manquée. Dans ce cas, il faut relever le piége, le nettoyer de nouveau, préparer une nouvelle composition, et enfin tout recommencer sur de nouveaux frais, sans se servir d'aucun ingrédient, vase ni outils qu'on aura employés dans la première. Si l'on suit scrupuleusement et à la lettre ce que nous avons enseigné, on peut être certain de détruire dans un seul hiver tous les renards d'un canton.

Les auteurs qui écrivent sur la chasse donnent encore plusieurs autres piéges pour prendre le loup et le renard ; par exemple, les *lacs coulans*, le *hausse-pied*, l'*assommoir*, la *fosse à bascule*, la *lassière*, la *bricole* (Voyez PIÉGE); mais il est reconnu que ces moyens sont de nul effet.

RENONCULE. (*Jard.*) *Ranunculus asiaticus*. Famille des renonculacées.

Variétés nombreuses.

Belles plantes qui veulent des soins. Terre forte et substantielle, avec terreau de fumier de cheval bien consommé. Plantation des griffes en octobre, par un beau temps, à deux pouces de profondeur, en les tenant avec les doigts délicatement. On espace de six pouces entre les trou, et on remplit de terre passée au crible. Si on les plante au printemps, les faire tremper douze heures dans une eau de suie passée au tamis. Fleurs en avril. Exposition méridionale, abritée par des arbres éloignés.

Lorsque les feuilles ont entièrement disparu, on relève les griffes par rayons avec la houlette, sans les blesser ; on les met dans un panier qu'on plonge, à plusieurs reprises, dans l'eau, pour en ôter toute la terre; ensuite on les laisse sécher à l'ombre, puis on les enferme dans des boîtes, en lieu sec et abrité des gelées. Il faut, comme pour les anémones, avoir double collection, afin de les laisser reposer un an, et ne les planter qu'alternativement.

Presque toutes les renoncules sont indigènes et vivaces.

Renoncule à feuilles de rue. (*Rutæfolius.*) Tiges en mai; fleurs solitaires, blanches. Séparation des racines en septembre. Bruyère au nord.

Renoncule bulbeuse. (*Bulbosus.*) Fleurs en mai, très-doubles, à cœur vert. Séparation des pieds à la défloraison. Multiplie peu. Perd ses feuilles. Terre légère et fraîche au nord.

Renoncule ficaire. (*Ficarius.*) Tige de trois pouces; belles fleurs doubles jaunes. Séparation des bulbes à la chute des feuilles. Terre humide; nord.

Renoncule à feuilles d'acoonit. (*Aconitifolia.*) Fleurs en juin, blanches et doubles. Séparation des racines après la défloraison. Elle multiplie peu. Bruyère au nord.

Renoncule acre. (*Acris.*) Rustique. Tiges de deux pieds. En juin, panicules de fleurs doubles jaunes, appelées *boutons d'or*. Terre franche; soleil. Séparation des pieds après la défloraison.

Renoncule à tiges rampantes. (*Repens.*) Fleurs en avril, semblables aux précédentes, mais plus grandes. Séparation des pieds en tout temps. Terre grasse et humide, au bord des eaux.

RÉPARATIONS LOCATIVES. (*Cod. dom.*) Dans les cas où la loi n'a pas déterminé en quoi consistent les réparations locatives ou de menu entretien à la charge du preneur à bail, notamment quand il s'agit de *canaux* appliqués à des usines, les tribunaux ont le pouvoir de faire cette détermination, sans que leur appréciation à cet égard puisse donner ouverture à cassation, surtout quand elle est fondée sur des conventions particulières à l'usage des localités.

Une transaction survenue, entre un propriétaire et son locataire, sur des réparations alors déterminées, ne peut exercer aucune influence sur des réparations de même nature, devenues nécessaires postérieurement. (C. de Cass., 24 novembre 1852.) (Voy. LOUAGE.)

REPAS. (*Hyg.*) Mettez une règle invariable dans les heures de vos repas, et prenez toujours une mesure à peu près égale d'alimens. Barthole, jusqu'à un âge très-avancé, jouit d'une santé robuste, *en pesant chaque jour ses alimens.* Galien fût toujours bien portant parce qu'il fut sobre. Voltaire, qui poussa si loin une vieillesse féconde en chefs-d'œuvre, était valétudinaire au berceau. Voltaire vécut sobre et réglé.

L'ordre dans le repas est la base du régime diététique ; gardez-vous de le changer : les mets salés et épicés conviennent mieux au commencement du repas. Le dessert n'est pas à sa place; les fruits tempèrent et rafraîchissent; il faut les manger isolément. (Voy. HYGIÈNE.)

REPASSAGE. (*Ind. dom.*) La table à repasser se place dans la lingerie. (Voy. ce mot.) Qu'elle soit forte, de l'épaisseur d'un établi de menuisier, et ayant des pieds aussi solides, afin qu'elle ne vacille point pendant le repassage ; sa largeur sera de deux pieds et demi, et sa longueur proportionnée à celle de la chambre, de manière à ce qu'on puisse circuler aisément autour; les pieds d'un des bouts ne seront point placés à l'extrémité, et laisseront libre une longueur de trois pieds, pour y enfiler les jupons et robes non ouvertes, et en faciliter le repassage; on les fait tourner à mesure qu'un lé est repassé, en sorte qu'ils ne prennent aucun pli ni froissure.

Il faut avoir soin de placer cette table de manière que le jour vienne de gauche à droite de la repasseuse. On a ensuite une grosse et grande couverture de laine qu'on plie en quatre, et qui sert de ce qu'on appelle *matelas de repassage*; il s'étend sur toute la table; on le recouvre d'une forte toile neuve, autour de laquelle sont des rubans attachés à la distance d'un pied l'un de l'autre, et qu'on noue en les serrant par-dessous la table, pour que la surface soit tendue et bien unie. Cette toile doit être forte et neuve, parce que sa trame imprime plus de fermeté au linge repassé, que celle d'une toile molle et unie.

Le fourneau doit être placé sous la cheminée, et assez grand pour contenir cinq fers. Les fers (Voy. ce mot) doivent être polis et entretenus, exempts de rouille; c'est une chose à laquelle vous devez veiller; lorsqu'ils ne glissent pas suffisamment, on passe légèrement dessus un morceau de cire blanche en les sortant du feu, et on les essuie fortement. On fixe au-dessus du manteau de la cheminée un liteau garni de crochets auxquels on les suspend dès que le repassage est fini.

RÉSÉDA ODORANT (*Jard.*) *Reseda odorata.* Famille

des câpriers. Plante annuelle d'Égypte. Fleurs de juin en novembre, petites, verdâtres et de l'odeur la plus suave. Se sème en place, en avril, en terreau léger, à une exposition méridionale; se ressème ensuite de lui-même. Pour avoir des pieds bien étendus, on supprime avec les ongles la tige montante dès qu'elle commence à marquer des fleurs.

RÉSINE. (*Conn. us.*) Toutes les résines découlent, de même que les gommes, avec ou sans incisions, des arbres dont elles portent communément le nom; elles ne paraissent être que des huiles rendues concrètes par le dessèchement et l'exposition à l'air. Voici les principales :

1° La térébenthine de Chio découle du térébinthe, qui produit les pistaches; elle est fluide et d'un blanc jaunâtre tirant sur le bleu : cette térébenthine est rare, et n'est guère d'usage. (Voy. TÉRÉBENTHINE.)

2° La térébenthine de Venise s'extrait du mélèse, qui donne la manne; elle a une couleur jaune, claire et limpide, une odeur forte et aromatique, et une saveur amère. On l'emploie en médecine et dans les arts.

3° La résine de sapin est nommée térébenthine de Strasbourg; on la recueille en Suisse, où cet arbre est très-abondant : c'est un suc résineux de la consistance d'une huile fixe, d'un blanc jaunâtre, d'un goût amer et d'une odeur plus agréable que les précédentes.

4° La poix est le suc d'une espèce de sapin; lorsqu'elle a été fondue et mise dans des barils, c'est la *poix de Bourgogne* ou la *poix blanche;* mêlée avec du noir de fumée, elle donne la *poix noire;* quand on la tient longtemps en fusion, elle se sèche, devient brune, et forme la colophane ou la colophone. On en brûle les parties les plus grossières dans un four dont la cheminée aboutit à un petit cabinet terminé par un cône de toile; c'est dans ce cône que la fumée vient se condenser, et y former une suie fine qu'on appelle *noir de fumée*.

5° Le galipot est la résine du pin qui donne les pignons doux; en brûlant les troncs et racines de ce pin, on obtient le *goudron*, qui n'est que l'huile empyreumatique de cette substance.

Résine copal. (Voy. COPAL.)

RESPIRATION. (*Conn. us.*) D'après les calculs de Borelli, un adulte sain, de stature moyenne, aspire à chaque dilatation de la poitrine quarante pouces cubiques d'air, et en rend trente-huit par inspiration. Chaque homme, respirant environ vingt fois par minute, douze cents fois par heure, et vingt-huit mille huit cents fois par jour, soustrait à la masse atmosphérique un million cent cinquante-deux mille pouces cubiques d'air. Lorsqu'il en est une fois saturé, il rend cette quantité à l'atmosphère par la transpiration. Quand l'air entre pour la première fois dans la poitrine d'un enfant, son introduction produit une espèce d'éternuement. Dès que la respiration a commencé, elle ne finit qu'à la mort.

RÊVE. (*Conn. us.—Hyg.*) On explique les rêves par l'action des sens persistant pendant le sommeil.

La plupart des causes qui peuvent déterminer l'insomnie peuvent aussi, en agissant à un plus faible degré, rendre le sommeil assez léger, assez incomplet, pour disposer à différentes espèces de rêves ou de rêveries. L'usage insolite du thé, du café, des boissons spiritueuses, surtout de l'opium donné à petites doses, excite même le cerveau au point de transformer le sommeil en une espèce de rêverie, qui devient quelquefois une agréable irritation.

Les causes extérieures qui peuvent occasionner différens rêves sont très-nombreuses. Telles sont, pour plusieurs personnes, les plus petites différences dans la manière d'être couché; un lit trop chaud, l'impression subite du froid, la compression de quelques parties, la position involontaire du corps de manière à occasionner une sensation pénible, un bruit insolite dans la chambre où l'on dort, en un mot tout ce qui peut exciter le sens du toucher ou celui de l'ouïe, sans provoquer l'activité spontanée de l'entendement, ce qui occasionnerait nécessairement le réveil en sursaut, et non pas le rêve ni la rêverie.

Les causes internes des rêves sont beaucoup moins nombreuses que les causes externes. La plus fréquente, la plus manifeste de toutes, c'est l'irritation même du cerveau, une augmentation d'action ou l'engorgement de ses vaisseaux, les divers genres d'ébranlement et d'émotion qui peuvent affecter ce viscère pendant le sommeil, soit aux approches, soit pendant le développement de plusieurs maladies.

Il faut rapporter à ces causes intérieures les divers genres d'impression ou de travail morbide plus ou moins pénibles, l'oppression, l'embarras, la difficulté dans l'action du cœur et des gros vaisseaux, le trouble nerveux de ces organes opéré par une autre maladie ou par des passions convulsives, plusieurs états fébriles, plusieurs lésions organiques des viscères du bas-ventre et de l'estomac, en particulier, l'état spasmodique de ce dernier; les distensions gazeuses, une digestion pénible, une constipation opiniâtre, enfin les nombreuses aberrations de sensibilité qui se rapportent à l'hypocondrie et à l'hystérie.

Plusieurs rêves qui surviennent pendant un sommeil laborieux et troublé annoncent une irritation fébrile. Ils décèlent, dans celui qui les fait, un excitement, une souffrance générale d'autant plus fatigante et plus opiniâtre, qu'ils se développent pendant des maladies dont la marche est plus embarrassée et la solution plus difficile. Dans les fièvres intermittentes, la frayeur, l'anxiété convulsive dans les rêves, le réveil en sursaut, annoncent que la maladie sera longue, qu'elle se rattache à une affection organique, et que l'on doit être très-circonspect dans l'usage des fébrifuges. Quelquefois ces rêves précèdent et annoncent le délire dans les fièvres continues. Les congestions sanguines, l'irritation vasculaire, les dispositions hémorragiques, sont ordinairement précédées par des rêves dont le sujet a quelque rapport avec cette situation.

Les états morbides des viscères de la poitrine ou du bas-ventre occasionnent un assez grand nombre de rêves, dont la marche et le sujet présentent souvent une liaison avec leurs causes occasionnelles. Ces songes, qui arrivent fréquemment pendant le premier sommeil, se rencontrent presque toujours dans les maladies du cœur ou des gros vaisseaux, les affections aiguës ou chroniques de la poitrine, les digestions laborieuses, les phlegmasies chroniques, les congestions sanguines.

Lorsque ces maladies ne sont point encore très-avancées, et lorsque des observateurs superficiels ne les soupçonnent même pas, de pareils rêves suffiraient déjà pour éveiller l'attention sur leurs premiers développemens. Dans ces rêves, aussi pénibles qu'alarmans, on se voit tout à coup, après un concours et une succession de circonstances et de scènes diverses, sur les bords ou dans le fond d'un précipice qu'on ne peut franchir, ou dans un lieu sombre, sous des voûtes étroites, qui menacent de vous écraser. L'irritation particulière qui dépend de l'embarras gastrique suffit dans un grand nombre de circonstances pour occasionner aussi des rêves pénibles. Les anxiétés d'une digestion laborieuse, le météorisme actif, les distensions gazeuses plus ou moins fortes, les différens modes et degrés d'oppression qui, dans l'hypocondrie et l'hystérie, peuvent résulter du spasme plus ou moins fort, plus ou moins étendu, du canal intestinal, produisent une foule de rêves très-fatigans. (Voy. CAUCHEMAR.)

REZ-DE-CHAUSSÉE. (*Ind. dom.*) Le rez-de-chaussée doit avoir au moins trois ou quatre marches d'élévation au-dessus du sol; il ne faut pas que ses murs soient recouverts en plâtre, parce qu'il absorbe trop l'humidité, ce qui empêche les papiers de tenir; il faut les enduire de chaux ou de blanc en bourre. (Voy. ce mot.)

Si le plancher était humide, il faudrait faire mettre sous le carrelage un lit de glaise épais et bien battu.

RHEXIA DE VIRGINIE. (*Jard.*) *Rhexia virginica.* Famille des mélastomes. Vivace. Fleurs en août, d'un beau rouge, relevé par la couleur d'or des étamines. Cette plante est d'un joli effet lorsqu'elle végète avec vigueur, ce qu'on *obtient en la tenant en terre de bruyère et* EN POT ENTERRÉ, DANS LEQUEL ELLE SE TROUVE UN PEU GÊNÉE, et qu'on place dans un lieu un peu humide, où elle ne reçoive que les premiers rayons du soleil levant. Couvrir de mousse en hiver. Séparation des pieds tous les deux ans après la floraison et avec précaution, ou de semis en mars, peu recouverts et qu'on garnit de mousse jusqu'à la levée.

RHODODENDRON D'AMÉRIQUE. *Rhododendron maximum.* (Famille des rosages.) Arbrisseau toujours vert. Très-beau feuillage; fleurs en mai, très-grandes, d'un rose lilas, et en corymbes qui font le plus bel effet.

Rhododendron pontique. Ponticum. Du Levant. Ayant des rapports avec le précédent. Fleurs en mai, d'un rouge plus foncé. Variété à fleur double.

Rhododendron velu. Hirsutum. Des Alpes. Bas et rampant. Petites feuilles, fleurs en septembre, petites, mais d'un joli rose.

Rhododendron ponctué. Punctatum. De l'Amérique septentrionale. Fleurs en mai, couleur de chair. Exposition abritée du nord et ombragée au midi.

Rhododendron hybride. Hybridum. Fleurs très-grandes et nombreuses, rosées en avril. Il perd ses feuilles.

Rhododendron crispé. Crispum. Feuilles crispées et remarquables. C'est un des plus beaux. Fleurs en mai, d'un joli lilas. Il se greffe par approche sur le maximum, ou se marcotte aisément.

Rhododendron de Daourie. Dauricum. Fleurs en avril, d'un beau rouge.

Rhododendron à fleurs jaunes. Chrysanthum. Très-bas; feuilles très-petites; fleurs en mai, grandes et d'un beau jaune.

Rhododendron de Katesby. Catesbœum. Feuilles grandes; fleurs superbes en mai.

La famille des rhododendrons est celle qui fournit le plus beaux arbustes d'ornement. Leur effet est frappant, et l'on ne peut les voir sans les admirer. On doit les placer sur le devant des massifs verts, du côté du nord ou du levant, en terre de bruyère, toujours humide. On les propage de marcottes, de greffes par approche ou de semis; aussitôt maturité de la graine, qui a lieu à la fin de janvier ou au commencement de février; ces semis demandent les plus grands soins et l'habitude du jardinage.

RHODORA DE CANADA. (*Jard.*) *Rhodora canadensis.* Famille des rosages. Arbuste Fleurs en avril avant la foliation, grandes, d'un joli rose lilas. Bruyère fraîche ombragée. Multiplication de marcottes.

RHUBARBE. (*Jard. — Méd. dom.*) *Rheum ondulatum.* Cette plante réussit dans les terres franches, légères, profondes, plutôt sèches qu'humides, à l'exposition en pente au levant; on la sème après la récolte de la graine, ou bien on plante au printemps des drageons qu'on sépare des fortes racines et qu'on place à trois, à quatre pieds de distance: on la sarcle et on la bine la première année. Dans les années suivantes, il suffit d'un léger labour au printemps; il faut laisser les racines au moins quatre ou cinq ans en terre; on les en tire à la fin de l'automne; on les coupe en morceaux de deux pouces; on enlève l'épiderme ou première peau, et on les dessèche à une chaleur modérée sur une claie; après la dessiccation, on unit les morceaux.

La rhubarbe de Chine, et celle de Cilicie sont estimées.

La rhubarbe est d'une grande ressource pour la médecine; on l'emploie avec succès dans les dyssenteries, dans les maladies bilieuses; elle évacue doucement les humeurs; elle est anti-vermineuse et infiniment stomachique.

RHUMATISME. (*Méd. dom.*) C'est une affection que les praticiens modernes considèrent comme une phlegmasie, qui a son siége ordinaire dans les tissus musculaire et fibreux de l'économie animale. Ses principaux caractères sont: 1° des douleurs plus ou moins vives, continues ou intermittentes, fixes ou vagues, accompagnées ou non de chaleur, de gonflement, de rougeur, de mouvemens fébriles; 2° une terminaison qui a lieu odinairement par résolution, quelquefois par délitescence, rarement par suppuration, plus rarement encore par gangrène; 3° enfin une grande mobilité et une tendance à la récidive.

Voici les premières causes prédisposantes:

1° *Age.* Le rhumatisme, surtout l'aigu, appartient en général à l'âge viril; et c'est depuis la vingtième année jusqu'à la cinquantième qu'il se manifeste plus fréquemment et avec plus de violence. Chez des sujets robustes, il n'est pas rare de voir paraître cette maladie jusqu'à soixante ans, et même au-delà. Cependant, selon divers auteurs, si beaucoup de vieillards se plaignent de douleurs rhumatismales, c'est qu'ils ont déjà éprouvé plusieurs atteintes de rhumatisme, et que la maladie a passé chez eux à l'état chronique. Quelques faits infirment néanmoins cette observation générale: une femme de soixante-dix-neuf ans fut atteinte, pour la première fois, à cet âge, d'un rhumatisme, pendant le cours d'une péripneumonie bilieuse; elle en éprouva ensuite de temps à autre des atteintes assez vives. Ponsard et Pinel rattachent principalement cette maladie aux adultes et aux vieillards.

2° *Sexe.* Les femmes sont moins sujettes au rhumatisme que les hommes, excepté en cas de suppressions, et dans leur âge critique.

3° *Tempérament.* D'après les observations de Barthez et d'autres savans médecins, les individus d'un tempérament sanguin sont ceux chez lesquels le rhumatisme se manifeste le plus fréquemment. Les tempéramens bilieux y sont assez sujets aussi. On a remarqué que lorsque les personnes d'un tempérament lymphatico-sanguin étaient atteintes de rhumatisme, le mal avait presque toujours son siége aux articulations.

4° *Constitution.* En général, les personnes les plus sujettes au rhumatisme, et spécialement au rhumatisme aigu, sont d'une constitution forte et robuste. Cependant, on voit aussi cette maladie attaquer des personnes faibles; mais c'est qu'elles sont irritables et nerveuses. Quoi qu'il en soit, on peut assurer que ceux qu'elle atteint pour la première fois ont en général une bonne constitution.

5° *Idiosyncrasie.* Chaque individu ayant sa manière de se bien porter et celle d'être malade, il en résulte que tel sujet, toutes choses égales d'ailleurs, est plus exposé à telle maladie qu'à telle autre. Ainsi, tel individu, frappé d'un froid humide, contractera toujours un rhumatisme, tandis qu'un autre, dans la même circonstance, sera attaqué d'un catarrhe pulmonaire, et qu'un troisième, soumis à la même action, n'en éprouvera aucune incommodité. Il existe donc chez les différens individus, pour qu'ils soient atteints du rhumatisme comme de toute autre maladie, une aptitude particulière dont la nature nous est inconnue, et qui ne nous est révélée que par les faits. C'est ce qu'on nomme idiosyncrasie.

6° *Hérédité.* Un individu né de parens habituellement affectés de rhumatisme sera plus exposé à cette maladie que dans le cas contraire. Barthez remarqua, dans une de ses consultations, que le sujet pour lequel il fut consulté, et qui était atteint d'une paralysie incomplète avec rhumatisme, était né de parens rhumatisans. Staal admet la disposition héréditaire rhumatismale.

7° *Habitudes.* Une personne qui a l'habitude de se couvrir ou de se vêtir avec beaucoup de soin sera atteinte du rhumatisme plus facilement qu'une autre, si, étant moins couverte que de coutume, elle s'expose à une température froide et humide.

8° *Professions.* Les militaires, les marins, les conducteurs de trains de bois, ceux qui déchirent les bateaux, ceux qui travaillent aux rivières, les pêcheurs, les blanchisseurs, les boulangers, qui sont exposés à l'air chaud et froid alternativement, sont sujets aux rhumatismes.

9° *Climats.* L'air froid et humide prédispose aux rhumatismes.

En général, le rhumatisme est produit par une transition trop brusque d'un lieu où l'air est chaud et sec dans un autre où il est froid et humide. Une température modérée, qui varie brusquement, en est plus souvent la cause qu'un froid très-vif et longtemps soutenu. Les vents de sud et ouest le produisent fréquemment. Un *vent coulis* détermine, dans beaucoup de circonstances, des douleurs rhumatismales. Le refroidissement des pieds est aussi une des causes fréquentes de cette maladie.

Les saisons pendant lesquelles le rhumatisme se manifeste le plus fréquemment sont le printemps et l'automne. On voit aussi cette maladie survenir au commencement de l'hiver, lorsque le temps est nébuleux, et à l'époque des dégels; enfin l'été lui donne quelquefois naissance, mais c'est toujours à la suite de transitions du chaud au froid.

On emploie contre les rhumatismes les purgatifs et les sudorifiques, les douches minérales ou sulfureuses.

Tisane contre les rhumatismes. Prenez racine de buis, de bardane, d'essula campana, d'angélique et de râpure de gayac, deux onces de chacun. On met le soir infuser tous ces ingrédiens ensemble dans six pots d'eau bouillante. Le lendemain matin on les fait bouillir jusqu'à diminution d'un tiers. Quand on est près de les ôter du feu, on y ajoute une demi-once de baies de genièvre concassées, et deux gros de limaille d'acier, qu'on ne laisse au feu qu'un demi-quart d'heure. Lorsque cette tisane est refroidie, on la passe au travers d'une serviette blanche de lessive. On en donne au malade dans son lit deux verres le matin, c'est-à-dire depuis cinq heures jusqu'à six heures, en mettant une heure d'intervalle entre les deux verres. Si la sueur vient, il faut la ménager, et prendre garde de ne pas laisser refroidir le malade : on en donne un ou deux verres après midi, vers les quatre heures. Il faut user de cette tisane pendant un mois de suite; la boire chaude si l'on peut, éviter le soleil et le serein; enfin, tout le temps qu'on en use, ne manger ni lait, ni salade, ni fruit cru. Avant de commencer l'usage de cette boisson, et quand on la quitte, il faut également se purger.

RHUME. (*Méd. dom.*) On appelle vulgairement rhume une affection catarrhale, légère, sans fièvre, et qui permet à celui qui en est atteint de vaquer à ses affaires ou au moins de ne pas garder le lit. Lorsqu'elle frappe particulièrement les fosses nasales, on l'appelle *rhume de cerveau*, parce que l'on croit faussement que l'humeur catarrhale se forme dans le cerveau et découle par le nez. (V. CORIZA.) Si l'accident tombe sur la membrane des bronches, on lui donne le nom de *rhume de poitrine*. C'est la plus commune de toutes les maladies : dans l'hiver plus de la moitié des individus en sont attaqués, surtout dans les villes.

Les rhumes sont produits le plus souvent par une température froide, ou du moins par le refroidissement de l'atmosphère : c'est la raison pour laquelle ils sont communs en hiver, au printemps et en automne. Ils ont pour cause un froid inaccoutumé, l'exposition à un courant d'air plus vif que le milieu où l'on est, enfin le passage trop brusque d'une température à une autre.

Lorsqu'on s'aperçoit qu'on est enrhumé, il faut se tenir chaudement et éviter les transitions subites du chaud au froid, et du froid au chaud. A moins de complication, le rhume cède bientôt par l'emploi simple d'une tisane, prise chaude plusieurs fois dans la journée et le soir en se couchant. Parmi celles qu'on peut employer, nous ne citerons que la décoction de gruau, qui nous paraît offrir le plus d'avantage. Pour la préparer, on prend une bonne cuillerée de *gruau d'avoine*, et on la fait bouillir devant le feu dans une pinte et demie d'eau jusqu'à réduction à une pinte. On sucre à volonté et on prend par tasses. On doit éviter de prendre des bains, même des bains de pieds, et en général tout ce qui pourrait gêner ou interrompre la transpiration. Lorsqu'on est à la campagne, on peut faire usage du lait de vache, ou de chèvre, ou d'ânesse, pris tout chaud à la dose d'un bol, le soir en se couchant, et le matin une heure avant son lever.

Une des meilleures tisanes et des plus adoucissantes pour le rhume, c'est une décoction de racine de guimauve fraîche dans laquelle on infuse une pincée de fleurs de coquelicot, et qu'on édulcore avec du sucre. On en boit peu à la fois, mais souvent.

Le moyen de se préserver des rhumes est d'avoir toujours les pieds secs, de se donner du mouvement dès que vous sentez que le froid vous gagne, et d'éviter les exercices violens, qui excitent une trop grande transpiration. (Voy. LAIT DE POULE. RÉGLISSE.)

RICIN-PALMA CHRISTI. (*Jard.—Méd. dom.*) *Ricinus communis.* Plante vivace venue de l'Inde; tige de cinq à sept pieds; feuilles grandes, palmées à sept digitations ou divisions; en juillet et août, fleurs singulières, en grappes, les mâles à la base, et les femelles au sommet. Terre légère et substantielle.

Les semences de ricin sont les seules parties de cette belle plante que l'on utilise en médecine. On en tire une huile anti-vermineuse. (Voy. HUILE.)

RIDES. (*Hyg.*) *Remède contre les rides.* Quand les rides ne sont pas causées par l'*irréparable outrage* du temps, et que le chagrin ou la mauvaise habitude de grimacer en riant et en parlant leur a donné naissance, on peut espérer de les adoucir, de les effacer peu à peu, en se mettant pendant la nuit des compresses de batiste humectées de teinture de benjoin et de bouillon de veau fait sans herbes ni sel.

RIZ. (*Agr.—Cuis.*) *Oryza sativa.* Famille des graminées. Sa racine ressemble à celle du froment; sa tige ou son chaume croît à la hauteur de dix ou douze décimètres; il est cylindrique, vide intérieurement, à l'exception des articulations, où il se remplit et prend de la solidité.

Le riz demande pour croître un sol labouré profondément et continuellement inondé. Il réussit parfaitement dans les lieux humides et marécageux; mais le voisinage des risières est infiniment malsain.

On cultive le riz en Piémont; les marais de la plaine de Mitidja à Alger, ceux qui environnent, en Corse, l'emplacement de l'ancienne ville d'Aléria, sont susceptibles de devenir fructueux par la culture du riz.

« Le riz, dit M. Raspail, suffit à la nourriture de certains Indiens qui ne sont pas moins robustes que les autres peuplades. Seulement on observe que ces peuples herbivores ont les formes plus grêles; cependant quatre hommes de cette petite stature ne se fatiguent pas de porter en palanquin un Anglais gros et gras, et chantent et courent en même temps, de manière à faire deux lieues à l'heure. Il est certain pourtant qu'à Paris le riz ne succèderait à notre nourriture actuelle qu'au détriment de notre santé; et quoique, dans certain pays de la France, le paysan, homme robuste et travailleur, ne se nourrisse pas autrement que l'Indien, l'oisif périrait en adoptant une nourriture aussi simple et aussi frugale. »

Pain de riz. (Voy. PAIN.) M. Bosredon aîné a été récemment breveté du gouvernement pour la panification du riz. Il vient de publier une brochure à ce sujet. (Paris, P. Dupont, in-8°). C'est un plaidoyer de plus en faveur de l'addition du riz et de la fécule à la farine de froment. L'auteur emploie, pour un sac de farine de trois cent dix-huit livres, vingt livres de riz cuit avec cent quatre-vingts livres d'eau, et quarante livres de fécule également cuite avec cent quatre-vingts livres d'eau.

Manière de préparer le riz pour en avoir toujours de tout prêt à employer, soit dans le bouillon gras, soit dans le lait. Mettez du riz dans un sac de toile, que vous coudrez ensuite; faites-le crever et cuire dans l'eau; laissez-le égoutter pendant quatre ou cinq heures; puis ouvrez le sac, et étendez le riz sur une nappe blanche pour le faire sécher. Lorsqu'il est bien sec, retirez-le et serrez-le; il se conservera longtemps. Pour en user dans le moment, il suffit de faire chauffer le bouillon ou le lait, et d'en mettre dedans ce qu'on jugera à propos, en couvrant l'écuelle ou le pot pendant un demi-quart.

Riz au gras. Pour ce potage, il faut une once de riz au plus par personne; faire crever doucement dans du bouillon, et y joindre un peu de jus ou de sucre brûlé, pour donner de la couleur au potage.

Riz au lait. Comme le précédent, excepté qu'on remplace le bouillon par le lait, et le sel par du sucre.

Riz au maigre. Prenez riz de Caroline épluché, quatre cuillerées combles pour six personnes; lavez-le, mettez-le dans une casserole, emplissez-la d'eau froide, assaisonnez de sel, poivre, un ognon entier, une carotte, un navet et un panais coupés en tranches; un demi-quarteron de beurre frais, une branche de céleri, une poignée d'oseille; ficelez-les pour pouvoir les retirer en entier. Si vous avez de la graisse d'oie, ajoutez-en une demi-cuillerée; faites bouillir deux heures à petit feu, ne remuez jamais; retirez la carotte, l'ognon et le bouquet d'oseille; passez-les à travers la passoire, remettez-les dans le riz; ajoutez, si vous voulez, un coulis. (Voy. ce mot.)

Riz au beurre. Faites bouillir plein une grande casserole d'eau; lorsqu'elle sera en ébullition versez dedans autant de tasses de riz bien lavé que vous avez de personnes à servir; salez suffisamment; ne couvrez pas la casserole. Au bout de dix minutes retirez-la du feu. Prenez une autre casserole et faites fondre dedans, jusqu'à bouillir, un quarteron de beurre bien frais (pour trois tasses de riz). Égouttez votre riz dans une passoire, remettez-le dans la même casserole, et versez dessus le beurre fondu en remuant toujours d'une main. Couvrez la casserole et faites-la mijoter sur le bord du fourneau pendant cinq à six minutes; servez très-chaud avec du poivre dessus.

Gâteau de riz. (Voy. GATEAU.)

Soufflé de riz. Une heure avant de servir, préparez et faites cuire du riz comme pour le gâteau; lorsqu'il commence à sécher, retirez-le et broyez-le dans la casserole avec un pilon; ajoutez-y quatre jaunes d'œufs, mêlez-les bien, battez les blancs en neige. Prenez un plat creux qui aille au feu, mettez dedans gros comme une noix de beurre, posez-le couvert sur un feu couvert; lorsqu'il est fondu, mêlez promptement vos blancs avec le riz, versez-le dans le plat; poudrez un peu de sucre dessus; couvrez avec un four élevé, chaud et plein de braise. Au bout de dix minutes si votre soufflé est doré et bien levé, servez-le en courant.

Soupe au riz. Prendre deux pintes un quart d'eau, une livre et demie de riz qu'on verse dans l'eau quand elle est chaude; faire cuire lentement et remuer toujours, en versant à mesure quatre pintes trois quarts d'eau chaude. Quand le riz est bien cuit, ajouter six onces de lait frais; saler ; mettez-y du pain blanc un peu rassis, et non du pain bis, car il aigrit le riz; faites-le couper, dès la veille, en soupe très-mince, et mêlez-le avec du riz, de manière qu'il aille jusqu'au fond et s'imbibe bien du tout.

Soupe au riz et aux pommes de terre. Mettre dans un chaudron deux pintes un quart d'eau; quand elle est chaude, y mettre une livre et demie de riz, le faire bouillir un quart d'heure, en remuant. Ajouter une livre un quart de pommes de terre pelées et coupées en tranches; à mesure que le riz épaissit, ajouter cinq pintes d'eau chaude, en observant de ne verser à chaque fois qu'une pinte d'eau, pour ne pas noyer le riz.

Pour faire crever et revenir le riz sur le feu, il faut environ une demi-heure, et c'est pendant ce temps qu'on doit l'humecter et lui faire boire successivement les pintes d'eau chaude. Cela étant fait, il faut laisser le riz sur le feu une heure, pour le faire cuire lentement et à petit feu, en observant toujours de le remuer sans cesse.

Le riz étant bien cuit et revenu, on y met une pinte et demie de lait et trois onces de sel. On ôte le chaudron de dessus le feu, et on y taille peu après une livre de pain blanc qu'on mêle au riz. Au lieu de lait, on peut employer un demi-quart de beurre et se servir alors de pain bis, qui, dans le premier cas, aigrirait le lait.

Pilau de riz des Orientaux. Recette de Duhamel de Monceau. Prenez une certaine mesure de riz du Levant, par exemple, une écuellée ; lavez-le trois ou quatre fois de suite dans l'eau chaude. Ensuite égouttez-le, et le faites sécher sur un plat qu'on mettra sur un feu doux. Prenez ensuite environ trois mesures et demie, c'est-à-dire, un peu plus de trois écuellées de bouillon fait avec de la viande ou du poisson, ou des racines potagères.

Quand ce bouillon est bien bouillant, jetez-y le riz bien préparé, comme cela a été dit. Continuez de faire bouillir jusqu'à ce que le riz soit crevé, ce qui arrive toujours après douze ou quinze minutes au plus d'ébullition rapide, et qui se reconnaît par le gonflement des grains de riz.

Cela fait, retirez le vaisseau du feu ; jetez-y une pincée plus ou moins forte de safran en poudre fine ; couvrez très-exactement le pot de son couvercle, dont vous entourez les bords avec un rouleau de linge. Tenez encore ce pot sur un feu très-doux pendant un quart-d'heure, ou tout au plus une petite demi-heure. Alors le riz est cuit, prêt à être versé sur un plat et très-bon à manger.

Si l'on veut le rendre plus moelleux, on peut y ajouter, en même temps qu'on y met le safran et à la fin de l'ébullition, une petite quantité de bonne graisse, ou du bon beurre, si le bouillon a été fait avec du poisson ou avec des racines.

Bouillie au riz pour les enfans. On emploie un demi-setier de lait, un demi-setier d'eau, un gros et demi de sel, une once et demie de farine de riz. On doit faire délayer la farine avec le lait, l'eau et le sel ; faire bouillir le tout jusqu'à ce qu'il commence à y avoir une croûte légère au fond du poêlon ; l'ôter ensuite de dessus la flamme, et le mettre un quart d'heure ou environ sur la cendre rouge. On remettra ensuite cette bouillie sur la flamme, jusqu'à cuisson parfaite, laquelle se connaît à l'odeur et lorsque la croûte qui est au fond du poêlon est épaisse, sans sentir le brûlé. Il en faut deux fois le jour. Quatre livres de farine de riz ou deux livres de riz et un tiers de farine de froment suffisent pour la nourriture d'un mois.

Farine de riz. Si on n'a point de moulin, jeter le riz dans une chaudière remplie d'eau presque bouillante; puis retirer le vaisseau de dessus le feu, laisser tremper le riz du soir au matin. Le riz étant tombé au fond, on jette l'eau qui surnage ; on le met égoutter sur une table disposée en pente : lorsqu'il est sec, on le pile et on le réduit en une farine, que l'on passe par un tamis fin.

On met de cette farine la quantité qu'on juge à propos dans une huche ou pétrin ; en même temps, on fait chauffer de l'eau à proportion dans une chaudière, et on y jette quatre jointées de riz en grain, que l'on fait bouillir et crever. Lorsque cette matière est un peu refroidie, on la verse sur la farine, et on pétrit en ajoutant sel et levain. Cette pâte peut s'employer comme celle de froment. Pour la faire cuire, mettre un peu d'eau au fond d'une casserole, qu'on remplit de pâte, qu'on couvre de feuilles, et qu'on renverse au fond du four.

ROBE (*Conn. us.*) *Manière de plier les robes.* Elle varie suivant la forme des robes : quelques-unes se mettent au porte-manteau, suspendues par le milieu, en passant les manches dans les patères ; elles ne doivent pas être trop rapprochées, pour que les garnitures puissent s'étaler librement, et que les jupes drapent sans être comprimées. Ce moyen est fort bon, non-seulement pour conserver les garnitures inférieures, mais encore celles des manches et du corsage, s'il y a lieu. Quand les robes ont des garnitures plates, comme entre-deux, plis, bandes de biais, ganses, etc., on peut les ranger dans une commode, en les pliant à la manière des jupons, toutefois avec cette petite différence : quand la jupe en est repliée longitudinalement, on place un derrière du corsage au milieu du devant, à la façon des camisoles, et l'autre derrière se trouve entre les deux manches ; alors on plie la jupe en deux, et l'on rabat le corsage sur le haut du lé de derrière, en écartant bien les plis que forme ce lé. Par ce procédé, on ne voit plus que le devant du corsage, lequel est bientôt caché en partie par les manches que l'on ramène dessus, en les attachant quelquefois l'une à l'autre avec un camion, comme le font les blanchisseuses de fin, et les repliant en deux si elles sont longues. La robe est en quelque sorte pliée en trois, puisque le corsage renversé fait la troisième partie. Plusieurs personnes la plient en deux, en comptant le corsage, qu'au lieu de renverser sur le haut du derrière, elles étalent, ainsi que les manches, sur le bas de ce lé. Cette méthode a cela de préférable, qu'on est plus assuré d'éviter les faux plis, mais aussi il faut plus d'espace. On peut, il est vrai ; l'épargner, en plaçant dans un même tiroir le bas d'une robe sous le haut d'une autre.

ROITELET. (*Chass. — An. dom.*) *Sylvia regulus.*

Il habite les bois, se nourrit de petits insectes et de leurs larves. En automne, il est gras et bon à manger.

Cet oiseau, remarquable à la fois par la petitesse de son corps et la force de sa voix, qui contrastent l'une avec l'autre, est difficile à élever; on y parvient cependant avec de l'attention et des soins.

La cage qui convient doit être de fil de fer, et munie d'une espèce d'auget, à peu près semblable à ceux dont on se sert pour lui donner à manger. Cet auget sera doublé d'étoffe, et bien fermé tout autour, excepté du dedans de la cage par où il peut entrer, au moyen d'un petit trou rond, capable seulement de le contenir. Vis-à-vis cet auget, il doit y en avoir trois autres réunis ensemble; celui qui est à droite sera destiné pour y mettre du cœur de mouton haché; celui qui est à gauche contiendra la même pâte qu'on donne au rossignol, et celui du milieu, qui sera un peu plus large, servira d'abreuvoir : il sera toujours plein d'eau, et même en assez grande quantité pour que l'oiseau puisse s'y baigner. On est encore souvent dans l'usage d'attacher à un des côtés de la cage une espèce de petit flacon semblable à ceux d'eau de senteur : il sera fait de paille et sans col, afin que l'oiseau puisse y entrer. Il s'y repose très-bien, et même plus volontiers qu'ailleurs, d'autant que ce réceptacle a une forme semblable à celle de son nid, du moins en partie. On observera ponctuellement, pour l'élever, la même méthode qui a été indiquée pour le rossignol. On aura surtout attention que, pendant ce temps, il ne mange pas trop de mouches, parce qu'elles pourraient le constiper. (Voy. MALADIES DES OISEAUX.)

ROMARIN OFFICINAL. (*Jard.—Méd. dom.*) *Rosmarinus officinalis*. Famille des labiées. Arbrisseau indigène; toujours vert; fleurs en février, peu apparentes. C'est pour son joli feuillage et son odeur agréable qu'on le cultive. Il fait de charmans buissons lorsqu'on lui laisse toutes ses branches d'en bas. Il est nécessaire de le placer à une exposition méridionale, abritée derrière par des arbrisseaux touffus. Un bon terreau léger et consommé lui est favorable; il y devient superbe. On le multiplie de marcottes et de boutures qu'on fait en mars avec des bouts de jeunes tiges bien fraîches. On les enfonce de deux pouces dans de petits pots pleins de terreau criblé; on enterre ces pots à l'ombre; on les arrose tout l'été. Dès octobre, on peut les mettre en place aux expositions ci-dessus, en les garnissant autour d'un peu de feuilles mortes. Il a une jolie variété à fleurs blanches dont les feuilles sont plus étroites.

Le romarin a une odeur aromatique agréable; sa saveur est âcre et amère; on l'emploie comme cordial, tonique, anti-spasmodique, céphalique et aromatique.

On ne se sert en médecine que de ses feuilles et de ses fleurs; on fait par infusion un vin de romarin qui convient dans les affections des nerfs; il est la base de la liqueur appelée *eau de la reine de Hongrie*; on en tire aussi par la distillation une huile essentielle.

On brûle aussi de cette plante conjointement avec les baies de genièvre, pour corriger le mauvais air.

RONCE A FLEUR DOUBLE (*Jard.—Méd. dom.*) *Rubus flore pleno*. Famille des rosacées. Arbuste. indigène. Fleurs en juin, en grappes d'un charmant effet. Terreau, soleil, fraîcheur au pied; fait bien sur le devant des haies. Multiplication de marcottes; variété à fleur double rose.

Ronce sans épines (*Rubus inermis.*) D. indigène. Sa place est sur le bord des endroits escarpés, où ses branches longues et pendantes font un bon effet. Même multiplication.

Ronce rosæfolius. Charmant arbuste. Fleurs en octobre, solitaires au bout des tiges; grosses et doubles comme des roses pompon. Pour le faire fleurir en pleine terre, il faut retrancher tous ses drageons à mesure qu'ils poussent, et lui élever quelques tiges. Bruyère humide, à demi-ombragées.

Ronce-framboisier du Canada. (*Odoratus.*) Arbuste. Il faut le tailler comme le framboisier. Rejetons et boutures; fleurs pourpres, grandes, en juin.

Ronce du Nord (*Articus.*) Arbrisseau de Suède. Fleurs rares en mai; bons fruits; perd ses tiges l'hiver; séparation des pieds à la défloraison; bruyère fraîche et ombragée; on le tient en pot pour le conserver.

Ronce d'Occident. (*Occidentalis.*) Marcottes; demi-ombre.

Ronce à feuilles de noisetier. (*coryllifiollus.*) Même culture.

Ronce sauvage. (*Rubus fructicosus.*) Croît dans les haies.

Les feuilles de ronce sont employées comme astringentes, détersives, résolutives; on les emploie dans la préparation des gargarismes pour les maux de gorge et pour les inflammations de la bouche. On fait un sirop avec ses fruits, en les traitant comme les mûres (voy. ce mot); en leur donnant plus de cuisson, nous en avons composé des préparations solides, et à très peu de frais, puisque les mûres sauvages abondent dans toutes les haies, abandonnées à l'appétit des oiseaux et des enfans qui passent.

ROSE. (Voy. ROSIER.)

Rose pour colorer les mets. (*Off.*) Délayez un peu de carmin en poudre dans un petit mortier d'ivoire, avec une dissolution de gomme arabique, et mettez-le dans un verre de montre pour vous en servir.

ROSÉE. (*Conn. us.*) La rosée se compose de petites gouttes d'eau que l'on aperçoit sur l'herbe et sur les planies le matin au lever du soleil. Il y en a deux sortes, l'une qui vient de l'humidité de l'air, l'autre qui sort des plantes; la première est formée par des particules aqueuses du serein qui s'élève pendant la nuit; au lever du soleil, l'air dilaté par la chaleur, ne pouvant les soutenir, les dépose en gouttelettes qui composent la rosée tombante. L'autre rosée est fournie par une transpiration des plantes mêmes. (V. GELÉE BLANCHE, LUNE ROUSSE.) Le calorique qu'elles perdent n'étant pas suffisamment remplacé par celui qu'elles tirent de la terre, la différence de leur température avec celle de l'air ambiant peut aller à huit ou dix degrés.

ROSIER. (*Jard.—Ind. dom.—Off.—Méd. dom.*) Les variétés de rosier sont presque innombrables. Nous empruntons une partie de cet article à l'excellent livre de madame Adanson.

Rosier églantier ponceau. (*Rosa eglanteria bicolor.*) Arbuste d'Italie; à écorce; d'un brun jaune, hérissée d'épines; fleurs nymphes, au mois de mai; d'un beau rouge ponceau en dedans, terne en dehors, et d'une odeur désagréable. Exposition demi-ombragée. Terreau. Rejetons, Boutures.

Rosier jaune soufre, double. (*Sulphurea, flore pleno.*)

Du Levant. Fleurs en juin, grandes, inodores et très-doubles, mais qui sont presque toujours rongées par un ver. Exposition au pied d'un mur, au midi, à demi-ombragée. Terreau. Rejetons.

Rosier jaune double, nain. (*Sulphurea parva.*) Même culture.

Rosier Redouté. (*Redutea.*) Dédié à ce peintre célèbre. Fleurs simples à pétales blancs, piquetés de rouge en dedans, et rayés en dehors. Greffe sur églantier.

Rosier gallique de Provins. (*Gallica.*) Fleurs semi-doubles; d'un rouge uni ou rayé de blanc; presque inodores. Ce rosier fait un bel effet dans le remplissage des massifs. Rejetons nombreux. Variétés très-belles : *pourpre-ponceau; belle évêque; négrette; maheca; superbe en brun; cramoisie brillante; holocericea nova.*

Rosier de Provence, pourpre. (*Atropurpurea.*) Superbe. Rejetons.

Rosier à cent feuilles. (*Centifolia.*) Fleurs en juin, très-doubles; du plus beau rose, et les plus odorantes; cette espèce doit régner sur toutes les autres. Rejetons. Variété dite *des peintres*; pétales plus larges et moins nombreux. Rejetons.

Rosier mousseux. (*Muscosa.*) A fleurs doubles blanches, ou roses. Le calice est garni de poils qui ont l'apparence d'une mousse. C'est une jolie variété.

Rosier unique. (*Unica.*) Fleurs d'un blanc pur, odorantes et doubles. Il y a une variété rose.

Rosier Vilmorain (*Vilmorina.*) Fleurs doubles d'un rose pâle; pétales transparens; odorantes.

Rosier pompon de Bourgogne. (*Parvifolia.*) Fleurs en mai; très-petites, doubles, d'un joli rose et odorantes. C'est un charmant petit arbuste. Rejetons.

Rosier gros pompon de Bordeaux (*Centifolia minor.*)

Rosier des quatre saisons. (*Bifera semper florens.*) Fleurs semi-doubles; en bouquets, très-odorantes. Variété à fleurs blanches, plus délicate. Rejetons.

Rosier blanc. (*Alba.*) D'Europe. Fleurs en mai. Semi-doubles; blanches à cœur carné; légèrement odorantes. Cet arbrisseau acquiert jusqu'à neuf pieds de haut, et fait un bel effet dans les massifs. Rejetons.

Rosier de Nancy. Il est d'un bel effet.

Rosier cuisse-de-nymphe. (*Carnea.*) Fleurs en mai, moyennes, doubles, couleur de chair; peu odorantes. Rejetons.

Rosier constance ou cent feuilles. D'Avranches. Fleur double, grande et carnée. Une des plus belles.

Rosier sans épines. (*Rosa inermis.*) Tige lisse, sans aiguillons. Fleurs nombreuses, petites, semi-doubles, blanches ou roses, inodores. Rejetons et boutures; très-propre à recevoir la greffe en fente des autres espèces.

Rose duchesse de Berry. Fleurs en juin, petites, d'un rose carné, doubles et odorantes, très-jolies.

Rosier muscade. (*Rosa moschata.*) De Barbarie. Tiges grimpantes. Fleurs en août, petites, en corymbes, blanches et semi-doubles, et d'une odeur agréable. Délicat. Il faut le placer près d'un mur, au midi. Rejetons.

Rosier multiflore. (*Rosa japonica.*) Fleurs en corymbes très-garnies, petites, rosées. Ne fleurit que lorsqu'il a passé l'hiver en orangerie.

Rosier noisette. Fleurs nombreuses d'un rose tendre et qui durent jusqu'aux gelées. C'est le plus joli des bengales. Multiplication de rejets et de boutures.

Rosier bengale. (*Rosa bengalensis.*) Toujours vert; fleurs roses, pourpres ou blanches, en mai. Autres variétés : à *odeur de capucine*, à *odeur de thé*; fleurs grandes légèrement rosées. Nain à très-petites fleurs.

Rosier bengale paniculé. Nouvelle espèce, venue de graine chez M. Audibert, à Tonelle.

Rosier grimpant. Fleurs en ombelles. Les tiges s'élèvent jusqu'à vingt pieds, si elles trouvent un appui.

Exposition au pied d'un mur, au midi, pour toutes les espèces ou variétés de Bengale.

Tous les rosiers, excepté ceux qui se placent en espalier, aiment une situation fraîche et demi-ombragée. Ils sont voraces. Il faut les planter d'abord dans une bonne terre franche, amendée de fumier consommé, et ensuite les terreauter chaque année. Si on a le soin de couvrir les pieds en automne avec de bonne litière à moitié consommée, ils n'en seront que plus beaux.

Une collection de rosiers variés, rangés le long d'une plate-bande ombragée qui suit les sinuosités d'un sentier, fait un charmant effet. Il est malheureux que la méthode de les greffer soit portée au point qu'on a de la peine à se procurer des espèces franches de pied. Un rosier, perché sur une tige de quatre à cinq pieds, n'a jamais la grâce d'un buisson arrondi; c'est blesser le bon goût que de ne pas conserver à chaque arbre son aspect naturel. On doit donc faire tous ses efforts pour multiplier les variétés qu'on ne possède que greffées, par marcottes et boutures, en les essayant dans diverses situations.

Les espèces à bois spongieux, telles que les bengales, prennent de boutures faites en mars, à l'ombre, en terreau de bruyère.

Les greffes en dessus se font à œil poussant en mai ou au commencement de juin; à œil dormant, de juillet en août, sur des tiges d'églantier fraîches et vigoureuses. On ne rabat entièrement le sujet sur la greffe que lorsqu'elle est déjà forte et parfaitement assurée; jusque-là on laisse un ou deux pouces du sujet.

On peut aussi greffer en fente sur racine, à la fin de février. (Voy. PEUPLIER ARGENTÉ.) Cette manière offre l'avantage d'obtenir plus facilement des marcottes.

Enfin, on greffe en fente, au printemps, sur tige.

Les semis de rosiers produisent de belles variétés. On fera bien d'en faire quelques-uns chaque année, à l'ombre, aussitôt maturité des graines.

Il faut enlever avec soin aux rosiers le bois mort et les tiges défleuries.

Rose changeante. Une rose rouge ordinaire, entièrement épanouie, devient blanche si on l'expose à la vapeur du soufre en combustion; placée dans l'eau, au bout de quelques heures elle reprend sa couleur primitive.

Eau de rose. Pour faire l'eau de rose, en Asie, on effeuille les roses dans un vase de bois, dans lequel on met de l'eau bien pure, et on les expose pendant quelques jours au soleil ; la partie huileuse se sépare et surnage l'eau ; on ramasse doucement cette huile précieuse avec du coton fin, ou l'exprime dans de petites bouteilles qu'on bouche hermétiquement. Voilà tout le secret de cette essence, qui se vend si cher à Constantinople et en France, quand on peut en avoir.

Procédé français. Vous distillez une quantité suffisante de feuilles de roses pour en obtenir l'huile essentielle qui se fait apercevoir sous la forme d'une graisse figée ou concrète. On en obtient très-peu, mais une très-petite quantité répand un si grand parfum, qu'il n'en faut que quelques gouttes dans un flacon pour embaumer un appartement.

L'eau de rose qu'on obtient de cette manière est de première qualité.

Vous suivez les mêmes procédés pour toutes les plantes ou fleurs dont vous voulez obtenir l'huile essentielle par la distillation.

Crème de roses. Eau-de-vie fine, quatre pintes; roses épluchées, six livres; eau de rivière, une pinte et demie; eau double de roses, une livre; sucre, une livre huit onces.

Vous distillez au bain-marie les pétales de roses avec l'eau-de-vie pour retirer deux pintes un quart de liqueur spiritueuse. Après avoir fait fondre sur le feu le sucre dans l'eau de rivière, vous les laissez refroidir, puis y ajoutez l'eau de roses. Vous opérez le mélange que vous colorez en rose, puis vous filtrez la liqueur.

Vous pouvez faire fondre le sucre à froid, en employant de l'eau de roses au lieu d'eau commune, et vous obtenez une liqueur du parfum le plus agréable.

Esprit de roses. Vous prenez : roses, deux livres; esprit de vin, une pinte.

Vous mettez vos roses dans le bain-marie de l'alambic; et les y foulez bien ; puis vous versez par-dessus l'esprit de vin ; vous dressez l'appareil comme ci-dessus, et distillez de manière à retirer autant d'esprit de rose que vous avez employé d'esprit de vin.

Si vous voulez rendre cet esprit plus odorant, vous le distillez à diverses reprises sur la même quantité de roses, jusqu'à ce qu'il soit au degré que vous voulez lui donner.

On emploie l'esprit de rose pour les eaux de toilette, pour les pastilles à la liqueur, et généralement dans les compositions auxquelles on veut donner le parfum de la rose.

Conserves de roses. Roses rouges réduites en poudre, quatre onces; eau de roses odorante, dix onces; sucre blanc, trois livres.

Versez suffisante quantité d'eau de roses sur la poudre; laissez infuser pendant six heures en remuant de temps à autre avec la spatule; lorsque la poudre est réduite en une pulpe uniforme, vous ajoutez le sucre que vous aurez fait fondre dans le reste de l'eau de rose, faites cuire jusqu'à ce que le mélange ait acquis la consistance convenable.

Gelée de roses. La gelée de roses n'est autre chose qu'une gelée de pommes colorées.

Vous faites une forte décoction de pommes, dans laquelle vous ajoutez un peu de teinture de cochenille faite avec de l'eau double de roses; vous passez le mélange à travers la manche, et le pesez. Vous employez même quantité de sucre clarifié à la nappe ; et, lorsqu'il est cuit au petit cassé, vous y versez la décoction, et faites cuire le tout ensemble, en agitant avec l'écumoire pour l'empêcher de monter. Lorsqu'il est à la grande nappe, vous y ajoutez un demi-verre d'eau de roses double, vous lui donnez un bouillon, et retirez la bassine. Alors la gelée est faite, et vous la versez dans des pots.

Elle est très-agréable par son goût de roses.

Emploi de la rose en médecine. Les fleurs du *rosa gallica*, les fleurs du *rosa centifolia*, ou les roses pâles, sont employées comme légèrement laxatives et purgatives, toniques, et elles sont aussi employées dans la préparation de quelques médicamens externes, tels que l'onguent et l'huile rosat ; on en prépare l'eau distillée et l'huile volatile de roses, qui sont d'un grand usage dans la parfumerie.

Les fleurs du *rosa gallica* sont employées comme toniques, astringentes, détersives; on en prépare en pharmacie la conserve de roses, qui est employée comme stomachique, et pour arrêter le vomissement, le crachement de sang, les dévoiemens et les dyssenteries.

On fait, avec les *roses pâles* ou *incarnates*, ou avec les *roses blanches*, une eau distillée propre pour les maladies des yeux. On fait avec ces roses un sirop solutif. Les roses d'un rouge foncé, qu'on nomme *roses de Provins*, passent pour être astringentes, ainsi que les roses blanches. On prépare avec les roses de Provins une conserve, un miel et un sirop qui sont astringens. La pommade de rose est faite avec la rose de Provins.

Sirop de roses. Prendre : roses de Provins sèches, huit onces; eau double de roses, six onces; eau bouillante, deux livres ou une pinte ; sucre, quatre livres.

Vous contusez les roses dans un mortier de marbre; vous les mettez dans le bain-marie; vous y versez l'eau bouillante, et laissez le tout en macération pendant quatre heures ; vous passez la décoction au travers d'un linge que vous serrez fortement.

Vous clarifiez le sucre et le faites cuire au petit cassé ; vous y versez la décoction et l'eau de roses; vous donnez un bouillon au mélange et le passez à la manche.

Ce sirop est estimé propre à arrêter les diarrhées, les dyssenteries, les crachemens de sang. On en met une bonne cuillerée à bouche pour un verre d'eau.

Cosmétique appelé lait de roses. Prendre : amandes douces, une livre ; blanc de baleine, une once; savon blanc, une once; cire vierge, une once; eau double de roses, deux pintes et demie; esprit de roses, une chopine.

Vous pelez les amandes, et, après les avoir jetées à mesure dans de l'eau fraîche, vous les lavez bien et les égouttez ; vous les pilez dans le mortier de marbre en y ajoutant par intervalles quelques gouttes d'eau de roses, jusqu'à ce qu'elles soient réduites en poudre très-fine. Pendant ce temps, vous faites fondre au bain-marie le savon et la cire, que vous incorporez avec les amandes par portions, et en tournant le pilon circulairement pendant cinq ou six minutes; vous ajoutez l'eau et l'esprit de roses; passez et mettez en bouteilles. Ce lait blanchit la peau enlève le hâle, et est un cosmétique excellent.

ROSSIGNOL. (*Chass. — An. dom.*) *Sylvia lucinia.* Genre fauvette. Le rossignol quitte nos climats en automne et y revient au printemps.

Moyen d'élever des rossignols. On les enlève du nid, et on les met dans de la mousse, et un panier de paille ou d'osier, muni de son couvercle un peu ouvert; on place le panier dans un endroit retiré; on leur donne du veau cru ou du cœur de mouton; on en ôte exactement les peaux, les nerfs et la graisse; on les hache fort menu; on en forme des boulettes de la grosseur d'une plume à écrire, et on donne aux petits rossignols, deux ou trois de ces boulettes; on les fait boire huit ou dix fois par jour, avec un peu de coton trempé dans de l'eau. On peut aussi leur donner une préparation faite avec de la mie de pain, du chenevis broyé, et du bœuf bouilli et haché avec un peu de persil.

On continue de tenir les petits rossignols dans un panier couvert, jusqu'à ce qu'ils commencent à se bien soutenir sur leurs jambes. On les met pour lors dans une cage dont on garnit le fond de mousse nouvelle. Dès qu'ils peuvent prendre la nourriture au bout d'un petit bâton, et dès qu'on s'aperçoit qu'ils veulent manger seuls, on attache à leur cage un morceau, de la grosseur d'une noix, de cœur de bœuf, préparé de la façon prescrite ci-dessus. On met aussi dans la cage une auge pleine d'eau, et on renouvelle cette eau une ou deux fois par jour, surtout pendant les grandes chaleurs de l'été; on renouvelle aussi les alimens solides, qui pourraient très-bien se corrompre en peu de temps dans cette saison. Quand les rossignols mangent une fois seuls, on met leur nourriture dans les augets de la cage; on en garnit le fond d'une petite pierre carrée, pour que cette nourriture puisse s'y conserver saine: on place la pâte d'un côté et le cœur de l'autre.

On connaît le mâle de la nichée, à ce qu'on dit, aux signes suivans: dès qu'il a mangé, il se perche et essaie à former des sons; du moins on peut en juger par le mouvement de sa gorge; il se tient assez longtemps ferme sur un seul pied, et quelquefois il voltige tout autour de sa cage avec une ardeur inquiète et une espèce de fureur.

Lorsqu'on veut apprendre à un jeune rossignol mâle des airs sifflés ou de flageolet, dès qu'il peut manger seul, on le met dans une cage couverte de serge verte; on le place dans une chambre éloignée, non-seulement de tout oiseau étranger, mais encore des autres rossignols, tant jeunes que vieux, afin qu'il ne puisse entendre aucun ramage. On met la cage, les huit premiers jours, à côté de la fenêtre ou à la clarté du plus grand jour de la chambre, après quoi on l'éloignera peu à peu jusqu'au fond de la chambre, et on l'y laissera tout le temps qu'on sifflera le rossignol.

Quant au temps et aux heures qu'il faut observer pour le siffler, voici l'usage le plus communément reçu: ce n'est pas à force de leçons qu'on parvient à lui apprendre à siffler plus vite, c'est une erreur dans laquelle tombent bien des gens; une demi-douzaine de leçons par jour suffit, deux le matin en se levant, deux autres dans le milieu de la journée, et autant le soir en se couchant. Les leçons du matin et du soir seront les plus longues; l'oiseau est moins dissipé, et il retient pour lors plus aisément. A chaque leçon on répète au moins dix fois l'air qu'on lui enseigne; mais il faut avoir attention de lui siffler ou jouer le même air tout de suite, sans lui répéter deux fois le commencement ou la fin. On ne lui en apprendra que deux au plus; on doit être bien content quand un rossignol en sait chanter deux.

On peut encore apprendre aux rossignols à parler. Pour y parvenir, il faut les instruire en secret, précisément dans un endroit où ces oiseaux ne puissent entendre d'autre voix que celle de la personne qui leur donne la leçon. Cette personne leur répète assidûment ce qu'elle veut leur faire retenir; elle les caresse même à cet effet, en leur donnant quelques friandises.

Le rossignol, en liberté, se nourrit d'araignées, de cloportes, de mouches, d'œufs de fourmis, de vers et d'autres insectes; de figues et de baies de cornouiller. On peut donc l'en régaler, de temps en temps, pendant sa captivité.

Il entre en mue, pour l'ordinaire, en juillet et août. Après cette mue, c'est-à-dire sur la fin de septembre, on le placera dans un endroit chaud, pour y passer l'hiver, temps des plus critiques pour le rossignol, qui périt ordinairement dans notre climat pendant cette triste saison.

Maladies du rossignol. Cet oiseau est sujet à la gale de la tête et aux poux. La partie galeuse est déplumée. Le remède est de le rafraîchir avec des bettes, des choux ou du mouron coupé menu, et de l'arroser avec du vin qu'on jettera de la bouche, ensuite le sécher au soleil ou au feu. On l'oindra de beurre ou d'huile pour remédier aux poux, et tous les mois on le changera de cage.

La goutte attaque les oiseaux aussi délicats que les rossignols; on les en préserve en les tenant l'hiver dans un endroit chaud.

Les rossignols deviennent quelquefois aveugles pour trop chanter: ce mal est sans remède.

La semence de chanvre est nuisible aux rossignols: elle les fait tomber du mal caduc, et souvent mourir: c'est pourquoi on fera très-bien de ne leur en pas donner.

Le dessèchement du poumon et de tout le corps est une maladie qui attaque souvent ces sortes d'oiseaux. Pour prévenir ce mal, il faut avoir soin de les bien nourrir, et de les visiter souvent pour voir s'il ne leur manque rien, et varier leur nourriture. Ils meurent aussi par excès d'embonpoint. Leur donner à manger deux fois le jour, le matin et l'après-midi.

Souvent les rossignols sont relâchés parce qu'ils ne mangent que de la viande fraîche comme les oiseaux de proie. On remarque quelquefois du rouge dans leurs excrémens liquides, et des glaires épaisses; il faut aussitôt leur ôter l'usage de la viande et du blanc d'œuf, pour prévenir la dyssenterie; puis leur donner de la pâte, du massepain, des jaunes d'œufs durs; après quoi, on peut les remettre à leurs alimens ordinaires. Pour remédier, au contraire, à la paresse du ventre, on leur donnera de la viande fraîche, du sucre, des bettes ou des laitues coupées menu.

Quand les rossignols sont malades de leur mue, il faut éviter de les exposer au froid du matin et du soir; il faut les mettre au soleil modéré, leur jeter du vin tiède de la bouche sur les plumes, et enfin leur donner du sucre, des vers de farine, des araignées, des cloportes, des herbes coupées menu, pour les fortifier et aider la nature.

Le rossignol et tous les autres oiseaux qui mangent de la pâte doivent être purgés une fois le mois, pour le moins, en leur donnant deux ou trois verres de farine à la fois; deux jours après, on mettra dans leur eau gros comme une noisette de sucre candi; et, toutes les fois que les oiseaux n'auront point de voix, on mettra un peu de réglisse dans leur eau, afin de donner plus de saveur à leur boisson, et de leur éclaircir parfaitement la voix. (Voy. OISEAUX.)

ROSSOLIS DE TURIN. (*Off.*) Prendre : roses muscates, huit onces; fleurs d'oranger épluchées, cinq onces; cannelle concassée, trois gros; clous de girofle concassés, un gros; eau de rivière, six pintes; esprit de vin, trois pintes; esprit de jasmin, deux onces; sucre suraffiné concassé, six livres.

Vous mettez dans la cucurbite les cinq premières substances, et les distillez pour retirer trois pintes de liqueur dans laquelle vous faites fondre le sucre; vous y versez ensuite l'esprit de vin et l'esprit de jasmin; vous colorez la liqueur en rouge cramoisi, et filtrez.

ROTI. (*Cuis.*) (Voy. CUISSON, et les noms des viandes qui se mangent rôties.)

Rôti de sauvages. Le père Labat, dans ses voyages, recommande, comme donnant d'excellens résultats, la manière de rôtir des Caraïbes. Pour ceux qui voudront en faire l'essai, voici la recette :

Prendre une poule, une perdrix ou autre oiseau; les jeter dans le feu sans le plumer, ni le vider. Quand la plume est brûlée, le couvrir de cendre. Il cuit plus ou moins lentement, selon la chaleur des cendres. Quand il est cuit, ôter avec soin les boyaux et le jabot, ainsi que la croûte formée par l'adhésion des cendres aux plumes et à la peau. Servir.

ROUGE-GORGE. (*Chass.*) *Sylvia rubercula.* Genre fauvette. Ce petit oiseau est très-reconnaissable par la couleur de sa poitrine, qui est d'un rouge orangé; son dos est d'un cendré obscur, son ventre est bleu. Une ligne d'un bleu pâle sépare la couleur rouge de la cendrée sur sa tête. On peut élever le rouge-gorge en cage. On lui donne alors la même nourriture qu'au rossignol. Pour en élever, il faut prendre ses petits âgés seulement de dix jours; si on les prend plus tard, ils sont revêches. On les tiendra chaudement, et on ne leur donnera point trop de mangeaille à la fois, autrement ils s'étoufferaient. Dès qu'ils sont élevés, ils mangent de tout comme les autres oiseaux; mais ils préfèrent cependant la mie de pain, les noix et les mouches. Ils vivent quatre ou cinq ans. Les rouges-gorges sont très-jaloux les uns des autres. (Voy. OISEAUX.)

Le rouge-gorge se prend à la pipée, et dans tous les piéges.

ROUGEOLE. (*Méd. dom.*) La rougeole, de même que la petite vérole, est une maladie contagieuse. Si elle avait des conséquences aussi graves que cette dernière, il serait très-avantageux de l'inoculer dans l'enfance; mais, quoiqu'elle soit fréquemment d'une nature très-bénigne, les exemples de malignité qu'elle offre quelquefois, et qui nous paraissent provenir de l'état où se trouvent les humeurs au moment de l'invasion de cette maladie, devraient décider à cette inoculation, parce qu'on se rendrait ainsi maître des circonstances qui l'accompagnent.

La rougeole est fréquente au printemps et en automne.

Les praticiens reconnaissent deux espèces de rougeole : l'une *bénigne*, et l'autre *maligne*. Autant la première est facile à guérir, autant l'autre est dangereuse et difficile à bien terminer : elle présente des symptômes d'une gravité majeure, et ses suites sont souvent funestes. Il faut donc apporter un soin extrême à distinguer l'une de l'autre dès son début, afin d'en bien commencer le traitement.

Symptômes. La rougeole s'annonce par des sensations alternatives de froid et de chaud, comme la plupart des fièvres, qui ont leur principe dans la fibre musculaire.

L'enfant est inquiet et chagrin; il ne se trouve bien nulle part, parce qu'il éprouve un genre de courbature, un malaise général; souvent il a la tête pesante et il est assoupi; ses yeux sont rouges et chargés d'une sensibilité telle, qu'ils ne peuvent supporter la lumière sans éprouver de douleur; ils deviennent larmoyans; les paupières se gonflent quelquefois au point de rester fermées, souvent il se fait par le nez un écoulement âcre; une toux courte, mais sonore et fréquente, se fait entendre.

Quand le mal de cœur et le vomissement surviennent, il faut suivre l'indication de la nature, et faire vomir le malade avec une dose suffisante de sirop d'ipécacuanha, une once ou une once et demie, et même deux onces, relativement à l'âge.

Traitement. Le but qu'on doit se proposer dans cette maladie est d'aider la nature à chasser l'humeur en dehors par des boissons rafraîchissantes.

Quand les taches sont pourprées ou noires, on donne la tisane suivante.

Prenez : quinquina concassé, demi once; faites bouillir dans un litre ou pinte d'eau, pendant environ un quart d'heure; retirez du feu, et ajoutez camomille romaine, douze têtes; cannelle concassée, un demi-gros; laissez infuser le tout pendant une heure, coulez, et ajoutez sirop de limon, quatre onces.

Si les taches disparaissent subitement, appliquez immédiatement deux vésicatoires aux jambes. Si au contraire tous les accidens cessent progressivement, on donne du bouillon à l'oseille, des pommes cuites, des confitures de groseilles et de cerises.

S'il s'établit un dévoiement abondant, le laisser aller quelques jours; puis purger l'enfant avec le sirop de chicorée. (Voy. ce mot.) Quand l'enfant est sanguin, la manne fondue dans une infusion de camomille convient mieux. Une once suffit.

Si le dévoiement persiste, donner à l'enfant la préparation suivante :

Prenez : sirop de diacode, un gros; sirop de coing, deux onces; eau de camomille romaine, quatre cuillerées.

S'il reste au malade une légère toux, et encore un peu de gêne dans la respiration, il faut le mettre à l'usage *d'une dose de lait d'ânesse*, proportionnée à son âge, tous les matins à jeun, pendant un mois ou six semaines.

ROUGET. (*Cuis.*) On confond sous le nom de rouget tous les poissons de couleur rouge. (Voy. MULET.)

Rouget à l'huile. Faites-le cuire au bleu; écaillez et servez froid avec huile et vinaigre.

Rougets grillés. Coupez la tête et nettoyez; passez-les au beurre avec fines herbes hachées et épices; panez et faites griller : on les emploie aussi à la *sauce blanche*, en *matelote* et au *gratin*.

ROUGEURS. (*Hyg.*) *Remède contre les rougeurs.* Les couleurs forcées et tenaces, triste présage de la couperose, exigent d'abord l'emploi des bains, un régime végétal et lacté, des boissons rafraîchissantes : voici pour l'intérieur. Quant à l'extérieur, lavez-vous, le soir, le visage avec du lait; puis, après l'avoir légèrement essuyé sans frotter, mettez-y très-peu de pommade de concombres.

ROUILLE. (*Conn. us.*) Oxide de fer. (Voy. OXIDE.) La pierre-ponce, mise sur du charbon, réduite en poudre, broyée avec du vernis et de l'huile de lin, et étendue par deux couches sur du papier, rend ce papier préservatif de la rouille pour tous les objets qu'on enveloppe.

Moyen de dérouiller les armes. Mettez de la poudre d'alun dans du vinaigre très-fort, et frottez-en les armes, ou bien avec de la moelle de cerf; et elles resteront toujours luisantes.

Moyen d'enlever la rouille du fer. Frottez-le avec un linge mouillé dans de l'huile de tartre.

Manière de préserver les métaux de la rouille. Faites chauffer le fer ou l'acier au petit rouge sur un feu de bois: dans cet état, frottez-le avec de la cire, ou trempez-le dans l'huile.

Pour le frotter de cire, il faut, lorsqu'il est chauffé au point de ne pouvoir le toucher sans se brûler, le frotter de cire blanche neuve, et le remettre ensuite au feu pour qu'il absorbe la cire; essuyez-le avec un morceau de serge, et il ne se rouillera jamais.

Procédé de M. Payen pour préserver de la rouille les ouvrages en fer et en acier. Il consiste à plonger les pièces qu'on veut préserver dans un liquide obtenu en étendant une solution concentrée de soude impure, connue sous le nom de lessive caustique, dans trois fois son volume d'eau. Des fragmens de fer plongés depuis trois mois dans cette liqueur n'ont rien perdu de leur poli ni de leur poids, tandis que d'autres pièces, après avoir demeuré cinq jours dans de l'eau de même nature que celle employée pour étendre la solution de soude, ont été couvertes de rouille.

Les fabricans anglais, pour préserver de la rouille les instrumens de fer et d'acier qu'ils expédient au loin, les saupoudrent de chaux vive, ou les trempent dans de l'eau de chaux.

Manière de dérouiller avec la chaux. Pour dérouiller l'acier et le fer, couvrez-le d'huile, frottez-le fortement sans l'essuyer, et laissez-le deux jours ainsi; alors prenez de la chaux vive réduite en poudre fine, frottez-en le meuble jusqu'à ce que la rouille disparaisse.

ROUISSAGE. (*Conn. us.*) Cette opération peut se pratiquer non-seulement sur le chanvre et le lin, mais encore sur l'ortie et les tiges de houblon, qui donnent également une bonne filasse. (Voy. ces mots.)

ROUSSEUR (TACHES DE). (*Hyg.*) Pour enlever les taches de rousseur, on les lave avec de l'eau fraîche, puis on les frotte légèrement avec un linge imbibé de lait d'amandes. La tache disparaît après quelques frictions.

L'eau de lis, le baume de la Mecque, le lait de rose, le lait d'amandes, la teinture de benjoin peuvent combattre les taches de rousseur; les deux dernières indications sont les meilleures. Voici comment il faudra opérer :

Ayez soin de porter un voile, une ombrelle, un chapeau avancé, même quand les taches de rousseur seraient déjà formées, afin d'empêcher qu'elles ne se rembrunissent. Lavez-vous le visage le soir, parce qu'en le faisant le matin, vous rendriez la peau tendre, et bien plus susceptible encore de recevoir des taches de rousseur. Quand vous aurez lavé et essuyé le visage avec le lait de roses ou le benjoin, vous en verserez plusieurs gouttes sur un linge sec, et l'appliquerez quelques momens sur la figure.

ROUTES ET CHEMINS. (*Conn. us.*) Le bon état des routes a une influence immense sur la valeur des terres. Un cheval peut traîner un poids cinq à sept fois plus fort sur nos routes royales que sur nos chemins vicinaux, ce qui diminue cinq à sept fois le prix des transports.

Nous allons présenter le poids que peut traîner sur les diverses routes un cheval de force moyenne, travaillant huit heures par jour, et faisant une lieue de quatre mille mètres par heure.

Sur une route en terre argileuse, un cheval peut traîner.	160 kil.
Sur un terrain ordinaire, crayeux et siliceux.	266
Sur une route en blocaille raboteuse. . .	666
Sur une route en cailloutis rouagés. . . .	800
Sur une route en pavés de grés avec flèches.	1,000
Sur une route en cailloutis, en très-bon état.	1,143
Sur une route pavée en très-bon état. . .	1,333
Sur une route en dalles très-unies. . . .	1,600

Toutes ces routes sont supposées horizontales; mais toutes les routes ont des pentes et des contre-pentes; d'ailleurs nos routes sont loin d'être à l'état de parfait entretien; c'est pourquoi l'on admet que, sur les routes royales de France, il ne faut pas mettre sur les voitures une charge de plus de sept cent cinquante à neuf cents kilogrammes; par cheval à. . . . . 900 kil.

Sur un chemin de fer ayant une pente de trois centimètres par mètre, un cheval traîne.	1,000
Pour une pente de deux centimètres par mètre.	1,400
Pour une pente d'un centimètre par mètre.	2,333
Pour un chemin en fer horizontal.	7,000

Les chemins de fer ont aussi des pentes et des contre-pentes, et nous pensons que l'on doit y calculer en moyenne le poids traîné par un cheval à . . . . . 5,500 kil.

ROUX. (*Cuis.*) Prenez un quarteron de beurre, deux cuillerées de farine; faites roussir en remuant toujours, pour qu'il n'y ait aucun grumeau. Mouillez avec deux verres de bouillon que vous faites bouillir avant; versez-le peu à peu de la main gauche, et tournez également de la droite. (Quand on se sert de bouillon froid, le coulis n'est jamais aussi bien lié, et la graisse surnage.) Mettez dedans huit champignons coupés en quatre, si vous en avez; du poivre, deux cuillerées de jus, sinon vous mettrez un bouquet garni. Faites bouillir un quart d'heure à petit feu, remuez de temps en temps. Retirez le bouquet, mettez ce coulis dans une terrine pour vous en servir au besoin. En en mettant une cuillerée ou deux dans les sauces au moment de servir, vous vous éviterez la peine de faire un roux à chaque ragoût.

Roux blanc. Il se fait en mettant du beurre et de la farine dans une casserole; on le tourne vivement et peu de temps sur le feu, afin qu'il ne prenne pas couleur. Il faut avoir soin de ne le faire qu'au moment.

RUCHES. (*Ind. dom.*) Les ruches doivent être faites tout vulgairement, sous la forme d'un œuf coupé par la moitié : celles de paille sont reconnues les meilleures. Quelle que soit leur matière, il est nécessaire, pour les opérations indiquées ci-dessus, qu'elles soient composées de deux pièces, le chapiteau et le corps même de la ruche, de manière à pouvoir les séparer aisément pour faire la récolte. La grandeur la plus convenable d'une ruche, intérieurement, est d'environ douze pouces de large, et quinze pouces de haut. La hauteur du chapiteau doit être à peu près du quart du corps de la ruche. Il convient que le diamètre supérieur du corps de la ruche soit resserré par un anneau rentrant, pour rendre la séparation moins vaste, moins sensible aux abeilles après la taille, et pour conserver circulairement plus de point de suspension aux rayons inférieurs. Les bords du chapiteau et ceux du corps de la ruche doivent être unis, afin que leur jointure soit exacte, et que le fil de laiton puisse glisser facilement. On lie le chapiteau au corps de la ruche par des attaches extérieures, adaptées, par exemple, aux pointes sortantes des baguettes placées horizontalement dans l'intérieur, pour soutenir les rayons ou autrement. Au moment de faire la taille, on les délie; ensuite, avec la pointe d'un ciseau, ou d'un autre ferrement, on décolle doucement le chapiteau du corps de la ruche, en le soulevant tant soit peu; on place quelques petites cales dans la jointure entr'ouverte; et, quand on a tout préparé, on fait passer le fil de laiton, en sciant adroitement les gâteaux; on replace un autre chapiteau vide, on l'attache et on lutte la jointure. Sur le sommet du chapiteau doit être formé un trou que l'on tient fermé par un bouchon. C'est par cette ouverture que l'on présente le goulot de la bouteille de sirop quand il est à propos de fournir de l'aliment aux abeilles : c'est aussi par cette ouverture que l'on donne de l'air aux abeilles dans les jours tempérés de l'hiver; l'été, il faut, de plus, leur en procurer par en bas, en tenant la ruche un peu soulevée par de petites cales.

L'opinion adoptée unanimement est que l'exposition à donner aux ruches dépend des climats; qu'il y en a de très-chauds où elles doivent être à l'ombre, d'autres au nord, d'autres au midi. Chez nous, la meilleure exposition est celle du levant, parce que la température variable de nos printemps étant cause qu'il y a des jours sans miel, il est convenable de placer les ruches à une exposition qui puisse mettre les abeilles en état d'aller aux champs le plus matin possible les jours où le miel perce dans les fleurs, parce qu'alors elles peuvent faire une récolte plus abondante que lorsque la chaleur commence à dessécher les fleurs sur lesquelles se jettent, d'ailleurs, dès le grand matin, une multitude d'autres insectes.

A quelque exposition que l'on place les ruches, il faut qu'elles soient à l'abri des grands vents qui règnent le plus ordinairement dans la contrée. Dans le climat de Paris, il faut mettre les ruches à l'abri du vent du couchant.

L'élévation des ruches doit être d'un ou deux pieds de terre pour les garantir de l'humidité; plus élevées, leurs essaims s'éloignent davantage, et, quand elles le sont à un certain point, ces essaims se perdent pour leurs propriétaires.

Les ruches doivent être chacune sur une table isolée. Le premier rang doit être placé à environ trois à quatre pieds des abris, à quinze pouces du second, et ainsi de suite, afin qu'on puisse passer facilement derrière le rang et entre chaque ruche; les autres rangs doivent être disposés en échiquier, en observant les mêmes distances entre les rangs et les ruches.

Le campagnard peu aisé les place çà et là autour de son habitation, sous un simple bonnet de paille, entre trois échalas réunis et liés au-dessus de la ruche. Avec plus d'aisance, on arrange les ruches sous un toit commun, capable de les garantir de la pluie, de la neige, du grand soleil, du passage des animaux, des voleurs et du froid.

Il est indispensable que les abeilles puissent trouver, à peu de distance des ruches, l'eau qui leur est nécessaire. On choisira donc un endroit voisin d'une rivière, d'un ruisseau, d'un étang, d'une mare ou enfin d'un réservoir d'eau quelconque.

Quand les abeilles d'une ruche sont nombreuses et bien approvisionnées, elles supportent bien le froid. Au moment de la mauvaise saison, celui qui possède un essaim trop faible peut le réunir ou le marier à un autre. Le soir, lorsque cet essaim ne forme qu'un peloton au sommet intérieur de la ruche, on étend par terre une nappe; on soulève perpendiculairement la ruche par le manche, et on la frappe rudement d'un seul coup sur la nappe : le peloton tombe; on enlève le vaisseau, et on place au-dessus une autre ruche contenant un essaim déjà établi auquel on veut joindre le nouveau : il monte dans la ruche pendant la nuit.

Pendant les plus grandes gelées, on abrite les plus faibles ruches, qui sont en plein air, dans un lieu fermé.

En hiver, les abeilles sont groupées au haut de la ruche, et sans mouvement. Il faut les visiter souvent, mais sans les déranger, pour voir seulement si elles ont besoin de nourriture, et les garantir des rats et autres ennemis.

Il ne faut rien laisser dans les ruches au-delà des besoins des abeilles. Les plus heureuses sont celles qui n'ont rien de trop. Rien n'embarrasse alors et n'infecte ces précieuses habitations; leurs rayons sont sains et nets; toutes les alvéoles se trouvent libres pour la déposition des œufs et du miel nouveau; les essaims éclosent de bonne heure, et ils sont certains et nombreux.

Il ne faut pas détruire les ruches anciennes, soit parce qu'elles sont très-riches, et qu'elles inspirent ainsi plus d'appréhensions, soit parce qu'elles n'ont pas donné d'essaims, soit enfin parce que leurs gâteaux sont devenus trop gras, ou qu'ils sont obstrués et infectés par les insectes. Dans toutes ces circonstances, on peut encore sauver ces vaisseaux précieux, et on s'y prend de la sorte :

Lorsque le moment de la bonne saison est arrivé, c'est-à-dire, lorsque les jeunes abeilles commencent à paraître, et annoncent que le peu de couvain que renfermait la ruche est éclos, on sépare le chapiteau de la ruche avec le fil de laiton. Ce qu'il contient est communément pur, à l'abri des insectes, et compose les provisions. On adapte ce chapiteau à une autre ruche vide, que l'on met au-dessus de celle où sont encore les abeilles; on enveloppe la jonction des deux ruches avec un linge, afin que les abeilles ne puissent pas sortir; on frappe ensuite avec une baguette sur la ruche inférieure, si l'on n'aime mieux y présenter un peu de fumée par le bas: les abeilles montent dans celle qui est au-dessus. Quand elles y sont toutes, on remet cette ruche à la place de l'ancienne que l'on soustrait. Les abeilles y forment bientôt des rayons nouveaux, et, dans les années favorables, avant la fin de juin, on ôte même le chapiteau, pour le remplacer par un nouveau.

On renouvelle ainsi peu à peu l'édifice, et on rend à une famille l'activité, la propreté et l'espace nécessaire pour ses travaux et sa propagation.

Cette opération est de rigueur pour toutes les ruches qui sont parvenues à l'âge de quatre ans, même pour les plus saines; car il faut toujours rajeunir les rayons, et les défendre de l'altération et de l'engorgement,

Ruches de la composition de Mad. Adanson. Il fait bon effet dans les massifs d'arbres verts; c'est un cadre de quatre pieds de large sur huit de long, posé sur six montans de cinq pieds de haut dont un à chaque coin et deux au milieu. Aux deux bouts de ce cadre est une traverse à un pied en dedans, et une troisième au milieu, portant sur les deux montans. Le tout doit être en bon chêne, de quatre pouces d'équarrissage, bien solidement joint, et peint à l'huile. Ce cadre est surmonté d'une petite toiture de bois mince et léger, consistant en trois A, un à chaque bout, un au milieu, et une traverse en forme de faîtage, soutenue dans son milieu par un petit montant qui s'appuie sur la grosse traverse du cadre; cette carcasse sert à soutenir une toile goudronnée ou imperméable, fixée sur les bords du cadre, et les dépassant de six à huit pouces.

Le tablier qui porte les ruches a six pieds de long sur dix-huit pouces de large; il est suspendu à deux pieds au-dessus de terre par six tringles de fer rond de trois pieds de long, et de grosseur proportionnée au poids qu'elles ont à supporter; elles sont terminées à chaque bout par une patte renversée et percée de trois trous, ce qui sert à les attacher sous le tablier et sur les trois traverses du cadre; savoir, une à chaque coin, et les deux autres au milieu : en sorte que le tablier se trouve suspendu au centre, et qu'il est débordé par la couverture du rucher, d'un pied sur les côtés, et de onze pouces sur le devant et le derrière.

On fait sur le devant de ce tablier quatre entailles de deux pouces de large sur huit lignes de profondeur et cinq pouces de long. A commencer de trois pouces du bord, elles vont en diminuant de profondeur, et finissent à rien lorsqu'elles sont arrivées aux cinq pouces de longueur. La première entaille, en partant de la droite, commence à sept pouces et demi du bout du tablier; la deuxième, en tirant sur la gauche, commence à quinze pouces de la première; la troisième, à dix-neuf pouces de la deuxième; et enfin la quatrième à quinze pouces de la troisième.

Chaque ruche est composée de quatre hausses de treize pouces en carré à l'extérieur, et de quatre pouces de haut. Le dessus de chacune de ces hausses est garni d'une planchette un peu échancrée sur ses quatre côtés, pour faciliter la circulation des mouches d'une hausse à l'autre; la dernière du dessus se recouvre d'une planche de quatorze pouces en carré, qu'on assujettit par le poids d'une brique.

Ces ruches se placent de manière à ce que le tablier les déborde de trois pouces sur le devant, et qu'une des entailles corresponde au milieu de chacune.

Le meilleur bois pour les faire est le sapin ou le peuplier, d'un pouce d'épaisseur; on le peint seulement en dehors et un an d'avance, pour que l'odeur ne rebute pas les abeilles. L'hiver on place sur les quatre ruches une vieille couverture.

Il faut tâcher de placer la ruche près d'un petit ruisseau dont on sème les bords de trèfle incarnat, mélisse, sauge, serpolet, haricots, choux, bourrache, thym, lavande et romarin, ainsi que des arbres à fleurs hâtives. Le marceau est de ce nombre. Les plantes les plus tardives, et par conséquent précieuses pour les abeilles, sont les asters; le réséda, qui fleurit pendant tout l'été, fournit un miel d'un parfum délicieux. Les abeilles aiment aussi beaucoup les arbres résineux. Il est nécessaire de faire de temps en temps la chasse aux araignées qui s'établissent sur le rucher, et aux papillons qui voltigent autour; car ces insectes, étant fort friands de miel, s'introduisent dans les ruches, et font quelquefois renoncer les abeilles.

(Voy. ABEILLES, MIEL.)

Moyen d'éloigner les insectes des ruches. Il est un moyen fort simple d'empêcher les insectes de s'introduire dans les ruchers; il ne s'agit que de placer les ruches sur un banc de bois soutenu par quatre pieds en fer, que l'on pose dans des pierres creusées de manière à pouvoir recevoir une certaine quantité d'eau, qui empêche les insectes de pouvoir grimper contre ces pieds.

RUE COMMUNE. (*Jard.*) *Ruta graveolens.* (Famille des rutacées.) Arbuste indigène. Toujours vert. Formant une touffe d'un vert glauque qui tranche bien avec les autres arbustes. Fleurs en juillet, d'un jaune pâle; les feuilles ont une odeur insupportable. Exposition méridionale; terrain sec et chaud. Multiplication de semis.

Les feuilles de rue sont un très-puissant emménagogue; on doit être très-circonspect dans leur usage intérieur; elles sont anti-scorbutiques, anti-vermineuses, résolutives; on s'en sert quelquefois dans les fièvres contagieuses et dans les fièvres intermittentes qui ont résisté à l'action du quinquina.

RUTABAGA. (*Agr.*) Le rutabaga (ou navet de Suède) jaune est une sorte de chou-rave dont la culture ne peut être trop encouragée. (Voy. NAVET.)

On laisse la graine en infusion vingt-quatre heures.

On le sème au mois de mars, en raies, à vingt pouces de distance. La graine, pour lever, a besoin d'être peu enterrée. Le plant se repique en juin, dans des terres convenablement fumées, bien préparées, et surtout très-meubles.

Le rutabaga a besoin de la fraîcheur des terres profondes; il résiste fort bien aux gelées, ce qui fait qu'on peut le laisser en terre pendant l'hiver.

Les bœufs et les chevaux le mangent avec plaisir; il convient moins aux vaches à lait.

Cette plante est bisannuelle; on peut lui faire porter graine pour huile; mais le chou branchu de Poitou doit lui être préféré, comme donnant plus de produits dans sa croissance par ses feuilles, ainsi que plus de graines.

S.

SABLE. (*Agr.*) Amas de grains pierreux, secs, impénétrables à l'eau. Les plaines sableuses sont arides. Cependant le mélange du sable calcaire est très-utile dans les terres pierreuses et argileuses. On en met soixante mètres cubes par hectare, sur une épaisseur de vingt-cinq millimètres.

SACHETS POUR PARFUMER LE LINGE. (*Ind. dom.*) *Manière de les composer.* On met dans des petits sacs des feuilles de roses séchées à l'ombre, mêlées avec des clous de girofle réduits en poudre, et du macis râclé. (Voy. AROMATES, POUDRE.

SAFRAN PRINTANIER. (*Jard.—Méd. dom.*) *Crocus vernus.* Famille des iris. Petit ognon des Alpes, qui fleurit au 15 février. Les fleurs sont grandes, violettes, jaunes, blanches ou panachées. Il y en a vingt-cinq variétés qui nous viennent de Hollande : lorsqu'on en a fait une fois l'acquisition, elles se multiplient prodigieusement. On les plante en octobre, en terre meuble et amendée; exposition méridionale et sèche. On espace chaque ognon de quatre pouces; on l'enfonce de trois : il ne faut les relever que tous les trois ans, en juillet, si on veut avoir des planches bien garnies. Elles font bel effet; les jaunes fleurissent avant les autres. Semis en mars. Fleurs la troisième année.

Safran cultivé. (*Crocus sativus.*) Ognon. Fleurs violettes, rayées de blanc, à stigmates jaunes. Terre légère. On recueille les graines tous les trois ans en mai, pour les replanter en juillet à six pouces de distance.

Le safran naît dans presque tous les pays. En France, on fait usage de préférence du *safran gâtinais*, qui passe pour le meilleur. Lorsque le safran est récolté, et à mesure qu'on l'épluche, on le fait sécher au feu; sa beauté dépend de la manière dont il est desséché. Quand le safran est bien sec, on le serre dans du papier et dans des boîtes, et on le vend en cet état. Le bon safran doit être pliant, difficile à broyer, entremêlé quelquefois de filets blancs qui font distinguer le vrai safran d'avec le safran bâtard, que les paysans y mêlent quelquefois. Il est essentiel aussi qu'il ne s'y trouve point de fragmens de pétales, parce que ces parties, qui se moisissent, communiquent au safran une mauvaise odeur. Celui qui est d'un rouge brun, et qui a peu d'odeur, ne vaut rien.

On fait usage du safran en cuisine; on le fait entrer dans les crèmes, les pastilles, etc., ainsi que dans la liqueur qu'on nomme *escubac.*

Les Allemands, les Hollandais, les habitans du Nord et presque toutes les nations font usage du safran dans l'assaisonnement de leurs mets, comme aromate. La médecine l'emploie avec succès comme emménagogue, cordial, carminatif, anodin, anti-vermineux; on le fait entrer dans les collyres destinés à préserver les yeux des suites de la petite vérole ou de la rougeole; il réussit également bien comme apéritif, dans les obstructions, dans la phthisie; il est somnifère; et, si la dose était trop forte, il pourrait occasionner le vomissement, le délire, et même la mort. Dans les arts, le safran est quelquefois employé à fournir une belle teinture, mais son teint n'est pas bon, et d'ailleurs sa cherté le bannit de la plupart des ateliers.

SAGOU. (*Jard.*) C'est une fécule que l'amidon compose, presque pur, ou légèrement torréfié, ainsi que toutes les substances féculentes connues sous les noms de *tapioka*, *arrow-root*, etc.

On en fait des potages très-nourrissans; on le mêle au chocolat d'après l'invention du célèbre Debauve.

SAIGNÉE. (*Méd. dom.*) La saignée est le remède le plus en usage, même chez les personnes qui ne sont pas malades. On se sent la tête pesante, les membres engourdis, et une espèce d'inquiétude dans tout le corps; vite il faut se faire saigner : on a trop de sang, dit-on, et il n'y a que ce moyen pour débarrasser les vaisseaux, et rétablir la circulation ralentie.

Le sang est la partie la plus pure de notre corps : c'est le résultat de toutes les élaborations des voies digestives, des ventricules du cœur et des fonctions de l'organe pulmonaire; les saignées de précaution sont aussi dangereuses que les purgatifs.

Cependant nous devons admettre la nécessité relative de la saignée dès l'invasion de plusieurs maladies inflammatoires ou phlegmasies; c'est au médecin à en décider l'opportunité en tout, car il faut se préparer à la saignée par la diète.

En général, la saignée faite sans nécessité et sans préparation diminue le principe de la vie, affaiblit le tempérament, trouble la digestion par la grande perte des esprits qu'elle occasionne, et par conséquent peut causer bien des maux. Ceux qui ont coutume de se faire saigner de temps en temps, soit dans la crainte de quelques accidens, soit par pure habitude, feraient donc beaucoup mieux de se réduire à un régime exact, que de recourir à un remède qui, en diminuant pour un temps le volume du sang, n'en change pas les mauvaises qualités.

Mangez moins, et vous diminuerez insensiblement la masse du sang; au lieu que la saignée, agissant subitement, cause une révolution soudaine, souvent capable de produire des suites fâcheuses pour la machine.

Buvez plus d'eau que de vin, faites de l'exercice, et ne vous faites saigner jamais sans nécessité.

SAINDOUX. (*Cuis.*) *Manière de faire le saindoux.* Vous éplucherez de la panne de cochon, c'est-à-dire que vous ôterez les peaux qui s'y trouvent; vous couperez votre panne par petits morceaux, et la mettrez dans un chaudron, avec un demi-setier d'eau, un ognon piqué de clous de girofle, et vous la ferez fondre à très-petit feu, jusqu'à ce que les grignons, qui ne se fondent point, commencent à se colorer. Vous retirerez alors votre chaudron du feu, le laisserez refroidir à moitié, et verserez ensuite votre préparation dans un vaisseau de terre, pour la mettre à froid. Dès ce moment, votre saindoux sera bon à employer. (Voy. COCHON.)

SAINFOIN. (*Agr.—Jard.*) *Hedysarum.* Famille des légumineuses. Plante vivace, dont il y a un grand nombre d'espèces. On les cultive pour la nourriture des bestiaux. Il faut n'en pas trop donner à la fois, et le mêler avec d'autre fourrage.

Le sainfoin *onobrychis* se sème à raison de quinze à dix-huit livres de graine par arpent. On le fauche une fois la première année, et trois fois les autres. Il améliore les terres, surtout celles qui sont sablonneuses.

Sainfoin d'Espagne. (*Hedysarum coronarium.*) D'Italie; vivace ou trisannuel. Semis au mois d'avril, en terreau, à exposition sèche et abritée. Fleurs en juin, d'un beau rouge écarlate, à longs épis.

Sainfoin du Canada. (*Canadense.*) Semis en avril, ou séparation de pieds en septembre. Fleurs pourpres en juin. Terre légère et profonde. Exposition sèche et méridionale.

SALADE. (*Cuis.*) Quand on sert la salade, elle doit avoir un aspect agréable à l'œil. On en décore la surface d'œufs durs et de capucines régulièrement distribués dessus.

En général, il faut pour une salade trois cuillerées d'huile sur une de vinaigre. La salade à la *Chaptal* se tourne dans l'huile avant l'addition du vinaigre. On a soin de ne pas emplir le saladier pour faciliter le remuement, car une salade mal mêlée ne peut être bonne.

La romaine se garnit de cerfeuil, estragon, cresson alénois, hachés; blancs de ciboule dans leur longueur, et refendus pour former la plume; capucines, filets d'anchois et cornichons. On ne met point de sel lorsqu'il y a des anchois, et peu de vinaigre quand il y a des cornichons.

La laitue se garnit comme la romaine; on y ajoute des quartiers d'œufs durs et des olives.

La mâche s'accompagne de céleri, betteraves rouges cuites sous la cendre, œufs durs et blancs de ciboules. Elle exige beaucoup d'huile, peu de vinaigre.

Le céleri s'assaisonne de poivre, sel, moutarde, huile, peu de vinaigre.

La chicorée, la scarole, sont de bonnes salades.

Salade de volailles. Coupez par quartiers une volaille froide, mettez-la dans un vase avec anchois, cornichons en filets, fines herbes hachées et câpres; assaisonnez et mêlez comme une salade; décorez-la avec fleurs de capucines, bourraches.

Salade d'œufs. Ce sont des œufs durs que l'on coupe par quartiers, et que l'on prépare comme toute autre salade. On y ajoute, si l'on veut, de la laitue, des filets d'anchois ou des cornichons.

Salade de gourmets. Un ou deux foies rôtis de volaille ou de canard pilés dans un mortier et formant beurre fondu, mêlés dans l'assaisonnement d'une salade, dans laquelle on triple la dose de vinaigre, donnent un mets d'un goût délicieux; les autres ingrédiens de préparation, huile, sel et poivre, ont besoin d'être augmentés aussi.

SALÉ (PETIT-). (*Cuis.*) *Manière de faire le petit-salé.* Bien qu'on puisse faire du petit-salé de toutes les parties du cochon, le filet est celle qui convient le mieux. Coupez les morceaux de telles grandeur et grosseur que vous jugerez à propos. Sur quinze livres de cochon, mettez une livre de sel pilé; frottez votre viande partout; mettez-la, à mesure, dans un vaisseau; une fois rempli, bouchez-le bien, de peur qu'il ne prenne le vent. Vous pourrez manger de votre petit-salé dès le cinquième ou sixième jour. Si vous avez l'intention de le garder longtemps, vous y mettrez un peu plus de sel. Il est néanmoins bon de faire observer que, plus le salé est nouveau, meilleur il est. (Voy. COCHON.)

SALEP. (Voy. ORCHIS.)

SALPÊTRE. (*Conn. us.*) Nitrate de potasse.

Les différens pays sont inégalement riches en nitrate de potasse: il est très-peu abondant en France, où les matériaux salpêtrés ne renferment presque que des sels de chaux et de magnésie; il est, au contraire, si commun dans l'Inde et en Égypte, qu'on le balaie à la surface du sol; on le nomme alors *salpêtre de houssage.*

Dans les contrées où les nitrifications naturelles ne peuvent avoir lieu, sur le sol granitique de la Suède, par exemple, on produit des nitrifications artificielles en mettant en contact des terres calcaires et des matières animales. On fait un mélange de sable, de terre végétale, de marne et de cendre lessivée; on arrose le tout avec de l'urine de bœuf; on en forme des tas de trois pieds d'épaisseur dans toute l'étendue des cabanes en chaumes; on remue ces matériaux de temps à autre sans les comprimer, et au bout de quelque temps on les lessive pour en extraire les nitrates solubles, comme des plâtras salpêtrés.

Les emplois du nitrate de potasse sont très-importans; mélangé intimement avec un sixième de son poids de soufre pur et un sixième de charbon, il compose la poudre de chasse et la poudre à canon. On s'en sert dans les laboratoires pour préparer le sous-carbonate de potasse pur. Dans la fabrication de l'acide sulfurique, il fournit le gaz nitreux nécessaire; en le décomposant par l'acide sulfurique, on en obtient l'acide nitrique pour les besoins des arts et les usages des laboratoires; cet acide sert lui-même à préparer tous les autres nitrates. Le nitrate de potasse sert à oxider le soufre et l'arsenic dans les essais des mines; en médecine, on le considère comme diurétique et rafraîchissant.

SALPICON. (*Cuis.*) Le salpicon est un composé de toutes sortes de viandes et de légumes. Pour le faire, couper en petits dés, du ris de veau, du foie gras, du jambon, des truffes et des champignons; faire cuire dans de l'espagnole réduite, sans laisser bouillir.

Autre. Il se fait avec des quenelles, des blancs de volailles, du gibier, des crêtes et rognons de coqs, et des culs d'artichauts.

SALSEPAREILLE. (*Conn. us.*) La salsepareille (*smilax sarsaparilla*) est une plante sarmenteuse qui croît au Pérou, au Mexique, au Brésil, dans la Virginie. Il y en a une autre espèce en Espagne; toutes deux sont sudorifiques et anti-rhumatismales.

SALSIFIS. (*Jard.—Cuis.*) *Tragopogon porrifolium.* Famille des semi-flosculeuses. Plante bisannuelle, bien inférieure en qualité à la suivante, qu'on doit cultiver de préférence.

Scorsonère d'Espagne. (*Scorsonera hispanica.*) Vivace, qu'on fera bien de ressemer chaque printemps, pour l'avoir tendre et bonne. Il lui faut un terrain profond, frais et bien fumé. On bêche la terre profondément au 1er mars; on y trace des rayons profonds d'un pouce et demi, et espacés de six; on sème assez dru, on recouvre au râteau; la graine est vingt-cinq jours à lever: on l'arroserait si le temps était longtemps au sec. Lorsque le plan a quelques feuilles on l'éclaircit à trois pouces environ; ensuite on sarcle; on serfouit souvent, et l'on arrose abondamment dans les sécheresses; la racine en est bonne dès novembre. On conserve un bout de planche de six ou neuf pieds de long pour graine. Elle est mûre au commencement de juillet. On la cueille à mesure que les têtes s'ouvrent au soleil; alors on pince toutes les aigrettes en les réunissant entre les doigts de la main droite, et de la gauche on détache la graine qu'on fait tomber sur un papier; sans cette précaution, et si on la brouillait, on aurait ensuite beaucoup de peine à la trier. On ne sème que celle de la dernière récolte; autrement il n'en lève pas le matin.

Salsifis et scorsonères à la bourgeoise. Les scorsonères sont plus délicates que les salsifis. Râtissez-les soigneusement, sans laisser un vestige de peau; coupez-les en morceaux égaux, de trois pouces environ, et jetez-les à mesure dans une terrine pleine d'eau fraîche, dans laquelle vous aurez mis une cuillerée de vinaigre. Faites bouillir de l'eau dans une marmite; mettez-y vos scorsonères avec un filet de vinaigre, du sel, gros comme une noix de beurre; égouttez-les quand elles fléchissent sous le doigt, et couvrez-les jusqu'au moment de vous en servir. Faites une sauce blanche ordinaire, faites-les bouillir dix minutes dedans; liez avec un jaune d'œuf; servez.

Scorsonères frites. Faites-les cuire comme ci-dessus. Quand elles sont froides et bien égouttées, trempez-les dans la pâte à frire; faites-les frire de belle couleur; poudrez-les de sel fin. Celles qui ont été accommodées la veille sont encore meilleures à cet usage.

SANG. (*Conn. us. — Hyg.*) Le sang est comme la source commune de toutes les humeurs. Continuellement formé et entretenu par le chyle, ce liquide est une espèce de chair coulante, d'une odeur fade particulière, qui, une fois sortie des vaisseaux qui la renferment, se sépare spontanément en deux parties, l'une liquide, l'autre solide.

La partie liquide de cette décomposition porte le nom de *sérum*: c'est une sorte de sérosité lymphatique qui tient en dissolution différens sels et une plus ou moins grande quantité d'albumine: la partie solide, qu'on nomme vulgairement le *caillot*, est formée de *fibrine* et de *matière colorante, sui generis.*

Dans tous les siècles, une foule de praticiens se sont montrés partisans de la doctrine qui place le siége des maladies dans le sang.

Tempérament sanguin. Tant que le tempérament sanguin reste dans ses limites naturelles, que rien n'en dérange la marche, qu'aucune influence ne le porte vers l'excès, on ne pourrait souhaiter à un homme une meilleure constitution, parce que c'est celle qui rapproche davantage de cette perfection idéale du tempérament dont nous trouvons la description chez les anciens. L'homme qui en est doué est le portrait vivant de la santé et de la force morale et musculaire. Une peau souple et ferme, des chairs consistantes, mais compressibles et élastiques, un teint brillant et bien nuancé, une chaleur tempérée qui donne à la peau une transpiration régulière, voilà les signes du tempérament sanguin.

Les sanguins doivent éviter tous les mets et ragoûts qui contiennent des parties huileuses et trop de sel, tels que les viandes noires, les canards, maquereuses, etc.; les plantes et les aromates qui renferment une huile essentielle, comme le poivre, le gingembre, la cannelle, le macis, la muscade, l'ail, les oignons, la moutarde, etc., les farineux et les fruits nouveaux, l'huile et le beurre.

Ils doivent faire usage de pain fermenté et bien cuit, des viandes des animaux qui vivent d'herbes ou de graines, comme le bœuf, le mouton, le veau, la volaille, le gibier dont la chair est blanche, tel que les cailles, les faisans et le lapereau: ils peuvent assaisonner ces mets avec les herbes potagères: ils ne doivent même en faire usage qu'avec une grande modération, surtout du pain, et de tout ce qui forme beaucoup de sang; trop de confiance dans leur bonne constitution pourrait leur attirer des maladies cruelles.

Les liqueurs nourrissantes, telles que la bière et le cidre, leur sont pernicieuses, ainsi que les fermentées. Un vin léger et vieux, fort trempé, doit faire leur boisson ordinaire.

Les sanguins doivent faire un exercice modéré, afin d'entretenir la circulation: la promenade et le cheval, ou un travail peu fatigant rempliront aisément cet objet; mais aussi ils doivent avoir grande attention, quand ils ont chaud, de ne pas s'exposer à un air trop froid, s'ils veulent éviter les rhumes et les fluxions.

Si, malgré ces sages précautions, les personnes sanguines se trouvaient incommodées par une trop grande abondance de sang, elles doivent aussitôt se réduire à une diète scrupuleuse, à l'eau pure, et faire plus d'exercice que de coutume : elles reconnaîtront cette surabondance de sang aux maux de tête, aux pesanteurs, aux assoupissemens et aux étourdissemens. (Voy. SAIGNÉE.)

Moyens simples pour arrêter le sang. Lors d'un accident quelconque, où la perte du sang peut mettre, plus ou moins promptement, les jours du blessé en danger, on réussit toujours à suspendre l'écoulement, en appliquant un ou plusieurs doigts sur l'endroit même par où jaillit le sang. C'est de cette même manière qu'on arrête très-bien l'écoulement d'un liquide lorsqu'il s'est fait un trou au vase qui le contient. Les doigts sont, en effet, les meilleurs bouchons ou tampons, pour le premier moment, et en attendant qu'on puisse se procurer d'autres secours.

Ces secours sont toutes les substances molles, et qui sont faciles à arrondir ou à mouler en forme de bouchon; on les applique directement sur le vaisseau ouvert, par parcelles ou par petites boulettes de la grosseur de l'ouverture de la plaie, en les poussant fortement avec un poinçon, afin de mieux boucher; ainsi, on pourra employer l'éponge, l'amadou, la charpie, la toile d'araignée, du papier mâché ou mouillé, des étoupes, du vieux linge, du coton, de la laine, et même au besoin de la mousse. Mais l'éponge très-sèche est préférable, parce qu'elle s'insinue plus facilement dans le fond et les interstices de la plaie, et qu'elle s'y accroche et s'y fixe mieux, grâces aux petites dentelures ou aspérités dont elle est composée.

Les piqûres des sangsues, surtout chez les enfans et les individus très-faibles, peuvent donner également lieu à une perte de sang dangereuse et difficile à arrêter. Si l'on avait employé inutilement quelques-uns des moyens que nous venons d'indiquer, on pourrait recourir aux suivans : pincer la peau un moment vers l'endroit d'où le sang s'écoule; boucher cet endroit avec du charbon pilé ou de l'alun en poudre, et avec de l'éponge ou de la charpie trempée dans une liqueur spiritueuse. Les chirurgiens sont obligés quelquefois d'avoir recours à une ventouse, à la pierre infernale ou à une pointe de fer rougie au feu pour brûler la piqûre, et même à un petit point d'aiguille, sur la première peau, comme pour coudre et fermer le trou qui laisse passer le sang.

SANGLIER. (*Chass. cuis.*) *Sus aper.* C'est le cochon à l'état sauvage. (Voy. COCHON.) Le sanglier habite l'épaisseur des taillis, et en sort rarement. Il n'est dangereux que lorsqu'il est blessé; il court alors sur celui qui l'attaque, avec une rapidité extrême.

Quelques chasseurs attendent le choc du sanglier, un genou en terre, et tenant une pique bien assujettie, et sur laquelle le sanglier se précipite.

Le sanglier est un mauvais manger, si l'on en excepte le filet et les côtes : encore faut-il savoir les accommoder; voici la manière : il faut d'abord le laisser mortifier, ensuite séparer les côtes après les avoir dépouillées de la peau, qui a quelquefois un pouce d'épaisseur; si c'est du filet, coupez-le en travers par tranches de demi-pouce, mettez dans une casserole demi-quarteron de beurre, avec une pincée de persil, ciboule, demi-gousse d'ail, basilic, thym, le tout haché très-fin; placez dessus vos côtelettes de manière à ce qu'elles ne soient pas l'une sur l'autre; poivrez et salez-les des deux côtés, en les retournant, quand elles seront raidies, retirez-les dans un plat; versez la marinade dessus, et laissez-les ainsi pendant vingt-quatre heures. Une demi-heure avant le dîner, remettez-les dans une casserole avec leur marinade; quand elle frémit, mouillez avec un verre de bouilon et demi-cuillerée de vinaigre; dégraissez et servez, garni de tranches de cornichons.

SANGSUES. (*Comm. us.—Méd. dom.*) Les sangsues sont, comme tout le monde le sait, des animaux qui vivent dans l'eau, s'attachent à la peau des autres animaux, la percent afin de leur sucer une grande quantité de sang. Elles appartiennent aussi à la classe des annélides. Une seule espèce, la sangsue chevaline, est extrêmement commune dans les marais; elle s'attache aux chevaux qui vont paître en ces lieux, et quelquefois en si grand nombre, qu'elles les épuisent et les font périr si on n'y porte un prompt remède. Le seul moyen de leur faire lâcher prise, c'est de faire fondre une livre de sel dans une pinte d'eau, et d'en laver l'animal; aussitôt qu'elles sentent cette espèce de bain; elles lâchent prise et se laissent tomber; on arrête le sang au moyen d'astringens, tels qu'une dissolution d'alun calciné, etc., et quelquefois on est obligé d'employer la cautérisation avec un bouton de fer chauffé à blanc.

Quelques individus ont, dans des eaux stagnantes, avalé de petites sangsues; quand elles étaient gorgées, elles tombaient dans l'estomac, où elles périssaient bientôt. Si ce cas arrive, on les retire avec des pinces, ou on les fait tomber en se gargarisant avec de l'eau vinaigrée et salée. Quand l'animal est expulsé, on continue les lotions froides.

Autre remède. Prendre un peu de bon vin pur, et peu après un ou deux grains d'émétique.

Lorsque les sangsues se sont multipliées dans un étang, et qu'on veut les détruire, il faut leur opposer les tanches, qui sont aux sangsues ce que les chats sont aux souris.

Emploi médical des sangsues. Les sangsues doivent à M. Broussais la vogue dont elles jouissent dans la pratique médicale.

On pourra se faire une idée de l'immense consommation de sangsues dans Paris pour une année, lorsqu'on saura que l'adjudication pour le service seul des hospices, des hôpitaux et des secours à domicile, était de 500,000 francs pour 1826.

Choix des sangsues. On doit les choisir longues et minces, afin qu'elles tirent plus de sang. Avant de les appliquer sur la peau, on les met pendant une heure dans un linge sec; on les maintient avec la main pendant quelques minutes sur l'endroit où l'on veut qu'elles prennent. On peut encore poser les sangsues en les mettant dans un verre que l'on applique sur la peau. Il faut éviter autant que possible de toucher les sangsues avec les doigts, et avoir soin de bien laver la partie où l'on veut les appliquer. Il est quelquefois nécessaire, pour les engager à prendre, de mouiller la peau avec du lait ou de l'eau sucrée, ou mieux encore de frotter la place avec un morceau de viande fraîche.

Il est souvent difficile de se procurer des sangsues à la campagne.

Nos efforts se sont dirigés vers la recherche d'un moyen propre à conserver les sangsues. Voici en quoi il consiste :

On fabrique des caisses de trois pieds de haut environ, carrées sur toutes leurs faces. Une extrémité qui sert de base est foncée et présente à son centre, percé d'un trou de deux pouces de diamètre, une plaque de métal percée de plusieurs trous de la grosseur d'une tête d'épingle, pour laisser évacuer le résidu de l'eau. La partie supérieure est recouverte seulement d'une toile à mailles très-serrées, pour empêcher les plus petites sangsues de sortir. Ces caisses sont remplies à moitié d'une terre prise dans les fossés. Cette terre doit être grasse et privée des herbes, des petites pierres et des autres corps qu'elle pourrait contenir. On la place dans la caisse sans la presser, et telle qu'on la recueille, c'est-à-dire en mottes de volumes variés. Ainsi placées avec précaution, elles laissent entre elles des interstices, entre lesquels les sangsues serpentent en liberté et vont se rencontrer pour frayer. Tous les six ou huit jours, on mêle à la terre deux ou trois verres d'eau seulement pour l'imbiber. L'expérience nous a démontré que ce milieu paraît être l'élément naturel des sangsues ; en effet, l'auteur de cette découverte avait imaginé de faire filtrer un courant d'eau dans un petit bassin contigu à la terre un peu humide, et jamais il ne put trouver de sangsues dans cette eau ; elles étaient constamment dans la terre. Elles y prennent de nouvelles forces, s'y purgent après avoir sucé et s'y multiplient considérablement. On doit tenir les caisses dans un lieu frais en été et tempéré en hiver.

SANSÉVÈRE CARNÉE. (*Jard.*) (*Sanseveria carnea.*) Famille des asphodèles. Vivace, de la Chine. Fleurs en octobre, en épis, roses et odorantes. Terre légère, mieux bruyère ; exposition méridionale. Rustique. Séparation des pieds en mars.

SANTOLINE COMMUNE. (*Jard.*) *Santolina chamæcyparissus.* Famille des corymbifères. Arbrisseau indigène. Fleurs blanches ; fleurs jaunes en juin. Séparation des pieds en septembre. Terre sèche et légère.

SAPIN. (*Jard.*) *Pinus abies.* Famille des conifères. Il y en a plusieurs espèces :

Sapin à feuilles d'if. (*Abies alba.*) Bel arbre. Semis en mars, à demi-ombre ; en terre franche et saine. On le plante en motte, en bruyère, au mois de mai.

Sapin baumier de Gilead. (*Balsamea.*) Arbre de Virginie, très-branchu. Même culture. Marcottes. Ombre, et terre fraîche.

Sapin de Canada hemloch-spruce. (*Canadensis.*) Arbre branches grêles et pendantes ; feuilles blanches en dessous et s'approchant contre les rameaux. Cet arbre a un aspect particulier, très-propre à l'ornement. Même culture. Ses marcottes s'enracinent aussi facilement.

Sapin épicea. (*Picea.*) Arbre de Norwège. D'une forme régulière et pyramidale. Il est peu d'arbres aussi beaux. Très-propre à faire des abris. Isolé, son aspect est remarquable. Culture du premier. Toute exposition.

Sapin noir. (*Nigra.*) Arbuste de l'Amérique septentrionale. Même port que le précédent, mais plus petit dans ses dimensions. Il est très-joli. Même culture.

Le sapin est très-utile dans les landes, et dans les terrains stériles et élevés. Son bois fournit des poutres, des mâts de vaisseau, des planches.

Il vaut peut-être mieux abattre les sapins l'été que l'hiver.

SAPONAIRE. (*Jard.—Méd. dom.*) *Saponaria.* Famille des caryophyllées. Plante des champs. Il y en a une variété à fleurs doubles, qu'on cultive dans les jardins, qui trace beaucoup, et est très-vivace. Fleurs couleur de chair, légèrement odorantes, ayant la forme d'un œillet.

Les décoctions de saponaire sont employées avec succès contre les rhumatismes, la gale, les dartres. Les feuilles fraîches enlèvent les taches des habits.

SARCELLE. (*Chass.—Cuis.*) Les sarcelles sont des espèces de petits canards qu'on met à la broche comme les gros canards sauvages : il ne leur faut que vingt minutes de cuisson. En les sortant de la broche, arrosez-les d'un jus de citron, servez-les avec une sauce piquante ; les restes peuvent se mettre en salmis. (Voy. PIGEON.)

Les sarcelles sont communes en France, sur les étangs, et en hiver sur les rivières.

SARDINE. (*Cuis.*) (*Blupea sprasus.*) Genre clupé. Poisson très-abondant sur nos côtes.

Sardines fraîches et salées. Écaillez, lavez et faites cuire sur le gril ; servez avec une sauce de beurre, un peu de farine et de moutarde, épices, filet de vinaigre et un peu d'eau, liés ensemble sur le feu. Les sardines salées se font cuire sur le gril et se mangent à l'huile ; on les passe aussi au beurre.

SARIETTE. (*Jard.-Méd. dom.*) *Satureia.* Famille des labiées. Plante annuelle. Il y a une variété vivace, *satureia montana*, qui a le même goût et les mêmes propriétés. Celle-ci se multiplie par l'éclat des pieds. La première se sème au 15 avril, en terrain léger et chaud, exposé au soleil ; on ne recouvre point la graine ; lorsqu'il y en a une fois dans un jardin, elle s'y ressème d'elle-même, et il suffit de la ménager en sarclant.

La sariette se met dans les petits pains et autres mets. Elle passe pour céphalique et diurétique ; elle excite l'appétit, aide à la digestion et chasse les vents.

SARLINE DE MAHON. (*Jard.*) *Arenaria balearica.* Famille des caryophyllées. Petite plante basse et vivace, formant un joli gazon, couvert en mai de fleurs blanches bien ouvertes. Exposition méridionale et en pente, sur le bord des massifs. Terre de bruyère.

SARRACENIA PURPUREA. (*Jard.*) Famille inconnue. Plante des marais de Caroline, dont chaque feuille est un tube qui sert de réservoir aux eaux. On la tient en caisse, en terreau noir et sableux. Madame Adanson avait planté une sarracenia en terre, dans les intervalles d'une vieille racine d'aune, ayant la forme d'une griffe d'asperge. Elle la tenait en lieu à demi-ombragé et très-humide l'hiver, et changeait la terre tous les deux ans. Par ces soins, la sarracenia fleurissait en juin et donnait des œilletons.

SARRASIN. (*Agr. — Cuis.*) Famille des graminées. Le sarrasin, appelé très-improprement *blé noir*, croît volontiers partout : on avait voulu proscrire la culture de ce grain, de peur qu'il ne nuisît à celle du froment ; mais, comme ce grain vient dans les terrains les plus maigres, qui ne rapporteraient pas en blé la semence qu'on y aurait jetée, et qu'on peut le semer après la récolte du seigle et du méteil, c'est un moyen d'avoir deux moissons dans une année, et on ne saurait trop multiplier les ressources alimentaires pour les temps malheureux.

Le sarrasin se récolte de septembre à octobre.

Cette plante mûrit inégalement : n'attendez pas que les derniers grains aient acquis leur entier développement, vous seriez en danger de perdre ceux qui ont mûri les premiers, et qui sont toujours les meilleurs. Les tiges sont d'une dessiccation difficile et demandent à rester longtemps sur le sol ; aussi dans les saisons pluvieuses les grains sont-ils exposés à être germés ou détruits par les souris qui en sont avides. Pour mettre la récolte à l'abri de ce double inconvénient, on emploie dans quelques pays le procédé suivant : l'ouvrier saisit une javelle, l'arrondit en façon de cônes, dont la base est formée par la partie inférieure des tiges, et le sommet par les épis ; si le vent renverse quelques-uns de ces cônes, il faut les relever immédiatement. On se sert du même procédé pour hâter la dessiccation du trèfle réservé pour semence.

Les tiges de sarrasin, mises en tas et humectées, donnent par leur décomposition une belle couleur bleue.

On peut employer comme fourrage le sarrasin, qu'on sème plus épais qu'à l'ordinaire et qu'on fauche avant la floraison, parce qu'à cette dernière époque il fait gonfler la tête des animaux.

Bouillie de sarrasin. Prendre de la farine fraîchement moulue ; la délayer dans de l'eau, en bouillie claire. Mettre sur le feu et remuer avec une cuiller de bois jusqu'à ce que le bouillon soit établi ; laisser cuire ainsi pendant une heure ou deux, suivant la quantité.

On mange cette bouillie de diverses manières. On verse dessus du lait chaud ou froid, et on la mange sans la délayer. D'autres personnes servent sur l'assiette un morceau de beurre frais, et en prennent à mesure avec chaque cuillerée de bouillie,

Quand la bouillie de blé noir est froide, on en prépare une sorte de friture appelée *soles de guérêts* : pour cela, on la coupe en tranches, on la met frire dans du bon beurre ou de l'huile, et on saupoudre de sucre en servant.

SARRETTE A ÉPIS. (*Jard.*) *Serratula spicata.* Famille des cinarocéphales. Vivace, de Caroline. Fleurs en juin, en longs épis lilas. C'est une belle plante. Terre de bruyère, humide ; demi-ombre. Séparation des racines après la floraison, et avec ménagement pour ne pas la faire périr.

Sarrette élégante. (*Speciosa.*) Vivace, de Géorgie. Fleurs en octobre, de même couleur. Même culture.

SAUCES. (*Cuis.*) *Sauce à l'ail.* (Voy. AIL.)

Sauce blanche ordinaire. Mettez dans une casserole une demi-cuillerée de farine, délayez-la peu à peu hors du feu, avec les trois quarts d'un verre d'eau chaude ; faites en sorte qu'il n'y ait pas un grumeau. Mettez sur le feu, tournez également et sans interruption jusqu'à ce que cela bouille. Ajoutez sel, poivre, un filet de vinaigre, quelquefois une demi-gousse d'ail. Retirez la casserole sur le bord du fourneau, pour qu'elle bouille doucement. Au moment de vous en servir, mettez dedans un quarteron de beurre frais ; tournez pour le faire fondre ; ajoutez la liaison d'un jaune d'œuf. Servez avec ou sans câpres.

Sauce blanche à l'anglaise. Mettez dans une casserole une cuillerée de vinaigre, une demi-livre de beurre frais, poivre et sel. Tournez jusqu'à ce que le beurre soit fondu, ne laissez point bouillir. Retirez du feu, servez-vous-en de suite.

Sauce béchamel. (Voy. BÉCHAMEL.)

Sauce espagnole. (Voy. ESPAGNOLE.)

Sauce à la maître d'hôtel. (Voy. MAÎTRE-D'HÔTEL.)

Sauce poivrade. Faites colorer dans une casserole quarteron de beurre, six ognons en tranches, six échalottes, cinq clous de girofle, feuille de laurier, thym, persil, carottes coupées, avec une pincée de farine ; mouillez de vin et d'eau, un verre de chaque, et d'une cuillerée de vinaigre ; retirez au bout d'une demi-heure du bouillon, et épicez.

Sauce pour gibier et volaille. Faites bouillir à petit feu, dans une casserole, demi-setier de vin blanc, cuillerée de vinaigre, trois cuillerées d'huile, bouquet garni, épices ; saupoudrez de chapelure et mouillez de bouillon.

Sauce maïonnaise. (Voy. MAÏONNAISE.)

Sauce à la moutarde. Mettez dans une casserole un petit morceau de beurre, une pincée de farine. Faites-lui prendre un peu de couleur ; mouillez avec deux cuillerées de bouillon chaud, remuez toujours. Ajoutez une pincée d'échalottes hachées, avec une pointe d'ail, du poivre, du sel, une cuillerée de moutarde. Faites bien lier en tournant.

Cette sauce est bonne avec des côtelettes de porc frais, et toutes sortes de viandes rôties ou grillées.

Sauce aux échalottes. Prenez huit échalottes et une pincée de persil hachés, deux cuillerées de vinaigre, deux de bouillon, deux pincées de chapelure, un cornichon haché ; faites bouillir un quart d'heure.

Sauche à l'anchois. Lavez un anchois à deux eaux, ôtez l'arête du milieu ; pilez-le un peu, mettez-le dans une casserole avec un verre de vin rouge, une cuillerée de jus ou de bouillon, une échalotte hachée. Faites mijoter un quart d'heure. Cette sauce est bonne avec le bouilli et les rôtis.

Sauce au jambon. Hachez un quarteron de jambon cru, mettez-le dans une casserole avec un verre de bouillon. Faites-le migeoter à petit feu une demi-heure. Remuez-le souvent en tâchant de le faire fondre. Ajoutez deux verres de bouillon, un bouquet garni, du poivre. Faites cuire une heure. Passez à travers la passoire. Faites un petit roux avec beurre et farine, mouillez-le avec votre sauce. Si vous avez du coulis, mettez-en une cuillerée au lieu de roux.

Bonne avec des œufs pochés, des cardons et du céleri.

Sauce tomate. Prenez huit tomates bien mûres, détachez les queues, coupez-les en travers ; faites sortir avec le pouce toutes les graines contenues dans les loges. Mettez dans une casserole un ognon coupé en rouelles avec un demi-quarteron de beurre ; faites-le roussir également d'une belle couleur blonde ; ajoutez-y demi-cuillerée de farine, tournez et mouillez avec deux cuillerées de bouillon, mieux de jus. Mettez vos tomates avec une feuille de laurier, une branche de thym, un morceau de poivre long, dit piment ; salez un peu fortement. Faites bouillir une heure ; remuez de temps en temps ; passez à travers la passoire fine. Vous pouvez préparer cette sauce d'avance et la faire réchauffer au besoin. Elle se garde deux ou trois jours. Bonne avec tout.

Sauce à la tartare. Mettez dans une casserole deux cuillerées de moutarde, sel et poivre, persil, ciboule, estragon, une gousse d'ail, en tout la valeur d'une cuillerée, haché très-fin ; une cuillerée de bouillon chaud, mieux de coulis ;

posez sur le feu; tournez sans cesse, pour que la moutarde se lie, mais ne faites point bouillir; ajoutez une cuillerée de vinaigre, deux d'huile; tournez encore; que le mélange soit parfait.

Sauce piquante. Mettez dans une casserole gros comme un œuf de beurre, une demi-cuillerée de chapelure, deux échalotes hachées, poivre et sel, une cuillerée d'huile d'olive; remuez un instant; ajoutez une cuillerée de bouillon, deux cornichons hachés; faites faire un seul bouillon.

Autre sauce piquante. Mettez dans une casserole un verre de bouillon et un verre de vin blanc; faites bouillir; ajoutez ensuite deux échalottes, demi-gousse d'ail, persil, ciboule, pimprenelle, estragon, le tout haché; poivre et sel; laissez réduire un peu. Au moment de servir, faites fondre dedans, en tournant toujours, un demi-quarteron de beurre manié avec une pincée de farine de Polenta. Servez de suite.

Sauce Robert. Hachez grossièrement six ognons, mettez-les dans une casserole avec demi-quarteron de beurre; faites-les roussir également, et mijoter jusqu'à ce qu'ils soient bien cuits. Alors mettez-y une cuillerée de farine; tournez un peu; mouillez de bouillon.

Sauce verte. Mettez dans une casserole un fonds de braisé de volaille; ajoutez-y un peu de beurre frais, manié de farine; tournez et joignez du vert de ravigote au moment de servir.

Sauce à la ménagère. On fait bouillir doucement, pendant vingt-cinq minutes, un demi-setier de vin blanc avec jus, beurre fondu, poignée de mie de pain, échalottes, ciboules, persil, épices. A l'instant de servir, ajoutez-y un filet de vinaigre.

Sauce à tous mets. Elle convient à tous gibiers, poissons, viandes, légumes, et se fait avec vin blanc, un peu de zeste de citron, épices, bouquet garni, filet de verjus, que l'on met infuser sur la cendre chaude pendant sept à huit heures.

Sauce au pauvre homme. Faites cuire échalottes et persil hachés dans du bouillon, avec épices et cuillerée de vinaigre; joignez-y alors des restes de rôti que vous aurez voulu réchauffer, et retirez avant qu'ils aient bouilli.

Sauce aux câpres. Vous la faites en remplaçant dans la sauce blanche le verjus ou le vinaigre par des câpres. On peut aussi y mettre un anchois.

Sauce aux cornichons. Hachez-les et mettez-les dans une casserole avec beurre et épices; liez avec un peu de farine et mouillez de bouillon ou de jus.

Sauce aux truffes. On met les truffes, coupées par tranches, dans un roux; quand elles sont cuites, on les mouille de bouillon et de vin blanc. On remplace le bouillon gras par un maigre, suivant les cas.

Sauce au verjus. Dans parties égales de verjus et de bouillon, mettez échalottes hachées, et épices. Cette sauce ne doit être que chauffée, et convient à toutes choses grillées.

Sauce hachée. Cette sauce se compose de persil, cornichons, échalottes hachés, et cuits dans un roux avec un peu de glace ou de jus.

Sauce blonde. Faites bien chauffer dans une casserole un bon morceau de beurre; jetez-y une cuillerée de farine; quand le roux sera de belle couleur, mouillez-le de bouillon, ou, pour que la sauce soit encore meilleure, de coulis.

Sauce du chasseur. Faites cuire dans du lait une forte poignée de mie de pain, et, quand elle sera en bouillie, ajoutez-y gros comme un dé de beurre, quinze grains de poivre noir, du sel, et servez dans une saucière près du gibier rôti.

SAUCISSE. (*Cuis.*) *Manière de faire les saucisses.* Vous prendrez de la chair de porc plus grasse que maigre; vous la hacherez, et y mettrez du persil et de la ciboule aussi hachés; vous assaisonnerez de sel et de fines épices; vous entonnerez le tout dans des boyaux de veau ou de cochon; vous ficellerez les saucisses de la longueur que vous voudrez, et les ferez griller quand vous le voudrez. Vous leur donnerez le goût qui vous conviendra le mieux, comme celui de truffes ou d'échalottes. Si c'est aux truffes, vous en hacherez la chair suivant que vous l'aimerez plus ou moins; si c'est à l'échalotte, mettez-en très-peu, afin qu'elle ne domine pas.

Les saucisses plates se font de la même manière que les saucisses rondes; seulement on met la viande dans une crépine de porc. (Voy. COCHON.)

Saucisses aux choux. (Voy. BOULETTES.)

SAUCISSON. (*Cuis.*) Prenez une livre de chair de porc hachée, que vous ferez cuire à moitié; mêlez cette chair avec quatre livres de pommes de terre battues en pâte; salez, poivrez et épicez; pétrissez ensuite avec soin: ayez alors des boyaux de bœuf bien nettoyés, et embossez-les après avoir lié un de leurs bouts, avec ce mélange, au moyen d'un embossoir de fer-blanc; piquez le boyau de temps en temps avec une épingle, pour empêcher qu'il ne crève; pressez-le bien pour le rendre partout d'une égale grosseur; fermez avec une ficelle, et étranglez vos saucissons de longueur. On les laisse se ressuyer dans un linge pendant trois jours, et ensuite on les suspend au plafond. C'est un manger très-agréable, que l'on fait cuire, griller ou bouillir au besoin.

SAUGE. (*Jard.—Méd. dom.*) *Salvia.* Famille des labiées. La sauge commune peut se prendre en infusion comme le thé, et se fumer comme le tabac. L'huile qu'on en obtient est bonne contre les rhumatismes. On prépare une conserve avec les fleurs. Mâchée le matin à jeun, la sauge fait cracher.

Les Chinois et les Japonais ne conçoivent pas que nous allions chercher fort loin le thé, qu'ils regardent comme presque inutile, en comparaison de la sauge, qu'ils estiment dix fois davantage.

Deux espèces de sauge servent à décorer les jardins:

Sauge tricolore. (*Salvia tricolor.*) Vivace, indigène. Feuilles marquées de rouge, de blanc et de rose, qui produisent un charmant effet sur le bord des massifs, parmi les arbres verts. Terrain sec et léger; exposition méridionale. Séparation des pieds en mars.

Sauge de l'Inde. (*Salvia indica.*) Vivace. Tiges de trois à quatre pieds, terminées en mai par de longs épis de fleurs bleues, maculées de noir. Semis en avril, en place; même culture.

SAULE COMMUN. (*Jard.*) *Salix alba.* Famille des

amentacées. Arbre indigène. On le cultive principalement pour son utilité; mais il peut aussi prendre rang parmi les arbres qui embellissent les jardins assez favorisés pour avoir des eaux. On peut en laisser croître librement quelques pieds qui s'élèveront en se dégarnissant du bas; mais, quand on veut en tirer parti, il faut nécessairement les étêter à neuf ou dix pieds de haut. Pour les multiplier, on se contente de faire faire des trous avec un gros pieu, et d'y enfoncer une forte branche; mais il vaut mieux faire des trous de trois pieds, et ameublir la terre. (Voy. PEUPLIER.) La meilleure terre est le marc d'étangs, frais et substantiel.

Saule-osier. (Voy. OSIER.)

Saule marceau. Salix caprea. Arbrisseau indigène, fait de très-bonnes haies, des massifs; pousse vite, est de bon rapport; semis, drageons et boutures. Il y en a une espèce rampante, fort rare.

Saule pleureur. Salix babylonica. Arbrisseau du Levant. Il n'y a pas d'arbre aussi pittoresque et qui produise un effet plus agréable; sa culture est la même que celle du saule commun. On peut planter sans racines des branches de douze pieds de haut, en mars, qu'on élague jusqu'aux trois derniers rameaux; si c'est sur le bord des eaux, on doit y incliner un peu la tête. Deux de ces arbres couronnent parfaitement le dessus d'une porte champêtre ou l'entrée d'un pont.

La variété dite *annularis* a des feuilles comme bouclées, d'un bel effet.

Saule de Caroline. Espèce assez rare. Même feuillage que le saule pleureur; tiges droites; boutures.

Saule à feuilles de romarin. (*Salix rosmarinifolia.*) Arbrisseau indigène. Beau feuillage. Boutures au bord des eaux.

Saule du Japon. (*Salix aponica.*) Feuilles argentées.

Saule à feuilles de myrte. Salix myrtifolia. Joli arbuste. Même culture.

SAUMON. (*Pêch.—Cuis.*) *Salmo salar.* Poisson de mer, commun dans la plupart de nos grandes rivières, où il remonte pour frayer.

Saumon sur le gril. Prenez une tranche de saumon d'un pouce et demi d'épaisseur; si vous en voulez davantage, vous ferez bien de le partager en deux, parce qu'il se cuira mieux. (Le morceau qui approche de la queue est sec et mauvais.) Marinez-le une heure d'avance avec sel, poivre, huile d'olive; enveloppez-le d'un papier huilé; mettez-le trois heures sur le gril.

Saumon à la broche. Coupez en tranches; piquez-les de lard fin, et mettez mariner pendant six heures dans de l'huile épicée avec laurier, ognons et persil; attachez à une brochette de bois vos tranches de saumon séparées par un morceau de pain de même largeur et de l'épaisseur du pouce; fixez cette brochette à la broche de votre cuisinière; arrosez de beurre; et servez avec remoulade ou poivrade.

Saumon à la maître-d'hôtel. Fendez-le par le dos; mettez-le mariner pendant quelques heures dans de l'huile épicée; faites griller en arrosant avec la marinade; mettez dans le plat sur beurre frais manié de persil, épices et jus de citron ou filet de vinaigre; faites chauffer le plat légèrement pour faire fondre le beurre. Cuit de cette façon, on sert aussi le saumon à l'huile et au vinaigre.

Saumon au bleu. Écaillez, videz et lavez-le; enveloppez-le dans un linge et faites-le cuire dans un court-bouillon blanc comme le brochet aux câpres; lorsqu'il est cuit, ôtez le linge; mettez le saumon sur un plat, et servez-le couvert d'une sauce blanche faite exactement comme celle du brochet.

Rôt de saumon. On le prépare comme ci-dessus; on le fait cuire dans un court-bouillon bleu, et on le sert sur une serviette, garni de persil et avec huiliers.

Saumon aux câpres. Écaillez, lavez et essuyez votre saumon; faites-le mariner par tranches épaisses dans l'huile d'olive avec sel, poivre et jus de citron; faites-les cuire ensuite à très-petit feu dans un plat gratin ou tourtière, couverte du four de campagne avec feu très-doux dessus; lorsqu'elles sont cuites, égouttez-les et servez-les masquées d'une sauce aux câpres ou autre.

Saumon à la suédoise. Dans la Finlande, on coupe le saumon en petites tranches transversales, et on le met dans le sel; quand il est bien recouvert, on le laisse, dans une écuelle de bois, tremper dans un peu d'eau, et, trois jours après, ce poisson, cru, devient un mets exquis. La première noblesse de Stockholm en fait ses délices, et il est d'obligation dans tous les grands dîners.

SAUTERELLES. (*An. nuis.*) Une seule espèce est dangereuse pour les récoltes, c'est le criquet de passage (*gryllus migratorius* de Linnée). Ces criquets se réunissent quelquefois en bandes si considérables qu'il serait impossible d'en calculer approximativement le nombre; ils voyagent dans les airs, et paraissent comme un nuage épais qui obscurcit les rayons du soleil. Partout où se posent ces armées formidables, la campagne la plus riante se trouve tout à coup métamorphosée en un désert stérile dépouillé de sa verdure. Lorsqu'une pluie froide les fait périr, l'effroyable quantité de leurs cadavres qui pourrissent sur la terre empoisonne l'air et peut occasionner des maladies pestilentielles.

Heureusement ce fléau, qui désole quelquefois le midi de la France, ne se fait sentir que de loin en loin, quelquefois tous les vingt ou trente ans. Peut-être avec un peu d'attention pourrait-on le prévenir. Il s'annonce toujours deux ou trois ans d'avance par une multiplication extraordinaire de criquets, qui se réunissent sur les pelouses et dans les prairies; il ne s'agit que de parcourir ces endroits, et de rechercher sur les plantes les œufs de ces animaux: on les y trouve collés, en forme de coque. Ils sont enveloppés d'une matière glutineuse et écumeuse; ils affectent ordinairement une assez belle couleur de chair. En enlevant ces œufs et les brûlant, on arrêterait ce fléau.

Rien n'est plus difficile que d'atteindre ces insectes. Dans les jardins, on peut saupoudrer les plantes et les arbustes qu'on veut garantir avec de la cendre, de la suie, de la chaux; mais, dans les champs, les prairies, lorsque les sauterelles s'y montrent en grand nombre, comme cela arrive quelquefois, c'est un véritable fléau que l'homme n'a aucun moyen de combattre.

SAVON. (*Conn. us.—Ind. dom.—Hyg.*) On obtient les savons en traitant les huiles grasses ou les graisses animales par la soude ou la potasse. Dans quelques pays, on y ajoute de la résine; enfin, dans les pharmacies, on prépare les savons ammoniacaux en mélangeant à froid la matière grasse (huile d'amande douce) avec l'ammoniac liquide.

Nous ne saurions entrer ici dans les détails de la fabrication des différens savons, nous nous contenterons d'indiquer leurs caractères particuliers.

Le savon préparé avec la soude et l'huile d'olive, pure ou mélangée, est blanc ou marbré, suivant sa préparation. Le savon marbré contient environ, sur cent parties, soixante-quatre de matière grasse, trente d'eau et six de soude. Ce savon ne saurait contenir une proportion d'eau aussi considérable que le savon blanc, parce qu'alors la marbrure prendrait mal : le fabricant est obligé de lui donner une composition à peu près constante; c'est sous ce rapport seulement qu'on doit le préférer au savon blanc : ce dernier, qu'on nomme aussi savon en table, contient, sur cent parties environ, quarante-cinq d'eau, cinquante de matière grasse et quatre de soude; on peut faire entrer dans sa composition une quantité d'eau beaucoup plus grande encore; il n'en est que plus blanc et paraît tout aussi solide. Les acheteurs peuvent donc être trompés par l'apparence. Ce savon est préférable du reste pour le blanchissage des tissus délicats, tels que la dentelle, le tulle, et pour les objets dont la teinture n'est pas très-solide. Il convient dans ces emplois, parce qu'il ne contient pas sensiblement d'excès d'alcali, ayant été lavé dans sa préparation.

Savon en poudre. Pour l'obtenir, on l'apprête l'été. On fait fondre au bain-marie; on coupe en morceaux la décoction pressée fortement dans un linge. On fait sécher au soleil; on fait fondre encore en y ajoutant de l'eau de roses et de fleurs d'oranger.

Cette seconde opération terminée, votre savon est purgé et exempt de mauvaise odeur. Alors faites-le piler et mettre en poudre; exposez-le encore à l'air pendant deux ou trois jours, à l'abri de la poussière.

Ces préparatifs achevés, votre savon sera propre à recevoir les différentes odeurs que vous jugerez à propos de lui donner, dans les divers modes que vous l'emploierez.

Savon de toilette ou *Savon de lady Derby*. Ayez deux onces d'amandes amères blanchies, une once un quart de teinture de benjoin, une livre de bon savon blanc uni, et un morceau de camphre de la grosseur d'une noix; pilez les amandes et le camphre dans un mortier séparé, jusqu'à ce qu'ils soient complétement mêlés, puis ajoutez le benjoin. Quand le mélange est achevé, faites votre savon de la même manière. S'il sentait trop le camphre et le benjoin, on le ferait refondre au feu, pour en affaiblir le parfum.

Savon au miel pour blanchir la peau et dissiper les marques de brûlure. Prenez quatre onces de savon blanc de Marseille, autant de miel commun, une once de benjoin, une demi-once de storax : mêlez le tout ensemble, dans un mortier de marbre : quand tout sera bien incorporé, vous le préparerez en petites tablettes.

Essence de savon pour les taches de graisse. Couper en tranches minces cinq onces de savon; ajouter une once de potasse. Mettre le tout dans une chopine d'alcool à trente degrés; faire fondre au soleil en remuant de temps en temps, ou au bain-marie; laisser reposer; filtrer.

Eau de savon. Les étoffes de laine doivent se laver à deux eaux de savon : la première *chaude et forte*, la seconde *froide et faible;* mais il ne faut pas les *rincer*, cela les ferait jaunir. (Voy. EAU.)

Quelques expériences tendent à établir que l'on peut empêcher la rage de se développer, en trempant, pendant une heure environ, la partie mordue dans de l'eau de savon chaude.

SAXIFRAGE DE SIBÉRIE. (*Jard.*) *Saxifraga crassifolia.* Famille des saxifrages. Vivace. Floraison en mars. Jolie bordure. Séparation des pieds en septembre.

Saxifrage granulée. (*Granulata.*) Petite bulbe vivace, indigène. Variété à fleurs doubles, blanches et charmantes, qui paraissent en avril. On fera bien de la tenir en pots enterrés, pour ne pas perdre ses bulbes; alors on renouvellera la terre tous les ans, après la floraison. Terreau léger, un peu humide; demi-ombre. On plante les bulbes en masse réunie, et presque à fleur de terre. Il faut marquer la plante, si elle n'est pas en pots.

Saxifrage pyramidale. (*Cotyledon.*) Vivace des Alpes. Feuilles en rosettes; fleurs en mai, blanches et en longs épis. On doit le tenir aussi en pots enterrés, et en bruyère, qu'on change tous les ans à la défloraison. Exposition ombragée; arrosemens en été. Il faut en avoir plusieurs pieds, parce qu'ils périssent après avoir fleuri.

SCABIEUSE DES JARDINS. (*Jard.*) *Scabiosa atropurpurea.* Famille des dipsacées. Bisannuelle des Indes. Fleurs en juin. Semis au mois de mars, en terreau. Exposition sèche, au midi.

SCARLATINE. (*Méd. dom.*) Elle est contagieuse, et tire son nom de la couleur qu'elle porte à la peau : elle a presque les mêmes symptômes que la rougeole, car, comme elle, elle s'annonce par des sensations alternatives de froid et de chaud; mais les taches rouges sont plus grandes, plus foncées et moins uniformes que dans la rougeole. (Voy. ce mot.)

Quand la scarlatine est bénigne, tenir l'enfant au lit, lui faire boire du petit-lait. La nourriture consiste en un potage et quelques pommes cuites. L'épiderme se lève le cinquième jour; on purge alors l'enfant ou on lui donne quelques lavemens avec deux onces de miel mercurial. (V. ce mot.)

Si la scarlatine est maligne, indépendamment des sensations de froid et de chaud et du malaise général, elle produit abattement, une difficulté très-considérable de respirer; ensuite il survient augmentation de chaleur, nausées, vomissemens et mal de gorge; les amygdales s'enflamment et s'ulcèrent quelquefois; le pouls est précipité, mais profond; la langue est couverte d'un *mucus* blanc : tous ces symptômes, loin de diminuer au moment de l'éruption, augmentent, et le délire survient. Il faut appeler immédiatement un médecin.

SCEAU DE SALOMON A FLEUR DOUBLE. (*Jard.*) *Polygonatum vulgare, flore pleno.* Famille des asperges. Vivace, indigène. Fleurs en mai, d'un blanc verdâtre. Terre humide et profonde. Exposition ombragée. Séparation des racines.

SCHAL. (*Conn. us.*) Si les schals (surtout de barège), les voiles, ont essuyé la pluie ou seulement l'humidité, il faudra, lorsqu'ils seront secs, les repasser sous un papier non collé. Si vous négligiez ce léger soin, ils paraîtraient froissés et ternis.

Les schals se plient toujours carrément. Les cachemires se pendent au porte-manteau.

SCHISANDRE ÉCARLATE. (*Jard.*) *Schisandra coccinea*. Arbrisseau grimpant de la Caroline, dont la classe n'est pas encore déterminée. Ses fleurs, en grappes écarlates, sont d'un charmant effet. Rustique en le plaçant à l'ombre d'autres arbres, dans un terrain assez humide et en pleine bruyère; là il s'élève de quatre pieds par année, et atteint les branches voisines auxquelles il s'entortille. Se multiplie de marcottes qui sont deux ans à s'enraciner.

SCILLE EN OMBELLE. (*Jard.*) *Scilla ombellata*. Famille des asphodèles. Ognon indigène. Belles fleurs en avril. Terreau végétal; soleil. Séparation des caïeux en juillet; les replanter huit ou dix ensemble, de suite.

Scilla amœna. Fleurs en mai. Même culture.

Scilla bifolia. Commun sur les bords de l'Allier. Fleurs en mars. Pots enterrés en terre sablonneuse pour ne pas perdre les ognons, qui sont très-petits.

Scille du Pérou. (*Scilla peruviana*.) Feuilles étalées en rosette sur la terre; fleurs en larges ombelles, d'un beau bleu foncé. Terre légère et chaude, à bonne exposition.

On fait un sirop de scille pour l'expectoration des glaires.

SCOLOPENDRE. (*Jard.*) La scolopendre, *asplenium scolopendrium* de Linnée, est une plante qui croît dans les bois, dans les lieux ombragés et pierreux : ses racines sont nombreuses, capillaires, noirâtres; elle a peu de vertus, quoiqu'on l'emploie quelquefois comme béchique et légèrement astringente.

SCOLYTE. (*An. nuis.*) Insecte de forme cylindrique, qui détruit l'écorce du bois vert ou mort. Il est souvent si abondant, qu'on en a compté plus de quatre-vingt mille sur un seul arbre. Des milliers d'arbres, et surtout de sapins, ont péri quelquefois en peu de temps par suite de dégâts occasionnés par ces insectes.

Il n'y a pas de meilleur moyen, pour prévenir ou arrêter leurs ravages, que de laver l'arbre qu'on voudra conserver avec la solution mercurielle. (Voyez ANIMAUX NUISIBLES.)

SCORBUT. (*Méd. dom.*) *Prédispositions*. Une constitution détériorée par des maladies antérieures, une inaction prolongée ou des travaux excessifs; la malpropreté individuelle; le séjour dans des lieux où l'air est difficilement renouvelé; l'usage d'alimens décomposés ou altérés; enfin tout ce qui peut débiliter. On peut dire aussi qu'il est certaines constitutions individuelles qui y sont plutôt prédisposées que d'autres.

Causes déterminantes. Au premier rang, une température froide et humide, les vêtemens mouillés, les affections morales tristes, telles que la crainte, la frayeur, la nostalgie, une mélancolie secrète, des chagrins dévorans; en un mot, toutes les passions tristes, en affaiblissant l'énergie du pouvoir vital, ont la plus grande influence sur la production du scorbut.

Le traitement de cette maladie appartenant au médecin lorsqu'elle est déclarée, nous indiquerons seulement le traitement préservatif.

1° On évitera d'habiter des lieux froids, bas, humides ou marécageux, des appartemens au rez-de-chaussée, voisins des rivières. A bord des vaisseaux, on peut corriger l'humidité et le froid de l'air par le moyen du feu entretenu dans le faux-pont et les batteries; renouveler l'air de la cale. Si l'air est vicié, soit à bord des vaisseaux, soit dans les prisons ou les hôpitaux, employer les fumigations avec le chlore, donner accès à la chaleur solaire dans les lieux où elle peut pénétrer; exposer à l'air, lorsque le temps le permet, les hardes et vêtemens mouillés.

2° Faire usage de vêtemens de laine lorsque l'air est humide et froid; changer souvent de linge, entretenir la propreté du corps par les bains, les lotions; changer de vêtemens lorsqu'ils sont mouillés; les lits doivent être placés dans des endroits secs et spacieux; ne point prendre de bains après le repas; enlever le tartre qui s'amasse autour des dents.

On a préconisé le tabac comme préservatif du scorbut. On sait maintenant à quoi s'en tenir sur la puissance de la pipe contre les brouillards de la mer, ainsi que sur les qualités préservatives contre le scorbut, auquel ses excès ont plus de part que les alimens salés. C'est la débilitation, quelle qu'en soit la cause, qui produit le plus souvent le scorbut; et peut-on douter qu'elle ne soit aussi le résultat de l'évacuation constante de salive qu'opère le tabac appliqué en fumée et en substance sur les canaux excréteurs des organes ou sur des organes mêmes destinés à la filtrer?

3° Faire usage des viandes fraîches ou salées, pourvu que les unes ou les autres n'aient pas subi déjà un commencement de décomposition; je dois dire la même chose du poisson, des œufs, des végétaux, des fruits, et parmi ceux-ci préférer ceux qui sont sucrés ou acides, comme le raisin, les fraises, les framboises, les oranges, les groseilles, etc.; préférer les viandes rôties ou bouillies à celles préparées au beurre ou à l'huile; enfin, employer pour condimens le sel, le vinaigre, le poivre, le suc de citron, les ognons, le persil, la cannelle, le girofle et autres aromates; faire un usage modéré du vin ou du cidre, de la bière, du grog. Le café, le chocolat sont encore utiles dans un grand nombre de cas.

4° Entretenir les excrétions naturelles, la transpiration par le moyen des vêtemens indiqués plus haut; la liberté du ventre, par quelques substances relâchantes ou de doux laxatifs; la sécrétion des urines, par des boissons légèrement acidulées, etc.

5° La durée du sommeil ne doit pas être moindre de cinq à six heures, ni excéder huit ou neuf heures; les enfans, les femmes, les hommes de cabinet, ceux qui fatiguent beaucoup ou qui sont affaiblis, doivent lui consacrer un temps plus long que les autres. Éviter de dormir dans des lieux bas, humides et froids, dans ceux où l'air est chargé d'émanations qui le corrompent; faire de l'exercice sans le pousser jusqu'à la fatigue : la danse, par exemple, en procurant des sensations agréables, devient un exercice salutaire. Cet exercice doit être mis en usage le plus possible à bord des vaisseaux.

6° Entretenir les affections gaies.

SCORDIUM. (*Jard. — Méd. dom.*) Le scordium, *teucrium scordium*, est une espèce de germandrée qui croît dans les lieux humides et marécageux; sa racine est vivace, fibreuse, rampante; ses tiges croissent à la hauteur de deux ou trois décimètres; elles sont rameuses, inclinées vers la terre, velues, rampantes.

Le scordium est employé comme tonique, amer, sudorifique, emménagogue, anti-vermineux. (Voy. DIASCORDIUM.)

SCORPION. (*An. nuis.*) Le scorpion d'Europe (*scorpio europæus*) est le seul que nous ayons en France: on ne commence à le trouver qu'au-dessous de Lyon, dans nos départemens méridionaux. Le scorpion vit sur la terre, sous les pierres, les bois pourris, dans les caves, les lieux sombres et frais, et quelquefois dans l'intérieur des maisons. Il court vite, et en recourbant sa queue en forme d'arc sur le dos; il se nourrit d'insectes, et paraît donner la préférence aux cloportes et aux araignées; il les saisit avec ses serres, les pique avec son dard qu'il ramène par-dessus sa tête, et les dévore. Sa longueur ne dépasse guère un pouce; mais dans les pays chauds, par exemple, en Afrique, on en trouve qui en ont jusqu'à cinq ou six. Le scorpion produit deux générations par an, et fait ses petits vivans; la femelle en prend soin, et les porte sur le dos jusqu'à ce qu'ils soient assez forts pour chercher eux-mêmes une autre retraite, et pourvoir à leur subsistance, ce qui arrive ordinairement au bout d'un mois; ce n'est guère qu'à l'âge de deux ans qu'ils sont en état d'engendrer.

La piqûre du scorpion d'Europe a passé longtemps pour très-dangereuse; mais la piqûre de cet animal n'est pas toujours venimeuse, et, quand elle l'est, les accidens qu'elle produit ne sont guère plus considérables que ceux résultant de la piqûre d'une guêpe de la grande espèce.

Le seul remède dont l'efficacité soit prouvée, pour arrêter les effets de la piqûre des scorpions, est l'alcali volatil; on élargit la plaie au point de la faire un peu saigner; on y épanche une goutte de cette liqueur, et on applique dessus une compresse qui en est imbibée. Si l'enflure fait des progrès, on en boit deux ou trois gouttes répandues dans un verre d'eau, et l'on continue ce régime pendant quelques jours.

Le chlorure de soude en lotions a quelque efficacité. On applique ensuite des cataplasmes saturnés, ou l'on frotte la partie lésée avec de l'onguent composé d'une once d'huile d'olives et d'un gros de laudanum.

On peut détruire les scorpions en enfonçant dans les endroits par eux fréquentés et plaçant à ras de terre des pots remplis de la composition mercurielle suivante:

Une demi-once de sublimé corrosif dissous dans une chopine d'eau de fontaine bouillante, et bien mélangé; on y ajoute deux autres litres d'eau de fontaine froide. Tous les scorpions qui tomberont dans l'un de ces pots y périront.

SCROFULAIRE. (*Jard.—Méd. dom.*) La scrofulaire, *scrophularia nodosa*, est une plante vivace qui croît dans les prés, dans les lieux ombragés et humides; sa racine est grosse, fibreuse, serpentante, noueuse, blanche; sa tige croît à la hauteur d'un mètre.

La scrofulaire est indiquée dans les scrofules, dans les maladies dartreuses, et dans la plupart des maladies cutanées.

SCROPHULES. (*Méd. dom.*) Humeurs froides. Leur origine est due souvent à un mauvais lait étranger, à la disposition lymphatique dont on n'a pas arrêté la dégénération dès le principe; à l'habitation dans des lieux bas et humides, à des affections tristes, à une vie indolente. Cette maladie est particulière à l'enfance, et se manifeste assez ordinairement depuis l'âge de trois ans jusqu'à dix.

Un symptôme particulier à cette maladie est le gonflement de la lèvre et du nez, qui existe souvent plusieurs années avant son complément et son développement, qui par conséquent laisse le temps de la combattre avantageusement; on peut encore prévoir cette maladie lorsque les glandes s'engorgent, et avant qu'elles deviennent douloureuses; car alors l'enfant a toujours le ventre dur et très-gros.

Lorsqu'il a été possible d'envoyer les enfans à la campagne, l'insolation, l'exercice, des gilets de flanelle sur la peau, des frictions aromatiques, un air sec, des bains avec une suffisante quantité de sel gris, des anti-scorbutiques, tels que le houblon, la digitale, l'eau de goudron, sont très-efficaces.

On doit laisser le ventre libre; prendre des lavemens et purger légèrement une fois tous les mois avec de l'eau de Sedlitz. Un vésicatoire au bras contribue à détourner les humeurs. Une ou deux onces de vin de quinquina par jour en trois fois, une demi-heure avant le repas, produiraient de bons effets.

SÈCHE. (*Conn. us.*) *Sepia officinalis*. Espèce de mollusque que mangent les pauvres dans les ports de mer.

L'os de sèche est un corps ovale, aplati, blanc, celluleux d'un côté, compacte de l'autre, formé de matière animale et de carbonate de chaux; il se trouve vers le dos de la sèche commune; on l'emploie pour composer des poudres dentifrices, et on le suspend dans les cages des oiseaux, qui s'en servent pour aiguiser leurs becs.

SEDUM ODORANT. (*Jard.*) *Sedum rhodiola*. Famille des joubarbes. Vivace, des Alpes; fleurs roses en juin. Séparation des pieds en mars. Bruyère; demi-ombre.

SEIGLE. (*Agr.*) *Secale*. Famille des graminées.

On sème communément le seigle sur les sols pauvres, secs, calcaires ou sablonneux, où le froment ne vient pas. On le cultive quelquefois comme nourriture de printemps pour les moutons. On connaît quatre espèces de seigle; mais on n'en cultive que deux, le seigle d'hiver et le seigle de printemps. On sème celui d'hiver en automne avant le blé; mais il mûrit avant le froment. On le préfère à la variété du printemps, parce que son grain est plus gros et plus pesant. Le seigle du printemps se sème de bonne heure, en mars, aussitôt que les circonstances le permettent; il mûrit aussi promptement que celui d'hiver. Comme il est de qualité inférieure, on le cultive rarement, à moins que la récolte d'hiver n'ait manqué. On sème dans le mois de juin une variété connue sous le nom de seigle de la Saint-Jean. On le coupe en vert en automne, et on le fait pâturer en hiver. Le produit du seigle est presque égal à celui du blé; mais il rend plus en paille; il exige autant pour semailles.

On a beaucoup vanté cette céréale pour sa propriété alimentaire lorsqu'elle est fauchée en vert. Il est certain que tous les bestiaux en sont avides. Le cultivateur qui ne pourrait pas se procurer de semence de vesces consacrera à cette culture une partie de la surface destinée au trèfle. Il devra donner la préférence à l'orge d'hiver dans le cas où le sol conviendrait à cette dernière plante. Il n'oubliera pas qu'il n'y a point de temps à perdre, parce que le seigle et l'orge demandent à être semés hâtivement.

Maniere de conserver le seigle. Le séparer de la paille sans l'éplucher, jeter dessus de la viorne et de la vigne sauvage; ni les rats ni les insectes n'y toucheront.

SEL. (*Conn. us.* — *Cuis.*—*Agr.*—*Méd. dom.*) Hydrochlorate de soude. Le sel, à l'état de chlorure, lorsqu'il est solide, et d'hydro-chlorate en solution, est extrêmement abondant dans la nature; dans beaucoup de contrées il forme à l'état solide des couches très-considérables; elles ont jusqu'à deux cents lieues de longueur en Pologne; leur largeur est quelquefois égale à quarante lieues. Les mines de sel sont quelquefois situées à une grande profondeur; on les exploite jusqu'à trois cents mètres sous le sol; d'autres se trouvent à la surface de la terre, et quelques-unes à des hauteurs considérables dans des montagnes.

Le sel marin, à l'état liquide (hydro-chlorate de soude) se rencontre en solution dans presque toutes les eaux naturelles. Beaucoup de sources, qui passent sans doute sur des dépôts de sel gemme, l'apportent à la surface de la terre; l'eau de la mer en contient près de la quarantième partie de son poids; quelques eaux minérales en sont presque complétement saturées.

Dans d'autres contrées, l'extraction du sel marin se fait par l'évaporation des eaux salées qui le contiennent. Dans quelques endroits, le rapprochement des eaux salées a lieu spontanément par la chaleur du soleil.

Dans d'autres localités, on opère l'évaporation des eaux salées dans des *bâtimens* dits *de graduation;* ce sont des espèces de grands séchoirs remplis de plusieurs étages de fagots superposés ou de paquets de cordages, sur lesquels on fait ruisseler la solution saline, afin qu'une partie de l'eau s'en sépare, en présentant une grande surface à l'action de l'air.

Le sel marin a de nombreux usages dans les arts; on en extrait l'acide hydro-chlorique et la soude artificielle; il s'emploie dans la préparation du chlore, dans la fabrication du sel ammoniac, dans celle du savon; les limonadiers s'en servent pour augmenter le froid qu'on peut obtenir de la glace : chacun connaît son utilité culinaire.

Manière de faire le sel blanc pour la table. Mettez dans une terrine deux livres de sel gris avec deux pintes d'eau; exposez-la au soleil jusqu'à ce que le sel soit exactement dissous (il faut deux ou trois jours). Ensuite versez cette eau dans une casserole, posez-la sur le feu, faites bouillir et réduire, et, à mesure que l'eau s'use, ramassez avec une écumoire le sel qui se calcine au fond; continuez jusqu'à ce qu'il ne reste plus rien. Faites sécher ce sel sur un linge en plusieurs doubles au soleil, jusqu'à parfaite dessiccation. Il faut le rentrer tous les soirs pour le préserver de l'humidité des nuits. Tenez-le dans un lieu sec pour vous en servir au besoin.

Falsifications du sel. Le sel marin, dont l'emploi est indispensable pour l'assaisonnement des alimens et la conservation de beaucoup de viandes, peut être mélangé, surtout quand il est à l'état de sel blanc, avec du sel de Glauber. Dans ce cas, si on expose ce sel à un air très-sec, on en voit une partie s'effleurir.

On doit toujours employer un sel vieux de préférence à un sel nouveau. Le sel récemment extrait des salines est amer et déliquescent, parce qu'il est rare qu'il ne contienne pas quelques sels étrangers qui sont déliquescens de leur nature. Le sel qui a vieilli en *camelles* (en monceaux) a une saveur vive et piquante, une consistance solide, et ne s'humecte qu'à l'air humide.

On a examiné très-récemment plusieurs échantillons de sel pris dans divers endroits, et l'on a reconnu que fréquemment ce produit était falsifié : 1° avec de l'eau, ce qui n'a d'autre inconvénient que d'en augmenter le poids; 2° avec de la terre, qui est dans le même cas; 3° avec le sel marin des salpêtriers, qui est moins cher que le sel des salines, et qui est aussi moins pur; 4° enfin avec le sulfate de chaux (plâtre), qui est vendu dans le commerce sous le nom de *poudre à mêler au sel.*

Pour reconnaître si un sel contient des matières étrangères, on agit de la manière suivante :

On prend seize grammes (une demi-once) de sel; on introduit ce sel dans une fiole à médecine; on ajoute un seizième de litre d'eau (deux onces), et on fait chauffer pour opérer la dissolution. Lorsque la liqueur bout et que la dissolution est faite, on introduit cette dissolution dans un tube de verre fermé par un bout, et ayant trois pieds deux pouces de long sur cinq lignes et demie de diamètre; on laisse en repos pendant dix minutes. Si le sel est du sel marin non mélangé, on obtient à l'extrémité inférieure du tube un dépôt brunâtre, floconneux, qui occupe dans ce tube un espace de sept ligne; ce dépôt n'offre qu'une seule teinte. Si au contraire le sel est mélangé de pierre de plâtre, de sable, de matières insalubres, on obtient un dépôt qui est gris blanchâtre, quelquefois divisé en deux parties : l'une, plus blanche, est la poudre de plâtre la moins fixe; l'autre est un mélange de poudre de plâtre mêlée aux substances insolubles existant naturellement dans le sel.

Le dépôt résultant du sel mélangé est plus volumineux que celui du sel de mer; le dépôt du sel non mélangé occupe sept lignes dans le fond du tube; celui du sel mélangé occupe depuis dix jusqu'à quatorze lignes.

Ces essais sont simples et faciles à mettre en pratique.

Emploi du sel en agriculture. Le sel peut s'employer comme engrais sur les terres arables. Il réveille la fertilité des terres incultes. Il peut servir à prévenir la carie des blés. Il préserve les semences des attaques des insectes. Il favorise la végétation des plantes oléagineuses. Il augmente les produits des prairies. Il corrige les foins ou améliore leurs qualités. Il rend plus nourrissans les fourrages grossiers et les fourrages humides moins nuisibles. Il entretient la santé du bétail ou le préserve de diverses maladies; enfin, il peut prévenir la rouille du froment.

Conservation des alimens par le sel. La conservation des viandes par le sel peut s'opérer de plusieurs manières. En quelques endroits on prépare une forte saumure dont on recouvre les viandes, et on place le tout dans un endroit frais, en le préservant autant que possible de l'accès de l'air. La saumure dont il est ici question se prépare avec quatre livres de sel marin, une et demie de sucre, deux onces de salpêtre, et quinze pintes d'eau. On fait bouillir, on écume, et on verse la dissolution refroidie sur les morceaux de viande qui ont dû être bien dessaignés, essuyés, parés et frottés de sel. Le bœuf, le mouton et le porc sont les viandes que l'on conserve principalement par cette méthode.

Dans beaucoup de maisons, les viandes que l'on conserve sont frottées et recouvertes de sel, mais non conservées dans une dissolution saline. A cet effet, on les dessaigne et on les essuie avec soin; on les roule dans le sel, et on les range dans un saloir, en laissant une certaine quantité de sel entre les morceaux et en ayant soin de les remanier de temps en temps et d'ajouter une nouvelle quantité de sel. La viande se conserverait de cette manière pendant plusieurs mois; mais, comme un semblable laps de temps lui ferait prendre une saveur salée trop exaltée, on est dans l'usage, lorsqu'on veut la conserver aussi longtemps, de la retirer du saloir au bout d'un mois, de l'essuyer, d'en absorber avec soin l'humidité, de la suspendre pendant quelques jours dans la cheminée, et de continuer à la tenir ensuite dans un lieu très-sec. Plusieurs personnes sont dans l'usage d'ajouter une once de salpêtre par livre de sel, et cette addition, raffermissant considérablement la surface de la viande, la rend moins sensible aux variations de l'atmosphère. Il est bon aussi, lorsque l'on se propose de conserver la viande pendant longtemps, de n'employer que du sel desséché au four. Les saloirs qui sont en pierre de grès sont les meilleurs; la viande doit y être maintenue et pressée par une pierre de même nature, et l'orifice doit en être fermé avec soin. (Voy. COCHON, JAMBON, MOUTON.)

SEMAILLES. (*Agr.*) On appelle semence la graine destinée à la production.

Celle qui est venue dans un terrain bas, ombragé et frêle est de mauvaise qualité.

Celle qui provient d'un terrain sec, découvert et exposé aux influences du soleil, est plus nourrie et de meilleure qualité.

Dans le premier cas, l'effort de la végétation se porte sur la tige, et, dans le second, sur le fruit.

Il n'est pas nécessaire de changer les semences d'une exploitation, il faut seulement choisir les graines les plus pesantes et les mieux nourries.

Un cultivateur soigneux fera trier grain à grain celles qu'il destine pour renouveler les semences; les fera semer à part dans un terrain propre, fertile, chaud et nullement ombragé. La récolte obtenue sur ce champ lui servira pour la semence suivante.

Le grain de la dernière récolte paraît moins productif que celui de l'année précédente; le préjugé qui règne contre les vieux grains tient surtout au peu de soin qu'on apporte à leur conservation. Il faut l'humecter avant de semer.

Le grain avarié par les charançons, les aquilites, ne lève pas, perd ses propriétés germinatives.

Une vieille semence lève moins vite qu'une nouvelle; étant plus desséchée, il lui faut plus de temps pour absorber l'eau nécessaire à sa végétation.

Les Américains rendent les propriétés germinatives aux vieilles semences de grains, en les mêlant avec de la bouse de vache délayée dans l'eau, et en exposant le tout à une température de quarante degrés.

La vieillesse fait perdre la propriété de germer à presque toutes les graines; mais il en est qui demandent pour cela une longue période d'années.

Les semences qui ont perdu leurs propriétés germinatives sont infiniment plus propres à la nourriture et à l'engrais des bestiaux que celles de récolte nouvelle, parce que, sous un plus petit volume, elles contiennent plus d'élémens de nutrition.

On appelle semer sous raies semer avant le labour pour couvrir ensuite le grain par un labour léger qui l'enterre de deux pouces environ.

Cette méthode convient aux terres sèches, légères et qui déchaussent.

Elle ne convient pas dans les terres humides et fortes; car, ne pouvant percer la couche de terre, le grain pourrit.

Enterrer la semence des céréales avec l'extirpateur paraît plus convenable que le semis sous raies et même avec charrue à billonner.

Les semailles les plus précoces sont, en général, les meilleures; les plantes acquièrent alors force et vigueur pour résister aux effets de l'hiver et aux sécheresses qui précèdent leur maturité.

Les semailles de printemps doivent être aussi précoces que celles d'automne; elles doivent se faire sur labour d'hiver.

Il est des pays froids, élevés, où la semence doit précéder la levée de la récolte, pour que la plante puisse acquérir de la force avant les neiges.

Les seigles se sèment avant les fromens.

Dans d'autres pays très-secs, à terrains crayonneux, les semences doivent suivre la récolte, pour qu'on puisse moissonner l'année d'après avant les chaleurs trop intenses, qui empêcheraient les épis de grainer.

Enterrez les féverolles à trois ou quatre pouces; l'avoine et l'orge ne demandent que deux pouces et deux pouces et demi.

Les diverses variétés de froment, de seigle, de pois, de lentilles, de vesces, de betteraves, n'exigent qu'un pouce ou deux.

Craignez de mettre plus d'un pouce de terre au-dessus des haricots et du maïs.

Plus une graine est petite, moins elle doit être enterrée.

Les graines semées avant le labour, ou sous raies, lèvent en peu de temps, lorsque la saison est favorable; celles qui ont été trop enterrées sont exposées à pourrir dans la saison humide.

Quelques cultivateurs font jeter la semence au fond du sillon, et recouvrent par la terre du sillon suivant. Cette méthode, bonne dans les terres légères pour préserver la graine, a l'inconvénient de la trop enterrer et de l'exposer à pourrir dans les saisons peu favorables.

Temps humide et terre humide sont les conditions de réussite d'une bonne semence.

La semence peu enterrée, dans une terre humide, germe plus vite et est moins exposée à être dévorée par les oiseaux.

Dans les années sèches, on doit jeter la semence le même jour où l'on fait le labour pour profiter de l'humidité qui se trouve à quelques pouces sous terre. Cette règle s'applique surtout à la navette, à la rave, au pavot et à toutes les graines fines qui demandent à être à peine enterrées.

Les graines fines semées à la volée doivent être mélangées avec du sable fin ou de la terre sèche. Il faut avoir soin de remuer souvent, parce que le sable entraîné par sa pesanteur irait au fond; même précaution lorsqu'on sème un mélange de diverses graines, le seigle et les vesces, l'avoine et les fèves, les vesces et l'orge, le blé et le seigle.

Un temps calme est nécessaire pour le semis égal de ces graines.

On sème aussi les graines fines à deux doigts et à jets croisés. Ce mode est plus compliqué et moins facile que le premier.

Les terres de première qualité demandent en général quatre cents livres de froment par hectare; celles de qualité inférieure en veulent quelques livres de plus.

L'excès de semence dans les terres très-fertiles fait pourrir en hiver la plante, qui s'étiole ensuite, pousse tout en herbe au printemps, et verse plus tard en été.

La semence abondante dans les terres maigres conserve de l'humidité sous les touffes en automne et au printemps, principe qui décide une belle récolte pour l'avenir.

En général, on donne en France excès de semence. Arthur Young, par une suite d'expériences, a prouvé que la récolte ne dépend pas toujours de la quantité de grains confiée à la terre, et que souvent on obtient plus en semant moins.

Une terre de fertilité moyenne, qui demande deux cents kilogrammes de froment à l'hectare, donnera souvent plus de produits si l'on n'en répand que cent vingt avec des soins et des conditions plus favorables.

Le meilleur mode de labour est de le faire dans la direction du levant au couchant; les graines semées sur ces labours se trouvent exposées moitié au nord, moitié au midi. Ce mode avance la graine du midi, retarde celle du nord et assure presque toujours une récolte.

Le semeur doit être le propriétaire ou le fermier, et, dans les grandes exploitations, le premier valet de ferme, chargé de la direction.

Un bon semeur est l'homme le plus précieux pour la ferme; nul sacrifice ne doit être épargné pour se le procurer.

Le bon semeur jette le grain à une distance de six à sept pieds de chaque côté de la ligne qu'il parcourt.

Semer n'est pas un art difficile; mais du mode de le faire dépend cependant la réussite de la récolte.

SEMELLES IMPERMÉABLES. (*Ind. dom.*) Il suffit d'enduire d'une ou deux couches d'huile de lin siccative les deux surfaces d'une semelle de liége, et, lorsque cette semelle est bien séchée, de la placer entre deux semelles du soulier, qui est enduit de nouveau, avant d'être tout à fait terminé, sur la semelle intérieure, d'une couche de la même huile, qui sert à boucher les trous faits par l'alène. On place par-dessus cette huile fraîche ce cuir léger qui se fixe ordinairement avec de la colle. Lorsque le corps gras est sec, la pièce est tout à fait adhérente, et le soulier à l'abri de l'humidité.

M. Schwenger recommande, pour rendre les semelles imperméables, d'interposer entre elles une vessie, ayant l'attention de tourner la partie intérieure de la vessie du côté de la terre; en ce sens son tissu n'est pas perméable à l'humidité. (Voy. SOULIER.)

SEMIS. (*Jard.*) *Liste des principaux semis dans les jardins.*

Janvier. Nuls.

Février, 1er *du mois*. Pois le plus hâtif au pied du mur. 8. Pois le plus hâtif en plein air; carottes. 15. Pois le plus hâtif, laitue paresseuse, radis blancs hâtifs, au pied d'un mur. 22. Pois le plus hâtif, laitue paresseuse, radis hâtifs, ognon rouge, carottes.

Mars, 1er *du mois*. Fèves, ciboule en pépinière, poireau en pépinière, laitue, romaine, radis et raves, cerfeuil, cresson alénois et cresson de fontaine, poirée à cardes, épinards, panais, scorsonères ou salsifis, pois, moutarde. 8. Laitue, romaine, pois, radis et raves. 15. Pois, laitue, romaine, radis, fèves pour les dernières. 25. On recommence les semis de carottes et ognons de février s'ils ont manqué; pois, laitue, romaine, radis; choux-fleurs au pied d'un mur.

Avril, 1er *du mois*. Pois, cerfeuil, cresson, épinards à feuilles rondes, laitue turque ou paresseuse, romaine, radis roses, betteraves, haricots à bonne exposition. 8. Pois, laitue, romaine, radis, haricots, artichauts. 15. Persil, citrouilles, concombres, cornichons, épinards, haricots, pois, chou de Milan, des Vertus. 25. Carottes, haricots, pois.

Mai, 1er *du mois*. Concombres et cornichons, si le temps a empêché de le faire plus tôt; cardons, céleri, artichauts, si on n'a pu le faire avant; épinards à l'ombre, haricots en grand; pois carrés à cul noir, radis, laitue, romaine, cerfeuil, cresson, maïs, sarrasin, chou-crambe, pourpier, chou de Bonneuil, cabus, chou-rave de Siam. 15. Pois, radis, romaine, laitue, épinards à l'ombre, chou de Bruxelles, chou-navet. 25. Chou d'Yorck hâtif.

Juin, 1er *du mois*. Pois, haricots, épinards à l'ombre, radis, laitue, romaine. 15. Même semis. 25. Chicorée fine, scarole, chicorée sauvage, poirée à cardes.

Juillet, 1er *du mois*. Pois pour les derniers, romaine, laitue, radis. 15. Romaine et laitue qui seront bonnes au 15 octobre; haricots, qui seront excellens en septembre et octobre; ce sont ceux-là qu'on doit confire, il faut donc en semer beaucoup; chicorée frisée, scarole, navets en grand, ognon blanc doux, hâtif, pour laisser en place; ciboule en pépinière pour le printemps, poireau en pépinière.

Août, 8 *du mois*. Laitue crêpe blonde pour manger à la fin d'octobre; radis. 15. Panais pour le printemps; choux-fleurs au pied d'un mur. 25. Chou d'Yorck hâtif, épinards pour les derniers; radis.

Septembre, 1er *du mois*. Radis. 15. *Id.*

Octobre, 1er *du mois*. Cerfeuil et cresson alénois qui passent l'hiver, 10. Laitue crêpe blonde au pied d'un mur.

Novembre et décembre. Nuls.

Température propre aux semis. La température qui convient le mieux aux semis paraît être de dix degrés jusqu'à trente degrés au-dessus de zéro; au-dessous de la température de la glace, on n'a jamais observé de signes de germination.

Les graines privées de toute humidité ne peuvent germer; on sait en effet qu'elles se conservent dans les endroits secs sans aucune altération. (Voy. GRAINES.)

SEMOIR. (*Agr.*) Le grand semoir convient plus aux gros propriétaires qu'aux petits cultivateurs; mais le petit, beaucoup plus simple, présente de l'avantage à tous les agriculteurs. On l'emploie avec succès à la ferme de Roville, près Nancy, dirigée par M. Mathieu de Dombasle. Cet instrument ressemble à une petite brouette, ne sème qu'une ligne à la fois, mais la semence est régulièrement distribuée, pas une graine n'est perdue, et l'ouvrage avance.

Il y a le semoir Barreau, le semoir Hugues, etc.

SÉNÉ. (*Conn. us.*) (*Cassia sena.*) Arbrisseau du Levant, connu sous le nom de séné d'Alexandrie, et de séné de la Palthe.

Les feuilles de séné et les fruits ou follicules sont employés comme purgatifs; une simple infusion suffit pour en extraire la partie efficace. L'ébullition de ces feuilles dans l'eau fait contracter à cette dernière une propriété nauséabonde, et l'effet en est alors moins doux et moins assuré.

SENEÇON D'AFRIQUE. (*Jard.*) (*Senecio elegans.*) Famille des corymbifères. Annuel. Fleurs en juillet, d'un beau violet et à disque jaune. Semis en avril, à bonne exposition; reliquer le plant lorsqu'il a quelques feuilles. Il se ressème ensuite de lui-même. On en possède actuellement une variété qui double et donne de la graine, et qui est aussi rustique que la simple.

Il y en a une variété blanche, dont la graine produit des doubles. Il faut observer, pour ces deux variétés, de ne la récolter que sur les *pieds doubles*, et même d'arracher les simples; sans cela l'espèce dégénère et n'en produit presque plus que de ces derniers.

SENSITIVE. (*Jard.* — *Conn. us.*) Famille des légumineuses. Arbuste qui donne des fleurs à la fin de l'été, et qu'on conserve au moyen de la serre chaude, ou d'une bonne orangerie.

La sensitive a la propriété de fermer ses feuilles lorsqu'on la touche. Ses feuilles sont droites et épanouies à midi; elles se ferment le soir. Pendant la nuit, le tact ne fait aucune impression sur elles.

Ces phénomènes paraissent dus à la lumière. Une obscurité factice, pendant le jour, fait plus d'effet sur la sensitive que le toucher le plus rude.

Pour que le toucher produise de l'effet sur la sensitive, il faut qu'il agite la plante de manière à arrêter la vibration interne. Un contact simple ne produit point d'effet.

Après que la sensitive a été pendant quelques jours hors de la serre, et qu'elle a perdu une partie de sa sensibilité, on peut la toucher à plusieurs reprises, sans que ses feuilles se retirent; mais pour peu qu'on frappe dessus, elles se ferment à l'instant.

SEPTEMBRE. (*Agr.*—*Jard.*—*Ind. dom.*) On fait en ce mois les semences de seigle. (Voy. ce mot.)

On fauche le regain, et on tient ses cuves prêtes pour les vendanges. (Voy. VIGNE.)

Le seigle craint les terrains humides, et comme il est un peu sujet à s'égrener, on le coupe avant sa complète maturité.

Travaux en pleine terre. On continue donc de semer et planter ce qui peut être consommé ou recueilli avant les gelées, comme raves ou radis, diverses salades et fournitures, même des haricots, pois et fèves, si on peut les couvrir de châssis la veille des premières gelées; on peut encore semer pour l'automne et l'hiver des navets, des mâches, du cerfeuil, chervis, ciboule, chicorée, persil, roquette, et des épinards; et, pour l'année suivante, des choux d'York, pommé-hâtif, frisé hâtif, de Bonneuil, de Milan, pains de sucre, câpres, choux-fleurs, de la laitue de la passion, que l'on repiquera en cotière ou en pépinière, et même sur les premières couches que l'on fera en décembre. On butte le céleri; on en arrache pour le replanter dans de profondes rigoles pratiquées dans le terreau des vieilles couches ou tout autre. On empaille la chicorée et les cardons pour les faire blanchir, ainsi que des cardes de poirée, si on n'aime mieux les planter en rigole comme le céleri, ce qui est plus simple et vaut mieux. Si les pommes de terre sont mûres on les arrache. On les met dans une fosse creusée en terre, et on les recouvre de la même terre. On plante les fraisiers pour avoir du fruit l'année suivante. Vers là fin du mois on plante des jonquilles, narcisses et tulipes dans les terres non froides et humides, à moins qu'elles ne soient garanties au moyen d'une grande litière. On peut aussi marcotter des œillets pour ne les relever qu'au printemps. On sème des quarantaines pour repiquer de bonne heure, et d'autres fleurs capables de supporter l'hiver. On peut encore semer des graines d'anémone, renoncules et autres plantes bulbeuses ou à tubercules, éclater les plantes vivaces à tiges persistantes, comme violettes, oreilles-d'ours, primevères et autres analogues.

Les travaux de ménage se succèdent avec rapidité dans ce mois, soit à cause de l'abondance des fruits, soit à cause de l'approche de l'hiver. On fera la provision d'oseille, de chicorée, de concombre, d'artichauts entiers, de culs d'artichauts, de haricots verts, de tomates, de petits oignons au vinaigre. On fera les confitures d'épine-vinette, les poires tapées, les poires à l'eau-de-vie, le raisiné, la choucroûte. On fera fondre et on salera les beurres pour l'hiver; cette provision est une des plus importantes. On prépare aussi dans ce mois les fromages d'hiver.

On fait confire en septembre les prunes, les raisins, les pommes hâtives, les poires, surtout le rousselet, la blanquette. On cueille les fleurs de grenadier pour la pharmacie. (Voy. GRENADIER.)

Les figues se confisent au liquide ou se tirent au sec; on peut en faire de glacées.

On fait le sirop de mûres; on peut aussi confire ce fruit.

On a des pommes dont on fait des compotes et des pâtes.

Nous approchons du mois des vendanges, le gibier commence à paraître; il est loin encore d'avoir atteint ce degré de succulence qui fait préférer au gourmand son parfum à celui de la rose; mais enfin il est présentable, et l'on renouvelle connaissance avec lui avec un plaisir d'autant plus vif, que depuis longtemps on l'avait perdu de vue.

Les grives sont en septembre parvenues à leur point de perfection.

Les artichauts sont aussi une des productions de septembre; ils se prêtent assez bien au caprice du cuisinier, et lui rendent d'éminens services.

Les fruits de toute espèce sont très-abondans à ce moment de l'année.

Beaucoup de personnes commencent, dès le mois de septembre, à manger des huîtres; elles ne sont pourtant ni assez fraîches ni assez grasses pour exciter le désir du gourmand.

SEREIN. (*Hyg.*) C'est l'espèce d'humidité que l'on ressent lorsqu'on se promène le soir. Le soleil ayant échauffé l'air pendant le jour, lorsque cet astre se couche, l'air se refroidit plus promptement que la terre; alors la chaleur sort de la terre pour se répandre également dans l'air, et elle entraîne avec elle des particules aqueuses (composées d'eau), qui produisent l'humidité que nous appelons le serein.

SERIN (*Anim. dom.*) Ce petit animal, si intéressant, se nourrit avec du chenevis, du millet, de la navette et de l'alpiste; le mouron est fort de son goût, et le maintient en santé. Il couve trois fois l'année, depuis le mois d'avril jusqu'au mois d'août.

On ne saurait positivement déterminer le temps propre pour l'accouplement des serins; il dépend beaucoup de la température des saisons, très-souvent variable chez nous. Cependant, lorsque les froids et les gelées commencent à disparaître, on peut disposer cet accouplement. On se munit, pour cela, d'une cage neuve ou au moins bien nettoyée et peu spacieuse. On y met un serin mâle avec une femelle. Quand on juge qu'ils se sont bien accoutumés l'un à l'autre, c'est-à-dire, au bout de huit ou dix jours; on les lâche dans la cabane qu'on leur destinait, et on expose, autant que possible, cette cabane au levant.

Un mâle gris, apparié avec une femelle grise, produit des serins gris. Il en est de même des mâles blancs, isabelles, agates, jaunes, accouplés avec des femelles de la même couleur; ils produisent espèce pour espèce. En les entremêlant, on parvient quelquefois à s'en procurer de très-beaux et de très-rares. L'accouplement d'un mâle panaché de blanc avec une femelle jaune, queue blanche, donnera de très-beaux serins: il en sera de même de celui d'un mâle panaché avec une femelle jaune, queue blanche, ou autre, excepté seulement la femelle grise, queue blanche. Lorsqu'on veut se procurer un serin beau jonquille, il faut apparier un mâle panaché de noir avec une femelle jaune, queue blanche.

On donne, pour l'ordinaire, aux serins, pour faire leurs nids, de la bourre de poil de cerf, neuve ou commune, du foin, de la mousse, du coton haché, du gros chanvre ou filasse de chiendent. Il n'y a cependant qu'une ou deux de ces choses qui soient réellement valables. Le petit foin, fort délié et menu, est très-propre pour faire le corps du nid des serins; mais il faut avoir soin de faire sécher ce foin au soleil avant de le leur présenter. Quand le nid est à peu près fait, on peut leur donner une petite pincée de mousse aussi bien séchée au soleil, et autant de bourre de cerf.

Quand les serins sont en état de manger, on leur donne, pour alimens ordinaires, de la navette, du millet, de l'alpiste et du chenevis. On mélange ces graines de manière que, sur un demi-litron de chenevis, autant d'alpiste et un litron de millet, on mettra six litrons de navette bien vannée. Ce mélange se conserve dans une boîte bien fermée, et on en remplit tous les jours l'auget des serins.

Les serins, une fois accouplés et mis en cabane, on leur donne, outre ces graines, un petit morceau d'échaudé ou de biscuit dur, surtout lorsqu'on reconnaît que la femelle est prête à pondre: dans les huit premiers jours, il faut encore leur donner beaucoup de laitue; c'est le moyen de les purger. La veille du jour où les petits doivent éclore, c'est-à-dire, le treizième jour depuis celui que la femelle couve, on change le sable fin et tamisé, qu'on a eu soin de mettre dans la cabane à l'instant même où on y a renfermé les serins; on nettoie tous les bâtons; on remplit l'auget de graines, et le plomb d'eau fraîche. On donne aussi aux oiseaux une moitié d'échaudé, après avoir ôté la croûte de dessus, et un petit biscuit, l'un et l'autre bien durs, afin qu'ils n'en mangent pas trop. On joint à cela la nourriture suivante, que l'on renouvelle deux ou trois fois par jour, principalement pendant les grandes chaleurs: cette nourriture consiste en un quartier d'œuf dur, blanc et jaune, haché très-menu, et en un morceau d'échaudé trempé dans de l'eau. Après avoir pressé ce mélange avec la main, on le pose sur une petite sucrière. On met dans une autre de la graine ordinaire, qu'on a trempée environ deux heures auparavant; on en jette l'eau, et, pour mieux faire encore, on donne à cette graine un bouillon; on la rince ensuite dans une eau fraîche, afin qu'elle perde toute sa force et son âcreté. On leur donne encore de la verdure en petite quantité, telle que du mouron, du seneçon, et, à défaut de ces plantes, un cœur de laitue pommée, un peu de chicorée et un peu de plantain bien mûr. On leur fournit de la nourriture nouvelle trois fois par jour; le matin à cinq ou six heures, à midi, et vers les cinq heures du soir. On est maître aussi de leur donner de la graine d'œillet ou de pavot, de laitue et d'argentine, qu'on mêle bien ensemble dans un petit pot. On fera sagement de jeter un petit morceau de réglisse dans leur boisson; cela est préférable au sucre. On n'oubliera pas, pendant les grandes chaleurs, de donner aux serins de l'eau fraîche, dans une petite cuvette, pour se baigner.

L'on est parfois obligé de nourrir les petits serins à la brochette, soit à cause de la maladie de la femelle, soit pour d'autres motifs, et principalement quand on veut leur apprendre des airs de serinette ou de flageolet. Il ne faut, au reste, sevrer les serins de leur mère que le quatorzième jour, s'ils sont délicats, et le douzième s'ils sont robustes. On leur donne pour nourriture la pâte suivante: on met dans un grand mortier, ou sur une table unie, en deux ou trois fois, un demi-litron de navette bien sèche et bien vannée; on l'écrase avec un rouleau de bois, en le roulant et déroulant plusieurs fois; en sorte que, la navette se trouvant bien broyée, on puisse en faire sortir l'écaille, pour qu'elle reste nette. On y ajoute environ trois échaudés en sus, écrasés et réduits en poudre après qu'on a ôté la première croûte; on y met un biscuit d'un sou. Le tout étant mêlé et réduit en poudre, on le met dans une boîte neuve de chêne, que l'on pose dans un lieu qui ne soit point exposé au soleil. Lorsque le moment est venu de s'en servir, on prend de cette poudre une cuillerée et plus, selon le besoin : par ce moyen, on trouve la nourriture de ses serins toute faite, en y ajoutant un peu de jaune d'œuf et une goutte d'eau pour humecter le tout ensemble.

Si les petits serins deviennent malades pendant qu'ils sont ainsi élevés, on prend une poignée de chenevis; on le lave dans de l'eau de fontaine; on l'écrase, avec un pilon de bois, dans une seconde eau; on l'exprime fortement dans un linge blanc, et, avec cette eau, qu'on a surnommée *lait de chenevis*, on linifie le composé ci-dessus indiqué. On peut, par intervalles, jeter aussi de la mie de pain aux serins, pourvu qu'elle ne soit pas tendre.

Voici les règles que l'on suivra dans la distribution de la nourriture aux petits serins. On leur donnera à manger, pour la première fois, à six heures et demie du matin, au plus tard; la seconde fois, à huit heures; la troisième, à neuf heures et demie; la quatrième, à onze heures; la cinquième, à midi et demi; la sixième, à deux heures; la septième, à trois heures et demie; la huitième, à cinq heures; la neuvième, à six heures et demie; la dixième, à huit heures; la onzième et dernière fois, à huit heures trois quarts. On se sert, pour introduire cette nourriture dans le bec de l'oiseau, d'une petite brochette de bois, bien unie et mince par le bout, et de la largeur du petit doigt. On donne, à chaque fois, environ quatre ou cinq becquées.

A vingt-quatre ou vingt-cinq jours, on cesse de donner la becquée aux serins, excepté pour les jonquilles et les agates, que l'on empâte jusqu'à trente jours.

Quand les serins commencent à manger seuls, on les met dans une cage sans bâtons; on place un peu de petit foin ou de mousse bien sèche au bas de la cage, et on les nourrit, pendant le premier mois, avec du chenevis écrasé, du jaune d'œuf dur, de l'échaudé ou biscuit sec ou râpé, un peu de mouron bien mûr, et de l'eau dans laquelle il y ait un peu de réglisse. Tout cela se place au milieu de la cage; on met aussi de la navette sèche dans la mangeaille.

Il est assez difficile de distinguer les serins mâles d'avec le femelles. On tient cependant pour règle certaine que le serin mâle a une espèce de jaune sous le bec, qui descend plus bas qu'à la femelle, et que ses tempes sont fort dorées. Le mâle a, en outre, la tête un peu plus grosse et un peu plus longue; il est, d'ordinaire, plus haut monté que la femelle; il est aussi plus haut et plus vif en couleur. Enfin, il gazouille dès le moment où il commence à manger seul, et, après la première mue, la plénitude et la fréquence de son chant le font reconnaître indubitablement.

On distingue aussi le plus ou moins d'âge de ces oiseaux à des signes certains, tels que la force, la couleur et le chant.

Tout serin vieux est d'une couleur plus foncée et plus vive dans son espèce qu'un jeune; ses pattes sont rudes et tirant sur le noir, surtout s'il est gris; il a encore les ergots plus gros et plus longs que les jeunes. Les serins vieux, après deux mues, sont aussi plus forts, plus vigoureux et en meilleure chair que les jeunes; leur chant est aussi plus fort et plus prolongé.

Lorsqu'on a dessein d'instruire un serin au flageolet, on le met dans une cage séparée huit ou quinze jours après qu'il mange seul. Il faut que cette cage soit couverte d'une toile fort claire pendant les quinze premiers jours; on la place dans une chambre éloignée de tout autre oiseau, de sorte que le serin ne puisse entendre aucun autre ramage. On joue ensuite d'un petit flageolet, dont on a soin que les tons ne soient pas trop élevés. Ces quinze jours écoulés, on substitue à cette toile claire une serge verte ou rouge, bien épaisse. Lorsqu'on donne de la nourriture à l'oiseau, et il faut que ce soit au moins pour deux jours, on s'y prend le soir, afin d'éviter tout sujet de dissipation à l'animal, ce qui le dispose à apprendre beaucoup plus vite. A défaut de flageolet, on se sert de serinette. Il faut apprendre aux serins un beau prélude avec un air choisi seulement; plus échapperait à leur mémoire.

Un accident qui arrive aux serins dans leurs cabanes, c'est de leur trouver quelquefois la patte cassée, sans savoir d'où cela provient. Pour éviter cet accident, il y a deux moyens : le premier est de ne point faire de trous aux bâtons de sureau que pour y passer la pointe d'une aiguille; car c'est ordinairement par des trous trop grands qu'on a faits au sureau que cet accident survient; le second, c'est de ne jamais mettre les serins en cabane qu'on n'ait regardé auparavant s'ils n'ont pas les ongles trop longs; dans ce cas, il faut leur en couper la moitié, mais pas plus; car, si on les coupait trop courts, ils ne pourraient se soutenir sur leurs bâtons. On aura surtout grand soin que les bâtons de la cabane soient bien stables, et qu'ils ne puissent pas tomber. Cela est de la dernière importance.

Un autre fâcheux accident qui peut encore arriver, et auquel souvent on ne s'attend pas, c'est quand une femelle ne nourrit pas ses petits, quoiqu'elle les couve cependant toujours. Lorsqu'on s'aperçoit de cela, on lui ôte, sans perdre de temps, ses petits, et on les donne à une autre femelle. On choisit surtout celle qui nourrit bien, et dont les petits sont à peu près de la même force que ceux qu'on lui donne. Lorsque, dans une couvée, il s'en trouve de moins forts que les autres, et qu'on en a de pareils dans une autre, on pourra les changer, en mettant les plus forts avec les plus forts, et les plus petits ensemble.

Maladie des serins. — L'avalure. Cette maladie leur est d'autant plus dangereuse, que les remèdes qu'on y peut apporter ne servent qu'à prolonger la vie des malades de quelques jours. Elle vient ordinairement à ces oiseaux un mois ou six semaines après qu'ils sont nés. Le signe de cette maladie est extérieur. Ceux qui en sont attaqués se trouvent très-maigres; ils ont le ventre clair, très-gros, fort dur et couvert de petites veines rouges. Leurs boyaux se trouvent descendus à l'extrémité de leur corps. Ces oiseaux ne laissent pas souvent que de bien manger ; mais ils n'en meurent pas moins, si on n'emploie pas au plus tôt les remèdes propres à cette maladie. Plusieurs causes peuvent y contribuer : la première provient de ce que les serins ont le corps brûlé en dedans, parce qu'on leur a donné des nourritures trop succulentes pendant qu'on les élevait à la brochette; la seconde provient de ce que les jeunes serins trouvent si fort à leur goût tout ce qu'on leur donne, lorsqu'ils commencent à manger seuls, qu'ils en mangent en trop grande quantité. Lors donc qu'on a de jeunes serins qui mangent continuellement, pour obvier à cette maladie, on ôte de leurs cages ce dont on s'aperçoit qu'ils mangent le plus, et on ne leur remet que de temps à autre, sans leur en faire une habitude. Si, malgré ces précautions, ils tombent dans cette maladie, on a recours aux remèdes suivans :

On prend gros comme un pois d'alun, et on le met fondre dans l'eau du serin malade. On lui renouvelle cette eau, tous les jours, pendant l'espace de trois ou quatre.

On peut encore, pour remède, mettre un morceau de fer dans cette eau, que l'on change deux fois la semaine, en laissant toujours le clou.

Certaines personnes ôtent, le soir, la boisson ordinaire de l'oiseau malade, et lui en remettent de la salée le lendemain matin ; l'oiseau ne manque pas d'en boire d'abord quelques gouttes, et, lorsqu'il en a bu plusieurs fois, on lui ôte cette eau salée, et on lui remet de l'eau ordinaire. On continuera ainsi pendant cinq ou six jours, et, en cas qu'on ne trouve point d'amendement, on lui donnera le composé suivant :

Après avoir ôté sa graine ordinaire, on lui présentera du lait bouilli avec de la mie de pain en égale quantité, et on lui mettra aussi de l'alpiste bouilli en pareille quantité, dans un petit pot, au milieu de la cage. On réitérera cette nourriture pendant quatre ou cinq matinées de suite ; et, l'après-midi, on lui remettra sa graine ordinaire dans son auget. Après les cinq jours, on jettera dans son eau, à six heures du matin, gros comme la moitié d'une lentille de thériaque, et on la lui laissera jusqu'à ce qu'on l'ait vu boire une fois ou deux. On continuera cette boisson au moins trois jours de suite; après quoi on lui donnera une mangeaille apprêtée ainsi qu'on va voir :

On prend une pincée de millet, autant de graine d'alpiste, quelque peu de navette, avec quelques grains de chenevis, le tout mêlé ensemble. On fait bouillir ces graines dans l'eau, un ou deux bouillons, et on change la première eau pour rincer cette graine dans une eau fraîche. On fait durcir un œuf frais, on en écrase le jaune et le blanc ensemble, n'en mettant au plus qu'un quartier. On ajoute à tout cela un petit morceau de biscuit dur, plein une coquille de noix de graine de laitue, avec autant de graine d'œillette, et, après avoir composé avec le tout une pâte, on en donne à l'oiseau malade, et on y joint quelques feuilles de chicorée bien jaune. Il faut réitérer ce remède pendant tout le temps de la maladie.

Lorsqu'un serin est dans sa mue, il faut l'exposer au soleil, ou, s'il n'en fait point, le mettre dans un lieu chaud où il n'y ait aucun vent; car le moindre froid peut alors lui devenir mortel.

On lui met, dans un petit pot à pommade, au milieu de sa cage, pendant tout le temps de sa mue, de la graine de thalictron ou argentine, mêlée avec un peu de graine d'œillette. On lui donne, un autre jour, un peu de biscuit et d'échaudé à sec, et on lui en met aussi détremper dans du vin blanc; lorsqu'il en mange, cela lui fait un grand bien. On aura soin aussi de lui souffler trois fois la semaine, en laissant un jour d'intervalle entre chaque fois, du vin blanc sur le corps, et aussitôt on le met sécher au soleil ou devant le feu. Si on le voit bien malade, on lui fait avaler tous les jours trois ou quatre gouttes de ce vin blanc, dans lequel on fait fondre un petit morceau de sucre candi ou autre. On jette dans son abreuvoir un peu de réglisse nouvelle bien ratissée; elle donne une saveur à l'eau, sans trop l'échauffer; et quand, malgré cela, on ne remarque aucun amendement au serin, on lui donne toutes sortes de nourritures, telles que des œufs durs, blanc et jaune; échaudé, un peu de graine de laitue, du chenevis concassé, de l'alpiste, de la graine bouillie.

Le bouton. Quand un serin est attaqué d'un abcès qui se forme sur le croupion, et lorsqu'on s'aperçoit qu'il ne chante plus, qu'il est même fort malade, on le prend dans les mains, et, avec une pointe de ciseaux, on lui coupe adroitement la moitié du bouton qui est blanc : on en fait ensuite sortir le pus, en le pressant un peu avec le doigt, et on met aussitôt sur la plaie un petit grain de sel fondu dans la bouche, ce qui fera sécher certainement le mal. Si on s'aperçoit que le serin souffre un peu, parce que le sel lui cuit, on peut, une heure après ou environ, mettre sur son mal un petit morceau de sucre fondu avec la salive; cela adoucit l'âcreté du sel, et achève de sécher la plaie.

On emploie plusieurs petits remèdes pour débarrasser les serins des insectes connus sous le nom de *mites*. D'abord on aura soin de les tenir toujours proprement, c'est-à-dire de nettoyer la cabane ou la cage où ils sont deux ou trois fois la semaine, et de changer souvent leur sable. On leur laissera aussi, pendant toute l'année, des bâtons de sureau ou de figuier qu'on aura soin de percer, de distance en distance, avec la pointe d'une aiguille. On en videra toute la moëlle, et on ôtera l'écorce qui est dessus, pour les rendre plus polis; on râtissera au moins deux fois la semaine et on secouera les bâtons, pour en faire sortir le peu de mites qui pourraient y séjourner. On pourra encore mettre un linge blanc de lessive, le soir, dans la cabane. Il est sûr que, s'il y a des mites, on les verra, le lendemain, attachées à ce linge; mais, comme il y a des serins qui pourraient s'effaroucher de pareils linges sur leurs cabanes, on pourra substituer à ce procédé le remède suivant : avant de mettre les serins dans leur cabane, si elle est vieille, on la lavera fortement avec de l'eau nette bouillante; on en fera de même aux cages quand elles se trouveront en pareil cas. On empêchera par là que les serins ne soient tourmentés de mites; car l'eau bouillante fera périr tous les insectes avec leurs œufs. (Voy. OISEAUX.)

Pour avoir de beaux mulets de chardonnerets et de serins, il faut que la femelle soit toute blanche ou jonquille, et que le mâle soit un chardonneret de la grosse espèce. Lorsqu'on les destine à cet usage, il est essentiel de les sevrer de chenevis, et de les accoutumer au millet et à la navette, qui est la nourriture ordinaire des serins, et qui devrait être celle de toutes sortes d'oiseaux, surtout si on y mêle de la graine d'alpte.

SERPOLET. (*Jard.*) C'est une espèce de thym, dont un des principaux caractères se tire de ses feuilles, qui sont ovales et bordées de quelques cils à leurs parties postérieures.

Le serpolet est âcre au goût, un peu amer, styptique, odorant, et rougit un peu le papier bleu; c'est une plante stomachique, céphalique; elle purifie le sang: son usage est intérieur et extérieur.

SERRE CHAUDE. (*Jard.*) *Manière de faire une serre chaude à peu de frais.* On choisira une vaste salle oblongue exposée au midi, et fermée de ce côté par des châssis vitrés, afin de donner de l'air aux plantes pendant les beaux jours. Le milieu sera occupé par une espèce de caisse en briques, et on placera le long des murs une auge également en briques. A l'extrémité extérieure, et dans la maçonnerie du mur, on pratique un poêle dont le tuyau, enclavé dans l'auge, règne tout autour de la serre. On remplit de tan l'auge et la caisse du milieu, et l'on enterre dans ce tan les plantes en pots. On a soin d'entretenir dans la serre une chaleur de 15 degrés ou plus, suivant le genre de végétaux qu'on cultive.

SERRE DES LÉGUMES. (*Conn. us.*) « La serre des légumes, tels que pommes de terre, betteraves, etc., doit fixer votre attention, dit madame Adanson, car c'est de sa bonté que dépendra toute l'économie de la nourriture de vos animaux pendant huit mois de l'année. Il faut qu'elle soit sèche et à l'abri de toute gelée. La meilleure manière serait de la voûter, mais, si vous n'en avez pas la possibilité, il faudra au moins qu'elle soit plafonnée, que les murs aient de deux à trois pieds d'épaisseur, et qu'elle ait double porte. L'air ne doit pas plus y pénétrer que dans le fruitier, parce qu'il accélère la végétation des plantes et par conséquent nuit à leur conservation. Le sol doit être plus élevé que celui de la cour, bien sec et bien battu.

« Dans un lieu semblable, je conserve des pommes de terre bonnes à manger jusqu'au 15 septembre, tandis que dans une cave ou souterrain, on a bien de la peine à les faire aller à la Saint-Jean. »

SERVIETTES. (*Conn. us.*) Il y a des serviettes de différentes espèces et qualités, savoir: serviettes de cretonne, à liteaux bleus, qui se vendent à la douzaine. Une serviette doit avoir une aune de long étant neuve, elle raccourcit d'un douzième environ au lavage; mais on ne trouve cet aunage que dans celles de première qualité. Plus elles sont grosses, plus elles sont courtes. Il y en a qui n'ont que trois quarts ou trois quarts et demi, chose qu'il faut observer en achetant, afin de ne pas être dupe d'un bon marché apparent.

Les serviettes à liteaux rouges, en toile blanche ou écrue, pour la cuisine et l'office, n'ont que trois quarts étant neuves, et deviennent si courtes au lavage, que cela les rend d'un usage presque nul, étant sales aussitôt que dépliées. Il y a plus d'avantage à les faire en toile à l'aune; on leur donne alors la longueur convenable. Une serviette longue se salit moins promptement, et ne coûte pas plus de blanchissage.

SERVITUDE. (*Cod. dom.*) C'est une restriction apportée à la propriété, pour faciliter l'exploitation du sol, l'écoulement des eaux, etc.

En matière de servitude prescriptible, sur le fonds d'autrui, celui qui a obtenu gain de cause au possessoire n'est pas dispensé, au pétitoire, de prouver une possession suffisante pour la prescription de la servitude. Tout héritage étant présumé libre, jusqu'à preuve contraire, c'est à celui qui prétend avoir acquis la servitude, et non à celui qui la nie, qu'incombe la preuve.

En matière de droit de servitude d'égout sur une propriété, le propriétaire du fonds servant ne peut rendre la servitude moins onéreuse pour lui en faisant des travaux qui nuisent à l'exercice de cette servitude. Les juges ont le droit d'ordonner la destruction des travaux, nonobstant l'avis contraire des experts. (C. de cass., 28 août 1835.)

Le trouble dans l'exercice d'un passage pour l'exploitation d'un fonds enclavé donne ouverture à une action possessoire pour y être maintenu.

Si le juge de paix ne peut statuer sur les droits définitifs du passage, il peut vérifier l'enclave, et maintenir le propriétaire enclavé dans la possession. (Cour de cassation, 18 novembre 1832.)

SEVRAGE. (*Hyg.*) C'est ordinairement quand les dents commencent à paraître qu'on peut cesser l'allaitement; cependant il ne peut y avoir aucune règle fixe à établir sur ce point. Lorsque la mère veut sevrer, dans son intérêt et dans celui de l'enfant, on ne doit pas interrompre l'allaitement d'une manière brusque. Chaque jour elle doit ajouter une nouvelle quantité d'alimens au lait qu'elle donne. Alors, les organes digestifs de l'enfant s'accoutument à une nourriture nouvelle et plus substantielle, et la sécrétion laiteuse, étant moins sollicitée chez la mère, diminue progressivement. La mauvaise habitude dans laquelle on est de sevrer trop brusquement occasionne à l'enfant des indigestions, des vomissemens, du dévoiement; même l'inobservance des préceptes que nous indiquons a souvent conduit au tombeau une foule d'enfans. Lorsque la mère cherche à sevrer, on devra lui faire prendre plus d'exercice que pendant le temps de l'allaitement, diminuer la quantité des alimens, et les choisir parmi ceux qui sont peu substantiels; ces moyens suffisent ordinairement. Si cependant la pléthore était considérable, il faudrait recourir à une évacuation sanguine.

La quantité des alimens doit varier suivant les constitutions qu'on observera avec soin. (Voy. DENTITION, ENFANT, NOURRICE.)

SILOS. (*Conn. us.*) *Silos anglais pour les pommes de terre et les betteraves.* On aplanit la partie sèche d'un champ; on y étend les racines en forme de prisme sur un lit de paille: on creuse, de chaque côté, des fossés de trois pieds de large sur deux de profondeur, et, après avoir couvert de pailles les racines, on rejette les terres des fossés.

SILPHIUM LACINIÉ. (*Jard.*) *Silphium laciniatum.* Famille des radiées. Vivace. De neuf à douze pieds de haut; rustique. Séparation de pieds en septembre.

SIROP. (*Off. — Ind. dom. — Conn. us.*) Les sirops sont

des préparations de consistance liquide, destinés à conserver, à l'aide du sucre avec lequel on les a préparés, l'extractif ou la partie essentielle des végétaux, des animaux, et quelques substances salines des minéraux. On distingue les sirops simples et les sirops composés.

Le sirop qui fermente le plus aisément est celui de guimauve; cependant, lorsqu'il est fait avec de beau sucre bien sec, par un manipulateur exact, il peut se conserver très-longtemps en bon état. Il n'en serait pas de même des sirops faits avec des cassonades grasses et d'une mauvaise odeur, parce que, contenant les principes de la fermentation, elles l'occasionnent aux sirops même lorsqu'ils sont parfaitement cuits.

On ne saurait trop insister sur le choix des sucres qu'on destine à la fabrication des sirops. Ceux qui n'ont pas la qualité convenable, outre la fermentation qui en est la suite, donnent au sirop une mauvaise odeur, et, en lui faisant perdre ses qualités, lui en communiquent de nuisibles.

Lorsque la fermentation commence, le sirop se trouble; ensuite il devient mousseux, et fait souvent sauter le bouchon de la bouteille. Il est entièrement détérioré lorsque ces signes se font apercevoir. Une autre cause qui contribue à accélérer ces effets, c'est lorsque les sirops ont été mal clarifiés; alors la portion impure qui n'en a pas été entièrement rejetée les décompose en peu de temps.

La fermentation est produite lorsque le sirop n'avait pas reçu le degré de cuisson nécessaire; ceux trop cuits se candissent : ils déposent au fond des bouteilles des cristaux transparens. Le sucre se cristallisant ainsi en majeure partie, il n'en reste plus assez dans le sirop, et il ne peut se conserver.

Il est nécessaire d'emplir exactement les bouteilles où on verse le sirop, et de ne les boucher qu'après que le sirop est refroidi. Par ce moyen, l'air, n'ayant pu y pénétrer en grande quantité, ne peut occasionner la rupture des bouteilles; ce qui arrive souvent lorsqu'il cherche à se dégager en cas de fermentation du sirop.

Les sirops, pour être conservés, demandent à être placés dans un endroit frais, et que les bouteilles qui les contiennent soient toujours pleines. Lorsqu'elles sont en vidange, on voit au bout de quelques jours paraître à la surface des sirops, même de ceux qui ont toutes les qualités requises, excepté aux sirops acides, tels que ceux de vinaigre, de groseilles, de limon, etc., une pellicule qui, en moisissant, communique un goût très-désagréable à ces sirops : cela vient d'une légère humidité, qui, après s'être détachée du sirop, et avoir circulé contre les parois de la portion vide de la bouteille, est retombée en eau à la surface du sirop, avec lequel elle ne se mêle pas, faute d'être agitée. Il faut aussitôt qu'elle paraît ne lui pas donner le temps de moisir, et l'enlever avec la pointe d'un couteau. Cela n'arrivera pas si on a soin de tenir les bouteilles toujours remplies.

On ne saurait trop apporter d'attention dans la composition des sirops, soit qu'on les regarde comme médicamens, soit comme objets d'agrément. On ne peut assez se récrier contre la fraude qui s'est aussi introduite dans cette branche délicate du commerce; elle s'y reproduit sous tant de formes différentes, qu'il serait indispensable que les médecins, lorsqu'ils ordonnent des sirops, prissent la peine de les déguster eux-mêmes, et que les personnes qui n'en ont pas l'habitude les fissent voir aux connaisseurs, qui, par le goût, l'odeur, la couleur, jugent des bonnes ou mauvaises qualités de ces préparations. En général, si le sirop est trop fluide, et qu'en renversant la bouteille il ne forme pas une espèce de globe qui descend et remonte jusqu'au milieu du sirop, c'est qu'il n'a pas eu le degré de cuisson nécessaire; un semblable sirop n'est pas recevable; car, n'étant ni assez sucré, ni assez cuit, il s'altère par la fermentation.

On prépare les sirops en faisant bouillir les substances avec le sucre, ou mieux en exprimant le suc à froid.

Sirop à cinq sous la livre. Faire sécher sur un fourneau, et moudre grossièrement trois livres de malt, après en avoir ôté les germes. En faire une pâte avec de l'eau tiède, et la mettre dans un vase propre; verser peu à peu quatre à huit pintes d'eau bouillante; remuer pendant une demi-heure; couvrir; laisser reposer une heure; décanter doucement, et passer le dépôt au travers d'un linge; y jeter une poignée de charbon écrasé pour purifier; faire bouillir ce mélange pendant un quart d'heure, au bout duquel vous le coulerez au travers d'une toile ou d'un filtre, dans un vase très-propre : là, vous le ferez cuire à un feu doux, en consistance de sirop. Vous clarifierez ce sirop, ainsi préparé, avec du blanc d'œuf, comme celui de sucre.

Nous avons indiqué dans le courant de cet ouvrage (Voy. CAPILLAIRE, COINGS, GROSEILLES, GUIMAUVE, etc.) un grand nombre de sirops, en décrivant les substances qui en forment la base. Il y a d'autres sirops pharmaceutiques, dont la fabrication demande des appareils qu'on ne possède pas dans un ménage : c'est pour cela que nous les passons sous silence.

SOBRIÉTÉ. (*Hyg.*) Il n'est pas possible de prescrire la quantité d'alimens qu'on doit prendre : le tempérament, l'âge, le climat, la saison et l'état doivent y mettre nécessairement de la différence d'un homme à un autre homme. C'est à chacun à consulter ses forces, et à se juger au poids de la raison. Le plus sûr de ces poids est sans contredit, l'expérience. Toutes les fois qu'après le repas on a la tête libre, le corps dispos, et l'esprit sain et gai, c'est une preuve que l'on n'a pas trop mangé; au contraire, toutes les fois qu'après le repas le corps est lourd, l'esprit incapable d'application, qu'il survient des rapports acides, nidoreux, fétides; qu'on éprouve un gonflement et une plénitude d'estomac, des faiblesses, le hoquet, un vomissement, des baillemens, une sueur sur le visage ou sur la poitrine, enfin que la langue est épaisse, la bouche mauvaise, la tête pesante, et que l'on a des envies de cracher, surtout en s'éveillant pendant la nuit, c'est une preuve certaine qu'on a fait de l'excès dans le boire ou dans le manger : alors il faut diminuer insensiblement les alimens, jusqu'à ce qu'on n'éprouve plus aucune de ces incommodités. Si la plénitude était considérable, et qu'elle allât jusqu'au point d'être prêt à se trouver mal, il faudrait prendre du thé léger.

Une règle de santé qui regarde tout le monde, c'est de se lever de table avec un peu d'appétit.

Il est bon de manger à des heures réglées. Il n'y a que

les gens d'un tempérament fort, et qui font beaucoup d'exercice, qui peuvent mépriser cette attention. Il y en a deux autres que tout le monde doit avoir :

La première, c'est de ne pas manger quand on sent son estomac plein. Un repas passé de temps en temps rend les autres plus salutaires.

La seconde, c'est d'éviter la trop grande diversité des mets dans le même repas. Comment veut-on que l'estomac puisse digérer différens alimens, bons en eux-mêmes, mais dont le mélange produit une violente fermentation, l'indigestion, des vents, des glaires, etc. ?

La sobriété ne s'étend pas seulement au régime alimentaire : elle s'applique à la satisfaction de tous les besoins, à toutes les actions de la vie.

SOCS. (*Agr.*) C'est un grave inconvénient, pour le cultivateur, de se voir forcé toutes les semaines de porter chez le maréchal sa charrue, pour en faire rebattre et retremper le soc; cette opération coûte environ trois francs; un fer peut la supporter cinq ou six fois : les frais sont donc, y compris l'achat du fer, de vingt francs environ; un soc ou fer à charrue en fonte, qui coûte deux francs cinquante centimes, remplacera la dépense de vingt francs, et évitera l'embarras de transporter la charrue chez le maréchal, le cultivateur pouvant faire lui-même l'échange d'un soc neuf contre un vieux, quand celui-ci est usé. Nous engageons nos agriculteurs à faire l'essai de cette économie.

SOIE. (*Conn. us.*) *Soie à coudre.* Il n'y a point d'économie à acheter la soie au petit écheveau, surtout en noir, gris et blanc, couleurs dont on fait le plus d'usage; d'abord, parce que celle qu'on vend ainsi est éventée et de mauvaise qualité, ensuite parce que souvent on entame un écheveau pour prendre une aiguillée, et que le reste se mêle ou s'égare; il y a un avantage réel à l'acheter au poids, en gros écheveaux; on la paie ainsi à raison de huit ou neuf sous le gros, ce qui est environ un cinquième meilleur marché qu'au petit détail, et la qualité en est aussi bien supérieure; on dévide ces écheveaux en pelotons et on les serre dans la boîte aux fils. Lorsqu'on tient à avoir de très-belle soie à coudre, en couleurs autres que celles indiquées ci-dessus, on la prend en bobines qui contiennent un gros, et se vendent dix à douze sous.

Les plus belles soies torses se font à Ganges. On vend aussi en gros écheveaux de la soie très-belle et d'une force extraordinaire, qu'on nomme soie de Grenade.

Le cordonnet est très-fort, mais il se tord en cousant, et ne peut servir qu'à la broderie et au filet.

Il y a encore une soie de tailleurs avec laquelle ils font les boutonnières; on la vend au gros, toute dévidée; elle est excellente.

Blanchissage de la soie. On présente nouvellement la recette suivante comme excellente pour nettoyer les meubles et les habillemens de soie, de laine et de coton, sans porter préjudice au tissu ou à la couleur.

Vous râperez des patates crues, jusqu'à ce que vous les ayez réduites en pulpe très-fine, dans de l'eau claire. Vous passerez ce liquide à travers un tamis rude, dans un autre vase plein d'eau. Vous laisserez reposer ce mélange jusqu'au moment où les plus minces particules blanches des patates se seront précipitées; alors, transvasant la liqueur mucilagineuse, vous la séparerez de la fécule. C'est avec cette liqueur que vous opérerez.

Après avoir étendu l'objet que vous voudrez nettoyer sur un linge couvrant une table, vous tremperez une éponge propre dans la liqueur des patates; vous en frotterez l'objet de manière à en séparer entièrement la boue, puis vous le laverez plusieurs fois dans de l'eau claire.

Il faut deux patates de moyenne grosseur pour une pinte d'eau. Cette liqueur nettoie toutes sortes de meubles et d'étoffes de soie, de coton et de laine, sans faire tort à la couleur. Elle peut encore servir à nettoyer les peintures à l'huile ou les meubles, et même les boiseries peintes. On emploie dans ce cas une éponge et un peu de sable fin.

La fécule blanche peut servir à faire du gruau ou de l'amidon.

SOLDANELLE DES ALPES. (*Jard.*) *Soldanella alpina.* Famille des lysimachies. Fleurs en avril, pourprés, campanulées, fort jolies. Bruyère humide, nord. Séparation des pieds en septembre ou semis en mars. Couvrir de mousse en hiver.

SOLE. (*Cuis.*) Poisson de l'Océan et de la Méditerranée. On le mange ordinairement frit.

Filets de sole au gratin. On lève les filets d'une belle sole que l'on a d'abord dépouillée; on prépare le gratin comme pour tout autre poisson (Voy. MERLAN AU GRATIN), et on range les filets en buisson. Servez bouillant.

Filets de sole à la Horly. Faites mariner vos filets dans du jus de citron, sel et gros poivre; saupoudrez-les de farine, et les faites frire de belle couleur. Faites cuire les carcasses avec un peu de bouillon et de vin blanc; faites réduire cette sauce, clarifiez-la et servez-la sur vos filets.

Filets de sole en turban. Pelez quatre belles soles; levez-en les filets en glissant la pointe d'un couteau sur les côtés pour en ôter toute la chair sans l'endommager, et coupez les filandres. Faites mariner vos filets dans du jus de citron et huile d'olive avec sel et poivre; prenez un plat au fond duquel vous formez une couronne avec farce de poisson ou volaille; retirez les filets séparément et égouttez-les; posez le premier filet sur votre couronne de farce, et ainsi de suite l'un sur l'autre en leur donnant un biais, afin d'imiter le turban. Garnissez ensuite le turban de bardes de lard, mettez le plat sur un feu doux pendant une heure, et couvrez-le d'un four de campagne. Au moment de servir, ôtez les bardes, et faites une sauce au beurre d'écrevisses que vous placez au milieu du turban.

SOLEIL. (*Hyg.*) Les coups de soleil sont peu à craindre dans nos climats. Au contraire ses rayons peuvent souvent être bienfaisans. Les anciens employaient ce qu'ils appelaient *insolatio* contre les maladies de langueur, la dépravation des humeurs ou la surabondance des sérosités. Cette exposition du corps au soleil offrait des variétés suivant la coutume, la constitution particulière et le genre de maladie. On restait debout ou assis; on se promenait lentement ou on précipitait sa marche quelquefois, comme dans la paralysie et les douleurs de sciatique; on tenait seulement découverte la partie affectée, et on joignait à l'action des rayons solaires des frictions faites avec le sel ou d'autres substances composées; d'autres fois, comme dans l'hydropisie, le malade, avec la seule attention de protéger sa tête, restait plus ou moins étendu, ou recouvert d'un sable très-échauffé au bord des rivières, et sur le rivage de la mer.

SOLEIL VIVACE. (*Jard.*) (*Helianthus multiflorus.*) Famille des corymbifères. Grande plante vivace de Virginie. Fleurs en août, doubles et d'un beau jaune. Rustique. Séparation de pieds au mois de mars.

On tire des graines du soleil une huile assez bonne. Les tiges peuvent servir à chauffer les fours. Un arpent planté en soleils donnait, d'après un calcul fait en 1787, pour 24 écus d'huile, et économiserait pour 50 écus de bois de chauffage.

Le soleil sert à préparer une teinture bleue qui est d'un grand usage en chimie.

SOMMEIL. (*Hyg. — Conn. us.*) Le sommeil est la cessation des fonctions et des mouvemens volontaires, propre à rétablir les organes et à réparer les pertes causées par l'exercice, pendant la veille.

La longueur du sommeil dépend du tempérament, de l'âge et de la saison. Six à sept heures de sommeil suffisent pour les gens d'un âge fait. Sept à huit sont nécessaires aux jeunes gens.

Il en faut neuf à dix aux enfans, aux femmes et aux personnes d'une faible complexion.

Les vieillards qui dorment six heures d'un bon sommeil doivent être contens et jouissent d'une bonne santé.

Généralement parlant, on peut dire que sept ou neuf heures sont nécessaires aux personnes faibles, tandis que les tempéramens robustes n'ont besoin que de six à huit.

Trop court, le sommeil serait insuffisant; trop prolongé, il affaiblirait la sensibilité générale, la contractilité musculaire.

C'est une bonne méthode de se lever aussitôt qu'on ne dort plus. Par ce moyen on se prépare un repos facile pour la nuit suivante.

Moyens de se procurer un sommeil sain et paisible. Nous les puiserons dans la nature. Une chambre à coucher tranquille et retirée, toujours ouverte pendant le jour, et où l'air ne soit altéré, ni par l'odeur des mets ni par une chaleur factice; une couche plutôt dure que molle, un exercice modéré, le calme de l'âme, la sobriété, des alimens de facile digestion, des boissons peu excitantes, l'usage des bains et de la promenade : tels sont les conseils que nous dicte l'expérience. Quant aux substances médicamenteuses qui l'opèrent, telles que l'opium et les narcotiques, elles ne doivent jamais être présentées à l'homme en état de santé.

Sommeil de jour. Le sommeil du jour est moins salubre que celui de la nuit. C'est encore une erreur que de croire que, pris immédiatement après le repas, il puisse faciliter la digestion. Nous en appelons à ceux même qui ont contracté cette habitude pernicieuse : ne s'éveillent-ils pas avec la bouche pâteuse, et ne dorment-ils pas plus mal la nuit?

Manière de se placer dans le lit. La meilleure est de se mettre sur le côté droit, la tête haute, suffisamment couvert, et d'avoir le corps étendu : dans cette situation, toutes les parties solides sont dans une position favorable, et le sang et les liqueurs se répandent facilement jusqu'aux extrémités, parceque le cœur, ayant sa pointe penchée vers la partie droite du poumon, a le plus grand jeu possible de systole et de diastole.

Les personnes replètes, pituiteuses et sujettes aux étouffemens et à l'asthme, ne doivent jamais se coucher sur le dos; dans cette position, la respiration est gênée et la pituite incommode beaucoup.

Les personnes qui sont menacées de gravier, de pierre, ou qui ont des douleurs de reins, doivent se coucher presque sur le ventre : dans cette situation, les reins s'échauffent moins.

SOMMIER. (*Conn. us.*) Matelas de dessous, plein de crin au lieu de laine.

Sommiers de foin. Les sommiers faits avec le foin sont d'une grande utilité ; le sommier de foin peut être substitué à la paillasse, et il est plus facile à manier lorsqu'on fait le lit.

Sommier de paille. (Voy. PAILLE.)

SON. (*Conn. us.*) Le grain moulu qui n'a pas encore passé au blutage, rapporté à la maison, est brut et grossier, il faut lui enlever le corps étranger qui donne à la farine un toucher rude et un aspect désagréable ; ce corps étranger est le son, qui n'est utile qu'au blé, et que l'on doit soigneusement séparer, parcequ'il ne peut nourrir.

La bluterie, cette partie de la boulangerie si perfectionnée en France, n'a été imaginée que pour cet effet unique.

Mais, pour procéder avec avantage à la séparation du son, des farines, il faut faire en sorte de choisir quand on le peut un temps favorable et suffisamment sec ; car, lorsque l'air se trouve chargé de beaucoup d'humidité, celle-ci s'attache aux bluteaux, qui ne laissent pas passer toute la farine, laquelle se détache difficilement du son : cet inconvénient n'a pas lieu au moulin, lorsqu'on blute en même temps que l'on moud.

C'est une erreur de penser qu'il faille laisser séjourner un certain temps l'écorce du blé dans la farine, sous le prétexte qu'elle la conserve et la bonifie. Il est démontré, au contraire, par une multitude d'expériences, que le son s'échauffe et s'altère plus promptement que la farine, qui prend à la longue de l'odeur, de la couleur, et particulièrement une saveur que l'on distingue par le nom de *goût de son* ou de *bis* : d'ailleurs, c'est une maxime parmi les commerçans, que les farines s'échauffent d'autant plus aisément qu'elles sont plus bises, c'est-à-dire, qu'elles contiennent plus de son.

Le son ne doit donc rester mélangé avec la farine, que le temps nécessaire pour que la farine qui y adhère s'en détache et se désunisse insensiblement : ce temps est à peu près l'affaire de huit jours en été, et le double en hiver.

Comme il faut tirer parti de tout, et notamment du grain, qui sert aux objets de première nécessité, on remarquera que le son appartenant à un blé humide, moulu et bluté dans cet état, pourrait retenir beaucoup de farine, qui ne se détache que quand il acquiert de la sécheresse ; il conviendrait de le passer de nouveau aux bluteaux avant de l'employer, afin d'en séparer cette farine qui pourrait entrer dans la composition du pain grossier. (Voy. PAIN.)

Le son a la propriété de décrasser parfaitement les étoffes de couleur.

SON. (*Conn. us.*) Le son est un mouvement de vibration imprimé à un corps sonore, et communiqué par l'air à une membrane qui se trouve dans l'oreille, et qui se nomme tympan. C'est encore l'air qui propage le son et le porte au loin. Quoiqu'il paraisse aussi fin et aussi subtil que la lumière, il marche neuf cent mille fois moins vite qu'elle. L'expérience a prouvé que cette marche du son est uniforme, que la direction du vent et la force du son ne changent rien à sa vitesse.

Moyen d'amortir le son des enclumes. Il consiste à suspendre par un anneau, à l'une des bigornes ou extrémités de l'enclume, un bout de chaîne en fer, qui se balance librement et qui détruit en partie les vibrations sonores de cet instrument.

SOPHORA DU JAPON. (*Jard.*) *Sophora japonica.* Famille des légumineuses. Arbre. Son feuillage élégant paraît argenté au printemps. Fleurs en juillet, en grappes, d'un blanc terne. Terre légère et sèche; exposition demi-ombragée. Multiplication de semis en mars, qu'on ne met en place que lorsqu'ils sont forts, et qu'on couvre de feuilles dans leur jeunesse. Il donne aussi quelquefois des sujets enracinés. La variété à rameaux pendans se greffe sur le précédent.

SORBIER CORMIER. (*Jard.*) *Sorbus domestica.* Famille des rosacées. Arbre indigène. Beau port et beau feuillage. Fleurs en mai, en jolis corymbes. Son fruit est très-agréable, quand la gelée a passé dessus. Cet arbre a besoin d'être isolé, pour parvenir à ses plus grandes dimensions : son bois est un des plus durs. On le multiplie de semences, aussitôt que ses fruits pourrissent. Si on les place en bon terreau, elles feront la première année des jets de deux ou trois pieds, qu'on mettra en place au printemps suivant, ou en pépinière, si on les destine à être plantés hors des enclos. (Voy. CORMIER.)

Sorbier des oiseleurs. Sorbus aucuparia. A. indigène. Charmante espèce dont les fruits, d'un beau rouge, sont d'un véritable ornement. Fleurs en mai. Sa multiplication, par semis, est longue; les graines sont deux ans à lever. On préfère les rejetons, qu'on se procure facilement en recépant un jeune arbre, et garnissant le pied de terreau. Il prend aussi très-bien de marcottes.

Le bois de ce sorbier fait de très-beaux meubles; ses fruits sont aimés de tous les oiseaux de basse-cour. (Voy. EAU-DE-VIE.) L'écorce peut servir aux tanneurs.

Sorbier d'Amérique. Sorbus americana. Arbre. Ses boutons sont très-gros, ses fruits d'un beau rouge. Fleurs en mai; même culture, et greffe sur épine; mais s'il est franc, il devient beaucoup plus beau.

Sorbier de Laponi ou hybride. Sorbus hybrida. Arbre. Feuilles ailées, blanches et cotonneuses. Sa tête est arrondie. Fleurs en avril; fruits en corymbes, d'un jaune rougeâtre. Même culture : on le greffe aussi en fente sur épine, et rez terre.

SOUCI COMMUN. (*Jard.*) *Calendula officinalis.* Famille des corymbifères. Plante annuelle. Semis en mars et septembre. Fleurs en juin.

Souci de Trianon. Variété.

Souci des pluies, du Cap. Fleurs en mai, d'un beau blanc, violettes en dehors. Semis en mars. (Voy. PRONOSTICS.)

SOUDE. (*Conn. us.*) Le sodium peut se combiner en deux proportions, seulement, avec l'oxigène; il en résulte du protoxide sodium ou de soude, et du peroxide.

La soude à l'état de pureté ne se rencontre jamais dans la nature; mais on la trouve fréquemment unie aux acides carbonique, sulfurique, hydrochlorique.

La fabrication de la soude est devenue dans ces derniers temps l'une des branches d'industrie les plus importantes dans plusieurs contrées. La soude artificielle peut remplacer non-seulement toutes les soudes naturelles que l'on obtenait en Espagne, et dans quelques autres contrées, en brûlant des plantes marines, mais encore elle peut être substituée avec des avantages non moins grands à la potasse dans la plupart de ses emplois.

La soude s'emploie, pour blanchir les toiles, unie à la silice et à quelques oxides terreux; elle entre dans la composition de la plupart des verreries, des glaces, etc.; elle sert à fabriquer les savons durs, et particulièrement celui que l'on connaît sous le nom de savon de Marseille. Dans cette préparation, elle est unie à des corps gras, et le plus ordinairement avec de l'huile d'olive. En parlant des matières végétales animales, nous aurons occasion d'étudier ces sortes de combinaisons. La soude artificielle s'obtient en décomposant le sel marin (hydrochlorate de soude) par l'acide sulfurique, et le nouveau composé, solide obtenu (sulfate de soude), par la craie et le charbon dans un four à réverbère.

SOUFFLÉ. (*Off.*) Prenez de la fécule ou de la farine de riz. Faites-en une bouillie épaisse, assaisonnez de sucre, de macarons pilés; parfumez avec de la vanille ou du café, etc., ou toute autre odeur; ajoutez quatre ou cinq jaunes d'œufs, et les blancs fouettés en neige; mettez dans une tourtière sous le four de campagne; saupoudrez de sucre. (Voy. RIZ.)

SOUFRE. (*Conn. us. — Méd. dom.*) Corps combustible simple. Il forme l'un des principes constituans des sulfates qui sont très-répandus dans la nature; on le trouve dans les eaux minérales sulfureuses, dans plusieurs plantes, principalement les crucifères, et dans quelques matières animales.

On le rencontre cependant aussi à l'état natif, presque pur, dans divers endroits; la plus grande quantité de celui que l'on emploie dans les arts vient de Sicile; il s'extrait des terres avec lesquelles il est mêlé dans les environs des volcans et des solfatares.

Le soufre est d'un grand usage en chimie, en pharmacie, en médecine et dans les arts.

Mèches soufrées pour ôter la mauvaise odeur d'un tonneau. Introduire par la bonde du tonneau, au moyen d'un fil de fer un peu recourbé, un tampon de chanvre enduit de soufre; l'allumer, et l'y tenir suspendu jusqu'à ce qu'il soit brûlé, puis fermer le fût hermétiquement en remettant la bonde à sa place, pour empêcher la fumée du soufre de sortir. Quand on veut se servir du fût, passer de dans une mèche soufrée allumée; s'il est en bon état, la mèche brûlera.

Emploi du soufre pour détruire les insectes. On s'en sert en fumigations. (Voy. ANIMAUX NUISIBLES.)

Fermez toutes les issues des pièces où vous voulez les faire pour empêcher la vapeur de s'en échapper. Jetez sur un réchaud embrasé quatre onces de fleur de soufre. Cette dose suffit pour une étendue de douze pieds carrés. Si l'espace est plus grand, on l'augmente à proportion.

En trois ou quatre minutes tous les insectes auront cessé de vivre. Néanmoins, comme il faut laisser le temps à la vapeur de se répandre partout, il est bon de n'ouvrir la pièce que deux heures après la fumigation. L'odorat fera facilement reconnaître si cette vapeur est entièrement dissipée.

Le soufre en poudre répandu sur des charbons, au-dessous des endroits où se trouvent les chenilles et les pucerons, en opère aussi la destruction. Il éloigne également les scolopendres. (Voy. ce mot.)

Sulfates et vitriols. Les sulfates sont les résultats de l'union chimique de l'acide sulfurique avec les différentes bases salifiables ou métalliques.

Les propriétés physique des sulfates, leurs propriétés chimiques et leurs propriétés médicinales, sont toutes en raison des bases avec lesquelles l'acide sulfurique a formé union.

Acide sulfurique, et ses emplois dans l'économie.

L'acide sulfurique purifié (huile de vitriol) est très-caustique, et décompose toutes les matières avec lesquelles il se trouve en contact.

Répandu sur quelques parties du corps, il peut causer des blessures extrêmement graves.

Les usages de l'acide sulfurique sont très-nombreux : on s'en sert pour obtenir presque tous les autres acides, pour décomposer le sel marin et en obtenir la soude, pour gonfler les peaux dans l'opération du tannage, pour dissoudre l'indigo, pour préparer l'éther sulfurique, extraire le phosphore, le chlore; enfin on l'emploie très-fréquemment dans les laboratoires comme réactif qui indique la nature des différens sels par les propriétés des acides qu'il en dégage.

Un ou deux millièmes d'acide hydro-sulfurique dans l'air suffisent pour tuer un cheval.

L'acide sulfureux s'emploie à l'état de gaz pour blanchir la laine.

Cet acide sert, dans l'économie domestique, à enlever les taches de fruits; c'est lui qui agit lorsque l'on expose un tissu humide, taché, à la *vapeur du soufre;* il est utile pour blanchir la soie, la laine, les chapeaux de bois, dits de sparterie, en paille blanche, pour empêcher les vins de fermenter trop activement; c'est l'effet que l'on produit en brûlant dans un tonneau une mèche soufrée. On emploie l'acide sulfureux pour guérir les maladies de la peau (bains de vapeur sulfureux).

Les eaux d'Enghien, en France, d'Harrowgate, en Angleterre, contiennent des *hydro-sulfates* et de l'hydrogène sulfuré : de très-petites proportions de ces substances suffisent pour rendre les eaux minérales très-actives; et, en effet, celles de Barèges et de Cauterets laissent à l'évaporation un résidu qui forme à peine un trente-quatre millième de leur poids.

SOULIER. (*Ind. dom.*) *De quelle manière on empêche les souliers de prendre l'eau.* Faites fondre avec soin une pinte d'huile sans goût, deux onces de cire jaune, deux onces de térébenthine, et une demi-once de poix grasse de Bourgogne; frottez vos bottes ou vos souliers neufs avec cette composition, soit au soleil, soit à quelque distance du feu, avec une éponge ou une brosse douce, et recommencez aussi souvent que la chaussure se séchera. Elle deviendra impénétrable à l'humidité, et acquerra de la solidité en même temps que de la souplesse.

Il faut attendre, pour se servir des chaussures ainsi préparées, qu'elles soient bien sèches et élastiques; autrement, on diminuerait leur durée au lieu de l'augmenter.

SOUPE. (*Cuis.*) (Voy. POTAGE.) *Soupe au chocolat, sans chocolat, ou chocolat économique.* Cette soupe, dite *au chocolat*, et dans laquelle il n'entre réellement pas un atome de cette substance, est en usage dans quelques parties de l'Allemagne et de l'ancienne Alsace. Elle est fort agréable, et coûte peu.

On met sur le feu, dans un pot, ou un chaudron, ou une casserole de fer, deux cuillerées de bonne farine; on la fait bien roussir à sec, en la remuant sans cesse avec une spatule ou cuiller de bois. Quand elle est presque noire, on y verse doucement une pinte de lait, en remuant toujours la farine. On y ajoute un peu de cannelle et une quantité suffisante de sucre. On laisse bouillir le tout aussi longtemps que le chocolat en remuant toujours. Délayer deux jaunes d'œufs, et verser sur le pain.

Soupe au bouillon de veau. Cette soupe est excellente pour les convalescens.

Pour la préparer, on choisit un morceau de veau maigre; on y joint un ou deux ognons et deux ou trois navets; ce bouillon peut se faire en quatre heures; il doit être peu salé et peu épicé; en général, on ne le prépare que pour les malades.

On peut aussi prendre un quarteron de rouelle de veau, et la couper en petits morceaux. On le mettra ensuite dans une cafetière d'une pinte d'eau avec une cuillerée de riz. L'eau étant réduite à une chopine, ce qui se fait en moins d'une heure, on retirera la cafetière, on pressera le veau et le riz; on passera le tout, et on laissera reposer le bouillon pendant un moment.

Soupe de farine grillée. Prenez un petit morceau de beurre; mettez-le sur le feu dans un poêlon de fer; ajoutez-y quelques cuillerées de farine de froment ou de seigle; remuez fortement le tout avec une large cuiller de bois, ou avec un large couteau, jusqu'à ce que le beurre soit fondu, et que la farine prenne une couleur de brun foncé. Il faut remuer sans cesse pour empêcher la farine de brûler. Une demi-once environ de cette farine, cuite avec trois quarts de pinte d'eau, forme une portion de soupe aussi agréable que salubre, pourvu qu'on l'assaisonne avec du sel, du poivre et du vinaigre, et qu'on y mette des tranches de pain au moment de la servir. En Bavière, elle fait le fond de la nourriture des bûcherons.

Soupe allemande au sagou et au vin. Quand on aura lavé trois fois le sagou, deux fois dans de l'eau froide, et la troisième fois dans de l'eau chaude, on le mettra au feu, en y ajoutant quelques tranches de citron et un peu de cannelle. On le laissera bouillir une heure et demie; ensuite on y versera autant de vin qu'on y aura mis d'eau; puis on le fera bouillir encore une demi-heure, et on le sucrera à volonté. La dose, pour une personne, est d'une demi-tasse de sagou dans un verre et demi d'eau, et ensuite un grand verre de vin. Cette soupe est regardée, en Allemagne, comme un mets très-bon et très-sain.

Soupe au thé. Vous mettrez six ou sept cuillerées à café de feuilles de thé, du sucre et très-peu de vanille, dans une bonne pinte de lait ou de crème. Vous ferez bouillir le tout avec précaution, pour que le lait ou la crème ne tourne pas. Vous délaierez, dans un peu de lait chaud, trois ou quatre jaunes d'œufs, et vous les verserez dans la crème; vous passerez ensuite le tout au travers d'un tamis très-clair, et vous ajouterez des petites croûtes de pain grillé.

SOURCES. (*Conn. us.*) Dans les forêts des pays chauds, le soleil ne saurait pénétrer à travers leur épais feuillage sous lequel règne une fraîcheur constante. La raison en est simple : c'est que l'air des environs étant très-chaud, et, par conséquent, chargé de vapeur d'eau, lorsqu'il traverse la forêt, il y éprouve un refroidissement tel qu'il dépose la quantité d'eau qu'il ne retenait à l'état de vapeur qu'en faveur de sa température élevée. Telle est l'origine de beaucoup de sources. L'on a observé ainsi que dans les lieux où l'on a détruit les forêts, la plupart des sources ont disparu, tandis que dans d'autres localités où l'on a fait des plantations vastes, il en a paru de nouvelles.

La plupart des eaux de source sont potables; néanmoins il est quelques précautions à prendre avec elles. Dans l'été, il faut se défier de leur fraîcheur, et, dans tous les temps, il faut avoir soin de puiser l'eau à une certaine distance de la source, afin qu'elle ait eu le temps de s'aérer; sans cette précaution, on s'exposerait aux accidens qui peuvent être occasionnés par l'eau privée d'air. Du reste, l'eau de source doit être parfaitement limpide, inodore, insipide et propre au savonnage. (Voy. EAU.)

SOURCILS. (*Conn. us.—Hyg.*) Quand les sourcils ne sont pas assez arqués, relevez-les en dirigeant le poil vers le haut du front : faites-le surtout, lorsqu'en vous peignant vous passez un peu de pommade sur les sourcils.

Le plus grave défaut des sourcils est de se couvrir de pellicules farineuses, qui en font tomber les poils. Prenez une éponge, trempez-la dans de l'eau à laquelle vous aurez ajouté de l'essence de savon de toilette et de la teinture de benjoin; pressez-la et lavez bien le sourcil, en ayant soin de fermer les yeux, afin que la liqueur n'y pénètre pas. Frottez aussi, si vous l'aimez mieux, le sourcil avec une tablette de savon parfumée humectée d'eau aromatisée de benjoin; essuyez-le et passez-y le doigt légèrement mouillé d'huile antique.

SOURIS. (*An. nuis.*) *Mus musculus.* Genre rat. Cet animal dévaste tout, perce les murs et les meubles, coupe le linge, les livres, les marchandises. Toutes les provisions sont à sa convenance, et il parvient toujours à pénétrer dans les lieux où on les a enfermées. Le pain, le lard, le beurre, le fromage, le sucre, les confitures, les fruits, les farines, les grains, et même la chandelle, sont les objets qui sont ordinairement les plus recherchés par lui. Non seulement il les entame et les consomme, mais encore il les salit et leur communique une odeur infecte. On en a vu pousser la hardiesse jusqu'à entamer le lard des cochons vivans pendant leur sommeil.

Il est bon d'avoir dans sa maison deux ou trois chats. (Voy. CHAT.) Mais souvent ils ne quitteraient pas le coin d'un foyer pour aller saisir une souris à trois pas d'eux.

C'est surtout avec les poisons et les piéges que l'on viendra facilement à bout et en peu de temps de se délivrer de ces petits hôtes incommodes.

Pour l'empoisonnement on a trois moyens principaux, l'arsenic, la noix vomique et la chaux. Nous ne conseillerons jamais le premier, parce qu'il peut avoir des résultats funestes, mais les deux autres peuvent être employés sans danger. On prépare la noix vomique comme pour le mulot. On peut mélanger la râpure fine de noix vomique avec toutes les substances sèches ou liquides que les souris recherchent avec préférence, et le succès sera toujours assuré. On met ces préparations dans des cartes dont on a relevé les bords, et on les dépose à proximité de leurs trous. Quant à la chaux ou au plâtre, qui produit le même effet, on s'en sert absolument comme pour le rat. (Voyez ce mot.)

Les souris se prennent parfaitement dans des piéges à bascule, avec un morceau de noix ou de lard grillés pour appât. (Voy. PIÉGES.) Il y a différentes sortes de souricières; mais toutes réussissent également à cause de la voracité des souris.

Les souris mangent les graines de presque tous les semis, et les ognons de quelques fleurs, tels qu'oxalis, crocus, jacinthes et tulipes; on doit tendre des souricières à ressort ayant chacune cinq à six trous qu'on emplit de farine, de morceaux de noix ou de millet, sur les planches où l'on s'aperçoit de leurs dégâts. C'est le seul moyen efficace. Il y a aussi une espèce de petits traquenards ronds qui prennent parfaitement.

SOUS SEING. (*Cod. dom.*) L'acte sous seing privé est celui qui est revêtu seulement des signatures des parties, ou au moins de celle de la partie qui s'oblige, sans l'intervention d'aucun officier public.

Formalités de l'acte sous seing privé. En général, l'acte sous seing privé n'est assujetti à aucune forme spéciale. Toutefois il doit contenir l'énonciation des noms des personnes qui contractent, et même leurs prénoms, professions, qualités et demeures;

L'énonciation des conventions, obligations, faits et paiemens qui sont l'objet de l'acte;

L'indication spéciale du moment et du lieu de leur exécution, celle du lieu où ils sont passés, la date du jour, du mois, de l'année de leur passation parée.

Il faut éviter de laisser des blancs où l'on pourrait introduire des mots ou des phrases. Les ratures et les renvois doivent être approuvés; rien ne doit être écrit par abréviation; aucune date ne doit être mise en chiffres; il faut éviter les surcharges, les mots ajoutés, écrire l'acte lisiblement, et autant que possible en un seul et même contexte, c'est-à-dire de la même écriture.

Les actes peuvent être écrits, soit par l'une des parties

contractantes, soit par un tiers; mais ils doivent être signés par les contractans, à peine de nullité. C'est cette formalité qui constitue l'acte : rien ne peut la remplacer. Toute marque, croix ou signe quelconque, ne produirait aucun effet. Celui qui ne sait ou ne peut signer ne peut pas faire d'acte sous seing privé.

Lorsque les actes sous seings privés contiennent des conventions synallagmatiques (c'est-à-dire qui obligent réciproquement les parties contractantes), ils ne sont valables qu'autant qu'ils ont été faits en autant d'originaux qu'il y a de parties distinctes; il suffit d'un original pour toutes les personnes ayant le même intérêt. Deux co-propriétaires deux associés, deux héritiers, etc., donnant à bail une propriété commune, ont un intérêt unique.

Chaque original doit contenir la mention du nombre des originaux qui ont été faits, à peine de nullité. Néanmoins le défaut de mention que les originaux ont été faits doubles, triples, etc., ne peut être opposé par celui qui a exécuté les conventions portées dans l'acte. Chaque original doit être signé de toutes les parties.

Un sous seing privé n'est exécutoire qu'en vertu d'un jugement. Il serait cependant authentique et susceptible d'exécution *parée*, quand on le dépose entre les mains d'un notaire qui reconnait les signatures, et dresse acte de dépôt.

On peut poursuivre l'exécution des actes passés avec un défaut, huit jours après les délais pour faire inventaire et délibérer.

Les actes sous seing privé doivent être sur papier timbré, sinon on se trouverait exposé à une amende.

Ils font foi entre les parties. Quand l'une d'elles nie sa signature, il y a lieu à vérification. Il en est de même dans le cas où les héritiers refusent de reconnaître la signature du décédé.

Après la reconnaissance expresse ou forcée, l'acte a la même force qu'un acte authentique.

A l'égard du billet ou de la promesse sous seing privé, par laquelle une seule partie s'engage envers l'autre à lui payer une somme d'argent ou une chose appréciable, il doit être écrit en entier de la main de celui qui le souscrit, ou du moins il faut qu'outre sa signature il ait écrit de sa main : *vu*, *bon et approuvé*, portant en toutes lettres la somme ou la quantité de la chose.

Ces formalités ont été prescrites pour éviter les surprises. Il est même d'usage, dans les actes sous seing privé synallagmatiques, de faire précéder la signature de chaque partie de ces mots écrits de sa main : *approuvé l'écriture ci-dessus*.

On a excepté de cette formalité l'acte qui émane de marchands, artisans, laboureurs, vignerons, gens de journée et de travail. Il suffit qu'ils signent leur nom.

SOUSTRACTION. (*Conn. us.*) Pour faire une soustraction avec facilité, il n'y a qu'à suivre une méthode inverse de celle indiquée à l'article ADDITION.

Exemple :

9 8 7 6 5 4 3 2 1 0

Si je veux soustraire 5 de 9, je compte, à la suite de 9, 5 chiffres, et j'ai pour résultat le reste : 4.

SPARADRAP. (*Ind. dom.*) Le sparadrap est un de ces objets de précaution que tout chef de famille doit avoir chez lui, car à tout instant on peut en avoir besoin pour réunir les plaies et maintenir les pièces d'appareil d'un pansement.

Ces sparadraps sont des bandes de toile, d'étoffe, de soie, où même de papier, couvertes d'un côté seulement d'un emplâtre quelconque. Il y en a de plusieurs espèces.

Sparadrap ordinaire. Faites fondre au bain-marie, c'est-à-dire dans un vase placé dans l'eau chaude, deux onces de cire blanche, une once d'huile d'amandes douces et un gros de térébenthine.

Sparadrap dit *toile de mai.* Faites fondre de même une livre de cire blanche, coupée ou râpée, dans une demi-livre d'huile d'amandes douces et autant de beurre frais, et mêlez bien exactement. Cette toile convient particulièrement au pansement des engelures ulcérées.

Sparadrap d'emplâtre. Faire liquéfier ou fondre de la même manière, emplâtre simple, diachylon, gomme et cire jaune, de chaque parties égales, et ajouter au mélange un sixième de son poids de térébenthine.

Sparadrap, *papier ciré.* Faites liquéfier au bain-marie, cire vierge, huile de baleine et térébenthine pure, à parties égales, et mêlez bien exactement. Ce sparadrap, quand il est fait, se coupe en petits morceaux pour remplacer les feuilles de lierre dans le pansement des cautères.

Sparadrap, dit *taffetas d'Angleterre.* Faites fondre au bain-marie deux onces d'ichthyocolle choisie dans huit onces d'eau, et laissez sur le feu jusqu'à ce que le liquide soit réduit de moitié; filtrer.

Ces sparadraps se préparent en appliquant le liquide chaud sur la toile avec un pinceau. Les couches ne doivent être ni trop légères, ce qui empêcherait le sparadrap de coller; ni trop épaisses, ce qui le rendrait cassant. Elles doivent être appliquées uniformément, être lisses, coller sans peine, et ne rien laisser sur la peau en s'enlevant.

SPERGULE. (*Agr.*) Cette plante précieuse pour les contrées septentrionales remplace avantageusement le trèfle qu'on destinait à la nourriture des vaches. En raison du peu d'élévation que prennent ses tiges, elle demande à être pâturée; aussi ne doit-on pas compter sur la spergule pour l'alimentation des chevaux de trait. On sème vingt-quatre kilogrammes de graine par hectare. On a soin de bien rouler le terrain pour faciliter le pâturage.

La spergule est un excellent fourrage. Elle se sème en août, dans un sol sablonneux et frais, après un seul labour.

SPIGELIA DE MARYLAND. (*Jard.*) *Spigelia marylandica.* Famille des apocynées. Vivace, de l'Amérique septentrionale. Fleurs en août, écarlates en dehors, jaunes en dedans; bruyère humide, ombre. Séparation des pieds en septembre; mais elle multiplie très-peu.

SPIRÉE ULMAIRE. (*Jard.*) *Spirea ulmaria.* Famille des rosacées. Vivace, indigène. Panicules de fleurs doubles et blanches, en juillet. Terre légère et humide; ombre. Séparation des pieds en septembre.

Spirée libata. Du Canada. Fleurs roses, en juillet. Même culture. Jolie plante.

Spirée filipendula. Vivace, indigène. Fleurs doubles et blanches en mai. Boutons roses. Même culture.

Spirée barbe-de-bouc. (*Spirea aruncus.*) Vivace, d'Autriche. Fleurs en juin, blanches, nombreuses. Même culture.

Spirée trifoliata. Vivace, de l'Amérique du Nord. Fleurs en juin, grandes et blanches. Jolie espèce. Séparation des pieds en septembre. Ombre et terre de bruyère humide.

Spirée hypericifolia. Arbrisseau de Canada. Fleurs en avril, blanches. Rustique. Drageons en racines.

Spirée crénata. Arbrisseau indigène. Fleurs en mai, blanches. Drageons et boutures en mars, à l'ombre. Transplanter la première année.

Spirée opulifolia. Arbrisseau du Canada, assez haut. Feuilles grandes. Corymbes gerbes de fleurs en mai. Graines de fleurs ou boutures en mars à l'ombre; elles s'enracinent dès l'automne.

Spirée chamœdryfolia. De Sibérie. Boutures et drageons.

Spirée des Alpes. Drageons.

Spirée ulmifolia. Drageons et boutures.

Spirée betalifolia. Belle variété. Même culture.

Spirée pulcherrima alba. Variété du précédent.

Spirée lœvigata. De Sibérie. Grappes de fleurs en avril; feuilles lisses. Marcottes.

Spirée salicifolia. Indigène. Fleurs en mai. Rejetons abondans; boutures.

Spirée surbifolia. De Sibérie. Fleurs en août, blanches. Rejetons.

Spirée corymbosa. Fleurs en gerbes, blanches.

Spirée bella. Fleurs en gerbes, roses. Rejetons; boutures, en bon terreau, à l'ombre, et en mars.

Spirée tomentosa. Joli arbrisseau de Canada. Fleurs en juillet, en grappes, d'un beau rose. Semis en mars, qui lèvent aisément, s'ils sont peu recouverts en terre fraîche et légère, au midi. Ils fleurissent la même année.

Toutes les spirées prennent de boutures qui s'enracinent dans la première année, excepté l'*hypericifolia*, le *lœvigata* et l'*alpina*; elles se plaisent dans une terre légère et fraîche, demi-ombre: il faut les tailler en septembre, pour supprimer les tiges défleuries et rabattre les autres; sans ce soin, elles se déforment et prennent un aspect grêle.

SQUASHE DE VALPARAISO. (*Jard.*) Espèce de citrouille. (Voy. ce mot.) Même culture. On la mange frite et fricassée.

On la sème sur couches, pour la placer en pleine terre au premier de mai. Sa forme est oblongue, sa longueur de quatre à six pouces. On la mange avant que la peau soit durcie et les graines entièrement formées. Les personnes qui aiment les aubergines lui trouveront le même goût étant frite, et elle a l'avantage d'être bien plus productive, plus facile à cultiver, plus hâtive.

On les pèle; on coupe les deux bouts: ensuite on enlève toutes les graines avec une cuiller et sans fendre le fruit; on coupe la chair en tranches épaisses de cinq à six lignes, en sorte qu'elles forment des anneaux; on les trempe dans une pâte à frire très-claire, et on fait frire de belle couleur; on les poudre de sel fin ou de sucre à volonté; on peut aussi la fricasser comme les citrouilles.

STAPHYLÉ, FAUX PISTACHIER. (*Jard.*) *Staphyla pinnata.* Famille des nerpruns. Arbuste indigène. Très-joli. Fleurs en avril, blanches et en grappes pendantes. Terre fraîche et légère, à demi-ombre. Semis en mars ou rejetons enracinés.

Staphylé à feuilles ternées. Trifoliata. Arbrisseau de Virginie. Bois brun, joliment tacheté de blanc. Fleurs en avril moins grandes. Multiplication de rejets nombreux, qui rendent cet arbuste propre à garnir l'intérieur des massifs d'arbres communs.

STATICÉ, GAZON D'OLYMPE. (*Jard.*) *Statica armenia.* Famille des dentelaires. Vivace, indigène. Jolie bordure. Fleurs lilas en mai. Séparation des pieds en septembre. La relever tous les trois ans.

Staticé limonuim. Fleurs bleues en juin. Bruyère humide, au midi. Séparation des pieds en septembre.

STERNUTATOIRES. (*Méd. dom.*) Remèdes qui provoquent l'éternument comme le tabac.

L'éternument est un effort de la nature pour débarrasser la membrane pituitaire de ce qui la tourmente. Il a par lui-même une grande importance, en ce qu'il excite l'action du cœur, et donne plus d'activité à la circulation. Il secoue l'estomac, le foie, la masse intestinale, et réveille l'énergie de tous les organes. Il ébranle le cerveau, en augmente la vitalité actuelle, et quelquefois même il excite les facultés intellectuelles. Souvent il fait cesser des pesanteurs de tête, qui tiennent à une espèce d'inertie de l'appareil cérébral. Il s'est quelquefois montré un secours efficace contre certaines affections morbides de la gorge et de la poitrine.

La *poudre capitale de Saint-Ange* est connue comme un médicament très-utile pour exciter l'éternument.

C'est principalement dans les pays humides et froids, dans les endroits marécageux, dans les habitations situées sur un sol humide, qu'il est utile de faire usage, de temps en temps, de ce sternutatoire.

Il est bon d'en respirer par le nez une prise, de temps en temps dans la journée, comme on prend une prise de tabac, surtout le matin en se levant. Nous conseillons d'en ajouter quelques prises dans une tabatière; alors le tabac acquiert plus d'énergie et d'activité.

STEWATIA A UN STYLE. (*Jard.*) *Stewatia malachodendron.* Famille des malvacées. Arbuste de Virginie. Fleurs en juillet, grandes, blanches, rayées de rose, imitant celles de la mauve, et odorantes. Très-bel arbuste. Terre de bruyère fraîche, à demi-ombre. Multiplication de marcottes; couvrir le pied avec des feuilles en hiver.

Stewatia à cinq styles. Stewatia pentagyna. Arbuste de Virginie. Un peu moins grand que le précédent; plus rustique. Même culture.

STRABISME. (*Conn. us.*) Le strabisme, ou l'action de loucher, n'est pas naturelle à l'homme, quand elle n'est point occasionnée par le déplacement du cristallin, lequel est excessivement rare.

Mode curatif le plus ordinaire. Lorsqu'un enfant regarde de travers par un vice des deux yeux, si on lui en ferme un, et que l'autre paraisse naturel, il est évident que cette difformité n'a d'autre cause que le simple déplacement d'un globe; ce cas est facilement guérissable.

S'il louche par le déplacement des deux globes, il ne faut que lui rendre la mobilité des deux globes aussi facile d'un côté que de l'autre, par la contraction habituelle et régulière des muscles moteurs de ses deux globes.

On y parvient en couvrant habituellement, mais alternativement, de vingt-quatre en vingt-quatre heures, l'un des deux yeux, en sorte qu'un jour ce soit l'œil droit, et le lendemain l'œil gauche.

Si l'enfant est encore très-jeune, et qu'il n'y ait pas longtemps que le strabisme existe, il peut guérir en moins de six mois; si, au contraire, l'enfant ne louche que d'un seul œil, il ne faut couvrir que l'œil sain et ne le découvrir que momentanément chaque jour, jusqu'à ce que l'œil qui louche ait repris le jeu de tous ses muscles moteurs; car c'est la liberté complète de ces muscles qui constitue la vue droite et saine quand le cristallin n'est pas dérangé, comme nous l'avons déjà fait observer, ou que la cornée transparente n'est point altérée dans sa convexité, ou par une cicatrice qui rend cette portion opaque.

Mais, si un enfant a la vue de travers par un vice des deux yeux, et qu'en fermant l'un, l'œil ouvert reste difforme, il est manifeste que le cristallin est déplacé ou que la surface de la cornée transparente est viciée. Dans ce cas, il n'y a aucun moyen de remédier à ce vice.

STRAMOINE FASTUEUSE. (*Jard.*) *Datura fastuosa.* Famille des solanées. Fleurs en juillet, pourpres en dehors, blanches en dedans, très-grandes. Variété à fleurs violettes. Semis sur la couche humide et en terre de bruyère. Repiquer à une exposition méridionale en bon terreau.

Stramoine cornue. (*Cerataucola* ou *solendra herbacea.*) Très-belle plante annuelle de l'île de Cuba. Fleurs en juillet de six pouces de diamètre, blanches en dedans, un peu colorées en dehors; même culture.

STUC. (*Conn. us.—Ind. dom.*) *Procédé économique pour faire le stuc brillant dans l'intérieur des appartemens.* Ce procédé est très-employé en Italie: les avantages qu'il offre nous font désirer ardemment de le voir adopter en France.

L'ouvrier crépit de plâtre ordinaire, rustiquement, le mur bien dressé qu'il veut stucquer. Quelques jours après, il mouille cet enduit, et applique dessus, à l'épaisseur d'une pièce de cinq francs, une couche de pâte faite avec parties égales de chaux vive et de marbre pulvérisés et tamisés à sec. Il compose à volonté les teintes, ayant soin de n'employer pour cela que des matières minérales, car les substances végétales seraient décomposées ou altérées par la chaux. Il couvre de mastic la partie qu'il peut terminer en un jour, et passe dessus la truelle mouillée par un mouvement qu'il renouvelle en tous les sens, en même temps qu'il comprime. Pour obtenir un poli plus brillant et plus durable, il doit employer la truelle froide, et, avant de la passer sur le stuc, il doit mouiller celui-ci, au moyen d'un pinceau, avec une eau de savon ordinaire. Il y aurait du désavantage à reprendre le lendemain une partie commencée la veille: le point où l'on rejoindrait les deux parties ferait un mauvais effet. Pour éviter cet inconvénient, on prend autant d'ouvriers qu'il en faut pour terminer la totalité de l'ouvrage en même temps. Un ouvrier peut, dans les circonstances ordinaires, faire cent cinquante pieds carrés par jour. Les murs ainsi stucqués l'emportent de beaucoup par leur éclat et par la durée des couleurs sur toutes les peintures à l'huile ou à la colle, et même vernies; de plus ils ne peuvent donner asile à ces insectes si incommodes, qu'on ne parvient jamais à détruire complétement, parce qu'ils trouvent dans les murs des habitations, ou dans les toiles, papiers dont on les décore, un abri contre tous les moyens de destruction. Quoique le marbre ne soit pas très-commun en France, on en trouvera plus qu'il n'en faudra pour le stucage: ce n'est point des blocs, mais des fragmens qu'il faut; et, comme nous avons un grand nombre de carrières où le marbre, sous cette forme, est presque sans usage, l'application de notre procédé serait un très-bon moyen de l'user.

SUBLIMÉ CORROSIF. (*Conn. us.—Chim. dom.*) On nomme ainsi le deutochlorure de mercure. (Voy. ce mot.) On l'emploie en médecine. Toutes les substances qu'on imprègne d'une solution saturée de sublimé se conservent indéfiniment.

Le mode de conservation par le sublimé s'applique aux cadavres: il a été indiqué par M. Chaussier. Le corps du colonel Morland ainsi conservé, et rapporté en France, était dur comme du bois et sonore; les traits n'étaient pas altérés, mais la peau avait pris une teinte plus foncée. Ce procédé est préférable à tous les embaumemens connus.

On emploie le sublimé pour empoisonner les animaux nuisibles. Néanmoins beaucoup de personnes répugnent à l'employer, parce qu'il en faut de trop fortes doses pour agir efficacement. Mais une personne prudente et attentive n'hésitera pas à se servir de la solution mercurielle, dont aucune autre préparation ne saurait avoir l'activité et l'énergie. (Voir *Animaux nuisibles.*)

SUBSTANZA DI PANE DES ESPAGNOLS. (*Cuis.*) Prenez la mie d'un pain mollet d'une livre, faites-la tremper dans de l'eau froide pendant douze heures, retirez-la ensuite et pressez-la dans un linge fort, pour en exprimer tout ce qui peut passer. Posez ce résidu sur le feu pour le faire réduire à l'épaisseur d'une bouillie; ajoutez-y un peu de sel, du sucre et un jaune d'œuf.

SUCCESSION. (*Cod. dom.*) Les successions s'ouvrent par la mort naturelle ou par la mort civile. La loi règle l'ordre dans lequel les successions sont déférées, d'abord aux héritiers légitimes, à leur défaut, aux enfans naturels, ensuite à l'époux survivant, et, s'il n'y en a pas, à l'état. Les héritiers légitimes sont saisis de plein droit des biens, droits et actions du défunt, sous l'obligation d'acquitter toutes les charges de la succession. On est *incapable* d'hériter quand on n'existe pas au moment de l'ouverture de la succession; ainsi celui qui n'est pas encore conçu ou l'enfant qui n'est pas né viable est incapable de succéder; on est encore incapable quand on n'a pas alors la jouissance des droits civils. La loi déclare *indigne* de succéder: 1° celui qui serait condamné pour avoir donné ou tenté de donner la mort au défunt; 2° celui qui a porté contre le défunt une accusation capitale jugée calomnieuse; 3° l'héritier majeur qui, instruit du meurtre du défunt, ne l'aura pas dénoncé à la justice. Il y a trois sortes d'héritier réguliers, les enfans et descendans du défunt, ses ascendans et ses parens collatéraux. Les *descendans* succèdent de leur chef ou par représentation, c'est-à-dire suivant les droits qu'aurait eus le représenté s'il avait survécu à l'ouverture de la succession. Ils succèdent, à l'exclusion des ascendans et collatéraux, sans distinction de sexe ni de primogéniture, et encore qu'ils soient issus de différens mariages, par portions égales et par tête, quand ils sont tous au premier degré; par souche, lorsqu'ils viennent par représentation. Les *ascendans* autres que les frères et sœurs, ou leurs descendans en général, excluent les collatéraux. Dans certains cas, ces deux successions ont réciproquement la préférence l'une sur l'autre; quelquefois elles concourent ensemble. Dans tous les cas la succession se divise par moitié entre la ligne paternelle et la ligne maternelle. Les articles 750 et suivans du Code civil règlent tout ce qui est relatif aux *successions collatérales*. On appelle successions *irrégulières* celle des enfans naturels, celle de l'état et celle des hospices, qui sont régies par des règles spéciales. Une succession peut être acceptée purement et simplement, ou *sous bénéfice d'inventaire*, c'est-à-dire sous la condition de ne payer les dettes que jusqu'à la concurrence de l'actif de la succession établi sur un inventaire complet, fidèle et exact des biens, titres, papiers et effets de la succession, dans les délais et dans les formes prescrites. Un héritier peut aussi *renoncer* à une succession, c'est-à-dire renoncer à ses charges et à ses profits. Par cette renonciation il perd son droit de succession. Une succession est *vacante* lorsque, après l'expiration des délais pour faire inventaire et délibérer, il ne se présente personne qui la réclame, qu'il n'y a pas d'héritier connu, ou que les héritiers connus y ont renoncé. La succession est *en déshérence* lorsqu'il est constaté qu'il n'existe ni parent du défunt au degré successible, ni enfant naturel, ni conjoint survivant. Le produit d'une succession vacante ou en déshérence est versé à la caisse des dépôts et consignations pour la conservation des droits, et à la charge de rendre compte à qui il appartiendra.

SUCRE. (*Conn. us.—Ind. dom. —Off.*) On nomme ainsi les substances capables d'éprouver la *fermentation alcoolique*, lorsqu'elles sont mises en contact avec la levure.

L'espèce la plus importante du genre sucre est sans contredit celle que l'on connaît sous le nom de sucre de cannes. On la trouve dans les *arundo*, la betterave, l'ognon, le navet, etc.; c'est des deux premières plantes que l'on obtient tout le sucre qui entre dans la consommation. Le procédé que l'on suit est le même pour l'extraire du jus de la canne à sucre, *arundo saccarifera*, et de celui de la *betterave*. La fabrication du sucre de betterave en grand date de quelques années seulement; elle fut excitée en France par la cherté du sucre des colonies, et se soutient actuellement avec des bénéfices beaucoup moindres qu'alors, puisque la valeur du sucre est diminuée des trois quarts.

La fabrication du sucre de betterave est donc une industrie transitoire. Elle a été utile, et chaque jour elle cesse de l'être. Elle est même nuisible, en ce qu'on détruit des terres à blé, pour obtenir, avec beaucoup de frais, un produit que les régions intertropicales donnent en abondance et sans grands soins.

Si l'on modifiait le système colonial, le sucre pourrait tomber à dix et même à sept sous la livre, ce qui compromettrait complétement les fabriques françaises.

Le meilleur sucre, fabriqué avec les cassonades les plus blanches, se nomme *sucre raffiné*, *superfin* ou *royal*.

En exposant du sucre brut pilé à une chaleur douce, on peut en retirer de bonne cassonade.

Le sucre en pains, qu'on a laissé égoutter pendant cinq à six jours, s'appelle *sucre massé*.

La beauté du sucre raffiné et mis en pains consiste dans sa blancheur, jointe à la petitesse de son grain qui doit rendre la surface des pains unie : il doit être sec, sonore, dur et un peu transparent.

Le vrai royal de Hollande est d'une blancheur éblouissante, et tellement transparent, qu'en l'exposant à la lumière du soleil, on aperçoit l'ombre des doigts au plus épais du pain. Ce sucre de luxe est très-cher; cependant les confiseurs doivent s'en servir dans plusieurs compositions où l'extrême blancheur du sucre est indispensable.

Comme il y a dans le sirop des parties qui ont plus ou moins de dispositions à se cristalliser, on fait, avec les premières, le sucre royal et le superfin; mais on éprouverait trop de déchet si on réduisait en sirop l'autre partie, qui est toujours un peu grasse et forme un grain moins dur : on en fait donc des sucres communs en gros grains : ils ont l'avantage de sucrer plus, parce qu'il est resté plus de sirop, qui semble contribuer beaucoup à la douceur du sucre, et il est d'un plus grand débit parce qu'il est moins cher. Il est donc plus économique, pour ces deux raisons, d'acheter de ces sortes de sucres, quoique moins blancs. Le sucre qu'on vend dans les raffineries peut se réduire à trois espèces : 1° le *sucre ordinaire*, qui se couvre de papier bleu ; 2° le *superfin*, que l'on met en papier violet; 3° le *royal*, qu'on enveloppe dans un papier violet plus fin que celui du précédent.

On fait à Marseille un *sucre tapé* qui a la blancheur du royal, et réunit l'avantage de sucrer plus et d'être moins cher.

Les sucres raffinés en Angleterre ont toujours, lorsqu'ils arrivent en France, une forte odeur de goudron qui leur a été communiquée sans doute pendant le trajet, dans le bâtiment qui les a apportés. Cela paraîtra d'autant moins étonnant que le sucre, étant très-poreux, est disposé par là à recevoir facilement une odeur étrangère. On doit éviter de s'en servir, et n'employer, autant que possible, que des sucres sortis des raffineries de France. On rejettera pareillement les sucres qui ont souffert dans les magasins, ceux qui s'affaissent et tombent en cassonade, ainsi que, ceux mal raffinés qui sont trop gras, d'une couleur jaune et d'un goût désagréable; enfin l'on ne doit employer que celui qui a une couleur suffisamment blanche réunit une saveur douce et agréable.

On reconnaît qu'il est bon quand il est dur, sonnant, léger, d'un goût doux et agréable, quand il n'a aucune odeur étrangère, et qu'en fondant dans l'eau il ne la trouble pas trop. Le sucre pur se dissout en totalité dans l'eau-de-vie ou l'esprit de vin; s'il ne s'y dissolvait qu'en partie, on pourrait considérer le résidu comme une matière étrangère, ajoutée peut-être pour falsifier le sucre et augmenter son poids. Pour faire cette épreuve, on met une petite quantité de sucre dans une cuiller d'argent; on verse de l'esprit de vin par-dessus, et on fait chauffer sur des charbons ardens. Le sucre de bonne qualité se fond entièrement, sauf quelque peu de poudre blanche qui trouble la liqueur.

Degrés de cuisson du sucre :—1° *A la nappe*. On reconnaît que le sucre est cuit à la nappe en y trempant l'écumoire et la retirant de suite; si, après un tour de main, le sirop s'étend le long de l'écumoire, il est ce qu'on appelle à la *nappe*.

On emploie les écumes de sucre cuit à la nappe. Vous les laisserez monter jusqu'à trois fois, en mettant à chaque fois un peu d'eau blanche; vous les retirez, les laissez reposer un moment, après y avoir jeté un peu d'eau fraîche; il s'en détache une écume noire et épaisse que vous enlevez; vous passez la liqueur sirupeuse dans la manche : comme elle ne se trouve pas assez cuite, vous la remettez sur le feu pour la mettre à la nappe, et en composer un sirop quelconque.

2. *Petit et grand lissé*. Après avoir clarifié votre sucre de la manière ci-dessus, le remettant sur le feu, en y ajoutant un peu d'eau fraîche, vous le faites bouillir. Vous passez le doigt index sur l'écumoire chargée de sirop; vous l'appliquez sur le pouce, et, les écartant un peu l'un de l'autre, si vous y voyez un petit filet qui se rompt sur-le-champ, et laisse une goutte sur le doigt, vous aurez le *petit lissé*; si, au contraire, ce filet s'étend davantage sans se rompre, c'est alors le *grand lissé*.

3. *Petit et grand perlé*. Quand votre sucre a bouilli un degré de plus, faites la même épreuve. Si le filet acquiert de la consistance, il est au *petit perlé*; si, en ouvrant entièrement la main, le filet se soutient, c'est le *grand perlé*. L'ouvrier attentif reconnaîtra surtout cette cuite, s'il remarque des espèces de perles rondes et élevées sortir du bouillon.

4. *Soufflé ou petite plume, ou petit boulé*. Ces trois noms désignent la même cuite qui se reconnaît aux deux effets suivans : après quelques bouillons encore, vous retirez l'écumoire de la bassine, et, l'ayant un peu secouée, vous soufflez à travers les trous; s'il en sort des étincelles ou petites bouteilles, le sucre est au *soufflé* ou à la petite plume; si, ayant trempé votre doigt dans de l'eau fraîche, vous le mettez dans le sucre, et qu'en le reportant aussitôt dans l'eau, crainte de vous brûler, il vous reste au doigt du sucre d'une consistance un peu compacte, c'est le *petit boulé*.

5. *La grande plume ou grand boulé*. Cette cuisson a deux effets comme la précédente. Après quelques autres bouillons, si vous soufflez à travers l'écumoire, ou si vous la secouez d'un revers de main, et qu'il en parte de plus longues étincelles ou boules élevées, dont quelques-unes se tenant ensemble forment une pellicule légère, vous connaissez que le sucre est à la grande plume. Si, trempant votre doigt dans l'eau fraîche, vous le mettez dans le sucre, et qu'aussitôt, le reportant dans l'eau, il vous reste assez de sucre pour pouvoir l'étendre dans vos doigts, et en former une boulette, vous avez le *grand boulé*.

6. *Petit et grand cassé*. Après avoir continué le bouillon, vous portez votre doigt mouillé dans le sucre, et, le replongeant vivement dans un verre d'eau fraîche, vous froissez ensuite le sucre entre vos doigts : s'il se casse et tient sous la dent, c'est le *petit cassé*. Si, après un bouillon de plus, et, portant de même dans l'eau votre doigt garni de sucre, celui-ci fait un petit bruit en se cassant, et qu'il ne s'attache pas à la dent, vous avez le *grand cassé*.

7. *Le caramel*. Quelques bouillons après le grand cassé, et aussitôt que vous sentez une légère odeur, retirez lestement votre sucre; il est au degré appelé par quelques-uns le *caramel*. Il a alors une couleur roussâtre; quelques bouillons de plus le brûleraient, et il ne pourrait plus être d'usage. Cette dernière cuisson est particulière, et ne doit s'employer que dans la composition des amandes grillées, et lorsqu'il s'agit de donner de la couleur au sucre. (Voy. CARAMEL.)

Moyen de clarifier le sucre. On clarifie le sucre en délayant un ou deux blancs d'œufs dans un litre d'eau pour deux kilogrammes de sucre, et en faisant dissoudre le sucre dans ce mélange, à l'aide de la chaleur. Les morceaux de sucre sont remués avec soin pour empêcher qu'ils ne s'attachent à la bassine, et on enlève l'écume qui se manifeste dès le commencement du bouillon. Si le bouillon devenait un peu trop fort, et si le sucre montait en mousse, on ajouterait quelques gouttes d'eau, et on reculerait la bassine de manière à n'obtenir qu'un petit bouillon qui permît de bien écumer. Lorsque le sucre est bien écumé, il ne monte plus, et il ne reste, pour terminer sa clarification, qu'à le passer à la chausse, ou à travers une serviette mouillée.

Altération du sucre. Deux jeunes chimistes, MM. Pelouze et Malagutti, ont observé qu'une dissolution de sucre pur qui avait été chauffée pendant soixante-quinze heures à une température de quatre-vingt-quinze degrés avait été totalement décomposée, qu'il ne restait plus dans le liquide la moindre quantité de sucre, et que ce produit était remplacé par une matière particulière.

Moyen de reconnaître si deux espèces de sucre possèdent des qualités égales. Il faut peser de chaque espèce même poids, une demi-once, par exemple, pour un verre d'eau; faire fondre chaque dose séparée dans un poids d'eau bien pareille; goûter les deux verres; ajouter ensuite à chaque verre, par petites doses bien égales, une quantité régulière d'eau; agiter à chaque fois; goûter. Si leur qualité est égale, les deux verres perdront, au même moment, leur saveur sucrée.

Sucre à la vanille pour les desserts. Pilez dans un mortier deux bâtons de vanille, après les avoir coupés en petits morceaux. Mêlez-les ensuite avec un quarteron de sucre en poudre; repilez le tout jusqu'à ce que vous distinguiez à peine la vanille. Mettez ce mélange dans une espèce de flacon à deux couvercles, dont le premier soit percé comme une poivrière; si vous n'en avez pas, inventez quelque chose qui le remplace.

On met ce sucre sur la table à l'entremets et au dessert, et pour peu qu'on en secoue, soit sur une crème, un gâteau, un fromage, ou une compote, il la parfume de la manière la plus agréable. C'est une petite friandise recherchée et pourtant bien simple.

Sucre soufflé. Vous prenez des moules en fer-blanc, ayant la forme ou d'une pyramide, ou d'un vase antique, ou d'un trophée, ou d'un buste, avec les dessins et ornemens convenables; vous les graissez légèrement avec de l'huile d'amandes douces, et les disposez sur une table bien d'aplomb; puis, prenant environ deux livres de sucre clarifié, que vous faites cuire au petit cassé, vous y mettez une bonne pincée de fleur d'oranger récente épluchée ou pralinée, avec quatre gros environ de la glace ou pâte indiquée ci-dessus pour les gâteaux en champignons; vous agitez bien le mélange; le sucre monte; vous le laissez retomber, et profitez de ce moment où il est très-liquide pour le couler dans les moules. Quand ils sont presque pleins, et pour faire pénétrer le sucre dans toutes leurs cavités, afin qu'il en conserve bien la forme, vous appuyez dessus le sucre avec un rond de bois qui remplit la capacité du moule; au milieu de ce rond est un trou d'un pouce de diamètre pour donner passage à l'air : par ce moyen on empêche le sucre de souffler trop fort, et on lui fait prendre une belle forme.

Ces gâteaux peuvent être de couleur de rose, en mettant alors du carmin délayé dans la pâte ou glace; ou en jaune, en employant de la même manière du safran en poudre.

Sucre des fruits. On trouve dans presque tous les fruits une espèce de sucre différente de celle dont nous venons de parler; le raisin en contient surtout une quantité assez grande pour qu'on l'en ait extrait dans le temps de la cherté du sucre en France, avant que l'on exploitât utilement le sucre de betteraves.

Le *sucre de raisin* ne cristallise pas régulièrement, il se dépose sous forme de grains qui s'amoncellent en tubercules semblables à ceux des choux-fleurs. Sa saveur fraîche et sucrée n'est pas très-forte, et il faut deux fois autant de ce sucre que de sucre de canne pour communiquer à l'eau une égale saveur sucrée. Il se dissout dans l'eau et dans l'alcool, plus à chaud qu'à froid. Ses propriétés, du reste, sont les mêmes que celles du sucre de canne. On ne prépare pour le commerce ni sucre, ni sirop de raisin, depuis que le sucre est à bas prix. La substance sucrée que l'on obtient en traitant l'amidon par l'acide sulfurique est analogue au sucre de raisin.

Sucre de lait. Cette substance ne s'est trouvée jusqu'à présent que dans le lait, d'où on l'obtient; on en prépare une grande quantité en Suisse : pour cela on évapore jusqu'à un certain point le petit lait qui reste en abondance après la préparation du fromage de Gruyère; par le refroidissement, une sorte de croûte cristalline, formée de sucre de lait impur, se dépose : il suffit de la faire redissoudre et cristalliser plusieurs fois pour l'obtenir en cristaux blancs, vendables dans le commerce, mais qui retiennent toujours une petite quantité de matière animale.

On emploie le sucre de lait pour falsifier la cassonade. Cette fraude est facile à reconnaître à l'aide d'une solution saturée de sucre de lait lui-même, qui ne peut plus dissoudre d'autre sucre, tandis qu'elle dissout facilement tout le sucre de canne.

SUEUR. (*Hyg.*) La sueur est une transpiration forcée et sensible : ses causes sont la faiblesse du tempérament et des fibres, le fréquent usage des liqueurs spiritueuses et du café, les violens exercices et les veilles répétées, la chaleur de l'air et les grandes affections de l'âme. La sueur affaiblit et épuise; pour la faire cesser, il faut éviter tout ce qui a pu l'occasionner, et prendre des boissons rafraîchissantes.

Quand on a fait de l'exercice et qu'on sue, il ne faut pas se reposer trop subitement; au contraire, il est nécessaire de marcher doucement pendant un certain temps, afin de ralentir peu à peu le mouvement du sang et des solides; c'est le moyen de se garantir des fluxions, pleurésies, etc., et d'éprouver beaucoup moins de fatigue.

Il est bon aussi, quand on a fait beaucoup d'exercice, de changer de linge, et de se faire frotter avec de la flanelle. Quand on n'a pas la commodité de changer de linge, on doit boire un verre de vin pur, qui ne soit ni à la glace, ni trop frais.

La sueur des aisselles salit le linge et exhale une mauvaise odeur. Il ne faut pas l'arrêter, car c'est par elle qu'on est délivré de beaucoup d'humeurs nuisibles; la seule propreté doit contribuer à vous en délivrer; vous vous laverez chaque matin le dessous des bras avec de l'eau tiède, vous les essuierez bien avec un linge chaud en hiver : le contact du linge blanc, sans être froid, suffit quelquefois pour l'arrêter; des bains sont aussi très-bons pour la sueur immodérée des aisselles.

SUIF. (*Conn. us.—Ind. dom.*) Le suif des chandelles (Voy. ce mot) se compose de parties égales de graisse de bœuf, de mouton ou de chèvre. Pour les chandelles coulées, on prend plus de graisse de bœuf; et pour les chandelles moulées, plus de graisse de mouton ou de chèvre. La graisse des rognons est la meilleure; mais la vieille graisse fétide ne donne jamais de bonnes chandelles. On prend donc vingt-quatre livres de suif, par exemple, coupé en petits morceaux, et on les met dans une cuve d'eau bouillante; à mesure que l'eau s'évapore, on la remplace par d'autre; on passe toute la masse par un linge, après quoi on fait bouillir le suif pendant une demi-heure dans deux pintes d'eau de fontaine dans laquelle on a fait dissoudre une once et demie d'alun, deux onces de potasse, et huit onces de sel commun.

Voici une bonne manière de préparer le suif. On en prend huit livres, par exemple; on le coupe en morceaux, on le met dans un chaudron, et on le fait fondre sur un feu de charbon, après y avoir ajouté un quart de son poids d'eau; on doit prendre garde qu'il ne noircisse. Lorsqu'il est fondu, on le presse à travers un linge; après quoi on y ajoute la même quantité d'eau, demi-once de salpêtre, demi-once de sel ammoniac, et une once d'alun calciné. On fait bouillir ce mélange jusqu'à ce qu'il ne se forme plus de bulles, et que la surface demeure unie, ou qu'on aperçoive au milieu une place transparente de la largeur d'un écu. On le laisse alors refroidir, on le décante pour le débarrasser de la crasse qui s'est précipitée, et on le fait fondre de nouveau.

Il faut employer des mèches moitié coton, moitié fil, qu'on trempe dans un mélange de suif et de camphre, avant de les mettre dans les formes. Les chandelles ainsi faites ne coulent pas, et ont en outre l'avantage de durer le double des autres.

La cire et le suif mélangés forment de bonnes chandelles. Avant de les faire, on trempe les mèches de fil de lin et coton dans de l'eau-de-vie où l'on a fait dissoudre un peu de camphre.

Avant de couler les chandelles, on mêle un peu d'eau bouillante au suif, mais en très-petite quantité, pour que les mèches ne s'en imbibent pas.

Pour entretenir les selles, harnais, chaussures, etc., le suif naturel ou fondu dans un dixième d'huile d'olive sera toujours le moyen le plus assuré et le moins coûteux pour obtenir la souplesse et la durée que l'on attend de tous les graissages usuels.

SUMAC DE VIRGINIE. (*Jard.*) *Rhus syphinum*. Arbuste. Feuillage qui prend une teinte rouge en automne. Rejetons.

Sumac des corroyeurs. (Voy. FUSTET.)

Sumac glabres de Caroline. Fleurs jaunâtres en juillet. Même culture.

Sumac senicodendron de l'Amérique du nord ; sarmenteux, grimpant ; très-sec et vénéneux ; marcottes.

Sumac copallinum. Bonne exposition. Rejetons.

Les sumacs varient par la couleur de leurs feuilles les tons des massifs.

SURDITÉ. (*Méd. dom.*) On appelle ainsi une maladie qui attaque l'organe auditif, et qui affecte une ou les deux oreilles ; l'enfance et la vieillesse y sont plus sujettes que l'âge mûr. Le premier symptôme qui l'annonce dans son commencement est la difficulté de suivre une conversation vive et animée, ou d'entendre, avec la même netteté, le chant et l'accompagnement d'un morceau musical. Ce premier degré de surdité est souvent accompagné de bourdonnement ou de céphalalgie. La tête a moins de liberté, est moins disposée à l'étude des sciences abstraites, et la mémoire s'affaiblit.

La surdité commence souvent insensiblement, et quelquefois elle envahit tout à coup le sens de l'ouïe ; elle fait ensuite des progrès qui varient beaucoup. Tantôt elle augmente peu à peu jusqu'à l'abolition complète de l'organe attaqué ; tantôt, après être restée longtemps stationnaire, elle empire subitement ; tantôt, après avoir augmenté sans relâche pendant plusieurs années, elle laisse, pendant un temps considérable, un reste d'audition ; malheureusement ce cas est rare. Le plus souvent, la surdité augmente dans la vieillesse ; elle s'accroît à l'époque de la cessation totale du flux menstruel. Elle est momentanément plus intense au retour de chaque évacuation périodique, après des inquiétudes d'esprit, à la suite de repas copieux, de courses rapides, et dans les temps humides et froids. Elle diminue, et quelquefois cesse complétement, dans des circonstances opposées.

Les causes prédisposantes de la surdité les moins douteuses sont une disposition héréditaire, les transpirations abondantes de la tête, qui diminuent ordinairement quand l'âge décline ; les professions qui augmentent l'afflux du sang vers la tête, par le brusque refroidissement du corps, par la gêne de la respiration, comme la natation et l'art du plongeur ; et celles où l'oreille se trouve souvent frappée de fortes détonations, ou fatiguée par des bruits violens et continuels.

Les causes par lesquelles cette maladie peut être déterminée sont : 1° les phlegmasies des membranes qui revêtent l'intérieur des cavités de l'organe, soit que ces phlegmasies s'y développent primitivement, soit qu'elles s'y propagent à la faveur de la continuité des tissus, ou par sympathie, comme dans les coryzas et les angines ; 2° les maladies aiguës, et surtout les exanthèmes ; les maladies fébriles, nerveuses et adynamiques ; l'hydrocéphale aiguë, l'apoplexie ; les coups à la tête, l'explosion de la foudre et de l'artillerie, un accouchement laborieux, une salivation excessive, les scrophules et la syphilis.

On prescrit avec succès à un individu atteint de bourdonnemens, précurseurs d'une surdité commençante : 1° l'emploi de la fumée de tabac insufflée dans les oreilles ; cette fumée aspirée par la bouche afin de la refouler vers les trompes d'Eustache ; le trèfle d'eau employé de cette manière ; 2° une quantité suffisante de rue fraîche, mise écrasée dans le conduit auditif, et souvent mâchée par une autre personne qui souffle avec force dans le conduit externe des oreilles ; 5° un petit morceau de camphre enveloppé dans une quantité suffisante de coton et qu'on place dans le même conduit après l'avoir arrosé de quelques gouttes d'huile d'amandes amères.

Le docteur Dubois indique, comme remède à la surdité, des frictions fréquentes sur les reins.

La surdité de naissance n'a pas encore eu de guérison. Mais on a créé la dactylologie, langage des doigts au moyen duquel les sourds-muets peuvent converser entre eux et avec tous.

SUREAU. (*Jard.* — *Conn. us.* — *Ind. dom.*) Famille des chèvrefeuilles. Arbrisseau dont il y a plusieurs espèces ; ils sont très-grands et très-jolis, surtout dans le mois de juin, quand ils sont chargés de fleurs. Ces fleurs sont blanches et rassemblées en ombelles. Chaque fleur est en rosette : il leur succède des baies sphériques qui sont noires dans certaines espèces, et blanches, rouges ou vertes dans d'autres ; les feuilles sont composées de grandes folioles pointues, découpées et dentelées sur les bords, opposées deux à deux sur les branches.

Sureau noir. (*Sambucus nigra.*) Fait bon effet dans le remplissage des massifs. Fleurs en mai ; blanches, en corymbes nombreux. Il se sème de lui-même, et il suffit de relever les plans épars. Terre fraîche ; il se plaît sur le bord des eaux.

Variétés à feuilles panachées, à feuilles laciniées, très-jolies, qui donnent des rejetons. On peut aussi les marcotter.

Sureau de Canada. (*Canadensis.*) Arbrisseau. Feuilles découpées et jolies. Fleurs en juillet, en cimes plus grandes que dans le premier ; rejetons nombreux.

Sureau à grappes. Racemosa. Arbrisseau indigène. Fleurs en mai, en grappes ; fruits rouges d'un joli effet ; rejetons, marcottes et semis.

Parti qu'on peut tirer du sureau. La facilité avec laquelle on peut cultiver le sureau, qui se multiplie promptement par graine, boutures, marcottes, même dans un mauvais terrain, doit porter les cultivateurs à employer ce petit arbre pour en clore les terres, faire des haies impénétrables, en greffant les jeunes branches par approche partout où elles peuvent naître, et tirer tout le parti possible du produit de cet arbre. Ces produits sont : 1° les fleurs qui sont employées dans l'usage médical, et qui, mises en petite quantité dans le vin, lui donnent un goût analogue à celui du vin muscat; 2° les fruits ou baies qui, prises à un état convenable de maturité, peuvent fournir : 1° une matière colorante qui a été employée pour teindre en brun verdâtre le lin qui a subi un bain d'alun; 2° un suc qui, mêlé à du sucre et cuit convenablement, fournit des confitures qui sont très-agréables, surtout si on les aromatise avec une petite quantité de fleur de sureau; 5° un suc qui, mis en contact avec une substance fermentescible, une petite quantité de levure de bière, fournit une boisson fer mentée, une espèce de vin duquel on peut retirer par distillation une eau-de-vie qui n'a pas de goût désagréable quand elle a été préparée avec soin; 4° un bois qui, selon son âge, peut être employé pour faire des sarbacanes, des scions de lignes; ce bois plus avancé en âge peut être employé par les tabletiers, etc. La récolte des fruits pour fabriquer l'eau-de-vie peut être assez productive; nous avons vu la récolte d'une année, faite sur la haie d'un jardin, produire au propriétaire quarante litres d'eau-de-vie. Cette haie pouvait avoir cent pieds de longueur. (Voy. HIÈBLE, POMMES.)

On fait un vinaigre aromatique avec les fleurs vertes de sureau; on l'appelle *vinaigre surard;* il est très-agréable pour l'usage de la table. (Voy. VINAIGRE.)

SWERTIA VIVACE. (*Jard.*) *Swertia perennis.* Famille des gentianes. Indigène. Fleurs en juin; bleues et en bouquets. Culture en marc d'étang tenu humide. Exposition ombragée. Séparation des pieds en septembre.

SYMPHORINE A PETITES FLEURS. (*Jard.*) *Symphoricarpos parviflora.* Famille des chèvrefeuilles. Arbuste de l'Amérique septentrionale. Arbuste rampant, dont les branches s'enracinent en touchant la terre. Fleurs petites en octobre.

Symphorine à fruit blanc. (*Leucocarpa.*) Du même lieu, et dont les fruits font un joli effet. Tout terrain, toute exposition.

SYNAPISMES. (*Méd. dom.*) Les synapismes sont employés pour rappeler, dans une partie faible, comme dans les cas d'atrophie et de paralysie, le sang et les esprits vitaux. Ils sont encore d'usage dans les douleurs profondes, comme dans la sciatique, etc. Lorsque la goutte est remontée dans la tête ou dans l'estomac, on applique des synapismes à la plante des pieds, pour la rappeler dans ces parties : on les emploie de la même manière dans les fièvres lentes. On ne laisse point les synapismes sur les parties sur lesquelles on les a appliqués, jusqu'à ce qu'ils aient occasionné des vessies, mais seulement jusqu'à ce que ces parties soient rouges, et que cette rougeur ne s'efface point par la pression des doigts.

SYRINGA ODORANT. (*Jard.*) *Philadelphus coronarius.* Famille des myrtes. Arbuste indigène. Fleurs en mai; grandes, blanches et odorantes. Charmant arbuste, propre à garnir l'entre-deux des grands arbres; rejetons abondans.

Syringa inodore. (*Inodorus.*) Arbrisseau de Caroline, plus élevé que le précédent; fleurs grandes, inodores.

T.

TABAC. (*Agr.-Ind. dom.*) *Nicotiana tabacum.* Les usages de cette plante sont connus. Il y en a plusieurs espèces : le *nicotiana tabacum*, le *nicotiana angustifolia*, ou tabac de Virginie, et autres qui ne viennent que dans le midi.

Sol qui convient au tabac. Autant que possible, le terrain doit être exposé au midi et avoir du fond. Il y en a cinq espèces dans lesquelles le tabac vient fort bien : la première est la terre noirâtre, grasse, contenant des résidus de végétaux. Cette espèce se trouve ordinairement dans les vallées, dans les bas-fonds, dans l'emplacement d'étangs ou de marais desséchés, ou dans les vieilles prairies défrichées. La seconde espèce est la terre franche, grasse, un peu limoneuse; la troisième est celle douce mélangée de sable; la quatrième, celle franche, mélangée de mica ou de pierres schisteuses; et la cinquième espèce est celle sableuse, mélangée d'un quart environ de terre franche ou de résidus de végetaux. Les terres argileuses ou trop humides ne conviennent pas.

Les deux premières espèces de terre produisent ordinairement un tabac très-gros, d'une grande dimension, qui prend une couleur très-foncée après avoir fermenté pendant un mois et demi. Ce tabac est excellent pour faire la poudre à priser.

Les deux espèces qui suivent donnent aussi un tabac gras, dont la feuille est grande et moins épaisse que celle du premier. Ce tabac, après une fermentation d'un mois et demi, prend une couleur moins foncée que celui qui précède, et a une odeur plus agréable. On l'emploie assez ordinairement pour faire la carotte et le rôle à mâcher.

Enfin, la dernière espèce produit du tabac plus léger, qui conserve, après la fermentation, la couleur de feuilles mortes, et qui s'emploie à la fabrication du scaferlaty et des cigares.

Engrais pour le tabac. La fiente de moutons et de pigeons, à raison de soixante-dix tombereaux par hectare, ou matières fécales à raison de soixante tombereaux; le fumier de vache frais pour les terres légères, à raison de soixante-dix tombereaux; celui de cheval pour les terres fortes; et, pour le tabac destiné à être prisé, les tiges de tabac putréfiées en tas.

De la préparation de la terre. On commence à préparer

la terre vers le mois de février; du 1er au 20, on transporte le fumier qu'on répand sur le champ. Après, on fait labourer pour la première fois, et on continue à le faire à des intervalles égaux jusqu'à trois et quatre fois, selon que la terre est plus ou moins facile à rendre meuble. Le dernier labour se donne la veille de la plantation, et, s'il est possible, le matin même du jour où elle doit avoir lieu, afin de mettre les plantes dans un terrain frais, bien meuble, et de détruire ou de déranger les vers ou autres insectes, lesquels, ayant été nouvellement retournés avec la terre, ne peuvent faire de mal aux jeunes plantes, leur laissent le temps de se former de nouvelles racines, et d'acquérir assez de force pour ne plus les craindre. Le dernier tour de charrue doit être suivi d'un hersage.

On ne saurait trop recommander d'ameublir le terrain destiné à la culture du tabac.

On sème dans un terrain uni, meuble, au midi. La graine se mêle avec neuf dixièmes de sable fin; on la recouvre de bon terreau. On sème aussi sur couches.

A partir du jour où les couches sont ensemencées, on les arrose tous les deux jours, après le coucher du soleil, avec de l'eau de mare ou de rivière; si on est obligé de se servir de celle de puits, on doit la laisser vingt-quatre heures exposée au soleil, ou y mettre un dixième d'eau de fumier, avant d'en faire usage. Neuf jours après qu'on a ensemencé, les plantes commencent à lever, et dès-lors on ne les arrose plus que lorsque la terre est sèche, sans quoi ces plantes pousseraient trop vite et n'auraient pas le temps de prendre assez de force et de racines pour bien supporter la transplantation.

On ne doit pas se servir d'arrosoirs dont les trous seraient trop grands, attendu que le poids de l'eau coucherait la plante, la déracinerait ou enlèverait une partie de la terre nécessaire à son aliment.

La graine une fois levée, il faut avoir soin d'éclaircir les plantes trop rapprochées, d'ôter les mauvaises herbes, et de détruire les limas et autres insectes nuisibles.

De la plantation. Les plantations se font du 15 mai au 15 juin; le cultivateur doit avoir soin, autant que faire se pourra, de choisir, pour les opérer, un temps calme qui aura succédé à la pluie. On ne doit pas les faire pendant que la pluie tombe avec force, ou lorsqu'on craint des averses, parce que la plante serait exposée à être déracinée ou enfouie sous le limon que les eaux entraînent, selon que le terrain se trouverait situé. Il faut aussi éviter de les faire par un temps sec, attendu que les plantes languissent trop et restent toujours petites.

Un cultivateur soigneux pourrait avoir des tuiles un peu convexes, percées de deux ou trois trous, qui serviraient à abriter la plante pendant les trois ou quatre premiers jours de la transplantation.

A moins que le temps ne soit couvert, on ne doit jamais commencer les plantations avant trois heures après midi.

On ne doit pas planter passé le 15 juin; après cette époque le tabac vient quelquefois beau, mais il n'est jamais pesant ni bon; les feuilles n'ont pas de consistance ni d'onctuosité, et souvent elles restent vertes même après la fermentation.

Il faut se garder de mettre en terre des plantes qui ne seraient pas assez vivaces, qui auraient plus ou moins de cinq à six feuilles, ou qui seraient trop effilées, parce qu'elles ne viennent jamais très-bien.

La distance qu'il convient de mettre entre chaque pied est de soixante à soixante-cinq centimètres; si le terrain est riche, on peut laisser jusqu'à quatre-vingts centimètres. Il ne faut pas non plus que la distance soit trop grande, attendu que les vents et les sécheresses auraient trop de prise sur la plante.

Si le terrain dans lequel on plante est sablonneux, léger et peu riche, la distance peut être réduite à cinquante ou cinquante-cinq centimètres, attendu que les plantes, venant moins fortes dans ces sortes de terres, n'ont pas besoin d'être trop espacées; autrement les vents violens les coucheraient, et les sécheresses auraient trop d'action sur elles.

Des soins à donner pendant la croissance des pieds, et de la récolte des feuilles. Trois semaines après les plantations, on fait buter chaque pied pour lui donner plus de fraîcheur et de nourriture, pour ameublir la terre et détruire les mauvaises herbes. Cette opération terminée, on attend quinze à dix-huit jours pour faire celle des écimages; elle demande le plus grand soin. On coupe, avec l'ongle de l'index et celui du pouce, la tête de la plante, de manière à ne lui laisser que dix à onze feuilles, non compris les trois premières feuilles, dites de pied; et, comme les plantes ne croissent pas toutes également, on ne fait l'écimage qu'à celles qui peuvent le subir sans qu'on ait à craindre d'endommager les trois dernières feuilles, qu'on appelle feuilles de haut; quelques jours plus tard on écime les autres. Une fois cette opération terminée, il faut avoir la plus grande attention de casser tous les rejetons qui poussent entre la feuille et la tige; sans cette précaution, le tabac perd un tiers de son poids et de sa qualité.

L'écimage et la destruction des rejetons sont ordinairement confiés à des enfans.

Du 1er au 10 septembre, et plutôt dans les pays méridionaux, on fait cueillir les feuilles dites de pied, lesquelles en restant plus longtemps finiraient par pourrir et gâter celles dites de milieu. Cette récolte terminée, on s'occupe de celle des autres feuilles, qui se prolonge quelquefois jusqu'au 1er octobre, suivant que le tabac est plus ou moins avancé en maturité. On reconnaît cette dernière quand la couleur verte de la feuille commence à prendre une légère teinte de jaune.

Les feuilles une fois cueillies, on arrache les pieds, et on les met en tas. Si on les laissait en place sans les arracher, ils produiraient des feuilles dites de regain, qui ne sont d'aucune valeur, et qui épuisent la terre au point d'obliger le cultivateur à mettre l'année suivante de vingt cinq à trente charretées de fumier de plus par hectare, pour réparer l'épuisement du terrain,

De la dessiccation des feuilles, de la fermentation et de la mise en tas. Au fur et mesure que les feuilles sont cueillies, on les place sur un léger lit de paille, en tas de soixante à soixante-dix centimètres de hauteur; si ces tas étaient plus forts, le tabac s'échaufferait; le troisième ou le quatrième jour, ces feuilles ont pris assez de souplesse pour qu'on n'ait pas à craindre de les casser en les touchant; c'est alors que des enfans de huit à quinze ans s'occupent, avec un couteau dont le manche et la lame sont très-courts, à fendre par le milieu la côte de chaque feuille, dans une étendue de cinq à six centimètres, en commençant de deux à trois centimètres au-dessous de l'endroit appelé caboche. Cette opération peut durer cinq jours pour toutes les feuilles récoltées sur un hectare, en employant onze à douze enfans par jour. A mesure que les feuilles sont fendues, d'autres enfans les font entrer sur des baguettes, sur lesquelles elles sont ensuite exposées au séchoir. Vers le 10 octobre, la côte, et par conséquent la feuille, sont assez sèches pour permettre de commencer à manoquer les feuilles dites de pied, dont la récolte se fait plus tôt; et, le 30 du même mois, on peut commencer à mettre en manoques celles du milieu, qu'il ne faut pas confondre avec celles du haut, ces dernières n'étant quelquefois bonnes à manoquer que dix jours plus tard.

Chaque manoque doit peser environ un kilogramme et demi pour la première qualité, un kilogramme pour la seconde, et un demi-kilogramme pour la dernière. Quand toutes les manoques sont faites, on en forme des tas de cent à cent cinquante centimètres de hauteur, et on les laisse dans cet état jusqu'au 15 décembre. Passé cette époque, on augmente les tas du double en hauteur, en ayant soin de mettre dessous les manoques qui se trouvaient d'abord en dessus. C'est alors qu'il s'établit une fermentation qui décide de la qualité du tabac. A la fin de février ou au commencement de mars, on change ces tas de place, en ayant toujours soin de mettre en dessous les manoques qui se trouvaient en dessus.

Il convient de faire les manoques de grand matin ou par un temps humide, sans quoi une partie de la pointe des feuilles se briserait, et les liens, qui sont faits au moyen de deux à trois feuilles mises ensembles manqueraient de souplesse et de force. On ne manoque jamais le tabac avant de s'être bien assuré que les feuilles ne sont plus vertes, et que la côte ne rend plus de jus; pour en être certain, on presse cette dernière avec l'index et le pouce dans l'endroit le plus épais. Le tabac qui ne serait pas dans un bon état de siccité pourrirait pendant la fermentation, ou perdrait au moins beaucoup de sa qualité.

Il est bon de faire remarquer qu'un calcul mal entendu décide quelquefois des cultivateurs à laisser à la naissance de la côte de la feuille des parties de la tige appelées caboches, afin de donner plus de poids aux produits de la récolte. Ce calcul a deux grands inconvéniens: l'un de retarder la dessiccation de la côte, et l'autre d'altérer la qualité du tabac.

Il faut faire attention, lorsque le tabac est en tas et que la partie de la côte placée extérieurement moisit, de remédier à ce mal dès sa naissance au moyen d'une brosse très-rude avec laquelle on fait disparaître la moisissure. Sans cette précaution, la côte se pourrit et pourrit à son tour la partie de la feuille qui la touche.

La manière indiquée ci-dessus pour faire sécher le tabac est la meilleure, non-seulement pour accélérer sa dessiccation, mais encore pour bonifier sa qualité.

Les baguettes dont on doit se servir ont de deux cents à deux cent cinquante centimètres de longueur, et sont un peu plus grosses que le pouce: il en faut à peu près trois mille huit cents pour sécher les feuilles d'un hectare.

Des séchoirs. Le manque presque général de séchoirs s'oppose beaucoup à la bonification de la qualité du tabac. Un grand nombre de cultivateurs se servent d'étables qui ne sont pas aérées, ce qui fait contracter un mauvais goût à la feuille, et la fait souvent moisir; d'autres cultivateurs sèchent le tabac dans leur propre habitation, ou dans des greniers qui sont la plupart du temps remplis de fumée, qui donne à la feuille une odeur désagréable qu'elle conserve toujours; d'autres enfin, ne voulant pas établir de séchoir, se servent de leurs granges, où ils sont obligés de serrer leurs baguettes ou guirlandes tellement près les unes des autres, que le défaut de circulation de l'air fait moisir la feuille, lui fait prendre une vilaine couleur, un mauvais goût, et s'oppose à son entière dessiccation.

Des porte-graines. Les porte-graines se choisissent parmi les pieds de tabac qui annoncent une belle végétation. Quand une fois on est fixé sur ceux qui doivent être conservés, on leur donne des soins particuliers qui consistent à ajouter un peu de fumier autour du pied avant de le buter, et à l'arroser dans les grandes sécheresses. On ne laisse porter de la graine qu'à la tige principale, et on a soin de détruire tous les rejetons qui pousseraient entre cette tige et les feuilles.

Vers la fin de septembre, on fait cueillir les feuilles des porte-graines, lesquelles ne sont jamais d'une bonne qualité, et à la fin d'octobre on arrache ces porte-graines, et on les pend dans un lieu sec où ils restent jusqu'au moment des semailles, sans que la capsule laisse aller son fruit; cette capsule annonce sa maturité quand elle commence à prendre la couleur de feuilles mortes; c'est alors qu'on arrache les pieds.

On ne doit jamais se servir que de la graine de la dernière récolte; la graine plus ancienne ne lève pas aussi bien.

Des ennemis du tabac. Le tabac n'a d'autres ennemis, lorsqu'il est dans la couche, que les vers, les limas et les pucerons. Il est facile de les détruire au moyen de chaux éteinte qu'on étend sur la couche avant que la graine ne lève, ou de sel marin qu'on met dans l'eau dont on se sert pour arroser; mais, autant que faire se pourra, il ne faudra employer ces moyens que lorsque la nécessité le commandera, parce qu'ils sont quelquefois nuisibles au développement de la plante. Il faut aussi surveiller les taupes qui s'introduisent dans la couche lorsqu'elle est mal faite.

Quand le tabac est planté, il a d'autres ennemis en pleine terre: ce sont les limas, les vers et les taupes. Pour les premiers, on les évite dans le moment où ils font le plus de mal, en formant un cercle autour de la plante avec de la cendre de charbon de terre, ou bien on les détruit à l'aide de lanternes avec lesquelles on passe dans le champ de neuf à dix heures du soir, surtout après la pluie, parce qu'on est certain de les trouver tous, soit sur la plante, soit aux environs; pour les seconds, je ne connais d'autre moyen que de garder des plantes pour remplacer celles qu'ils couperaient, ou, comme on l'a dit à l'article des plantations, d'avoir soin de ne donner le dernier labour qu'au fur et à mesure qu'on met les jeunes plantes en terre, parce qu'elles ont le temps de prendre de la force avant que les vers aient pu les atteindre, et une fois bien prises il est rare qu'ils les attaquent. Quant aux taupes, il faut tendre des piéges dans leur passage habituel, ou les faire surveiller, soit le matin au soleil levant, soit de midi à une heure, soit le soir au soleil couchant, ou lorsque le temps est à l'orage; c'est ordinairement pendant ces intervalles qu'elles font leurs taupières, et on profite du moment où elles travaillent pour aller doucement à elles, armé d'une bêche, au moyen de laquelle on les jette hors de terre en l'enfonçant vivement sous la taupière. Il faut avoir soin de se présenter sous le vent, sans quoi la taupe vous entend venir et cesse de travailler.

Le tabac a encore d'autres ennemis, tels que la grêle, les trop grands vents et les gelées. On les garantit des deux premiers au moyen de haies formées avec des haricots à ramer. Ces haies, quand les pièces de terre sont trop étendues et ne sont pas abritées naturellement, doivent être établies à une distance de dix mètres les unes des autres. On plante les haricots assez à temps pour qu'ils commencent à garnir les rames vingt à vingt-cinq jours après que le tabac est transplanté. Ces haies demandent peu de frais, et ont l'avantage d'arrêter l'impétuosité des vents, et d'amortir la chute de la grêle, qui est chassée par eux. Quant aux gelées, on ne peut s'en garantir que par l'habitude qu'ont les cultivateurs de juger d'avance quand elles doivent se faire sentir; alors, vers minuit (à l'époque où les tabacs sont plantés, il ne gèle guère que quelques heures avant le lever du soleil); on dispose, du côté d'où vient le vent, de quinze mètres en quinze mètres, des tas, soit de paille, soit de genêts, de landes, d'ajoncs ou de mauvais fagots, auxquels on met le feu lorsqu'on s'aperçoit que le frimas commence à monter. L'effet de la chaleur et de la fumée, qui ne s'élèvent pas et planent à peu de distance du sol, empêche la gelée d'atteindre les feuilles, et souvent cette simple précaution, qui se répète rarement deux fois dans l'année, sauve toute une récolte.

Le tabac est aussi sujet à une maladie, appelée chancre, laquelle vient du peu de soin donné aux plantes lorsqu'elles sont sur couches. On l'évitera en suivant exactement ce qui a été dit plus haut à l'article *des semis*. Il l'est également à une autre maladie, appelée la rouille, qui est due à de petits globules de rosée, formés sur les feuilles au moment du soleil levant; et, comme ces globules, quand les rayons du soleil sont trop chauds, produisent l'effet d'un verre d'optique, les parties de la feuille sur lesquelles ils reposent se trouvent brûlées. On ne peut obvier à cet inconvénient qu'en secouant les pieds de tabac avec précaution, pour faire tomber la rosée, quand on s'aperçoit que le soleil levant menace d'être trop chaud.

TABLE. (*Conn. us.—Cod. dom. —Mor. dom.*) *Honneurs de la table; manière de s'y conduire.* En tout il est des règles et une conduite à observer pour donner du relief aux choses. Les plaisirs de la table n'en étant pas moins exempts que toutes les autres actions humaines, un repas, pour être bien servi et bien conduit, demande de la part de ceux qui le donnent une connaissance approfondie de certains usages, qui sont les accessoires précieux qui donnent du prix à ce que l'on imaginerait n'en être point susceptible.

Nous dirons d'abord que le nombre des convives d'un repas ne doit pas passer celui de neuf à dix, si l'on veut éviter le désordre et la confusion, qui sont presque inséparables d'une grande réunion.

Selon l'opinion des gastronomes les plus exercés, un dîner bien servi doit être une pièce en trois actes, où la gradation des saveurs doit être ménagée avec sagacité, et où les mets doivent être variés pour s'assortir à tous les goûts. Le premier service doit être doux et légèrement épicé; le second, plus délicat et plus assaisonné, et le troisième, friand; c'est le dessert. Dans ce troisième acte, où l'appétit est satisfait, et dans lequel on ne mange et on ne boit que par sensualité ou gourmandise, on ne doit servir que des alimens très-agréables et des vins fins. Ces principes reconnus, voici les règles auxquelles un maître ou une maîtresse de maison ne doit jamais déroger.

Dans un dîner un peu splendide, chaque couvert a son étiquette, c'est-à-dire, le nom de celui qu'on veut y placer, pour obvier à l'embarras du placement des convives.

Le maître de la maison, placé au centre de la table, debout quand la réunion est nombreuse, et assis quand le nombre des convives est borné, doit distribuer les potages ou les soupes dans des assiettes creuses, placées en piles auprès de lui, commençant par son voisin à droite, ensuite à gauche, ainsi jusqu'à la fin.

Son attention doit se porter continuellement, et sans affectation, sur chaque convive, auquel il s'empresse d'offrir quelque mets aussitôt qu'il le voit dans l'inaction et son assiette dégarnie. Il serait inconvenant que le convive fût obligé de demander qu'on lui servît un mets quelconque : il faut qu'il soit prévenu dans ses désirs.

C'est le maître de la maison qui sert le coup du milieu, lorsqu'il a lieu; les vins d'entremets que l'on sert avec le rôti, et les vins de dessert. Il pourvoit pareillement à la dissection des viandes, soit par lui-même, soit par un de ses amis, soit par un des convives qui a fait ses preuves en cet art; c'est lui qui doit amener la conversation sur le ton qui convient le mieux à la société qu'il a réunie, en éloignant tout sujet de politique qui pourrait exciter des divisions parmi les convives, et troubler l'harmonie du repas.

Il fait changer d'assiettes à chaque mets, et quelquefois même de verres et de couteaux.

Quant au dessert, c'est la maîtresse de la maison qui en fait les honneurs; elle peut même, au besoin, servir quelques entremets.

Nous ferons observer ici que les compotes, les confitures, les cerneaux et les fromages à la crème doivent être servis avec la cuiller. Les fruits sont offerts en les prenant par la queue, et l'on fait circuler les pâtisseries sur les assiettes où elles se trouvent.

Le café se prend ordinairement à table; mais si c'est au salon qu'il doit se prendre, c'est le maître de la maison qui donne le signal aux convives pour y passer : c'est lui, ou toute autre personne qu'il aura désignée, qui doit remplir les tasses de café et les verres de liqueur, en laissant néanmoins à chacun de la société le soin de se servir de ces derniers à sa volonté.

Si un maître ou une maîtresse de maison a des devoirs à remplir à l'égard des convives, les convives, à leur tour, ont des convenances à observer : ils doivent savoir qu'on laisse sur ses genoux sa serviette pliée en trois, et qu'il serait malséanl de la déployer pour l'attacher à son cou; que l'on mange sa soupe sans employer sa fourchette, et qu'il faut laisser ensuite sa cuiller sur son assiette ; qu'il est d'usage de boire un verre de vin pur après la soupe, ce qui s'appelait autrefois le *coup du médecin ;* et que c'est le seul instant où l'on puisse s'exempter d'y mettre de l'eau, jusqu'à ce que l'on serve des vins d'entremets; que l'on doit se servir soi-même à boire, excepté des vins d'entremets et de dessert, qui sont administrés ordinairement par le maître ou la maîtresse de la maison; que les mains doivent toujours être sur la table; que, lorsqu'on mange des œufs, il faut avoir soin d'en briser les coquilles; qu'il faut rompre son pain et non le couper; que la conversation doit se soutenir sur le même ton qui convient à la société, et que, si, néanmoins elle devient particulière, il faut éviter de chuchoter, ou de parler trop bas à l'oreille de son voisin, et qu'enfin il faut prendre son café dans sa tasse, quelque chaud qu'il puisse être : le verser dans la soucoupe serait contre l'usage.

Il y a encore beaucoup de convenances à observer à table, que le temps seul et l'usage peuvent apprendre.

TABLEAUX. (*Ind. dom.*) *Méthode pour nettoyer les tableaux, verres*, etc. Pour nettoyer les vieux tableaux peints à l'huile, lavez-les avec une éponge imprégnée de bière chaude; laissez-les sécher, puis lavez-les une seconde fois avec la liqueur de gomme adragant, dissoute dans de l'eau claire. Surtout ne faites jamais usage de blancs d'œufs; ce moyen est très-mauvais, car il laisse un vernis épais sur les tableaux; il ne peut être bon que pour les ouvrages détestables, par la raison qu'il a la propriété de cacher les défauts de coloris par son épaisseur.

Autre manière. On lave à l'eau le tableau sali; lorsque le premier lavage est terminé, on lave ensuite la toile, en se servant d'une éponge qu'on a trempée dans une solution de soude ou de chlorure de chaux; on répète le lavage à plusieurs reprises et jusqu'à ce que la teinte noire ait disparu; on lave ensuite à grande eau, et on laisse sécher.

Si on opère sur un grand tableau et qu'on ne puisse atteindre dans toutes ses parties, on peut agir de la manière suivante : après avoir lavé le tableau pour le décrasser, on trempe un drap dans une solution de chlorure de soude ou de chaux; on recouvre le tableau avec ce drap; on laisse en contact pendant plus ou moins de temps, depuis deux jusqu'à douze heures. Si la couche de sulfure de plomb n'avait pas disparu entièrement, il faudrait renouveler l'opération, laver ensuite le tableau à grande eau, et le faire sécher.

Si un tableau ainsi lavé devait être retouché, il faudrait avoir soin de n'appliquer la peinture que lorsque le tableau serait très-sec : sans cela l'humidité nuirait à cette application de peinture, et cette peinture n'aurait pas de solidité.

Le chlorure de chaux à employer se prépare en ajoutant à un litre d'eau deux onces de chlorure de chaux, les mêlant bien, laissant réagir pendant six heures et filtrant.

Le chlorure de soude, qui peut servir à mettre sur les tableaux, se prépare de la manière suivante : on prend du chlorure de chaux sec, quatre onces; on le mêle à trois tiers d'eau de fontaine; on agite, et, lorsque le mélange est resté en contact pendant quelques heures, on filtre ; on ajoute ensuite à la liqueur filtrée une solution faite avec huit onces de sous-carbonate de soude cristallisé et une livre et demie d'eau. Lorsque ce mélange, est fait on filtre; la liqueur filtrée est le chlorure de soude. (Voy. CHLORE.)

TABLETTES. (*Off. — Méd. dom.*) Les tablettes sont des compositions solides et cassantes, où il entre différentes substances qu'on incorpore dans du sucre dissous et cuit.

On en fait de différentes figures : en carrés, en losanges, en triangles, en ovales, etc.; ce qui est absolument indifférent, et tient au choix de l'artiste.

La masse des tablettes n'est ordinairement pas limitée. Les doses s'ordonnent par le nombre, suivant la grandeur ou la petitesse des tablettes : quand on y fait entrer des substances efficaces, on détermine au poids, suivant la force et la proportion des ingrédiens, la dose, qui excède rarement une once.

Il faut que les tablettes soient solides, cassantes, cohérentes sans viscosités; on les mâche ou on les laisse fondre dans la bouche.

On évitera donc tout ce qui pourrait les rendre désagréables au goût, tel que beaucoup de gommes, les corps huileux sujets à se rancir aisément.

Les tablettes fondantes sont connues depuis longtemps; celles que vendent plusieurs apothicaires sont ternes, pleines de taches, boursouflées, parce qu'elles ont été mal faites. On en compte aussi à la gomme et au sucre, qui réunissent la vertu qu'on désire lorsqu'elles sont bien faites; mais elles ne peuvent entrer en comparaison avec les tablettes glacées, qui présentent le lustre le plus flatteur à l'œil, et sont du goût le plus agréable.

Presque toutes les tablettes se font de même, en faisant réduire jusqu'à consistance solide un mélange de sucre et de décoction végétale.

1° Choisir un sucre bien sec, sans goût étranger, et de première qualité;

2° Se procurer les végétaux nécessaires bien frais et bien choisis;

3° Éponger le bord du poêlon quand le sucre est sur le feu, afin qu'il ne rougisse pas;

4° Après avoir mis les ingrédiens dans le sucre, le retirer aussitôt qu'il est à son degré de cuisson;

5° Le laisser refroidir quelques minutes avant de le remuer; car, étant raréfié par la chaleur, s'il était remué trop tôt, il s'ensuivrait que les tablettes souffleraient, et ne seraient pas glacées.

TABERNIER HERBACÉ. (*Jard.*) *Tabernæmontana amsonia.* Famille des apocynées. Plante vivace de l'Amérique septentrionale. Fleurs en mai, petites, d'un bleu pâle et en panicules. Bruyère humide, ombre. Séparation des pieds en septembre ou semis en mars. Perd ses tiges.

Tabernier à feuilles étroites. (*Angustifolia.*) Vivace, du même lieu. Fleurs en mai, jaunes et en grappes. Même culture.

TACHES. (*Conn. us.—Ind. dom.*) *Manières de les enlever.*

Taches de cambouis. (Voy. ce mot.)

Taches de cire. Eau de cologne, alcool ou éther.

Taches d'encre. Frotter avec le jus de citron. Pour les taches anciennes, employer le sel d'oseille en poudre fine, avec un peu d'eau; l'acide muriatique étendu de cinq ou six fois son poids d'eau; si la tache est fraîche, l'eau pure.

Taches de fruits. Humecter avec de l'eau; exposer à la vapeur du soufre. (Voy. SOUFRE.)

Taches de graisse. (Voy. GRAISSE.)

Pour les étoffes de laine et de soie, les placer sur une serviette en doubles; imbiber un morceau de coton *d'essence vestimentale de Dupleix;* frotter avec force. On en remet un peu sur du nouveau coton si la tache paraît encore.

Taches de graisse sur le papier. Il faut réduire en poudre fine une quantité égale d'alun brûlé et de fleur de soufre, mouiller un peu le papier, et appliquer sur la tache une petite quantité de la poudre, en frottant doucement avec le doigt. La tache disparaîtra.

Taches de peinture. Étendre sur la tache du beurre frais; puis frotter, et laver à l'eau de savon.

Taches sur la soie. Mouiller d'esprit de vin où l'on a fait dissoudre de l'essence de citron; frotter; nettoyer avec un linge.

Taches de suif. Les enlever avec un couteau; recouvrir d'un papier gris plié en quatre; appliquer un fer chaud; verser une goutte ou deux d'essence de térébenthine; appliquer de nouveau le fer.

Taches sur les vêtemens et le linge. Faire cuire du plâtre sur les charbons, le réduire en poudre, y mêler un peu d'eau, et le délayer comme du savon; frotter la tache et laver.

Taches sur les velours non cramoisis. Si un morceau de velours est taché par de la cire ou de la graisse, vous prendrez un pain de froment tendre; vous le couperez en deux; vous le ferez griller devant le feu, et, pendant qu'il sera très-chaud, vous l'appliquerez sur l'endroit taché par la cire; vous appliquerez ensuite un autre morceau de pain grillé de même, en continuant ainsi jusqu'à ce que la tache disparaisse.

Taches de vin. On prend la toile ou l'étoffe sur laquelle est la tache; on plonge l'endroit taché dans de l'eau froide; et, quand il est légèrement imbibé, on fait brûler au-dessous le soufre de quelques allumettes. Si la tache était d'une étendue un peu considérable, on prendrait quelques pincées de fleur de soufre, on y mettrait le feu, et on exposerait l'étoffe tachée à deux ou trois pouces au-dessus de la flamme bleue, en ayant soin de l'y promener doucement jusqu'à ce que la tache soit complétement disparue; alors on lave l'étoffe dans de l'eau froide, et on la laisse sécher. On peut, de cette manière, enlever toutes les taches sur toutes sortes d'étoffes. Il y a néanmoins l'inconvénient d'altérer quelques couleurs. Le bleu sur soie, le bleu d'indigo, les couleurs noires en général, et le jaune sur coton, n'en éprouvent aucune altération. Quand la couleur se trouve altérée, on vient ordinairement à bout de la réparer, pour peu qu'elle soit bon teint, en plongeant l'étoffe dans un peu d'eau de savon, ou en la frottant avec un morceau de savon, ou en y versant quelques gouttes d'alcali volatil : on lave l'endroit dans l'eau froide, et on la fait sécher.

Composition pour détacher. On fait dissoudre une once de savon blanc dans quatre onces d'esprit de vin; on mêle cette dissolution avec cinq à six jaunes d'œufs; on ajoute une once d'essence de térébenthine, que l'on unit avec les autres substances, en remuant dans un mortier avec un pilon, ou en agitant fortement dans une bouteille. On incorpore à ce mélange une suffisante quantité de terre à foulon, ou de terre à pipe, ou enfin d'argile le plus blanche possible, pour former une pâte à peu près de la consistance du beurre. On en forme des tablettes de la grandeur que l'on veut, et on les fait sécher pour s'en servir au besoin. Quand on veut en faire usage, il faut frotter la tache imbibée d'eau avec ces savonnettes, et, par le frottement et le lavage de l'étoffe, on parvient à enlever la tache.

TAGÈTE ÉLEVÉE. (*Jard.*) *Tagetes erecta.* Famille des corymbifères. Annuelle, du Mexique. Fleurs en juin, très-grandes, d'un jaune clair et doubles.

Tagète étalée. (*Patula.*) Annuelle. Fleurs en juin; plus petites; d'un jaune foncé, veloutées et mélangées de brun. Ces deux plantes sont d'un bel effet. On les sème en avril, à bonne exposition, en terreau léger, pour les repiquer.

TAILLE. (*Jard.*) Tailler un arbre, c'est en diriger la sève par des sections. On y supplée en partie en pinçant à propos l'extrémité des bourgeons naissans pour diviser les branches, et en supprimant les bourgeons inutiles. Elle comprend aussi le palissage. (Voy. ESPALIER.)

On couvre les plaies faites par la taille avec de l'onguent Saint-Fiacre. (Voy. ce mot.)

La taille des espaliers se fait au printemps. (Voy. PÊCHER.)

TAMARIX DE NARBONNE. (*Jard.*) *Tamarix gallica.* Fam. des portulacées. Arbrisseau indigène, presque toujours vert; feuillage menu et léger. Fl. en mai, en épis rosés. C'est un arbuste élégant, qui ne vient bien que sur les bords des eaux au midi. On le multiplie de boutures en mars, faites avec le bout des jeunes branches; on les pique en place dans la situation ci-dessus, et en marc d'étang; elles poussent alors avec vigueur.

Tamarix d'Allemagne. Germanica. Plus rustique. Feuilles d'un vert glauque, moins élégant. Même culture.

TANAISIE. (*Jard.*) *Tanacetum vulgare.* Famille des corymbifères. Plante vivace et traçante, qui n'a besoin d'aucune culture. Il suffit d'en avoir un ou deux pieds dans un coin du jardin paysager, où ses fleurs jaunes feront un assez bel effet en août. Elle est tonique, mais peu employée.

TANCHE. (*Pêche.—Cuis.*) Poisson du genre cyprin. On le trouve dans toutes les eaux douces de l'Europe.

Tanches aux fines herbes. Faites-la passer dans l'eau bouillante pour l'écailler et la vider; laissez-la quelques heures dans une marinade d'huile assaisonnée de fines herbes et d'épices; faites-la cuire sur le gril avec sa marinade, le tout enveloppé dans du papier; servez avec poivrade ou sauce blanche. On met encore les tanches aux différentes sauces indiquées pour l'anguille. (Voy. ce mot.)

TAONS. (*Anim. nuis.*) Mouches qui attaquent les bestiaux. On les éloigne en battant ensemble un mélange d'huile et de décoction de tabac. Il faut en oindre les parties les plus exposées aux piqûres de ces insectes, c'est-à-dire le pourtour des yeux, les flancs, les parties internes des cuisses.

TAPIOCA. (*Cuis.*) Depuis quelque temps on a introduit dans le commerce une substance féculacée nouvelle, que l'on désigne sous le nom de *tapioca*. Cette substance, importée de l'Amérique, se vend fort cher (5 francs la livre); elle est donnée comme aliment léger aux personnes faibles, aux malades, aux convalescens. Or, qu'est-ce que le tapioca? C'est la fécule qui est entraînée par l'eau du manioc, au moment où l'on exprime les bulbes pour faire la cassave; cette fécule, séchée sur des plaques de fonte chaude, se pelotonne et affecte des formes bizarrement irrégulières; elle est en tout semblable à la fécule de la pomme de terre; elle en possède toutes les propriétés, et en diffère uniquement par un léger goût et par son prix élevé. Comme la consommation s'en est singulièrement propagée, on a cherché à l'imiter, et aujourd'hui une grande partie du tapioca que fournit le commerce se fabrique dans les environs de Paris, avec la fécule de pomme de terre convenablement préparée. Ce produit de notre industrie est excellent pour la confection des potages, et mérite d'être recommandé aux consommateurs aussitôt que les marchands, dans leur intérêt même, ne le vendront plus que son prix, c'est-à-dire 40 centimes ou 8 sous la livre. Les habiles chocolatiers Debauve et Gallais ont fabriqué avec succès des chocolats béchiques et pectoraux au tapioca.

TAPIS. (*Ind. dom.*) Pour entretenir les tapis de pied verts et propres, il faut, avant de les balayer avec le balai de chiendent, répandre dessus les feuilles de thé qui sortent des théières pendant qu'elles sont encore humides.

Les tapis et tapisseries tachés se nettoient très-bien avec de la pulpe de patates qui reste sur le tamis dans la préparation indiquée à l'article SOIE.

TARENTULE. (*Anim. nuis.*) *Aranea tarentula.* Cette espèce d'araignée se trouve dans le midi. On attribue à sa morsure des effets dangereux. On prétend que le seul moyen de guérir les malades est de les faire danser en jouant plusieurs airs successivement plus gais.

Malgré ces assertions, la piqûre de la tarentule est sans aucun danger, et il est plus nécessaire de combattre les terreurs de l'imagination que les prétendus effets de ce venin. Le tarentisme est une maladie toute d'imagination, tenant de bien près à la folie; on peut la comparer à la lycanthropie et à d'autres monomanies du même genre.

Les seuls symptômes qui résultent de la morsure d'une tarentule sont une enflure de couleur livide ou quelques phlyctènes: on emploiera les lotions avec le chlorure de sodium dissous dans l'eau, avec l'eau salée ou vinaigrée dès le premier moment, et plus tard, si l'irritation persiste, des relâchans et des calmans.

TARTARES. (*Cuis.*) *Grillades à la tartare.* Sous Louis XIV, les valets du petit trait s'appelaient par sobriquet les *tartares*. Ils ont même, assure-t-on, conservé ce nom. Lorsque ces valets dérobaient à la chasse quelque pièce de gibier, ils se hâtaient de l'éventrer, de l'aplatir, de la griller, et la mangeaient dans le bois avec du gros poivre et du gros sel. Cette supercherie fut découverte. On goûta ce mets de flibustiers, et les grillades à la tartare passèrent des valets de la meute à la table du roi.

Anguille à la tartare. (Voy. ANGUILLE.)

Sauce tartare. (Voy. SAUCE.)

TARTRE. (*Conn. us.*) Le tartre est un résidu laissé par le vin sur les tonneaux. L'acide tartrique qu'on en tire est employé à faire la limonade sèche.

On emploie dans les arts le tartrate acide de potasse purifié, mêlé cependant de quelques centièmes de tartrate de chaux, et connu sous le nom de *crème de tartre*, pour préparer le *sel végétal* ou tartrate de potasse, employé dans les pharmacies; celui-ci est un tartrate neutre; le tartrate de potasse et de soude, connu en médecine sous le nom de *sel seignette*, s'obtient de la crème de tartre ainsi que les suivans: le tartrate de potasse et d'antimoine, sel double connu sous le nom d'émétique; le tartrate de potasse et de fer, qui compose les préparations pharmaceutiques appelées *boules de Nancy*, *teinture de Mars*, *de Ludovic*, *tartre chalybé*, etc. La crème de tartre est employée en médecine, seule ou mêlée au borax; elle sert en teinture de mordant pour les couleurs; on en obtient la potasse pure dans les laboratoires en la brûlant avec le nitre; c'est elle qui produit la potasse obtenue par la combustion des lies de vin (cendres gravelées). On se sert encore de la crème de tartre pour quelques autres usages.

TARTE. (Voyez PUDDING, et les noms des fruits.)

Tarte à la persane. Prenez trois livres de belles cerises, ôtez les queues et les noyaux sans les écraser; mettez dans une terrine un demi-litre de farine et autant de crème *épaisse* qu'il en faut pour former une pâte demi-claire, sans grumeaux; mêlez-la avec les cerises. Beurrez une tourtière; dressez votre pâte dessus, et faites cuire une heure et demie au four ou sous le four de campagne.

TAUPE. (*An. nuis.*) *Talpa europaea.* Mammifère carnassier et insectivore. Les taupes sont connues de tout le monde, par leur vie souterraine et par leur forme éminemment appropriée à ce genre de vie.

Les taupes ne mangent ni les racines ni les graines; elles vivent même de vers et d'insectes nuisibles; mais le genre de ravages qu'elles occasionnent en bouleversant les semis, en soulevant les plantes, et en couvrant les prés de taupinières qui empêchent le fauchage, est peut-être bien plus à redouter que celui des animaux dont elles font leur nourriture; elles détournent l'eau des irrigations, et percent les digues.

La chasse aux taupes se fait en les épiant et en les poursuivant dans leurs trous, qui sont presque toujours parallèles à la surface du sol; s'il y a plusieurs taupinières, on doit établir des tranchées. On peut aussi les tuer d'un coup de bêche, à l'affût, ou avec un *maillet à pointes*.

Pour s'assurer de la partie du boyau où se trouve la taupe, après avoir ouvert les tranchées, on écrase les taupinières avec le pied, et elle ne manque jamais de venir y pousser.

On peut faire cette chasse aux taupes pendant toute l'année, excepté pendant les gelées; mais la saison la plus favorable est au printemps. Le moment du jour doit être choisi; car elles ne travaillent qu'à des heures déterminées, et on ne réussit parfaitement à s'en emparer qu'aux heures de leur travail.

Cette chasse, si on l'employait pour une seule taupe à la fois, n'offrirait pas un très-grand avantage; mais elle a cela de bon qu'un seul homme peut la faire en même temps ur toutes les taupinières d'un assez vaste champ, ces animaux y fussent-ils au nombre de quinze ou de vingt. Lorsque e taupier a ouvert les tranchées dans un lieu, loin de rester en sentinelle pour attendre que la taupe pousse, il passe à une seconde taupinière, puis à une troisième, etc. Mais, afin d'être averti du moment où chaque taupe poussera, afin de s'y rendre promptement, voici comment il doit faire : avant de partir pour la chasse, il se précautionne d'un paquet de petites pailles raides, chaque morceau ayant à peu près un pied de longueur; lorsqu'il a ouvert une tranchée, il pique dans le morceau de terre dont il bouche les boyaux un morceau de paille au bout duquel il a préalablement placé un petit morceau de papier blanc, de manière à représenter en petit un de ces jalons dont se servent les géomètres. Tandis qu'il travaille, ses yeux doivent se porter le plus souvent possible sur les morceaux de papier; lorsque la taupe pousse, elle fait tomber la paille plantée dans le morceau de terre où elle travaille; le chasseur, ne voyant plus sa marque, se trouve averti, et se rend à l'instant sur la place pour la prendre.

Nous venons de décrire la méthode employée d'abord dans les environs d'Auch, et, à présent, par la plus grande partie des taupiers de la France, grâce à M. Dralet, qui l'a publiée par ordre du gouvernement.

Procédé dauphinois. Le meilleur piége est un tuyau de bois rond de neuf pouces de long, dont le vide a dix-sept lignes de diamètre, sur huit pouces de profondeur; le pouce de surplus n'est percé que d'un petit trou de six lignes. A l'entrée de la plus large ouverture, il y a une espèce d'entaille creusée de manière à recevoir le bout d'une petite fourche de bois, passée dans un fil d'archal, que la taupe soulève en entrant dans le piége, et qui retombe derrière elle. Rien n'est plus facile que de faire ces piéges chez soi ; le bois le plus convenable est l'aune : on choisit des pieds ayant dix pouces de circonférence à quatre pieds au-dessus de terre, on les scie en tronçons de neuf pouces de long, on les met dans une *serre*, grosse pièce de bois dans laquelle il y a une mortaise, et qui sert aux charpentiers à maintenir certaines pièces pendant qu'ils les perforent. On les perfore sur huit pouces de profondeur avec une tarière faite exprès, et qui doit faire un trou de dix-sept lignes de diamètre; on perce le bout qui est resté plein avec une grosse vrille. On fait avec un *bédane*, à l'entrée de la grande ouverture et en dedans, l'entaille dont on a parlé : elle doit avoir sept lignes de haut et six de large, et se prolonger en mourant dans l'intérieur du piége. On doit faire attention qu'il ne reste point d'échardes ni d'inégalités au dedans du piége, ce qui rebuterait les taupes. On dégrossit l'extérieur du bois également tout autour, jusqu'à ce qu'il soit réduit à sept pouces de circonférence dans son milieu, un peu moins au bout; mais on réserve une petite élévation sur le devant pour ne pas découvrir l'entaille. On arrondit ; on unit le tout avec la plane. On fait des deux côtés de l'entaille, et à sa naissance, un petit trou de vrille pour y passer de part en part le fil d'archal, sur lequel la petite fourche doit tourner comme sur un essieu. Cette fourche n'a que dix lignes d'écartement dans le bas, et vingt-quatre de longueur; on cherche, pour les faire, de petites branches fourchues de marceau ou de chêne; on les écorce, on les polit et on les perce dans le haut avec une très-petite vrille; on en introduit une dans l'entrée du piége; on passe dans le trou de vrille le fil d'archal, qu'on assujettit ensuite des deux côtés du piége; on essaie si la branche retombe bien d'elle-même.

On laisse sécher pendant quelque temps ces piéges, dont on doit avoir au moins vingt ou trente si l'on a un jardin un peu vaste. Lorsqu'on veut s'en servir pour la première fois, on les passe dans de l'urine, et on les frotte avec un chiffon *musqué*. Les taupes ont un grand attrait pour cette odeur.

La manière de placer ces piéges avec succès demande de l'habitude et de l'adresse : on ne peut s'en servir que dans les boyaux à fleur de terre ou peu enfoncés, que les taupes font pour traverser un sentier battu ou une allée. Dans ce cas-là, on choisit l'endroit où le boyau va droit et sans dévier; on ôte avec la main ou la houlette la terre du milieu sur une longueur de deux pieds environ, pour mettre à découvert l'entrée du boyau sur l'un et l'autre côté ; on sonde avec un bout de bâton si le boyau se prolonge en droite ligne sur un espace au moins d'un pied; car s'il dévie avant ce terme, il est inutile de placer le piége : la taupe passera à côté. Lorsqu'on s'est assuré qu'il va droit des deux côtés, on frotte les bords de l'entrée du piége avec un peu de la terre remuée par la taupe; puis on l'introduit d'un demi-pouce dans le boyau, faisant attention de ne pas fouler la terre de dessus pour qu'elle ne le comble pas, et qu'en arrivant la taupe ne rencontre aucun obstacle : le piége doit porter de partout, être ferme et bien joindre avec le boyau ; on en place un autre, avec la même précaution, à l'ouverture opposée du boyau. Quand on veut savoir si la taupe est prise, on sonde avec une petite brochette par le trou du bout. Pour faire sortir la taupe du piége, on appuie le doigt du milieu de la main gauche sur la petite fourche afin de la tenir soulevée, et on secoue en tenant l'ouverture tournée vers la terre; alors elle sort à reculons.

Quand on connaît une fois les passages, aussitôt qu'il en vient une on est sûr de la prendre.

On ne doit point laisser les piéges en place lorsqu'il se passe quelque temps sans que les taupes y reviennent, parce qu'ils se moisiraient; on les tient toujours secs et propres : il faut éviter de les toucher immédiatement avec les doigts, mais mettre des gants de jardinage, afin que la taupe, qui a l'odorat très-fin, ne sente pas la trace de l'homme.

Quand on est expert dans la manière de bien placer ces piéges, et qu'on est familiarisé avec l'allure des taupes, on peut s'en servir dans leurs galeries profondes, en défonçant la terre jusqu'à leur niveau. L'essentiel est que le boyau se prolonge droit sur une certaine longueur. Les petites allées qui coupent les gazons des jardins-paysagers facilitent infiniment cette chasse.

Empoisonnement des taupes. On prend des vers de terre

que l'on coupe par tronçons d'un pouce et demi à deux pouces, et on les jette dans un pot où l'on a de la noix vomique en poudre; on les y roule; on les en couvre, et on les y laisse séjourner pendant vingt-quatre heures. Au bout de ce temps, on les en retire; on ouvre les boyaux de distance en distance, et on y met ces tronçons. Lorsque la taupe vient travailler, elle les rencontre, en mange et périt. (Voy. NOIX VOMIQUE.)

On peut également employer des noix bouillies dans une forte lessive, ou des blancs de poireau saupoudrés d'arsenic, ou enfin des petits morceaux d'une composition ainsi préparée : on prend une demi-once de racine d'ellébore blanc et autant d'écorce d'apocin, que l'on pile et tamise de manière à les réduire en poudre une fine; on mêle cette poudre à une once de farine d'orge, que l'on détrempe avec du lait et du vin, afin d'en former une pâte assez ferme.

On dit que la racine de la stramoine, pomme épineuse (*datura stramonium* de Linnée), est un violent poison pour les taupes, et qu'elles fuient les lieux où on cultive cette plante, originaire d'Amérique et naturalisée en Europe. (Voy. STRAMOINE.)

TAUREAU. (*An. dom.*) Le taureau doit être gros, bien fait et en bonne chair; il doit avoir l'œil noir, le regard fier, le front ouvert, la tête courte, les cornes grosses et noires, les oreilles longues et velues, le mufle grand, le nez court et droit, le cou charnu et gros, les épaules et la poitrine larges, les reins fermes, le dos droit, les jambes grosses et charnues, la queue longue et couverte de poil; l'allure ferme, sûre; le poil luisant, épais et doux au toucher. Il doit être, en outre, de moyen âge, entre trois et neuf ans au plus; passé ce temps, il n'est plus bon qu'à engraisser.

La vache doit avoir la taille haute, les cornes bien étendues, claires et polies; le front large et uni, le corps long, le ventre gros et ample, les tétines blanches, point charnues, mais déliées, et au nombre de quatre. En général, elle doit être forte et docile. (Voy. VACHE.)

Un taureau suffit pour vingt vaches, et on ne doit pas souffrir qu'il en saillisse plus de deux en un jour. Dans sa jeunesse, il faut le ménager, attendre, pour lui permettre la propagation de son espèce, qu'il ait au moins deux ans; il peut continuer cette fonction avec succès pendant sept à huit ans. S'il ne couvre que de deux jours l'un, depuis le commencement d'avril jusqu'à la mi-juillet, il est en état de couvrir plus de trente vaches, sans être épuisé, pourvu qu'il ait de bon pâturage, et que, pour le mettre en rut et augmenter sa vigueur, on lui donne de temps en temps de l'orge, de la vesce et de l'avoine. On lui frotte quelquefois le mufle, afin que son amour et sa vivacité se réveillent par l'odorat.

Un usage extrêmement abusif, c'est de conduire les vaches au taureau aussitôt qu'on s'aperçoit qu'elles sont en rut. Il vaut mieux attendre deux ans pour celles que l'on destine à devenir vaches laitières. Ce serait encore trop tôt pour les vaches qui doivent fournir de bons élèves de race. Les vaches ne valent plus rien passé dix ans. On connaît leur âge par le nombre de nœuds ou cercles qui se forment aux cornes; il s'en fait un chaque année. Depuis trois jusqu'à neuf ans, la vache est dans sa force : elle vit à peu près vingt ans.

TEIGNE. (*Méd. dom.*) Éruption chronique propre au cuir chevelu, qui se manifeste chez les enfans pauvres et mal soignés. Il y en a plusieurs espèces.

Traitement. On fait traiter l'enfant par la nourrice. On fait prendre à celle-ci le lait d'ânesse et de vache à grande dose.

Si l'enfant est sevré, les alimens légers, le vin antiscorbutique lui conviennent.

On aura soin de tenir le ventre de l'enfant libre, on lui rasera la tête, et on la lavera fréquemment avec une eau de savon que l'on fera de plus en plus forte; on établira un exutoire au bras; et, quand la tête paraîtra nettoyée, on pourra se servir d'eau de chaux seconde, en ayant soin de purger légèrement l'enfant tous les cinq ou huit jours, suivant sa force, son tempérament et son embonpoint.

Les bains, le changement de linge sont nécessaires.

Pommade contre la teigne. Prenez graines de genièvre et feuilles de laurier pulvérisées et passées au tamis de soie, demi-livre; graisse de porc ou beurre sans sel, une livre; cire jaune, demi-livre.

Mettez le tout dans un vase de terre vernissée et qui se ferme bien; faites bouillir pendant une petite demi-heure; retirez du feu; lorsque le vase commencera à se refroidir, et que le contenu ne fumera plus, remuez avec une spatule de bois pour que les poudres soient bien exactement mêlées.

Pour vous servir de cette pommade, il faut, après avoir savonné la tête, étendre une portion de cette pommade sur un linge découpé en manière de croix de Malte, assez grand pour envelopper toute la partie malade, que vous recouvrirez d'une calotte faite avec une vessie de cochon ou de veau. On doit renouveler cette pommade matin et soir; et, lorsqu'il n'y a plus que quelques boutons plus blancs que rouges, il faut en couper la pointe pour donner issue au pus qu'ils contiennent. Peu de jours après, on pourra cesser l'usage de cette pommade pour y substituer l'onguent rosat dans une once duquel on aura mis un gros de sel marin pulvérisé bien fin, et que l'on aura eu soin de faire décrépiter avant la pulvérisation; mais communement la pommade ci-dessus indiquée cicatrise parfaitement le cuir chevelu.

Pendant le reste du traitement on aura soin de purger le malade tous les sept ou huit jours, en lui faisant prendre deux ou trois pilules de plus que de coutume; plus l'enfant avancera dans sa guérison, plus on éloignera les purgations, et l'on continuera encore les remèdes quinze jours après la dernière purgation.

La gourme est une espèce de teigne, mais elle est peu dangereuse. C'est presque une maladie nécessaire, par laquelle l'enfant se purge d'humeurs malfaisantes. Frotter doucement la tête; la laver avec l'eau de mauve tiède; si l'humeur est épaisse, y appliquer des feuilles de poirée graissées d'un peu de beurre. Se bien garder de l'arrêter dans ce cas.

TEIGNES. (*Animaux nuisibles.*) Il y en a deux espèces : l'une qu'on a nommée fripière, teigne des tapisseries, des draps; et l'autre, teigne des pelleteries.

La première est d'une couleur cendrée, brillante, avec un point noir de chaque côté du corselet; sa chenille a seize pattes, se fait avec la laine de l'étoffe où elle est née un fourreau qu'elle agrandit en grossissant, et vit de cette laine, qui garde sa couleur quoique digérée. Parvenue à son accroissement, elle abandonne l'étoffe qui l'a nourrie, et va se fixer dans les angles des murs ou du plancher, où elle attache son fourreau qu'elle ferme par les deux bouts; l'insecte parfait paraît au bout de vingt jours.

La deuxième espèce est d'une couleur gris-plombé brillante, avec un point noir sur le milieu des ailes supérieures. Elle vit aux dépens des fourrures, et suit la même marche que la précédente dans son développement.

Pour leur destruction, si les meubles et les étoffes qu'on veut purger des insectes sont d'une couleur tendre, on n'emploiera point les fumigations sulfureuses, qui pourraient les altérer; mais les fumigations mercurielles, qui n'auront pas le même inconvénient (voy. ANIMAUX NUISIBLES); à moins que dans leur confection il n'entre quelque ornement en cuivre, argenture ou dorure, que ces dernières détérioreraient encore, cas où on usera des fumigations d'acide carbonique.

Les tapis, les vêtemens laineux, ainsi que les poils, le crin, la laine, qui servent à la confection des meubles, des matelas, seront conservés indéfiniment, sans avoir rien à redouter des teignes, en les saupoudrant ou en les mêlant avec une certaine proportion de calomélas, de sublimé corrosif ou de précipité rouge.

Le meilleur moyen de préserver les lainages et fourrures des ravages des teignes est de mettre du cuir de Russie dans les boîtes ou armoires qui les renferment. On vend des rognures de ce cuir chez la plupart des peaussiers.

TEINT. (*Hyg.*) *Conseils donnés par madame Celnart, pour entretenir le teint.* « Vous vous garantirez autant que possible, sans affectation, de l'action du soleil, ainsi que de celle du grand vent, qui sèche et durcit la peau. Vous éviterez la fumée, et, lorsque par hasard vous vous y trouverez exposée quelques instans, vous ne manquerez point de vous essuyer le cou et le visage avec votre mouchoir; il sera tout noirci de la vapeur qui s'était attachée sur les pores; vous agirez de même quand la poussière vous aura environnée. Vous vous servirez habituellement d'un écran, pour empêcher le feu de vous brûler la figure. Dès que vous vous sentirez sur la figure un peu de moiteur, vous l'essuierez aussi, mais légèrement, et plutôt en appuyant et plaquant le mouchoir qu'en le promenant sur le visage : vous tâcherez de vous défaire de l'habitude que l'on a assez généralement de porter les doigts à la figure, de se gratter par désœuvrement, surtout le soir en se déshabillant. Vous ne resterez jamais à l'air après vous être lavé le visage, le cou et les bras. Enfin, vous tâcherez de vous préserver des piqûres de puces, de cousins et autres insectes.

» Il est nécessaire de raffermir la peau continuellement exposée à l'air; il convient aussi de l'adoucir : de là, d'une part, l'usage de l'eau aromatisée, avec des liqueurs spiritueuses, comme l'eau-de-vie, la teinture de benjoin, l'eau de Cologne; et d'autre part celui du lait, de l'huile d'amandes, de la crème étendue d'eau, de la pommade de concombres, de l'extrait de fraises, de l'eau de lis, etc.; toutes ces choses sont bonnes et indispensables, quoique opposées. La nature de votre peau vous indiquera laquelle de ces substances doit dominer dans votre toilette. Si votre teint s'échauffe, si votre peau se sèche, s'irrite aisément, les émolliens seront plus nécessaires que les spiritueux; si vous êtes principalement sujette aux gerçures, aux rougeurs, à la peau farineuse, les spiritueux vous conviendront mieux. Toutefois, malgré ces différences, je crois que la règle que je vais indiquer sera favorable à toutes les dispositions, et réunira, avec le plus grand avantage, les secours des spiritueux et des émolliens.

» La peau, ayant reçu l'impression de l'air pendant tout le jour, doit être adoucie le soir. Ainsi, en vous couchant, vous userez de liqueurs émollientes. Vous prendrez une éponge très-fine, car l'éponge, ne formant point de plis, est très-préférable au linge; vous la tremperez dans l'eau tiède, l'eau froide gerce la peau; et, dans les grandes chaleurs, il faudra vous servir d'eau tiédie au soleil. Vous vous laverez le visage et vous l'essuierez, mais d'une manière particulière : vous prendrez une serviette très-fine et usée, et vous vous l'appliquerez à plusieurs reprises, et à différens endroits, sur le visage, afin qu'elle en enlève l'humidité, sans qu'il soit besoin de frotter : vous prendrez ensuite un peu de pommade de concombres dans la paume de la main; vous l'étendrez bien, et vous vous passerez la main ainsi enduite sur le visage. Cette pratique sera excellente si vous êtes sujette à avoir de petits boutons de chaleur, et n'est nullement désagréable; vous ne serez pas au lit une demi-heure, que la légère couche de pommade ne se sentira plus. On peut remplacer la pommade par le lait. » (Voy. PEAU, VISAGE.)

TEINTURE. (*Ind. dom.*) (Voy. COULEUR, JAUNE, etc. *Bon teint pour bas de fil.* Prenez une terrine de grandeur convenable à contenir le fil que vous voulez teindre; versez dedans un verre d'huile de noix; placez en travers du fond une mèche de coton que vous allumez par les deux bouts; couvrez avec une autre terrine semblable, et soutenue par deux cales pour laisser l'air nécessaire à entretenir la flamme; lorsque l'huile et la mèche sont entièrement consumées, mettez votre fil dans la terrine qui les contenait, et versez dessus de l'eau bouillante assez pour le submerger; laissez-le tremper deux jours; il en sort d'un très-joli gris, solide, brillant et sans aucune odeur. Lavez quand il est sec.

TEMPÉRATURE DES CLIMATS. (*Conn. us.*) Les différens climats des divers pays du globe dépendent principalement de leur position par rapport au soleil. A l'équateur, où cet astre darde perpendiculairement ses rayons, une égale surface du sol reçoit une bien plus grande quantité de chaleur et de lumière que les pays situés vers les pôles; cet effet des rayons verticaux est même encore augmenté, parce que leur trajet à travers les couches atmosphériques qui en absorbent une partie est moins considérable que pour les rayons obliques. Bouguer a calculé, en supposant que la lumière et la chaleur agissent de la même manière, qu'à la latitude de 45°, 80 parties sur 100 sont transmises à midi dans le mois de juillet, et seulement 55 en décembre. La chaleur interceptée par l'atmosphère est souvent non pas entièrement, mais en grande partie, perdue pour le climat des contrées voisines, à cause de la dispersion qu'elle subit de la part des couches atmosphériques.

Température des saisons. (Voy. SAISONS.)

Température de Paris. Le plus grand hiver a été de 25° 1/2 (1795, 2 janvier); la plus grande chaleur de 38° 1/4 (1793, 8 juillet).

L'état de l'atmosphère, à Paris, donne, par an, 10—6 degrés de chaleur en moyenne; 5°—7 en hiver et 18°—1 en été. La température moyenne de Clermont est de 10 degrés, 1—4 en hiver et 18 en été; celle de Toulon est de 16°—7; 9°—1 en hiver et 25°—9 en été. A Paris il y a 165 jours pluvieux, de neige, 57 de brouillards, 97 de jours couverts, 182 de jours variables, 87 de jours sereins, 14 de tonnerre.

Température convenable aux semis. (Voy. SEMIS.)

TÉRÉBENTHINE. (*Conn. us.*) La térébenthine est une résine liquide qui découle naturellement, et par incision, des branches et du tronc de divers arbres qui lui donnent aussi différens noms.

On nous envoie par la voie du commerce diverses espèces de térébenthines. La première, qu'on nomme térébenthine de *Chio*, découle du *pistacia terebinthus*, grand arbre qui croît dans le Levant, dans l'Inde, en Afrique, en Italie, en Espagne, etc.

La seconde espèce est la térébenthine de Venise, qui découle du *pinus larix* de Linnæus. C'est cette seconde espèce que nous employons plus généralement en médecine et en pharmacie.

La troisième espèce porte le nom de térébenthine de Strasbourg; elle découle du *pinus picea.*

La quatrième espèce, qu'on nomme galipot, découle du *pinus pinea.* Cet arbre est cultivé pour la bonté de ses fruits, que nous connaissons sous le nom de pignons.

Toutes ces térébenthines sont balsamiques, diurétiques, légèrement astringentes; elles sont d'un grand usage dans les arts.

TERRE, TERRAINS. (*Agr.— Conn. us.*) *Des sols ou terrains.* Le sol est cette couche de matières finement divisées dont la partie supérieure, qui constitue la surface de la terre, est en contact direct et immédiat avec l'atmosphère, et s'étend à une profondeur suffisante pour que les racines puissent s'y fixer.

Le sous-sol est la couche qui repose immédiatement sous le sol, et s'étend à une profondeur indéfinie.

Le sol est formé par des particules provenant de roches solides désagrégées ou décomposées, ou bien par un sédiment déposé par les eaux qui le tenaient en suspension, en mélange avec des matières organiques. Quelquefois il est composé de matières végétales seulement, telles que la tourbe.

Les sols purs se divisent en sols minéraux ou terrestres.

1° Cailloux, fragmens arrondis de roches de diverses dimensions, depuis un pied de diamètre jusqu'à un pouce. Ils sont de diverses qualités.

2° Gravier, fragmens arrondis de la grosseur d'une noix à celle d'un pois.

3° Grits ou pierrailles, fragmens angulaires de la grosseur du gravier.

4° Sable, fragmens arrondis de la grosseur d'un pois à celle des particules à peine visibles ou impalpables.

Sable calcaire, celui qui est composé de chaux carbonatée ou de fragmens de coquilles réduites en particules plus ou moins fines.

Sable siliceux ou quartzeux, celui qui est composé, en totalité ou en majeure partie, de silice ou de quartz.

5° Poussière, particules si menues qu'elles sont enlevées ou entraînées par les vents lorsqu'elles sont sèches; à l'état humide, elles forment la boue ou la vase.

6° Argile, particules menues, adhérant fortement entre elles lorsqu'elles sont humectées. Dans cet état, elles forment une pâte ductile, qui conserve la forme qu'on lui donne, et durcit considérablement par l'action de la chaleur.

Variétés : marne, argile mêlée avec du calcaire; loam, terre franche, argile mêlée avec de la silice.

Sols végétaux provenant des plantes décomposées :

7° Terreau ou humus. Friable, lorsqu'il est sec; fangeux, lorsqu'il est humide; sans ténacité ni ductilité; contenant des matières charbonneuses provenant de végétaux décomposés.

8° Tourbe, consistant en matières végétales en partie décomposées. Molle et pâteuse, lorsqu'elle est humide; dure et cohérente lorsqu'elle est sèche.

Les sols purs existent rarement dans la nature; ils forment, par leur mélange en proportions variables, les sols composés, qui prennent leur dénomination de celle de l'ingrédient prédominant.

Les sols agissent en raison de leurs propriétés physiques, c'est-à-dire leur état de division; leur perméabilité à la chaleur, à l'air et à l'eau; leur ténacité; mais leur fertilité dépend entièrement de la présence de matériaux provenant de la décomposition des êtres organisés, des engrais naturels fournis par l'homme et les animaux.

On connaît exactement la nature ou composition des sols par le moyen de l'analyse chimique. Mais la manière la plus commode pour les cultivateurs, en général, est d'observer les plantes qui croissent sans culture. Si elles sont en fleurs, en bon état et luxuriantes, et que nous connaissions d'avance le terrain qu'elles aiment, nous pourrons penser que celui que nous examinons lui convient.

Les meilleures terres arables répandent une odeur fraîche et agréable lorsqu'elles sont nouvellement bêchées; elles n'adhèrent pas trop aux doigts lorsqu'on les manie. Elles offrent quelquefois une apparence onctueuse, ce dont on s'aperçoit en les pétrissant ou pressant entre les doigts et le pouce; elles ne retiennent pas l'eau trop fortement et ne l'abandonnent pas trop facilement.

Les sols argileux, ou terres fortes glaiseuses, diffèrent essentiellement entre eux, selon la quantité et la qualité de l'argile qui domine, et suivant les altérations ou modifications produites par le mélange d'autres substances terrestres ou végétales. Elles donnent généralement de bonnes récoltes de blé et de pâturages; mais les frais de culture sont plus forts en raison de leur texture compacte.

Les sols loameux, ou terres franches, qu'on distingue en argileux, sablonneux, calcaires, etc., sont plus secs et friables que l'argile; ils se travaillent plus facilement; ils reçoivent et transmettent l'humidité plus librement; ils sont moins aptes à se durcir par la sécheresse, et à se geler dans les temps froids et humides; ils produisent aussi peu de mauvaises herbes; ils exigent moins de frais de culture; c'est pourquoi ils sont très-recherchés.

Le sols calcaires sont composés de chaux carbonatée, d'argile, et occupent dans plusieurs localités des plaines très-étendues; ils diffèrent essentiellement entre eux par les proportions de leurs composans, par leur profondeur et leur situation basse. Lorsque la quantité des ingrédiens qui sont mélangés avec le calcaire est minime et imparfaitement réduite en terreau, le sol est pauvre et léger; mais, si la couche superficielle a beaucoup de fond, si les substances sont en décomposition complète, le sol peut être considéré comme riche. Dans le premier cas, les récoltes sont incertaines, tandis que dans le second elles sont abondantes.

Cette espèce de sol est moins endommagée par les pluies que les autres; mais quelquefois la sécheresse la durcit tellement qu'on ne peut la rompre qu'après qu'elle a été divisée par les pluies.

Les sols siliceux ou sablonneux sont composés de petites particules de silex, de calcaires ou autres substances pierreuses, plus ou moins menues. Ils varient suivant la proportion plus ou moins grande des principes améliorans qui s'y rencontrent: lorsqu'ils sont mêlés avec des terres argileuses en grande quantité, ils forment des sols lourds, compacts; si l'argile est en petite dose, le sol est sablonneux, léger.

En raison de leur texture poreuse, du peu d'adhérence de leurs parties, ils sont cultivés avec moins de peine; ils conservent mieux leur façon que les espèces plus serrées et plus lourdes; et, lorsqu'ils sont convenablement préparés, ils conviennent pour la culture des plantes à racines bulbeuses, tubéreuses et charnues, telles qu'ognons, pommes de terre, turneps, betteraves, etc.

En vertu de leur extrême division et porosité, les sols sablonneux sont aisément pénétrés par la chaleur et l'humidité; mais, en revanche, ils se refroidissent et se dessèchent avec la même facilité; les pluies d'orages, les grands vents, laissent souvent à nu les racines des récoltes. Les céréales sont versées avant leur maturité, ce qui diminue de beaucoup leur valeur, lorsqu'elles ne peuvent se relever.

Les sols graveleux sont principalement composés de petites pierres, de la grosseur d'un pois à celle d'un caillou moyen; ils varient comme les précédens en qualité et pour les mêmes causes, par leur légèreté et leur texture poreuse divisée; ils se cultivent à peu de frais; le travail s'exécute avec facilité et promptitude; les terres sont bientôt mises en état de recevoir les récoltes. Mais, comme les sols graveleux abandonnent facilement l'eau dont ils sont imbibés, ils brûlent les plantes, ce qui n'arrive pas avec les sols plus lourds et plus compacts.

Les sols tourbeux et mousseux sont formés de racines et autres parties des végétaux morts, mêlées avec une terre argileuse ou sablonneuse, et une substance qui ressemble au charbon, et qui provient de même de la décomposition des plantes submergées ou constamment baignées dans une eau stagnante. Ils diffèrent entre eux par leur texture, les quantités et qualités des ingrédiens qui constituent le mélange. En raison de leur origine et de leur situation ordinaire dans les lieux bas et humides, les marais et marécages, les tourbes sont rarement ou même jamais exemptes de cette humidité excessive qui les rend stériles et de peu de valeur.

La terre végétale est la couche superficielle dans laquelle, en général, les plantes végètent, quelle que soit la nature du sol. Elle diffère principalement par sa profondeur plus ou moins grande, par la proportion des matières végétales qu'elle contient, et leur état plus ou moins avancé de décomposition. Il ne faut pas la confondre avec l'humus.

On peut tirer de ce qui vient d'être dit sur les sols les conclusions suivantes: en général, les meilleurs sont ceux qui contiennent la plus grande quantité de substances alimentaires pour les plantes. C'est pourquoi les sols calcaires, qui ont une grande attraction pour l'acide carbonique, combinaison chimique très-favorable à la végétation, sont fertiles. Les sols les plus estimés sont ceux qui contiennent une plus grande quantité de débris animaux et végétaux en décomposition; les sels qu'ils renferment stimulent aussi fortement la végétation.

Améliorations, amendemens des sols. Amender un sol, c'est corriger ses défauts par une substance qui a des qualités contraires et l'addition d'ingrédiens qui lui manquent, auxquelles on donne le nom de matériaux d'amendement. Leur action se borne à changer les qualités physiques du sol; ils ne contribuent à l'accroissement des plantes que mécaniquement, et ne sont pas nutritifs à proprement dire.

On suit, pour cet objet, diverses méthodes selon les circonstances; ainsi, on mêle une espèce de sol avec une autre; on dessèche ceux qui retiennent trop d'humidité; on a recours à l'irrigation pour ceux qui sont trop secs; on brûle les gazons et les tourbes; on enrichit avec des engrais et des sels les sols épuisés ou infertiles.

On se procure et on extrait des lieux où elles abondent les terres qui manquent aux sols qu'on veut amender. Il est rare qu'on ne trouve pas dans le même champ, en faisant des fouilles, ou dans les environs, les matériaux qu'on désire.

Pour amender les sols argileux, tenaces, on emploie les terres calcaires, le gravier, la marne calcaire, le sable fin, les plâtras. A défaut de ces substances, on se sert avantageusement d'un mélange de chaux, de fumier et de sable; on peut y ajouter des végétaux coupés dans les lieux incultes.

Les loams n'exigent pas autant de mélanges étrangers que les autres terres.

Manière de rendre productifs différens terrains en friche, par M. Guesviller, propriétaire à Montfort-l'Amaury.

Terres graveleuses sèches, propres à la plantation du chêne. On défonce la terre à deux pieds, et on plante à trente pouces dans tous les sens.

Sables froids graveleux, propres à la plantation du châtaignier. On défonce la terre à dix-huit pouces, et l'on plante comme il est dit ci-dessus.

Sables rouges et légers, propres à la plantation du bouleau. On défonce la terre à un pied, et l'on plante comme dans les deux sortes de terrains dont il vient d'être parlé.

Marécages, propres à la plantation des bois d'aune et de marceau. On fait des rayons espacés de trois pieds; on laboure la terre à sept ou huit pouces de profondeur; on rejette la terre sur les ados; enfin l'on plante à trois pieds d'écartement.

Manière de corriger les mauvaises terres :

1° Les argileuses, qui sont compactes, que l'air pénètre peu, qui sont pâteuses dans les temps humides, dures dans les sécheresses.

On corrige ces terres et on les rend plus légères, en facilitant l'écoulement des eaux, en les mélangeant avec des sables, des terres calcaires, des craies, des marnes très-maigres, de la chaux, etc. Les pierres apportées dans ce terrain sont souvent loin d'être nuisibles.

2° Les terres calcaires, qui ont des défauts et des qualités opposés à ceux des sols argileux. Les eaux y entrent et s'évaporent; l'air y pénètre avec facilité; elles sont labourables en tout temps, et susceptibles de toutes les cultures.

Les marnes grasses, le limon des rivières, les bons fumiers, en rendant les terres calcaires plus capables de retenir l'humidité, les améliorent.

3° Les terres siliceuses et les sablonneuses, qui ont entre elles la plus grande ressemblance. Elles sont formées par le dépôt des torrens, etc., ou par les débris de roches siliceuses qu'entraînent les pluies. Très-pénétrables à l'air et à l'eau qu'elles ne peuvent retenir, elles seraient bientôt stériles si on ne les corrigeait pas par le mélange de l'argile.

Tous les sols consacrés à l'agriculture sont un composé de ces trois genres, en quantité plus ou moins grandes. Si quelques lieux renferment d'autres élémens, c'est en petit nombre, et dans des terrains qui sont chargés de matières ferrugineuses, de manganèse, etc.; ces derniers sont généralement infertiles.

La terre végétale, qui change du tout au tout les trois genres de terrain dont il vient d'être parlé, n'est qu'un produit accidentel, provenant de la décomposition des engrais.

Les bonnes terres sont légères, peu chargées de sable, douces au toucher, grasses sous les doigts. Celles qui sont un mélange de sable et d'argile sont encore très-productives. Les mauvaises sont celles qui s'approchent du sable pur, ou qui sont divisibles comme du verre pilé, celles qui s'approchent de l'argile. La terre glaise est d'une culture encore plus pénible et plus coûteuse; enfin l'argile pure est par elle-même impropre à la culture.

Quelquefois le terrain est trop divisé, trop réduit; il forme à la moindre pluie une boue froide; les fumiers ne suffiraient pas, il faut y mettre du sable et du gravier.

Manière de reconnaître la qualité d'un sol. Prendre à la surface d'un champ une petite quantité de terre; en prendre une autre à une certaine profondeur, pour juger des différentes couches. En faire séparément de petites boules avec de l'eau, et faire sécher au soleil.

Les boules qui sont peu solides, qu'on réduit en poudre avec les doigts, indiquent la nécessité de rendre le sol fertile par des fumures.

Les boules qui résistent à la pression indiquent un sol trop tenace, ayant besoin d'être corrigé; les boules qui tomberaient trop en poussière dénotent un sol qui a besoin d'être mélangé avec une terre forte avant d'être amélioré par le fumier.

Pour reconnaître la richesse d'un sol en humus, en faire des boules et les faire sécher; les peser après exactement et les soumettre ensuite à la cuisson dans un four très-chaud, ou les faire rougir au feu exposées sur une pelle rouge. Cela fait, retirez vos boules; pulvérisez-les dans un mortier; dissolvez-les dans l'eau; décantez; réunissez le résidu, faites sécher et pesez. La différence de poids sera la quantité d'*humus* soluble qui se trouvait dans votre terre; il est inutile de dire que plusieurs lavages sont nécessaires pour s'assurer que tout a été dissous.

En résumé, plus la différence sera considérable, plus la terre est bonne.

TESTAMENT. (*Cod. dom.*) On peut disposer par testament en instituant un héritier, ou sous le titre de legs, ou sous toute autre dénomination propre à manifester sa volonté. Un testament peut être olographe, fait par acte public ou dans la forme mystique. Le testament olographe est celui qui est fait par acte privé. Trois formalités sont requises pour sa validité : il doit être écrit en entier, daté et signé de la main du testateur. Toute personne capable de disposer peut faire un testament olographe. Le testament par acte public doit être reçu par un notaire selon les formalités déterminées par la loi. On nomme mystique un testament secret renfermant les dispositions du testateur, signé de lui, puis clos et scellé dans un papier, et présenté ainsi à un notaire en présence de six témoins au moins. Le legs universel est la disposition testamentaire par laquelle le testateur donne à une ou plusieurs personnes l'universalité des biens qu'il laissera à son décès; le legs à titre universel est celui par lequel il lègue une quote-part des biens dont la loi lui permet de disposer. Tout autre legs ne forme qu'une disposition à titre particulier, et ne donne au légataire qu'un droit sur la chose léguée du jour du décès du testateur.

L'erreur de date, dans un testament olographe, n'est pas une cause de nullité immédiate et radicale, comme la fausse date, qui équivaut à l'absence de date. Cette erreur peut être rectifiée par le juge; mais il faut que les élémens de la rectification soient puisés dans le testament même. (Arr., C. de Cass., 24 mai 1833.)

TETRAGONE ETALÉE. (*Jard.*) *Tetragonia expansa.* Famille des ficoïdes. Plante à feuilles charnues comme celles du pourpier. On sème au pied d'un mur, au 15 avril. Elle lève vers le 15 mai, dans une terre chaude et légère. Cette plante prend une très-grande dimension; chaque pied peut garnir un espace de cinq à six pieds; elle est précieuse pour remplacer les épinards dans la saison des grandes chaleurs; il faut l'arroser copieusement tous les deux jours. On cueille les feuilles une à une.

Cette plante est rafraîchissante et de bon goût.

THÉ. (*Conn. us.—Off.*) *Thea sinensis.* Arbrisseau dont la feuille roulée et légèrement torréfiée est employée en boisson.

On distingue les thés verts et les thés noirs. Il y a sept à huit espèces de thés verts. Celle qu'on nous apporte n'est pas la plus estimée par les Chinois; aussi l'appellent-ils d'un nom qui signifie thé de rebut. Ses feuilles sont d'une couleur inégale, mal roulées, d'une saveur forte sans être agréable. Deux thés verts sont surtout employés chez nous: le *thé perlé*, dont la feuille est parfaitement roulée sur elle-même. On lui a donné ce nom à cause de sa forme presque ronde, et de sa couleur, qui doit être d'un vert argentin. L'autre espèce, thé hyswen, plus répandue que la précédente, a ses feuilles d'un vert sombre un peu noirâtre, bien roulées et entières. Son odeur est agréable, herbacée et aromatique tout à la fois. S'il est vieux, il a une odeur forte et agréable, une saveur âcre et astringente. Il importe de le conserver, ainsi que tous les autres thés, dans des boîtes de bois garnies de feuilles d'étain, où mieux encore de porcelaine, et non dans des bouteilles de verre ou de cristal, pour qu'ils soient à l'abri de la lumière.

On distingue aussi sept à huit espèces de thés noirs, parmi lesquels le thé *bou* ou *boui* est le plus répandu et le plus employé, mais il n'est pas le meilleur. Ses feuilles sont peu roulées, souvent brisées, remplies de poussière; on en trouve parmi elles qui sont jaunâtres. Il est une autre espèce de thé noir, nommée thé *camphou*, c'est-à-dire feuilles choisies. Il est composé des meilleures feuilles de thé bou, entières, tendres et de médiocre grandeur. Il est de beaucoup préférable à l'autre, mais plus rare.

Le thé vert a une légère odeur de foin et une qualité enivrante qu'il manifeste souvent par son action sur les nerfs, quand on le prend trop fort et en trop grande quantité.

Le thé noir acquiert cette couleur, parce que, dans sa première préparation, on le fait rester plus longtemps dans l'eau bouillante; il est, par cette raison, moins âcre et moins aromatique que le thé vert. L'usage du thé s'est répandu en Europe en 1666. Maintenant les feuilles de cet arbrisseau sont devenues d'un usage si habituel et même si nécessaire dans certains pays humides, comme la Hollande et l'Angleterre, que dans la seule Europe il s'en consomme plus de vingt millions de livres par année. En France on le prend, en général, plutôt par ton et par mode que par nécessité; tandis que dans les pays humides l'usage habituel du thé s'explique par les conditions atmosphériques où se trouvent les habitans.

On a proposé, pour remplacer le thé dans nos climats, les feuilles d'un petit arbrisseau nommé *gaulteria procumbens*, de la famille des bruyères. Il est originaire du Canada. Il se plaît dans les terrains arides et sablonneux sans craindre le froid de l'hiver, et s'acclimate facilement. Celse, un des botanistes les plus distingués du dernier siècle, en a essayé l'usage à la place du thé; et, selon lui, l'infusion préparée avec les feuilles de cet arbrisseau a entièrement le goût du thé, sans avoir les qualités excitantes et enivrantes de ce dernier, du vert surtout. Hallé a répété les mêmes essais, et a reconnu que ces feuilles offraient une saveur agréable sans avoir les inconvéniens du thé. On pourrait facilement répandre la culture de cet arbrisseau, et essayer l'usage de ses feuilles, qu'on pourrait aussi mêler, dans les ménages, avec du thé.

Altérations. Le thé peut être altéré, 1° par une mauvaise préparation; 2° parce qu'il a été mal conservé: dans ces cas, on trouve souvent des feuilles tachées de rouille; dans les thés verts on trouve quelquefois des feuilles desséchées et jaunies sur l'arbre; 5° le thé, altéré par l'air ou l'eau de mer, s'échauffe, se corrompt et perd toutes ses qualités. La vétusté, l'action de la lumière, l'exposition à l'air, sont autant de causes qui altèrent le thé et le détériorent plus ou moins complétement.

Falsifications. On falsifie le thé de plusieurs manières, et les Chinois, dont le talent pour la fraude est assez connu, ne manquent pas de procédés pour falsifier les thés qu'ils nous vendent si cher. D'abord, et cette fraude est de peu d'importance, ils y mêlent des feuilles d'arbrisseaux étrangers, ou des herbes aromatiques, telles que les feuilles de l'olivier odorant d'Asie, celles du *camelia sensaqua*, qui est de la même famille que le thé; de plus, les semences de l'anis étoilé; les racines de l'iris de Florence, sont quelquefois renfermées pendant un certain temps dans les boîtes à thé, pour communiquer à celui-ci l'odeur de ces substances.

On a conseillé, comme moyen de reconnaître la présence des feuilles étrangères dans le thé, de mettre dans l'infusion un grain et demi de couperose verte. Si c'est du véritable thé vert, l'infusion prend, à la lumière, une teinte bleuâtre. Elle sera d'un bleu tirant au noir si c'est un véritable thé bou; mais si le thé, quel qu'il soit, est falsifié, elle pourra être de toutes couleurs, jaune, verte, noire. Ce moyen est souvent infidèle.

Les Chinois teignent leur thé vert avarié avec de la terre du Japon (cachou), ce qui lui donne la couleur du thé bou. L'infusion de ce thé, dans les mêmes proportions que celle d'un thé bou de la qualité duquel on serait sûr, serait beaucoup plus foncée que l'autre. Sa couleur serait d'un brun rougeâtre, tandis que celle du véritable thé bou devrait tirer sur le noir.

Les feuilles de ce thé, longtemps macérées dans l'eau froide, sont plus vertes que celles du bon thé bou; enfin l'infusion, au lieu d'être agréable au palais, est au contraire astringente, âcre et désagréable.

Le thé vert peut être falsifié en teignant le mauvais thé bou avec de la couperose verte. Si on verse dans l'infusion de ce thé de la teinture de noix de galle, celle-ci devient d'un bleu noir ou couleur d'encre: moyen certain de découvrir la fraude, car la noix de galle n'a aucune action sur l'infusion du thé naturel.

Il est beaucoup de gens qui pensent que le thé que nous recevons en Europe a déjà servi aux usages des Chinois. C'est une erreur, au moins dans le plus grand nombre de cas; erreur qui a été propagée par des personnes qui, ayant vu mettre le thé dans l'eau, n'ont sans doute pas bien compris le but de cette préparation, qui est d'enlever au thé une partie de son âcreté. Toutefois, il est vrai que les marchands mêlent quelquefois du thé dont on s'est déjà servi avec du thé de bonne qualité : fraude dont on ne peut s'apercevoir qu'à la faiblesse de l'infusion pour une quantité donnée; car, bien que ce thé devienne plus pâle, ils ont soin de le mêler avec un thé de bonne qualité qui a la même couleur.

Les feuilles de frêne, celles de sauge, peuvent remplacer le thé. (Voy. FRÊNE, SAUGE.)

Manière de faire le thé par madame Adanson. Ayez une théière de la contenance d'une pinte; rincez-la à l'eau bouillante; mettez dedans trois gros de ce thé mélangé; versez dessus demi-verre d'eau qui bouille à grands bouillons; laissez infuser un quart d'heure; alors emplissez la théière avec l'eau au même degré d'ébullition; laissez infuser un autre quart d'heure; mettez le sucre dans les tasses; versez dessus, à travers la passoire d'argent, la moitié du thé nécessaire; remplissez la théière avec de nouvelle eau bouillante, etc.; achevez de remplir les tasses; ajoutez dans chacune une cuillerée à bouche de crème fraîche et épaisse; faites servir sur une assiette des rôties de pain beurré empilées symétriquement, ou des tartines de l'épaisseur d'une ligne, et couvertes de beurre à demi-sel. Ces détails paraîtront peut-être fastidieux. Cependant il y a des personnes qui croient que pour faire du thé il suffit de verser de l'eau chaude dessus, et qui le trouvent ensuite mauvais, faute d'avoir su le faire.

Si vous faites une consommation habituelle de thé, il faut faire sécher et conserver vos fonds de théière, et, quand vous aurez des pantalons de nankin à laver, vous ferez bouillir deux poignées de ce thé dans un chaudron plein d'eau; vous passerez cette eau, et vous vous en servirez pour les faire savonner; cela les décrasse et maintient la couleur. (Voy. TAPIS.)

THERMOMÈTRE. (*Conn. us.*) C'est un tube de verre contenant de l'esprit de vin ou du mercure. Un point fixe indique la température de la glace fondante; un autre, celle de l'eau bouillante. On divise le tube en un certain nombre de parties égales ou *degrés*, et l'on continue cette division indéfiniment, tant au dessus qu'au dessous des points fixes.

L'échelle du thermomètre dit *centigrade* est divisée en cent degrés. L'échelle du thermomètre de Réaumur est divisée en quatre-vingts degrés. Ces deux divisions de l'échelle sont les seules usitées en France; elles ont l'une et l'autre pour point de départ la température de la glace fondante qu'on indique par 0.

Le signe ° placé en haut et à la droite d'un chiffre signifie *degré* : ainsi 15°, 29° équivalent aux expressions 15 *degrés*, 29 *degrés*.

Quand les nombres expriment des températures au-dessous de celle de la glace fondante, indiquée par le 0 de l'échelle, on les fait précéder, pour abréger, du signe — : si donc vous trouvez écrit quelque part. *Le thermomètre indiquait* — 15°, lisez : *treize degrés au-dessous de zéro*, ou de froid.

Le signe + placé à la gauche d'un nombre exprimant des degrés est pour avertir que ces degrés appartiennent à la partie de l'échelle qui est au-dessus du 0; les expressions + 18°, 14°, signifient donc 18 *degrés*, 14 *degrés au-dessus de zéro*.

Tous les degrés de température ne sauraient être mesurés par les thermomètres contenant du mercure ou de l'esprit de vin. Ces instrumens ne peuvent indiquer ni le degré de congélation du liquide contenu dans l'un (thermomètre à mercure), ni le degré de température auquel les deux liquides se réduiraient en vapeur et briseraient le verre qui les renferme; et, en général, aucun liquide ne saurait mesurer une température aussi élevée que celle de son ébullition.

Le plus grand abaissement du thermomètre est produit par un mélange de trois de neige et de quatre de potasse, ou de trois de phosphate de soude, deux de nitrate d'ammoniaque, quatre d'acide sulfurique étendu d'eau.

THON. (*Cuis.*) *Scomber thynnus.* Poisson qu'on pêche dans la Méditerranée.

Le thon frais s'apprête comme le saumon. (Voyez ce mot.)

Le thon mariné se sert en hors-d'œuvre. Faites-le cuire au bleu; mettez sur un plat avec épices, persil, beurre, ciboule; faites prendre couleur au four et dans une tourtière.

THUYA DE CANADA. (*Jard.*) *Thuya occidentalis.* Famille des conifères. Arbrisseau toujours vert, branchu, étalé dans le bas, plus rustique que le suivant; bruyère; exposition ombragée. Marcottes qui s'enracinent en deux ans. Il donne aussi quelquefois des drageons enracinés, si on lui laisse ses branches inférieures et qu'on les butte avec un peu de bruyère.

Thuya australis. Il a le port de celui de Canada; mais la graine est comme celle du *thuya orientalis*, et il a sur lui l'avantage de ne jamais se dégarnir du bas. Même culture.

On connaît, sous le nom de *thuya pyramidalis*, une espèce difficile à distinguer de l'*orientalis*; il est en tout semblable.

Thuya de la Chine. (*Orientalis.*) d'un port plus élégant que le précédent; forme régulière; nord; bruyère; semis en mars. Les cônes sont mûrs en novembre. On place le plant, quand il a un pied de haut, en motte, espacé de trois pieds. On a soin de ne pas lui ôter des branches. On maintient chaque thuya avec des tuteurs et de grosse laine.

THYM COMMUN. (*Jard.—Conn. us.*) *Thymus vulgaris.* Plante ligneuse. On la met en bordure dans une terre légère, chaude, amendée et à bonne exposition. Elle se multiplie par la séparation des pieds et des branches qui s'enracinent dès qu'elles touchent la terre. On doit tondre le thym lorsqu'il est en fleurs : ce sont ces bouts de branches qu'on emploie pour assaisonner presque tous les ragoûts; on les lie en paquets, et quand ils sont secs on les met en sac.

L'usage du thym est intérieur et extérieur : on s'en sert en cuisine pour relever la saveur des viandes et du poisson. Son huile essentielle est carminative, stomachique, propre contre le mal de dents qui vient de carie; il suffit d'en imbiber un peu de coton qu'on introduit dans le trou de la dent malade.

TIGRIDE A GRANDE FLEUR. (*Jard.*) *Tigrida pavonia.* Famille des iris. Ognon du Mexique. Fleurs se succédant de juillet en octobre, très-grandes, d'un beau rouge-minium tiqueté de points bruns. Bruyère ou terreau végétal maintenu frais. Mi-soleil. Multiplication par les caïeux qu'on relève en novembre et qu'on serre en lieu sec à l'abri de toute gelée, pour ne les replanter qu'en avril. Cette belle fleur mûrit sa graine; on la sème en mars en bruyère; on couvre le jeune plant de litière sèche la première année; on la repique en mai, dès qu'il montre ses feuilles, et on le traite ensuite comme les autres. Il fleurit la troisième année, devient plus rustique, mais ne donne point de variétés.

TILLEUL (*Jard.-Méd.dom.-Off.*) *Tilia europœa.* Famille des tiliacées. Il y en a une variété de Hollande, et une autre rouge d'Amérique; une autre argentée à belles feuilles cotonneuses, une autre du Mississipi, une du Canada. Le tilleul fait non-seulement l'ornement des promenades, des jardins, des bosquets, par son port gracieux, par la docilité avec laquelle ses rameaux se prêtent à toutes sortes de formes, par son odeur douce qui parfume les airs lorsqu'il est en fleur, et par le bel ombrage et la verdure de son feuillage; mais encore il n'y a aucune de ses parties qui n'ait son utilité, soit pour la médecine, soit pour les arts.

Terre franche, un peu fraîche; graine, rejetons, marcottes; on greffe en fente sur le commun.

Osier factice fait avec le tilleul. Choisir un beau tilleul, et couper de temps en temps toutes les jeunes pousses droites dont la base a un pouce au moins de diamètre; puis les faire séjourner dans l'eau, comme le chanvre, et jusqu'au milieu de l'été seulement. Alors elles se dépouillent d'elles-mêmes de leur écorce brune; vous les lavez dans de l'eau claire, et vous les suspendez pour les faire sécher.

Les fleurs de tilleul sont anti-spasmodiques.

Infusion de tilleul. Prenez : fleurs de tilleul mondées, une pincée; mettez dans un vase convenable, et versez dessus eau bouillante, un litre; bouchez ou couvrez, et laissez infuser cinq ou six minutes; passez ensuite, et buvez par verrée, tiède ou même chaude.

On prépare de la même manière toutes les infusions; on met en général une pincée pour un verre d'eau, lorsqu'on veut se servir d'un infusé pour potion ou julep.

Pour le *ratafia de tilleul*, on emploie quatre onces de fleurs de tilleul, qu'on fait infuser huit jours dans quatre pintes d'eau-de-vie; on y mêle une livre et demie de sucre fondu dans une pinte d'eau.

TIMBALE. (*Cuis.*) Espèce de pâté d'entremets que l'on peut faire dans une casserole sur un fourneau ordinaire. Prenez de la pâte à dresser, que vous réduirez, au rouleau, à trois lignes d'épaisseur; garnissez-en l'intérieur d'une casserole bien beurrée, remplissez-la de tel ragoût, soit viande, gibier, ou poisson qui vous conviendra, et fermez d'un couvercle. Quand la pâte sera cuite, vous renverserez la casserole dans un plat pour en faire sortir la timbale; et, par un trou fait au milieu en-dessus, introduisez une sauce quelconque.

TOILE. (*Conn.us.*) Mme Adanson donne d'excellens conseil à l'usage des ménagères. La connaissance des toiles est indispensable à une maîtresse de maison; et cette connaissance ne peut s'acquérir que par l'usage, et une attention scrupuleuse à tout ce qui peut servir d'indices sur cet objet.

La cretonne s'emploie pour draps, serviettes, tabliers, etc. La trame des cretonnes est en chanvre, et la chaîne en lin. C'est à Lisieux qu'on fabrique les meilleures; elles ont depuis deux tiers jusqu'à six quarts de large. La vraie cretonne est d'un blanc mat, le grain en paraît inégal à cause de la différence des fils qu'on emploie pour la tisser; souvent la lisière est mauvaise, il faut y faire attention, car c'est alors un indice qu'elle est mal fabriquée et fera peu d'usage. En toiles fines, propres au linge de corps, on met en première ligne celles de Hollande, de Frise et de Malines, qui sont rares et chères : le fil en est rond, le grain égal, la lisière parfaite; elles sont sans apprêt, d'un blanc égal et très-beau; enfin, on les distingue au premier coup d'œil quand une fois on en a vu, mais il est rare d'en rencontrer. Elles ont aussi l'avantage de durer beaucoup plus que les autres. Leur largeur est de trois quarts; elles sont pliées en deux. Une vraie toile de Frise, de grosseur égale à un courtrai de cinq francs, se vendra de huit à neuf francs. On en fait de superbes chemises d'homme.

Les toiles de Courtrai et de Lille, qu'on vend souvent pour être de Hollande, sont très-apprêtées; leur blanc est azuré, les lisières rarement bonnes; le fil en est à demi-plat, et le grain allongé, ce qui vient de ce que la trame est plus forte que la chaîne. Il y en a de deux largeurs, savoir : en trois quarts, alors elles sont pliées en deux; en deux tiers, elles sont roulées dans toute leur largeur. Celles de trois quarts sont, en général, d'une qualité supérieure. Leur prix est de trois à huit francs l'aune, eu égard à la largeur et à la finesse.

Depuis quelque temps on vend, sous le nom de *blanc de Senlis*, des toiles de cretonne fine dont la blancheur est égale à celle de Courtrai, et qui durent davantage; mais elles sont rudes et d'un *porté* moins agréable. Leur largeur est de deux tiers.

Viennent ensuite les toiles de la Mayenne, connues sous le nom de Laval et Château-Gonthier; il n'y en a point qui soient aussi variées en prix comme en qualité; elles sont en fil plat, et portent, en général, trois quarts. Lorsqu'elles sont de première qualité et proviennent des bonnes fabriques, ce sont celles qui imitent le plus la Hollande; elles font aussi un bon usage. Les belles toiles de la Mayenne sont sans apprêt; leur blanc mat, le grain carré et égal, la lisière très-bien faite; le prix est de quatre à six francs; en qualités inférieures et connues particulièrement sous le nom de Laval, elles sont très-apprêtées, d'un grain lâché, d'un blanc azuré, et coûtent de deux à trois francs. Le même département fournit les toiles *cholettes*, dont on fait des doublures et des mouchoirs grands et fins.

Les toiles de chanvre jaunes et blanches viennent de la Bretagne : elles sont à bas prix. »

Toiles de branches de houblon. Ces toiles sont très-solides. Après la récolte des houblons, on coupe les branches en filets de la longueur de trois aunes; on les fait macérer quelques nuits à la rosée, ensuite dans une eau courante; après quoi on les fait sécher à l'air; on les bat, on les écrase; et on suit, pour tout le reste, les travaux préparatoires du lin. Les étoffes qu'on fait avec ce produit sont plus fortes que celles qu'on fabrique avec le lin et le chanvre.

Moyen de reconnaître de quelle manière les toiles sont blanchies. Quand vous voudrez vous assurer si du linge a été blanchi avec de la chaux, vous mouillerez un endroit quelconque de la toile suspectée, et la laisserez sécher : si la limite entre l'endroit mouillé et celui qui reste sec est rougeâtre, on en pourra conclure que le blanchiment s'est opéré à la chaux, et que, par conséquent, on a été trompé.

TOISE. (*Conn. us.*) Mesure de six pieds. (Voy. MESURE.) L'hectare contient 2,652,449 toises carrées; l'arpent 1,756,111.

TOMATE. (*Jard.-Cuis.-Ind. dom.*) *Solanum lycopersicum.* Famille des solanées. Semer sur la couche sourde, au même temps que les melons. (Voy. ce mot.) La repiquer en pleine terre, au 1er mai, dans des trous pleins de terreau, à bonne exposition. En lieu abrité, elle se ressème d'elle-même. Arroser surtout dans les sécheresses. Quand les premiers fruits marquent, couper le bout des tiges, et ramer.

Les fruits sont mûrs en août; on en choisit quelques-uns des plus ronds et des moins fendus pour graine; on ne peut l'éplucher sans la frotter dans plusieurs eaux; ensuite on la laisse bien sécher, et on la froisse légèrement dans les mains pour la séparer; sans cela elle se collerait de manière à ce qu'on aurait beaucoup de peine à la semer. Elle se conserve quatre ans au moins.

Tomates farcies. Prenez quatre grosses tomates rondes et bien faites; ôtez la queue; coupez-les en travers par le milieu, sans les écraser; faites sortir avec le pouce la pulpe molle et les graines contenues dans chaque loge. Faites une farce de restes de volailles, mie de pain, persil, ciboule, poivre, un peu de beurre, un anchois, le tout haché et pétri; emplissez-en toutes les loges de vos moitiés de tomates; recouvrez-les d'une couche de panure battue avec un œuf entier. Mettez dans le fond d'une tourtière deux cuillerées d'huile; placez vos tomates dessus; mettez sur un feu doux, mais constamment égal; couvrez du four chaud et plein de braise. Au bout de vingt minutes, détachez soigneusement les tomates sans les écraser, dressez-les sur un plat. Le dessus doit être doré.

Sauce tomate. (Voy. SAUCE.)

Moyen de conserver les tomates. Les couper par quartiers, les mettre dans une bassine, où l'on a cuit un quinzième de leur poids de sucre, qui commence à se réduire en caramel. On ajoute en même temps du sel, du poivre, du gérofle, de la muscade; on fait bouillir à grand feu, et quand les tomates sont bien fondues on les passe à travers un linge clair. Le suc est recueilli et mis de nouveau dans la bassine, où on l'épaissit jusqu'à la consistance de marmelade. On l'introduit alors dans des pots que l'on recouvre avec un double de papier fort ou de parchemin, et que l'on conserve dans un endroit sec.

Autre méthode. Les choisir bien mûres, les couper en morceaux, les exposer pendant plusieurs jours au soleil, sur des claies; leur donner quelques minutes de bouillon; les faire égoutter sur une toile pendant quatre heures, et, s'il est nécessaire, leur donner un nouveau bouillon, et les faire égoutter de nouveau, avant que de les introduire dans le bain-marie, où elles ne doivent rester qu'une ou deux minutes.

TONNEAUX. (Voy. FUTAILLES, VIN.)

TONNERRE. (*Conn. us.*) Décharge électrique. (Voyez ÉLECTRICITÉ.)

De bonnes raisons doivent interdire de sonner les cloches durant les orages. En effet, l'élévation des clochers, le courant d'air que produit le mouvement des cloches, la propriété conductrice des cordes, sont des causes qui exposent à de grands dangers aussi bien les bâtimens que les sonneurs. Pour les éviter, il faudrait au moins que les clochers fussent pourvus d'un paratonnerre accompagné d'un bon conducteur bien entretenu. Les meilleures précautions à prendre pour se mettre à l'abri des dangers des orages sont d'éviter les éminences et tous les lieux où l'on approcherait des corps bons conducteurs, notamment les arbres, les métaux surtout, sur lesquels la foudre se porte toujours de préférence; on doit s'éloigner des fenêtres ouvertes et des cheminées, parce qu'en occasionnant quelquefois des courans d'air, elles attirent le fluide électrique. On conçoit que, par la même raison, il est dangereux de courir pendant un orage. Dans ce cas, le meilleur parti à prendre, lorsqu'on est au dehors, c'est de se placer dans un lieu découvert, abrité par un parapluie en soie et contenant peu de métal dans sa construction, ou bien de se laisser mouiller complétement; car l'eau conduisant très-bien le fluide électrique, il est probable que votre corps servirait lui-même de conducteur sans qu'il en résultât d'accidens si le nuage venait à se décharger dans cet endroit.

Moyens infaillibles pour se préserver du tonnerre. Il faut, a dit le célèbre Franklin, s'éloigner de la cheminée, des miroirs, de la boiserie si elle est dorée, et des tableaux s'ils le sont. La place la plus sûre est au milieu de la chambre (pourvu qu'il n'y ait pas au-dessus de lustre de métal suspendu par une chaîne). Il faut s'asseoir sur une chaise, et mettre ses pieds sur une autre. Il est encore plus sûr de mettre au milieu de la chambre des matelas pliés en deux, et de mettre les chaises dessus; car ces matelas ne conduisant pas la matière du tonnerre comme les murs, cette matière ne préférera pas d'interrompre son cours, en passant à travers l'air de la chambre et les matelas, quand elle peut suivre le mur, qui est un meilleur conducteur.

Une des plus belles et des plus utiles découvertes de Franklin, c'est la construction des paratonnerres. Il était en effet difficile de concevoir que le génie de l'homme pût s'élever au point de disposer à son gré de la foudre; tel est cependant l'important problème que cet illustre physicien a résolu. Les paratonnerres sont remarquables par leur simplicité; ils reposent sur la propriété qu'ont les pointes d'attirer l'électricité et de lui servir de conducteur. (Voy. PARATONNERRES.)

Les paratonnerres ont une longueur de cinq à six mètres, et le rayon de leur sphère d'action est double de leur hauteur. D'après cette connaissance, on doit, sur les grands édifices, les placer à la distance de vingt à vingt-quatres mètres l'un de l'autre; s'ils étaient plus loin, il y aurait des espaces qu'ils ne garantiraient point; s'ils étaient au contraire trop rapprochés, ils se nuiraient réciproquement.

Lorsqu'on se trouve à la campagne et qu'un orage vient à éclater, l'on doit avoir grand soin de ne pas se placer sous des arbres qui sont élevés et se terminent en pointe, tels que les peupliers de la Caroline, etc.; il vaut mieux se mettre à environ trois toises de distance, parce qu'il est presque certain que la foudre, si elle doit tomber près de là, sera attirée par la pointe de cet arbre. Nous avons eu occasion de voir, dans quelques forêts des Pyrénées, ainsi qu'à la Salveta, de tels arbres qui avaient été frappés par la foudre dans toute la longueur du tronc, et sur lesquels le passage du fluide électrique était marqué par de larges éclats de bois qui en avaient été enlevés.

TOPINAMBOUR. (*Jard. — Cuis.*) *Helianthus tuberosus*. Famille des radieés. Plante qu'on cultive et pour en manger les tubercules comme les pommes de terre, et pour les donner aux vaches. Elle effrite la terre.

Les topinambours ne sont pas un excellent mets; cependant, étant bien accommodés, ils sont assez bons, et font variété dans une saison qui n'en offre guère. Faites-les cuire à l'eau froide avec sel et un peu de beurre; pelez-les ensuite, coupez-les en rouelles, faites-les bouillir un quart d'heure dans une sauce blanche ordinaire; ajoutez-y une demi-gousse d'ail hachée. Liez avec un jaune d'œuf et une cuillerée de bon lait.

On les mange également frits, et on les met dans les ragoûts en guise d'artichauts. Il faut les faire cuire avant de les tremper dans la pâte.

TORCHES. (*Conn. us.*) *Torches qui ne s'éteignent ni au vent ni à la pluie*. Faites bouillir de vieilles cordes dans une solution de nitrate de potasse (salpêtre); faites-les sécher et entourez-les d'un mélange fait avec le soufre en poudre, la poudre à canon et l'eau-de-vie. Après cela, faites fondre ensemble parties égales de camphre, de soufre et de térébenthine, avec trois parties de cire et de résine, et trempez-y les cordes préparées; vous en réunirez ensuite quatre pour en faire une torche, et ayant soin de mettre au centre un mélange de trois parties de soufre sur une de chaux vive.

TORCHON. (*Conn. us.*) La meilleure toile à torchon se fait à Alençon (Orne); elle ne porte que vingt-quatre pouces, et se vend vingt-quatre sous en première qualité; car il y en a à quinze, seize et dix-huit sous l'aune. Pour que les torchons conservent trois quarts pleins après le blanchissage, il faut mettre dix aunes à la douzaine.

TORDRE LE LINGE. (*In. dom.*) La manière de tordre le linge fait beaucoup à sa conservation; les femmes de campagne ont la mauvaise habitude de le tordre en travers; il faut au contraire que ce soit en long, c'est-à-dire dans le sens de la lisière, pour ne pas le déchirer.

TORMENTILLE. (*Jard. — Méd. dom.*) *Tormentilla erecta*). Tiges d'un pied, feuilles à trois ou cinq folioles, ovales, allongées, fortement dentées; tout l'été, fleurs jaunes solitaires. Terre légère et sèche; multiplication de graines et d'éclats. La racine de tormentille est astringente.

TOURTE. (*Off.*) Les tourtes se garnissent de fruits ou de viandes. On prend, pour les faire, un boule de pâte brisée grosse comme le poing, qu'on met sur une tourtière plate et saupoudrée de farine; faire un rebord en feuilletage, faire cuire au four. (Voy. PATÉ, TIMBALES, PUDDING).

TOURBE. (*Conn. us.*) Espèce de terre qui se trouve en assez grande abondance dans le nord de la France. (Voy. TERRAIN), et qui sert de combustible.

La tourbe peut remplacer la houille avec avantage dans la conversion de la fonte en fer.

TOUX (*Méd. dom.*) Voy. RHUMES.

Toux des bestiaux. Faire infuser dans une chopine d'urine tiède une poignée de *lichen caninus*; mêler à un peu d'eau blanchie avec de la farine, et en faire boire à l'animal.

TRANCHÉES. (*Méd. dom.*) *Tisane contre les tranchées*. Prendre d'heure en heure quatre cuillerées d'infusion de camomille romaine, avec deux onces de sirop de coquelicot. Pour les enfans, la dose est de trois cuillerées à café du mélange; on peut y ajouter un peu de fleur d'oranger, et faire pour le ventre des fomentations avec une flanelle imbibée de décoction d'une tête de pavot dans une pinte d'eau.

TRAVERSIN. (*Conn. us.*) Il faut trois quarts de coutil en quatre quarts pour le traversin d'un lit de quatre pieds, et en sus un quart pour les ronds des deux bouts; sur lequel quart il reste de quoi faire les deux bouts d'un autre traversin. Pour un lit de trois pieds et demi, on lève le quart destiné à faire les bouts sur la largeur du coutil en quatre quarts. On cire l'envers de l'étoffe comme pour le lit de plume. (Voy. ce mot.) Il entre deux livres de plume dans un traversin.

TRÈFLE. (*Agr.*) *Trifolium*. Famille des légumineuses.

Il y a un grand nombre de trèfles. Le trèfle rouge et le blanc, assez généralement cultivés, se sèment en avril ou mars.

Il faut les semer presque toujours sur les céréales, blé ou seigle d'automne, après que la rosée a entièrement disparu, afin que la graine ne reste pas sur les feuilles; on peut l'enterrer légèrement en donnant un hersage; il réussit également dans le sarrazin, le colza de printemps et d'hiver, très-bien sur l'orge et l'avoine; quand ces céréales sont destinées à être coupées en vert, on le fait deux fois et on a ensuite une belle coupe de trèfle à l'automne. Comme pour toutes les graines très-fines, il faut toujours une allée et une venue sur la même place, en répandant la moitié de la graine à chaque fois, ne semer le trèfle sur céréales qu'un peu tard et lorsqu'elles commencent à couvrir le terrain; tous les sols conviennent, excepté ceux qui sont extrêmement légers et pauvres; graine jaune ou violette bien brillante, quarante livres par hectare.

Farouch ou trèfle incarnat. (*Trifolium incarnatum.*) Déjà nos pays méridionaux avaient apprécié l'utilité du farouch ou trèfle incarnat, dont la riche végétation redoute peu les ardeurs du soleil. Transplanté depuis dans nos départemens plus froids, il a justifié les mêmes espérances; ainsi, dans les chaleurs d'août, où toutes les graines se refusent à la germination, le trèfle incarnat lève, grandit, et donne l'année suivante un beau produit.

Dans le nord de la France, on doit semer cette plante avant le quinze août, parce qu'elle est facilement détruite par les gelées d'hiver, si elle n'est pas assez forte.

Le trèfle commence à jouer dans l'agriculture française un rôle important. L'homme qui exploite le sol comprend que dans bien des cas les prairies naturelles ou permanentes doivent céder la place aux prairies temporaires ou artificielles. Malheureusement, ceux qui ont compté sur une récolte abondante de trèfles peuvent se trouver déconcertés quand une sécheresse prolongée n'a pas permis à leurs trèfles de lever uniformément, ou qu'une autre cause a détruit les espérances qu'ils fondaient sur cette plante pour l'alimentation de leurs animaux. Il n'est donc pas inutile, sous ce rapport, d'indiquer les plantes qui peuvent remplacer le trèfle.

Le trèfle est destiné : 1° à être donné en vert pendant l'été; 2° ou à l'état sec pour la nourriture d'hiver.

Le seigle, les vesces, la spergule, le maïs, le sarrazin, peuvent tenir lieu du trèfle. (Voy. ces mots.)

Foin de trèfle. Si le trèfle devait être consommé pendant l'hiver sous la forme de foin, le cultivateur aura beaucoup plus de latitude pour lui trouver une succédance. Les pommes de terre, les betteraves, les carottes, les panais, les topinambours, présentent de grandes ressources pour les diverses espèces de terrains, selon le genre de bétail. Mais la plante qui est spécialement propre à cet usage, c'est la féverolle ou fève de cheval. Elle est de la même famille que le trèfle; elle laisse le terrain libre plutôt que les autres plantes sarclées; sa récolte exige moins de frais de main-d'œuvre : la conservation des produits est moins chanceuse; elle forme une très-bonne préparation pour le blé.

L'avoine et les vesces coupées avant la formation des graines et séchées comme le foin peuvent remplacer le foin de trèfle sous le rapport qui nous occupe.

Enfin, le trèfle incarnat, soit vert, soit sec, est une excellente nourriture pour toute espèce de bétail. Cependant les vesces à l'état sec sont préférables au foin de trèfle incarnat, qui perd une partie de ses feuilles et n'a plus que des tiges qui ressemblent à de brins des balais.

Manière de faire fermenter le trèfle pour le donner au bétail. Le trèfle, lorsqu'il est vert, peut subir un état de fermentation qui lui donne une qualité très-utile pour la nourriture des bestiaux qui alors en sont très-avides.

Voici le procédé que l'on doit suivre pour obtenir cette fermentation. Lorsque le trèfle est coupé, on le dépose dans un tonneau ou une cuve placée dans un lieu dont la température est de dix degrés de Réaumur; lorsque ces vases sont pleins de fourrage, on ajoute de l'eau par-dessus, de manière à remplir tous les vides laissés entre les brins de la plante; après quelques jours, on voit la masse s'augmenter. Si on la touche, elle est chaude, et son odeur alcoolique. C'est à ce moment qu'on décuve le trèfle, et qu'on le répartit entre les bêtes de son étable. Cette nourriture, comme en général toutes celles que donnent les substances fermentées, ne doit pas constituer à elle seule le régime alimentaire des animaux; car elle deviendrait trop échauffante.

Un cultivateur de Sommevoise (Haute-Marne) emploie avec succès les moulins à blé pour détacher les graines du trèfle du fond de leur calice. A cet effet, il jette dans le moulin les têtes de trèfles, mêlées avec des féverolles ou toute autre graine destinée aux animaux. La meule doit être tenue un peu élevée au-dessus du jarre; on sépare ensuite, au moyen du van ou d'un tamis à toile métallique, la graine du trèfle du grain concassé qui reste alors uni aux têtes de trèfle vides de leur grain. Ce mode simple offre une économie de près de moitié sur celui pratiqué dans certaines localités. Les calices de trèfle, joints au grain et légèrement humectés, deviennent une excellente nourriture pour les bœufs et porcs, et font profiter d'un produit ordinairement perdu pour la ferme.

TRICTRAC. (*Récr. dom.*) On joue avec une boîte, nommée trictrac, des dames et des dés. Les doubles as, trois, quatre, cinq et six se nomment *bezet*, *terne*, *carme*, *quine*, *sonnez*. On marque les points sur les diverses flèches du trictrac. Les coups du jeu s'appellent *jans*.

Jan de trois coups, c'est abattre en trois coups six dames de suite : ce jan vaut quatre points.

Jan de deux tables. Quand, n'ayant que deux dames abattues, on peut, par le résultat du dé, en mettre une dans son coin de repos, et l'autre dans le coin de l'adversaire. Il vaut quatre points, et six par doublet.

Contre-jan de deux tables. Lorsque l'adversaire ayant son coin, vous n'avez que deux dames abattues, dont vous battez les deux coins. Il vaut quatre points à l'adversaire.

Jan de mézéas. L'adversaire ayant pris son coin de repos, amener un as. Ce jan vaut quatre points.

Contre-jan de mézéas. C'est le jan précédent, fait par l'adversaire.

Petit-jan. Avoir douze dames dans la première table.

Grand jan. Avoir douze dames dans la seconde table.

Jan de retour. Passer ses dames dans la première table de son adversaire, et de là dans la deuxième table, dont on remplit toutes les cases.

Jan de récompensé. Quand le nombre des dés tombe sur une dame de l'adversaire *découverte* (placée sur une seule flèche).

Jan qui ne peut. Quand, au jan de retour, on ne peut jouer les nombres qu'on a amenés.

Manière de marquer. Deux points se marquent au bout de la flèche de l'as; quatre entre la flèche du trois et celle du quatre; six devant la lame de cinq; huit devant la lame de six; dix devant les lames du huit, du neuf ou du dix: douze points font partie, et se marquent dans les trous du trictrac avec un fichet.

Être en bredouille, c'est faire douze points sans que l'adversaire en fasse un seul.

Coin de repos. C'est la onzième case.

Privilège de s'en aller. Quand on a fait un grand coup, si l'on gagne assez de points, on peut lever ses dames, et recommencer la partie.

Envoyer à l'école. Quand un joueur commet une erreur, son adversaire peut l'envoyer à l'école, en prenant pour soi les points qu'il a marqués ou qu'il a oublié de marquer.

Le trictrac est un de ces jeux compliqués que l'on n'apprend que par expérience et sous la direction d'un maître habile. Il en est de même de ses variétés; le *trictrac à écrire*, dont la partie se compose de douze marques que l'on écrit; le *trictrac à la chouette*, ou de deux contre un, et le *trictrac à tourner*, où plusieurs personnes jouent successivement à leur tour.

TRIENNAL. (*Agr.*) Assolement de trois ans. Il fut proposé par un Italien, nommé Barbo. Il consistait à utiliser le tiers de la terre en blé d'automne, le tiers en graines de maïs, en laissant l'autre tiers en jachère. (Voy. ASSOLEMENT, JACHÈRE.) Dans le centre et dans l'ouest de la France où il est encore pratiqué, il a les plus tristes effets. (Voy. ASSOLEMENT.)

TRILLIUM SESSILE. (*Jard.*) Famille des asperges.

Vivace, d'Amérique du nord. Fleurs en mai, jolies. Séparation des racines à la chute des feuilles. Bruyère franche au nord.

TRIPOLI. (*Comm. us.*) Matière pierreuse qu'on apportait autrefois de Tripoli d'Afrique.

Le tripoli, réduit en poudre fine, a la propriété de polir et de nettoyer les objets de cuivre, d'argent et de fer; on les frotte à sec et ensuite on les essuie. Quand ces objets sont façonnés, on se sert d'une brosse, tant pour appliquer la poudre que pour l'enlever de l'intérieur des ciselures.

TROÈNE COMMUN. (*Jard.*) *Ligustrum vulgare.* Famille des jaminées. Arbrisseau indigène, arbuste branchu et touffu, qui fait fort bien dans les haies. Fleurs en juin; en grappes blanches et odorantes. Multiplication de boutures en mars, à l'ombre.

Troène du Japon. (*Japonicum.*) Arbuste presque toujours vert; feuilles grandes, luisantes et d'un beau vert. Fleurs en juillet, blanches; terre de bruyère, humide; exposition bien abritée du nord; multiplication de marcottes, de drageons, et de greffe par approche sur le commun.

TROLLE D'EUROPE. (*Jard.*) *Trollius europœus.* Famille des renonculacées. Vivace, des Alpes. Fleurs jaunes en avril. Bruyère humide. Séparation des pieds forts à la défeuillaison, ou semis en mars, en pots enterrés à l'ombre; recouvrir la graine de trois lignes avec le crible; repiquer la 5e année en avril. Le plant fleurit la 4e.

Trolle d'Asie. (*Asiaticus.*) Vivace, de Sibérie, plus beau que le précédent.

TRUFFE. (*Jard.—Comm. us.—Cuis.*) *Tuber.* Famille des champignons. Végétal bisannuel. On distingue la truffe noire comestible, et la truffe blanchâtre ou truffe des nerfs, et la truffe grise.

On multiplie les truffes en les enlevant avec soin de terre, les coupant par tronçons et les semant avec rapidité à l'ombre, dans une terre calcaire et ocreuse, mêlée de terreau, de feuilles de chêne et de charme. La première année, elles sont grosses comme une noisette et jaunâtres.

La graine des truffes paraît être détruite par l'action de l'air au bout d'un quart d'heure, et par celle du soleil en une minute.

On trouve des truffes dans les terres gercées et nues, souvent au pied des arbres. Un petit scarabée se place assez fréquemment sur le sol qui les recouvre. Au lieu de cochons muselés qui, rendus à la liberté, en détruisent un grand nombre, on peut employer de petits chiens de la race des gredins, pour la découverte des truffes.

La truffe donne du goût à toutes les préparations culinaires; elle relève un assaisonnement, et ajoute au parfum d'une viande bien rôtie un parfum nouveau qui est presque enivrant. On ne saurait donner de dîner passable sans que la truffe y règne en souveraine.

Il ne faut pas emplir une volaille de truffes jusqu'au gosier. On veut chercher le mieux, on a tort; c'est toujours l'ennemi du bien. Qu'arrive-t-il alors? c'est que votre poularde ne sent que la truffe; il n'y a plus de ce mélange si suave de l'odeur d'une viande rôtie à point et de l'odeur du tubercule par excellence.

Coupez toujours des truffes par bandes carrées de la largeur d'une pièce de vingt sous, et ne les râpez pas comme on pourrait faire du chocolat.

Lorsque vous achetez des truffes, il faut prendre garde qu'elles soient bien saines : une seule gâtée est capable d'altérer toutes les autres. On place les truffes dans un panier qu'on tient suspendu dans une cave ou dans un autre endroit frais. Les truffes ne se gardent guère fraîches plus de quinze à vingt jours; on doit surtout prendre garde qu'elles ne soient exposées à la gelée. En se gâtant elles commencent à devenir molles, se carient, perdent de leur odeur et de leur couleur; il s'en dégage bientôt une odeur fétide, approchant de celle des matières animales putréfiées.

Pour s'assurer si les truffes s'altèrent, on les touche et on les presse avec les doigts : dès qu'elles commencent à s'attendrir, il faut promptement les consommer.

Conservation des truffes. Les truffes se conservent fort bien dans du saindoux, après qu'on leur a fait subir un commencement de cuisson. Le saindoux est généralement préféré à l'huile pour cet usage, parce que ce liquide les pénètre et leur communique son goût. Les vases où les truffes sont conservées doivent être couverts avec soin. On peut également conserver les truffes, en les plongeant à deux ou trois reprises dans de la cire fondue. Elles sont dans leur état naturel lorsqu'on leur fait subir cet apprêt; seulement on les débarrasse bien au préalable de toutes les particules terreuses qui pourraient y être adhérentes.

Toutefois Parmentier condamne cette pratique.

Procédé Appert. Pour conserver les truffes, il suffit de les bien laver et de les peler légèrement. On les met ensuite dans les vases, et on les expose à l'action du bain-marie pendant une heure.

Autre procédé. On conserve parfaitement les truffes en les lavant d'abord avec de l'eau et du vin, et en les mettant ensuite dans du vinaigre. Quand on veut les manger, on les fait détremper dans de l'eau pour leur ôter l'acidité que le vinaigre a pu leur communiquer. L'eau salée est encore un excellent moyen.

Autre. Les truffes non lavées semblent se conserver mieux que celles qu'on nettoie, car l'humidité s'insinue dans les pores de ces dernières, les détériore et les fait bientôt pourrir : c'est pourquoi il vaut mieux les frotter avec une brosse rude. On a proposé de les enterrer dans un sable bien sec, et ce moyen est assez sûr. Le son, dans lequel d'autres personnes emballent les truffes, est plus propre à accélérer leur détérioration qu'à les conserver, parce qu'il s'humecte, se tasse et s'échauffe. Les cendres altèrent les truffes.

En général, les truffes trop mûres et celles qui ne le sont pas assez se conservent peu de temps. L'arome dont elles sont remplies à l'époque de leur maturité, et la fermeté que leur chair acquiert, les rendent plus propres à être conservées à cette époque. Les truffes qu'on coupe par tranches, qu'on enfile et que l'on fait sécher comme les *mousserons*, peuvent se garder longtemps, mais n'ont pas le parfum et la saveur des truffes fraîches. Au reste, il convient de les sécher à l'ombre, plutôt au soleil qu'au feu.

Truffes au naturel. Enveloppez chaque truffe de quatre ou cinq morceaux de papier mouillé, et faites-les cuire sous la cendre. Il faut une heure. Retirez le papier et servez.

Truffes au vin de Champagne. Entremets. Faites-les

cuire dans de bon vin blanc avec bouquet garni et épices. Une demi-heure suffit. Servez dans une serviette.

Truffes sur le plat. En enlever la terre; les tremper dans l'huile; les couper par tranches, les mettre sur le plat avec du beurre, un peu de vin, du sel, du gros poivre, des filets d'anchois. Faire une liaison de jaunes d'œufs, et servir.

On peut mettre des truffes dans toutes les sauces et les ragoûts, elles ne les gâtent jamais. On peut aussi les manger crues en salade, garnies d'œufs durs, filets d'anchois, fines herbes et petits ognons.

TRUIE. (*An. dom.*) (Voy. COCHON.) Quand on veut conduire une truie au verrat, il faut examiner si elle a des accès convulsifs qui ne cessent que lorsqu'elle s'est vautrée dans la boue. On l'excite en lui donnant un peu d'avoine grillée. La laitue, la poirée, la pimprenelle la calment au contraire.

Lorsqu'on veut que la truie soit fécondée, il faut l'enfermer avec le verrat; car, laissée avec les autres cochons, elle les tourmenterait et les fatiguerait. Elle porte cent treize jours, et met bas le cent quatorzième. — L'époque la plus avantageuse pour la faire saillir, quand on se propose d'élever les petits, est depuis le milieu de novembre jusqu'au mois de juin. Ils ont alors le temps de se développer, de se fortifier avant l'hiver, et souvent de résister aux rigueurs de la saison. Si, au contraire, les cochonnets sont destinés pour la boucherie, on doit s'attacher à les faire naître dans toutes les saisons où ils se vendent le mieux.

On sait qu'abandonnée à sa fécondité naturelle, une truie aurait jusqu'à trois portées dans le cercle de quatorze mois; mais quel en serait le résultat? On ne peut assez blâmer la cupidité insatiable qui, rapprochant ainsi les portées, fatigue et épuise les mères. En ne leur donnant le mâle que deux fois l'année, les petits auront alors le triple avantage de naître plus forts, et de téter plus longtemps une mère plus robuste. Une truie conçoit presque toujours dès la première fois qu'elle a pris le verrat. Il est bon cependant de les laisser ensemble pendant quelques jours.—Le terme de la fécondité des truies va plus loin que celui des verrats. Il faut l'interrompre vers la sixième année. A cinq ans, les verrats ne doivent plus être gardés pour le service de la basse-cour; il faut les châtrer l'un et l'autre. Sans cette opération, ils prendraient mal l'engrais; leur chair serait dure et de mauvaise qualité. Aussitôt qu'on est assuré que la femelle est pleine, il faut en séparer le verrat, dans la crainte qu'il ne la morde et ne la fasse avorter. On doit surtout empêcher qu'il n'en approche quand elle met bas, par la raison qu'il pourrait se jeter sur sa progéniture, et manger quelques-uns des nouveaux-nés.—Dans cet état, elle exige encore d'autres soins particuliers, une nourriture plus souvent répétée qu'aux autres, sans néanmoins trop l'engraisser, car alors elle serait exposée à perdre la vie en cochonnant, ou à ne pas avoir assez de lait pour la famille naissante. Mais l'inconvénient le plus ordinaire, c'est qu'elle devient lâche et pesante, et que, lorsqu'elle se couche sur ses petits, elle les étouffe plutôt que de se relever. On reconnaît l'époque où une truie va mettre bas, par le lait qui commence à arriver aux mamelles; et, si la truie est en liberté, elle l'annonce immédiatement en transportant dans son toit des pailles avec lesquelles elle se prépare une litière commode.

La portée est ordinairement de dix à douze petits; mais il est prouvé par l'expérience que c'est une erreur de choisir des truies fécondes à l'excès, et qu'il y a un bénéfice assuré à ne pas faire nourrir trop de cochonnets par la même mère; que les portées composées de huit à neuf petits sont beaucoup meilleures que celles de douze et au dessus, parce qu'ils naissent plus gros, que la mère les nourrit mieux et se fatigue moins. — Au moment de la délivrance, on fortifie la mère en lui donnant un mélange d'eau tiède, de lait et d'orge ramollie par la cuisson. On met ensuite à sa disposition tout ce qui sort de la cuisine et de la laiterie; mais la nourriture la plus ordinaire, après que la truie a mis bas, consiste, matin et soir, en un picotin d'orge cuite ou moulue, auquel succède une eau blanche composée de deux bonnes poignées de son sur un seau d'eau tiède. Au bout de quinze jours, si la saison le permet, on envoie la truie aux champs. Lorsqu'on craint que la truie qui vient de cochonner ne mange ses petits, on peut prévenir cet accident par deux moyens : le premier, c'est de lui fournir une nourriture surabondante les deux ou trois premiers jours qui précèdent celui du part; le second, de frotter le dos des jeunes cochons, aussitôt après le part, avec une éponge trempée dans une infusion d'aloës ou de coloquinte.

TRUITE. (*Pêche. — Cuis.*) Genre salmone. C'est un des meilleurs poissons de nos rivières. Il nage avec une rapidité extrême. On le prend surtout à la ligne. Il est très-vorace et détruit beaucoup de petits poissons.

La truite aime les eaux vives et claires. Elle dépérit dans les étangs saumâtres.

La truite saumonée est une espèce de saumon qui remonte les fleuves. Sa chair est très-délicate.

Truite à la genevoise. Ecaillez, videz et lavez votre truite; enveloppez-la dans un linge blanc et faites-la cuire dans un bleu ou court-bouillon; faites tremper une croûte dans la poissonnière et baignez-la dans le court-bouillon; mettez ensuite dans une casserole du beurre avec champignons, persil et échalottes hachés menu; sautez et mouillez de bouillon ou de jus; puis prenez votre croûte de pain; égouttez-la et passez-la comme une purée; mettez-la dans sa sauce; ajoutez-y deux cuillerées de court-bouillon et un morceau de beurre manié de farine, et tournez la sauce; égouttez la truite; retirez l'enveloppe et servez-la masquée de sa sauce.

Manière de servir la truite. On trace d'abord une ligne depuis le dessous de la tête jusqu'à un pouce de la queue; puis d'autres lignes qui partent de cette dernière et se terminent à la circonférence du poisson. On lève adroitement les morceaux compris entre ces lignes, et on les sert, toujours avec la truelle, à chacun des convives. Lorsque le ventre est servi on retourne la truite pour en servir le dos en procédant de la même manière.

TULIPE. (*Jard.*) *Tulipia sylvestris.* Famille des liliacées. Ognon indigène. Fleurs en avril d'un jaune citron. Les semis donnent de belles fleurs. On sème au mois de mars en bruyère à l'ombre, en caisses enterrées; on recouvre la graine de trois lignes avec le crible; on repique la troisième année au soleil; l'ognon ne fleurit que la septième. Ce terme ne doit pas rebuter : en faisant régulièrement, chaque printemps, un petit semis, on finit par jouir, sans interruption, de variétés nouvelles, qui plaisent d'autant plus qu'on les a créées. Eh ! que faut-il pour se les procurer? Deux ou trois heures d'emploi de temps tous les ans, et trois pieds en carré de terrain.

Tulipe de Celse. (*Celsiana.*) Petit ognon indigène; fleur en mai : les plus petites du genre, et d'un jaune foncé; culture en bruyère et en pots enterrés au soleil ; on change la terre tous les trois ans.

Tulipe de l'Écluse. (*Clusiana.*) Petit ognon de Perse ; fleurs en avril, de moyenne grandeur, d'un blanc pur en dedans, rouge au dehors ; onglets bruns. C'est une jolie fleur; on la vend tantôt sous le nom de tulipe de Perse, tantôt sous celui de l'Écluse ; culture de celle de Celse.

Tulipe œil-du-soleil. (*Oculus solis.*) Ognon indigène; fleurs en avril, grandes, d'un rouge de feu ; onglets noirs bordés de jaune ; terre légère et meuble.

Tulipe odorante. (*Suaveolens.*) Ognon d'orient ; fleurs en mars, petites, rouges, bordées de jaune et faiblement odorantes ; culture en pots enterrés et en bruyère qu'on renouvelle chaque année ; exposition méridionale et abritée. Cette plante dégénère dans nos jardins; il faut la renouveler par des achats.

Tulipe bosuelle. (*Campsopetala.*) Fleurs en avril, renflées dans le bas, évasées dans le haut, de couleur jaune ou blanche rayée de rouge : bruyère à demi ombragée.

Tulipe monstrueuse. (*Monstrosa.*) Variété de celle des jardins ; fleurs très-grandes, entièrement ouvertes et déformées; pétales déchiquetés dans le bord; couleur du rouge le plus éclatant mêlé d'or et de vert, ou du jaune le plus brillant rayé de feu et de vert. Cette fleur bizarre fait assez bien par son éclat en touffes répandues çà et là dans les massifs ; terre franche et légère ; soleil.

Tulipe des jardins. (*Gesneriana.*) Ognon du levant, très-riche et belle plante, et celle qui offre le plus de variétés. Les amateurs qui se livrent exclusivement à sa culture et en font une affaire essentielle portent la recherche et la sévérité des conditions qui constituent la beauté d'une tulipe jusqu'à des détails minutieux qui ne peuvent entrer dans le cadre ni le but de cet ouvrage. Il suffira de savoir qu'une belle tulipe doit avoir la tige ferme et proportionnée à sa fleur ; que les pétales doivent être arrondis et non pointus, sa forme tant soit peu évasée par le haut, sans se recourber soit en dedans, soit en dehors ; enfin que les couleurs doivent avoir au moins trois nuances bien distinctes et tranchantes : les fonds blanc pur sont les plus estimés.

La tulipe n'est pas difficile sur le terrain, et résiste à tous nos hivers. Elle se plaît dans une terre franche bien ameublée et mêlée de terreau végétal, plutôt sèche qu'humide; ses couleurs sont plus belles à une exposition demi-ombragée. On plante les ognons en octobre, à trois pouces de profondeur, et on les relève en juin en séparant les pieds.

TULIPIER DE VIRGINIE. (*Jard.*) *Liriodendron tulipifera.* Famille des magnoliers. Un des plus beaux arbres que nous ait fournis l'Amérique; port majestueux ; feuilles très-grandes. Fleurs en juin comme des tulipes, mais d'une couleur peu apparente ; les cônes mûrissent en novembre ; terre franche, douce et meuble, un peu humide; multiplication de semis en mars, en terreau de bruyère, frais et à mi-soleil. On repique le plan en pépinière ; on le couvre de feuilles en hiver, et on le met en place lorsqu'il est fort. Variétés à deux lobes, *acutiloba*, à feuilles obtuses, *obtusifolia*; à feuilles entières, *integrifolia.* C'est à tort que quelques auteurs en indiquent une autre variété à fleurs jaunes ; il n'en existe pas. Même culture. On greffe par approche sur le premier.

TUPELO. (*Jard.*) *Tupelo aquatica.* Famille des chalefs. Bruyère, marc d'étang ; humidité et demi-ombre ; semis en mars. C'est un bel arbre.

Tupelo des forêts. Feuilles plus grandes; en position moins humide, ainsi que le tupelo de montagne.

Tupelo grandidentata. Même culture.

Tupelo candicans. Id.

TURBOT. (*Cuis.*) Poisson de mer qu'on prend en abondance à l'embouchure des fleuves.

Manière d'apprêter le turbot. Placez votre turbot dans une casserole ou une turbotière proportionnée à sa taille, emplissez-la d'eau froide, et selon la grandeur de votre vase, faites fondre une ou deux poignées de sel dans une casserole à part avec un verre ou deux d'eau bouillante ; étant bien fondu, laissez refroidir, et versez dans l'eau du turbot, placez-le sur un feu modéré, couvrez et faites cuire à petits bouillons environ une heure, suivant son épaisseur ; laissez-le dans son eau jusqu'au moment de servir ; alors égouttez-le bien, servez-le avec une sauce blanche aux câpres, soit dans une saucière ou sur le poisson.

Manière de servir le turbot. Pour bien servir ce poisson il faut avoir une truelle bien effilée et pointue. Après avoir décrit une croix sur son ventre, en enfonçant jusqu'à l'arête, on tire des lignes transversales depuis le milieu jusqu'aux barbes; on lève adroitement avec la pointe de la truelle les morceaux compris entre ces lignes. Lorsque tout le ventre a été servi, on enlève l'arête, et l'on procède de même pour servir le dos, moins délicat que le ventre.

TURNEPS. (*Agr.*) Espèce de navet qui sert à la nourriture des bestiaux.

Préparation de la terre pour les turneps. On ouvre la terre par un labour à la charrue plus ou moins profond, et suivant que la nature du sol le comporte. A peine le premier sillon est-il tracé, qu'on y donne une seconde façon à la houe; façon que l'on continue jusqu'à ce que la terre soit aussi parfaitement divisée qu'elle doit l'être pour recevoir les graines de chanvre et de lin

Semailles. Sur cette seconde façon, à mesure qu'elle est donnée, l'on sème la graine de turneps, mêlée avec les neuf dixièmes de cendre ou de sable fin et bien sec, sans donner le temps à la terre de sécher : cette graine doit être ainsi mêlée, afin que la main du semeur, toujours aussi remplie que s'il semait du blé, ne répande pas cette graine beaucoup plus épaisse dans un endroit que dans l'autre, et que la dépense, qu'il est presque toujours indispensable de faire, soit pour éclaircir le plant, soit pour le transplanter partout où il en manquerait, soit moins considérable.

On peut faire suivre le semeur par des hommes, le râteau à la main, comme avec la houe; par là, ils enterrent la graine à un pouce au plus de profondeur, et donnent encore à la terre une troisième façon. On pourrait, il est vrai, abréger cette troisième opération, en y employant la herse garnie de fortes épines, ou celle armée de petites dents de fer très-pressées; mais le râteau leur est préférable, parce que ses herses se remplissant promptement d'herbes et de chaume, leurs effets n'ont jamais lieu que pour un instant.

Il ne faut qu'une livre ou cinq quarterons de cette graine pour ensemencer un arpent : il en faudrait moins s'il était possible de la répandre à un pied de la distance qu'il doit y avoir entre chaque plante. Comme l'on ne saurait espérer d'atteindre à cette justesse, on est presque toujours obligé de sarcler les endroits trop épais, et de regarnir ceux qui sont vides : tout ce que l'on en enlève pour les transplanter réussit au mieux.

Lorsque les terres vont en quatre saisons, l'on prépare celle qui vient de produire les mars par un labour avant l'hiver; on y porte des engrais, et on les y répand au moment qu'il faut donner le second labour, vers la fin de juin, ou dans le commencement de juillet, temps propre à semer les turneps, pour peu que le temps paraisse disposé à la pluie, ou que l'intérieur de la terre soit humide.

En opérant ainsi, dès le mois d'avril l'on serait assuré d'avoir des turneps à la fin de juillet; mais ils ne se conserveraient pas au-delà de la fin d'août.

Le terrain qui aurait produit des turneps n'aurait plus besoin d'engrais pour recevoir le blé. Deux labours lui suffiraient pour en produire avec plus d'abondance qu'il n'aurait fait s'il fût resté en jachère.

Manière de garantir les turneps de la gelée. On commence par déraciner les turneps, et par en couper les têtes et les queues; puis on les met sur une espèce de châssis, pour les y laisser sécher pendant quelques jours. Vous étendez ensuite par terre une couche de paille, sur laquelle vous en établissez une de turneps, épaisse de trois pieds environ. Vous couvrez d'une autre couche de paille, alternant ainsi de couches en couches, de manière à ce que, chacune diminuant de volume, le tas se termine en pain de sucre. Il faut nécessairement que la dernière soit de paille. Les têtes des racines se donnent au bétail.

Autre moyen. Il est arrivé que des turneps, ainsi mis en conserve, ont été trouvés pourris. Voici une seconde méthode adoptée dans quelques endroits. On serre ses turneps sur une seule couche, dans un champ d'herbes, près de la basse-cour, et on met dessus un pied de paille avec des branches d'arbres. On les préserve ainsi contre les alternatives inattendues de gelée et de dégel.

Moyen d'empêcher les mouches de dévorer les premières feuilles des turneps. Vous tiendrez, pendant trois jours consécutifs, six onces de fleurs de soufre mêlées avec trois livres de graines, dans un pot de terre vernissée; semez avec ces graines un acre de terre.

TUYAU. (*Conn. us.*) Les tuyaux de conduite remplacent chez nous ces dispendieux aqueducs que les Romains élevaient pour amener l'eau dans les villes.

On fait ordinairement les tuyaux en bois, en plomb ou en fonte de fer. Il est plus avantageux de se servir de cuivre étamé. Un tuyau de plomb peut résister à une pression de cent pieds d'eau si son épaisseur est le centième de son diamètre; mais si le mouvement de l'eau n'est pas continu dans le même sens, s'il est alternatif, comme dans les pompes, il faut donner beaucoup plus d'épaisseur au tuyau.

U.

URINE. (*Méd. dom.*) L'examen des urines qu'on rend à jeun fait connaître l'état du corps. Les urines d'un homme en bonne santé, qui se conduit en tout, particulièrement à table, avec modération, et qui fait un exercice convenable, sont d'une couleur de citron et chargées d'un léger sédiment qui occupe depuis le milieu du vase jusqu'en bas : elles sont la marque d'une bonne digestion.

Quand on rend beaucoup d'urines pâles et claires, c'est signe que la digestion n'a pas été bonne, et que la transpiration a été supprimée; c'est encore une preuve qu'on a bu trop de vin ou de liqueurs. Il faut diminuer la quantité des alimens.

Quand les urines sont troubles ou chargées d'un sédiment de couleur de brique, c'est signe que le sang est vicié. Il faut prendre des alimens plus légers et plus faciles à digérer.

Quand les urines sont en petite quantité, qu'elles sont troubles, épaisses et de couleur de feu, c'est signe que le sang est brûlé par l'usage des boissons spiritueuses et des alimens trop salés ou trop épicés. C'est alors qu'il faut nécessairement quitter les liqueurs, tremper son vin et manger des alimens plus doux; sans quoi les maladies aiguës se feront bientôt sentir.

Quand les urines sont ferrugineuses, d'un brun obscur, en petite quantité et sans sédiment, c'est signe que la coction des alimens ne se fait plus, qu'il y a une faiblesse totale dans toutes les fonctions animales : on doit se rafraîchir.

L'odeur infecte de l'urine dans les vases de nuit est détruite, soit par le chlorure de chaux, soit par l'alun à la dose de deux ou trois gros; lequel agit en se combinant avec l'ammoniaque et la soude de l'urine.

On rend plus d'urines en hiver qu'en été, parce qu'on transpire moins : aussi sont-elles plus chargées et plus jaunes en été qu'en hiver. Pour peu même que le vase dans lequel on les rend ne soit pas bien net, et qu'il y reste un peu de sédiment de la veille, elles fermenteront en peu d'heures, deviendront troubles et puantes. Ce reste de sédiment est un levain si actif, qu'il ferait putréfier en peu de temps même de l'eau ordinaire.

La rhubarbe teint les urines en rouge; les asperges leur communiquent une odeur désagréable que neutralisent quelques gouttes de térébenthine.

L'urine à sa température naturelle, en aspersions ou en lotions, est sans contredit le remède le plus efficace contre les engelures.

V.

VACCIN. (*Hyg.— Méd. dom.*) On ne doit pas attendre le sevrage pour faire vacciner les enfans.

Pour répandre avec fruit la semence de la vaccine, il faut profiter du moment où un lait bien digéré a formé un sang pur, et ne pas attendre la dentition.

Il n'est pas sage de vacciner pendant l'éruption d'une gourme; c'est une crise, une opération de la nature, que, bien loin d'interrompre, l'on doit favoriser.

Les applications des remèdes, et tout ce qui peut contrarier cette crise salutaire, deviennent funestes à la santé.

Presque tout le monde s'est mis dans la tête qu'il pouvait être avantageux pour l'enfant vacciné que celui qui fournit le virus fût beau, vermeil et bien joufflu : il semble que l'on se flatte que la santé brillante que l'on recherche sera inoculée avec la vaccine. Par une suite naturelle de cette erreur, on refuse le vaccin qui provient des enfans faibles; et, pour être toujours sûr de son fait, on repousse aussi celui que le médecin apporte sous verre.

A la campagne, c'est pis encore : les parens ne veulent souvent laisser vacciner leurs enfans qu'avec le virus fourni par un sujet qui leur est parfaitement connu; et, quand ils ont tous les mêmes dispositions, dans un village (ce qui arrive assez fréquemment), personne ne voulant commencer avec le vaccin apporté sous verre, les vaccinations n'ont pas lieu.

Comme il existe une fausse vaccine qui ne préserve pas, il est de la plus haute importance que la marche de l'opération soit observée par le médecin, ou au moins que la nature des boutons soit constatée vers le huitième jour, afin que, si l'enfant n'a eu qu'une fausse vaccine, ou si l'opération n'a produit aucun résultat, il soit procédé à une vaccination nouvelle, et cela jusqu'à ce que l'on réussisse.

Il faut faire bien comprendre aux mères que la piqûre oblique sous l'épiderme que nécessite cette opération n'est point douloureuse et qu'elle peut être recommencée autant de fois qu'il sera nécessaire pour obtenir le résultat désiré, non-seulement sans inconvénient pour l'enfant, mais encore sans le faire souffrir.

VACHE. (*An. dom.*) Que de connaissances exige l'étude de la vache bonne laitière! L'agronome éducateur qui voudra se livrer à la production d'une vache bonne laitière, après avoir étudié les conditions de taille que réclament l'abondance et la qualité des fourrages du pays, cherchera à former cette race lui-même, en choisissant le taureau qui se rapproche le plus de ces conditions. Le taureau et la vache d'un caractère doux et caressant sont, en général, ceux qui produisent la meilleure race laitière. (Voy. TAUREAU.)

Ce n'est pas toujours à la beauté et à la régularité des formes que l'on doit s'attacher pour le choix des vaches laitières; les meilleures sont souvent les plus mal tournées et les plus petites. Le volume de leurs mamelles n'en constitue pas non plus la bonté; car, quelquefois, les pis n'ont une certaine grosseur que parce qu'ils sont charnus. La couleur du poil n'est pas encore le signe auquel on puisse s'en rapporter, puisque, dans certains cantons, les vaches noires ont la préférence; que, dans d'autres, ce sont les vaches jaunes; ailleurs, les brunes rayées. Il est vrai de dire que la couleur blanche n'est aimée nulle part. Il est cependant des qualités qui donnent aux vaches la réputation de bonnes laitières; ces qualités sont :

Une charpente épaisse, un beau cou, un petit fanon, la tête un peu alongée, la corne fine et pointue, l'œil vif, un poil fin, les jambes courtes et déliées, les côtes élevées et rondes, le corps gros, les reins forts, les hanches carrées et égales, la queue haute et pendante au-dessous du jarret; la mamelle fine, ample, bien faite, peu charnue, et pas trop blanche; la peau douce et moelleuse; les veines bien prononcées aux deux côtés du ventre, et faciles à sentir sous les doigts : tels sont, en général, les signes auxquels on reconnaît qu'une vache sera bonne laitière. Ce caractère individuel influe beaucoup sur la nature et la quantité du produit du lait. Telle vache, d'espèce semblable, en donne plus que telle autre, et même diffère en qualité, quoiqu'elle soit nourrie avec les mêmes herbages.

La propreté est encore une des conditions nécessaires pour que le lait de la vache soit et meilleur et plus abondant.

Il est encore de fait que la pâture est moins préférable que l'étable. Lorsqu'il s'agit d'acheter une vache, il faut s'informer de la nature du pays d'où elle est transportée; et, quand elle vient de loin, la soigner comme si elle était malade. Souvent, pour donner plus d'apparence à une vache, les marchands laissent les mamelles se gorger pendant un ou deux jours; ce qui ajoute aux fatigues de la route; de là résulte, le plus souvent, le germe d'une maladie mortelle, la *pomelière*, véritable phthisie pulmonaire.

Les vaches, selon l'âge, la race, la saison, la nourriture et l'état physique de l'animal, donnent plus ou moins de lait; les unes le donnent bon toute l'année, à l'exception des quinze jours qui précèdent et qui suivent le vêlage; tandis que d'autres, quoique soignées de la même manière, tarissent dès le septième mois de la gestation.

Le nombre des traites influe encore sur la quantité du lait. Il est prouvé que plus on répète les traites, plus le lait est abondant et séreux, *et vice versâ*. Enfin, le trop grand chaud, comme le trop grand froid, exercent aussi une influence marquée sur la proportion et la qualité du lait; il arrive que, dans une étable habitée par vingt vaches, il y a souvent, pour la totalité, une différence de cinq à six pots, en plus ou en moins, sans avoir rien changé au régime, et sans qu'il soit possible d'en deviner la raison; mais, ce qu'on peut établir de positif, c'est que plus une femelle fournit de lait, moins il est riche en substance.

Une observation assez constante, c'est que le lait est d'autant plus abondant que les cantons sont naturellement humides, d'une température modérée, et couverts de pâturages composés de graminées et de trèfles.

Quand les vaches ne tarissent pas d'elles-mêmes, il convient de cesser de les traire trente ou quarante jours avant le vêlage. Pour accoutumer insensiblement les vaches à se laisser toucher, il convient de manier quelquefois le pis des génisses pendant leur première gestation; parce qu'il y en a qui sont tellement chatouilleuses, qu'on ne saurait les traire, en sorte qu'au moment où elles mettent bas, on ne peut en approcher. Elles ont alors une surabondance de lait qui produit l'enflure aux mamelles, et d'autres accidens qu'on évite en les rendant d'avance familières.

Pendant quelque temps, le lait, quoique réunissant toutes les qualités, quatre à cinq jours après le part, conserve un caractère plus ou moins séreux, surtout lorsqu'on rapproche les traites. Dans plusieurs cantons de l'ouest de la France, par exemple, on trait les vaches trois fois par jour, depuis l'instant où elles mettent bas jusqu'à l'époque où on les conduit au taureau; tout le reste de l'année on ne le trait que deux fois. Le nombre des traites doit toujours être réglé sur la saison et sur l'usage auquel on destine le lait. Quand il s'agit de le vendre en nature, l'intérêt est de chercher l'abondance, et alors on ne saurait trop souvent répéter les traites, surtout pendant les vives chaleurs; mais, lorsque le produit est destiné à faire du beurre ou du fromage, il faut adopter une méthode contraire. (Voy. BEURRE, CRÈME, FROMAGE, LAIT.)

Vous pouvez calculer sur vingt-cinq livres par jour de fourrage sec par chaque vache; et, en herbages verts, deux fortes brouettées empilées et serrées avec une corde, tant qu'il en peut tenir.

Les heures de repas doivent être réglées, et vous ne souffrirez pas qu'on les change sous quelque prétexte que ce soit: il en faut quatre en douze heures; celui du soir doit être le plus copieux, à cause de la nuitée.

On doit abreuver à l'étable à chaque repas; il est même mieux de laisser la boisson à discrétion dans des seaux qu'on tient de la plus grande propreté. L'hiver, il est nécessaire de mettre une poignée de son dans chaque seau d'eau, tant pour corriger sa froideur que pour suppléer au rafraîchissement de la nourriture verte d'été.

Dans le nombre des précautions utiles pour soustraire les vaches à diverses maladies ou accidens, il en est une malheureusement trop négligée, c'est d'éviter de faire passer tout d'un coup les animaux d'un pâturage maigre dans un pâturage gras. Il convient de les y introduire peu à peu, de les mener, dans la saison humide, sur des terrains élevés et secs, et, dès qu'il y a du hâle, de les conduire dans les fonds bas, en évitant les lieux aquatiques, couverts de plantes vénéneuses, et l'herbe baignée de rosée.

Ce n'est encore qu'avec la plus grande circonspection qu'on doit admettre le passage d'un régime vert à un régime sec, *et vice versâ*. Il faut se méfier surtout de l'herbe trop succulente du mois de mai. Après une longue privation, les animaux sont invités au plaisir d'en manger beaucoup, et en abusent, pour peu qu'on leur laisse la liberté de rester longtemps au même endroit. On attend qu'ils soient pressés par la faim pour les y conduire: on ne doit les mener dans de bons pâturages que quand ils sont rassasiés, ne les y laisser que peu de temps, ayant soin, en les ramenant à la maison, d'empêcher qu'ils ne sautent les haies, les fossés; qu'ils ne se serrent pas les uns contre les autres; qu'ils ne se heurtent pas contre les portes, les murs, les pierres, les arbres, etc.; enfin, de les mettre à l'abri de toutes les vicissitudes des saisons.

On doit éviter, particulièrement pendant le temps que les femelles portent, de les blesser, ou de leur occasionner quelque vive commotion capable de les faire avorter; les nourrir suffisamment, et empêcher qu'elles ne soient surchargées de graisse, parce qu'un excès d'embonpoint devient ordinairement dangereux, et rend le part laborieux et difficile.

A commencer de l'équinoxe de printemps jusqu'à celui d'automne, vous ferez traire vos vaches matin et soir, à douze heures d'intervalle et à heures fixes, à 5 heures. Passé cette époque, on les traira au soleil levant et au soleil couchant. Deux traites sont suffisantes en tout temps, excepté dans le premier mois qui suit le vêlage où l'on doit en faire une de plus à midi. Laver le pis avant de traire, à l'eau tiède ou froide, suivant la saison.

Le lait du matin a plus de qualités. Voy. LAIT.

Il faut avoir soin de ne pas laisser une seule goutte de lait dans le pis de la vache, parce que le lait qui coule le dernier est plus riche que le premier rendu, et donne un parfum agréable au beurre.

On ne doit pas attacher les vaches par les cornes ni avec des cordes, mais leur mettre des colliers de cuir garnis d'un gros anneau dans lequel on passe la chaîne de fer qui les retient à la crèche.

Les anneaux ou trous qui servent à attacher les vaches

seront au moins à cinq pieds les uns des autres, pour qu'elles soient à leur aise et que l'une ne puisse manger la ration de l'autre.

Soins à donner aux étables. (Voy. ÉTABLES.)

Reproduction des vaches. Vers le septième mois de la gestation, augmenter la nourriture, garantir les vaches du froid.

Quelque bonne que soit une vache, on doit cesser de la traire six semaines avant le vêlage; sans cela, le veau est faible et la vache maigrit. Vous prendrez note des époques, pour ne pas vous tromper. Aussitôt qu'une de vos vaches aura fait le veau, on jettera le délivre, on la traira, et on lui donnera cinq livres d'avoine mêlée avec du son, une chopine de vin, deux pintes d'eau et une poignée de sel.

On lui enveloppe le dos avec un sac ou une toile maintenue par une sangle.

Quand une vache va vêler, il faut tenir de la litière sous les jambes de derrière; on redresse le veau s'il ne se présente pas bien; on doit jeter le délivre de suite, autrement la vache le mangerait.

Maladie des vaches. (Voy. BÉTAIL.)

M. Winn, de la Louisiane, a découvert qu'une vache soumise à la castration, quelque temps après qu'elle aura fait un veau et dans le moment où elle aurait le plus de lait, continuerait à donner du lait pendant plusieurs années, sans interruption et sans autre diminution que celle qui pourrait être occasionnée par le changement dans la qualité de sa nourriture.

VAISSELLE. (*Ind. dom.*) Quand la vaisselle d'argent est tachée par les fruits, on fait disparaître les taches en les frottant avec de la suie.

La vaisselle d'étain doit être tenue très-propre, bien lavée et séchée de suite, mise dans un lieu sec, à l'abri de la fumée; on doit éviter d'y faire bouillir des boissons où il entre des acides comme le vinaigre, le jus de citron.

VALÉRIANE (*Jard.—Méd. dom.*) *Valeriana officinalis.* Famille des dipsacées; vivace. On cultive dans les jardins la valériane rouge, en terrain sec au midi. Semis en mars. Repiquer le plant qui lève autour des pieds. Fleurs en mai. La *valériane Phu* a des fleurs en mai, blanches; elle est rustique; séparation de pieds en septembre.

Les racines de valériane sont employées avec succès dans l'épilepsie, dans les maladies convulsives, dans toutes les affections nerveuses; elles sont cordiales et anti-spasmodiques.

VANILLE (*Conn. us. — Off.*) La vanille est une gousse d'un rouge foncé, d'une odeur infiniment suave et aromatique, d'une saveur âcre et douce, de la longueur de vingt-cinq à trente centimètres, qu'on nous envoie par la voie du commerce du Mexique, des Antilles, du Brésil, du Pérou, et de différentes contrées de l'Inde.

La plante sur laquelle on recueille cette gousse est l'*epidendrum vanilla.*

Pastilles de vanille. Pulvériser dans un mortier une once de vanille, avec un peu de sucre; passer au tamis de soie, ajoutez trois livres de sucre; délayer dans l'eau; mouler la pâte

VANNEAUX. (*Chass.*) Les vanneaux viennent en troupe au mois de février et restent peu de temps dans le même lieu. Leur chair est assez bonne. On les vide, on les barde, on les met une demi-heure à la broche. Il faut les arroser d'huile. On peut les mettre ensuite en salmis de pigeon.

VEAU. (*An. dom.—Cuis.*) *Manière de le soigner.* Dès les premiers momens de sa naissance, il faut le tenir chaudement, surtout en hiver; et, si la mère n'était pas disposée à le lécher, à le nettoyer et à l'essuyer promptement, il faut l'y exciter en jetant sur son corps un mélange de sel et de mie de pain. Le vacher doit lui mettre dans la bouche une pincée de sel, et lui faire avaler deux œufs sans le manier, à cause de sa délicatesse. Cette première nourriture, administrée à la température où se trouve le lait au sortir du pis de la vache, lui donne des forces. Un abus impardonnable dans l'education des veaux, c'est de les laisser auprès de la mère, et longtemps téter. On a beau prétendre que c'est contrarier la nature qui indique ce moyen, il faut y renoncer si l'expérience démontre qu'il résulte des inconvéniens funestes de cet usage; le veau qui tète donne dans le pis de la vache des coups de tête assez violens pour occasionner des contusions aux mamelles; et, s'il reste dans l'étable à côté de sa mère, il est exposé à être blessé par elle et par les vaches voisines, qu'il tète également.

On laissera à la vache son veau jusqu'à ce qu'elle l'ait bien léché, et que son poil soit net et brillant; après quoi on l'attachera, avec un petit collier de cuir et une corde, dans un coin de l'étable éloigné de la mère.

Vous empêcherez qu'il ne tète et vous lui ferez donner tout chaud la moitié du lait de chaque traite pendant les premiers huit jours; ensuite vous ferez doubler cette portion, en y ajoutant autant d'eau tiède, dans laquelle on aura délayé avec soin, pour qu'il n'y ait point de grumeaux, une poignée de farine de froment.

On fait boire les veaux en mettant la main dans le vase qui contient le lait et introduisant un doigt dans leur bouche.

Il faut faire avaler au veau, pendant un mois, deux à trois œufs crus.

On peut sevrer le veau dès sa naissance, en lui donnant du petit lait tiède, avec un peu de son, et au bout de huit jours une nourriture lactiforme dont la pomme de terre soit la base.

Veaux destinés à la boucherie. Dans la crainte que leur chair ne perde de sa qualité, il faut les tenir proprement, et les garantir de l'humidité et de la pluie. Pour les mettre en chair, on leur donne, outre le lait qu'ils boivent, de la mie de pain trempée, de la farine d'orge ou de l'avoine, dans une auge. Un veau de six semaines, ainsi nourri et tenu dans un endroit sec et frais, a une chair blanche et tendre. Le meilleur âge pour les tuer est de deux mois environ. La nuit qui précède le jour qu'on les mène à la boucherie, on leur coupe le petit bout de la queue, et on la lie avec une ficelle : le matin, on leur donne un peu de farine délayée dans du vin, et, la veille de leur mort, on leur donne du lait à boire.

Veaux d'élève. Il faut toujours, pour cet objet,

choisir les veaux qui, par leur force et leur grosseur, promettent, dès en naissant, une excellente constitution, capable de braver toutes les vicissitudes, et provenant de femelles qu'on n'a pas menées trop promptement au taureau.

Aussitôt que le veau commencera à manger, on lui donnera un peu de son, de fourrage fin et le meilleur; suffisamment nourri et bien traité jusqu'à l'âge de huit mois, il acquiert une forte constitution, mange ensuite comme les autres vaches; à deux ans, il exige encore des ménagemens.

Préparations culinaires du veau.—Tête de veau en tortue. Passez au beurre des champignons, des crètes et rognons de coq, des ris de veau; ajoutez un peu de farine; mouillez le tout avec du bouillon et deux verres de vin de Madère; mettez sel, poivre ou piment; faites cuire ou réduire; garnissez de morceaux de tête de veaux, de six œufs frais pochés ou frits, d'une douzaine de belles truffes, d'autant d'écrevisses, de quelques ris de veau et culs d'artichauts; versez votre sauce bien liée, et servez chaud. On fait frire les restes par morceaux.

Le veau est bon surtout de mai en septembre.

Tête de veau à la vinaigrette. Otez les mâchoires d'une tête de veau bien nettoyée; lavez-la et faites-la tremper douze heures à l'eau fraîche. Mettez dans une marmite une poignée de farine; délayez-la petit à petit avec de l'eau bouillante, et tâchez qu'il n'y ait point de grumeaux. Enveloppez la tête d'un linge blanc; mettez-la dans la marmite avec une poignée de sel, un verre de vin blanc, un gros bouquet garni, une gousse d'ail; que la tête trempe bien. Couvrez et faites bouillir quatre heures à petit feu.

Retirez-la; fendez promptement la peau pour ôter les deux os du crâne, recouvrez la cervelle; égouttez, et servez garni de persil avec une sauce noire.

Langue de veau. Comme celle du bœuf.

Cervelles de veau à la poulette, au vin ou sans vin. Faites dégorger deux cervelles à l'eau fraîche, pendant deux ou trois heures; ôtez la peau fine qui les enveloppe. Ayez de l'eau bouillante dans une casserole; ajoutez-y une demi-poignée de sel, une cuillerée de vinaigre; faites-y blanchir les cervelles un bon quart d'heure couvertes. Jetez-les à l'eau fraîche pour les raffermir; égouttez-les et mettez-les dans une casserole avec demi-quarteron de beurre, une tranche de lard, poivre, un bouquet garni, une gousse d'ail, une douzaine de champignons coupés en quatre. Versez dessus un verre de bouillon et un verre de vin blanc (si vous ne les voulez pas au vin, mettez en place un verre d'eau et le jus d'un citron). Couvrez la casserole et faites cuire à petit feu trois quarts d'heure ou une heure. Alors ôtez le lard et le bouquet, mettez dans une autre casserole trois jaunes d'œufs; délayez-les peu à peu avec la sauce des cervelles; remuez; que ce soit bien lié et d'épaisseur convenable; arrangez les cervelles dans un plat, versez la sauce dessus.

Cervelles frites. Pour frire des cervelles, on les fait cuire d'abord de la même manière que ci-dessus, mais on n'y met ni champignons ni liaison. Lorsqu'elles sont cuites on les divise chacune en long et en quatre morceaux; on les trempe dans la pâte à frire, au moment de les jeter dans la poêle; on les garnit de persil frit. Les cervelles qui ont été fricassées la veille sont encore meilleures pour cet emploi.

Cervelles de veau en matelote, comme celle de bœuf.

Foie de veau à la broche. Piquez-le de gros lard; laissez-le quatre heures dans une marinade de deux cuillerées d'huile, d'épices et de fines herbes; enveloppez de papier; faites rôtir; faites une sauce avec le jus, deux cuillerées de bouillon, épices, fines herbes et échalottes.

Filet de veau à la provençale. Coupez en filets minces du veau rôti et froid; faites réchauffer dans une sauce composée de beurre, chapelure, fines herbes hachées, épices et demi verre d'huile, avec un peu de jus de citron et d'ail.

Épaule de veau à la bourgeoise. Mettez-la dans une casserole avec beurre ou huile d'olive; faites-lui prendre couleur sur un feu très-doux; mouillez d'eau; ajoutez deux feuilles de laurier et lard; faites cuire pendant cinq heures, sur un feu très-doux; puis dégraissez votre sauce, que vous liez de fécule, et servez avec chicorée, oseille, carottes, purée de pommes de terre, ou telle garniture que vous voudrez, mais faites séparément.

Épaule de veau aux champignons. Faites-la cuire à la broche; levez-en la peau sans la détacher entièrement; ôtez-en la chair; coupez-la en filets que vous lierez de jaunes d'œufs avec un ragoût de champignons. Servez sous l'épaule avec un filet de vinaigre.

Rôti de veau aux fines herbes. On fait mariner un carré de veau pendant trois heures avec champignons, ciboules, persil, deux ou trois échalottes, un peu de thym et une feuille de laurier, qu'on hache très-fin, et qu'on passe dans de l'huile saupoudrée de poivre et de muscade râpée. Quand le carré est embroché, on met dessus tout l'assaisonnement; on l'enveloppe de papier bien beurré; on fait cuire à petit feu. Au moment de servir, on retire une partie de l'assaisonnement, qu'on met dans une casserole avec un peu de jus, quelques gouttes de vinaigre, du sel et du poivre, et on lie cette sauce au moyen d'un petit morceau de beurre manié de farine.

Foie de veau en étuvée. Prenez un foie de veau; ôtez-en les nerfs, coupez-le en tranches minces; faites-les revenir des deux côtés avec demi-quarteron de beurre, poivre et sel; retirez-les lorsqu'elles sont blondes; mettez dans le beurre demi-cuillerée de farine; faites un roux blond; mouillez-le avec un verre de bouillon et un verre de vin blanc; ajoutez peu de sel, mais que le poivre domine; persil, ciboule, une pointe d'ail, six champignons, le tout haché très-fin. Faites cuire vos tranches de foie dans cette sauce pendant une heure; laissez réduire à point; servez avec une garniture de tranches de cornichons autour du plat.

Pieds de veau en fricassée de poulet et frits. Mettez des pieds de veau blancs et propres dans une marmite; emplissez-la d'eau; ajoutez un demi-verre de vinaigre blanc, une poignée de sel, un bouquet garni; couvrez et faites cuire deux heures au moins. Alors ôtez les gros os; coupez les morceaux de deux pouces de long; mettez-les tout chauds dans une casserole avec un quarteron de beurre, quatre champignons, une pointe d'ail hachée très-fin; poivre, peu de sel, muscade et cannelle en poudre; mouillez avec un verre d'eau et demi-verre de vin blanc; faites faire quelques bouillons; délayez dans une assiette deux jaunes d'œuf, une petite pincée de persil et ciboule hachés; liez votre sauce comme il a été dit aux autres liaisons. Les morceaux de reste se font frire le lendemain, après les avoir trempés dans la pâte à frire.

Ris de veau en fricandeau. Prenez deux ou trois ris de veau très-frais; ôtez-en ce qu'on nomme la gorge; faites les tremper à l'eau fraîche deux heures au moins, et blanchir ensuite un quart d'heure à l'eau bouillante; laissez-les bien refroidir et piquez-en le dessus avec du lard fin; mettez dans une casserole demi-quarteron de beurre et demi-cuillerée de farine; faites roussir d'une belle couleur; mouillez avec un grand verre de bon bouillon dégraissé (mieux de jus); ajoutez peu de sel, poivre, un bouquet garni, un peu de cannelle en poudre. Faites cuire vos ris une heure dans ce coulis; retournez-les à moitié de leur cuisson. Tandis qu'ils cuisent, épluchez un bon paquet d'oseille, quelques feuilles de poirée, une laitue, un peu de cerfeuil; faites-les blanchir dix minutes à l'eau bouillante; égouttez-les; pressez-les pour en faire sortir toute l'eau; hachez-les grossièrement et les mettez dans une casserole avec un quarteron de beurre; au bout de dix minutes de cuisson, ôtez le bouquet qui est dans vos ris; retirez-en le jus et n'en laissez que ce qu'il faut pour les glacer; mettez le surplus dans l'oseille; goûtez si elle est de bon gout. Si vos ris ont été gouvernés comme il faut, leur sauce doit être réduite en glace, et le côté du lard coloré. Arrangez l'oseille dans un plat; placez les ris dessus, couvrez-les du peu de glace qui est resté au fond de la casserole. Si cette glace est trop sèche, on la détache avec demi-cuillerée de bouillon.

Du rognon et du casi. Ils se mettent à la broche; on les fait cuire à petit feu et pendant deux heures et demie. On arrose le casi avec de l'huile fine; le rognon s'arrose avec sa propre graisse. On les sale à moitié cuisson. Le casi piqué de gros lard est excellent à la broche, cela lui donne le goût de gibier.

La graisse de veau est très-bonne dans les ragoûts.

Rouelle de veau à la bourgeoise. Piquez une rouelle avec de gros lard; faites-la revenir avec un morceau de beurre, et prendre couleur des deux côtés; retirez-la dans un plat; tournez une douzaine de morceaux de carotte en forme de grosses olives; épluchez six ou huit petits ognons blancs, faites-les un peu roussir dans le même beurre; otez-les, et remettez le veau. Emplissez la casserole à moitié avec de l'eau ou mieux du bouillon. Ajoutez un bouquet garni, poivre, un demi-quarteron de petit lard ou une saucisse. Le veau étant à demi-cuit, remettez les ognons et les carottes. Il faut quatre heures en tout.

Dégraissez et servez, les ognons et les carottes autour.

Rouelle de veau au riz. Prenez trois livres de rouelle, piquez-la de gros lard, faites-la revenir des deux côtés avec demi-quarteron de beurre frais, jusqu'à ce qu'elle soit d'un jaune doré. Alors emplissez votre casserole (qui doit être grande) avec de l'eau bouillante ou mieux avec du bouillon; ajoutez des couennes et débris de lard, une gousse d'ail, demi-feuille de laurier, une branche de thym, sel (si ce n'est pas du bouillon); couvrez, faites bouillir cinq heures en tout, y compris la cuisson du riz. Une heure et demie avan de servir, ôtez les couennes, laurier et thym; mettez autour de la rouelle une tasse et demie à café de beau riz bien lavé, bien épluché; faites cuire à petits bouillons *sans remuer*. Servez la rouelle *sur le riz*, saupoudrez-le de poivre. Il ne doit déborder ni sauce ni graisse sur les bords du plat.

Poitrine de veau au blanc. Prenez une livre et demie de poitrine; coupez-la en morceaux carrés; faites-les bouillir cinq minutes à l'eau bouillante; mettez-les dans une casserole, avec demi-quarteron de beurre, un bouquet garni, poivre et sel, une pointe d'ail. Quand le beurre est fondu, ajoutez une pincée de farine; remuez et mouillez avec un verre d'eau ou de bouillon; faites cuire une heure et demie. Mettez le jus de la moitié d'un citron ou une cuillerée à café de vinaigre; délayez trois jaunes d'œufs avec une cuillerée de la sauce; versez cette liaison dans votre ragoût, hors du feu; faites sauter trois ou quatre fois, et servez. Les restes froids de ce ragoût se font frire comme les pieds.

Poitrine de veau aux pois. Prenez la même quantité de poitrine, et coupez-la de même. Au lieu de blanchir les morceaux, faites-les revenir des deux côtés avec un quarteron de beurre : ayant pris un peu de couleur, retirez-les. Mettez une demi-cuillerée de farine dans le beurre; faites un roux blond, mouillez-le avec deux verres de bouillon ou d'eau. Ajoutez un bouquet garni, poivre, peu de sel, cannelle en poudre; remettez les morceaux de poitrine. Au bout d'une demi-heure de cuisson, mettez un litre de pois moyens dans votre ragoût; laissez cuire encore une heure; ôtez le bouquet; dégraissez, et servez, la sauce étant réduite à point.

Fraise de veau. Faites cuire comme la tête, et servez avec une sauce au vinaigre.

Fraise de veau à la vinaigrette. Dégorgez et lavez-la; faites-la cuire doucement à grande eau, avec épices, vin blanc, ognons, bouquet, thym, laurier et lard gras; persil, ciboules hachés avec une gousse d'ail, un peu de thym et de basilic saupoudrés de sel et d'épices. Avant la cuisson parfaite, on retire le tout de la casserole; vingt-quatre heures après on achève la cuisson et l'on sert.

Fraise de veau frite. Faites-la cuire comme celle à la vinaigrette; égouttez-la et essuyez-la bien avec un linge; coupez-la par morceaux; trempez-la dans une pâte composée de farine, jaunes d'œufs délayés avec eau et cuillerée d'eau-de-vie; faites frire et servez avec persil frit.

Côtelettes de veau au naturel. Frottez-les de beurre, épicez et faites-les griller des deux côtés.

Côtelettes de veau aux fines herbes. Faites-les roussir d'abord et cuire ensuite à petit feu avec fines herbes, épices, bouillon et beurre.

Côtelettes de veau dans la tourtière. Préparez vos côtelettes absolument comme pour les mettre en papillotte; mais ne les enveloppez pas de papier. Graissez une tourtière avec un peu de beurre frais; arrangez vos côtelettes dessus, placez-les sur un feu doux, recouvrez-les du four de campagne déjà chaud et plein de braise; laissez cuire trois quarts d'heure à feu égal; et, lorsque vous vous apercevez qu'elles commencent à *gratiner*, versez dessus une ou deux cuillerées de bouillon. Dressez-les en roue sur un plat, versez dessus le jus qu'elles ont rendu; on peut y ajouter aussi de l'huile, du vinaigre et des échalottes coupées menu.

Côtelettes de veau au four, à l'anglaise. Parez vos côtelettes comme les précédentes; poivrez et salez-les des deux côtés; posez-les sur le gril, à un feu ardent, cinq minutes de chaque côté; ne laissez point sortir le jus. Beurrez le fond d'un plat qui aille au feu; arrangez vos côtelettes dessus, sans les mettre l'une sur l'autre. Délayez deux cuillerées de farine avec trois œufs frais entiers, du sel fin, un peu de muscade râpée, deux verres de lait; faites en sorte qu'il n'y ait point de grumeaux. Versez sur les côtelettes; placez le plat sur un fourneau garni de cendres rouges, que vous entretiendrez telles en les renouvelant; couvrez avec un dessus de tourtière déjà chaud, et que vous remplirez de braise. Faites cuire une heure; que le dessus soit doré : regardez-y de temps en temps; car, s'il était brûlé ou pas cuit, cela ne vaudrait rien. Servez dans le même plat.

Blanquette de veau. Coupez en tranches bien minces du veau rôti de la veille; mettez dans une casserole un demi-quarteron de beurre, une demi-cuillerée de farine; faites fondre le beurre, en tournant toujours; ne lui laissez point prendre de couleur; et, dès qu'il est fondu, mouillez-le avec un verre d'eau bouillante. Ajoutez un bouquet garni, une pointe d'ail, poivre et sel, le jus de la moitié d'un citron; faites bouillir un quart d'heure; mettez ensuite votre émincé de veau, faites-le bouillir un autre quart d'heure; ôtez le bouquet. Délayez deux jaunes d'œufs avec une cuillerée de lait, retirez la casserole du feu, versez-y cette liaison; remuez bien et servez. Que la sauce soit bien liée et pas trop longue. La blanquette froide est très-bonne à souper et à déjeuner.

Tendons de veau à la mayonnaise. Coupez-les, soit en huître, soit en demi-cercle, tous d'une égale grosseur; faites-les blanchir et cuire comme ci-dessus; placez-les sur une sauteuse avec une demi-glace, ou avec leur cuisson bien réduite; laissez-les refroidir; servez avec une mayonnaise froide; mettez une bordure de petits ognons blanchis et cuits dans du bouillon et des cornichons coupés en petits ognons; et terminez votre entrée par un tour de croûtons.

Entrée de tendons de veau aux petits pois. Faites-les cuire aux trois quarts dans le beurre, mouillez avec du bouillon, poivre et sel; quand ils sont presque cuits, mettez dans la cuisson vos pois et un peu de sucre; la cuisson faite, mettez une liaison de jaunes d'œufs délayés avec de la crême.

Entrée de tendons en matelote. Faites-les roussir dans le beurre; ajoutez vin et eau, de chacun un verre, avec épices et bouquet garni; quand ils sont presque cuits, mettez champignons et petits ognons roussis; achevez de cuire à grand feu.

Coulis de veau. Beurrez le fond d'une casserole; placez-y trois livres de maigre de veau, trois clous de girofle et trois ognons; faites prendre au veau une couleur blonde, et mouillez-le alors d'un demi-litre de bon bouillon. Quand le tout aura cuit à petit feu pendant cinq à six heures; vous retirez la viande et passez au tamis. Faites réduire sur le feu.

Manière de découper un carré de veau. Il y a deux manières de découper un *carré de veau.* La première de couper les côtelettes séparément, dans le sens perpendiculaire, et de façon que chacune retienne la portion du filet et même du rognon qui s'y trouve adhérente. La seconde (c'est la plus élégante) consiste à lever d'abord le filet que l'on coupe en morceaux de diverses grosseurs, ainsi que le rognon.

Pour découper la tête de veau. Les morceaux les plus distingués sont : 1° les yeux; 2° les oreilles; 3° les bajoues; 4° les tempes et enfin la langue. Il faut avoir soin de joindre à chacun des morceaux une portion de la cervelle que l'on puise dans le crâne après l'avoir écarté suffisamment, si déjà la partie supérieure n'a pas été enlevée avant que d'avoir été servie sur table. On ne doit jamais porter le couteau dans une tête de veau, mais bien la truelle et la cuiller. On fend proprement les bajoues, les tempes, et l'on détache les yeux ainsi que les oreilles.

Manière de donner au veau le goût du thon mariné. Prenez de la rouelle d'un veau qui ait au moins six semaines; coupez-la par tranches, et les jetez dans l'eau bouillante, où vous aurez mis deux ou trois feuilles de laurier, et du sel qui ait servi à saler, soit de la morue, soit du hareng, ou tout autre poisson. Quand la rouelle aura trempé, deux heures environ, dans cette eau préparée, vous la ferez bien égoutter; vous la saupoudrerez encore avec du sel, et, avec une batte de bois, vous la battrez jusqu'à ce qu'elle soit bien imprégnée de sel : vous la mettrez ensuite dans un vase où vous aurez d'avance placé deux ou trois anchois, et que vous aurez empli de bonne huile. Plus d'une personne y sera trompée, et, en mangeant cette rouelle, croira manger du thon mariné.

Préparation de la graisse de veau. Cette graisse que l'on peut se procurer quelquefois à bon marché dans les boucheries, et que l'on peut employer utilement dans beaucoup de cas, lorsqu'elle est bien préparée, exige plus de soin dans sa préparation que la graisse de cochon. Cette graisse, après avoir été coupée en morceaux, et séparée de toutes les parties membraneuses et vasculaires qui les contiennent, est jetée dans l'eau où on la pétrit fortement, de manière à en détacher le sang et les parties gélatineuses. Lorsque cette eau, que l'on a soin de renouveler plusieurs fois, ne se trouble plus, on introduit la graisse dans un chaudron avec un peu d'eau, et on la tient exposée à l'action d'un feu doux, jusqu'à ce que l'eau soit entièrement évaporée, ce que l'on reconnaît à la cessation du bouillonnement occasionné par la présence de ce liquide. A ce point, on retire la graisse du feu; on la passe dans un tamis, et on la reçoit dans des pots.

VELOURS. (*Ind. dom.*) *Comment on fait relever son duvet quand il a été trop foulé, ou qu'il s'est affaissé.* Il faut faire chauffer modérément un fer poli, le couvrir d'une toile mouillée, et le tenir sur le velours. On verra bientôt la vapeur qui s'élèvera de la toile chauffée faire relever le duvet du velours. Pour l'y provoquer, on emploie cependant une vergette de jonc.

Taches sur le velours. (Voy. TACHE.)

VENTS. (*Conn. us.*) Courants produits dans l'air, ou par aspiration, quand l'air se précipite pour remplir le vide laissé par la chute des vapeurs, ou par l'impulsion que la terre donne à tous les corps.

La nature et le mélange des exhalaisons que les vents apportent avec eux contribuent à les rendre salutaires ou nuisibles à la santé.

Le vent d'ouest amène la pluie en été et la neige en hiver.

Les vents d'est et du nord amènent la gelée en hiver, la sécheresse en été.

Le vent du sud amène la pluie en hiver et l'orage en été.

Le vent d'orient ou d'est est le plus sec, parce qu'il traverse le grand continent d'Asie, où il y a peu de mers; le vent d'occident ou d'ouest est le plus humide, et nous donne souvent de la pluie, parce qu'il nous arrive à travers l'océan Atlantique.

On trouve, année commune, que le vent souffle 555 fois: N., 51; —N.-E., 18; —E., 10; — S.-E., 22; —S., 151; — S.-O., 175; — O., 106; —N.-O., 42.

Vitesse et force des vents.

Sensible parcourt par seconde	1 mètre.
Modéré	2, 0
Assez fort	5, 5
Fort	10, 0
Très-fort	20, 0
Tempête	22, 5
Grande tempête	27, 5
Ouragan	36, 0
Ouragan qui renverse les édifices et déracine les arbres	45, 0

VENTS (*Méd. dom.*) On distingue deux principales espèces de flatuosités: celles de l'estomac, et celles des intestins.

On a constamment remarqué que les alimens qui contiennent beaucoup de fécule ont la propriété d'être venteux; tels sont les haricots, les pois, les pommes de terre, les choux, etc. On corrige la disposition de ces substances gazeuses par l'addition de quelques aromates, et de condimens un peu chauds. Les alimens fermentés, ceux dont quelque acide forme l'assaisonnement, donnent peu de vents. Les cuisiniers peuvent, à cet égard, être très-utiles à la santé de ceux qui les emploient.

Lorsque ces gaz, parcourant librement le canal alimentaire, ne sont pas trop multipliés et qu'ils s'échappent avec facilité, ils ne sont pas dangereux; mais, lorsqu'ils s'accumulent dans quelque portion de ce canal, et qu'ils rencontrent un obstacle à leur sortie, ils produisent divers symptômes et accidens, plus ou moins redoutables, selon qu'ils sont liés ou non à une autre affection morbide. Si, malgré la liberté de leur sortie, ils deviennent incommodes par leur fréquence, c'est un signe que les organes digestifs sont dans un état d'atonie, auquel il est instant de remédier.

Lorsqu'un individu, qui d'ailleurs jouit d'une bonne santé, ressent dans l'estomac et les intestins des gaz délétères, par suite d'intempérance, cet état n'est pas ordinairement de longue durée, et se dissipe de lui-même par une diète sévère.

Mais, si ces flatuosités étaient jointes à l'inflammation des intestins, les toniques ne devraient point être employés, mais les délayans, les émolliens et les boissons acidulées.

Si elles sont occasionnées par une vie sédentaire ou par le travail du cabinet, on y remédie aisément par l'exercice, qui rend aux organes le ressort qu'ils ont perdu; aiguise l'appétit, perfectionne le travail digestif, prévient ainsi le retour de cette incommodité.

VERS (*Méd. dom.*) Les vers de l'homme sont appelés en médecine *helminthes* (du mot grec *elmins*, ver), ou *entozoaires* (Animaux vivans dans l'intérieur). On les range dans la classe des zoophytes.

Le plus commun, l'*ascaride lombric* a de six à quinze pouces de long. On le trouve dans l'estomac, le gros intestin, et même l'œsophage. Son corps est rose et cylindrique.

L'ascaride *vermiculaire* qui n'a que quelques lignes de long habite le gros intestin, ainsi que l'*ascaride tricocéphale*. Ces espèces de vers sont ovipares.

Le tœnia (*tœnia solium*) est connu sous le nom de *ver solitaire*. On en trouve cependant plusieurs à la fois chez l'homme. Il est d'une longueur énorme, et large d'un quart de ligne à trois et quatre lignes. Nous en avons eu de vingt-cinq pieds de long. Il se trouve dans le gros intestin. La tête est très-petite, le corps est articulé. Ses anneaux de derrière sont chargés d'œufs qui, détachés du tœnia, en forment de nouveaux. Il y en a une variété, le tœnia large. Boërhaave assure avoir fait rendre à un Russe un ver de cette espèce, qui avait 300 aunes de long.

On ignore comment les vers intestinaux se développent; on remarque que l'assimilation moins parfaite des alimens, une alimentation trop abondante et trop aqueuse, une habitation froide et humide, des repas non réglés, l'inactivité des forces digestives, la mauvaise qualité des alimens, en favorisent l'existence. Les enfans, surtout les enfans pauvres, y sont exposés plus que tous les autres.

On a observé une grande quantité de tœnias dans l'estomac de chiens nourris exclusivement de pain bis et d'eau.

La présence des vers n'est bien constatée que par leur sortie. Elle s'annonce par une démangeaison aux narines, un appétit désordonné, une odeur aigre dans la bouche, des coliques, des urines troubles, des douleurs à l'anus, la pâleur, la dilatation dans la pupille de l'œil, la faiblesse, le vomissement.

Les ascarides vermiculaires séjournant le plus souvent dans l'extrémité inférieure du rectum, il suffit, pour les détruire, de poser sur l'anus un peu d'onguent mercuriel. Les lavemens froids, ou purgatifs huileux, les lavemens d'eau de lin, avec addition de l'*huile empyreumatique* de Chabert, réussissent également.

Les ascarides lombrics sont détruits par six à vingt grains de graine concassée de *semen-contra* (produit d'une espèce d'armoise) (*artemisia judaica*), par la grande et petite absinthe, les fleurs de tanaisie, la mousse de Corse. En mêlant parties égales des feuilles de ces plantes et de *semen-contra* qu'on fait infuser à froid dans de l'eau, et sucrant jusqu'à consistance de sirop, on obtient un bon vermifuge, à prendre par cuillerée à bouche le matin, pendant trois jours.

Les purgatifs sont presque tous vermifuges. Ainsi le séné, le rhubarbe, le jalap, le calomélas, les toniques, les amers, les ferrugineux, jouissent aussi de cette qualité, ainsi que le brou de noix, l'éther, le camphre, les eaux sulfureuses, l'ail et l'ognon, le quinquina.

Quand les enfans sont un peu forts, une très-petite quantité de vin donnée de temps à autre ne saurait leur nuire, et empêche la naissance des vers, dont les boissons fermentées détruisent les germes.

Potion vermifuge. Prenez un gros de racine de valériane sauvage, récemment pulvérisée; coquilles d'œufs calcinées et pulvérisées, vingt grains; délayez-le tout dans un verre de vin blanc.

Infusion vermifuge qu'on peut prendre en lavemens. Prenez séné mondé, demi-once; sel alkali de tartre, huit grains; versez dessus deux livres d'eau chaude; laissez infuser le tout, pendant la nuit, sur les cendres chaudes.

Biscuits vermifuges. Prenez et battez ensemble : jaunes d'œufs, quatre cuillerées; sucre, quatre; râpure de citron, une; d'autre part, battez ensemble les quatre blancs d'œufs jusqu'à ce qu'ils soient réduits en une sorte de neige que vous réunissez au mélange précédent; ajoutez ensuite au tout le mélange des poudres suivantes :

Farine, trois cuillerées; résine de jalap en poudre fine, un demi-gros; poudre de semen-contra, trois gros et dix-huit grains; gomme gutte bien pulvérisée, huit grains; mercure doux, un gros et demi; nitrate de potasse, un gros; scammonée, demi-gros; essence de citron, six gouttes. Divisez en douze parties égales, que vous placez dans des caisses de papier; glacez avec le sucre en poudre, et faites cuire dans un four chauffé légèrement.

On en donne un, chaque matin, aux enfans qui ont des vers.

Un docteur de Padoue prétend avoir guéri un homme de la rage en lui faisant prendre une très-grande quantité de vinaigre.

VERS. (*Jard.— Conn. us.*) *Extraction des vers qui piquent les fruits.* Mademoiselle Karcher, de Nantes, voyant, en se promenant dans son jardin, plusieurs jeunes fruits piqués de vers, a eu l'heureuse idée de chercher à extraire ces insectes en faisant un trou dans le fruit avec la pointe d'un canif; l'adresse et la légèreté d'une femme étant nécessaires pour cette opération délicate, mademoiselle Karcher a parfaitement réussi; les jeunes fruits ne sont pas tombés; ils ont continué à grossir, et, quand ils furent parvenus à leur parfaite maturité, non-seulement la plaie était cicatrisée, mais le vide était si bien rempli qu'on y voyait à peine la place de la plaie. Les fruits étaient gros comme des avelines quand mademoiselle Karcher a fait l'extraction du ver, et elle a eu soin de faire sortir toutes les ordures qu'il avait pu faire. Il est bon de noter que plus les fruits sont tardifs, mieux la plaie se cicatrise.

Moyen éprouvé de détruire les vers. On arrose la terre avec de l'eau de pluie, dans laquelle on a mis une demi-once d'huile de vitriol. Au bout de quelques heures, les vers et les insectes sortent de la terre, ou ils périssent. On peut arroser de cette manière une grande étendue de terrain avec trois livres d'huile de vitriol.

VERS A SOIE. (*Conn. us.*) Le ver à soie, originaire de la Chine, élevé, cultivé depuis longtemps dans l'Italie et dans le midi de la France, n'exige pas pour son éducation un gros capital, ni beaucoup d'habileté. Cette éducation peut être faite avec avantage par tous les cultivateurs; mais, avant de s'y livrer, il est important de procéder à la plantation et à la culture du mûrier dont les feuilles sont la seule nourriture de cet insecte.

Les lieux où l'on élève les vers à soie s'appellent *magnanières.*

Il est utile d'avoir une cave sous les magnanières, et d'en faire arriver l'air frais pendant l'été, au moyen de tuyaux. Une chaleur de plus de vingt degrés est nuisible et mortelle aux vers à soie.

Pour assainir les magnanières, on emploie le chlorure ou le noir animal.

Trois kilos de chlorure de chaux, délayés et renouvelés par parties pendant l'éducation, doivent suffire à l'assainissement de quarante onces de vers à soie.

Quarante-cinq pieds cubes de chaux neuve en pierre, tout simplement dans des paniers à jour, suffiront pour combattre l'humidité locale, et absorber la surabondance d'humidité atmosphérique et l'acide carbonique formé par l'alimentation. Ce second chapitre de dépense et le suivant sont trop utiles en agriculture pour être mis en ligne de compte.

Enfin, sur les claies où reposent les vers à soie pendant l'alimentation, nous placerions un demi-pouce d'épaisseur de noir de charbon gros grain, et par dessus ce noir une feuille de papier à l'ordinaire, ou mieux encore une toile mince de coton peu apprêtée. Cette toile, à travers laquelle le noir absorberait sans cesse et neutraliserait les émanations de l'insecte, pourrait se lessiver tous les ans, et coûterait par suite moins cher que des papiers perdus à chaque printemps.

Quant au noir, s'il n'avait pas acquis un état animalisé assez notable pour devenir un engrais précieux, on pourrait le remettre à neuf dans des vases clos tenus au four pendant quelques heures, et sa durée serait indéfinie en le traitant tous les ans de la même manière. Le charbon de bois bien sec, mis en poudre, suffirait à la rigueur.

Nous avons, à l'article *mûrier*, examiné les différentes espèces qui conviennent aux vers à soie; les feuilles de scorsonnère peuvent remplacer celles du mûrier.

Un habitant du département de l'Ardèche doit au hasard d'avoir trouvé une recette pour étouffer les chrysalides des vers à soie, sans altérer les cocons et sans faire perdre à la soie une partie de son lustre. Il suffit d'exposer, pendant deux ou trois heures, les cocons sur des claies, à la vapeur du camphre, dans une chambre bien fermée.

VERGE D'OR TOUJOURS VERTE. (*Jard.*) *Solidago sempervirens.* Famille des corymbifères. Grande plante vivace de l'Amérique septentrionale; fleurs en septembre, en corymbes jaunes, qui font très-bien dans les grands massifs. Rustique. Séparation des pieds.

VERMICELLE. (*Cuis.*) (Voy. POTAGE.)

VERNIS. (*Conn. us. — Ind. dom.*) *Vernis économique.* Un des vernis les plus économiques et les plus brillans est le goudron provenant de l'éclairage du gaz par la houille distillée, c'est-à-dire auquel on a fait perdre son essence de naphte et autres huiles essentielles. Ce vernis, très-brillant et d'un beau noir, ne coûte que vingt à vingt-deux francs les cinquante kilogrammes. Il conserve très-bien le bois, est recommandé pour l'humidité et la peinture des voitures ; il sèche promptement.

Beau vernis. On prend une once de sang-dragon, cinq onces de succin, autant de gomme laque et sept livres d'esprit de vin à trente degrés. On commence par pulvériser séparément ces substances ; on met ensuite le succin dans l'esprit de vin, et on fait chauffer doucement pour ne pas volatiliser l'esprit de vin. Quand la moitié du succin est dissoute, on ajoute les deux autres résines, et on continue à chauffer, en augmentant un peu le feu à mesure que les matières se fondent, ayant soin cependant que la chaleur de l'esprit de vin ne dépasse pas celle qu'on peut supporter en y plongeant la main. En chauffant ainsi, l'esprit de vin acquiert une couleur rouge foncé ; on arrête alors l'opération. S'il reste encore des portions de résine qui ne soient pas mêlées à l'esprit de vin, on les sépare en versant doucement le vernis, que l'on conserve dans des bouteilles bouchées. Ce vernis se dessèche promptement et ne s'écaille pas. On y ajoute, si l'on veut, un gros de safran pour lui donner la couleur d'or. On peut s'en servir pour vernir le cuivre. On fait alors chauffer légèrement ce métal, et on applique le vernis avec un pinceau, de manière à ce que les coups de pinceau ne paraissent pas. Il se dessèche très-vite.

Vernis noir, analogue au vernis de Chine. On prend du goudron pur ; on le verse dans un pot étroit à sa partie supérieure, on le fait cuire à petit feu pendant deux ou trois jours, de manière à ce qu'il se convertisse en une masse noire assez compacte pour ne pas s'attacher aux mains. On met cette masse dans un matras en cuivre ; on la fait chauffer en y versant peu à peu de l'essence de térébenthine ; on continue l'action de la chaleur jusqu'à ce que la composition ait une consistance fluide. Si le feu prenait au mélange, on fermerait le matras avec un morceau de feutre ou de drap fort, ce qui suffit pour faire cesser la combustion.

Ce vernis doit être employé sur des vases de bois ; mais il faut que ces vases soient desséchés à l'étuve.

Vernis incolore. On fait dissoudre dans une chaudière de fer une partie de potasse (une livre), dans environ huit parties d'eau ; on y ajoute une partie (une livre) de laque en poudre ; on porte le tout à l'ébullition. Quand la laque est dissoute, on laisse refroidir ; on fait ensuite passer dans la solution du chlore jusqu'à ce que la laque soit précipitée.

Le précipité blanc, dissout dans l'alcool, donne un vernis aussi blanc que celui du copal.

Vernis de Mairet pour les reliûres, le maroquin, le mouton, le papier maroquiné. Prendre : Sandaraque, huit onces ; mastic en larmes, huit onces ; gomme laque en tablettes, deux onces ; térébenthine de Venise, deux onces ; alcool à trente-six degrés, trois litres.

On réduit en poudre fine toutes ces résines, on les mêle avec huit onces de verre grossièrement pilé ; on introduit le tout dans un matras ayant le double de la capacité nécessaire ; on ajoute l'esprit de vin ; on remue et on place ensuite le matras, dont tout le col doit être fermé par un parchemin percé de trous d'épingles sur un bain de sable chauffé modérément ; on remue et on laisse refroidir quand le mélange est fait, après avoir égoutté la térébenthine.

Appliqué avec un pinceau de blaireau, et poli avec un linge blanc et fin quand il est presque sec, ce vernis donne du brillant aux reliûres, et les nettoie si elles sont tachées par l'eau ou l'huile.

Le vernis de Hingrais, qui sert au même usage, est d'une composition analogue.

Vernis-bronze pour les fers. Dans un litre d'esprit de vin à trente-trois degrés, faites dissoudre cinquante décagrammes d'orpin en poudre ; cinquante décagrammes de plomb, mine noire en poudre ; et agitez bien avant de vous en servir.

Frottez ensuite de ce mélange le fer ou la fonte à bronzer.

Quand l'apprêt est bien sec, il faut vernir avec une demi-livre d'essence, dans laquelle on aura fait dissoudre une once de gomme gutte pilée ; ajoutez à ce mélange un litre de vernis gras ; agitez bien et vernissez.

VÉRONIQUE A ÉPI. (*Jard.*) *Veronica spicata.* Famille des pédiculaires. Vivace, de l'Angleterre ; fleurs en mai, en épi d'un joli bleu.

Véronique à feuilles blanches. (*Incana.*) Vivace, de Russie ; joli feuillage, mêmes fleurs. Ces deux espèces sont rustiques. Séparation des pieds en septembre.

Véronique douteuse. (*Dubia.*) Indigène. Plante vivace formant des touffes arrondies et couvertes, en mai, de fleurs larges, d'un beau bleu, en épis lâches ; bruyère et demi-ombre ; séparation des pieds à la défloraison. Elle multiplie peu.

Véronique de Virginie. (*Virginica.*) Vivace ; fleurs en mai, blanches, en épis ; terreau végétal ; soleil ; séparation des pieds en septembre, ou semis en mars.

Véronique à feuilles de gentiane. (*Gentianoïdes.*) Racines vivaces, du Caucase ; fleurs en mai, grandes et d'un bleu pâle, en longs épis ; bruyère très-humide, au nord ; séparation des rosettes à la défloraison.

La véronique est employée comme vulnéraire, diurétique, pectorale, apéritive, légèrement emménagogue.

VERRE. (*Conn. us.—Ind. dom.—Récr. dom.*) Il y a deux sortes de verres de vitre : le verre blanc ou de Bohême et le verre commun ou d'Alsace. Dans ces deux espèces, il y a ensuite le fin, le moyen et celui de rebut. On en fabrique aussi en France, à Givors, près Lyon, département du Rhône. Celui-là se vend aux vitriers ; les feuilles de dix-huit pouces sur quatorze, cinquante-cinq centimes ; de vingt sur douze, *idem ;* de dix-huit sur douze quarante-cinq centimes ; de seize sur dix, vingt-cinq centimes. Ceci peut servir de base à ce que doit coûter le vitrage de toute grandeur. Les vitriers en général gagnent vingt-cinq pour cent, la pose comprise.

Lime en verre pour user le bois. Prenez une feuille de papier bien fort ; passez dessus une légère couche de colle, et tamisez-y du verre que vous aurez réduit en poudre bien fine. Quand ce papier sera sec, vous le diviserez en petits carrés qui vous serviront à limer et user le bois comme la peau dite de *chien de mer.*

Manière de graver facilement sur verre. Faites chauffer le verre, et enduisez-le d'une couche de cire ; quand elle sera refroidie, tracez dessus les traits ou dessins que vous désirez, de manière à pénétrer jusqu'au verre ; plongez-le ensuite dans de l'acide sulfurique, et saupoudrez de fluate de chaux. Au bout d'un certain temps, on fait chauffer le verre pour enlever la cire, et l'empreinte des dessins subsiste.

VERT-DE-GRIS. (*Conn. us.*) (Voy. EMPOISONNEMENS, OXIDE DE CUIVRE.)

VERVEINE DE MIQUELON. (*Jard.*) *Verbena aubletia.* Famille des gattiliers. Très-jolie plante de l'Amérique septentrionale, annuelle ou vivace, selon la culture et l'exposition; fleurs de juillet en novembre, d'un beau violet et formant des espèces de couronnes; semis en avril, en bon terreau consommé; exposition méridionale et abritée; laisser le plant en place. Traitée ainsi, cette plante se perpétue longtemps et se ressème d'elle-même aux environs. Les pieds qui ont passé l'hiver fleurissent dès le commencement de mai.

VESCE. (*Agr.*) Famille des légumineuses. Il y en a deux variétés : la première supporte les rigueurs de l'hiver; la seconde veut être semée au printemps.

La vesce d'hiver donne une coupe abondante même avant que le trèfle soit assez élevé pour être fauché. La vesce de printemps mûrit un peu plus tard : comme elle reste verte peu de temps, on n'en sèmera pas à la fois toute la superficie qu'on lui destine, mais seulement de quinze jours en quinze jours. Le fourrage alors est également tendre et succulent. Deux hectolitres de semence par hectare suffisent : on remplace le quart de cette quantité par du seigle ou de l'escourgeon pour la vesce d'hiver; par de l'avoine ou de l'orge pour celle du printemps. Ces plantes servent à soutenir les vesces qui ont une tendance à s'agenouiller, inconvénient qui dans bien des cas fait perdre à ce fourrage une partie de sa qualité.

Le plus grand ennemi de la vesce d'hiver, c'est l'humidité. Destinez-lui un sol qui ne soit pas trop argileux. L'eau des pluies et des neiges s'évapore difficilement dans les terrains de cette nature. Craignez d'un autre côté de la confier à une terre trop légère; elle y déchausse facilement, parce qu'elle a une racine pivotante, et n'est pas munie d'une touffe de racines latérales qui l'attachent au sol comme les céréales. L'époque de la semaille varie avec les circonstances de climat, d'exposition et de composition minéralogique. Il faut que la plante soit assez forte pour résister aux rigueurs de l'hiver, et assez peu élevée pour n'être point attaquée par les gelées de printemps. Si dans cette saison la sommité se trouvait détruite ou lézée le moindrement, la production du fourrage serait nulle. On sème deux hectolitres et trente litres de seigle, ordinairement en novembre ou décembre.

VESPETRO. (*Off.*) Mettre dans un nouet lâche, et maintenir au fond d'un pot, demi-once de graine d'angélique, deux onces de graine de coriandre, deux pincées de graine de fenouil et autant de celle d'anis; ajouter les zestes et le jus de deux citrons, sans pépins, et deux livres de sucre. Boucher le pot et laisser infuser un mois. Passer à la chausse; mettre en bouteilles.

VIANDE. (*Cuis.*) *Moyen de l'attendrir.* Battez fortement pendant quelques minutes, avec un rouleau à faire de la pâte, votre morceau, en dessus et en dessous; ensuite ficelez-le avec soin avant de le mettre dans la marmite : il cuira plus promptement, le bouillon en sera meilleur, et le bœuf ne sera jamais dur.

La viande gardée pendant quelques jours est plus tendre, et a meilleur goût que la fraîche. (Voy. GARDE-MANGER.)

Conservation des viandes. 1. Laisser tremper les viandes dans du caillé aigre; elles s'y attendrissent, et y deviennent beaucoup plus délicates. C'est le procédé qu'on suit généralement dans les départemens du Haut et du Bas-Rhin.

2. Les laisser pendant quarante-huit heures dans du vinaigre, moyen qui n'a d'autre inconvénient que de donner aux viandes une forte saveur.

3. On peut conserver pendant plusieurs mois de la viande fraîche, en lui donnant un quart de cuisson dans de bon beurre fondu. On ne la sale et poivre que comme pour l'usage journalier. On la laisse ensuite refroidir, en empêchant les mouches de s'en approcher, et on la met enfin dans des jarres de terre, et l'on verse dessus le beurre un peu avant qu'il soit figé.

4. Faire légèrement sécher le dessus des viandes à la chaleur douce d'une étuve, et vernisser chaque morceau avec une colle de gélatine.

5. On conserve pendant trois semaines le gibier, le bœuf et autres viandes, en les enveloppant dans un linge blanc pendant qu'ils sont encore frais, et les mettant dans un coffre que l'on couvre de sable. Ils y deviennent fort tendres. Que le lieu soit sec ou humide, si le coffre est bien couvert de sable, la corruption sera longtemps retardée. Le pétrin ou boîte dans laquelle on manipule la pâte pour faire le pain conserve aussi les viandes.

6. Le veau, le bœuf, le mouton et le gibier se conservent pendant huit ou dix jours dans la plus grande chaleur, si on les couvre d'une couche légère de son bluté, et qu'on suspende les morceaux au plafond d'une chambre élevée et bien aérée, et dans un garde-manger carré qui laisse passage à l'air, en écartant cependant les mouches.

7. Le gibier à poil et à plume se conserve longtemps, si on lui met autour du cou une corde serrée, qui empêche l'air de pénétrer dans le corps, et un morceau de charbon dans l'intérieur, ou bien encore un morceau de sel.

8. Exposer les viandes à la gelée dans une glacière.

On conserve aussi les viandes dans le saindoux, dans l'huile et par le moyen de l'acide sulfurique.

Pertes que les viandes éprouvent par la cuisson. De quelque manière qu'on prépare la chair des animaux pour la faire servir aux usages domestiques, on sait qu'elle subit une perte assez notable dans son poids. Il était au moins utile de connaître quelle était l'étendue de cette perte, et c'est le sujet de quelques expériences faites depuis peu en Angleterre : 28 pièces de viande de bœuf pesant 280 livres, ont perdu, par l'ébullition dans l'eau, 73 livres 14 onces; ainsi le bœuf cuit dans l'eau perd, terme moyen, 20 1/2 pour cent de son poids. Dix-neuf pièces de bœuf pesant 180 livres, soumises au rôtissage, ont perdu 61 livres 2 onces, ce qui prouve que la viande du bœuf convertie en rôti diminue de plus de 32 pour cent de son poids. Neuf pièces de bœuf pesant 90 livres, mises au four, se sont réduites à 63 livres; ce qui indique une perte de 30 pour cent. Vingt-sept gigots de moutons pesant 260 livres, ont été bouillis et ont perdu, après qu'on eut retiré les os, 62 livres 4 onces; les os pesaient chacun 4 onces, terme moyen, ce qui a réduit la perte de poids à 55 livres 8 onces, ou 21 pour cent. Trente-cinq épaules de mouton, pesant 250 livres, ont perdu, après avoir été rôties et les os défalqués, 109 livres 10 onces; ce qui donne une perte de 51 1/5 pour cent. Seize longes de mouton pesant 141 livres, ont perdu, après la cuisson, 49 livres 1/4 ou 51 1/2 pour cent. Cent livres de mouton perdent 52 livres. Il est donc plus avantageux de faire bouillir la viande que de la rôtir.

VIGNE. (*Agr. — Jard.*) La culture de la vigne est le plus beau fleuron de notre agriculture.

La propriété de la vigne est l'apanage du propriétaire soigneux, du capitaliste qui peut attendre le moment opportun pour la vente, et encaver les produits des années abondantes, qui sont presque toujours les meilleurs. Le mode de culture par vigneron à tiers, à moitié, qui est le plus pratiqué, n'est pas le plus avantageux à la production ni à l'entretien du vignoble.

La France ne paraît pas posséder plus de 1,500,000 hectares plantés en vigne, qui produisent, année commune, dix-huit millions de tonneaux ou cent vingt-cinq litres par individus, quantité insuffisante encore pour les besoins de la population actuelle.

Nous examinerons successivement l'exposition, le sol, le plant et la culture qui conviennent le mieux.

Exposition. L'exposition du nord rend la vigne moins sujette aux effets désastreux des gelées du printemps. La vigne se plaît dans tous les terrains qui laissent pénétrer ses racines; elle craint les eaux stagnantes; mais elle ne donne de bons produits que dans les terrains secs et légers.

Le vin sera d'autant meilleur au nord que le coteau sur lequel il aura été cultivé sera plus rapide et exposé plus longtemps à l'influence du soleil.

Le raisin mûrit mieux dans le milieu des coteaux que dans les autres parties; dans le bas, la racine trop humide ne permet pas la maturité. Les vents et le froid s'opposent à ce qu'elle ait lieu dans la partie supérieure.

Les pays du nord doivent choisir les variétés de plants les plus hâtives.

Au nord surtout les vignes doivent être éloignées des eaux et des bois qui ont la propriété de refroidir l'atmosphère.

Sol. Les vignes sur sol sec et au midi donnent peu de bonne qualité; mais, si elles manquent de vigueur dans la canicule, elles perdent leurs feuilles et sont exposées à périr.

Les terrains pierreux mêlés de terre permettent moins l'évaporation de l'humidité et conviennent mieux aux racines de la vigne.

L'abbé Rozier avait fait paver ses vignes du côté de Béziers et s'en était bien trouvé.

La vigne craint surtout les terres à sous-sol glaiseux, et susceptibles de retenir les eaux supérieures.

Dans les climats froids la terre plutôt sèche qu'humide convient surtout à la vigne; toutefois certains plants prospèrent bien dans les terrains humides.

Le sol et le sous-sol influent beaucoup sur la nature du vin. Il est des phénomènes presque inexplicables en ce genre qui trouveraient leurs solutions dans l'étude du sous-sol et de sa composition. Un vin séparé d'un autre par un ruisseau, un ravin, même sol en apparence et même exposition, triplera de valeur : cette différence tient sans doute aux sous-sols des deux localités.

Lorsque la couche inférieure est argileuse et ne laisse pas pénétrer l'humidité supérieure, la vigne est sujette à couler dans la floraison.

En France, les vignes sont en partie plantées dans le primitif, en partie dans l'argilo-calcaire, tantôt dans le secondaire, quelques-unes sur la craie.

Le terrain qui paraît le plus convenable est celui d'argile et de craie mêlées de cailloutage. Plus la terre sera colorée, plus le raisin mûrira facilement.

Les détritus de granit peuvent produire, suivant l'exposition, des vins de première qualité, ou de très-médiocres. Les graviers argileux donnent, en général, des vins de bonne qualité, de même que les terrains schisteux. Les terrains volcaniques donnent tantôt des vins de dessert, tels que ceux du Vésuve, du Lacrima-Christi, de l'Etna, et tantôt de forts médiocres, tels que les vins d'Auvergne.

Les terres fortement oxidées par le fer n'en donnent pas moins de très-bons vins; mais toute argile retenant les eaux pluviales n'en donne que de détestables.

En général, consacrez aux vignes les terres légères, inclinées et non susceptibles de donner d'autres productions. C'est là que vous obtiendrez la qualité. Un sol riche produira la quantité.

Plant. Du plant dépend aussi le produit et la qualité du vin. Telle nature de plants arrive à sa maturité en contenant fort peu de principes sucrés : ce sont ceux qui conviennent le moins.

Le pineau de Bourgogne, le morillon hâtif du Jura, le fié vert du même pays, le mêlier donnent du bon vin; leur précocité les fait toujours mûrir.

Il y a presque toujours avantage de transplanter un plant du nord au midi, et rarement du midi au nord.

Le gros plant, presque toujours retardataire, charge beaucoup, mais il est de qualité inférieure; le plant précoce donne des vins plus fins.

Les variétés de vigne, à cépage vigoureux, absorbent quelquefois la substance d'un plant plus faible, qu'elles font couler et souvent périr.

Près d'Épernay, il existe deux variétés de pineau, dont l'un ne porte jamais de fruits lorsque l'autre en est chargé, et cela très-régulièrement.

Dans le nord, les variétés de plants à raisins à peau fine donnent de meilleur vin que les autres. Il y aurait peut-être inconvénient, dans le midi, d'adopter les raisins à peau trop fine que la chaleur pourrait dessécher.

Il paraît que la variété du plant et la nature du cep influent sur la conservation du vin.

Il est des plants très-vigoureux qui ne peuvent réussir que dans des terrains fertiles et profonds, parce que, mangeant beaucoup en bois et en grappes, ils ne peuvent tirer toute leur nourriture de leurs feuilles.

Il doit y avoir autant de natures de culture pour la vigne qu'il y a de natures de climats. Les terres riches peuvent nourrir des vignes plus élevées ; les terres arides réclament des plants plus faibles et des qualités de vin plus fines : ce sont encore deux natures de culture.

La culture de la vigne se perdant dans la nuit des temps, ses variétés sont aussi innombrables.

On obtient de nouvelles espèces par les semis de pepin ; M. Van Mons, de Bruxelles, a obtenu de semis une variété portant des grains aussi gros qu'une forte prune de reine-claude, et qui mûrit dans la première quinzaine d'août.

Il y a en France des espèces innombrables à fruits rouges, violets, gris, jaunes, blancs, verdâtres et noirs; à gros ou petits grains, serrés ou détachés. Ces variétés peuvent être modifiées par la culture, mais elles devraient être avant tout étudiées.

On a reconnu au jardin du Luxembourg dix variétés de pineau; quatorze variétés de muscat noir, violet ou blanc, et vingt variétés de chasselas.

La méthode de cultiver la vigne en berceau ne favorise pas la maturité.

Plus les pays sont froids, plus les vignes doivent être taillées bas, pour rapprocher le raisin de la terre et le mûrir par ses émanations. Les vignes basses se provignent, ou ne se provignent pas. Il paraît que le provignage, en rajeunissant la vigne, lui fait porter plus de fruits ; la supériorité de qualité peut être contestée.

Les vignes sur coteaux très-rapides peuvent être laissées plus élevées, car le coteau leur sert alors de mur d'abri.

La méthode de provigner par fossés, renouvelant la vigne régulièrement de cinq ans en cinq ans, est bonne et doit être encouragée.

Il est peu d'objections à faire contre la culture sans échalas, culture peu dispendieuse et qu'on peut faire à la charrue. La culture avec échalas peut difficilement soutenir la concurrence avec la première ; elle est susceptible de grandes améliorations.

Les plants précoces, propres à la culture du nord, portent un bois plus faible que ceux du midi.

Un défoncement est nécessaire à l'établissement d'une vigne. Ce défoncement doit être de cinquante à soixante centimètres.

La vigne se plante par des barbus (boutures enracinées), ou des boutures. La vigne provenant de semence ne porte fruit qu'au bout de sept à huit ans. Les pepins d'un même raisin produisent une variété de nouvelles espèces. Il vaut mieux planter des chapons ou boutures que des barbus ; la difficulté de bien arranger les racines est un obstacle à leur développement. Il est à remarquer que beaucoup de pieds de vignes, plantés en barbus, meurent la seconde ou troisième année.

Les chapons provenant, soit de bois d'un an, soit de ceux où l'on laisse un petit talon de bois de deux ans, se conservent ordinairement le pied dans l'eau. Il vaudrait peut-être mieux les faire enfouir à moitié dans la terre. Le chapon se fait lorsqu'on taille la vigne. Conserver le chapon en silot ne paraît pas une bonne méthode.

Le chapon se plante de deux en deux à la profondeur de plus d'un pied, dans des trous faits au plantoir dans la terre minée. On courbe la partie supérieure de la tige pour arrêter la montée trop rapide de la séve, et permettre au plant de s'enraciner. Cette précaution serait nuisible si la vigne était plantée avec barbus (plants enracinés).

On peut planter la vigne tout l'hiver; les plantations qui réussissent le mieux sont celles faites avant la gelée.

Les boutures pour cet emploi doivent se faire l'été, dans l'intervalle des deux séves ; ces boutures seront ensuite arrosées, après avoir été mises en terre ; par ce mode, elles réussissent toujours bien.

La distance à laquelle on veut planter les vignes varie suivant la culture qu'on veut leur donner en hautin, traîne-ceps, pour cultiver à la main ou à la charrue.

Les vignes dont la culture paraît la plus rationnelle sont celles par rangées de deux pieds de distance, toutes les quatre rangées séparées entre elles par un chemin de trois pieds ou d'un mètre.

On dispose les sarmens parallèlement aux lignes, on les supporte par des échalas : ce mode de culture double, dans certains cas, le produit.

Les vignes plantées à intervalles de sept à dix mètres de distance par lignes parallèles, au milieu desquelles on cultive des céréales, chanvres, etc., produisent beaucoup. Ces lignes sont cultivées en forme de palissades qui servent d'abri.

Les vignes se plantent dans des fosses, au plantoir, enfin de vingt manières diverses, qu'il serait trop long d'énumérer ici.

Les fosses doivent être dirigées du levant au couchant pour donner l'aspect du midi à la plantation. Les jeunes vignes plantées en fosse, recevant plus d'humidité, sont plus sujettes à geler.

Les bonnes conditions d'une vigne plantée en fosse sont, 1° que les rangées soient à assez grandes distances pour ne pas se porter ombrage mutuellement; 2° que les fosses soient assez profondes pour abriter le plant des vents du nord, sans toutefois que le pied de la vigne craigne l'humidité par l'effet du séjour de l'eau dans la fosse.

Le but de la culture de la vigne étant la maturité du raisin, on doit en éloigner toute espèce d'arbre. Tout ce qu'on peut permettre dans les climats méridionaux sont quelques pêchers et amandiers, mais à des distances fort éloignées. La lentille, le lupin, le haricot, le navet, cultivés entre les ceps de vignes, ne leur sont jamais funestes. La culture d'autres légumes concourt souvent aussi à maintenir la fraîcheur du sol.

Les haies, comme abri, favorisent les ceps qu'elles préservent des vents. Une haie d'un mètre de haut ne peut nuire qu'à un rang de ceps, et en préserve trente de la rigueur des vents. C'est un usage qui nuit à la maturité du raisin que de poser dans la fourche des échalas, pour les faire sécher, les plantes arrachées de la vigne.

Le nombre des plantes parasites qui croissent dans les vignes est considérable.

Le provignage si généralement pratiqué, a pour but, par le couchement du sarment, d'obtenir un bourgeon plus fécond en fruit et de meilleure qualité.

Le sarment couché prend de nouvelles racines et tire

plus de sucs de la terre. Le provignage permet de tenir toujours le raisin à une petite distance de la terre. Dans beaucoup de localités, on ne sépare pas le provins couché de la mère racine, ce qui favorise la qualité du vin.

La méthode de planter de jeunes vignes avec des provins provenant de vieilles vignes est mauvaise; le mode de plantation avec des chapons convient mieux.

Les vignes provenant de provignage ont leurs provins vigoureux, et n'ont pas besoin de sautèles, d'arceaux, de ployons, pour leur faire rapporter davantage.

Un moyen de multiplier prodigieusement la vigne est d'étendre toute la longueur du sarment en terre; il sort de chaque nœud une tige et une racine, qui forme autant de chevelus pour l'année suivante.

Le mode de marcotter dès la fin de juin, pour avoir au printemps suivant des ceps enracinés, est le plus sûr et le plus expéditif. En certains lieux on ne marcotte que pour remplir les places manquantes ou augmenter le nombre des ceps.

Le mode de perpétuer la vigne par le provignage, qui la rend éternelle, a de graves inconvéniens. La vigne, comme toutes autres plantes et arbres, a besoin d'être assolée, c'est-à-dire, changée de sol. Toute vigne sur même sol depuis plus d'un siècle serait peu productive, quelle que soit d'ailleurs la fertilité du terrain sur lequel elle se trouve.

La vigne se greffe comme tout autre bois et avec plus de facilité encore. Toutefois, comme elle a une prodigieuse facilité à reprendre de boutures, ce mode est peu usité. La greffe en fente est la seule praticable pour la vigne. La greffe doit se faire lorsque la séve commence à entrer en mouvement. Elle ne manque jamais, à quelque endroit de la fente qu'on mette la bouture, si la greffe se fait en terre et sur bois jeune. La seule greffe exposée à manquer est celle faite dans des terrains arides et exposés au midi. Le sarment destiné pour greffe doit être coupé à l'avance et enterré à moitié dans la terre fraîche.

L'utilité de la greffe est de renouveler par une ou deux variétés bonnes une vigne en contenant un grand nombre qui peuvent nuire à la qualité du vin.

On renouvelle les vignes abandonnées ou négligées depuis longtemps, en coupant les souches de ceps au niveau de terre, puis, sur une pousse de deux ans, on établit la taille des années suivantes.

Taille. La taille est l'opération la plus importante que l'on fait subir à la vigne; elle a pour but de procurer une même quantité de raisins chaque année, et de les obtenir plus gros et plus hâtifs.

La taille des vignes se fonde sur le même principe que celle des autres arbres fruitiers; toutefois, comme le fruit vient sur le bourgeon de l'année, cette opération est infiniment plus facile. La taille se réduit en principe à couper au-dessous du premier œil les sarmens faibles; et, au-dessous du second, ceux plus vigoureux.

Lorsqu'on veut avoir la quantité, on laisse deux ou trois sarmens au ceps que l'on taille au-dessus du huitième ou dixième œil dont on fait des arques, sautelles, mérains.

La taille favorise la production du fruit en ce qu'elle arrête la circulation de la séve et la production du bois.

On force un plant stérile à donner du fruit l'année suivante; il faut casser ses bourgeons entre les deux sèves dans le milieu de leur longueur, sans séparer toutefois la partie supérieure cassée. C'est un usage pernicieux de tailler la vigne en deux fois. Il est d'un bon usage de tailler long les souches qui n'ont point rapporté l'année précédente. Les racines non épuisées peuvent fournir à une plus grande quantité de fruits.

Chaque variété de vigne a sa taille particulière, comme aussi chaque pays.

On peut tailler la vigne tout l'hiver; plus tôt la taille est faite, plus tôt la séve entre en mouvement. Il faut donc retarder la taille dans les pays froids où l'on craint les gelées d'hiver sur les coursons et celles de printemps sur les bourgeons.

On assure que la taille d'automne est favorable à la pousse des racines.

On taille les vignes basses sur deux ou trois yeux, et les vignes hautes sur un seul œil. La végétation est d'autant plus forte que la taille est plus courte et que la hauteur de la tige est moindre.

La vigne doit se tailler en temps sec. *Tailler à vin* s'entend lorsque, pour se procurer du fruit, on laisse de nombreux coursons, sauteils ou ployons. Ce mode de taille, qui procure la quantité, réduit la qualité et épuise la vigne.

Il est à craindre, en ne laissant qu'un seul œil, de voir périr la vigne, si cet œil vient à manquer. Si l'œil est faible, on en laisse deux, et on ébourgeonne plus tard celui qui pourrait nuire au cep.

Labour. Dans le midi on laboure la vigne à la charrue. Ce mode devrait être davantage pratiqué. Viennent ensuite la houe, la pioche à trois dents et même la bêche.

Plus le terrain est pierreux, plus il convient d'employer la pioche à deux pointes, ou celle à queue d'hirondelle. La houe, ou pioche carrée, convient aux terres franches dépourvues de pierres. La triangulaire aux terres fortes, chargées en pierres; et celle à deux ou trois dents aux sols légers, graveleux ou caillouteux.

On doit donner un labour profond avant l'hiver, un bon binage avant la floraison, un second lorsque les graines sont à la moitié de leur grosseur, et un troisième lorsqu'elles entrent en maturité.

Si le dernier binage est supprimé, on retarde le second. Labourer ou biner vaut fumier. Les labours et les binages ne doivent donc pas être épargnés.

Le labour d'hiver doit être profond; les autres fort légers. Ils ne tendent qu'à détruire les mauvaises herbes et à favoriser la maturité.

Il est des vignes dont on chausse le pied dans les opérations du binage, en laissant creux les intervalles des lignes; ce mode convient aux terrains humides. Dans les terrains graveleux et secs, on plante souvent la vigne dans des fosses profondes qui ne se comblent que lentement: cette méthode a aussi ses avantages pour la maturité.

L'échalas est le pieu de bois que l'on met près le cep et auquel on attache les bourgeons, soit avec de la paille, de l'osier ou du jonc; dans d'autres lieux, les sarmens qu'on veut laisser sont mis en palissade allant d'un cep de vigne à l'autre; enfin il est des lieux où la vigne, taillée en gobelets, ne porte ni échalas ni traînes. L'avantage des échalas est d'exposer la grappe aux influences du soleil, et de permettre de placer plus de ceps dans un espace donné. Le prix des échalas doit faire calculer si leur emploi est convenable; ils ont l'inconvénient de nécessiter une grande main-d'œuvre, des aiguisages continuels, et de retarder la maturité dans beaucoup de cas, en favorisant l'ascension droite de la sève.

La vigne en floraison demande un repos absolu.

C'est des influences atmosphériques pendant la floraison de la vigne que dépend la récolte.

La coulure peut être organique. Il est des espèces qui coulent plus facilement que d'autres; elles doivent être supprimées. La coulure peut avoir lieu par les fleurs prolongées, par la gelée, par trop d'humidité dans le sol lors de la floraison, ou par l'excès d'une production trop abondante et épuisante des années précédentes.

Arrêter ou pincer est la suppression de l'extrémité du bourgeon, pour le porter à fruit et accélérer la maturité. Cette opération, distincte de l'ébourgeonnage, doit se faire lorsque le fruit est arrivé à sa grosseur. Cette méthode, bonne dans le nord, serait dangereuse dans le midi, où elle ferait pousser de nouveaux bourgeons; dans tous les cas, ce mode d'opérer ne convient ni aux plants trop forts, ni aux plants trop faibles.

Il n'est pas vrai que l'effeuillage de la vigne accélère la maturité du fruit. Il nuit à sa saveur seulement. Les feuilles garantissent le fruit du vent froid, de la grêle, arrêtent les émanations de la terre et en font profiter le raisin. L'effeuillage n'a de mérite que pour l'espèce de chasselas auquel les rayons du soleil donnent une couleur dorée qui favorise la vente, sans augmenter la saveur et la maturité. On doit casser les queues des vignes que l'on effeuille, et non arracher les feuilles.

L'automne est l'époque la plus convenable pour fumer les vignes. La décomposition a lieu pendant l'hiver, et les effets nuisibles du fumier sont moins sensibles plus tard.

Le mode d'enterrer des broussailles et bruyères au pied des vignes est bon et doit être recommandé. Le fumier doit être répandu également sur toute la terre, afin que les moindres parcelles du chevelu des racines traçantes en profitent.

Fumer peu et souvent est une bonne maxime à suivre.

Cette opinion accréditée vient sans doute du mauvais goût que donnent au vin les fumiers de boue et de vidange, goût que l'on remarque immédiatement après une fumure abondante.

Maladies de la vigne. Dans les grandes sécheresses, la feuille de vigne se colore en jaune et ne remplit plus alors ses fonctions auprès du fruit, ce qui nuit à la qualité du raisin. La jaunisse des feuilles a aussi lieu dans un terrain marécageux, parce que ce sol ne convient pas à la vigne.

Le rouget ou rougeot est une maladie de la feuille, qui rougit subitement lorsque, après un brouillard, un fort coup de soleil la frappe. Elle tombe deux jours après, et sa perte s'oppose à l'accroissement des grains de la grappe. Une autre maladie de la feuille est la désorganisation de quelques-unes de ses parties, qui rougissent et se désorganisent. Ces effets proviennent des mêmes causes, mais ont moins d'inconvéniens que le rouget. On nomme cette maladie quille.

Le raisin lui-même est sujet à la brûlure partielle, connue sous le nom de raisin taconné. L'effet d'un coup de soleil, à la suite d'une forte rosée, peut occasionner cette désorganisation.

Toutes les maladies qui attaquent les bois attaquent aussi la vigne : les ceps sont sujets au chancre; les bourgeons à un excès de vie comme de faiblesse; les raisins sont sujets à la pourriture. Il est des ceps au bas desquels il se forme une loupe en forme d apostose, qui doit être coupée jusqu'au vif, pour éviter la mort du plant.

Quelques vignes sont sujettes à donner naissance au champignon connu sous le nom de l'hérinée de la vigne. Il attaque sa feuille, qu'il désorganise dans certains points, et, en l'empêchant de faire ses fonctions, nuit à la production du fruit. On doit couper la feuille avant la maturité du champignon pour préserver la vigne de l'hérinée l'année suivante.

L'isaire est le champignon qui s'attache aux racines des vignes, qu'il fait périr en deux ans; puis il passe aux ceps voisins, dont il cause également la mort. On préserve les autres ceps de la contagion de ceux qui sont attaqués, en faisant une tranchée profonde autour de tous les plants soupçonnés atteints, que l'on isole ainsi de ceux encore sains. Cette tranchée doit avoir de quatre-vingts centimètres à un mètre de profondeur.

La présence de l'isaire se reconnaît aux feuilles jaunes et pendantes des ceps qui en sont attaqués. La chaux éteinte peut faire périr les champignons parasites.

La vigne est sujette aux gelées : c'est le plus redoutable de ses fléaux.

Les gelées d'automne avant la récolte font tomber la feuille, désorganisent le bois non mûr, empêchent le raisin de mûrir, et souvent occasionnent la perte totale de la récolte. Les variétés tardives et faibles souffrent plus des gelées d'automne.

Les gelées d'automne, en attaquant le bois non mûr, nuisent aux récoltes de l'année suivante. Dans ce cas, pour remettre à fruit, il faut tailler sur un seul œil, et supprimer les sautilles ou courans.

Les gelées d'hiver, qui n'attaquent qu'une partie du sarment, sont moins désastreuses que celles d'automne; mais, si le sarment entier est frappé, elles peuvent occasionner la mort de la souche qui ne peut plus pousser que sur vieux bois, pousses qui sont faibles et que l'on met difficilement à fruit. La plupart des vignes dont le sarment entier a gelé ne sont bonnes qu'à être arrachées.

Les bourgeons de vignes légèrement frappés des gelées du printemps et non exposés au soleil peuvent se rétablir sans se désorganiser.

La fumée, les aspersions d'eau peuvent, en interceptant les rayons solaires, empêcher les effets de désorganisation après les gelées. Ce mode de faire est efficace, mais coûteux, et il est rare que l'on puisse opérer sur un grand espace. La fumée doit partir d'un point qui permette, par le mouvement de l'air, de couvrir le plus d'espace. On l'obtient avec des fruits, des broussailles, des herbes mouillées que l'on fait brûler sans flamber, une heure avant le lever du soleil.

Les vents sont aussi les ennemis de la vigne; les vents d'est la dessèchent; les vents froids du nord durcissent le fruit et empêchent son développement; les vents pluvieux d'ouest peuvent faire couler la fleur, empêcher le fruit de prendre de la qualité, et peuvent le faire pourrir dans l'arrière-saison.

Les ouragans renversent les échalas. On ne doit donc pas planter les vignes dans les lieux exposés aux vents violens et nuisibles, soit à la maturité, soit à la qualité.

Les vents diminuent au printemps les effets des gelées, dont les petites ne sont funestes à la vigne que dans les localités basses et abritées contre le vent.

Plusieurs insectes nuisent à la vigne : la pyrale se nourrit de feuilles et coupe les pétioles. Quant à la teigne de la grappe, sa larve vit dans l'intérieur des grains et va de l'un à l'autre en se frayant dans la grappe un passage soyeux. Les attelabes, ou urbec et becmar, coupent les pétioles des feuilles; le midi en est infesté. Le leumolpe vit de bourgeons et de grains, il est souvent confondu avec les deux précédentes espèces. Le gribouri ronge les feuilles, fend les grains des raisins; les feuilles sont alors percées comme un crible en différens sens.

Quant au charançon, il se nourrit des bourgeons au moment de se développer, empêche leur développement, et nuit au nombre et à la grosseur des grappes. Le ver blanc, chenille du hanneton, attaque les racines du jeune plant, et en fait périr une grande quantité. Les hélices et limaces mangent les fruits et les feuilles, mais sont beaucoup moins redoutables que les renards ou les blaireaux, très-friands du raisin dans le voisinage des bois, et qui, avec les grives, les étourneaux et les fauvettes, en mangent une grande quantité.

Les papillons donnent naissance aux teignes de la grappe, et autres papillons de nuit, dont les larves attaquent la vigne; on les détruit en suspendant au bout d'une perche de la paille goudronnée qui, enflammée, attire les papillons blancs qui viennent s'y brûler. Un petit nombre de perches, ainsi enflammées à l'époque de l'accouplement, ont fait périr des milliers de ces papillons.

Espèces à cultiver dans les jardins. Chasselas hâtif. Madeleine blanc. Grains blancs et écartés comme celui de Fontainebleau; sucré, excellent, et mûrit au commencement d'août; au centre de la France.

C'est dommage que cette précieuse espèce ne soit pas plus répandue : on ne la cultive guère que dans le midi de la France.

Chasselas de Fontainebleau. Grains blancs, transparens, écartés, colorés du côté du soleil; mûrit mi-septembre.

Chasselas violet. Beau et bon; mûrit fin de septembre.

Muscat blanc. Grains serrés; mûrit fin de septembre.

Muscat noir. Grains serrés et très-gros; mûrit fin de septembre.

Raisin de Malaga. Grains longs, très-gros, transparens, peau épaisse; sucré, mais fade; mûrit mi-septembre.

Ces trois dernières espèces sont très-vigoureuses, et leur végétation se manifeste huit jours plus tôt que celle des autres.

L'exposition qui convient le mieux à la vigne en espalier est le midi plein ou le sud-ouest; elle se propage de boutures qu'on nomme crossettes et qui sont des sarmens de l'année, auxquels on conserve un petit talon de vieux bois; on peut les faire en place, fin de février, dans une terre bien ameublie et terreautée; on les enfonce de six pouces; on les rabat sur deux yeux hors de terre; on les arrose dans les sécheresses. Il est rare qu'elles manquent.

On peut aussi marcotter la vigne au printemps, et la greffer en fente au commencement de mars. C'est à la mi-février qu'on doit planter la vigne. Voici le procédé employé pour la mettre en espalier, par madame Adanson :

« Je fais, dit-elle, une fosse de cinq pieds dans le sens du mur, quatre en avant, et de dix-huit pouces de profondeur; je bêche le fond, ensuite je place autour un cordon de fumier de cheval bien consommé, d'environ huit pouces de large sur autant d'épaisseur; je couvre tout le fond de la fosse d'une couche de gravois de démolition; je répands dessus deux pouces de fumier de même qualité que celui du tour; je le recouvre de deux pouces de bonne terre; je remets un lit de gravois, puis j'emplis la fosse de bonne terre franche légère, jusqu'à la hauteur convenable, suivant la grandeur des racines de ma vigne; alors je la place en sorte que le haut soit appliqué sur le mur, que le bas en soit écarté de six pouces, et que le col des racines soit à fleur de terre; j'étale celles-ci dans leur direction naturelle, je les recouvre d'une brouettée de bon terreau végétal, puis je dresse la fosse avec la meilleure terre sortie de la fouille; je la tasse légèrement et je butte un peu le trou; j'attache la vigne à la loque, en lui conservant une, deux ou trois branches, suivant l'emplacement où elle est, et la forme que j'ai l'intention de lui donner; je les rabats à trois yeux au-dessus du vieux bois. On observera que ce n'est qu'au bout de quatre à cinq ans que les racines de la vigne peuvent atteindre le fumier; qu'il est alors consommé de manière à ne pouvoir communiquer aucun mauvais goût, et qu'il redonne à la plante une nouvelle vigueur qui se maintient pendant très-longtemps, en sorte que ce n'est qu'au bout de dix ans environ qu'il est nécessaire de renouveler l'engrais : ce qu'on ne doit faire qu'avec du terreau végétal, en déchaussant le pied sur la largeur primitive de la fosse. »

C'est au commencement de mars, si le temps le permet, qu'on taille la vigne; on rabat alors chaque année les tiges principales, soit verticales, soit latérales, à deux yeux au-dessus du vieux bois.

On palisse à la loque comme pour le pêcher, ne faisant croiser aucune branche. On retranche tous les bourgeons qui poussent sur le devant des grosses branches, ceux bien placés se rabattent sur deux yeux au plus. Lorsqu'il y en a plusieurs qui partent d'un même nœud, on ne laisse que le mieux placé. On doit tâcher de distribuer également le fruit en éclaircissant les bourgeons trop rapprochés les uns des autres; c'est de cette égalité que dépend la beauté des grappes.

Dès que la vigne est défleurie, on commence à ébourgeonner les jeunes pouces, à la main et sans l'aide d'aucun instrument; on supprime entièrement ceux qui sont mal placés et sur le devant; on raccourcit les autres en les rompant avec l'index et le pouce; on attache en même temps la prolongation des branches principales qu'on ne doit pas rogner avant la taille. La vigne étant une des plantes qui végètent avec le plus de vigueur, il faut renouveler cette opération plusieurs fois pendant l'été.

On ne doit faire la cueille générale du raisin en espalier que le plus tard possible, et lorsqu'on a à craindre plus de trois degrés de froid.

Procédé pour obtenir du raisin noir et du blanc sur le même pied de vigne. Ce phénomène s'obtient facilement en prenant deux sarmens : l'un portant du raisin noir, et l'autre du raisin blanc, en écrasant ensemble les deux bouts que l'on se propose de provigner, et en les réunissant par une légère ligature avant de les mettre en terre. Il arrive cependant, quelquefois, que les sarmens ainsi macérés ne prennent pas; mais, avec des soins, on est presque toujours sûr de l'expérience. On a obtenu, par ce moyen, des ceps de vigne qui portent des raisins noirs, des raisins blancs et des raisins moitié noirs et moitié blancs, qui parviennent tous à parfaite maturité.

Préparation de la vigne pour avoir du raisin frais jusqu'au mois de mai. Au mois d'avril, quand on donne des soins à la vigne, vous choisirez à votre treille des brins bien luisans et annonçant de la vigueur ; vous aurez des pots à fleurs en grès, troués par le fond ; vous y introduirez les brins de vigne, chacun dans un pot, et vous les emplirez de bonne terre ; vous soutiendrez les pots avec des cordes, pour qu'ils n'entraînent point la branche par leur poids ; ces branches pousseront vigoureusement, et donneront des grappes en quantité. Lorsque le temps de récolter le raisin sera venu, vous couperez la branche au ras du dessous du pot, et laisserez vos branches dans la terre. Ayant la facilité de rentrer ces pots toutes les nuits, et le jour, dans le temps des pluies, vous conserverez ces raisins frais aussi longtemps que vous voudrez, et vous pourrez les servir au dessert. Il est agréable de cueillir du raisin au mois de février et de mars, et le berceau que les pots forment sur la table récrée agréablement la vue des convives. Au printemps, ces branches, qui vous auront procuré tout l'hiver de l'agrément, auront acquis un chevelu très-fort, et vous seront utiles pour la plantation.

Moyen de préserver les vignes de la gelée. Il consiste à attacher aux échalas, ou à ce qui peut en tenir lieu, six pouces au-dessus du jeune bois de l'année, une poignée de foin de marais, de fourrage de pois, de genêt, de fougère, de jonc, de paille ou toute autre matière semblable. Cette précaution doit être prise au moment de la végétation. Cette opération coûte de vingt à quarante francs par hectare, selon les localités.

Emploi utile des feuilles de vigne. Presque partout on laisse perdre les feuilles de vigne que l'on pourrait cependant utiliser, surtout dans les pays vignobles, car c'est une excellente nourriture pour les bêtes à cornes ou à laine ; l'expérience a démontré qu'elles sont toniques, et raniment ces dernières lorsqu'elles sont disposées à la cachexie aqueuse, connue sous le nom de pourriture, baugon, foiedouvet, eridathyde, bouteille, grippe, cloche, etc. Ces feuilles peuvent être ramassées après la vendange et gardées pour s'en servir au besoin, en prenant, pour les conserver, les mêmes précautions que pour les foins.

Emploi des larmes de la vigne. Quelques médecins recommandent pour les maux d'yeux les larmes qui coulent, au printemps, des sommités de la vigne taillée, avant l'épanouissement des feuilles.

VIGNE-VIERGE. (*Jard.*) *Vitis quinquefolia.* Arbrisseau sarmenteux de l'Amérique du Nord. Fleurs en juin ; beau feuillage; nord.

VIN. (*Com. us.—Ind. dom.*) *Fabrication du vin.* Le moment favorable pour vendanger est celui de la maturité du raisin. On la reconnaît à ces signes : la queue de la grappe brunit ; la grappe devient pendante ; elle se détache aisément du cep ; le grain s'amollit; il quitte facilement ; sa peau s'amincit, elle devient transparente ; le suc du raisin est savoureux et poisseux ; l'amande est formée dans le pépin.

Il ne suffit pas que le raisin soit mûr, il faut encore, autant que possible, s'il a plu, que la terre soit ressuyée, que la grappe soit séchée, que le temps soit assez assuré pour ne pas interrompre la vendange. Ainsi, on laissera la rosée se dissiper, à moins qu'on ne veuille faire du vin blanc et mousseux. Alors on cueille le raisin tout couvert de rosée, et on entretient son humidité pour le porter à la cuve.

Vendanger par la rosée, et surtout par le brouillard, augmente la quantité du vin : ainsi, telle vendange qui, après le lever du soleil, n'aurait donné que vingt-quatre pièces de vin, en donne vingt-cinq en vendangeant par la rosée, et vingt-six en vendangeant par le brouillard.

La cueillette du raisin exige de grandes précautions, et, par conséquent, l'œil du maître ou la surveillance d'un homme intelligent. On doit se procurer un nombre d'ouvriers suffisant pour compléter les cuvées dans le jour ; préférer les femmes aux hommes, et les femmes du pays aux étrangères ; il faut qu'elles soient exercées à ce travail ; ne point manger dans la vigne, car on mange le raisin le plus mûr et le plus sucré ; les débris de pain et d'autres alimens se trouvent mêlés à la vendange ; couper les queues très-court avec de bons ciseaux, et point avec l'ongle ou la serpette ; cueillir séparément les raisins sains et mûrs ; ce sont ceux qui sont les mieux exposés au soleil, dont le grain est également gros et coloré, et qui ont mûri à la base des sarmens ; rejeter le pourri, et laisser les verts sur le cep. S'il y a une trop grande quantité de raisins pourris et verts pour être perdue, on fait les vendanges à part pour une cuvée séparée ; car leur mélange altère la qualité du vin.

Pour avoir de bonnes qualités de vin, on vendange à deux ou trois reprises : la première cuvée est la meilleure, et c'est l'usage des bons vignobles ; l'introduire également dans les petits vignobles, c'est le moyen d'obtenir de beaucoup meilleur vin ; car on doit multiplier les soins là où le raisin est moins bon et mûrit plus difficilement.

Cependant il y a des pays où, pour le vin blanc, on réunit indistinctement les grains mûrs et pourris ; on ne prend que les seuls grains mûrs pour le vin rouge; mais, dans tous les cas, on rejette le raisin vert. Du raisin trop mûr donne ordinairement un vin trop doux; alors on le mêle avec des raisins qui n'ont pas encore acquis toute leur maturité. Le vin blanc mousseux et piquant de Champagne s'obtient de raisins qui ne sont pas absolument mûrs. Le dépôt du raisin et son transport exigent aussi du soin ;

le raisin se tasse dans des paniers d'une trop grande capacité, et le suc coule en pure perte.

Le suc vierge contribue le plus à la bonté du vin; on doit donc déposer les raisins dans les paniers, et les transporter à la cuve avec de grandes précautions : d'ailleurs, ce suc, qui s'exprime de lui-même, est bien prompt à fermenter, et s'altère à l'air : c'est dans la cuve qu'il doit fermenter.

Doit-on égrapper ou ne pas égrapper? Cette question divise depuis longtemps les agriculteurs; il est aisé de la résoudre. L'égrappage donne un vin moins spiritueux, et, en général, plus difficile à garder. La fermentation a plus de force et de régularité quand on n'a pas égrappé : la grappe devient donc un ferment utile. On n'égrappe pas les raisins blancs. La présence de la grappe rend les vins plus spiritueux; on n'égrappe pas quand on destine le vin à la distillation.

Circonstances qui exigent l'égrappage. Egrapper conserve au vin tout son parfum, toute sa saveur qu'altérerait la présence de la grappe. On égrappe donc pour obtenir un vin délicat, lorsque la vendange n'a pas acquis sa maturité, et lorsque la vigne a été gelée, ce qui a dû accélérer le moment de la cueille.

Les vins sont-ils naturellement généreux, on égrappe. Il faut surtout égrapper s'ils ont assez de corps pour pouvoir se passer du concours de la grappe. On égrappe en partie quand le raisin n'a pas toute la maturité désirable, et selon qu'on veut un vin ou plus agréable ou plus généreux.

Du foulage. Qu'on égrappe ou non, il est indispensable de fouler la vendange; on doit fouler à mesure que le raisin arrive de la vigne, surtout fouler également et tâcher que le moins de grains possible échappe à ce foulage.

Ce procédé est à peu près le même partout : on y emploie une caisse dont les côtés sont des liteaux de bois assez peu espacés pour que les grains de raisin ne puissent s'échapper. La caisse est placée au-dessus de la cuve, et supportée par deux poutres appuyées sur les bords; on y verse la vendange, et un ouvrier, chaussé de sabots, la foule; le suc coule. Le grain foulé, on pousse le marc dans la cuve, en soulevant une planche qui forme un des côtés de la caisse.

On foule aussi dans des baquets, méthode peut-être meilleure, mais plus lente, et qui ne convient qu'à de petits vignobles. Fouler dans la cuve même, enlever le moût qui surnage pour le mettre à fermenter dans des tonneaux, et presser sur-le-champ le marc, est un assez bon procédé. Le suc de la totalité du grain est alors exprimé par ce moyen; la grappe, sans avoir cuvé avec le moût, lui communique une partie de son principe acerbe.

La cuvée doit être complète; car, si le lendemain on apporte du nouveau raisin pour l'ajouter à celui qui a été foulé la veille, et qui déjà fermente, il en résultera une succession de fermentation qui apportera une différence dans le produit commun. Il faut que la vendange déposée dans la cuve y reste seule et sans mélange de nouveau raisin; en sorte que, si l'on est forcé de suspendre la cueillette, on doit s'occuper d'une nouvelle cuvée.

Préparation des cuves. Les cuves sont de pierre ou de bois : avant d'y déposer la vendange, on prend la précaution de les laver avec de l'eau chaude; on les frotte intérieurement avec du lait de chaux, et on enduit les parois de deux ou trois couches de ce lait. (Le lait de chaux est de la chaux vive éteinte dans de l'eau; les proportions sont d'une livre de chaux sur huit ou dix pintes d'eau.)

Les principes constituans du moût sont l'eau, le tartre, le mucoso-sucré, le sucre. La fermentation spiritueuse est le résultat de la décomposition et de la recomposition de ces quatre principes. La différence dans les produits de la fermentation vient de la différente proportion de ces principes.

Il y a des années où la nature réunit dans de justes proportions les principes qui forment un vin d'excellente qualité, agréable, généreux et susceptible de se conserver. Il y a des années, au contraire, et c'est le plus grand nombre, où les pluies, la sécheresse, la froidure, des gelées précoces, empêchent la vigne de parcourir le cercle de sa végétation, et d'amener le raisin à maturité : dans ce cas-là, le moût est trop aqueux; le mucoso-sucré, le sucre, y sont en trop petite quantité, et on n'obtient de ce moût qu'un vin de mauvaise qualité.

La nature alors est infidèle aux proportions, aux lois d'harmonie qu'elle-même avait établies dans ces années fameuses par l'excellence des vins. C'est à l'homme, c'est à l'art, à la rappeler à ces lois; et il le peut, puisque le tartre, le mucoso-sucré, le sucre, sont à sa disposition.

Le décuvage a pour objet de dérober à la fermentation tumultueuse le vin qui ne pourrait plus que s'altérer par son séjour dans la cuve. Les combinaisons nouvellement formées ne résisteraient pas à la puissance du mouvement et de la chaleur, quoique ralentie; le vin demande la fermentation secondaire, lente, insensible, qui combine les principes constituans du vin au lieu de les désunir.

Le moût doit moins cuver si le raisin est moins sucré : six ou tout au plus douze heures de cuve suffisent aux vins de Bourgogne, appelés *vins de primeur.* Quand c'est du vin mousseux, alors vingt-quatre heures de cuve après le foulage suffisent; la fermentation se continue dans les tonneaux.

Si on recherche un vin moins coloré, quand on veut un vin blanc, lorsque la température est plus chaude, quand la masse est plus volumineuse; dans ces cas, la vivacité de la fermentation supplée à sa durée. Enfin, si l'on se propose d'obtenir un vin plus parfumé, l'arôme ne peut que se dissiper par la prolongation de la fermentation. Le moût doit cuver d'autant plus dans tous les cas opposés.

A ces considérations générales, il faut ajouter des soins particuliers, pour maintenir dans les cuves et dans les celliers la température convenable, pour régler à volonté le degré de fermentation, pour déterminer la coloration plus ou moins forte du vin pour employer utilement le marc, pour gouverner le vin dans les tonneaux, pour prévenir les maladies des vins, etc.

Alcool ajouté au vin. Il en faut huit litres par barrique au moment de la fermentation insensible qui s'opère lors du report des vins, de la cuve aux barriques.

Aux termes des ordonnances qui règlent l'impôt des vins,

il peut être ajouté à tous les vins un quinzième d'alcool pur, ou le dixième d'eau-de-vie à vingt-deux degrés sans payer aucun droit, mais il faut qu'un commis de la régie soit appelé régulièrement et assiste à ce vinage.

L'alcool est préférable pour les vins fins, qui, pour conserver leur arôme, ne doivent pas rester plus de deux jours en cuve.

Mais l'addition du sucre à la cuve est préférable pour les vins qui, de leur nature, sont appelés à rester jusqu'à huit jours en fermentation.

Nous n'entrerons pas dans de plus grands détails sur les vins parce que l'ouvrage de Chaptal, doit être dans les mains de tous les propriétaires de vignobles.

Vins factices. — Vin composé de Bordeaux. Vous mêlez exactement un verre de suc de framboises pour chaque bouteille de bon Bourgogne; filtrez et mettez en bouteilles.

Vin cuit. Moût ou vin doux, douze pintes; eau-de-vie, six pintes; anis et coriandre cassée, une bonne pincée; cannelle, un gros; vingt amandes de pêches et d'abricots dont on ôte la peau. Vous faites infuser les substances dans l'eau-de-vie pendant douze heures, et faites bouillir le moût jusqu'à réduction de moitié, en l'écumant constamment; lorsqu'il est assez réduit, vous y ajoutez l'eau-de-vie avec les substances; vous laissez infuser le tout dans une cruche pendant quatre jours; vous passez au tamis, et reversez dans le même vase bien bouché; laissez infuser encore pendant trois mois; filtrez et mettez en bouteilles.

Vin muscat factice. Raisins muscats secs, vingt livres; fleurs de sureau, une livre; quarante bouteilles de vin blanc de Chablis. Vous mettez les raisins et la fleur de sureau dans une barrique, vous versez le vin par dessus ces substances, et laissez infuser le tout pendant quatre ou cinq mois. A la fin de chacun des trois premiers mois, vous brassez la liqueur avec un bâton fendu, et refermez aussitôt la barrique; vous la laissez déposer pendant les deux mois suivans, et la soutirez ensuite. Vous mettez le marc à la presse pour exprimer le suc qui peut y être contenu; vous réunissez la liqueur dans le même tonneau, et, laissant déposer encore le vin pendant un mois, vous le tirez au clair, le collez et le mettez en bouteilles.

Vous obtenez de cette manière un vin muscat très-clair et très-agréable.

Vin de Malaga factice. Raisins secs de Damas, quinze livres; fleur de pêcher, quatre onces; vingt-quatre bouteilles de vin blanc de Champagne. Vous suivez en tout les mêmes procédés que pour le précédent.

Vin de Champagne factice. Ce vin de Champagne est fait avec un raisin non cuvé, foulé et pressé immédiatement après la récolte; il est mis en bouteilles peu après son travail dans le tonneau, où on ajoute, avant de tirer, trois livres de sucre brut par cent litres de vin, qui, tiré dans des bouteilles doubles, seront couchées sur des étagères. Chaque bouteille, placée sur deux planches de champ, celle de derrière plus élevée que celle de devant, sera échancrée pour recevoir le cul de la bouteille, dont le goulot entrera dans celle de devant par une ouverture cylindrique. Dans cette position la liqueur porte sur le bouchon de la bouteille où doit se réunir le dépôt, qui est enlevé par une opération fort adroite, qui consiste à déboucher en place les bouteilles, laisser couler le dépôt et reboucher promptement, sans qu'aucune portion du vin clair puisse s'écouler.

Deux ou trois clarifications ainsi répétées, suivies d'un ficelage au fil de fer et de chanvre, et d'un bon goudronnage extérieur, fait avec un peu de résine, procurent un vin des plus mousseux et clair jusqu'au fond de la bouteille.

Vin brûlé. Mettre dans une chocolatière une pinte de vin, demi-livre de sucre, feuille de macis, deux clous de girofle, un peu de cannelle, vingt-quatre grains de coriandre, trois zestes de citron et deux feuilles de laurier; entourer de charbon embrasé. Quand le vin est chaud, on y met le feu; passer, lorsqu'il est éteint, à travers une serviette mouillée.

Vin imitant la liqueur. Coupez deux citrons par tranches, pelez et coupez de même deux pommes de reinette; mettez le tout dans un plat avec demi-livre de sucre en poudre, une pinte de bon vin de Bourgogne, six clous de girofle, un peu de cannelle concassée, de l'eau de fleur d'oranger; couvrez bien le tout; laissez-le infuser trois ou quatre heures, puis passez-le à la chausse. On peut, si l'on veut, ambrer ce vin, ou le musquer, en y mettant un grain pilé avec du sucre enveloppé de coton, et attaché à la pointe de la chausse où on le passe.

Soins à donner aux tonneaux. Lavez le tonneau avec de l'eau froide; ensuite mettez-y une pinte d'eau bouillante salée (une demi-livre de sel suffit pour un tonneau de deux cent quarante pintes); bouchez-le et agitez-le en tous sens; videz-le, et laissez écouler l'eau; jetez ensuite dans le tonneau une ou deux pintes de moût qui fermente; bouchez, agitez et faites couler. (Voy. FUTAILLE.)

Les vins blancs nouveaux, soutirés trente-six heures après leur mise en barrique, ont un esprit beaucoup plus pur, exempt de terroir, se conservent plus longtemps en liqueur, sont plus prompts à s'éclaircir au collage, et enfin moussent beaucoup mieux lorsqu'on les met en futaille.

Les tonneaux doivent constamment être entretenus pleins; et plus souvent on fait cette opération, moins l'évaporation est sensible et dispendieuse. Si l'on n'a pas soin de remplir les pièces, le vin s'altère, et il en résulte toujours la perte du bouquet et l'évaporation du spiritueux; et le vin contracte un goût d'évent. Pour empêcher les progrès de cette altération, il faut le soutirer dans un tonneau fortement imprégné d'une mèche soufrée, le bien remplir et le boucher. On peut le coller ensuite, et le soutirer une seconde fois; mais il ne faut le mettre en bouteilles qu'après qu'il a entièrement perdu son mauvais goût. Quand cette altération est bien prononcée, il faut absolument recourir au mélange avec un vin plus jeune et spiritueux, et encore dans des proportions doubles ou triples. Quelques personnes emploient aussi de la lie fraîche de vin nouveau, et même de l'alcool ou esprit de vin, dans des proportions capables d'atténuer ou de faire disparaître l'altération.

Tirage du vin. Avant de mettre le vin en bouteilles, on est dans l'usage de le coller pour l'éclaircir, ce qui se fait avec des blancs d'œufs pour le vin rouge, et de la colle de poisson pour le vin blanc, ou mieux encore avec les poudres de M. Jullien. Ces poudres ne reviennent qu'à 50 centimes pour clarifier une pièce de deux cent quarante litres.

Si vous vous servez de blancs d'œufs, il en faut quatre pour deux cent cinquante bouteilles. Vous commencez par tirer environ une bouteille, de la pièce; vous battez bien les blancs avec une chopine de ce même vin, et vous versez le mélange dans le tonneau; ensuite vous introduisez par la bonde un bâton fendu par le bout, avec lequel vous agitez en tous sens pour faire remonter la lie; vous remettez le vin que vous avez ôté, et vous bondonnez le tonneau. Au bout de cinq à six jours, le vin est bon à mettre en bouteilles.

Le collage du vin blanc à la colle de poisson se fait ainsi : prenez un gros de colle de poisson, battez-la sur un billot pour l'effeuiller, mettez-la dans un vase avec un demi-verre du vin que vous voulez coller, et laissez dissoudre jusqu'au lendemain.

Avant de tirer le vin en bouteilles, il faut qu'il ait acquis toute sa maturité, ce que l'on connaît à sa saveur et à sa limpidité. Le tirage peut se faire en tout temps, excepté quand la température tourne à l'orage, et que soufflent les vents de l'ouest et du midi.

Les pièces de vin qui ne sont point en perce doivent être visitées souvent, et remplies tous les deux mois au moins. (Voy. CAVE.)

Quand le vin est collé, on le met en bouteilles, qu'on bouche avec des bouchons neufs, puis on le range à la cave: les vins d'Espagne et les vins sucrés doivent se placer *debout* dans des armoires sèches, et non à la cave. (Voyez BOUTEILLES, EN CAVE.)

Vins en bouteilles. Les vins fins et légers doivent être mis en bouteilles un an après la récolte; les vins colorés peuvent rester plus longtemps en pièces; et, presque tous sont susceptibles d'attendre deux ou trois ans, excepté ceux de Bordeaux, du Dauphiné et du Roussillon. En général, le vin mis en bouteilles encore âpre et vert conserve toujours ces défauts.

Il ne faut pas mettre les vins blancs en bouteilles avant qu'ils aient perdu leur goût sucré : le terme moyen est ordinairement un an ou dix-huit mois. Lorsqu'un vin bien éclairci a suffisamment mûri en pièce, tirez-le en bouteilles; car, si vous retardiez, il perdrait de ses bonnes qualités. Il faut, généralement parlant, mettre le vin en bouteilles par un froid beau et sec, parce qu'il est alors moins sujet à déposer. Les trois époques de la vigne sont, surtout, les temps qu'il faut éviter pour cette opération. Il faut choisir les bouteilles de bonne qualité; dans une bouteille mal cuite, le vin finit par s'altérer.

Le choix des bouteilles à vin n'est pas une chose indifférente; on a vu des personnes très-incommodées pour avoir bu du vin décomposé par certaines bouteilles. On doit, en général, ne point mettre de vin ni d'acide dans celles qui sont trop vieilles, parce qu'elles peuvent être décomposées par ces substances; car le verre, quelque beau qu'il soit, n'est pas entièrement inaltérable.

Maladies des vins. Les vins tournent à la graisse et à l'aigre; ils deviennent amers; ils prennent un goût d'évent, de futaille, de moisi.

Le vin tourne à la graisse, lorsqu'on le voit filer comme de l'huile. Cette maladie disparaît avec le temps; s'il est en tonneaux et que l'on soit pressé de le boire, il faut le coller une seconde fois en mettant la colle dans une demi-bouteille d'esprit de vin qu'on mêle bien à la liqueur. Votre vin qui tourne en graisse est-il en bouteilles, vous le transvasez deux fois, laissant entre chaque dépotage l'intervalle d'un mois.

Le vin tourne à l'aigre, soit par la négligence qu'on a mise à bien remplir les tonneaux, soit par la mauvaise qualité de la cave, soit par le transport pendant les chaleurs. Les vins qui contiennent peu de spiritueux y sont plus sujets que les autres. Il y a plusieurs manières de remédier à cette maladie. Si votre vin n'a pas assez d'esprit, prévenez-en l'aigreur par cinq ou six litres d'eau-de-vie versés dans chaque pièce; quand vous vous apercevez d'un commencement de goût d'aigre, soutirez-le dans un tonneau où vous avez brûlé un peu de mèche soufrée, et le collez avec une demi-douzaine de blancs d'œufs; laissez-le ensuite reposer; mettez-le en bouteilles, et le buvez tout de suite. Vous pouvez encore remédier à cette maladie, en jetant dans votre pièce un quarteron de froment grillé. Vingt-quatre heures après, vous soutirez votre vin, vous le collez, le mettez en bouteilles, et le buvez tout de suite. Si votre vin devient amer dans le tonneau, vous devez le couper avec un vin plus jeune ou avec une lie récente; s'il est dans des bouteilles bien bouchées et dans une bonne cave, prenez patience, il se rétablira avec le temps; mais ne déplacez pas vos bouteilles.

Le goût d'évent ne se communique qu'au vin qui est dans un tonneau mal bouché; vous pouvez y remédier en le collant une seconde fois, en mêlant un douzième de lie nouvelle, en roulant souvent le tonneau, en le soutirant dans un autre tonneau où vous ajouterez quatre ou cinq bouteilles d'eau-de-vie.

Si le vin a contracté un goût trop fort de futaille ou de moisissure, tout ce que vous pouvez faire, c'est de le soutirer dans un autre tonneau, où vous ferez descendre une livre de froment brûlé, enfermé dans un sac long qui puisse passer par la bonde, et que vous retiendrez suspendu à une ficelle. Vous boucherez le tonneau; au bout de vingt-quatre heures, vous soutirerez une seconde fois votre vin dans un tonneau où vous aurez mis un huitième de lie nouvelle.

Le vin est sujet à dégénérer, indépendamment des maladies que nous venons d'indiquer. Un vin faible qui arrive sain dans une bonne cave s'y soutient, et même peut y acquérir un degré de force qui lui manquait. Il importe donc beaucoup, pour en empêcher la dégénérescence, de faire en sorte qu'il n'y ait rien dans les caves ni dans le voisinage qui puisse y contribuer. La malpropreté et les matières qui sont susceptibles de fermentation en sont les ennemis les plus dangereux. Si des miasmes délétères, exhalés du sol ou des fosses d'aisance, y frappent votre odorat, allumez-y, suivant leur capacité, sur un morceau de tuile, une ou deux onces de soufre, fermez le soupirail et la porte, et retirez-vous. Si un vin faible doit être gardé en tonneaux, vous le fortifiez en y ajoutant sept ou huit litres d'eau-de-vie par pièce.

Les vins lourds, pâteux, trop foncés en couleur, s'améliorent si on les coupe avec du vin blanc.

La plupart des marchands de vins de la capitale coupent des vins âpres et verts avec les gros vins spiritueux du midi. Ils ont beau faire, leur désagréable saveur les fait toujours remarquer. Pour adoucir leur âpreté, il faut y ajouter de l'eau-de-vie à raison de huit ou dix pintes par pièce de deux cent douze bouteilles. Si l'on dépasse cette proportion, les vins faibles se garderont longtemps.

Si le vin fermente de nouveau, le retirer de dessus la lie, lui redonner de l'air par un trou de foret bouché avec un fausset et le soutirer dans un tonneau soufré. On doit mettre promptement en bouteilles le vin qui dégénère.

Lorsque du vin a été gelé, il faut, avant qu'il dégèle, soutirer ce qui est resté liquide; on aura perdu seulement de la quantité; celui qui aura été soutiré sera plus spiritueux, la partie aqueuse étant la seule qui se congèle. Si on le laisse dégeler, la couleur alors devient louche et affaiblie, et il faut le soutirer dans un tonneau fortement méché et rincé avec de l'eau-de-vie, le coller après quelques jours de repos, et le tirer ensuite en bouteilles.

Méthode pour empêcher que le vin ne s'aigrisse. Le vin commence quelquefois à prendre une pointe d'acide, qui fait dire aux gens de la campagne : *Ce vin a du vert.* Pour enlever ce petit filet d'aigreur, il faut prendre des noix sèches, les mettre sur des charbons ardens; et, à mesure qu'elles sont bien allumées, les jeter dans le vase qui contient ce vin, dans la proportion d'une noix pour chaque cinq pots, ou environ six décalitres de ce liquide; bien boucher le vase qui le renferme, et les y laisser au moins deux fois vingt-quatre heures avant d'en boire.

Moyen d'empêcher le vin de tourner. Pour garantir le vin du danger de tourner, il faut, vers le milieu du mois d'avril, le transvaser avec soin pour le débarrasser de sa lie, et faire un trou avec une petite vrille près de la bonde, à l'endroit le plus élevé du tonneau. Vous mettrez dans cette ouverture un petit fausset de bois d'environ cinq pouces de longueur. Il faut qu'il puisse entrer très-facilement, et qu'il soit surmonté d'une petite tête, afin qu'il couvre parfaitement le trou ou soupirail, et qu'il empêche le contact de l'air extérieur. On *ouillera* le vin tous les quinze jours. Au mois de novembre, on substitue à ce fausset libre un autre fausset fixe qui ferme hermétiquement le tonneau. On doit répéter tous les ans la même opération, à la même époque.

Ce procédé si simple est en même temps si efficace, qu'il réussit toujours. En donnant un peu d'air au vin, il donne aussi une issue aux gaz intérieurs, calme la fermentation aussitôt qu'elle commence, et maintient ainsi les choses dans l'état où elles doivent rester.

Procédé pour ôter au vin sa trop grande douceur. Lorsqu'on a du vin qui paraît trop doux, comme cela arrive ordinairement dans les années humides, il faut établir un fausset à côté de la bonde, sur les tonneaux, et l'ouvrir pendant quelques minutes, pour introduire l'air extérieur. On renouvelle cette opération de huit en huit jours, jusqu'à ce qu'on ait moins à se plaindre du vin.

Moyen de donner au vin le plus commun le parfum le plus agréable. Quand la vigne est en fleurs, on prend un petit panier dans l'intérieur duquel est une feuille de papier. On profite du matin, lorsque la rosée est tombée, pour aller frapper légèrement le cep avec un petit bâton, et faire tomber les fleurs qui sont épanouies, et qui seraient, dans la journée, les victimes du moindre vent. La petite récolte terminée, on met ces fleurs sécher à l'ombre; on les pulvérise ensuite, et on les garde dans un lieu sec. Au temps de la vendange, on prend une certaine quantité de cette poudre de fleurs, qu'on enferme dans un petit sachet, et on va le suspendre dans le tonneau. Le véritable moment est celui de la fermentation. Pour un tonneau de dix hottées, ou cent soixante litres, on n'emploie qu'une once de la poudre : cela suffit pour donner au vin une qualité qui le rend précieux et agréable.

On peut donner aussi un parfum très-agréable aux vins, en employant, au lieu de fleurs de vigne, des fleurs de tilleul, des sommités de lavande, de sauge, de romarin et du genièvre. Les doses, pour trois cents litres de vin, sont : deux livres de genièvre, deux onces de fleurs de genièvre, une once et demie de sauge, une once de romarin, et une demi-once de lavande; on enferme le tout, excepté le genièvre, dans un sac de toile, et on profite du moment de la fermentation pour le mettre dans le vin. On obtient, par ce procédé, des vins d'une qualité bien supérieure à ceux que l'on fait sans cette précaution. Ceux, surtout, qui ne sont point ordinairement d'une très-bonne qualité s'en trouvent améliorés d'une manière fort sensible.

Moyen de conserver le vin longtemps doux. Ayez un tonneau fait avec de fortes douves, bouchez et garnissez les ouvertures ou joints avec de la résine dissoute; vous introduirez ensuite dans le tonneau un fil de fer au bout duquel se trouvera attachée une muscade soufrée. Vous allumerez cette muscade, et l'y laisserez brûler. Le vin doux, ainsi conditionné, se gardera parfaitement pendant plus d'un an.

Moyen de remettre un vin clair et gâté par une lie volante. On prend deux livres de cailloux calcinés et broyés, dix à douze blancs d'œufs, une bonne poignée de sel; on bat le tout avec huit pintes de vin qu'on verse ensuite dans le tonneau; deux ou trois jours après, on soutire.

Ces compositions varient à l'infini : quelquefois on y fait entrer l'amidon, le riz, le lait et autres substances plus ou moins capables d'envelopper les principes qui troublent le vin.

Conservation des vins. Mettez dans une chopine de bon esprit de vin deux poignées de seconde écorce verte de sureau, que vous y laisserez infuser pendant trois jours; passez l'esprit de vin dans un linge, et versez cette liqueur dans un muid de vin; il se conservera pendant dix ans.

Moyen de rendre clair le vin tourné. Remplissez un sachet de copeaux minces de bois de hêtre séchés au soleil; suspendez-le dans le tonneau, et retirez-le deux jours après.

Rétablissement du vin gâté. Jetez un seau de bon vin, que vous aurez fait bouillir, dans le tonneau de vin gâté; bouchez bien de suite ce tonneau, et quinze jours après le vin aura repris sa première qualité.

Procédé pour rétablir les vins tournés. On sait que le vin dans cet état a une teinte noire et une odeur désagréable, parce qu'il s'est formé de la potasse aux dépens du tartre et de la matière colorante; pour lui faire reprendre sa couleur et son odeur primitives, il faut d'abord faire près de la bonde un trou, avec une petite vrille; à l'endroit le plus élevé du tonneau; puis mettre dans ce dernier quatre onces de sel commun et demi-once d'acide tartrique bien pulvérisés; enfin laisser le petit trou fait avec la vrille ouvert pendant trois jours. La quantité de sel et d'acide tartrique ci-dessus exprimée est nécessaire pour chaque hectolitre de vin que contient le tonneau.

Dégustation du vin. Un vin âpre et vert ne doit pas toujours être rejeté, souvent il devient bon en vieillissant. C'est presque toujours dans celui qui est naturel que se rencontrent ces deux symptômes : ils prouvent qu'on ne l'a point mélangé pour l'adoucir.

Le bouquet ou parfum qui s'exhale du vin exposé à l'air ne peut servir de renseignement que pour les vins fins, et encore y a-t-il de nombreuses exceptions; car ces mêmes vins se perdent quelquefois en vieillissant. Chez les uns il se développe promptement, et beaucoup plus tard chez les autres.

Si un vin fin est dépourvu de bouquet, on peut conclure hardiment qu'il est mélangé. Les vins ordinaires, quoique de première qualité, n'ont point de bouquet, ou rarement.

On peut donner à un vin quelconque un bouquet artificiel, par le moyen de l'arôme de quelques végétaux; mais ce bouquet est facile à reconnaître, parce qu'il est de peu de durée. Ce sont l'iris, la violette, la framboise, et d'autres fleurs ou fruits odoriférans que l'on emploie à cette imitation.

Le vin d'une mauvaise année est rarement vendu sans mélange; mais un vin mélangé n'est point dangereux lorsqu'il est combiné avec d'autres vins. Souvent même cette opération contribue à son amélioration et à sa conservation. Il est bon d'observer qu'un vin naturel, à moins d'avoir obtenu son degré de maturité, est toujours moins agréable au goût qu'un vin mélangé.

Une couleur franche, et en rapport avec la qualité du vin, et un degré de spiritueux convenable, sont les deux qualités essentielles qui consituent la bonté d'un vin; l'absence du spiritueux rend presque toujours sa couleur louche et altérée. Les vins très-colorés sont ordinairement lourds et d'un goût fade, peu agréable; il n'y a que le temps qui puisse corriger ces mauvaises qualités; et, néanmoins, ils peuvent se garder généralement plus longtemps. Les vins piquans conservent presque toujours leur mordant.

Le goût du terroir constitue assez souvent les caractères recommandables du vin; celui de pierre à fusil, dans le Chablis et le vin du Rhin; le parfum de la violette, dans quelques-uns de Bordeaux et du Dauphiné, etc. On ne doit pas toujours rejeter les vins qui sont verts et âpres; en vieillissant, ces vins perdent leur verdeur et leur âpreté.

Il est un point important à observer dans la dégustation des vins, c'est la différence qu'on trouve à un vin quelconque, lorsqu'on le goûte à jeun ou après un repas, ou lorsque l'on n'est pas en parfaite santé.

Moyens employés pour donner de la couleur aux vins, et pour reconnaître les vins colorés artificiellement. Les vins vieux étant en général plus colorés que les jeunes, on conçoit que les marchands de vins aient cherché à donner plus de couleur à ces derniers.

S'agit-il de vins blancs, on expose quelquefois ceux qui sont pâles à l'air, leur couleur devient plus foncée : on dit alors qu'ils rouillent. Ce moyen est sans danger. Il en est de même de celui qui consiste à colorer les vins au moyen du caramel.

On peut jaunir les vins blancs à l'aide du soufre. Pour cela, on les verse dans un tonneau dans lequel on a fait brûler du soufre. Cette fraude est dangereuse, si le soufre a été employé en trop grande quantité; car alors le vin a une odeur semblable à celle du soufre qui brûle. Il suffit, pour lui faire perdre cette odeur, de le faire bouillir pendant un quart d'heure.

On a encore imaginé des moyens de rougir les vins blancs, ou d'autres liqueurs, telles que le cidre ou le poiré, afin de les vendre pour des vins rouges. Une foule de substances servent à cet usage. On emploie les drapeaux de tournesol, les fruits de sureau, de troëne, d'hièble; les bois de Campêche, de Fernambouc, la betterave rouge, et les fruits d'airelle ou mirtille. Ces substances s'emploient aussi pour colorer les vins rouges qui sont trop pâles. Ces diverses fraudes ne sont accompagnées d'aucun danger. Cependant, parmi ces substances, il en est qui communiquent au vin une saveur particulière, que les bons gourmets ne peuvent méconnaître : tels sont le sureau, l'hièble, le troëne et la betterave. Ces substances portent avec elles un goût fade et herbacé, souvent acerbe; d'ailleurs, la couleur que donnent ces plantes n'est jamais franche; elle tire plus ou moins sur le violet, à moins qu'on ne l'ait avivée en y ajoutant de l'alun ou un acide. Comme plusieurs vins naturels présentent à peu près la même nuance, on ne peut prononcer, d'après ces seuls indices, comme on l'a fait jusqu'à présent.

La nature du principe colorant a tant d'analogie avec celui des substances dont nous venons de parler qu'il est impossible d'établir, pour chacune d'elles, aucun caractère tranchant; les acides, les alcalis et les autres réactifs agissant à peu près sur elles comme sur le vin : cependant les précipités qu'on forme dans ces mélanges n'ont pas la même couleur que ceux du vin; et c'est sur cette différence qu'on peut juger si un vin a été coloré par une matière étrangère : il faut donc se familiariser avec ces précipités pour établir une échelle de comparaison.

On commence par verser dans le vin qu'on veut essayer une dissolution d'un gros d'alun dans deux onces d'eau sur un verre du liquide; on ajoute ensuite un gros de potasse, qu'on a fait dissoudre dans une once d'eau. Il se fait alors, si le vin est naturel, un dépôt couleur vert-bouteille, plus ou moins foncé, suivant que le vin était plus ou moins coloré. Ainsi, les vins de Languedoc ou de Roussillon donnent un vert sombre; les vins de Bourgogne, un vert plus clair; les vins de pays, un vert tirant sur le gris. Cette couleur étant constante dans les précipités des vins naturels, au moment où l'on fait l'expérience, il est facile de reconnaître si la liqueur qu'on examine doit sa couleur à une teinture étrangère. Une suite d'expériences faites sur différens vins colorés artificiellement donne les résultats suivans :

Vins rougis par	*Précipités en*
Le tournesol.	Violet clair.
Le bois d'Inde. . . .	Prune de Monsieur.

L'hièble et le troëne.	Violet bleuâtre.
L'airelle.	Couleur de lie sale.
Le bois de Fernambouc.	Laque rouge.

Ainsi, toutes les fois que l'alun, uni au vin et précipité par la potasse, ne donnera pas une nuance verte, on peut affirmer que le vin a été coloré artificiellement. La difficulté avec laquelle on fait partir les taches produites par les vins sur le linge sert encore à faire reconnaître leur coloration artificielle.

Un moyen que les marchands de vins peuvent employer pour colorer en rouge des vins blancs, ou d'autres liquides qu'ils veulent faire passer pour du vin, c'est de les mélanger avec un vin fortement coloré, comme celui de Roussillon. Alors il est impossible de reconnaître la fraude par quelque moyen que ce soit. Il n'y a que les gourmets, dont le palais est très exercé, qui peuvent distinguer que le vin est mêlé avec quelques substances étrangères.

Vins falsifiés par l'eau-de-vie. Il arrive quelquefois qu'on corrige un vin faible en y ajoutant de l'eau-de-vie; dans d'autres circonstances, on fait le vin de toutes pièces, en mêlant du cidre ou une autre liqueur avec de l'eau-de-vie, du bois de Santal, de Campêche, ou toute autre matière colorante. Ces falsifications n'ont d'autre inconvénient que celui d'occasionner plus facilement l'ivresse; assez souvent elles déterminent aussi des maux de tête.

On pourra reconnaître que le vin a été rendu plus fort par de l'eau-de-vie aux caractères suivans : 1° Il aura une odeur d'esprit de vin beaucoup plus pénétrante que celle du vin pur : en effet, celui-ci ne contient que l'esprit de vin qui s'est développé pendant la fermentation, et qui est intimement combiné avec les autres parties du liquide; tandis que, dans le vin avec addition d'eau-de-vie, la liqueur ajoutée est, en quelque sorte, libre et se manifeste à l'organe de l'odorat; 2° par la même raison, la saveur du vin frelaté par l'eau-de-vie est beaucoup plus chaude que celle du vin pur.

Moyen de reconnaître les vins falsifiés par la litharge. La litharge, ou oxyde de plomb blanc demi-vitreux, ayant la propriété de faire perdre aux vins de la plus mauvaise qualité, leur amertume et leur âcreté, de les rendre doux, et même agréables au goût, des spéculateurs avides en mettent dans leurs vins. Ainsi falsifiés, les vins sont d'un usage dangereux; ils donnent des coliques quelquefois intolérables, et exposent à divers autres accidens. Le moyen qu'indique M. Nauche, médecin de bienfaisance du quatrième arrondissement, pour reconnaître cette falsification, consiste dans l'acide sulfurique et dans l'eau chargée de gaz hydrogène sulfuré.

Lorsqu'on verse de l'acide sulfurique pur sur du vin contenant de la litharge, il occasionne dans la liqueur un précipité blanc, qui dépose assez promptement au fond du vase.

Ce même acide, versé sur du vin naturel, ne fait qu'aviver un peu sa couleur, sans déterminer aucun précipité.

Manière de reconnaître des vins de liqueur faux. On imite très-souvent les vins les plus recherchés, tels que Malaga, Rota, muscat, Constance, Malvoisie, etc., en faisant fermenter du miel délayé dans de l'eau : heureusement que ces boissons ne sont pas malsaines. D'ailleurs il est facile de les reconnaître. Pour cela, on prend une petite bouteille de verre blanc; on y met le vin que l'on veut éprouver; on tient cette bouteille à pleine main; on applique le pouce sur l'ouverture, et on la retourne de manière qu'elle soit renversée sur le pouce; on plonge le pouce et le cou de la bouteille dans l'eau; on retire le pouce en ayant soin que la bouteille soit toujours renversée et bien droite : si le vin est naturel, plus léger que l'eau, il restera dans la bouteille; sinon le miel se précipitera visiblement dans l'eau, qui deviendra mielleuse, et ce qui restera dans la bouteille ne sera plus qu'une eau terne et désagréable au goût.

Moyen d'ôter aux vins le goût de fût. Le procédé de M. Pommier, pour ôter au vin le goût de fût, consiste à y mêler de l'huile d'olive.

Conservation du vin en perce. Il suffit de mettre dans les barriques une bouteille d'huile d'olive fine. Le vin resté en perce pendant une année s'est parfaitement conservé. C'est par le même procédé que l'on conserve sans altération, en Toscane, le vin que l'on a coutume de mettre dans de grandes bouteilles, dont le verre est trop faible pour résister aux efforts du bouchon. L'huile répandue en couche légère sur la surface du vin empêche l'évaporation des parties alcooliques ainsi que la combinaison de l'air atmosphérique, qui rend les vins acides, et en altère les parties constituantes.

VINAIGRE. (*Conn. us.—Ind. dom.—Cuis.*) Toutes les liqueurs fermentées et spiritueuses qui n'ont pas perdu leur principe muqueux, étant exposées à la chaleur et en contact avec l'air, passent à la seconde fermentation, qui est la fermentation acide, et donnent ce qu'on appelle du *vinaigre;* c'est spécialement le vin de raisin qu'on emploie pour préparer cette liqueur. Les chimistes ont reconnu qu'il fallait trois conditions pour opérer la fermentation acéteuse : 1° une chaleur de vingt à vingt-cinq degrés au thermomètre de Réaumur; 2° l'existence d'une matière mucilagino-acide et de l'alcool; 3° le contact de l'air.

On fait usage de toutes sortes de vins pour les convertir en vinaigre; mais les meilleurs vins, étant plus chargés d'alcool, donnent les meilleurs vinaigres. Le changement du vin en vinaigre a lieu par le mouvement intestin qui y est excité, mouvement occasionné par l'existence du corps muqueux; la fermentation acide est due à la présence du tartre, et elle est entretenue par le contact de l'air.

Un mélange de vinaigre, d'alun et de colle de poisson fondue dans de l'eau, appliqué en solution, rend le bois tellement incombustible, qu'on peut y faire bouillir tout ce qu'on jugera à propos.

Tout aliment vinaigré doit être préparé dans la faïence ou l'argent, et non pas dans un vase de cuivre, d'étain ou de fer-blanc.

Manière facile de faire du vinaigre. La manière la plus simple d'avoir toujours de bon vinaigre est de faire faire un baril de la contenance de trente à quarante pintes. Faites bouillir alors deux pintes d'excellent vinaigre, soit rouge, soit blanc, suivant celui que vous voulez avoir;

versez-le dans le baril; bouchez la bonde; roulez-le dans tous les sens pour que le vinaigre touche toutes les parois. Emplissez-le à moitié de vin de bonne qualité, et laissez-le huit jours dans un lieu chaud. Au bout de ce temps faites bouillir deux autres pintes de vinaigre, versez-les dans le baril; achevez de l'emplir avec du vin; placez-le dans l'endroit où il doit toujours rester. (Que ce ne soit point à la cave, cela pourrait détériorer les vins.) Un mois après vous pouvez vous en servir, mais il se bonifie et acquiert de la force à mesure qu'il vieillit. Mettez au baril un petit robinet de bois à un pouce du bord d'en bas; ne bouchez la bonde qu'avec un bouchon de paille; et toutes les fois que vous tirerez du vinaigre, remettez une égale quantité de vin; n'en employez jamais de bouté ni gâté pour cet usage; il n'y a que celui qui tourne à l'aigre que vous puissiez y mettre sans inconvénient, ainsi que le fond des tonneaux trouble sans être épais. Si c'est du vinaigre blanc que vous faites, ayez la plus grande attention de n'employer que des vins de garde, et surtout qui ne graissent pas, car vous perdriez votre vinaigre. Si quelque circonstance vous obligeait à en tirer en grande quantité à la fois, et si, ayant rempli de nouveau le baril, vous vous aperceviez que votre vinaigre faiblit, il faudrait en acheter deux pintes de première qualité, le faire bouillir et le mettre dedans.

Vinaigre pour les salades. Si vous voulez avoir d'excellent vinaigre pour les salades, mettez au fond d'un pot de grès deux poignées d'estragon, une demie de cresson alénois, autant de cerfeuil et de jeunes feuilles de pimprenelle, deux gousses d'ail, une gousse de piment encore vert, deux branches de céleri vert. Couvrez; laissez infuser huit jours; décantez; mettez en bouteilles. Le vinaigre bouilli avec un peu de sel ne s'altère jamais.

Vinaigre de rafles de raisins. Dans le temps de la vendange, ayez soin d'égrener une partie des raisins que l'on mettra dans la cuve, et jetez les rafles dans un vaisseau où elles puissent s'aigrir tandis que le vin se fera. Vous retournerez ces rafles de temps en temps, afin qu'elles ne moisissent pas. Quand le vin de la cuve sera fait, vous le tirerez; vous couvrirez le marc des rafles que vous aurez fait aigrir, et vous verserez sur le tout une partie du vin tiré, à proportion de ce que vous voudrez avoir de vinaigre. Si vous mêlez bien les rafles avec le marc, elles auront bientôt communiqué l'aigreur au mélange. La fermentation s'établit promptement; et, plus le marc se trouve chargé d'esprit, plus le vinaigre a de force.

Vinaigre de lie de vin. Pour changer le vin en vinaigre, on le mêle avec sa lie; on le met dans un tonneau, que l'on remplit à moitié, et dont on laisse une des extrémités ouverte, afin que la surface liquide soit exposée à l'air. On place le tonneau dans un lieu assez chaud, comme un grenier, ou un endroit exposé à la force du soleil. Il ne tarde pas à s'établir un mouvement de fermentation assez vif, que l'on arrête, quant il est trop rapide, en ajoutant une nouvelle quantité de vin. Quand le vinaigre paraît assez fort, on en retire une certaine quantité, que l'on remplace par du vin mêlé avec la lie. On laisse éclaircir le vinaigre avant de l'enfermer dans des vases pour le conserver.

Vinaigre de cidre. Dans un tonneau qui contiendra huit cents pintes de cidre, vous mettrez six livres environ de levure aigre, faite avec du levain et de la farine de seigle. Vous commencerez par délayer cette levure dans de l'eau chaude, et vous la verserez par le bondon, ensuite vous passerez un gros bâton par le bondon, et vous remuerez fortement le cidre, pour y bien mélanger la levure. Vous le laisserez ensuite fermenter pendant huit jours; après ce terme, vous aurez un vinaigre de cidre assez fort. Vous le soutirerez dès qu'il sera fait.

Vinaigre de bière. Vous prendrez parties égales de farine de seigle et de farine de blé noir mondé. Vous ferez bouillir ces farines, pendant vingt-quatre heures, dans une quantité suffisante d'eau; vous verserez ensuite la liqueur dans des cuves oblongues, que vous ne remplirez qu'à demi, et que vous exposerez à l'air. Il faut que la température soit de douze à quatorze degrés. Vous laisserez reposer ces liqueurs, et vous aurez soin de les couvrir, tant que le soleil donnera perpendiculairement sur les cuves. Le vinaigre fait, vous le soutirerez par le moyen d'un siphon de fer-blanc, et vous le conserverez dans des tonneaux de chêne. Ce vinaigre est naturellement blanc; on peut lui donner de la couleur avec des baies de sureau.

Vinaigre fait avec le son de froment. Vous prendrez du son de froment ou de celui de seigle; vous en ferez une décoction dans de l'eau de rivière; vous la passerez; vous la mettrez dans un tonneau; vous y délaierez un levain de huit jours: la fermentation sera établie en moins de vingt-quatre heures. Quand l'écume qui sortira par le bondon commencera à diminuer, bouchez bien le tonneau; laissez reposer le vinaigre pendant quelques jours, afin qu'il s'éclaircisse, et vous pourrez ensuite vous en servir.

Vinaigre de lait. Vous prendrez un pot de lait; vous y ajouterez six cuillerées de bonne eau-de-vie; vous mettrez le mélange dans une bouteille; vous la boucherez bien, et vous l'exposerez dans un endroit chaud; vous lui donnerez de l'air de temps en temps, à cause de la fermentation; au bout d'un mois, le lait sera changé en très-bon vinaigre: après avoir été passé à travers un linge, ce vinaigre pourra se conserver en bouteilles.

Moyen de donner de la force aux vinaigres trop faibles. Les habitans des Pays-Bas, pour communiquer de la force aux vinaigres de bière et de vin qui n'ont point assez d'acidité, mettent dans un tonneau ordinaire de ce vinaigre une ou deux pintes d'esprit de vin, selon la force qu'ils veulent lui donner, des racines concassées de pyrèthre et d'arum ou pied de veau, de chaque une poignée, et trois ou quatre livres de crème de tartre (tartrite acidule de potasse) en poudre. Ils placent ce tonneau dans un lieu assez chaud, c'est-à-dire, à une température de vingt degrés au thermomètre de Réaumur, environ; et, pour provoquer la fermentation, ils jettent dans ce tonneau quelques morceaux de chair crue et fraîche, afin que cette fermentation s'établisse bien et se fasse en détail. Ils ne versent la crème de tartre et l'esprit de vin qu'à plusieurs fois. Ce nouveau vinaigre, versé sur le marc du tonneau, devient, en peu de temps, du vinaigre aussi fort que le précédent.

Moyen de conserver et clarifier le vinaigre. Le vinaigre se gâte surtout en été quand il est faible. On peut le faire bouillir à feu doux, et y ajouter de l'eau-de-vie, ou le distiller, et ne recueillir les produits de la distillation qu'au moment où ils commencent à devenir très-acides. Mais de toutes les méthodes que nous pourrions proposer, la plus simple et la plus facile à pratiquer dans les ménages est la filtration à travers une couche de charbon. A cet effet, on se procure du charbon léger et bien cuit, on le triture et on le lave jusqu'à ce qu'il ne salisse plus l'eau, et on en remplit à moitié un seau, dont le fond, percé de trous, est recouvert d'une toile claire. L'on dispose également un morceau de toile au-dessus du charbon, et l'on achève de remplir le seau de vinaigre. Le vinaigre pénètre à travers le charbon, et découle bientôt par les trous du seau, beaucoup plus limpide qu'il ne l'était avant cette opération. Une seule filtration suffit pour rendre le vinaigre beaucoup plus propre à se conserver; mais plusieurs lui communiquent un degré de limpidité parfaite, et en séparent tout ce qui pourrait le faire gâter. Le vinaigre clarifié par le charbon n'a acquis aucun surcroît de force.

Clarification du vinaigre par le lait. Mettre pour chaque litre quatre cuillerées de lait; agiter; laisser déposer et filtrer. Répéter l'opération s'il est nécessaire.

Amélioration du vinaigre. On augmente la qualité du vinaigre en y ajoutant moitié de vinaigre et un peu d'eau-de-vie de grains à la liqueur dont on le tire; l'on verse ensuite cette liqueur dans des tonneaux placés dans un lieu chaud, dont on recouvre légèrement la bonde, et qu'on perce aux deux fonds, afin d'y renouveler l'air, qui, agissant sur l'hydrogène carboné, le change en acide. L'acide qu'on obtient ainsi est limpide comme de l'eau, et a un goût plus agréable que le vinaigre ordinaire.

Instruction de la Faculté de Médecine de Paris, rédigée sur l'Instruction du ministre de l'intérieur sur les vinaigres falsifiés. « ART. 1er. Le décret en date du 22 décembre, rendu en conseil-d'état, porte qu'il est défendu aux fabricans et marchands de vinaigre d'ajouter, sous quelque prétexte que ce soit, des acides minéraux, et généralement de l'acide sulfurique, à leur vinaigre, ou d'y introduire des mèches soufrées. On reconnaîtra facilement les contraventions qui seront commises à cet égard, en versant vingt gouttes d'une solution aqueuse de muriate de baryte dans environ quatre onces de vinaigre, qu'on aura eu soin auparavant de filtrer, s'il n'était pas clair.

» 2. Cette épreuve devra être faite dans un vase de verre bien transparent.

» 3. Si le mélange ne se trouble pas, on sera disposé à croire qu'il ne contient pas d'acide sulfurique. Si, au contraire, il se trouble, et que, peu de temps après, il se forme un précipité au fond du vase, on conclura qu'il y a dans le vinaigre soumis à l'expérience de l'acide sulfurique.

» 4. La quantité, plus ou moins grande, de précipité formé, suffira pour donner une idée approximative de la quantité d'acide sulfurique que le vinaigre contient.

» 5. Ce genre d'essai ne pourra être confié qu'à des personnes habituées à en faire de semblables.

» 6. Dans le cas où le propriétaire de vinaigre qui aurait été jugé, d'après l'expérience qui vient d'être proposée, contenir de l'acide sulfurique, déclarerait ne pas s'en rapporter à cette seule épreuve, il en serait référé à des chimistes, qui, après avoir procédé par les voies d'analyse, établiront, dans un rapport, leur opinion sur la qualité de ce vinaigre.

» 7. Tout vinaigre reconnu pour contenir de l'acide sulfurique sera saisi, et ne devra plus être remis dans le commerce qu'après avoir été injecté avec de l'essence de térébenthine, afin que, par ce moyen, il ne puisse plus être employé dans la préparation des alimens. »

Sirop de vinaigre framboisé. Vous prendrez un bocal de verre ou une cruche de grès; vous ferez infuser dans une pinte et demie ou deux pintes de bon vinaigre autant de framboises bien mûres et bien épluchées qu'il pourra y en entrer, sans que le vinaigre surnage; au bout de huit jours, vous verserez, tout à la fois, et le vinaigre et les framboises, sur un tamis de soie; vous laisserez librement passer la liqueur sans presser le fruit. Votre vinaigre étant parfaitement clair et imprégné de l'odeur de la framboise, pesez votre vinaigre, et prenez, pour chaque livre, deux livres de sucre royal grossièrement concassé; mettez-le dans un matras; versez votre vinaigre aromatisé par-dessus; bouchez légèrement le matras, et placez-le au bain-marie, à un feu très-modéré. Le sucre totalement fondu, laissez éteindre le feu, et votre sirop étant presque refroidi, mettez-le en bouteilles, et bouchez hermétiquement.

Manière d'obtenir des vinaigres d'une odeur agréable pour la toilette. Le procédé est fort simple. On choisit les plantes dont on aime le plus l'odeur, comme la lavande, le romarin, la sauge, les œillets, les roses; on en met quatre onces dans une pinte de fort vinaigre, et on laisse infuser, pendant huit jours, à froid ou à une douce chaleur. Au bout de ce temps, on passe à travers un linge en exprimant toute la liqueur que les plantes peuvent contenir; et, si l'on veut avoir le vinaigre plus clair, on le passe de nouveau à travers une feuille de papier gris. Si on désire que le vinaigre soit rouge, on y laisse infuser un gros de racine d'orcanète par pinte. Pour l'avoir parfaitement blanc et limpide, il faut le distiller dans un alambic au bain-marie. On peut employer assez indifféremment les plantes fraîches ou sèches. Quand elles sont sèches, on n'en met que deux onces par pinte de vinaigre, au lieu de quatre.

Les vinaigres de lavande, de romarin, de sauge et d'estragon se préparent ainsi. Le vinaigre de fleurs de vigne sauvage a un goût très-agréable.

VINAIGRE DES QUATRE VOLEURS. (*Hyg.*) Prendre: noix muscade, une once; sommités fleuries de rue, une once; menthe, une once; sauge, une once; romarin, une once; absinthe, une once; fleurs de lavande, quatre onces; cannelle, quatre gros; girofle, quatre gros; calamus aromaticus, quatre gros; gousses d'ail récentes, quatre onces; vinaigre rouge, quinze pintes.

Vous versez le vinaigre dans un matras; vous y jetez les gousses d'ail coupées par tranches, et les autres substances sèches et pilées grossièrement; vous agitez le mélange et le faites macérer pendant environ trois mois. Au bout de ce temps, vous passez la liqueur avec expression, vous la filtrez au papier gris, puis y ajoutez une once de camphre, que vous avez fait dissoudre dans un peu d'esprit de vin. Vous conservez le vinaigre dans des flacons bouchés en cristal.

Ce vinaigre est regardé comme un fort bon anti-pestilentiel. On s'en frotte les mains, le visage, les tempes; on en respire souvent; on en fait évaporer dans les appartemens; on en arrose le linge.

VINAIGRETTE. (Voy. BOEUF.)

VINASSE. (*Com. us.*) Résidu de la distillation des vins. On l'emploie comme engrais en en imprégnant de la terre cantonnée dans des fosses creusées exprès. On peut faire évaporer les vinasses dans des bassins glaisés. Le résidu calciné et lessivé donne des sels de potasse et du charbon. Deux hectolitres de vinasses fournissent quatre cents grammes de potasse.

VINETTIER DE LA CHINE. (*Jard.*) *Berberis sinensis.* Famille des vinettiers. Arbuste sans épine; beau feuillage vert; jolies fleurs; rejetons. Terrain frais et léger.

VIOLETTE ODORANTE. (*Jard. — Off.*) *Viola odorata.* Famille des cistes. Plante vivace, traçante et indigène, qui garnit le bord des haies et des bois, et qui a plusieurs variétés simples ou doubles. Fleurs en mars et septembre; au midi, à l'ombre; en bon terreau. Renouveler la terre tous les quatre ans, et retrancher les traces.

En médecine, on n'emploie que les fleurs qu'on cueille une à une et sans queues, depuis mars jusqu'à la fin d'avril. On les fait sécher sur de grands papiers à l'ombre, puis on les enferme dans des bocaux.

Les violettes noires cultivées, qu'on nomme communément *violettes de mars* ou *de carême*, sont meilleures que celles qui viennent dans les bois et dans les campagnes. On préfère ordinairement celles qui ont été cueillies dans un temps sec, et qui n'ont point été décolorées par les eaux des pluies ou par l'ardeur du soleil. On en tire un sirop qui est très-pectoral. Les confiseurs et les pharmaciens font aussi une conserve avec les fleurs pilées et le sucre; elle a les mêmes propriétés que le sirop, et convient à ceux qui ont le ventre paresseux. La dose est d'une demi-once. La teinture de violettes est une liqueur d'épreuve très-commode; tout fluide qui contient de l'acide se décèle en se colorant en rouge. Son changement en couleur verte annonce la présence de l'alcali.

Les fleurs de violettes sont employées comme adoucissantes, béchiques, légèrement laxatives, rafraîchissantes et cordiales : les feuilles sont quelquefois employées comme émollientes et laxatives; les semences sont diurétiques, mucilagineuses.

Pâte de violettes. Prenez deux livres de violettes épluchées, vous les réduisez en pulpe en les contusant dans un mortier de marbre, et vous y ajoutez le suc de deux citrons. Faites cuire deux livres de sucre au boulé; et, retirant la bassine de dessus le feu, vous y incorporez la violette contusée et une livre de gelée de pommes, dont vous formez une pâte.

On fait l'esprit de violettes par infusion, comme les esprits de lavande, de réséda, de basilic, de menthe, d'hysope, d'écorces de citrons, d'écorces d'oranges, etc.

Manière de conserver les violettes doubles. Pour une livre de violettes très-fraîches, et dont les queues sont ôtées, il faut une livre un quart de sucre. On ne le clarifie pas; lorsqu'il est cuit à la plume, on y jette les violettes, on les fait bouillir à grand feu, en les remuant sans les briser; lorsque tout le jus est évaporé, que la bassine est entièrement sèche, on ôte les violettes du feu, et avec une spatule très-forte on les retourne très-vite; elles doivent toutes se détacher les unes des autres, et se couvrir de sucre en poudre; ensuite on les jette sur des feuilles de papier; refroidies, elles doivent être un peu croquantes, conserver leur couleur et leur forme le plus possible.

VIORNE. (*Jard.*) *Viburnum.* Famille des chèvrefeuilles.

Viorne, laurier-thym. (Voy. LAURIER.)

Viorne nue. Viburnum nudum. Arbrisseau de l'Amérique du nord. Fleurs en juin, en ombelles, blanches; bruyère ombragée; rejetons et marcottes. Très-bel arbrisseau.

Il y a plusieurs variétés qui font un bel effet dans les massifs.

VIPÈRE. (*An. nuis.*) Il y en a deux espèces: la vipère grise et l'aspic.

La vipère se distingue des autres serpens au premier coup d'œil, à l'éclat terrible de son regard, à sa tête triangulaire aplatie, presque aussi large que longue, et enfin à la lenteur de ses mouvemens; sa mâchoire supérieure est armée de deux ou trois dents mobiles, longues quelquefois de trois à quatre lignes, ressemblant un peu à la griffe d'un chat, et versant le poison dans la plaie lorsqu'elle mord.

Le venin de ce reptile est contenu dans une petite poche située à la base de deux dents crochues et creusées; l'animal irrité exprime en mordant le venin de cette poche, et le communique par le conduit de la dent.

On doit être aujourd'hui fort rassuré sur les suites de la morsure de la vipère. D'après les expériences de Fontana, on sait que le venin d'un seul de ces reptiles n'est pas capable de tuer un homme; une seule morsure d'une vipère irritée donne la mort à un pigeon, à un lapin, à un cochon d'Inde et à un petit chien; mais il faut le venin de deux vipères pour tuer un chien de médiocre grandeur, et le venin de quatre, au moins, serait nécessaire pour causer la mort à un homme ordinaire.

Traitement. Dès l'instant que la personne est mordue, on fait une ligature bien serrée au-dessus de la partie malade; on dégage celle-ci en l'incisant avec une lancette ou autre instrument tranchant, ou par le moyen des sangsues. On brûle ou cautérise la plaie avec un fer rouge, la pierre infernale ou tout autre caustique fort, ou par le moyen de quelques gouttes de muriate d'antimoine liquide qu'on fait couler dans la plaie.

Lorsqu'elle est un peu profonde et que la cautérisation du fond n'est pas possible, faites des incisions pour l'agrandir et portez le caustique au fond, avec un petit pinceau. Si l'on n'a pas autre chose dans le moment on lave la place avec une dissolution de sel, avec de l'urine ou de l'alcali volatil.

On donne intérieurement une tisane sudorifique, et, toutes les heures, six à sept gouttes d'alcali volatil dans un demi-verre d'eau, ou douze à quinze gouttes d'eau de luce, qui n'est que l'alcali volatil mêlé à une petite quantité d'huile de succin. Enfin, faute de ceux-là, on fait prendre un autre cordial, tel qu'un gros de thériaque dans quelques cuillerées de vin, quelque liqueur, du vin chaud, ou six à huit grains de musc, toutes les quatre heures, et on fait rester le malade dans le lit. La sueur qui survient le guérit sûrement. L'essentiel, dans le traitement, est la prompte application des moyens propres à empêcher l'introduction du venin. Lorsque les accidens annoncent qu'il est introduit dans le corps, on continue de prendre l'alcali volatil deux ou trois fois par jour, ou un gros de thériaque, ou le musc en bol ou potion, on boit une tisane propre à exciter la transpiration. On n'use que d'une petite quantité d'alimens.

Il existait jadis, dans les forêts du Dauphiné, une famille en grande réputation pour guérir la morsure de la vipère. Nous avons été dans le cas d'apprendre le remède qu'elle employait, et d'en faire emploi, toujours avec succès, sur des chiens de chasse. Ce remède consiste à prendre des feuilles de plantain, à les piler dans un mortier de marbre ou de terre, en y mêlant à mesure une grande quantité de salive; on passe le mélange dans un linge, et au moyen d'une fiole on fait boire cette liqueur à l'animal malade. On voit aussitôt les accidens cesser.

Emploi du chlorure de chaux pour combattre les accidens qui sont la suite de la morsure de la vipère. Il suffit de délayer, à l'aide de la salive, une portion de chlorure de chaux sec et très-concentré, et d'appliquer cette bouillie sur la plaie causée par la morsure, en ayant soin de faire pénétrer le chlorure dans cette plaie. En quelques minutes, les accidens cessent, et l'animal revient à son état ordinaire. Cette propriété du chlorure de chaux a été constatée un grand nombre de fois sur les animaux, et nous ne doutons pas, quoique l'expérience ne l'ait pas encore démontré, que l'emploi de cette substance ne fût également salutaire à l'homme.

VIRGILIA LUTEA. (*Jard.*) Famille des légumineuses. Arbre de l'Amérique du nord; bruyère fraîche, à demi-ombre; marcottes.

VIVE. (*Cuis.*) Les vives se mangent en entrée. Nettoyez, ôtez le piquant, faites mariner et griller; servez-la avec sauce à la ravigote, ou toute autre.

VOIE. (*Conn. us.*) Une voie de bois de Paris vaut un stère quatre-vingt-dix centistères; deux voies ou une corde valent trois stères quatre-vingt-quatre centistères.

La voie de bois paré se vend à Paris, prix commun, 42 francs, ou 5 francs 25 c. les 100 kilogrammes.

Le bois flotté réduit à son poids naturel, après l'évaporation de l'eau de flottage, ne pèse que 600 kilog. la voie; il se vend à peu près, à Paris, 32 fr. la voie; c'est 5 fr. 55 c. les 100 kilog.

Le bois pelard non flotté pèse 750 kilog. la voie, qui coûte 36 francs; ce n'est donc que 4 fr. 60 c. les 100 kilog. d'un bois beaucoup meilleur.

WHIST. (*Récr. dom.*) Jeu qui commence à remplacer l'écarté dans les salons, et qui mérite la vogue dont il jouit, par ses combinaisons ingénieuses.

Préliminaires du jeu. Le whist se joue sur une table ordinaire, avec deux jeux complets, composés de cinquante-deux cartes chacun, dont on se sert alternativement. Comme on est quatre joueurs, on peut se servir des paniers de la boîte de reversis; chaque joueur a toujours quatre jetons devant lui pour marquer les points. Avant de commencer la partie on convient de ce que vaudra la fiche.

Le whist étant un jeu à *partenaires*, on y joue deux contre deux; le sort décide ordinairement des associations.

Le tirage désigne aussi le donneur : c'est celui qui a retourné la plus petite carte. Quand on tire au sort l'as est toujours la moindre de tout le jeu. Après le tirage, il devient supérieur au roi, et c'est le deux qui est la plus basse carte dans l'ordre des levées.

Que le donneur soit désigné par le sort, ou qu'il doive cet emploi à une convention, il a le droit de choisir la place et le jeu des cartes qui lui conviennent le mieux.

Les partenaires se placent vis-à-vis l'un de l'autre, et l'on convient de l'ordre des parties. Ordinairement on joue en *partie liée*, c'est-à-dire, que, pour être gagnant, il faut gagner deux parties de suite, ou deux sur trois. On appelle un *robre* ces deux parties réunies.

Marche du jeu. Ces dispositions achevées, le donneur distribue les cartes après avoir fait couper par son adversaire à droite; il les donne une à une au nombre de 13, pour chaque joueur, en commençant par sa gauche; puis il retourne la dernière, qui fait la *triomphe* ou *l'atout*; cette carte indique la couleur dominante dans chaque coup. Chaque carte de cette couleur, ou d'*atout*, peut, comme à la plupart des jeux de cartes, servir à faire la levée en cas de *renonce* (lorsqu'on manque de la couleur jouée). Il ne reste qu'une seule carte au talon.

Il importe de faire plus de levées, où de gagner plus de points que les deux adversaires, et c'est là le principal objet du jeu; pour y parvenir il faut beaucoup d'attention et s'abstenir de tout signe de satisfaction ou de mécontentement dans le cours du jeu.

L'as lève le roi, le roi lève la dame, celle-ci le valet, ce dernier le dix, et ainsi de suite jusqu'au deux, qui est, comme je l'ai dit, la plus basse carte.

Les levées se nomment aussi *tricks* : chaque trick que l'on fait au-dessus de six fait gagner un point. Pour gagner la partie il faut avoir dix points; on gagne aussi des points par les *honneurs*.

On appelle ainsi la réunion de l'as, du roi, de la dame et du valet d'atout, et même dans les autres couleurs, quoique alors il ne soit pas susceptible d'un avantage particulier. Cette réunion prend le titre de *quatrième majeure*.

Deux partenaires comptent et marquent deux points, quand ils ont entre eux trois honneurs; s'ils les ont tous les quatre, ils comptent quatre points.

Que les possesseurs des honneurs soient gagnans ou perdans par les levées, ils les comptent, excepté lorsqu'on est *à neuf*, c'est-à-dire qu'on n'a plus qu'un point à faire pour gagner la partie.

On doit avoir soin de marquer les points gagnés par les honneurs avant que la retourne de la donne suivante soit tournée, car alors on n'est plus reçu à compter.

Le premier en cartes est le voisin de gauche du donneur. Commencez par la couleur dont vous avez le plus grand nombre en main; si vous avez une *séquence*, qui se compose de trois cartes d'une même couleur qui se suivent sans intermédiaire, comme un sept, un huit, un neuf de cœur, de pique, etc., et que cette séquence soit de roi, dame et valet, de dame, valet et dix, considérez-les comme de bonnes cartes pour entrer en jeu, qui vous feront immanquablement tenir la main, ou à votre partenaire, dans d'autres couleurs; commencez par la plus haute de la séquence, à moins qu'elle ne soit de cinq cartes; dans ce cas-là, jouez la plus petite, excepté en atout, parce qu'il faut alors toujours jouer la plus haute, afin d'engager votre adversaire à mettre l'as ou le roi; par ce moyen vous ferez passer votre couleur.

Lorsque vous êtes quatre à jouer, il faut faire en sorte de gagner la levée impaire, parce que, par là, vous vous procurez la moitié de la mise. Pour y parvenir sûrement, faites atout avec précaution, bien que vous soyez fort en atouts.

Avec l'as, le roi et les petits atouts accompagnés de bonne couleur, il faut faire de suite atout, sans quoi on pourrait vous couper la couleur que vous portez.

Ayant le roi, la dame et quatre petits atouts, et en outre une bonne couleur, jouez atout du roi, parce que vous pourrez faire trois fois atout quand vous serez premier à jouer.

Si vous avez le roi, la dame, le dix et trois petits atouts avec une bonne couleur, faites atout du roi, dans l'espérance que le valet tombera au second coup. Ne vous amusez pas à faire une feinte avec le dix, de crainte qu'on ne vous coupe la forte couleur que vous portez.

Avec la dame, le valet et trois petits atouts avec une autre bonne couleur, jouez atout d'un petit.

Si vous avez la dame, le neuf et deux petits atouts avec une autre bonne couleur, jouez atout de la dame, dans l'espérance que le dix tombera au second coup. Ne vous amusez pas à faire une feinte avec le neuf, mais jouez plutôt atout une seconde fois par les raisons indiquées précédemment.

Avec le valet, le dix et trois petits atouts accompagnés d'une bonne couleur, faites atout d'un petit.

Si vous réunissez le valet, le dix, le huit, et deux petits atouts, avec une autre bonne couleur, faites atout du valet, dans l'espoir que le neuf tombera au second coup.

Ayant le dix, le neuf, le huit et un petit atout, accompagné d'une bonne couleur, jouez atout du dix.

X.

XIMÉNESIE. (*Ximenesia encelirides.*) Famille des corymbifères. Plante annuelle du Mexique. Fleurs jaunes en juin. Semis en mars, à bonne exposition.

XYLOPHYLLE DE SIBÉRIE. (*Jard.*) *Xylophylla racemiflora.* Famille des euphorbes. Arbrisseau de l'Amérique du nord. Fleurs en août. Bruyère, au nord. Rejets.

Y.

YEUSE. (*Jard.*) *Quercus.* Arbrisseau toujours vert, tortueux; beau feuillage. Semis, bruyère en le plantant; exposition méridionale; garantir les jeunes plants avec des feuilles.

YEUX. (*Méd. dom.*) *Remède contre les maux d'yeux.* Dans une topette à sirop pleine d'eau de rivière très-claire, mettez plein un dé à coudre de sucre candi pilé très-fin, autant de racine d'iris de Florence aussi en poudre, autant de sulfate de zinc ou couperose blanche toujours en poudre; laissez le tout s'infuser dans la topette d'eau pendant vingt-quatre heures, et baignez-vous les yeux dans cette eau le matin en vous levant; en bref délai, vous éprouverez un grand soulagement, et, en huit jours, presque toujours guérison parfaite.

Corps étrangers dans les yeux. Il entre souvent dans les yeux des grains de sable, des insectes attirés par le brillant de la prunelle, des parcelles de fer ou de pierre, qui causent de vives douleurs.

Si le corps est mobile, on le pousse vers le grand angle de l'œil avec un morceau de papier roulé. Si c'est une parcelle de fer, on l'attire avec un peu d'aimant. Si des poudres ont été projetées dans les yeux, on les lave à grande eau.

On expulse aussi les corps étrangers en tenant l'œil en repos pendant quelques instans: on sent un flux de larmes couler; le corps étranger se trouve entraîné, ou du moins il se porte vers le coin intérieur de l'œil, d'où on peut aisément l'enlever par le moyen d'un léger tampon de linge fin ou avec la corne d'un mouchoir.

Si cette opération n'est pas suffisante, on passe à plusieurs reprises et doucement le doigt sur la paupière, depuis le coin du dehors de l'œil jusqu'au coin intérieur; ce qui force le corps de descendre.

Enfin, lorsque ce dernier moyen ne réussit pas, on élève la paupière supérieure que l'on écarte de la prunelle autant que possible; on tourne l'œil du côté du nez, et l'on passe entre deux un petit pinceau enduit de crème de lait, en commençant au coin extérieur de l'œil vers la glande lacrymale; le corps étranger ne manquera pas de sortir.

Mais, s'il était attaché à la tunique de l'œil et qu'il y fût enfoncé, il faudrait le saisir délicatement avec de petites pinces entourées d'un fil de coton, afin de ne pas le casser. Le recours à un artiste habile est presque toujours indispensable dans ces accidens.

Dans tous les cas, il faut bien se garder de frotter l'œil avec la main, comme on le fait presque toujours; et, si c'est de la chaux, un sel corrosif, du tabac ou du poivre qui a pénétré dans l'œil, on ne doit faire usage ni de mordans, ni de bains d'yeux qui répartissent l'effet du mal et augmentent le danger. Ce n'est qu'après l'extraction du corps étranger que l'on doit laver l'œil avec l'eau fraîche pour calmer l'inflammation.

Inflammation de l'angle de l'œil. L'inflammation de l'angle de l'œil, appelée en médecine *encanthis*, se guérit en débarrassant l'œil des corps étrangers qui peuvent s'y être introduits, et plaçant sur l'angle de l'œil des cataplasmes de pommes de reinette ou de farine de graines de lin et d'eau de guimauve, ou de mie de pain bouillie dans du lait. On les renouvelle deux ou trois fois par jour, en lavant chaque fois l'œil avec une éponge fine imprégnée d'eau de fleurs de sureau; on fait prendre au malade quelques bains de pieds, et on le met à un régime adoucissant. Quand il survient un écoulement muqueux, on en hâte la terminaison au moyen d'un collyre légèrement tonique et astringent.

Quelquefois il survient des végétations qui exigent l'emploi de caustiques et les avis d'un médecin.

Ophthalmie catarrhale dite compère-loriot. On emploie les cataplasmes adoucissans de mie de pain, de pommes cuites, les lotions d'eau légèrement saturnée.

Z.

ZANTHORHIZA A FEUILLES DE PERSIL. (*Jard.*) *Zanthorhiza aprifolia.* Famille des renonculacées. Arbuste de l'Amérique du nord. Feuilles très-jolies; fleurs en avril. Bruyère fraîche, ombragée. Rejets enracinés.

ZINC. (*Conn. us.*) (Voy. MÉTAL.) La combinaison du zinc avec le cuivre, dans les proportions de 20 à 40 du premier pour 80 à 60 du second, forme les divers alliages connus sous les noms de laiton, similor, or de Manheim, métal du prince Robert, etc. Le laiton est très-employé dans les arts; on s'en sert pour préparer une foule d'ustensiles dans les fabriques et dans l'économie domestique, des instrumens de physique et de chimie, etc.; on le connaît aussi sous le nom de cuivre jaune. On fait, avec le zinc, des toits légers et solides.

ZINNIA ÉLÉGANT. (*Jard.*) *Zinnia elegans.* Famille des corymbifères. Annuel, du Mexique. Fleurs en juillet; grandes et lilas, à disque relevé. Se sème en avril à bonne exposition pour repiquer le plant lorsqu'il est assez fort. La graine avorte presque toute; il faut cueillir les têtes à mesure qu'elles mûrissent: trente donnent à peine une pincée de bonne graine; on doit la trier une à une pour s'assurer qu'elle est pleine, sans quoi on s'expose à semer sans succès.

Zinnia roulé. Zinnia revoluta. Fleurs en juillet, d'un beau rouge carmin.

Zinnia verticillé. Zinnia verticillata. Fleurs en juillet; beau rouge, et paraissant doubles. Même culture; mais les graines mûrissent bien.

FIN.

www.ingramcontent.com/pod-product-compliance
Lightning Source LLC
Chambersburg PA
CBHW070713280326
41926CB00087B/1834
9782012156746